Adolf Waas

Geschichte der Kreuzzüge

Band I

Geschichte der Kreuzzüge

Adolf Waas

Band I

Adolf Waas, Geschichte der Kreuzzüge, Band 1

Einbandgestaltung: Bille Fuchs, Köln
Einbandabbildungen: akg, Berlin

Abb. o.: 3. Kreuzzug der Pastoureaux 1320 – Die „Pastoureaux" brennen den Turm von Verdun-sur-Garonne im Languedoc nieder, in den sich fünfhundert Juden geflüchtet haben. Buchmalerei, französisch, um 1375/1400.
Aus: Chroniques de France (...) de St.Denis, Ms Royal 20, C.VII, fol.55 v, London, British Library.

Abb. u.: Aufbruch Ludwigs IX. (1226-1270) zu seinem ersten Kreuzzug (1248). Buchmalerei, französisch, um 1325/50.
Aus: Chroniques de St. Denis. Ms Royal

Printed in Slovakia 2005

ISBN 3-89996-450-0

INHALT

ERSTES KAPITEL

Die Entstehung der Kreuzzüge

ZWEITES KAPITEL

Der Verlauf der Kreuzzüge und die Abwandlung ihrer Gestalt

DRITTES KAPITEL

Die Kreuzfahrer und ihre Begegnung mit den Muslimen

ERSTES KAPITEL

Die Entstehung der Kreuzzüge

Die Ritterschaft und die Entstehung der Kreuzzüge

Zweifellos gehören die Kreuzzüge zu den seltsamsten und erregendsten Ereignissen der Weltgeschichte. Denn ist es nicht eine erstaunliche Tatsache, daß in diesen Zügen Tausende von Männern des Abendlandes, die bisher kaum über die Grenzen ihrer Heimat hinausgekommen waren, Haus und Hof verließen, oft Hab und Gut verkauften, um voll Begeisterung in ein fremdes, weit entlegenes Land zu ziehen? Und daß sie trotz aller Schwierigkeiten des Marsches, des fremden Klimas und der Feindschaft der Herren dieses Landes doch dies „Heilige Land" und weite Strecken Syriens erobern und fast zwei Jahrhunderte lang behaupten konnten? Ohne rechte Kenntnis des Landes und seiner Bewohner, ohne einen klaren Kriegsplan, ohne eine überlegene militärische Führung?

Man sollte annehmen, daß das schon allein die Aufmerksamkeit der europäischen Geschichtsschreibung auf die Kreuzzüge lenken müßte. Doch es ist nicht diese Tatsache allein. Denn einmal nur, in eben diesen Kreuzzügen, hat das Abendland als solches, als eine Einheit aktiv in die Geschichte eingegriffen. Einmal nur ist es damals der Träger einer großen politischen Aktion gewesen. Aber auch nur einmal in der Geschichte Europas hat der religiöse Faktor im Handeln der Völker einen so entscheidenden Platz beansprucht wie damals, wenn auch umspielt von materiellen Faktoren verschiedenster Art. Und selten nur sind wir in der Weltgeschichte mit solcher Klarheit Zeugen des Zusammenstoßes und der Auseinandersetzung zweier Kulturen, wie wir sie in der Geschichte Syriens und Palästinas dieser Tage miterleben.

Man sollte darum eine dauernde intensive Beschäftigung mit der Geschichte der Kreuzzüge erwarten. Doch die Wirklichkeit enttäuscht hier. Während in den 1880er Jahren zahlreiche Werke über die Kreuzzüge in Deutschland und dem ganzen Abendland erschienen, haben die folgenden Jahrzehnte kaum ein nennenswertes Buch zu diesem Thema beigesteuert, bis die letzten Jahre in Frankreich, England und vor allem auch in den Vereinigten Staaten eine neue ernsthafte Zuwendung der Forschung zu den Kreuzzügen brachten. Die Bücher von René Grousset, Histoire des croisades et du royaume franc de Jerusalem, 3 Bände (Paris 1934 ff.), Steven Runciman, A History of the Crusades, 3 Bände (Cambridge 1951 ff.), und die großangelegte, gerade erscheinende A History of the Crusades unter der Leitung von Kenneth M. Setton, 5 Bände (Philadelphia 1955 ff.), sind die wichtigsten Früchte dieser Bemühungen. In Deutschland hat dagegen in dieser Zeit fast nur das Buch von Carl Erdmann, Die Entstehung des Kreuzzugsgedankens (1935), einen wesentlichen Beitrag geliefert. Das erklärt sich daraus, daß für alle europäischen Völker die Erforschung ihrer nationalen Geschichte so sehr im Vordergrund stand, daß davor Themen der allgemeinen abendländischen Geschichte in den Hintergrund traten. Die gebildeten Schichten aller Völker sprachen in politischen Reden zwar gern und viel von Kreuzzügen, aber der Erforschung der historischen Kreuzzüge erwuchs daraus keine Förderung.

So verlangte die Geschichte der Kreuzzüge eine intensive Durcharbeitung des Stoffes und eine neue Darstellung[1]. Die Tatsache, daß wir überall im

[1] Besonderen Dank schulde ich dem Institut der Monumenta Germaniae. Denn in den Wirren der Kriegs- und Nachkriegszeit, als ich in Frankfurt a. M. ausgebombt und der zerstörten Bibliotheken im Westen wegen dort ohne Arbeitsmöglichkeit war, bot mir der damalige Präsident des Institutes, Herr Professor Dr. Theodor Mayer, an, als Gast des Institutes in Pommersfelden, dem damaligen Aufenthaltsort der Monumenta, zu arbeiten. Ihm und Herrn Professor Dr. Otto Mayer, der das Schifflein des Institutes durch die damaligen Wirren hindurchsteuern half, sei an dieser Stelle herzlicher Dank gesagt. Ebenso aber auch der Deutschen Forschungsgemeinschaft, die den Druck des Buches durch einen Beitrag ermöglichte. Vor allem sei aber noch dem Verlag Dank gesagt und speziell seinem Lektor Herrn Dr. Oskar Köhler, der mit warmem Interesse die Arbeit förderte.

Zwei große wichtige Werke zur Geschichte der Kreuzzüge sind erst erschienen, als meine Arbeit schon abgeschlossen und teilweise im Satz war, so daß ich nur hier auf sie hinweisen kann. Es ist einmal das genannte Buch von Steven Runciman. Das Hauptverdienst dieses Werkes ist, daß es eine glänzend geschriebene, anschauliche Darstellung der Kreuzzüge bietet. Runciman sagt selbst in seiner Einleitung, ein Geschichtswerk müsse einen epischen Charakter haben, so wie Homer und Herodot als Väter der Geschichtsschreibung zu gelten hätten. Er stellt sich selbst in Gegensatz zu modernen Historikern, die sich auf gelehrte Details und auf begrenzte Untersuchungen als auf gut zu verteidigende Positionen zurückziehen. Das ist ein großes Verdienst seines Werkes. Außerdem kennt er das Heilige Land aus eigener Anschauung gut, das gibt vielen Teilen eine besondere Anschaulichkeit. Aber seine große Vertrautheit mit dem Osten bringt auch den Nachteil einer allzu warmen Stellungnahme für Byzanz. Lange haben die abendländischen Historiker die Rolle von Byzanz unterschätzt. Jetzt aber haben die Werke der beiden Byzantinisten René Grousset und Steven Runciman die Gedanken und Sympathien der Leser allzusehr dorthin geleitet. Das spricht sich bei der großen Bedeutung von Byzanz für die Kreuzzüge an sehr vielen Stellen und sehr deutlich aus und gar manchesmal in Urteilen, denen ich nicht folgen kann. Die Kreuzzüge sind doch ein Unternehmen des Abendlandes, für das man in Byzanz nie Verständnis hatte. Vor allem ist auch so der die Kreuzzüge tragenden und für ihr Verständnis entscheidenden Frömmigkeit nicht gerecht zu werden. Die religiöse wie die soziologische Vorgeschichte der Kreuzzüge, die Zusammenhänge mit dem Aufstieg und dem Zusammenbruch der Ritterkultur, die Zusammenhänge mit der Stellung des Christentums zum Krieg und zur Heidenmission, die Einflüsse der Kirche für die Züge und umgekehrt der Kreuz-

Abendland heute die nationale Enge in der Betrachtung überwinden und überwinden müssen, wird es hoffentlich auch möglich machen, ohne jene nationalen Vorurteile an die Geschichte der Kreuzzüge heranzugehen, die bisher so oft das Bild gestört haben.

Außerdem treten aber an den Betrachter überall noch ungelöste Rätsel und unbeantwortete Fragen heran. Das gilt vor allem von den religiösen Unter-

---

züge für Kirche und Frömmigkeit des Abendlandes, das und vieles andere sind Fragen, die sich vom Standpunkt Byzanz nicht lösen lassen, ja die sich von da aus kaum stellen, ohne die aber der Kern der Kreuzzugsfrage nicht erreicht wird. Runciman hat es sich zur Aufgabe gestellt, „nicht allein die Umstände, die in Westeuropa zu den Impulsen des Kreuzzugs führten, zu verstehen, sondern vielleicht mehr noch (perhaps still more) die Umstände, die im Osten den Kreuzfahrern die Möglichkeit zu ihrem Vordringen schufen und Erfolg und Mißerfolg gestalteten" (Bd. I, S. XI). Das bleibt für das Werk als Vorteil und Nachteil bestehen. Aber trotzdem ist es sehr reizvoll und bereichernd, die „gallant history" der Kreuzfahrer bei Runciman zu lesen.

Ein zweites, noch weit größeres Werk ist gerade in USA im Erscheinen begriffen: A History of the Crusades. Editor-in Chief Kenneth M. Setton. Es ist ein großangelegtes Werk, das von den besten Sachkennern der USA geschrieben wird, ergänzt durch Fachleute aus der ganzen Welt. Das Ganze ist zerteilt in kleine Abschnitte, z. B. der erste Kreuzzug in: Von Clermont nach Constantinopel, von Constantinopel nach Antiochia, von Antiochia nach Askalon, und fast jeder Abschnitt hat seinen besonderen Fachmann als Verfasser, so daß allein der erste Band 14 Mitarbeiter hat. So ist sichergestellt, daß jeder kleine Abschnitt mit aller Fachkenntnis und Sorgfalt in allen Einzelheiten gearbeitet ist. So erfahren wir viel und Zuverlässiges über Fragen, deren Kenntnis nur wenige Fachleute wirklich haben, wie die Geschichte der Assasinen, der Isma'iliten u. a. Aber auch die nachteiligen Folgen einer solchen Zerschneidung des Gesamtwerkes werden schnell deutlich. Ich denke nicht an Widersprüche in der Beurteilung einzelner Tatsachen oder Persönlichkeiten durch verschiedene Verfasser (z. B. Duncalf und Runciman über Peter von Amiens). Das ist bei dieser Arbeitsweise fast unvermeidlich. Schwerer aber wiegt, daß wichtige, das Ganze beurteilende Fragen dabei zu kurz kommen. Das läßt sich auch schon aus dem bisher allein vorliegenden ersten Band sehen. Denn da ist in verschiedenen Kapiteln von verschiedenen zum Kreuzzug treibenden Faktoren die Rede, ohne daß die Frage erörtert würde, welcher nun von diesen verschiedenen Antrieben zum Kreuzzug der eigentlich ausschlaggebende, die stärkste Kraft gewesen sei. Damit hängt etwas anders zusammen. Immer wird zwar irgendwo einmal ein Wort über die Frömmigkeit der Kreuzfahrer gesagt, aber nirgendwo wird auf diese Frage als Ganzes eingegangen (und wenn das noch in einem späteren Band zu erwarten ist, so kann das die im ersten, das 1. Jahrhundert der Züge darstellenden Band sehr spürbare Lücke nicht mehr schließen). Man hat meist den Eindruck, bei den Kreuzfahrern mit rein weltlich denkenden Männern zu tun zu haben. Es ist eine fast säkularisierte Kreuzzugsgeschichte. Das geht aber am Kennnzeichnenden der Kreuzzugswelt vorbei. Ebenso werden, soweit man nach dem vorliegenden ersten Band sehen kann, viele der in der Besprechung des Runcimanschen Buches genannten großen Fragen nicht oder doch zu wenig beachtet. Diese Fragen sind für keinen der Teilabschnitte speziell gestellt, sondern eigentlich an alle gerichtet. Darum kommen sie bei einer Bearbeitung in Teilabschnitten leicht zu kurz. So zeigt die Pennsylvania-History in der gründlichen Bearbeitung der Einzelheiten und in ihrer Vernachlässigung der besprochenen Gesichtspunkte die Licht- und Schattenseiten einer weitgehend spezialisierten Arbeitsweise.

gründen. Man neigte entsprechend allgemeinen Tendenzen in den letzten Jahrzehnten in größeren wissenschaftlichen Darstellungen und mehr noch in der allgemeinen Meinung der historisch Interessierten dazu, diese zu unterschätzen und die materiellen, wirtschaftlichen Vorteile, die die Kreuzfahrer für sich erhofften, an die erste Stelle in der Motivreihe zu rücken. Doch wie sich von vornherein zeigen läßt, ganz zu Unrecht. Denn die italienischen Seestädte, auf die man dabei meist zu verweisen pflegt, griffen nachdrücklich erst in den Kampf ein, als der Erfolg des Ganzen schon fast sicher war; und die Eroberungslust nach eigenen Herrschaftsgebieten läßt sich im ersten und mehr noch in den folgenden Zügen deutlich abgrenzen. Nein, hier liegen die zutiefst treibenden Kräfte nicht. Darum aber müssen die sehr eigentümlichen religiösen Triebkräfte mit Zuhilfenahme der Erfahrungen der Religionsgeschichte und Religionspsychologie ernsthaft untersucht werden. Denn wir vermögen noch kaum eine befriedigende Antwort auf die Frage zu geben, wie dieser spontane begeisterte Aufbruch der ganzen Ritterschaft zustande kam und warum er diese außerordentliche Wirkung zu erzeugen vermochte. Wir kennen aber auch kaum die Wirkungen des Mißerfolges der Züge für den Kreuzfahrerglauben und darüber hinaus für die ganze abendländische Frömmigkeit. Dahinter steht Klärung fordernd die Frage nach den Zusammenhängen der Kreuzzüge mit dem Ganzen der abendländischen Ritterkultur auf, und zwar die Frage nach dem Aufstieg wie nach dem Zusammenbruch. Denn daß hier Zusammenhänge bestehen, beweisen schon die Daten beider Vorgänge. Darauf aber hat man bisher noch sehr wenig geachtet.

Ebenso müssen wir erneut uns ein Bild zu machen suchen von der Begegnung abendländischer und morgenländischer Kultur im Heiligen Land, speziell von der fränkischer Ritter und morgenländischer Scheiks und Emire, wie auch von der Vermischung der Völker und Kulturen in den Küstenstädten Syriens, wo man zwei Jahrhunderte lang zusammen wohnte und lebte.

An dieser Stelle aber schon ist von besonderer Wichtigkeit die Entscheidung, von welcher Stelle wir auszugehen haben. Die Antwort kann hier nicht zweifelhaft sein: Die Ritterschaft des Abendlandes ist es, die die Kreuzzüge getragen hat. Sie ist die treibende, aktive Kraft des Ganzen. Darum muß man bei einer Betrachtung der Kreuzzüge von der abendländischen Ritterschaft und ihrem Streben und Denken ausgehen, von der soziologischen Lage und der Psychologie gerade der damaligen Ritterschaft. Alle anderen Zugangswege sind unfruchtbar, wenn sie nicht dort enden. Nicht vom Islam und seiner Ausbreitung aus, nicht von Byzanz und seinen Nöten her, nicht von Kaisern und Königen und ihrer Politik aus ist der Zugang zu dem Verständnis der Kreuzzüge zu gewinnen.

Für das Wesen und Denken der Ritter dieser Jahrhunderte aber — das steht von vornherein fest — sind religiöse Faktoren irgendwelcher Art besonders bedeutsam gewesen. Der Ruf der Ausziehenden „Gott will es!" läßt sich nicht überhören. Darum muß unser Augenmerk in erster Linie auf die religiöse Welt, die Frömmigkeit, die Eigenart des Gottesglaubens der abendländischen Ritterschaft dieser Zeit gerichtet sein, jedoch wiederum auch nicht ausschließlich; auch die weltlichen Tendenzen müssen klar erfaßt werden. Aber Ausgangspunkt werden Fragen sein müssen, wie: Gibt es Forderungen, die der Ritter speziell sich und seinem Stand von Gott gestellt glaubt, und welche sind es? Mühen sich gegebenenfalls die Ritter, diese „Befehle Gottes" mit allem Ernst zu erfüllen? Von solchen Fragen aus muß sich das Wesen der Kreuzzüge uns zuerst und am klarsten erschließen.

Doch dürfen wir, um dahin vorzudringen, nicht die kirchliche Literatur der Zeit, als man zuerst zum Kreuzzug aufbrach, fragen. Denn diese vertritt die ererbte, von den Kirchenvätern geformte, durch das Mönchtum modifizierte Religiosität. Dem Ritter aber ist diese Literatur und ihre Gedankenwelt zwar nicht ganz fremd, aber doch nicht eigen. Auch die von Kloster Cluny ausgehende Frömmigkeitsform, die für das kirchliche Leben des Jahrhunderts vor den Kreuzzügen so viel bedeutete, kann nichts von der allgemeinen religiösen Gedankenwelt des Ritters dieser Tage aussagen. An späterer Stelle werden wir zeigen können, daß die Cluniazenser ein ganz anderes Ritterideal haben als die Kreuzfahrer und die große Masse der Ritter des 11. und 12. Jahrhunderts. In ihrem Kreis lebt weitverbreitet und kraftvoll vorwärtstreibend eine Frömmigkeitsform, die entstanden ist durch Anpassung der zunächst fremden christlichen Gedanken an speziell ritterliches Ideengut, wie es im Berufs- und Alltagsleben dieser adeligen Kämpferschicht entstanden und entwickelt worden war. Denn es gab zu allen Zeiten noch neben der allgemeinen religiösen Denkungs- und Empfindungsweise der Kirche eine Frömmigkeit einzelner Lebenskreise, die, ohne daß man sich dessen bewußt ist, davon abweichen kann. Sie kann oft nur eine unbedeutende Nuancierung bedeuten, kann aber auch eine neue, stark differierende Gedanken- und Empfindungswelt schaffen, ohne daß hierdurch die dogmatischen Grundlagen berührt werden müssen. Auf Grund ihrer Lebensnähe kann sie eine große lebensformende Kraft haben. Beispiele dafür sind die Bauernfrömmigkeit, die Soldatenfrömmigkeit; aber auch die Frömmigkeit von Kindern kann hierher gerechnet werden. Die Kirche war fast immer geneigt, solche dem Einzelleben angepaßte Modifikationen des religiösen Lebens in ihren Kreis aufzunehmen und zu dulden.

Nach der spezifischen Frömmigkeit des Rittertums im 11. und 12. Jahrhundert werden wir uns umzusehen haben. Damit gewinnen wir erst die Grundlage, um das politische Geschehen der Kreuzzüge recht zu verstehen. Mit einer Schilderung der einzelnen Züge und Schlachten kommen wir dem Ganzen nicht näher. Solche religiöse Sonderhaltung bestand schon lange vor den Kreuzzügen, aber sie wurde erst klar sichtbar und in ihrer Kraft spürbar, als sie sich in den Kreuzzügen voll auswirken konnte.

Nach ihr werden wir die Chroniken, Urkunden, Briefe und Lieder der

Kreuzfahrer zu fragen haben, ebenso aber auch die Kreuzzugswerbepredigten, die sich — schon um der stärkeren Wirkung willen — der ritterlichen Gedankenwelt völlig anpaßten. Ja selbst die päpstlichen Enzykliken, die zu den Kreuzzügen aufriefen, werden im 13. Jahrhundert zu Zeugen dieser Ritterfrömmigkeit. Denn auch sie nehmen, hauptsächlich seit Innozenz III., diese ritterlichen Ideen zur Kreuzzugswerbung in sich auf. Sie formen sie etwas um und bilden sie weiter, aber im Kern tragen sie diese ritterliche Frömmigkeitsform vor, ihr so neue Werbungskraft gebend[2]. Hier hat sich die ritterliche Frömmigkeitsform zunächst als stärker erwiesen denn die sicherlich reinere Form patristischen und cluniazensischen Glaubenslebens.

Sehen wir aber in diese Quellen hinein, so wird es deutlich, daß ein Grundgedanke alle Äußerungen der Kreuzfahrer und der Kreuzprediger immer wieder bestimmt: Wir sind Gottes Ritter, sind milites Christi und wollen es recht mit aller Kraft sein. Man ist heute allzusehr gewohnt, solche Worte in übertragenem, bildlichem Sinne zu verwenden. Für die damalige Zeit aber müssen sie ganz real, ohne jede Abschwächung genommen werden. Jedes Wort war so gemeint, wie es ausgesprochen wurde: Wir kämpfen — eisengepanzert — für Gottes Sache, auf seinen Befehl hin. Gott ist unser den Ritterkampf in allen Einzelheiten wollender Führer, er zeigt uns den Weg, er leitet den Zug und den Kampf, seine Engel und seine Heiligen streiten als himmlische Heerscharen mit uns. Dieser eine Gedanke kehrt in neuen Variationen immer wieder, und zwar bei allen Völkern des Abendlandes und zwei volle Jahrhunderte hindurch. An ihn gliedern sich, ihn ergänzend, andere Gedanken an: Es ist Pflicht des Ritters, Bedrängten zu helfen, so auch dem in Not befindlichen Heiligen Land. Abgewandelt im ritterlichen Sinne wird diese Forderung noch dadurch, daß man dies Land und speziell Jerusalem als Christi Erbgut, als Stammburg (haereditas) betrachtet, die ihm von den Heiden geraubt worden ist, so daß es nun die Ritterpflicht verlangt, sie für Christus zurückzuerobern. In gleicher Weise hätte man in solchem Falle auch für den irdischen Herren oder Freund die Waffen ergriffen. In diesem Zusammenhang wird dann besonders auf Christi Sühnetod und auf alles, was er für die Seinen getan, hingewiesen.

Mit alledem wird das relativ junge Christentum des Abendlandes, das nur langsam nach rein äußerlicher Annahme ernstlich Wurzel faßte, angesprochen, und zwar so, daß zugleich auf diese Weise der Kern des ritterlichen Denkens und Wollens getroffen wird: die Ehre, die Treue dem Herren Chri-

[2] V. Cramer, Kreuzpredigt und Kreuzzugsgedanke (1929). — U. Schwerin, Die Aufrufe der Päpste zur Befreiung des Heiligen Landes (1936). — Valmar Cramer hat in seiner obengenannten Schrift die in der Kreuzzugspropaganda verwendeten werbenden Gedanken zusammengestellt. Sie entsprechen genau dem Obengesagten. Ebenso hat G. Wolfram in seiner Untersuchung „Kreuzpredigt und Kreuzlied" die Predigt und Lied gemeinsamen Ideen aufgezeigt. Auch das sind dieselben (Ztschr. f. dt. Altertum 30 [1886] S. 97 ff.). Das gleiche Ergebnis hatte Ursula Schwerins genannte Arbeit.

stus gegenüber und das Gerechtigkeitsgefühl oder, genauer gesagt, der Wille, Unrecht zu rächen und seinen Herren zu schützen. Diese einfachen wenigen Gedanken sind es, die die Ritterschaft des Abendlandes zwei Jahrhunderte hindurch zu den gewaltigen Opfern an Gut und Blut und zu dem ganz ungewöhnlichen Kräfteeinsatz getrieben haben. Mit einem jugendlich anmutenden Eifer und unreflektierter Opferbereitschaft gab man sich diesen einfachen Gedanken hin. Aber alle weltgeschichtlich wirksamen Ideen sind einfach.

Dabei ist in Rechnung zu setzen, daß das Wort Jerusalem für den mittelalterlichen Menschen einen ganz besonderen Klang hatte. Es bezeichnete nicht nur die Stadt in Palästina, sondern zugleich das himmlische Jerusalem, so wie es die Apokalypse preist mit den Worten: „Und die Stadt bedarf keiner Sonne, noch des Mondes, daß sie ihr scheinen. Denn die Herrlichkeit des Herren erleuchtet sie" (21, 23). Ebenso schwingt aber auch im Wort „Heiliges Grab" alles mit, was das mittelalterliche Abendland an Verehrung des Grabes der Väter und Ahnen aus alten Zeiten mitbrachte. In diesem Sinne deutet man auch ein damals viel zitiertes Wort des Propheten Jesaia, das in der Vulgata lautet: et erit sepulchrum eius gloriosum = und sein Grab wird voll Ruhm und Ehre sein. Dieser Glanz Jerusalems brachte zwar keine neue Idee, aber er gab der Aufforderung zum Zug dorthin, zur Befreiung des Ortes, „wo die Füße des Herren standen", wie es oft heißt, neue werbende Kraft.

Diese Grundgedanken werden fast unverändert von einer Generation der anderen weitergegeben. Es geht eine einheitliche Linie von der Werberede Urbans II. von 1095 bis zu Gregor X. und dem Fall Akkons. Oft kehren dieselben Worte und Wendungen wieder.

Die Werberede, die Papst Urban II. 1095 im Anschluß an das Konzil von Clermont gehalten hat und von der der erste Kreuzzug seinen Ausgang nahm, haben wir zwar nicht im Wortlaut; aber die verschiedenen Versuche zeitgenössischer Chronisten, Fulchers von Chartres, der Gesta Francorum, Roberts von Reims und anderer, aus ihrem Kreuzfahrerdenken heraus den Wortlaut der Rede wiederherzustellen, zeigen einheitlich (neben Schilderungen der Not des Heiligen Landes) dieselben Grundgedanken, die sich um den Begriff des miles Christi gruppieren. In den Kreuzzugsberichten von Augenzeugen des ersten Kreuzzugs, wie Alberts von Aachen oder der Gesta Francorum, kehrt die Bezeichnung der Kreuzfahrer als Ritter Christi oder des Zuges als Heereszuges Christi so oft wieder, daß sich ein Einzelnachweis erübrigt. Als Beispiel der späteren Kreuzzugspredigten, die dieselben Gedanken vortragen, sei die des Bischofs Heinrich von Straßburg von 1188 genannt, so wie sie uns die Historia Peregrinorum übermittelt hat. Die des Abtes Martinus Parisius vor dem 4. Kreuzzug, wie sie Guntherius Parisiensis wiedergibt, sei als zweite aus einer großen Zahl ähnlicher herausgegriffen. Der Kernsatz der letztgenannten Rede lautet: „Darum nun, ihr Krieger voll Kraft, eilt Christo zu Hilfe, meldet euch an in der Ritterschaft Christi, eilt, euch ihren glücklichen

Heerlagern zuzugesellen! Euch übertrage ich heute die Führung der Angelegenheit Christi. Ja ich gebe ihn selbst sozusagen in eure Hände, damit ihr eure Kraft gebraucht, um ihn in sein Erbgut, aus dem er in grausamer Weise vertrieben worden ist, wieder einzusetzen." Der Abt fährt dann fort: „Wenn ihr fragt, was ihr von Gott an sicherem Sold für eine so große Kriegsarbeit erwarten dürft, so verspreche ich euch ganz sicher, daß jeder, der das Zeichen des Kreuzes nimmt und ein reines Bekenntnis ablegt, von aller Sünde zukünftig frei sein soll und daß er das ewige Leben empfangen wird, an welchem Orte, zu welcher Zeit und auf welche Weise er auch dies sein gegenwärtiges Leben verlieren wird." Auch der Hinweis auf die irdischen Vorteile, die ein solcher Kreuzzug einem Ritter zu bringen vermag, fehlt in dieser Kreuzpredigt nicht, wie sich natürlich bei den meisten höchst irdische Hoffnungen mit den religiösen Antrieben mischten, ohne darum diesen ihre Bedeutung zu nehmen. So heißt es: „Ich will davon schweigen, daß das Land, nach dem ihr strebt, viel reicher und fruchtbarer als dies unser Heimatland ist und daß es leicht geschehen kann, daß viele von euch in weltlichen Dingen dort ein viel reicheres Glück finden, als sie ihrer Erinnerung nach hier je erfahren haben. So seht ihr, liebe Brüder, welch sicherer Lohn euch auf dieser Fahrt in die Fremde erwartet. Denn mit ihr ist euch das himmlische Königreich sicher versprochen und ihr habt zugleich eine reichere Hoffnung auf irdisches Glück ... Deshalb nehmt das Zeichen des Kreuzes, Brüder, und führt die Sache des Gekreuzigten in aller Treue zu ihm durch. Dann werdet ihr nach kurzer und mäßiger Kampfesmühe reichen und ewigen Sold empfangen." [3]

Die charakteristischen Sätze der Werbepredigt, die Bischof Heinrich von Straßburg 1188 hielt, zeigen die gleichen Gedankengänge. Sie lauten: „Ihr ausgezeichneten Ritter, die Kampfeseifer und Tüchtigkeit in dem euch angeborenen Waffengeschäft ruhmreich gemacht und vor anderen Völkern ausgezeichnet hat, wir wundern uns sehr — und es ist des Wunderns wert —, daß ihr angesichts solcher Notlage Gottes euch ihm gegenüber so schimpflich haltet, daß eure Hingabe an ihn sich als schwach erweist, und daß ihr eurer gewohnten Rittertugend vergeßt, als ob ihr Entartete oder Feiglinge wäret ... Was aber würdet ihr tun, wenn einer von euch sähe, daß sein irdischer Herr aus seinem Erbgut vertrieben würde und ihm so Unrecht geschähe? Sicherlich würdet ihr es dann doch für eine Schande und für tadelnswert halten, wenn einer dann nicht für ihn zu den Waffen greifen wollte. Wieviel mehr schulden wir alle, die wir als Glieder dem einen Haupt Christus zugehören, ihm unser ganzes Leben, alles, was wir sind, zu geben. Denn alles, was wir haben, haben wir allein aus seiner Fülle empfangen ... In dieser Notlage erprobt Christus, wer sein Freund ist. Siehe, er leidet von neuem, um seine Leute zu prüfen und zu erproben. Der für eure Erlösung Mensch geworden ist, ruft

[3] Guntherius Parisiensis, Historia captae a Latinis Constantinopoleos, cap. 3 = Migne PL 212, S. 227.

jetzt eure Hilfe an ... Es geht um das Erbgut des Herren, wo seine Füße gestanden haben ... Und wenn Gott auch an allen Stellen seines Herrschaftsbereiches gepriesen werden soll, so ziemt es uns doch, diese Stätten mit einer besonderen Verehrung zu betrachten ... Deshalb rühre Reue euer Herz an und treibe euch, weil die Mutter und Ernährerin unseres Glaubens, die heilige Stadt Jerusalem, den gottlosen Kulten der Heiden preisgegeben, der christliche Gottesdienst aber zerstört und ausgetrieben ist ... Wenn einer von euch zu einem Beutezug oder zu einer anderen Übeltät die Hilfe eines anderen erbat, so fand er schnell viele Genossen zu solchem unrechten Tun; und nun hat von so vielen Rittern kaum einer sich Gott als Ritter angemeldet. Bedenkt doch, ihr trefflichen Ritter, welch eine glückliche, welch günstige und ausgezeichnete Art des Kampfes hier vor euch liegt, welch eine ertragreiche Arbeit! Denn ihr Sold wird die Vergebung der Sünden sein, die der Herr wahrhaftig allen Kreuzfahrern verspricht und gewährt."[4]

Diese Ideen bestimmen zwei Jahrhunderte lang das Denken der Kreuzfahrer und der für diese Züge Werbenden. Gewiß nicht sie allein. Allerlei weltliche egoistische Absichten und Hoffnungen vermischen sich damit. Aber sie gewinnen, auf das Ganze gesehen, nicht die Oberhand. Auch sind nicht sie, sondern der geschilderte Kreuzfahrerglaube das diesen Zügen Eigentümliche.

Natürlich modifizieren sich diese Grundgedanken mannigfach bei verschiedenen Persönlichkeiten und in verschiedenen Zeiten. Aber doch sind es im wesentlichen sechs Punkte, um die die Gedanken der Kreuzfahrer immer wieder kreisen:

1. Christus ist Führer;
2. Gottes Gerechtigkeit ist die Garantie des Sieges;
3. wie die Juden des Alten Testamentes sind die Kreuzfahrer auserwähltes Volk;
4. sie haben die Aufgabe, für Christus sein Erbe zu erobern;
5. sie erhalten dafür den versprochenen ewigen Lohn;
6. Christi Engel und Heiligen sind Mitstreiter.

Soldaten haben zu allen Zeiten Gott im Gebet um den Sieg gebeten und ihm für den errungenen Erfolg gedankt, also in ihm den Schlachtenlenker gesehen. Der Glaube der Kreuzfahrer geht aber weit darüber hinaus. Rex pugnat et praecedit, Gott kämpft für uns und zieht uns voran, singt ein Kreuzfahrerlied[5], und diese Lieder scheinen mir ein besonderes deutliches Zeugnis für das Denken der großen Scharen zu sein. Christus autem imperat, soll Urban II. nach dem Zeugnis von Fulcher gesagt haben. Conviator et cooperator, Genosse auf dem Marsch und im Streit, wird Gott anderwärts

[4] Historia peregrinorum = M. G. SS. Nova ser. V, S. 123.
[5] Edélestand de Méril, Chant sur la conquête de Jérusalem, S. 256.

genannt[6]. Gott lenkt nach dem Glauben der Kreuzfahrer das Heer in allen Einzelheiten, er gibt z. B. an, welcher Weg einzuschlagen ist. Deum omnipotentem ducem ac conductorem nostrum appellabamus, sagt eine Chronik ausdrücklich[7]. Auf die Mahnung Gottes hin sind wir hier eingedrungen, heißt es in anderen Annalen.

Und wenn dann in derselben Quelle davon die Rede ist, daß die barmherzige und siegreiche Hand Gottes in seiner Allmacht mit dem Kreuzheere sei, so ist das keineswegs nur bildlich aufzufassen, sondern ganz real. Hat dann das Heer den Sieg errungen, so weiß es nicht nur, daß Gott ihm den Sieg verliehen hat, sondern daß Christus in dieser Schlacht machtvoller war als Mohammed[8]. Die Tatsache des Sieges, den Christus persönlich erstritten hat, beweist für das Kreuzheer seine Macht und seine Gerechtigkeit[9]. Denn daß diese Gerechtigkeit für den Menschen erkennbar und mit menschlichen Gerechtigkeitsidealen identisch sei, ist für diese Ritter selbstverständlich. Gottes Gerechtigkeit garantiert für die Kreuzfahrer den Sieg, selbst wenn dazwischen Mißerfolge von Gott um der Sünden der Menschen willen (peccatis nostris exigentibus) den Heeren auferlegt werden[10].

In einer überraschenden Weise erleben wir diese Auffassung Gottes als Heerkönigs und Führers in einer Szene des ersten Kreuzzuges, von der uns die Gesta Francorum[11] berichten. In Anatolien bekommt da eine abseits stehende Abteilung die falsche Nachricht, das Kreuzheer vor Antiochia sei völlig geschlagen und vernichtet. In dem daraufhin zusammentretenden Rat hält ihr Anführer, Wido, der Bruder Bohemunds von Tarent, eine Ansprache, in der es heißt: „Wahrlich, wenn die Botschaft, die wir empfangen haben, wahr ist, so werden wir und alle anderen Christen dich (o Gott) verlassen und nicht länger dein gedenken, und keiner von uns wird mehr wagen, deinen Namen anzurufen.“[12] Und wirklich rufen während mehrerer Tage, bis sich die Nachricht als falsch herausstellt, weder Bischof noch Abt, weder Kleriker noch Laie in dieser Heeresabteilung Gott an. Sie sagen also deutlich Gott, als ob er ein irdischer Herr sei, den Dienst auf nach altgermanischem

---

[6] Fulcher, Hist. Hierosol. I, III. 5, S. 135. — Annales S. Disibodi, zu 1100 = M. G. SS. XVII, 9, S. 18. — H. Hagenmeyer, Kreuzzugsbriefe XVIII, S. 170, von 1099.

[7] Gott als Wegführer: Robertus Monachus = Recueil, Hist. occ. III, S. 772. — Raimund d'Agiles = ebd. S. 268, 270, 285 und 299. — Vgl. auch dazu P. Rousset, Les origines et les caractères de la première croisade (1945) S. 84/85.

[8] Rothelin 64, S. 606, von 1250. — P. Rousset S. 124.

[9] Vgl. H. Hagenmeyer, Kreuzzugsbriefe XVIII, 13, S. 172, über die Schlacht von Askalon.

[10] Ich verweise hier besonders auf P. Rousset a. a. O., S. 86, 124 und 182 ff.

[11] Gesta Francorum XXVII, 4, S. 359. — A. C. Krey (A neglected passage in the Gesta ... [1928], S. 78, Anm. 47) zweifelt die Echtheit dieser Stelle an, ohne es aber irgendwie beweisen zu können. In unserem Zusammenhang ist es aber überhaupt belanglos, ob diese Stelle von dem eigentlichen Verfasser der Gesta oder von einem späteren Ergänzer stammt.

[12] H. Hagenmeyer, Einleitung zu den Gesta Francorum, S. 23.

Widerstandsrecht, da er als Herr das nicht getan habe, was er seinen Mannen schulde. Er, Gott, habe seine Treue gebrochen, und das gäbe nun auch ihnen das Recht, die Treue aufzukündigen. Man stellt also an Gott dieselben Forderungen wie an den germanischen Heerkönig, und das Verhältnis von Mensch und Gott wird nach Grundsätzen geregelt, die dem Heerkönig gegenüber Gültigkeit haben. Es gibt wenige Zeugnisse, die so deutlich die völlige Übertragung weltlich-ritterlicher Ideen und Maßstäbe in die religiöse Welt zeigen. Eine eigentlich christliche Frömmigkeit ist hier von ritterlichen Gedanken verdrängt. Wir stehen vor der deutlichen Feudalisierung des Christentums. Hier haben Worte wie Christus als König gar nichts von symbolhafter, übertragener Bedeutung, sondern sie meinen ganz real, was sie sagen.

Es ist Ausdruck derselben Denkweise, wenn auch der Heilige Geist als die auf dem Schlachtfeld treibende und zum Sieg befähigende Kraft erscheint. Die Gnade Gottes zeigt sich diesen Kämpfern darin, daß der als Kampfwille und Kampfkraft wirkende Heilige Geist in ihnen lebendig ist[13]. Die heidnischen Ahnen der Kreuzfahrer hätten in diesem Fall von dem in ihnen lebendigen und von Gott gegebenen Heil oder Königsheil gesprochen[14]. Die Begriffe sind dieselben geblieben, sie haben sich nur mit neuen religiösen Vorstellungen und Namen verbunden. Ein anderes Mal wird der Heilige Geist in demselben Sinn als spiritus virtutis, d. h. aber als Geist der ritterlichen Tüchtigkeit, bezeichnet, und es wird dann von ihm berichtet, er habe die Ritter zum Kampf begeistert, ebenso wie er früher die Apostel predigen gelehrt habe[15].

Christus ist Heerkönig. Darum ist der Reichstag zur Vorbereitung des Kreuzzuges, so wie ihn Barbarossa 1188 nach Mainz einberuft, ein Hoftag Christi (curia regis), bei dem der Kaiser nicht selbst den Vorsitz führt, sondern den Sitz des Vorsitzenden frei läßt für Christus, dem er allein zukommt. Darum ist auch das Kreuzfahrerheer Gottes Heer, und seine Straße Gottes Weg[16].

Weil Christus der Heerkönig ist, ist auch das Kreuz das Abzeichen aller Kreuzfahrer, ebenso wie sie unter dem Banner des heiligen Petrus ausziehen[17]. Und wird der Fahne schon ritterlichem Denken nach Verehrung entgegengebracht, so viel mehr noch der Fahne mit dem Kreuz. Sie wird zum Heiligtum. In den Kreuzfahrerliedern heißt es darum: „Sei gegrüßt, heiliges Kreuz, du Fahne des himmlischen Königs.“[18] Natürlich darf man die biblisch begründete Symbolik vom Königtum Christi und hier insbesondere des

---

[13] Eracles XXIX, 1, S. 275: „estoient il plain dou Saint Esprit et avoient grant charité en eauz.“

[14] Vgl. V. Groenbech, Kultur und Religion der Germanen (1937).

[15] Lat. Forts. d. Wilhelm von Tyrus III, XI, S. 124, vor Akkon.

[16] H. Hagenmeyer, Kreuzzugsbriefe IV, S. 138, von 1097.

[17] Anna Komnena, Alexias X, 7, 3 (II, S. 214). — P. Rousset S. 76.

[18] Lecoy de la Marche, La prédication de la croisade = Revue des questions historiques 25 (1890) S. 25.

Kreuzeshymnus „Vexilla Regis prodeunt" des Venantius Fortunatus (als Vesperhymnus mindestens seit dem 9. Jahrhundert) nicht übersehen. Aber nun erhält diese Symbolik eine neue Realität. Ähnlich dem oben zitierten Kreuzfahrerlied sagt ein Kreuzprediger, Jakob von Vitry: „Richtet das heilige Kreuz auf als Fahne ... Ein irdischer König straft denjenigen, welcher seine Fahne verläßt, und euer himmlischer Vater sollte nicht dasselbe tun können und müssen?"[19] Alle diese Äußerungen ritterlicher Kreuzzugsfrömmigkeit bezeugen schon, daß Grundgedanken weltlichen ritterlichen Lebens in den Bereich des Glaubens hereingezogen werden und die Haltung des frommen Ritters Gott und den Menschen gegenüber bestimmen. Die Konsequenz dieser Denkweise würde es bedeuten, wenn man auch Rechtsbegriffe des weltlich-ritterlichen Lebens, also vor allem den des Lehens und der Lehensverpflichtungen, in den Bereich der Frömmigkeit übernommen hätte. Davor schreckt man zu Beginn der Kreuzzüge zurück. Man vermeidet diese Begriffe. Aber nicht auf die Dauer. Ein Kreuzfahrerlied von 1188 singt schon:

„... et vovendo
Dicas: illi me commendo,
Qui corpus et animam
Expendit in victimam
Pro me moriendo."[20]

Kann es hier noch zweifelhaft sein, ob commendo das Lehen im wörtlichen Sinn bezeichnet, so gilt das nicht von den provenzalischen Troubadours des 12. Jahrhunderts, die deutlich von den Lehensverpflichtungen des Kreuzfahrers seinem Herrn Christus gegenüber reden (Marcabrun und Elias Cairel)[21].

Aber alle Zurückhaltung dem Begriff Lehen gegenüber wird unter Papst Innozenz III. aufgegeben. Er greift in seinen eigenen zahlreichen Schreiben den Kreuzfahrergedanken des Ritters Christi in seiner präzisen Form des Lehensdienstes auf und verwendet ihn so oft und nachdrücklich, daß er von da an Allgemeingut aller Kreuzprediger wird. Ja in dem Werbeschreiben, das 1215 nach allen Seiten in die Welt hinausgesandt wurde[22], spricht er eigentlich nur von solchen Lehensverpflichtungen des Ritters Gott gegenüber. Er führt hier die Parallele zu dem dem irdischen Herrn geschuldeten Dienste vollkommen durch. Selbstverständlich steht auch in diesen Gedankenreihen Gott über allen irdischen Herren, aber es ist kein prinzipieller Unterschied

---

[19] Sermo 48. Vgl. R. Röhricht in: Ztschr. f. Kirchengesch. 6 (1884) S. 566, um 1227. — Chronik von St-Pierre du Puy (1884) S. 164: „vexillo sanctae crucis quem ferebant praecedente ..."

[20] Migne PL 155, 1292.

[21] K. Lewent, Das altprovenzalische Kreuzlied (1905) S. 53.

[22] Mansi, Concilia XXII, S. 956 ff.

zwischen den irdischen Herren geschuldeten Diensten und den Gott gebührenden. Angesichts des Kreuzzuges stellt sich Gott nur als Lehensherr dar. Von einer anderen Bindung an Gott ist nicht die Rede. Er hat den Kreuzzug gefordert, um zu erproben, wer von seinen Vasallen ihm die Treue hält und ihm hilft. Das wird wiederholt ausgesprochen. Diese Gedanken kehren aber nicht nur in den Aufrufen zum Kreuzzug, sondern ebenso in den Verhandlungen des 4. Laterankonzils und in seinen Schreiben an die Könige von Frankreich und England wieder[23]. Innozenz III. geht so weit, in Streitfragen über die Verpflichtung zum Kreuzzug unbedenklich das Lehensrecht als maßgebend anzusehen, so z. B. in der Frage, ob der Einspruch der Gattin eines Kreuzfahrers entscheidende Kraft haben könne[24].

Diese Übernahme der Kreuzfahrerideen in der Zuspitzung auf Lehensrecht und Lehensverpflichtungen hatte große prinzipielle Bedeutung. Davon wird unten noch die Rede sein müssen. Hier beschäftigt uns zunächst die praktische Auswirkung auf die Gedankenwelt der Kreuzfahrer und Kreuzzugswerber. Überall werden diese vom Papst sanktionierten Gedanken nun übernommen und ausgebaut. Jakob von Vitry, der große Kreuzzugs- und Bußprediger, mag uns als Beispiel dafür dienen. Er spricht nun geradezu mit juristischer Konsequenz von den Lehenspflichten des Ritters gegen Gott. Er betrachtet z. B. die Kreuznahme als eine Investitur, in der Gott den Kreuzfahrer mit dem Himmelreich belehnt als Lohn für die Kreuzfahrt. Auch das ist nicht bildhaft gemeint, etwa zur Verdeutlichung eines sonst schwer verständlichen Vorganges. Denn er sagt: „Bei den Adligen und Mächtigen ist es Sitte, daß sie durch einen Handschuh oder durch einen anderen Gegenstand geringen Wertes ihre Vasallen belehnen; so belehnt der Herr durch ein Kreuz aus einem Stück Band oder Stoff seine Vasallen mit dem Himmelreiche ..."[25] An manchen Stellen tritt der heilige Petrus an die Stelle Gottes als Lehensherr der Kreuzfahrer[26]. Doch das ändert an der grundsätzlichen Haltung diesem Herren gegenüber nichts.

Für die ritterliche Frömmigkeit ist es kennzeichnend, daß die Idee der Rache und Blutrache in dieser Gedankenwelt ganz zu Haus ist. Sie wird auch von der kirchlichen Kreuzzugswerbung benutzt. Zunächst einmal sind es — was leicht verständlich ist — die populären Kreuzfahrerlieder, die von der Rache reden, die der Kreuzfahrer ausüben soll. In einem Lied von 1188 kehrt dieser Gedanke gleich zweimal wieder:

---

[23] Migne PL 214, 809.

[24] Migne PL 216, 905. — Vgl. dazu J. Greven in: Hist. Jahrb. 43 (1923) S. 23/24 und V. Cramer, Kreuzpredigt ..., S. 99. — Greven betont dabei mit allem Recht gegen Gottlob, Kreuzzugssteuern, daß die Heranziehung des Lehenswesens und des Lehensrechts nicht nur als ein rednerisches Bild angesehen werden darf. Vgl. auch U. Schwerin a. a. O.

[25] C. Cramer, Kreuzpredigt, S. 138. — J. Greven in: Hist. Jahrb. 43 (1923) S. 24/25. — R. Röhricht in: Ztschr. f. Kirchengeschichte 6 (1884) S. 550—572.

[26] Assises II, Chartes I, 479, von 1103.

„Nec habebit vindicem
Ubi Christus calicem
Passionis bibit...“

und:

„Crucis spretor crucem premit,
Ex qua fides pressa gemit
In vindictam qui non fremit...“ [27]

Ebenso redet ein Kreuzlied von etwa 1147 von der Notwendigkeit, der Rache Gottes zu dienen.

In einer Legende wird erzählt, daß die Kreuzfahrer als Märtyrer, während ein unglücklicher Ausgang der Schlacht drohte, in den Himmel gekommen seien mit dem Ruf: „Räche, o Gott, unser Blut, das für dich vergossen wurde.“ [28] Doch nicht nur Lieder und Legenden verwenden diesen Begriff. Auch Bernhard von Clairvaux redet in seinem Buch „De laude novae militiae“ davon, daß der Ritter „Christi Rächer“ sei[29]. So dringen durch diese Frömmigkeit des Gottesstreitertums Gedankengänge einer rein weltlichen Schlachten- und Kämpferwelt in die Frömmigkeit des christlichen Ritters ein. Sie werden nicht als Fremdkörper empfunden, sonst hätte ein Mann wie der heilige Bernhard den Begriff der Rache für Christus nicht verwenden können.

Wie für mittelalterliches Denken nicht anders zu erwarten, bezog der Gedanke von Gott oder Christus als Heerkönig auch überirdische Kräfte ein. Es ist nur eine Weiterführung desselben Gedankens, wenn auch die Engel und die Kämpfer unter den Heiligen als himmlische Heerscharen, unter Gottes unmittelbarem Befehl kämpfend und zusammen mit den Kreuzfahrern streitend, angesehen werden. Sie werden geradezu dem Heere zugerechnet. Einzelne oder auch ganze Heere glauben darum oft, diese Engel zu sehen oder ihre Botschaften zu hören. Engelerscheinungen sind auch sonst im Mittelalter häufig. Aber hier treten sie in einer sonst seltenen Funktion auf: als Mitstreiter in Gottes Sache. Wir können darum sehr wohl von einer besonderen, für die Kreuzfahrer charakteristischen Form des Engelsglaubens reden.

Meist wird von den Engeln im allgemeinen gesprochen[30]. Doch wird in

[27] Migne PL 155, 1289. — Sigebert von Gembloux = M. G. SS. VI, S. 367. — Balderich von Dol = Recueil, Hist. occ. IV, S. 101. — P. Rousset S. 105.

[28] Gesta Francorum VIII, 9, S. 193/194.

[29] De laude... 3, S. 924. Zahlreiche weitere Belege für den Rachegedanken der Kreuzfahrer s. P. Rousset a. a. O. S. 105/106. — Ebenso Recueil, Documents armén. I, 329 (Der Patriarch nach der Eroberung von Jerusalem).

[30] Wilhelm von Tyrus XVI, 12, S. 726. — Riccoldus de Monte Crucis, Epist. III, 29, S. 284. — Caffaro, De Liberatione = Mon. G. SS. XVIII, 40ff. — Annales Colonienses = M. G. Schulausgabe, S. 830. — Caesarius von Heisterbach VIII, cap. 66. — Gerhoch von Reichersberg, Comment. in psalmos XXXIII = M. G.: Libelli de Lite III, S. 431. — Historia de expeditione (Ansbert) = M. G. SS. Nova ser. V, S. 81. — Kreuzzugslied = Migne PL 155, 1292.

anderen Fällen auch ein einzelner Engel mit Namen genannt, am häufigsten der Erzengel Michael, so z. B. in dem Bericht über die Gründung des Ordens vom Flügel des heiligen Michael in Spanien (1172), wo der geflügelte Arm des Erzengels mit dem Schwert am Himmel gesehen wurde[31]. Dieser Glaube erhält sich noch lange. Denn noch in einem späteren Volkslied heißt es:

„Du unser Schutz- und Schirmherr bist,
du bist der himmlisch Capitain,
dein Kriegsheer alle Engel sein." [32]

Michael gilt als Führer der Engelheere. Auch Erzengel Gabriel wird genannt. Doch scheint er nicht in der Funktion des Mitstreiters vorzukommen, sondern als Deuter und Ausleger des Evangeliums[33]. In Walthers von der Vogelweide bekanntem Lied: „Der anegenge nie gewan" [34] werden trotzdem die drei Erzengel als Führer der himmlischen Engelchöre genannt. An alle drei gemeinsam wendet sich der Vorwurf, daß sie den Christen nicht genügend gegen die Muslime geholfen haben. Die Hilfe der Engel ist also nicht nur eine Gnade, sondern es besteht durch das Verhältnis des Kreuzfahrers zu seinem Herrn ein Anspruch darauf.

Häufiger noch erscheinen die ritterlichen Heiligen in gleicher Weise wie die Engel als Mitkämpfer des irdischen Kreuzheeres[35]. Vor allen anderen ist es Sankt Georg, der damit zum eigentlichen Schutzheiligen der Kreuzfahrer wird. Auch die bildende Kunst hat ihn oft als Kreuzfahrer dargestellt, so in dem Zyklus zu seiner Geschichte und Legende in der Burg Neuhaus in Böhmen (um 1300) und in dem Altarbild des Georgklosters in Prag (um 1460), wo er in Ritterrüstung mit dem roten Kreuz auf weißem Grund auf Schild und Schulter dargestellt ist[36]. Der Heilige ist in der Welt der Kreuzzüge aber

---

[31] H. Prutz, Kulturgeschichte, S. 93.

[32] L. Erk und F. M. Böhme, Deutscher Liederhort III, 2089.

[33] Oliverus Scholasticus, Hist. Damiat. 24, S. 204. Auf den Erzengel Gabriel wird aus ähnlicher Anschauung heraus auch ein Himmelsbrief zurückgeführt, der die Kreuzfahrer über den im Himmel zu erwartenden Lohn belehrt. Ekkehard, Hierosol., cap. 36, 4, S. 113, zu 1100—1115.

[34] Walther von der Vogelweide (Ausg. Lachmann) 79, 1—16, von 1220—1227.

[35] Gesta Francorum XXIX, 4, S. 374. — Robertus Monachus = Bongars, Gesta Dei per Francos, S. 64. — Balderich von Dol = Recueil, Hist. occ. IV, S. 77, von 1098. — Itinerar. reg. Ricardi I, 2, S. 7. — Epistola de morte Friderici imp. = M. G. SS. XX, S. 494. — Jacobus de Voragine, Legenda aurea LVIII, S. 264. — Raimund d'Agiles = Bongars S. 172. — Historia de expeditione = M. G. Nova ser. V, S. 81 und 83. — Annales Colonienses = M. G. Schulausgabe, S. 800. — Historia peregrinorum = M. G. SS. Nova ser. V, S. 163. — Aimeric de Belenoi = K. Lewent, Das altprovenzalische Kreuzlied (1905) S. 60. — R. Röhricht, Beiträge II, S. 162 f. — A. Krefting, St. Michael und St. Georg in ihren geistesgeschichtlichen Beziehungen (1937) S. 60 Anm. 1. — Ebenso erscheint in Dichtungen der heilige Georg als Vorkämpfer der Ritter in Not. — Reinbot von Durne, Der heilige Georg (Heidelberg 1907), ca 1231—1236. — Simon de Freine, Georgsgedicht, 1189 bis 1193.

[36] A. Krefting a. a. O. S. 75 u. 76. — H. Hagenmeyer, Briefe IX, S. 147.

nicht der Drachentöter, wie in späterer Zeit, sondern der Helfer im Kampf besonders bei der Befreiung heiliger Personen und damit auch heiliger Stätten[37]. Neben ihm kommen auch Merkur und Demetrius, Theodor, Blasius, Mauritius und Dionysius vor[38]. Einmal werden auch die auf dem Kreuzzug gefallenen Ritter als Helfer in der Schlacht neben den bekannten Heiligen genannt[39], aus dem Glauben heraus, daß die Gefallenen unmittelbar als Märtyrer in den Himmel eingehen.

An einer Stelle wird auch das Heilige Grab selbst personifiziert und in die Reihe dieser Helfer zum Sieg eingereiht[40].

Oft wird nur allgemein von einer Waffenhilfe oder einer Unterstützung durch die Heiligen und Engel gesprochen. Doch an einigen Stellen läßt sich deutlicher erkennen, in welcher Weise der Kreuzfahrer diese Hilfe sah. Einmal wird berichtet, daß ein Engel als Ritter auf weißem Roß das Heer in fremdem Land die kürzesten Wege und zu den besten Wasserquellen geführt habe[41]. Oder der Heilige erscheint als „Bannerträger des Kreuzheeres", als „Fahnenträger und Führer" oder als „Fahnenträger, Vorkämpfer und Helfer"[42]. Oder es wird erzählt, daß der Heilige dem Heer voranzog und es aufmunterte, ihm zu folgen[43]. Dabei bildet sich ein scharfgezeichnetes Bild des heiligen Georg heraus. Zu den verschiedensten Zeiten sah man ihn in gleicher Weise als „Ritter in weißer Rüstung mit dem roten Kreuz gekennzeichnet" oder auch als Ritter „mit weißem Gewand bekleidet und auf einem weißen Rosse sitzend"[44], und es wird zugefügt, daß er „mit einer Lanze in wunderbarer Weise auf die Scharen der Türken eingehauen habe".

Doch oft ist die Erscheinung der Kreuzfahrer weit reicher und umfassender. Vier Chronisten berichten in gleicher Weise, wie in dem harten Ringen der Kreuzfahrer vor Antiochia gegen das Entsatzheer unter Körbogha (1098)

---

[37] Ebd. S. 60/61.

[38] Gesta Francorum XXIX, 4, S. 374. — Robertus Monachus = Bongars, S. 64. — H. Hagenmeyer, Kreuzzugsbriefe IX, S. 147. — Rothelin 59, S. 590, von 1249.

[39] Robert von Reims = Recueil, Hist. occ. III, S. 796. — R. Röhricht, Geschichte des 1. Kreuzzuges, S. 127.

[40] Gesta Francorum XXXII, 3, S. 401. — Weitere Belege für Heilige als Helfer: Raimund d'Agiles 32 = Recueil, Hist. occ. III, 290. — S. Georg: Chron. Reinhardsbrunn = M. G. SS. XXX, 546. — C. Erdmann, Entstehung des Kreuzzugsgedankens, S. 258 u. 260. — Lexikon für Theologie und Kirche, hrsg. von M. Buchberger, IV, Sp. 392 ff., unter: Georg. — Ebd. VII, Sp. 161, unter: Michael. — Mon. Germ. Const. I, 3, S. 5, von 932: Michael. — L. Reynaud, Les origines de l'influence française ... (1913) S. 358 ff. — Widukind von Corvey, M. G. Schulausgabe 1935, cap. 38, S. 57 ff.: Michael.

[41] Wilhelm von Tyrus XVI, cap. 12, S. 726. — R. Röhricht, Geschichte ... Jerusalem, S. 241.

[42] Raimund d'Agiles = Bongars S. 172. — Robertus Monachus = Recueil, Hist. occ. III, S. 832. — Historia de expeditione S. 84.

[43] Epistola de morte Friderici imp. = M. G. SS. Nova ser. V, S. 176. — Jacobus de Voragine, Legenda aurea LVIII, S. 264.

[44] Jacobus de Voragine a. a. O. — Historia de expeditione S. 81.

ein Heer von unzähligen Rittern in weißen Rüstungen, auf weißen Pferden und mit weißen Fahnen von den Bergen herunter dem Kreuzheer zu Hilfe gekommen sei; ihre Führer seien die heiligen Georg, Mercurius und Demetrius gewesen. Hier kämpft also ein ganzes Engelheer unter Führung der Heiligen auch in der weißen Farbe der Rüstungen, Pferde und Fahnen, so wie sonst der heilige Georg erschien. Interessant ist dabei, daß nach einem der Berichte (Robertus Monachus) damals der geistliche Führer des Heeres, Bischof Ademar von Puy, die Erscheinung zuerst sah, mit lauter Stimme sie verkündete, so daß die Franken in ihrer Zuversicht gestärkt, die Feinde aber erschreckt wurden. Ein Führer sah also die Vision zuerst und zog dann das ganze Heer in seinen Bann[45].

Oft scheint eine Suggestionswirkung über die eigenen Reihen hinausgegangen zu sein und die Feinde entmutigt zu haben, in der Weise, daß die entgegenstehenden Muslime selbst an die Hilfe der Engelheere für die Christen glaubten. Vielleicht hat aber auch der Erfolg der ermutigten und begeisterten Kreuzfahrer sie selbst glauben lassen, die weichenden Feinde müßten auch die Engelheere gesehen haben; jedenfalls wird uns wiederholt von solchen Wirkung der Engelhilfe auf die Muslime erzählt[46]. In einzelnen Fällen ist aber auch nachweisbar, daß die mit neuer Vehemenz angegriffenen Muslime selbst die den Kreuzfahrern helfenden Heere der weißen Ritter auf weißen Pferden zu sehen glaubten und unter diesem Eindruck sich zur Flucht wandten. Ein Admiral Saladins berichtet davon[47]. Jedenfalls muß die Vorstellung des den Kreuzfahrern helfenden heiligen Georg in weißer Rüstung unter den muslimischen Kämpfern weitverbreitet gewesen sein. Sonst hätte es nicht geschehen können, daß bei dem Tod eines in weißer Rüstung und auf weißem Pferd kämpfenden Templers die Muslime glaubten, sie hätten St. Georg, den Vorkämpfer der Christen, zu Fall gebracht[48].

Diese Erscheinungen wiederholen sich, und zwar stets in derselben Form die ganze Geschichte der Kreuzzüge hindurch. Wo ernste Kreuzzugsbegeisterung zu finden ist und wo Not die Ritter bedrängt, wird von solchen Erscheinungen berichtet. Sie können als charakteristisch für die Denkweise der gesamten Kreuzfahrer angesehen werden[49].

Dabei vermischen sich für diese Ritter in ihrer Vorstellung die irdischen und die himmlischen Heerscharen. So unmittelbar glaubte man an die Gegen-

---

[45] Gesta Francorum XXIX, 4, S. 374. — Balderich von Dol = Recueil, Hist. occ. IV, S. 77, von 1098. — Robertus Monachus = Recueil, Hist. occ. III, S. 832. — Caffaro, Historia 44, S. 55.

[46] Epistola de morte Friderici, von 1190. — Caffaro, Historia 44, S. 55. — Balderich von Dol = Recueil, Hist. occ. IV, S. 77.

[47] Historia de expeditione, S. 82. — Auch die Annales Colonienses, S. 830, melden ähnliches. — Ebenso Caesarius von Heisterbach VIII, 66, S. 137.

[48] Itinerar. reg. Ricardi I, 2, S. 7.

[49] Gesta obsidionis Damiat. = Muratori VIII, S. 1089 und 1091 zu wiederholten Malen.

wart der Engel und Heiligen. So erklärt Papst Klemens III. im Jahre 1191 einmal, die Tempelritter seien den himmlischen Heerscharen zuzurechnen (militie celesti connumerati)[50]. Und in ähnlicher Weise sagt der Fortsetzer der Chronik des Wilhelm von Tyrus, daß einen damals gefallenen Ritter „ein doppelter Lorbeer und die Vollendung in beider Ritterschaft ausgezeichnet habe“[51]. Deutlicher kann die Kampfgemeinschaft der Ritter- und der Engelheere kaum ausgesprochen werden.

Eine eigenartige Weiterbildung dieses Glaubens ist darin zu sehen, daß christliche Ritter auch auf der muslimischen Seite solche den Ungläubigen helfenden überirdischen Gestalten zu sehen glauben. Eine arabische Quelle berichtet, daß ein Kreuzritter bei seiner Gefangennahme erklärt habe, er sei nicht von dem vor ihm stehenden Türken gefangengenommen worden, sondern von einem besonders großen Ritter in grüner Rüstung auf einem grünen Pferd[52].

Alles das fügt sich zu einem ganz einheitlichen Bild der streitenden und helfenden Engel und Heiligen zusammen, das augenscheinlich Gemeingut aller Kreuzfahrer aller Züge war. Aber es ist — und es ist wesentlich, das klar zu sehen — nicht allgemeines Glaubensgut dieser Jahrhunderte. Bernhard von Clairvaux hat ein besonderes Kapitel seines Buches „De consideratione“ den Engeln gewidmet (Angeli quomodo considerandi). Da finden wir aber eine ganz andere Engelsvorstellung, als wir sie bei den Kreuzrittern kennenlernten. Hier ist nichts gesagt von einem Kampf der Engel zusammen mit den irdischen Heeren, nichts von einer Schlachtenhilfe[53]. Hier scheiden sich zwei Arten der christlichen Frömmigkeit derselben Zeit. Die kämpferische religiöse Haltung der Ritter und speziell der Kreuzritter geht, das wird hier vollkommen deutlich, andere Wege als die ererbte Religiosität der Kirchenväter.

Zu diesem Bild der Gottesstreiter, der Lehensmannen Christi, muß noch ein Zug hinzugefügt werden, um seine Grundlinien zu vervollständigen: die bestimmte Hoffnung auf ewigen Lohn. Es erübrigt sich, dafür Belegstellen anzuführen. Denn diese Hoffnung spricht sich in allen Zeugnissen der Kreuzfahrerwelt aus. Schon die Rede Urbans II. von 1095 enthielt einen Hinweis darauf, und ebenso besonders nachdrücklich die Werberede des Martin von Paris, die wir oben kennengelernt haben. Auch im Kreuzzugslied kehrt diese Erwartung wieder.

„Hoc praemium rex dabit,
quod se manifestabit
huic qui bene pugnavit.
Jerusalem exulta!“[54]

---

[50] H. Prutz, Malteserurkunden 32/44, von 1191.
[51] Lat. Forts. d. Wilhelm von Tyrus III, XII, S. 126.
[52] Kamal ad-Dīn, Sahne 257, von 1119.
[53] De consideratione IV, S. 791 ff.
[54] Edélestand de Méril, Chant sur la conquête de Jérusalem, S. 256.

Man muß sich vor Augen stellen, wie ernst die Menschen des 11. und 12. Jahrhunderts die Höllenstrafen nahmen, um nachfühlen zu können, was die Aussicht auf Erlaß dieser Strafen und auf ewiges Leben als Lohn für die Kreuzfahrt bedeuten mußte. So werden denn auch so drastische Erzählungen verständlich, wie sie beispielsweise Caesarius von Heisterbach bietet. Er berichtet von einem Mann, dessen Frau nicht wollte, daß ihr Mann das Kreuz nähme, und darum auch nicht, daß er die Kreuzpredigt höre. Sie schloß ihn im Haus ein, der Mann aber hörte vom Fenster aus, welcher Lohn den Kreuzfahrern winke: die Vermeidung von Fegefeuer und Höllenqualen und der unmittelbare Zugang zum Paradies. Da hielt er es nicht aus und sprang „tief erschüttert und von Gott getrieben" aus dem Fenster mitten in die versammelte Menge hinein. Als erster nahm er das Kreuz, und viele andere folgten ihm nach. Eine solche Erzählung ist ein klares Zeugnis dafür, welch eine große Kraft diese Versprechungen himmlischen Lohnes gehabt haben.

Bei Étienne von Bourbon erscheint die Hoffnung auf Lohn geradezu als juristischer Anspruch an das Erbgut Christi, den die Kreuzfahrer als die wahren Söhne Christi, der Jungfrau Maria und der Kirche nach dem Erbrecht erheben können[55].

Auch die Dichter sprechen immer wieder von dieser Hoffnung auf den ewigen Lohn, der die Kreuzfahrer erwarte. Am bekanntesten sind wohl die Verse Walthers von der Vogelweide aus dem Lied des alternden Mannes:

„wolte got, wan waere ich der sigenünfte wert!
sô wolte ich nôtic arm man verdienen rîchen solt.
joch meine ich niht die huoben noch der hêrren golt:
ich wolte saelden krône êweclîchen tragen,
die mohte ein soldenaere mit sîme sper bejagen.
moht ich die lieben reise gevaren über sê,
sô wolte ich denne singen wol, und niemer mêr ouwê,
niemer mêr ouwê." [56]

Dieser Gedanke kehrt bei Walther noch häufig wieder[57]. Ebenso aber auch bei Hartmann von Aue[58], Otte von Bottenlouben[59], Rugge[60], Rubin[61] und Wernher[62].

Für den unmittelbaren Übergang der Kreuzfahrer ins ewige Leben hat ein Kreuzprediger einen eigentümlichen Vergleich. Er stellt ihn in Parallele zu dem Überspringen von Gräben mit langen Stangen, wie es in Flandern üblich ist. So werden die Kreuzfahrer mit dem Stab des Kreuzes das Fege-

[55] Étienne de Bourbon, Anecdotes historiques (1877) 197, S. 172.
[56] Walther von der Vogelweide (Ausg. Lachmann) 125, 1.
[57] Ebd. 13, 8; 77, 36. [58] Minnesangs Frühling 210, 29; 210, 7; 211, 3.
[59] Kraus, Liederdichter I, S. 314; XII, 1.
[60] Minnesangs Frühling 96, 19; 98, 4; 99, 18; 102, 26 u. a.
[61] Kraus, Liederdichter I, S. 345; VII, S. 3
[62] Von der Hagen, Minnesinger II, S. 235; VIII, 1.

feuer mit seinen Strafen überspringen und unmittelbar in den Himmel eingehen[63]. Man empfindet es auch als angemessen, wenn neben himmlischem auch irdischer Lohn als Gabe Gottes in Aussicht gestellt wird[64].

Auch an dieser Stelle mischen sich wieder ritterliche Ideen, wie Lohn und Sold, mit seit langem vorhandenen Begriffen der Kirche. Ohne weiteres wird der auf dem Kreuzzug fallende Ritter als Märtyrer bezeichnet und den alten Märtyrern der Kirche gleichgestellt. Wir sprachen schon davon, daß diese Kreuzfahrer-Märtyrer dann gelegentlich den himmlischen Heerscharen zugerechnet werden. Das Märtyrertum, das die Kirche so hoch preist, nehmen nun die Kreuzfahrer nicht nur mit Selbstverständlichkeit und Stolz auf sich, sondern sie suchen es geradezu[65]. Wir stoßen in den Berichten immer wieder auf ein solches Streben. So erzählt z. B. eine unserer besten Chroniken des ersten Kreuzzuges: „Viele, die an unserem Kreuzzug teilnahmen, glühten für Gottes Sache so, daß sie wünschten, ihr Leben zu verkürzen und sich mühten, bald eines glückseligen Todes zu sterben und mit Christo die ewige Ruhe genießen zu können. Dieser Art war auch ein Mann, den viele von uns gesehen und gehört haben, als wir vor Antiochia lagen. Er hörte damals einen niederträchtigen Menschen Gottes Namen schwer entehren und lästern. Das erregte seinen lebhaften Geist, und er widersprach dem mit Wort und Tat. Sofort gab er seinem Pferd die Sporen und rief allen, die im Kreis herumstanden, in größter Lebhaftigkeit die Frage zu: ‚Wenn jemand von euch im Paradies speisen will, so soll er nun mit mir kommen und mein Tischgenosse sein, denn ich will jetzt schon dorthin gehen.‘ Er legte seine Lanze ein, überrannte und tötete den ersten besten Muslim, wurde dabei aber im Töten selbst getötet. So starb er selig, ganz eingehüllt in Glauben und Hoffnung, beschirmt von Liebe. Wer hat ein Gleiches schon gehört? Kaum war er in die Erde versenkt, da wurde er schon im Himmel verherrlicht.“[66]

Von Eustachius, dem Bruder Gottfrieds von Bouillon, wird Folgendes erzählt: Er zog mit seinem Bruder Gottfried zusammen zum Heiligen Land. Unterwegs wurde Gottfried schwer verwundet und konnte nicht gleich wieder an einer Schlacht der Christen mit den Sarazenen teilnehmen. Da bat er seinen Bruder Eustachius, zwei Wochen bis zu seiner Genesung zu warten, damit sie dann gemeinsam wieder in den Kampf ziehen könnten. Eustachius aber antwortete ihm als echter Ritter Christi und in dem Verlangen, aufgelöst zu werden und bei Christus zu sein (Phil. 1, 23): Ich kann es nicht aufschieben, gegen die Feinde des Gekreuzigten anzugehen, denn ich würde großen Vorteil haben, wenn ich 15 Tage früher als Ihr zu Gott käme (kar grant avantage de venir a Deu iors plut tot ke vus). Er zog in den Kampf und wurde Märtyrer für Gott. Als seine Mutter davon Kunde erhielt, pries

---

[63] Étienne de Bourbon a. a. O. 101, S. 91/92.

[64] Guntherius Parisiensis = Migne PL 212, 227. — Fulcher III, 37, 7, S. 749. — K. Lewent, a. a. O. S. 68, gibt viele Belege aus den Troubadours.

[65] V. Cramer, Kreuzpredigt, S. 121. [66] Fulcher II, 27, 10—12, S. 476.

sie Gott, daß er sie gewürdigt habe, einem solchen Gott wohlgefälligen Sohn das Leben geschenkt zu haben." Dieser Tod des Grafen Eustachius ist zwar legendär, aber das ändert nichts an der sich hier aussprechenden Haltung der Kreuzfahrer dem Märtyrertum gegenüber[67].

Auch die Antwort der in der Schlacht von Hattin gefangenen Templer an Saladin zeigt denselben Geist. Saladin hatte ihnen nicht nur das Leben, sondern Frauen, Schätze und Land als ihr Herrschaftsgebiet angeboten, wenn sie seine Mannen werden und zum Islam übertreten wollten. Sie aber erklärten wie aus einem Munde, daß sie, so wie Christus für sie gestorben sei, nun auch für ihn sterben wollten[68].

Allgemein preist man darum die Gefallenen als Märtyrer. „Glückselig, wem der Herr solchen Ruhm zubilligt, daß er den Lorbeer der Märtyrer erhält und ihrem Kreis zugesellt wird, so wie er es in so vielen Schlachten verdient hat." [69]

In der Selbstaufopferung versuchten es auch Frauen, den Männern gleichzutun. So sind wohl zwei Berichte zu verstehen, die von einer sehr eigentümlichen Selbsthingabe von Frauen berichten. Ein arabischer Chronist erklärt einen Vorgang aus dem Jahre 1189 ausdrücklich auf diese Weise: 300 ausgesucht schöne Frauen landen in Akkon, um sich den Kreuzfahrern zur Verfügung zu stellen. Sie hätten ihr Opfer dem der Kreuzfahrer gleichgeachtet[70]. Was auch immer von diesem arabischen Chronisten zu halten ist, Albert von Aachen erzählt einen ähnlichen, wenn auch anders gelagerten Fall. Auf dem Marsch durch Anatolien überfielen die Muslime unter Kylydsch Arslan 1097 eine Abteilung der Kreuzfahrer und Pilger. Sie „töteten die Kreuzfahrer zu Fuß, die Mädchen, Frauen, Kinder und Greise ... Durch dieses grausame und ganz fürchterliche Morden geraten die zarten und vornehmsten Mädchen in Angst und Entsetzen, sie eilen, sich festlich zu schmücken, und bieten sich den Türken an, ob diese vielleicht, in Liebe zu den edlen Frauen entzündet, sich milde stimmen ließen und lernten, sich der Gefangenen zu erbarmen." [71] Es mag dahingestellt bleiben, ob es sich hier um einen Versuch dieser Mädchen handelt, durch ihre Hingabe ihr eigenes Leben zu retten, oder um eine Art weiblichen Opfers im Dienst der Sache der Kreuzzüge, also um einen Ausfluß religiöser Erregung ganz besonderer Art. Der Chronist faßte es jedenfalls so auf.

Dieser Kreuzfahrerglaube an Gottes Führung des Heeres mußte das seit dem frühen Mittelalter ausgeprägte Verhältnis zum Alten Testament neu

[67] Philipp von Oxford, Tractatus = V. Cramer, Kreuzpredigt, S. 21.

[68] Eracles S. 122 und 123 unten.

[69] Wilhelm von Tyrus III, 9, von 1189, S. 121.

[70] Abū Schāma, Zwei Gärten, S. 433.

[71] Albert von Aachen II, 39, S. 330: „Hac crudelitate atrocissimae necis stupefactae ac pavidae tenerae puellae et nobilissimae vestibus ornari festinabant, Turcis se offerebant, ut saltem amore honestarum formarum accensi et placati discant captivis misereri."

beleben, besonders die Erinnerungen an die Führung des Volkes Israel als des auserwählten Volkes aus Not zum verheißenen Land, dessen Hauptstadt Jerusalem werden sollte. So kann es denn nicht verwundern, wenn wir solche Anspielungen sehr häufig finden. Man sieht Prophezeiungen von Jesaja in den Kreuzzügen erfüllt[72], ebenso wie man die Gerechtigkeit Gottes in den Siegen der Israeliten sowohl wie der Kreuzfahrer bestätigt findet. Die Kenntnis des Alten Testamentes muß damals sehr weit verbreitet gewesen sein, wie die vielen im 12. Jahrhundert entstandenen Übersetzungen in die Landessprachen zeigen, wahrscheinlich gerade um dieser Parallelen zur Kreuzzugsgeschichte willen angefertigt. In einem Fall läßt sich das besonders deutlich erkennen. Wir besitzen nämlich in dem Gesamtwerk der „Bibel von Saint-Louis" eine altfranzösische Übersetzung des Buches der Richter, das seinem Prolog zufolge für die Templer oder Johanniter geschrieben worden ist[73]. Das Interesse an diesen alttestamentlichen Büchern ist leicht verständlich. Denn die daraus erwachsende Überzeugung, die Prophezeiungen des Alten Testamentes auf sich anwenden zu können, selbst in gleicher Weise erwähltes Volk zu sein und aus Ägypten ins Gelobte Land geführt zu werden, war im Mittelalter allgemein verbreitet, jetzt aber besonders geeignet, den Kreuzfahrerglauben und die Zuversicht des Gottesstreitertums zu verstärken[74].

Doch die Eigenart der Kreuzfahrerfrömmigkeit ist nicht zu erfassen, wenn wir unsere Aufmerksamkeit nur auf den Inhalt dieses Glaubens richten. Schon die oben geschilderte Ungeduld, Märtyrer zu werden, zeigte eine ganz besondere Erregung in der Frömmigkeit dieser Männer. Sie zeigt sich überall in den Kreuzzügen und verbindet sich mit einer eigentümlichen Steigerung alles religiösen Empfindens. Ja, auch ein Blutrausch kann dann über die sonst so sachlichen Ritter kommen. Es ist eine ständige Bereitschaft zur Ekstase, die die Kreuzzugsritter kennzeichnet. Nur wenn man diese Verfassung sich recht vor Augen stellt, wird man die Frömmigkeit der Kreuzzüge in ihrer Eigenart voll erfassen können.

Zunächst einmal fällt schon überall in den Berichten auf, wie viele Tränen diese harten Kriegsmänner vergießen. Wenn auch Tränen im Mittelalter nichts Seltenes sind, so zeigen doch z. B. die Schilderungen des Eindrucks von Kreuzzugspredigten auf die Hörer eine Tränenfülle, die über das im Mittelalter sonst Gebräuchliche weit hinausgeht. Wir greifen ein beliebiges Beispiel

[72] Jesaja 60, 9 10: Adducam filios tuos de longe, argentum eorum et aurum eorum cum eis, in nomine Domini Dei tui, et sancto Israel, quia glorificavit te. Aedificabunt filii peregrinorum muros tuos, et reges eorum ministrabunt tibi . . ., angeführt bei Robertus Monachus = Recueil, Hist. occ. III, S. 882.

[73] M. Melville, La vie des templiers (1951) S. 81.

[74] Diesen Beziehungen zum Alten Testament ist P. Rousset, Les origines . . ., sehr eingehend nachgegangen. Frappierend ist dabei die Parallele, die er zu Cromwells Verhältnis zum Alten Testament zieht. Vgl. S. 80, 182 f., bes. aber 186 f., 189 ff. und 192.

heraus. Über den Kreuzzugsprediger Martin von Paris wird berichtet: „Als der verehrte Mann so gesprochen hatte, waren alle Anwesenden lebhaft ergriffen; da hättest du sehen können, wie die Tränen über sein Gesicht wie über die Wangen aller anderen herabströmten, da hättest du ein Schluchzen, Weinen und Seufzen hören können und andere Zeichen der Art, wie sie die innere Zerknirschtheit anzeigen." [75] Bekannt ist auch die Szene, wie die Kreuzfahrer, als sie zuerst Jerusalem erblickten (am 7. Juni 1099), in tiefer Ergriffenheit auf die Knie fielen und unter strömenden Tränen Gott lobten und priesen [76]. Die in der ganzen Kreuzzugsgeschichte immer wiederkehrenden sehr demütigen Prozessionen, oft mit bloßen Füßen, ergänzen dieses Bild einer Frömmigkeit, die nach einem gesteigerten Ausdruck verlangt.

Häufig spricht sich diese Begeisterung, diese alles überwindende Steigerung des Gefühles auch in jauchzender Freude aus. Wir hören, daß die Kreuzfahrer „zum Kampf zogen fröhlich mit Jubelliedern und freudig süßen Gesängen" [77], und Hartmann von Aue singt:

„Swenn ich in Kristes schar
mit fröiden wünneclichen var ..." [78]

Ja, wir stoßen sogar auf eine selbstgewollte Steigerung des Schmerzes. Jakob von Vitry berichtet: „Ein edler Ritter, von dem wir gelesen haben, ließ, als er über das Meer ausfahren wollte, seine kleinen Söhne, die er zärtlich liebte, zu sich bringen, sah sie lange an und umarmte sie. Da sprachen seine Leute zu ihm: ‚Laßt doch jetzt eure Knaben gehen und marschiert ab. Denn viele erwarten euch, um euch zu geleiten!' Er aber sagte zu ihnen: ‚Ich habe meine Söhne vor mich bringen lassen in gesteigerter Liebe zu ihnen, damit ich noch in größerer Beklemmung des Herzens sie verlasse für Christus und damit ich auf diese Weise mein Verdienst vor dem Herren vermehre.'" [79]

Man war sich wohl bewußt, damit die Grenzen einer vernünftigen Lebensgestaltung zu verlassen. Ein Wort Heinrichs von Albano, des großen Kreuzzugspredigers, scheint das zu erweisen. Er sagt, das Verdienst solchen Kreuzfahrerglaubens sei um so größer, da keine menschliche Vernunft seine Berechtigung erweisen könne [80].

Doch erinnern wir uns, daß diese Erregung und Übersteigerung des Gefühles ihren Platz mitten in erbitterten Kämpfen hat. So liegt es nahe, daß sie auch in einem Blutrausch ihre Entladung finden kann. Das tritt am klar-

---

75 Migne PL 212, 228.

76 Albert von Aachen V, 45, S. 462/463. — Wilh. von Tyrus VII, 25, S. 318 u. a.

77 Albert von Aachen VI, 43, S. 492/493.

78 Minnesangs Frühling 211, 18. Daß sie singend in die Schlacht zogen, wird auch an anderen Stellen berichtet z. B. Emo = M. G. SS. XXIII, 480, zu 1217.

79 Jakob von Vitry, Exempla 124/157.

80 Heinrich von Albano, Tractatus XIII, 357, gelegentlich des Aufbruchs zum dritten Kreuzzug.

sten in Erscheinung bei der Eroberung Jerusalems. Alle Hoffnung, alles Streben hatte sich auf diesen Augenblick konzentriert. Ungeheure Anstrengungen waren nötig gewesen, bis man im Besitz der Stadt war. Jetzt wütete man. Die Aksa-Moschee hatte noch lange zähen Widerstand geleistet. Nun machte man alle Muslime, die man dort fand, hemmungslos nieder. Auch Frauen, Greise und Kinder wurden nicht geschont. Die Zahl der hier getöteten Menschen wird von den Quellen sehr verschieden geschätzt. Die Zahlen schwanken zwischen 100 000 und 10 000[81]. Jedenfalls haben die Franken selbst, wie Wilhelm von Tyrus und andere berichten, Abscheu und Ekel darüber verspürt. Selbst wenn die kleinste Zahl richtig ist, bedeutet das schon ein schauerliches Blutbad. Ein besonders häßliches Bild malt Michael der Syrer (also ein christlicher, kein feindlicher Chronist): Der Patriarch zog eine Straße entlang und mordete auf seinem Weg alle Ungläubigen. So kam er zur Kirche des Heiligen Grabes, die Hände mit Blut verklebt am Griff seines Schwertes. Dort wusch er sie mit den Worten des Psalmes: ‚Der Gerechte freut sich in dem Herren, wenn er solche Rache sieht, die er ausführt. Er wird seine Hände baden im Blute des Gottlosen.' Dann feierte er die heilige Messe und sagte, er habe niemals ein Gott wohlgefälligeres Opfer gebracht."[82] Unmittelbar nach diesem Morden reinigten sich die Kreuzzugsfürsten und traten eine demütige Prozession an. Hier zeitigt also die fromme Erregung der Kreuzfahrer am Punkte ihrer höchsten Steigerung und Erhitzung bei der endlichen Eroberung der Heiligen Stadt ein schauerliches Blutbad. Ja man war sogar im Augenblick überzeugt, ein Gott wohlgefälliges Werk zu tun, da er ja die Eroberung befohlen hatte, bis dann der aufsteigende Ekel Ernüchterung und Abscheu vor sich selbst brachte. Davon suchte man sich durch die Prozession zu befreien. So nahe können in solchen Augenblicken Gefühlsäußerungen ganz verschiedener Art nebeneinanderstehen. Eine solche religiöse Erregung kann nicht nur die Höhen des Menschen, sondern auch die dämonischen Tiefen des Bösen im Menschen erschließen und hervorquellen lassen.

Diese Berichte mögen genügen, um die Steigerung und Übersteigerung des religiösen Gefühls in den Kreisen der Kreuzfahrer zu zeigen und auch damit ihre Frömmigkeit zu charakterisieren. Verständlich wird diese Art der Frömmigkeit einmal aus dem jugendlichen frischen Empfinden, mit dem die germanischen und keltischen Völker in die Welt des Christentums eintraten. Denn wenn sie auch schon jahrhundertelang den christlichen Namen trugen, begann doch das Christentum erst langsam innerlich ihr persönliches Eigentum zu werden. Tritt das aber ein, so stellen diese Menschen sich mit ihrer ganzen ungestümen Kraft in den Dienst der christlichen Sache, so wie sie sie verstehen, ganz besonders aber wenn, wie in den Kreuzzügen, der Ruf spe-

---

[81] Mirat ez Zemān: 100 000, Al-Athīr: 70 000, Fulcher: 10 000, Roger von Wendower: 10 000.

[82] Recueil, Documents armén. I, 329.

ziell an die Ritterschaft erging und in Formen zu ihnen kam, die ihrem gewohnten Denken entsprachen. Ein neues Selbstbewußtsein als Gottesstreiter und damit eine neue Selbsteinschätzung, nicht als einzelne, wohl aber als Ganzes der Kreuzritterschaft, war die Folge, und auch das trug wiederum zur Erhöhung des Lebensgefühls und der damit eng verbundenen Frömmigkeit dieser Ritter bei.

Doch noch einiges müssen wir zur Charakterisierung dieser Frömmigkeit zufügen. Zunächst einmal die große Bereitschaft, Erscheinungen und Wunder zu erleben und Berichten von solchen zu glauben und sie weiterzutragen. Doch treten Wunder und Erscheinungen nicht zu allen Zeiten gleichmäßig auf, sondern in Zeiten besonderer Erregung: bei dem Entschluß zur Kreuznahme und in Augenblicken besonderer Gefahr oder besonders schwerer Entscheidungen auf den Kreuzzügen selbst.

So knüpfen sich an die Kreuzzugswerbung Urbans II. und den darauf folgenden begeisterten Aufbruch viele solche Berichte. Die Chronik von Ekkehard von Aura und die Rosenvelder Annalen sind voll davon[83]. Sie enthalten nicht gerade viel Außerordentliches, aber die Häufung ist erstaunlich. Sie erzählen von Kometen und Meteoren ungewöhnlicher Art, von blutigroten Wolken und anderen Himmelserscheinungen, deren besondere Formen auf den Kreuzzug gedeutet werden können. Andere haben am Himmel kämpfende Ritter gesehen, von denen der Sieger ein großes Kreuz trug, oder eine Stadt hoch in den Wolken, zu der Scharen von Rittern und Pilgern zogen. Auch von einer Stigmatisierung mit dem Kreuzeszeichen wird berichtet. Dabei werden auch altheidnische Vorstellungen aufgewühlt. Denn Ekkehard erzählt, daß damals das Gerede ging, Karl der Große sei für diesen Kreuzzug von den Toten auferstanden und noch ein anderer, dessen Namen er nicht nennen wolle. Gemeint ist damit augenscheinlich einer der alten Götter.

Ähnliche Wundererscheinungen wiederholen sich bei den Werbungen zu den folgenden Kreuzzügen, und die Kreuzzugsprediger berichten davon[84]. Oft sind es Himmelserscheinungen, wie 1095, oder auch Marienvisionen.

Die Grenzen zum Magischen sind fließend, so wenn dem Kreuz, das die Kreuzfahrer sich bei der Kreuznahme anheften, Wunderkraft zugeschrieben wird. Ein Kreuzfahrer rät seiner unmittelbar vor dem Gebären stehenden Frau, sich mit dem Mantel zuzudecken, der schon das Kreuzfahrerkreuz trägt. Sie tut es, und die Geburt verläuft fast ohne Schmerzen[85]. Auch die Kraft böser Dämonen über einen Menschen kann die Kreuznahme brechen, ja selbst die Kreuznahme eines Freundes kann den anderen Freund von der

---

83 Ekkehard von Aura, Chronicon Universale = M. G. SS. VI, S. 208 (1096) ff., S. 220 (1101). — Annales Rosenveldenses = M. G. SS. XVI, S. 101, zu 1096.

84 Oliverus Scholasticus, Hist. Damiat., S. 173/174. — Marino Sanuto III, 11, 6. — Jakob von Vitry, Exempla 121, S. 55. — Étienne de Bourbon a. a. O. 99, S. 90.

85 Caesarius von Heisterbach X, 22. Bd. II, S. 234.

Gewalt böser Dämonen erlösen, wenn das Kreuzzugsgelübde für diesen Freund geleistet wird[86].

Himmelserscheinungen, Visionen und Wunder begleiten die Kreuzfahrer auf allen ihren Zügen. Doch hörten wir schon, daß sie in Zeiten besonderer Not sich häufen. So in den ersten Monaten des Zuges[87], vor dem Fall von Antiochia[88], vor der Einnahme Jerusalems[89], vor der Übergabe von Akkon[90] und vor der unglücklichen Schlacht von Hattin[91].

Eine besondere Gruppe solcher wunderbarer Erscheinungen stellen diejenigen dar, die die Gefallenen als Märtyrer erweisen sollen. Der Märtyrerglaube verlangte nach einem solchen sichtbaren Zeichen als Beweis für die Aufnahme der gefallenen Kreuzritter ins Paradies. So berichtet Fulcher[92], daß, als ein Kreuzfahrerschiff gestrandet war, die aufgefundenen Leichen der Ertrunkenen mit einem Kreuz gezeichnet gewesen wären, ebenso wie nach der Schlacht von Hattin die Leichen der dort Gefallenen in einem Feuer göttlichen Lichtes gestrahlt haben sollen[93]. Dem entspricht es, wenn von einem Gefangenen vor Antiochia, der sich geweigert hatte, seine Kameraden durch Zurufe zu entmutigen, sondern sie vielmehr anfeuerte, erzählt wird, daß sein Haupt, als es abgeschlagen den Christen zugeworfen wurde, ein himmlisches Lächeln aufwies. Auch die Gefallenen hätten dieses frohe Lächeln gezeigt[94].

Eine andere Gruppe von Erscheinungen entspringen der Verehrung für einen der Führer. Vor allem ist es Herzog Gottfried, der so gepriesen wird. Ein Ritter träumt, er sähe ihn verklärt auf dem Berge Sinai von zwei himmlischen Gestalten gesegnet und als Führer des christlichen Volkes gekennzeichnet[95], während ein Kleriker im Traum sieht, wie Vögel aller Arten in unendlicher Menge zu Herzog Gottfried hinfliegen und sich um ihn scharen[96].

Andere Traumgesichte lassen unerfreulichere Schlüsse ziehen. So wenn einer aus dem Gefolge Gottfrieds träumt, dem Mundschenk des Herzogs sei es nicht gelungen, mit seinem Herren die Himmelsleiter zu ersteigen, wohl aber dann ihm selbst. Die gegenseitige Eifersucht und Herabsetzung auf dem Gebiete der Frömmigkeit gehört zu den übelsten Erscheinungen, der Kehrseite der hier sich zeigenden religiösen Haltung[97].

In Jerusalem stand in den Jahrzehnten nach der Eroberung das Osterfeuer als Wunder im Mittelpunkt des religiösen Lebens. Es hatte seinen Ruf schon

---

[86] Étienne de Bourbon 30, S. 37; 98, S. 89.

[87] Ekkehard, Hierosol. = M. G. SS. VI, S. 265 ff. — Otto von Freising, Chron. VII, 7 = M. G. Schulausgabe, S. 300/301. — Eracles XXXIV, 6, S. 450, von 1265.

[88] Fulcher I, 20, 1, S. 244 ff.

[89] R. Röhricht, Geschichte der Kreuzzüge im Umriß, S. 49/50.

[90] Lat. Forts. d. Wilhelm von Tyrus III, XXIII, S. 140/141.

[91] Itinerar. reg. Ricardi I, 5, S. 14. — Lat. Forts. d. Wilhelm von Tyrus I, XIII, S. 69.

[92] Fulcher I, 8, 3, S. 169. [93] Itinerar. reg. Ricardi I, 5, S. 16/17, von 1187.

[94] Étienne de Bourbon a. a. O. 100, S. 99.

[95] Albert von Aachen VI, 34 u. 35, S. 486/487.

[96] Ebd. VI, 36 u. 37, S. 487/488. [97] Ebd. VII, 26 u. 27, S. 523/524.

vor der Einnahme Jerusalems und galt als ein Beweis für die Wahrheit des Christentums. Es bestand darin, daß in der Osternacht am Karsamstag das Feuer der Grabeskirche sich selbst entzündete, d. h. von Gott entzündet wurde. Es wurde augenscheinlich auch von den Muslimen viel beachtet. Denn 1184 soll der Tartarenchan gesagt haben, er wolle an Ostern in Jerusalem sein, um das Osterwunder zu sehen. Das solle entscheidend sein in der Frage, ob er zum Christentum übertreten werde[98]. Die Erregung, die ganz Jerusalem und Palästina ergriff, wenn einmal das Osterfeuer nicht am Karsamstag, sondern erst am folgenden Tag erschien, muß außerordentlich gewesen sein. Nach dem Zeugnis von Bartolf von Nangis hat sich König Balduin I. mit dem Gedanken getragen, die Krone niederzulegen und auf seine Herrschaft zu verzichten, weil unter seiner Regierung, aber nie unter der eines anderen, das Feuer ausgeblieben sei. Es kam nicht dazu, da das Feuer dann doch noch erschien, aber die ungeheure Erregung des um solche Wundererscheinungen kreisenden religiösen Lebens wird aus dieser Absicht des Königs unmittelbar deutlich. Und Balduin I. war sicherlich kein Schwärmer. Dabei muß die Massenerregung rings um das Osterwunder besonders groß gewesen sein[99].

In der Welt der Kreuzfahrer hatten auch die Reliquien eine ganz besondere Bedeutung. Ich denke hier nicht an die Venetianer, die die Kreuzzüge benutzten, um überall im Morgenland Reliquien zu stehlen und zu rauben. Das steht auf einem anderen Blatt. Aber zwei Reliquien hatten für das Leben aller Kreuzfahrer im Kampf mit den Ungläubigen eine große Wichtigkeit: die in Antiochia aufgefundene heilige Lanze und später das heilige Kreuz.

Die Auffindung der heiligen Lanze in Antiochia beruht augenscheinlich auf einem ziemlich groben Betrug[100]. Petrus Bartholomäus hatte sie vergraben und fand sie in dem geeigneten Augenblick wieder. Aber das ist für uns in diesem Zusammenhang belanglos. Die starke Wirkung dieser Auffindung der heiligen Lanze ist für uns hier entscheidend. Aus allen Berichten ersehen wir, daß vorher den Kreuzfahrern aller Mut entfallen war. Dem Zusammentreffen von Strapazen, Hunger, Krankheit und heftigem Widerstand mit der Bedrohung durch ein großes heranrückendes Heer hatten viele keine Kraft mehr entgegenzusetzen. Gar manche verließen heimlich das Lager, um nach Hause zurückzukehren. Alle Aktivität war lahmgelegt. Alles schien ver-

---

[98] Salimbene, zu 1284 = M. G. SS. XXXII, 537/538.

[99] Berichte über das Osterfeuer vom Codex L des Fulcher, von Bartolf von Nangis, von Guibert von Nogent, wiedergegeben in der Ausgabe Fulchers von H. Hagenmeyer, S. 831—837. — Dazu Ekkehard, Hierosol. 32, S. 276 ff. — Albert von Aachen VIII, 44, S. 583. — Matthaeus von Edessa = Recueil, Documents armén. I, 67, zu 1102. — Itinerar. reg. Ricardi V, 16, S. 328.

[100] Das beweist der ablehnende Bericht von Radulf von Caen. Auch Fulcher ließ den Glauben an die Echtheit der Lanze bald fallen, als das gegen den Finder angestrengte Gottesurteil zu seinen Ungunsten entschied.

loren. Da wurde die heilige Lanze gefunden, die als ein Unterpfand der Hilfe Gottes für sein Heer gelten konnte. Das gab den Massen wieder Mut und Hoffnung. Die Gesta Francorum berichten: „Sie nahmen die Lanze an mit großer Freude und Ehrfurcht. Es entstand eine ungeheure Fröhlichkeit in der ganzen Stadt. Zu dieser Stunde faßten wir den Entschluß zum Kampf ..."[101] Und das Heer der Kreuzfahrer erfocht daraufhin einen glänzenden Sieg über die zahlenmäßig weit überlegenen Scharen Körboghas. Die Lanze aber wurde in dieser Schlacht dem Heer vorangetragen. Das war wesentlich. Der offizielle Bericht, den die Kreuzzugsführer an Papst Urban II. sandten, sagt darüber: „... Wir waren alle so verzweifelt und mitgenommen, daß viele von uns, durch Hunger und viele andere Nöte dem Tode nahe, unsere Pferde und Esel töteten und sie aßen. Aber da kam des allmächtigen Gottes gütiges Erbarmen uns zu Hilfe und schützte uns. Wir fanden nämlich die Lanze des Herren, mit der von den Händen des Longinus die Seite unseres Heilandes durchbohrt worden war ... Durch ihre Auffindung und andere zahlreiche göttliche Offenbarungen wurden wir so gestärkt und ermutigt, daß wir, die wir eben noch niedergeschlagen und ängstlich waren, nun voll großer Kühnheit und starkem Kampfeseifer waren und andere noch ermutigen konnten."[102] Ähnlich berichtet in poetischer Form die Kaiserchronik:

„sie vunden daz hailige sper.
die reken ellende
rachten ûf ir hende
mit hungerigem lîbe
huoben si sich ze wîge,
si sluogen in ainer stunt
der haiden mêr denne fiunfzech tûsunt."[103]

Hier stehen wir also vor einer pia fraus, die die allergrößten Wirkungen hatte. Und auf diese kommt es uns an. Denn sie verraten die Bereitschaft der Masse der Kreuzfahrer, auf einen gegebenen religiösen Anlaß hin — denn religiös bleibt er trotz des Betruges für die Kreuzfahrer, die daran glaubten — eine ungeheure seelische Kraft zu entwickeln, die körperliche Entkräftung wie die psychische Schwächung angesichts der großen Gefahr zu überwinden.

Ähnliche Schlüsse lassen sich aus der Geschichte des heiligen Kreuzes ziehen. Es ist das Feldzeichen der Franken, aber nicht nur ein Feldzeichen in gewöhnlichem Sinn, sondern eines mit besonderer siegverleihender Kraft, mit Königsheil würden die heidnischen Vorfahren gesagt haben. Es ist das Unterpfand der Führung und Hilfe Christi. In ihm manifestiert sich die helfende,

---

[101] Gesta Francorum XXVIII, 1, S. 362/363.

[102] H. Hagenmeyer, Kreuzzugsbriefe XVI, S. 93—100, 161—165, 341—358. — Ebenso Fulcher I, 24, 1 ff., S. 258 ff. die ganze Rede: das Zitat Absatz 7 ff.

[103] Kaiserchronik 16671 ff. = Mon. Germ., Deutsche Chroniken I, S. 382.

schützende Macht Gottes. Fulcher erklärt, daß „Gott durch die Kraft seines glorreichen Kreuzes den Christen den Sieg verliehen habe“ [104]. Das persönliche Vertrauen der Kreuzfahrer auf Gottes Hilfe kann ganz zurücktreten vor dem vertrauenden Glauben an die Macht der Reliquie selbst.

Eine Kampfszene, die Wilhelm von Tyrus uns erzählt, zeigt diese Kraft der Reliquie. In dieser Schlacht wurden die Franken besonders hart bedrängt durch das Feuer und den Rauch des von den Feinden in Brand gesteckten Dornengebüsches. Da ruft das ganze Heer dem Träger des heiligen Kreuzes, dem Erzbischof von Nazareth, zu: „Bitte für uns, Vater, und errette uns durch das Holz des lebenspendenden Kreuzes, das du in den Händen trägst ... von diesen Übeln!“ Der Erzbischof erhebt daraufhin das Kreuz gegen den ihm heftig entgegenschlagenden Brand, und siehe, der Wind drehte sich in demselben Augenblick und trieb das Feuer und den Rauch gegen die Feinde [105].

Auch die Muslime kennen die Bedeutung des heiligen Kreuzes für die Christen sehr wohl. Abū Schāma schreibt von ihm: „Dieses Kreuz hatten sie mitgenommen, da es sie stark machte im Kampf; kein anderes hat solchen Wert, und sein Verlust wurde höher angeschlagen als die Gefangennahme des Königs. Gleich einem Gott erwiesen sie ihm Anbetung, ihre Stirnen neigten sich vor ihm in den Staub, und ihre Stimmen sangen ihm Lob. Für dieses Kreuz waren sie zu jedem Opfer bereit.“ [106]

„Lignum crucis
Signum ducis
Sequitur exercitus,
Quod non cessit
Sed praecessit
In vi sancti Spiritus“ [107],

sangen die Kreuzfahrer. Natürlich war die Trauer, ja die Verzweiflung groß, als in der Schlacht von Hattin dieses Kreuz in die Hände der Feinde fiel [108]. Der Ausgang der Schlacht wurde zum Schluß noch dadurch bestimmt, daß nach dem Verlust des Kreuzes der Widerstand der Christen erlahmte [109]. Als nach der Eroberung von Akkon 1191 die Aussicht bestand, das Kreuz wiederzugewinnen, war die Freude und Erregung außerordentlich groß, und ebenso gewaltig die Empörung, als Saladin die Reliquie nicht auslieferte [110].

---

104 Fulcher III, 5, 4, S. 631. — Ebd. II, 21, 14, S. 453.

105 Wilhelm von Tyrus XXI, 11, S. 414.

106 Abū Schāma (Goergens) 61. Entsprechend Al-Athīr 685, S. 583, zu 1187/1188.

107 Migne PL 155, 1289. — Weitere Belege für das Vorantragen des Kreuzes in der Schlacht: Fulcher II, 7, S. 401. — Oliverus Scholasticus Brief 3/298, von 1218. — Rothelin 59, S. 590, von 1249. — Lat. Forts. d. Wilhelm von Tyrus I, V, S. 56.

108 Z. B. Lat. Forts. d. Wilhelm von Tyrus I, XIII, S. 70. — Heinrich von Albano, Tractatus XIII, 353.

109 Siehe oben Anm. 106 u. 108.

110 Eracles XXIV, 2, S. 177. — Durch diese Erregung ist auch ein Stück weit die

Wir hatten schon oben gesehen, wie diese Frömmigkeit gestaltend auch in die Welt der Engel vorstößt. Doch damit ist es nicht genug. Auch das Bild Gottes selbst nimmt ritterliche Züge an, wird feudalisiert. Es ist nach allem, was wir kennengelernt haben, nicht mehr überraschend, wenn die Gesta Francorum an einer Stelle von „dem allmächtigen und kriegsgewaltigen Gott" der Christen reden [111]. In der Literaturgeschichte hat man angesichts von Äußerungen der mittelhochdeutschen Dichter über Gottes Art von einem „höfischen Gott" gesprochen, an den der Ritter glaubt [112]. Hier ist das Richtige erkannt. Denn Gott, der als Lehensherr seinen Lehensmann, den abendländischen Ritter, zur Heeresfolge entbietet, ist als Ritter gesehen. Nur würde ich lieber von einem ritterlichen Gott als von einem höfischen sprechen, wenn auch Hartmann von Aue [113], Gottfried von Straßburg [114] und Wolfram von Eschenbach [115] diese Bezeichnung verwenden oder doch von Gottes hövescheit reden. Denn „höfisch" hat für uns heute einen anderen und besonderen Klang. Auch in den Kreuzzugsberichten trägt das Gottesbild diese fürstlich-ritterlichen Züge. Der eingehende Vergleich, den Fulcher von Chartres zwischen König Balduin und Gott als dem rechten König anstellt [116], setzt Gott in Rittergestalt voraus. Ebenso aber auch die Aufkündigung der Treue nach dem Widerstandsrecht wegen Treulosigkeit des göttlichen Herren, wie wir sie bei der in Anatolien stehenden Heeresgruppe Widos kennenlernten [117]. Auch aus dem an Kaiser Otto IV. gerichteten Spruch Walthers von der Vogelweide [118] spricht dieselbe Gottesvorstellung. Denn Walther betrachtet sich selbst als „frônebote" des Gottes, der das Himmelreich innehat, gesendet von ihm an den Kaiser als den Herren des irdischen Reiches, Gottes Vogt; als „frônebote" bringt er dem Kaiser von Gott, seinem Herren, Anweisungen, wie er an seiner Stelle richten soll. Anthropomorphe Vorstellungen von Gott kennen alle Zeiten der Religionsgeschichte, hier ist es spezieller noch ein von einem einzelnen (allerdings für das Ganze maßgebenden) Stand geschaffenes Bild Gottes, das die Züge dieses ritterlichen Standes trägt und dessen Verhältnis zum Menschen auch von Vorstellungen bestimmt wird, die diesem einen Stand eigentümlich sind. Es ist die volle Feudalisierung des Gottesbildes und der Frömmigkeit. Auch über solche einzelne Äußerungen hinaus spiegelt sich in der Literatur der Zeit die Kreuzfahrerfrömmigkeit in allen ihren Zügen wieder. Lyrische wie epische Werke, französische, provenzalische, deutsche und andere abendländische Dichtungen bezeugen sie [119].

---

daran sich anschließende Ermordung der Geiseln durch Richard Löwenherz zu verstehen.

[111] Gesta Francorum XXII, 4, S. 325/326.

[112] H. Naumann, Ritterl. Standeskultur um 1200, S. 45 = Buchreihe d. Deutschen Vjschr. 17 (1929). [113] Erek 3461, 5517.

[114] Tristan 15 556. [115] Parzival 148, 26. [116] Fulcher III, 21, 2, S. 673.

[117] Siehe oben S. 10/11. Vgl. auch R. Grousset, Heldenlied, S. 141.

[118] Walther von der Vogelweide 12, 6—17.

[119] Von der Literaturgeschichte aus sind diese Zusammenhänge in den letzten

Es würde zu weit führen, einzelne Dichter zu diesen Fragen zu hören. Denn die Kreuzzüge beschäftigen sie fast alle mittelbar oder unmittelbar, alle haben irgendwie Teil an der für die Kreuzfahrer charakteristischen Denkweise. Ordericus Vitalis wies damals schon mit Recht darauf hin, daß die Philosophie und die Poesie seiner Zeit keinen dankbareren und größeren Stoff habe als die Kreuzzüge[120]. Fragen wir nach einzelnen Namen solcher den Kreuzzugsgeist bezeugenden Dichter, so sind von den Provenzalen vor allem zu nennen: Bertrand d'Allamanon[121], Conon de Béthune[122], Jaufre Rudel[123], Giraut de Bornelh[124], Gormonda di Montpellier[125], Peyrols d'Auvergne[126], Pierre Vidal[127], Rutebeuf[128], Tomier und Palazi[129] und Wilhelm IX., Graf von Poitou[130].

Jahrzehnten lebhaft betont worden. Dagegen geben die besten Darstellungen von geschichtlicher Seite aus doch noch ein schiefes Bild der Entwicklung, da sie das aktiv gestaltende Element der Laienfrömmigkeit bei weitem unterschätzen (siehe K. Hampe, Hochmittelalter, S. 86, und E. Lavisse, Historie de France II, 2, S. 18/19). In noch höherem Maße gilt dies von kirchengeschichtlichen Darstellungen. Von seiten der Literaturgeschichte vgl. dazu: H. Brinkmann, Entstehungsgeschichte des Minnesangs = Buchreihe der Deutschen Vjschr. 8 (1926). — K. Burdach, Über den Ursprung des mittelalterlichen Minnesangs = Berl. Sitzungsber. 1918, S. 994 ff. und 1072 ff. — G. Ehrismann, Die Grundlagen des mittelalterlichen Tugendsystems = Ztschr. f. dt. Altertum 56 (1919). — H. Gent, Die mittelhochdeutsche politische Lyrik = Deutschkundliche Arbeiten, Allgemeine Reihe 13 (1938). — J. Hashagen, Die Ausdehnung des Christentums während der Stauferzeit = Deutsche Vjschr. 13 (1935) S. 280 ff. — Ders., Über die ideengeschichtliche Stellung des staufischen Zeitalters = ebd. 9 (1931) S. 350 ff. — Ders., Mittelhochdeutsche Laienethik als Forschungsproblem = Ztschr. f. Kirchengesch. 60 (1941) S. 67 ff. — A. Hatem, Les poésies épiques des croisades (Paris 1932). — P. Kluckhohn, Der Minnesang als Standesdichtung = Archiv f. Kulturgesch. 11 (1913). — Ders., Die ritterliche Kultur in Deutschland = Das Mittelalter in Einzeldarstellungen (Wien 1929). — K. Lewent, Das altprovenzalische Kreuzlied, Diss. Berlin (1905). — G. Müller, Ergebnisse und Aufgaben der Minnesangforschung = Dt. Vierteljahrsschr. f. Lit. wiss. u. Geistesgesch. 5 (1927). — Hans Naumann, Ritterliche Standeskultur um 1200 = Buchreihe der Deutschen Vjschr. 17 (1929). — Ders., Deutsche Kultur im Zeitalter des Rittertums = Handbuch der Kulturgeschichte I, 3 (1938). — M. Raynouard, Choix des poésies originales des troubadours (1816—1821). — K. Voretzsch, Einführung in das Studium der altfranzösischen Literaturgeschichte (²1913). — G. Wolfram, Kreuzpredigt und Kreuzlied = Ztschr. f. dt. Altertum 30 (1886) S. 89 ff.

[120] Ordericus Vitalis IX, Bd. III, S. 458.

[121] Histoire littéraire de la France, Paris 1865—75, 15, S. 443.

[122] K. Voretzsch a. a. O. S. 351.

[123] Histoire littéraire de la France 14, S. 559. — F. Diez, Leben und Werke der Troubadours (² 1882) S, 46/47. [124] Ausgabe von A. Kolsen (Halle 1935).

[125] V. de Bartholomaeis, Poésie provençale II, S. 107/108,

[126] Histoire littéraire de la France 15, S. 454. — F. Diez a. a. O. S. 259. — V. de Bartholomaeis a. a. O. II, S. 13 ff.

[127] Histoire littéraire de la France 15, S. 470 ff.

[128] Ausgabe von Jubinal. [129] V. de Bartholomaeis a. a. O. II, S. 57.

[130] Histoire littéraire de la France 13, S. 44. — Vgl. dazu auch A. Jeanroy, La poésie lyrique des troubadours (1934).

An sie schließen sich die deutschen Kreuzzugsdichter an. Es sind folgende Liederdichter[131]: Friedrich von Hausen, Albrecht von Johansdorf, Rugge, Kolmas, Reinmar, Hartmann von Aue, Walther von der Vogelweide, Rubin, Wernher und Bottenlouben. Dazu kommen noch Hawart[132] und der Kanzler[133]. Will man sie in Gruppen zusammenfassen, so mag man nach Merkers Reallexikon[134] sie einteilen in geistliche Propagandalyrik, politische Kreuzzugsdichtung und minnigliche Kreuzlieder. Die über die Taten der Kreuzfahrer berichtenden Epen sind den Quellen zur Geschichte der Kreuzzüge zuzurechnen. Auch andere Epen, die nicht unmittelbar und nicht nur von den Kreuzzügen berichten, weisen sehr oft Geist vom Geist der Kreuzzüge auf und lassen ihre Frömmigkeit erkennen, doch in ganz verschiedenem Maße, bis in den daraus erwachsenden Ritterromanen nur noch eine phantasievolle Erinnerung an abenteuerliche Fahrten in den Orient und heftige Kämpfe mit den Ungläubigen verbleiben[135].

Doch aus dieser Reihe hebt sich ein Werk heraus, das in besonderem Maße uns von der abendländischen Frömmigkeit des 12. und 13. Jahrhunderts Kenntnis zu geben vermag: Wolframs „Parzival". Schon die Gralssage, wie sie sich in Frankreich im 12. Jahrhundert ausgestaltet hat, gibt Kunde davon, doch am reinsten die Formung dieser Sage in Wolframs Werk. Da die Sage aber Gemeingut des Abendlandes ist, vermag sie auch über die Frömmigkeit der abendländischen Ritter auszusagen. Ihr Inhalt ist bekannt. Für uns ist wichtig, daß die Ritterschaft nicht nur als ein sozialer Stand erscheint, sondern als eine durch geistige und religiöse Forderungen geformte Gruppe, in der sich der Einzelne durch Erfüllung eben dieser Forderungen bewähren muß, und daß die wesentliche Forderung die ist, sein Leben und Kämpfen ganz in den Dienst Gottes zu stellen. Das ist die Lehre, die Parzifal durch die Erfahrungen seines Lebens und durch die Lehren von Gurnemanz und Trevrizent, also von ihm geistig überlegenen Männern, empfängt. Eine Einzelgruppe von Rittern untersteht diesen Forderungen in besonderem Maße und lebt damit ein Rittertum besonderer Reinheit und Intensität: die Gralsritter. Sie sind Gottes Ritter. Solche Gedanken vertritt nicht Wolfram allein in seinem „Parzival" und „Willehalm". Aber hier sind sie am schärfsten gefaßt. Dabei stehen die beiden Epen Wolframs nicht unmittelbar mit den

[131] Ich folge bei dieser Aufzählung G. Wolfram, Kreuzpredigt und Kreuzlied, S. 95 f.

[132] H. Gent a. a. O. S. 100. [133] Ebd.

[134] II, 137 ff.

[135] G. Wolfram hat nachgewiesen, daß die Kreuzzugslieder weithin von den Kreuzzugspredigten abhängig sind. Das beeinträchtigt ihren Wert als selbständige Quellen. Aber sie weisen nach, was bei den Massen der Kreuzfahrer lebendig, was populär war. Und das macht ihr Zeugnis sehr wertvoll. Daß für die Überlieferung der geschichtlichen Fakten die poetischen Quellen, also die Kreuzzugsepen und Kreuzzugslieder, vorsichtiger zu lesen sind als die prosaischen Chroniken, ist selbstverständlich.

Kreuzzügen in Verbindung. Damit zeigen sie — und das ist hier von Wichtigkeit —, daß die Grundzüge der Kreuzfahrerfrömmigkeit Allgemeingut der abendländischen Ritterschaft dieser Tage war. Denn ein solches Weitergeben der Grals- und Parzival-Sage von einer Landschaft des Abendlandes zur anderen, wie es sich erkennen läßt, und ein solcher Widerhall, wie ihn Wolframs Werk fand, ist nur denkbar, wenn Sage und Werk Gedanken aussprachen, die der ganzen Ritterschaft, oder doch den wesentlichen Gruppen in ihr, vertraut waren.

Machen wir hier einen Augenblick halt, um das Ganze zu übersehen. Wir stehen zweifellos vor einer Frömmigkeit sehr großer Intensität und sehr eigenartiger Prägung. Daß in unserer Kirchensprache viel davon noch in der abgeschwächten Form des Bildes weiterlebt, kann uns nicht darüber hinwegtäuschen, daß diese Kreuzfahrerfrömmigkeit uns fremd ist, ebenso wie sie der alten Kirche fremd war. Diese besondere Art der Frömmigkeit und des Gottesbegriffes hat aber ein großes Kapitel der abendländischen Religions- und Kirchengeschichte bestimmt.

Es ist — das muß als erstes vorangestellt werden — eine Frömmigkeit außerordentlicher Aktivität, die ungeheure Leistungen aufzuweisen hat. Der in dem begeisterten Glauben, Gottes Streiter zu sein und von den himmlischen Heeren unterstützt zu werden, ausziehende Ritter ist eine der schönsten Lebensgestaltungen aus dem Geist einer Frömmigkeit heraus, die die Geschichte aufzuweisen hat. Und die Leistung der abendländischen Ritter, diese Züge ohne rechte Führung, ohne Kenntnis der Wege, der zu erwartenden Widerstände, ohne Ausrüstung für die Wüstenmärsche des Orients, ohne ein klares Wissen vom Gegner einen nach dem anderen durchzuführen, das Land zu erobern und fast zwei Jahrhunderte lang trotz eines stetig anwachsenden Widerstandes der Muslime zu halten, ist ganz außerordentlich.

Diese Kreuzfahrerfrömmigkeit ist eine Religion des heiligen Krieges. Gewiß, nicht jeder Krieg ist ihr heilig. Aber dieser Krieg ist Dienst Gottes, er ist von Gott befohlen. Gott ruft den Einzelnen und die Völker dazu auf, und er belohnt die Kämpfer mit himmlischem Lohn. Das ist heiliger Krieg in reinster Form. Und wir werden später noch sehen, daß dies christliche Gottesstreitertum den damals fast eingeschlafenen Heilig-Kriegs-Gedanken des Islams (Dschihad) geweckt und neu belebt hat. Die Kreuzzüge sind jedenfalls eine der stärksten Verwirklichungen des Kampfes im Dienst der Religion, die wir im Abendland kennen.

Ferner bedeutet die Kreuzfahrerreligiosität eine sehr weitgehende Feudalisierung des Christentums. Ihre Grundgedanken kommen, wie wir sahen, aus zwei verschiedenen Welten: aus dem überlieferten Christentum der Kirche und aus der Welt des Lehensrittertums; aber die ritterlichen Ideen und Vorstellungen haben mehr Gewicht und geben dem Ganzen das Gepräge.

Diese Frömmigkeit des Ritters unterscheidet sich von der des Mönches. Der Ritter will durch Intensivierung seines weltlichen Seins und Tuns im Dienste

Gottes die Verbundenheit mit Gott und die ewige Seligkeit erlangen, der Mönch durch Ausscheiden aus seinem weltlichen Dasein und Eingehen in eine neue, Gott wohlgefällige Welt. Der Ritter verwendet die Mittel seines Standes und der irdischen Welt, d. h. seine Waffen und Waffenknechte, im Dienste Gottes, so wie er ihn auffaßt; der Mönch lehnt in seiner freiwilligen Armut und Zurückgezogenheit alle Mittel der irdischen Welt ab. Der Ritter kämpft, er scheut das Blutvergießen nicht, ja er sucht es; der Mönch aber hält sich davon zurück, er verurteilt es wenigstens grundsätzlich. Ein scharfer Gegensatz liegt also nun zwischen der Frömmigkeit des Ritters und der des Mönchs. Es ist nicht nur so wie zur Zeit eines Augustinus oder noch Benedikts, daß die Frömmigkeit des Mönchs eine höhere Stufe derselben Frömmigkeit darstellte, die auch der Laie anerkannte und zu besitzen in Grenzen versuchte, sondern es besteht jetzt ein grundsätzlicher, qualitativer Unterschied zwischen beiden. In den Ritterorden gelang es, eine Synthese von beidem zu finden, die den dunkel empfundenen Gegensatz überbrückte und tragbar machte, vielleicht auch nur verdeckte. Aber der Gegensatz war jedenfalls nun mit aller Deutlichkeit vorhanden. Doch der Kirche des 12. Jahrhunderts gelang es, diesen Gegensatz in sich zu vereinigen.

Diese Ritterfrömmigkeit wird also — im klaren Gegensatz zu der Frömmigkeit des Mönchs — gekennzeichnet durch eine Doppelseitigkeit der Haltung: Der Ritter steht fest im ererbten ritterlichen Dasein und erstrebt doch mit aller Kraft die übernatürlichen Werte. Das findet auch in der Literatur seinen Ausdruck. Gott und die Welt ist das Ziel ritterlicher Frömmigkeit. Vor beiden soll er sich bewähren. So lesen wir bei Freidank:

„ein man sol guot unde êre bejagen
und doch got in sîme herzen tragen“,

und an anderer Stelle:

„swer got unde die werlde kan behalten,
derst ein saelic man.“ [136]

Im Wartburgkrieg preist Heinrich von Ofterdingen den Herzog von Österreich und schwört, daß dessen reines Herz keinen anderen Gedanken trage „wan wie er dort die sêle muge ner (= retten) und hier der werlte behage“ [137]. Auch bei Hartmann von Aue und Reinmar [138] finden sich dieselben Gedanken. Am bekanntesten ist aber wohl der Schluß von Wolframs „Parzival“, der dem besonders klaren Ausdruck gibt:

„swes leben sich sô verendet,
daz got niht wirt gpfendet
der sêle durch des lîbes schulde,

[136] P. Kluckhohn, Die ritterliche Kultur, S. 149. [137] Ebd.
[138] Minnesangs Frühling 209, 27 u. 180, 39; vgl. Ztschr. f. dt. Altertum 30, S. 109.

und der doch der werlde hulde
behalden kan mit werdekeit,
daz ist ein nützliu arbeit.“ [139]

Das ist die Frömmigkeit des Ritters, aber nicht die des Mönchs [140].

Es ist eine Standesfrömmigkeit. Allerdings gibt es im Laufe der Kreuzzugszeit auch theologische Fortbildungen dieser Gedanken, so etwa bei Heinrich von Albano, dem Kreuzzugsprediger, oder auch schon bei Bernhard von Clairvaux. Dahin ist der Gedanke zu rechnen, daß die durch Christus geschehene Erlösung eine Gegengabe erfordere und daß der Kreuzzug eine oder gar die Gelegenheit dafür bedeute. Diese werden so schnell populär, daß man sie auch in den Kreuzzugsliedern wiederfindet. So singt man:

„Quanti fidem aestimat,
Tanti crucem redimat,
Si quem crux redemit.“ [141]

So werden auch diese theologischen Weiterbildungen von dem Ganzen aufgesogen. Es bleibt eine Ritterfrömmigkeit.

Man kann demgegenüber darauf hinweisen, daß auch zahlreiche Geistliche an den Kreuzzügen teilnahmen. Aber so wie die Päpste in ihrer Werbung sich den Kreuzfahrerideen anpaßten, so auch die mitziehenden Kleriker. Gewiß, die Rollen sind verteilt. Sie kämpfen nicht mit den Waffen mit — oder nur in Ausnahmen —, aber sie haben die ergänzende Aufgabe, während des Kampfes im Gebet die Kämpfer zu unterstützen und durch Prozessionen, Beichten, Messen, Kommunion und andere kultische Handlungen die Heere zum Kampf und Sieg vorzubereiten. So wird erzählt, daß während des für die Einnahme von Damiette entscheidenden Angriffs auf den Turm im Nil der Patriarch vor dem heiligen Kreuz niedergestreckt im Staub lag, während der übrige Klerus ihn in seinen geistlichen Gewändern barfuß betend umstand und die Masse der nichtkämpfenden Pilger mit aufgehobenen Händen zum Himmel rief [142]. Ähnliche Szenen schildern uns die Chroniken immer wieder [143]. Nach allem, was wir hören, ebenso wie nach den zahlreich erhaltenen Kreuzzugspredigten, kann es nicht zweifelhaft sein, daß die mitziehende oder zu Haus werbende Geistlichkeit sich der geschilderten Kreuzfahrerreligiosität völlig anpaßte und anschloß. Das änderte sie nicht. Sie blieb eine ritterliche Sonderfrömmigkeit, entstanden in der Welt von Laien.

[139] Parzival 827, 19 ff.

[140] Zu diesem Gegensatz vergleiche auch L. Reynaud, Les origines de l'influence française . . . S. 345 ff.

[141] Migne PL 155, 1290. — Vgl. auch Thomasin von Zirkläre Vers 11 474.

[142] Oliverus Scholasticus, Hist. Damiat. 13, S. 183.

[143] Fulcher II, 31, 12, S. 494. — Albert von Aachen IV, 47 = Recueil, Hist. occ. IV, 4, S. 422. — Rothelin 59, S. 589, von 1249. — Eracles XXIII, 58, S. 88, von 1187. — H. Hoogeweg = M. I. ö. G. 8 (1887) S. 201. — Oliverus Scholasticus, Hist. Damiat. 19, S. 191, von 1208. — Jakob von Vitry 2, S. 292.

Wir sprechen von „Laienfrömmigkeit". Aber dies Wort ist noch nicht eindeutig bestimmt. Soll es nur eine Frömmigkeit bezeichnen, die von Laien getragen wird und in ihrem Kreise heimisch ist, oder soll das Wort auch besagen, daß sie in diesen Kreisen ihren Ursprung hat, daß sie im Kreis von Laien erwachsen und von Laien geformt worden ist, ohne Zutun der Kirche und ihrer Organe? Die Frage muß eindeutig beantwortet werden, wenn wir diese Kreuzfahrerfrömmigkeit in ihrem Wesen erkennen und beurteilen wollen.

Meist hat man, um sie als Laienfrömmigkeit im ersten, schwächeren Sinn zu erweisen, auf die zweifellos vorhandenen Bemühungen der Kirche im 11. Jahrhundert hingewiesen, die eine wirkliche Christianisierung der weltlichen Kreise, vor allem aber der Ritterschaft erstrebte[144]. Doch hat man keine großen Erfolge eines solchen Bemühens namhaft machen können.

Man versuchte im 11. Jahrhundert kirchlicherseits, dem Adel bestimmte allgemeinere Pflichten aufzuerlegen und damit seinem Kämpfen edlere Ziele zu geben. Bonizo von Sutri ist in seinem Buch „De vita" Vorkämpfer solcher Bestrebungen[145]. Seine Forderungen lauten: „Den Rittern sind folgende Pflichten eigentümlich: ihren Herren gehorsam zu sein, sich an der Beute nicht zu vergreifen, für den Schutz des Lebens ihrer Herren ihr Leben nicht zu schonen, für die Aufrechterhaltung des Staates (pro statu rei publicae) bis zum Tode zu kämpfen, Schismatiker und Ketzer zu bekämpfen, die Armen, Witwen und Waisen zu schützen, die gelobte Treue nicht zu brechen und überhaupt seinem Herren kein Unrecht zuzufügen." Das ist sicherlich ein Versuch, das Leben und die Kämpfe der werdenden Ritterschaft zu veredeln, aber im wesentlichen durch die Übernahme der Forderungen, die stets schon in der Laienwelt des germanischen Abendlandes und vor allem im Adel, bei den Herren lebendig gewesen waren, wie Treuverpflichtung, Schutz des Lebens des Herren, Schutz der Schwachen. Das steht schon in den Sätzen des alten fränkischen Rechtes, in den sogenannten Bannfällen. Von seiten der Kirche her kommt nur die Forderung des Kampfes gegen Schismatiker und Ketzer dazu[146]. Im unklaren verbleibt dabei die Forderung der Aufrechterhaltung des status rei publicae. Es sind dies also im wesentlichen keine eigentlich kirchlichen, gar keine primär christlichen Forderungen, die hier an den Adel herangetragen werden, sondern alte kämpferische Ideale werden mit bestimmter Auswahl von der Kirche geheiligt. Die Laiengedankenwelt wird also anerkannt in gewissen Grenzen. Das ist eine Vorstufe dessen, was wir in den Kreuzzügen erleben. Aber es steht noch sehr weit davon ab. Da ist

---

[144] A. Fliche, Histoire de l'église VIII, S. 474. — E. Lavisse, Histoire de France II, 2, S. 139 ff. und bes. 143. — K. Hampe, Hochmittelalter, S. 86. — G. Schnürer, Kirche und Kultur (1929) II, 280. — G. Steinhausen, Geschichte der deutschen Kultur I, 258.

[145] De vita II, 28, S. 248 ff.

[146] Abbo von Fleury = Migne PL 139, Sp. 464, vom Ende des 10. Jhds.

nichts von dem ganzen Schwung der Kreuzfahrerfrömmigkeit, von ihrer Intensität und Aktivität. Aber man ahnt hinter diesen kirchlichen Bemühungen schon die Existenz einer sich formenden, teilweise schon ausgeprägten Laienethik und Laienfrömmigkeit, die so großen Einfluß auf das Leben der führenden Schichten hat, daß die Kirche diese Forderungen teilweise übernimmt. Für einen Ursprung dieser ritterlichen Ethik und Frömmigkeit aus dem Lebenskreis der Kirche selbst spricht hier nichts.

Man hat außerdem oft auf die immer gebräuchlicher werdenden Segen der Kirche für Waffen und Fahnen hingewiesen sowie auf die kirchliche Ausgestaltung der Ritterweihe. Das sind sicherlich richtige und wichtige Tatsachen[147]. Hier stehen wir dem Gedanken der Gottesstreiterschaft schon ganz nahe. Man höre nur den Wortlaut eines aus dem 11. Jahrhundert, also aus Zeiten vor den Kreuzzügen stammenden Schwertsegens[148]: „Wir bitten dich, Herr, erhöre unsere Bitten und würdige dies Schwert, mit dem dein Diener N. sich umgürten will, der Ehre, von deiner Rechten gesegnet zu werden, damit es Schutz und Schirm sein könne für die Kirchen, die Witwen, Waisen und für alle, die Gott dienen, gegen das Wüten der Heiden und damit es für andere Feinde Angst, Schrecken und Furcht bedeute.“[149] Im Gegensatz zu dem Buch Bonizos atmet man hier schon die Luft der Kreuzfahrerfrömmigkeit. Aber ist dieser Geist von der Kirche auf die Ritter übertragen? Sicherlich nicht. Hier wie bei den ethischen Forderungen Bonizos werden aus der Laienwelt kommende Vorstellungen und Gebräuche von der Kirche gutgeheißen, kirchlich gesegnet und so in das kirchliche Denken und Leben einbezogen. Aber Ausgangspunkt ist eine im kämpferischen Adel schon vorhandene Frömmigkeit. Denn daß die Waffensegen viel älter sind als diese kirchlichen Benediktionen, kann keinem Zweifel unterliegen. Die Kirche bemüht sich also im 11./12. Jahrhundert darum, die Laienwelt und ihr kämpferisches Denken und Wollen zu gewinnen dadurch, daß sie ihre Ideen und Gebräuche heiligt und mit neuem Geist zu füllen sucht.

Dies Bemühen wird um so wichtiger, als sich damals gerade aus dem kämpferischen Adel das zu bilden beginnt, was wir dann Rittertum nennen, eine eigene kulturelle, geistige, künstlerische und auch religiöse Welt dieses Adels. Das ist an sich ein Vorgang, der sich in der Laienwelt selbst ohne kirchlichen Einfluß vollzieht. Aber die Kirche bemüht sich, wie sie es muß, Einfluß auf diesen Prozeß des entstehenden Rittertums zu gewinnen. Alles das ist bis zu den Kreuzzügen noch in einem Anfangsstadium, noch ungeklärt. Aber gerade an diesem Punkt der Entwicklung sind die kirchlichen Bemühungen besonders intensiv.

---

147 Belege dafür bei C. Erdmann, Entstehung des Kreuzzugsgedankens (1935) S. 30 ff., 75 ff.

148 A. Franz, Die kirchlichen Benediktionen (1909) II, S. 293.

149 Weitere Schwertsegen siehe M. Gerbert, Monumenta vetera liturgica Alem. II, S. 111, aus dem 12. u. 13. Jhd. — Fahnensegen ebd. S. 110, aus der gleichen Zeit.

Sie gehen aus von der sog. Cluniazenserbewegung, die keineswegs, wie oft angenommen wurde, nur eine Angelegenheit des Mönchtums ist, ihr Ziel ist vielmehr die Erneuerung des religiösen Lebens überhaupt. Rings um die Klöster dieses Ordens ist frisches religiöses Leben zu spüren. In Deutschland sind wir darüber durch Bernold von St. Basien und die Lebensbeschreibung von Wilhelm von Hirsau unterrichtet[150]. Aber die Frömmigkeit, die wir hier vorfinden, ist von der der Kreuzfahrer himmelweit verschieden. Diese Männer verlassen ihren Beruf, das Waffenhandwerk, und schließen sich den neuen oder reformierten Klöstern an; sie treten zwar nicht voll ein, sondern gliedern sich ihnen in Laienorganisationen an, aber sie mühen sich, es in mönchischem Leben den anderen gleichzutun. Hier ist Mönchsfrömmigkeit entscheidend. Sie zieht Teile des Adels so sehr in ihren Bann, daß sie ihr Kämpfertum aufgeben. Bernold berichtet, daß eine erstaunliche Menge von Adeligen und klugen Männern zu diesen Reformklöster flüchtete, die Waffen niederlegte und sich mühte, in der Ordenszucht die Vervollkommnung nach dem Evangelium (evangelicam perfectionem sub regulari disciplina) zu erreichen. Hier greift man es mit Händen, daß der Einfluß von Cluny zwar auch dazu führt, Adel und Christentum einander näherzubringen, aber auf einem von dem Gottesstreitertum völlig verschiedenen, dem alten kirchlichen Denken viel näher liegenden Weg. Es ist der von den Cluniazensern unternommene Versuch, eine kirchliche, ja mönchsähnliche Ritterkultur zu schaffen, gerade während die Kultur der späteren Ritterschaft in ganz anderer Weise, eben im Sinne der Gottesstreiterfrömmigkeit, sich formte.

Eine andere Art der Einwirkung besteht darin, daß man damals in allen Völkern Könige heiligsprach und diese Heiligengestalten dem Adel als Muster vorstellte. Ich erinnere an König Eduard von England (975—978), Kaiser Heinrich II. von Deutschland (1002—1024), König Stephan von Ungarn (1001—1038).

Besonders klar aber zeigt das Ideal einer kirchlicherseits erstrebten Adelskultur eine in Cluniazenserkreise verfaßte Biographie[151]. Man hat den hier geschilderten Grafen mit Recht „den Mönch im Ritterstand“ genannt. Sein eigentlicher Stolz ist, daß er in seinen Kämpfen niemanden verwundet und niemals sein Schwert mit Menschenblut befleckt hat. Die Ablehnung des Kampfes und des Krieges tritt in dieser Biographie mit besonderer Schärfe hervor. Da lesen wir, es sei unmöglich, daß ein gerechtfertiger Mensch berufs- und gewohnheitsmäßig kämpfe, da solches mit der Religion augenscheinlich nicht übereinstimme. Da heißt es, es sei zwar einem Laien, der in den Adel und sein Kämpfertum hineingestellt sei, erlaubt, ein Schwert zu tragen, damit er die Schwachen im Volk verteidige, und es verdunkele seinen Ruhm nicht,

---

150 Bernold = Mon. Germ. SS. V, 439, zu 1083 u. 452, zu 1091. — Wilhelm, Vita = Mon. Germ. SS. XII, 213 u. 218.

151 Migne PL 133, Sp. 639 ff. Vgl. dazu G. Schreiber, Geschichtsdenken, S. 109, und C. Erdmann, Entstehung des Kreuzzugsgedankens, S. 78.

wenn er für die Sache Gottes kämpfe, ... aber mehr diene es doch seinem Lob, wenn er immer ohne jedes Arg lebe und so sehr im Schutze Gottes stehe, daß er sein Schwert niemals mit Menschenblut verunreinige. Da ist zwar auch von einem Kämpfen für Gottes Sache die Rede, aber doch nur so, daß es gerade, wenn auch zögernd gestattet wird, daß es als Ideal aber doch gilt, kein Blut zu vergießen. Das ist das Ideal Clunys, und das ist das Ideal des Mönchtums überhaupt und der alten Kirche, das ist aber niemals der Ursprung der Kreuzfahrerfrömmigkeit.

Auch die Tatsache, daß Cluny enge Beziehungen zu seinen 25 spanischen Tochterklöstern hatte und damit zu den Maurenkämpfen, kann daran nichts ändern. Der Gegensatz der Ritterideale ist zu groß. Auch wurde, wie wir wissen, der Kreuzfahrergeist als Gottesstreiterglaube in der Pyrenäenhalbinsel erst später, im Laufe des 12. Jahrhunderts, lebendig[152]. Man hat darauf hingewiesen, daß aus der dem Kloster Cluny nahestehenden Laienwelt besonders viele Ritter 1095 das Kreuz nahmen; doch auch das beweist nicht, daß die Kreuzfahrerfrömmigkeit von da ihren Ausgang genommen habe. Daß diese Cluny befreundete Ritterschaft religiös aufgeschlossen war und darum sich leicht einer werbend auftretenden Kreuzzugsbewegung anschloß, ist ohne weiteres einleuchtend. Religiöser Ernst und Eifer waren im Umkreis von Cluny stets zu finden. Auch darauf, daß die Gottesfriedensbewegung von Cluny ausgegangen ist, hat man in diesem Zusammenhang hingedeutet. Doch auch das bezeugt nur religiöse Aufgeschlossenheit in dieser Ritterschaft. Denn die Gottesfriedensbewegung ist zwar ein Versuch der sich formenden Ritterschaft, ihr Leben und Tun mit ihrer Frömmigkeit in Einklang zu bringen, aber er wird in einem der Kreuzfahrerfrömmigkeit entgegengesetzten Geist unternommen. Denn diese bejaht Kampf und Kämpfertum, soweit beides in Gottes Dienst steht, die Gottesfriedensbewegung aber zielt auf die Ablehnung des Kampfes[153].

Ist so die Kreuzfahrerfrömmigkeit in ihrer Eigenart nicht aus der Welt von Cluny abzuleiten, so sollen die Verdienste von Cluny für die Entstehung der Kreuzzüge nicht in Abrede gestellt werden. Die spanischen Kämpfe gegen die Mauren hat dies Kloster und sein Kreis zweifellos sehr gefördert. Sie sind eine Vorstufe der Kreuzzüge, weisen aber den für diese charakteristischen Geist noch nicht auf.

Cluny hat den Boden für die Kreuzfahrerfrömmigkeit bereitet. Eine Art Erweckungsbewegung erfaßte von dort aus — und in Deutschland von dem Kloster Hirsau aus — weite Schichten des Adels und des Volkes. Die Frage,

---

[152] C. Erdmann = Histor. Zschr. 141 (1930) S. 33, 48. — Ders., Entstehung, S. 89.

[153] Über die ganze Frage des Verhältnisses von Cluny zur Entstehung des Kreuzzugsgedankens s. a. Reynaud S. 345 ff. und C. Erdmann, Entstehung, S. 78 ff. — Auch die Theoretiker des Reformpapsttums im 11. Jahrhundert haben im allgemeinen keine Verbindung zum Kreuzzugsgedanken und zur Kreuzfahrerreligion, wenn sie auch einen heiligen Krieg für die Sache des Papsttums wohl kennen. Beides sind doch eigene Welten (vgl. C. Erdmann, Entstehung, S. 130 ff.).

was sollen wir tun, um selig zu werden und um den Höllenstrafen zu entgehen, wurde immer dringender. Manche entschlossen sich, wie wir sahen, sich den Orden anzuschließen und, soweit es mit ihrem Laiendasein vereinbar war, in der Weise der Mönche fromm zu werden. Das ist der Weg, den Cluny wies. Andere aber — und es zeigte sich bald, daß das die großen Scharen waren — entschlossen sich für einen der dortigen Gedankenwelt entgegengesetzten Weg: Ritter sein, aber im Dienste Gottes als Gottesstreiter. Diese Antwort kann nur aus der Adelswelt kommen. Sie ist dort, wie wir sehen werden, alt, älter als die Cluniazenserbewegung. Aber daß sie den Boden der religiösen Aufgeschlossenheit fand, daß sie sich in erstaunlicher Weise verbreiten konnte, war Cluny und der von ihm ausgehenden Erweckungsbewegung unter der ritterlichen Laienwelt zu verdanken. Die Kirche war überrascht von der Ausdehnung der ohne ihr Zutun entstandenen Frömmigkeit des Gottesstreitertums, als 1095 Papst Urban II., auf diese Laienbewegung hoffend, zum Kreuzzug aufrief. Die Gottesstreiterbewegung ist also nicht nur von Rittern getragen (und ihren kämpferischen Vorläufern), sondern auch in ihren Kreisen entstanden und aufgewachsen, mannigfach mit altem Gedankengut dieser Schichten verwachsen und von Gegebenheiten des Kämpferlebens edlerer Form diktiert.

Doch wäre es sicherlich verkehrt, anzunehmen, daß die Gottesstreiterfrömmigkeit im Abendland überall in gleicher Weise geherrscht habe. Es gab sicherlich manche, die anders dachten. Aber wir hören wenig davon. Denn unsere Quellen sind meist voll von der Kreuzzugsbegeisterung, und als man später mit allen Mitteln der Kirche für die Kreuzzüge warb, hielt man verständlicherweise mit dem Widerspruch zurück. Doch wir werden sehen, daß bei der Werbung für den zweiten Kreuzzug in Deutschland weithin ablehnende Stimmen laut wurden. Und nicht aller Widerstand gegen die Erhebung von Kreuzzugssteuern, von dem wir so oft hören, galt nur den Steuern. Auch Erscheinungen wie die Kinderkreuzzüge, die Träume der Kaiserchronik von einem Frauenkreuzzug und die Erhebung der Pastorellen zeugen von großen Bedenken, die man gegen die Anwendung der Kriegswaffen in frommer Absicht, also gegen das Gottesstreitertum hatte. Und wenn dann bei Franz von Assisi die klare Abwendung vom Krieg gegen die Muslime und die Forderung der Verbreitung des Christentums durch die Heidenpredigt kam, so ist dies die positive Wendung derselben Kritik am Gottesteiterglauben. Wir werden sehen, wie diese Kritik und darüber hinaus die verzweifelte, enttäuschte Abkehr von Gottesstreiterglaube im 13. Jahrhundert immer stärker wurden. Es hat also an Gegnern nie gefehlt. Aber darum bleibt doch der Gottesstreiterglaube und die daraufbauende Frömmigkeitsform vom Ende des 11. bis zur 2. Hälfte des 13. Jahrhunderts die beherrschende Form im Abendland.

Um darüber klar zu sehen, müssen wir aber dem Ursprung der Gottesstreiterbewegung in der Geisteswelt des abendländischen Adels der Jahrhunderte vor den Kreuzzügen nachgehen. Man hat in der Literatur wiederholt die Meinung ausgesprochen, daß hier alte germanische Ideen maßgebend gewesen sein müssen. So spricht Johannes Haller davon, daß die Kreuzzüge eine „vollendete Germanisierung der Kirche, der römischen Kirche vor allem", darstellten[154]. Ist das richtig?

Es ist die Frage zu beantworten, ob diese Gottesstreiterfrömmigkeit, die in den Kreuzzügen Gemeingut des abendländischen Adels und wohl überhaupt des Abendlandes gewesen ist, erst kurz vor den Kreuzzügen oder gar erst im Augenblick des Aufrufes entstanden ist, oder ob sie mindestens in einzelnen Zügen schon vorher erkennbar ist.

Halten wir Umschau, so bietet sich als erstes Zeugnis einer solchen Haltung das französische Rolandslied[155] dar. Von ihm weiß man lange, daß es in der dort dargestellten Frömmigkeitsform den Kreuzzügen nahesteht. Man nimmt heute an, daß das Lied in seiner endgültigen Form um 1120—1124 entstanden ist, daß aber ältere Lieder zugrunde liegen, die wohl der Karolingerzeit angehören. Angesichts dieser Entstehungsgeschichte läßt sich also nicht eindeutig feststellen, aus welcher Zeit die Gedankenwelt des Rolandsliedes stammt. Aber wir werden damit rechnen können, hier Grundhaltungen der französischen Adelswelt vorzufinden, die auf die Karolingerzeit wenigstens in ihren Grundlinien zurückgehen müssen. Denn bei der engen Verknüpfung der ganzen Rolandssage mit dieser Haltung ist es unmöglich, daß

---

154 J. Haller, Papsttum II, 1, S. 425. Vgl. auch H. Naumann, Kultur, S. 61/62. — W. Baetke, Aufnahme des Christentums, S. 161 ff. — U. Schwerin S. 43. — Kluckhohn, Die ritterliche Kultur (1929) S. 148.

155 Zunächst hatten G. Paris und L. Gautier die Ansicht vertreten, die älteren zugrunde liegenden Lieder seien schon in den Jahren 1070—1090, also jedenfalls vor den Kreuzzügen, zu einem einheitlichen Lied verarbeitet worden. Dann aber haben andere Forscher darauf hingewiesen, daß der erste Kreuzzug dem Dichter bekannt gewesen sein müsse und daß er die Quellen dieser Zeit benützt habe. Man setzte das Lied deshalb in die Jahre 1100—1130. J. Bédier und P. Boissonnade sprachen sich noch spezieller für 1120—1124 als Zeit der Entstehung der Dichtung in ihrer heutigen Form und für Turold als den Dichter des Liedes aus. Die älteren zugrunde liegenden Lieder wurden von ihnen nicht der Karolingerzeit, sondern den spanischen Maurenkriegen zugewiesen. Die Welt dieser spanischen Kämpfe soll für das Lied maßgebend sein. Diese Ansicht fand lange allgemeine Anerkennung, bis kürzlich eine neue Arbeit von E. Faral: „La Chanson de Roland", sich nachdrücklich gegen diese Anschauungen von Bédier und Boissonnade wandte. Er und mit ihm sein Rezensent B. J. Jarcho (Speculum 10 [1935] S. 340—344) zeigen mit gewichtigen Gründen und wohl mit Recht, daß diese Lieder schon der Karolingerzeit angehört haben müssen. Denn sonst wäre die enge, zweifellos vorhandene Verbindung des Rolandsliedes mit den Kämpfen Karls des Großen nicht zu erklären. Auch der Bericht Wilhelms von Malmesbury, daß in der Schlacht von Hastings (1066) Lieder zum Preise von Roland gesungen worden seien, weist auf solche altererbten Lieder hin. Die Gründe, die Faral für diesen frühen Ansatz der Lieder vorbringt, scheinen mir durchaus stichhaltig zu sein. Doch bleiben die Ansätze Bédiers und Boissonnades für die endgültige Gestaltung des Liedes um 1100—1130 oder genauer 1120—1124 davon unberührt.

die Lieder der Karolingerzeit nur die Fabel der Tatsachen, nicht aber auch die diese bedingende adlig-religiöse Ideenwelt dargestellt hätten. Daß bei den Überarbeitungen bis hin zu der heute vorliegenden Form mancherlei Modifikationen eingetreten sein können und werden, ändert nichts daran, daß die Grundtatsachen und Grundhaltungen nicht erst dem 12. Jahrhundert, sondern schon älteren Zeiten, vielleicht denen der Karolinger entstammen.

Was aber kennzeichnet die religiöse und geistige Haltung der Ritterschaft des Rolandsliedes, wie sie am klarsten in Roland selbst, dem Idealbild des Ritters, aber auch in Olivier, Karl dem Großen und Turpin zum Ausdruck kommt? Zunächst einmal und am stärksten in die Augen springend ist es die Freude am Kampf, am wilden Dreinschlagen. Das steht mit aller Deutlichkeit vor uns. „Die Schlacht ist herrlich und alle umfassend" (la bataille est merveilluse e cumune), beginnt voll Freude eine Strophe (V. 1320), und bald darauf wiederholt sich diese Freude in den Worten: La bataille est merveilluse e pesant (V. 1412). Kurz zuvor lesen wir: „Franken und Heiden teilten prachtvolle Streiche aus" (V. 1397). Und von solchen herrlichen Hieben der Helden erzählt der Dichter immer wieder mit Genugtuung. Dies zunächst rein weltliche Rittertum, die hochgespannte Ritterehre, die unbedingte Gefolgschaftstreue, die Bereitschaft, Mühen und Not für den Herren auf sich zu nehmen und ebenso auch gern im Kampf für ihn zu sterben, das stolze Sichverlassen auf Schwert und Lanze kommt an vielen Stellen des Liedes eindrucksvoll zur Geltung. Der Dichter hat es mit Leidenschaftlichkeit dargestellt; darum ermangelt es heute noch eines starken Eindrucks nicht[156]. Greifen wir nur ein Beispiel heraus: „Für seinen Herren muß ein Mann auch große Leiden auf sich nehmen und große Kälte und Hitze ertragen, für ihn muß sein Mann zugrunde gehen können mit Haut und Haar. Ich will mich auf meine Lanze verlassen und auf Durendal, mein gutes Schwert, das mir der König einst zum Geschenk gab. Wenn ich so sterbe, wird ein künftiger Sänger sagen: Er war ein edler Vasall" (V. 1113 ff.). Der dem Ritter gespendete Nachruhm, das Reden und Singen von seinen Taten erscheint oft als eine entscheidende, das Tun des Helden bestimmende Macht (V. 1008 ff., 1113 ff., 1466). Groß ist die Liebe zum französischen Heimatland, der douce France. Roland hat im Kampf stark das Bewußtsein, für sein Frankreich an dieser Stelle zu stehen (V. 1090). Es ist alles in allem ein stolzes, kampffreudiges, in seiner Gedankenwelt sehr einfaches Rittertum.

Auf dieser Grundlage baut sich nun die Frömmigkeit dieser Ritter auf. Es ist eine echte Frömmigkeit, ein redliches Sichmühen um Gott. Das darf diesen Männern keineswegs abgesprochen werden, wenn auch die Art ihrer Frömmigkeit uns manchmal fremd anmutet. Denn wie sie die Frage ihres Lebens lösen, wie sie Gott und den Weg des Menschen zu Gott sehen, ist bei ihnen von ihrem Rittertum und seinen Ideen aus bestimmt. Es ist also die

---

[156] Als besonders schöne Beispiele seien genannt: Chanson de Roland (Ausg. von J. Bédier) V. 1008 ff., 1054 ff., 1088 ff. und 1113 ff.

gleiche religionsgeschichtliche Lage wie bei den Kreuzfahrern. Manche Unterschiede gibt es zwar zwischen beidem. Aber über alle diese weg leuchtet die weitgehende Übereinstimmung ohne weiteres ein.

Gott ist ein ritterlicher Gott. Wie er der Lenker der Welt ist, ist er auch Herr der Schlachten. Es gefällt ihm eine Haltung in der Schlacht, wie sie für einen rechten Ritter sich geziemt, jedes Weichen vom Platz mißfällt ihm und seinen Engeln (V. 1008 ff.). Er ist der Gott der Schlachtenehre (V. 1516). Oft greift Gott durch seine Engel in die Schlacht ein. Vor allem helfen die Erzengel Michael und Gabriel an entscheidenden Punkten der Schlacht, sie richten Strauchelnde auf (V. 3608 ff.), sie kommen als Boten, zum Kampf aufzurufen oder den Sieg zu verkündigen (V. 3988 ff.). Sie tragen die Seelen der gefallenen Helden zum Himmel (V. 2374). Diese gelten als Märtyrer, sie können sicher sein, das Paradies zu erlangen. Das verspricht ihnen der Erzbischof ausdrücklich (V. 1515 ff., 1124 ff.). Er befreit sie auch auf ihr Bekenntnis hin von ihren Sünden — eine Vorstufe des Kreuzzugsablasses, der aber den Abstand deutlich erkennen läßt —, Gott will sie den Kämpfern vergeben (V. 1124).

Die späteren Zusätze zum Rolandslied, die von der Oxforder Handschrift abweichen, gehen hier weiter. Sie gleichen sich mehr der Gedankenwelt der Kreuzfahrer an. Da heißen die Kämpfer „Gottes Freunde" (Deu estes ami) oder „Gottes Mannen" (Hume de Deu) oder gar seine Lehensleute (felun)[157]. Diese Handschriften mit ihren Zusätzen können also sehr wohl der Zeit des ersten Kreuzzuges entstammen. Dann müssen aber die anderen Teile als älter angesehen werden. Der Feind aber, der Muslim, wird mit den schwärzesten Farben gemalt (V. 1470 ff.). Da ist von Achtung vor dem Gegner, von Erkenntnis seiner „ritterlichen" Art, wie wir sie in der Kreuzzugsliteratur schon bald finden, nichts zu verspüren.

So bietet uns das Rolandslied eine Geisteswelt der kämpferischen Laien, die zu der Welt der Kreuzzüge hinführt, die mit ihr auch vieles schon gemein hat, aber doch die Welt der Kreuzzüge noch nicht ist. Es ist noch nicht die ausgeprägte Ritterkultur, die von Frankreich aus in das ganze Abendland drang, aber es ist eine Vorstufe dazu, die in ihren Wurzeln weit in die Vergangenheit hinabreicht.

Vergleicht man mit ihr die Kreuzfahrerlieder der Troubadours, so spürt man den Abstand deutlich. Denn diese Lieder verwenden dieselben Gedankengänge, oft auch dieselben Worte wie die Kreuzzugspredigten und Kreuzzugschroniken. Davon ist im Rolandslied nichts zu spüren. Es hat seine eigene, von der der Kreuzfahrer verschiedene ethische Haltung und Frömmigkeit. Denn das Gottesstreitertum ist im Rolandslied noch nicht die eigentlich treibende Kraft. Roland ist der Hilfe Gottes gewiß. Aber daß es Gottes Sache sei, für die man streite, daß darum das Heer Gottes Heer sei, die Ritter-

[157] Chanson de Roland (Ausg. von L. Gautier) CXXX, S. 142; CXXV, S. 138; CXXIX, S. 142.

schaft Gottes, dafür findet man im Rolandslied kaum Belege, nur Ansätze. Roland kämpft und fällt um seiner ritterlichen Ehre und seiner Treue gegen den Kaiser willen. Diese Treue gefällt Gott wohl, und er nimmt ihn um dieser seiner Ehre und Treue willen an, aber nicht etwa als Gottesstreiter für Gottes Sache. Darum muß die Haltung Rolands und der anderen Helden des Liedes schon in den zugrunde liegenden karolingischen Liedern festgelegt worden sein. Wäre sie erst bei der endgültigen Gestaltung des Werkes, also etwa 1100—1130, geschaffen worden, so müßten sich die besonderen, charakteristischen Gedanken der Kreuzfahrer hier bemerkbar machen, ebenso wie es in den Zusätzen wirklich der Fall ist. Ob dann die endgültige Fassung und Formung des Liedes wirklich 1120—1124 stattfand, das zu entscheiden ist nicht unsere Sache.

Das Rolandslied kann uns also zeigen, daß seit der Karolingerzeit in Frankreich ein Adel heranwächst, den wir noch nicht als Ritterschaft bezeichnen können und der die Kreuzfahrerreligion noch nicht in ihrer vollen Ausprägung zeigt, der aber auf dem Wege ist, beides, Ritterkultur und Gottessteiterglauben, in ihrer vollen Form zu erreichen.

Das aber ist für unsere Untersuchungen sehr wichtig. Denn es beweist, daß die Ausgestaltung eines aristokratisch-kämpferischen Gottesbildes älter ist als die Kreuzzüge, daß sie in Frankreich schon lange vorhanden und verbreitet war, als der Aufruf zum Kreuzzug in alle Lande hinausging. Hier wuchs also langsam ein kämpferisches Denken und kämpferischer Glauben heran, als dessen klare Weiterbildung und konsequente Ausgestaltung die Kreuzfahrerfrömmigkeit zu verstehen ist[158].

Aber das Rolandslied ist nicht die einzige Dichtung der Zeit, die zu solchen Schlüssen berechtigte. Zwei französische Epen schließen sich an, die mindestens gleichaltrig, wahrscheinlich aber älter sind als das Rolandslied. Es sind das „Chanson de Guillelme“ (Die Schlacht auf dem Archamp) und „Roi Louis“ (Das Epos von Isembart und Gormont). Beide Epen schildern Kämpfe der Karolingerzeit gegen die Sarazenen. König Ludwig und Markgraf Wilhelm sind ihre Helden. Eine Bekanntschaft mit den Kreuzzügen und ihrer Sprache lassen sie nicht erkennen. Aber was von dem Rolandslied gesagt wurde, gilt auch hier: Der Sagenstoff muß von der Karolingerzeit her sich erhalten haben, und mit ihm eine ähnliche Haltung, wenn auch weniger ausgeprägt als im Rolandslied. Eigentümlicherweise sind in beiden Fällen die geschichtlichen Grundlagen nicht in Maurenkämpfen, sondern in solchen gegen die Nor-

158 Vgl. E. Lavisse, Histoire de la France II, 2, S. 391 ff. (1901). — A. Fliche, Histoire de l'église VIII, S. 476. — A. Lecoy de la Marche, La prédication de la croisade = Revue des questions historiques 48 (1890) S. 7. — Zum Rolandslied selbst vgl. außer den obengenannten Schriften: K. Voretzsch, Einführung in das Studium der altfranzös. Literatur, 2. Aufl., S. 100 ff. — J. Bédier, Ausgabe des Rolandslieds mit Kommentar (1927). — A. Hessel = Hist. Ztschr. 128, S. 21. — G. Schnürer, Kirche und Kultur II, S. 273. — C. Erdmann, Entstehung, S. 264 ff. — W. Tavernier = Roman. Studien 5 (1903) S. 83 und 207.

mannen zu suchen[159]. Die Idee der Sarazenenkämpfe war also im Frankreich der Vorkreuzzugszeit so populär, daß man Normannen- und Bretonenkämpfe der Geschichte in der Dichtung durch Kämpfe gegen Sarazenen ersetzte[160].

Auch französische Chroniken und andere Quellen der Zeit reden von den Spanienkämpfen Karls des Großen oder Ludwigs des Frommen so, daß sie erkennen lassen, daß zwar der König, aber noch nicht die Gefolgschaft bei diesen Kämpfen im Dienste Gottes kämpft[161].

Aber auch deutsche Lieder zeigen das gleiche. Das deutsche Ludwigslied schildert zwar keine Sarazenenkämpfe, sondern den Krieg gegen die heidnischen Normannen im Anschluß an den Sieg Ludwigs III. bei Saucourt im Jahre 881. Aber in diesem Lied erhält der König von Gott den Auftrag, gegen die heidnischen Normannen zu kämpfen. Er, der König, ist dem Dienst Gottes geweiht. Seine Mannen heißen auch godes holden (Fideles Christi), haben aber keine unmittelbare Dienstverpflichtung Gott gegenüber[162]. Sie beantworten zwar den Schlachtgesang des Königs mit Kyrie eleison, aber von einer himmlischen Belohnung ist nicht die Rede. Hier steht man also der Gedankenwelt der Kreuzzüge schon recht nahe, aber das Gottesstreitertum gilt zunächst unmittelbar nur für den König. Das ist an sich verständlich, da der König ja stets schon im Besitz einer besonderen Weihe gedacht wurde.

Diese Art von Gottesvorstellung und Frömmigkeit, wie sie sich hier zu erkennen gibt, muß also auch in Deutschland schon Jahrhunderte vor den Kreuzzügen weit verbreitet gewesen sein. Das geht auch daraus hervor, daß eine Quelle ganz anderer Art, eine Evangeliennachdichtung, der „Heliand", sie bezeugt. Denn hier schildert der Dichter das Verhältnis Jesu zu seinen Jüngern als ein Treu- und Gefolgschaftsverhältnis, wie es im alten deutschen Leben dieser Zeiten überall gebräuchlich war. Eben dieselben Beziehungen bestehen nach dem „Heliand" zwischen jedem Christen und „dem Christ". Die Feudalisierung der Glaubensvorstellungen ist hier schon eingetreten. Das Evangelium bot dem Dichter keine Gelegenheit, einen Kampf zu schildern, bei dem er „den Christ" als Helfer in der Schlacht hätte zeigen können. Aber den einzigen Ansatz zu einer Kampfschilderung, der sich ihm bot: die Szene, in der Petrus für seinen gefangenen Herren die Waffe zückt, schildert er mit lebhafter Freude. Denn hier kann er den Gefolgsmann aufzeigen, der für seinen Herren sein Leben einsetzt. Das alles steht der Gedankenwelt der Kreuzfahrer schon nahe.

Auch Widukind von Corvey, der Geschichtsschreiber der ersten Ottonen,

---

[159] Sieg Ludwigs III. bei Saucourt (881) und Sieg des Grafen Vivianus von Tours gegen die Bretonen (in der Dichtung Vivien genannt).

[160] K. Voretzsch, Einführung in das Studium . . ., S. 193, 196 ff.

[161] Astronomus, Vita Ludovici Pii = Mon. Germ. SS. II, 608. — Ermoldus Nigellus = Mon. Germ. Poet. lat. II, 30.

[162] C. Erdmann, Entstehung, S. 21.

denkt ähnlich wie der Heliand und später die Kreuzfahrer. Das geht aus einer Reihe von Stellen hervor. So berichtet er, daß in den Schlachten an der Unstrut und auf dem Lechfeld der Erzengel Michael sichtbar in seiner Fahne vor und mit dem Kaiser für die Seinen gestritten habe[163]. „Der Engel, bei dem der Sieg ist", nennt Widukind den Erzengel. Der Kaiser aber führt dies Heer, für das der Erzengel streitet und dessen Fahne Michaels Bild zeigt. Er ist darum in besondem Maße zum Dienst Gottes, seines unmittelbaren Herren, verpflichtet; mehr noch als sein Heer, wie wir das schon im Ludwigslied kennenlernten. Darum trägt auch das Reichsschwert die Inschrift: „Christus vincit, Christus regnat, Christus imperat", und die Kaiserkrone bei dem Bilde Christi die Worte: „Per me reges regnant." Diese Sätze sind ganz wörtlich zu nehmen: Christus kämpft unsichtbar mit uns und erstreitet mit uns und für uns den Sieg. Von demselben Geist zeugen auch die Worte, mit denen nach dem Bericht Widukinds von Corvey Otto I. bei seiner Königskrönung das Reichsschwert überreicht wird: „Nimm dies Schwert, um damit alle Feinde Christi auszutreiben, alle Heiden und schlechten Christen, da dir aus der Vollmacht Christi alle Macht im Frankenreich übertragen ist zur Sicherung des Friedens der ganzen Christenheit."[164] Dies Wort, zwei Jahrhunderte später ausgesprochen, hätte wie eine Aufforderung zum Kreuzzug geklungen.

Das Gefolgschaftsverhältnis des Kaisers zu Gott (damals sagte man schon präziser: Lehensverhältnis) springt besonders klar in die Augen in dem bekannten Lied Walthers von der Vogelweide:

„Hêr keiser, ich bin frônebote
und bring iu boteschaft von gote.
ir habt die erde, er hât das himelrîche
... ir sît sîn voget ...
ir muget im gerne rihten ..."[165]

Dies Lied ist schon ein Zeugnis des Gottesstreiterglaubens aus der Kreuzzugszeit selbst. Aber es stellt die Verbindung dar zu dem alten Kaiserglauben vom Dienst Gottes, den der Kaiser zu leisten hat, von dem Auftrag Gottes an ihn. Denn das ist im Grunde schon der Kreuzfahrerglaube, hier nur auf den Kaiser beschränkt.

Es ist also keineswegs so, daß der Glaube des Gottesstreitertums bei dem Aufruf Urbans II. etwas Neues gewesen wäre oder gar durch diese Predigt ins Leben gerufen worden wäre, sondern es zieht sich in Frankreich und ebenso in Deutschland eine Tradition solcher Gedanken von der Karolingerzeit bis zum 11. Jahrhundert hin, und zwar, wie das Rolandslied zeigt, wenigstens zu manchen Zeiten und an manchen Stellen mit aller Leidenschaftlichkeit gedacht, empfunden und vorgetragen. In Deutschland hat sie in dem

---

163 Widukind, Mon. Germ. Schulausgabe I, 39, S. 57 u. III, 44, S. 125.
164 Widukind II, 1, S. 66. 165 Walther von der Vogelweide 12, 6—17.

Kaisergedanken ihre besondere Ausprägung gefunden. Aber selbstverständlich fehlt noch überall im Abendland die bestimmte Ausrichtung auf einen Zug zum Heiligen Land, zur Eroberung Jerusalems. Doch das ist nur der Schlußpunkt. Hauptsache ist die auf den Kämpferdienst Gottes abgestellte Gottesstreiterreligion, und diese hat sich als reine Ritterfrömmigkeit ohne Initiative der Kirche oder der Cluniazenserbewegung in Frankreich, Deutschland und dem übrigen Abendland ausgebreitet.

Auch ein Teilgebiet der Kreuzfahrerfrömmigkeit, der Glaube an die Engel und Heiligen als Mitstreiter des Heeres, ist weit älter als die Kreuzzugszeit. Daß er im Rolandslied eine bedeutende Stelle einnimmt, haben wir schon gesehen. Die vielen St. Michael und St. Georg geweihten Kirchen und Kapellen beweisen Alter und Verbreitung des Kultes dieser beiden ritterlichen Heiligen. Einer der Hauptbauten der Ottonen, die Michaelskirche in Hildesheim, zeigt, welche Bedeutung dieser Kult hatte. Schon um 600 kam der Kult des Erzengels Michael nach Süditalien und zu den Langobarden, von dort fand er Eingang in Frankreich und auf diesem Weg um 700 in Deutschland[166]. Der St.-Georgs-Kult hatte um 600 schon eine Pflgestätte in Mainz und ebenso in Regensburg. Den ältesten schriftlichen Niederschlag der Georgslegende in Deutschland bietet das aus dem 10. Jahrhundert stammende althochdeutsche St.-Georgs-Lied. Es wurde vermutlich auf der Reichenau gedichtet, wo der Kult dieses Heiligen damals lebendig war. Speziell als Führer und Helfer in der Schlacht treffen wir St. Georg zuerst im Jahre 1063. Damals besiegten die Normannen die Muslime Siziliens in der Schlacht bei Cerami, und zwar, wie berichtet wird[167], dadurch, daß der Heilige als strahlender Ritter auf weißem Pferd und mit weißer Fahne an der Spitze des Normannenheeres kämpfte. Das ist völlig die Form, in der die Kreuzfahrer den Heiligen zu sehen gewohnt waren. Sie ist also damals schon in der Vorstellung der christlichen Kämpfer lebendig[168]. Aber seine volle Popularität erhielt der St.-Georgs-Kult erst in der Kreuzzugszeit. Damals wurde Georg in der geschilderten Form zum Schutzheiligen der Kreuzfahrer schlechthin[169].

Andere Wege ging die Verehrung des Erzengels Michael als Helfers in Kriegen und Schlachten. Sie nahm schon in der Karolingerzeit einen großen Raum ein[170]. Wir besitzen eine Michael-Sequenz, die von Alkuin für Karl den Großen verfaßt sein soll. Sie feiert Michael als den Drachentöter, mehr aber noch als den Anführer der himmlischen Heerscharen und den Herren des Paradieses. Er weiß vor Verletzungen durch den Feind zu schützen und bringt im entscheidenden Augenblick des Kampfes die Hilfe Gottes.

---

[166] A. Krefting, St. Michael u. St. Georg, S. 17/18.

[167] Gaufredus Malaterra II, 33, S. 42. [168] C. Erdmann, Entstehung, S. 122.

[169] G. Schreiber, Kultwanderungen u. Frömmigkeitswellen ... = Archiv f. Kulturgeschichte 31 (1943) S. 32. — Krefting a. a. O. S. 69.

[170] A. Krefting a. a. O. S. 20.

Neben ihm wird auch Gabriel genannt und aufgefordert, die Feinde niederzuschlagen[171]. In Deutschland ist, wie wir schon sahen, augenscheinlich der Michaelskult in der Zeit der Ottonenkaiser besonders lebendig gewesen. Denn wir hören 932 von einer Messe zu Ehren dieses Heiligen, die bei Siegesfeiern gesungen wurde. Und ebenso wissen wir, daß entscheidende Schlachten des Reiches unter Führung des Erzengels Michael geschlagen wurden. Denn das Voraustragen der Reichsfahne mit dem Bild des Erzengels galt als unmittelbare Führung Michaels. In Spanien erscheint der Erzengel neben dem heiligen Petrus und der Jungfrau Maria als Helfer in der Schlacht von Torá im Jahre 1003[172]. Auch in Italien tritt der Erzengel Michael zu etwa derselben Zeit als Schlachtenhelfer auf. Die Acta Sanctorum enthalten einen Bericht, wie die Christen in den Kämpfen um den Monte Gargano gegen die Sarazenen „den getreuen Schutz des heiligen Michael“ (fidele patrocinium sancti Michaelis), die Muslime aber den ihrer „falschen Götter“ anrufen, wie dann St. Michael dem Bischof im Traum erscheint und ihm den Sieg zusagt, wie die Christen daraufhin, des Sieges durch die Hilfe der Engel gewiß (de angelica certi victoria), angreifen und siegen und die Feinde so erfahren, „daß der Engel Gottes kommt, um den Christen zu helfen“[173]. Die Schilderung der Hilfe der Engel und Heiligen in einer Kreuzfahrerchronik könnte kaum anders lauten als der hier gegebene Bericht.

In den folgenden Jahrhunderten wurden im ganzen Abendland viele Kirchen und Kapellen dem Erzengel Michael geweiht, ein Zeichen für die weite Ausbreitung seines Kultes. Oft sind es Turmkirchen, damit dem Engel der Weg dorthin erleichtert werde. Der Erzengel sollte mit den Waffen gegen den Teufel schützen. Da man sich diesen von Westen kommend dachte, wurden die Türme mit den Michaelskapellen mit Vorliebe nach Westen zu errichtet, als Bollwerk, das der Erzengel verteidigt[174]. Nach Westen zu lagen auch meist die als Engelchöre bezeichneten enggebauten angedeuteten Emporen, die für Menschen keinen Raum boten, auf denen man sich aber die Engel anwesend und mit der Gemeinde feiernd dachte[175]. Wenn vor der Schlacht oder nach einem errungenen Sieg das Heer sich im Gotteshaus zusammenfand, so wurde im Glauben der Ritter daraus eine Heerschau des himmlischen und irdischen Heeres vor dem himmlischen Kriegsherren, in dessen Dienst man gemeinsam stand. Man muß diese Einzelheiten sich klarmachen, um zu spüren, wie real man diese Engelhilfe ansah.

Auch andere Heilige erscheinen bisweilen in gleicher Weise als Schützer der christlichen Heere. In einem Gedicht auf den Sieg Pippins im Jahre 796 über die Hunnen heißt es: „Und ward ihm zum Geleite St. Peter von Gott ge-

---

171 F. J. Mone, Lateinische Hymnen (1853/55) I, 317, S. 452. — A. Krefting a. a. O. S. 21.

172 Andreas de Fleury, Miracles de St-Benoit IV, 10, S. 187 ff.

173 Acta Bollandiana, Sept. VIII, S. 61 ff.

174 A. Krefting a. a. O. S. 26/27.

175 O. Gruber, Das Westwerk = Zschr. f. Kunstwissenschaft III, 3. Heft (1936).

sandt, daß über ihm und den Seinen er hielte seine Hand."[176] Auch der heilige Jakob ist bisweilen Schützer und Helfer der christlichen Heere gegen den Islam, besonders in Spanien[177]. St. Georg, St. Laurentius und St. Andrianus werden neben dem Erzengel Michael in einem Bericht über den Kampf Kaiser Heinrichs II. gegen die Polen, Böhmen und Slawen genannt. Kaiser Heinrich betet dort: „O Gott, ... erhebe deinen Arm gegen die Völker, die gegen deine Knechte Schlimmes im Schilde führen. Zerstreue sie in deiner Kraft und zerstöre sie, du mein Schutzherr." „Auf dieses Gebet hin", heißt es dann weiter, „wurden seine Augen geöffnet, und er sah die (genannten) Heiligen und Erzengel, wie sie seinem Heer voranzogen und der Feinde Reihen in die Flucht schlugen."[178] So stoßen wir überall auch in der deutschen Vergangenheit auf diesen Engelglauben, wie wir ihn bei den Kreuzfahrern kennenlernten. Auch von hier führt ein gerader Weg zu deren Frömmigkeit[179].

Die Fahnenweihen, Schwertersegen und Ritterweihen, von denen oben schon die Rede war[180], schließen sich hier an. Denn sie beweisen ja nicht nur ein Mühen der Kirche um die Ritterschaft, indem sie die Einsegnung der Schwerter, Fahnen und jungen Ritter übernahm, sondern auch den bestehenden Willen der Ritter selbst, ihre Waffen gesegnet zu wissen und ihren Nachwuchs mit einer besonderen Weihe in die Ritterschaft aufnehmen zu lassen, entsprechend der hohen und religiös bestimmten Auffassung der Ritterschaft, die ihnen eigen war.

Und noch einen Schritt weiter können wir gehen. Es gibt Zeugnisse, die Zusammenhänge dieser ritterlichen Frömmigkeit mit altem heidnischem Glauben wahrscheinlich machen. So berichtet Ekkehard von Aura (wie oben schon erwähnt), man habe in Deutschland, als dort der Kreuzzugsgedanke lebendig wurde, nicht nur davon geredet, Kaiser Karl der Große sei wieder auferstanden von den Toten, um den Kreuzzug zu führen, sondern auch noch von einem anderen sage man das; dessen Name wolle er aber nicht nennen[181]. Augenscheinlich hat er damit einen der alten germanischen Götter im Sinn. Und nehmen wir dazu einen uns nur zufällig erhaltenen Bericht von der Schlacht im Welfesholz, in der Kaiser Heinrichs V. Feldherr von den Fürsten geschlagen wurde. Nach der Schlacht zeigte man damals eine Bildsäule, von der es hieß, sie habe während des Kampfes Joduthe als Kampfruf gerufen und damit die Schlacht zur Entscheidung gebracht[182]. Dem Volksglauben nach war es also eine Steinbildsäule unbekannter Herkunft, die hier gleich wie sonst Engel und Heilige in den Kampf eingegriffen und den Sieg herbeigeführt hat. Es liegt nahe, hier an Reste heidnischer Vorstellungen zu

---

[176] P. von Winterfeld, Deutsche Dichter des lateinischen Mittelalters in deutschen Versen (1913) S. 181. — Zum Petruskult siehe G. Schreiber, Kultwanderungen, S. 15.

[177] H. Prutz, Ritterorden, S. 23/24. [178] Mon. Germ. SS. IV, 793.

[179] Weitere Belege siehe C. Erdmann, Entstehung, S. 253 ff.

[180] Siehe oben S. 37. Vgl. dazu C. Erdmann, Entstehung, S. 30 ff., 75 ff., 326 ff.

[181] Siehe oben S. 49.

[182] R. Holtzmann = Sachsen und Anhalt 10 (1934) S. 71 ff.

glauben. Auf eine heidnische Wurzel des Gottesstreiterglaubens weist auch die Tatsache hin, daß bei den noch heidnischen Germanen ähnliche Glaubensvorstellungen dem Bericht des Tacitus nach bestanden haben, daß nämlich Gott „den Kämpfenden gegenwärtig beistehe. Bilder und Feldzeichen holten sie aus ihren heiligen Hainen, um sie mit in die Schlacht zu führen“ [183]. Es ist gar nicht zu verkennen, daß das, was hier Tacitus berichtet, eine gewisse Ähnlichkeit mit dem Kreuzfahrerglauben aufweist [184]. So spricht vieles dafür, daß die Frömmigkeit des Gottesstreiters in manchen Wurzeln bis in die heidnisch-germanische Zeit hineinreicht. Denn der Glaube, der in dem Gott dienenden Kampf die Erfüllung alles Ritter- oder Kämpfertums sieht, ist in der heidnischen Gedankenwelt schon vorgebildet. Als das Christentum eindrang, traten Gestalten der neuen christlichen Glaubenswelt an die Stelle heidnischer Götter und Dämonen. Christus, Engel und Heilige sind nun die großen himmlischen Helfer, mit denen und in deren Dienst man kämpft. Diese neue christliche Frömmigkeit, erfüllt noch mit einem gewissen, aber nicht unmittelbar erkennbaren Maß von Heidentum, erhielt im 11./12. Jahrhundert eine neue verwandelnde Kraft. Denn damals hörte das Christentum breiter Laienschichten auf, eine nur äußerlich angenommene Lehre zu sein. Von da an sucht die ritterliche Laienwelt mit Ernst, ihr Leben Gott wohlgefällig zu gestalten, jedoch so, daß die eigentümliche ererbte ritterlich-kämpferische Lebensweise dabei bestehen konnte.

Mit großer Schnelligkeit dehnte sich dieses Kämpferchristentum im 11. Jahrhundert im ganzen Abendland aus und bewies eine solche Kraft, daß auch die Kirche, die diesen Gedankenbahnen an sich fernstand, sich seiner Gewalt nicht entziehen konnte oder doch die hier vorhandenen Kräfte zu benutzen wußte. Schon unter Gregor VII. ist das deutlich wahrzunehmen. So gewannen die Frömmigkeitsformen des Rittertums für die Kirche selbst in ihrer Gesamtheit große Bedeutung schon im 12. und mehr noch im 13. Jahrhundert. Johannes Haller sprach in diesem Zusammenhang von einer „Germanisierung der Kirche“. Ich würde vorziehen, von einer Feudalisierung der Kirche und des Christentums zu sprechen, um dem Inhalt und dem Ursprung dieser Glaubensvorstellung näherzukommen. Ist eine erste Stufe dieser Feudalisierung in den Schutzverträgen der Karolinger mit den Päpsten zu sehen, so fand diese Linie in den Kreuzzügen und speziell in der päpstlichen Kreuzzugspropaganda des 13. Jahrhunderts ihren Höhepunkt. Dann aber bricht diese Entwicklung plötzlich ab. So wird das Problem der Kreuzzüge zu dem der Feudalisierung von Kirche und Christentum.

Aber von der geistesgeschichtlichen und religionsgeschichtlichen Herkunft der Kreuzfahrerwelt und Kreuzfahrerfrömmigkeit ist der Anlaß, der zum

[183] Tacitus, Germania cap. 7.

[184] Vgl. dazu auch v. Kienle = Die Welt als Geschichte 4 (1938) S. 285 ff. — H. Brunner, Rechtsgeschichte I², S. 181. — H. Conrad = Ztschr. d. Savignystiftung f. Rechtsgesch. 61, germ. Abt., S. 73.

Aufbruch führte und der Kreuzfahrergedankenwelt die letzte Form gab, wohl zu unterscheiden. Der Funke, der den schon bereitliegenden Brennstoff entzündete, war der Aufruf des Papstes Urban II. auf dem Konzil zu Clermont im Jahre 1095.

Doch wenn auch in dieser ritterlichen, kampfesfreudigen Frömmigkeit der erste Antrieb zum Kreuzzug zu sehen ist, so gehen doch daneben noch gar manche rein weltliche Tendenzen einher. Ein gewisser Anstoß kommt aus den Gebieten der Politik: die freundlichen oder feindlichen Beziehungen der verschiedenen Staaten und Völker zu Byzanz gaben wichtige Impulse. Andere Antriebe kamen von den Handelsinteressen der italienischen Seestädte, vor allem von Venedig und Pisa her. Aber wichtiger als alles das sind die rein weltlichen Interessen der abendländischen Ritterschaft, die mit dem Gottesstreitertum enge, oft recht eigentümliche Verbindungen eingehen.

Der Adel, der im ersten Jahrhundert der hauptsächliche Träger der Kreuzzüge war, ist damals noch in erster Linie Kämpfer. Gewiß hat sein Leben ein Doppelgesicht: er ist bäuerlicher Schutzherr, Herr seiner Dörfer, Richter und Vogt der seiner Herrschaft unterstellten Menschen. Aber daneben ist er Kämpfer, und dies ist ausschlaggebend. Wer aber kämpfen will, muß hinaus in die Welt, zu streiten, zu erobern und sich im Kampf zu bewähren. Darum zogen die Wikinger aus ihrer nordischen Heimat und fuhren nicht nur an die Küsten der Nord- und Ostsee, sondern auch an die Nordamerikas. Diese Notwendigkeit der kriegerischen Fahrt gibt dem Adel des ganzen Abendlandes im Mittelalter Unruhe ins Blut. Das ist keine unsinnige Abenteurerlust, kein wilder Eroberungswille allein, sondern Erfüllung eines Lebensgesetzes dieser feudalen Welt. In Frankreich und Deutschland aber engte die zunehmende Landfriedensbewegung die Möglichkeit von Kämpfen und ritterlichen Fehden immer mehr ein. Man mußte darum in die Ferne drängen. Besonders treibt es die jungen Ritter, die sich noch bewähren sollen. Dazu müssen sie hinaus, müssen „fahren". Wer dauernd daheim bleibt, „verliegt". Wolfram von Eschenbach sagt darum vom Ritter: „Swer schiltes ambet üben will, der muos durchstrîchen lande vil" (Parzival 499,9). Der Bauer kam im Mittelalter im allgemeinen über den Umkreis seines Dorfes oder Tales kaum hinaus; anders aber der Ritter. Der starke Geburtenüberschuß und das Nachlassen der inneren Kolonisation (Rodung) in Frankreich, Deutschland, Italien und England trugen noch ihr Teil dazu bei. Starke Kräfte standen also für den bereit, der ihnen ein anfeuerndes Ziel zu weisen wußte.

Das hat die deutschen Kaiser in den besten Zeiten ihrer Geschichte großgemacht, daß sie diese latenten ritterlichen Kräfte zu sammeln, fruchtbar zu leiten, ihnen lockende, weitausschauende Ziele zu setzen wußten. Aber dies Kaisertum hatte nur die deutschen und norditalienischen, nicht aber die anderen Ritter des Abendlandes erfaßt. Alle anderen brauchten darum ein solches lockendes Fernziel, einen Aufruf zu einem Zug, auf dem man sich bewähren konnte. Und auch in Deutschland waren, als Papst Urban II. zum Kreuzzug aufrief, die Türen dafür offen. Denn das Kaisertum war damals völlig machtlos. Heinrich IV. hielt sich mit Mühe in einem Winkel Italiens. Deshalb kam der Ruf des Papstes auch hier willkommen. Und als später deutsche Kaiser selbst zum Kreuzzug aufbrachen, verbanden sich der päpstliche und der kaiserliche Ruf auf das engste.

So schuf auch diese weltliche Bereitschaft zum Zug in die Ferne, wenn nur ein großes Ziel lockte, eine wichtige Ergänzung und Verstärkung des religiösen Antriebes. Beides verband sich eng miteinander, so daß wohl nur wenige Ritter weltliche und religiöse Strebungen in ihrem eigenen Inneren zu scheiden wußten.

Noch ein Motiv kam dazu: Viele Fürsten und Ritter hofften auf dem Kreuzzug eine neue eigene Herrschaft im Orient zu erwerben. Gerade die jüngeren Söhne, die zu Hause keine Möglichkeit einer eigenen Herrschaft sahen, waren darum gern bereit, an einem Zug in die Ferne teilzunehmen. Bohemund von Tarent ist das bekannteste Beispiel dafür. Das mußte aber gar nicht mit dem religiösen Zweck des Zuges in Gegensatz treten. Denn daß man irgendwo Herrschaftsbezirke christlicher Fürsten oder Ritter gründen müsse, als Stützpunkte für das weitere Vorgehen, war wohl allen, die sich darüber Gedanken machten, klar. Man konnte ja, wie es später denn auch geschah, von solchen neuen Herrschaften aus gegen die Muslime kämpfen und so der Sache des Kreuzzuges dienen. So verbanden sich religiöse und weltliche Motive auch an dieser Stelle auf das engste. Und wenn dann Gott, in dessen Dienst man kämpfte, zu dem himmlischen Lohn auch noch den irdischen in Gestalt einer Herrschaft in Syrien gab, so mußte man das wohl durch besonders treuen Dienst verdient haben. Gott mußte es ja entscheiden, wer sich in seinem Dienst bewährte. So ließen sich die irdischen Motive gut den religiösen unterordnen oder doch in ihnen verbergen. Dies Hinzutreten weltlicher Motive ergänzt das Gesamtbild, ändert aber an zwei Grundtatsachen nichts: erstens an dem Überwiegen der religiösen Strebungen und zweitens an dem feudalen Gesamtcharakter der Antriebe. Denn aus dem Wesen des Rittertums erwuchsen auch die weltlichen Impulse zum Aufbruch. Dem Ursprung nach ist der Kreuzzug ein feudales Unternehmen, eine Tat des Rittertums, aus seinem ureigensten Wesen heraus geboren[185].

---

[185] R. Grousset hat wiederholt von einer „expansion coloniale“ als dem Wesen der Kreuzzüge gesprochen. Ich halte diese Bezeichnung für irreführend. Denn einmal verkennt sie völlig die Bedeutung des religiösen Faktors. Zweitens aber setzt der Begriff eine enge Verbindung mit dem Staat des Mutterlandes voraus, die aber bei dem für das Wesen der Züge entscheidenden ersten Kreuzzug sicherlich nicht und später kaum vorhanden war. Drittens verkennt diese Bezeichnung, daß die Kreuzzüge nicht das Unternehmen einer einzelnen Nation oder auch einer Gruppe von Nationen gewesen ist, sondern eine Tat des christlichen Abendlandes. Mit „expansion coloniale“ verbinden sich aber für uns nationale Beweggründe. Viertens aber kann dieser Begriff (wenn auch nicht notwendig) allzuleicht Vorstellungen

Daß das alles für Venedig, Pisa, Genua und die anderen Seehandelsstädte nur mit großen Einschränkungen gilt, da dort das Handelsinteresse sehr stark ist, wurde schon oben erwähnt, ebenso aber auch, daß dies für den Gesamtcharakter der Kreuzzüge nicht als entscheidend angesehen werden kann. Der Kampf der Seestädte tritt später ergänzend zum Kreuzzug der Ritter als starke Hilfe hinzu, ohne aber dessen eigenen Charakter aufzuheben.

Das Papsttum und die Entstehung der Kreuzzüge

Die ihr eigentümliche, in ihrem eigenen Kreis erwachsene Frömmigkeit der Ritterschaft des Abendlandes sowie der aus allem Berufskämpfertum stets aufsteigende Drang zur Bewährung und Erprobung im Kampf gab den Rittern die Bereitschaft zu einem großen Zug und die Kraft zu einer großen Kampfestat. Diese Bereitschaft konnte aber nur Wirklichkeit werden, wenn von weithin sichtbarer Stelle aus ein Mann aufrief, der Ritterschaft ein religiös begeisterndes Hochziel zeigte, das als Gottes Wille, als seine Forderung an seine ihm ergebenen Ritter angesehen werden konnte. Eine Fahne mußte entfaltet werden, die als Gottes Feldzeichen gelten konnte. Zu einem Kampf mußte gerufen werden, der nicht nur Bewährung und Erprobung und damit Ehre, sondern auch — das läuft halb zugestanden, oft auch nur halb bewußt nebenher — Beute und vielleicht auch eine Herrschaft versprach.

Das aber war die Tat des Papstes Urban II. Sie muß als der auslösende Faktor angesehen werden, wenn der Papst auch keineswegs übersah, was auf diesen Aufruf hin geschehen sollte. Es ruhte damit eine große Verantwortung auf Urban II., als er in Clermont 1095 aufrief. Denn für das in der Ritterschaft erwachsene Drängen und Wollen trug keine Einzelpersönlichkeit die Verantwortung, wohl aber für den Fanfarenstoß von Clermont. Denn erst die Vereinigung der Bereitschaft der Ritter zum Gottesstreitertum mit der realen Ziel- und Terminsetzung durch Urban schuf die Kreuzzüge.

Die Tatsache, daß ein Papst im Namen Christi zu einem Kreuzzug, also doch zu einem Krieg, aufruft, ist uns aus dem Geschichtsunterricht so geläufig, daß wir einen Augenblick haltmachen müssen, um uns das Auffallende dieser Tatsache zum Bewußtsein kommen zu lassen. Denn das Evangelium steht ja doch der Waffengewalt ablehnend gegenüber. Man braucht sich nur zwei Worte Jesu vor Augen zu halten, um das zu sehen. Matth. 26, 52f.:

---

moderner Kolonisationstätigkeit erwecken, wo es darauf ankommt, bäuerliches Siedlungsland zu bekommen. Das trifft jedoch für die Kreuzzugsstaaten nicht zu. Denn damals wanderten keine Bauern ein, sondern das Land bebauten die einheimischen Bauern weiter, die schon vor der Eroberung dort gesessen hatten. Außerdem hätte die syrische Küste dann zu gleicher Zeit eine französische und eine italienische Kolonie sein müssen. Denn der Handelsgewinn ging größtenteils nach den italienischen Städten. So ist dieser Begriff *sehr* schlecht geeignet, die damaligen Beziehungen der Kreuzfahrerstaaten zum Abendland zu charakterisieren.

Da sprach Jesus zu ihm (Petrus): „Stecke dein Schwert an seinen Ort! Denn wer das Schwert nimmt, soll durch das Schwert umkommen. Oder meinest du, daß ich nicht könnte meinen Vater bitten, daß er mir zuschickte mehr denn 12 Legionen Engel?"; und dazu Joh. 18, 36: Jesus antwortete: „Mein Reich ist nicht von dieser Welt. Wäre mein Reich von dieser Welt, meine Diener würden darob kämpfen, daß ich den Juden nicht überantwortet würde; aber nun ist mein Reich nicht von dannen." Das heißt also, daß das Evangelium das Kämpfen mit den Waffen und das Soldatsein zwar nicht verbietet, aber doch den weiten Abstand Jesu zu der Welt der Kriege und Schlachten aufdeckt. Daran ändern auch die Bilder aus der Kampfeswelt, die das Neue Testament gern zur Kennzeichnung geistlicher und geistiger Haltungen verwendet, nichts.

Es ist eine lange Geschichte von da aus bis zu dem Kreuzzugsaufruf Urbans II. Wir können ihr nur in den Grundzügen nachgehen.

Das Urchristentum hat sich sehr um die Frage gemüht, ob das Kriegshandwerk einem Christen erlaubt sei, ob man zugleich Christ und Soldat sein könne[186]. Einige Kirchenväter, wie Tertullian und Origenes, haben es entschieden abgelehnt. Im allgemeinen siegte jedoch der altkirchliche Grundsatz, daß jeder in dem Stande, in dem er zum Christentum berufen worden sei, verbleiben solle. So gab es schon vor Konstantin viele christliche Soldaten. Doch blieb die Masse der Christen damals von einer Entscheidung dieser Frage verschont, da man meist auch von den Christen ebenso wie von den Juden keinen Heeresdienst verlangte. Jedenfalls aber hätte der Gedanke, daß ein heiliger Krieg von Gott gefordert oder auch nur gefördert werden könne, nichts als höchstes Befremden erregen können.

Mit der Erhebung des Christentums zur Staatsreligion unter Konstantin änderte sich die Lage vollkommen. Nun war es ein christlicher Staat, der Krieg führte, und oft sogar auch im Interesse des Christentums, zum mindesten ließ es sich so ansehen. Für die Stellungnahme des Abendlandes wurde nun Augustin entscheidend[187]. Auch für Augustin ist der Krieg immer ein Übel. Er entspringt nur aus dem Bösen. Aber Augustin unterscheidet einen gerechten (bellum iustum) von einem ungerechten Krieg. Mindestens eine Seite muß ungerechtfertigterweise in den Krieg hineingegangen sein, muß Kriegsschuld tragen. Für sie ist dieser Krieg ein bellum iniustum und damit verwerflich. Denn nur die Verteidigung und die Wiedererlangung geraubten Gutes sind gerechte Kriegsgründe. Der Christ aber darf stets nur einen gerechten Krieg führen. Sein Ziel muß immer der Friede und das Wohl auch des Gegners sein. Damit war die Tatsache des Krieges, den ein christlicher Staat führt, mit der christlichen Friedensethik in Einklang gebracht; aber eine Aktivität der Kirche in einem Krieg oder eine Werbung der Kirche für einen

[186] C. Erdmann, Entstehung, S. 3 ff. — A. Harnack, Militia Christi. Die christliche Religion und der Soldatenstand in den ersten drei Jahrhunderten (1905).
[187] C. Erdmann, Enstehung, S. 3 f. Dort auch Quellenbelege und Literaturangaben.

Krieg lag immerhin noch sehr fern. Doch war durch den Begriff des gerechten Krieges schon das Tor zu einer dahin zielenden Entwicklung geöffnet. Wie kritisch man überhaupt die Anwendung äußerer Gewalt im kirchlichen Reich beurteilte, zeigt die Haltung Augustins den Donatisten gegenüber, die damals die Einheit der Kirche in Nordafrika bedrohten. Erst nach langem Bedenken entschloß er sich, die Hilfe des Staates gegen diese Sekte zuzulassen. Eine Anwendung von Waffengewalt im Interesse der Kirche wird hier also von ihm gutgeheißen, freilich unter Ausschluß der Todesstrafe.

Papst Gregor I. ging noch einen Schritt weiter: er wollte auch zur Bekehrung der Heiden die Waffengewalt verwendet sehen. Man sollte Völker zuerst unterwerfen, um sie dann bekehren zu können[188]. Ein Ansatz zu dem Gedanken des Krieges im Dienst Gottes ist also hier schon vorhanden. Und wenn dann Papst Leo IV. denen, die für die Verteidigung der Kirche fallen, himmlischen Lohn verspricht[189], und Papst Johann VIII. die Opfer eines heiligen Krieges als Märtyrer bezeichnet[190], so bedeutet das ein konsequentes Weitergehen auf dem eingeschlagenen Weg.

Doch noch in der zweiten Hälfte des 11. Jahrhunderts, also unmittelbar vor den Kreuzzügen, standen innerhalb der abendländischen Kirche die ältere Ablehnung von Krieg und Kriegshandwerk und eine den Kreuzzugsidealen schon nahe Anerkennung von Kriegen als „heiligen Kriegen" einander gegenüber. So hat auf der einen Seite das Konzil von Narbonne 1054 erklärt: „Wer einen Christen tötet, vergießt ohne Zweifel Christi Blut."[191] Anselm von Canterbury setzte sich mit allem Nachdruck damals für eine Ablehnung aller Kriege als unsittlich ein[192], und Petrus Damianus wendet sich ebenso energisch gegen die Verwendung eiserner Waffen, auch wenn es um Fragen des Glaubens ginge[193]. In den Briefen des Papstes Alexander II. aus den Jahren 1061—1073 finden sich wiederholt scharfe Ablehnungen alles Blutvergießens. Gelegentlich der Zurückweisung einer Judenverfolgung schreibt er: „Denn Gott freut sich nicht über das Blutvergießen", und „Eure Klugheit soll wissen, daß alle Gesetze, kirchliche wie weltliche, das Vergießen menschlichen Blutes verbieten."[194] Besonders klar spricht sich Wibert, der Gegenpapst gegen Gregor VII., aus: „Christlich ist es, zu lehren, nicht

---

188 Gregor I, Registr. lib. I, epist. 73 = M. G. Epist. I, 93: „bella vos frequenter appetere ... dilatandae causa rei publicae, in qua Deum coeli conspicimus ... quatenus Christi nomen per subditas gentes fidei praedicatione circumquaque discurrat.

189 Mansi, Concilia XIV, Sp. 888.

190 Mansi, Concilia XVII, Sp. 104.

191 Mansi, Concilia XIX, Sp. 827: „quia qui Christianum occidit, sine dubio Christi sanguinem fundit... Vgl. auch P. Rousset, S. 195.

192 Anselm, Epist. III, 19 = Migne PL 158, Sp. 1168: iniquitas enim est cruenta bellorum confusio. Vgl. auch Anselm, Epist. IV, 19 = Migne PL 159, 212.

193 Petrus Damianus = Migne PL 144, Sp. 316. Vgl. auch P. Rousset, S. 48.

194 Migne PL 146, Sp. 1387. CII und CIII.

Kriege zu stiften, das Unrecht gleichmütig zu dulden, nicht es zu rächen." [195] Hier wird also sogar der Verteidigungskrieg für den Christen verworfen.

Das ist aber dieselbe Zeit, in der man allenthalben im Abendland kämpfende und Kriege führende Bischöfe finden konnte [196], so wie sie die Ottonenzeit gekannt hatte. Es ist dieselbe Zeit, in der die Päpste Leo IX. und Gregor VII. zu heiligen Kriegen im Dienste der Kirche aufriefen.

Bis in die Kreuzzugszeiten besteht dieser Gegensatz unausgeglichen fort, oft sogar in der Brust eines und desselben Menschen. So schreibt z. B. Fulcher, der für den Kreuzzug begeisterte Chronist mitten in der Darstellung des ersten Kreuzzuges: „O Krieg, verhaßt denen, die Unrecht verabscheuen, schrecklich denen, die dich sehen"; er begründet dann diese Ablehnung und fährt fort: „Der menschliche Geist flüchtet sich, wo er solches Elend sehen muß." [197] Ebenso ist aus der berühmten Rede Urbans II. und aus den Schriften Bernhards von Clairvaux deutlich zu erkennen, daß sie alle Kriege außer den Kreuzzügen grundsätzlich ablehnen. Für Urban ist der Kreuzzug geradezu ein durch Ablenkung wirkendes Mittel gegen die verhaßten alltäglichen Kriege und Fehden [198].

Auch die Landfriedensbewegung enthält in sich diesen Gegensatz. Denn getragen von der Ablehnung der Kriege, muß sie doch diejenigen anerkennen, die zu bestimmten begrenzten Zeiten und unter Einhaltung gewisser Regeln geführt werden. Denn diese entsprechen den von ihr aufgestellten Gesetzen.

Die Ostkirche dieser Zeiten kennt diese Spannung nicht in dieser Schärfe. Denn in Byzanz gibt es kein Rittertum im abendländischen Sinn. Der Beruf des Kriegers brachte dort keinen Ruhm, kein soziales Ansehen, der Tod in der Schlacht wurde nicht als ruhmvoll gefeiert, und auch der, der im Kampf gegen Muslime fiel, nicht als Märtyrer betrachtet [199].

Das weist darauf hin, daß hinter dieser verschiedenen Beurteilung des Krieges und des Kämpfers ein großer sozialer Gegensatz des Abendlandes und, daraus erwachsend, eine Divergenz der Frömmigkeitstypen steht. Dem Ritter, der von dem Krieg und für den Krieg lebt und zugleich die führende

---

[195] Die Schrift von Wibert ist verloren, jedoch aus Zitaten bei Wido von Ferrara teilweise zu rekonstruieren = M. G., L. d. L. I, 541, S. 15 ff. An der genannten Stelle fährt Wido fort: „Nichts von jenem tat Christus, nichts irgendeiner von den Heiligen." Dann zitiert er zahlreiche Stellen der Kirchenväter. — Vgl. K. Panzer, Wido von Ferrara (1880) S. 60, und C. Erdmann, Entstehung, S. 238.

[196] Belege für Belobigungen von Bischöfen um ihrer Kriegstaten willen: C. Erdmann, Entstehung, S. 252, Anm. 10. [197] Fulcher II, 12, 1. S. 416.

[198] Wilhelm von Malmesbury, IV, 348, S. 396. — Bernhard Epistola CCXXI = Migne PL 182, 386. — E. Lavisse, Hist. de la France II, 2, S. 230 u. S. 280. — Pignot, Cluny II, 158.

[199] St. Runciman I, 83 ff. — Als Beispiel für die kriegsfeindliche Haltung zitiert er St. Basil, der verlangt, daß ein Soldat, der im Krieg getötet hat, für drei Jahre von der Kommunion ausgeschlossen wird (Brief Nr. 188 = Migne PG 32, 681). Das ist aber nicht durchgeführt worden.

soziale Stellung einnimmt, stehen alle anderen Volksschichten gegenüber, die die Kriege und die Fehden nur quälen, und dem ritterlichen, waffenfrohen Gotteskämpferglauben das altkirchliche Christentum mit seinen Bedenken gegen den Krieg und der auf die Waffenlosigkeit stolze Mönch und Priester. Aus diesem tiefgehenden Gegensatz heraus erwachsen die Kreuzzüge.

Die Päpste Leo IX. und Gregor VII., aber auch schon Johann VIII. stehen dabei auf seiten der ritterlichen Welt. Deren Grundgedanken wollen sie verwenden im Interesse der Kirche. Eine militia Christi wollen sie schaffen, d. h. eine Ritterschaft, die mit ihrem Kämpfen in den Dienst des Papstes und der Kirche tritt. Mit ihnen will Gregor VII. Kriege durchführen, die als heilige Kriege zu betrachten sind. Dementsprechend wird die Vergebung der Sünden solchen Kämpfern als Lohn in Aussicht gestellt. Hier ist die Verbindung von ritterlichem Gottesstreitertum und Kirche schon weitgehend durchgeführt. Diese Ritterfrömmigkeit ist also schon vor den Kreuzzügen in den Dienst der Kirche gestellt worden. Aber doch trennen scharfe Grenzen diese heiligen Kriege Leos und Gregors von den Kreuzzügen. Hier ist der Wille des Papstes maßgebend, in den Kreuzzügen der der Ritterschaft des Abendlandes, die großenteils fast spontan handelt. Hier ist das unmittelbare Interesse des Papsttums entscheidend (Kampf mit dem Kaiser und den Normannen, Kampf um den Kirchenstaat), bei den Kreuzzügen ein zwar von Urban II. aufgestelltes, aber zutiefst im Suchen und Wollen der Ritterschaft des Abendlandes verankertes, hochgestecktes Fernziel, die Freiheit Jerusalems. Auch der sogenannte Kreuzzugsplan Gregors ist noch kein Kreuzzug.

Vier Punkte sind es, an denen es den Päpsten damals wünschenswert erschien, selbst eine Heeresmacht, eine militia Christi (wenn auch geringen Umfanges), zu besitzen, damit die Kirche ihre Interessen mit den Waffen in der Hand verteidigen könne: Am Anfang steht im 10. und beginnenden 11. Jahrhundert die Notwendigkeit, Rom gegen die Angriffe der in Italien landenden Sarazenen zu verteidigen. Dann ist da der Wunsch, die spanischen Christen im Kampf gegen die Mauren mit Waffen unterstützen zu können. Drittens aber hoffte der Papst, mit solchen Rittern den Kirchenstaat verteidigen und herrschaftliche Ansprüche gegen den Kaiser oder auch in Spanien, wie es sich ergab, sichern zu können. Viertens hoffte man, daß Hilfe, die man mit ihnen Ostrom leisten konnte, den langgehegten Plan einer Union mit der Ostkirche werde fördern können. Hier sind es also — anders wie bei den Kreuzfahrern — speziell kirchliche Ziele, für die die Bereitschaft der Ritter zum Gottesstreitertum eingesetzt werden soll.

Doch die Kreuzzugspläne des Papsttums haben auch eine Vorgeschichte, auf die wir noch einen kurzen Blick werfen müssen.

Zunächst einmal muß aus dieser Vorgeschichte der sogenannte Kreuzzugsaufruf des Papstes Silvester II. etwa aus dem Jahre 984[200] verbannt werden.

[200] P. comte Riant, Invent. 11/31. — Der Aufruf ist echt, entgegen der Ansicht von J. v. Pflugk-Harttung und P. comte Riant. Das haben 1899 J. Havet (Lettres

Denn er enthält nur eine Bitte um Almosen für Jerusalem. Den Gedanken eines kriegerischen Eingriffes lehnt er sogar entschieden ab.

Wohl aber ist ein Aufruf von Papst Sergius IV. (1009—1012) als Vorläufer der Kreuzzugsaufrufe späterer Zeit anzusehen. Damals plante Pisa in Zusammenarbeit mit Genua und Venedig einen Flottenvorstoß gegen die Muslime; ein größeres Unternehmen, denn man sprach von 1000 Schiffen. Während man noch mit den Vorbereitungen beschäftigt war, kam die Nachricht von der Zerstörung der Heilig-Grab-Kirche zu Jerusalem durch den Kalifen al-Hākim. Sie löste große Entrüstung im ganzen Abendland aus. Diese wollte man für den geplanten Kampf ausnützen. Papst Sergius setzte sich lebhaft für das geplante Unternehmen ein. Er wollte selbst mitfahren, und zwar sollte Syrien seiner Absicht nach das Ziel der Fahrt sein. Leider können wir heute nicht mehr beurteilen, wie die realen Absichten der Seestädte sich zu diesen weitgespannten Plänen des Papstes verhielten. Denn das ganze Unternehmen kam nicht zustande. Die Muslime erfuhren von dem Plan und zerstörten 1011 den Hafen von Pisa, ehe die Seestädte ihren Plan verwirklichen konnten[201]. Aber wenn er auch nicht ausgeführt wurde, zeigt uns doch der Plan des Papstes schon den Versuch, durch die Einbeziehung Jerusalems und seines Schicksals religiöse Kräfte mobil zu machen. Doch den entscheidenden Antrieb lieferte damals die Absicht der Seestädte, im Interesse ihres Handels die Muslime aus den italienischen Meeren zu vertreiben.

An den zu diesem Zweck geführten Kämpfen beteiligte sich 1016 auch Papst Benedikt VIII. Aber das kann kaum als eine Vorstufe der Kreuzzüge gelten. Es ist eine Angelegenheit italienischer Küstenverteidigung[202]. Eher ließen sich Vorboten des Kreuzzugsgeistes in dem Kampf der Venetianer von 1003 zur Verteidigung Baris gegen die Muslime finden. Denn Johannes Diaconus schreibt bald darauf, daß der Doge von Venedig diesen Kampf „nicht aus irdischer, sondern aus Gottesfurcht" unternommen und daß die Jungfrau Maria im Kampfe geholfen habe[203]. Doch die Kämpfe gegen die Muslime in Süditalien gingen zu Ende, ohne daß etwas dem Kreuzzugsgedanken wirklich Ähnliches daraus hervorgegangen wäre.

Ein anderer Ansatzpunkt für Kreuzzugsideen war in den spanischen Kämpfen gegen die Muslime gegeben. Die lebhafte Unterstützung, die Papst Alexander II. diesen Kämpfen zukommen ließ, erinnert in vielem schon an die Kreuzzüge. Als 1063 eine Gruppe von französischen Rittern zur Hilfe

---

de Gerbert, S. 22) und neuerdings C. Erdmann (Aufrufe, S. 2 ff.) einwandfrei nachgewiesen. Zu dem Inhalt vgl. A. A. Vasiliev, Histoire de l'empire byzantin (1932) II, 27, und C. Erdmann, Aufrufe, 2 ff.

[201] C. Erdmann, Entstehung, S. 102 ff. — Enzyklika: Migne PL 139, 1498 = Riant, Invent. 14/40, von 1011. — Riant hält den Aufruf für falsch, ebenso U. Schwerin, S. 69. — Seine Echtheit erwies P. Kehr, Italia pontificia VI, II, 322, und ebenso C. Erdmann, Entstehung, S. 102 ff. und Aufrufe, S. 11 ff.

[202] A. Cartellieri, Weltgeschichte III, 129. — C. Erdmann, Entstehung, S. 101.

[203] C. Erdmann, Entstehung, S. 100.

in den Maurenkämpfen auszieht, verkündet er für diese Ritter einen besonderen Ablaß und erklärt ihren Krieg als einen gerechten Kampf, im Gegensatz zu den damals einsetzenden Judenverfolgungen[204]. Auch hat dieser Papst einem der Führer dieses Zuges wohl eine Fahne verliehen, da ein arabischer Berichterstatter, Ibn-Chajjān, den Führer der französischen Ritter bei dem Kampf um Barbastro als „Befehlshaber der Reiterei Roms" bezeichnet[205]. Freilich hat dies starke Interesse, das der Papst an diesen Kämpfen nimmt, einen ganz besonderen Grund. Denn ein Führer dieser französischen Ritter, Ebolus von Roucy, hatte, ehe er auszog, mit Papst Alexander II. einen Vertrag geschlossen, auf den hin alles den Sarazenen abgenommene Land Eigentum des heiligen Petrus werden sollte. Ebolus selbst sollte es dann als Lehen des heiligen Petrus übernehmen[206]. Es sollte hier also ein päpstlicher Lehensstaat geschaffen werden. Das gab natürlich dem Papst ein erhöhtes Interesse an diesen Kämpfen, das über das allgemeine christliche und kirchliche an den Maurenkämpfen weit hinausging.

Dabei ist es nicht unwesentlich, daß der maßgebende Vertrag im Auftrag des Papstes von Hildebrand abgeschlossen wurde, dem späteren Papst Gregor VII. Er leitete als Archidiakon schon unter Alexander II. ein gut Teil der päpstlichen Politik. Wie sehr Hildebrand gerade die Schaffung eines päpstlichen Herrschaftsgebietes am Herzen liegt, geht aus seiner Äußerung hervor: „Wenn ihr euch nicht zur Wahrung der Rechte des heiligen Petrus verpflichtet, wollen wir euch lieber verbieten, überhaupt nach Spanien auszuziehen."[207]. Augenscheinlich erscheint also Hildebrand der Heidenkrieg an sich nicht so wichtig wie der Kampf um die „libertas ecclesiae" und die ihm zu deren Wahrung notwendig erscheinenden Mittel.

Die eigenen Kriege der Kurie beginnen unter Papst Leo IX. (1049—1054). Wir wissen von ihm, daß er schon als Diakon des Bistums Toul dessen Truppen in Italien führte und als Bischof dieser Stadt starken militärischen Sinn zeigte. Er entstammte einem deutschen Adelsgeschlecht und hat die verwandtschaftlichen Beziehungen zu deutschem und französischem Adel Zeit seines Lebens gepflegt. Augenscheinlich lebt viel von dem ritterlichen Denken seiner Ahnen in diesem bedeutenden Papst, und wir gehen sicherlich nicht fehl, wenn wir annehmen, daß die Sonderfrömmigkeit der Ritterschaft des 11. Jahrhunderts ihm vertraut war. Andererseits ist er sehr entschiedener Vorkämpfer der kirchlichen Reformpartei, sehr bedacht auch, die äußere

---

[204] Ablaß: Jaffé 4530, von 1063. — Paul Ewald = Neues Archiv V, S. 338, Nr. 58. — C. Erdmann, Enstehung, S. 125. — Gerechter Krieg: Migne PL 146, 1386 f., C I ff., von 1061—1073.

[205] C. Erdmann, Entstehung, S. 126. — Boissonade und Halphen haben die Beteiligung des Papstes an diesem Zuge sicherlich stark übertrieben. Auch sind weder Kreuzzugspredigten noch Kreuzzugssteuern von ihm eingeführt worden, wie behauptet wurde. Vgl. C. Erdmann, Entstehung, S. 125, Anm. 69.

[206] Gregor VII, Register I, 7, S. 11 u. I, 6, S. 9 ff. — Vgl. auch C. Erdmann, Entstehung, S. 140.

[207] C. Erdmann, Entstehung, S. 141.

Machtstellung des Papstes zu stärken. Beides, der religiöse Eifer für die Sache und die Interessen der Kirche und sein ererbter ritterlicher, kämpferischer Sinn verbinden sich in ihm. Er ist der erste Papst, der selbst Kriege im Namen der Kirche führte, für sie lebhaft mit Betonung der religiösen Motive warb, seinen Mitkämpfern Erlaß der Bußstrafen und Absolution in Aussicht stellte und die in solchem Kampf Gefallenen als Märtyrer oder als Heilige pries[208]. Augenscheinlich dringen also unter ihm dank seiner kämpferischen Energie Ideen und Frömmigkeitsideale aus der adeligen Laienwelt in den Wirkungskreis der Kurie.

Der Kampf, den Papst Leo IX. auf diese Weise gegen die Normannen im Jahre 1053 führte, ging unglücklich aus. Leo selbst wurde gefangengenommen. Das legte der Ausbreitung solcher Ideen Zügel an. Doch wichtiger für uns ist, daß die Bezeichnung der päpstlichen Ritterschaft als milites Christi nun lebendig bleibt, ebenso wie der Gedanke eines heiligen, für Rom geführten Krieges. Doch seine volle Ausgestaltung findet dieser Gedanke erst unter Papst Gregor VII.

Carl Erdmann ist in seinem Buch über „Die Entstehung des Kreuzzugsgedankens“ (1935) der Entwicklung des Begriffs der militia Christi im einzelnen nachgegangen[209]. Es genügt deshalb für uns, festzustellen, daß er zunächst seit dem heiligen Benedikt und der Benediktinerregel im bildlichen Sinn verwendet wird und den Dienst des Mönches vor Gott bezeichnet. Die Benediktinerregel verwendet gern Bilder aus dem militärischen Leben, um das strenge, gehorsame, in straffer Organisation geregelte Leben des Mönchs zu kennzeichnen. Mit Vorliebe stellte man die Mönche als militia Christi der militia saecularis, d. h. der weltlichen Ritterschaft, gegenüber[210]. Der Begriff bleibt dabei reines Bild, Übertragung aus einer anderen Sphäre ohne jede Konsequenz.

Der Gedanke der Ritterschaft Christi oder des heiligen Petrus oder der des heiligen Krieges werden jedoch später immer mehr von ritterlichen Gedanken aus geformt. Noch unter Gregor VII. hatte anfangs das Wort miles Christi noch meist rein geistliche Bedeutung. Bald aber bezeichnet es den weltlich bestimmten Begriff des Lehensmannes Christi, d. h. aber den Lehensmann des Papstes, in einem etwas abgeschwächten Sinn den Mann, der bereit ist, sein kämpferisches Tun in den Dienst des Papstes zu stellen. Gregor hat selbst viele Kriege geführt, meist gegen den deutschen Kaiser und den von ihm aufgestellten Gegenpapst. Dafür aber war er fast ganz auf solche „Lehensleute“, auf Freiwillige und auf Söldner, angewiesen, da die Streitkräfte der Stadt Rom und des Kirchenstaates doch nur für begrenzte Zeit

[208] Hermann von Reichenau = Mon. Germ. SS. V, 132. — Vgl. auch C. Erdmann, Entstehung, S. 111.

[209] A. a. O. 11 u. 185 ff. — Vgl. auch A. Harnack, Militia Christi (1905).

[210] F. Friedrich = Studien und Mitteilungen zur Geschichte des Benediktinerordens 59 (1942) S. 267—274.

und oft nur nach bestimmten Abmachungen ihm zur Verfügung standen. Darum griff er auf, was Leo IX. begonnen, und warb milites sancti Petri durch Versprechung der Absolution und himmlischen Lohnes[211].

Außerdem aber schloß Gregor mit einzelnen Fürsten und Herren besondere Verträge ab, auf die hin diese „Lehensleute des heiligen Petrus" wurden und als solche die Verpflichtung übernahmen, Papst und Kirche mit den Waffen zu schützen. Beispiele dafür sind Graf Wilhelm von Hochburgund, Raimund von St-Gilles, Amadeus von Savoyen, König Sancho von Aragón, König Sven II. von Dänemark, Herzog Gottfried von Niederlothringen, Herzog Welf IV. von Bayern und Robert Guiskard, der Normanne[212].

Alle diese Einzelmaßnahmen fügen sich zusammen zu dem Plan Gregors VII., mittels der von der Ritterschaft übernommenen Gedanken der Lehns- und Treuepflicht ein päpstliches Heer zu schaffen[213]. Die besondere Frömmigkeit des Ritters ist also Papst Gregor wohl bekannt. Er weiß auch um die Kraft, die in dem Gottesstreiterglauben verborgen liegt und die Großes zu vollbringen vermag, wenn man sie zu wecken weiß. Eben das aber will er, um die Stellung des Papsttums gegenüber der weltlichen Gewalt zu sichern. Darum entschließt sich Gregor, die alte ablehnende oder zurückhaltende Stellung der Kirche dem Krieg gegenüber aufzugeben und den Krieg im Dienst der Kirche als stets gerechten Krieg zu bejahen und sogar durch die gewisse Aussicht auf himmlischen Lohn zu heiligen. Er sieht das Papsttum als kriegführende Macht nicht nur als vor dem Christentum möglich, sondern als notwendig an. Es ist eine große Wandlung, die sich hier vollzieht, ein Schritt auf dem Weg zur Feudalisierung der Kirche.

Denn daß die gedanklichen Mittel dafür, die Idee des miles sancti Petri und des Lehensmannes nicht der Welt der Kirche entstammen, sondern aus der ritterlichen Atmosphäre übernommen wurden, kann nicht zweifelhaft sein. In der Sonderfrömmigkeit des Ritters war das vorbereitet. Gregor VII. hat mit diesen Aufrufen und Verträgen diese ritterliche Frömmigkeit des Gottesstreitertums so wenig geschaffen wie Papst Urban II. mit der Rede von Clermont. Aber gefördert, sanktioniert und verbreitet wurden diese Ideen durch die Aufrufe beider Päpste.

Noch näher den Kreuzzügen steht Gregor im Jahre 1074. Damals faßte er den Plan eines Heereszuges nach dem Orient unter seiner Leitung. Er sollte dem Byzantinerreich Hilfe im Kampf gegen die Muslime bringen und bis zum Heiligen Grab in Jerusalem vordringen. Veranlassung dafür war,

[211] Noch sind die Begriffe miles sancti Petri und miles Christi nicht festgelegt und überall gleich verwendet. Gelegentlich stehen in Äußerungen Gregors VII. noch verschiedene Bedeutungen dieser Worte nebeneinander.

[212] Gregor VII, Registr. I, 46/69 f., von 1074. — Ebd. 72/103, von 1074. — Vgl. dazu C. Erdmann, Entstehung, S. 199 f.

[213] Wohl das deutlichste Beispiel für diese Politik Gregors VII. ist sein Brief an den Grafen von Hochburgund aus dem Jahre 1074 = Gregor VII, Registr. I, 46, S. 69 ff., von 1074.

wie der Papst selbst angibt, vor allem die Hoffnung, durch die gemeinsame Kampffront der Ostkirche so nahezukommen, daß das alte Schisma zwischen Ost und West sich überwinden lasse. Diesen kühnen Plan betrieb Papst Gregor mit allem Nachdruck. Vier Briefe, geschrieben in der Zeit vom 2. Februar 1074 bis zum 16. Dezember desselben Jahres, geben uns Kunde davon[214]. An König Heinrich IV. schrieb er damals: „Diese meine Mahnung haben italienische Ritter und solche jenseits der Alpen auf Gottes Eingebung hin ... gern aufgegriffen. Schon bereiten sich über 50000 Mann vor. Wenn sie mich zum Führer und Bischof haben können, wollen sie sich mit bewaffneter Faust gegen die Feinde Gottes erheben und bis zum Grab des Herren unter seiner eigenen Führung gelangen. Das aber stachelt mich in besonderem Maß zu diesem Werk an, daß die Kirche von Konstantinopel, die in der Frage des Heiligen Geistes mit uns in Glaubensspaltung lebt, sich nach Einigkeit mit dem Sitz des Apostels sehnt."[215] Zweifellos ist es ein Kreuzzugsplan, für den aber nicht die Eroberung Jerusalems und die Befreiung des Heiligen Grabes im Vordergrund stehen, sondern die militärische Hilfe für das Byzantinerreich, die zu der Union mit der Ostkirche hinführen soll. Die Eroberung des Heiligen Grabes wird zwar auch ausdrücklich als Ziel des Zuges genannt, doch wird diese Absicht — und das ist wohl zu beachten — den zum Aufbruch bereiten Rittern in den Mund gelegt. Sie wollen mit bewaffneter Faust gegen die Feinde Gottes aufstehen und bis zum Heiligen Grab vordringen. Augenscheinlich ist also das Ziel des Heiligen Grabes auch von seiten der Ritter aufgestellt und vom Papst seiner starken werbenden Kraft wegen übernommen worden. Recht verstehen läßt sich dieser Plan Gregors nur, wenn man in Rechnung setzt, daß der Plan der Kirchenunion die Lieblingsidee dieses Papstes in den ersten Jahren seines Pontifikates war. Dieser Gedanke ist hier ganz in den Vordergrund zu stellen. Die Hilfe für das Byzantinerreich war, wie er selbst sagt, nur Mittel zum Zweck, die Eroberung des Heiligen Grabes nur werbend zugefügtes Ziel[216].

Der Zug kam nicht zustande. Und auch die Unionsverhandlungen führten zu keinem Ziel, wenigstens vorläufig. Aber für künftige Verhandlungen und Unterstützungen war der Weg auch noch keineswegs abgeschnitten. Es war nur der alle Kräfte beanspruchende Kampf gegen Heinrich IV., der den Aufschub der Unionsverhandlungen und die Aufgabe des Kreuzzugsplans notwendig machte.

Der Kreuzzugsplan Gregors fügt sich also in die Reihe der anderen Kriege dieses Papstes ohne weiteres ein. Und der einmal ausgesprochene Gedanke wirkte in der Ritterschaft, die ihn so begeistert aufgenommen zu haben scheint, weiter.

---

[214] Gregor VII, Registr. I, 4 = Jaffé 4823. — Ebd. I, 49 = Jaffé 4826. — Ebd. II, 31 = Jaffé 4904. — Ebd. II, 37 = Jaffé 4910.

[215] Gregor VII, Register II, 31, S. 166, von 1074.

[216] W. Holtzmann = Hist. Vierteljahrsschr. XXII (1924) S. 173ff.

Doch achten wir bei diesem Planen Gregors wohl darauf, daß er mit der Bereitschaft der Ritter des ganzen Abendlandes zu einem solchen Zug in die Ferne des Orients rechnet. Er betont ausdrücklich, daß die Ritter diesen Zug wollen. Mag auch die Zahl von 50 000 Rittern eine phantastische Schätzungszahl ohne zahlenmäßige Bedeutung sein, wie wir das so oft im Mittelalter erleben, so kann man daraus doch erschließen, daß diese Bereitschaft der Ritter weite Teile des Abendlandes schon erfaßt hatte. Was wir also auf anderem Wege schon gefunden hatten, findet hier seine Bestätigung: die Ritterschaft wartete nur auf einen Aufruf, auf ein Trompetensignal, um zu einem solchen Zug aufzubrechen. Aber es mußte diesem Zug ein populäres, begeisterndes Ziel gegeben werden, wie es die Befreiung des Heiligens Grabes darstellte[217].

Es muß überhaupt der Gedanke, mit Heeresmacht in das Heilige Land zu ziehen, schon in der ersten Hälfte des 11. Jahrhunderts im Abendland in unbestimmter Form lebendig gewesen sein. Denn es wurde damals behauptet, die Zerstörungen und Verfolgungen des wahnsinnigen Kalifen al-Hākim in Jerusalem seien dadurch veranlaßt worden, daß abendländische Juden — in einem Fall nannte man speziell die von Orléans — die Nachricht nach dem Orient geschickt hätten, die Abendländer wollten mit einem Heer gegen die Muslime ausziehen. Dies Gerücht habe dort eine solche Wut und Erregung ausgelöst, daß es dadurch zu den Zerstörungen und Verfolgungen gekommen sei[218]. Man muß also doch im Abendland mit einem solchen Gedanken gespielt haben, sonst hätte sich eine derartige Behauptung gar nicht verbreiten können. Freilich weist diese Nachricht mehr auf eine Verbreitung in unklaren Köpfen der Masse hin als auf Pläne ernsthafter Politiker, wie auch die Ideen des Papstes Sergius IV. reichlich verworren klingen[219]. Diese ersten Anfänge eines Kreuzzugsgedankens — und zwar eines in den Orient gerichteten — lassen also auf unklare, wohl schwärmerische Bewegungen und Erregungen des 11. Jahrhunderts schließen, die sich nicht näher fassen lassen. Sie waren aber der Anlaß für Papst Gregor, seinem geplanten Zug das Ziel Jerusalem zu geben oder zu dulden, daß andere es ihm zufügten. Wahrscheinlich waren diese Tendenzen aber auch schon vorhanden, als Sergius IV., auf sie aufbauend, dem geplanten Zug der Seestädte das Ziel Jerusalem gab, das der Politik der Seestädte sicherlich fernlag. Auf diese Strebungen griff dann wenig später auch Urban II. zurück.

---

217 Zu dem Kreuzzugsplan Gregors VII. siehe auch C. Erdmann, Entstehung, S. 149 ff. — Ranke, Weltgeschichte 8, S. 68/69. — P. comte Riant, Invent. zu 27, S. 59 ff. u. 102. — E. Lavisse, Histoire de France II, 2, S. 228. — J. Haller = Meister der Politik I, 492 u. 515. — A. Cartellieri, Weltgeschichte III, 129. — H. v. Sybel, Gesch. d. ersten Kreuzzugs, S. 189 f. — H. Hagenmayer, Ekkehard, S. 81, Anm. 10. — U. Schwerin, S. 12.

218 Ademar von Chabannais = Mon. Germ. SS. IV, 137 (etwa 1028 geschrieben). — Rodulf Glaber = Bouquet X, lib. III, S. 396. — Riant, Invent. 12/38, von 1010. — C. Erdmann, Entstehung, S. 102.

219 Siehe oben S. 58 u. 16.

Zu Beginn seines Pontifikates scheint Papst Urban II. (1088—1099) der Kampf in Spanien sehr am Herzen gelegen zu haben. Es liegt darum nahe, anzunehmen, daß die Maurenkämpfe Spaniens Urban II. zu dem Aufruf von Clermont getrieben hätten. Doch der Abstand zwischen den Kämpfen in Spanien und den Kreuzzügen war, wie wir schon sahen[220], so groß, daß eines nicht ohne weiteres mit dem anderen in Verbindung gebracht oder gar aus dem anderen abgeleitet werden kann. Das zeigt, um ein Beispiel zu nennen, eine Urkunde Urbans von 1089[221]. Dort lesen wir im Anschluß an die Aufforderung, der Kirche von Tarragona Hilfe zu leisten: „Denen aber, die im Geist der Buße und Frömmigkeit nach Jerusalem oder anderswohin pilgern wollen, raten wir, die gesamten Reisemühen und Kosten lieber für die Wiederherstellung der Kirche von Tarragona zu verwenden, damit mit Gottes Hilfe dort ein Bischofssitz sicher bestehen kann und die Stadt selbst als Mauer und Bollwerk der Christenheit den Sarazenenvölkern entgegengestellt wird. Wir versprechen ihnen aus Gottes Gnade dieselbe Indulgenz, die sie erwerben würden, wenn sie jene lange Reise ausführten." Da ist man von der Werbung für einen Jerusalem-Kreuzzug doch sehr weit entfernt. Denn hier ist Jerusalem kein Kampfziel, sondern nur ein Wallfahrtsort, und die Fahrten dorthin sollen eingeschränkt werden zugunsten Spaniens. Das war 1089 verständlich. Denn das Vordringen der Almoraviden, die 1086 gelandet waren und bei Sagrajaz Alfons von Kastilien schwer geschlagen hatten, konnte wohl die Herzen mit Sorge erfüllen. Französische Hilfe, die 1087 eintraf, hatte auch keinen rechten Erfolg. Darum wollte der Papst damals alle Kräfte und Mittel auf Spanien konzentriert wissen. Wenige Jahre später, 1095, war das ganz anders. Aber auch der Ton des Papstes ist 1095 ein ganz anderer, Begeisterung und Schwung zeichnen da seine mitreißende Rede aus. Der Abstand ist groß. Was aber hat zwischen 1089 und 1095 den Papst so entscheidend bestimmt und den Wechsel zustande gebracht?

Um das beantworten zu können, müssen wir einen Augenblick zurückgreifen. Die Verhandlungen über die Union mit der Ostkirche schienen zwar zu Ende zu sein, als Gregor VII. 1074 den Plan aufgeben mußte, Byzanz militärisch zu Hilfe zu kommen und so die Union zu erreichen. Aber kaum war Urban II. Papst geworden, als er die unterbrochenen Verhandlungen wieder aufgriff[222]. Da neuerdings wichtige griechische Akten entdeckt worden sind, wissen wir nun, daß auf einen versöhnlichen Brief des Papstes eine ebenso entgegenkommende Goldbulle des byzantinischen Kaisers antwortete.

---

220 Siehe oben S. 43.

221 Jaffé 5401. — Riant (Invent. I, S. 68 ff.) und Löwenfeld (in den Jaffé-Regesten) haben sie für falsch erklärt, aber sie ist echt. Siehe P. Kehr = Abhandl. d. Preuß. Akadem. (1926), phil.-hist. Kl., S. 44, Anm. 2, und ders. in: Abhandl. d. Ges. d. Wiss. zu Göttingen, N. F. XVIII, S. 200.

222 W. Holtzmann = Byzantin. Ztschr. XXVIII, 38—67. — C. Erdmann, Entstehung, S. 296 ff.

Urban wurde zu einer Synode der Ostkirche eingeladen. Doch der Unterhändler, Bischof Basileios von Reggio, hatte sich inzwischen mit Urban II. verfeindet. Er übermittelte deshalb die ihm übertragene Einladung nicht an Urban, sondern gab sie an seinen Gegenpapst Wibert. Dieser griff die sich ihm bietende Möglichkeit sofort auf, verhandelte und versuchte seinerseits, die Überwindung des großen Schismas zu erreichen, was das Ansehen seiner Person sehr gehoben hätte. Aber der Erfolg war, daß mit keinem der beiden gegeneinander stehenden Päpste ernsthaft verhandelt wurde.

So stand also die Unionsfrage noch ungelöst vor Urban II. Sie verband sich aber mit der Erinnerung an Gregors Plan, durch militärische Hilfe dem Ziele der Union näherzukommen. Gregors VII. Politik zu Ende zu führen, war aber das Lebensziel Urbans, wie seine offizielle Lebensbeschreibung klar zu erkennen gibt[223]. Wie nachdrücklich er diese auf die Union abzielenden Pläne verfolgte, geht schon daraus hervor, daß er sofort, als er von der Einladung zu der griechischen Synode Kenntnis hatte, nach Unteritalien reiste und in Troina eine Zusammenkunft mit Roger von Sizilien hatte, um eines fruchtbaren Zusammengehens mit den Normannen Byzanz gegenüber sicher sein zu können.

Entsprechend diesem Eifer des Papstes lag es nahe, auf den alten Plan Gregors — wenn auch in veränderter Form — zurückzukommen, als wieder Hilfsgesuche des byzantinischen Kaisers einliefen. Wir wissen, daß schon 1081 Alexios Komnenos mit dem Papst und weltlichen Fürsten des Abendlandes verhandelt hat. Aber hier war das Ziel wohl nicht eine militärische Hilfsaktion im Osten, sondern ein Bündnis gegen die Normannen, für das der Griechenkaiser warb[224]. Zwei Jahre später aber lief ein ausgesprochenes Hilfsgesuch des oströmischen Kaisers ein[225]. Außerdem wissen wir, daß Kaiser Alexios 1091 Söldner aus Rom erwartete, die er nur vom Papst erbeten haben konnte. Die Not, in der er sich damals im Krieg gegen die Petschenegen und Türken befand, macht diese Nachricht glaubhaft[226]. Denn seit ihrem Siege bei Mantzikert im Jahre 1071 waren die Türken in Kleinasien immer weiter vorgedrungen; in Nicaca, also unmittelbar gegenüber von Konstantinopel, hatten sie einen wichtigen Stützpunkt ausgebaut. Dazu hatten sie 1085 Antiochia den Byzantinern abgenommen. Von der anderen Seite aber drängten die Petschenegen erfolgreich gegen das griechische Reich an. Es war also eine wirkliche Notlage, die den Gedanken an eine Hilfe aus dem Abendland nahelegte. Ein Sonderfall zeigt das. Als 1087 Graf Robert von Flandern auf der Rückfahrt von einer Wallfahrt nach Jerusalem in Kon-

---

[223] Liber Pontificalis CLX, II, 293.

[224] Anna Komnena, Alexias III, 10, 1 (I, S. 132).

[225] Das wies auf Grund von Skutariotes (Sathas) Peter Charanis nach = Byzantion 19 (1949) S. 17—36.

[226] Anna Komnena, Alexias VIII, 5, 1 (II, S. 139). — Dazu W. Holtzmann, Studien, S. 190—191 = Hist. Vierteljahresschrift 22 (1924).

stantinopel war, bat ihn der Kaiser, in seiner flandrischen Heimat 500 Söldner zur Hilfe für Byzanz zu werben. Der Graf kehrte etwa 1089/90 zurück. Aus der geplanten Hilfsfahrt ist aus irgendeinem Grund nichts geworden. Dem Kaiser aber lag so viel daran, daß er den Grafen noch einmal mahnte[227]. In vielen anderen Fällen haben auch einzelne Ritter oder Gruppen von Rittern auf eigene Faust solche Hilfe geleistet. Das bekannteste Beispiel ist der normannische Ritter Robert de Bailleuil, der mit den Byzantinern zusammen focht, sich dann aber ein eigenes Reich zu gründen vermochte.

So steht denn der wichtigste dieser Hilferufe, der den Papst auf dem Konzil von Piacenza 1095 erreichte, nicht allein da, sondern ist nur ein Glied einer längeren Reihe. Namhafte byzantinische Quellen, die immer gut unterrichtete Anna Komnena und Zonaras verschweigen ihn. Doch berechtigt dies Schweigen nicht, die Tatsache dieser Hilfsgesuche, vor allem des an den Papst Urban II. gerichteten, in Zweifel zu ziehen. Denn ein anderer sehr zuverlässiger byzantinischer Chronist, Skutariotes, berichtet sehr ausführlich darüber. Dabei unterscheidet er ausdrücklich die wirklichen Motive des Kaisers (daß er glaubte, den Kampf nicht allein führen zu können) von den gebrauchten Vorwänden (die Italiener könnten die Herrschaft der Muslime über das Heilige Grab nicht ertragen). Augenscheinlich hat sich Anna Komnena später dieses Hilferufes ihres Vaters geschämt, da er den so ungern gesehenen Kreuzzug veranlaßt hatte. So schwieg sie darüber. Die Tatsache dieses Rufes bleibt bestehen, wenn er auch ein solches Riesenunternehmen wie den Kreuzzug nie heraufbeschwören wollte[228].

Über das Konzil von Piacenza besitzen wir einen Bericht von Bernold von St. Blasien, der allen Anfechtungen zum Trotz als zuverlässig und wohlunterrichtet gelten kann[229]. Dort heißt es: „Zu dieser Synode kam eine Gesandtschaft des Kaisers von Konstantinopel, der den Herrn Papst und alle gläubigen Christen inständig bat, ihm gegen die Heiden Hilfe zu bringen zur Verteidigung der heiligen Kirche (ut aliquod auxilium sibi contra paganos pro defensione sanctae ecclesiae conferrent), die die Heiden in jenen Gegenden schon beinahe vernichtet hatten. Denn diese hatten die Gebiete bis zu den Mauern von Konstantinopel schon erobert.“ Kaiser Alexios denkt hier

---

[227] So viel läßt sich aus dem verfälschten Brief des Kaisers an Robert von Flandern, so wie er erhalten ist, doch entnehmen. — Text: H. Hagenmeyer, Kreuzzugsbriefe I, S. 130 ff. — Vgl. dazu W. Holtzmann = Byzantin. Ztschr. XVIII, 189/190. — L. Bréhier, L'église et l'Orient: Les croisades, S. 57. — F. Chalandon, Essai sur le regne d'Alexis I Comnène (1900) S. 117 ff., 125, 326 ff. — Riant, Invent. 73 ff. u. 102. — H. Hagenmeyer = Byzantin. Ztschr. VI, 1—32. — R. Grousset I, S. 1. — Ch. Verlinden, Robert Ier le Frison (1935) S. 158 ff.

[228] P. Charanis, Byzantium, the West And The Origin Of The First Crusade = Byzantion 19 (1949) S. 17—36. — Skutariotes = Sathas, Bibliotheca Graeca medii aevi VII (Paris 1894).

[229] Darüber W. Holtzmann = Histor. Vierteljahrsschrift XXII, 190 ff. — C. Erdmann, Entstehung, S. 301. — Text: Mon. Germ. SS. V, 462.

also keineswegs an einen großen Kreuzzug, so wie er dann zustande kam. Keine Rede ist von der Befreiung Jerusalems. Das Ziel sind nur die Kämpfe in Anatolien, Byzanz gegenüber. Der Kaiser bittet nur sehr schlicht und sachlich um einige Hilfstruppen zum Schutz der oströmischen Kirche. Er wendet sich an den Papst, da er in ihm die einflußreichste Persönlichkeit des Abendlandes sah und er mit ihm schon lange der Union wegen verhandelte. Dementsprechend ist auch die Antwort Urbans, wie aus demselben Bericht hervorgeht, klar und sachlich einfach. Er fordert ganz allgemein Ritter auf, sich zu diesem Zug zu melden, und verspricht ihnen dafür Gottes Hilfe. Die Ritter, die sich bereit erklären, sollen eidlich versprechen, Alexios gegen die Muslime treue Hilfe zu leisten. Damit ist gegeben, was der Griechenkaiser erbeten hatte. Von einem Kreuzzug im eigentlichen Sinne, d. h. von einem Kampf der ganzen abendländischen Ritterschaft, von einem Zug nach dem Heiligen Land, von einer Befreiung des Heiligen Grabes, aber auch von einem Zug voll religiöser Begeisterung, erfüllt von dem Gedanken, als Streiter für Gottes Sache auszuziehen, davon war hier keine Rede. Der weite Abstand von Piacenza zu Clermont muß jedem Beobachter, der genauer zusieht, ins Auge fallen[230]. Gelegentlich der Reise nach Frankreich, die schon lange aus vielen anderen Gründen geplant war, muß sich bei Urban eine Änderung seiner Absichten und Ziele vollzogen haben. Der Gedanke an die Union mit der Ostkirche kann die Ursache dafür nicht sein. Denn der stand immer in Urbans Gedanken an maßgebender Stelle, nicht erst jetzt. Das Zureden Bohemunds von Tarent zu einem Ostzug, von dem wir einmal hören, muß vorher schon stattgefunden haben und darf auch nicht in seiner Bedeutung überschätzt werden. Die Ursache zu der Erweiterung und Intensivierung seines Planes zu einem Zug nach dem Orient muß auf Urbans Frankreichreise zu suchen sein. Folgen wir darum seinen Spuren.

1095 reiste Urban II. nach Frankreich, nach dem Land, in dem er geboren und aufgewachsen war, in dem also Stimmen von Freunden und Vertrauten ihm nahe waren und besonderen Einfluß auf ihn gewinnen konnten.

Er reiste nicht unmittelbar nach Clermont, um dort das geplante Konzil abzuhalten, sondern er war von August bis November in Frankreich unter-

[230] Bréhier = Revue d'hist. ecclesiast. 32 (1936) S. 671 ff. — Daran ändert auch nichts, wenn der ziemlich summarische Bericht der Historia monasterii Pictavensis = Watterich, Vitae pont. Rom. I, S. 597—598, beide Konzilien nicht inhaltlich unterscheidet, sondern in Clermont nur eine Wiederholung des schon in Piacenza Beschlossenen und Ausgesprochenen sieht. Auch die Bemerkung Guiberts von Nogent, Urban II. habe, schon ehe er die Stadt Rom verließ, beschlossen, zum Kreuzzug aufzurufen, und darum die Reise angetreten (lib. II, S. 135), vermag diesen Gegensatz nicht zu verwischen. Daß der Papst unter anderem auf dieser Reise aufrufen und Ritter werben wollte, ist klar, denn er hatte in Rom so gut wie keine zur Verfügung, aber das besagt noch lange nicht, daß er an einen Kreuzzug im eigentlichen Sinn dachte, so wie er dann zustande kam.

wegs[231]. Von den Persönlichkeiten, mit denen er dabei in Berührung kam, können wir einige nachweisen. Zunächst einmal ist es Bischof Ademar von Puy (von Monteil)[232], der Mann also, den er kurz darauf mit der Leitung des Kreuzzuges beauftragte. Ademar hatte 1086/87 eine Pilgerreise ins Heilige Land gemacht, war also mit den Verhältnissen dort wohlbekannt. Er war außerdem, ehe er seine geistliche Laufbahn antrat, Ritter gewesen, konnte also dem Papst berichten von der Bereitschaft der französischen Ritterschaft für ein entflammendes, religiös begeisterndes Hochziel zu kämpfen, konnte ihm sagen, daß der Gedanke an eine Befreiung Jerusalems und des Heiligen Grabes im besonderen die Herzen der Ritter werde höher schlagen lassen. In dem Gespräch mit ihm konnte es sich ergeben, wie der Plan Urbans umgestaltet, wie sein Aufruf geformt werden müsse, um vollen Widerhall bei der Ritterschaft zu finden. Solche Gedanken trafen bei Urban, der selbst aus dem Land und der Schicht stammte, die vor anderen zum Träger der Kreuzzugsidee wurde, auf fruchtbaren Boden.

Am 1. September, also etwa 14 Tage später, finden wir den Papst in St-Gilles. Dort wohnte Graf Raimund von St-Gilles, der zugleich Graf von Toulouse und einer der damals mächtigsten Männer zwischen Alpen und Pyrenäen war[233]. Er war Lehensmann des Papstes und der letzte noch lebende der Männer, an die seinerzeit Gregor VII. die Aufforderung zu einem französisch-spanischen Maurenkrieg gerichtet hatte. Auch mit ihm besprach Urban II. seine Pläne, und auch er war der geeignete Mann, um dem Papst von der Stimmung des Adels und dem Willen zu einem religiös geforderten Zug zu erzählen.

Es ist also die Berührung mit diesen beiden und anderen Männern, die die Erweiterung des Planes verursacht hat. Hier vollzog sich die historisch eminent wichtige Verbindung des latent vorhandenen und drängenden Wollens der Ritter mit dem Wollen und Planen des Papstes. Erst aus dieser Verbindung, bei der das Schwergewicht der Kraft bei den Rittern, das der auslösenden Aktivität beim Papst liegt, ist der Kreuzzug überhaupt zu verstehen.

---

[231] Das Itinerar des Papstes ist:

5. August 1095	Valence.
15. August	Puy, bei Bischof Ademar.
18. August	Chaise-Dieu.
23. August	Romans im Rhonetal.
1. September	Saint-Gilles.
11. September	Tarascon.
12. September	Avignon.
19. September	Saint-Paul—Trois-Châteaux.
8. Oktober	Lyon.
17. Oktober	Mâcon.
25. Oktober	Cluny.
18. November	Clermont. Eröffnung des Konzils.

[232] Bernold von St. Blasien = Mon. Germ. SS. V, 463.

[233] Ranke, Weltgeschichte VIII, 18.

Wenn Wilhelm von Malmesbury hier auch so gut unterricht ist wie in anderen Fällen, so hat Bischof Ademar von Puy dem schon alternden Raimund zugeredet, den Kreuzzug zu unternehmen, so daß also die Initiative bei dem Bischof zu suchen wäre, was auch der Reiseroute des Papstes entsprechen würde. Wie das auch sein mag, jedenfalls sind von diesen beiden Männern entscheidende Einflüsse auf den Papst ausgegangen, vielleicht in dem Sinn, daß sie sich zu Sprechern der französischen Ritterschaft und ihrer Kampfbereitschaft machten. Ob, wie Wilhelm von Malmesbury erzählt, vor jenen und mit jenen auch Bischof Lantelmus von Embrun den Papst in demselben Sinn beeinflußt hat, läßt sich wohl nicht mehr feststellen[234]. Es mögen mancherlei Stimmen in seiner Heimat in das Ohr des Papstes gedrungen sein.

Auch in der Kreuzzugslegende hat man die Gestalt Raimunds und ihre Bedeutung für die Entstehung der Kreuzzüge hervorgehoben. Im Morgenland muß man ihn als starke zu den Kreuzzügen treibende Kraft angesehen haben. Denn Michael der Syrer erzählt[235], die Kreuzzüge seien so entstanden, daß ein Fürst namens Sendschil (St-Gilles) auf einer Wallfahrt nach Jerusalem mit den Torwächtern in Streit geraten sei und dabei ein Auge verloren habe. Daraufhin habe dieser im ganzen Abendland für einen Zug zur Befreiung des Heiligen Landes Propaganda gemacht, sein ausgefallenes Auge dabei überall vorweisend. Wichtig in diesem Zusammenhang ist nur die hohe Einschätzung Raimunds für die Entstehung der Kreuzzüge[236].

Bei Caffaro[237] erscheint die Legende dahin abgewandelt, daß Herzog Gottfried, der Lieblingsheld der Kreuzzugslegende, es ist, der auf einer Wallfahrt einen Faustschlag erhält und daraufhin für die Befreiung des Heiligen Grabes wirbt. Er sei darum so schnell wie möglich zu Raimund von St-Gilles gezogen und habe dort mit vielen anderen Großen der Landschaft über die Befreiung des Heiligen Landes beraten. Eine zweite Beratung von 12 Männern habe dann zu Puy stattgefunden. Dort habe man im einzelnen erwogen, wie diese Fahrt durchgeführt werden könne. Dann erst habe Papst Urban auf Aufforderung eben dieses Kreises hin das Kreuz gepredigt. Ist diese Darstellung auch mit legendenhaften Zügen untermischt, so hat sich hier doch die Erinnerung daran erhalten, daß vor dem Konzil von Clermont entscheidende Besprechungen mit Raimund und Bischof Ademar stattgefunden haben.

---

[234] Wilhelm von Malmesbury IV, 388, S. 456. — F. Chalandon, Prem. Croisade, S. 31 f., verwirft diese Nachricht. — A. Fliche (Histoire du moyen âge II, 2, S. 558 ff.) nennt außerdem Herzog Odo I. von Burgund. Doch ist es fraglich, ob die Gespräche mit ihm sich nicht ausschließlich auf die Angelegenheiten des Königs bezogen haben.

[235] Michael der Syrer, S. 327. — Siehe auch Iskenderian 13.

[236] Wilhelm von Malmesbury erzählt diese Geschichte in ähnlicher Weise (IV, 388, S. 456), so daß Zeugen aus dem Abendland und Morgenland sich in erfreulicher Weise hier zusammenfinden.

[237] Caffaro = Mon. Germ. SS. XVIII, 40.

Von Puy aus wurden die Einladungen zum Konzil versendet, die schon die Aufforderung an die Bischöfe enthalten, die angesehensten Laien ihres Gebietes mitzubringen. In Puy wurden auch schon Einzelheiten verabredet, so, daß Bischof Ademar sich nach Urbans Aufruf als erster melden sollte, um durch sein Beispiel andere nach sich zu ziehen; auch die Frage der Leitung des Zuges durch Ademar wurde wohl damals schon besprochen. Ebenso wurden Abmachungen in St-Gilles mit Graf Raimund getroffen. So nur konnten, obwohl Raimund selbst den Aufruf nicht mitanhörte, seine Boten schon sehr schnell seine Teilnahme am Kreuzzug zusagen und zugleich auch bestimmte Versprechungen machen für solche Ritter, die unter seiner Führung teilnehmen wollten.

Diese Besprechungen von Puy und St-Gilles sind es also, unter deren Einfluß der Aufruf zum Ostzug Urbans so gestaltet wurde, daß er den gewaltigen Widerhall bei den Rittern finden, daß also ein Kreuzzug daraus werden konnte[238].

Mit alledem soll die Bedeutung Urbans II. nicht verkleinert werden. Denn angesichts eines großen geplanten Unternehmens die Stimmen erfahrener Männer zu hören und dann diesen Plan so zu gestalten, daß man die sich bietenden Kräfte zu gewinnen und in den Dienst der Kirche einzufügen verstand, verrät den klugen und besonnen überlegenden Politiker. Er wußte die vorhandenen geistigen und religiösen Strömungen seiner Zeit seinen eigenen kirchlich-politischen Zielen nutzbar zu machen und für die Kirche zu gewinnen. Und das ist ein Akt von weltgeschichtlicher Bedeutung. Ob freilich Urban II. die weitreichenden Folgen seines Aufrufs übersah, kann wohl mit Recht bezweifelt werden. Ademar von Puy hat Urban gewiß eine Ahnung von den Schwierigkeiten eines solchen Unternehmens gegeben[239]. Doch eine genaue Kenntnis, die die Möglichkeiten des Erfolges hätte abschätzen lassen, kann beim Papst nicht angenommen werden. Die Haltung Urbans II. und sein Entschluß sind selbstverständlich aus der gesamten Lage heraus nicht nur zu verstehen, sondern weisen auch Größe auf in dem alle Hemmungen überflutenden Glauben, daß Gott diesen Zug wolle und zu einem guten Ende führen werde. Dennoch bleibt die Frage nach der Verantwortung. Zwar ahnte der Papst, als er aufrief, nicht, welch ein Riesen-

---

[238] Neuerdings haben die Untersuchungen von J. L. Cate wahrscheinlich gemacht, daß Urban II. auf dieser Reise auch den Grafen Wilhelm IX. von Aquitanien-Poitou traf und sprach. Aber Wilhelm muß damals die Teilnahme am Kreuzzug abgelehnt haben. Erst 1099 oder 1100 entschloß er sich dazu, als Paschalis II. erneut für den Kreuzzug warb und als die Erfolge des ersten Zuges schon bekannt geworden waren. Er hat dann an dem unglückseligen Kreuzzug teilgenommen, der in Nordanatolien zugrunde ging. — J. L. Cate, A Gay Crusader = Byzantion XVI, 2 (1944) S. 503—526.

[239] C. Erdmann, Entstehung, S. 304. — A. Fliche, Histoire de l'église VIII, 273 ff. — K. Hampe, Hochmittelalter, S. 111. — W. Holtzmann = Histor. Vierteljahrsschrift XXII (1924/25) 195 ff.

unternehmen seinem Aufruf folgen werde[240]. Ein Hilfszug nach Anatolien zur Unterstützung von Byzanz, wie er ursprünglich geplant war, wäre ohne weiteres zu verantworten gewesen. Die Last der Verantwortung für den ersten Kreuzzug, wie er zustande kam, und für die vielen Kreuzzüge, die ihm noch folgen sollten, ist viel schwerer zu tragen.

Hatte der Papst zum Kreuzzug aufgerufen, so lag es nahe, daß das ganze Unternehmen als die Sache des Papstes zu gelten hatte, daß er also auch den Anspruch auf die Führung habe. Auf der anderen Seite konnte aber nur führen, wer die notwendigen militärischen Fähigkeiten und Kenntnisse hatte. Der daraus sich ergebende Kampf um die Führung der Kreuzzüge zieht sich durch ihre ganze Geschichte hin. Auf dem ersten Kreuzzug konnte außer oder neben dem Papst nur die Ritterschaft die Führung des Zuges beanspruchen, da sie es war, die auf den Ruf hin die Kräfte gegeben und die großen Opfer gebracht hatte. Aber die Ritterschaft selbst hatte nur eine Führung der einzelnen Gruppen, keine darüber hinausgreifende Leitung. Wessen Gewicht für die Durchführung des Kreuzzuges größer war, das des Papstes oder das der Ritterschaft, mußte die Geschichte der Züge und vor allem des ersten Kreuzzuges zeigen.

Im November 1095 trat in Clermont das Konzil zusammen. Doch stand der Kreuzzugsaufruf mit diesem Konzil nur in sehr lockerer Verbindung. Denn das Konzil befaßte sich mit anderen Fragen, wie mit der Durchführung der Kirchenreform in Frankreich, mit der Verurteilung des französischen Königs und anderem. Von den 33 Kanones des Konzils bezieht sich nur ein einziger auf den Kreuzzug, und auch dieser ist wahrscheinlich erst am Schluß des Konzils angefügt worden.

Der Besuch des Konzils durch Geistliche muß sehr groß gewesen sein, wenn auch die angegebenen Zahlen ganz unzuverlässig sind. Aber weit größer muß noch die Menschenmasse gewesen sein, vor der der Papst gegen Schluß des Konzils den Aufruf zum Kreuzzug verlas. Da kein Raum die Menschen zu fassen vermochte, hatte man einen freien Platz im Osten der Stadt an dem Tore Champ-herm (oder Place Delille) gewählt. Dort sprach Urban II.

Wir haben zahlreiche Berichte[241] über diese Rede, und diese wider-

---

240 Die Bedeutung Urbans II. für den Ursprung, ebenso aber auch für Planung und Leitung des ersten Kreuzzuges ist oft weit überschätzt, die der Ritterschaft als solcher aber völlig verkannt worden. So von L. Bréhier, R. Grousset, A. Fliche, M. Villey, P. Rousset und D. C. Munro (The Speech ...). Vgl. auch L. Bréhier, Besprechung von C. Erdmann in der Revue de l'histoire ecclesiastique XXXII (1936) S. 676. — Einen einheitlichen Plan Urbans II. nimmt auch an: F. Duncalf, The pope's plan ... (1928).

241 Die wichtigsten Quellen, die den angeblichen Wortlaut der Rede wiedergeben, sind: Fulcher von Chartres (schrieb diesen Teil etwa 1105), Balderich von Dol (schrieb kurz nach 1107), Robert von Reims = Robert der Mönch (schrieb wohl vor 1107), Guibert von Nogent (schrieb vor 1108), Wilhelm von Malmesbury (lebte 1090—1143), Ordericus Vitalis (schrieb 1135—1140), Wilhelm von Tyrus (schrieb 1144—1183) und Bartolf von Nangeio (schrieb vor 1109). Dazu kommen verkürzte Inhaltsangaben bei

sprechen in manchem einander. Doch es bleibt so viel Gemeinsames in den Berichten, und dies wird noch durch sicherlich echte Briefe des Papstes gedeckt, daß wir doch den Inhalt der Rede wenigstens in großen Zügen erschließen können. Sie begann mit den Nachrichten von den Leiden der Christen im Heiligen Land unter den Türken, daran schloß sich der Lobpreis dieses Landes mit Jerusalem und besonders dem Heiligen Grab an. Dann folgte die Aufforderung an die Ritter als milites Christi, d. h. als Christi Ritterschaft, zum Kampf um das Heilige Land auszuziehen. Dabei wurde dieser Kampf als eine speziell dem Ritter von Gott gestellte Aufgabe bezeichnet und dieser geheiligte Kreuzzug damit in scharfen Gegensatz zu allen bisher geführten Kämpfen und Fehden gestellt. Seine Heiligkeit wurde durch die Aussicht auf Vergebung der Sünden und ewige Paradiesesfreuden als Kampflohn hervorgehoben.

Einzelheiten, wie daß kein Priester ohne besondere kirchliche Genehmigung mitziehen dürfe, daß das Kreuz das Kennzeichen der Kreuzfahrer sein und daß die Führung des Zuges in Vertretung des Papstes Bischof Ademar von Puy übernehmen solle, wurden wahrscheinlich erst in einer zweiten, ergänzenden Rede Urbans hinzugefügt[242]. Fraglich muß bleiben, ob der Hin-

---

Bernold von St. Blasienn, Peter Tudebot und in den Gesta Francorum eines Anonymus. Die wichtigsten Zeugnisse für die Rede Urbans sind aber nicht diese genannten Chroniken, sondern die beiden uns erhaltenen Briefe Urbans an die Getreuen in Flandern von 1095 und an Klerus und Volk von Bologna von 1096. Denn sie sind die einzigen authentischen Zeugnisse (Hagemeyer, Kreuzzugsbriefe II, S. 136 und III, S. 137). — Alle Chroniken weichen in dem dargebotenen Wortlaut der Rede voneinander ab. Teilweise ist die Benutzung der einen durch die andere nachweisbar. So hat Ordericus Vitalis den Balderich von Dol benutzt und ebenso auch Wilhelm von Tyrus dieselbe Quelle. Komplizierter liegt es bei Bartolf. Sein Werk ist eine verkürzte Abschrift von Fulcher; er hat aber dabei so geschickt das Wichtigste auszuwählen gewußt, daß die Möglichkeit offenbleiben muß, daß er eine Vorlage von Fulcher oder gar dessen erste, noch nicht überarbeitete Fassung benutzt hat. Dann hätten wir in seiner Chronik also den reineren Text Fulchers oder seine reinere Quelle zu sehen. — Aber auch abgesehen von diesen gegenseitigen Abhängigkeiten erweisen sich alle angeblich getreuen Wiedergaben der Rede als freie Kompositionen der Chronisten, wie einige auch zugeben. Aber sie beruhen doch bei den Augenzeugen auf der Erinnerung und bei den anderen auf der Überlieferung der Rede durch Zeitgenossen. Ein Stück Echtheit steckt sicherlich in allen, vermischt mit Ausschmückungen der Chronisten, von denen jeder gern bei dem verweilt, was ihm als das Wichtigste erscheint. So redet Robert lange von Grausamkeiten und anderen Übeltaten, die von den Sarazenen verübt worden seien. Guibert dagegen malt ausführlich die besondere symbolische Bedeutung des Heiligen Landes aus und bringt den Kreuzzug in Verbindung mit Antichrist-Prophezeiungen und anderen Voraussagen, während Wilhelm von Malmesbury längere Darstellungen der Lage des Islams und seiner Geschichte einflicht. Dies Eigengut der Chronisten charakterisiert die einzelnen, trägt aber nichts zur Kenntnis der Rede bei. Und doch bleibt noch genug Gemeinsames, um den Inhalt der Rede erkennen zu können. Die große Skepsis, die P. Rousset dem Versuch, die Grundgedanken der Rede Urbans zu rekonstruieren, entgegensetzt (a. a. O. S. 58), scheint mir unberechtigt.

[242] Fraglich ist, ob die ausdrückliche Wendung an die französische Ritter-

weis darauf, daß Christus aus seinem Erbgut (haereditas) in Jerusalem vertrieben worden sei und von den Kreuzfahrern wieder in den Besitz dieser seiner Stammburg gebracht werden solle, schon der Rede Urbans angehört hat. Er ist in den ersten Jahren der Kreuzzugspropaganda noch ungebräuchlich, kehrt später aber in den päpstlichen Werbereden und Werbeschriften sehr häufig wieder. Er könnte darum sehr wohl aus der Rede Urbans stammen und erst später voll wirksam geworden sein. Aber es wäre auch denkbar, daß er eine spätere Ausformung der Urbanschen Grundgedanken darstellt.

Der Ruf „Deus lo volt" ist zwar in diesem Wortlaut nur bei Robert von Reims überliefert. Da aber auch andere Chronisten, wie z. B. Wilhelm von Malmesbury, von Rufen berichten, mit denen die Zuhörenden auf die Rede des Papstes antworteten, so spricht alle Wahrscheinlichkeit dafür, daß dieser und ähnliche Rufe schon sofort in Clermont laut wurden und von da an den Zug begleiteten.

Das Heilige Grab wurde sicherlich schon in Clermont vom Papst als Ziel gesetzt. Gregor VII. hatte in seinem Aufruf zu dem geplanten Zug ja das Vorbild dazu gegeben. Wie aber Urbans Briefe zeigen, entsprach diese starke Hervorhebung des Heiligen Grabes nicht seiner Art[243]. Wie seinerzeit Gregor hatte er diese Formulierung des Zieles um ihrer großen Popularität willen aufgegriffen und auf seine Fahne geschrieben. Und das bewährte sich als sehr wirksame Zielsetzung. Denn die Popularität des Heiligen Grabes im 12. und 13. Jahrhundert ist kaum zu überschätzen. Eine uns erhaltene Predigt des Petrus Venerabilis „Zum Lob des Grabes unseres Herren" ist Zeugnis dafür[244]. Das Grab galt als das größte Heiligtum der Christenheit, als der beliebteste Wallfahrtsort. Man betrachtete es im 12. Jahrhundert als den Mittelpunkt der Welt[245]. Das setzt sich in der Gedankenwelt der Kreuzfahrer fort[246]. Das Itinerarium König Richard Löwenherz' erzählt, wie es üblich gewesen sei, daß vor dem Schlafengehen jemand mit lauter Stimme über das ganze Heer hin rief: „Gott und Heiliges Grab, hilf uns!", worauf die Gesamtheit mit Tränen und zum Himmel erhobenen Händen diesen Ruf aufnahm, und das wiederholte sich dreimal hintereinander[247]. Man übernahm also ein mit den stärksten Gefühlswerten geladenes Ziel aus der Welt der Wallfahrer, wenn nun durch Urbans Aufruf und die daran sich anschließenden erregten Erörterungen und Werbungen das Heilige Grab als begeistern-

---

schaft, wie sie besonders nachdrücklich der Bericht Roberts enthält, der Rede Urbans II. wirklich angehört hat. Doch ist die Frage nicht von großer Bedeutung. Denn faktisch hatte der Papst ja nur französische Ritter vor sich, als er in Clermont sprach.

243 H. Hagenmeyer, Kreuzzugsbriefe II, S. 136, und III, S. 137.

244 Migne PL 189, Sp. 973. Sermo in laudem sepulchri domini.

245 R. Bauerreis, Sepulchrum Domini. Studien zur Entstehung der christlichen Wallfahrt auf deutschem Boden = Abhandlungen der bayer. Benediktiner-Akademie 1 (1936) S. 34—36. — Sedlmayr, Kathedrale.

246 Siehe oben S. 7 und 63. 247 Itiner. reg. Ricardi IV, 19, S. 274, von 1191.

des Ziel in den Vordergrund trat, wenn in diesem Wort sich die Absicht des Ganzen zusammenfaßte und so in das ganze Abendland hinausdrang. Auch hier war die Popularität des Begriffes älter als der Aufruf von 1095.

Von dieser Rede Urbans konnte später Papst Eugen III. sagen: „Wie eine himmlische Posaune hat Papst Urban seine Stimme erschallen lassen.“ [248] Den unmittelbaren Eindruck und die Haltung der Zuhörer schildert ein Augenzeuge, Robert von Reims, besonders anschaulich[249]. Er beschreibt, wie nach der Rede eine einheitliche Bewegung alle Anwesenden ergreift und wie sie laut wird in dem Ruf: „Gott will es (Deus lo volt)“, wie der Papst daraufhin, voll Dank zum Himmel aufschauend, mit einer Handbewegung sich Ruhe verschafft und nun noch einmal spricht, und zwar nun mit anderem Charakter und mit anderem Ton als das erstemal. Er erkenne Gottes Stimme in den Rufen der Versammlung, erklärt er, und setzt nun das Zeichen des Kreuzes als Kennzeichen aller Teilnehmer und den Ruf „Gott will es“ als Schlachtruf fest. Außerdem trifft er eine Reihe von Bestimmungen, die die Teilnahme am Zug regeln und Ungeeignete ausschließen sollen. Auch in den meisten anderen Berichten ist von einer zweiten Ansprache des Papstes die Rede, die erst durch den Erfolg der ersten veranlaßt wird. Vielleicht ist sie erst auf den folgenden Tag zu legen. Das bestätigt im wesentlichen den Bericht Roberts. Und Roberts Werk — geschrieben auf Wunsch des schon 1107 verstorbenen Abts Bernhard von Mormontiers hin — stellt die älteste vollständige Geschichte des ersten Kreuzzuges von einem Augenzeugen dar[250].

Ist es aber so, so wird deutlich, daß die Antwort der Ritterschaft, der „großen Zahl von Edlen“, wie Balderich sagt, für das Zustandekommen des Zuges wesentlich war, daß auf diese Antwort hin der Papst das Unternehmen erst in die Wege leiten und nähere Bestimmungen treffen konnte. Ja es wird sichtbar, daß der Schwung der Begeisterung nicht allein durch die Rede, sondern mindestens ebensosehr durch die freudige Antwort der Ritter geschaffen wurde. Auch Wilhelm von Malmesbury, der in diesen Dingen sehr gut unterrichtet ist, spricht davon, wie das zuhörende Volk von Begeisterung entflammt gewesen sei und das Urteil ihres Herzens mit lauten Rufen kundgetan habe, ja sagend zu dem Aufruf, zu dem Kreuzzug[251], und daß daraufhin Ademar und mit ihm andere sich dem Papst zu Füßen warfen, um ihre Teilnahme kundzutun. Wort und Antwort sind in dem allem als zwei sich ergänzende Mächte zu spüren. Dabei ist es keineswegs so, daß die Rede des Papstes erst die Stimmung hervorrief, sondern eine längst vorhandene geistige Haltung, eine auf der Grundlage der Frömmigkeit aufbauende Kampfbereitschaft antwortet auf den Ruf des Papstes. Es war für das Gelingen des Planes von großer Bedeutung, ob sich auf den Aufruf hin sofort bedeutende Ritter meldeten. Das hatte man schon vorgesehen und entsprechende Ab-

[248] Kreuzzugsbulle 1146 = Neues Archiv 45 (1924) S. 302.

[249] Migne PL 155, Sp. 671 f. [250] Molinier I, 2, 2118, S. 282.

[251] Wilhelm von Malmesbury IV, 348, S. 398 = Migne PL 151, Sp. 571 ff.

machungen getroffen. Denen zufolge meldete sich Bischof Ademar von Puy und mit ihm viele andere. Bald kamen auch, wie vorgesehen, Boten Raimunds von St-Gilles (Toulouse), die ankündigten, daß ihr Herr das Kreuz nehmen werde.

Doch der Haupterfolg trat erst allmählich ein. Das lassen die Chroniken von Fulcher, Guibert, Balderich und Robert von Reims deutlich erkennen[252]. Fulcher, um nur ein Beispiel herauszuheben, berichtet von der unmittelbaren Wirkung der Rede nur, daß mehrere der Hörer versprachen, auszuziehen und andere zu demselben Entschluß zu ermahnen[253]. Dann aber schildert er lebhaft, wie nach ihrer Rückkehr in die Heimat, „viele Männer, was für einen Beruf sie auch hatten, sich im Eifer eines reinen Herzens zum Kreuzzug bereit erklärten“[254]. Doch von wirklich großen Zahlen ist erst die Rede, als Fulcher zum folgenden Jahr 1096 erzählt, welche Massen von Rittern zusammenströmten und aufbrachen.

Die Zahl der Ritter nämlich, die an dem Konzil und der sich anschließenden Versammlung und dem Aufruf teilnahmen, ist offensichtlich im Verhältnis zu den Ausziehenden nicht groß gewesen[255]. Und was noch bedeutsamer war: die späteren Führer der Kreuzzugsheere, wie z. B Herzog Gottfried von Niederlothringen (gen. von Bouillon), und die anderen Männer, die führende Stellungen im ersten Kreuzzug einnehmen sollten, waren augenscheinlich in Clermont nicht anwesend. Sonst hätten die vielen ausführlichen Berichte über den Tag sie genannt. Und von dem wichtigsten Mann Südfrankreichs und dem besten Kenner der Muslimkämpfe, Graf Raimund von St-Gilles, ist ausdrücklich bezeugt, daß er nicht anwesend war. Die entscheidenden Entschlüsse sind also erst im Anschluß an Clermont auf Berichte über den Aufruf und den Aufbruchswillen einzelner Ritter hin gefaßt worden. Nur Bischof Ademar von Puy machte eine Ausnahme.

Damit aber setzt sich die Entschlußfreudigkeit und der endgültige Aufbruch sehr deutlich von dem Aufruf des Papstes ab. Deshalb schon kann der

---

[252] F. Chalandon, Première Croisade, S. 40, 41.

[253] Fulcher I, IV, 1, S. 138: statim plures audientium se ituros et alios absentes inde diligenter exhortandos se spoponderunt.

[254] Ebd. I, IV, 2, S. 140.

[255] Die zeitgenössischen Quellen haben nur sehr vage Angaben darüber, während die Zahl der Geistlichen bekannt ist. Erst die später Schreibenden, Ekkehard von Aura und Albert von Aachen, sprechen von großen Scharen von Rittern und Fürsten, die anwesend gewesen seien. Ekkehard (Hierosol. VI, 2, 3, S. 89 ff., und Chronik, S. 213, zu 1099) nennt sogar die phantastische Zahl von 100 000, während Albert von Aachen sich mit allgemeineren Angaben begnügt (I, cap. 5, S. 274). Augenscheinlich übertragen beide den Eindruck des späteren Massenaufbruchs schon auf das Konzil von Clermont. — Eine Notiz bei Wilhelm von Malmesbury ist dahin gedeutet worden, als ob Bohemund an der Versammlung teilgenommen hatte. Doch ist das ein Irrtum. Denn „Concilio celebrato“ im Text bei Wilhelm ist hier eine reine Zeitbestimmung ohne Bezug auf Bohemund (Wilhelm von Malmesbury IV, 387, S. 453).

Entschluß der Ritterschaft und der feurige Aufbruchswille zum Kreuzzug nicht mehr nur als eine Reaktion auf den Ruf des Papstes betrachtet werden. Er tritt als eigenes, gesondertes Geschehen der Rede des Papstes von Clermont gegenüber. Ruf und Antwort haben jeweils ihr eigenes Schwergewicht.

Nun dann ist es aber auch verständlich, daß der gewaltige, spontane Zustrom der Ritter zum Kreuzzug dem Papst selbst ganz überraschend kam. Das zeigt mit erstaunlicher Klarheit der Brief Urbans an die Ritter in Flandern aus demselben Jahr 1095. Denn da spricht der Papst von einem einzigen Heer, das Ademar von Puy führen soll. Es soll auf Schiffen übergesetzt werden, kann also nicht groß gedacht sein. Diesem Heer sollen sich auch die Ritter, die allenfalls aus Flandern noch teilnehmen wollen, anschließen. Augenscheinlich rechnet der Papst mit ganz wenigen Rittern, die aus Flandern kommen wollten. Denn er schreibt: „Wenn irgendwelchen Rittern unter euch Gott den Wunsch eingeben sollte teilzunehmen, so sollen diese wissen, daß der Zug am 15. August 1096 mit Gottes Hilfe aufbrechen wird und daß sie sich seiner Führung anschließen können.“ [256] An Stelle aber dieser wenigen Ritter, die Urban aus Flandern erwartete, kam aus demselben Flandern und aus Niederlothringen ein Heer, das man wohl auf 10000 Mann zu Pferd und 30000 Mann zu Fuß schätzen darf [257]. Und an Stelle des einen kleinen Heeres, das Bischof Ademar von Puy führen sollte, zogen mehrere Heeressäulen aus, von verschiedenen Führern verschiedene Wege geleitet. Hier wird es vollkommen deutlich, daß der Kreuzzug, so wie er zustande kam, etwas ganz anderes war, als was Urban 1095 hatte erwarten können und auch als was er erstrebt hatte [258]. Eine neue, von Urban II. geahnte, aber nicht richtig eingeschätzte Macht trat hier, gerufen vom Papst, auf den Plan: die abendländische Ritterschaft mit der ganzen aus ihrer Frömmigkeit und aus anderen Motiven her sie treibenden gewaltigen Kraft. Bei ihr liegt damit die eigentliche Entscheidung über Werden und Schicksal der Kreuzzüge.

Die Armutsbewegung und die Entstehung des Zuges von Peter von Amiens

Doch die Ritterschaft war es nicht allein, die zu dem ersten Kreuzzug 1095 auszog. Auch Bauern verließen Haus und Hof, um zum Heiligen Land zu ziehen, wie die Chroniken immer wieder zu berichten wissen. Und ihnen folgten kleine Leute verschiedener Art. Für sie kann, so weit es sich nicht um Gefolgschaft der Ritter handelte, nicht die Gedankenwelt des geschlosse-

---

[256] H. Hagenmeyer, Kreuzzugsbriefe II, 4, S. 136/137.

[257] R. Röhricht, Geschichte des ersten Kreuzzugs, S. 61, auf Grund der Berechnungen von H. Hagenmeyer.

[258] F. Chalandon, Prem. Croisade, S. 41. — A. Fliche = Revue de l’hist. de l’église de France 13 (1927) S. 303 ff.

nen ritterlichen Standes maßgebend gewesen sein und nicht ihre spezielle Frömmigkeit des Gottesstreitertums. Im Laufe der Kreuzzüge haben diese ritterlichen Gedanken auch die unteren Volksschichten ergriffen, wie stets die Ideenwelt der führenden Schicht allmählich auch die anderen Teile eines Volkes zu erreichen und zu erfassen pflegt. Doch das ist eine Bewegung, die Zeit braucht, die deshalb auf den Massenaufbruch von nichtritterlichen Kreisen im Jahre 1096 nicht ausschließlich, ja nicht in größerem Maße bestimmend gewesen sein kann.

Hier stoßen wir also auf eine zweite religiöse Welle dieser Zeit, die sich zu Beginn des ersten Kreuzzuges eng mit der ritterlichen Gotteskämpferbewegung verband, aber eigentlich wenig mehr mit ihr gemein hatte als das Ziel der „Befreiung des Heiligen Grabes“. Auch diese Bewegung ist erwachsen oder doch wesentlich gestärkt durch die allgemeine religiöse Erweckung (wenn man dies Wort, das einer so ganz anderen Zeit angehört, hier verwenden darf), die das Abendland im 11. Jahrhundert im Anschluß an die Cluniazenserbewegung stark umtrieb. Auch hier wollen Menschen nun Ernst machen mit dem Christentum, zu dem ihre Ahnen übergetreten sind. Insoweit besteht eine Parallele zur ritterlichen Frömmigkeit des Gottesstreitertums. Aber diese Bewegung findet ihre Anhänger meist unter den niederen Volksschichten, selten aber unter dem Adel. Die Wege beider Bewegungen scheiden sich auf das deutlichste. Die Bewegung, die wir hier im Auge haben, steht dem Mönchtum viel näher. Ihr Ziel ist es, in Nachfolge Christi ein Leben gleich dem der Apostel zu führen in Armut und Heimatlosigkeit und so der Vollendung des christlichen Lebens (perfectio) näherzukommen. Kennzeichnend für sie ist auch eine sehr hohe Einschätzung der Wallfahrt und des Wanderlebens als eines dem Leben der Apostel gleichenden Daseins, das Gott wohlgefällig sei. Dieser Wille zur Wallfahrt führt sie zum Zug nach Jerusalem, aber er unterscheidet sich von dem Wollen der ritterlichen Kreise deutlich. Die Führer dieser Bewegung im 11. Jahrhundert leben als Eremiten in kleinen Kreisen, ziehen aber auch als Buß- und Wanderprediger hinaus durch die Lande, meist wohl von Gruppen von Anhängern begleitet. Man hat sie mit gewissem Recht als „Armutsbewegung“ bezeichnet und die Linien von diesen Gruppen bis hinüber zu Franz von Assisi gezogen, wo diese Ansätze dann allerdings auf eine ganz andere Stufe gehoben werden.

Mancherorts verbindet sich diese Bewegung mit einer religiösen Bewegung unter den Frauen, die in ähnlicher Weise dem Verlangen nach einer Lebensgestaltung im Sinne Christi Genüge tun will. Diese nachbarschaftliche Beziehung erklärt die große Zahl der Frauen, die 1096 mit diesen Gruppen ausziehen[259].

Der führende Mann dieser Armutsbewegung (oder doch wenigstens die

---

[259] H. Grundmann, Religiöse Bewegungen im Mittelalter = Histor. Studien (Ebering) 267 (1935).

Persönlichkeit, von der wir am meisten hören) ist Robert von Arbrissel[260]. Er lebte zusammen mit einer Gruppe von Eremiten im Wald von Craon (Dep. Mayenne, südw. Laval). Es sind dies Bernhard von Tiron, Vitalis von Savigny, Radulph von La Fûtaie, Hervaeus von St-Trinité, der Presbyter Quintinus und ein anderer Hervaeus, dazu ein Eremit Peter, der aber mit dem aus der Kreuzzugsgeschichte bekannten Eremiten Peter von Amiens nicht identisch ist. In weiterem Sinne können auch Heinrich von Lausanne und Norbert von Xanten diesem Kreis zugerechnet werden. Sie führten ein Eremitendasein in stetem religiösem Gedankenaustausch, mühten sich um eine vita apostolica und zogen dann wieder als Bußprediger durch das Land. Robert von Arbrissel hat als Wanderprediger dabei ganz besondere Erfolge aufzuweisen. Papst Urban II. erkannte diese Tätigkeit auf seiner Frankreichreise im Jahre 1096 an. Er gab ihm den Ehrentitel „Seminiverbum", d. h. Sämann des Wortes[261]. Man hat geglaubt, in diesem Predigtauftrag oder besser in dieser Billigung und Anerkennung einer langjährigen Predigttätigkeit Roberts einen Auftrag zur Kreuzzugspredigt sehen zu müssen. Aber mit Unrecht. Denn es wird nichts darüber gesagt, daß die Predigten Roberts nun einen anderen Inhalt haben sollten als bisher, und wir hören auch sonst nichts von einer Kreuzzugspredigt Roberts. Auch der Ehrentitel muß sich nicht auf eine Kreuzugspredigt beziehen. Ebenso entspricht die Einsetzung eines Kreuzzugspredigers, und gar noch eines Eremiten, zwar den kirchlichen Gepflogenheiten des 13. Jahrhunderts, wäre aber für das 11. Jahrhundert ein ganz einzeln dastehender Fall.

Robert führte ein fastendes, enthaltsames Leben, war aber kein Rigorist. Er betonte selbst gelegentlich, daß auch Jesus Fische gegesen und Wein getrunken habe[262]. Auch Frauen finden sich viele in Roberts Umgebung, um ein apostolisches Leben bemüht. Am Schluß seines Lebens fand Robert doch den Weg, die von ihm geleitete Bewegung in die Form klösterlichen Lebens, der sie vorher fernzustehen schien, einzugliedern und so der Frömmigkeit seines Kreises eine feste Form zu geben. Er gründete ein Kloster für seine Anhängerschaft, das nun Pflegestätte seines Frömmigkeitsideals werden konnte.

In den Rahmen dieser Armutsbewegung um Robert von Arbrissel gehört auch Peter von Amiens oder, wie man ihn auch genannt hat, Peter der Eremit, der bekannte Führer von Scharen des ersten Kreuzzuges[263]. Ob er aus

---

[260] Acta Bollandiana, Febr. III, cap. II, 14, S. 611 ff. — Vgl. H. Grundmann a. a. O. S. 15, 40. — J. v. Walter, Die ersten Wanderprediger Frankreichs, Teil 1 u. 2 (1903 u. 1906) I, 107 ff.

[261] Acta Bollandiana a. a. O.

[262] J. v. Walter, Wanderprediger, S. 107.

[263] Siehe vor allem: H. Hagenmeyer, Peter der Eremite (Leipzig 1897). — Auch als Peter von Acheris wird er bezeichnet; vielleicht ist dabei Acheriensis ein Schreibfehler für Amianensis. Sonst wäre fraglich, welche Ortschaft in der nächsten Umgebung von Amiens damit gemeint sein könnte. Denn die besten Quellen nennen

bäuerlichen oder ritterlichen Kreisen stammte, ist nicht mit Sicherheit zu ermitteln. Es ist nicht ausgeschlossen, daß die leider nicht nachzuprüfende Angabe einer Quelle, in einer Urkunde werde ein Peter Acheriensis als Vasall Eustachs von Boulogne genannt[264], richtig ist und sich auf Peter bezieht, da er auch als Peter von Acheris bezeichnet wird. Spätere, legendenhafte Darstellungen haben ihn jedenfalls Ritter genannt. Der um 1280 schreibende Florentiner Minorit z. B. nennt ihn einen „Ritter, der im Waffendienst erfahren und mit natürlicher Klugheit ausgestattet war“[265]. Weiter berichtet dieselbe Quelle, Peter sei ein Neffe des Bischofs von Meaux gewesen. Da aber keine andere Quelle von einer solchen Verwandtschaft Peters berichtet, muß die Frage ihrer Richtigkeit in der Schwebe bleiben. Immerhin hat man es damals teilweise geglaubt, es muß also doch als möglich erschienen sein. Das aber läßt sich aus allen diesen Angaben doch erschließen, daß Peter nicht, wie viele seiner Anhänger, niederen Schichten des Volkes entstammte. Von ritterlicher Lebenshaltung hat er allerdings, als er bekannt wurde, gar nichts mehr aufzuweisen. Denn er lebt ganz als Eremit und zeigt eine asketische mönchische Geistesart[266]. Klein von Gestalt, mit dunkler schwarzbrauner Hautfarbe und einem langen, mageren Gesicht, barfuß, mit oft schmutzigen Kleidern, ritt er meist auf einem Esel. Doch darf man sich ihn keineswegs als Sonderling vorstellen, über den man den Kopf geschüttelt oder gar gelacht hätte. Er muß eine große Suggestionskraft auf Männer und Frauen gehabt haben. Immer wird er als eine bedeutende Persönlichkeit geschildert, der es mit ihrer eigenartigen Frömmigkeit Ernst war und die die Menschen für sich zu gewinnen wußte. Das absprechende Urteil Jacob Burckhardts über „Peter von Amiens und Konsorten“: „Sie hielten sich für Urheber und waren nur armselige Phänomene oder Symptome, Getriebene, die sich für Treiber hielten“, ist sicherlich nicht aufrechtzuerhalten[267]. Die Zeitgenossen, die ihn persönlich kannten, haben ihn ganz anders angesehen. Ordericus Vitalis z. B. nennt ihn „ausgezeichnet an Wissen und gütiger Barmherzigkeit“[268] und spricht dann von seinem guten Werk, in dessen Wirken er nicht nachlasse. Ebenso bezeichnet ihn Balderich von Dol als „den großen Eremiten“[269]. Auch Albert von Aachen sagt gelegentlich von ihm, er sei zwar klein an Gestalt,

---

ihn nach der Stadt Amiens; in deren unmittelbarer Nachbarschaft muß also seine Heimat gesucht werden, wenn nicht in der Stadt selbst.

[264] H. Hagenmeyer a. a. O. S. 50.

[265] Mon. Germ. SS. XXX, S. 500.

[266] Spätere haben geglaubt, „l'Eremita“ sei als sein Familienname zu betrachten, doch mit Unrecht; siehe H. Hagenmeyer a. a. O. S. 21.

[267] Jacob Burckhardt, Weltgeschichtliche Betrachtungen, 175. — In fast allen Darstellungen der 2. Hälfte des 19. u. 20. Jh. bis zu R. Grousset hin ist die Bedeutung Peters vollkommen verkannt worden. Anders urteilt wieder St. Runciman I, 113.

[268] Ordericus Vitalis, IX, 4, S. 477.

[269] Balderich von Dol = Recueil, Hist. occ., IV, cap. IX, S. 18.

aber großen Sinnes und ein gewaltiger Redner[270], und Guibert von Nogent spricht von seiner Heiligkeit[271].

In diesem Peter von Amiens hat man bisher immer nur den Kreuzzugsprediger gesehen. Das ist sicherlich falsch und hat ein ganz unrichtiges Bild dieses Mannes ergeben. Peter war ein einflußreicher Volksprediger schon lange, ehe er zum Kreuzzug aufrief. Das geht aus dem Zeugnis von Guibert von Nogent, Albert von Aachen und der Rosenfelder Annalen deutlich hervor[272]. Guibert schreibt darüber ziemlich ausführlich: „Das Volk hing in sehr großer Zahl einem Eremiten Peter an. Es gehorchte ihm wie einem Meister, schon während die Angelegenheit unter uns noch beraten wurde. Ich habe gehört, daß er aus der Stadt Amiens stamme, wenn ich mich nicht täusche, und in einem höher gelegenen Teile Galliens, in welchem weiß ich nicht, ein Einsiedlerleben in Form des Klosterlebens geführt habe. Von dort ging er dann fort, warum weiß ich nicht, aber ich sah dann, wie er durch Städte und Dörfer zog, um zu predigen, wie er dabei von solchen Volksmengen umgeben war und mit so viel Geschenken bedacht und so sehr mit dem Ruf der Heiligkeit belegt wurde, daß ich mich nicht erinnere, jemals solche Ehrungen eines Mannes erlebt zu haben. Von dem, was ihm geschenkt wurde, spendete er mit Freigebigkeit großzügig den Armen; Huren schickte er nicht ohne eine Beisteuer einen künftigen Gatten zu, in allen Fehden und Streitigkeiten stellte er mit merkwürdiger Autorität überall Frieden oder eine vertragliche Lösung her. Alles, was er tat oder sagte, erschien geradezu als heilig, ja seinem Esel rissen sie die Haare aus und verwahrten sie als Reliquien.“ [273] Es folgen Angaben über seine äußere Erscheinung und seine Ernährung, die entsprechend seinem biblischen Vorbild meist aus Fischen und Wein bestand. Bis dahin ist nichts von Kreuzzügen gesagt, nichts aber auch, was auf solche Absichten schließen ließe. Ein ganz anderer Inhalt seiner Predigten und seiner Tätigkeit wird hier angegeben. Die Sorge um die Rückführung von Dirnen ins bürgerliche Leben z. B. ist bei einem Bußprediger wohl verständlich, aber gar nicht bei einer Kreuzzugswerbetätigkeit. Auch andere Quellen berichten sehr klar von einer Tätigkeit Peters als Bußpredigers und von seinem großen Erfolg vor den Kreuzzügen[274]. Ja, man hat den Eindruck, daß trotz der großen Rolle, die Peter zu Beginn der Kreuzzüge gespielt hat, die Zeit seiner eigentlichen Größe und Fruchtbarkeit vor der Werbung zum Kreuzzug liegt.

---

270 Albert von Aachen, III, 15, S. 283.

271 Guibert II, 8 = Recueil, Hist. occ., IV, S. 142.

272 Trotz der großen Entfernung von Rosenfeld bei Stade von dem französischen Schauplatz dieser Ereignisse sind die Rosenfelder Annalen auffallend gut über alle diese Vorgänge unterrichtet, und zwar durch Würzburger Mönche, die über Ilsenburg nach Rosenfeld kamen: Annales Rosenveldenses = M. G. SS. XVI, S. 101.

273 Guibert II, 8 = Rec., Hist. occ., IV, S. 142.

274 Annales Rosenveld. 40, zu 1096 = M. G. SS. XVI, S. 101. — Albert von Aachen I, 2, S. 272.

Noch eine Erwägung läßt auf eine lange und erfolgreiche Predigttätigkeit Peters vor den Kreuzzügen schließen. Wollte man annehmen, daß er erst auf den Anruf Urbans in Clermont hin mit seiner Predigt, d. h. mit der Kreuzpredigt, begonnen habe, so verbliebe für die ganze Predigttätigkeit Peters nur die Zeit von etwa drei Wintermonaten. Denn Ende November 1095 fand das Konzil statt, im März brach Peter aber schon mit seinen Scharen auf. Ostern feierten sie schon in Köln. In diesen drei Wintermonaten soll er solche Massen für sich und seine Sache gewonnen haben, in ihnen soll er die große Popularität, den Ruf eines Heiligen erworben und die vielseitige Tätigkeit entfaltet haben, von der Guibert erzählt. Das läßt sich nicht vorstellen. Chalandon[275] erschließt aus der Heimat der Männer, die sich um Peter scharten und mit ihm auszogen, wohl mit Recht auf die Landschaften, in denen er gepredigt und nachdrücklich gewirkt haben muß. Es sind dies Berry, L'Orléannais, das Land um Chartres, das Gebiet von Étampes und von Poissy, die Umgebung von Beauvais und Épernay sowie die Champagne. Das weist ebenfalls auf eine lange Predigttätigkeit Peters in einem beträchtlichen Teil von Frankreich hin. Nur eine längere Wirksamkeit konnte ihn an so vielen Stellen heimisch werden und Vertrauen gewinnen lassen.

Diese frühere Tätigkeit Peters ist in das Ganze der Armutsbewegung einzufügen. Das beweist die Tatsache, daß die Anhänger Peters immer wieder als pauperes, als „Arme", bezeichnet werden[276]. Und doch setzten sie sich nach der genauen Angabe Alberts von Aachen[277] aus den verschiedensten Volksschichten zusammen. Er nennt neben „der ganzen Menge des Volkes Keusche und Unkeusche, Ehebrecher, Mörder, Diebe, Meineidige, Räuber", doch vorher auch ausdrücklich „Bischöfe, Äbte, Kleriker und Mönche, die vornehmsten Weltleute, die Fürsten verschiedener Reiche". Die Benennung pauperes ist also unmöglich als Arme im wirtschaftlichen und sozialen Sinn zu deuten. Sie muß in religiösem Sinn diejenigen bezeichnen, die ein „armes", entsagendes Leben führen wollen. Auch später noch, auf dem Kreuzzug, zeigt sich dieselbe Verbindung Peters mit als „pauperes" bezeichneten Gruppen. Da er hier für ihren Unterhalt zu sorgen hat, ist man geneigt, hier an Arme im wirtschaftlichen Sinn zu denken. Doch die Ernennung Peters zu ihrem Führer (quem praefecerant[278] pauperibus de clero et populo) deutet eher daraufhin, daß diese Leute, Kleriker und Laien, sich selbst als „Arme" ansahen und so betrachtet werden wollten. Zum mindesten gehen also beide Begriffe ineinander über. Daß das Wort pauper religiös gedeutet werden muß, beweist auch die Tatsache, daß einer der Ritter, die eng mit Peter zusammengehörten, Walter Sansavoir genannt wird. Das ist kein Beiname, wie ihn Ritter sonst zu führen pflegen; so kann sich nur ein Ritter nennen

---

[275] F. Chalandon, Première Croisade, S. 56 ff. — Dazu H. Hagenmeyer, Peter, S. 125.

[276] Guibert von Nogent, II, 8, S. 142. [277] Albert von Aachen I, 2, S. 272.

[278] Raimund d'Agiles 16, S. 278.

lassen, der „arm" sein will, der diese Bezeichnung als einen Ehrennamen trägt. Diese Deutung des Namens findet ihre Bestätigung darin, daß weder der Vater noch der Bruder dieses Ritters je diesen Beinamen tragen, und darin, daß er selbst als Ritter auszog, was doch einen erheblichen Aufwand erforderte.

Auch andere Parallelen zwischen Peter und Robert von Arbrissel sprechen deutlich für ihre Zusammengehörigkeit in der Armutsbewegung. Das Eremitenleben, die Tracht, die Ernährung vorwiegend mit Fischen und Wein ergeben dieselbe Lebenshaltung der beiden. Der starke Zustrom von Frauen ist bei beiden als eine religionsgeschichtliche Erscheinung zu beobachten[279]. Das Streben nach Armut, nach dem apostolischen Leben, das Lobpreisen der Barmherzigkeit, wie es in den Berichten Alberts von Aachen und andererseits in dem Brief Ivos von Chartres an Robert in gleicher Weise zum Ausdruck kommt[280], alles das zeigt, daß derselbe Geist in beiden Männern lebendig ist.

Dieser Wanderprediger der Armutsbewegung, Peter von Amiens, unternahm wohl im Jahre 1094 eine Wallfahrt nach Jerusalem, wie dies bei der Neigung dieser Bewegung zu Wallfahrten nicht erstaunlich ist. Wir haben keinen Anlaß, an dem Bericht der byzantinischen Prinzessin Anna Komnena, die ihn später in Konstantinopel traf, zu zweifeln. Denn hielt man bei anderen Chronisten, wie Albert von Aachen, das, was sie von dieser Wallfahrt erzählten, für eine Legende, die sich inzwischen um Peter gewoben habe, so ist dies bei der Byzantinerin sehr unwahrscheinlich. Denn sie schreibt weit weg von Frankreich oder Palästina, wo sich eine solche Legende hätte bilden können. Sie hat 1096 Peter in ihrer Heimat gesehen, vielleicht auch gesprochen, und sich damals ihr klares Urteil über ihn selbst gebildet. Warum sollten sich überhaupt um den ganz erfolglosen Peter von Amiens Legenden gebildet haben? Das pflegt bei erfolgreichen Männern zu geschehen, wie bei Herzog Gottfried nach der Eroberung Jerusalems, aber warum bei Peter? Es wäre nicht erstaunlich gewesen, wenn sich gegen ihn eine allgemeine Wut gerichtet hätte, als er alle seine Scharen in den Tod geführt hatte; davon wissen wir nichts. Aber die Entstehung eines großen verherrlichenden Legendenkranzes um seine Person nach der Katastrophe wäre doch sehr auffallend.

Und was berichtet wird, vor allem in der Form, wie sie uns Anna Komnena vorträgt, hat nichts von dem Charakter einer Legende, sondern klingt sehr glaubhaft. Auch die Tatsache, daß diese byzantinische Überlieferung mit der späteren abendländischen fast völlig übereinstimmt, ist wohl geeignet, die Glaubwürdigkeit dieser Berichte zu erhärten. Anna Komnena erzählt kurz folgendes: Peter unternimmt eine Wallfahrt nach Jerusalem. Dabei macht er

---

[279] Bernold von St. Blasien = M. G. SS. V, S. 464, zu 1096. — Annales Rosenveld. = M. G. SS. XVI, S. 102, zu 1096. — Anna Komnena X, 5, 5 (II, S. 207), also drei zuverlässige, voneinander unabhängige Quellen.

[280] Migne PL 162, Brief 37, Sp. 49/50.

schlimme Erfahrungen durch Gewalttaten der Türken gegen die Pilger. Vielleicht ist er sogar aus solchen Gründen gar nicht bis an sein Ziel gekommen. Das ist der Darstellung der Byzantinerin nicht deutlich zu entnehmen. Jedenfalls faßt er den Beschluß, diesen Zug unter besseren Verhältnissen zu wiederholen. Er berät sich mit anderen Stellen und wird sich darüber klar, daß er jedenfalls nicht wieder allein oder in kleinerem Kreis diese Fahrt unternehmen dürfe, sondern daß er in allen Ländern der Lateiner für einen großen Zug werben müsse. Er beruft sich dabei darauf, daß ihm in einer Vision von Gott der Befehl erteilt worden sei, alle Grafen des Frankenlandes zu werben für eine große Wallfahrt zum Heiligen Land, die Jerusalem den Händen der Muslime entreißen solle. Diese Werbung gelingt ihm denn auch in erstaunlicher Weise. So weit Anna Komnena. Es ist nicht ausdrücklich gesagt, daß dies eine bewaffnete Fahrt sein soll, aber die Tatsache, daß er sich mit seiner Werbung an alle Grafen des Frankenlandes wenden soll, spricht sehr dafür, daß neben unbewaffneten Pilgern auch bewaffnete Ritter mitziehen sollen.

Bei Albert von Aachen ist diese Erzählung reicher ausgestaltet, weicht aber nicht von dem dort Gesagten ab[281]. Nach ihm wendet sich Peter, als er schlechte Erfahrungen gemacht hat, zunächst an den Patriarchen von Jerusalem, erkennt aber nur dessen Machtlosigkeit und erreicht nichts Wesentliches. In der nächsten Nacht erscheint ihm Christus und fordert ihn auf, im Abendland für einen Heereszug zum Heiligen Land zu werben, wobei er die Wonnen des Paradieses den Helden dieses Kampfes verspricht. Um diesen Befehl auszuführen, läßt sich Peter zunächst ein Schreiben des Patriarchen an den Papst mitgeben. Das überbringt er nach seiner Rückkehr Urban II. und trägt ihm seine Sache vor. Der Papst hört das mit Aufmerksamkeit an und verspricht seine volle Unterstützung. Und wirklich wirbt er dann in Clermont für den Kreuzzug. Im wesentlichen stimmen also beide Berichte miteinander überein. Daß dabei der Wortlaut der Gespräche, wie sie Albert bietet, eine Erfindung darstellt, ist nicht auffallend. Denn alle Chronisten der Zeit lieben es, Reden und Gespräche im Wortlaut zu geben, ohne Grundlage dafür in der Tradition.

Das alles macht besonders bei der Übereinstimmung der beiden voneinander unabhängigen Berichte einen zuverlässigen Eindruck. Denn von solchen Gesuchen und Bitten an den Papst um Hilfe für Jerusalem und die Pilger hören wir seit den Wirren in Jerusalem in den letzten beiden Jahrzehnten des 11. Jahrhunderts öfters. Ekkehart von Aura berichtet von solchen Briefen, die er selbst gesehen habe, und von entsprechenden mündlichen Botschaften[282]. Und auch Robert von Reims[283], Fulcher von Chartres[284] und

---

[281] Albert von Aachen I, 2—5, S. 272—273.
[282] Ekkehard von Aura, Hierosol. V, 2, 3.
[283] Robert von Reims = Migne PL 155, 671/672.
[284] Fulcher (Ausgabe Hagenmeyer) I, 3, 2, S. 133.

Balderich von Dol[285] wissen von solchen Bittgesuchen an den Papst zu erzählen. Es muß wohl eine ganze Welle solcher Botschaften, Klagerufe und Hilfsgesuche an den Papst und andere Stellen des Abendlandes damals ergangen sein. Das beste Zeugnis dafür ist der Brief des Papstes Urban II. selbst, den er 1095 an die Ritter in Flandern richtete, in dem er selbst auf solche Nachrichten aus Jerusalem und dem Orient hinweist[286]. Warum sollte nicht auch Peter, so wie uns berichtet wird, sich unter diesen Boten und Hilferufern befunden haben? Pilger hatten häufig bei ihrer Rückkehr aus dem Heiligen Land eine Audienz beim Papst. Auch der Bericht über eine Vision Peters spricht nach alledem, was wir über Visionen der Kreuzfahrer gehört haben, nur für die Echtheit des Berichtes. Allerdings wird hier der Bittsteller Peter aus der Masse der Hilfesuchenden hervorgehoben und allein für sich gestellt, während er in Wirklichkeit wohl in der Masse der Gesuche untergegangen ist. Doch das ist das Recht, das man jedem Biographen seinem Helden gegenüber zugestehen muß.

Haben wir aber keinen Anlaß, die Berichte über Peters Weg zum Kreuzzug anzuzweifeln, so bekommt die lange beiseite geschobene Gestalt Peters von Amiens wieder eine Bedeutung für die Entstehung der Kreuzzüge. Nicht allerdings für den eigentlichen Kreuzzug im Sinne des Aufbruchs der Ritterschaft, sondern für die mit dem Ritterkreuzzug sich verbindende, aus der Armutsbewegung herauswachsende begeisterte Fahrt von Männern und Frauen der verschiedensten Stände, die man meist als Bauernkreuzzug oder populären Kreuzzug bezeichnet hat. Für diese sehr großen Scharen hatte Peters Werbung eine weit größere Kraft als der Aufruf des Papstes. Augenscheinlich hat Peter, unabhängig von dem Aufruf von Clermont, für einen Zug in seinem Sinn, also für eine bewaffnete Wallfahrt, große Scharen geworben, vielleicht sogar schon vor dem Konzil, dann jedoch seinen Plan mit dem des Papstes vereinigt. Aber zu einer wirklichen Vermischung kam es nie. Dazu war das Wesen beider Bewegungen und beider Züge zu verschieden. Beide sind getrennte Wege gezogen, wenn auch im Aufbruch und in der Werbung beides einmal miteinander zu verschmelzen schien. Zunächst zogen die Scharen Peters und der zu ihm gehörigen Gruppen anderer Führer. Dann erst folgte in wohl beabsichtigtem, weitem Abstand das Ritterheer Herzog Gottfrieds. Im Grunde sind es zwei sich berührende Kreuzzüge mit verschiedenem Wesen. Der eine dieser beiden Züge ist veranlaßt und geführt von Peter. Seinem Zug fehlte das ritterliche Element fast ganz, das in dem Heere Herzog Gottfrieds den Ausschlag gab. Hier sind andere Antriebe mächtig als der Gedanke des Gottesstreitertums, der dort entscheidend war. Und noch anderes unterscheidet sie. Urban II. hat sich, wie ausdrücklich berichtet wird, mit allem Nachdruck gegen das Mitströmen von unkriegerischen Elementen, von Frauen und von Priestern u. a. gewehrt, während bei

[285] Balderich von Dol = Recueil, Hist. occ., IV, S. 12 ff.
[286] H. Hagenmeyer, Kreuzzugsbriefe II, 136.

Peters Zügen, entsprechend dem Ausgang von der Wallfahrt, sehr viele Frauen und andere unkriegerische Menschen mitziehen. Aber trotz aller Unterschiede sind für beide Züge religiöse Motive in erster Linie maßgebend, wenn auch in mannigfacher, oft unbewußter Verknüpfung mit weltlichen abenteuernden Antrieben. Ebenso ist das Ziel der Befreiung Jerusalems und des Heiligen Grabes beiden Gruppen gemeinsam. Aber die Verschiedenheiten beider Züge bedingte auch ihr verschiedenes Schicksal: die Scharen Peters sind elendiglich zugrunde gegangen, während das Ritterheer das Heilige Land und Jerusalem erreichte und eroberte.

Dabei ist es nicht ausgeschlossen, daß Papst Urban II. durch Peters Besuch und Berichte sich in seinen Kreuzzugsplänen bestärken ließ oder daß er sogar einen Gedanken unter seinem Einfluß stärker betonte, da er bei Peter dessen Wirksamkeit spürte, so vielleicht die starke Hervorhebung des Heiligen Grabes als des Zieles des Zuges.

Wir haben also zwei Faktoren anzunehmen, die zu dem Kreuzzug der Ritter geführt haben: den durch die ritterliche Frömmigkeit des Gottesstreitertums bedingten Kampfwillen der Ritter als treibende Kraft und den um der Unionspolitik und der Stellung des Papsttums in der Welt willen ergangenen Aufruf des Papstes als auslösende Ursache. Daneben aber steht als Drittes mit einer gewissen Selbständigkeit Peter von Amiens mit seinen in der Armutsbewegung gewonnenen Anhängern, die ihren eigenen Zug auf eigener, wenn auch verwandter geistiger und religiöser Grundlage unternehmen, der gleichzeitig und mit gleichem Ziele entsteht, aber doch scharf von dem eigentlich ritterlichen Kreuzzug unterschieden werden muß.

Der Islam und sein Verhältnis zum Christentum vor den Kreuzzügen

Wir haben unsere Aufmerksamkeit bisher dem Abendland zugewandt und dort nach den Ursachen der Kreuzzüge geforscht. Aber wir dürfen uns damit nicht begnügen. Könnte nicht auch im Morgenland eine oder gar die entscheidende Ursache zu suchen sein? Sind die Kreuzzüge etwa als eine Gegenbewegung gegen den berühmten Siegeszug des Islams aufzufassen? Der Gedanke liegt nahe und ist darum auch oft ausgesprochen worden[287]. Zweifellos gehört dieser Zug des Islams zu den größten Ereignissen der europäischen und orientalischen Geschichte. Er hat in kurzer Zeit das Bild der Welt rings

[287] Diese Ansicht wird besonders lebhaft vertreten von R. Grousset in seinem letzten Buch: L'Empire du Levant. Histoire de la question d'Orient (1946), S. 10, 186 u. 189. Ebenso derselbe Croisades III (1936), VIII u. IX. — Außerdem ebenfalls neuerdings von P. Rousset, Les Origines et les caractères de la première croisade (1945). — Dazu seien genannt: E. Lavisse, Histoire de France II, 227. — P. Riant = Archives de l'Orient latin I, 103. — A. Cartellieri, Weltgeschichte IV, 426. — A. A. Vasiliev II, 34. — L. Halphen, Barbares, S. 405. — H. Naumann, Die Kultur des Rittertums, S. 45 ff.

um das Mittelmeer völlig verändert und hat in seinem Vorstoß eine solche Kraft bewiesen, daß er schon darum alle Beachtung auch in unserem Zusammenhang verdient. Stellen wir uns die Tatsachen noch einmal kurz vor Augen[288].

632 starb Mohammed. Von da an begann das Vorstürmen seiner Anhänger. 634 erfochten die Muslime bei Adschnadain in Judäa einen Sieg über ein byzantinisches Heer, 635 fiel Damaskus in ihre Hand, 636 siegten die arabischen Truppen von neuem bei Jarmūk in Transjordanien, so daß 638 Abū Bekr als Sieger in Jerusalem einziehen konnte. 640 entschied ein weiterer Sieg bei Heliopolis über die Herrschaft in Ägypten zugunsten der Araber, und schon 642 mußte Alexandrien als letzter Platz dieses Landes den Muslimen übergeben werden. Im Zweistromland war zu derselben Zeit ein Sieg bei Kādisīja in der Nähe des Euphrat (637) entscheidend. Ihm folgte ein weiterer Sieg über das persische Reich bei Nehāwend im Jahre 642, in demselben Jahr aber fiel auch Babylon den siegreichen Muslimen zu. Der letzte Sassanidenkönig fand bald darauf in Chorassan auf der Flucht seinen Tod. Auch Armenien wurde 642 von den Arabern genommen. So sind in den wenigen Jahren von 632 bis 650 Ägypten, Syrien und ganz Vorderasien dem Vorstoß der Araber erlegen und in ihre Gewalt gekommen.

Doch damit ist der erstaunliche Siegeszug noch nicht abgeschlossen. 711 erfolgte der erste Einbruch der islamischen Mächte in das Indusgebiet. Und in den Jahren 705 bis 715 ward Chorassan, Samarkand und Buchārā gewonnen. 716/717 belagerten islamische Heere ein Jahr lang Konstantinopel, ohne es aber einnehmen zu können. Schon vorher waren Araber nach Nordafrika gegen die Berber vorgestoßen, die damals faktisch Herren des Landes unter der Oberhoheit von Byzanz waren. 670 wurde Kairuān gegründet, 698 Karthago erobert und zerstört. Ohne Aufenthalt erfolgte nun der Übergang nach Spanien. 711 wurde in der Schlacht von Xeres de la Frontera das

[288] Von allgemeineren Werken zur Geschichte des Islams vor den Kreuzzügen und der Christen unter seiner Herrschaft seien genannt: R. Paret, Der Islam und die Araber bis gegen Ende des Mittelalters = Neue Propyläen-Weltgesch. II, 541—576 (Berlin 1940); G. Marçais, Histoire du moyen âge. Tome 3: Le monde oriental de 395 à 1081 (Paris 1936); Carl Heinrich Becker, Islam-Studien. Vom Werden und Wesen der islamischen Welt. 2 Bde. (Leipzig 1924 u. 1932); A. S. Tritton, The Caliphs and their non-muslim subjects (London 1930); Richard Hartmann, Die Religion des Islam. Eine Einführung (Berlin 1944); Franz Taeschner, Geschichte der arabischen Welt (Heidelberg 1944); Ernst Kühnel, Kunst und Kultur der arabischen Welt (Heidelberg 1943); Carl Brockelmann, Geschichte der islamischen Völker und Staaten. 2. Aufl. (München 1943); William Muir, The Caliphate, its rise, decline and fall from origine sources, a new and revised edition (Edinburgh 1924); L. Caetani, Annali dell'Islam. 10 Bde. (Mailand 1905); A. von Kremer, Geschichte der herrschenden Ideen des Islam (Leipzig 1868); Ders., Streifzüge im Gebiet der Kulturgeschichte des Islam (Leipzig 1868); Ders., Kulturgeschichte des Orients unter den Kalifen (Wien 1875—77); J. Wellhausen, Das arabische Reich und sein Sturz (Berlin 1902).

Westgotenheer geschlagen und in schnellem Siegeszug Córdoba, Toledo, Sevilla, Mérida und Saragossa erobert (712/713). Schon 717 oder 718 zog zum erstenmal ein arabisches Heer über die Pyrenäen nach Südfrankreich, 720 wurde Narbonne genommen und als Stützpunkt für die Muslim-Heere bis 759 behauptet. Dann aber gelang es Karl Martell und seinen Franken, in zwei Schlachten bei Tours und Poitiers und im Rhônetal (732 und 739) diesem unaufhaltsam erscheinenden Siegeszug ein Ende zu setzen. Auch im Osten erlahmte etwa gleichzeitig die Stoßkraft der islamischen Heere. Aber Gewaltiges war erreicht. Der Islam hatte dem Christentum Vorderasien und Nordafrika sowie große Teile von Spanien entrissen. Damit waren diese Gebiete aber vom Abendland abgetrennt. Morgenland und Abendland waren nun mit neuen Grenzen scharf voneinander geschieden[289].

Es ist nicht erstaunlich, daß man die beiden großen weltgeschichtlichen Bewegungen, die Kreuzzüge und den Siegeszug des Islams, miteinander in ursächliche Verbindung brachte. Erschien nicht das eine als die Antwort auf das andere? Wir könnten es heute mit gewissem Recht rückschauend so ansehen. Aber das sagt noch gar nicht, daß das eine in der damaligen Zeit auch die Ursache des anderen gewesen sei, daß die Menschen des 11. Jahrhunderts die Dinge auch so ansahen. Denn zwischen dem Vorstoß des Islams und den Kreuzzügen liegen drei Jahrhunderte, in denen kein Angriff des Islams gegen das Christentum stattgefunden hat, sondern in denen man, von unvermeidlichen Grenzkämpfen abgesehen, friedlich nebeneinander lebte, keiner vom anderen bedrängt. Eine Gegenbewegung kann nicht nach drei friedlichen Jahrhunderten einsetzen. Und wenn etwas geschieht, was uns Späteren im Ergebnis als solche erscheinen mag, so muß dies andere Ursachen haben. Deshalb kann von einer Abwehr des islamischen Vorstoßes im 7. und 8. Jahrhundert am Ende des 11. keine Rede sein, ebensowenig von einer Notwehr oder von einem Versuch, das Verlorene wieder einzubringen. Denn der abendländische Mensch des 11. Jahrhunderts hatte kein Interesse mehr an den dem Christentum verlorengegangenen Landstrichen Vorderasiens oder Nordafrikas. Nur Jerusalem und das Heilige Land standen seinem Denken nahe, sogar sehr nahe. Aber das steht auf einem anderen Blatt.

Oft hat man auch die Gegenwirkung nicht in so unmittelbarer Form angenommen, sondern man hat geschlossen: Da für den Islam aus seinem Glauben her die Verpflichtung, den Islam mit Feuer und Schwert zu verbreiten, maßgebend gewesen sei, sei auch in der Christenheit die Überzeugung erwachsen, der Christ sei verpflichtet, seinem Glauben in derselben Weise, also mit einem großen Kriegszug, zum Sieg zu verhelfen. Im deutschen Osten den Slawen gegenüber und früher schon bei der Bekehrung der Sachsen half allerdings das Schwert der Bekehrung in merklicher Weise nach. Aber das

---

289 Vgl. hierzu H. Pirenne, Mahomet et Charlemagne. 2e édit. (Paris 1937). In deutscher Übersetzung unter dem Titel: Die Geburt des Abendlandes (1937).

hatte mit dem Einfluß des Islams nichts zu tun. Und bei den Kreuzzügen lag es anders. Da war das Ziel nicht die Verbreitung des Christentums (oder doch nur nebenbei), sondern die Befreiung der heiligen Stätten in Jerusalem.

Aber auch schon der Ausgangspunkt, die Prämisse des obigen Schlusses, ist falsch. Denn die Muslime haben ihren Glauben nicht „mit Feuer und Schwert verbreitet", wie ihnen immer wieder vorgeworfen wird[290]. Auf seiner ersten Stufe, als Mohammed noch in Mekka lebte, ist der Islam eine rein religiöse Lehre. Er berührt das Reich der Politik nicht. Darum wissen die ältesten Suren auch nichts von Staat und Politik. Das wird nach der Hedschra anders. Mohammed lebt nun in einer neuen, weit mehr politisierten Welt als vorher. In ihr muß sich der Islam verteidigen. So bekommt er auch einen politischen Charakter, wohlverstanden neben dem stets verbleibenden religiösen Kern. Die hier entstandenen Suren lassen nun deutlich den Willen des Propheten, seine Religion zu verteidigen, ja auch einen politischen Machtwillen neben dem religiösen Inhalt erkennen. Aber auch dieser richtet sich nur auf die Unterwerfung der verschiedenen arabischen Stämme und Städte. Sie sollen Mohammeds Lehre annehmen, seine Herrschaft anerkennen und so geeinigt werden. Das ist arabischer, religiös erfaßter Nationalismus. Darauf allein beziehen sich diejenigen Suren des Korans, die den Heiligen Krieg predigen.

Dies Ziel wurde im wesentlichen zu Lebzeiten Mohammeds erreicht. Nach seinem Tod tritt eine Wandlung ein. Nun erstreckt sich in einer neuen Entwicklungsstufe des arabischen Selbstbewußtseins dieser Wille auch auf außerhalb Arabiens gelegene Gebiete. Sie werden erobert, aber die Bewohner dieser unterworfenen Landstriche werden nicht zum Islam bekehrt. Denn Eroberer und Herren des neuen Landes sind nur die Muslime Arabiens, und so soll es auch ferner sein. Die christlichen und jüdischen Bewohner des Landes können ihre Religion weiter ausüben. Sie werden dschimmis, d. h. Völker unter Schutzherrschaft. Sie zahlen zur Anerkennung der politischen Eroberung eine Kopf- und eine Grundsteuer (Dschisja und Charādsch)[291]. Aber dafür stehen sie unter dem Schutz der Eroberer. Der Prophet erklärt im Koran (Sure 71) ausdrücklich: „Wenn irgend jemand einem Mann, mit dem ein Schutzvertrag abgeschlossen worden ist, Unrecht tut oder ihn über seine Kraft hinaus belastet, so werde ich sein Schützer sein bis zu dem Tag des Gerichtes." Und ähnlich äußert sich auch Abū Bekr (Ibn Sa'd III, 1, 137)[292]. Ja, die erobernden Araber legen gar keinen Wert darauf, daß Übertritte zum Islam stattfinden. Denn die Zugehörigkeit zum Islam ist das Kennzeichen

---

[290] Carl Heinrich Becker, Islam-Studien, 2 Bde. (1924). — Die alte Theorie von der Verbreitung durch Feuer und Schwert vertritt beispielsweise noch J. Wellhausen, Das arabische Reich und sein Sturz (Berlin 1902), S. 15. Doch darf diese Ansicht heute allgemein als aufgegeben betrachtet werden. Nur in populären Darstellungen zweiter Hand findet sie sich noch.

[291] Wellhausen ebenda S. 18.

[292] A. S. Tritton, The Caliphs . . ., 137.

der Mitgliedschaft in der Schicht der arabischen Eroberer und Herren. Jeder Übertritt zum Islam bedeutet nur eine unliebsame Vergrößerung der Herrenschicht, eine Verminderung der Abgaben der dschimmis und eine Vermehrung der Teile, in die alle Erträgnisse geteilt werden müssen. Erst im Kalifenreich von Bagdad hat sich das geändert. Als Syrien, Vorderasien und vor allem das persische Reich unter die Herrschaft der Araber gekommen waren und mit ihrem reichen kulturellen Erbe das Ganze zu bestimmen begannen, konnte man die enge Begrenzung der Herrenschicht auf die Araber nicht mehr aufrechterhalten. Es bildete sich eine neue Herrenschicht aus den maßgebenden Männern arabischer, persischer, mesopotamischer oder syrischer Herkunft. Sie alle wurden, um zu der neuen Gruppe gehören zu können, Mohammedaner. So strömten nun, als sich die Tore geöffnet hatten, alle, die zu einem politischen oder kulturellen Einfluß gelangen wollten, zum Islam.

Aber auch damals noch lebten viele Christen ungestört ihr christliches Leben unter der Herrschaft des Islams. In Syrien trat, als die Abbasiden die Stelle der Omajjaden in der Herrschaft einnahmen, eine gewisse Verschlechterung dadurch ein, daß Syrien nun Nebenland, Bagdad und mit ihm die persische Kultur aber maßgebend wurden und der Kalif damit in die Ferne rückte[293]. Doch haben auch damals noch die Christen häufig die Herrschaft der Muslime der der byzantinischen Christen vorgezogen, da unter diesen der Druck der orthodoxen griechischen Kirche das religiöse Eigenleben der syrischen Christen oft empfindlich gestört hatte. Für das Leben der Christen unter muslimischer Herrschaft war das Gesetz von ʿOmar I. (634—644) maßgebend. Danach ist den Christen nur verboten: Lautes Läuten der Glocken, lautes Singen im Gottesdienst, Prozessionen mit Vorantragung eines Kreuzes oder heiliger Bücher, dazu mancherorts, Kreuze auf die Kirchen zu setzen. Auch wird verlangt, daß Christen, Juden und Muslime sich in der Kleidung, d. h. in der Farbe des Turbans, zu unterscheiden haben. In Städten, wo keine Muslime leben, können die Christen ohne Einschränkung Kirchen bauen. Verboten war jedoch die missionarische Tätigkeit und selbstverständlich die Lästerung des Propheten und seiner Religion[294]. Dem entspricht denn auch die allgemeine soziale Lage der Christen unter islamischer Herrschaft. Sie konnten im Staatsdienst bis zu den höchsten Stellen aufsteigen; von den Ärzten waren viele Juden oder Christen, und auch christliche Dichter von hohem Ansehen, z. B. al-Achtal, gibt es[295]. Als Zeugnis sei ein Brief genannt, den der Patriarch von Jerusalem im 9. Jahrhundert an den Patriarchen von Konstantinopel sandte und in dem er von den muslimischen Behörden schrieb: „Sie sind gerecht und tun uns kein Unrecht oder irgendwelche Gewalttaten"[296]. Eine Ausbreitung des Islams mit Feuer und Schwert fand in dieser Zeit nicht statt.

[293] St. Runciman I, 26. [294] Tritton a. a. O. S. 1—26.
[295] Ebd. S. 137 ff. und S. 155 ff.
[296] Mansi, Concilia XVI, S. 26 f. — St. Runciman I, 27.

Ein Jahrzehnt, 1004—1014, muß dabei allerdings ausgenommen werden. Da fand unter dem wahrscheinlich wahnsinnigen Kalifen al-Hākim eine wirkliche Verfolgung statt. 1009 befahl er sogar die Zerstörung der Heilig-Grab-Kirche in Jerusalem als des größten Heiligtums der Christen im Morgenland. Doch mit dem Tod des Kalifen war dieser Ausnahmezustand wieder zu Ende[297].

Es traten allerdings in diesen Jahrhunderten viele zum Islam über. Denn einmal war er die Religion der herrschenden Schicht, und das ist stets ein starker Antrieb. Außerdem aber hatte der Islam für primitive Menschen damals wie heute noch eine missionierende Kraft[298]. Der Glaubensinhalt des Christentums war zwar viel tiefer, aber auch schwerer zugänglich. Der Islam kannte nur Gott den Weltschöpfer und Weltherrscher. Von einer Erlösung wußte er nichts. Wer als Muslim die regelmäßigen Gebete verrichtete, das Glaubensbekenntnis zu den vorgeschriebenen Stunden und Gelegenheiten wiederholte und Almosen gab, konnte hoffen, als guter Muslim das ewige Leben zu erlangen. Das alles erleichterte den Zugang zum Islam. Außerdem war er von Männerbünden der Araber getragen, und Männerbünde formten auch das Leben der Volksstämme, die ihn annahmen. Auch das machte für Männer den Zugang leicht.

Was aber trieb die arabische Eroberungswelle mit so elementarer Kraft voran, wenn es nicht den Glauben zu verbreiten galt? Zunächst einmal führte die überschüssige Kraft der arabischen Stämme über die Grenzen ihres Landes hinaus. Arabien vermochte damals seine wachsende Bevölkerung nicht mehr zu ernähren. Caetani hat von einem inaridimento, von einer Austrocknung des arabischen Landes gesprochen. Es ist also zunächst einmal eine Bewegung, die Ähnlichkeit mit der Völkerwanderung hat. Aber unterscheidend und für Arabien charakteristisch ist, daß das durch den Islam, der die Araber zum Volk des Propheten machte, gegebene neue Selbstbewußtsein der Araber hinter all dem kriegerischen Geschehen stand. Das Bewußtsein der Auserwählung bekam bei ihnen — anders als bei den Juden — einen politischen, zur Eroberung drängenden Charakter. Gott mußte dem Volk seines Propheten den Sieg über alle ungläubigen Völker geben. Seine Sache mußte es sein, über andere Völker zu herrschen. Das gab ihrem Vordringen eine elementare Stoßkraft. Die Verwandtschaft mit dem Selbstbewußtsein der Kreuzfahrer wird dabei deutlich. Beide glauben sich Gott besonders nah, von Gott besonders geschützt, zu großen Taten bestimmt.

Aber auch die Bedeutung des Heiligen Kriegs in den Zeiten vor den Kreuzzügen hat man sehr überschätzt. Der Abendländer hat in der zweiten Hälfte der Kreuzzugszeit die Auswirkung dieses Gedankens bei den Muslimen in einem starken und oft grausamen Fanatismus erlebt und davon berichtet. Aber was vom 12./13. Jahrhundert gilt, muß noch nicht für frühere Jahr-

[297] St. Runciman I, 35.

[298] Vgl. Burckhardt, Weltgeschichtliche Betrachtungen, Kröner, S. 100.

hunderte Gültigkeit haben. Die Bilder aus den Zeiten Nūr ad-Dīns, Saladins und seiner Nachfolger dürfen nicht auf andere Zeiten übertragen werden. Denn erst unter dem Eindruck der Kreuzfahrerbegeisterung bekam der alte, auf Mohammed zurückgehende Gedanke des Heiligen Krieges im Islam ein neues, gesteigertes Leben[299]. Denn liest man die auf den Heiligen Krieg bezüglichen Suren des Korans[300], so spürt man hier nichts von dem Fanatismus der letzten Kreuzzugszeit; die hier aufgestellten Forderungen erscheinen um vieles gemäßigter. Zwar wird zum Kampf aufgefordert und die Losung ausgegeben, „zu kämpfen für Gottes Weg" (Sure 4), aber dabei denkt Mohammed zunächst nur an einen Verteidigungskrieg, einen Existenzkampf für den Islam. Der Aufruf ist zwar nicht klar auf einen solchen Defensivkrieg beschränkt, aber von einer Aufforderung zur Verbreitung des Islams durch Feuer und Schwert oder zur Vernichtung Andersgläubiger ist im Koran keine Rede. Gewiß werden denen, die in dem Kampf um die Existenz des Islams streiten, höhere Belohnungen in Aussicht gestellt als denen, die zu Hause bleiben (den sog. „Sitzern"). Doch das ist noch kein Kampffanatismus. So heißt es in Sure 4, 97:

> „Doch sind nicht gleich die Sitzer vor den Gläubigen
> (Schadhafte ausgenommen) und die Kämpfer
> für Gottes Weg mit ihrem Gut und Blut.
> Gott hat erhöhet die Kämpfenden mit ihrem Gut und Blut
> über die Sitzenden um eine Stufe;
> verheißen zwar hat Gott beiden das Schönste,
> jedoch erhöht die Kämpfenden mit Gut und Blut
> über die Sitzenden mit großem Lohne."

Demgegenüber atmet das Reden und Tun der Kämpfer des Dschihad gegen die Kreuzfahrer einen ganz anderen Geist. Ich denke an die Gruppe junger Menschen im Lager Saladins, die darauf brennen, die christlichen Kriegsgefangenen mit eigener Hand zu ermorden. Vom Koran aus war kein unmittelbarer Anlaß zum Angriffskrieg gegen die Christen oder zum Fanatismus gegeben. So zeigt sich denn auch in den Jahrhunderten zwischen etwa 740 und 1096 kein Ansatz zu einem wirklichen Glaubenskrieg der Muslime gegen die Christen. Denn die Grenzkriege gegen Byzanz und die Kämpfe in Spanien, ehe die Christen zu dem großen Angriff übergingen, trugen nicht den Charakter von Glaubenskämpfen. Wir wissen, wie gern man in Spanien von beiden Seiten aus bereit war, Bündnisse und Verträge mit Staaten und Rittern des anderen Glaubens zu schließen, und wie leicht ein Kämpfer von der einen zur anderen Seite hinüberwechselte[301]. Freilich konnte sich, wenn die Christenheit angriff, aus dem Befehl dieser Suren und aus der begeistern-

---

[299] Wir werden später davon sprechen. [300] Sure 2, 210ff.; 4, 73ff.; 8, 15.
[301] Vgl. unten S. 107.

den Erinnerung an die stolzen Zeiten der Eroberungskriege der Geist des Glaubenskrieges mit allem Fanatismus entwickeln, wie es in den späteren Perioden der Kreuzfahrerzeit wirklich geschah. Aber ohne diese Voraussetzung bedeutete der Gedanke des Heiligen Krieges vom 9. bis zum 11. Jahrhundert keine wirkliche Gefahr für die Christenheit und das Abendland, also keine Ursache für Kreuzzüge.

Wohl verwendete nicht allzulange vor den Kreuzzügen der Herr des Ghaznawidenreiches[302] das Schlagwort des Heiligen Krieges in seinen Kämpfen gegen Indien. Doch geschah das als eine rein politische Maßnahme um des Erfolges im Kampfe willen. Wie wenig er an einen wirklichen Glaubenskrieg dachte, ergibt sich daraus, daß er unbedenklich auch fremdgläubige Völker für sich und gegen Muslime kämpfen ließ. Außerdem liegt jene gelegentliche Verwendung des Dschihad-Begriffes weit ab von dem Abendland und von den Kreuzzügen.

Doch man hat darauf hingewiesen, daß in diese ruhiger gewordene islamische Welt in den Jahrzehnten vor den Kreuzzügen aus Innerasien neue unruhige, türkische Elemente eindrangen, die Seldschuken, und daß die neue Bewegung, die sie in die islamischen Reiche brachten, eine Bedrohung des Abendlandes oder des Christentums bedeutet habe. Ist das richtig?

Türken werden 552 zuerst genannt. Damals besaßen sie ein Großreich im Inneren Asiens, das aber bald zerfiel. Doch erhielt sich ein Teil des türkischen Volkes am Jaxartes (Syr-darjā). Dort gingen unter dem Einfluß von Nachbarvölkern große Veränderungen mit ihnen vor. Sie nahmen den Islam an, aber auch das manichäische und nestorianische Christentum drangen bei ihnen ein. Vor allem aber erschlossen sie sich der islamisch-iranischen Kultur.

Ähnlich wie die Germanen zur Zeit der Völkerwanderung drangen sie zunächst als einzelne Kämpfer oder gruppenweise in die alten, vor ihnen liegenden Reiche ein. Bald ist Bagdad schon ihr Ziel, dann aber auch Ägypten.

An beiden Stellen hatte man schon lange Prätorianergarden aus fremden, kriegsgewohnten Kämpfern geschaffen, aus Sklaven oder sonst zuströmenden Elementen. Sie boten diesen eindringenden Türken neue große Möglichkeiten. Vor allem in Ägypten sollten diese Mameluken genannten fremden Kämpfer bald zur herrschenden Schicht im Land werden, da sie als verdiente Krieger reich mit Gütern, einer Art von Lehensgütern, ausgestattet wurden. Türke war auch der Begründer des Ghaznawidenreiches, Mahmūd.

Dieser Einbruch nahm mit den Seldschuken immer größere Maße an. Sie sind kein Stamm, sondern eine bewaffnete Horde, eine Art von Gefolgschaft, die sich um Seldschuk zusammenschloß. Im Gegensatz zu den früher eingedrungenen Elementen waren die Seldschuken nie Söldner. Das gab ihrem Auftreten von vornherein einen anderen Charakter. Im Rahmen der großen

[302] In dem heutigen Afghanistan und Belutschistan.

Ost-West-Bewegung, die die Völker Asiens in dieser Zeit erkennen lassen, drangen die Seldschuken vom Oxus und vom Kaspischen Meer aus in Chorassan ein. 1038 eroberten sie Nīschāpūr. Der Zug ging weiter. 1040 schlugen sie in der Schlacht von Dandanaqān die Ghaznawiden und vernichteten ihr Reich. Das nächste Ziel war Bagdad. Dort bereitete der lebhafte innere Streit ihnen den Boden vor. Jede der Parteien rechnete auf die Hilfe der Seldschuken. Schließlich rief der Wesir den Enkel Seldschuks, Toghrylbeg, selbst herbei. 1055 zog er in Bagdad ein und machte sich zum Herren der Stadt. Er bezeichnete sich als Sultan, ein Titel, der nun in der islamischen Welt heimisch werden sollte.

Doch die Eroberung von Bagdad bedeutete noch nicht das Ende des Aufstiegs der seldschukischen Macht. Toghrylbeg (1038—1063), Alp Arslan (1063—1072) und Melikschāh (1072—1092) bezeichnen noch eine dauernd ansteigende Linie. 1064 wurde Ani, die Hauptstadt Armeniens, von ihnen erobert, 1065 zog Alp Arslan erfolgreich gegen Edessa und Antiochien, 1070—1078 nahm der seldschukische Emir Atsys Jerusalem und Damaskus. Doch das wichtigste ist, daß 1071 die Seldschuken Kaiser Romanos IV. von Konstantinopel bei Mantzikert entscheidend schlugen, so daß in der Folgezeit seldschukische Raubscharen bis zum Bosporus, also bis vor die Tore von Konstantinopel, schweifen konnten. Auch hier kamen die inneren Wirren, diesmal des Byzantinerreiches, ihnen entgegen. Denn wiederholt wurden sie von der einen Seite gegen die andere gerufen.

Die Niederlage von Mantzikert bedeutete zweifellos zunächst eine ernste Gefahr für Byzanz. Wie groß man sie einschätzte, zeigt am besten die Tatsache, daß Kaiser Michael VII. seinem gefährlichen Feind, Robert Guiskard, dem sizilianischen Normannen, der ihm gerade Bari weggenommen hatte, einen Heiratsplan vorlegte, der ihn zu seinem Bundesgenossen machen sollte. Fast konnte es scheinen, als ob auch eine Gefährdung des Christentums gegeben sei, die eine Abwehr durch einen Heereszug notwendig machte. Denn bald nach der Schlacht von Mantzikert schuf sich Sulaimān, der Sohn des Kutlumysch, als Statthalter der Seldschuken ein Reich in Kleinasien mit Nicaea als Mittelpunkt. Es bedrohte nun von dem nahen anatolischen Ufer aus Konstantinopel, und Konstantinopel war die entscheidende Machtstellung des Christentums im Osten. Allerdings hatte Sulaimān Anatolien nicht systematisch erobert. Raub- und Beutezüge quer durch das Land hatten zur Festsetzung der Seldschuken in einzelnen Stützpunkten, wie in Nicaea, geführt. Aber die Gefahr für Byzanz war dadurch groß, daß kurz nach 1090 gleichzeitig von Norden und Westen her andere Feinde, die Petschenegen, Kumanen und Bulgaren, Konstantinopel bedrohten. Das ist der Druck, unter dem die Bittgesuche von Byzanz nach dem Abendland abgingen. Unmittelbar nach Mantzikert wandte man sich an Papst Gregor VII. und später unter dem Eindruck der Kämpfe im Norden und Westen an Papst Urban II. und an verschiedene weltliche Herren.

Doch Byzanz hat aus eigener Kraft diese Notlage bald überwunden. Als die Kreuzfahrer in Konstantinopel ankamen, bestand sie schon nicht mehr. Das zeigt, daß sie eine Bedrohung des Abendlandes oder der Christenheit nie dargestellt hatte. Wer so dachte, übersah, daß die militärische Macht von Byzanz damals doch noch viel größer war, als es in den Tagen von Mantzikert erscheinen mochte. Kaum war mit Alexios Komnenos ein tatkräftiger Herrscher an die Spitze des Reiches getreten, da war auch die von den Petschenegen, Kumanen und Bulgaren ausgehende Gefahr rasch beseitigt. Und auch die Bedrohung durch die Türken hatte schlimmer ausgesehen, als sie war. Denn das Reich der Seldschuken zerfiel so schnell, wie es entstanden war. 1092 starb Melikschāh ohne einen gleichstarken Erben. Drei Söhne stritten sich um die Erbschaft, Barkijārok, Muhammed und Sandischar, aber nicht genug damit, auch die Witwe des Verstorbenen, Turkān Chatun, stritt gegen sie alle drei für ihr fünfjähriges Kind, Mahmūd. Dadurch war die Stoßkraft der Seldschuken entscheidend gelähmt. Eine Teilung des Reiches schien den Frieden zu bringen. Doch die Kämpfe der Erben dauerten fort. Erst 1104, also lange nach dem Eintreffen der Kreuzfahrer, wurde ein Friede zwischen den Brüdern und Erben geschlossen. Bis dahin war die Kraft der Seldschukenreiche sehr herabgesetzt. Das machte auch für die Kreuzfahrer das Eindringen in Anatolien und Syrien möglich. Wichtig ist dabei, daß in diesen Erbstreitigkeiten der Herr Anatoliens, Sulaimān ibn Kutlumisch, geschlagen wurde. Denn dadurch ließ die Bedrohung Konstantinopels von Nicaea aus sehr nach. Der Sohn des Geschlagenen, Kylydsch Arslan, nahm zwar die anatolische Politik seines Vaters wieder auf und begründete ein Sultanat mit Konja als Hauptstadt. Aber seine Kraft ist doch nicht mehr mit der seines Vaters zu vergleichen. Die Zeiten von Mantzikert waren vorbei.

Die Notwendigkeit eines Kreuzzuges war also auch von hier aus nicht gegeben.

Nun hatte aber dieser Siegeszug der Türken oder Seldschuken noch eine andere Seite, die ihn für die Vorgeschichte der Kreuzzüge bedeutungsvoll machte. Die Seldschuken eroberten 1070—1078 nämlich auch Jerusalem. Machte diese Eroberung und eine damit gegebene Verschlechterung der Lage der christlichen Pilger etwa einen Kreuzzug notwendig? Die Kreuzzugspropaganda hat diesen Gedanken nachdrücklich verwendet. Aber die wirklichen Verhältnisse entsprechen dieser Propagandadarstellung nicht.

1070 brach der Sturm der Seldschuken in Syrien ein. Bis dahin befand sich das Heilige Land mit Jerusalem in der Hand der Fatimiden von Ägypten. Sie vertrieb nun 1071 ein türkischer Feldherr namens Atsys ibn Abaq. Die in Jerusalem lebenden oder als Pilger anwesenden Christen hatten sich in diesem Kampf neutral verhalten. Deshalb wurden sie zunächst geschont, während die ägyptische Garnison niedergemacht wurde. Da es aber in den folgenden Jahren zu Unruhen in der Stadt zugunsten der alten ägyptischen Herren kam, wurde die Stadt von den Seldschuken zum zweitenmal genommen. Ein Strafgericht war zu erwarten. Doch entlud es sich erst, als die Türken nach der Einnahme von Antiochia (1084) sich völlig als Herren des Landes fühlen konnten. Auch die nun folgenden Wirren, die Kämpfe verschiedener seldschukischer Machthaber gegeneinander, brachten Unruhe und Unsicherheit in das Heilige Land und die Heilige Stadt. Noch zweimal wurde Jerusalem erobert: 1098 nahmen die Fatimiden die Stadt wieder und 1099 die Kreuzfahrer. Solche Jahre des Krieges und eines wiederholten Wechsels in der Herrschaft über die Stadt mußten dem Lande Not und harten Druck bringen. Aber alles das ging nicht über das hinaus, was bei solchen Kämpfen zu erwarten war. Von einer prinzipiellen Verschlechterung der Lage der Christen in Jerusalem oder der Pilger seit der Eroberung durch die Seldschuken kann nicht die Rede sein. Auch vorher gab es, trotzdem es die Christen unter muslimischer Herrschaft, wie wir gehört haben, im allgemeinen gut hatten, schlechtere Zeiten. Wir erinnern hier nur an den wahnsinnigen Kalifen al-Hākim. Immer wurden auch schon einmal Pilgerzüge in stärkerem Maße belästigt oder angegriffen, wie z. B. die deutsche Pilgerfahrt von 1064/65[303]. Aber die schlechten Zeiten waren nie von langer Dauer, und die Verschlechterung hatte immer einen zufälligen Charakter. Es kam nach dem Tod von al-Hākim sogar ein Vertrag der ägyptischen fatimidischen Herren des Landes mit dem byzantinischen Kaiser zustande, der diesem das Recht zugestand, die Grabeskirche wiederaufzubauen, und außerdem einen gewissen Schutz über die christlichen Pilger in Jerusalem. Die Einwohner des Landes waren viel zu sehr an dem Weiterbestehen des Geld ins Land bringenden Pilgerverkehrs interessiert, um ihn ernstlich zu stören oder Störungen zu dulden. Die Schwierigkeiten, die die Seldschukenwirren mit sich brachten, waren also nur durch das Kriegsgeschehen bedingt und vorübergehender Art. Vor allem enthielten sie keinerlei Spitze gegen die Christen. Am schwersten war von ihnen betroffen, wer mit den Ägyptern noch nach der Eroberung gute Beziehungen aufrechterhalten hatte. Das waren aber, wie wir wissen, nicht die Christen. Auch was der einheimische Chronist, Michael der Syrer, über die Belastungen durch die Seldschuken nach ihrem Sieg zu berichten weiß[304], ist nichts für die Geschichte Jerusalems oder der Jerusalempilger Außerordentliches: Erhebung vieler Abgaben, Plünderungen, Überfälle auf einzelne u. a. kamen dort zu allen Zeiten vor. Daß sie in Kriegszeiten sich mehrten, war selbstverständlich.

Diese Schwierigkeiten und Nöte erhielten aber eine große weltgeschichtliche Wirkung durch die Kreuzzugspropaganda, die sie aufgriff. Ruhig besehen, waren sie keine Ursache zu einem solchen Riesenunternehmen. Aber im Mund der Kreuzzugspropaganda bekamen sie eine ungeheure Wirkungskraft. Denn sie boten den Anlaß zu dem Aufruf, der alles auslösen konnte,

[303] Einer Joranson, The great German pilgrimage of 1064/65 (New York 1928).
[304] Michael der Syrer (Ausg. Chabot) Fasc. 2, S. 182.

sie gaben dem hochgesteckten Fernziel, der Befreiung Jerusalems, erst die rechte Leuchtkraft. Gerade damals war die Bereitschaft, solche Berichte von der Not Jerusalems zu hören, weit größer als in anderen Zeiten. Vergröbert, wurden diese Erzählungen zu einem wichtigen Faktor in der Entstehungsgeschichte der Kreuzzüge. Die wirklichen Ursachen der Kreuzzüge aber sucht man hier vergebens. Nur dem Anlaß haben diese Berichte Farbe und Zugkraft gegeben.

Damit beantwortet sich auch die Frage, ob die Kreuzzüge als eine Fortsetzung der großen Wallfahrten des 11. Jahrhunderts zu betrachten seien, von selbst. Man nahm es häufig an und sah den Übergang vom einen zum anderen darin, daß man jetzt der erhöhten Unsicherheit wegen bewaffnet ausgezogen sei. Schneidet man aber die Vergrößerung der Unsicherheit der Pilger und die Vergröberung der Schwierigkeiten in den Berichten auf das rechte Maß zurück, so verliert eine Erklärung der Kreuzzüge von daher ihre Grundlage. Vor allem aber muß man sich vor Augen stellen, daß trotz aller Ähnlichkeiten Kreuzzug und Wallfahrt zwei prinzipiell verschiedene Dinge sind. Der Kreuzfahrer ist Krieger und *will* kämpfen und erobern, der Wallfahrer dagegen trägt keine Waffen, und wo er aus Notwehr kämpft, da geschieht es wider Willen und im Widerspruch zu Wesen und Willen der Wallfahrt. Züge wie die Peters von Amiens und seiner Leute stehen der Wallfahrt viel näher als die ritterlichen Kreuzzüge. Jene konnten sich wohl aus den Wallfahrten entwickeln, aber die Kreuzzüge ritterlicher Art nicht. Gewiß haben sich auch die Kreuzzüge manchmal für Stunden in Wallfahrten verwandelt, so z. B. vor und nach der Eroberung Jerusalems; sie enthalten ein manchmal hervortretendes Wallfahrtselement, aber das macht ihr Wesen nicht aus. Dieser prinzipielle Unterschied wird auch durch mancherlei gelegentliche Vermischungen in der Praxis nicht aufgehoben.

Die Mittelmeer- und Ostrompolitik des Abendlandes und die Entstehung der Kreuzzüge

Jahrhunderte vor den Kreuzzügen bestanden politische Spannungen von christlichen Mittelmeerstaaten zu islamischen Mächten. Liegt die Annahme nicht nahe, daß aus diesen die Kreuzzüge erwachsen seien? Das gilt von der Großmacht Byzanz, die in stete Grenzkämpfe mit islamischen Staaten verwickelt war, außerdem von den italienischen Seestädten Venedig, Genua und Pisa und vorher Amalfi, die stets bemüht waren, mit ihrem Handel in islamischen Staaten festen Fuß zu fassen, und dafür politische Stützpunkte brauchten. Daneben stehen die Normannen Süditaliens und Siziliens, die ihre Macht der Vertreibung der Muslime aus diesen Ländern zu verdanken haben, und im Westen liegt Spanien, das in den Jahrhunderten vor den Kreuzzügen von steten Kämpfen gegen die eingedrungenen Muslime erfüllt war. Können diese doch sicherlich vorhandenen politischen Reibungsflächen die Entstehung der Kreuzzüge nicht genügend erklären, ohne daß wir das für solche Untersuchungen doch immer zunächst naheliegende und vertraute Gebiet der Politik verlassen und religionspsychologische, religionsgeschichtliche und sozialgeschichtliche Gebiete betreten müßten? Diese Fragen müssen geklärt werden, ehe wir die im Abendland aus der Lage der Ritterschaft sich ergebende Erklärung endgültig annehmen und uns der Darstellung der Geschichte der Züge selbst zuwenden können.

Wir beginnen mit Byzanz. Denn zwischen dem Ausgangspunkt der Kreuzzüge und ihrem Ziel lag als beherrschende Großmacht Byzanz. Der Landweg führte über Konstantinopel und durch weites byzantinisches Gebiet, der Seeweg aber durch Meere, die Byzanz mit seiner Flotte großenteils beherrschte oder doch zu beherrschen versuchte. Darum mußte das byzantinische Reich in der Geschichte der Kreuzzüge eine entscheidende Rolle spielen.

Dem entsprach schon der Anfang. Denn wir haben schon gehört, daß ein Hilferuf des Kaisers Alexios I. den ersten Anstoß zu den Kreuzzügen gab. Aber wir haben auch gesehen, daß die Antwort, so wie sie Kaiser Alexios erwartete und wie sie dann auch in Piacenza gegeben wurde, die zunächst geplante Hilfssendung also, etwas ganz anderes war, als das, was später daraus entstand. Darum ergibt sich hier schon als Antwort, daß der Kreuzzug nicht von dem Hilferuf des Kaisers Alexios, sondern nur von der Ritterschaft des Abendlandes aus zu verstehen und zu erklären ist.

Das erweist sich nicht nur aus den Geschehnissen im Abendland, sondern auch ebenso aus der Haltung, mit der der byzantinische Kaiser den herannahenden Kreuzfahrerheeren gegenüberstand. Er hatte etwas ganz anderes erwartet und war entsetzt über das, was nun immer näherrückte. In seinem Dichtwerk „Die Musen" schrieb er darüber später: „Erinnerst du dich nicht daran, was mir damals zustieß? An die Bewegung des Abendlandes gegen dies unser Land? Sie sollte die stolze Höhe, auf der das neue Rom stand, erniedrigen und ebenso die Würde unseres Thrones. Darum, mein Sohn, ist es nötig, dafür zu sorgen, daß wir genug Schätze anhäufen, um damit die offenen Rachen dieser Barbaren, die gegen uns nur Haß atmen, stopfen zu können, wenn sich einmal gegen uns eine zahlreiche Armee von ihnen aufmachen sollte..."[305] Und ähnlich äußert sich auch seine Tochter Anna Komnena in ihrer „Alexias"[306].

In Byzanz wollte man wohl einige Hilfe durch christliche Söldner oder Soldritter, aber dem Gedanken eines Kreuzzuges stand man verständnislos gegenüber. Zwar gab es auch dort Ansätze dazu, aber schon im 10. Jahrhundert, als die Kaiser Nicephorus Phocas und Johannes Tzimisces in Syrien gegen die Muslims kämpften. Damals sandte 964 Nicephorus ein Manifest

[305] P. Maas, Die Musen des Kaisers Alexios I. = Byzantin. Ztschr. XXII (1913), Vers 328 ff., S. 357/58.

[306] Anna Komnena X, 5, 4 (II, S. 207).

in Versen nach Bagdad, darin er seinen Krieg als heiligen Krieg in Gottes Sache preist und sich selbst als Gottes Streiter ansieht. Und ähnliche Ideen vertritt der Brief von Johannes Tzimisces an den König von Armenien aus dem Jahre 974 [307]. Ja man kann noch weiter zurückgreifen auf Kaiser Heraclius, der, als Chosrau von Persien 611—617 Anatolien, Syrien mit Damaskus, Antiochia und Jerusalem und Ägypten erobert hatte, in einer großen Gegenoffensive 622—629 Chosrau und seine Perser schlug. Denn auch Heraclius stellte sich gern als Kämpfer Christi gegen die Mächte der Finsternis dar. Die Erinnerung daran war in der Kreuzzugszeit im Abendland nicht verlorengegangen, denn Wilhelm von Tyrus, der bedeutendste Geschichtsschreiber der Kreuzzüge, begann seinen Bericht mit den Kriegen von Heraclius, weshalb man die altfranzösische Bearbeitung dieser Chronik als L'Estoire de Eracles bezeichnete [308]. Aber das alles lag 1096, als die Kreuzzüge nach Konstantinopel kamen, weit zurück, und dazwischen lagen Jahrhunderte, in denen Grenzkämpfe gegen die Muslime in Anatolien Alltagsangelegenheiten geworden waren. Man sah sie nicht anders an als auch die Grenzkämpfe gegen Bulgaren und Petschenegen im Norden des Reiches. Man rief nicht zu diesen Kämpfen in Anatolien besonders auf und hatte auch keine besondere religiöse Haltung ihnen gegenüber. Wer in ihnen fiel, fiel eben als Soldat, ohne besonders gefeiert zu werden. Auch die Kirche verhielt sich nicht anders. Diese Kriege führten Söldner unter kaiserlichen Feldherren, das Volk aber war unbeteiligt, wenn nicht gerade einmal eine besondere Notlage bestand.

Das erklärt sich auch daher, daß das byzantinische Reich keine Ritterschaft im abendländischen Sinn besaß. Hier gab es auch kein junges Christentum, das sich beweisen wollte und auf Betätigung im Dienste Christi drängte. Auf diesem Boden konnte der Kreuzzugsgedanke nicht erwachsen oder weiterbestehen. Und als dann das Kreuzheer nach Konstantinopel kam, stieß es auf harte Fremdheit seinen Grundideen gegenüber. Man sah in ihnen nur Verschleierungen eines ganz anderen politischen Wollens, des Strebens nach Eroberungen und nach Schwächung oder Zerstörung des byzantinischen Reiches [309]. Diese Verständnislosigkeit aber erzeugte das tiefe Mißtrauen, das dann im Folgenden immer die Haltung von Byzanz den Kreuzfahrern gegenüber bestimmt hat.

Dabei sah Alexios I. vorhandene Nebenströmungen richtig, wenn er sie auch überschätzte. Denn neben dem beherrschenden religiösen Faktor war Eroberungswille auch immer unter den Kreuzfahrern lebendig und bei manchen sehr wirksam. Doch er war, wie wir sahen, nur ein Nebenantrieb. Außerdem aber weckte die zurückhaltende Art der Byzantiner unter den Kreuzfahrern ein wachsendes Mißtrauen, das sich von einem Kreuzzug zum anderen zu starkem Haß steigerte, der sich dann 1204 bei der Eroberung von Konstantinopel durch die Kreuzfahrer entlud. Und doch hat Friedrich Heer

[307] P. Rousset, S. 29. — St. Runciman I, S. 32 u. 33.

[308] St. Runciman I, S. 10. [309] Siehe oben S. 67.

unrecht, wenn er meint, die Kreuzzüge seien „in allererster Linie erbitterte, von tödlichem Haß erfüllte Auseinandersetzungen zwischen Ost- und Westchristenheit“ gewesen[310]. Denn die Kreuzfahrer nahten — von Bohemund abgesehen — 1096 Konstantinopel noch ohne Haß und Mißtrauen. Beides entstand aber schon auf dem ersten Kreuzzug bei den Verhandlungen mit Kaiser Alexios und nahm dann von einem Kreuzzug zum andern zu, unterbrochen von wiederholten ernsten Versuchen, im Bund mit dem byzantinischen Reich gegen die Muslime vorzugehen.

Söldner und Söldnergruppen aus dem Abendland kannte man auch vorher schon im byzantinischen Reiche sehr wohl. Auch sie hatten teilweise enttäuscht und Mißtrauen hinterlassen. Der bekannteste solcher Söldner ist der Normanne Roussel de Baieul, der in der Schlacht von Mantzikert und nachher zusammen mit den Byzantinern gegen die Türken kämpfte. Dabei erwies er sich als selbstsüchtiger Abenteurer. Er empörte sich nämlich gegen den byzantinische General, den er begleiten sollte, und eroberte sich auf eigene Faust eine eigene Herrschaft bei Ankara und Konja (Ikonium). Als er dann ein Mitglied des Kaiserhauses, dem er dienen sollte, Johannes Dukas, gefangengenommen hatte, rief er diesen zum Gegenkaiser von Byzanz aus. Erst mit seldschukischer Hilfe gelang es Kaiser Alexios I., der Herrschaft dieses ehemaligen Soldritters ein Ende zu machen[311]. Diese Erfahrungen gaben dem Kaiser allen Grund, den normannischen Kreuzfahrern speziell mit einem gewissen Mißtrauen entgegenzutreten. Doch ließ sich das nicht auf die anderen Kreuzfahrer übertragen.

War also schon um dieser ganz verschiedener Haltung zu den Kreuzfahrerideen willen die Wurzel, aus der die Kreuzzüge entstanden, nicht in Byzanz zu suchen, so mußte es für die Geschichte der Kreuzzüge entscheidend werden, ob man sie mit Byzanz als Bundesgenossen oder ohne Byzanz, unter Umständen auch gegen seine verborgene oder offene mißtrauische Feindseligkeit, durchführen wollte. Außerdem aber mußte man sich, ehe man Byzanz begegnete, darüber klar sein, ob man, wenn man mit dem Griechenkaiser zusammen vorgehen wollte, diese Hilfe mit einer Unterstellung unter die Lehenshoheit des Griechenkaisers erkaufen wollte. Auf eine solche Forderung mußte man bei der Haltung, die Byzanz immer dem Abendland gegenüber eingenommen hatte, gefaßt sein. Jedenfalls mußte man über diese Fragen Klarheit schaffen, ehe der Kreuzzug Byzanz erreichte.

Denn dieses byzantinische Reich war eine Großmacht. Man hat es im Abendland lange unterschätzt. Sicherlich war es voll von Erscheinungen, die wir als Erstarrungen oder Entartungen zu deuten gewohnt sind. Ich denke beispielsweise an die Häufung der Thronwirren, der Palastrevolutionen, der

310 F. Heer, Europäische Geistesgeschichte, S. 126.

311 R. Grousset, Croisades I, S. XXXIV f. — G. Schlumberger, Deux chefs normands des armées byzantines au onzième siècle = Revue historique, 16 (1881) S. 289—303.

gewaltsamen Beseitigung von Herrschern und Staatsmännern, an die große Bedeutung der Bürokratie, an das ausgeprägte Formelwesen des öffentlichen Lebens, an die außerordentliche Betonung von Traditionen, an die starre Prachtentfaltung u. a. Aber es wäre grundfalsch, daraus auf mangelnde Lebenskraft zu schließen. Byzanz hatte seine eigenen, uns fremden Formen des Lebens. Aber das Leben pulsierte in ihnen. Ein Herrscherhaus, eine herrschende Gruppe wurde immer wieder durch eine andere abgelöst, aber das Ganze blieb kräftig über allen Wechsel hin. Gerade kurz vor den Kreuzzügen hatte das Geschlecht der Komnenen unter Alexios I. den Thron bestiegen. Er war ein außergewöhnlicher Mann, ein kraftvoller Herrscher, ein sehr gewandter Staatsmann, mutig, tapfer und vorsichtig zugleich. Er wußte der Not, die damals Byzanz bedrückte, zu steuern und dem Reich seine alte Kraft wiederzugeben.

So ist es denn nicht zu verwundern, daß das Abendland immer wieder nach Byzanz hinübersah. Vor anderen suchten die deutschen Kaiser schon lange vor den Kreuzzügen die Verbindung mit dem Griechenkaiser, nicht nur um ihn als Bundesgenossen gegen die Normannen zu gewinnen, sondern mehr noch um die volle Anerkennung des westlichen Kaisertums von Ostrom zu erlangen. Und wenn dabei Byzanz den abendländischen Gesandten mit dem Hochmut des uralten Kaisertums begegnete und einzelne Abgesandte, wie z. B. Liudprand von Cremona, darüber auch vor Wut schäumten[312], so brach man deshalb die Beziehungen doch keineswegs ab.

Die Fremdheit zwischen West und Ost verstärkte noch die Verschiedenheit der Sprache. Denn seit dem 6. und 7. Jahrhundert herrschte im byzantinischen Reich allein die griechische Sprache, die im Abendland nur sehr wenige Menschen verstanden. Der Kaiser heißt nun allgemein βασιλεύς, alle Titulaturen werden griechisch, und auch die Sprache des Alltags ist nun ein vulgäres Griechisch. Als im Jahre 1071 mit Bari die letzte italienische Besitzung den Byzantinern entglitt und seit 1054 das religiöse Schisma die kirchliche Verbindung gelöst hatte, wurde die Fremdheit immer größer. Aber trotz dieses Abstandes bemühte man sich um Byzanz. Man hätte einer Wiedervereinigung der Kirchen zuliebe viel getan oder viel geopfert.

Entsprechend diesem großen Ansehen, das das ferne und fremde Kaiserreich genoß, war auch der kulturelle Einfluß sehr groß. Die Kunst ist uns Zeuge dafür. Dabei gab Byzanz nicht nur Eigenes, sondern vermittelte auch orientalische künstlerische und kulturelle Elemente dem Abendland. Man war angewiesen auf das künstlerische und geistige Gut, das durch Byzanz vermittelt wurde[313].

So mußte Byzanz zu einem wichtigen Faktor in der Geschichte der Kreuz-

---

312 Seinen Bericht siehe Mon. Germ. SS., Schulausgabe (1877) S. 136—166.

313 Georg Steinhausen, Geschichte der dt. Kultur I, 131. — Übertreibend: Strygowski, Orient oder Rom (1901). — Ders., Kleinasien, ein Neuland der Kunstgeschichte (1903), und andere Werke des Verfassers.

züge werden. Das ließ sich schon aus der Stellung, die es dem Abendland gegenüber in den Jahrhunderten vor den Kreuzzügen eingenommen hatte, ablesen.

Wie aber steht es mit den italienischen Seestädten Venedig, Genua und Pisa? Hat ihre Mittelmeerpolitik nicht im Interesse des Handels zu einem Kreuzzug gedrängt und ist so zu einer bestimmenden Ursache geworden?[314]

Sicherlich waren in Genua und Pisa Traditionen für einen Krieg gegen die Muslime vorhanden. Denn beide Städte standen im ganzen 11. Jahrhundert in langwierigem Kampf mit den Muslimen um die Küsten des Tyrrhenischen Meeres. Wir haben oben schon von dem Aufruf des Papstes Sergius IV. im Jahre 1009/12 für einen solchen Kampf gesprochen[315]. Dieser Zug sollte, wie so manche vor ihm, die Muslime aus den Gewässern des Tyrrhenischen Meeres vertreiben, da damals Pisas Handel und Existenz ernsthaft bedroht war. 1004 hatten die Sarazenen von Sizilien oder Afrika aus Pisa vorübergehend erobert, 1005 befreite allerdings ein Seesieg über die Muslime bei Reggio die Stadt wieder. Diesen Erfolg sollte der Kampf, zu dem der Papst aufrief, befestigen. Aber es kam nicht dazu. Denn 1011 nahmen die Sarazenen den Hafen von Pisa aufs neue. Doch wieder wurden sie von den Pisanern und Genuesen im Bund miteinander vertrieben. Auch ein nochmaliger Vorstoß der Muslime wurde abgewiesen. Dann aber gingen die Pisaner zum Angriff über. 1034 sind die Muslime der afrikanischen Küste schon in der Defensive gegen die Pisaner. Aber alle diese Kriege sind keine Kreuzzüge, auch keine rechten Vorläufer. Denn hier kämpfte man mit den Muslimen, weil sie die Städte Pisa und Genua selbst bedrohten, weil sie ihren Handel zu verhindern suchten. Hier ging es um ganz reale, wichtige Lebens- und Handelsinteressen, nicht aber um einen Kampf gegen die Muslime als Muslime. Selbstverständlich sah man es sehr gern, wenn der Papst diese Kämpfe als Kriege gegen die Muslime um der Religion willen ansah und unter diesem Gesichtspunkt warb. Aber für Pisa und Genua waren solche Gedanken nicht maßgebend[316].

Doch auch die Vorstellung, daß die Seestädte sich durch die Kreuzzüge Stützpunkte für einen noch zu schaffenden Orienthandel schaffen wollten,

---

[314] Diese Annahme ist wiederholt in der Literatur vertreten worden: K. Hampe, Dt. Kaisergeschichte, 7. Aufl. (1949) S. 78. — J. Haller, Papsttum II, 1, S. 423.

[315] Siehe oben S. 158. Wir haben dort berichtet, daß der Papst zu einem Zug aufrief, der auch Jerusalem befreien sollte, weil die Grabeskirche gerade vom Sultan al-Hakim zerstört worden sei. Das aber entsprach den Absichten, die Pisa mit diesem Krieg verband, gar nicht, sondern war eine Erweiterung des Ziels um der Werbekraft willen.

[316] Aufruf des Papstes: Riant, Invent. 14, S. 40 ff. — Dazu: C. Erdmann, Aufrufe, S. 13. — Ders., Entstehung, S. 102. — U. Schwerin S. 69. — Cartellieri a. a. O. III, 129. — Kämpfe Pisas: A. Schaube, Handelsgeschichte (1906) S. 48 ff.

ist irrig. Denn sie hatten schon gute Beziehungen und teilweise auch regen Handel mit dem Orient, den ein Kreuzzug nur stören konnte. Das Wort von Ibn Chaldūn, auf das Pirenne sich beruft: „Die Christen können nicht eine Planke auf dem Meer schwimmen lassen", ist sicherlich eine gut klingende Übertreibung [317]. Voran ging Venedig, da damals Bari und Amalfi ihre beherrschende Stellung schon eingebüßt hatten. Venedig hatte eine größere Kolonie und bedeutenden Einfluß in Antiochia [318] und gute Beziehungen zu den islamischen Füsten [319]. Vor allem aber hatte Venedig eine bevorzugte Stellung im byzantinischen Reich, die seinem Handel im Osten weiten Spielraum gab. Alexios I. hatte nämlich die Hilfe Venedigs gegen die Normannen gebraucht und mit großen Privilegien für den venezianischen Handel bezahlen müssen [320]. Genua und Pisa standen in dieser Beziehung hinter Venedig zurück. Doch gerade weil sie damals ihre ersten Handelsflotten nach Syrien sandten [321] und tastende Versuche machten, konnten sie einen Krieg nicht wünschen, der diese ersten Beziehungen wieder zerstören mußte.

Dem entspricht auch die Haltung der italienischen Seestädte zu Beginn des ersten Kreuzzuges. Der allgemeine Aufruf Urbans und ein Brief von ihm fanden augenscheinlich in Genua keinen Widerhall. Da der Papst oder seine Umgebung aber sah, wie wichtig die Beteiligung der Städte, wenigstens mit einigen Schiffen, war, schon für die Verproviantierung und die Nachrichtenvermittlung, schickte er zwei Bischöfe als Sondergesandtschaft nach Genua, um dort zu werben. Daraufhin entschlossen sich einige Herren privatim zu einer Kreuzfahrt. Der genuesische Staat stand dem fern. Er hatte kein Verständnis für das Gottesstreitertum. (Das ist sehr charakteristisch. Denn hier sind wir nicht mehr im Bereich feudal-ritterlicher Ideen.) Zunächst brachen 12 Galeeren und ein Pferdetransportschiff auf, später folgten die Brüder Embriaci mit 2 Galeeren. Eine größere Flotte von 26 Galeeren schickte Genua erst aus, als Jerusalem schon über ein Jahr genommen und der Erfolg nun gesichert war.

Pisa hatte, als die ersten Nachrichten über den Erfolg des Kreuzzuges eingetroffen waren, im Frühjahr 1099 eine Flotte ausgeschickt, jetzt aber gleich die stattliche Zahl von 120 Schiffen. Die Führung hatte der Pisaner Erzbischof, Dagobert (Daimbert), der Urban II. auf seiner Reise durch Frankreich begleitet, also die Werbung von Clermont und ihren überraschenden Erfolg miterlebt hatte, ein Mann also, der wahrscheinlich ernsthaft für den Kreuzzug geworben hatte. Trotzdem versagten die nüchternen Pisaner Kauf-

---

[317] H. Pirenne, Mahomet et Charlemagne, S. 145 = Geburt des Abendlandes, S. 161.

[318] A. Schaube a. a. O. S. 21. [319] Ebd. S. 21. [320] Ebd. S. 19 f. u. 48 ff.

[321] Ebd. S. 63 ff. — A. A. Vaseliev II, S. 32/33. — 1064 kehrten französisch-normannische Pilger mit einer genuesischen Handelflotte zurück, die sie in Syrien getroffen hatten, und zwar hatte diese Flotte schon mehrere syrische Häfen vorher angelaufen.

leute sich solcher Werbung, bis der Erfolg des Zuges ziemlich sicher erscheinen konnte[322].

Dieselbe Zurückhaltung zeigte auch Venedig. Jacobus de Voragine erzählt ausdrücklich, daß die Seestädte außer Genua alle Hilfe ablehnten. Erst 1099 schickte dann Venedig, ähnlich wie Genua, eine große Flotte von etwa 200 Schiffen aus. Aber auch diese blieb zunächst noch einige Zeit in beobachtender Stellung bei Rhodos. Sehr langsam faßte man also Zutrauen zu dem so wenig nüchternen Unternehmen. Das Verhalten dieser venezianischen Flotte im Heiligen Land kann auch weiterhin Aufschlüsse über die Denkweise der Venezianer wie auch der anderen Kaufleute der Seestädte geben. Das erste, was die Führer der Flotte taten, war, verbunden mit einer Wallfahrt, ein Besuch bei Gottfried von Bouillon, um mit ihm einen hohen Preis für ihre Hilfe auszuhandeln. Der Vertrag, der die Grundlage für die Vorzugsstellung Venedigs im Königreich Jerusalem wurde, sicherte ihm in allen Städten, die schon erobert waren oder noch erobert werden sollen, eine Kirche, einen Markt, Abgabenfreiheit u. a. zu.

Auf diesem Wege waren schon die 7 Genueser Kaufleute vorangegangen, die 1097 in St.-Simeons-Hafen bei Antiochia gelandet waren, noch ehe die Stadt genommen war. Sie schlossen mit Bohemund, den sie schon als Herren der Stadt betrachteten, einen Vertrag ab, der ihnen, wenn die Stadt genommen war, die dortige Johanneskirche mit 30 Häusern, einen Fondaco und einen Brunnen zusagte und dazu Abgabenfreiheit in der Stadt als Gegengabe für die zugesagte Hilfe bei der Eroberung. Augenscheinlich war dieser Erfolg der Genuesen für Venedig der Ansporn dazu, sich mit einer größeren Flotte einzusetzen.

Hier wird ganz deutlich, daß die Seestädte dem religiösen Ursprung der Kreuzzüge ganz fern standen, daß sie sie aber unterstützten, sobald sie einen Nutzen dabei erwarten konnten. Sie sind Nutznießer eines Unternehmens, dem sie zunächst mit unverhohlenem Mißtrauen gegenüberstanden. Dann haben sie allerdings den Kreuzfahrern eine unschätzbare Hilfe geleistet[323].

Für den sizilianisch-süditalienischen Normannenstaat liegen die Dinge ganz anders. Dort hat sich Bohemund von Tarent, kaum daß der Papst aufgerufen hatte, zum Kreuzzug entschlossen und eine große Zahl von normannischen Rittern in seinem Eifer mitgerissen, so daß König Roger von Sizilien, während er gerade eine Stadt belagerte, sich fast seines ganzes Heeres beraubt sah. Nach Berichten des auch sonst gut unterrichteten Wilhelm von Malmes-

---

[322] Jacobus de Voragine = Muratori IX, 31.

[323] Jacobus de Voragine a. a. O. — Riant. Invent. 54, S. 1009, von 1096. — Caffaro = Mon. Germ. SS. XVIII, S. 41. — H. Hagenmeyer, Kreuzzugsbriefe XIV, S. 156: Pactum Genuensium, von 1098. — A. Schaube a. a. O. S. 123 ff. — H. Kretschmayer, Geschichte von Venedig (1905) I, S. 213 ff. — R. Haendtke, Germanien u. d. Morgenland (1942) S. 95.

bury[324] hat Bohemund sogar den Papst schon vor dem Konzil von Clermont angetrieben, zum Kreuzzug aufzurufen[325]. Das ist sehr wohl möglich, wenn auch nicht sicher. Wir finden auch gelegentlich bei Bohemund Züge von Frömmigkeit, die der Kreuzfahrerfrömmigkeit, wie wir sie kennengelernt haben, entsprechen[326].

Aber dieser Wille zum Kreuzzug ist nur die Sache Bohemunds, aber nicht seines Königs, Rogers von Sizilien, oder des gleichnamigen Großgrafen. Sie lehnen beide den Kreuzzug ab und bedauern es sehr, daß Bohemund ihnen für ein solches Unternehmen so viele Ritter fortgenommen hat[327]. Dieser Gegensatz von Bohemund zu den beiden erklärt sich aus seiner Jugendentwicklung. Bohemund war der älteste Sohn Robert Guiskards aus seiner ersten Ehe mit Alberada, der Schwester von Gerard von Buonalbergo, einem Normannen, dem Robert viel von seinem Aufstieg innerhalb des normannischen Volkes und Heeres zu danken hatte. Als es dann aber auf dem weiteren Wege Robert Guiskard wünschenswert erschien, den letzten langobardischen Herzog durch Verwandtschaftsbande sich zu verbinden, verstieß er seine erste Gattin und heiratete Sigilgaita, die ehrgeizige und geschickte Tochter Gisulfs von Salerno. Sie gebar Robert einen zweiten Sohn, Roger (Borsa), und wußte zu erreichen, daß dieser der Erbe der Herzogswürde und des bedeutendsten Teiles des Reiches wurde. Bohemund aber wurde mit einer verhältnismäßig kleinen Herrschaft mit Tarent als Mittelpunkt abgespeist. Nach heftigem Widerstand mußte Bohemund sich damit zufrieden geben. Zum Ausgleich gab ihm sein Vater Vertrauensstellungen auf allen seinen Feldzügen. Aber

---

[324] Wilhelm von Malmesbury ist gut unterrichtet, wenn er auch erst etwa 1127 bis 1130 geschrieben hat.

[325] Wilhelm von Malmesbury IV, 344, S. 390, zu 1095. Dazu ebd. lib. IV, 387, S. 453: cunctantem impulit, ut Gallias ad concilium Clari Montis accederet . . . Die Nachricht ist durchaus glaubwürdig.

[326] Ordericus Vitalis, IV, 7, S. 179, berichtet, wie eine Stimme vom Himmel Bohemund in einer entscheidenden Stunde des Kampfes neuen Mut eingegeben habe.

[327] Gaufredus Malaterra IV, 24 = Muratori V, 102. — Gesta Francorum IV, S. 147, zu 1096. — Interessant ist in diesem Zusammenhang eine Erzählung, die uns Al-Athīr überliefert hat (Recueil, Hist. orient. I, S. 190 — Vgl. Caspar, Roger, S. 14). — Es wird erzählt, ein Frankenkönig habe Roger aufgefordert, ihm bei der Eroberung von Afrika behilflich zu sein. Roger soll das abgelehnt und dabei gesagt haben: „Wenn die anderen Franken hierher kämen, so würden mir tausend lästige Mühen erwachsen. Ich müßte ihnen Schiffe zur Überfahrt und ein Heer zur Verfügung stellen. Und wenn sie das Land eroberten, und blieben Herren desselben, so würde der Handel mit Lebensmitteln von den Sizilianern in ihre Hand übergehen, und ich verlöre zu ihren Gunsten die jährlichen Einnahmen vom Getreidehandel. Schlägt ihr Unternehmen aber fehl, so werden sie in mein Land zurückkehren, und ich hätte Feindseligkeiten um ihretwillen zu gewärtigen. Denn Temin (der König von Nordafrika) wird sagen: Du hast mich verraten, du hast unseren Vertrag gebrochen, und Freundschaft und Handelsbeziehungen zwischen Afrika und uns werden aufhören . . .“ So also sah man in islamischen Kreisen Rogers Haltung kreuzzugsartigen Kriegen gegenüber an, und wohl mit Recht.

das genügte Bohemund nicht. Seitdem war es sein tiefster und seine Politik bestimmender Wunsch, sich eine eigene schönere und reichere Herrschaft zu verschaffen. Und dazu schien ihm der Kreuzzug die allerbeste Gelegenheit zu geben. Der spätere Verlauf seines Lebens sollte zeigen, daß dieser Wunsch an entscheidenden Stellen den Ausschlag gab und alles Kreuzfahrertum, so ehrlich es anfänglich gemeint war, in den Hintergrund treten ließ.

Die andere große Triebfeder im ganzen Leben von Bohemund blieb seine Feindschaft, ja sein Haß gegen Byzanz. Er ist nicht umsonst groß geworden in Kriegen gegen Byzanz. 1061 begleitete er seinen Vater auf seinem Feldzug in Albanien und durch den Balkan auf Byzanz zu. Als der Vater dann nach Italien zurückkehren mußte, führte Bohemund den Krieg allein weiter, besiegte zweimal Kaiser Alexios und drang bis nach Thessalien vor. Dann wandte sich das Kriegsglück, da Alexios sich mit Venedig verbündet hatte. Nun mußte Bohemund nach Italien zurückkehren, um Seestreitkräfte gegen die verbündeten Flotten von Venedig und Byzanz zu holen. Und wirklich gelang es Bohemund und Robert Guiskard, die venezianische Fotte bei Korfu zu schlagen. Da starb Robert, und Bohemund war zur Rückkehr genötigt. Doch der Plan, Byzanz zu schlagen, war darum für ihn noch nicht aufgegeben. Denn immer stand ihm das Testament seines Vaters vor Augen, in dem gestanden haben soll: „Ein unkriegerisches Volk, das nur seinen Genüssen und Lastern dient, ist Herr von Konstantinopel. Darum hatte ich beschlossen, wenn es Gott gefiele, mit meinen katholischen Streitern es zu unterwerfen.“ [328] Dieses Ziel übernahm nun sein Sohn Bohemund. Dem entspricht es, wenn Wilhelm von Malmesbury, als er von Bohemunds Aufbruch zum Kreuzzug berichtet, schreibt, es sei seine Absicht gewesen, bei dieser Gelegenheit das ganze Land zwischen Durazzo und Saloniki, das er und sein Vater schon einmal erobert hatten, Byzanz abzunehmen [329]. Ähnlich äußert sich auch Gaufredus Malaterra [330]. Augenscheinlich hat man also weithin im Abendland Bohemunds Aufbruch zum Kreuzzug so beurteilt. So ist es denn auch nicht verwunderlich, wenn Alexios und seine Tochter Anna Komnena Bohemunds Heranmarsch mit äußerstem Mißtrauen entgegensahen und wenn man in Konstantinopel eine alte Weissagung, daß dereinst ein Franke dem Kaiser Reich und Leben nehmen werde, auf Bohemund und die anderen Kreuzfahrer bezog [331].

---

[328] Ordericus Vitalis VII, 7, S. 184. — Nach seinem Bericht sah dies Testament vor, daß seine Truppen nach der Eroberung von Byzanz auch Jerusalem den Türken wegnehmen sollten. Da Ordericus sein Werk etwa im Jahre 1140 geschrieben hat, spricht eine gewisse Wahrscheinlichkeit dafür, daß er entsprechend der Zeittendenz dies Ziel zugefügt hat. Stand es wirklich im Testament Robert Guiskards, so nur als frommer Wunsch nach der sehr real geforderten Eroberung von Byzanz.

[329] Wilhelm von Malmesbury IV, 344, S. 390, zu 1095.

[330] Gaufredus Malaterra IV, 24 = Muratori V, 102.

[331] Guibert von Nogent = Recueil, Hist. occ. IV.

Bohemunds Kreuzzugswille ist also trotz der auch in ihm lebendigen echten Kreuzfahrerfrömmigkeit von vonherein etwas ganz anderes als der Antrieb der anderen Kreuzfahrerscharen. Sein Zug steht darum unter einem ganz anderen Aspekt als der der großen Masse der Kreuzfahrer unter Herzog Gottfried und den anderen Kreuzzugsführern. Darum kann die Wurzel, aus der die Kreuzzüge erwuchsen, keinesfalls im Normannenreiche und seiner Politik und speziell bei Bohemund gesucht werden. Bohemund wollte irgendwann einen Ostzug durchführen. Doch das wäre etwas ganz anderes gewesen als der Kreuzzug, wie er schließlich zustande kam, und gar als der Kreuzzug der anderen Fürsten. Aber es wird für die Geschichte des ersten Kreuzzuges im ganzen wichtig sein, sich den Charakter des Bohemundischen Kreuzzuges und seiner Absichten stets vor Augen zu halten[332].

Doch noch einem Land des Mittelmeerkreises müssen wir uns zuwenden, wenn wir die Wurzel der Kreuzzüge suchen. Sind denn die Kämpfe, die damals und vorher schon in Spanien gegen die Mauren geführt wurden, nicht auch als Kreuzzüge zu bezeichnen? Sind sie nicht auch damals schon als Kreuzzüge angesehen worden? Dann müßte hier doch der erste Kreuzzug und damit der Beginn aller Kreuzzüge zu suchen sein. Man hat auch wirklich in der Literatur den Begriff der Kreuzzüge auf die Maurenkämpfe ausgedehnt[333]. Freilich auch im Mittelalter selbst wurde der Begriff noch allgemeiner gebraucht, so wenn die Päpste die Kämpfe gegen Albigenser, Stedinger, Wenden und Slawen als Kreuzzüge bezeichneten. Doch mit einer solchen Ausweitung verliert der Begriff seine Klarheit und Schärfe. Auch hat der allgemeine Sprachgebrauch an dem engeren Begriff der Züge nach dem Heiligen Land festgehalten. Wir verbleiben deshalb bei diesem Gebrauch, den einer der besten Kenner der Materie, Graf Riant, folgendermaßen definiert hat: „Ein aus religiösen Gründen geführter Krieg, zu dem die Predigt im Namen der Kirche auffordert, der hervorgerufen wird durch den feierlichen Erlaß von kirchlichen Privilegien für die Teilnehmer und geführt von einer mehr oder weniger internationalen Armee mit der direkten

[332] Es lassen sich auch keine Schlüsse auf den Kreuzzugswillen der Normannen aus der Tatsache ziehen, daß in den Kämpfen der Normannen in Unteritalien und am klarsten in der Schlacht von Cerami 1063 uns eine Frömmigkeit entgegentritt, die der der Kreuzfahrer verwandt ist (Erscheinung des hl. Georg als Vorkämpfer, Sieg unter dem Schutz des hl. Petrus etc.). Sicherlich war solcher Geist, der auf die Kreuzzüge hinweist, bei den Normannen lebendig. Bohemund selbst teilte ja diese fromme Einstellung. Das ändert aber nichts daran, daß für die Politik der Normannen andere Gesichtspunkte an erster Stelle standen.

[333] R. Grousset nennt Kreuzzüge alle Verteidigungskriege des Abendlandes gegen den Islam (la Croisade si on entend par là la défense de la Latinité contre l'Isam ... Grousset III, S. VIII, vgl. auch III, 526), und dementsprechend bezeichnet er denn auch alle spanischen Maurenkämpfe des 11. Jh. als Kreuzzüge (III, S. VIII u. IX). Auch Jorgas Begriff der Kreuzzüge grenzt sie in gleicher Weise ab (Jorga, Études byzantines, S. 266, 270).

oder indirekten Absicht der Befreiung der Heiligen Stätten." [334] Auch die meisten neueren Forscher verwenden den Begriff in dieser Begrenzung. Dann sind also die spanischen Kämpfe nicht als Kreuzzüge anzusehen.

Aber sind die Kreuzzüge nicht doch als unmittelbare Fortsetzung der spanischen Kämpfe anzusehen? Oder als ein großangelegter Versuch, die Kräfte des Islams von Spanien abzuziehen nach dem Orient und damit Spanien zu entlasten (eine Ansicht, die vor anderen Graf Riant vertritt)?

Diese zweite Erklärung scheidet von vornherein aus. Denn sie überschätzt die Zusammenhänge der islamischen Welt in Afrika und Asien. Man darf nicht moderne Verkehrsverhätnisse um 1100 voraussetzen. Auch benachbarte islamische Staaten kennen oft gar keine Zusammenarbeit, wieviel weniger auf solche Entfernungen hin.

Aber auch ein Herauswachsen der Kreuzzüge aus den Spanienkämpfen ist unmöglich. Denn dann bliebe der Zielwechsel nach Jerusalem hin völlig ungeklärt. Den Spanienkämpfern mußte daran liegen, daß keine französischen Ritter nach dem Orient zogen, sondern sie lieber in Spanien unterstützten. Und gerade im Jahre 1095, als Jūssuf 1089 und 1090 zum zweiten- und drittenmal auf spanischem Boden gelandet war, mußte ein Kreuzzug nach dem Heiligen Land statt eines Zuges nach Spanien einem jeden, der an diesen Kämpfen das erste und ausschlaggebende Interesse hatte, geradezu als unerträglich erscheinen.

Außerdem aber zeigt sich bei näherem Zusehen, daß der Kreuzzugsgedanke erst sehr spät in Spanien und Portugal Wurzel geschlagen hat. In den französischen Rittern, die vor dem Kreuzzug in Spanien kämpften, lebte etwas vom Kreuzzugsgeist, nicht aber in den Spaniern. Das zeigt besonders klar die Gestalt des Cid, der unbedenklich seinen christlichen Herrn mit einem islamischen vertauschte. Das erst viel später, um 1140 erschienene „Poema de Cid" oder „Cantar de Mío Cid" atmet echten Kreuzfahrergeist und stellt Cid als den heldenhaften Vorkämpfer des Christentums gegen die Heiden dar, aber bei Cid selbst suchen wir solchen Geist vergeblich.

Wie spät Kreuzfahrerfrömmigkeit in Spanien lebendig wurde, zeigt sich, als Bischof Pedro von Porto (1147) die auf dem Weg nach dem Heiligen Land in Porto landenden Kreuzfahrer in Portugal festhalten und zur Mitarbeit gegen die Muslime in Lissabon werben will. Was hätte nähergelegen, als daß der Bischof damals den Kreuzfahrern gesagt hätte, auch hier werde ein Kreuzzug geführt, auch hier könne man als Dienstmann Gottes kämpfen und damit sich ewigen Lohn erwerben. Aber kein derartiges Wort fällt, obwohl der Bischof sich müht, alle Gründe für ein Verweilen der Kreuzfahrer herauszustellen [335]. Die Idee des Gotteskämpfertums, die das Wesen der Kreuzzüge ausmacht,

[334] Riant, Inventaire, S. 2.

[335] C. Erdmann, Histor. Ztschr. 141 (1930) S. 33. — Osbern, De expugnatione Lyxbonensi = Memorials of Richard I. Vol. I, S. 147 ff.

bestand damals in Spanien und Portugal noch nicht[336]. Auch setzt die französische Hilfe für Spanien erst nach dem ersten Kreuzzug kräftiger ein[337].

Gewiß haben französische Ritter, die in Spanien geholfen haben, Wesentliches dazu beigetragen, den Kreuzzugsgedanken zu fördern. Aber darum ist er noch lange nicht in Spanien entstanden. Auch darf man diese Kämpfe und Unterstützungsversuche, die teilweise gar nicht zustande kamen, nicht in ihrer Größe überschätzen. Sie waren, wie Grousset sagt, „gewissermaßen die großen Manöver des Zuges von 1097“[338]. So sind von Spanien keine für die Kreuzzüge entscheidenden Impulse ausgegangen.

So aber wie die Orient- und Mittelmeerpolitik nicht zu den Kreuzzügen hingetrieben hat, so sind überhaupt im Bereich der Politik die eigentlich maßgebenden Triebkräfte nicht zu finden. Das deutsche Reich, an das man des Kaisertums wegen zunächst hätte denken können, war gerade damals völlig machtlos. Kaiser Heinrich IV. führte, als der Kreuzzugsgedanke erwuchs, vom Papst gebannt, von den Fürsten verlassen, ein recht kümmerliches Dasein. In Frankreich war aber die Anwesenheit des Königs angesichts der erdrückenden Macht der Vasallen dringend erforderlich. Außerdem schien König Philipp I. nicht geneigt, die Genüsse von Tafel und Bett ohne zwingende Notwendigkeit mit den Anstrengungen eines Kriegszugs in fremde Länder zu vertauschen. Dazu kam die Rivalität mit England. Von dem englischen König aber konnte man nicht erwarten, daß er knapp 30 Jahre nach der Eroberung des Landes die Kräfte seines jungen Staates für ein so abseitiges Unternehmen zur Verfügung stellen werde. So konnte aus der Politik keines der abendländischen Staaten der Kreuzzug erwachsen, und von den morgenländischen gilt das gleiche. Wer seine Wurzeln suchen will, muß sie jenseits der offiziellen Politik der Staaten zu finden wissen.

Der Kriegsschauplatz und der Gegner

Der Charakter Syriens zur Zeit der Kreuzzüge war durch die Traditionen bestimmt, die die verschiedenen Perioden seiner Vergangenheit hinterlassen hatten: die Zeit des Hellenismus, in der Syrien teilgehabt hatte an dem ganzen Reichtum der hellenistischen Kultur, dann die Periode nach der Eroberung durch die Araber, in der Syrien Mittelpunkt, und zwar politischer und kultureller Mittelpunkt des arabisch-islamischen Reiches war mit Damaskus als seiner Hauptstadt, dann weiter die Zeit, in der Syrien Streitobjekt zwischen Kairo und Bagdad war, in der aber doch in Aleppo ein eigenes

[336] C. Erdmann, Histor. Ztschr. 141 (1930) S. 48. — Ders., Entstehung, S. 89.

[337] Boissonade, Du nouveau sur le Chanson de Roland, S. 5 u. 42—47. — 1106—1116 fanden die großen Werbungen statt, die Hauptkämpfe 1110, 1114 und 1118. Die größte Zahl der Züge (15) weist das 12. Jahrhundert auf.

[338] R. Grousset III, S. IX.

mächtiges Reich sich halten konnte, während im Norden Byzanz wieder vordrang und Antiochia sein byzantinisches Gepräge gab. Diese drei Zeiten waren in ihren Traditionen noch zur Zeit der Kreuzzüge lebendig und bestimmten zusammen das farbige, wechselvolle Bild, den kulturellen Reichtum und die Weite des Blickes, die das Land damals charakterisierten. Zeitlos aber blieb in allen diesen Wandlungen Jerusalem, die Heilige Stadt, das Ziel der Wallfahrer. Mit eigenem Charakter stand es neben den Zentren des Landes, von denen jedes seinen eigenen kulturellen Charakter hatte, jedes die Erinnerung an eine andere Zeitspanne der Vergangenheit lebendig hielt: Tripolis, Damaskus, Aleppo, Antiochia. Und daneben boten wieder ein anderes Gesicht die Küstenstädte, die Mittelpunkte des Handels: Jaffa, Tyrus, Beirut und Akkon, denen sich auch Tripolis zugesellte.

Die Tradition der hellenistischen Zeit haben vor allem die syrischen Christen gewahrt. Es waren Sekten, die sich in den Dogmenstreitigkeiten abgespalten hatten, Nestorianer und Jakobiten (Monophysiten). Beide unterstanden weder der römischen Kirche noch der byzantinischen Ostkirche. Sie hatten eigene Kirchenleitungen, eigene Kultformen und eigene Gebräuche. Während sich die Jakobiten im wesentlichen auf Ägypten und Syrien beschränkten und in Edessa ihren kulturellen Mittelpunkt hatten, haben die Nestorianer in einer regen Missionstätigkeit ihr Christentum bis weit nach Asien hinein vorgetrieben. In Indien, Turkestan, der Mongolei und China befanden sich zur Zeit der Kreuzzüge nestorianische Gemeinden, die vielerorts ein recht hohes Ansehen genossen. Sitz des Patriarchen der Jakobiten war Antiochia, der des nestorianischen Oberhauptes Bagdad. Doch hatte auch Jerusalem eine nestorianischen Erzbischof. Es war eine wichtige Frage, wie sich die Kreuzfahrer zu diesen einheimischen Christen stellen würden.

Diese syrischen Christen beider Prägungen waren Träger einer hohen, auf der Antike basierenden Kultur. Ihre Schulen waren Stätten einer regen geistigen und wissenschaftlichen Tätigkeit. Meist waren diese Schulen, wie das im Orient heute noch üblich ist, an Kirchen angeschlossen. An der Spitze der verschiedenen kulturellen Zentren des Landes stand seit dem 5. Jahrhundert Edessa mit seiner Akademie. Das hat dieser Stadt für immer das Gepräge gegeben, wenn auch in späteren Jahrhunderten die Schulen von Tripolis, Antiochia und von Jerusalem ihr den Rang streitig machten. Tripolis z. B. soll eine Bibliothek von mehr als 100 000 Bänden gehabt haben, eine für diese Zeit ganz erstaunliche Zahl. Man braucht sich nur die syrischen Handschriften dieser Zeit anzusehen, um zu spüren, welch eine hohe Kunst und Kultur sich hier durch die Jahrhunderte hindurch erhalten hat. Die Miniaturen sprechen dabei eine besonders beredte Sprache.

Von der arabisch-islamischen Kultur des Omajjaden-Reiches zeugt Damaskus. Um sich einen Begriff davon zu machen, muß man lesen, was Ibn Dschobair zur Zeit Saladins von Damaskus schreibt: „Hier befand sich an der Westseite der Stadt gegenüber dem Bāb al-Faradsch ein Schloß, wo der

Sultan wohnte, mit einer naheliegenden Moschee, wo das Freitagsgebet abgehalten wurde. Außerhalb der Stadt an dieser Seite lagen zwei Meidane wie ein grüner Teppich ob ihrer grünen Vegetation ausgebreitet mit einer Umfriedung. Ein Fluß durchschneidet sie, und ein Sumpf mit Weißpappeln liegt daneben. Man hat eine prachtvolle Aussicht von dort. Hierher kommt der Sultan, spielt Malletspiel und übt sich im Wettrennen mit anderen. Keinen Ort gibt es für das Auge wie diesen hier. Dorthin kommen auch in jeder Nacht die Söhne des Sultans, um sich im Werfen, Wettrennen und Ballschleudern zu üben. Bei dieser Stadt gibt es nahezu 100 Bäder, und in den Vorstädten etwa 40 Häuser, um die religiösen Waschungen vornehmen zu können, alles mit fließendem Wasser. Keine Stadt bietet für den Fremden solche Annehmlichkeiten und soviel Interessantes. Allah hat sie mit seiner Gnade zum Haus des Islams gemacht. Ihre Märkte gehören zu den reichbesetztesten. In bezug auf Ordnung und Schönheit des Platzes steht sie obenan." Das ist die Stadt, um deren Bundesgenossenschaft die Kreuzfahrer sich so oft bemüht haben, die sie einnehmen wollten und nie bezwangen und deren Vereinigung mit Ägypten und den anderen islamischen Staaten in Saladins Hand das unglückliche Schicksal der Kreuzfahrerstaaten besiegelte.

Aleppo, die andere Stadt des Hinterlandes von Palästina, erhielt seinen wehrhaften Charakter in der zweiten Hälfte des 10. Jahrhunderts, als die Hamdaniten dort ein fast unabhängiges Reich errichteten. Die stolzen Mauern der Zitadelle der Stadt zeugen heute noch von ihrer einstigen Macht. Später unterstand Aleppo byzantinischer und dann ägyptischer Herrschaft, bis 1023—1079 wieder ein arabisches Geschlecht eine eigene Herrschaft dort begründen konnte. 1079 nahmen dann die Seldschuken Aleppo. Doch das änderte an seiner Machtstellung nichts. Damaskus und Aleppo waren die beiden seldschukischen Fürstentümer im Hintergrund, mit denen sich die Kreuzfahrer auseinandersetzen mußten.

Die byzantinische Kultur, die für den Norden Syriens immer maßgebend geblieben war, obwohl das Land wiederholt den Herren gewechselt hatte, verkörperte sich am klarsten in Antiochia. Diese stolze Stadt ist in die syrischen und palästinensischen Wirren verhältnismäßig wenig hineingezogen worden. 637 war sie zwar in die Hand der Araber gefallen, doch eroberte sie Byzanz wieder zurück (1031). Und nun blieb sie byzantinisch bis 1084, wo die Seldschuken auf ihrem Siegeszug auch diese Stadt gewannen. Als die Kreuzfahrer 1098 die Stadt eroberten, war sie also erst 14 Jahre Byzanz entfremdet. Von hier aus ist es verständlich, daß Byzanz diese Stadt nie aufgab und daß das Leben der Stadt immer ein byzantinisches Gepräge trug. Dies Antiochia war eine große und anziehende Stadt, wie der Bericht des Arabers Ibn Butlān aus dem Jahre 1050 erkennen läßt. Nach seiner Beschreibung hatte die Stadt einen doppelten Mauerring, der sich stellenweise hoch den Berg hinaufzog. Sie zählte nicht weniger als 360 Türme. Auch die Chroniken der Kreuzfahrer nennen dieselbe Zahl. Jedes Jahr wurde damals eine Garnison von 4000 Mann von Byzanz zur Verteidigung in die Stadt gelegt. Ibn Butlān erzählt weiter von fünf übereinanderliegenden Terrassen am oberen Rande der Stadt, die eine weite Aussicht auf die Stadt, das Meer und das benachbarte Land boten. Wir hören von dort gelegenen Bädern und Gärten, die stets das Wasser durchrieselt — für den Orient eine große Seltenheit und Sehenswürdigkeit. Er berichtet weiter von den heißen Bädern in der Stadt, die mit allem erdenklichen Luxus ausgestattet waren, und von den zahlreichen und stolzen Kirchen. Anschaulich schildert er, wie bei der Hauptkirche sich alles Leben zusammenfindet, wie dort die Richter zu Gericht sitzen und die Lehrer der Grammatik und Logik ihre Schüler um sich sammeln, so wie im Orient heute noch solche Schulen (Medrese) sich an die Moscheen anlehnen. Kurz, man hat das Bild einer reichen und hochkultivierten Stadt.

Doch beschränkte sich der byzantinische kulturelle und künstlerische Einfluß keineswegs auf Antiochia und den Norden des Landes. Der Felsendom in Jerusalem, der 691 für den Kalifen ʿAbd al-Malik vollendet wurde, ist ein typisches Beispiel für einen Rundbau byzantinischen Stiles, und die Mosaiken dieser Moschee wie auch die ein wenig jüngeren in der großen Moschee in Damaskus stellen Meisterwerke byzantinischer Kunst dar. Die Araber haben also bei ihrer Eroberung des Landes diese künstlerischen Beeinflussungen ruhig bestehen lassen[339].

Auch die anderen Hafenstädte außer Antiochia waren damals nicht nur lebhafte Handelsplätze, sondern auch Stätten einer hohen, auf alten Traditionen beruhenden Kultur. Denn Laodicea, Tripolis, Beirut, Tyrus, Akkon, Haifa, Caesarea, Jaffa und Ascalon haben eine reiche Vergangenheit hinter sich. Seit den Tagen der Phönizier blühte der Handel an dieser Küste. Und wenn auch seit der Eroberung der Mittelmeerküste durch die Araber der Überseehandel zum Abendland hinüber geringer geworden war oder zeitweise ganz stillgelegen hatte, so bestand doch ein lebhafter Handel innerhalb des Ostmittelmeeres, und bald spannen sich auch wieder Fäden zum Okzident hinüber. Gerade kurz vor den Kreuzzügen bemühten sich die italienischen Seestädte und allen voran Venedig, diese Handelsbeziehungen wieder aufzunehmen und auszubauen. In diesen Städten leben neben den syrischen Christen arabische und syrische Muslime, Juden und Armenier von Handwerk, Handel und Industrie. Tripolis ist vielleicht das beste Beispiel für diese kulturelle und wirtschaftliche Blüte.

Das Ganze des Landes ist (wie noch heute) charakterisiert durch den Gegensatz von reichem Gartenland, soweit die Bewässerung sich ausdehnt, und daneben ödem Steppenland, das in die Wüste übergeht. Stark besiedelte Landstriche wechseln mit solchen ohne jeden Verkehr und ohne menschliche Siedlung, Ebenen mit hochaufsteigenden Gebirgen, in die die Täler tief einschneiden. Manche dieser Gebirge sind Wüste und darum nur schwer passierbar. Steppen- und Wüstenstriche sind nur von schweifenden Beduinen be-

339 St. Runciman I, S. 25. — R. Grousset, Levant, S. 8.

wohnt, während die fruchtbaren Ebenen mit Getreide-, Obst-, Garten- und Weinbau in kleinen Teilen an Pächter und Kolonnen vergeben sind. Diese bäuerliche Bevölkerung besteht meist aus Syrern und Arabern. Ihre Lage ist der der mittelalterlichen abendländischen Bauern ähnlich. Die Beduinen stehen ihrer Abstammung nach den Arabern nahe; sie leben meist nur in lockerer Abhängigkeit von den jeweiligen Herren des Landes. Der Mangel an Wasser erschwert dabei den Verkehr in vielen Teilen des Landes sehr.

Mitten in diesem Land führt die Stadt Jerusalem ein Sonderdasein. Sie verdankt ihre Bedeutung nicht ihrer wirtschaftlichen oder kulturellen Stellung innerhalb dieses Landstriches. Denn ihre Umgebung ist sehr wasserarm, und die Verbindung mit der Küste schlecht. Aber sie ist die Heilige Stadt der Christen, ebenso aber auch der Juden und der Muslime. El-Kuds, das ist Heiligtum, nennen sie die Mohammedaner. So hat sie Weltgeltung trotz der geringen Bedeutung, die die Stadt für das Land selbst hat, wo sie hinter Damaskus, Antiochia u. a. völlig zurücktritt. Aber der Charakter als Heilige Stadt hat immer eine sehr große Anziehungskraft vor allem unter Christen gehabt. Pilger strömen ihr in großen Scharen zu und bringen Verdienstmöglichkeiten für die Bevölkerung. Diese Eigenart hat sie schon früh zum hochgeschätzten Gut und zum heißumkämpften Streitobjekt zwischen den Völkern gemacht. Sie gibt ihr die Stellung eines Symbols, der Name Jerusalem hat in drei großen Religionen einen besonderen Klang.

Diese Bedeutung der Stadt wird schon in den Verhandlungen deutlich, die zwischen Karl dem Großen und Hārūn ar-Raschīd, dem Kalifen von Bagdad (786—809), geführt worden sind. Die Lorscher Annalen und in ähnlicher Weise auch andere Quellen berichten nämlich, daß die Schlüssel des Grabes des Herren und des Kalvarienberges, außerdem aber auch die Schlüssel der Stadt und des Berges Zion mitsamt einer Fahne von dem Patriarchen von Jerusalem als segenspendende Heiligtümer Karl übergeben worden seien[340]. Es leuchtet ohne weiteres ein, daß eine solche Übertragung nicht allein von dem Patriarchen, ohne Veranlassung des Kalifen, erfolgen konnte. Denn wer konnte über die Heilige Stadt verfügen, wenn nicht er. Karl hatte, so wird berichtet, selbst darum gebeten. Die Erfüllung dieser Bitte sollte ein freundlicher Akt dem fremden, hochgeschätzten Herrscher gegenüber sein, jedoch entbehrte sie sicher einer eigentlich politischen Bedeutung. Denn ein wirkliches Protektorat konnte auf diese Entfernung hin in praxi damals gar nicht ausgeübt werden. Doch das Ansehen Karls in der Christenheit stieg durch diesen Akt. Die Übertragung hatte symbolische Bedeutung und verrät die Hochachtung Hārūns vor Karl und seine tolerante, wohlwollende Haltung den Christen gegenüber. Daß die Verleihung dem Bericht zufolge nicht durch den Kalifen, sondern durch den Patriarchen von Jerusalem erfolgte, ist nicht

340 Annales Regni Francorum = M. G. Schulausgabe, S. 112. — Annales, qui dicuntur Einhardi = Schulausgabe, S. 113. — Einhard, Vita Caroli Magni cap. 16 = Mon. Germ. Schulausgabe, S. 19.

erstaunlich. Denn in der Christenheit des Abendlandes war es wirksamer, wenn diese Übertragung von dem ehrwürdigen Haupt der Christenheit im Heiligen Land kam, von dem Patriarchen[341].

Ein solches Protektorat oder besser eine Hilfe und Schutzfunktion für die Pilger und die Kirchen der Stadt hat im 10. und 11. Jahrhundert der byzantinische Kaiser ausgeübt. Sie wurde praktisch bedeutsam nach der Zerstörung der Grabeskirche durch den Kalifen al-Hākim, von der schon die Rede war. Damals wurde „das Protektorat" in Verträgen von 1027 und 1036 erneuert in dem Sinn, daß der Kaiser das Recht erhielt, die zerstörten Heiligtümer wiederaufbauen zu lassen, die damals entstandenen Schäden wieder gutzumachen und Pilger zu schützen, ohne aber irgendwelche Organe noch Einzelbefugnisse zu haben. Ein irgendwie auf das Land bezogenes Recht oder eine mit bestimmten Befugnissen ausgestattete Gewalt war auch dies Protektorat des 10./11. Jahrhunderts nicht. Es ist also die Übertragung auf Karl den Großen keine Einmaligkeit und schon darum wohl glaublich[342]. Dazu kommt, daß Karl für das Heilige Land und die Pilger dort sehr viel getan hat, und das sicherlich schon vor der Übertragung des Schutzrechtes. In den Kapitularien Karls wird von „Almosen geredet, die nach Jerusalem geschickt werden sollen, um die Kirchen Gottes dort wiederherzustellen"[343]. Außerdem haben wir Briefe des Patriarchen von Jerusalem an Karl, in denen er bittet, seine Beauftragten zu unterstützen, die er ausgesandt habe, um für Jerusalem zu sammeln[344].

Näheres über diese Leistungen Karls für Jerusalem verrät uns die Reisebeschreibung eines Mönches Bernard etwa aus 867—870. Denn er erzählt, daß „ein Hospital des glorreichen Kaisers Karl dort bestanden habe, in dem alle die aufgenommen wurden, die aus Glaubensgründen die Stadt Jerusalem aufsuchten und die die lateinische Sprache sprachen"[345]. Der Bericht fährt dann fort: „Diesem Hospital benachbart liegt die Kirche zu Ehren der heiligen Maria; diese besitzt eine besonders gute Bibliothek auf Grund der Bemühungen des genannten Kaisers; dazu hat sie zwölf zugehörige Pachtgüter mit Feldern und Weinbergen und einem Garten im Tal Josaphat." Karl hat also große Stiftungen in Jerusalem begründet. Politische Absichten hatte Karl dabei ebensowenig wie Hārūn ar-Raschīd. In Jerusalem muß mit anderen

[341] St. Runciman I, S. 28/29. — A. A. Vasiliev, Histoire de l'empire byzantin, Bd. 1 (1932). — L. Bréhier, Les origines des rapports entre la France et la Syrie. Le protectorat de Charlemagne (1919). — Ders., La situation des chrétiens de Palestine à la fin du VIIIe siècle et l'établissement du protectorat de Charlemagne (1919) = Moyen âge XXI (1919) S. 67—75.

[342] Vgl. St. Runciman, The Byzantine „Protectorate" In The Holy Land In The XIth Century = Byzantion 18 (1948) S. 207—215.

[343] Mon. Germ. Capitularia I, 64/154, von 810.

[344] Riant, Inventaire 4—10, S. 26 ff.

[345] T. Tobler, Itinera I, 314. — Palestine Pilgrims' Text Society (London 1896—1897), vol. III. — Vgl. auch St. Runciman I, S. 43.

Maßstäben gemessen werden als anderswo. Wir haben also gar keinen Anlaß, anzunehmen, die Verleihung dieser Ehrenstellung an Karl den Großen sei eine Legende, wie dies in der Literatur wiederholt geschehen ist[346].

Die Legende hat sich aber mit diesen Tatsachen nicht begnügt, sondern Karl zum Kreuzfahrer gemacht. Wir besitzen eine ausführliche Darstellung dieses legendenhaften Kreuzzuges etwa aus der Zeit, in der der erste Kreuzzug dann wirklich auszog. Sie zeigt, daß die Erinnerung an die Verbindung Karls mit dem Heiligen Land dunkel lebendig geblieben ist. Es konnte in den Gedanken aller dieser Menschen keine schönere Bekrönung seines Werkes für Karl geben als die Eroberung Jerusalems[347].

Diese Ehrenstellung der Stadt Jerusalem sollte sich aber auch durch Bauten an den heiligen Stätten dokumentieren. Darum schuf man dort die Grabeskirche. Eusebius berichtet von ihrem Bau im Anschluß an seinen Bericht über die große Kirchenversammlung von Nicaea im Jahre 325. Der neue Glaube, der durch Kaiser Konstantins Entschluß Staatsreligion geworden war, suchte nach einem sinnfälligen Ausdruck dieser Tatsache. Bischof Makarios, der als Vertreter Jerusalems an diesem Konzil teilgenommen hat, hat dem Kaiser wohl den Gedanken nahegelegt, und der Kaiser machte den Plan zur Tat. 336 wurde die Basilika eingeweiht. Mit diesem Bau wurde Jerusalem das Heiligtum der Christenheit, und in der Stadt wiederum die Grabeskirche zu der Stätte höchster Verehrung. So ist die besondere Stellung des Begriffs des „Heiligen Grabes" für die Kreuzfahrer wohl verständlich[348].

Als Syrien unter den Omajjaden Mittelpunkt des arabisch-syrischen Reiches war, haben die Kalifen aus Jerusalem einen glänzenden islamischen Wallfahrtsort gemacht. Jerusalem sollte die Konkurrenz mit Mekka aufnehmen können, und das islamische Heiligtum sollte das christliche in Schatten stellen. Zu diesem Zweck erbaute damals der Kalif ʿAbd al-Malik (nicht, wie meist angegeben wird, ʿOmar) auf dem Tempelplatz (Haram asch-Scharīf) den Felsendom, die sogenannte ʿOmar-Moschee (al-Sachrā). Das Gesamtbild dieses stolzen Baues wird bestimmt durch die auf 16 Säulen ruhende Kuppel. Sicherlich wurde sie von griechischen Baumeistern nach dem Vorbild von christlichen Kirchen gebaut. Die Ausstattung der Wände, innen mit Mosaiken, außen mit Fayencen und Marmorplatten, gab dem Bau eine besondere Pracht.

---

[346] A. Kleinclauss, La Légende du protectorat de Charlemagne sur la terre sainte = Syria 7 (1926) S. 211 ff. — E. Joransen, The alleged Frankish protectorate in Palestine = The American Historical Review 32 (1927) S. 260. — L. Bréhier = Revue historique 157 (1928) S. 291. — A. A. Vasiliev a. a. O. II, 21. — H. Pirenne, Geburt des Abendlandes, S. 162 u. 329, Anm. 51. — Riant, Inventaire, 4—10, S. 26 ff. — St. Runciman, Charlemagne and Palestine = Engl. Histor. Review 50 (1935) S. 606 ff.

[347] Siehe G. Rauschen, Die Legende Karls des Großen im 11. und 12. Jh. (1890) S. 141—147. — H. Hoffmann, Karl der Große im Bilde der Geschichtsschreibung des frühen Mittelalters = Histor. Studien (Ebering) 137 (1919).

[348] A. Heisenberg, Grabeskirche und Apostelkirche (1908).

Der ʿOmar-Moschee benachbart erhob sich auf dem Tempelplatz eine zweite Moschee, al-Aqsa, die ebenfalls von dem Kalifen ʿAbd al-Malik erbaut wurde. Nach schweren Erdbebenzerstörungen wurde sie wiederholt umgebaut zu einem siebenschiffigen Gebäude. So schufen diese Bauten der Omajjaden aus dem Tempelplatz einen Mittelpunkt von zunächst islamischen Wallfahrtsheiligtümern, die aber auch von Christen besucht wurden. Doch standen sie für den christlichen Pilger weit hinter der Grabeskirche zurück.

Christliche Pilgerzüge kamen auch unter muslimischer Herrschaft sehr oft nach Jerusalem, oft Züge von erstaunlichem Umfang. Die Lage dieser Pilger war dabei nicht schlecht. Noch 1063 räumte, wenn Wilhelm von Tyrus uns recht berichtet, der Kalif den in Jerusalem wohnenden Christen ein eigenes Stadtviertel ein. Daß auch die Wirren, die die Eroberung durch die Seldschuken und die Rückeroberung durch die Ägypter veranlaßten, nur vorübergehender Art waren, wurde schon besprochen.

Doch Jerusalem war weit von den Zentren der Seldschukenherrschaft entfernt. Es lag darum nahe, daß die jeweiligen Machthaber im Namen des Sultans für das Schicksal der Stadt maßgebend wurden. Schon ehe nach dem Tod von Melikschāh die Erbstreitigkeiten das Reich schwächten, hatte dieser Sultan es nicht verhindern können, daß sich seine Beauftragten heftig bekämpften. Schließlich überwand Tutusch, der Bruder Melikschāhs, seine Gegner und schuf sich in Syrien und Mesopotamien ein eigenes Reich. Das aber wollte Melikschāh nicht dulden, da er die Einheit seines Reiches dadurch gefährdet sah. Er eilte von Isfahan herbei und ordnete 1086 die Herrschaftsverhältnisse Syriens neu: Aleppo erhielt Ridwān, der Sohn Tutuschs, Damaskus dessen Bruder Dukak, Edessa aber kam an Buzan, Antiochia an Jāghi Sijan, Jerusalem zunächst an Ortok und nach dessen Tod an Sukmān. Doch war dessen Herrschaft auch nicht von langer Dauer. Denn 1098 fiel die Stadt, wie schon berichtet, in die Hände der ägyptischen Fatimiden. Auch die Küstenstädte schlossen sich 1089 aus Furcht vor Tutusch und Melikschāh den Ägyptern an. So war, als die Kreuzfahrer ankamen, die Macht der Seldschuken in Palästina völlig zersplittert.

Ähnlich war die Lage gerade damals aber auch in Anatolien. Denn einmal stand das Seldschukenreich Anatoliens damals unter einem unmündigen Herrscher. Dadurch war es sehr geschwächt, so daß die Emire der Einzelgebiete die entscheidende Stimme hatten und für Abenteuer aller Art sich freie Bahn bot. Der wichtigste unter diesen war der ehrgeizige Tscheke, der sich in den Jahren 1080—1090 zum Herren von Smyrna, der ägäischen Küste und der Inseln Lesbos, Chios, Samos und Rhodos zu machen wußte. Er hatte das dadurch erreicht, daß er eine Flotte baute, die er mit Türken und Griechen bemannte, und seine Tochter mit dem Sultan Kylydsch Arslan verheiratete. Kaiser Alexios schlug ihn zwar in einer Seeschlacht, doch war dessen Macht erst gebrochen, als Alexios dem Schwiegersohn Tschekes suggeriert hatte, er dürfe diesen nicht zu groß werden lassen. Kylydsch Arslan ließ ihn auf einem Bankett in Nicaea ermorden[349]. Die Geschichte dieses Mannes zeigt besonders klar, wie ungesichert die Macht des seldschukischen Sultans in Anatolien damals war. Dazu kam, daß eben dieser Kylydsch Arslan mit den syrischen und mesopotamischen seldschukischen Reichen durch den Streit um das Erbe Melikschāhs bitter verfeindet war, so daß er auch von dort keine Hilfe zu erwarten hatte. Das alles macht es verständlich, daß die Kreuzfahrer damals in Anatolien eindringen konnten.

Doch von einem Gegner, und vielleicht von dem wichtigsten und mächtigsten, von Ägypten, haben wir noch nicht gesprochen. Es ist von der Welt von Bagdad scharf getrennt durch den religiösen oder konfessionellen Gegensatz zwischen Sunniten und Schiiten. Jede der beiden Konfessionen hat einen Kalifen, die sich feindlich gegenüberstehen. Aber Ägypten stellte damals auch für sich ein islamisches Großreich dar. Und ihm unterstand Palästina. Mit ihm mußte man also rechnen.

Nun ist aber die Macht Ägyptens in diesen Jahrhunderten der Kreuzzüge sehr schwer abzuschätzen. Denn das Land hat viele Änderungen seiner inneren Struktur erfahren; verschiedene Volksgruppen haben sich in der Herrschaft über das Land abgelöst. Und die Bevölkerungsverhältnisse sind an sich schon schwer überschaubar. Die Hauptmasse des Volkes stellten sicherlich die christlichen Kopten dar, die stets als dienende Schicht unter den verschiedenen Herren des Landes die gleichen blieben. Über ihnen standen die Araber als Eroberer, als Herren des Bodens auf dem Land und als Kaufleute in der Stadt, dazu noch als Beduinen in den Grenzbezirken. Doch wurden die Araber im Lauf der Zeiten, von denen wir reden, in ihrer herrschenden Stellung allmählich von den Mameluken verdrängt, d. h. von im Kriegsdienst gut ausgebildeten, ausgesuchten Sklaven, die sich aus den benachbarten Völkern mit noch unverbrauchter biologischer Kraft rekrutierten, also aus Berbern, Kurden, Türken oder Turkmenen. Immer wieder läßt es sich beobachten, daß in diesem reichen, kulturell hochentwickelten Land die führenden Schichten des Hofs oder des Heeres entarten und dann sehr schnell von anderen kräftigeren Gruppen abgelöst werden, bis diese neuen Herren demselben Schicksal verfallen. Fand dieses Ägypten aber einen überlegenen Herrscher, wie er ihm in Saladin und seinen nächsten Nachfolgern erwuchs, so mußte es durch den Reichtum seines Landes und durch seine günstige Lage zur großen Macht, also zum gefährlichen Gegner oder Nachbar Jerusalems werden. Das alles sah man natürlich unter den Franken der Kreuzfahrerstaaten auch. So ist es denn kein Wunder, wenn immer wieder der Plan auftauchte, den Islam in Ägypten anzugreifen. Daran waren auch die Kaufleute interessiert. Denn Alexandria war unter allen Umständen der wichtigste Handelsplatz des östlichen Mittelmeers.

---

349 Anna Komnena, Alexias VII, 8, 1—8 (II, S. 110ff.); IX, 3 (II, S. 164ff.) — Vgl. auch St. Runciman I, S. 72.

Um die Welt der Kreuzzüge recht zu verstehen, muß man sich klarmachen, daß den Kreuzrittern hier nicht nur fremde Staaten und fremde Heere entgegentraten, sondern auch eine fremde Kultur, und zwar eine sehr hochstehende Kultur von eigener Prägung. Denn aus dem Zusammenwachsen des Arabertums mit dem reichen Erbe der persischen Welt und des Hellenismus entstand als ein Ganzes, das aus allen Teilen gespeist wurde und doch einen einheitlichen Charakter aufwies, die islamische Kultur. Arabische, persische und syrische Elemente hatten in gleicher Weise an ihr Anteil, und durch die syrischen und persischen Traditionen hindurch wirkte in vielem mächtig die Antike. Das naturwissenschaftliche Erbe der Antike hat sich, um ein Beispiel zu nennen, nirgends besser erhalten als hier. Dem besonderen Reiz dieser Kultur des Morgenlandes kann sich wohl kaum ein aufgeschlossener Abendländer entziehen, der mit ihr erstmalig in Berührung kommt.

Diese Kultur wirkt sich auf den verschiedensten Gebieten aus: Textilindustrie, insbesondere Teppichweberei, Fayencen- und Keramikkunst zeigen eine beträchtliche Höhe ebenso wie Baukunst und künstlerische Arbeiten aus Holz oder Metall. Die Dichtkunst erreicht eine erstaunliche Feinheit. Die Naturwissenschaften und die Mathematik entwickeln sich zu einer dem Abendland weit überlegenen Blüte. Die Geschichtsschreibung hat hochqualifizierte Werke aufzuweisen. Aber alles das wird zu einem Ganzen zusammengeschlossen durch den Islam, der nun alle die verschiedenen Völker verbindet. Auch der Islam selbst erlebt in diesen Reichen eine Weiterbildung und Bereicherung. Die Mystik gewinnt im Sufismus eine für den Islam charakteristische Gestalt. Und auch das politische Leben wird von hier aus mitbestimmt. Der Kalif als geistliche Spitze steht neben dem Sultan, aber doch mit deutlichem politischem Anspruch. Praktisch war das Kalifat oft in völliger Abhängigkeit von weltlichen Gewalten, Wesiren oder Sultanen, aber der Anspruch des Kalifen, als Nachfolger des Propheten auch in politischen Fragen mitzustimmen, bleibt.

Vom persischen Staat übernimmt auch der Herrscher der islamischen Staaten despotische Formen. Ein weiter Abstand trennte Herrscher und Volk. Selten trat der Sultan oder Kalif aus der Verborgenheit seines Palastes heraus, und tat er es, so geschah es mit allem Pomp. Und doch war dieser Despotismus nur Schein. Das zeigt sich im Krieg, wo der Rat der Emire oft das entscheidende Wort spricht, selbst gegen den Sultan. Das gilt nicht nur für Zeiten eines schwachen Herrschers, sondern auch für die Regierung Saladins. Die Macht und der Einfluß der Emire und Wesire war allerdings zu verschiedenen Zeiten verschieden. Trotz aller despotischen Formen herrscht in Wirklichkeit ein ausgesprochenes Feudalsystem. Arabische, persische und andere Elemente sind hier zusammengeflossen. Die Eroberung weiter Länder hat ein System der Herrschaft notwendig gemacht, das mit den zunächst allein vorhandenen feudalen Bindungen sich begnügen mußte. Um die neugewonnenen Länder beherrschen zu können, wurden überall Herren eingesetzt, die in einem Treuverhältnis zum Sultan standen. Ein anderes Band gab es nicht. Unseren Begriffen nach vereinigten diese Emire, wie man sie meist nannte, in ihrem Gebiet die Stellung eines militärischen Befehlshabers mit der eines obersten Verwaltungsbeamten. Nur die Steuererhebung war einem anderen Mann anvertraut. Bisweilen war auch das Richteramt mit dem Emirat verbunden, oft aber davon getrennt (Kadi). Aber es wäre falsch, moderne beamtenrechtliche Begriffe auf die Stellung der Emire anzuwenden. Sie sind ihren Leuten gegenüber Herren, so wie der Sultan ihr Herr ist.

Diese Emire bilden aber auch eine besondere kulturelle Schicht, die durch besondere Anschauungen und Ehrbegriffe zusammengehalten wird. Sie sind auch die Träger der Dichtkunst. Die Ähnlichkeit mit dem abendländischen Adel ist oft — aber nicht überall — auffallend. Auf Einzelheiten werden wir später noch zurückkommen müssen. Die Tatsache selbst ist nur einstweilen schon festzustellen. Denn so nur ist die Begegnung der Kreuzritter mit diesen islamischen Herren zu verstehen.

ZWEITES KAPITEL

Der Verlauf der Kreuzzüge und die Abwandlung ihrer Gestalt

Der erste Kreuzzug

Der Zug Peters von Amiens

Auf das stolze Bild des ersten Kreuzzuges[1] fällt zu Beginn schon ein schwerer Schatten: die völlige Vernichtung der Scharen Peters von Amiens. Sein Zug stellt ein Zerrbild aller späteren Kreuzzüge dar. Wie eine erschreckende Mahnung steht er am Anfang der Geschichte der Kreuzzüge. Dabei ist er aber nicht nur eine unbedeutende Nebenerscheinung in ihrer Geschichte, die man fast beiseite schieben könnte, wie man es oft versucht hat, sondern dieser Zug ist ein echtes Stück der Gesamterscheinung der Kreuzzüge und schon deshalb wohl zu beachten, weil etwa 50000—70000 Menschen an diesen Zügen teilgenommen haben und untergegangen sind. Es sind nicht sehr viel weniger als die Ritter, deren Heere den Kreuzzug siegreich beendet haben. Nimmt man dazu, daß kurz nach dem ersten Kreuzzug, im Jahre 1101, ebenso viele Tausende von Menschen des Abendlandes auf einem Zug umgekommen sind, der eine gewisse Ähnlichkeit mit dem Peters aufweist, so werden die Schatten als Umrahmung des ersten Kreuzzuges immer dunkler.

Entsprechend seiner Entstehung aus einer Bewegung der Ritter und zugleich einer Armutsbewegung von Bauern und Bürgern trug der erste Kreuzzug bei seinem Beginn einen zwiespältigen Charakter: neben den organisierten Ritterheeren brachen ungeordnete begeisterte Scharen aus allen Ständen unter Führung weniger Ritter zum Heiligen Land auf. Ihr Eifer ließ sie nicht ruhen, so daß sie schon vor den sich ordnenden und vorbereitenden Ritterheeren auszogen, meist ohne Schulung im Kampf, ohne Ausrüstung, ohne Planung, in dem festen Glauben, daß Gott ihnen schon helfen werde, das Ziel zu erreichen. Der Kern dieser Massen waren die Scharen, die sich schon vorher

[1] Die herkömmliche Zählung der Kreuzzüge ist recht willkürlich. Andererseits haben sich aber die Zahlenbezeichnungen für eine Reihe von Kreuzzügen so eingebürgert, daß man sie dort nicht entbehren kann. So verwenden wir sie für den ersten bis fünften Kreuzzug: 1. = 1096 ff.; 2. = 1146 ff.; 3. = 1189 ff.; 4. = 1204 ff.; 5. = 1217 ff. Dabei bin ich mir der Willkürlichkeit dieser Zählung durchaus bewußt, da z. B. die Züge von 1101 sowie der Kreuzzug Kaiser Heinrichs VI. in dieser Zählung keinen Platz finden.

um Peter von Amiens gesammelt und sein Wanderleben eine Zeitlang geteilt hatten. Als sie nun zum Heiligen Land aufbrachen, schlossen sich ihnen viele Franzosen und ebenso Deutsche aus dem Rheinland, aus Schwaben und anderen Landschaften an. Sie kamen, so wie sie die Bewegung ergriffen hatte, meist undiszipliniert und ungeordnet. Aber gar so schlecht, wie man es oft dargestellt hat, kann das Gefüge des Zuges doch nicht gewesen sein, sonst hätten die Scharen Peters und Walter Sansavoirs nicht Konstantinopel in einer um einen Monat kürzeren Zeit als das Heer Herzog Gottfrieds erreichen können. Augenscheinlich aber nahm die Disziplin und die Qualität der Führung von einem dieser Haufen zum anderen stark ab. Die Gefahren, die eine solche begeisterte religiöse Massenbewegung im Gefolge haben kann, zeigten sich, und zwar mehr noch als in dem ungeordneten, vorschnellen Aufbruch in den Judenverfolgungen[2], die bei den später ziehenden Gruppen den Aufbruch begleiteten. Denn diese Judenverfolgungen, die in Deutschland und Frankreich ausbrachen, sind nicht, wie man gemeint hat, nur der Habgier und Raublust ungezügelter Volksmassen zuzuschreiben, sondern auch sie sind eine Folgeerscheinung der religiösen Erregung, des religiösen Kampfwillens. Die Muslime waren noch weit, aber die Juden hatte man vor Augen, und hatten nicht Juden seinerzeit Christus gekreuzigt? Dazu waren diese Juden reich. So mischte sich Beutegier in diese frevelhafte Entladung der kampfbegierigen Erregung. Es hatten schon zu Zeiten Papst Alexanders II. (1061—1073) Ritter, die zum Kampf gegen die Sarazenen auszogen, die spanischen Judengemeinde angegriffen und dort gemordet und geplündert. Ähnliches wiederholte sich nun auch hier. Zunächst stürzte sich eine Schar unter dem ehemaligen Eremiten Fulcher von Orléans auf die Juden von Prag. Dann folgten furchtbare Judenverfolgungen in Speyer, Worms, Mainz, Köln, Xanten, Mörs, ebenso auch in Rouen, Metz und Trier. Zunächst hatte dabei ein Franzose, Wihelm von Melun, die Führung, dann übernahm der fanatische rheinische Graf Emicho von Leiningen diese Rolle. Wir besitzen in den Aufzeichnungen von Salomon bar Simon und Eliezer bar Nathan erschütternde Berichte über die Greuel dieser Verfolgungen.

Dann brachen die Massen, die sich um Peter scharten, nacheinander in 5 bis 6 großen Haufen auf. Zwei dieser heeresartigen Züge, einer unter dem Ritter Walter Sansavoir und ein anderer unter Peter selbst, erreichten zwar nach allerlei Kämpfen, aber doch ohne entscheidenden Widerstand Konstantinopel. Drei weitere Haufen unter Fulcher von Orléans, einem deutschen Priester Gottschalk und dem Ritter Emicho von Leiningen kamen nicht über Ungarn hinaus. Durch Plünderungen und andere Zügellosigkeiten gerieten sie in Streit mit den Ungarn, die ihrerseits, durch die Erfahrungen mit den durchziehenden Scharen gewitzigt, von einem Zug zum anderen mißtrauischer und feindseliger wurden. Alle drei Haufen wurden in solchen Kämpfen fast völ-

[2] Ernst L. Dietrich, Das Judentum im Zeitalter der Kreuzzüge = Saeculum III (1952) S. 94 ff. (ausführlich und zuverlässig).

lig aufgerieben. Nur wenige, wie Fulcher, erreichten noch die Hauptmasse unter Peter.

In Konstantinopel wurden Peter und Fulcher von Orléans zu Kaiser Alexios beschieden. Dieser hatte augenscheinlich keinen ganz schlechten Eindruck von ihnen. Denn er riet ihnen, vor den Mauern der Stadt auf das kommende Kreuzritterheer zu warten, und gab ihnen reichlich Lebensmittel und auch Geld. Er glaubte wohl, sie als Kämpfer benutzen zu können. Doch die Disziplinlosigkeit der Scharen Peters machte dies friedliche Einvernehmen zunichte. Sie begannen in den Vorstädten zu plündern. Daraufhin ließ Alexios die unbequemen Gäste auf das asiatische Ufer übersetzen und wies ihnen Civitot oder Helionopolis, das heutige Hersek, jenseits des Marmarameeres als Quartier an. Auch Kreuzfahrer, die inzwischen schon auf eigene Faust in Konstantinopel angekommen waren, schlossen sich ihnen an. Civitot aber war nur noch 37 km von der Hauptstadt des Feindes, Nicaea, entfernt. Das mußte natürlich die fanatischen, ungeduldig den Kampf gegen die Muslime erwartenden Elemente in Peters Scharen zum Kampf reizen. Peter verlor sie nun ganz aus der Hand. „Durch Nichtstun und Überfluß waren sie frech und zügellos geworden und hörten nicht mehr auf die Stimme Peters", sagt ein Chronist[3]. Unglücklicherweise hatte ein erster Vorstoß, den etwa 7000 Mann gegen den Willen Peters machten, Erfolg und brachte reiche Beute. Da versuchte es auch ein anderer Haufe, wurde aber völlig aufgerieben. Diese Niederlage wollte nun der gesamte Heerhaufen sofort rächen, obwohl Peter gerade zu Unterhandlungen in Konstantinopel war. Ruhigere Elemente, darunter der Pfalzgraf Hugo von Tübingen, Walter von Teck und Fulcher von Orléans, rieten dringend ab, aber vergeblich. Etwa 25 000 Mann stürmten gegen die Muslime, wurden aber völlig geschlagen und fast vernichtet. Ein Rest konnte sich mit Hilfe byzantinischer Schiffe retten. Peter selbst war unter den Überlebenden.

Dies schnelle katastrophale Ende des Zuges Peters und seiner Anhänger, zusammen mit ihren Ausschreitungen den Juden gegenüber, war wohl geeignet, die ganzen Kreuzzüge im Abendland zu diskreditieren. Denn es waren keineswegs nur sozial minderwertige Elemente, die hier zugrunde gegangen waren. Die Hauptmasse muß aus Bürgern und Bauern bestanden haben. Auch einige Ritter hatten sich ihnen zugesellt. Es muß eine große Woge von Enttäuschung, Erbitterung und Abkehr von dem Kreuzzugsgedanken durch das Abendland gegangen sein. Denn einsichtige Chronisten, wie Ekkehard von Aura, hatten Mühe, zu zeigen, daß hier „die Spreu von dem Weizen getrennt werden müsse", daß hier „falsche Propheten" am Werk gewesen seien, daß der jämmerliche Untergang als Strafe des gerechten Gottes für die Judenverfolgungen und andere Ausschreitungen zu betrachten sei. Noch einige Jahrzehnte später stellt Bernhard von Clairvaux diesen Aufbruch der Scharen Peters als abschreckendes Beispiel für einen falsch unter-

[3] Albert von Aachen I, cap. 16, S. 284.

nommenen Kreuzzug hin, als er für den zweiten Kreuzzug der Ritter warb[4]. Bald aber ließen die Erfolge des Ritterkreuzzuges unter Herzog Gottfried den bitteren Eindruck dieses Beginnes der Kreuzzüge vergessen.

Peter selbst hat dann den ganzen Kreuzzug mitgemacht. Als die Not der Kreuzfahrer vor Antiochia drückend geworden war, verlor er den Mut und floh, wurde aber eingeholt und zurückgebracht. Das zeigt die Labilität seiner zu Extremen neigenden Natur. Trotz dieser Flucht nahm er aber auch weiter im Kreuzheer eine geachtete und bedeutsame Stelle ein. Er erscheint als Führer der sogenannten „Armen“ (vgl. oben S. 81) im Heer. Er wurde als Gesandter dem feindlichen Heerführer Körbogha entgegengesandt, er wurde mit der Verteilung von Zehnten beauftragt, er sprach vor dem Heer auf dem Ölberg, als man sich zum Sturm auf Jerusalem vorbereitete, und er ordnete während der Schlacht bei Askalon die Gebete und Prozessionen der in Jerusalem Verbliebenen. Das alles zeigt, daß er noch zu den bedeutenderen Männern gehörte. 1099 fuhr er mit der Masse der Kreuzfahrer nach Frankreich zurück. Bei Huy gründete er eine Kirche zu Ehren des Heiligen Grabes und lebte dort in klösterlicher Gemeinschaft mit Gesinnungsgenossen bis zu seinem Tode im Jahre 1115. Aber auch dieses weitere Leben vermag nicht die schweren Schatten von seinem Bild zu nehmen, die durch den jammervollen Untergang der von ihm aufgerufenen und geführten Scharen geworfen sind. Er gehört zu den tragischsten Gestalten der Kreuzzugsgeschichte.

Der Aufbruch und Untergang der Scharen Peters muß in Zusammenhang gebracht werden mit ähnlichen Erscheinungen in der weiteren Kreuzzugsgeschichte. Die Kinderkreuzzüge, die aus Deutschland und Frankreich aufbrachen, zeigen den gleichen Glauben: daß Gott auch ohne Waffen die ihm sich gelobenden Scharen zum Heiligen Land und zum Sieg führen werde, ja daß gerade den Unkriegerischen Gottes Hilfe und Gottes Segen in besonderem Maße gehören müsse. Beide begeisterten Aufbrüche ins Heilige Land zeigen dieselbe Verachtung aller Vorbereitungen und aller Pläne, und beide Unternehmungen sind in der gleichen Weise untergegangen. Aber gerade in der Entartung und Überspannung zeigen sie die in allen Kreuzzügen lebendige Erregung[5].

Der Zug der Kreuzritterheere bis Konstantinopel

Der Zug der Kreuzritterheere bis Konstantinopel hebt sich scharf von dem der Scharen Peters ab. Denn hier zogen kriegsgewohnte Ritter und ihre Leute, die geschult waren, einen geordneten Kriegszug durchzuführen. Aber gesehen im Ganzen des Kreuzzugs, bedeutet dieser Marsch bis Byzanz nur

---

[4] Brief 363 von Bernhard von Clairvaux = Migne PL 182, Sp. 568.

[5] Zu den Zügen der Scharen Peters vgl. Albert von Aachen, Bernold von St. Blasien, Ekkehard von Aura, die Gesta Francorum eines Anonymus und Anna Komnena X, 5. — Neubauer u. Stern, Quellen z. Geschichte der Juden II (1892).

einen Auftakt. Denn er erfolgte in fünf großen und einigen kleineren Gruppen. Erst vor Byzanz vereinigten sie sich. Dort vollzog sich der Aufmarsch des Heeres. Und diese Heere marschierten fast ohne Berührung miteinander, ohne einheitlichen Plan, ja sie trieben Byzanz gegenüber eine ganz verschiedene Politik. Dieser Anfang charakterisiert den ganzen Kreuzzug: es ist kein einheitlicher, von einer Stelle, etwa vom Papst, geleiteter Zug, sondern ein rein feudales Unternehmen der Ritterschaft mit allen Schattenseiten, die solche feudale Heereszüge kennzeichnen. Nur locker fügen sich die einzelnen, von einer Führerpersönlichkeit zusammengehaltenen Gruppen zusammen. Das Ziel ist zwar allen gemeinsam, doch über die dahin führenden Wege ist man oft anderer Meinung, und ein einheitlicher Oberbefehl, der das ausgeglichen hätte, fehlte. Der Papst hatte die Leitung Bischof Ademar von Puy übertragen, und dieser wußte auch oft Differenzen der einzelnen Führer auszugleichen. Aber einen wirklichen Oberbefehl gab es nicht, schon darum, weil Ademar ein Geistlicher, also ein Nichtkämpfer war. Graf Raimund von St-Gilles hatte sich wohl mit einem gewissen Recht Hoffnungen auf einen solchen wirklichen Oberbefehl gemacht, aber er erhielt ihn nicht. Und Papst Urban selbst vergrößerte noch die Verwirrung dadurch, daß er die Fahne des heiligen Petrus an Graf Hugo von Vermandois, den Bruder des französischen Königs, übertrug. Allen diesen wirklichen oder vermeintlichen Ansprüchen stand die Tatsache entgegen, daß der bedeutendste Führer in der Schlacht und in Verhandlungen Bohemund von Tarent, der Führer der süditalienischen Normannen, und daß der im Heer beliebteste der Kreuzzugsfürsten wohl Herzog Gottfried von Niederlothringen war. So war die Gefahr, daß die verschiedenen Heeresgruppen sich entzweiten, von vornherein sehr groß. Die Ursache dafür lag aber dort, woher auch die Kraft dieser Heere ihren Ursprung nahm: in dem spontanen Entschluß der Ritter und Rittergruppen zum Kreuzzug.

Zum festgesetzten Termin (15. August 1096) brach zunächst Herzog Gottfried von Niederlothringen mit einem Heer von etwa 20000 Mann, darunter etwa 2000 Rittern, auf. Gottfried war der zweite Sohn des Grafen Eustach von Boulogne. Er hatte also zunächst keine großen Aussichten. Aber der Bruder seiner Mutter, Herzog Gottfried der Bucklige von Niederlothringen, fand Gefallen an seinem Neffen und setzte ihn zu seinem Erben ein. Als er starb, übertrug Kaiser Heinrich IV. ihm nacheinander den Besitz des Oheims, vor allem die Mark Antwerpen, und dann auch das Herzogtum. Gottfried war damit Fürst des deutschen Reiches, wenn er auch in kultureller Hinsicht zu Frankreich hinüberneigte. Wiederholt kämpfte er auf seiten Kaiser Heinrichs, ohne aber seine Stellungnahme in lothringischen Fehden davon bestimmen zu lassen. Hier in seiner Heimat hatte er nicht immer Erfolg, ja seine Position war vor dem Kreuzzug nicht gefestigt, da der starke cluniazensische Einfluß im Land sich gegen ihn stellte. Jedoch war augenscheinlich eine ausgesprochene Gottesstreiterfrömmigkeit für seinen Entschluß zum Kreuzzug

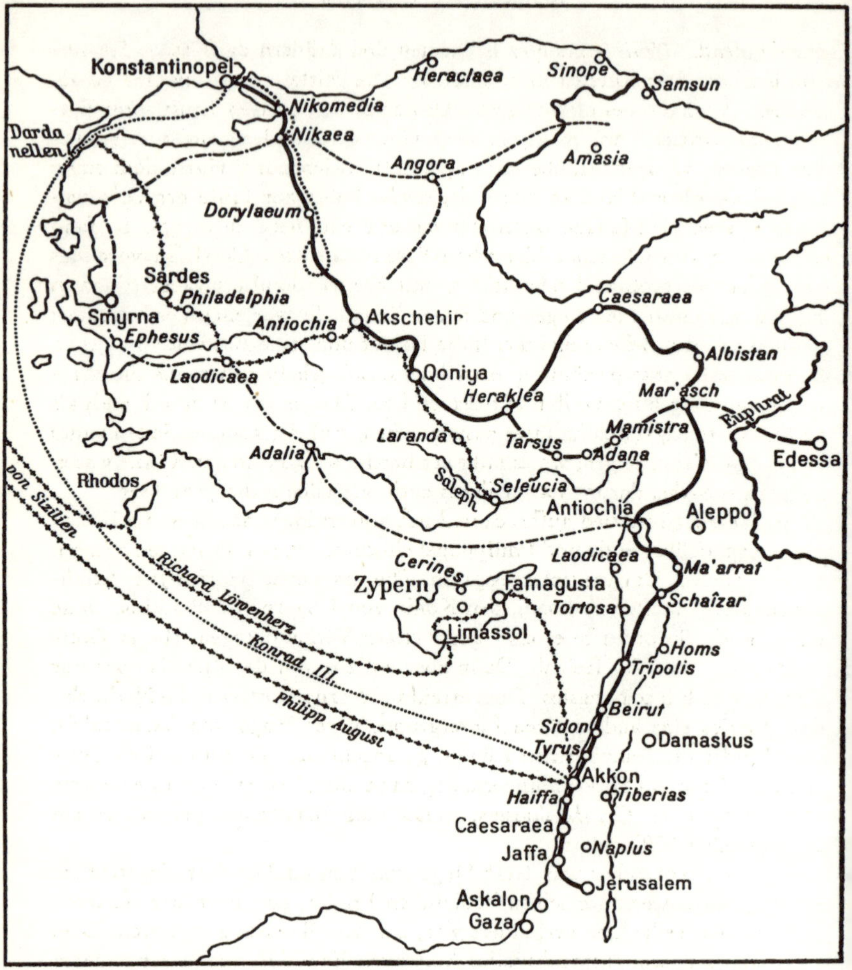

1. Kreuzzug	2. Kreuzzug: Ludwig VII.
1. Kreuzzug: Hauptheer, Bohemund u. Tankred	3. Kreuzzug
2. Kreuzzug: Konrad III.	Kreuzzüge um 1101 (Lombarden usw.)

entscheidend. 1095/96 nahm er mit seinen drei Brüdern das Kreuz. Sie verkauften oder verpachteten ihre Güter, um die Mittel zur Teilnahme zu gewinnen. Und ihr Besitz war groß. Das zeigt den ganzen Ernst ihres Entschlusses. Offenbar waren in Flandern Gottesstreiterideen, die zum Kreuzzug trieben, schon lange, ehe der Papst aufrief, lebendig. Hatte doch schon Graf Robert von Flandern eine kriegerische Fahrt zur Hilfe des Griechenkaisers gegen die Muslime unternommen und eine neue zugesagt[6]. So fand der Aufruf von Clermont hier schon Bereitschaft vor. Gottfried wird uns geschildert als groß und sehr kräftig, mit breiten Schultern, aber schmalen Hüften und mit blauen Augen und feinen Zügen. Er war ein guter Kämpfer; gerühmt wird daneben seine christliche Demut und seine Ausdauer im Gebet. Er muß eine starke persönliche Anziehungskraft gehabt haben, die die Männer seiner Umgebung zu ihm aufschauen ließ. Darum erwies er sich auch als geschickt, Streitigkeiten im Heer auszugleichen. Auf der anderen Seite konnte er sich nachgiebig zeigen, wo es nicht erwünscht war. Politische Ränke waren nicht seine Sache, darum war er ihnen auch bisweilen nicht gewachsen[7].

Als Herzog Gottfried aufbrach und mit seinem Heer den Weg die Donau hinunter und über Sofia und Philippopel einschlug, waren die letzten Scharen Peters schon in Ungarn untergegangen. Die mit ihnen gesammelten Erfahrungen aber machten Kalmani, den König von Ungarn, verständlicherweise mißtrauisch. So bedurfte es erst langwieriger Verhandlungen, ehe er Gottfrieds Heer den Weg freigab. Dann aber vollzog sich der Zug bis kurz vor Byzanz ziemlich reibungslos. Dort erreichte Herzog Gottfried die Nachricht, daß Alexios eine andere Kreuzfahrergruppe unter Hugo von Vermandois, dem Bruder des französischen Königs, gefangenhalte. Daraufhin ließ Gottfried das Land um Silivri plündern, zog dann aber, bewogen durch eine neue Gesandtschaft des Griechenkaisers, weiter nach Konstantinopel, wo er am 23. Dezember 1096 ankam.

Schon im November war Graf Hugo von Vermandois dort eingetroffen. Er sollte augenscheinlich seinen königlichen Bruder, der durch den Kirchenbann an der Teilnahme verhindert war, auf dem Kreuzzug vertreten. Dem entsprach auch sein anspruchsvolles Auftreten. Er schloß sich keiner anderen Gruppe an, sondern zog nur mit einem stattlichen Gefolge aus. Dabei wählte er, anders als alle anderen, den Weg über Rom und ließ sich dort vom Papst das goldene Banner des heiligen Petrus verleihen, das einen gewissen Anspruch auf Führung des Kreuzzuges bedeuten konnte. Doch dieser mit so großem Ehrgeiz unternommene Zug nahm einen recht kläglichen Fortgang.

[6] Siehe oben S. 65/66.

[7] Zur Geschichte Gottfrieds: M. G. SS. XX, 498/99; ebd. 513 u. 584. — M. G. SS. VI, 208, zu 1097. — K. Breysig, Gottfried von Bouillon vor dem Kreuzzug = Westdeutsche Ztschr. 17, S. 169—201. — St. Runciman, The Frist Crusaders Journey Across The Balkan Peninsula = Byzantion 19 (1949) S. 207—221. — Zur Charakteristik: Wilhelm von Tyrus IX, 5, S. 371. — Guibert von Nogent VI, 25, S. 245 und VI, 11, S. 229. Dazu zahlreiche Stellen bei Albert von Aachen.

Einmal verlor Hugo bei der Überfahrt von Bari nach Durazzo die meisten seiner Schiffe und Fahrtgenossen. Außerdem aber hatte er in Byzanz sein Heranziehen gemeldet und um einen seiner Würde entsprechenden Empfang gebeten. Dieser wurde ihm nun in der Weise zuteil, daß ihn bei seiner Landung zwei Großwürdenträger des byzantinischen Reiches empfingen, denen sich bald auch der Feldherr Botumides mit Truppen beigesellte, so daß die Bewegungsfreiheit des französischen Prinzen sehr eingeschränkt war. Äußerlich frei, in Wirklichkeit aber doch als Gefangener, kam er in Byzanz an, dort ehrenvoll empfangen. Unter diesem unsichtbaren, aber sehr spürbaren Druck leistete er dem Kaiser schnell den gewünschten Eid, wovon noch zu reden sein wird. Hugo hat sich auf dem weiteren Kreuzzug wenig bewährt. Als man ihn nach der Einnahme von Antiochia als Gesandten nach Byzanz schickte, kehrte er nicht wieder zum Kreuzzug zurück, sondern entwich nach Frankreich.

Am 10. April 1097, also drei Monate nach Herzog Gottfried, erreichte Bohemund von Tarent Byzanz. Er ist zweifellos als Feldherr und als Diplomat der bedeutendste der Kreuzzugsführer. Das bewies er vor Antiochia. Von seinem Aufbruch zum Kreuzzug wurde schon oben gesprochen. Wir haben gehört[8], daß er, durch die zweite Heirat seines Vaters benachteiligt, mit allen Kräften strebte, sich irgendwo eine bedeutendere eigene Herrschaft zu verschaffen als die über sein väterliches Erbe Tarent. Mit Recht witterte man damals in Byzanz in dem heranziehenden Bohemund den erbitterten Feind des Griechenkaisers. Aber doch darf man ihm nicht, wie es jüngst wieder geschehen ist[9], die religiösen, und zwar starken religiösen Motive beim Aufbruch zum Kreuzzug absprechen. Denn wir wissen, wie er, mitgerissen von dem Eifer durchziehender Kreuzfahrer, sofort selbst das Kreuz nahm und andere normannische Ritter zu dem gleichen Schritt veranlaßte. Auch daß er schon vorher Papst Urban II. zu einem Kreuzzug zu überreden suchte, weist in dieselbe Richtung[10]. Aber im Lauf des Zuges trat das religiöse Motiv bei ihm sehr in den Hintergrund. Bohemund hat während des Kreuzzuges Großes für das Kreuzheer geleistet, aber ein Kreuzfahrer im eigentlichen Sinn war er wohl nur, als er das Kreuz nahm. Es war charakteristisch für ihn, daß er nach der Eroberung von Antiochia und der Gewinnung der Stadt für sich selbst sich nicht weiter am Kreuzzug, an der Eroberung Jerusalems und des Heiligen Landes, beteiligte. Hatte er seine reiche Herrschaft in Syrien begründet, und gar noch auf Kosten von Byzanz, so hatte er erreicht, was er im Grunde wollte.

Bohemund war von keinem großen Heer begleitet. Es fehlte ihm, wie die Byzantinerin Anna Komnena berichtet[11], an Geld. Mit ihm zog sein Neffe

---

8 Siehe oben S. 63, 103 ff.

9 G. Ostrogorski, Geschichte des byzantinischen Staates (1952) S. 288.

10 Wilhelm von Malmesbury, Bd. 2, lib. 4, 344, S. 390, zu 1095 und 387, S. 453.

11 Anna Komnena X, 11, 1 (II, S. 230).

Tankred, die beiden Söhne Wilhelms von Salerno, Richard und Rainulf de Principato und andere kriegserfahrene Männer. Er landete in Albanien bei Durazzo und wollte möglichst friedlich denselben Weg durch die Balkanhalbinsel ziehen, den er anderthalb Jahrzehnte früher, mit seinem Vater kämpfend und siegend, eingeschlagen hatte. Aber der friedliche Durchzug erwies sich als unmöglich. Die Bevölkerung kannte ihn und war darum feindlich, und seine eigenen Leute plünderten, wie sie es gewohnt waren, gegen seinen Willen. Nur mit schwierigen Verhandlungen erreichte er den Durchzug. Zum Schluß trennte er sich von seinem Heer, das erst 14 Tage nach ihm in Byzanz eintraf.

Auch die Heeresgruppe des Grafen Raimund von St-Gilles hatte schwere Kämpfe zu bestehen, ehe sie kurz nach Bohemund Byzanz erreichte. Raimund hatte sich Hoffnungen auf die Leitung des Gesamtunternehmens gemacht, war aber enttäuscht worden. Denn Urban hatte Bischof Ademar von Puy ernannt. Darum schloß sich nun Raimund eng an Ademar an, um als dessen rechte Hand und kriegserprobter Kämpfer doch noch den Zug zu leiten. Auch die Petersfahne wurde — eine zweite Enttäuschung — nicht ihm, sondern Hugo von Vermandois verliehen. Er war sicherlich von echtem Kreuzzugswillen und tiefer Religiosität beseelt. Schon vor dem Kreuzzug hatte er in ähnlichem Geist in Spanien gefochten. Ihm ist es auch zu verdanken, daß der Kreuzzug nicht nach der Eroberung von Antiochia steckenblieb. Doch ist auch in ihm der Wille, sich eine Herrschaft im Orient zu verschaffen, sehr stark. Daß es nicht gelang, so wie er es sich dachte, machte ihn verbittert und reizbar. Überhaupt war er sehr ehrgeizig, und darum sehr verletzlich und empfindlich. Seine lebhaften Streitigkeiten mit anderen Fürsten und die daraus resultierende offene Feindseligkeit haben dem Kreuzzug sehr geschadet. Seine Frömmigkeit hatte oft schwärmerischen Charakter, und er scheute um der anfeuernden Wirkung willen auch vor der pia fraus nicht zurück. Aber er gehört zweifellos zu den bedeutendsten Führergestalten des Kreuzzuges. Darum wollte man ihn auch zuerst zum König von Jerusalem erwählen.

Er zog mit einem großen Heer durch Istrien und Dalmatien der Küste entlang bis Durazzo, um dann der Route Bohemunds zu folgen. Der Kaiser und seine Gouverneure waren ihm freundlich gesinnt, aber die schon gereizte Bevölkerung griff ihn hart an. Auf Veranlassung des Kaisers kam auch er zunächst noch ohne Heer, ihm vorauseilend, zu Verhandlungen nach Byzanz.

Als letzte kam die Abteilung des Grafen Robert von der Normandie, des Bruders des englischen Königs (auch bekannt unter dem Namen Courte-heuse = Kurzhose). Er sah in England keine Möglichkeit, sich neben seinem stärkeren Bruder zu entfalten, entschloß sich deshalb zum Kreuzzug und verpfändete die Normandie seinem königlichen Bruder. Mit ihm zog sein Schwager Stephan von Blois, einer der reichsten Herren Frankreichs. Für ihn hatte den Entschluß, das Kreuz zu nehmen, wohl seine Frau Adela, die Tochter

Wilhelms des Eroberers, gefaßt. Ihnen hatte sich auch Graf Robert von Flandern zugesellt, der ebenfalls eine starke Machtstellung innehatte. In manchem gleicht diese Gruppe der Hugos von Vermandois: es waren Männer, die zu stolz waren, um sich in eine andere Gruppe ohne weiteres einzufügen. Von ihnen erwies sich Robert von Flandern als ein tüchtiger Kämpfer, aber ohne besondere, darüber hinausreichende Qualitäten, während Graf Stephan von Blois durch seine Flucht, als das Heer vor Antiochia in Not war, eine traurige Berühmtheit erlangt hat.

Auch diese Heeresgruppe ließ sich in Lucca einen besonderen Segen des Papstes erteilen, das Petrusbanner hätten sie wahrscheinlich auch gern empfangen, doch das war vergeben. In Brindisi ging eines ihrer Transportschiffe unter. Das erregte einen solchen Schrecken, daß „die schwachen Herzen“ in dem Heer, wie Fulcher sagt, nach Hause fuhren. Der Hauptteil zog ohne wesentliche Hindernisse quer durch die Balkanhalbinsel nach Saloniki und Byzanz. Augenscheinlich war die Truppe so klein, daß man sie nicht behelligte.

Nun erst war das ganze Heer der Kreuzfahrer versammelt[12]. Der Aufmarsch vollzog sich also uneinheitlich und ungeordnet. Jedes Heer zog seinen eigenen Weg ohne Verbindung mit dem anderen. Keines nutzte die Erfahrungen des anderen. Der geteilte Aufmarsch war auch keineswegs eine wohlüberlegte Maßnahme, um zu große Heereszüge zu vermeiden, sondern es bestand dafür gar kein einheitlicher Plan. Die einzelnen Heerführer waren nicht gewillt, sich einem anderen unterzuordnen. Wenn der Papst die Einzelheiten des Zuges überhaupt bestimmen wollte, drang seine Stimme nicht durch. Das Ganze zeigt deutlich den Charakter eines spontanen Aufbruchs von Ritterscharen mit einem nur schwachen Ansatz zu einer Gesamtorganisation.

Daß der Papst aber Byzanz als Sammelpunkt bestimmte, zeigt sein unbedingtes Vertrauen auf den guten Willen des byzantinischen Kaisers.

---

[12] Wir nehmen im allgemeinen an, unser Bild dieser Ereignisse sei einigermaßen vollständig, da die Quellen reichlich sind und sich ergänzen. Diese Zuversicht zerstört aber eine Nachricht bei der wohlunterrichteten Prinzessin Anna Komnena. Sie berichtet von einem Grafen Raoul, der mit einem Heer von 15 000 Mann zu Pferd und zu Fuß in Konstantinopel eingetroffen sei, am Marmarameer gelagert habe, dann aber von Alexios zum Übersetzen gezwungen worden sei, da der Kaiser die Vereinigung mit anderen Kreuzfahrern fürchtete. Aber die Kreuzfahrer leisten Widerstand, und es kommt zur Schlacht, in der viele Kreuzritter vernichtet werden. Den Rest läßt Alexios nach dem Heiligen Land übersetzen. Es ist also um unsere Überlieferung doch nicht so gut bestellt, wenn von diesem doch recht namhaften Kreuzheer niemand sonst zu berichten weiß, wenn wir nicht wissen, wer dieser Raoul war, wann er in Byzanz war und woher sein Heer kam. (Anna Komnena X, 10, 1/2 [II, S. 226/27].)

Der erste Kreuzzug und Byzanz

Denselben Mangel an Planung, an Einheitlichkeit und Organisation zeigte auch die Stellung der Kreuzfahrer Byzanz gegenüber. Hier war eine Entscheidung von großer Tragweite zu fällen: Sollte man den Zug mit Byzanz, allenfalls sogar in seinem Dienst, oder ohne dieses Reich unternehmen? Davon hing sehr viel ab. Man sollte annehmen, daß die Führer der verschiedenen Kreuzzugsheere sich vor ihrem Aufbruch darüber beraten und bestimmte Beschlüsse gefaßt hätten oder daß der Papst, der zu dem Zug aufgerufen hatte, bestimmte Richtlinien aufgestellt hätte. Nichts davon geschah. Der Papst wünschte zwar den Anschluß an Byzanz. Aber faktisch blieb es den einzelnen vor Byzanz eintreffenden Kreuzzugsführern überlassen, welche Politik sie gegenüber dem griechischen Kaiser einschlagen wollten. Nur Bohemund hatte während des Zuges einmal eine Botschaft an Herzog Gottfried geschickt, aber auch das führte nicht zu einem einheitlichen Vorgehen beider Fürsten.

Wollte man das Unternehmen mit Byzanz durchführen und den Kreuzzug in die schon seit Jahrhunderten bestehende byzantinische Orientpolitik einordnen, so gewann man die Bundesgenossenschaft dieses mächtigen Reiches, vor allem die Unterstützung durch die starke Flotte von Byzanz; alle in langer Zeit erworbenen Kenntnisse des Landes und des Feindes kamen dann den Kreuzfahrern zugute; die dort vorhandenen Nahrungsmittel konnten die Verpflegung des Heeres auf dem Vormarsch durch Steppen, Wüsten und Gebirge sicherstellen. Aber — und das war die Kehrseite — dann mußten die Kreuzfahrer die Führung des Zuges durch Byzanz auf sich nehmen, dann mußten sie vielleicht auch die Lehenshoheit des Griechenkaisers anerkennen. Sie mußten damit rechnen, daß die Gebiete, die sie erobern würden, dem byzantinischen Reiche unterstellt werden müßten, vor allem soweit sie früher schon einmal zu diesem Reich gehört hatten. Dann war der Erwerb einer eigenen Herrschaft im Orient, wie ihn in der Stille die meisten Führer ersehnten, nur durch die Gnade des Kaisers zu erreichen. Dann war der Kreuzzug auch nicht mehr eigentlich ein Unternehmen der abendländischen Ritterschaft oder des Papstes, sondern ein Krieg des byzantinischen Kaisers mit Unterstützung des Abendlandes. Dazu kam, daß die Forderung eines Lehenseides[13] ohne Rücksicht auf die schon geleisteten Eide der Kreuzzugsfürsten allem Lehensrecht widersprachen und der Ehre dieser Fürsten zuwiderlaufen mußte. Auch die Frömmigkeit der Kreuzfahrer, die nur Christus die Führung auf diesem Zug zuerkennen wollte, mußte gegen eine Unterstellung unter Byzanz Widerstand leisten. Konnte man nicht den Zug als eigene Sache der abendländischen Christenheit führen und Byzanz nur als Durchzugsland betrachten, so wie man in Ungarn und Bulgarien sich durch Verträge Durchzug und freien Markt von Lebensmitteln und anderem Bedarf gesichert hatte? Das

[13] Mitteis, Lehnrecht und Staatsgewalt, S. 252.

würde die Stellung des Papstes und der abendländischen Ritterschaft in der ganzen Welt stärken und ihr große Expansionsmöglichkeiten geben. Freilich mußte man dann mit einem gewissen Mißtrauen des byzantinischen Reiches im Rücken rechnen, da man dessen Hoffnung auf Wiedergewinnung der früher einmal verlorenen Provinzen störte. Denn dieser oft schon halb vergessene Verlust mußte erneut schmerzen, wenn diese Gebiete in die Hände der Kreuzfahrer kamen. Dazu kam die exklusive Herrschaftsauffassung von Byzanz.

Das war die Entscheidung, die zu treffen war, und zwar von jedem allein. Die meisten Fürsten waren augenscheinlich geneigt, keine engere Verbindung mit dem Griechenkaiser einzugehen. Unter den Kreuzrittern hielten aber viele, wie der Chronist Fulcher von Chartres, den engen Anschluß an Byzanz im Interesse dieses und aller kommenden Kreuzzüge für notwendig[14].

Der erste, der sich vor die Frage gestellt sah, war Hugo von Vermandois. Aber der kam in Byzanz, wie wir sahen, in goldener Gefangenschaft an. Er leistete darum den von ihm erbetenen Lehenseid dem Kaiser. Ob er sich der Bedeutung dieses Schrittes bewußt war, wissen wir nicht. Jedenfalls schuf er einen Präzedenzfall für alle anderen. Der nächste war Herzog Gottfried. Ihn hatte unterwegs Bohemund durch eine Botschaft zum gemeinsamen Kampf gegen Byzanz überreden wollen. Das lehnte er ab, da er nicht ausgezogen sei, Christen zu bekämpfen. Aber den Lehenseid wollte er dem Byzantiner nicht leisten, nicht als Christi treuer Kreuzfahrer und nicht als deutscher Fürst. Aber in den drei Monaten, in denen er ohne andere Hilfe vor Byzanz lag, setzte ihm Alexios lange systematisch zu, um ihn zum Lehenseid zu nötigen. Er erbat Gottfrieds Besuch in der Stadt und den Eid. Gottfried lehnte ab. Daraufhin sperrte der Kaiser den Lebensmittelmarkt für das Kreuzheer, das nun mit Plünderungen antwortete. So ging es wiederholt hin und her. Die Plünderungen der Kreuzfahrer waren im allgemeinen keine Willkür, sondern gehörten in dies Geplänkel hinein. Schließlich griff Gottfried auf eine neue Kürzung der Lebensmittel hin die Stadt an, aber Alexios schlug den Herzog vor den Mauern. Nun mußte Gottfried den Lehenseid, durch seine Lage gezwungen, leisten und mit seinen Truppen auf das anatolische Ufer übersiedeln. Gelegentlich des Eides wurde Gottfried mit Ehren überhäuft, zum Adoptivsohn des Kaisers ernannt und mit reichen Geschenken bedacht. Aber er mußte anschließend an den Lehenseid geloben, alle Länder, die er erobern würde und die einmal zum byzantinischen Reiche gehört hatten, diesem zurückzugeben oder seiner Lehenshoheit zu unterstellen. Alexios zahlte nun Sold an das Heer Gottfrieds und sorgte für Verpflegung, betrachtete es also als eine Art von Söldnerheer. Es wurde auf das kleinasiatische Ufer übergesetzt, ehe weitere Kreuzfahrer ankamen. Es war ein großer Erfolg für Alexios. Denn die Bedrohung von Byzanz, die er als sehr

[14] Fulcher I, 9, 3, S. 179.

ernst angesehen hatte[15], war beseitigt, und der Kreuzzug Gottfrieds schien in die byzantinische Politik eingefügt. Wahrscheinlich konnte Gottfried, unter dem schweren Druck auf sich selbst gestellt, nicht anders handeln.

Ganz anders trat Bohemund Byzanz entgegen. Seinen Plan, mit Gottfried und den anderen Kreuzfahrern zusammen Byzanz anzugreifen, hatte er nach der Ablehnung durch Gottfried schnell aufgegeben. Nun warf er das Steuer vollkommen herum. Er wollte als Freund und Bundesgenosse von Alexios auftreten, ihm den Lehenseid leisten und von ihm mit der Führung des Kreuzzugs in den asiatischen Gebieten beauftragt werden[16]. Aber Alexios hatte von den Verhandlungen mit Gottfried und Bohemunds ersten Plänen Wind bekommen und sah deshalb dem Heranziehen der Kreuzfahrer, vor allem Bohemunds, mit dem allergrößten Mißtrauen entgegen. Alexios und Anna Komnena sprechen das in ihren Schriften mit aller Klarheit aus[17]. So nahm der Kaiser zwar den Lehenseid von Bohemund gern entgegen, gab ihm aber den ersehnten Auftrag nicht. Eine der wichtigsten Kreuzzugschroniken[18], die Gesta Francorum, berichten, Bohemund habe aber damals von Kaiser Alexios das Versprechen eines größeren Lehens unmittelbar bei Antiochia erhalten. Doch ließ sich neuerdings zeigen, daß diese Stelle später um 1105 als Fälschung in den Text eingeschoben wurde, als Bohemund in Frankreich für einen neuen Kreuzzug warb und dafür eine dokumentarische Grundlage für seinen Anspruch auf Antiochia haben wollte[19]. Dies Versprechen ist ihm also ebensowenig wie der erwünschte Auftrag damals gegeben worden.

Bohemunds Neffe Tankred lehnte dagegen den Lehenseid von vornherein mit voller Entschiedenheit ab. Um sich nicht zum Eid nötigen zu lassen, gingen er und Richard de Principatu sofort in bäuerlicher Kleidung heimlich auf das asiatische Ufer hinüber. Aber auch er entging später der Notwendigkeit nicht. Als man nach der Einnahme von Nicaea, im Begriff aufzubrechen, sah, wie sehr man auf die Hilfe des Griechenkaisers angewiesen war, leistete er den nun neuerdings verlangten Lehenseid. Allerdings bemühte er sich noch, für diese Leistung des Eides vom Kaiser eine besondere Zahlung herauszuschlagen[20].

Die zuletzt ankommenden Kreuzfahrer, Graf Robert von der Normandie, Graf Robert von Flandern und Graf Stephan von Blois, scheinen trotz ihres

15 Anna Komnena X, 5, 4 (II, S. 206/07) und Alexios „Die Musen", hrsg. von Maas = Byzantin. Ztschr. XXII (1913) Vers 328—329, S. 357/358.

16 Anna Komnena X, 11 (II, S. 230 ff.).

17 Anna Komnena X, 5, 4 (II, S. 206/07); X, 9, 1/2 (II, S. 220/21); X, 11, 1 (II, S. 230). Alexios siehe oben Anm. 15.

18 Gesta Francorum VI, 3, S. 171/72.

19 C. Krey, A neglected passage in the Gesta and its bearing on the literature of the first crusade = The Cruisades and other historical essays presented to Dana C. Munro I, 3 (1928).

20 Anna Komnena XI, 3 (III, S. 17).

ausgesprochenen Stolzes keinen Widerstand gegen den Lehenseid geleistet zu haben. Von Stephan besitzen wir einen Brief über seinen Empfang in Byzanz, in dem er sich so sehr geschmeichelt zeigt durch die Ehrungen, mit denen Alexios diese Herren empfing, daß wir uns daraus die Widerstandslosigkeit wohl erklären können[21].

Einzig Graf Raimund von St-Gilles weigerte sich, den Eid zu leisten, und blieb bei seiner Weigerung. Er begründete es damit, daß Christus der alleinige Herr der Kreuzfahrer sei und bleiben müsse. Er gelobte, daß er nichts gegen Leben und Stellung von Kaiser Alexios unternehmen werde. Und damit begnügte sich Alexios, sei es daß ihm der Lehenseid der übrigen Fürsten genügte, oder daß er einsah, daß man Raimund seiner besonders nahen Verbindungen mit Papst Urban wegen einen solchen Eid nicht abverlangen dürfe. Zwischendurch ließ sich allerdings auch Raimund auf Verhandlungen ein; er sei bereit, den Lehenseid zu leisten, wenn Kaiser Alexios selbst sich mit einem Heer an dem Kreuzzug nach Jerusalem beteiligen wolle. Doch das lehnte der Kaiser ab. Obwohl Raimund so den Eid verweigert hatte, zog der Kaiser in der Folge gerade ihn nahe zu sich heran[22], gab ihm Ratschläge für die den Türken gegenüber anzuwendende Kampfesweise. Nach dem Zeugnis von Anna Komnena wollte Alexios Raimund auf diese Weise für sich gewinnen, um ein Gegengewicht gegen Bohemund zu haben, dessen Treue er nicht traute.

Das Gesamtergebnis dieser Verhandlungen mit dem Griechenkaiser war für die Kreuzfahrer wenig günstig. Denn sie mußten das Unangenehme beider möglichen Verhaltensweisen auf sich nehmen: die Abhängigkeit von Byzanz und dazu das Mißtrauen des Kaisers, das durch Bohemunds erste Pläne hervorgerufen und nicht wieder zu beschwichtigen war. Mit der Hilfe von Byzanz konnten sie allerdings zunächst rechnen, doch auch nicht für lange Zeit. Man hatte die heimliche Feindschaft von Byzanz geweckt und doch die Selbständigkeit des Unternehmens aufgegeben, die der Preis nur für die volle und ehrliche Freundschaft des Kaisers hätte sein dürfen.

Der Zug bis Antiochia

Das erste Ziel des Feldzuges in Anatolien mußte die Eroberung von Nicaea sein, der Bvzanz auf dem asiatischen Ufer fast gegenüberliegenden Hauptstadt des türkischen Sultanats. Denn mit Nicaea im Rücken war der Vormarsch durch Anatolien unmöglich. An dieser Eroberung hatte aber auch Byzanz das allergrößte Interesse. Darum trug hier der Kampf ein Gepräge, das den getroffenen Abmachungen entsprach. Es war ein Kampf des byzantinischen Reiches, ausgefochten von den Kreuzfahrern als byzantinischen Hilfstruppen im Verein mit ordentlichen Streitkräften des byzantinischen Reiches.

[21] H. Hagenmeyer, Kreuzzugsbriefe IV, S. 138 ff.
[22] Albert von Aachen II, 20, S. 313.

Dabei zeigten die Kreuzritter die Art ihres Kämpfens von der ungünstigsten Seite: ohne auf das Gesamtheer zu warten, stürmten einzelne Ritterscharen ungeduldig und sinnlos gegen die festen Mauern. Dann erst schloß man die Stadt ein und begann eine regelrechte Belagerung. Doch kaum war diese recht in Gang gekommen, da nahte ein sehr großes Entsatzheer, geführt von dem Sultan Kylydsch Arslan, der damals nicht in seiner Hauptstadt Nicaea anwesend war, sondern im Osten von Anatolien gegen die Dänischmend's gekämpft hatte. Ihm stellten sich die Kreuzfahrer entgegen und schlugen es vollkommen, ein Erfolg, der für Byzanz von der größten Bedeutung war, ebenso aber auch für das Kreuzheer, dem dadurch Zuvertrauen und Mut gegeben wurde.

Aber noch war Nicaea nicht erobert. Noch fast 6 Wochen zog sich die Belagerung hin. Alle Nationen wetteiferten in der Herstellung von Belagerungsmaschinen. Aber die Stadt war nicht einzunehmen, solange sie über einen an die Stadt angrenzenden Binnensee Verbindung mit der Außenwelt hatte. Erst als der Kaiser Schiffe über Land in diesen See bringen ließ, konnte Nicaea sich nicht mehr halten. Die Stadt ergab sich aber nicht den gefürchteten Kreuzfahrern, sondern Byzanz. Die Verhandlungen wurden ohne ihre Kenntnis geführt. Als sie zum Sturm ansetzten, erschienen die byzantinischen Fahnen auf den Mauern. Das erbitterte die Kreuzfahrer sehr. Sie sahen sich um die erhoffte Plünderung der Stadt gebracht[23].

Ehe das Kreuzheer weiterzog, beschied Alexios dessen Führer noch einmal zu sich in sein Hauptquartier in Pelekanon. Dort forderte er den Lehenseid von allen Fürsten; Tankred leistete ihn damals noch. Alexios wußte diese Stunde noch sehr ehrenvoll für die Kreuzfahrer zu gestalten, wie er auch nach dem Siege über Kylydsch Arslan sie sehr reich beschenkt hatte. Der weitere Feldzug sollte in derselben Unterordnung unter Byzanz geführt werden. Doch die faktische Hilfe wurde sehr viel geringer. Ein Hilfskorps unter Tatikios und Petrus de Alpibus, einem provenzalischen Ritter in byzantinischen Diensten, zog zwar noch mit, doch das Hauptheer der Griechen wendete sich nun nach den Küstenländern, während das Heer der Kreuzfahrer quer durch Anatolien zog. Das war für die Kreuzfahrer ungünstig, weil im Inneren des Landes weite wüste Strecken lagen und weil dort mit stärkerem Widerstand zu rechnen war. Für Verpflegung sorgte allerdings Alexios noch bis etwa an die Grenzen seines Reiches.

Auf Anraten von Alexios ging damals vom byzantinischen Hauptquartier aus eine Gesandtschaft nach Ägypten ab, um dem dortigen Sultan oder seinem Großwesir ein Bündnis gegen die mit ihm verfeindeten türkischen Machthaber Syriens anzutragen[24].

Das Kreuzfahrerheer trennte sich in zwei Abteilungen, wohl um die Verpflegung zu erleichtern und eine allzulange Marschkolonne zu vermeiden.

[23] Raimund d'Agiles III, 239/40.
[24] P. comte Riant, Inventaire 175, S. 146/47.

Schon zwei Tage danach wurde die Gruppe Bohemunds von starken türkischen Kräften angegriffen. Kylydsch Arslan hatte sich mit seinem Gegner in Inneranatolien, Ghāzī ibn Dānischmend, versöhnt und gegen die Kreuzfahrer vereinigt. Bei Doryläum, dem heutigen Eisenbahnknotenpunkt Eskischehir, erwarteten sie die Heeresgruppe Bohemunds. Dieser wollte zunächst in seinem Stolz die Schlacht allein schlagen und erbat vom anderen Heereszug erst Hilfe, als er schon in großer Not war. Dann aber kamen die anderen Teile des Heeres, allen voran Gottfried mit wenigen Rittern, noch rechtzeitig. Das Türkenheer wurde völlig geschlagen und floh; 4 Tage hindurch soll die Flucht angehalten haben. Große Beute fiel in die Hände der Sieger. Dieser 1. Juli 1097 war zusammen mit dem Sieg von Nicaea für die Geschichte des Morgenlandes von der größten Bedeutung. Anatolien war von den Türken befreit und der schwer auf Byzanz lastende Druck für die nächsten Jahrhunderte aufgehoben. Die Schlacht von Mantzikert mit ihrem Mißerfolg war wieder wettgemacht.

Aber auch für die Kreuzfahrer selbst war dieser Sieg sehr wichtig. Nun war der Weg durch Anatolien frei. Denn nun nahte man sich bald Gebieten, in denen die aus ihrer eigentlichen Heimat vertriebenen Armenier sich angesiedelt hatten und die als Christen und als Feinde der Türken die Kreuzfahrer als Befreier begrüßten.

Aber ehe sie diese armenischen Landstriche erreicht hatten, waren andere große, durch den Charakter des Landes gegebene Schwierigkeiten zu überwinden. Denn jetzt führte der Weg durch die Steppe Phrygiens, die Salzwüste Lykaoniens und durch beschwerliche Gebirge, wie den Sultan-Dagh, und das alles in der glühenden Julisonne. Die Ritter hatten nun außerordentlich unter Durst und Hunger zu leiden, vor allem ertrugen die Pferde die Anstrengungen in dem ungewohnten Klima nicht. Doch hat man nach dem Zeugnis der Chronisten[25] durch den gemeinsamen Kreuzfahrerwillen und die religiöse Begeisterung in gutem Zusammenhalt und gegenseitiger Hilfe die Schwierigkeiten überwunden.

Als man Mitte August das reiche und fruchtbare Gebiet von Ikonium (Konja) erreichte, gab es zwar endlich Weideland für die ermatteten Pferde, aber der Sultan hatte das Land möglichst verwüstet und auch die Bewohner fortgetrieben.

Noch einmal schlugen die Franken die Türken bei Heraklea (Eregli). Nun hätte man zum Golf von Alexandrette und der kilikischen Ebene hinabsteigen können, die Entfernung betrug in der Luftlinie nur etwa 100 km. Doch man entschloß sich zu einem Umweg in nordöstlicher Richtung über Caesarea in Kappadokien, wohl um dies Gebiet, das immer für die Türken den Rückhalt in den Kämpfen gegen Byzanz geboten hatte, zu nehmen und an Byzanz zurückzugeben. So weit ging also die Treue gegenüber dem Abkommen von Byzanz.

[25] Fulcher I, 13, 5, S. 203.

Dieser Beschluß stieß auf den Widerstand zweier Kreuzzugsführer, die weniger loyal Byzanz gegenüber dachten und die außerdem die Absicht hatten, für sich selbst eine Herrschaft in dem reichen Lande Kilikiens zu gründen. Es waren dies Tankred, der ja schon in Byzanz den Treueid verweigert hatte, und Balduin, der Bruder Herzog Gottfrieds. Sie lösten sich von der Hauptmasse des Heeres und zogen ihre eigenen Wege. Damit beginnt eine neue Phase des Kreuzzuges, in der der Wille einzelner Fürsten, sich eine eigene Herrschaft im Orient zu gründen, oft in ganz unverhüllter Weise das religiöse Ziel des Kreuzzuges eine Zeitlang in den Hintergrund treten ließ. Sobald der Druck der drohenden Türkenheere nachließ und fruchtbarere Gebiete erreicht waren, traten immer diese eigennützigen Tendenzen einzelner Fürsten deutlich zutage.

Das Hauptherr zog nordöstlich nach Caesarea, das eroberte Land einem armenischen Fürsten überlassend. Dann wendete man sich wieder nach Südosten und erreichte am 3. Oktober Comana, das von Armeniern bewohnt und gerade von Türken belagert wurde. Beim Herannahen des Heeres flohen die Türken, und die Bewohner begrüßten die Kreuzfahrer als Befreier. Der weitere Weg bis Antiochia war sehr schwierig, da es das Gebirgsgelände des Antitaurus und anderer Berge zu überwinden galt. Die Bewohner dagegen machten keine Schwierigkeiten. Es waren meist Armenier, die die christlichen Ritter freundlich aufnahmen. Die eroberten Städte aber gab man getreu dem Abkommen an Byzanz zurück. Am 20. Oktober erreichte das Heer den Orontes kurz vor Antiochia.

Edessa

Währenddessen hatten Tankred und Balduin auf eigene Faust Eroberungen gemacht, jedoch nicht gemeinsam, sondern in steter Rivalität, ja sogar in offenem Kampf miteinander. Vor Mamistra lieferten sich die Heere beider eine richtige Schlacht. Auch das ist kennzeichnend für den ersten Kreuzzug, daß, sobald Fürsten des Kreuzheeres beginnen, sich eine eigene Herrschaft zu erobern, die Einheit und Einigkeit des Gesamtheeres zerfällt und einer erbitterten Rivalität und Feindschaft Platz macht. Unter diesen Verhältnissen wurden Tarsus, Adana und Mamistra erobert, aber es kam doch nicht zu der Begründung einer fränkischen Kolonie in diesem Raum. Man ließ zwar kleine Garnisonen in diesen Städten, die sich dank der Freundschaft der Armenier halten konnten, und Bohemund bemühte sich, als er Herr von Antiochia geworden war, diese Städte seiner Herrschaft anzugliedern. Doch es gelang auf die Dauer nicht. Ein Armenier schuf sich dort eine eigene Herrschaft.

Tankred und Balduin zogen nun getrennte Wege. Tankred eroberte noch die Hafenstadt Alexandrette und vereinigte sich dann wieder mit dem Hauptheer vor Antiochia. Balduin dagegen wandte sich auf den Rat eines Armeniers, Pakrad, der ihn begleitete, nach Osten zu dem großen Bogen des

Euphrat. Er eroberte ohne Mühe die beiden Städte Turbessel (Tell bāschir) und Ravendel (Rāwendān), mußte dort aber erleben, daß der Armenier Pakrad ein falsches Spiel gegen ihn spielte und ihn verriet. Die Schwierigkeit der armenischen Bundesgenossenschaft wurde offenbar. Doch Balduin wurde des Widerstandes Herr und zog weiter gegen Edessa, das heutige Urfa. Es war eine der reichsten und geistig bedeutendsten Städte von Syrien. Dort herrschte damals ein Armenier Thoros, der sich in geschicktem Doppelspiel zwischen Byzanz und den Seldschuken, die sich beide um die Stadt bemühten, zu halten wußte. Doch mußte er fürchten, diese Politik nicht mehr lange mit Erfolg treiben zu können. So rief er selbst den heranziehenden Balduin zu Hilfe. Und dieser kam eilends mit nur noch 200 Rittern. Thoros nahm ihn sehr freundlich auf, und auch die Gunst der armenischen Bevölkerung neigte sich ihm zu.

Es würde zuweit führen, darzustellen, wie Balduin mit einem geschickten Spiel zwischen Fürsten- und Volksgunst und einem steten Wechsel von Unterwürfigkeit, Freundlichkeit, Gewalt und List Thoros gegenüber sich schließlich in den alleinigen Besitz der Stadt setzte. Der letzte Akt war offenbarer Verrat an seinem Wohltäter Thoros. Aber er glückte. Thoros wurde von der Menge getötet, und Balduin war Herr von Edessa. Da es ihm gelang, zu den schon auf seinem Marsch eroberten Städten noch Samosata und Sarūdsch zu erwerben, verfügte er nun über ein stattliches und reiches Herrschaftsgebiet im Euphratbogen. Zur Festigung seiner Herrschaft warb er — und mit gutem Erfolg — unter den Kreuzrittern. Die Schätze, die Thoros angesammelt hatte und die in seine Hand gefallen waren, erlaubten ihm, diese fränkischen Ritter, die er in beherrschende Stellen einsetzte, gut zu entlohnen. Doch war Balduin klug genug, den Bogen nicht zu überspannen, so daß er die Gunst des armenischen Volkes nicht verlor. Einen Aufstand der armenischen Großen konnte er niederwerfen[26].

Eines sei noch zugefügt: Weder Tankred noch Balduin dachten daran, ihre Eroberungen Byzanz zu unterstellen. Sie hielten sich nicht mehr an das Abkommen mit dem Kaiser. Byzanz war jetzt weit.

Der Kampf um Antiochia

Antiochia war vor nicht zu langer Zeit noch byzantinisch gewesen. 1085 eroberte der Sultan Sulaimān ibn Kutlumisch die Stadt. Als die Kreuzfahrer ankamen, beherrschte sie im Auftrag des Sultans Jāghi Sijan aus dem Geschlecht der Arslan. Sein Oberherr war Ridwān von Aleppo. Doch war Jāghi Sijan mit diesem damals verfeindet.

[26] Quellen zur Eroberung von Edessa: Matthäus von Edessa = Matthaeos Urhajetzi = Recueil, Doc. armén. I, S. 29ff. — Michel der Syrer = Recueil, Doc. armén. I, S. 327/28. — Albert von Aachen III, 19ff., S. 352ff. — Fulcher I, 14, 5, S. 209ff.

Die Einwohner der Stadt waren großenteils Christen, d. h. Syrer, Armenier und Griechen christlichen Glaubens. Sie konnten unter der Herrschaft der Muslime ihre Religion ungestört ausüben. Das hatte bisher keine Schwierigkeiten ergeben, jetzt aber lag es nahe, daß diese Christen mit dem Kreuzfahrerheer sympathisierten, zumal da Jāghi Sijan selbst durch Mißwirtschaft eine ablehnende Haltung dieser Gruppen hervorgerufen hatte[27]. Deshalb verbannte Jāghi Sijan die ganze männliche christliche Bevölkerung aus der Stadt, während die Frauen und Kinder zurückblieben. Die Verbannten vereinigten sich mit den Franken und waren ihnen oft von Nutzen. Freilich war es eine unsichere Bundesgenossenschaft; denn gar manche arbeiteten heimlich auch als Spione für die Türken[28].

Zunächst lag über der Stadt eine lähmende Furcht. Über zwei Wochen lang wagte man keinen Ausfall, keinen Kampf. Der Eindruck der Siege der Franken in Anatolien muß gewaltig gewesen sein. Wahrscheinlich wäre ein schneller Handstreich der Kreuzfahrer auf die Stadt damals gelungen. Aber sie waren viel zu erschöpft von dem alle Kräfte in Anspruch nehmenden Marsch durch Anatolien. So blieb die Gelegenheit ungenutzt. 7 Monate zog sich nun die Belagerung hin.

Das Heer der Kreuzfahrer[29] genügte nicht, um die Stadt zunächst schon voll einzuschließen, besonders da das Gelände große Schwierigkeiten entgegenstellte. So ging zunächst lange Zeit mit Vorbereitungen aller Art hin, mit dem Bau von Kastellen vor der Stadt, von einer Brücke über den Oron-

---

[27] Kāmal ad-Dīn, Aleppo, S. 219 (ed. Röhricht).

[28] Al-Athīr, Kāmil al-tewārīkh = Recueil, Hist. orient. I, S. 192.

[29] Die Zahl der Kreuzfahrer ist sehr schwer anzugeben, da die mittelalterlichen Chronisten in ihren Zahlenangaben fast immer viel zu hoch greifen (Fulcher: 600 000 Mann beim Aufbruch von Nicaea aus, Albert von Aachen ebenso. Kāmal ad-Dīn: vor Antiochia 320 000 Mann, Ekkehard von Aura: 300 000 Kämpfer, H. Hagenmeyer, Kreuzzugsbriefe XVIII, 168: 300 000 usw.). Zwei Briefe, in denen der Patriarch von Jerusalem 1098 um Hilfe bittet, sagen, es stünden ihnen vor Antiochia noch 100 000 Gepanzerte zur Verfügung (H. Hagenmeyer, Kreuzzugsbriefe VI, 3, S. 142 und IX, 2, S. 147). Man sollte annehmen, daß diese Zahlen nicht zu hoch gegriffen seien, da man ein Interesse daran hatte, die Kleinheit des Heeres zu zeigen. Doch ist auch diese Zahl wohl noch zu hoch. Hans Delbrück (Hist. Ztschr. 47, N. F. 11 [1882], S. 423 ff.) berechnet aus den genauen Angaben über einen Flußübergang bei Eskishehir eine Heeressäule von 70 km Länge, was mit etwa 105 000 Mann gleichzusetzen wäre, von denen aber die wenigsten Schwerbewaffnete gewesen sein sollen. Diese Rechnung scheint mir im Bestreben, die Phantasiezahlen der Quellen zurückzuschneiden, doch weit über das Ziel hinauszugehen. Zuverlässige Grundlagen bietet erst der Bericht über ein Angebot Raimunds, die anderen Führer mit ihren Heeren in Sold zu nehmen mit einer nach der Größe der Kontingente gestaffelten Bezahlung. Doch davon muß unten noch die Rede sein. Jedenfalls müssen die Verluste in Anatolien und vor Antiochia sehr groß gewesen sein. Außerdem summieren sich doch die kleinen Garnisonen, die in Kilikien, und die größeren, die in Antiochia und der Grafschaft Edessa zurückgelassen wurden, zu stattlichen Zahlen von Kämpfern, die durch Anatolien mit dem Heer zogen.

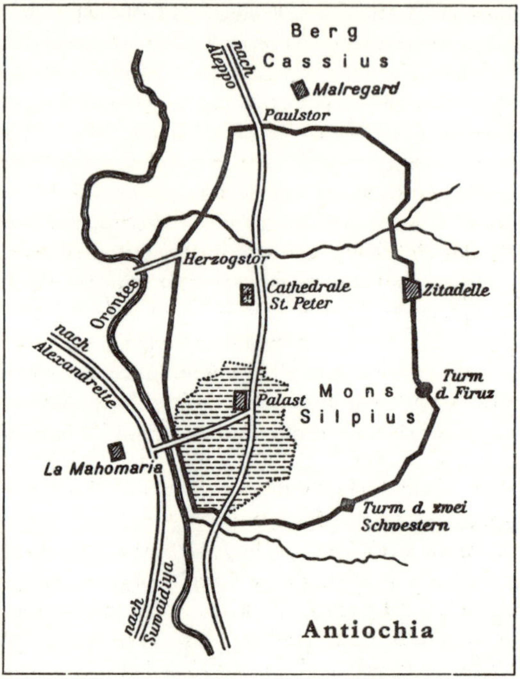

tes, von Belagerungsmaschinen u. a.[30]. Das Eintreffen einer genuesischen und anderer kleiner Flotten half hier um vieles weiter. Während dieser Zeit mußten ständig Ausfälle der Belagerten abgewiesen werden, die die Kreuzfahrer wiederholt in große Not brachten. Die Hoffnung aber, die sich einmal zeigte, zusammen mit zurückweichenden Feinden in die Stadt eindringen zu können, erfüllte sich nicht.

Doch die schlimmste Bedrängnis kam durch Hunger und Epidemien. Der Ertrag der um Antiochia liegenden reichen Gärten war bald aufgezehrt, besonders da man sich nach den Entbehrungen in Anatolien zuerst einmal gütlich getan hatte. Eine Abteilung, die unter Bohemund und Graf Robert von Flandern Nahrungsmittel aus dem reichen Gebiet am mittleren Orontes holen sollte, stieß auf ein gegen die Kreuzfahrer anrückendes Heer. Es schlug dieses, mußte aber ohne Nahrungsmittel zurückkehren. Vor allem fehlten Pferde, die schon auf dem Marsch durch Anatolien in großer Zahl ausgefallen waren. Ein Kreuzfahrerbrief berichtet, es seien in der einen entscheidenden Schlacht nur noch 700 Pferde zur Verfügung gewesen, und was ist ein Ritterheer ohne Pferde! Etwa im Januar 1098 erreichte die Hungersnot ihren Höhe-

[30] H. Hagenmeyer, Kreuzzugsbriefe XVII, S. 165, von 1098.

punkt. Zugleich wütete die Pest und andere Krankheiten. Wilhelm von Tyrus erzählt, es seien damals 500 Edelleute an diesen Epidemien gestorben.

In dieser Not halfen weithin die Armenier. Die Fürsten und Herren des Taurusgebietes lieferten den Franken Lebensmittel und was sie sonst benötigten, soweit sie dazu imstande waren. Auch die Mönche der „Schwarzen Berge" des Taurus schickten Nahrungsmittel. Doch auch hier war die Haltung der armenischen und syrischen Christen nicht eindeutig[31].

Eine gewisse Erleichterung schien in dieser Lage von außen zu kommen. Al-Afdal, der leitende Staatsmann Ägyptens, schickte eine Gesandtschaft die ein Bündnis anbot, augenscheinlich als Antwort auf die ihm aus Anatolien geschickte Botschaft. Allerdings beruhte das auf der falschen Annahme, daß die Kreuzfahrer nur erobern wollten, was einst byzantinisch war. Deshalb schlug al-Afdal eine Teilung von Syrien und Palästina vor, die den Franken Antiochia, den Ägyptern aber Jerusalem gab. Auf dieser Grundlage war natürlich eine Verständigung und ein Bündnis unmöglich. Aber immerhin eröffneten sich für die Zukunft hier neue Wege für die Politik der Kreuzfahrer. Man empfing die Gesandten freundlich und sorgte dafür, daß sie durch Übersendung abgeschnittener Türkenköpfe einen drastischen Eindruck von fränkischen Siegen bekamen. Aber eine Hilfe in der gegenwärtigen Not war es nicht. Im Gegenteil wurde die Aufgabe für die Franken noch schwieriger, da die Ägypter, die Wirren in Syrien benutzend, den Türken 1098 Jerusalem wegnahmen, so daß die Kreuzfahrer nun mit dem mächtigen Ägypterreiche um Jerusalem zu kämpfen hatten[32].

Auch nach Damaskus schickte man Gesandte, um dem Herren der Stadt, Dukak, der mit Ridwān von Aleppo verfeindet war, zu einem gemeinsamen Vorgehen gegen diesen zu gewinnen[33].

Das Auffallende an diesen beiden diplomatischen Schritten ist, daß das Kreuzfahrerheer, das doch alle Muslime als seine gegebenen Feinde ansehen mußte, sogleich, als sich eine Gelegenheit bot, bereit war, mit Ungläubigen Bündnisse abzuschließen. Daß man auf der anderen Seite ebenso dachte, ist weniger auffallend, da die Muslime damals wahrscheinlich in dem Zug der Kreuzfahrer einen Eroberungsversuch Fremder, aber keinen ausgesprochenen Glaubenskrieg sahen. Für die Kreuzfahrer wird aber an dieser Stelle deutlich, daß ihnen die Eroberung Jerusalems höherstand als der allgemeine Kampf beider Religionen.

Doch kehren wir zu der Belagerung zurück[34]. Neben den Schwierigkeiten

---

[31] Matthäus von Edessa S. 33. Lieferung an die Feinde: Gesta Francorum XI/X, 3, S. 291.

[32] Die Quellen über diese Gesandtschaft stellt Reinhold Röhricht in seiner Geschichte des ersten Kreuzzuges, S. 122, Anm. 4, zusammen. — Dazu auch R. Grousset I, S. 82 f. — Die Angaben Alberts von Aachen sind augenscheinlich ungenau und falsch (III, 59, S. 379).

[33] Al-Athīr I, S. 193/94.

[34] Wir stützen uns in unserem Bericht über die Vorgänge vor Antiochia vor allem

der Belagerung, der Hungersnot, den Epidemien und den Ausfällen der Belagerten brachten die Entsatzversuche der muslimischen Machthaber Vorderasiens die Kreuzfahrer in ernste Not. Das erste Entsatzheer kam von Dukak, dem Fürsten von Damaskus, und einigen Bundesgenossen. Es wurde, wie wir hörten, von Bohemund und Robert von Flandern am 31. Dezember 1097 bei al Bara geschlagen. Der Sohn Jāghi Sijans, der schon in Damaskus geworben hatte, ging nun weiter zu Ridwān von Aleppo. Daraufhin zog nun dieser mit den Herren von Jerusalem und Dschasīra zur Befreiung Antiochias aus. Die zahlenmäßige Übermacht der Muslime war ungeheuer. Und doch gelang es Bohemund, den Sieg dadurch zu erringen, daß er eine Stellung am See von Antiochia bezog, bei der die eine Seite durch den Orontes, die andere aber durch den See gedeckt war, so daß die Türken ihre Reiterscharen nicht ausschwärmen lassen konnten. Nun zogen die Werber für den Entsatz von Antiochia weiter zu dem Sultan von Persien, Barkijārok, und zu Körbogha, der an seiner Statt in Mossul herrschte. Der machte sich mit einem großen Heere auf, zu dem auch Dukak von Damaskus und andere Fürsten stießen. Doch da er auf dem Vormarsch drei Wochen lang vergeblich Edessa belagerte, zog sich seine Ankunft vor Antiochia hinaus.

Den einzigen Bundesgenossen aber, den die Franken dem drohenden Riesenheere Körboghas entgegenstellen konnten, Byzanz, verloren sie gerade in dieser Zeit. Das war das Werk von Bohemund. Bis dahin hatte der byzantinische Feldherr Tatikios mit einem Hilfskorps an der Seite der Kreuzfahrer gefochten. Da Bohemund nun alles daran lag, Antiochia, wenn es erobert war, selbst zu bekommen und es nicht an Byzanz zurückgeben zu müssen, so mußte er dafür sorgen, daß bei der Eroberung kein byzantinisches Heer und kein Feldherr des Kaisers mehr zugegen war und daß Byzanz in den Augen der anderen Fürsten so diskreditiert wurde, daß sie sich nicht mehr an den Vertrag von Byzanz gebunden fühlten. Beides gelang Bohemund auf einen Streich. Er wußte Tatikios einzureden, die anderen Fürsten seien ihm feindlich gesinnt und sännen auf seinen Untergang, da sie überzeugt seien, daß er mit den Türken konspiriere. Tatikios glaubte Bohemund und fuhr mit seinen Truppen unter einem Vorwand ab. Das aber erschien den Kreuzzugsführern als Verrat, sie sahen sich von Byzanz im Stich gelassen. Byzanz erschien nun dank der Überredungskunst von Bohemund als Feind, als treubrüchig. Nun glaubte man, auch seine eigenen Verpflichtungen aus dem Vertrag von Byzanz nicht mehr einhalten zu müssen.

---

auf die ausführliche Erzählung der Gesta Francorum XII, S. 239 bis XXIX, S. 381 und Alberts von Aachen III, 38, S. 365 bis IV, 56, S. 428. Dazu kommt Fulcher I, 15, S. 215 bis I, 24, S. 264. Weniger ausführlich, doch besonders zuverlässig sind die Briefe der Kreuzfahrer (H. Hagenmeyer, Kreuzzugsbriefe VI—XVIII, S. 141 ff.). Gut unterrichtet ist auch Anna Komnena, Alexias XI, 4 (III, S. 18 ff.) und ebenso über manche Einzelheiten Matthäus von Edessa, S. 32 ff., Al-Athīr, S. 192 ff., und Kāmal ad-Dīn, S. 219 ff. (ed. Röhricht).

So fiel die Hilfe durch Tatikios fort. Aber auch Alexios, der mit einem ansehnlichen Heer im Begriff war, durch Anatolien den Kreuzfahrern zu Hilfe zu ziehen, ließ sich durch die falsche Nachricht, daß das fränkische Heer schon vernichtet sei, bewegen, umzukehren. So standen die Kreuzfahrer allein dem kommenden Angriff gegenüber.

Die Kunde von dem Herannahen Körboghas hatte sich inzwischen unter den Kreuzfahrern verbreitet. Die psychologische Wirkung auf die durch Kampf, Entbehrungen, Krankheit und Hunger hart mitgenommenen Kreuzritter war erschreckend.

Eine Panik setzte ein. Weithin verloren die Kreuzfahrer den Mut. Viele flohen trotz der geringen Aussicht, allein oder in kleiner Schar die Heimat erreichen zu können. Die Gesta Francorum berichten: „Das geringere Volk und die armen Leute flohen nach Zypern, ins byzantinische Reich oder in die Berge" (XV, 2, S. 265). Aber auch Ritter flohen. Von einigen kennen wir die Namen: Graf Stephan von Blois und Chartres, einer der angesehensten Führer, Guillaume de Grandmesnil, Guillaume Charpentier, der Vizegraf von Melun und ebenso auch Peter von Amiens. Die beiden letzten wurden von Tankred eingeholt und zurückgebracht. Es zeigt sich hier eine Kehrseite, die die Kreuzfahrerfrömmigkeit haben konnte: die Labilität. Allzu hochgespannte Begeisterung und Erregung vermag leicht in das Gegenteil umzuschlagen.

In dieser schweren Lage griff nun der Mann ein, der sich vor Antiochia als der eigentliche Führer des Heeres erwies: Bohemund. Ein großer Teil des Heeres sah damals auf ihn als den Mann, der allein helfen konnte[35].

Bohemund hatte Beziehungen angeknüpft zu Fīrūz, einem Armenier, der, um unter der türkischen Herrschaft voranzukommen, zum Islam übergetreten war. Er hatte das Kommando über den „Turm der beiden Schwestern" und die angrenzenden Befestigungen. Jāghi Sijan, bei dem er in Ungnade gefallen war, hatte sein Vermögen eingezogen. Nun war bei ihm der Haß gegen diesen zur allein maßgebenden Triebfeder seines Handelns geworden. Er bot darum Bohemund unter bestimmten Bedingungen die Übergabe des Turmes an[36]. Bohemund schloß mit ihm ab, hielt aber alles geheim, bis er die Sicherheit hatte, daß die so eroberte Stadt ihm auch wirklich zufallen werde. Deshalb verlangte er im Rat der Fürsten, daß demjenigen der Für-

---

[35] Gesta Francorum XVII, 3, S. 268. Dort sagen die Kreuzzugsführer, als sie Bohemund die Führung in der Schlacht an dem Antiochiasee übertragen: „Du bist weise und klug, du bist groß und großmächtig, du bist tapfer und siegreich, du entscheidest im Krieg und richtest im Streit, tue du das ganz. Das Ganze liege in deiner Hand. Alles, was dir gut scheint, was wir und du tun sollen, das tue."

[36] Darüber und über das Folgende siehe Gesta Francorum XX, S. 293—311 mit den Anmerkungen H. Hagenmeyers. — Wilhelm von Tyrus V, cap. 11, S. 212. — Kāmal ad-Dīn, Aleppo, S. 221 ff. (ed. Röhricht).— Albert von Aachen IV, 15 ff., S. 399 ff. — Albert von Aachen III, 57, S. 378 ff. — H. Hagenmeyer, Kreuzzugsbriefe XVIII, 4—7, S. 168 ff.

sten, der sich so hervortäte, daß durch sein Bemühen die Stadt genommen würde, Antiochia gehören sollte. In einer ersten Sitzung lehnten die Kreuzzugsführer ab. Sie hätten alle in gleicher Weise die Not und Mühen der Belagerung getragen und wollten deshalb auch alle gemeinsam die Herrschaft über die Stadt haben. Doch Körbogha rückte immer näher. Das Kreuzheer drohte zwischen Antiochia und Körbogha erdrückt zu werden. Die Stadt mußte genommen sein, ehe das Entsatzheer ankam. Darum stimmten in einer zweiten Sitzung, die wahrscheinlich am 29. Mai, also einen Monat vor der entscheidenden Schlacht mit Körbogha stattfand, alle Fürsten, mit Ausnahme des Grafen Raimund von St-Gilles, dem Vorschlag Bohemunds zu unter Vorbehalt der Rechte des Griechenkaisers, wenn dieser seinen Verpflichtungen nachkomme.

Jetzt konnte Bohemund handeln. Er gab Fīrūz als Termin die Nacht vom 2./3. Juni an und lenkte an diesem Abend die Aufmerksamkeit des Feindes auf eine andere Stelle. In der Dunkelheit erstiegen auf einer von Fīrūz herabgelassenen Strickleiter 60 Mann den Turm. Doch Fīrūz war nicht zufrieden, da Bohemund nicht selbst unter diesen war. Man mußte ihn und andere erst holen, ehe Fīrūz den Weg freigab. Dann aber war die Stadt mit Ausnahme der Zitadelle, die sich hielt, in der Hand der Kreuzfahrer. Als der Sieg sich auf die Seite der Franken neigte, machten die syrischen und armenischen Einwohner mit ihnen gemeinsame Sache. Von ihnen wurde auch der flüchtende Jāghi Sijan erschlagen. Bohemund aber pflanzte sein Banner über der Stadt auf.

Dieser Erfolg war in erster Linie Bohemund zu verdanken, in zweiter Linie aber auch der Unterstützung durch Armenier und Syrer, zu denen ja auch Fīrūz gehörte.

Kaum war die Stadt gewonnen, so kamen auch schon die ersten Truppen Körboghas an. Sie schlossen nun ihrerseits die Stadt ein, einige der Trutzkastelle wurden von den Türken genommen. Ebenso wußte Körbogha mit der Zitadelle in Verbindung zu treten, wo noch der Sohn von Jāghi Sijan, Schams ad-Daula, befehligte. Es kam zu harten Straßenkämpfen, in denen der Feind aber nichts erreichte. Von neuem drohte der Hunger in verstärktem Maße. Doch das schlimmste war die völlige Mutlosigkeit vieler Kreuzritter. Manche zogen sich apathisch in Schlupfwinkel der Stadt zurück. Bohemund ging rücksichtslos dagegen vor. Er ließ Quartiere, die solche Winkel boten, in Brand setzen.

Die sehr große Zahl von Erscheinungen von Engeln, von Christus und von Heiligen, von denen gerade damals berichtet wird, zeigt die religiöse Not, die dieser Erschlaffung zugrunde lag. Nur die Sünden der Kreuzfahrer konnten verursacht haben, daß Gott sein Heer in solche Not kommen ließ. Da setzten nun Bußpredigten ein. Vor allem aber erließ man, um Gott zu versöhnen und „der Gerechtigkeit genugzutun", ein strenges Lagergesetz gegen Betrug, Diebstahl, Unzucht, Ehebruch und dergleichen Lagersünden.

Das hob schon die Zuversicht[37]. Entscheidend war aber erst die Auffindung der heiligen Lanze, von der schon die Rede war[38]. Voll Siegeszuversicht im Vertrauen auf Gottes Hilfe traten nun die Ritter zum entscheidenden Kampfe an.

Zunächst aber schickte man noch einmal eine Botschaft Körbogha entgegen. Ihr Führer war Peter von Amiens. Das ist auffallend nach seiner Flucht. Wahrscheinlich muß kurz vorher im Zusammenhang mit der allgemeinen religiösen Erregung eine Erneuerung der Kreuzzugsbegeisterung unter den „Armen" stattgefunden haben, die Peters Ansehen wieder hob. Soweit wir es noch feststellen können, hat Peter die Hoffnung gehabt, Körbogha zum Christentum bekehren zu können. In diesem Fall erklärten sich die Kreuzfahrer bereit, seine Ritter zu werden und Antiochia ihm zu unterstellen. Im anderen Fall wolle man kämpfen, und zwar schlug man Entscheidung durch einen Zweikampf vor[39]. Das scheint die Botschaft gewesen zu sein, ausgeschmückt noch mit einigem Bramarbasieren, das an homerische Helden erinnern kann. Doch Körbogha lehnte alle Verhandlungen ab.

So kam es am 28. Juni zum Kampfe. Das ganze Heer glaubte, als es zum Angriff vorging, die himmlischen Heerscharen von den Bergen zu Hilfe eilen zu sehen. Die heilige Lanze wurde vorangetragen, und die Ritter kämpften mit wildem Mut gegen die vielfach überlegenen Heere Körboghas.

Das muslimische Heer dagegen zog mit einer schweren Belastung in den Kampf: denn die alte Feindschaft der Brüder Ridwān von Aleppo und Dukak von Damaskus ruhte nicht und brachte Unfrieden ins Lager. Auch der Emir vom Homs fürchtete eine Blutrache von seiten Ridwāns. Außerdem aber waren alle Emire über die schlechte Behandlung durch Körbogha erbittert. Das an sich schon lockere feudale Gefüge des Türkenheeres wurde durch diese verschiedenen Faktoren noch schwächer. Zudem war Körbogha so siegesgewiß, daß er den ungedeckten Aufmarsch der Franken nicht störte. So siegten die Kreuzfahrer. Körbogha und sein Heer flohen. Bis in die Gegend von Harīm verfolgten sie die Sieger. Die Beute war groß.

Auch die Zitadelle von Antiochia konnte sich nun nicht mehr halten. Raimund von St-Gilles schickte sein Banner, um es aufpflanzen zu lassen. Aber die Türken verlangten das Bohemunds, so groß war sein Ansehen auch bei

---

[37] Albert von Aachen III, 57, S. 378 ff. — Hagenmeyer, Kreuzzugsbriefe XVIII, 4—7.

[38] Siehe oben S. 27/28.

[39] Die Berichte über diese Gesandtschaft widersprechen sich zunächst sehr. Wilhelm von Tyrus VI, cap. 15, S. 258. — Albert von Aachen IV, 44, S. 420, und 45, S. 420. — Gesta Francorum XXVIII, 2, S. 363 ff. — Raimund d'Agiles 11, S. 259. — H. Hagenmeyer, Kreuzzugsbriefe XV, 18, S. 159. — Al-Athīr I, 194. — Ibn Khaldun = Röhricht, Quellenbeiträge, S. 6 und 28. Doch ergibt näheres Zusehen, daß der Bericht von Wilhelm von Tyrus der beste ist, mit dem sich das Wesentliche der anderen Berichte in Einklang bringen läßt, wobei die arabischen zuungunsten der Kreuzfahrer übertreiben.

dem Feind. Man ließ der Besatzung die Wahl, zum Christentum überzutreten und sich den Kreuzfahrern anzuschließen oder mit freiem Abzug das Land zu verlassen. So glimpflich ging man zunächst noch mit dem Feind um. Leider machten die Armenier diese Absicht zunichte und erschlugen aus altem Haß die Abziehenden.

Wie aber sollte man sich nun nach dem Sieg Byzanz gegenüber verhalten? Die Fürsten schickten als Gesandte Hugo von Vermandois und Balduin von Mons dorthin mit dem Auftrag, den Kaiser an seine Verpflichtungen, an ihrer Seite zu kämpfen, zu mahnen. Gleichzeitig aber sollten sie erklären, die Fürsten hielten sich für ihrer Eide entbunden, wenn die Hilfe des Kaisers nicht einträfe. Augenscheinlich rechnete man schon mit dem letzteren Fall. Die Gesandten gingen ab, kamen aber niemals wieder. Balduin wurde unterwegs ermordet, Hugo aber zog es vor, von Konstantinopel aus nach Hause zu fahren. Erst neun Monate später, im April 1099, traf eine neue Botschaft von Alexios bei den Kreuzfahrern ein. Da aber dachte außer Raimund von St-Gilles niemand mehr daran, Antiochia dem Kaiser zu übergeben.

Mit dem Sieg über Körbogha war ein wesentlicher Abschnitt in der Geschichte des ersten Kreuzzugs erfolgreich zu Ende geführt. Antiochia war gewonnen und der dreimalige Versuch der muslimisch-türkischen Welt, die Kreuzfahrer an ihrem Zug zu hindern und sie zu vernichten, war abgeschlagen. Von den Seldschuken Syriens, Anatoliens, Mesopotamiens und Persiens war nun auf absehbare Zeit mit einem Angriff nicht mehr zu rechnen. Allerdings stand die Auseinandersetzung mit Ägypten noch bevor. Auch war dieser Erfolg mit schweren Verlusten erkauft. Wahrscheinlich hat das Kreuzheer etwa die Hälfte seines Bestandes in Anatolien und vor Antiochia eingebüßt. Hier war die schwerste Krise des Zuges zu überwinden, hier hat sich das Heldentum der Kreuzfahrer und die zähe Energie und Stoßkraft, die ihnen ihr Gottesstreiterglaube gab, auf das glänzendste bewährt. Es mußte sich nun zeigen, ob das Kreuzfahrerheer noch die äußere und innere Kraft hatte, den Zug bis zur Eroberung Jerusalems zu Ende zu führen.

Von Antiochia nach Jerusalem

Es hätte nahegelegen, sofort nach dem Sieg weiterzuziehen, um so schnell als möglich aus der verseuchten Stadt herauszukommen und, in der Erwartung, daß der Schrecken, den die Siege vor Antiochia verbreitet hatten, jeden Widerstand lähmen würde, schnell vorzustoßen. Doch man blieb. Einmal fürchtete man die heiße Jahreszeit, außerdem wollte man dem Heer Ruhe gönnen. Unausgesprochen kam dazu, daß die Frage der Herrschaft über Antiochia noch nicht geklärt war, daß man noch auf Antwort des byzantinischen Kaisers wartete und vor allem daß auch andere Fürsten daran dachten, sich in dem reichen Land der syrischen Küste eine Herrschaft zu gründen, so wie es Balduin in Edessa und Bohemund in Antiochia gelungen war. Sobald nur die dringendste Gefahr überwunden war, erwies sich das Gefüge des

Kreuzheeres — darin ein typisches Feudalunternehmen — als sehr locker. Da außerdem die Seuchen in Antiochia immer weiter um sich griffen, verließ, wer nur irgend konnte, die Stadt und damit das Heer. Viele zogen nach St.-Simeons-Hafen ans Meer, andere folgten der Aufforderung Balduins nach Edessa. Bohemund ging nach Kilikien, um die dort seinerzeit besetzten Städte Tarsus, Adana, Mamistra und andere in seine Herrschaft einzugliedern. Auch Gottfried zog in das Gebiet seines Bruders, der ihm die Städte Turbessel und Ravendel überließ, so daß Gottfried nun darangehen konnte, sich dort eine eigene Herrschaft zu gründen, besonders da es gelang, auch Azaz (Hasart) noch den beiden Städten zuzufügen. Er gab diese Pläne später auf. Ob er sich mit seinem Bruder entzweit hatte oder warum, wissen wir nicht. Er versuchte dann zusammen mit Robert von Flandern, Dschabala oder Gibel (an der Küste zwischen Antiochia und Tripolis) für sich zu erobern.

Währenddessen wandte sich Graf Raimund von St-Gilles nach Südosten. Dort eroberte er die Städte al-Bara und Maʿarrat an Nuʿmān. Er setzte in al-Bara einen Franken als Bischof ein, verwandelte die große Moschee in eine Kirche, begann also schon hier, sich eine Herrschaft auszubauen.

Ja so weit ging die Auflockerung des Ganzen, daß ein einzelner Ritter mit einer Schar, die er um sich sammelte, in Tell Mannas eine eigene Herrschaft zu begründen versuchte.

In Antiochia selbst aber bekämpften sich Bohemund und Raimund von St-Gilles auf das bitterste. Beide hatten bei der Eroberung Teile der Stadt besetzt und standen sich dort feindlich, ja sogar kämpfend gegenüber, bis es schließlich Bohemund durch einen Handstreich gelang, in Abwesenheit Raimunds dessen Leute zu vertreiben. Vier Beratungen der Fürsten in dieser Frage führten zu keinem Erfolg. Dabei trat Raimund, der in Byzanz alle Bindung abgelehnt hatte, energisch für die Rückgabe der Stadt an Byzanz ein, während Bohemund sich aller Verpflichtungen durch die Haltung von Byzanz ledig erklärte. Es war dies für Raimund der Weg, auf dem er am besten Bohemund entgegentreten konnte. Und das entschied. So groß war der Haß eines Fürsten auf den anderen.

Das ganze Heer drohte auseinanderzufallen. Das verstärkte sich noch dadurch, daß die Führer kurz nach dem Körboghasieg die kleineren Herren und einzelnen Ritter, die selbständig am Kreuzzug teilnahmen, auffordern ließen, in ihren Dienst zu treten. Sie wollten dann gern für ihren Unterhalt sorgen. Viele wirtschaftlich Schwache mußten darauf eingehen, da sie bei der langen Dauer des Zuges wirtschaftlich nicht in der Lage waren, ihre Selbständigkeit zu wahren[40]. Das aber förderte wiederum die Zerspaltung des Heeres in einzelne Gruppen, die den großen Herren untertan waren.

Die Gefahr des Auseinanderfallens wurde noch größer dadurch, daß damals der Mann starb, der bisher kraft seines Auftrages und kraft seiner Persönlichkeit ein Gegengewicht gegen die auseinandertreibenden Tendenzen

[40] Gesta Francorum XXX, 4, S. 385.

gebildet hatte: Bischof Ademar von Puy. Er wurde ein Opfer der Seuche. Er muß im stillen doch einen beträchtlichen Einfluß auf die Fürsten gehabt haben und wußte ihn im Sinne der Einheit und Einigkeit zu verwenden. Auch nahm er sich sehr der Gruppe der „kleinen Leute“ des Kreuzzuges an, der pauperes, wie die Quellen sagen, die dadurch, daß sie in keiner Lehensuntertänigkeit standen, und ebenso durch ihren reinen Kreuzzugswillen immer ein einigendes Element in dem Kreuzheere darstellten. Ebenso wußte er zu vermitteln, wo es zu Streitigkeiten mit den einheimischen Christen, Armeniern und Syrern kam.

Ademar wurde aufrichtig betrauert. Die Kreuzzugsführer schickten nach seinem Tod ein Schreiben an Papst Urban II.[41], in dem sie baten, der Papst möge doch selbst kommen, die Führung des Zuges übernehmen und die Beziehungen zu den Nestorianern u. a. klären. Man sieht die Ratlosigkeit der Fürsten hinter dieser Bitte, die so wenig Aussicht auf Erfolg haben konnte. Man spürte, daß man eine Führung brauchte, vor allem dort, wo es um andere als militärische Fragen ging. Lieber als daß einer der Fürsten die Führung einem anderen gönnte, wollte man die geistliche Leitung durch den Papst auf sich nehmen[42].

In dieser schweren Krise des Kreuzzuges zeigte sich die Bedeutung desjenigen Teiles des Kreuzheeres, den die Chroniken gern „das Volk“ nennen. Wir sprachen oben gelegentlich des Todes von Bischof Ademar von diesen Gruppen. Es sind die Teile des Kreuzheeres, die den Wallfahrern nahestehen; gewiß sind sie auch Kämpfer, meist als Fußsoldaten. Zugleich sind es diejenigen, die die Kreuzzugsbegeisterung am reinsten bewahrt haben. Denn bei ihnen fehlte ein egoistisches Interesse, wie es die Fürsten zur Eroberung eigener Herrschaften trieb. Sie umschließen auch die pauperes, die einst Peter von Amiens zugejubelt hatten, soweit sie noch am Leben waren. Dies „Volk“ murrte jedesmal, wenn die Fürsten sich nicht in der Antiochia-Frage einigen konnten und den Aufbruch hinausschoben. Von einem viermaligen, sich stets steigernden Aufbegehren dieser Scharen wissen unsere Chroniken zu erzählen. Zuletzt setzte man alle Hoffnung auf Raimund von St-Gilles, dessen echte Kreuzzugsfrömmigkeit man kannte und der noch zur Stelle war. Als dieser dann aber nach Süden zog und nicht den Weg nach Jerusalem einschlug, sondern sich Maʿarrat an Nuʿmān eroberte und Anstalten machte, sich dort festzusetzen, zerstörte ihm das „Volk“ diese Stadt, um ihn an solchen eigenmächtigen Unternehmungen zu hindern. Da gab Raimund nach und brach nach Jerusalem auf, zunächst nur an der Spitze seiner Leute und des „Volkes“. Er ging dabei barfuß, um den religiösen Charakter des Zuges der Kritik gegenüber zu betonen.

---

[41] H. Hagenmeyer, Kreuzzugsbriefe XVI, 12, S. 161 ff. = Fulcher I, cap. 24, S. 258 ff.

[42] Vgl. auch Frederic Duncalf, The pope's plan for the first crusade = The Crusades and other historical essays presented to Dana C. Munro (1928) S. 54.

Raimund erscheint in diesen Monaten als der unbestrittene Führer des Kreuzzuges. Das spricht sich deutlich auch darin aus, daß er im Januar 1099 in einer Besprechung in Rugia den anderen Führern außer Bohemund vorschlug, den weiteren Zug in seinem Sold auszuführen. Er bot Herzog Gottfried 10000 Goldsolidi, Robert von der Normandie ebensoviel, Robert von Flandern 6000 und Tankred 5000. Sein Vorschlag wurde nicht angenommen, aber die Tatsache, daß er ihn machte, zeigt seine damalige Stellung im Kreis der Fürsten.

Die hier angegebenen Zahlen sind aber auch darum sehr wertvoll, weil sie, entgegen allen übertreibenden und blind schätzenden Angaben der Chroniken, eine zuverlässige Grundlage für eine Schätzung der Herre der Kreuzfahrerheere geben. Denn daß die Abstufung der Zahlen der Größe der Heere entsprechen muß, scheint einleuchtend. Man hat angenommen, daß 10 Solidi für den Ritter berechnet sind. Das ergäbe für Gottfried und Robert von der Normandie je 1000 Ritter, für Robert von Flandern 600 und für Tankred 500. Bohemunds Heer, das von vornherein als ziemlich klein bezeichnet wird, kann dann auf etwa 500—600 Ritter geschätzt werden, Raimunds Heer dagegen auf über 1000 Ritter. Die Zahlen des 1096 ausziehenden Heeres wird man aber um fast die Hälfte größer zu denken haben, da die Verluste vor Antiochia und in Anatolien so groß gewesen sein sollen. Neben diesen Rittern stand im allgemeinen etwa das siebenfache an Fußsoldaten. Das wird freilich auf den ersten Kreuzzug nur sehr ungefähr zutreffen. Vor Jerusalem muß aber mit einer noch viel kleineren Zahl von Rittern gerechnet werden (etwa 1200 bis 1500)[43]. Bald, in Kafartāb, stießen Robert von der Normandie und Tankred mit ihren Heeren zu Raimund. Gemeinsam setzte man den Vormarsch fort. Er machte zunächst keine großen Schwierigkeiten. Denn in Schaizar, Homs und Tripolis hatten sich unter der Herrschaft der Seldschuken arabische Herren mit weitgehender Selbständigkeit erhalten. Sie schlossen sich um der gemeinsamen Gegnerschaft gegen die Seldschuken willen gern den Kreuzfahrern an, boten ihnen freien Durchzug und freien Markt für Lebensmittel an. Die Landschaften aber, durch die man nun zog, vor allem am Orontes und die Ebene Beqā, waren meist fruchtbar. Die mächtigen Städte an der Küste mied man, da man zu schwach war, um sie zu bezwingen. Aber die stolze alte Burg Hisn al-Akrād, das sogenannte Kurdenschloß, fiel in die Hand der Kreuzfahrer. Es ist später unter dem Namen Krak des Chevaliers eine der stärksten und berühmtesten Burgen der Kreuzfahrer geworden, und heute noch zeugen große Ruinen von seiner Macht.

So erreichte man die Gegend von Tripolis. Auch hier war der Emir der Stadt, Ibn ʿAmmār, den Kreuzfahrern freundlich gesinnt und bereit, einen

[43] Vgl. dazu auch S. 123 ff. und Anmerkung 12 desselben Kapitels. Neuerdings zu diesen Zahlen: St. Runciman, A History of the crusades I, S. 169 und 336 f. (Hier stimme ich mit Runciman nicht voll überein.) Dazu Robin Fedden, Crusader Castles (London 1950) S. 13.

günstigen Vertrag abzuschließen. Es wäre ohne weiteres möglich gewesen, ohne Aufenthalt weiterzuziehen. Aber Raimund wurde seinem Vorsatz untreu. Vor ihm lag verlockend das reiche Land um Tripolis mit den Abhängen des Libanon. Da konnte er der Versuchung nicht widerstehen, den Kreuzzug wieder zurücktreten zu lassen und zu versuchen, sich hier eine Herrschaft zu erobern. Tripolis selbst war zu stark, als daß man es angreifen konnte. So belagerte man die benachbarte, Tripolis gehörige Feste 'Arka. Doch die Belagerung zog sich in die Länge, und der Kreuzzug stockte.

Da streute, um die Kreuzfahrer zu vertreiben, der Emir von Tripolis das Gerücht aus, der Kalif von Bagdad ziehe mit einem großen Heer gegen die Franken heran. Raimund glaubte es und schickte den Bischof Peter von Narbonne zu Herzog Gottfried und Robert von Flandern, die gerade Dschabala belagerten, um dort eine Herrschaft für Gottfried zu schaffen. Sie gaben auf diese Nachricht hin — wenn auch sehr ungern — die Belagerung auf und stießen zu Raimund. Nun war also das ganze Kreuzfahrerheer wieder vereinigt, mit Ausnahme von Bohemund und Balduin, die beide auch an der Eroberung von Jerusalem nicht teilnahmen. Sie waren dem Kreuzzugsgedanken im strengen Sinn untreu geworden. Kaum aber waren Gottfried und Robert angekommen, als sich die Unwahrheit des Gerüchtes herausstellte.

Vor 'Arka erreichte nun die vereinigten Kreuzfahrer die Antwort des Kaisers Alexios auf ihre Botschaft (April 1099). Er führte lebhaft Klage über die Besitznahme Antiochias durch Bohemund entgegen allen mit Byzanz getroffenen Abmachungen. Andererseits stellte er sein Erscheinen mit einem Heere als Hilfe zur Eroberung Jerusalems in Aussicht, wenn man bis zum Johannistag, also fast ein Vierteljahr, warten wolle. Alle Fürsten außer Raimund lehnten das ab. Denn sie drängten zum Weitermarsch nach Jerusalem; eine weitere Verzögerung erschien dem „Volk" des Kreuzzuges gegenüber unmöglich. Außerdem war die Besitznahme Antiochias durch Bohemund jetzt zur festen Tatsache geworden, die sich nicht mehr ändern ließ. Nur Raimund wollte warten. Denn nur im Bund mit Byzanz konnte er Bohemund Antiochia wieder entreißen. Außerdem hoffte er, bis zur Ankunft des Kaisers sich um Tripolis eine Herrschaft schaffen zu können. Mit dieser Entscheidung war nun klar, daß die eroberten Gebiete Syriens und Palästinas fränkisches Land würden; zugleich ergab sich aber auch, daß mit einer starken Hilfe von Byzanz für den Kreuzzug und die künftigen fränkischen Herrschaften nicht mehr zu rechnen war.

Raimund mußte nachgeben, wie der Chronist berichtet, mit Tränen des Schmerzes und des Zorns. Als Führer des Zuges hatte von nun an nicht mehr er, sondern Herzog Gottfried zu gelten[44].

---

[44] Auch der Versuch Raimunds, durch eine Vision, die der bekannte Peter Bartholomäus gehabt haben sollte und die den Sturm auf Arka befahl, die Kreuzfahrer zu beeinflussen, mißlang völlig. Im Gegenteil wurden die alten Beschuldigungen gegen Peter in der Angelegenheit der heiligen Lanze wieder laut. Damals kam es zu der

Übersieht man den Aufbruch von Antiochia zum Zug gegen Jerusalem[45], so wird deutlich, daß die Kreuzzugsführer alle (mit Ausnahme vielleicht von Tankred) damals bereit waren, ihren Kreuzzugswillen, ihr Gotteskämpfertum für die Heilige Stadt Jerusalem zu verraten, es zu vergessen angesichts der Möglichkeit, sich eine eigene Herrschaft im reichen Syrien zu begründen. Das ist kein Ruhmesblatt in ihrer Geschichte. Andererseits muß bei solchen religiösen Bewegungen, besonders wenn sie mit solcher Begeisterung und Ekstase in Erscheinung treten, mit Rückschlägen und einer gewissen Labilität gerechnet werden. Auch haben wir ja anfangs schon gesehen, in wie eigentümlicher Weise sich in dem Kreuzzugwillen religiöse Forderungen und persönliche egoistische Interessen mischten.

Der Zug von Tripolis nach Jerusalem ging nun von April bis Juni 1099 ohne größere Schwierigkeiten vor sich. Al-Afdal, der Wesir von Ägypten, versuchte, als das Kreuzheer bei Beirut ägyptisches Gebiet betrat, nochmals durch eine Gesandtschaft, sie von der Eroberung Jerusalems abzuhalten, doch vergeblich. Aber mit Gewalt trat Al-Afdal den Franken nicht entgegen. Dazu hatte er nicht genügend Truppen zur Hand.

Der Emir von Tripolis, gereizt durch die Belagerung 'Arkas, versuchte sich von seinem Angebot der Unterstützung der Kreuzfahrer wieder zurückzuziehen und den Franken unfreundlich entgegenzutreten. Doch als seine Truppen vor den Toren der Stadt geschlagen wurden, gab er die verlangte Unterstützung. Beirut und Akkon verhielten sich ähnlich und versprachen wie Tripolis den Anschluß an die Kreuzfahrer, wenn Jerusalem erobert sei.

Den einmal auftauchenden Plan, zunächst Ägypten im eigenen Land anzugreifen, da dann Jerusalem von selbst ihnen zufallen müsse, verwarf man glücklicherweise, da dazu die vorhandenen Ritter in keiner Weise ausreichten. So zog man über Beirut, Sidon, Tyrus, Akkon, Haifa, Caesarea, Arsuf, Ramla und Emmaus auf Jerusalem zu.

In Emmaus erreichte eine Gesandtschaft der Christen von Bethlehem und der aus Jerusalem vertriebenen Christen Herzog Gottfried. Sie baten um möglichst schnelle Hilfe. Herzog Gottfried schickte daraufhin eine kleine Abteilung von 100 Rittern unter Balduin von Bourg und Tankred nach

---

besprochenen Feuerprobe. Peter starb wenige Tage darauf an den dabei erlittenen äußeren und inneren Verletzungen.

[45] Die Quellen für diesen Abschnitt der Kreuzzugsgeschichte sind hauptsächlich die Gesta Francorum (XXX—XXXVII, S. 381—460) und Wilhelm von Tyrus (VII, 1—25, S. 277—317). Kürzer ist der Bericht bei Albert von Aachen (V, 1—46, S. 433—464) und Fulcher (I, 25, S. 265—281). Wichtiger als diese kürzeren Darstellungen ist die von Raimund d'Agiles (Recueil, Hist. occ. III, S. 264 ff.). Einen authentischen Bericht der Kreuzfahrer selbst bietet der Brief der Kreuzfahrerfürsten an den Papst von 1099 (H. Hagenmeyer, Kreuzzugsbriefe XVIII, S. 168). Von arabischen Quellen steht hier die Chronik von Aleppo des Kāmal ad-Dīn an erster Stelle (= Rec., Hist. orient. III, 577 ff.). Von modernen Darstellungen ist vor allem R. Grousset (I, 108—152) und R. Röhricht (Geschichte des ersten Kreuzzuges S. 153 bis 182) sowie St. Runciman zu nennen.

Bethlehem. Damit war die erste der heiligen Stätten erreicht. Die Ritter wurden dort als Befreier festlich empfangen, die ganze christliche Bevölkerung zog ihnen singend entgegen. Sie begrüßten sie mit den Worten: „Gott sei gedankt, daß wir heute das sehen dürfen, was lange unsere Sehnsucht war, daß ihr, unsere christlichen Brüder, gekommen seid, das Joch unserer Knechtschaft zu durchbrechen und die heiligen Orte zu Jerusalem wiederherzustellen ..." Tankred pflanzte sein Banner auf der Marienkirche von Bethlehem auf. Dann kehrten sie schnell zum Hauptheer zurück. Das Heer wartete schon mit Spannung und Unruhe darauf, nun die Heilige Stadt zu erreichen. Am Abend des 7. Juni 1099 erblickten die Kreuzfahrer zum erstenmal Jerusalem. In tiefer Ergriffenheit fielen alle auf die Knie und priesen Gott unter strömenden Tränen. Der Berg aber, von dem aus sie zuerst Jerusalem sahen, hieß für sie nur noch Mons Gaudii, Montjoye, der Berg der Freude.

Die Eroberung von Jerusalem

Jerusalem stand als Festung weit hinter Antiochia zurück. Doch hatte Iftichār ad-Dīn, der ägyptische Kommandant, alles getan, um die Stadt in einen guten Verteidigungszustand zu setzen, sie auch reichlich mit Proviant u. a. versehen. Doch die Hauptschwierigkeiten bot die Natur des Landes. Denn Jerusalem liegt in gebirgigem Gelände. Nach Osten und Südosten fällt der Berg, auf dem die Stadt liegt, so steil in das Kidrontal (Tal Josaphat) ab, daß eine Einschließung von dieser Seite aus zunächst gar nicht versucht wurde. Dadurch blieben die Verteidiger lange in Verbindung mit der Außenwelt, vor allem mit Ägypten. Erst kurz vor der Einnahme schnitt man auch diesen Weg ab.

Zudem ist das Land außerordentlich arm an Wasser, damals wie heute noch[46]. Die Muslime hatten auch, ehe das Heer kam, alle noch vorhandenen Brunnen und Quellen zerstört, verdorben oder versteckt, so daß die Beschaffung von Wasser für Menschen und Pferde außerordentlich schwer war. Viele Meilen weit her mußte man Wasser holen, teilweise aus dem Jordan. Auch an Brot bestand bald große Not. Denn die Umgebung Jerusalems bot kein Getreide. Dazu fehlte Holz ganz, das man für den Bau von Belagerungsmaschinen dringend brauchte. Denn das Land um Jerusalem ist gänzlich waldlos. Syrische christliche Einwohner halfen den Kreuzfahrern, Wasser zu finden, und zeigten ihnen, von wo Holz auf weite Entfernungen mit Kamelen herbeigeschafft werden konnte.

Zu alledem war das Heer der Kreuzfahrer nur noch klein, war aber belastet mit einer großen Zahl von Nichtkämpfern, die aber doch auch ernährt

[46] Wilhelm von Tyrus VIII, cap. 4 u. 7, S. 327 u. 333.

sein mußten. Und dies Heer mitsamt allen mitziehenden Scharen war ermattet von dem Marsch. Allerdings gab andererseits die Tatsache, daß man vor Jerusalem stand, dem Kreuzheer, entsprechend der Eigenart seiner Frömmigkeit, neue Kraft.

Am 13. Juni versuchte man es mit einem Sturm auf die Stadt, der zwar mit wilder Kühnheit und einem Mut, wie ihn nur die sichere Überzeugung

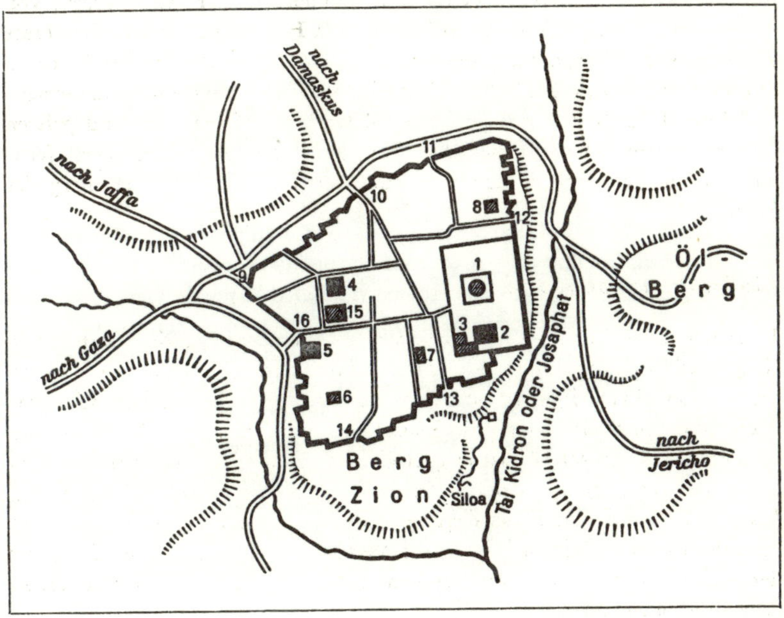

Jerusalem

1. Felsendom
2. Al-Aksa-Moschee
3. Königsschloß und Templerhaus
4. Grabeskirche
5. Davidsturm
6. St. Jakob
7. St. Maria
8. St. Anna
9. Lazarustor
10. Damaskustor
11. Blumentor
12. Josaphattor
13. Siloa-Tor
14. Zionstor
15. Johanniter-Hospital
16. Davidstor oder Jaffator

von der Hilfe Gottes geben konnte, aber ohne die nötigen Leitern und anderen Sturmgeräte unternommen wurde. Er führte zu keinem dauernden Erfolg, ebenso wie ein zweiter Versuch am folgenden Tag.

Man mußte die Taktik ändern und zunächst Belagerungsmaschinen bauen. Zum Glück der Kreuzfahrer kam damals eine kleine italienische Flotte von vier Schiffen unter der Führung der Genuesen Guglielmo und Primo Embriaco in Jaffa an und konnte landen, da diese Stadt in der Hand der Kreuzfahrer war. Aber eine ägyptische Flottenabteilung verfolgte sie bis in den Hafen von Jaffa. Die Genuesen konnten gerade noch ihre Schiffe mit allem Zubehör an Land schaffen, nur eines ihrer Schiffe entkam. Diese auf den Strand gezogenen Schiffe aber waren den Kreuzfahrern sehr willkommen. Sie boten Holz und allerlei Gerät für den Bau der Belagerungsmaschinen, und die Matrosen stellten sich als in solcher Arbeit erfahrene Handwerker heraus. Mit Mühe und unter Gefahren wurde alles in das Lager vor der Heiligen Stadt gebracht.

Man baute im wesentlichen drei Arten von Belagerungsmaschinen: Schleudern, mit denen man kleine Breschen schlug und außerdem die Verteidigung störte, Widder, mit denen man die Mauern mit großer Kraft berannte, und große, mehrgeschossige Belagerungstürme, von denen aus man mit übergelegten Brücken die Mauern zu ersteigen versuchte. Die Hauptschwierigkeit war, daß der Feind stets versuchte, diese Holztürme in Brand zu stecken, und daß er dafür über das sogenannte „griechische Feuer" verfügte. Man schützte die Türme dagegen mit Häuten frischgeschlachteter Tiere, aber nicht immer mit Erfolg. Nun hoffte man, den Angriff wagen zu können, und zwar sah Herzog Gottfried für seinen Angriff den Nordosten der Stadt über dem Kidrontal vor. Denn dort war die Befestigung am schwächsten, weil man einen Angriff an dieser Stelle für unmöglich hielt[47].

Entsprechend der Eigenart des Kreuzfahrerheeres bereitete man den Angriff sehr gründlich durch religiöse Handlungen vor. Denn wenn die Kreuzfahrer die Stadt einnehmen sollten, so konnte das nur gelingen durch die Kraft der religiösen Begeisterung, der schrankenlosen Hingabe im Bewußtsein des Gottesstreitertums. So zog am 8. Juli das ganze Heer barfüßig, aber bewaffnet in großer Prozession zum Ölberg und dann zum Berg Zion. Ein dreitägiges Fasten war dieser Feier vorausgegangen. Auf dem Ölberg sprachen Peter von Amiens und Arnulf von Malecorne, der Kaplan des Grafen von der Normandie, zu dem ganzen Heer. Die Predigten steigerten die Begeisterung und den Kampfeswillen noch um ein Bedeutendes. Auch eine alte Feindschaft von Raimund und Tankred ließ sich in dieser Woge von Stolz des Gottesstreitertums auslöschen. Die Tatsache, daß die Muslime während des Vorbeimarsches Kreuze auf der Mauer anbrachten und diese schändeten, trug noch zur Erhöhung der Kampfeswut bei.

Aber trotzdem war der Endkampf um Jerusalem, der am 13. Juli begann, noch sehr hart. Bis zum Morgen des 15. Juli war noch kein entscheidender Erfolg errungen. Da half wieder eine Vision. Man sah einen Ritter vom Ölberg aus dem Kreuzheer andauernd zuwinken. Nun gelang es der Gruppe Herzog Gottfrieds, von ihrem Turm aus die Mauer zu ersteigen. Leuthald

---

[47] Eingehende Schilderungen des Kampfes mit diesen Maschinen siehe Albert von Aachen VI, 3, S. 468/69; 11, S. 471; 12, S. 473; 15 bis 18, S. 474—477.

aus Tournay und sein Bruder Engelbert drangen als erste ein, Herzog Gottfried und sein Bruder Eustach folgten unmittelbar. Bald gelang es auch Graf Raimund, vom Süden aus in die Stadt zu gelangen.

An zwei Stellen aber hielten sich noch die Verteidiger: in der Zitadelle, dem sogenannten Davidsturm, und in der befestigten Aksā-Moschee, dem „Tempel Davids" am Tempelplatz Haram asch-Scharīf. Die Zitadelle mußte Iftichar ad-Dīn bald an Raimund übergeben, der ihm und seinen Leuten freien Abzug ohne Waffen gewährte. Die Aksā-Moschee konnte man aber erst nach erbittertem Kampf nehmen. Hier wüteten die siegreichen Franken furchtbar unter den Muslimen, die sich hierher in Massen geflüchtet hatten. Abendländische Quellen geben an, 10 000 Feinde seien hier getötet worden, arabische Quellen nennen die Zahl 100 000. Das ist sicherlich übertrieben, aber auch die kleinere Zahl bedeutet schon ein schauerliches Blutbad. Wir sprachen schon in anderem Zusammenhang [48] von dem fürchterlichen Blutrausch, in den die Kreuzfahrer verfielen. Mordend, sengend und plündernd zogen sie durch die Straßen, auch Frauen und Kinder wurden nicht verschont. Tankred tat sich durch eine gründliche Plünderung des Felsendomes hervor. Er soll die Beute dann mit Herzog Gottfried geteilt haben.

Als die Ritter dann selbst Abscheu vor ihren blutbefleckten Händen bekamen, fand man sich zu einer großen Bußprozession zusammen. So nahe können die Gegensätze an Tagen solcher Steigerung des religiösen Gefühls und Kampfeswillens liegen [49].

Der Eindruck der Einnahme und mehr noch des damit verbundenen Blutbades in der ganzen muslimischen Welt war ungeheuer. Die Ansätze zur Herstellung eines friedlichen und freundlichen Verhältnisses zu der muslimischen Einwohnerschaft des Landes, wie sie auf dem Zug von Antiochia nach Jerusalem schon deutlich sichtbar geworden waren, wurden damit zerstört, und es bedurfte langer Jahre, um die jetzt neue Angst, den Haß und die Rachegefühle zu überwinden und ein Vertrauen wiederherzustellen. Mit großen Mühen mußte man außerdem in den nächsten Jahrzehnten sich bemühen, das durch dieses Morden entvölkerte Jerusalem wieder zu bevölkern.

Das schlimmste aber war, daß seit diesem Tag der Wille der Muslime zum Glaubenskrieg gegen die Eindringlinge, zum Heiligen Krieg also, Kraft bekam. Die Art und Weise der Eroberung wirkte schlimmer als die Tatsache der Eroberung selbst. Blitzschnell eilte die Kunde davon durch den ganzen Orient, und die lauten Klagen verbanden sich mit Aufrufen zum Kampf. Der damals entstandene Gesang eines arabischen Dichters, Mosaffer Allāh

---

[48] Siehe oben S. 23/24.

[49] Abendländische Quellen: Albert von Aachen VI, 15 bis VI, 30, S. 474 ff. — Gesta Francorum XXXVIII, 2—7, S. 462—474. — Wilhelm von Tyrus VIII, 18 ff., S. 351. — Raimund d'Agiles, S. 299 ff. — Morgenländische Quellen: Michel der Syrer = Recueil, Docum. armén. I, 329. — Al Athīr = Recueil, Hist. orient. I, 199. — Mirat al Zemān S. 518.

Werdis, zeigt die Tiefe des Jammers und das neu entfachte Feuer zum Glaubenskampf. Er lautet:

„Wir haben in Massen unser Blut vermischt mit unseren Tränen. Keiner von uns ist noch imstand, den Feind zurückzuschlagen, der uns bedroht.

Traurig sind die Waffen für einen Mann, der Tränen vergießt, während der Krieg alles in Brand steckt mit funkelnden Schwertern.

Ach, ihr Söhne Mohammeds, wieviel Schlachten stehen euch noch bevor, in denen die Häupter der Helden zu den Füßen ihrer Rosse liegen werden.

Ihr wollt doch ein Alter erreichen im Schoß von Sicherheit und Wohlbehagen. Ihr wünscht euch ein süßes, lachendes Leben wie die Blumen auf der Wiese.

Aber wie könnt ihr schlafen und die Augen schließen, wenn Aufregungen uns treffen, die jeden Mann aus dem allertiefsten Schlaf aufwecken müssen?

Eure Brüder in Syrien wissen nicht, wohin sie sich zur Ruhe legen sollen, es sei denn auf den Rücken ihrer Kamele oder in die Eingeweide der Geier.

Die Römer bedecken sie mit Schande, und ihr laßt euer Leben gleiten in Trägheit wie Menschen, die nichts zu fürchten haben!

Oh, daß so viel Blut geflossen, daß man so viel Frauen nichts hat gelassen, ihre Scham zu schützen, als die Fläche ihrer Hände!

Die Schneiden der blitzenden Schwerter haben rote Farbe bekommen, und die Spitzen der goldglänzenden Lanzen sind bedeckt mit Blut.

Zwischen dem Stoß der Lanzen und der Schwerter ist der Schreck so furchtbar, daß das Antlitz der Kinder weiß wird vor Angst.

So schrecklich ist dieser Krieg, daß selbst, die sich retteten aus seinen Schrecken, die hoffen können sich zu erhalten, mit den Zähnen knirschen vor Wut und Jammer.

Er ist wie ein Schwert, das in der Hand der Ungläubigen zittert und das als Scheide Hälse und Schädel nimmt.

Es will mir scheinen, daß der Prophet sich aus seinem Grab in Medina erhebt und mit voller Stimme ruft: ‚Ihr Kinder des Haschem,

Weh, mein Volk fliegt nicht, die Lanze in der Faust, dem Feinde entgegen, wenn der Islam zusammenstürzt in seinen Fundamenten,

Es wagt nicht, an das Feuer heranzugehen, aus Furcht vor dem Tod! Es sieht nicht die Schande und kann es unterlassen, sie zu treffen!

Ist es denn Wahrheit, daß die Scheichs von Arabien vor solcher Mühe sich scheuen, daß die Ritter von Persien sich eine solche Erniedrigung gefallen lassen?

Kann es Gott gefallen, daß die, die sich nicht mit Eifer für den Islam schlagen, sich vor ihren Frauen zeigen, als ob sie nach Ehre begierig seien!

Wenn sie verzichten auf den himmlischen Lohn, dort, wo die Gefahr sie ruft, werden sie dann nicht wenigstens gelockt durch die Hoffnung auf Beute?

Und wenn jemals die Stirnen unserer stolzen Feinde sich bücken sollten im Staub, können sie nur aufwachen tief verachtet und ganz erniedrigt.‘

Wir haben uns an euch gewandt im Augenblick, als der Krieg uns ansah mit gierigem Blick, wie das Auge eines Geiers, der sich auf seine Beute stürzen will.

Er erwartet von uns einen stürmischen Angriff, wie Araber ihn zu machen wissen, so daß sich die Römer für lange daran die Finger verbrennen.

Wenn das alles aber nicht genügt, um euren Eifer zu entflammen, müssen wir euch und eure Frauen der Gnade unserer Feinde überlassen." [50]

Der Schluß des ersten Kreuzzuges

Mit der Eroberung von Jerusalem war das Ziel des Kreuzzuges nur scheinbar erreicht. Denn noch stand die Auseinandersetzung mit Ägypten, dem bisherigen Herren von Jerusalem, bevor. Außerdem mußte das Schicksal des Heiligen Landes geklärt und gesichert werden. Was sollte aus Jerusalem werden?

Schon auf die Nachricht des Anmarsches der Kreuzfahrer hin hatte al-Afdal die ganze Heeresmacht Ägyptens gesammelt. Sunniten und Schiiten hatten sich erstaunlicherweise zur Abwehr der Kreuzfahrer zusammengefunden. Als al-Afdal schon unterwegs war, erhielt er die Nachricht vom Fall Jerusalems. Doch griff er die Kreuzfahrer nicht sofort an, sondern erwartete in Askalon Verstärkungen. Gottfried war damals fast allein in Jerusalem. Tankred und Gottfrieds Bruder Eustach waren gerade im Begriff, Nābulus, die wichtigste Stadt Samarias, einzunehmen, kamen aber auf Gottfrieds Ruf ihm sofort zu Hilfe. Die Grafen Raimund von St-Gilles und Robert von der Normandie mußte Gottfried ein zweites Mal dringend rufen, ehe sie der Aufforderung Folge leisteten. So gering war noch der Zusammenhalt des Kreuzheeres und so klein Gottfrieds, des erwählten Herren der Stadt, Autorität.

Es gehörte schon ein verzweifelter Mut dazu, mit dem kleinen Kreuzritterheer der großen Heeresmacht der Ägypter bei Askalon entgegenzutreten. Man konnte nur hoffen, bei einem überraschenden, geschlossenen Angriff den Schrecken auszunutzen, den die Siege des Kreuzheeres verbreitet hatten. Ließ man es zu einer Belagerung Jerusalems kommen, so waren die Kreuzritter verloren. Durch einen solchen Angriff gelang es auch wirklich, die Ägypter zu schlagen, und zwar hatte kaum der Angriff eingesetzt, als die Ägypter schon flohen. In etwa einer Stunde war die Schlacht entschieden. Das Bewußtsein ihrer verzweifelten Lage, die durch die Eroberung der Heiligen Stadt gewonnene Siegesgewißheit in dem neu gestärkten Kreuzfahrerglauben hatte dem Angriff des Heeres diese unwiderstehliche Kraft gegeben. Albert von Aachen beschreibt sehr anschaulich, wie das Heer im Morgengrauen „fröhlich mit Jubelliedern und freudig süßen Gesängen, mit Zitherklang und Musik, als ginge es zu einem Festmahl", in die Schlacht gezogen

[50] Al-Athīr I, S. 200/01. Vgl. auch Mirat es-Zèmān 521 und Al-Athīr S. 199.

sei. Ungeheure Beute fiel in die Hände des Siegers. Jetzt war die letzte kriegerische Entscheidung des Kreuzzuges gefallen. Die letzte Großmacht, die sich ihnen entgegenstellen konnte, war geschlagen. Natürlich konnte man nicht damit rechnen, daß die Muslime sich auf die Dauer damit zufriedengeben würden. Jerusalem und die syrischen Kolonien würden sich immer wieder gegen Angriffe der Muslime zu wehren haben. Aber für die nächste Zeit war ihr Bestand in fränkischer Hand gesichert.

Es wäre von großer Bedeutung gewesen, wenn damals auch die Stadt Askalon in die Hand der Franken gefallen wäre. Der Emir der Stadt war unter dem Eindruck des Sieges bereit, über die Übergabe zu verhandeln, aber nur mit Raimund, denn dieser hatte ihm seinerzeit, als er Kommandant der Davidsburg war, freien Abzug gewährt. Dagegen protestierte Gottfried; er verlangte, daß die Stadt ihm als dem Herren von Jerusalem übergeben werde. Es entspann sich ein heftiger Streit der beiden Fürsten, der dazu führte, daß Askalon überhaupt nicht den Kreuzfahrern übergeben wurde. Es blieb nun für anderthalb Jahrhunderte der Stützpunkt der Ägypter für Einfälle in das fränkische Land und für den Aufmarsch der Heere des Feindes.

Kaum war der Sieg errungen, als die Kreuzfahrer schon auf schnelle Abfahrt drängten. Doch zuerst wurde noch das Schicksal Jerusalems, in welcher Form und unter wessen Herrschaft es nun leben sollte, entschieden. Von Anfang an standen sich hier zwei Meinungen gegenüber. Die eine Partei wollte eine Theokratie, eine Art Kirchenstaat, in Jerusalem einrichten. Ein Patriarch sollte als Stellvertreter des Papstes das neue Reich Jerusalem leiten. Auf der anderen Seite erkannten kriegserprobte und in der Politik erfahrene Männer, daß in einer so gefährdeten, von allen Seiten umdrohten Lage und bei den geringen Hilfsmitteln an Männern und Werten nur ein weltlicher, den Aufgaben der Politik wie des Krieges gewachsener Mann die Führung dieses Reiches übernehmen könne. Die Tatsache, daß Papst Urban dem Kreuzzug einen geistlichen Führer gegeben hatte, sprach für die theokratische Lösung. Doch der damals gewählte Mann, der vielleicht geeignet gewesen wäre, war lange nicht mehr am Leben. Und die Notwendigkeiten der vor Augen stehenden gefährlichen Lage sprachen deutlicher als alles andere für einen weltlichen Herren. So lehnte man die zunächst erhobene Forderung, der Patriarch solle vor dem weltlichen Herren gewählt werden, ab. Die Wahl der Herren fiel zunächst auf Raimund von St-Gilles[51]. Aber er lehnte die Wahl ab. Was der Grund dafür war, wissen wir nicht; außer seinem recht hohen Alter wohl die Voraussicht, daß dies Amt zwar viel Ehre, aber wenig Macht und darum viel Mühe und Sorge bringen werde. Er wollte sich lieber

[51] Es ist das gut bezeugt bei Raimund 20, S. 301, Albert von Aachen IV, 33, S. 485 und Anna Komnena XI, 8 (III, S. 36). Es liegt also keine Veranlassung vor, an der Richtigkeit dieser Tatsache zu zweifeln, wenn auch andere Chronisten davon nichts berichtet haben, um die Wahl Gottfrieds einhelliger erscheinen zu lassen.

in der reichen Gegend von Tripolis eine Herrschaft gründen als in der armen, fast wüsten Gegend von Jerusalem. Gelang das nicht, so zog es ihn nach Hause. So lehnte er ab. Auch Gottfried tat das gleiche, als man ihn fragte. Aber nach längeren Verhandlungen nahm er die Wahl dann doch an[52]. Er wies jedoch, wie vor ihm schon Raimund, den Königstitel zurück. Dafür waren verschiedene Gründe maßgebend. Einmal war die Bescheidenheit, mit der er erklärte, er wolle keine Krone tragen, wo Christus die Dornenkrone getragen habe, wirklich echt und ernst gemeint. Sie entsprach seinem Wesen, ebenso aber auch den allgemeinen Vorstellungen seiner Zeit vom Heiligen Grab. Legte doch nach den Sibyllinischen Weissagungen und anderen Legenden der kommende Endkaiser seine Krone am Heiligen Grab nieder. Dazu aber kam, daß gerade Raimund vor ihm mit solcher Geste der Bescheidenheit die Annahme der Krone abgelehnt hatte. Außerdem hatte die Geistlichkeit schon vor der Einnahme Jerusalems erklärt, ein König dürfe nicht in Jerusalem herrschen, sondern nur ein Vogt an eines Königs Stelle[53]. Augenscheinlich erwartete die Öffentlichkeit von ihm eine solche Haltung. Wahrscheinlich enthielt aber doch die Ablehnung der Krone und die Annahme des Titels „Vogt des Heiligen Grabes" durch Gottfried schon ein Stückweit die Anerkennung des theokratischen Charakters des Reiches Jerusalem. Denn Gottfried ging später in dieser Richtung weiter. Er leistete dem Patriarchen Daimbert den Lehenseid und versprach ihm unter bestimmten Bedingungen die Herrschaft über Jerusalem. Darum kann man wohl schon in der Ablehnung des Königstitels ein erstes Zugeständnis an die Forderung eines vom Patriarchen geleiteten Kirchenstaates sehen.

Zu der Wahl eines Patriarchen im eigentlichen Sinn entschloß man sich noch nicht, schon weil man die Meinung des Papstes hören wollte. Man begnügte sich damit, Arnulf Malacorne, den Kaplan Roberts von der Normandie, zum Kanzler der Kirche von Jerusalem zu machen.

Wer von den Kreuzfahrern damals abfuhr und klarsah, konnte nur mit Sorge in die Zukunft Jerusalems sehen. Die Zahl der dort verbleibenden fränkischen Ritter und Siedler war außerordentlich klein, aber Feinde drohten ringsum. Daß die Frage des Verhältnisses von weltlichem Herrscher und Patriarchen noch zu klären war, stand dabei vor aller Augen. Außerdem hatte man in Gottfried zwar eine sehr sympathische Persönlichkeit von echtem Gottesstreiterglauben gewonnen, einen Mann voll Tapferkeit und Einsatzbereitschaft, aber zu den energischsten und politisch geschicktesten der Kreuzfahrerfürsten gehörte er nicht.

Die meisten der Kreuzfahrer fuhren nun möglichst schnell nach Hause.

---

[52] Ob man sich, ehe man Gottfried zum zweitenmal fragte, erst noch an die anderen Fürsten wandte und ihnen die Herrschaft in Jerusalem anbot, also etwa an Robert von der Normandie oder Robert von Flandern, ist schwer zu sagen. Der Bericht Alberts von Aachen läßt es vermuten, ebenso wie die Historia belli sacri (c. 130). Vgl. auch H. Hagenmeyer zu Gesta S. 479 Anm.

[53] Raimund 295—296.

Robert von Flandern, Robert von der Normandie und Raimund von St-Gilles verabschiedeten sich von Gottfried nach beigelegtem Streit mit großer Herzlichkeit. Nur Tankred blieb und trat in die Dienste Herzog Gottfrieds. Er begründete sich bei Tiberias eine eigene Herrschaft, mit der er von Gottfried belehnt wurde. Er muß eine sehr gewinnende Persönlichkeit gewesen sein, die auch die Sympathien der Einheimischen schnell erwarb. Die anderen Kreuzfahrer zogen der Küste entlang nach Dschabala oder Laodicea, wo sie sich einschifften. Ihr Zug hatte sich großenteils in eine Wallfahrt verwandelt. Viele trugen statt Waffen Palmenzweige. Nur Raimund blieb noch und verwickelte sich mit seinem alten Feind Bohemund in einen neuen Streit um Laodicea. Doch gelang es schließlich, auch dort die beiden Gegner zu versöhnen.

Gerade in seinen letzten Monaten zeigte der erste Kreuzzug besonders deutlich Stärke und Schwäche eines solchen rein feudalen, auf den begeisterten Willen der einzelnen Kämpfer gestellten Unternehmens: mit Mühe ließ sich die Gefahr überwinden, daß das Heer um egoistischer Ziele der einzelnen willen auseinanderfiel; dann aber gelang die sehr schwierige Leistung der Eroberung Jerusalems, die ein andersartiges Heer kaum vollbracht hätte. Doch nun wieder geschah fast nichts mehr, die Zukunft dieses eroberten Landes zu sichern. Das lag jenseits des auf greifbare Gegenwartserfolge bedachten Gottesstreiters. Und eine feste Organisation, die dafür die Kräfte noch zusammengehalten hätte, gab es nicht. So bestand die Gefahr, daß das mühsam Erworbene sich auf die Dauer nicht werde halten lassen.

Der Kreuzzug von 1101

Das Abendland hatte, so gut es möglich war, den ganzen ersten Kreuzzug miterlebt. Allmählich hatte die Kreuzzugsbegeisterung immer weitere Kreise erfaßt. Auch diese wollten nicht zurückstehen, und immer neue Kreuzfahrer oder Pilger brachen nach dem Heiligen Land auf. Schon 1098 war eine große Gruppe von Nachzüglern zum ersten Kreuzzug aus Regensburg und den rheinischen Städten vor Antiochia angekommen, dort aber an den Seuchen fast völlig zugrunde gegangen.

Eine andere Heeresgruppe unter dem Sohn des dänischen Königs Swen war bald nach den Ritterheeren des ersten Kreuzzuges aufgebrochen, hatte sie aber in Byzanz nicht mehr vorgefunden. Der Vormarsch durch Anatolien gelang zunächst gut, bis Kylydsch Arslan sie in der Nähe von Finimini und Ferna überfiel und vernichtete. Auch eine Tochter des Herzogs von Burgund wurde nicht verschont[54].

Diese Züge setzten sich nach dem Ende des Kreuzzuges fort. Aus der Her-

[54] Albert von Aachen III, cap. 54, S. 376 und Wilhelm von Tyrus IV, cap. 20, S. 185.

kunft der Teilnehmer läßt sich erschließen, daß die Bewegung nun auch in Deutschland und der Lombardei Massen ergriffen hatte. Sehr groß muß die Zahl der Frauen, und zwar teilweise der edelsten Geschlechter, gewesen sein, die an diesen Zügen teilgenommen haben. Überhaupt müssen der Nichtkämpfer und der ungeschulten Kämpfer sehr viele gewesen sein. Die genannten Zahlen sind alle ganz unzuverlässig, sie lassen nur sehr große, schwer zu übersehende Massen erkennen; außerdem läßt sich aus ihrem Verhältnis zueinander erschließen, daß auf etwa einen geschulten Kämpfer 5 Nichtkämpfer kamen[55].

Wieder zogen die einzelnen Gruppen unabhängig voneinander ohne gemeinsamen Plan und ohne gemeinsame Führung aus. Das Bild gleicht in vielem den Zügen der Leute Peters von Amiens, die den Kreuzzug eingeleitet hatten. Man hatte augenscheinlich nichts aus deren Untergang gelernt. Die Kreuzzugsbegeisterung ließ jede ruhige Überlegung in den Hintergrund treten. Unwillkürlich wird man an den sagenhaften Bericht der „Kaiserchronik" erinnert, die von dem großen Kreuzzug der „magetliche wîbe" berichtet, die auf Befehl eines Engels Siege über die Heiden gewinnen, die alles, was die Ritter mit ihren Waffen erreicht hatten, weit übertrafen[56].

Im September 1101, also 26 Monate nach der Einnahme von Jerusalem, brachen die Lombarden auf. An ihrer Spitze stand der Erzbischof von Mailand, Anselm von Buys, Graf Albert von Blandrate und Guibert von Parma. Albert von Aachen gibt an, es seien damals 30 000 Menschen ausgezogen. Das Heer war, wie es bei der großen Zahl der nichtkämpfenden Kreuzfahrer selbstverständlich war, undiszipliniert. Daher kam es zu Plünderungen und Ausschreitungen und daraufhin zu Schwierigkeiten mit Byzanz, als man dessen Gebiet betrat. Darum veranlaßte der Kaiser den erfahrenen Kreuzfahrer, den Grafen Raimund von St-Gilles, der damals auf dem Rückweg von Jerusalem sich noch in Byzanz aufhielt, als ihr Führer mitzuziehen.

Unter dieser Leitung faßte Kaiser Alexios Zutrauen zu diesem Zug und hoffte auf ein erfolgreiches Unternehmen. Darum schickte er seinerseits noch 500 byzantinische Soldaten mit. Außerdem schloß sich eine inzwischen angekommene französische und eine ebensolche deutsche Ritterschar dem Zug der Lombarden an. Die französische führte Graf Stephan von Blois, der auf Drängen seiner Frau Adela auf diese Weise seine schimpfliche Flucht aus dem Kreuzfahrerlager vor Antiochia wieder wettmachen wollte. Die Deutschen standen unter der Führung Konrads, des Marschalls Kaiser Heinrichs IV.

Im Frühsommer 1101 setzte sich dieses kombinierte, nun sehr groß gewor-

---

[55] Albert von Aachen (VIII, 1, 7 u. 21, S. 559 ff.) schätzt das Gesamtheer auf 260 000 Menschen. Er spricht vorher von 30 000 Lombarden und 2000 Deutschen sowie von anderen dazustoßenden Scharen. Wenn diese Zahlen, wie fast alle der damaligen Chronisten, unzuverlässig sind, so ist doch das Verhältnis beider zueinander wohl brauchbar. Das ergäbe ein Verhältnis von mindestens 1 : 5 der Kämpfer zu den Nichtkämpfern.

[56] Die Kaiserchronik ist verfaßt etwa 1106—1139.

dene Heer[57] in Bewegung. Man zog zunächst den Weg des Kreuzheeres von 1097. Dann aber forderte die Masse der Kreuzfahrer, ohne jede Einsicht in die militärischen und politischen Möglichkeiten und Notwendigkeiten, man müsse zuerst Bohemund befreien (vgl. unten), der damals, von den Türken gefangengenommen, in der Festung Niksar in Nordostanatolien saß. Danach wollte man Bagdad als Hauptstadt der islamischen Macht erobern. Beides war gleich phantastisch, gleich undurchführbar. Aber weder Raimund von St-Gilles noch Graf Stephan von Blois, noch Erzbischof Anselm von Mailand wurden dieser aufgeregten Massen Herr. Das beschwor die verhängnisvolle Wendung im Schicksal dieses Zuges herauf. Ankara eroberte man noch. Aber die nächste türkische Feste, Kangra (Khangheri), widerstand und blieb nun ein Stützpunkt der Feinde im Rücken des Kreuzheeres. Nun hatte sich auch Kylydsch Arslan mit al-Malik al-Ghāzī Gümüschtekīn, dem Herrn des Danischmenditenreiches, und mit Ridwān von Aleppo gegen das neue Kreuzfahrerheer vereinigt. Dazu wurde die Gegend, durch die sie zogen, immer unwirtlicher. Vergeblich suchten französische und deutsche Ritter das Versagen der Nichtkämpfer und der Lombarden wieder auszugleichen. Man kam bis in die Nähe des Schwarzen Meeres bei Sinope und Samsun. Da aber griffen die Türken an und schlugen in der Gegend von Merzifūn die lombardischen, deutschen, burgundischen, französischen und byzantinischen Abteilungen völlig. Raimund von St-Gilles gelang es, mit seinen und byzantinischen Leuten das Schwarze Meer zu erreichen und sich nach Byzanz einzuschiffen. Sonst erreichten nur wenige Sinope. Die Frauen und Nichtkämpfer waren völlig preisgegeben. Die Zahl der Toten muß ungeheuerlich groß gewesen sein, ebenso die Zahl der Frauen, die den Rest ihres Lebens in türkischen Harems verbringen mußten[58].

7 Monate später als der lombardische Heereszug machte sich Graf Wilhelm II. von Nevers mit einer Heeresgruppe, die nach der Schätzung Alberts von Aachen 15 000 Ritter und Fußsoldaten ohne die Nichtkämpfer und Frauen umfaßt haben soll, aus Frankreich auf. Auch an diesem Zug müssen sehr viele Frauen teilgenommen haben. Er wählte den Weg über Brindisi, Valona und Saloniki nach Konstantinopel. Wilhelm von Nevers wollte den Heereszug der Lombarden und der anderen Völker noch einholen und setzte sich sofort in Marsch nach Ankara. Hier mußte er diese Hoffnung aufgeben und wandte sich wieder der alten Kreuzfahrerstraße zu. Kylydsch Arslan und seine Bundesgenossen hatten inzwischen den Lombardenzug geschlagen und vernichtet und konnten sich daher nun gegen Wilhelms Scharen wenden. Eine Zeitlang konnte der sich ihrer erwehren. Als aber die Hitze und der Durst dem Heer sehr zusetzten, wurde auch dieser Zug bei Eregli

---

[57] Albert von Aachen (VIII, cap. 7, S. 563) sagt übertreibend, es seien 260 000 gewesen.

[58] Über den ganzen Feldzug siehe Albert von Aachen VIII, cap. 1—24, S. 559 ff. — Wilhelm von Tyrus X, cap. 12 und 13, S. 415.

Ende August 1101 geschlagen und aufgerieben. Wilhelm gelang es, mit wenigen Rittern nach der byzantinischen Stadt Ermenek zu entkommen. Von dort sollten byzantinische Turkopulen sie wohlbehalten nach Antiochia bringen, doch sie raubten sie unterwegs völlig aus, so daß sie zu Fuß, ohne alle Habe in Antiochia eintrafen. Von dem Fußvolk und den vielen Frauen konnte sich niemand retten. Sie und eine riesenhafte Beute fielen den Muslimen in die Hände. Christliche Sklaven und Frauen sollen damals auf den orientalischen Sklavenmärkten sehr billig gewesen sein.

Noch eine dritte Gruppe von Kreuzfahrern erlitt dasselbe Schicksal, auch eine große Zahl von Franzosen und Deutschen und wieder darunter viele Frauen. Ihre Führung hatte Wilhelm IX. von Poitiers, der Herzog von Aquitanien, der als Förderer der Troubadours und selbst als Minnesänger bekannt geworden ist, und neben ihm Herzog Welf IV. Mit ihm zog die Markgräfin Ida von Österreich, der Erzbischof Thiemo von Salzburg und viele andere. Obwohl es unterwegs bei Adrianopel zu einem Kampf mit byzantinischen Hilfstruppen kam, nahm man diesen Zug in Byzanz freundlich auf, und die Führer des Heeres leisteten dem Kaiser den Treueid. Anfangs schien der Vormarsch durch Anatolien auch gut vonstatten zu gehen. Doch am 5. September 1101 vernichtete der Durst und das Heer Kylydsch Arslans und al-Malik al-Ghāzīs im Verein miteinander den Zug völlig. Nur die beiden Herzöge konnten sich nach Antiochia retten. Hugo von Vermandois, der an diesem Kreuzzug wieder teilgenommen hatte, um sein Verhalten auf dem ersten vergessen zu lassen, starb in Tarsus an im Kampf erlittenen Wunden. Von dem Schicksal der Markgräfin Ida weiß man aber nichts Gewisses. Man erzählt, sie sei in den Harem eines Emirs verschleppt worden und die Mutter des großen Christenfeindes ʿImād ad-Dīn Sengī geworden.

So blieben von den großen Massen von Kämpfern, Wallfahrern und Frauen, die in diesen an den ersten Kreuzzug sich anschließenden Zügen aufgebrochen waren, nur wenige am Leben. An Größe und Bedeutung stehen diese völlig mißlungenen Züge den anderen Kreuzzügen nicht nach. Doch sind sie von der Geschichtsschreibung, mit Ausnahme von R. Grousset, kaum beachtet worden. Die Auswirkungen dieses Mißerfolges sind nicht zu verkennen. Einmal faßten die Türken nach der Bestürzung durch den siegreichen Vorstoß der Franken im ersten Kreuzzug wieder Mut. Die Macht des Islams in Anatolien konsolidierte sich wieder. Wichtiger aber noch war, daß das Heilige Land die Hilfskräfte nicht erhielt, die ihm in diesen Zügen reichlich zufließen wollten [59]. Die ganze Geschichte des Königreichs Jerusalem und der

[59] Nach Wilhelm von Tyrus verfügten die Franken in Syrien und Palästina damals nur über 300 Ritter und 2000 Mann Fußvolk. Wäre es gelungen, die 200 000 bis 300 000 Mann, die sich im Jahre 1101 zur Hilfe dieser kleinen Streitmacht des Heiligen Landes auf den Weg machten, sicher dorthin zu bringen, oder nur einen beträchtlichen Teil davon, die Geschichte der Kreuzfahrerstaaten hätte ganz anders ausgesehen.

fränkischen Kolonien hätte sich völlig anders entwickeln können, wenn dort anstatt weniger Ritter zum mindesten für einige Zeit stattliche Heere den Frankenfürsten zur Verfügung gestanden hätten. Außerdem hat dieser ungeheure Menschenverlust augenscheinlich im ganzen Abendland zunächst den Kreuzzugseifer sehr merklich abgekühlt. Denn während, wie wir hörten, im Anschluß an den ersten Kreuzzug viele Tausende zum Heiligen Land aufbrachen, bleibt es in den nächsten Jahrzehnten, abgesehen von Unternehmungen der italienischen Seestädte, die einen besonderen Charakter hatten, fast ganz ruhig, bis die Nachricht vom Fall von Edessa von neuem Alarm schlug. Da war aber über die Mißerfolge von 1101 schon Gras gewachsen[60].

Sieht man so den ersten Kreuzzug zwischen den in den Untergang führenden Zügen der Scharen Peters von Amiens und seiner Anhänger und den Kreuzzügen von 1101 auf der anderen Seite, die in gleicher Weise Tausende ins Verderben geführt haben, so tritt hier erst die Größe der Leistung des Kreuzzuges ins volle Licht. Alle anderen Züge waren auch auf dem gleichen Boden gewachsen, und oft war der Mangel an einheitlicher starker Führung, der für die vorausgehenden und die nachfolgenden Züge verhängnisvoll wurde, auch bei dem Heer des eigentlichen Kreuzzuges sehr spürbar. Ein lockeres, feudales Gefüge von Ritterscharen war auch dieses Heer. Doch das Mindestmaß von Führung, das es hatte, genügte, um die große Leistung des Zuges und die Eroberung des Heiligen Landes zu vollbringen. Von hier aus gesehen, lernt man erst die Hochachtung vor diesem Erfolg.

Der Zug Bohemunds

Der erste Kreuzzug hat in der Geschichte Bohemunds, also eines seiner bedeutendsten Führer, noch ein besonderes Nachspiel. Es ist auch darum für uns von Wichtigkeit, weil es zur Charakterisierung dieses Mannes nicht wenig beitragen kann.

Bohemund war, als die anderen Kreuzfahrer nach Jerusalem zogen und es eroberten, in Antiochia geblieben und ebenso, als die Masse der Kreuzfahrer nach errungenem Sieg nach Haus fuhr. Seine neue Herrschaft Antiochia, für die er alle seine Kraft anspannte mit Hintansetzung aller anderen Ziele, war damals ständigen Kämpfen mit den Muslimen von Aleppo und anderen Städten ausgesetzt. Im Verlauf dieser Kämpfe geriet Bohemund sogar vorübergehend in die Gefangenschaft der Türken, wußte aber durch geschickte Verhandlungen bald wieder die Freilassung zu erreichen. Doch die Bedrängnis von Antiochia wuchs, als Bohemunds Ritter im Jahre 1104 bei Harrān

[60] Über den Zug der Herzöge von Aquitanien und Bayern: Albert von Aachen VIII, cap. 34—41, S. 579 ff. — Ekkehard von Aura, Hierosol., cap. 23. — Ders., Chronic. universale = M. G. SS. VI, S. 17 ff. — Matth. von Edessa = Recueil, Docum. armén. I, S. 59.

schwer geschlagen wurden. Da wußte Bohemund sich keinen anderen Rat, als nach dem Abendland zu fahren und dort Hilfe zu erbitten. Er übertrug darum seinem Neffen Tankred, dem Herren von Edessa, die Herrschaft über Antiochia während seiner Abwesenheit und fuhr ab.

Er warb in seiner Heimat, im Normannenreich von Apulien, suchte dann aber auch den König von Frankreich, Philipp I., für seine Kreuzzugsabsichten zu gewinnen. Doch dieser Plan sah wesentlich anders aus als der der bisherigen Kreuzzüge: zunächst sollte Byzanz unterworfen werden. Denn ohne die Niederwerfung von Byzanz gäbe es keine Sicherheit für Syrien und das Heilige Land, da Byzanz mit den Türken gemeinsame Sache gegen die Kreuzfahrer mache. Und wirklich schloß damals Alexios ein Bündnis mit Kylydsch Arslan gegen den drohenden Zug Bohemunds. Der König von Frankreich ging auf den Plan ein, und mit einer Doppelhochzeit wurde das normannisch-französische Bündnis bekräftigt.

So konnte Bohemund mit einem stattlichen Heer — es sollen 34 000 Mann gewesen sein — am 9. Oktober 1107 die Adria überqueren und die starke byzantinische Grenzfestung an der Adria, Durazzo, belagern. Doch Kaiser Alexios zog, verstärkt durch Truppen von Kylydsch Arslan, zum Entsatz herbei und belagerte die belagernden „Kreuzfahrer". Diese gerieten dabei in solche Not, daß Bohemund, um sein Heer vor der Vernichtung oder der Gefangenschaft zu bewahren, alle Bedingungen annehmen mußte, die der Byzantiner diktierte. Er mußte Lehensmann von Alexios und seinen Nachfolgern werden, er mußte ihm Hilfe gegen alle seine Feinde zusagen, er mußte schwören, Byzanz alle Eroberungen zurückzuerstatten, die einmal byzantinisch gewesen waren, und alle Muslime, die er unterwerfe, zum Treueid an den Griechenkaiser zu zwingen. Dafür wurde ihm Antiochia als Lehen unter byzantinischer Oberhoheit übertragen mitsamt St.-Simeons-Hafen; aber alle anderen Eroberungen im Taurus, in Kilikien und an der syrischen Küste mußten an Byzanz abgetreten werden. Das Lebenswerk von Bohemund war gescheitert. Byzanz schien seiner Herrschaft über Antiochia, in Kilikien und an der syrischen Küste völlig sicher sein zu können. Doch die kommenden Jahre brachten nun hier Kaiser Alexios eine große Enttäuschung. Bohemund wagte nach dieser Niederlage nicht mehr, nach Antiochia zurückzukehren. Er blieb in Apulien, wo er bald starb (1111). In Antiochia aber herrschte Tankred, Bohemunds Neffe, der an dem Zug nach Durazzo nicht beteiligt gewesen war und sich darum auch durch Bohemunds feierliche Eide in keiner Weise für gebunden hielt. Mit Gewalt aber konnte Alexios damals Tankred nicht dazu zwingen. So blieb der Vertrag von Durazzo immer unausgeführt. Die Herrschaft Antiochia blühte aber unter Tankreds Führung auf.

Dieser Zug zeigt, daß die tiefste und entscheidende Schicht in Bohemunds Wollen und Streben doch nicht der Kreuzzug, aber auch nicht der Erwerb der Herrschaft von Antiochia war, sondern der von seinem Vater ererbte, in seiner Jugend mit aller Leidenschaftlichkeit großgezogene Haß gegen Byzanz. Bei dem alternden Mann brach er wieder durch, alle anderen Bemühungen seines Lebens, so sehr er an ihnen gehangen hatte, über den Haufen werfend. Das heißt nicht, daß sein Kreuzzugswille und seine Kreuzfahrerfrömmigkeit Heuchelei gewesen sei. Er war davon ergriffen wie seine Zeitgenossen fast alle. Aber ihm mußte zuletzt jede Regung der tiefeingewurzelten Feindschaft gegen Byzanz weichen.

Auf diese Feindschaft gegen Byzanz in weiten Kreisen des Abendlandes wirft es überhaupt ein deutliches Licht, daß zwei Kreuzzüge, der von 1107 ebenso wie der von 1204, sich unversehens in Kämpfe gegen Byzanz verwandelten, obwohl in beiden Fällen verschiedene politische Mächte, hier die Normannen, dort Venedig, maßgebend waren. Die Feindschaft gegen Byzanz muß größer gewesen sein, als man im allgemeinen aus den Quellen herauslesen kann. Unter der Oberfläche muß sie geschwelt haben, sonst wäre die Ablenkung gleich zweier Kreuzzüge auf dies Ziel hin kaum möglich gewesen. Die auf den Kreuzzügen gemachten Erfahrungen trugen, sobald sie zu Hause bekannt wurden, sicherlich auch ihr Teil dazu bei.

Außerdem wird aber hier schon deutlich, was sich 1204 klar erweist, nämlich wie leicht es trotz aller Ausrichtung auf Jerusalem war, einen Kreuzzug auf andere Ziele abzulenken. Je größer die begeisterte Erregung, um so unklarer waren die bestimmten Ziele. Schon die Judenverfolgungen, die den ersten Kreuzzug einleiteten und in den folgenden immer wieder auszubrechen drohten, zeigen, wie leicht der Feind auszutauschen, das Ziel zu verändern war[61], während die rauschartige Begeisterung des Gottesstreitertums bleiben konnte, aber nicht bleiben mußte.

Auch einen anderen Kreuzzugsführer müssen wir noch kurz auf seinem weiteren Zug verfolgen. Von Raimund von St-Gilles hatten wir gehört, daß er nach der Abfahrt vom Heiligen Land nach Byzanz gegangen und von Alexios mit der Führung des Kreuzzuges von 1101 betraut worden war, wie er dann aber der Masse gegenüber nicht standhalten konnte, den Zug nach Nordanatolien abgleiten ließ und so seinen jämmerlichen Untergang mitverschuldete. Er kehrte danach nicht in die Heimat zurück, sondern fuhr wieder nach Syrien mit wenigen Rittern. Nach einem fast lächerlichen Versuch, Tankred Antiochia zu entreißen, gelang es ihm, eine genuesische Flotte zur Eroberung von Tortosa (nördlich von Tripolis) zu gewinnen, in der Gegend also, in der er sich schon einmal ein Reich gründen wollte. Auch südlich von Tripolis wußte er einen Platz (Gibelet, Dschebail) wieder mit Hilfe der Genuesen zu gewinnen. Doch dazwischen lag Tripolis, das viel zu

[61] Über diesen „Kreuzzug“: A. Jenal, Der Kampf um Durazzo 1107—1108, mit dem Gedicht des Tortarius = Histor. Jb. XXXVII (1916) S. 296 ff. — R. Grousset I, S. 415 ff. — A. A. Vasiliev II, 47. — O. Vehse, Normannen, S. 240. — B. Kugler, Gesch. d. Kreuzzüge, S. 84 ff. — Al-Athīr I, 242, zu 1106/07. — Brief Bohemunds an Papst Paschalis II. = Neues Archiv d. Ges. f. ält. dt. Geschichtskunde 50, 280 ff. — Ordericus Vitalis XI, 12, Bd. 4, S. 213.

stark war, als daß man es mit den wenigen Rittern Raimunds hätte nehmen können. So mußte Raimund sich damit begnügen, Tripolis gegenüber auf einem Felsen eine Burg, genannt Mont-Pèlerin, zu erbauen. Dort verbrachte er den letzten Rest seines Lebens († 1105). Er hatte einen redlichen Kreuzzugswillen und eine tiefe Frömmigkeit, daneben aber den starken Wunsch, im reichen fruchtbaren Lande der syrischen Küste sich eine Herrschaft zu gründen. Als Kreuzzugsführer erlebte er schwere Enttäuschungen, in seinem Willen, zu einer Herrschaft um Tripolis zu kommen, vielleicht noch schmerzlichere, beides nicht ohne seine Schuld. Aber zäh hielt er daran fest, und so konnte der alte Mann doch wenigstens in Ansätzen eine solche Herrschaft begründen und von seinem Mont-Pèlerin hinübersehen nach Tripolis, das er so gern beherrscht hätte.

Andere kleinere Kreuzzüge zwischen dem ersten und zweiten Kreuzzug

Zwei kleinere Kreuzzüge fanden auch in unmittelbarem Anschluß an den ersten Kreuzzug statt. Es ist einmal ein Zug von etwa 7000 (wie es heißt) englischen, dänischen und niederländischen Kreuzfahrern, die 1106 König Balduin I. Sidon belagern halfen, ohne es einzunehmen, und zweitens ein Zug des Königs Sigurd I. von Norwegen im Jahre 1110. Damals wurde Sidon mit Hilfe dieser Kreuzfahrer zur Übergabe gezwungen.

Das sind beides Nachzügler des ersten Kreuzzuges, die aber beweisen, welchen Nutzen auch eine begrenzte Zahl von nur kurze Zeit anwesenden Kriegern dem Heiligen Land bringen konnte.

Ganz anderen Charakter haben die in diesen Jahrzehnten sich immer wiederholenden Hilfszüge der italienischen Seestädte, vor allem von Genua, Pisa und Venedig. Charakteristischerweise setzte diese Hilfe (mit Ausnahme von Pisa und eines Privatzugs von Genua aus) erst ein, als der Erfolg des ersten Kreuzzuges gesichert war, als man also damit rechnen konnte, das neueroberte Land für den eigenen Handel zu erschließen. Für die fränkischen Staaten war diese Hilfe bei der Eroberung der Küstenstädte von außerordentlichem Wert. Denn ohne diese Hilfe von der See aus wären diese Städte gar nicht zu nehmen gewesen. Aber der Nutzen für die Venetianer, Genuesen oder Pisaner war nicht geringer. Denn sie wußten sich überall in den eroberten Städten Handelsniederlassungen, Stützpunkte für alle weitere Handelspolitik, zu sichern. Bei der Geschichte des Heiligen Landes werden wir davon zu sprechen haben.

Im übrigen kam, mit Ausnahme der beiden Züge von Nordländern und den unter anderen Gesichtspunkten gegebenen Hilfeleistungen der Seestädte, bis 1146, also etwa 45 Jahre lang, kein Kreuzzug, keine Hilfsaktion des Abendlandes für das Heilige Land zustande, ja es scheint von gar keiner mehr ernstlich die Rede gewesen zu sein.

Erst ein großer Verlust in Syrien löste einen neuen Kreuzzugswillen aus: Edessa fiel 1141 in die Hände der Muslime. Daß gerade dort der erste große Angriff der Türken stattfand, lag daran, daß diese Position am weitesten in das türkische Hinterland vorgeschoben war, und mehr noch daran, daß durch die Vereinigung von Aleppo und Mossul in einer Hand sich gerade hier eine starke muslimische Macht gebildet hatte. Und diese Macht lag in der Hand eines bedeutenden Herrschers, ʿImād al-Dīn Sengīs. Er war es auch, der zuerst vom Gedanken des Heiligen Krieges der Muslime, wie er durch die Gegnerschaft gegen die Franken sich neu belebt hatte, ergriffen war. Ihm gelang es, 1141 Edessa wieder zu erobern. Das wurde dadurch erleichtert, daß der damalige Herr von Edessa, Joscelin II., schon einer Generation von Franken angehörte, die durch Ehen mit einheimischen Frauen degeneriert waren. Zwar gelang es nach Sengis Tod den Franken, mit Hilfe der Armenier Edessa noch einmal in die Hand zu bekommen, doch das war nur von kurzer Dauer. 1146 machte Sengis Sohn Nūr ad-Dīn der Frankenherrschaft in Edessa endgültig ein Ende. Auch drang er so weit vor, daß Antiochia nun unmittelbar gefährdet war.

Diese Nachricht, von zahlreichen angesehenen Boten von Antiochia aus im Abendland verbreitet[62], zündete schnell und bereitete den Boden schon vor, ehe noch ein Aufruf des Papstes erfolgen konnte. Denn es zeigte sich, daß die Gottesstreiterfrömmigkeit noch ganz lebendig war, daß der Ruhm und Glanz des ersten Kreuzzuges voll in der Erinnerung lebendig war, daß aber die Enttäuschung durch das Mißlingen der Züge von 1101 in Vergessenheit geraten war.

Doch entscheidend war, daß diese Botschaft im Abendland auf den damals in der Kirche maßgebenden Mann, Bernhard von Clairvaux, traf und daß dieser sich nun mit aller Kraft für den Kreuzzug einsetzte. Schon 20 Jahre vorher hatte er gelegentlich der Gründung des Templerordens das Hohe Lied des Gottesstreitertums gesungen in einer Schrift „De laude novae militiae" oder, wie wir wohl übersetzen dürfen, „Vom Lobe rechter Ritterschaft". Damals pries er die Tempelritter als die neue Ritterschaft Christi, jetzt übertrug er diese Gedanken auf die Kreuzfahrer im allgemeinen. Er war es, der mit glühender Beredsamkeit für den neuen Kreuzzug warb und die bestimmenden Ideen des Gottesstreitertums zu einem geschlossenen Ganzen, zu einer Theologie des Kreuzzuges ausbaute[63].

[62] Hilferufe: Otto von Freising, Chron. M. G. Schulausgabe VII, 33, S. 363 f. — Gerhoch von Reichersberg, Antichrist I, 59, S. 374. — Hadrian IV = Receuil des Histor. de Gaule XV, 690. — E. Caspar, Bernhard = Meister der Politik I, 597. — K. Neumann, Bernhard, S. 7.

[63] Bernhard, Epist. 363 = Migne PL 182, Sp. 564 ff. — Bernhard, Liber de laude novae militiae ad milites templi = Migne PL 182, Sp. 921—940. — Templerregel. Hrsg. von Gustav Schnürer (1903) S. 95 ff.

Im Anfang hielt er sich zurück und überließ in der Öffentlichkeit alle Initiative dem Papst[64]. Doch ist sein Geist schon in der Bulle zu spüren, die Papst Eugen III. am 1. Dezember 1145 an König Ludwig VII. von Frankreich und den französischen Adel richtete (Quantum praedecessores)[65]. Dieser Aufruf hatte sehr schnellen Erfolg. Schon in den Weihnachtstagen sprach König Ludwig in Bourges die Absicht aus, das Kreuz zu nehmen. Er war schon dadurch, daß seine Frau Aliénor (Eleonore) die Nichte des Fürsten von Antiochia war, bereit, auf Hilfsgesuche von dort zu hören. Nun übernahm auf Veranlassung des Papstes Eugen III. der heilige Bernhard die Werbung für den Zug mit seiner außerordentlichen Beredsamkeit. Zu Vézelay in Burgund sprach er mit großem Erfolg. Wir haben keinen Grund, zu bezweifeln, daß der fromme Gottesstreiterwille der Ritter damals geradeso echt war wie bei dem ersten Kreuzzug, wenn er sich auch wieder vielfach mit weltlichen Antrieben mischte[66].

Bisher war der Kreuzzug als eine Angelegenheit der französischen Ritterschaft gedacht. An sie hatte sich der Papst gewandt. Doch Bernhard trug die Werbung weiter. Gelegenheit dazu bot eine Reise nach Deutschland, die notwendig wurde, weil die auch dort einsetzende Kreuzzugsbewegung am Rhein wieder wie 1096 zu Judenverfolgungen geführt hatte. In den mittelrheinischen Bischofsstädten hatte ein Kreuzzugsprediger, der Zisterzienser Radulf, dazu aufgehetzt, und der Erzbischof von Mainz wurde nicht Herr der Greuel[67]; wohl aber Bernhard, als er dort eintraf. Und nun benutzte er die Gelegenheit, die Kreuzzugspropaganda weiterzutragen und auch den deutschen König, Konrad III., und deutsche Ritter zu werben. Von Mainz aus traf er König Konrad in aller Stille in Frankfurt. Konrad nahm damals das Kreuz noch nicht. Wahrscheinlich erklärte er Bernhard, daß es ihm unmöglich sei, Deutschland zu verlassen, solange sein großer Gegner, der Welfe, in Deutschland sei. Daraufhin unternahm Bernhard eine Kreuzzugswerbefahrt in die Diözese Konstanz, auf Bitten des dortigen Bischofs. Dabei sprach

---

[64] Biographie: Migne PL 185, Sp. 225. — Er selbst betont seinen Abstand von den Anfängen des Kreuzzuges: De consideratione II, 1 = Migne PL 182, Sp. 744/45.

[65] Herausgegeben von Peter Rassow = Neues Archiv 45 (1924) S. 302 ff. Dazu H. Cosack, Konrads III. Entschluß zum Kreuzzug = Mitt. d. Instit. f. österr. Geschichtsforschung 35 (1914) S. 275—296. — H. Conrad = Ztschr. d. Savignystiftung f. Rechtsgeschichte 61, germ. Abt., S. 88. — E. Caspar = Neues Archiv 45 (1924) S. 285 ff. — G. Hüffer, Die Anfänge des zweiten Kreuzzuges = Hist. Jb. 8 (1887) S. 391—429. — Die Bulle ist in zweifacher Ausfertigung erhalten. Die auf den 1. Dezember 1145 zu datierende Fassung ist nur nach Frankreich gerichtet, die erweiterte Neuausfertigung vom März 1146 ist dagegen mit den verschiedensten Adressen erhalten. Sie wurde nach allen Teilen des Abendlandes versandt. Sie sollte der Werbetätigkeit Bernhards zur Grundlage dienen.

[66] B. Kugler, Gesch. der Kreuzzüge, S. 131 ff. — Die Aufrichtigkeit des religiösen Motivs unterstreicht Gerhoch von Reichersberg, Comment. in Psalmos 39 = Migne PL 193, Sp. 1434.

[67] Bernhard. Epist. 365 = Migne PL 182, Sp. 570.

er den Welfen. Als er dann an Weihnachten wieder vor König Konrad stand, entschloß sich dieser wirklich nach anfänglichem Zögern zur Kreuzfahrt. Die Nachricht, daß auch Herzog Welf gleichzeitig in den Weihnachtstagen das Kreuz nahm, erleichterte ihm den Entschluß, den zuletzt noch Bernhards Beredsamkeit zum Reifen brachte[68]. Bernhard selbst bezeichnete es als „Wunder aller Wunder" (miraculum miraculorum), daß ihm dies gelang.

Man hat diesen Schritt Konrads oft mit scharfen Worten getadelt; er habe nicht genug Widerstandskraft gegen ein solches Ansinnen gehabt, das allen vernünftigen politischen Erwägungen zuwidergelaufen habe. Doch ist Konrad bei näherem Zusehen nicht in dieser Weise überredet worden. Schon aus den geschilderten Vorverhandlungen geht hervor, daß der Entschluß wohlerwogen war. Es sprachen gewichtige Gründe für die Teilnahme am Kreuzzug. Denn war Konrad III. auch nicht zum Kaiser gekrönt, so war er doch als deutscher König Träger der Kaisertradition, die ihm die Leitung der abendländischen Ritterschaft als Vogt der Kirche zuschrieb. Sollte nun zum zweitenmal ein Kreuzzug ausziehen, ohne daß der deutsche Kaiser oder König führend daran teilnahm? Das erstemal hatte theoretisch (allerdings auch nur so) der Papst die Leitung des Zuges in der Hand gehabt. Jetzt aber zog der französische König aus. Brach er allein auf, so war es für immer klar, daß er die Führung der abendländischen Ritterschaft übernommen hatte. Der heilige Bernhard selbst machte sich zum Sprecher dieser Idee. Denn er forderte Konrad zur Teilnahme auf unter Hinweis auf seine Pflicht als Vogt der Kirche[69]. Aber auch abgesehen davon konnte der deutsche König sich nicht selbst aus einer Bewegung ausschließen, die die Ritterschaft des ganzen Abendlandes erfaßt hatte. Er konnte auf sich nicht herabsehen lassen als auf einen, der zu Hause blieb, wenn Christus seine Ritterschaft aufrief. Auch Friedrich Barbarossa zog zum Kreuzzug, obwohl seine Anwesenheit im Abendland dringend nötig gewesen wäre. Sollten zwei deutsche Könige hintereinander denselben Schritt unternommen haben, wenn er eine ausgesprochene Torheit gewesen wäre? So kann nur urteilen, wer die geistigen Grundlagen des 12. Jahrhunderts nicht versteht.

Dem Papst selbst war dieser Entschluß Konrads sehr unangenehm. Er machte Bernhard wie König Konrad bittere Vorwürfe. Er hätte Konrad gern zu seinem Schutz in Italien verwendet und hätte die Leitung des Zuges, wenn er sie schon nicht übernahm, am liebsten in der Hand des französischen Königs gesehen. Doch der Beschluß war gefaßt, und Bernhards Werbung ging weiter nach England, Nord- und Osteuropa.

---

[68] Otto von Freising, Gesta 42, S. 60. — Cod. Hirsaug., ed. Schneider, S. 42. — H. Cosack = Mitt. d. Instit. f. österr. Geschichtsforschung 35 (1914) S. 278 ff.

[69] Migne PL 182, Sp. 442, von 1146: „Deshalb umgürte deine Hüfte mit deinem Schwert, du machtvoller Mann, und der Kaiser verschaffe sich, was des Kaisers ist, und Gott, was Gottes ist. Denn zweierlei ist, das steht fest, die Sache des Kaisers, seine eigene Krone zu schützen und die Kirche zu verteidigen. Das eine liegt dem König ob, das andere dem Vogt der Kirche."

Wieder aber wurde der Kreuzzug unternommen ohne Klarheit über das Ziel (war doch der Hilferuf aus Antiochia und nicht aus Jerusalem gekommen), ohne einheitliche Führung (sie konnte nicht einheitlich sein, wenn zwei Könige auszogen), ohne gemeinsame Politik Byzanz gegenüber. Diese Unterlassungen hatten schon dem ersten Kreuzzug viel geschadet. Jetzt sollten sie verhängnisvoll werden. Denn schon vor Beginn des Kreuzzuges war die Haltung der beiden ausziehenden Könige Byzanz gegenüber völlig verschieden. Konrad III. war, wie schon sein Vorgänger Lothar, mit Byzanz freundschaftlich verbunden. Schon seit 1112 gingen Boten zwischen den Byzantinern und dem Papst oder dem Kaiser hin und her. Geplant war ein Bündnis gegen die Normannen Süditaliens. 1146 heiratete sogar Kaiser Manuel selbst Konrads Schwägerin Bertha von Sulzbach. Aber Manuels Freundschaft war für das deutsche Reich nicht ungefährlich. Denn waren einmal die Normannen mit deutscher Hilfe geschlagen, so mußten die alten Ansprüche von Byzanz auf die ehemals byzantinisch gewesenen Teile Italiens das Reich bedrohen. Doch zunächst schienen gute Aspekte für eine Unterstützung des Kreuzzuges durch Byzanz von hier aus gegeben[70].

Ganz anders war die Haltung Frankreichs. Es stand den Normannen nahe. Zu Beginn des Jahres 1147 schlug Roger II. von Sizilien dem französischen König vor, den Kreuzzug nicht über Land, sondern auf normannisch-sizilischen Schiffen durchzuführen. Dann werde auch er, Roger, sich an dem Kreuzzug beteiligen. Doch König Ludwig VII. wußte, daß Roger Ansprüche auf Antiochia erhob und daß der Kreuzzug für ihn der Durchsetzung dieser Ansprüche dienen sollte. Da Antiochia aber dem Onkel seiner Frau Aliénor gehörte, lehnte Ludwig das ab, besonders da ein Streit um Antiochia auch zum Krieg mit Byzanz führen mußte. Dann aber war es fraglich, ob der Kreuzzug jemals das Heilige Land erreichen würde[71]. Diese Ablehnung enttäuschte und verbitterte Roger. Von einem Kreuzzug war nun bei ihm nicht mehr die Rede. Er ging seine eigenen Wege und fiel im Sommer 1147, also während der Kreuzzug begann, in Griechenland und auf Korfu ein. Das aber mußte Manuel sehr bedenklich, ja mißtrauisch machen gegen den Anmarsch des französischen Königs, dessen freundliche Beziehungen zu den Normannen bekannt waren, der soeben noch über einen gemeinsamen Zug mit ihnen verhandelt hatte. Die guten Verbindungen mit Konrad traten bei Manuel nun vor diesem Mißtrauen gegen die Franzosen in den Hintergrund. Er brach darum auf die Nachricht vom Herannahen des französischen Kreuzheeres

[70] W. Ohnsorge, Das Zweikaiserproblem im frühen Mittelalter. Die Bedeutung des byzantinischen Reiches f. die Entwicklung der Staatsidee in Europa (1947) S. 87 ff. — E. Caspar, Roger II. und die Gründung der normannisch-sizilianischen Monarchie (1904) S. 362.

[71] Odo von Deuil = Migne PL 185, S. 1208. — E. Caspar, Roger II., S. 373. — J. Haller, Papsttum II, 2, S. 552. — E. Vacandard, Saint Bernard et la seconde croisade, S. 429. — R. Grousset II, 226, der in der Ablehnung einen entscheidenden Fehler von Ludwig VII. sieht.

seinen Kriegszug gegen den Sultan von Konja, der ihn bis vor dessen Hauptstadt schon geführt hatte, ab und trat einen verlustreichen Rückzug an, nur um zugegen zu sein, wenn die Kreuzfahrer ankamen.

Inzwischen waren zwei große Heersäulen der Deutschen und Franzosen aufgebrochen [72], um nacheinander, den Spuren Gottfrieds folgend, die Donau hinunter nach Byzanz zu ziehen. Die Heere müssen recht groß gewesen sein. Genaue Zahlen vermögen wir nicht anzugeben. Aber wir sehen doch, welchen Eindruck der Aufbruch auf die Zeitgenossen machte. Gerhoch von Reichersberg schreibt: „Es gab keine Stadt, die nicht Massen, und kein Dorf oder Weiler, die nicht mindestens wenige aussandten.“ [73].

Dabei scheint es aber, in Deutschland wenigstens, nicht an Gegnern des Kreuzzuges gefehlt zu haben. Einige Chroniken nehmen sehr entschieden dagegen Stellung, sagen, es seien falsche Propheten, Söhne des Teufels, die mit unsinniger Predigt die Christen zu dem Zug nach Jerusalem verführten [74]. Freilich kann später rückblickend erst der Mißerfolg des Kreuzzuges die Chronisten zu solcher Ablehnung gebracht oder eine solche Haltung verstärkt haben.

Wieder war auch diesmal die Zahl der Frauen und der Nichtkämpfer in den Kreuzheeren sehr groß [75], obwohl man aus den Erfahrungen der ersten Züge doch wußte, welche Belastung und Gefährdung das bedeutete. Odo von Deuil spricht es deutlich aus [76], und Papst Eugen III. richtete wohlüberlegt seinen Aufruf „vornehmlich an die Mächtigen und Edlen“. Und doch erließ man keine Verbote. Friedrich Barbarossa ergriff später strenge Maßnahmen. Damals aber konnte man sich noch nicht dazu entschließen, jemanden zurückzuweisen, der mitziehen wollte, sehr zum Schaden des Kreuzzuges.

Den Gedanken, selbst mitzuziehen und den Kreuzzug selbst zu führen, hat Papst Eugen III. bald aufgegeben. Der Einfluß Bernhards wird ihn dazu bewogen haben. Denn Bernhard betont in seinen Briefen nachdrücklich, wie nötig es sei, daß die Führer des Krieges tüchtige Kriegsmänner seien, mit Erfahrung im Kriegshandwerk [77]. Darum gab Eugen III. dem deutschen und französischen Heer auch je einen Legaten mit; diese spielten aber im Verlauf des Zuges keine Rolle.

---

[72] Die Chroniken schwanken zwischen 70000 und 100000 Mann für jedes Heer. Doch diese Zahlen sind sicherlich zu hoch gegriffen. — Jahn, Heereszahlen, S. 13. — Annales Palidenses = M. G. SS. XVI, 82. — Gerhoch von Reichersberg, Antichrist I, 65, S. 381. — Odo von Deuil = Migne PL 185, 1208. — L. Bréhier, Les croisades, S. 105. — Vacandard S. 434.

[73] Gerhoch von Reichersberg, Antichrist I, 59, S. 374.

[74] Würzburger Annalen = M.G.SS.XVI, S. 3. — Kölner Königschronik = M.G. Schulausgabe, S. 82/83.

[75] Vinzenz von Prag = M. G. SS. XVII, S. 663, zu 1148. — Würzburger Annalen a. a. O.; siehe auch Gerhoch von Reichersberg, Antichrist I, 59, S. 374.

[76] Odo von Deuil = M. G. SS. XXVI, S. 69: „daß die Schwächlichen und Kampfunfähigen immer nur eine Last bedeuten und eine Beute für die Feinde darstellen“.

[77] Bernhard, Brief 363 = Migne PL 182, Sp. 568.

In Deutschland spaltete sich ein besonderer Zweig des Kreuzzuges ab: ein Feldzug gegen die Slawen im Osten des Reiches. Auf dem Reichstag zu Frankfurt im März 1147 erklärten eine Reihe von norddeutschen Fürsten, lieber gegen die ihnen benachbarten Heiden, die Slawen, ziehen zu wollen als gegen die Muslime in weiter Ferne. Bernhard billigte das Vorhaben und gewährte völlig aus eigener Machtvollkommenheit diesen „Kreuzfahrern" gegen die Wenden und Slawen dieselben Vorrechte, wie sie die Jerusalemfahrer genossen. Auch sie nahmen als Kennzeichen das Kreuz, wenn auch in einer besonderen Form, und betrachteten sich durch diese Entscheidung Bernhards als völlig gleichberechtigte Kreuzfahrer. Doch erwies sich dieser Beschluß als eine Abwendung vom Geist der Kreuzzüge. Zwar wurden dem Kampf im deutschen Osten auf diese Weise zahlreiche Kräfte zugeführt, aber diese gingen den Jerusalemzügen verloren. Außerdem aber überwog bei diesen Zügen das politische Interesse der beteiligten Fürsten und Ritter so sehr, daß die Sache der Kreuzzüge dadurch diskreditiert wurde. Denn durch die unmittelbare Nachbarschaft der zu erobernden Gebiete zum eigenen Herrschaftsbereich war diesen Kämpfen, die die Grenzen jedes dieser Fürsten erweiterten, der Charakter von Eroberungszügen im eigenen Interesse gar nicht zu nehmen, trotz aller Begeisterung für den Kampf gegen die Heiden. Auch fehlte diesen Kämpfen von vornherein der Glanz, den der Name Jerusalems und des Heiligen Landes, „wo die Füße des Herren gestanden hatten", den Orientzügen in den Augen des Menschen dieser Tage gab.

Im Frühjahr 1147 brach Konrad III. mit seinem Heer auf. Der Vormarsch bis Byzanz ging nicht so reibungslos vonstatten, wie man es, entsprechend den guten Beziehungen der beiden verschwägerten Herrscher, hätte erwarten sollen. Fast wäre es zu einer richtigen Schlacht zwischen deutschen und byzantinischen Truppen gekommen. Kaiser Manuel lag verständlicherweise sehr viel daran, die Vereinigung des deutschen und französischen Heeres vor Konstantinopel zu verhindern. Darum schlug er beiden, als sie sich nahten, vor, nach den Dardanellen abzuschwenken, dort überzusetzen und den Weg durch die Küstenprovinzen nach Antiochia zu nehmen. Es war kein schlechter Plan, da man auf diese Weise die wüsten- und steppenartigen Landstriche Inneranatoliens vermied, wo man den Angriffen der Muslime doppelt ausgesetzt war. Doch Konrad und ebenso später Ludwig lehnten diesen Vorschlag ab, vielleicht um vor den Toren der Stadt einen Druck auf Manuel ausüben zu können. Als dann die Deutschen vor der Stadt standen, änderte Manuel sein Verhalten und kam Konrad mit Liebenswürdigkeit entgegen. So bewog er Konrad III., mit seinem Heer auf das asiatische Ufer überzusetzen, ehe noch die Franzosen angekommen waren. Sicherlich war das ein politischer Fehler Konrads. Andererseits wollte Konrad es nicht auf eine kriegerische Auseinandersetzung der vereinten Heere mit Byzanz ankommen lassen, da er damit den Kreuzzug selbst gefährdet sah.

König Ludwig VII. hatten schon in Regensburg byzantinische Gesandte erwartet, die von ihm die eidliche Verpflichtung verlangten, daß er sich als Freund und nicht als Feind des byzantinischen Reiches verhalten werde und daß er die zu erobernden Länder, soweit sie einmal Byzanz gehört hatten, diesem zurückgeben werde. Das erste gelobte Ludwig, das zweite aber lehnte er ab. Der weitere Vormarsch ging dann ziemlich reibungslos vonstatten. Als das Heer schon kurz vor Byzanz stand und allerlei Streitigkeiten die Byzantiner den Kreuzrittern verhaßt gemacht hatten, rieten namhafte Große des französischen Heeres, wie der Bischof Geoffroi von Langres, dem König, Byanz anzugreifen. Es war eine kritische Stunde für das Griechenreich, zumal da auch die Normannen feindlich in Griechenland standen. Aber Ludwig lehnte den Vorschlag im Interesse des Kreuzzuges ab.

Kaum war das französische Heer ebenfalls auf das asiatische Ufer hinübergezogen, die Deutschen nach Anatolien aufgebrochen und damit die akute Gefahr beseitigt, so änderte Manuel seine Haltung den Franzosen gegenüber. Er verlangte von den Baronen des Heeres den Lehenseid und das eidliche Versprechen, die eroberten Länder, die Byzanz untertänig gewesen waren, dem Kaiser zurückzugeben. Nach langen Verhandlungen mußte Ludwig beide Eide von seinen Großen leisten lassen. Aber die Haltung des Kaisers blieb nun nahezu feindlich.

Inzwischen waren die Deutschen in Anatolien vorgedrungen[78]. Sehr bald schon teilte man das Heer. Eine Gruppe, die auf 14000 Mann geschätzt wird und die in der Hauptsache Nichtkämpfer, jedenfalls aber fast nur Fußgänger enthielt, zog unter der Führung von Bischof Otto von Freising und Graf Bernhard von Kärnten der Küste entlang, während das Hauptheer die Straße des ersten Kreuzzuges: Nicaea, Doryläum (Eskischehir), Philomelon (Akschehir), Konja, einschlug. Augenscheinlich wirkte das Vorbild des ersten Kreuzzuges so stark, daß man unmittelbar seinen Spuren folgen wollte, allerdings ohne die Nichtkämpfer, die man eine andere Straße schickte. Diese Teilung, wie schon die des ersten Kreuzzuges, zeigt, daß es unratsam, wenn nicht un-

[78] Damals machte Kaiser Manuel Konrad III. durch Boten den Vorschlag gemeinsamen Vorgehens: deutsche Truppen sollten mit ihm gegen die Normannen Rogers kämpfen und dafür im Austausch byzantinische Streitkräfte den Kreuzzug unterstützen. Konrad lehnte das ab, wie er es mußte, wenn er den Gedanken des Kreuzzuges für seine Ritter ernst nahm. Denn Kreuzfahrer konnten nicht gegen Christen in Europa kämpfen, selbst wenn es im Austausch geschah. Kreuzritter waren keine beliebig zu verwendenden Truppen. Außerdem konnte es sehr zweifelhaft sein, ob der Austausch deutscher gegen byzantinische Truppen im Interesse des deutschen Heeres lag. Die aktive Unterstützung von Byzanz, die man gewann, hätte man mit einer empfindlichen Schwächung des Kreuzfahrerheeres bezahlen müssen. Es ist darum durchaus irreführend, wenn R. Grousset (II, 233) diesen Schritt des deutschen Königs als einen Fehler und als verhängnisvoll für den Kreuzzug bezeichnet. Warum er aber diesen Beschluß als „refus orgueilleux et têtu du César germanique“ bezeichnet, ist ganz unverständlich, wenn man nicht eine Voreingenommenheit des Verfassers annehmen will. Derartige Wendungen gegen die Deutschen kehren leider in dem sonst so sachlichen Buch wie auch in den sonstigen Werken von R. Grousset oft wieder.

möglich war, in zu großen Heeresabteilungen durch das nahrungs -und wasserarme Gebiet Inneranatoliens zu ziehen. Darum war es richtig, daß man beide Heere getrennt marschieren ließ[79], besonders da sich schon in Europa auf dem Vormarsch starke Reibereien zwischen französischen Vorhuten und deutschen Nachhuten ergeben hatten; aber es war ein schwerer Fehler, daß beide Marschkolonnen nicht in enger Fühlungnahme miteinander blieben. Vielleicht hätte sich auf diese Weise die Katastrophe vermeiden lassen.

Die Feindseligkeit der Byzantiner wurde nun immer klarer, und zwar richtete sie sich in gleicher Weise wie gegen die Franzosen nun auch gegen die Deutschen. Es wurde bekannt, daß Manuel gerade einen Frieden auf 12 Jahre mit dem Sultan Masʿūd von Konja geschlossen, die Kreuzfahrer also sich selbst überlassen hatte; aber auch darüber hinaus verhinderten die Byzantiner, wo sie konnten, eine gute Verpflegung des Kreuzheeres und schürten die feindselige Haltung der Bevölkerung. Die dem Heere von den Byzantinern beigegebenen Führer gingen hier am weitesten. Sie sabotierten eine ordnungsmäßige Versorgung des Heeres dadurch, daß sie die Zahl der Marschtage, für die man sich versorgen mußte, zu klein angaben, dann aber mehr noch dadurch, daß sie das Heer von der eigentlichen Straße ab in wüste und gebirgige Landstriche führten, wo die Kreuzritter den Angriffen der Türken besonders ausgesetzt waren. Schließlich verließen sie nachts heimlich das Heer und gaben es den Angriffen der Muslime preis[80]. Bei diesen Kämpfen waren die Ritter der Kampfweise der Muslime gar nicht gewachsen. Denn diese griffen mit Bogenschützen auf schnellen Pferden an; wollten dann die schwergerüsteten Ritter sich zur Wehr setzen, so wichen sie aus und entkamen leicht auf ihren schnellen Pferden, um dann den Angriff an anderer Stelle wieder zu erneuern. Es ist die immer übliche Kampfesweise der Muslime, der man erst später durch Einstellung von eigenen, ähnlich ausgerüsteten Bogenschützen zu begegnen wußte. Hunger, Durst und Hitze verminderten außerdem die Kraft des Heeres. Der Pferdemangel wurde immer empfindlicher. Darum entschloß sich Konrad III., als in der Nähe von Doryläum (Eskischehir) ein neuer großer Angriff sein Heer erneut schwächte, zum Rückzug, wie er selbst sagt, auf Bitten der Fürsten und Ritter seines Heeres[81]. Er habe lieber größere Teile des Heeres wohlbehalten retten wollen als in einer so blutigen Schlacht einen Sieg über diese Bogenschützen davontragen. Aber auch das gelang ihm nicht. Denn der Rückzug nach Nicaea wurde zur Katastrophe. Nur ein Zehntel des Heeres, das ausgezogen war, konnte sich dorthin retten. Ludwig VII. nahm sie freundlich und voll Mitleid auf. Auch stattete er Konrad und seine restlichen Ritter wieder aus, so gut es eben ging.

---

[79] Deshalb entfällt auch der von R. Grousset darum gegen Konrad erhobene Vorwurf. Will man ihn dagegen auf die mangelnde Zusammenarbeit beider Könige beziehen, so besteht er zu Recht.

[80] Wilhelm von Tyrus XVI, 20, S. 738. — Odo von Deuil = M. G. SS. XXVI, S. 68. — Michael der Syrer III, II, S. 739—741.

[81] Brief Wibalds Nr. 78, von 1148 = Jaffé, Biblioth. rer. Germ. I, 152.

Auch die Gruppe Ottos von Freising hatte ein ähnliches Schicksal erlitten. Die Schwierigkeiten des Weges und der Verpflegung sowie die Angriffe der muslimischen Reiter setzten auch dieser Schar sehr zu. Auch sie mußte sich zum Rückzug zum Meer entschließen, der zur Flucht ausartete. Der Bischof selbst soll mit wunden Füßen und zerrissenen Schuhen die Küste erreicht haben. In Adalia nahmen freundliche Bürger sie auf und verhalfen ihnen zu der Möglichkeit, zu Schiff nach Jerusalem zu fahren. Doch war es nur noch die Hälfte des Zuges, der von Byzanz ausgezogen war[82].

Konrad schloß sich mit dem Rest seines Heeres dem Zug des französischen Königs an, soweit die enttäuschten Kreuzfahrer nicht nach der Heimat zurückfuhren. Doch schon in Ephesus trennte sich Konrad einer Erkrankung wegen von dem französischen Heer und schiffte sich nach Byzanz ein. Auch andere Gründe kamen dazu[83]. Es war nicht leicht für ihn, mit dem jammervollen Rest seiner Ritter dem stolzen, noch unbesiegten Heer der Franzosen gegenüberzustehen und die daraus sich ergebende hochmütige Haltung der Leute des Königs (nicht des Königs selbst) zu ertragen. In Byzanz wurde Konrad gut aufgenommen, gesund gepflegt und mit seinen wenigen Begleitern zu Schiff nach dem Heiligen Land übergesetzt.

Auch das französische Heer hatte bei seinem Vormarsch in immer stärkerem Maß unter der Feindseligkeit der Byzantiner und den Angriffen der Türken, die die Byzantiner auch in den dem Griechenkaiser unterstehenden Gebieten nicht abwehrten, zu leiden. Immer klarer wurde die Haltung der Byzantiner, so z. B. wenn geschlagene muslimische Abteilungen in eine byzantinische Stadt flohen und dort Schutz gegen die Kreuzfahrer fanden. Auch das Heer Ludwigs wurde im Januar 1148 in den Gebirgsschluchten von Chones (Khonas) von den Muslimen schwer geschlagen[84]. Doch gelang es dem König noch, ohne allzu große Schwierigkeiten das Meer in Adalia zu erreichen. Mit einem geschlagenen Heer war er bedacht, nun zu Schiff das Heilige Land zu erreichen, ähnlich wie an derselben Stelle kurz vorher die Kreuzfahrer- und Pilgerschar unter Bischof Otto von Freising, aber doch an Elend noch nicht zu vergleichen mit dem Rest des Heeres König Konrads.

Adalia war eine byzantinische Stadt, und Ludwig hoffte daher auf Unterstützung. Der byzantinische Statthalter ließ die Kreuzfahrer zunächst den Byzanz geleisteten Treueid erneuern. Dann schien er zur Hilfe bereit. Ludwig schloß einen Überfahrtsvertrag nach St.-Simeons-Hafen, dem Vorort Antiochias, ab. Als das Heer sich einschiffen sollte, stellte sich aber heraus, daß die

[82] Gerhoch von Reichersberg, Antichrist I, 60, S. 376. — Odo von Deuil siehe Anm. 80.

[83] Wilhelm von Tyrus XVI, 22 u. 23, S. 742 ff.

[84] Wilhelm von Tyrus charakterisiert die Wirkung dieser Schlacht mit den Worten: „An jenem Unglückstag ... starb der ungeheure Ruhm der Franken, und ihre Kriegstüchtigkeit, die bisher den Völkern so viel Angst eingejagt hatte, brach zusammen. Den Heiden und Gottlosen, denen sie bis dahin ein Schrecken gewesen war, wurde sie nun ein Spott“ (XVI, 25, S. 749).

Schiffe nur für einen Teil des Heeres ausreichten. Ludwig mußte einen neuen Vertrag abschließen, in dem der Statthalter sich gegen Zahlung von 500 Goldmünzen verpflichtete, die Kranken des Kreuzheeres in Adalia pflegen und versorgen zu lassen und die Pilgerscharen (Nichtkämpfer) des Heeres der Küste entlang — also durch byzantinisches Gebiet — bis nach Antiochia zu bringen. Der König selbst aber fuhr mit der Ritterschaft des Zuges auf den zur Verfügung stehenden Schiffen nach St.-Simeons-Hafen, das er wohlbehalten erreichte.

Ungleich schlechter erging es dem von ihm in Adalia zurückgelassenen Teile des Zuges. Kaum hatten diese Scharen Adalia verlassen, da wurden sie mitten in byzantinischem Gebiet von den Muslimen überfallen. Sie konnten den Angriff zwar abschlagen, aber die Türken mangels jeder Reiterei nicht verfolgen. So kehrten sie nach Adalia zurück. Nochmals stellte man Schiffe zur Verfügung, aber wieder waren es nicht genug, und wieder fuhren die beiden Ritter, die den Zug im Namen des Königs führen sollten, ab und ließen den Rest des Zuges im Stich. Dieser wurde bei vergeblichen Versuchen, sich nach Antiochia durchzuschlagen, fast ganz aufgerieben[85].

So erreichten Antiochia nur Teile des französischen Heeres, Reste der militärisch geringwertigen Pilgerschar Ottos von Freising und geringe Reste des Heeres Konrads III. Ein trauriges Ergebnis des so stolz angetretenen Vormarsches. Die Kreuzfahrer hatten im wesentlichen recht, wenn sie die Schuld daran Byzanz und dessen unsicherer, ja feindselig-verräterischer Haltung zuschrieben. Hier hat Byzanz zweifellos die Sache der Kreuzfahrer, dem Islam gegenüber, im Stich gelassen und sogar bekämpft.

Aber wohl kann man sich, wie es Runciman[86] tut, fragen, ob, von Byzanz aus gesehen, der Kreuzzug wirklich die Sache des Christentums und des Abendlandes am besten vertrat, ob eine Politik, die Byzanz als Bollwerk des Christentums gegen den Islam stark machte, nicht zweckmäßiger war als die Unterstützung der Kreuzzüge, die Byzanz' Herrschaftsansprüche auf Antiochia zerstören und die Zusammenfassung der Kräfte der Muslime befördern mußten. Und eine solche Betrachtung mußte, auch darin hat Runciman recht, besonders naheliegen in dem Augenblick, in dem die Normannen, die doch am ersten Kreuzzug stark beteiligt waren, Byzanz ernstlich von Korfu und Griechenland aus bedrohten, wie es damals der Fall war. Aber — und das übersieht Runciman — diese Motive erklären das Verhalten von Byzanz, entschuldigen es auch, von Byzanz aus gesehen. Sie ändern aber gar nichts an der Tatsache, daß Byzanz im zweiten Kreuzzug sich als Feind der Kreuzfahrer klar erwies und daß es den Untergang oder die schwere Schädigung der Kreuzheere auf dem Durchmarsch in Anatolien durch das Bündnis mit dem Sultan Mas'ūd von Konja, durch zu geringe Leistung in Verpflegung und

[85] Wilhelm von Tyrus XVI, 25 und 26, S. 747 ff. — Odo von Deuil = Migne PL 185, 1243 f. — Grousset II, 244 f.

[86] St. Runciman II, S. 266, 274—277.

Führung und feindselige Haltung der byzantinischen Offiziere und Truppen mitverschuldet hat. Die Tatsache, daß Manuel sich dabei als Freund der Kreuzfahrer zu geben versuchte, verschärft dies Verschulden noch. Manuel konnte nicht Feind und Freund der Kreuzfahrer zugleich sein. Diese Erfahrungen aber wurden für die Haltung der Kreuzfahrer der kommenden Züge mitbestimmend.

Aber Byzanz trägt keineswegs allein die Schuld an dem unglücklichen Schicksal der Heere. Die beiden den Kreuzzug führenden Könige haben durch mangelnde Zusammenarbeit und durch mangelnde Einigkeit und Klarheit ihrer Politik Byzanz gegenüber ein großes Teil von Schuld.

In Antiochia wurde Ludwig und seine junge Frau herzlich empfangen, schon um der verwandtschaftlichen Beziehungen zu Raimund von Poitiers willen, dem Herrn von Antiochia. Er suchte König Ludwig zu einem Zug gegen Nūr ad-Dīn, den Herrn von Aleppo, zu bewegen. Das wäre zweifellos das Richtige gewesen. Denn Nūr ad-Dīn und sein Vater hatten Edessa erobert, sie bedrohten die fränkischen Positionen in Antiochia ernstlich, während Jerusalem zur Zeit in keiner Weise gefährdet war. Von Antiochia aus hatte man auch die Kreuzfahrer gerufen. Aber in einem großen Rat lehnte Ludwig VII. diesen Vorschlag ab. Er wolle und müsse in Erfüllung seines Kreuzzuggelübdes nach Jerusalem ziehen. Zum erstenmal gehen hier der Kreuzzugswille (Jerusalem) und die politischen und militärischen Erfordernisse der Lage der Christen schroff auseinander. Das sollte sich noch oft verhängnisvoll wiederholen.

Die Ablehnung erbitterte Raimund, der sich in allen seinen Hoffnungen auf den Kreuzzug getäuscht sah, gegen Ludwig. Diese Spannung erhöhte sich dadurch, daß Aliénor — klüger als ihr Mann — sich für den Zug gegen Nūr al-Dīn eingesetzt hatte und auch sonst stark unter dem Eindruck der gewinnenden Persönlichkeit Raimunds stand. Aliénor forderte die Ehescheidung. Da verließ Ludwig heimlich die Stadt und zog nach Jerusalem, seine Frau mußte ihn begleiten. Mit dem Versäumnis des Angriffs auf Nūr ad-Dīn und Aleppo war aber eine große Gelegenheit verpaßt.

In Jerusalem war inzwischen auch König Konrad III. angekommen. Ebenso auch eine stattliche Kreuzfahrerflotte mit Friesen, Niederdeutschen und Männern vom Niederrhein. 164 Schiffe mit 13 000 Mann sollen es gewesen sein. Dieser Zug zeichnete sich dadurch aus, daß in seinem Kreis strenge Bestimmungen die Zusammensetzung des Heeres und die Zusammenarbeit regelte. So war die Mitnahme von Frauen verboten, strenge Disziplinarvorschriften waren erlassen und eine Organisation des ganzen Heeres geschaffen, die eine gute Zusammenarbeit der einzelnen Teile sicherstellen konnte.

Diese Flotte hatte im Auftrag des portugiesischen Königs gelegentlich einer Zwischenlandung der Bischof von Porto (Oporto) in flammender Rede gebeten, sich an der Eroberung Lissabons, das noch in der Land der Muslime war, zu beteiligen. Die Führer der Flotte willigten ein, und die Eroberung gelang. So kam man schon voll Siegesstolz und Siegeszuversicht in Akkon an[87].

Etwa gleichzeitig trafen französische Kreuzfahrer aus der Provence und Languedoc unter Führung von Alphonse Jourdain, dem Grafen von Toulouse und Sohn des Kreuzzugshelden Raimund von St-Gilles, an, so daß nun wieder ein sehr großes, schlagkräftiges Heer sich gegen die Muslime rüsten konnte. Aber wohin sollte der Zug sich wenden?

In einem Kriegsrat in Akkon beschloß man, Damaskus anzugreifen. Es war ein unheilvoller Plan. An der Spitze des Königreichs Jerusalem stand damals Königin Melisende als Regentin für ihren jungen Sohn Balduin III. Ihr fehlte der weite Blick und ein eigentlich politischer Sinn. Die fremden Kreuzfahrer aber hatten keine Einsicht dafür, daß Damaskus seit langem der Verbündete war, dem man viel zu verdanken hatte und auf dessen Bündnistreue allein die Hoffnung beruhte, der aufstrebenden Macht Nūr al-Dīns Widerstand leisten zu können. Die Fremden konnten nicht sehen, daß die Aufgabe des Augenblicks ein Angriff auf Nūr ad-Dīn in Aleppo war. Die Umgebung der Königin aber verfolgte nur Jerusalemer Lokalinteresse, auch aus Gegnerschaft gegen Antiochia.

So brach am 25. Mai 1147 das vereinigte Heer der Kreuzfahrer und des Königsreichs Jerusalem gegen Damaskus auf. Man griff zunächst die Gärten von Damaskus an (Ghūta), um der Stadt diese gute Verteidigungstellung zu nehmen und die Nahrungsmittelversorgung zu erschweren. Ein solcher Schritt, der die Zerstörung der Bäume und Weinberge einschloß, galt und gilt im Orient als besonders barbarisch und verächtlich, als Verbrechen. Schon das Gesetz Moses' verbot eine solche Kriegführung[88]. Doch die Franken nahmen diese moralische Belastung auf sich. Und der Plan gelang zunächst. Denn als man in einem harten Kampf, in den auch Konrad III. mit seiner großen Körperkraft persönlich eingriff, sich auch des Flusses Baradā, von dem die Wasserversorgung der Stadt abhing, bemächtigt hatte, besaß man eine Stellung, die den Fall der Stadt in wenigen Tagen erwarten ließ. Voreilig versprachen die beiden Könige, Ludwig und Konrad, dem Grafen von Flandern, Thierry d'Alsace, die Herrschaft über die Stadt, wenn sie erobert sei.

Doch es kam nicht dazu. Die Damaszener konnten Verstärkungen heranziehen und auch in den Gärten wieder Schützen verbergen, die den Franken

---

[87] Quellen für die Lissabon-Fahrt: Osbernus, De expugnatione Lyxbonensi ad annum 1147 = Chronicles and memorials of the reign of Richard I, vol. 1 (London 1864). — Annales Magdeburgenses = M. G. SS. XVI, S. 189 ff., zu 1147. — Annalen von Dissibodenberg, darin: Bericht von Dudechin von Lahnstein an Kuno von Dissibodenberg = M. G. SS. XVII, S. 27 ff. — C. Erdmann, Hist. Ztschr. 141 (1930), S. 331. — H. Conrad = Ztschr. d. Savignystiftung f. Rechtsgesch. 61, germ. Abt., S. 121 f. — F. Kurth, Der Anteil niederdeutscher Kreuzfahrer an den Kämpfen der Portugiesen gegen die Mauren = Mitt. d. Inst. f. österr. Geschichtsforschung, Erg.-Bd. 8 (1911) S. 131.

[88] Deuteronomium 20, 19.

zusetzten. Da entschloß man sich in einem nächtlichen Kriegsrat (26./27. Juli), die mühsam gewonnenen wichtigen Stellungen aufzugeben und den Angriff vom Osten und Süden der Stadt aus vorzutreiben, da dort die Befestigungswerke schwächer seien. Doch kaum hatte man die neuen Stellungen bezogen, als man sah, daß die Belagerten nun wieder über ihre gute Wasserleitung verfügten, während das Frankenheer im Osten und Süden dem Hunger und Durst hoffnungslos preisgegeben war. Man fühlte sich betrogen und gab nach leidenschaftlichen Auseinandersetzungen verbittert die Belagerung auf. Es war ein unrühmliches Ende dieses unrühmlichen Zuges.

Warum aber hatte man diesen unheilvollen Stellungswechsel vorgenommen? Die teilweise Wiederbesetzung der Gärten durch die muslimischen Schützen kann nicht allein die Ursache gewesen sein. Augenscheinlich haben syrisch-fränkische Barone dazu geraten. Ihnen warf man später vor, sie seien durch die Muslime bestochen worden. Das ist die billigste Erklärung. Denn Bestechung durch Geld wird in der ganzen Geschichte immer wieder in solchen Fällen vermutet. Möglicherweise hat auch hier Geld nachgeholfen (Elinand, der Fürst von Galiläa, wurde besonders verdächtigt), aber entscheidend war Bestechung sicherlich nicht. Die zweite Erklärung die die fränkischen Chronisten bieten, besagt, daß Raimund von Antiochia (von Poitiers), aus Enttäuschung und aus Haß gegen König Ludwig VII., die entscheidende Kraft gewesen sei. Das ist wohl möglich, aber sicher auch nicht ausschlaggebend gewesen. Die dritte Vermutung ist, daß das von den fremden Königen dem Grafen von Flandern gegebene Versprechen den einheimischen fränkischen Adel so erbittert habe, daß er auf diese heimtückische Weise Rache nahm. Auch dieses Motiv hat sicher mitgewirkt[89]. Aber die eigentliche Erklärung ist an anderer Stelle zu suchen. Der Herr von Damaskus, Muʿīn ad-Dīn Unur, hatte seinen alten muslimischen Gegner Nūr ad-Dīn zu Hilfe gegen die Christen herbeigerufen. Dieser stand nun in der Nähe von Damaskus und verhandelte von da aus mit Muʿīn ad-Dīn. Er verlangte für seine Hilfe, daß ihm die Zitadelle von Damaskus ausgeliefert werde. Das bedeutete aber die dauernde Herrschaft von Nūr ad-Dīn über Damaskus, so wie er schon über Aleppo und Mossul gebot. Das mußte Muʿīn ad-Dīn fürchten, mehr aber noch fürchteten dies die Franken, die einer solchen vereinigten Macht des Islams nicht gewachsen waren. Darum unterrichtete Muʿīn ad-Dīn heimlich die ihm bekannten syrisch-fränkischen Barone und sandte ihnen ein Ultimatum: werde die Belagerung nicht aufgehoben, so müsse er die Zitadelle an Nūr ad-Dīn übergeben. Daraufhin taten diese Barone, was sie konnten, um die Belagerung zu beendigen, ohne aber den Grund dafür bekanntzugeben. Denn es war anzunehmen, daß die Könige und Kreuzfahrer für solche Verhandlungen kein Verständnis haben würden. Darum weiß keine fränkische Quelle darüber zu berichten, wohl aber die arabischen. Ein Verrat war also den syrisch-fränkischen Herren nicht vorzuwerfen, wie es seitens der

[89] Wilhelm von Tyrus XVII, cap. 7, S. 768.

Kreuzfahrer in leidenschaftlicher Weise geschah[90]. Jetzt aber fuhren die Kreuzfahrer voll Zorn nach Haus und berichteten überall von der Falschheit der „Pullanen", wie man die syrischen Franken nannte, ebenso wie von dem Verrat und der Untreue von Byzanz[91].

Am 8. September 1148 fuhr Konrad III. von Akkon ab, an Ostern 1149 folgte Ludwig VII. Konrad blieb noch eine geraume Zeit in Byzanz, wo Manuel ihn völlig gefügig für seine ehrgeizigen Pläne zu machen wußte. Er wollte wieder in Italien Fuß fassen. Dazu sollte ihm Konrad verhelfen. Ludwig aber schloß sich auf der Heimfahrt einer normannischen Flotte an, die im Kampf gegen Byzanz lag. Dabei geriet er in byzantinische Kriegsgefangenschaft, konnte aber bald entkommen und nach Hause fahren.

So endete der zweite Kreuzug mit einem großen, gar nicht zu verschleiernden Mißerfolg. Das Abendland hatte seine beiden mächtigsten Könige ausgesandt mit großen und glaubenseifrigen Ritterheeren. Diese waren nun fast völlig vernichtet worden, und die Könige mußten ruhmlos ohne Erfolg heimkehren. Sie hatten es darum beide nicht eilig mit der Heimfahrt. In der islamischen Welt hatte man zunächst vor dem ankommenden Kreuzzug gezittert, dann aber mit Staunen dessen Machtlosigkeit und seine Vernichtung miterlebt. Zum erstenmal hatte der Islam seine Kräfte zusammengefaßt (von den ersten Anfängen abgesehen) und dabei gesehen, daß er so über die fränkischen Eindringlinge triumphieren konnte. Jetzt wendete sich das Blatt in Syrien. Von nun an war der Islam in der Offensive, und das nicht nur an einzelnen Stellen, wie das auch bisher schon vorgekommen war, sondern im ganzen. Die Christen sind nun in die Defensive zurückgedrängt. Daran ändern auch die verschiedenen Vorstöße palästinensischer Könige und der Kreuzfahrer gegen Ägypten nichts.

Eine weitere verhängnisvolle Folge dieses Kreuzzuges war, daß das Abendland, den Berichten der Kreuzfahrer folgend, nun mit einem tiefen Mißtrauen auf die Franken des Heiligen Landes sah. Eine fruchtbare Entwicklung der fränkischen Kolonien war aber nur bei einem vertrauensvollen Zusammenwirken von Einheimischen und Kreuzfahrern möglich. Dies Einvernehmen war nun gestört. Die Chroniken lassen das deutlich erkennen[92].

---

[90] R. Grousset II, 266 auf Grund von Al-Athīr, Kāmil al-tewārīkh I, S. 469 und Histoire des atabegs de Moussoul = Recueil, Hist. orient. II, 1, S. 161.

[91] Zur Belagerung von Damaskus: Gesta Ludovici regis = Duchesne IV, 408. — Gerhoch von Reichersberg, Antichrist I, 61, S. 377 f. — Annalen von Brauweiler = M. G. SS. XVI, S. 727, zu 1147. — Würzburger Annalen = M. G. SS. XVI, S. 5/6. — Wibald, Brief Nr. 144= Jaffé, Biblioth. rer. Germ. I, 225 — Roger von Wendower II, S. 242/43, von 1147. — Jakob von Vitry I, 46, S. 1073. — Al-Athīr 467 ff., zu 1148/49. — Abu' l-Fedā 27 und 28, zu 1148/49. — Fr. Lundgreen, Wilhelm von Tyrus und der Templerorden, S. 84, stellt zusammen, wer im einzelnen beschuldigt wurde, den Verrat begangen zu haben. — St. Runciman II, 282 ff.

[92] Gerhoch von Reichersberg, Antichrist I, 61, S. 377. — Wilhelm von Tyrus XVII, 6, S. 767.

Dazu kam, daß die Feindschaft zwischen den Kreuzfahrern und den Byzantinern nun so groß und deutlich geworden war, daß für die Zukunft ein wirkliches Zusammenstehen gegen den gemeinsamen muslimischen Feind nahezu unmöglich wurde. Bis dahin war es immer noch in der Schwebe, ob Byzanz als Bundesgenosse oder als Feind zu betrachten war. Jetzt hatte sich die öffentliche Meinung entschieden. Diese latente Feindschaft und der aufgespeicherte Haß mußten einmal zum Ausbruch kommen. Das Schicksal von Byzanz im Jahre 1204 zeichnet sich schon hier ab. Damit war aber dann die Einheit der Christenheit dem Islam gegenüber völlig gestört. Die Kreuzzüge hatten also nicht zu einer Überwindung des west-östlichen Schismas, sondern zu seiner Verschärfung geführt.

Was aber war die Ursache dieses unheilvollen Mißerfolges? Einmal ließe sich sagen: das Fehlen der Glücksumstände, die den ersten Zug begünstigt hatten. Denn auch dessen Weg ging ja haarscharf am Mißerfolg vorbei. Dazu kam der Mangel an Vorbereitung, an Kenntnissen und an Einheitlichkeit, der schon bei dem ersten Kreuzzug eine große Belastung bedeutet hatte. Rückschauend sah Papst Hadrian IV. in einem Brief diese Fehler des zweiten Kreuzzuges völlig klar und warnte die damals nach Spanien aufbrechenden Ritter vor ähnlichen Unterlassungen. Aber dieser Fehler war nicht willkürlicher Art und darum nicht leicht zu vermeiden. Denn wer wie die Kreuzritter überzeugt war, daß Gott den Kreuzzug, so wie er war, mit allen Einzelheiten gefordert hatte, dem mußte eine Rückfrage im Heiligen Land nach Zielen und Zeitpunkt des Zuges als ein Frevel erscheinen ebenso wie jeder Versuch, dem Unternehmen ein anderes Ziel zu geben als Jerusalem.

Eine weitere Erschwerung des Kreuzzuges war das gleichzeitige kriegerische Unternehmen Rogers II. von Sizilien gegen Byzanz, da eine enge Verbindung der Franzosen mit den Normannen bestand.

Im Heiligen Land aber lähmte der Gegensatz zwischen den ohne Plan vorstürmenden Kreuzfahrern und den in manche politischen Beziehungen zu den benachbarten Muslimen verstrickten syrisch-fränkischen Rittern die Tatkraft beider Teile empfindlich.

Doch das wichtigste war, daß die Macht des Islams sich seit dem ersten Kreuzzug sehr verstärkt hatte, seitdem es den sehr energischen und tüchtigen Atabegen Sengi und Nūr ad-Dīn gelungen war, Aleppo und Mossul in ihrer Hand zu vereinigen. Zugleich waren es diese beiden Herrscher, die die Empörung über das Eindringen der Fremdlinge zu dem begeisterten Willen zum Heiligen Krieg (Dschihad) gesteigert hatten. Diese Steigerung des Kriegswillens und die Zusammenfassung der feindlichen Macht ließen aber auch jedem künftigen Kreuzzug mit Sorge entgegensehen.

Dieser Mißerfolg des Kreuzzuges hatte aber auch für das geistige und religiöse Leben des Abendlandes große Folgen. Der Kreuzzugsgedanke, der alle diese Länder entflammt hatte, wurde dadurch diskreditiert. Einmal erwuchs eine tiefe Unlust, den Franken des Heiligen Landes, von denen man soviel

Schlechtes gehört hatte, zu helfen[93]. Aber der Unwille wendete sich auch gegen die, die zum Kreuzzug aufgerufen hatten: den Papst und den heiligen Bernhard. Begreiflicherweise reden unsere Quellen, die fast alle von Geistlichen geschrieben sind, nicht gern davon. Um so gewichtiger sind dann aber die Stimmen, die trotzdem laut werden. So sagt der Würzburger Chronist, als er von dem Aufruf zu diesem Zug redet, es seien damals falsche Propheten, Söhne Belials, des Teufels gewesen, die die Christen mit leeren Worten verführt hätten[94]; und kurz darauf nennt dieselbe Quelle den Namen Bernhards als der eigentlich zum Kreuzzug treibenden Kraft. Das ist deutlich genug. In gleicher Weise stellen die Brauweiler Annalen die Frage, ob Bernhard von menschlichem oder von göttlichem Geist getrieben worden sei, als er zum Zug aufrief[95]. Das Rätseln um diese Fragen muß damals in Deutschland ganz allgemein gewesen sein. Bernhard selbst redet in einem Schreiben an Papst Eugen III. davon und nimmt das Gerede sehr ernst. Er schreibt, die Leute könnten fragen: „Woher wissen wir denn, daß dies Wort von Gott ausgegangen ist? Welche Zeichen tust du denn, daß wir glauben sollen?" Er bittet dann inständig den Papst, für ihn und damit zugleich für sich selbst zu antworten, weil nur er das kraft seines Amtes könne. Es sei nicht seine Sache, ihm in seiner Bescheidenheit vorzuschreiben, was er tun solle; er wolle ihn nur darauf aufmerksam machen, daß etwas geschehen müsse, damit der Mund der Schwätzer der Kirche keinen Schaden zufüge[96]. Noch in einem zweiten Brief richtet Bernhard dieselbe Bitte an den Papst[97]. Aber die tiefe Not, aus der heraus Bernhard sich an den Papst wendet, wird aus dem erstgenannten Brief besonders deutlich. Denn er schreibt, das Gericht Gottes, unter dem er jetzt stehe, sei eine solche Hölle, daß er jeden glücklich preisen müsse, der nicht davon betroffen sei. Er klagt bitter, daß Gott jetzt den ganzen Erdkreis richte nach seiner Gerechtigkeit, dabei aber seiner Gnade vergesse. Das ist ein schweres Wort aus dem Mund des frommen Mannes. Sagen denn jetzt nicht die Heiden: „Wo ist euer Gott?", ruft er voll Bangnis. Und er selbst steht mitten drin in dieser Not. Denn hat er nicht, wie er schreibt, von Frieden geredet, und jetzt ist kein Friede; hat er denn nicht Gutes versprochen, und nun herrscht nur Verwirrung? Er stellt an sich selbst die bange Frage, ob er denn nicht in Frevelsinn und Leichtsinn bei diesem Aufruf gehandelt

[93] Wilhelm von Tyrus XVII, 6, S. 768. — Roger von Wendover II, S. 243.

[94] Würzburger Annalen = M. G. SS. XVI, S. 3.

[95] Brauweiler Annalen = M. G. SS. XVI, S. 727.

[96] Bernhard, De consideratione II, 1 = Migne PL 182, 744. — Ebenso, doch ohne den Schluß: Gerhoch von Reichersberg, Antichrist I, 66, S. 381 ff. — Wenn Bernhard hier und an einer anderen Stelle (De consideratione) schreibt, daß er auf Befehl des Papstes, also Gottes, gehandelt habe, wenn er also hier die Verantwortung nicht allein tragen will, so widerspricht das seiner Haltung in diesem Briefe nicht, sondern es zeugt von derselben innerlichen Not, wie er den Aufruf zum Kreuzzug vor Gott verantworten kann. Vgl. auch P. Rousset, Les origines et les caractères . . ., S. 158.

[97] Bernhard, Epist. 256 = Migne PL 182, 463.

habe. So geht er mit sich selbst schwer ins Gericht. Aber er kann sich sagen, daß er auf Befehl des Papstes und damit Gottes gehandelt habe, und er ist trotz allem überzeugt, daß die Hand Gottes immer noch ausgestreckt ist und daß die Gerichte Gottes immer noch gerecht sind. Ein Zusatz zu diesem Brief läßt noch tiefer in die Erschütterung Bernhards hineinsehen. Er schreibt dort, er habe diese Worte zur Verteidigung geschrieben für sein Gewissen und zugleich für das des Papstes, damit es ihm und dem Papste zur Rechtfertigung diene. Lieber aber wolle er, daß sich der Unwille der Menschen gegen ihn als gegen Gott richte. Ihm solle es nichts ausmachen, wenn die Feinde Gottes ihn angreifen. Er wolle gern ein Schild zum Schutze Gottes sein, er wolle gern die vergifteten Pfeile der Gotteslästerer auf sich ziehen, wenn sie nur Gott nicht selbst träfen. Das zeigt den tiefen sittlichen und religiösen Ernst Bernhards und rückwärts auch noch einmal seiner Kreuzzugspredigt, zeigt aber auch, in wie weitem Maße der Mißerfolg des Kreuzzuges die Menschen um Bernhard an ihrem Gottesglauben irre werden ließ. Es war eine große Gefahr, eine sich gegen die Kirche und den Gottesglauben richtende Bewegung, die der zweite Kreuzzug ausgelöst hat und die Bernhard ernste Sorgen machte. Noch auf seinem Totenbett beschäftigte ihn diese Frage, und er bleibt seinem Anfang treu. In einem in seinen letzten Stunden geschriebenen Brief ermahnt er seinen Onkel, einen Tempelritter, doch an der Kreuzzugsidee festzuhalten[98].

Bernhard wollte sich noch in den letzten Jahren seines Lebens nicht mit dem Mißerfolg des zweiten Kreuzzuges zufrieden geben, sondern einen neuen Zug ins Leben rufen, der das Verlorene wiedergutmachen sollte. Der Minister Ludwigs VII. von Frankreich, Suger, unterstützte ihn dabei mit Nachdruck, da er sah, wie groß das Ansehen des französischen Königs war. Ludwig VII. verhandelte daraufhin mit Roger II. von Sizilien und Konrad III., aber ohne Erfolg, da Konrad sich nicht von seinem neuen Bündnis mit Byzanz lösen wollte. Trotzdem warb Bernhard unter der französischen Ritterschaft. Auf einem Konzil von Chartres wählte man ihn zum dux et princeps der Ritter für den neuen Kreuzzug. Doch war ihm, wie er dem Papst berichtete[99], nicht wohl dabei. Es sei gegen seinen Willen geschehen. Denn er könne keinen Kriegszug leiten. Aber augenscheinlich hatte er sich in Chartres nicht erfolgreich dagegen gewehrt. Der Kreuzzug kam nicht zustande. Einmal machte ihn die politische Lage fast unmöglich. Außerdem aber starben die beiden Männer, die zum Kreuzzug getrieben hatten: Suger (13. 1. 1152) und Bernhard (20. 8. 1153).

Auch der Kreuzzug gegen die Slawen und Wenden im deutschen Osten, den Bernhard in gleicher Weise propagiert hatte, führte zu keinem Erfolg. Der Grund dafür lag in der inneren Unklarheit des Unternehmens. Teilweise erwiesen sich nämlich die Slawen, die man unterwerfen wollte, als gute Chri-

[98] Bernhard, De consideratione II, 1, S. 741 ff.
[99] Bernhard, Epistol. 256, S. 463.

sten, so daß man einen Krieg gegen sie nicht als Kreuzzug bezeichnen konnte[100]. Oder wenn die Slawen, die man unterwarf, Heiden waren und bleiben wollten, war es doch sinnlos, sie zu vernichten und ihr Land zu zerstören, aus dem man unter eigener Herrschaft doch Nutzen ziehen wollte. Das aber widersprach den ausdrücklichen Kreuzzugs-Weisungen Bernhards. Denn er hatte „Vernichtung oder Bekehrung der Heiden“ verlangt und einen Friedensschluß oder Vertragsabschluß verboten, solange die Völker noch Heiden seien[101]. Das aber widersprach den Absichten der Fürsten. Darum hielten sie sich nicht daran. So ging der groß begonnene Kreuzzug bald wieder auseinander[102].

Der Kreuzzug Heinrichs des Löwen

Nach dem zweiten Kreuzzug ließ der Eifer zu Hilfszügen nach dem Heiligen Land begreiflicherweise nach. Doch kamen immer noch einzelne kleinere Kreuzzüge an, von denen es zweifelhaft sein kann, ob man sie nicht eher als Pilgerzüge bewaffneter Ritter anzusprechen hat. Keiner hatte politische Bedeutung. Hier sei nur einer von ihnen erwähnt, da er durch die Person seines Führers bemerkenswert ist: der „Kreuzzug“ Heinrichs des Löwen. Im Anfang des Jahres 1172 brach er mit etwa 2000 Mann, darunter 500 Rittern, von Regensburg auf, zog die Donau hinunter nach Byzanz, wo er mit viel Gepränge empfangen wurde. Von dort fuhr er mit seinem Heer zu Schiff nach Akkon. Hier kam er in Friedenszeiten an, und die Fürsten und Ritter des Heiligen Landes legten Wert darauf, daß dieser zeitlich begrenzte Friede nicht voreilig gebrochen werde. So war keine Gelegenheit zu Kämpfen gegen die Muslime und zu Heldentaten gegeben. Darum mußte Heinrich sich damit begnügen, sich von König Amalrich feiern zu lassen, nach den heiligen Stätten zu wallfahrten und Stiftungen für die Jerusalemer Kirche zu machen. Auf dem Rückweg empfing ihn in der Nähe von Tarsus eine Gesandtschaft des Sultans von Konja, die aus 500 Rittern bestanden haben soll. Sie geleitete ihn nach Eregli, wo er mit dem Sultan zusammentraf und große Gespräche über christliche und islamische Religion mit ihm führte. Nach einer Zusammenkunft mit dem byzantinischen Kaiser Manuel kehrte er zurück. Anfangs 1173 war er wieder in Braunschweig. Das Ganze gleicht einer Reise eines Fürsten des 18. oder 19. Jahrhunderts mit feierlichen, aber belanglosen Empfängen, aber in nichts einem Kreuzzug, wie ihn die Kreuzfahrer von 1095 und 1146 gedacht hatten. Die dichterische abenteuerreiche Verarbeitung, den

---

[100] Vinzenz von Prag, Annales = M. G. SS. XVII, S. 663, zu 1147.

[101] Bernhard, Epistol. 457, S. 651.

[102] Die Einzelheiten dieses Wendenkreuzzuges gehören nicht hierher, da er nicht als Kreuzzug im eigentlichen Sinn anzusehen ist. Vgl. H. Grundmann, Propyläen-Weltgesch., 280. — C. Erdmann, Entstehung, S. 91. — H. Cosack, Konrad III., S. 291. — B. Kugler, Gesch. d. Kreuzzüge, S. 154/55. — M. I. ö. G. 35 (1914).

dieser Zug in der Herzog-Ernst-Dichtung erfahren hat, steht in keinem Verhältnis zu dem wirklichen Charakter dieser Fahrt. Wohl aber zeigt sie eine Wandlung des Begriffes Kreuzzug, eine Verharmlosung des Verhältnisses zu den islamischen Rittern, von der noch in anderem Zusammenhang zu reden sein wird [103].

Der dritte Kreuzzug

Anlaß, Werbung und Vorbereitung

Als im Jahre 1189 wieder ein großes Kreuzfahrerheer vom Abendland auszog, hatte sich viel im Heiligen Land verändert. Zunächst hatte sich unter König Balduin I., dem Bruder und Nachfolger Herzog Gottfrieds, die eroberte Stellung nicht nur gegen mannigfache Angriffe der Muslime behaupten, sondern noch wesentlich erweitern lassen, vor allem dadurch, daß es mit der, allerdings hochbezahlten, Hilfe der italienischen Seestädte gelang, die Hafenstädte der Küste zu erobern. Außerdem wußten Balduin I. und seine Nachfolger durch eine geschickte Bündnispolitik vor allem mit Damaskus dem Königreich Jerusalem eine einigermaßen sichere Position unter den islamischen Nachbarstaaten zu verschaffen. Doch das änderte sich um die Mitte des 12. Jahrhunderts. Denn einmal wurde der Gedanke des Heiligen Krieges nun unter den islamischen Herrschern lebendig, und ferner vollzogen sich folgenreiche politische Veränderungen. Hatte schon Imād ad-Dīn Sengi mit der Statthalterschaft in Mesopotamien die Herrschaft über Mossul und Aleppo vereinigt, so gewann sein Sohn Nūr ad-Dīn 1154 noch Damaskus dazu; und 1171 wurde Saladin, zunächst noch als Offizier Nūr ad-Dīns, bald aber aus eigener Vollmacht, Herr über Ägypten und das Reich Nūr ad-Dīns. Nun standen die Franken einer Großmacht gegenüber, die sie stark bedrohte. Der eigene Staat der Franken wurde gerade damals immer schwächer. Denn die Macht des Königtums seinem Adel gegenüber war in stetigem Sinken. Dazu kamen schwere Streitigkeiten um die Regentschaft für den aussätzigen König Balduin IV. (1173—1185) und den minderjährigen Balduin V. (1185) und um dessen Nachfolge, die das ganze Königreich mit seinen Vasallenstaaten erschütterten. So standen sich 1185 der als Gemahl der Erbin Sibylle regierende, aber ganz unfähige Guido von Lusignan und der von Balduin IV. zur Regentschaft ausersehene Graf Raimund von Tripolis scharf gegenüber, während der stets eigenwillige Renaud de Chatillon sich im Grunde keinem von beiden unterordnete. In dieser Lage kam es zum entscheidenden Kampf mit Saladin, der nun Herr der vereinigten islamischen

[103] Vgl. R. Röhricht, Geschichte des Königreichs Jerusalem, S. 354 ff. — Ders., Gesch. d. Kreuzzüge im Umriß, S. 113. — Sage: K. Bartsch, Einleitung zu Herzog Ernst, S. CIX.

Macht war. Bei Hattīn in Galiliäa trat ein ungewöhnlich großes Heer der Franken einem weit überlegenen Heer Saladins gegenüber und wurde völlig geschlagen. Unter den Gefangenen war auch König Guido. Das Land war nun fast machtlos, und Saladin nahm eine der Städte und Burgen der Franken nach der anderen ein. Auch Jerusalem fiel in seine Hand (vgl. Kap. VII).

Wie war es zu diesem Wechsel in der gesamten Lage gekommen? Die Entwicklung, die schon zum Mißerfolg des zweiten Kreuzzuges geführt hatte, war inzwischen unaufhaltsam weitergegangen. Der Gedanke des Heiligen Krieges, der so lang geruht hatte, war zu neuer Kraft erwacht. Aber er konnte erst voll wirksam werden in dem Augenblick, in dem die muslimischen Reiche rings um Jerusalem, die zur Zeit des ersten Kreuzzuges einander in bitterer Feindschaft gegenübergestanden hatten, von Mesopotamien bis nach Ägypten in einer Hand vereinigt waren, und zwar in der eines der bedeutendsten Fürsten und Führer, die die muslimische Welt je besessen hat: Saladins. Bis dahin war es den Frankenstaaten stets möglich gewesen, mit einer geschickten Bündnispolitik zwischen den verschiedenen islamischen Staaten von Aleppo, Damaskus, Bagdad und Kairo sich zu behaupten. Damit war es jetzt zu Ende. Geschlossen stand die muslimische Welt den Franken des Heiligen Landes gegenüber, und sie war jetzt Träger des Gedankens des Dschihad mit seiner ganzen zündenden und anfeuernden Kraft.

Diesem Feind waren die Frankenstaaten nicht mehr gewachsen, besonders da im Königreich Jerusalem die Macht des Adels immer stärker und die des Königs immer schwächer geworden war. So wurden die Christen in der Schlacht von Hattīn 1187 entscheidend geschlagen, ihr König, Guido von Lusignan, gefangen und das heilige Kreuz ihnen abgenommen. Daraufhin war auch Jerusalem nicht mehr zu halten. Immer weiter drang Saladin vor. Die Franken waren aber ohne Führer, da König Guido, als Saladin ihn freigab, keine Autorität mehr hatte. Da half Konrad von Montferrat, ein Sproß der lombardischen Familie, die in der Geschichte der Kreuzzüge eine so große Rolle gespielt hat. Unmittelbar nach seiner Landung wußte er die Verzweifelten zu ermutigen, den Widerstand zu organisieren und in Tyrus der kleinen fränkischen Macht einen neuen Mittelpunkt zu geben. Doch er wußte, daß auch diese Position ohne die Hilfe des Abendlandes verloren war. Darum schickte er den Erzbischof von Tyrus und andere Boten dorthin, vor allem an den Papst, mit der dringenden Bitte um Hilfe.

Der Eindruck der Nachricht von dem Verlust Jerusalems war im Abendland zunächst erschütternd und verwirrend. Wie konnte Gott das zulassen? fragte man allenthalben. Waren es die Sünden der Christen, die das hervorgerufen hatten? Oder war der Untergang der Welt gekommen? [104]

---

[104] Darüber unterrichten sehr deutlich einige Klagelieder, die damals entstanden. Das wichtigste ist „Gedicht oder Tränen auf den Fall Jerusalems“, von Erbo = Mitt. d. Inst. f. österr. Geschichtsforschung 12 (1891) S. 485—488. Vgl. auch einen Brief = Röhricht, Beiträge I, 189 und William of Newburgh III, 15, S. 249.

Der erste, der mit Taten auf diese Nachricht antwortete, war König Wilhelm II. von Sizilien. Er schickte sofort eine Flotte mit 200 Rittern aus unter dem Befehl des Admirals Margarit. Ihr Erscheinen verhinderte Saladin daran, auch noch Tripolis und Laodicea zu nehmen, leistete also den Franken eine große Hilfe im Augenblick der höchsten Not. Doch weiter ging Wilhelm nicht. Er verhandelte recht freundschaftlich mit Saladin, wie es den allgemeinen Beziehungen des Normannenreiches zu den Muslimen entsprach. Diesem Reich, das trotz allen zur Schau getragenen Kreuzzugseifers zwischen den Welten lag, war zwar daran gelegen, daß die Franken nicht von der syrischen Küste vertrieben wurden; aber ob das Binnenland fränkisch war, interessierte dort wenig, wenn nur Pilgern ein Zugang nach Jerusalem blieb.

Die Hilferufe[105] an die Kurie erreichten den Papst Urban III. zu Ferrara. Die Nachricht machte einen solchen Eindruck auf ihn, daß er wenige Tage darauf, im Oktober 1187, verstarb. Sein Nachfolger Gregor VIII. war nicht weniger betroffen. Er nahm die Kreuzzugspredigt sofort mit allem Nachdruck auf. In einem seiner ersten Aufrufe heißt es: „... und während das unsere Feder schreibt, benässen und beschmutzen unsere fließenden Tränen das Blatt“, und das ist sicherlich ernst zu nehmen. Am 17. Dezember 1187 starb aber auch er. Nun übernahm Papst Klemens III. die Werbung für den Kreuzzug. Kardinal Heinrich von Albano wurde sein unermüdlicher Legat. In Deutschland wirkten, da Heinrich der deutschen Sprache nicht mächtig war, Bischof Heinrich von Straßburg und Gottfried von Würzburg. Wir haben oben schon eine Predigt des erstgenannten Bischofs zitiert, da in ihr die rein feudalen Kreuzzugsideen besonders deutlich zum Ausdruck kommen in einer Zeit, in der die offiziellen Verlautbarungen der Kirche und des Papstes noch nicht mit solcher Klarheit diese ritterlichen Gedanken verbreiteten.

Doch die Werbung zum Kreuzzug wandte sich diesmal nicht wie beim ersten Zug vornehmlich an die Ritter, sondern an die Könige, wie man es schon beim zweiten Kreuzzug getan hatte. Darum wurde jetzt aber auch die Frage des Kreuzzugs in das ganze Gewirre der Politik und der Streitigkeiten der abendländischen Staaten hineingezogen. So mußten zunächst den Kreuzzug hemmende Feindschaften beseitigt werden. Es gelang verhältnismäßig schnell, die gerade wieder zum Ausbruch kommende Feindschaft zwischen dem Normannenreich und Byzanz auszuschalten. Denn da Wilhelm II., wie

---

[105] Hilferufe waren schon wiederholt vom Heiligen Land in das Abendland abgegangen. Schon 1162/63 hatte König Amalrich Boten an König Ludwig von Frankreich geschickt (Bouquet XVI, 36), aber ein daraufhin in die Welt hinausgesandter Aufruf des Papstes hatte keinen Erfolg (Jaffé 11218). Auch ein zweiter Hilferuf Amalrichs von 1169, der sich an die mächtigsten Könige und Fürsten des Abendlandes wandte, war vergeblich, da das Abendland in mannigfachen inneren Kämpfen gebunden war. Auch 1171 und in den darauffolgenden Jahren ergingen immer neue Bitten an das Abendland. Hätte man damals eingegriffen, hätte man den Fall Jerusalems und die Niederlage von Hattin wohl noch vermeiden können. (Wilhelm von Tyrus XX, 13, 24 u. 27. — Bouquet XVI, 151, 157, 167 f., 198.)

wir sahen, daran lag, die völlige Zerstörung der Kreuzfahrerkolonien zu verhindern, lenkte er schnell ein. Viel mehr Schwierigkeiten machte der Krieg zwischen England und Frankreich. Denn hier kämpfte Frankreich um die Beseitigung des englischen Festlandbesitzes, für ein wachsendes und erstarkendes Frankreich eine Lebensfrage. Doch nach vergeblichen Versuchen Heinrichs von Albano gelang es dem Erzbischof Wilhelm von Tyrus, am 21. Januar 1188 bei Gisors einen Friedensschluß beider Könige zustande zu bringen. Beide, Philipp August von Frankreich und Heinrich von England, nahmen das Kreuz, jeder eifersüchtig darauf bedacht, daß auch der andere das Gelübde ausführe, daß also keiner allein zu Hause bleibe. Doch keiner wagte, damit ernst zu machen, und der Krieg zwischen beiden Ländern brach von neuem aus. So blieb die Situation auch, als König Heinrich starb und ihm sein Sohn Richard Löwenherz nachfolgte. Erst im Hochsommer 1190 entschlossen sich beide Könige zum Aufbruch. Doch sie kamen nicht weit. In Sizilien überwinterten beide Heere und lagen sich dort in nur halb verdeckter Feindschaft gegenüber. Sie erreichten das Heilige Land erst im Jahre 1191.

Inzwischen aber war der deutsche Kaiser, Friedrich Barbarossa, schon lange aufgebrochen. An ihn hatte sich die erste Aufforderung des Papstes gerichtet, zunächst jedoch ohne Erfolg. Auch als 1187 Heinrich von Albano von Burgund ihm Botschaft schickte mit der Aufforderung, das Kreuz zu nehmen, und als er dann auf einem Hoftage in Straßburg predigte (Dezember 1187), gewann er zwar viele Ritter, aber den Kaiser noch nicht. Noch zögerte er, wir wissen nicht warum. Wenn die Historia Peregrinorum[106] in diesem Zusammenhang auf die große Umsicht des Kaisers hinweist, so wird sie wohl das Richtige gesehen haben. Leichtfertig faßte der Kaiser den Entschluß sicherlich nicht. Er schrieb dann aber für das kommende Osterfest einen Reichstag nach Mainz aus, der als curia Christi gelten sollte. Man ließ den kaiserlichen Thron unbesetzt, da von dort aus Christus den Tag leiten sollte. Hier nahm nun auch der Kaiser das Kreuz zusammen mit seinem Sohn, dem Herzog Friedrich von Schwaben. Ihrem Beispiel folgte eine sehr große Zahl von deutschen Fürsten und Rittern, so daß die sehr sachlich berichtende Historia de expeditione Friderici sagen kann: fast kein Mann von männlicher Tatkraft und Ehre in ganz Deutschland ist ohne das Zeichen des Kreuzes zu sehen gewesen[107]. Die Kreuzzugsbewegung und -begeisterung hatte wieder auch Deutschland ergriffen, diesmal jedoch — und das ist kennzeichnend für die veränderte Lage — großenteils darum, weil der Kaiser voranging, dem man gern folgte[108]. Dasselbe läßt sich auch in anderen Ländern beobachten. Denn auch das Itinerarium regis Ricardi berichtet aus England und Frankreich, „eine unzählbare Menge aus beiden Völkern hat das

[106] Historia peregrinorum = M. G. SS. Nova Ser. V, S. 124/25.
[107] Historia de expeditione Friderici imp. = M. G. SS. Nova ser. V, S. 15.
[108] Lat. Forts. d. Wilh. von Tyrus II, XVI, S. 99.

Kreuz genommen, teils aus Liebe zu Gott . . ., teils aber im Aufblick auf ihre Könige“ [109]. Es ist in der Hauptsache kein Kreuzzug der Ritter, wie es der Zug von 1096 gewesen war, sondern ein Kreuzzug der Könige, denen ihre Ritter folgen.

Ein wesentlicher Unterschied zum ersten und auch zweiten Kreuzzug besteht darin, daß dieser Heerzug gründlich und sachlich vorbereitet wurde.

Einmal unterstützte der Kaiser bei seinen Lehensleuten die Werbung nachdrücklich. So forderte er von dem Abt des Reichsklosters Murbach, als dieser zögerte, mit seinen Dienstmannen das Kreuz zu nehmen, als Ersatz die Überlassung des der Abtei gehörigen Hofes Markgröningen, der allein 250 Bewaffnete stellen konnte. So hat er wohl manchem den Entschluß erleichtert.

Doch mindestens ebenso wichtig wie die Werbung war für den Kriegszug die Auswahl der Mitziehenden. Dafür sorgte der Kaiser mit allen Mitteln. Durch eine kaiserliche Verordnung wurden alle ausgeschlossen, die nicht im Waffenhandwerk wohlgeübt waren, und außerdem, wer nicht für zwei Jahre den Aufwand des Zuges zu bestreiten in der Lage war [110]. Hier wurde also ein reines Ritterheer einschließlich der zugehörigen Fußsoldaten aufgestellt, und der Wallfahrtscharakter, den die ersten Kreuzzüge immer nebenbei auch aufgewiesen hatten, vermieden.

Diese Maßnahmen ergänzte ein strenges Heeresgesetz, auf das alle Kreuzfahrer verpflichtet wurden. Es bezog sich im wesentlichen auf die Einhaltung der Disziplin und einer guten Ordnung im Lager. Diebstahl, Schlägereien, Unzucht u. a. wurden im Lager verboten, Plünderungen nur in bestimmten Grenzen gestattet. Diese Ordnung wurde auch eingehalten. Denn immer wieder hören wir die gute Disziplin im Heere Barbarossas rühmen [111].

Die Größe dieses Heeres haben die arabischen Quellen unter dem Schrecken des anmarschierenden Kreuzheeres [112] sehr überschätzt. Sie reden von 300 000 Streitern, unter denen sich 60 000 Ritter befunden haben sollen. Doch solche Zahlen entsprachen nur der erschreckten Phantasie des bedrohten Feindes. Das Heer Barbarossas hat wahrscheinlich aus 3000 Rittern und mehreren Tausend Bogen- und Armbrustschützen zu Fuß bestanden, während Richard Löwenherz etwa 1200 Ritter zum Kampf führte, außer den weit zahl-

[109] Itinerar. reg. Ricardi = Chronicles and memorials of the reign of Richard, vol. 1 = Rer. Brit. medii aevi scriptores. I, XVII, S. 32.

[110] Histor. Peregrin. S. 126 = M. G. SS. Nova Series. V. — Annales Marbacenses = M. G. Schulausg., S. 60, 5. — Itinerar. reg. Ricardi I, XIX, S. 43. — Otto von St. Blasien = M. G. Schulausgabe, S. 45/46.

[111] Lat. Forts. d. Wilhelm v. Tyrus II, XVII, 100. — Hist. de expeditione Friderici imp., S. 25. — Histor. peregrin. S. 148. — Es wird besonders hervorgehoben, daß man gefundene, gefüllte Geldbörsen im Lager ausrief, um den Verlierer zu finden. So groß sei die Ehrlichkeit und Disziplin gewesen.

[112] Al-Athīr (Auswahl von Goergens) S. 243 berichtet von der Inhibierung von Getreideverkäufen bei den Muslimen, um für die Flucht, mit der man rechnete, gegebenenfalls Nahrung zu haben.

reicheren Fußsoldaten und Troßleuten. Das Heer Philipp Augusts von Frankreich läßt sich auf 650 Ritter und 1300 Knappen schätzen[118].

In der Frage, ob man den Landweg über Konstantinopel oder den Seeweg wählen sollte, war man sehr verschiedener Meinung. Barbarossa glaubte nicht, die nötige Zahl Schiffe zum Übersetzen seines Heeres erhalten zu können. Deshalb entschied er sich für den Landweg. Andere Fürsten opponierten heftig und schlugen getrennt vom Kaiser den Seeweg ein, so Landgraf Ludwig von Thüringen und Herzog Leopold von Österreich. Eine Gruppe von norddeutschen Seefahrern brach mit einer Flotte von Bremen auf, um die Pyrenäenhalbinsel zu umfahren und so ins Heilige Land zu kommen. Alle, die den Seeweg eingeschlagen hatten, erreichten wohlbehalten das Heilige Land, nicht aber das den Landweg vorziehende Heer.

Gegen den Landweg sprachen auch die Erfahrungen, die man auf früheren Zügen mit Byzanz gemacht hatte. Denn auf diesem Weg brauchte man die Hilfe des Griechenreiches, während seine Feindschaft verhängnisvoll werden mußte. Freundschaftliche Beziehungen zu Byzanz waren aber diesmal kaum zu erhoffen. Denn ganz im Gegensatz zu König Konrad III. standen Byzanz und Kaiser Friedrich sich gespannt, ja teilweise feindselig gegenüber. Denn Friedrich war Bundesgenosse des normannisch-sizilischen Reiches, das sein Sohn erben sollte. Die Normannen aber hatten, wie so oft schon, das griechische Reich 1185 angegriffen und in großem Siegeszug den ganzen Balkan durchquert. Dieser Angriff war zwar abgeschlagen worden, aber die Erinnerung daran war, als Barbarossa, der Bundesgenosse dieser Normannen, aufbrach, noch voll lebendig.

Auch war Barbarossa den Ansprüchen, die die Byzantiner auf Apulien erhoben, mit aller Entschiedenheit entgegengetreten, so daß er als Feind des Griechenkaisers gelten mußte. Dazu war der Haß der Abendländer gegen Byzanz und umgekehrt der Byzantiner gegen die Abendländer seit dem zweiten Kreuzzug eine offenbare Tatsache, mit der man rechnen mußte. Wenn Barbarossa trotzdem sich für den Landweg entschied, so hat für ihn wohl die Straße, die die anderen Kreuzzüge eingeschlagen hatten, eine faszinierend lockende Anziehungskraft gehabt. Außerdem trug Kaiser Friedrich der im Mittelalter allgemeinen Abneigung aller Binnenländer gegen das Meer, das keine Balken hat, Rechnung.

Doch Isaak Angelos, der Kaiser von Byzanz, wagte angesichts der beträchtlichen Heeresmacht, mit der Barbarossa heranzog, keinen offenen Widerstand. Er zog Verhandlungen vor. Schon in Regensburg traten byzantinische Gesandte dem Kaiser entgegen. Danach schien der friedliche Durchmarsch gesichert, besonders da Friedrich auch durch Verhandlungen mit Ungarn und Serbien sich freien Durchgang und offenen Mark für Lebensmittel hatte versprechen lassen.

---

[118] Abū Schāma (Goergens) S. 131 u. 132. — Galāl ad-Dīn (hrsg. von Goergens) S. 270. — Dagegen Delbrück, Weltgeschichte II, 674.

Auch damit waren die diplomatischen Vorbereitungen des Kreuzzugs noch keineswegs zu Ende. Ältere gute Beziehungen ausnutzend, wußte Friedrich Kylydsch Arslan II., den Sultan von Konja, zu einem Bündnis zu bewegen, also den Herrscher des Landes, durch das der schwierigste Teil des Marsches gehen mußte und in dem die vorigen Kreuzzüge so viel Feindschaft vorgefunden hatten. Kylydsch Arslan war dazu bereit, einerseits aus Feindschaft gegen die Byzantiner, zum anderen aus Feindschaft gegen Saladin, der sein Reich bedrohte. So schloß also der Kreuzfahrerfürst, der auszog, die Muslime zu bekämpfen, schon ehe er aufbrach, mit einem der mächtigsten muslimischen Herrscher ein Bündnis.

Noch erstaunlicher ist, daß Barbarossa, ehe er auszog, auch mit Saladin Verhandlungen pflegte. Im Mai 1188 schickte er den Grafen Heinrich von Dietz mit einem Schreiben an Saladin, das dieser auch bald beantwortete[114]. Friedrich bestätigt in diesem Schreiben den Empfang früherer friedlicher Briefe Saladins. Nun aber müsse er sich kriegerisch gegen ihn wenden, da er das Heilige Land genommen habe. Wenn er nicht das Eroberte zurückgäbe, werde er, Friedrich, am 1. November 1189 den Krieg wider ihn beginnen. Er erinnert ihn weiter daran, daß viele Provinzen Asiens und Afrikas, die heute zu Saladins Reich gehören, einmal Bestandteile des Römerreiches waren (als dessen Erbe Friedrich sich ansieht). Daran schließt er eine renommistische Drohung an, der Sultan werde erfahren, was seine Adler, die Heerscharen der mit ihm ziehenden Völker und der furor teutonicus vermöchten; er zählt die ihm folgenden Völker auf, mit preisenden Beiworten, und rühmt seine Macht, augenscheinlich um Schrecken zu verbreiten. Das alles klingt sehr ungewöhnlich. Aber vergleicht man damit, welchen panischen Schrecken das Herannahen Barbarossas im Morgenland verbreitete und welche übertriebene Vorstellungen man sich von seinem Heer machte, so scheint es verständlich, wenn Friedrich solche Vorstellungen in seinem Brief zu unterstreichen versuchte, wenn auch mit einer etwas primitiven Prahlerei. Auch die Tatsache, daß Friedrich es wagt, Saladin trotz seiner großen Siege zur Herausgabe des Heiligen Landes aufzufordern, erscheint nicht mehr so unglaublich und unerhört, wenn man die Aussagen der arabischen Zeitgenossen danebenhält, daß die Muslime beim Heranrücken Barbarossas zweifelten, noch etwas von dem eroberten Land behalten zu können[115].

---

[114] Der Text der Briefe wird uns an zahlreichen Stellen überliefert. Vgl. Röhricht, Regesten Nr. 671 u. 672, S. 179. Im allgemeinen gilt der Brief Saladins als echt, der Barbarossas als verunechtet. Da die Originale nicht vorhanden sind, ist die Echtheit nur aus dem Inhalt zu erschließen. Doch spricht von da gesehen nichts gegen die Echtheit beider Briefe. Gewiß, sie sind auffallend und ungewöhnlich, aber das beweist keine Unechtheit. Eine Fälschung müßte sehr früh schon entstanden sein, und wahrscheinlich in England, da uns englische Chronisten schon früh den Text beider Briefe geben. Wer aber sollte dort und damals ein Interesse an einer solchen Fälschung gehabt haben? So sind beide als echt zu betrachten. Gegen die Echtheit: R. Röhricht = Neues Archiv 11, S. 571 ff.

[115] Galāl ad-Dīn (Goergens) S. 270. — Al-Athīr (Goergens) S. 231 u. 241/42. —

Saladin antwortete, und zwar in einem, an dem Schreiben Friedrichs gemessen, recht freundlichen Ton. Seinen aufrichtigen großen und erfahrenen Freund nennt er Friedrich in der Adresse (illi regi sincero amico magno excelso Frederico regi Alemaniae). Zunächst erklärt er, daß auch er seine Freunde, die ihm folgten, aufzählen könne und daß seine Macht sehr groß sei — das mußte er ja auf Friedrichs Prahlerei antworten —, auch weist er darauf hin, welchen ungeheuren Vorteil es für ihn bedeute, daß er von seinem Heimatland nicht durch weite Strecken getrennt sei. Dann aber macht er einen Vorschlag, der durchaus ernst zu nehmen ist: wenn man ihm die letzten festen Plätze gäbe, die noch in der Hand der Christen seien, so wolle er das heilige Kreuz, das er bei Hattīn erobert hatte, herausgeben, ebenso wie alle christlichen Kriegsgefangenen, die in seiner Hand seien. Ebenso wolle er christlichen Gottesdienst in der Heilig-Grab-Kirche als Dauereinrichtung gestatten, die Klöster zurückgeben und zeit seines Lebens den christlichen Pilgern freien Zugang zum Heiligen Grab gestatten. Der Vorschlag bedeutete in Saladins Lage als Sieger ein Nachgeben. Man sieht, für wie groß Saladin die durch Friedrich drohende Gefahr hielt[116].

Daß Barbarossa, damals auf dem Höhepunkt seiner Macht, auf dieses Angebot nicht einging und angesichts der Erwartungen, die die Christenheit ihm entgegenbrachte, nicht eingehen konnte, leuchtet ein[117].

Nun aber bewarb sich ein anderer um Saladins Bundesgenossenschaft: Byzanz. Diese Verbindung war nicht neu. Schon Kaiser Andronikos hatte, von Ungarn und Normannen bedrängt, im Innern aber seinem Volk verhaßt, mit Saladin ein Bündnis mit der Spitze gegen die Franken abgeschlossen[118]. Sein Nachfolger auf dem Kaiserthron, Isaak, bemüht sich, als die Kreuzfahrer herankamen, sehr um eine Fortsetzung und Verstärkung dieses Bündnisses. 1189 erreichte er sein Ziel[119]. Friedrich muß sehr bald von diesem Bündnis erfahren haben, wie wir aus verschiedenen Briefen wissen[120]. So wußte er, was er von Kaiser Isaak und seiner entgegenkommenden Haltung zu denken hatte.

Schon hier läßt sich feststellen, daß dieser Kreuzzug sich von dem ersten scharf unterscheidet:

1) Er ist kein Kreuzzug der Ritter mehr, sondern der Könige. Ihnen folgen

---

Imāl al-Dīn (Abū Schāma) (Goergens) S. 131. — Abu l'Fedā 62, S. 586. — Auszüge aus einem arabischen Roman (Goergens) S. 283.

[116] Das Angebot Saladins liegt in der Linie von dem, was des Kaisers Enkel, Friedrich II., später erreichte. Doch bleibt es weit hinter dem zurück, was man Friedrich II. zuerkannte.

[117] Antwort: Itiner. reg. Ricardi I, XVIII, S. 37.

[118] Annalen von Reichersberg = M. G. SS. XVII, S. 511 ff.

[119] Quellenangaben darüber siehe R. Grousset III, S. 11. — Vgl. auch Behā ad-Dīn = Recueil, Hist. orient. III, S. 174/75. — R. Röhricht, Regesten 685/182. — Abū Schāma 144.

[120] R. Röhricht, Regesten 681/182 und 688/183.

ihre Ritter als ihren Herren. Einzelne ritterliche Persönlichkeiten spielen darum keine Rolle mehr. Alles Schwergewicht liegt bei den Königen.

2) Alle Heeresgruppen weisen diesmal einen viel strafferen, einheitlicheren Charakter auf. Disziplin wird durchgeführt.

3) Wenigstens in Barbarossas Heer sind die Nichtstreiter zugunsten der Kämpfer sehr zurückgedrängt, ob es in den englischen und französischen Heeren ebenso war, wissen wir nicht mit Sicherheit zu sagen.

4) Die Werbung muß schon mit Enttäuschungen durch die vorausgegangenen Mißerfolge und mit einem Nachlassen des Kreuzzugsglaubens rechnen. Die erste Blüte der glaubensstarken Begeisterung ist vorbei. Doch würde man den Rittern des dritten Zuges Unrecht tun, wenn man in die Aufrichtigkeit ihres Kreuzfahrerglaubens und ihrer Kreuzzugsbegeisterung Zweifel setzen wollte.

5) Dieser Kreuzzug ist als Kreuzzug der Könige ganz anders als die vorausgehenden in die Fragen der großen Politik verstrickt.

Der Zug Friedrich Barbarossas

Am 11. Mai 1189 brach Kaiser Friedrich von Regensburg auf[121]. Der Marsch durch Ungarn vollzog sich ohne jede Schwierigkeit. Aber als man byzantinisches Gebiet betrat, legte die Bevölkerung dem Heer Hemmnisse in den Weg, wo sie es nur konnte. Die Wege waren versperrt, die Auskünfte falsch und die heimtückischen Überfälle häufig. Und das alles geschah, wie sich bald herausstellte, auf Befehl des Kaisers Isaak und seines Statthalters. Doch Friedrich erzwang sich seinen Weg. Währenddessen kamen immer aufs neue Gesandtschaften des Byzantiners. Sie zeigten, so verschieden sie auch im einzelnen waren, immer die gleiche Haltung Isaaks: brutal zugreifend und hochmütig anspruchsvoll und dabei doch ängstlich bereit, nachzugeben. Es stand damals den Kreuzfahrern in Byzanz keine bedeutende Persönlichkeit gegenüber, wie es sowohl Alexios wie Manuel gewesen waren. Isaak aber war es nur durch die Gunst des Augenblicks geglückt, den im ganzen Reich verhaßten Blutmenschen Andronikos zu stürzen, als er von den Normannen geschlagen worden war. Er hat auch nichts von der Ritterlichkeit eines Alexios oder Manuel, seiner größeren Vorgänger.

Auf dem Vormarsch häuften sich die Feindseligkeiten immer mehr, und dementsprechend wurde aus dem friedlichen Durchmarsch allmählich ein offener Krieg. Dazu trug die Tatsache sehr bei, daß Kaiser Isaak die erste

[121] Über diesen ganzen Zug Barbarossas berichten am besten die Historia de expeditione Friderici imperatoris und die Historia peregrinorum (= M. G. SS. Nova ser. V). Sie werden deshalb nicht mehr im einzelnen als Quellen angegeben. Die Angaben der Annales Reichersbergenses (M. G. SS. XVII, S. 509 ff.) stehen dahinter an Bedeutung zurück. Eine humanistische Bearbeitung des in diesen Annalen wiedergegebenen Berichtes ist unter dem Namen Tageno von Aventin veröffentlicht worden.

Gesandtschaft Barbarossas nach Byzanz dort gefangengenommen hatte. Eine Zeitlang setzte sich Barbarossa in Philippopel fest und verwüstete systematisch das Land in der Umgebung; in verschiedenen Schlachten wurden die Griechen geschlagen und eine größere Zahl der byzantinischen Städte eingenommen. Ein Brief, den Barbarossa im November 1189 an seinen Sohn Heinrich, den späteren Kaiser Heinrich VI., schrieb[122], zeigt, wie ernst es dem Kaiser mit einem vollständigen Krieg gegen das byzantinische Reich war. Denn in diesem Schreiben gab er seinem Sohn Auftrag, den Krieg vorzubereiten. Die italienischen Seestädte sollten veranlaßt werden, Flotten zu schicken, um den Kaiser beim Angriff auf Konstantinopel zu unterstützen; der Papst solle gegen die „Feinde des Kreuzes, vor allem aber gegen die Griechen" predigen lassen; weiterhin sollte der Sohn alles verfügbare Geld zusammenziehen und einem venezianischen Bankhaus überweisen. Der Krieg war nahezu beschlossen, und Barbarossa rückte immer näher an Byzanz heran. Dort aber sah man schon den Untergang des Griechenreiches als unmittelbar bevorstehend an[123]. Die Lage wurde für Byzanz dadurch noch bedrohlicher, daß die Bulgaren und die Serben, die, nur mit Mühe unterworfen, auf eine Gelegenheit warteten, um das byzantinische Joch abzuschütteln, Barbarossa wiederholt ihre Bundesgenossenschaft anboten. Friedrich lehnte dies Angebot vorläufig ab, behielt sich aber vor, später darauf zurückzukommen.

Da gab Isaak unter dem starken Druck nach. Friedrich nötigte ihn zu einem richtigen Friedensvertrag, wie es ja dem faktisch vorher bestehenden Kriegszustand entsprach. Alle Forderungen Friedrichs wurden angenommen: Schiffe für die Überfahrt in genügender Zahl bereitgestellt, zwei Städte an den Dardanellen Friedrich übergeben, bis der Übergang vollzogen war, hochstehende Männer als Geiseln gestellt. Während des Übergangs sollte das byzantinische Heer weit von der Stelle weggezogen werden, nachher aber sollte freier Markt für die Verpflegung des Heeres sichergestellt werden. Barbarossa wurde es freigegeben, wenn nicht genug Lebensmittel angeboten wurden, solche zu beschlagnahmen. Alle Gefangenen sollten freigelassen und entschädigt, dagegen für die durch Barbarossa zerstörten Gebiete kein Schadensersatzanspruch erhoben werden. Es sind von Kaiser Friedrich diktierte Bedingungen.

Man fragt sich, warum Barbarossa damals nicht zugriff und Byzanz eroberte. Mit der vorgesehenen Hilfe venezianischer und anderen Flotten und der angebotenen Unterstützung der Bulgaren und Serben und mit dem schwächlichen Isaak als Gegner mußte es gelingen. Die allgemeine Stimmung des Heeres würde den Angriff nur begrüßt haben. Aber Barbarossa griff nicht an, und zwar als Kreuzfahrer, wie wiederholt betont wird[124]. Das Jahr 1204 hat gezeigt, daß man Byzanz nicht so im Vorübergehen erobern und dann nach Jerusalem weiterziehen konnte. Dazu waren die aus der Einnahme der

[122] Historia de expeditione S. 48 ff. [123] Historia de expeditione S. 68.
[124] Historia peregrinorum S. 135 und an anderen Stellen.

Stadt sich ergebenden Aufgaben und andererseits Verlockungen viel zu groß. Der Kreuzzug mußte dann steckenbleiben. Das sah Barbarossa voraus. Darum zog er weiter, trotz der großen, selten sich bietenden Möglichkeit. Am 28. März 1190 setzte Friedrich mit seinem Heer über auf das asiatische Ufer und begann den Vormarsch.

Die eingeschlagene Route ist durch die Städte Sardes, Philadelphia und Hierapolis (Laodicea) gekennzeichnet; sie verläuft parallel zu der Straße des ersten Kreuzzuges, doch weiter nach der Küste zu. Schon dieser Marsch war schwierig. Denn Isaak tat trotz seiner Zusagen alles, was er konnte, um den Marsch zu erschweren. Auch unterrichtete er Saladin laufend über den Vormarsch der Kreuzfahrer[125]. Es zeigt sich hier wieder, wie gefährlich es war, einen schwer gereizten und doch nicht ganz unterworfenen Gegner im Rücken zu haben.

Die Schwierigkeiten häuften sich aber noch, als man die kultivierteren, der Küste naheliegende Gebiete verließ und ins Innere Anatoliens in der Richtung auf Akschehir und Konja eindrang und damit seldschukisches Gebiet betrat. Hier erwartete Barbarossa eine schwere Enttäuschung: der Sultan Kylydsch Arslan II. hatte sich zwar mit ihm fest verbündet, hatte auch noch nach Adrianopel Gesandte geschickt, die ihm freien Durchmarsch und offenen Markt zusagten; aber der alternde Sultan hatte nicht mehr die Kraft, um sich gegenüber seinen Söhnen, vor allem gegenüber Kutb ad-Dīn, durchzusetzen. Darum hatte er seinen Bund mit Barbarossa geheimgehalten. Denn seine Söhne wie seine Lehensmannen waren den Fremden durchaus feindlich. So konnte der Sultan nicht verhindern, daß die Versorgung der Kreuzfahrer mit Lebensmitteln unterblieb, ihre Selbstversorgung gehindert wurde und daß abgesonderte Abteilungen ständig Überfällen ausgesetzt waren. Es kam auch zu großen offenen Schlachten. In denen blieben aber die Franken entschieden Sieger. Wohl aber gelang es den Türken, die Franken in unwirtliches Berggelände abzudrängen. Schließlich zog Barbarossa trotz großer Geländeschwierigkeiten unmittelbar auf Konja zu, um die große Straße wieder zu gewinnen. Vor seinen Toren schlug das ermattete Kreuzheer die zahlenmäßig weit überlegenen Scharen der Muslime und nahm die Stadt selbst ein, so daß Kylydsch Arslan um Frieden bitten mußte.

Doch schlimmer noch hatte auf diesem ganzen Marsch Hunger und Durst das Heer geplagt, die Zahl der Pferde schmolz stark zusammen[126]. Die Tatsache, daß es gelang, trotz aller dieser Schwierigkeiten das Heer schlagfertig und in guter Verfassung zu erhalten, ist eine der größten Taten mittelalterlicher Heerführung und zeigt, wie Friedrich es verstand, Menschen mitzureißen. Aber der allmähliche Schwund des Heeres war doch nicht aufzuhal-

[125] Abū Schāma, Zwei Gärten I, 389, 437, 471. — Behā ad-Dīn S. 172 ff. (Reinaud S. 275). — R. Röhricht, Beiträge II, 190, Nr. 55.

[126] Histor. peregrinorum 168. — Epistola de morte Friderici imp. = M. G. SS. Nova ser. V, S. 176 u. 177.

ten. Nur noch die Hälfte des stolzen Heeres soll die verhängnisvollen Gebiete Anatoliens wieder verlassen haben. Auch wenn Barbarossa am Leben geblieben wäre, hätte er doch nur ein zusammengeschmolzenes und geschwächtes Ritterheer in die Kämpfe des Heiligen Landes führen können.

Für die psychischen Quellen der Widerstandskraft der Kreuzfahrer sind die Berichte über die Schlacht vor den Toren von Konja aufschlußreich. Von verschiedenen Quellen wird hier berichtet, daß ein Ritter auf einem weißen Roß in einem weißen Gewand das Christenheer führt und ihm voran streitet; die einen hielten ihn für einen Engel, die anderen für St. Georg. Und auch die Türken haben, Gefangenenaussagen zufolge, 7000 weißgekleidete Ritter auf weißen Rossen mit weißen Kleidern für die Christen streiten sehen[127]. Das Auffallende dabei ist, daß diese Erscheinungen denen bei dem ersten Kreuzzug auf das Haar gleichen, obwohl doch fast 100 Jahre diese Kreuzfahrer von der Belagerung Antiochias trennen. Das zeigt, daß die psychische Kraftquelle die gleiche, die Intensität dieses Glaubens dieselbe und so eine Tradition vom ersten zum dritten Kreuzzug lebendig geblieben ist. Die Erscheinungen könnten sich nicht so völlig gleichen, wenn man im Abendland nicht immer wieder von den Großtaten der früheren Kreuzfahrer und ihrer Unterstützung durch die Himmlischen gesprochen hätte[128].

Nun aber, nach der völligen Niederwerfung des Sultans von Ikonium, schien alle Not überwunden zu sein. Denn der Sultan hatte alle Unterstützung versprochen und ließ in Konja alles zum Kauf anbieten, was man nötig hatte. Zudem erschienen gleichzeitig die Fürsten Armeniens, an dessen Grenzen man nun stand, um Barbarossa als Bundesgenossen zu begrüßen. Ob allerdings der freundliche Empfang der Kreuzfahrer durch die Armenier durchweg ihrer wahren Gesinnung und Haltung entsprach, erscheint zweifelhaft. Denn wahrscheinlich hat der armenische Katholikos, Gregor, Saladin brieflich Mitteilungen über die Bewegungen des Heeres Barbarossas zukommen lassen[129]. Aber man konnte im wesentlichen doch ein Ende der Feindseligkeiten erwarten. Und wenn auch der Abstieg aus den Bergen beschwerlich und die Sommerhitze drückend war, so konnte man doch mit einem baldigen Ende dieser Beschwerden rechnen.

Eben diese Sommerhitze veranlaßte auch Kaiser Friedrich, bei einer Rast in dem Flüßchen Saleph (heute Gök-su) zu baden. Dabei ertrank er wohl infolge eines Herzschlags in dem kalten Gebirgswasser[130].

---

[127] Historia de expeditione S. 81, 82 u. 83.

[128] Über diesen Zug durch Anatolien vgl. außer den genannten Quellen: Epistola de morte Friderici imp. a. a. O. S. 173 ff. — Otto von St. Blasien, M. G. SS. XX, S. 321 ff., Schulausg. 34, S. 50 ff. — Lat. Forts. d. Wilhelm v. Tyrus II, XIX, S. 102/03. — Eracles XXIV, 9, S. 117.

[129] Gedruckt: Wilken, Friedrich, Geschichte der Kreuzzüge, Bd. 4, Beilage S. 1 ff. — Siehe dazu Iskenderian, ter-Grigor: Die Kreuzfahrer und ihre Beziehungen zu den armenischen Nachbarfürsten. Diss. (Leipzig 1915). — Ein Grund, Fälschung dieses Briefes anzunehmen, liegt nicht vor. Er ist überliefert bei Behā ad-Dīn, S. 161 ff.

[130] So berichten die meisten Chronisten, und darunter diejenigen (z. B. Historia

Dieser unerwartete Tod des Kaisers gehört zu den bedeutsamsten Tatsachen in der Geschichte der Kreuzzüge. Denn das deutsche Ritterheer verlor damit seine zusammenhaltende Macht und seine Stoßkraft. Die Persönlichkeit des Führers war bei allen mittelalterlichen Heeren von der allergrößten Bedeutung, doppelt aber, wenn es galt, so große Schwierigkeiten zu überwinden, und wenn ein Kaiser von der Beliebtheit an der Spitze stand, die Barbarossa besaß. Wenige mittelalterliche Könige haben diese anziehende, persönlich verbindende Herrschergabe gehabt wie er. In altdeutschem Begriff würde man von einem besonders großen Königsheil reden. Ging er voran, so folgten alle in den größten Nöten. So nur war man durch Anatolien vorgedrungen. Sein Sohn Friedrich von Schwaben hatte diese Fähigkeit der Menschenführung nicht (vielleicht noch nicht). Die Wirkung seines Todes auf die deutsche Ritterschaft war um so größer, weil der Druck der Mühsale noch auf allen lastete. Viele verloren die Hoffnung, sie jetzt noch überwinden zu können. Gar manche benutzten nun die erste beste Gelegenheit, um nach Haus zurückzukehren. Andere nahmen sich das Leben, andere wieder verzweifelten an Gott und Christus, wenn er das seinem Heer antue, und traten zum Islam über[131].

Da nun außerdem der Rest des Heeres, der unter der Führung von Fried-

---

peregrinorum), die selbst Teilnehmer des Kreuzzuges waren. — Histor. de exped. 91. — Hist. peregr. S. 172. — Epistola de morte Friderici S. 178. — Otto von St. Blasien — M. G. Schulausg. 35, S. 51. — Kölner Königschronik = M. G. SS. XVII, S. 356. — Oliverus Scholasticus, Hist. reg. 99, S. 147/48. — Arnold von Lübeck = M. G. Schulausg., S. 137/38. — Chronik von Reinhardsbrunn = M. G. SS. XXX, 545. — Al-Athīr (Ausg. Goergens) S. 242. — Brief des Bar Grigor = F. Wilken, Gesch. d. Kreuzz. 4, Beilage S. 1. — Behā ad-Dīn S. 160 u. 163. — Andere Quellen bringen allerdings eine andere Version. So berichtet die lateinische Fortsetzung des Wilhelm von Tyrus und fast gleichlautend das Itinerarium regis Ricardi, daß Friedrich bei einem schwierigen Flußübergang den Weg abkürzen wollte, da das Heer nur langsam über die eine vorhandene Brücke vorankam. Dabei sei er von der Strömung erfaßt worden. Beide Quellen kennen auch die andere Version von dem Bad des Kaisers, und sie geben zu, daß die meisten anderen diesen Bericht für richtig halten, aber sie wenden sich gegen die Version vom Bad und behaupten, daß sie falsch sei. Die Gewichtigkeit von Barbarossas Persönlichkeit (gravitas) spreche dagegen. (Lat. Forts. d. Wilhelm v. Tyrus XXII, 106 f. — Itinerar. reg. Ricardi I, XXIV, S. 54 ff.) In ähnlicher Weise äußern sich auch William of Newburgh (IV, 13, S. 329), Abū Schāma (S. 139) und am nachdrücklichsten die unter dem Namen Eracles bekannt gewordene altfranzösische Fortsetzung des Wilhelm von Tyrus (XXIV, 26, S. 137 f.; vgl. auch Eracles XXIV, 9, S. 117). Augenscheinlich ist die erste Fassung des Berichtes richtig: Kaiser Friedrich ist beim Baden ertrunken. Da aber ein Tod beim Baden, also um körperlicher Erholung und Erfrischung willen, zu dem den Kaiser verherrlichenden Bild, das diese Quellen sonst geben, nicht passen wollte, glaubte man eher anderen Berichten, die von einer Hilfe bei dem Flußübergang, von einem Abkürzen des Weges zu erzählen wußten.

[131] Marbacher Annalen = M. G. Schulausg., S. 61. — Historia de expeditione S. 92. — Auch der Araber Imād ad-Dīn weiß von der völligen inneren Zersetzung des deutschen Heeres infolge von Barbarossas Tod zu berichten (Abū Schāma, Zwei Gärten I, 459).

rich von Schwaben nach Antiochia zog, dort von schweren Seuchen befallen wurde, denen die Kreuzfahrer nach den durchgemachten Nöten keine Widerstandskräfte mehr entgegenzustellen vermochten, war die Kraft des Kreuzheeres gebrochen.

In der ganzen abendländischen Welt betrauerte man den Tod Friedrich Barbarossas tief. Er war weit über die Grenzen seines Volkes hinaus hochgeachtet und geliebt. Im Morgenland aber atmete man auf. Die Furcht vor den überlegenen Kräften des herannahenden Kreuzzuges, die schon zur Panik zu werden drohte, verlor ihre Kraft[132]. Und man hatte allen Grund aufzuatmen. Denn die größte Macht, die das Abendland auszusenden hatte, war mit diesem wohldisziplinierten und von Mitziehenden unbeschwerten Ritterheer gegen den Islam unterwegs gewesen. Jetzt aber war diese ernsthafte Gefahr geschwunden. Die hier gegebene Möglichkeit, den Kreuzzügen zu einem neuen entscheidenden Sieg zu verhelfen, war vorübergegangen.

Man begrub Friedrich Barbarossa zu Antiochia, nachdem man die Leiche nach Tarsus gebracht und dort schon die Eingeweide bestattet hatte. Reliquienartige Teile nahm man noch weiter mit nach Tyrus, in der Hoffnung, sie in Jerusalem bestatten zu können[133].

Währenddessen waren andere deutsche und nordische Kreuzfahrer, die den Seeweg vorgezogen hatten, schon im Heiligen Land angekommen. Eine Gruppe war von Apulien aus übergefahren, so Landgraf Ludwig von Thüringen. Andere Gruppen hatten die Pyrenäenhalbinsel umfahren, zunächst eine etwa 50 Segel starke Flotte mit dänischen, friesischen und rheinischen Kreuzfahrern, und dann einige Wochen später zwei kleinere Gruppen von 11 und 24 Schiffen, die sich in Portugal zu einer Gruppe zusammenfanden. Beide Flotten leisteten König Sancho von Portugal wertvolle Hilfe gegen die Muslime der Pyrenäenhalbinsel. Am 1. September 1189 erreichte die erste dieser Flotten Akkon, die zweite folgte etwa Ende Oktober, also während Kaiser Friedrich noch im Balkan unterwegs war[134].

Der Zug von Philipp August und Richard

Drei Könige hatten den Aufbruch zum Kreuzzug gelobt. Aber die beiden anderen zögerten noch, als Friedrich Barbarossa schon durch Anatolien sich den Weg erkämpfte und seinen Tod dabei fand. Schuld daran war der erbitterte Krieg zwischen Frankreich und England um den noch recht großen Besitz Englands auf dem Festland. Schließlich, am 4. Juli 1190, brachen die beiden Heere von ihrem Treffpunkt Vezelay auf und schifften sich ein.

---

[132] Al-Athīr, Kāmil al-tewārīkh II, S. 5. — Abū l'Fedā 62, S. 586. — Vgl. R. Grousset III, S. 17.

[133] Lat. Forts. d. Wilhelm v. Tyrus XXII, 108.

[134] Ausführlichen Bericht über die zweite Gruppe gibt die Narratio itineris navalis ad Terram Sanctam = M. G. SS. Nova ser. V, S. 179.

Wir haben schon gesehen, daß beide Heere zusammen an Größe hinter dem Kaiser Friedrichs weit zurückstanden. Wenn der außerordentlich gute Erfolg der Kreuzzugswerbung wiederholt hervorgehoben wird, so ist das dahin zu verstehen, daß gerade die angesehensten Herren Frankreichs das Kreuz nahmen. So konnte das Itinerarium Richards sagen: „Es wohnt kein Mann von großem Ansehen und Ruhm in Frankreich, der damals oder später sich nicht aufgemacht hätte, um vor Akkon zu kämpfen.“ [135]

Ähnlich wie Barbarossa in einem besonderen Heeresgesetz für Ordnung und Disziplin in seinem Heere gesorgt hatte, so erließ auch König Richard, ehe er abfuhr, entsprechende Bestimmungen und ebenso beide Könige gemeinsam bei ihrem Aufenthalt in Messina [136].

Die Auswahl der Kreuzfahrer, die Beschränkung auf wirklich kampffähige Männer und auf solche von einer gewissen finanziellen Leistungsfähigkeit, scheint von Richard nicht in der Weise durchgeführt worden zu sein, wie es von Barbarossa geschah. Denn es wird berichtet, daß Verschuldete und Abenteurer seinem Kreuzzug gefolgt seien.

Andererseits hatte Richard seinen Kreuzzug von der finanziellen Seite aus auf das beste vorbereitet. Er hatte den Kreuzzugszehnten großenteils in seine Hände zu bringen gewußt und auch sonst die Jahre zwischen der Kreuznahme und dem Aufbruch zur Verbesserung seiner Finanzen rücksichtslos ausgenutzt. Im Lauf des Kreuzzuges zeigte es sich immer wieder, daß Richard den anderen Königen finanziell weit überlegen war. In Frankreich war ein solcher Versuch nicht gelungen. Dort war die Erhebung des „Saladinszehnten“ auf energischen Widerstand gestoßen. Wir spüren bei Richard schon das Heraufkommen einer neuen Art des Aufbaues der Kreuzzüge, bei der das Geld eine entscheidende Rolle spielen sollte.

Ähnlich wie den Aufbruch zum ersten und zweiten Kreuzzug begleiteten den jetzigen des englischen Kreuzfahrerheeres starke und fanatische Judenverfolgungen. Wir wissen von solchen in Norwich, Stamford, Lincoln, York und anderen Orten. Die Quälereien haben die Juden teilweise zu dem Entschluß getrieben, lieber sich selbst und ihre eigene Familie zu ermorden, als sie in die Hände der Verfolger fallen zu lassen, oder auch dazu, alle in einen Turm einzuschließen, diesen dann in Brand zu stecken und gemeinsam zu sterben [137].

In Messina trafen sich im September 1190 beide Kreuzfahrerheere, einschließlich der englischen Flotte, die ihren Kurs um die Pyrenäenhalbinsel herum genommen hatte. Beide Heere blieben den Winter in Sizilien. Die

---

[135] Itinerar. reg. Ricardi III, IV, S. 213. — Ähnlich Heinrich von Albano, Tractatus XIII, 357.

[136] Roger von Hoveden (ed. W. Stubbs) III, 35, S. 6 u. 58. — Chronicles of the reign of Henry II. and Willelmi Parvi = Histor. rerum Angl. III, 23. — Vgl. H. Conrad = Ztschr. d. Savignystiftung f. Rechtsgesch. 61, germ. Abt., S. 124.

[137] Roger von Wendower III, 19, von 1190.

Vorgänge dort in dieser Zeit sind zunächst sehr schwer verständlich. Warum blieben beide Heere dort? Die Notwendigkeit, Winterquartiere zu beziehen, war sicherlich vorgeschoben. Denn andere französische und englische Kreuzfahrer, die den Winteraufenthalt nicht mitmachen wollten, fuhren weiter und landeten am 16. September, also zu guter Jahreszeit, in Tyrus. Und warum entwickelte sich nach herzlicher Begrüßung eine erbitterte Feindschaft, ja geradezu ein Krieg zwischen Richard und dem Normannen Tankred von Lecce? Und warum mußte in diesem Streit Richard die Stadt Messina mit Gewalt nehmen? Und warum versuchte er nach der Eroberung, diese Stadt als sein Eigentum, als sein Herrschaftsgebiet, zu behandeln? Und warum mußte sich daraus auch eine Feindschaft der Engländer und Franzosen ergeben? Alles das ist nur dann zu verstehen, wenn Richard Löwenherz den Versuch machte, gelegentlich der Kreuzfahrt Sizilien für sich zu erobern. Die Herrschaft über dieses Reich war damals strittig zwischen Tankred von Lecce und Heinrich, dem Sohn Friedrich Barbarossas, dem späteren Kaiser Heinrich VI. Die Gelegenheit schien günstig, in diese Streitigkeiten einzugreifen und die relativ große Heeresmacht der Kreuzfahrer zur Eroberung des Reiches zu benützen. Doch Philipp August von Frankreich ahnte, um was es ging. Darum blieb auch er den Winter über in Sizilien und wußte auch wirklich die Besitzergreifung durch Richard zu verhindern. Daß sich so die an sich schon schlechten Beziehungen zwischen dem englischen und dem französischen König noch verschlechtern mußten, ist einleuchtend. Doch anderes kam noch dazu, was das Verhältnis der beiden Könige zueinander noch weiter verschlimmerte. Richard hatte der Schwester des französischen Königs, Alice, die Ehe versprochen, hielt nun aber diese Zusage nicht, und zwar mit der Begründung, daß sie einen unehelichen Sohn von seinem eigenen Vater habe. Schließlich wurde Richard von seinem Eheversprechen entbunden gegen die Zahlung von 10 000 Pfund und Verzicht auf die Aussteuer. Aber eine Aussöhnung der beiden feindlichen Könige war damit noch keineswegs erreicht. Am 30. März 1191 segelte Philipp August mit seinem Heer allein nach dem Heiligen Land ab.

Dieser lange Aufenthalt in Sizilien hatte aber nicht nur die beiden Könige erneut verfeindet und damit den ganzen Kreuzzug schwer belastet, er hatte nicht nur durch das tatenlose und doch üppige Leben die Disziplin beider Heere gelockert, sondern vor allem war dadurch das Heer der Christen vor Akkon in die bitterste Not hineingetrieben worden.

Aber Richards Wunsch, den Kreuzzug zu der Eroberung einer reichen Herrschaft im Mittelmeer zu benutzen, war noch nicht befriedigt. Mochte das Christenheer vor Akkon warten. Er eroberte erst noch die reiche Insel Zypern. Herr der Insel war damals nicht mehr Byzanz, wie so viele Jahrhunderte, sondern Isaak, ein Prinz des ehemaligen Kaiserhauses der Komnenen, hatte sich dort selbständig gemacht. Er nannte sich Kaiser von Zypern. Seine politische Stellung ergab sich schon daraus, daß er mit Saladin verbündet war. Auch einen Anlaß zum Eingreifen fand Richard. Drei Schiffe seiner Flotte waren in einem Sturm vor Zypern gestrandet, und unter den Schiffbrüchigen waren seine Braut und seine Schwester. Die Bevölkerung aber verhielt sich diesen gestrandeten Schiffen gegenüber feindselig. Das war für Richard willkommener Anlaß zur Landung auf der Insel; Verhandlungen scheiterten, weil man sie scheitern lassen wollte. Richard griff Isaak Komnenos an und besiegte ihn. Seine Stellung verbesserte sich noch dadurch, daß Guido von Lusignan, der ohne Hilfe sein Königtum in Palästina gegen Konrad von Montferrat nicht durchsetzen konnte, ihn auf Zypern aufsuchte und sich ihm unterstellte. Damit gewann Guido eine Unterstützung in seinen Königsansprüchen, Richard aber eine im Augenblick wichtige landeskundige Hilfe. Isaak wurde noch einmal geschlagen und gefangengenommen. Richard war Herr der Insel. Nun konnte er sich — aber jetzt erst — dem Kreuzzug selbst zuwenden.

Aber auch für die Kreuzfahrer vor Akkon und die fränkischen Kolonien war die Eroberung von Zypern von großem Wert. Denn nun konnte das Heer von hier aus versorgt und verpflegt werden. Die italienischen Flotten konnten nun ohne Behelligung durch die Ägypter in Zypern landen. Doch hat — sieht man in der Geschichte der Kreuzzüge ein wenig weiter — die Eroberung Zyperns dazu beigetragen, das Schwergewicht von Jerusalem hinwegzuverlegen. Denn sah man von allen Kreuzfahrer- und Pilgergesichtspunkten ab, so war Zypern wirtschaftlich und politisch wichtiger als die Reste des Heiligen Landes, vor allem aber als das Binnenland mit Jerusalem. Das bestimmte bald die Haltung vieler fränkischer Ritter des Heiligen Landes und vieler Einwanderer.

Am 8. Juni 1191 landete Richard, längst erwartet und freudig begrüßt, vor Akkon.

Der Kampf um Akkon

Als Richard Löwenherz ankam, dauerte der Kampf um Akkon schon fast zwei Jahre. Der frühere König, Guido von Lusignan, hatte ihn angefangen, damals als er, von Saladin aus der Gefangenschaft entlassen, versuchte, sich wieder eine königliche Stellung oder doch eine Herrschaft zu erwerben. Damals war er vor Tyrus, den stärksten Punkt des Widerstandes gegen Saladin, gezogen und hatte dort kraft seines verlorenen Königtums Einlaß gefordert. Doch Tyrus war damals in der Hand von Konrad von Montferrat. Er hatte ein politisches Chaos vorgefunden und sich seine Stellung dort selbst geschaffen. Darum dachte er nicht daran, die Rechtsverhältnisse v o r diesem Chaos anzuerkennen. Deshalb wies er Guido ab, als dieser vor Tyrus erschien und Einlaß verlangte. Er begründete das damit, daß er sich als Statthalter der beiden abendländischen Könige betrachte, die heranzögen. Ohne deren Befehl könne er die Stadt niemandem übergeben. Diese Begründung ist, wenn sie auch sicherlich nicht Konrads letzte Motive aufdeckt, darum doch sehr interessant, weil sie zeigt, wie in den Augen der Kreuzfahrer im Augenblick der Ankunft eines neuen stattlichen Kreuzheeres die Rechte der einheimischen Gewalten verblaßten und ihre Bedeutung verloren. Auch das gehört zu dem Bild des Gegensatzes von Kreuzfahrern und eingesessenen Franken.

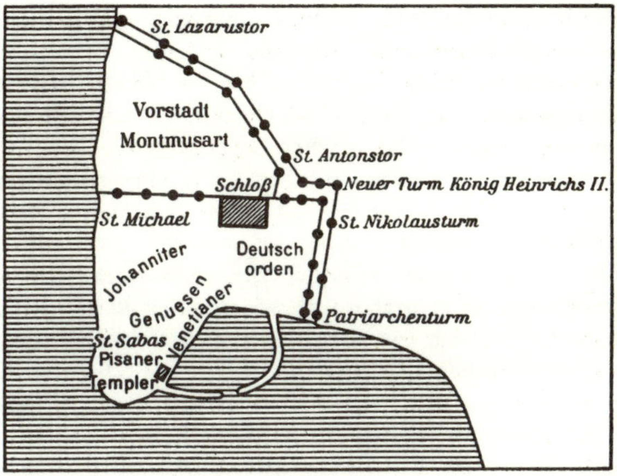

Akkon

Nach diesem schweren Mißerfolg versuchte Guido nun, sich wenigstens eine eigene Herrschaft zu gründen. Er sammelte bei Tripolis, was noch von Rittern des alten Königreiches zu ihm stand; eine Schar Ritter König Wilhelms von Sizilien und einige Pisaner ergänzten die Truppe. Mit ihnen zog er vor Akkon mit dem tollkühnen Plan, mit diesen wenigen Rittern Akkon zu nehmen, das gerade Saladin neu befestigt und durch eine stattliche Garnison gesichert hatte. Dabei war Akkon an sich schon kaum zu nehmen; denn die Stadt, deren Grundriß ein gleichseitiges Dreieck bildete, war auf zwei dieser Seiten vom Meer umspült, auf der dritten aber durch felsige Höhen geschützt[138]. Außerdem war es klar, daß Saladin auf den Besitz dieser Stadt gerade jetzt, wo das Kreuzfahrerheer kam, großen Wert legen mußte[139]. Aus diesen Gründen nahm Saladin das Unternehmen Guidos zuerst gar nicht ernst. Er wandte sich erst dagegen, als die Christen sich schon vor Akkon festgesetzt hatten. Alle zuströmenden Kreuzritter des Abendlandes wurden nun an dieser Stelle eingesetzt. Ohne das Unternehmen Guidos, das seinem eigensten Interesse dienen sollte, hätte man die Macht der nun einzeln, in

---

138 Beschreibung: Itinerar. reg. Ricardi I, XXXII, S. 75, von 1189.

139 Lat. Forts. d. Wilhelm v. Tyrus III, IV, S. 113: quasi clavis erat tocius regionis et primos belli conflictus expertura, sive navigio sive terrestri itinere occidentales advenirent ...

Gruppen und in Heeren eintreffenden Kreuzfahrer in anderer Weise, etwa in offener Feldschlacht, Saladin gegenüber verwenden können. In Feldschlachten aber haben die Kreuzfahrer stets ihre Stoßkraft viel besser entfalten können als in langwierigen Belagerungen, deren Technik sie ja eigentlich erst im Orient lernten. Zu einer offenen Feldschlacht kam es aber in diesen Jahren nur einmal, und da war es ein unvollkommener Versuch. Vielleicht hätte bei dem Einsatz der Kräfte an einem anderen Punkt der dritte Kreuzzug ganz andere Wirkungen haben können.

So verbissen sich die Heere für zwei Jahre vor Akkon ineinander. Man kämpfte mit ungeheurer Intensität. Auch Saladin hatte Kräfte aus sehr weiten Bezirken des Morgenlandes erbeten und erhalten. Aus Vorderasien strömten Saladin Hilfstruppen zu, Ägypten und Nordafrika schickten Streiter zu Wasser und zu Land. Nur der Ruf an den Sultan von Marokko blieb vergeblich. Alte Feindschaften, wie die der Sengiden in Mossul, Sinzār und Dschasīra gegen Saladin, wurden vergessen: man schickte Hilfe, als Saladin gegen die Christen aufrief. „So standen", wie eine abendländische Quelle sagt, „zwei Teile der Welt (Asien und Afrika) dem dritten gegenüber, und Europa hatte gegen zwei Weltteile zu kämpfen." [140]

Dies Bild ergänzt sich durch die starken Flotten; Pisaner, Genuesen und Venezianer unterstützten mit starken Kräften die Kreuzfahrer ebenso wie starke Flotten der Flamen, Friesen und Dänen. In wechselndem Kriegsglück gelang es ihnen meist, die starken ägyptischen Flottenverbände, die Saladin aufgeboten hatte, in Schach zu halten und Akkon auch zur See einzuschließen. Allerdings konnte immer wieder einmal Saladin ein Schiff mit Lebensmitteln in den Hafen der Stadt bringen, ja einmal sogar die Garnison auswechseln. Aber das waren Ausnahmen.

Und doch darf man anderseits die Kraft der beiden Heere auch nicht überschätzen. Denn beide lähmte die Lockerheit des Gefüges, die alle feudalen Heere charakterisiert. Schon nach der Eroberung des Landes zu Beginn der Belagerung begannen Saladins alte Truppen, die nur durch die feudale lehensartige Bindung an ihn gefesselt waren, über die lange Dauer des Krieges zu murren oder gar zu meutern. Gewiß hielt die Begeisterung für den Dschihad seine Heeresteile zusammen, aber zuweilen schien sie doch nicht zu genügen. Wir haben Briefe Saladins an den Kalifen von Bagdad, die das klar erkennen lassen [141].

Dieselbe Lockerheit der feudalen Heeresstruktur bestand auch auf christlicher Seite. Nur ein Beispiel dafür: Im Juli 1190 forderten die Fußtruppen des Heeres (zahlenmäßig in der Überzahl) einen entscheidenden Angriff. Die Führer des Heeres aber wußten, daß ein solcher Plan im damaligen Zeitpunkt unsinnig war. Da griffen die „Sergeanten", d. h. das Fußvolk, in der Stärke von etwa 10000 Mann allein an, ohne die Hilfe der Ritter und ohne

[140] Lat. Forts. d. Wilhelm v. Tyrus III, IX, S. 124.

[141] Abū Schāma I, 126 und I, 172 (Goergens). — R. Röhricht, Jerusalem, S. 512, 554.

Führung. Sie wurden, wie das kaum anders zu erwarten gewesen war, schwer geschlagen, besonders da sie sich dazu noch auf unzeitiges Plündern eingelassen hatten[142]. Auch die undisziplinierten Einzelunternehmungen, auf die wir immer wieder stoßen, zeigen die Schwächung des Ganzen durch die weitgehende feudale Eigenwilligkeit einzelner. Da hören wir z. B., daß ein durch seine Tüchtigkeit berühmter Ritter ungeduldig wird und erklärt, er werde entweder noch heute in Akkon eindringen oder sterben. Er macht dann mit wenigen Genossen auf einer Sturmleiter einen unsinnigen Versuch, in die Stadt zu kommen, der natürlich abgeschlagen wird. Er selbst verliert dabei das Leben, und die Folge für das ganze Heer ist eine weitgreifende Niedergeschlagenheit[143].

Solche Lockerheit des Gefüges, zusammen mit den im Heiligen Land immer größer werdenden freundlichen Beziehungen auch zu Muslimen, führt im ersten Teil des Kampfes um Akkon zu eigentümlichen Verbrüderungsszenen zwischen Franken und Muslimen, dort wo sie sich in Gräben nahe gegenüberlagen. In Pausen des Kampfes begann man sich freundschaftlich von einem Graben zum anderen zu unterhalten, ja man tanzte und sang sogar gemeinsam. Oder man kam auf den Gedanken, den Kampf im Spiel von Knaben zu wiederholen oder zu parodieren[144]. Dieses Verhältnis hörte auf, als auf beiden Seiten neue Streiter zuströmten, die die Begeisterung für den Heiligen Krieg hergetrieben hatte. Doch hinderten auch solche Verbrüderungsszenen nicht, daß man wenige Augenblicke danach wieder zu ernstem Kampf antrat.

Auf höherer Ebene wiederholten sich solche Tendenzen in verfeinerter Form in der Ritterlichkeit, mit der Saladin wie auch sein Bruder geschlagenen oder in Not befindlichen Feinden großmütig gegenübertreten konnte[145]. So wenn er einen gefangenen greisen Kreuzfahrer, mit einem Pferd beschenkt, ins Christenlager zurückschickt, oder wenn er einer Mutter mit aller Sorgfalt und mit eigenen Kosten hilft, das ihr geraubte kleine Kind wieder zurückzubekommen, oder wenn er dem erkrankten Richard Löwenherz Früchte und eisgekühlte Limonade schickt[146].

Doch dürfen solche einzelne menschliche Züge nicht über den Ernst des Kampfes und die Lage der Kreuzfahrer hinwegtäuschen. Sie wurde allmählich verzweifelt. Das Schimmste waren die Hungersnot und die Krankheiten, die große Scharen von Kreuzfahrern dahinrafften. Die vielen Leichen der an Krankheit Gestorbenen und in den Schlachten Gefallenen trugen zur Verbreitung der Krankheiten nicht wenig bei und machten den Aufenthalt in dem engbegrenzten Bezirk zwischen Stadt und Saladins Heer oft unerträg-

[142] Itinerar. reg. Ricardi I, S. 89. — Eracles XXV, 10, 150 f. — Lat. Forts. d. Wilhelm v. Tyrus III, XVI, 131. — Ernoul S. 266 f.

[143] Itiner. reg. Ricardi III, X, S. 223, von 1191.

[144] Behā ad-Dīn bei Abū Schāma, Zwei Gärten I, S. 412.

[145] Zusammenstellung bei R. Grousset III, 30/31.

[146] Abū Schāma, Zwei Gärten II, S. 6 u. 9.

lich. Saladin mußte aus eben diesem Grund eine Zeitlang sein Lager weiter an eine andere Stelle verlegen. Und nun begann wieder die größte Gefahr für die Franken, ebenso wie seinerzeit vor Antiochia: die Verzweiflung und die Flucht. Viele liefen zum Feind über, schworen den christlichen Glauben ab oder wurden mit von Saladin erbetenen Schiffen Seeräuber, um nur die Not des Lagers nicht länger aushalten zu müssen[147].

Frischen Mut brachte in diese verzweifelte Lage immer wieder die Ankunft von neuen Kreuzfahrern. In kleinen und größeren Scharen landeten sie. Am 24. September 1189 kam Landgraf Ludwig von Thüringen mit zahlreichen deutschen und französischen Rittern, am 27. Juli 1190 Graf Heinrich von der Champagne, der spätere König von Jerusalem, mit zahlreichen französischen Herren, am 7. Oktober desselben Jahres Herzog Friedrich von Schwaben mit dem Rest des deutschen Heeres, am 20. April 1191 König Philipp August von Frankreich und endlich am 7. Juni Richard Löwenherz.

Die Fürsten des Heerres vor Akkon hatten Friedrich den Vorschlag gemacht, von Antiochia aus die benachbarten Gebiete Saladins anzugreifen, und so ihn selbst oder doch Teile seines Heeres von Akkon abzuziehen. Konrad von Montferrat sollte diese Botschaft Friedrich überbringen, scheint aber Friedrich eher in gegenteiligem Sinn bestimmt zu haben. Friedrich schloß sich Konrad an und zog mit ihm in das Lager vor Akkon. Charakteristisch für die Gehässigkeit unter den fränkischen Fürsten ist es, daß man nun gleich Konrad beschuldigte, von Saladin mit 40 000 Goldstücken bestochen zu sein, Friedrich von einem gesonderten Angriff abzuhalten. Der Plan war gut, und es hätte im Interesse der Kreuzfahrer vor Akkon wie der Deutschen unter Friedrich gelegen, wenn er ihn durchgeführt hätte. Denn die in Frage kommenden Gebiete lagen fast ungedeckt offen. Aber Friedrich wollte den Anschluß an das große Kreuzfahrerheer erreichen. Er erreichte ihn. Doch seine Rolle war damit ausgespielt[148]. Innerhalb des dortigen Heeres versuchte er, noch einen eigenen Erfolg mit seinen Leuten zu erringen, doch vergeblich. Am 20. Januar 1191 verstarb er an einer Seuche wie zuvor schon viele seiner Leute. Ihre Widerstandskraft war nach den Strapazen in Anatolien nicht mehr groß. Friedrich muß eine sympathische Erscheinung gewesen sein, voll Mutes und Tapferkeit, dazu ein frommer Gottesstreiter, aber ein eigentlicher Führer, ein überschauender Feldherr scheint er nicht gewesen zu sein. Er wurde in Akkon in dem neugegründeten „Deutschen Haus", einem notdürftig errichteten deutschen Hospital, begraben[149].

---

[147] Itiner. reg. Ricardi I, LXXIV, S. 131. — Abū Schāma S. 150 (Goergens). — Imad ad-Dīn, bei Abū Schāma, Zwei Gärten I, 467 ff. — Behā ad-Dīn S. 207 u. 213.— Imad ad-Dīn bei Abū Schāma I, 166.

[148] Abū Schāma (Goergens) S. 140: „Sein (Friedrichs von Schwaben) Name hatte an Ansehen verloren, und sein Kommando war zunichte." Über das Heer Friedrichs in Antiochia siehe Guido de Bazoches, Brief 35 = Neues Archiv 16, 109. — Abū Schāma S. 139.

[149] Th. Toeche: Kaiser Heinrich VI., S. 200, Anm. 7. — Ambroise, Vers 374/75. —

Ein anderer deutscher Führer, Landgraf Ludwig von Thüringen, hatte schon vor Friedrichs Tod das Land verlassen. Er hatte sich mit großer Energie am Kampf beteiligt, auch eine Zeitlang das ganze Heer geführt. Dann aber, als das französische Übergewicht im Lager größer wurde, kam es zu Streitigkeiten, die den Landgrafen veranlaßten, das Feld von Akkon zu verlassen und in die Heimat zurückzukehren. Einzelne Führer glaubten also, es sei ganz ihrem Ermessen überlassen, in ihre Heimat zurückzufahren. Und so groß war der Ehrgeiz der Fürsten, daß eine Kränkung und Zurücksetzung sie allen Kreuzzugseifer und alle Kreuzritterpflichten vergessen ließ. Der Landgraf erreichte die Heimat nicht mehr, sondern starb unterwegs.

Auch die großen Hoffnungen, die man auf die beiden Könige und ihre Heere gesetzt hatte, wurden teilweise recht enttäuscht. Denn wenn ihre Ankunft auch neuen Mut und neue Angriffsfreudigkeit brachte, so zog das Nebeneinander der beiden verfeindeten Könige auch viel Haß und Streit nach sich.

Das aber wurde dadurch noch besonders verhängnisvoll, daß jeder der beiden Könige in dem Jerusalemer Königsstreit Partei ergriff, und zwar gegeneinander: Richard für Guido von Lusignan, Philipp August für Konrad von Montferrat. Die beiden standen sich nach wie vor in erbitterter Feindschaft gegenüber, und alle Franken des Landes ebenso wie alle Kreuzfahrer hatten in dem Streit eine Stellung bezogen. Zwar war es im Winter 1189/90 zu einem Vertrag zwischen beiden gekommen, aber im Oktober 1190 brach der alte Streit wieder aus. Denn damals starb Königin Sibylle, als deren Prinzgemahl Guido von Lusignan König gewesen war. Jetzt stand ihm kein Recht mehr zu, sondern Erbin des Reiches war Sibylles jüngere Schwester Isabella. Diese war mit Onfroi de Toron verheiratet. Der aber hatte sich schon 1186/87 als unfähig zur Regierung erwiesen. Denn als man ihn damals zum König ausersehen hatte, entwich er heimlich aus dem Lager, um sich dem zu entziehen. So hatte er alles Ansehen in der Ritterschaft verloren. Er war in der gefährlichen Lage von 1190 als König völlig ungeeignet.

Der Mann aber, dem auf Grund seiner Taten am ersten die Krone des Königreiches Jerusalem zukam, war Konrad von Montferrat. Wurde er als Gatte von Isabella König, so konnte man hoffen, daß er das Land noch retten könne. Doch Isabella war verheiratet. Nur eine Scheidung Isabellas konnte den Weg für Konrad von Montferrat frei machen. Die Tatsache, daß sie als Kind von 11 Jahren mit Onfroi verheiratet worden war, konnte wohl einen Scheidungsgrund abgeben. Eine Reihe von einflußreichen Männern trat für diese Lösung ein. Wenn auch die Hauptperson dabei, Isabella, sich zunächst nicht von Onfroi scheiden lassen wollte, so gelang es doch der alten Königin-Mutter, Maria Komnena, die Tochter zu überreden, ihr Einverständnis mit

---

Behā ad-Dīn bei Abū Schāma, Zwei Gärten I, S. 521. — R. Grousset III, 38. — Historia peregrinorum 126. — Oliverus, Hist. reg. 99, S. 146. — Eracles XXIV, 22, S. 133. — Itiner. reg. Ricardi I, XLIV, S. 94.

Scheidung und Heirat zu erklären. So kam die Vermählung zustande. Ein guter Weg aus den Wirrnissen schien gefunden.

Doch der Streit der abendländischen Könige blieb. Beide unternahmen für sich Angriffe auf Akkon, um den Ruhm nur ja nicht mit dem anderen König teilen zu müssen. Aber es wurde dabei kein Ruhm erworben. Alle diese Versuche ohne Einheit des Heeres blieben erfolglos. Beide Könige wurden krank, wobei außer dem Einfluß des Klimas sicherlich auch ihre Mißerfolge nicht ohne Einfluß waren. Bezahlte der Franzose seinen Rittern 3 Byzantinergoldstücke als Sold, so überbot ihn der Engländer mit 4 Goldstücken. Auch bezahlte Richard heimlich den französischen Grafen Heinrich von der Champagne reichlich, sicher nicht zur Freude des französischen Königs.

Doch weiter noch als diese feindseligen Handlungen gingen die gehässigen Gerüchte und Verleumdungen, die das ganze Lager durchliefen. Die Luft war geschwängert von Mißtrauen und Haß, und die Beschuldigungen von Bestechung und Verrat wuchsen reichlich in dieser Atmosphäre. Schon in der Zeit der Schlacht von Hattīn waren Verleumdungen dieser Art an der Tagesordnung gewesen. Jetzt aber war es schlimmer. Da soll König Richard den französischen König haben vergiften wollen, und seine Krankheit sei darauf zurückzuführen; da soll Konrad von Montferrat die Hungersnot mit Absicht verursacht haben; da soll einer der angesehensten Bischöfe des Heeres zusammen mit anderen von Saladin mit je 30 000 Goldbyzantinern bestochen worden sein, die Belagerung zu sabotieren und die Belagerungstürme verbrennen zu lassen, so wie Konrad auf Grund von Bestechung Herzog Friedrich von Schwaben daran verhindert haben soll, an einer anderen, besseren Stelle anzugreifen. Das geht so weiter bis zu den groben Verleumdungen, mit denen Richard Löwenherz später den Herzog Hugo von Burgund verfolgte. Es ist im ganzen eine erschreckende Fülle von Haß, Neid und Niedertracht.

Ein weiteres Hemmnis für den Kampf der Kreuzfahrer bedeutete die Feindschaft der einzelnen abendländischen Nationen gegeneinander. Sie zeigte sich hier zum erstenmal in voller Schärfe. Wir hören vom Streit der Deutschen und Franzosen, der Franzosen und der Italiener und der Franzosen und Engländer[150]. Um diesen Strauß der Gegensätze und Feindschaften noch zu vergrößern, trat die Gegnerschaft zwischen den Kreuzfahrern und den einheimischen fränkischen Rittern dazu. Ein beobachtender Araber weiß zu berichten, daß man seitens der letzteren das Heranziehen der Kreuzfahrer unter Kaiser Barbarossa nur ungern gesehen hätte, aus der Sorge heraus, daß

[150] Itiner. reg. Ricardi I, XLIV, S. 95, zu 1190: Er fügt dem Bericht über einen Streit der Deutschen und Franzosen hinzu: „Denn in altem und zähem Streit stehen sich Deutsche und Franzosen gegenüber, da ihr Kaisertum und ihr Königtum miteinander um den Vorrang streiten." — Lat. Forts. d. Wilhelm v. Tyrus III, XIV, S. 129. — Eracles XXIV, 24, S. 134. — Italiener und Franzosen: Eracles XXIII, 34, S. 51 f. — Einen ausgesprochenen Nationalstolz der Deutschen, wie er bei den Franzosen schon im ersten Kreuzzug zu finden war, zeigt Haymars Gedicht, Str. 135—137, S. 12 (Goergens), zu 1190/91.

es mit ihrem Ansehen und der Achtung ihrer Führer zu Ende sein würde, wenn Kaiser Friedrich stolze Siege über die Muslime davontrüge[151].

Einen Platz für sich nahmen die Flotten der italienischen Seestädte ein. Pisa hatte sich schon tatkräftig an der Verteidigung von Tyrus gegen Saladin beteiligt. Dafür hatte Konrad von Montferrat Pisa große Privilegien in Akkon, Tyrus und Jaffa eingeräumt. Vor Akkon kämpften mit Energie Flotten von Genua, Pisa und Venedig. Dabei stand Pisa auf der Seite von Guido und Richard, Genua dagegen auf der von Konrad. Beide Seiten versprachen den Flotten große Privilegien im Interesse des Handels. Alle, auch Venedig, erreichten solche Privilegien, besonders die Einrichtung von Handelsstützpunkten. Venedig erhielt allerdings im Grund nur, was es schon hatte. So kämpften die Flotten zwar auf seiten der Kreuzfahrer, und ihr Anteil war von großer Bedeutung, doch von dem Geist der Kreuzfahrer trennte sie ein weiter Abstand. Den Seestädten stand ihr Handel und seine Förderung durch Privilegien, Stützpunkte und anderes im Vordergrund. Im ganzen gesehen erscheint das Heer vor Akkon, voll von Streit und Feindschaft und den egoistischen Interessen der einzelnen, geradezu als eine Karikatur auf ein Kreuzheer, wie man es in der Kreuzzugswerbung ausmalte.

Aber allmählich erlahmte doch die Widerstandskraft der Belagerten. Die beiden Befehlshaber von Akkon, Karakusch und Meschtūb, verhandelten zunächst mit Philipp August. Doch Richard verhinderte den Abschluß, kurz ehe er zustande kam, weil Philipp der abziehenden Besatzung und den Bewohnern die Mitnahme von Hab und Gut gestatten wollte, Richard aber alles auf eine reiche Beute ankam[152]. Auch Saladin versuchte die Übergabe, die gegen seinen Willen geschah, zu verhindern; er wollte erneut angreifen, aber sein Heer verweigerte ihm in dieser entscheidenden Stunde den Gehorsam[153]. So mußte Saladin nachgeben, und der Vertrag kam zustande: man gewährte freien Abzug gegen die Wiederherstellung des Königreichs Jerusalem in den Grenzen von 1187, die Befreiung von 2500 christlichen Kriegsgefangenen, die Zurückgabe des Heiligen Kreuzes und der Zahlung von 200 000 Golddinaren. So zogen die Kreuzfahrer am 12. Juli 1191 in Akkon ein.

Der Jubel war groß. Wenn Saladin hielt, was zugesagt war, konnte man hoffen, das Königreich Jerusalem wiederherzustellen und die Heilige Stadt wieder zu erhalten. Jedenfalls war der völlige Untergang der fränkischen Kolonien, wie er nach der Schlacht von Hattīn unmittelbar drohte, verhindert. Aber der dafür benötigte Aufwand war ungeheuer. Das Abendland hatte alle seine verfügbare Kraft aufgeboten, und das Ergebnis war nicht mehr als die Eroberung von Akkon und Versprechungen, die sich nicht erfüllen sollten. Doch noch war es nicht soweit. Noch bestand die Hoffnung, daß Jerusalem wieder in die Hände der Christen komme.

[151] Abū Schāma 142. [152] Itiner. reg. Ricardi III, XV, S. 229.
[153] Behā ad-Dīn S. 233 f. — R. Grousset III, 54.

Ein guter Teil der Kreuzfahrer hielt mit der Eroberung Akkons das Gelübde für erfüllt und fuhr nach Haus, so vor allem König Philipp August von Frankreich. Dafür verfolgte ihn der Haß und die Verachtung der Zurückbleibenden, die ihn des Verrats und der Feigheit bezichtigten. Er wußte, wie nötig seine Anwesenheit in Frankreich war, und es gelang ihm, in den nächsten Jahren seine Stellung in Frankreich den Engländern gegenüber sehr zu verbessern. Doch ließ er einen großen Teil seines Heeres unter Führung des Herzogs Hugo von Burgund im Heiligen Land zurück[154]. Auch von den Deutschen fuhren große Teile zurück. Herzog Leopold von Österreich hatte bei der Eroberung der Stadt sein Banner auf einem Turm gehißt, Richard aber ließ das Banner herunterreißen, da er den Sieg als seine alleinige Sache betrachtete. Das hatte die Todfeindschaft Leopolds gegen Richard zur Folge. Er fuhr ab und mit ihm viele deutsche Kreuzfahrer.

Den Gefangenen hatte man zunächst zugesagt, wer sich taufen lasse, solle die Freiheit erlangen. Der Kreuzfahrergeist trat also hervor, konnte sich aber nicht durchsetzen. Denn als sich viele taufen ließen und man sah, daß sie so schnell als möglich wieder zum Islam zurückkehrten, verbot man das Taufen, ein Umstand, der für die Auseinandersetzung von Kreuzfahrergeist und Politik kennzeichnend ist[155].

Als sich aber die Verhandlungen mit Saladin über die Termine der zu leistenden Zahlungen und der Rückgabe des Heiligen Kreuzes hinzogen, also gar nicht über die Bedingungen der Übergabe, sondern nur über die Modalitäten ihrer Erfüllung, ließ Richard kurzerhand alle in seiner Hand befindlichen muslimischen Gefangen im Angesicht des feindlichen Heeres hinrichten, und der Herzog von Burgund schloß sich für die in seiner Hand befindlichen Gefangenen diesem Vorbild an. Wahrscheinlich sind es 2000—3000 Kriegsgefangene gewesen[156]. Die Einzelheiten zeigen sehr häßliche Greuelszenen. Denn man begnügte sich nicht mit der Tötung, sondern untersuchte noch die Eingeweide der Leichen nach dort etwa verborgenem, von den Gefangenen verschucktem Gold, und man verbrannte die Leichen, um in der Asche nach Gold suchen zu können[157]. Augenscheinlich hat die Masse in einem Blutrausch die Ermordung gutgeheißen. Denn nur einer der Chronisten tadelt sie[158].

---

154 Vgl. Fr. Diez a. a. O. 302/03. — K. Lewent a. a. O. S. 9, Peire Vidal. — Ja es wurde sogar die Nachricht verbreitet, Richard Löwenherz habe heimtückischerweise Philipp August zur Rückkehr getrieben, um so allein die Ehren ernten zu können (William of Newburgh IV, 22, S. 358).

155 Lat. Forts. d. Wilhelm v. Tyrus III, XXIII, S. 141. — Roger von Hoveden III, S. 121.

156 Die Angaben der Chronisten gehen weit auseinander: Eracles XXVI, 35, S. 178 nennt 16000, Walter von Hemmingburgh (ed. Hamilton) I, 182 nennt 1600. Die Wahrheit wird bei 2—3000 liegen.

157 Haymar, De expugnata Accone, Str. 215, S. 48 ff. — Roger von Hoveden III, S. 127 f., von 1191.

158 Sicardus 615: contra fas et licitum interfecit... Dagegen spricht William of Newburgh (IV, 23, S. 359, von 1191) von dem gerechten Eifer, von dem Richard

Er erscheint uns heute unverständlich, daß König Richard diesen Befehl geben konnte und dabei auf keinen Widerstand stieß. Offensichtlich war die Erregung des Kreuzfahrerheeres an diesem Tag ganz besonders groß. Die ganze Geistlichkeit war den Muslimen entgegengezogen, um das heilige Kreuz in Empfang zu nehmen, dessen Rückgabe für diesen Tag versprochen war. Der schwere Druck, der seit seinem Verlust auf dem Heer lastete, sollte nun zu Ende sein. Je größer die freudige religiöse Erregung und Spannung war, um so größer war dann die Enttäuschung, als es an diesem Tag noch nicht zur Auslieferung kam. Da hat sich Richard von der allgemeinen Wut anstecken lassen und dann ohne jede Hemmung ausgeführt, was dem Wunsch der Massen nach Rache und Vergeltung genügen konnte. Zweifellos war es nicht nur eine Greueltat und ein Verbrechen, sondern auch ein außerordentlich großer politischer Fehler. Denn die Abendländer blieben nun in den Augen der Muslime mit diesem Massenmord belastet. Wenn auch Saladin daraufhin in Zukunft alle Gefangenen, die noch gemacht wurden, töten ließ, so hat er doch keineswegs allen in seiner Hand befindlichen Gefangenen dasselbe Schicksal bereitet[159]. Aber andere Konsequenzen zog Saladin: von der Wiederherstellung des Königreichs Jerusalem, von der Auslieferung der christlichen Gefangenen und von der Rückgabe des heiligen Kreuzes war nun keine Rede mehr. So hatte Richard mit dieser Bluttat die Kreuzfahrer fast um den ganzen Erfolg der verlustreichen Belagerung von Akkon gebracht, nur um im Augenblick, der Stimmung der Masse gehorchend, seiner Wut und Enttäuschung freien Raum lassen zu können. Es ist dies wohl die größte Schädigung, die die Sache der Kreuzfahrer durch eine einzelne Persönlichkeit des eigenen Lager jemals erfahren hat. Es war die erste Tat Richards, als er nach dem Abzug von Philipp August die Leitung des Kreuzzuges faktisch allein in der Hand hatte. Es ist nicht verwunderlich, daß jetzt Richard trotz aller seiner Versuche zu freundlicher Verständigung bei Verlandlungen mit den Muslimen immer auf tiefes Mißtrauen stieß. Konnte man dem trauen, der so treulos mit den Kriegsgefangenen verfahren war?[160]

Der dritte Kreuzzug unter Richard Löwenherz

Der letzte Abschnitt des dritten Kreuzzuges wird ganz bestimmt durch die Persönlichkeit Richards. Neben ihm stand zwar der Herzog von Burgund an der Spitze des französisch-kapetingischen Heeres und die Ritterorden sowie die anderen Ritter des Heiligen Landes, aber die Führung lag doch bei Richard Löwenherz.

Eine Zeitlang schien es, also ob Konrad von Montferrat als Mitkämpfer

---

entflammt gewesen sei. Nach eingeholtem Rat der Großen im Volke habe er gehandelt, sagt das Itinerarium regis Ricardi IV, IV, S. 243, von 1191.

[159] Lat. Forts. d. Wilhelm v. Tyrus III, XXIV, S. 142.

[160] Abū Schāma (Goergens) S. 188, zu 1192/93.

und als selbständige, kräftige Persönlichkeit neben ihm stehen sollte, doch nicht für lange Zeit. Kurz nach der Einnahme von Akkon hatte man eine Abmachung getroffen, nach der Guido von Lusignan zeit seines Lebens König bleiben und ihm dann Konrad folgen solle. Das erwies sich aber als völlig undurchführbar. Denn Guido hatte alles Ansehen und alle Autorität verloren. Nur die Macht Richards stützte ihn noch. Der Widerstand des ganzen Landes nötigte Richard nachzugeben. Konrad wurde zum König gewählt. Guido aber fand Richard mit der Herrschaft über Zypern ab[161]. Dort herrschte von da an das Geschlecht der Lusignan bis 1472, also lange noch, als das Heilige Land schon verloren war. Eine neue fränkische Kolonie im Orient war damit geschaffen.

Endlich war also der tüchtigste und verdienstvollste Mann, den Palästina hatte, König geworden. Da wurde er noch in demselben Monat April 1192 von zwei Assassinen ermordert. Man hat Saladin und mit noch mehr Nachdruck Richard Löwenherz beschuldigt, die Mörder gedungen zu haben, doch beides zu Unrecht. Sinān, der Alte vom Berge, das Haupt der Assassinen, hatte ihn ermorden lassen, weil Konrad in einem Seeräuberhandstreich, wie sie damals an der Tagesordnung waren, den Assassinen ein wertvolles Schiff mit seiner Ladung weggenommen hatte[162].

Für das Heilige Land war diese Ermordung ein großes Unglück. Denn in der Persönlichkeit Konrads von Montferrat war die Hoffnung gegeben, das Königtum des Heiligen Landes noch einmal auf eine stolze Höhe führen zu können. Und diese Hoffnung schwand nun. Denn für Heinrich von der Champagne, den man jetzt wählte, sprach vor allem die Tatsache, daß er der Neffe Richards und gleichzeitig des französischen Königs war. Er wurde, solange Richard im Land war, völlig sein Werkzeug. Um König werden zu können, mußte er die Witwe Konrads, Isabella, die Erbin des Reiches, heiraten. Sie mußte nun also zum zweitenmal eine rein politische Heirat eingehen, während sie ihren ersten Mann, Onfroi de Toron, von dem sie sich trennen mußte, wirklich geliebt hatte.

Der Kreuzzug unter Richard wird durch drei Tatsachen charakterisiert: 1) glanzvolle militärische Leistungen, Siege in offener Feldschlacht über weit größere Heere; 2) Verhandlungen mit Saladin mit eigentümlichen, dem Kreuzfahrergeist sehr fremden Vorschlägen Richards; und 3) viel Unent-

---

[161] Da Richard sah, daß er die Insel nicht selbst in der Hand behalten konnte, hatte er sie zunächst für 100 000 Gulden den Templern verkauft. Doch diese machten, als sie von der Insel Besitz ergreifen wollten, schlechte Erfahrungen. Darum gaben sie sie an Richard zurück. Dieser überließ sie nun für 40 000 Gulden an Guy de Lusignan.

[162] Saladin beschuldigt: Al-Athīr, Kāmil al-tewārīkh II, 58. — Richard: Eracles XXVI, 14, S. 194. — Ernoul S. 288 f. — Ambroise V. 8879—8908. — Brief Sinā̄ns: R. Röhricht, Regesta 715, 191, von 1193. — Itinerar. reg. Ric. VI, S. 444/45. — Roger von Wendower III, S. 74/75. — Richard wird beschuldigt, gegen Philipp August Mörder gedungen zu haben: Eracles XXVI, 14, S. 194. — Ernoul S. 290.

schlossenheit, Zögern und kurz vor dem Schluß abgebrochene Unternehmungen.

Eine militärische Leistung war schon der Zug von Akkon der Küste entlang nach Süden. Denn Saladin versuchte, ihn auf alle Weise zu verhindern. Aber die enge Zusammenarbeit mit der Flotte als Seitendeckung und Verpflegungsgrundlage machte ihn durchführbar. Dann kam es am 7. September 1191 bei Arsuf zur Feldschlacht mit Saladin, und dieser Tag brachte allen Erwartungen zum Trotz einen glänzenden Sieg Richards, der diesem persönlich und einem kühn in entscheidender Stunde durchgeführten Reiterangriff zu verdanken war. Das erstemal seit langen Jahrzehnten hatten die Franken wieder gesiegt. Das war wegen der psychologischen Wirkung auf beide Heere von Wichtigkeit.

Darum hätte es nahegelegen, daß Richard Saladin wieder zu einer offenen Feldschlacht genötigt hätte. Aber er zögerte. Erst elf Monate später kam es wieder zu zwei Schlachten zwischen den beiden Heeren, und auch da nur dadurch, daß Saladin angriff, um den Franken Jaffa zu entreißen. Beide Schlachten wurden Siege Richards dank seiner Geschicklichkeit und seiner persönlichen Tapferkeit[163]. Sie brachten die Herrschaft über die Philisterebene mit der Feste Askalon, ein wichtiger Besitz Ägypten gegenüber. Von da an war Richard bei den Franken[164], ebenso aber auch bei den Muslimen[165] als tapferer Kriegsheld zu großem Ansehen und Ruhm gelangt. Es ist kennzeichnend, daß er zum Kinderschreck der Muslime wurde. „Sei still, sonst kommt Richard oder der Engländer!“ rief man ungezogenen Kindern zu[166]. Saladin und sein Bruder antworteten auf diesen Ritterruhm mit ritterlicher Liebenswürdigkeit, so wenn sein Bruder mitten in der Schlacht von Jaffa (5. August 1192) Richard zwei gute arabische Pferde schickte, als er sah, daß des Löwenherz Pferd versagte[167], oder in anderen Fällen[168].

Aber diesem Schlachtenruhm Richards entsprach auch eine Ruhmsucht, die ihn zu Einzelunternehmungen ohne jede militärische Bedeutung trieb. Während seines Aufenthaltes in Ramla (1192) machte er öfters Streifzüge, von denen er die Köpfe beliebiger Muslime, die ihm begegnet waren, am Sattel hängend, mitbrachte, recht widerliche Heldenstückchen. Doch sein Ruhm stieg; den Troubadours erschien er als die Verkörperung ritterlichen Wesens[169].

---

163 Ambroise Vers 11203—11238. — Behā ad-Dīn S. 332 ff. — R. Grousset III, S. 114—116.

164 Lat. Forts. d. Wilhelm v. Tyrus III, XX, S. 135.

165 Itinerar. reg. Ricardi VI, XXIV, S. 424: quidam Turcus ait: . . . a saeculo non est auditum talem militem apparuisse, tam constantem, probatum, armis exercitatum . . . non est enim qui gladium eius sustineat incolumis; cuius impetus horribilis lethifer congressus, et gestus ultra humanum modum. — Behā ad-Dīn S. 220. — Al-Athīr (Goergens) 251.

166 Eracles XXVI, 10, S. 189. — J. de Joinville XVII, S. 35. — Ernoul S. 282.

167 Itinerar. reg. Ric. VI, XXII, S. 419. — Ambroise 11543 ff. — Ernoul S. 281 f.

168 Behā ad-Dīn S. 341. — R. Grousset III, S. 116.

169 Guiraut de Borneill, Aimeric de Belenoi, Bertran de Born, Lanfranc Cigala.—

Aber der Erfolg entsprach solchem Ritterruhm sehr wenig. Richard hat zwar glänzende Schlachten geschlagen, aber dazwischen liegen lange Zeiten der Untätigkeit oder des Zögerns. An einen langen Aufenthalt in Jaffa schloß sich ein solcher in Ramla. Dabei zeigten sich deutliche Anzeichen dafür, daß in den Küstenstädten, angesichts der reichen Möglichkeiten des Lebensgenusses, die die orientalischen Hafenstädte boten, sich Demoralisation im Heere auszubreiten begann. Richard sah die Gefahr. Aber seine Maßnahmen dagegen genügten nicht.

Am wenigsten zu verstehen sind aber seine verschiedenen Expeditionen gegen Jerusalem. Im Oktober 1191 brach er gegen Jerusalem, das Ziel aller Kreuzzüge, auf. Doch er rückte so langsam vor, daß er erst an Weihnachten kurz vor Jerusalem stand und so Saladin Zeit gewann, die Stadt neu zu befestigen. Da, als er Bet-Nuba, 20 Kilometer von Jerusalem entfernt, erreicht hatte, entschloß er sich plötzlich, das Unternehmen aufzugeben, und zog zum großen Kummer aller Kreuzfahrer, aber im stillen Einvernehmen mit den fränkischen Rittern des Landes, wieder zur Küste zurück[170]. Dann drängten die Kreuzfahrer wieder zum Aufbruch gegen Jerusalem; sie erklärten, sie würden auf jeden Fall ziehen, ob Richard sie führe oder nicht. Richard gab nach, was abermals das lockere Gefüge der Kreuzritterheere kennzeichnet. Er zog wieder bis Bet-Nuba und wieder von dort zurück, diesmal gestützt auf ein Gutachten der Templer, der Johanniter und der anderen Ritter Palästinas. Und derselbe Vorgang wiederholt sich zum drittenmal in geradezu lächerlicher Weise. Denn nach seinem Rückzug in die Ebene traf Richard auf den neuen König von Jerusalem, Heinrich von der Champagne, der wieder die Eroberung der Heiligen Stadt, des Kernes seines Königreiches, forderte. Wieder gab Richard nach, und noch einmal wiederholen sich dieselben Vorgänge[171]. Die Gründe, die Richard von der Eroberung Jerusalems Abstand nehmen ließen, haben allerdings ihr Gewicht: Es war zu fürchten, daß man bei einer Belagerung der Stadt zwischen den Verteidigern und Saladins Heer zerrieben und daß Hunger und Durst in dem wasserarmen Land eine Belagerung sehr erschweren würden. Doch das alles wußte man schon, als man den Zug unternahm, und nicht erst, als man unmittelbar vor Jerusalem stand. Die Aussichten waren aber für die Kreuzfahrer augenscheinlich trotzdem gar nicht so schlecht. Denn wir wissen aus der nächsten Umgebung Saladins, daß man auf muslimischer Seite den Angriffen mit großer Besorgnis entgegensah, ja daß Saladin bei den letzten Angriffen sich mit dem Gedanken trug, die Stadt kampflos aufzugeben[172]. Auch wäre unmittelbar nach dem Fall Akkons, ehe Saladin Zeit fand, Jerusalem neu zu befestigen, die Stadt

Vgl. K. Lewent a. a. O. S. 8, 19 f., 63. — Fr. Diez, Leben und Werke der Troubad., S. 277 u. 303.

[170] Itinerar. reg. Ricardi V, I, S. 308. — Lat. Forts. d. Wilhelm v. Tyrus III, XXVII, S. 146. — R. Grousset III, S. 80.

[171] Itinerar. reg. Ricardi V, XLIII, S. 359; VI, VII, S. 393/94.

[172] Behā al-Dīn S. 313.

wahrscheinlich ohne Schwierigkeit zu nehmen gewesen. Aber Richard zog nur sehr langsam herbei[173]. Und wenn man einmal schon die Erfahrung gemacht hatte, warum zog der König dann zum zweiten- und drittenmal durch die Berge Judäas hinauf, ohne doch einen Angriff zu wagen? Richard muß sehr wenig Widerstandskraft gegen das Drängen der Kreuzfahrer und Heinrichs einerseits und der abratenden Ritterorden andererseits gehabt haben. Außerdem aber zeigt er sich hier vom alten Kreuzfahrergeist sehr weit entfernt. Auf Jerusalem mußte einem Kreuzfahrer alles ankommen. Hatten die Könige darum viele Tausende von Rittern aus dem Abendland herübergeführt, um wenige Meilen vor der Heiligen Stadt dreimal hintereinander umzukehren, ohne einen Angriff zu wagen?

Denselben Abstand von alter Kreuzfahrergesinnung zeigten aber auch die fränkischen Ritter Palästinas und allen voran die Ritterorden. Ihnen lag jetzt vor allem die Sicherung des reichen Küstenstriches am Herzen. Sie wollten die vorhandenen Kräfte nicht für die Eroberung Jerusalems verbrauchen. Ein Kreuzfahrer wußte ursprünglich aber nichts von fränkischen Kolonien und ihrer Politik, sondern nur von Jerusalem, der Heiligen Stadt, die unter allen Umständen in die Hand der Christen kommen mußte.

In den Erörterungen über die beste Weise des Kampfes gegen Saladin tauchte damals auch der Plan auf, ihn in Ägypten anzugreifen. Zur Zeit König Amalrichs hatte das Königreich Jerusalem schon einmal einen Versuch dazu gemacht. Später erneuerte man ihn. Wie sich hier zeigt, war also dieser Plan auch damals lebendig. Wir dürfen uns darum nicht wundern, ihn bald wieder auftauchen zu sehen.

Während dieser ganzen Kämpfe und Züge von 1191/92 gingen ständig Verhandlungen zwischen Richard und Saladin hin und her. Sie wurden in der freundschaftlichsten Form geführt, meist zwischen Richard und Saladins Bruder al-Malik al-ʿĀdil. Der erste Vorschlag des Engländers ging von dem Übergabevertrag von Akkon aus: Saladin sollte Richard das Königreich Jerusalem im Umfang von 1187 übergeben. Doch darauf ging Saladin nicht ein. Nun legte Richard im Oktober 1191 einen zweiten Plan vor. Al-Malik al-ʿĀdil sollte Richards Schwester Johanna, die Witwe des Königs von Sizilien, heiraten. Johanna sollte von Richard die Küstenstädte Akkon, Arsuf, Jaffa und Askalon erhalten, al-Malik al-ʿĀdil von Saladin den übrigen Teil des Heiligen Landes, soweit es in seiner Hand war. Jerusalem sollte der Sitz dieses Paares werden. Die Stadt sollte offiziell muslimisch bleiben, doch sollte dort christlicher Gottesdienst eingerichtet werden[174]. So berichten die muslimischen und palästinensischen Chroniken, die abendländischen und eng-

---

[173] Lat. Forts. d. Wilhelm v. Tyrus III, XXV, S. 144.

[174] Behā al-Din S. 277 ff., 289 ff., 293 f. — Es besteht aber kein Anlaß, nur darum, weil die abendländischen und speziell die englischen Quellen nicht davon berichten — vielleicht nicht erzählen können, vielleicht nicht wollen —, den ganzen Bericht für eine falsche Nachricht zu halten.

lischen speziell aber schweigen davon. Wahrscheinlich hielt Richard die Pläne ganz geheim.

Al-Malik al-ʿĀdil und Saladin stimmten dem Plan zu. Doch Richards Schwester Johanna, die er vorher gar nicht gefragt hatte, weigerte sich, einen Muslimen zu heiraten, Saladin aber lehnte entschieden das Verlangen, daß al-Malik al-ʿĀdil Christ werden solle, ab. So brach dieser Plan zusammen.

Im Hochsommer 1192 unterbreitete Richard Saladin einen weiteren Vorschlag: Sein Neffe Heinrich von der Champagne sollte das Königreich Jerusalem im alten Umfang erhalten unter der Lehensoberherrschaft Saladins. Das fränkische Ritterheer solle dann Saladin für seine eigenen Kämpfe zur Verfügung stehen. In Jerusalem forderte Richard nur noch die Schutzherrschaft über die heiligen Stätten und die Freiheit des christlichen Gottesdienstes und der Pilgerschaft. Saladin war bereit, darauf einzugehen. Doch scheiterte der Plan dann doch an der Frage der Zukunft der Stadt und Feste Askalon[174a]. So kam keiner der Pläne Richards zur Ausführung, und man muß sagen zum Glück für die Sache der Kreuzzüge und des Heiligen Landes.

Zunächst fällt auf, mit welcher Selbstverständlichkeit Richard, der zur Hilfe ins Land gekommen war, sich als Herr des Königreichs Jerusalem betrachtete und frei über dessen Zukunft verfügen zu können beanspruchte. Heinrich von der Champagne war, wie gesagt, ein willenloses Werkzeug in seiner Hand.

Erstaunlicher aber noch sind die Vorschläge selbst. Sie zeigen Richards ganz persönliches, eigensüchtiges Interesse an der Zukunft des Heiligen Landes. Wenn nur e r oder seine Familie Herren dieses Landes wurden! Daneben fehlte ihm eine lebendige Kreuzfahreridee und vor allem jedes Verantwortlichkeitsgefühl für die Geschicke Palästinas der ganzen Christenheit gegenüber. Er war bereit, das mit so vielen Opfern eroberte Heilige Land Saladin oder dessen Bruder preiszugeben, wenn nur seine Schwester an dem Glanz dieses Königreiches teilhatte. Für die Christenheit als solche war die Tatsache, daß Richards Schwester Königin sein sollte, fast bedeutungslos. Aber den Glanz und den Ruhm Richards sollte es erhöhen. Ähnliches gilt von dem anderen Vorschlag. Denn dazu hatte das Abendland nicht seine christlichen Heere ins Morgenland gesandt und so schwere Opfer auf sich genommen, daß diese Ritter nun den Orient Saladin unterwerfen sollten. Gewiß bestand nach diesem Vorschlag das Königreich Jerusalem weiter, aber über kurz oder lang mußte es unter solchen Lebensbedingungen von Saladins Reich aufgesaugt werden. Die Tendenz zur Anpassung war schon so sehr groß. Unter Saladins Lehenshoheit und bei dem Zusammenkämpfen der Ritter mit den Muslimen war der stille Untergang des Königreichs Jerusalems sicher. Beide Vorschläge liefen allem Kreuzfahrergeist unmittelbar entgegen und konnten von dem Abendland aus nur als Verrat an der Sache des Heiligen Landes betrachtet werden. Richard hat sich mit diesen Vorschlägen als der größte Feind des Königreichs Jerusalems und der Errungenschaften des ersten Kreuzzuges erwiesen, er, der so oft als das Vorbild eines Kreuzfahrers gepriesen worden ist.

Die freundschaftlichen Verhandlungen müssen Richard eine merkwürdige Befriedigung gewährt haben, da die Gestalt Saladins ihn bestrickte. Seine Untätigkeit und Unentschlossenheit von 1191/92 ist daraus zu erklären, daß diese Verhandlungen alle seine Gedanken voll in Anspruch nahmen. In ihnen gefangen, treibt er die Geschäfte des Tages ohne rechte Energie und entfernt sich immer mehr von den Kreuzfahrerideen und seinen mit der Annahme des Kreuzes übernommenen Verpflichtungen der Sache des Kreuzzugs gegenüber.

Am 2. September 1192 kam ein Friede, oder besser, ein dreijähriger Waffenstillstand, zustande. Richard hatte neue drängende und schlechte Nachrichten aus der Heimat erhalten, die ihn zu dem Abschluß nötigten. Der Waffenstillstand war im wesentlichen eine Anerkennung des augenblicklichen Zustandes. Doch mußten die Franken die Hoffnung aufgeben, Askalon, Darum und Gaza in der Hand behalten zu können. Die Erfolge Richards an dieser Stelle waren vergeblich. Nur der Küstenstrich nördlich von Tyrus bis südlich von Jaffa, mit Caesarea, Haifa, Akkon und Arsuf, bildete noch das „Königreich Jerusalem“. Das Gebiet von Lydda und Ramla wurde zwischen beiden Vertragschließenden geteilt. Jerusalem blieb in der Hand Saladins, doch erhielten die christlichen Pilger ohne Besteuerung Zutritt zu den heiligen Stätten.

Dies Ergebnis des großangelegten dritten Kreuzzuges ist sehr mager. Bei der Übergabe von Akkon war mehr zu hoffen gewesen. Die Schuld daran trägt großenteils Richard Löwenherz.

Denn er hatte glänzende militärische Fähigkeiten in der Führung eines Ritterheeres bewiesen und war selbst ein tapferer, geschickter, oft tollkühner Kämpfer, der sich Sympathien zu verschaffen wußte, nicht zuletzt durch seine Freigebigkeit. Aber die Schattenseiten seines Wesens beeinträchtigten zwar nicht seinen ritterlichen Ruhm, wohl aber die Auswirkung seiner Taten. Da war einmal seine brennende Ehr- und Ruhmsucht, die in gesteigerter Eifersucht keinen anderen neben sich dulden wollte, dazu seine Unüberlegtheit und Maßlosigkeit, wenn ihn die Menge des Heeres zu einem Schritt trieb (wie z. B. die Gefangenenermordung); dazu kam sein Mißtrauen und sein Haß gegen andere Herren, die seinen Glanz verdunkeln konnten; das führte dazu, daß Haß und Verleumdung ihn wie eine vergiftete Atmosphäre umgaben. Außerdem hatte die Kreuzzugsidee für ihn keine sehr tiefgehende Bedeutung; er handelte vielmehr so, wie es seinem persönlichen Vorteil, dem Glanz seines Namens entsprach. So wie er dem Begehren der Menge leicht nachgab, ließ er sich auch von Saladins Persönlichkeit blenden und in ihren Bann ziehen. Er erscheint als ein Ritterkönig, dem Ritterglanz und Heldenruhm wichtiger sind als erfolgreiche Taten, der als tapferer Kämpfer mit Mut und Geschick glanzvolle Taten zu tun weiß, aber sie politisch nicht zu nutzen versteht für das Ganze, dem zu dienen er verpflichtet ist.

Für Richard Löwenherz hatte der Kreuzzug noch ein unangenehmes Nachspiel. Die Rückkehr zu Land war nicht einfach, da ein Manifest Kaiser Heinrichs VI. Richard zum Reichsfeind erklärt und seine Festnahme befohlen hatte[175]. Darum fuhr Richard zu Schiff. Aber dieses strandete bei Aquileja. Mit wenigen Begleitern mußte Richard versuchen, durch das feindliche Land unerkannt nach Haus zu gelangen. Schon mit dem Grafen von Görz geriet er in Kämpfe. Aber es gelang ihm doch, mit immer weniger Begleitern durch die Steiermark bis in die Gegend von Wien zu kommen. Dort aber wurde er erkannt. Ob durch die hochfahrende Art eines seiner Knappen beim Einkaufen und Geldwechseln, wie man erzählt, mag dahingestellt bleiben. Anlaß zu seiner Festnahme bot nicht nur seine feindselige Haltung gegen Herzog Leopold von Österreich, die Verunglimpfung seines Banners in Akkon, sondern auch das damals allgemein geglaubte Gerücht, daß Richard Konrad von Montferrat, den König von Jerusalem, habe ermorden lassen. Herzog Leopold hielt Richard eine Zeitlang auf dem Dürnstein in der Wachau gefangen, lieferte ihn dann aber an Kaiser Heinrich VI. aus. Beide teilten sich dann auch in das für ihn gezahlte Lösegeld von 150 000 Mark. Außerdem mußte Richard sein englisches Reich aus der Hand des Kaisers als Lehen nehmen[176]. Ein Lied Richards, das er in der Gefangenschaft gedichtet hat, zeigt ihn uns als den Helden und Minnesinger, so wie er sich sah und wie die Nachwelt ihn auch oft und lange gesehen hat[177].

Der Kreuzzug Kaiser Heinrichs VI.

Der dritte Kreuzzug hatte der Christenheit Jerusalem nicht wiedergebracht. Das war das Ergebnis, das im Abendland wirkte. Daneben kam die Eroberung von Akkon kaum in Betracht. Die im Verlauf dieses Kreuzzuges gebrachten Blutopfer müssen ungeheuer gewesen sein. Man schätzt sie auf fast 500 000 Menschen.

Dem entsprach die Enttäuschung im ganzen Abendland. Die Kreuzzüge der Ritterschaft, die von einem spontanen Willen zum Gottesstreitertum getrieben wurde, sind nun im wesentlichen vorbei. Gewiß ziehen auch weiterhin Ritter begeistert aus, um das Heilige Land zu erobern, doch meist folgen sie nun ihrem König. Ludwig IX., der Heilige, von Frankreich ist noch einmal eine solche von religiösen Impulsen getriebene Rittergestalt, in der der

---

[175] Th. Toeche, Kaiser Heinrich VI. (1867) S. 558.

[176] Vgl. zu der Gefangennahme Richards: Roger von Hovenden III, S. 186 f., von 1192. — Annales Marbacenses = M. G. Schulausgabe, S. 63. — William of Newburgh IV, 31, S. 382/83. — Roger von Wendower III, 86, S. 7. — Otto von St. Blasien = M. G. Schulausgabe 38, S. 57. — Lehensnahme: Toeche a. a. O. 565 mit Angabe der Quellen.

[177] Raynouard, Poésie des troubad. IV, 183. — Fr. Diez a. a. O., 2. Aufl., 101, 103, S. 88/89.

alte Geist wieder lebendig wird; aber er ist doch auch König von Frankreich. Eine Welle von Mißbilligung, von Ablehnung und sogar von Auflehnung geht nun neben allem Kreuzzugseifer durch das ganze Abendland. Die Kreuzzugswerbung sucht sie zu verdecken, aber es gelingt nicht immer.

Fünf Punkte sind es, an denen diese Abwandlung, die Änderung im Charakter der Kreuzzüge, sichtbar wird:

1) Es muß die ganze Kreuzzugswerbung neu gestaltet werden. Das geschieht einheitlich auf Veranlassung und unter Leitung des Papsttums. Man muß nun eine Großorganisation schaffen, um die Streiter zu gewinnen, die bei dem ersten Kreuzzug in geradezu erschreckender Menge herbeigeströmt waren.

2) Das Papsttum nimmt nun diese Werbung, Organisation und auch die Leitung mit ganz anderer Energie selbst in die Hand. Die Päpste hatten bisher aufgerufen, hatten auch Legaten mit auf den Kreuzzug gesandt; aber die wirkliche Leitung, vor allem die militärische Führung, hatte nie in ihrer Hand gelegen. Das wird nun anders; entweder führt, wie beim fünften Kreuzzug, der Legat Pelagius den Zug selbst, und zwar militärisch wie politisch, oder wo weltliche Fürsten die Leitung haben, versuchen die Päpste doch, alle Einzelheiten, wie den Termin der Abfahrt u. a., selbst zu bestimmen, und verwenden alle ihnen zu Gebote stehenden, auch geistliche Mittel, um die Durchführung ihrer Beschlüsse zu erzwingen.

3) Das Geld spielt nun bei den Kreuzzügen eine immer größere Rolle. Man konnte den einzelnen Teilnehmern nicht mehr zumuten, alle Kosten der Reise, der Verpflegung usw. selbst zu tragen. Und wirtschaftlich Schwächere kann man, das sieht man immer deutlicher, nur mit einer ansehnlichen Beihilfe heranziehen. Darum schuf das Papsttum ein über das ganze Abendland sich ausdehnendes, sich stets erweiterndes und vervollkommnendes System von Kreuzzugssteuern. Die Folge davon war, daß der Charakter der Heere sich verwandelte. Immer mehr treten Soldritter und Söldner zu Fuß an die Stelle spontan und auf eigene Rechnung ausziehender Ritter. Außerdem aber werden auf diese Weise auch die zu Hause Bleibenden zu Opfern für den Kreuzzug herangezogen. Auch verändert sich in vielen Fällen das Gesicht von Kreuznahme und Werbung: es wird oft ein Geschäft oder bekommt doch einen solchen Einschlag.

4) Immer deutlicher wird, daß einzelne Mittelmeerstaaten an den Kreuzzügen materiell interessiert sind, sei es daß sie eine Förderung ihres Handels oder eine Ausweitung ihres politischen Einflusses oder Machtbereiches erhoffen. Das gilt vor allem von den italienischen Seestädten und von den jeweiligen Herren des normannisch-sizilischen Reiches, von den Normannen über die Hohenstaufen bis zu Karl von Anjou. Aber auch Frankreich war durch eben diesen Herrscher an der Mittelmeerfrage interessiert. Außerdem aber war das Schicksal von Byzanz eng mit der Geschichte der Kreuzzüge verbunden. So wurden die Kreuzzüge immer mehr in die große Politik

hineingezogen. Dazu kam das Interesse mancher abendländischer Staaten daran, durch einen Kreuzzug sich mit der Kurie zu verbinden oder durch die Leitung eines solchen Zuges einen Anspruch auf eine führende Stellung im Abendland zur Geltung zu bringen. Und noch ein materielles Interesse der Staaten wuchs heran: Wenn ein König das Kreuz nahm, zahlte ihm die Kurie bisweilen die Unterstützungssummen für die aus seinem Reich ausziehenden Kreuzfahrer aus und überließ ihm die Verteilung. Das aber bedeutete jedenfalls eine Machtsteigerung, oft aber auch eine Möglichkeit zur Bereicherung, oft zu großer Bereicherung. Das alles verwickelte die Kreuzzüge noch mehr in die Politik der abendländischen Staaten.

5) Es vollzieht sich eine soziale Verlagerung. Es ist eine geistesgeschichtlich oft zu beobachtende Tatsache, daß eine Bewegung, die zuerst die führenden Schichten erfaßt hatte, im Laufe der Zeit auch die anderen Schichten ergreift, immer weiter und tiefer steigend, so daß also, wenn die führenden Schichten sich schon wieder der Sache entfremdet haben, niedere Schichten im Aufblick zu dem für sie meist bestehenden Vorbild der sozial höheren Schichten deren Ideen weitertragen und ihr Werk fortsetzen. Diese Linie ist in den Kreuzzügen deutlich wahrnehmbar, besonders wenn man dabei zunächst einmal von den Scharen Peters von Amiens und den Massen von 1101 absieht.

Das alles soll aber keineswegs besagen, daß der alte Kreuzfahrergeist, die Begeisterung für das Gottesstreitertum unter den sozial führenden Schichten in den späteren Kreuzzügen gefehlt habe. Es geht viel zu weit und führt irr, wenn z. B. neuerdings Paul Rousset im Anschluß an René Grousset sagt[178], der wirkliche Kreuzzug (croisade véritable) habe nur drei Jahre, von 1096 bis 1099, gedauert, alles, was nachfolgte, also alle anderen Kreuzzüge, verdienten diesen Namen nicht, seien nur feudale und koloniale Unternehmungen, die den Namen Kreuzzüge vorschützten, um Begeisterung aufzustacheln (des entreprises féodales et coloniales qui s'abritent sous le nom de croisade afin de promouvoir les enthusiasmes). Echten frommen Kreuzzugsgeist und andererseits den Willen zu Eroberungen und zu ihrer Verteidigung hat es immer bei allen Zügen gegeben; allerdings war die prozentuale Mischung von beidem verschieden, so wie beide Interessen selbst ihren Charakter im Lauf der Jahrzehnte geändert haben. Aber der Kreuzzugsgeist im alten Sinn besteht noch. Wenn man die Berichte über die Werbungen Bernhards von Clairvaux zum zweiten Kreuzzug in Vézelay und später in Deutschland liest, wie man „Kreuze, gib uns Kreuze!" ruft und Bernhard daraufhin sein eigenes Kleid für Kreuze zerreißt, und wenn man dann aus Bernhards Briefen hört, wie gerade die echte Begeisterung und ihr Umschlagen in Zweifel ihn quält, so spürt man, daß hier echter Gottesstreitergeist lebendig ist[179]. Ähnliches läßt sich aus Berichten vom Aufbruch zum

[178] P. Rousset, Les origines et les caractères de la première croisade (1945) S. 138.
[179] Siehe oben S. 180/81. Vgl. dazu neuerdings St. Runciman II, S. 253.

dritten Kreuzzug erschließen[180]. Und für das 13. Jahrhundert tritt Ludwig IX. von Frankreich als Zeuge solchen Geistes hervor. Aber daneben besteht freilich eine steigende Unlust am Kreuzzug, eine Skepsis über die Berechtigung der Werbung. Sie mußte schon aus der weitreichenden und ganz ungewohnten Steuererhebung resultieren. Denn niemand zahlt gern Steuer, besonders wenn er es nicht gewohnt ist. Dazu aber kommt, daß schon um die Jahrhundertwende die Erschütterung des Kreuzfahrerglaubens und des Willens zum Auszug größer ist als nach dem zweiten Kreuzzug. Nun muß man ihr schon öffentlich gegenübertreten. So bemüht sich Arnold von Lübeck mit allen Mitteln der Beredsamkeit, gegen die Glaubenszweifel derer zu kämpfen, die aus der Frage ein „scandalum" machen und erklären, der Kreuzzug sei von Anbeginn an ein verfehltes Unternehmen gewesen und habe darum auch schlecht geendet[181]. Er weist darauf hin, daß das zu beurteilen Gottes Sache sei und daß der Mensch sich hier ein Urteil nicht anmaßen dürfe. Er erklärt weiter, daß das Märtyrertum so vieler Kreuzfahrer und ihr unmittelbarer Eingang ins Paradies an sich schon einen großen Erfolg darstelle. Aber mit solchen rein geistlichen Gedanken sind die Zweifel an der Berechtigung eines kriegerischen Unternehmens nicht zu beseitigen. Die Stimmen der Skepsis oder der Verzweiflung am Gottesstreiterglauben werden immer lauter, auch bei den Dichtern. Wir kennen z. B. eine Tenzone des sog. „Mönchs von Montaudon", der auf die Frage, warum er nicht mit Richard Löwenherz ausgezogen sei, Gott zur Antwort gibt: „Töricht ist, wer dir in das Getümmel folgt." [182] Dieser Zersetzungsvorgang steht an der Jahrhundertwende noch in seinen ersten Anfängen. Aber er ist klar zu erkennen und nimmt im Lauf des 13. Jahrhunderts ständig an Stärke zu. Alle diese Faktoren zusammen bewirken, daß die Kreuzzüge seit dem Ende des dritten Zuges einen anderen Charakter anzunehmen beginnen. Schon der Kreuzzug Kaiser Heinrichs VI. oder besser seines Heeres zeigt das trotz seiner engen Verbindung mit dem dritten Kreuzzug.

Es war zu erwarten, daß Friedrich Barbarossas Sohn, Heinrich VI., die Kreuzzugsverpflichtung seines Vaters wieder aufnehmen würde, um zu einem siegreichen Ende führen zu können, was seinem Vater durch seinen frühen Tod nicht gelungen war und was auch sein darüber verstorbener Bruder Friedrich von Schwaben nicht hatte erreichen können. Zwar hatte der dritte Kreuzzug zu keinen ermutigenden Erfolgen geführt, aber die Nachricht von dem Tod Saladins am 3. März 1193 änderte alle Aussichten. Denn wer auch nur ein wenig mit den Verhältnissen des Orients vertraut war, wußte, wie sehr die Stärke der muslimischen Macht durch die Persönlichkeit Saladins

---

[180] Z. B. Historia de expeditione S. 13, 14, 15, zu 1188. — Historia peregrinorum S. 124.

[181] Arnold von Lübeck, Chron. Slavorum IV, 13 = M.G. Schulausgabe, S. 139, zu 1191.

[182] Fr. Diez a. a. O. S. 277.

bedingt war. Zudem stellte sich bald heraus, daß ernste Streitigkeiten zwischen den Söhnen und Erben Saladins die Stoßkraft und die Verteidigungsmacht des Islams in starkem Maße lähmten. Auf der anderen Seite verfügte Heinrich als König von Sizilien von vornherein über eine ganz andere Macht zu Land und zur See als sein Vater. Die Aussichten für einen Kreuzzug waren also gut.

Doch das war sicherlich nicht das einzige Motiv Heinrichs zum Kreuzzug. Dazu war er ein viel zu klarer politischer Rechner. Das Kaisertum schon legte ihm die Führung des Kreuzzugs nahe, und die Traditionen der normannisch-sizilischen Politik wiesen nach derselben Richtung. Dazu aber kam im Augenblick, daß Heinrich VI. die Unterstützung des Papstes zu gewinnen suchte, ohne auf dessen andere Forderungen einzugehen. Der Kreuzzugsplan war vom Kaiser ausgegangen und hatte den Papst zunächst vor eine ziemlich schwierige Entscheidung gestellt: Sollte er seine bis dahin gewahrte feindselige Zurückhaltung gegen den Kaiser, die politisch notwendig erschien, aufgeben, um in der Sache des Kreuzzuges gemeinsame Sache mit ihm zu machen? Oder sollte er die gebotene Hand zurückweisen? Konnte er den Kreuzzug ohne seinen Willen, seine Beteiligung und seine wenigstens ideelle Führung stattfinden lassen? Die Entscheidung fiel Papst Cölestin III. schwer. Doch am 25. Juli 1195 entschloß er sich, zum Kreuzzug des Kaisers aufrufen zu lassen, während Kaiser Heinrich schon im April dieses Jahres, ohne den Papst zu fragen, in Deutschland durch ein Rundschreiben dringend für den Kreuzzug geworben hatte. So mußte der Papst seine ablehnende Haltung dem Kaiser gegenüber aufgeben, obwohl dieser gerade damals in Deutschland seine Erbreichspläne durchzusetzen suchte. Hier war also auch ein Motiv zum Kreuzzug für den Kaiser gegeben [183].

Am Karfreitag 1195 hatte Heinrich selbst in aller Stille, nur in Gegenwart dreier Geistlicher, das Kreuz genommen, am Ostertag tat er es dann öffentlich kund und ließ auf einem Tag zu Bari ohne Wissen des Papstes das Kreuz predigen. Ein Aufruf legte die näheren Bedingungen zur Teilnahme fest. Der klingt aber nicht mehr an den Ruf Urbans II. oder Bernhards an. Hier herrschen klare politische Vorstellungen, jede Bestimmung schließt sich mit den anderen zu einem Ganzen zusammen. Hier ist nun aber auch das Geld zu einem wichtigen Faktor geworden: 1500 Ritter und 1500 Sergeanten will der Kaiser auf seine eigenen Kosten ausschicken als Söldner, und zwar für die Dauer eines Jahres. Die Soldritter empfangen einmalig 30 Unzen Gold und so viel Getreide, wie für die Verpflegung eines Ritters und zweier Knappen für die Dauer eines Jahres benötigt wird. Die Sergeanten dagegen, die augenscheinlich ohne Knappen ausziehen, erhalten nur 10 Unzen Gold und

---

[183] E. Perels, Der Erbreichsplan Heinrichs VI., S. 101 Anm. 3. — Th. Toeche a. a. O. S. 375. — E. Traub, Der Kreuzzugsplan Kaiser Heinrichs VI., S. 46 ff. — J. Haller, Papsttum II, 2, S. 266 u. 340. — Annales Marbacenses = M. G. Schulausgabe, S. 68, zu 1196. — Rundschreiben: M. G. Const. I. 365/514, von 1195.

das erforderliche Getreide. Über die Auszahlung dieser Summen werden ganz modern klingende Bestimmungen getroffen. Beide, Ritter wie Sergeanten, legen einen Heereseid ab, wie ihn ähnlich Barbarossa und Richard Löwenherz von ihren Leuten gefordert hatten; sie versprechen, dem von dem Kaiser eingesetzten Heermeister gehorsam zu sein.

Man hat angesichts dieser Einzelbestimmungen zunächst den Eindruck, daß das Kreuzheer des Kaisers sich nur aus Soldrittern, die wahrscheinlich großenteils Ministerialen sind, und Sergeanten zusammengesetzt habe, also mit einem Landsknechtsheer schon beträchtliche Ähnlichkeit habe. Aber neben diesem Heeresteil, den der Kaiser stellt, soll ein allgemeines Kreuzfahrerheer stehen, für das in alter Weise Ritter geworben werden. Beiden gegenüber schlägt man ganz andere Töne an, obwohl auch die Soldritter nicht befohlen, sondern geworben werden. Aber für diese Werbung wird nicht von Gottesstreitertum gesprochen, sondern in dem Mandat wird nur aufgefordert, „diesen unseren Willen den Rittern und anderen tüchtigen Leuten ... mitteilen zu lassen“ [184]. Die Gesamtzahl des Heeres betrug also weit mehr als die genannten 1500 Ritter. Die Zahl von 4000 Rittern, die die Fortsetzung von Wilhelm von Tyrus angibt, wird nicht viel übertreiben [185].

Immer wieder hat man nach anderen, „wahren“ Absichten dieses Kreuzzuges gesucht. Sollte er Byzanz erobern, wie es in der Linie der normannisch-sizilischen Politik lag? Völlige Klarheit werden wir über das hinter allen Taten stehende, nie ausgesprochene Wollen eines so schweigsamen Mannes wie Heinrich nie erreichen können. Aber aus seiner ganzen Politik Byzanz gegenüber muß sich erkennen lassen, was er wollte. Denn Heinrich war ein kühler, klarer Rechner, seine Wünsche lagen nicht in weiter Ferne.

Seine Politik in bezug auf Byzanz hat vor allem zunächst ein Ziel — und das erreicht er —: Byzanz muß ihm den Kreuzzug bezahlen. Durch eine vor dem Griechenkaiser sehr hart auftretende Gesandtschaft erlangt er zwar nicht den geforderten jährlichen Tribut von 5000, aber doch einen von 1600 Pfund. Man war ans Ziel gekommen.

Um das zu erreichen, hatte Heinrich VI. mit einem Eroberungszug gegen Byzanz gedroht. Das lag auf der Linie der normannischen Politik, deren Erbe Heinrich angetreten hatte. Immer wieder hatten diese versucht, auf der Linie von Durazzo und Saloniki erobernd vorzudringen. Noch 1185, also 10 Jahre ehe Heinrich das Kreuz nahm, hatte eine sizilische Flotte und ein Landheer zusammen Durazzo und Saloniki genommen und Byzanz bedroht. Dann waren die Normannen allerdings geschlagen worden. Schon diese Tradition gab der Drohung Heinrichs VI. Glaubwürdigkeit und Nachdruck [186].

Heinrich konnte aber noch ganz andere Ansprüche in Byzanz geltend

---

[184] Mon. Germ. Const. I 365/514 ff., von 1195. — Ähnlich Chronik von Reinhardsbrunn = M. G. SS. XXX, 555, zu 1195.

[185] Eracles XXVI, 22, S. 210.

[186] O. Vehse, Normannen, 271. — L. Halphen, Essor, S. 268 f.

machen. Als er 1194 Siziliens Herr geworden war, hatte er dort Irene, die Tochter des byzantinischen Kaisers Isaak Angelos, die Witwe des jungen Roger, vorgefunden. Sie wurde von ihm zur Braut seines Bruders Philipp von Schwaben bestimmt, und bald darauf heiratete das Paar. 1195 wurde dann der Vater Irenes, Kaiser Isaak, durch seinen Bruder Alexios III. gestürzt, geblendet und gefangengesetzt. War nun nicht Irene und mit ihr Philipp von Schwaben der eigentlich rechtmäßige Thronerbe des byzantinischen Reiches?[187] Mindestens mußte man fürchten, Heinrich VI. werde solche Ansprüche geltend machen. Der neue Kaiser, Alexios, aber war ein schwacher Herrscher, der einen Angriff fürchtete. Viele Menschen des Abendlandes wie des Byzantinerreiches nahmen die Drohung Heinrichs damals ernst[188]. Unter diesem Druck gab man in Byzanz nach und zahlte. Eine andere Frage aber ist, was Heinrich VI. selbst wirklich wollte. Nicht alle Drohungen von Staatsmännern sind ernst gemeint. Viele moderne Historiker aber glaubten, hier wirkliche Absichten Heinrichs zu sehen. Aber wir müssen uns an das halten, was Heinrich tat. Und da ist nichts, was auf Weltherrschaftsabsichten und weitgesteckte Eroberungspläne schließen ließe, nichts darum auch, was uns veranlassen müßte, die Kreuzzugspläne Heinrichs als ein Glied solcher imaginären Weltherrschaftspläne anzusehen. Der Schreck, den Heinrich Byzanz einjagen wollte, um den Tribut zu bekommen, wirkt heute noch, den Blick des historischen Betrachters verwirrend, nach.

Denn daß Leo von Armenien und Amalrich von Lusignan, der Herr von Zypern, ihm anboten, ihre Krone von ihm zu Lehen zu nehmen, und daß Heinrich VI. darauf einging, läßt gar keine Schlüsse auf Weltherrschaftspläne zu. Es lag für beide nahe, sich an Heinrich zu wenden, wenn sie einen Rückhalt für ihr Königtum brauchten, war doch Heinrich die stärkste Macht im Mittelmeer[189]. Sicherlich sollte der Kreuzzug Heinrichs auch dem sizilischen Reich und speziell seinem Handel Vorteile bringen. Aber eine solche Verbindung von Kreuzzugswille und weltlichem Nutzen trafen wir bei den anderen Kreuzzügen auch. Jedenfalls besteht keinerlei Anlaß, darum von einer „expansion germanique“ zu reden, von einem „programme de Weltpolitik et de Drang nach Osten dans lequel l'absorption de l'Orient latin et la conquête de l'Orient devaient aboutir au rétablissement, en faveur du Hohenstaufen, de l'unité impériale ‚romaine‘ “, wie es das sonst so sachliche Buch von René Grousset leider tut (S. 144). Auch von der Gefahr einer Entnationalisierung

---

[187] Verstärkt wurden solche Ansprüche noch dadurch, daß der blinde Kaiser Isaak Philipp von Schwaben adoptiert und so zu seinem Nachfolger bestimmt hatte.

[188] E. Traub, Der Kreuzzugsplan Kaiser Heinrichs VI. (1910) S. 46 ff. und an anderen Stellen. — W. Leonhard, Der Kreuzzugsplan Kaiser Heinrichs VI. Diss. Gießen (1913). — J. Haller, Papsttum II, 2, S. 264 ff. und 575. — Th. Toeche, Kaiser Heinrich VI., S. 375. — W. Norden, Das Papsttum und Byzanz (1903), kommt zu unhaltbaren Schlußfolgerungen, siehe Besprechung von J. Haller = Hist. Ztschr. 99 (1907) S. 21. — K. Hampe, Hochmittelalter, S. 238.

[189] Eracles XXVI, 27, S. 215.

der fränkischen Kolonien in Syrien (dénationaliser la France d'outre mer [S. 145]) oder von einem péril italo-germanique, eine Kolonie Heinrichs zu werden und damit einen deutschen oder italienischen Charakter aufgenötigt zu bekommen (défranciser la Syrie latine pour la germaniser et l'italieniser [S. 145]), kann unmöglich gesprochen werden. Denn selbst wenn die fränkischen Kolonien Heinrich unterstellt worden wären, hätte das kaum eine Gefahr für den Charakter des Königreichs Jerusalem bedeutet. Denn im sizilisch-normannischen Reich haben so viele Nationen nebeinander gelebt, ohne in ihrer Eigenart beeinträchtigt zu werden, daß es unverständlich ist, wie gerade von diesem Reich der kulturellen und nationalen Duldung die Gefahr einer „Entnationalisierung" der fränkischen Kolonien drohen sollte. Augenscheinlich werden hier Gedankengänge und allgemein verurteilte Tendenzen des Nationalsozialismus willkürlich auf diese fernen, so ganz anders geratenen Zeiten übertragen.

Mißtrauen brachte man allerdings auch damals seitens der fränkisch-syrischen Barone Heinrich entgegen. Doch daraus läßt sich keine Welteroberungspolitik des Kaisers erschließen. Denn der Gegensatz zwischen den Kreuzfahrern und den einheimischen syrischen Rittern und Bürgern („Pullanen") war in stetem Wachsen. In diesem Fall verstärkte das Wissen um die starke Macht Heinrichs die Animositäten gegen die landenden Kreuzfahrer besonders. Die Tatsache, daß der Kanzler, Erzbischof Konrad von Mainz, und Graf Adolf von Holstein vor der Landung im Heiligen Land noch nach Zypern fuhren, um Amalrich im Auftrag des Kaisers als des Lehensherren zu krönen, hat die Schwierigkeiten noch vermehrt. Auch haben sich die neuangekommenen Kreuzfahrer in dieser gespannten Lage als nicht leicht zu behandelnde Gäste erwiesen. Als es Schwierigkeiten machte, Quartiere für die mit Mißtrauen angesehenen Kreuzfahrer zu beschaffen, und diese den Glauben an den guten Willen der Einheimischen verloren, nahmen sie sich selbst Quartiere, aus denen sie Einheimische vertrieben. Das sind Differenzen, wie sie überall vorkommen, wo Soldaten auftreten. Hier aber kam es zu ernsten Streitigkeiten. Da gaben aber klugerweise die deutschen Führer nach und verlegten ihre Quartiere vor die Stadt. Damit war äußerlich der Friede wiederhergestellt. Doch unter der Oberfläche glimmte die Feindschaft weiter, Beschuldigungen und Verdächtigungen auf beiden Seiten hervorrufend. Otto von St. Blasien berichtet z. B.: „Es fürchteten die Einheimischen den Eifer der Kreuzfahrer mehr als die Bosheit der Heiden; deshalb suchten sie ihr Tun zu sabotieren und erwogen in einer Verschwörung mit den Heiden, wie man alle töten könne. Dabei soll ihr König Heinrich (von der Champagne) mit ihnen gemeinsame Sache gemacht haben." [190]

Dazu machte das Kreuzfahrerheer zunächst einmal die Torheiten, die neuankommende Kreuzfahrer so oft gemacht haben: im Drang, so schnell als möglich an den muslimischen Feind heranzukommen, griffen sie, ohne auf den

[190] Otto von St. Blasien, 42, S. 66, von 1197.

Rat der Einheimischen zu hören, im Gebiet von Akkon an. Doch gelang es den Einheimischen unter Hugo von Tiberias, dem Heerführer Heinrichs von der Champagne, die schon verzweifelnden Kreuzfahrer wieder herauszuhauen[191]. Das verbesserte natürlich die Beziehungen zueinander nicht.

Inzwischen aber hatte al-Malik al-ʿĀdil, der Bruder Saladins, mit einem großen Heer Jaffa angegriffen. Von Ägypten bis zum Zweistromland hatte er seine lehensabhängigen Emire herangezogen. Ihm stand König Heinrich von Jerusalem gegenüber, dem Amalrich von Zypern, alten Streit vergessend, Hilfe gesandt hatte. Die Gefahr war groß. Das starke deutsche Kreuzfahrerheer rief man aber nicht zu Hilfe, um die Rettung der Stadt nicht ihm verdanken zu müssen[192]. So weit ging die Eifersucht und der nationale Haß der christlichen Ritter untereinander. Die Ritter von Zypern scheinen sich auch nicht mit voller Kraft für Jaffa eingesetzt zu haben[193], wie sie oft später nur ein laues Interesse für das Heilige Land zeigten. So ging Jaffa verloren.

In denselben Tagen (10. Sept. 1197) starb König Heinrich von der Champagne. Während er eine Verhandlung führte, lehnte er sich im Fenster zu weit zurück und starb an den Folgen des Sturzes. Als seinen Nachfolger auf dem Königsthron hätte man gern den Ritter Raoul von Tiberias gewählt. Aber nach der maßgebenden Meinung der Templer und Johanniter war er zu sehr verarmt, um sich als König durchsetzen zu können — ein Zeichen für die Machtlosigkeit des Jerusalemer Königtums. So wählte man König Amalrich von Zypern auch zum König von Jerusalem. Für diese Wahl setzten sich der Mainzer Erzbischof und Kanzler Konrad sehr nachdrücklich ein. Das gab wahrscheinlich den Ausschlag. Doch bestand damit nun die Gefahr, daß das Königreich Jerusalem nur Nebenland in der Hand dieser Herrscher würde. Denn Zypern war reich und fruchtbar.

Kaum war nun der neue König in Akkon gelandet, so verband er sich mit dem deutschen Kreuzfahrerheer und brabantischen Rittern, die unter Führung ihres Herzogs, Heinrichs I., eingetroffen waren. Endlich konnte den Muslimen wieder ernster Widerstand geleistet werden. Und es war Zeit. Denn Jaffa war schon verloren.

Und wirklich wurde dieser Zug zunächst ein Siegeszug. Sidon fiel in die Hand der Kreuzfahrer, wenn auch vom Feind weitgehend zerstört. Dann wurde al-Malik al-ʿAdil am 22. und 23. Oktober 1197 geschlagen. Und auch Beirut wurde erobert. Der Verrat eines christlichen Zimmermanns, der in der Zitadelle arbeitete und die christlichen Sklaven befreite, während der Herr der Stadt, ʿIss ad-Dīn Usâma, draußen kämpfte, ebnete den Christen den Weg. Allerdings war auch Beirut vom Feind teilweise zerstört. Aber es ver-

[191] Roger von Hoveden = M. G. SS. XXVII, S. 174. — Eracles S. 217 f. unten. — R. Grousset III, 148 f.

[192] Arnold von Lübeck IV = M. G. Schulausgabe 2 u. 3, S. 115. — Mas Latrie, Histoire de l'ile de Chypre I, 144. — R. Grousset III, 149 f.

[193] R. Grousset III, 150.

schaffte den Franken nun die ungestörte Herrschaft über die See. Denn Beirut war bis dahin ein gefürchtetes Seeräubernest gewesen. Die Herrschaft über Beirut erhielt nun Johann I. d'Ibelin, der Sohn Balians II. und der Königin Maria Komnena. Einer der bedeutendsten Familien des Landes angehörig, spielte er später unter der Bezeichnung „der alte Herr von Beirut" in der Geschichte des Heiligen Landes noch eine große Rolle.

Währenddessen hatte auch Bohemund III., der Fürst von Antiochia, sich der beiden Küstenstädte Laodicea und Dschabala bemächtigen können, freilich erst, nachdem sie vom Feind großenteils zerstört waren. Doch konnte Bohemund beide Städte nicht halten. Sie fielen in die Hand von türkischen Herren zurück.

Man hätte erwartet, daß das Kreuzfahrerheer sich nun nach dem Sieg über al-Malik al-ʿAdil und der Gewinnung von Sidon und Beirut nach Jerusalem wenden würde. Aber es geschah nicht. Vielleicht nur weil man noch auf Verstärkungen warten wollte[194], vielleicht aber auch weil die Templer und Johanniter wieder abrieten, wie wenige Jahre vorher. Jedenfalls entschloß man sich, zunächst die Bergfeste Toron oder Tibnīn (etwa 20 km östlich von Tyrus) zu belagern. Augenscheinlich hatte man daran nicht viel Zeit und Kraft wenden wollen. Denn ein Brief Herzog Heinrichs von Brabant zeigt, wieviel Hoffnung auf baldige Eroberung Jerusalems man damals im Kreuzheer hatte[195]. Doch Toron war nicht leicht zu gewinnen. Von Ende November 1197 bis Anfang Februar 1198 verbiß man sich vergeblich in diese Belagerung. Dabei geben die Übergabeverhandlungen Einblicke in die Mentalität der Kreuzfahrer und der Einheimischen. Zunächst waren die Verteidiger bereit, die Feste zu übergeben, wenn man ihnen freien Abzug mit aller Habe zusagte. Das aber lehnten die Kreuzfahrer ab, denn sie wollten auf die Beute nicht verzichten, von der man soviel schon in der Heimat gesprochen hatte. Ein zweites Mal war es um Weihnachten nahe an der Übergabe. Da gab die Nachricht von dem Herannahen eines Entsatzheeres den Verteidigern neuen Mut. Außerdem wird berichtet, die einheimischen fränkischen Ritter hätten die Verteidiger vor den deutschen Kreuzfahrern gewarnt und ihnen geraten, lieber weiterzukämpfen, als sich ihnen zu übergeben[196]. Da eine muslimische, also in diesem Falle unparteiische Quelle dies erzählt, klingt es wohl glaubhaft. So weit ging also der Haß der palästinensischen Ritter gegen die Kreuzfahrer und zugleich der Franzosen gegen die Sizilianer und Deutschen, daß sie nicht davor zurückschreckten, ihnen unmittelbar in den Rücken zu fallen und ihre Sache an die Ungläubigen zu verraten. Man sieht, bis zu welchem Grad die Einheit der Christen untergraben war.

Man kämpfte aber nicht mehr für lange Zeit. Die Nachricht von dem plötzlichen Tod Kaiser Heinrichs VI. am 28. September 1197 im Alter von 32

---

[194] Eracles S. 220 unten.
[195] Kölner Königschronik = M. G. Schulausgabe, S. 161.
[196] Al-Athīr, Kāmil al-tewārīkh II, S. 87 f.

Jahren hatte das Heer zwar beunruhigt, aber noch keine Verwirrung gebracht. Anders war es, als die Nachricht von dem Zusammenbruch der staufischen Macht in Sizilien und dem in Deutschland ausgebrochenen Kampf der Welfen gegen die Staufen sich im Kreuzfahrerheer verbreitete. Jetzt mußten seine Führer, da sie die Hauptstützen der staufischen Sache darstellten, in den Entscheidungskampf beider Parteien in Deutschland oder Sizilien eingreifen. Sie rüsteten sich darum dazu, in aller Eile und aller Stille das Heer zu verlassen. Das aber brachte verhängnisvolle Verwirrung. Außerdem hatte nun ein jeder Ritter in dem Augenblick, in dem in Deutschland der Bürgerkrieg ausbrach, allen Grund, in Sorge zu sein um seine Stellung, sein Lehen, sein Eigen und seine Familie[197]. Andere wieder hofften aus der neuen Lage oder gar aus der Verwirrung für sich Vorteile erlangen zu können. Dazu kam nun noch, daß gerade in dem Augenblick, wo das Heer sah, wie seine Führer zur Rückfahrt drängten, oder wo es sich gar von den Führern im Stich gelassen glaubte, die Nachricht sich verbreitete, al-Malik al-ʿAdil rücke mit einem großen Entsatzheer heran. Da war denn kein Halten mehr. Alles flutete nach Tyrus und den anderen Küstenstädten zurück, um sich baldigst einzuschiffen. Ohne Grund wurde aus solchem Drängen eine Flucht, bei der man sogar Kranke und reiches Material zurückließ. Der stolze, gut organisierte Kreuzzug löste sich auf. Er war gescheitert[198]. Zwar ohne Erfolg war er nicht geblieben. Denn daß dem neuen siegreichen Vormarsch des Feindes unter al-Malik al-ʿAdil, der mit der Eroberung von Jaffa so erschreckend begonnen hatte, ein Ende gesetzt und Beirut und Sidon erobert und so die Küste den Franken gesichert, neu gesichert wurde, ist ein nicht zu unterschätzender Erfolg dieses Kreuzzuges.

Ehe die Kreuzfahrer das Heilige Land verließen, vereinigten sich ihre Führer mit den wichtigsten Männern des Heiligen Landes im Templerhaus in Akkon am 5. März 1198 und erhoben die bisherige deutsche Spitalbrüderschaft zu einem vollen Ritterorden[199].

Papst Innozenz III. und die päpstliche Kreuzzugsorganisation

Hatte der Kreuzzug des Jahres 1197/98 schon einen veränderten Charakter der Kreuzzüge an manchen Stellen gezeigt, so war das doch nur eine Vorstufe zu dem Wandel im Bilde der Züge, der durch Papst Innozenz III. und die in der Hauptsache von ihm geschaffene Kreuzzugsorganisation hervorgerufen wurde.

Im Jahre 1198 wurde er Papst, und zwar im Alter von 37 Jahren. So konnte er die ganze Energie seiner Jugend und starken Persönlichkeit der

[197] Arnold von Lübeck V, 27, S. 203 und 29, S. 211.

[198] Arnold von Lübeck a. a. O. — Eracles XXVII, 3, S. 220. — Oliverus Scholasticus, Hist. reg. 110, S. 155, von 1197 f.

[199] R. Röhricht, Regesta, 740/197.

Sache widmen, die ihm besonders am Herzen lag: den Kreuzzügen. Er sah, daß die Kreuzzugsbegeisterung in den Kreisen, die sie ursprünglich getragen hatten, nachließ. Darum griff er diese Idee lebendig auf und stützte sie mit seiner ganzen hierarchischen Autorität. Auch erkannte er, was ein Aufgeben der mit so sicherem Glauben und mit so starker Autorität der Päpste unternommenen Kreuzzüge an Depression, Zweifel und Verzweiflung mit sich bringen mußte.

So schreibt denn Innozenz III., als er kaum Papst geworden war, an den Patriarchen von Jerusalem, daß er „zu seiner Unterstützung mit größerer Tatkraft arbeiten und zur Befreiung des Landes um Jerusalem sich noch intensiver einsetzen werde“ [200]. Und dies Versprechen hat er gehalten. Denn sogleich wandte er sich an den Erzbischof von Narbonne und Klerus und Laien seines Landes und an alle Bischöfe und Prälaten Frankreichs, an die deutschen Fürsten, an die Könige von Frankreich und England, sie alle zum Kreuzzug aufrufend [201]. Diese Schreiben enthalten keine bittende Werbung, wie oft bei früheren päpstlichen Aufrufen, sondern Innozenz III. fordert hier kategorisch zum Kreuzzug auf (districte praecipiendo mandamus). Man spürt sofort, daß hier nun ein anderer Wille maßgebend ist [202]. Dabei verbindet sich diese Bestimmtheit der Schreiben mit einer großen und schönen Beredsamkeit [203]. Dieser zupackenden Energie entsprechend griff Innozenz auch sofort mit Selbstverständlichkeit in alle kirchlichen Angelegenheiten des Heiligen Landes ordnend und entscheidend ein [204].

Seine Werbung hatte Erfolg. Der vierte Kreuzzug kam zustande. Aber er erreichte Palästina nicht, und die schwebenden Fragen des Heiligen Landes wurden durch ihn nicht gelöst. Einen Erfolg für das Papsttum bedeutete allerdings auch die Eroberung von Konstantinopel und die Union mit der griechischen Kirche, die die Folge davon war. Aber die Forderung eines Kreuzzuges stand immer noch unerfüllt vor der Christenheit. Darum nahm Innozenz III. im April 1213 die Kreuzzugswerbung im ganz großen Maßstab wieder auf. Das im Jahre 1215 zusammentretende vierte Laterankonzil verkündete im Namen des Papstes alle Einzelmaßnahmen, die das große Unternehmen sichern und organisieren sollten. Zusammengefaßt unter der Überschrift

---

200 Innozenz III = Migne PL 214, ep. XI, S. 10.

201 Ebd. 336/192 = R. Röhricht, Regesta, 741/197. Innozenz III = Migne PL 214; ep. XIII, S. 10; ep. CCCII, S. 263; ep. CCCXXXVI, S. 308; ep. CCCXLIII, S. 317; ep. CCCXLV, S. 319; ep. CCCLV, S. 329.

202 V. Cramer, Kreuzpredigt und Kreuzzugsgedanke von Bernhard von Clairvaux bis Hubert von Romans (1939) S. 98.

203 J. Haller nennt das erste dieser Schreiben „eines der beredtesten und schönsten unter den zahllosen Schriftstücken, die aus seiner Feder geflossen sind“ (Papsttum II, 2, S. 340).

204 R. Röhricht, Regesta, 745/198, von 1198; 748/199, von 1198; 751/200, von 1199; 760/202, von 1199; 763/203, von 1199; 764/204, von 1199; 765/204, von 1199. Antwort auf sein Verlangen: 762/203, von 1199. Vgl. auch J. Haller, Papsttum II, 2, S. 301 und 340.

„Expeditio pro recuperanda terra sancta", bilden sie ein einheitliches und vollständiges Grundgesetz der Kreuzzugsorganisation [205]. Als solches wurde es auch noch von den folgenden Generationen angesehen. Denn das Konzil von Lyon übernahm es im Jahre 1245 wortgetreu als die Grundlage für seine eigene Kreuzzugswerbung, aus der dann die Kreuzzüge Ludwigs IX. von Frankreich hervorgingen [206]. Wir sind hier also in der glücklichen Lage, die Grundlagen dieser päpstlichen Kreuzzugsorganisation nicht erschließen zu müssen, sondern aus den Konzilsakten ablesen zu können. Dasselbe Konzil also, das als glänzende Heerschau der machtvollen Kirche gelten kann, das die Fragen des Ketzertums der Waldenser und Katharer entschied, das in wichtigen Glaubensfragen die Stellung der Kirche eindeutig festlegte, schuf auch die Grundlage für die weitere Entwicklung der Kreuzzüge, und das kann sicherlich nicht als ein zufälliges Zusammentreffen angesehen werden.

Unter den Bestimmungen ist die Regelung des Kreuzzugsablasses wohl die wichtigste. Denen, die in eigener Person und auf ihre eigene Kosten am Kreuzzug teilnehmen, wird zugesagt: plenam suorum peccaminum, de quibus veraciter fuerint corde contriti et ore confessi, veniam indulgemus, et in retributione justorum salutis eternae pollicemur augmentum. Denen, die nicht selbst teilnehmen, sondern auf ihre Kosten einen anderen ausziehen lassen, plenam suorum concedimus veniam peccatorum [207].

Wir müssen hier einen Augenblick auf die Geschichte des Kreuzzugsablasses zurücksehen. Was Papst Urban II. bei seinem Aufruf zum Kreuzzug unter dem versprochenen Ablaß verstand und verstanden wissen wollte, geht nicht aus den vielen Wiedergaben seiner Reden in den Kreuzzugschroniken hervor (denn die sind alle frei gestaltet), sondern aus dem kurzen Satz in den Konzilsakten und aus seinem kurz darauf abgefaßten Brief an die Einwohner von Bologna. Dort heißt es: omnibus qui illuc non terreni commodi cupiditate sed pro sola animae suae salute et ecclesiae liberatione profecti fuerint, paenitentiam totam peccatorum, de quibus veram et perfectam confessionem fecerint ... dimittimus [207a], und fast gleich, wenn auch kürzer, lautet der entsprechende Satz in den Konzilsakten [207b]. Es wird also einmal der Ablaß ausdrücklich gebunden daran, daß der Zug nicht um egoistischer Vorteile, sondern nur um des Seelenheilses willen unternommen wird, und zweitens daran, daß Bekenntnis und Reue der Sünden vorangegangen sind. Selbstverständlich werden nicht die Sünden erlassen, sondern die poenitentia, d. h. die Sündenstrafen. Das entspricht dem von der Kirche damals wie heute vertretenen Ablaßbegriff.

Auch die Päpste, die schon vorher den in Spanien gegen die Muslime kämpfenden Rittern Ablaß versprochen hatten, halten sich streng an diesen

[205] Mansi, Concilia XXII, S. 1058—1068.
[206] Mansi, Conc. XXIII, S. 628 ff. — Matthaeus Par. IV, 459 ff.
[207] Mansi, Conc. XXII, 1166, 4. Laterankonzil.
[207a] H. Hagenmeyer, Kreuzzugsbriefe III, S. 137, von 1096.
[207b] Mansi, Conc. XX, 816.

Ablaßbegriff. Sie versprechen Nachlaß der Sündenstrafen[207c], wenn sie nicht die allgemein übliche, aber weniger präzise Formel remissionem peccatorum[207d] verwenden.

So war in den Worten der Päpste bei Beginn des ersten Kreuzzuges der Inhalt des Ablaßbegriffes, so wie er den Kreuzfahrern versprochen wurde, völlig eindeutig und klar.

Doch für den ersten Kreuzzug war, wie wir gesehen haben, in erster Linie die Ritterschaft und ihre Frömmigkeit, das ihnen eigene Gottesstreitertum maßgebend. Die Ritter griffen das Ablaßversprechen begeistert auf, aber das enthusiastische Denken und Reden der Kreuzfahrermassen hielt sich nicht an den Wortlaut und an die Strenge des kirchlichen Begriffes. Das zeigen schon die etwas später entstandenen Wiedergaben der Rede Urbans II. Sie fälschen nicht bewußt, sondern sie geben wieder, wie die weite Öffentlichkeit das Ablaßversprechen, sozusagen abgekürzt, auffaßte. Schon bei Wilhelm von Tyrus heißt es: et fructum aeternae mercedis se non dubitent habituros[207e], und klarer noch bei Wilhelm von Malmesbury: sequitur vita aeterna und retribuetur vobis perpetuae salutis statio, und: morituri caeli intrabunt triclinium[207f]. Zugleich aber wird den fallenden Kreuzfahrern das Martyrium zuerkannt, während der Begriff des Märtyrers, klar gefaßt, nur auf den zutrifft, der um seines Glaubens willen den Tod erleidet. Denjenigen Kreuzfahrern z. B., die man in Gefangenschaft vor die Wahl stellte, zum Islam überzutreten oder zu sterben, mußte das Märtyrertum zugesprochen werden, anderen Kreuzfahrern nur, wenn der Begriff des Märtyrers sehr erweitert wurde. Nach den Wiedergaben von Wilhelm von Malmesbury, Wilhelm von Tyrus und Guibert müßte Urban II. allen auf dem Kreuzzug Fallenden das Märtyrertum zuerkannt haben, was sicherlich nicht der Fall war[207g]. Schon auf dem ersten Kreuzzug muß also der Glaube an den Märtyrercharakter aller Kreuzfahrer allgemein verbreitet gewesen sein. Wir haben oben schon davon gesprochen[207h]. Ich erinnere nur an die Gesta Francorum, die nach dem Bericht, daß mehr als 1000 der Kreuzfahrer an einem Tag gefallen seien, fortfahren: „martyrizati ... in caelum laetantes ascendebant atque candidi ferentes stolam recepti martyrii ...[207i]. Robertus Monachus zufolge fragte Firus, was das für weiße Reiter seien, die den Christen immer voranzögen und für sie kämpften. Da sagte man ihm: Hi sunt, qui pro fide Christi martyrium sustinuerunt et in omnem terram contra incredulos pugnaverunt[207k]. Ähnliche Beispiele wurden oben schon aufgeführt[207l]. In anderen Berichten

---

[207c] Jaffé-Wattenbach 3195 u. 4530.

[207d] Ebd. 4530. [207e] Migne PL 151, Sp. 568 ff.

[207f] Wilhelm von Malmesbury (Ausg. Stubbs) II, S. 393.

[207g] Wilhelm von Tyrus a. a. O.; Wilhelm von Malmesbury a. a. O.; Guibert, Gesta Dei per Francos = Recueil, Hist. occ. IV, S. 137 ff.

[207h] Siehe oben S. 19—21. [207i] Gesta Francorum XVIII, 4, S. 280.

[207k] Robertus Monachus, Hist. Hierosol. = Recueil, Hist. occ. III, S. 796.

[207l] Siehe oben S. 19—21. Dazu Wilhelm von Tyrus III, IX, S. 121, von 1189:

ist nicht ausdrücklich vom Martyrium, aber von der Gewißheit, unmittelbar nach dem Tod auf dem Kreuzzug ins Paradies einzugehen, die Rede. Das versprach z. B. Martin von Paris in seinen Werbereden vor dem vierten Kreuzzug mit den Worten: certissime vobis polliceor, quia quisquis signum crucis acceperit, quocumque loco vel tempore seu casu praesentem reliquerit vitam aeternam accipiet ...[207m]

Innozenz III. hat sich in den oben angeführten Bestimmungen der Konzilsakten streng an die kirchlichen Begriffe gehalten. In der an die Länder und Erzdiözesen des Abendlandes mit 23 verschiedenen Adressen abgesandten Bulle Quia major von 1213 ist aber außer dem Satz des Konzils auch zu lesen: „... per hunc temporalem laborem ... ad requiem pervenietis aeternam ..." und „qui fideliter pro ipso certaverint, ab ipso feliciter coronentur ..."[207n]. Hier übernahm wohl Papst Innozenz III. Sprachformen, wie sie im allgemeinen Ablaß- und Märtyrerglauben der Kreuzzugszeit gebraucht wurden, freilich mit dem sehr bedeutenden Unterschied, daß er wie schon Urban II. aufrechte Buße und tiefe Reue als entscheidende Voraussetzung forderte. Aber solche Unterscheidung konnte das vulgäre Verständnis nicht beseitigen. So konnte die begonnene Entwicklung weitergehen und der Glaube an den sicheren Zugang aller Kreuzritter zum Paradies und an das Märtyrertum der Kreuzfahrer auch im 13. Jahrhundert in der Allgemeinheit weiterleben und erstarken. Davon legen vor allem die Dichter und die populären Kreuzzugsprediger Zeugnis ab. Es war davon schon oben die Rede. Wir erinnern nur noch an einzelne markante Beispiele. So heißt es bei Étienne de Bourbon, daß die auf dem Kreuzzug Fallenden vitando penam purgatoriam nimis longam quasi uno saltu transeunt ad celum[207o], und Caesarius von Heisterbach sagt: Welcher Lohn den Kreuzfahrern winke? die Vermeidung von Fegefeuer und Höllenqualen und der unmittelbare Zugang zum Paradies[207p]. Jakob von Vitry wendet denselben Gedanken nach der Seite des Lehensrechtes, wenn er sagt, der Herr belehne durch das genommene Kreuz die Kreuzfahrer mit dem Himmelreich[207q], er gebe ihnen also einen Rechtsanspruch.

In der Literatur ist das bekannteste Wort das von Walther von der Vogelweide:

„... glückselig, wem der Herr solchen Ruhm zubilligt, daß er den Lorbeer des Martyrers erhält und ihrem Kreis zugesellt wird, so wie er es in so vielen Schlachten verdient hat." Der dies schrieb, war Erzbischof von Tyrus. Auch im hohen Klerus herrschte also dieser Märtyrerglaube.

[207m] Migne PL 212, Sp. 228 ff.

[207n] Migne PL 216, Sp. 817 ff.

[207o] Étienne de Bourbon 101, S. 91.

[207p] Caesarius von Heisterbach, Dialogus miraculorum (Köln 1851). Siehe auch oben S. 19. Einen Himmelsbrief, der die Kreuzfahrer über den im Himmel zu erwartenden Lohn belehren soll, erwähnt Ekkehard von Aura, Hierosol. 36, 4, S. 113, zu 1100—1115.

[207q] Siehe oben S. 13. Siehe auch Étienne de Bourbon S. 72.

ich wolte saelden krône
êwiclîchen tragen,
die môhte ein soldener
mit sîme sper bejagen[207r].
oder
„daz wir daz himelrîche
erwerben sicherlîche
bi dulteclîcher zer ..." [207s]

Ähnliche, oft fast wörtlich übereinstimmende Äußerungen finden sich bei Hartmann von Aue, Rugge, Rubin und Wernher [207t].

Doch kehren wir nach dieser Abschweifung zurück zum 4. Laterankonzil. Schon aus der Tatsache, daß in dem zitierten Konzilsbeschluß der ausziehende Ritter neben den Mann gestellt wird, der nur einen Vertreter bezahlt, zeigt die große Bedeutung, die inzwischen das Geld für die Kreuzzüge bekommen hat. Das gleiche beweist die Bulle „Qui major", in der es heißt: „Denn wir hoffen mit Sicherheit, daß uns Männer nicht fehlen werden, wenn das Geld nicht fehlt." Es war nahezu an die erste Stelle gerückt[208]. Ferner wird für die Dauer von 4 Jahren ein allgemeiner Gottesfriede verkündet. Man hatte ja im dritten Kreuzzug erfahren, wie sehr ein Krieg zweier Könige Kreuzzugspläne lahmlegte. Außerdem wird allen Erzbischöfen, Bischöfen und Prälaten befohlen, das Kreuz predigen zu lassen. Allen weltlichen Königen, Fürsten und Herren, ebenso aber auch den Stadtgemeinden, wird aufgetragen, daß sie, wenn sie nicht in eigener Person ausziehen, eine ihrem Vermögen entsprechende Zahl von Kriegern stellen samt den für einen Heereszug von drei Jahren notwendigen Kosten. Hier treten also Staaten, Städte und Herrschaften mit ihren Kontingenten an die Stelle der spontan aufbrechenden einzelnen. Weiterhin haben alle Prälaten innerhalb ihrer Sprengel dafür zu sorgen, daß alle, die das Kreuz genommen haben, dies Gelübde auch wirklich erfüllen, und zwar soll das nötigenfalls mit allen kirchlichen Strafen, mit Interdikt und Kirchenbann erzwungen werden. Ausnahmen, Umwandlungen des Gelübdes bedürfen der päpstlichen Genehmigung.

Auch die Geistlichen werden systematisch zu Leistungen für den Kreuzzug herangezogen, und zwar zu Geldzahlungen. Alle, hohe wie niedere, haben für die Dauer von drei Jahren den 20. Teil der kirchlichen Einnahmen zu entrichten. Ausgenommen davon sind nur diejenigen, die selbst ausziehen und

---

207r Ausgabe von Lachmann 124, 1. 207s Ebd. 76, 22.

207t Hartmann von Aue 210, 29; 210, 7; 211, 3. — Rubin = F. H. v. d. Hagen, Minnesinger I, 313, VII: „dô gedâchte ich nâch dem lône der siuzen êwe staetekeit, ob mir iemer himelkrône des lîbes arebeit verdienen künde ..." — Wernher = ebd. II, 234, Vers 4. — Zum Kreuzzugsablaß: Nikolaus Paulus, Geschichte des Ablasses im Mittelalter (1922/23). — Adolf Gottlob, Kreuzablaß und Almosenablaß = Kirchenrechtliche Abhandlungen, Heft 30/31 (1906). — Paul Ewald = Neues Archiv der Gesellschaft für ältere Geschichtskunde V, S. 338.

208 Mansi, Conc. XXII, 956 ff.

einige Gruppen von Mönchen. Der Papst selbst und die Kardinäle zahlen das Doppelte der Abgaben der anderen Kleriker. Auch diese Zahlungen können unter der Strafe der Exkommunikation erzwungen werden. Papst Innozenz selbst sagt außerdem für seine Person noch eine Sonderspende von 30000 Pfund zu und eine weitere von 3000 Pfund speziell für die Kosten der Überfahrt. Weiterhin werden Bestimmungen getroffen über Steuerfreiheit der Kreuzfahrer, über den Schutz ihres Gutes und ihrer Person durch die Kirche in der Zeit ihrer Abwesenheit und über die Freiheit von Zinsen, die sie während des Zuges genießen sollen. Auch Turniere werden für die Zeit des Kreuzzuges verboten.

Schließlich folgen noch drei Bestimmungen über den See- und Handelsverkehr des Mittelmeeres: Für die nächsten 4 Jahre wird aller Schiffsverkehr mit Muslimen des Orients verboten, um den Schiffsraum ganz für die Bedürfnisse der Kreuzfahrer zur Verfügung zu stellen und den Muslimen alle durch solche Schiffe zu leistende Hilfe zu entziehen. Außerdem wird für immer aller Handel mit Muslimen mit Waffen und Kriegsmaterial aller Art einschließlich von Schiffen verboten sowie jeder Dienst als Lotse oder Steuermann auf sarazenischen Schiffen und jeder Rat oder Hilfe für solche untersagt. Alle, die derartigen verbotenen Handel treiben, sind aus der Kirche auszuschließen und nicht eher wieder zuzulassen, als bis sie den aus solchen Geschäften gezogenen Gewinn für die Sache der Kreuzzüge abgeliefert haben. Auch hoffte man, den christlichen Seeräubern, die den Verkehr mit dem Heiligen Land hinderten, das Werk zu legen. Gegen sie wird mit weltlichen und kirchlichen Strafen scharf vorgegangen. Ebenso wurde die Predigt des Kreuzzuges nun organisiert. Für jedes Land wurde ein für diese Aufgabe besonders geeigneter Hauptprediger aufgestellt. Unter seiner Leitung wirkten in jeder Diözese besondere Kreuzprediger, für die man Männer mit guter volkstümlicher Rednergabe auswählte[209]. Doch waren diese nicht nur Prediger, sondern auch Verwaltungs- und Finanzbeamte. Denn sie hatten die Kreuzzugsgelder von den Unterkollektoren vor Zeugen zu übernehmen und für eine sachgemäße Verteilung an Ritter zu sorgen, die das Kreuz genommen hatten, oder an andere, die für die Durchführung der Kreuzzüge wichtig waren. Man sieht, welche große Verantwortung auf die Schultern dieser Kreuzzugsprediger gelegt war.

Die Predigt selbst wurde immer häufiger in der Nationalsprache des Lan-

[209] Die bedeutendste Gestalt unter den in Deutschland später tätigen Kreuzzugspredigern ist Albertus Magnus. Durch seine Schriften ist auch Caesarius von Heisterbach sehr bekannt geworden. Außerdem seien als eine kleine Auswahl genannt: Robert von Curzon in England, Fulko von Neuilly und Jakob von Vitry in Frankreich, der Kölner Domscholaster Oliverus und Konrad von Mainz in Deutschland. Über Fulko von Neuilly, seine Tätigkeit, seine Gedankenwelt und seine Belastung mit Geldgeschäften berichtet neuerdings anschaulich: Milton R. Gutsch, A twelfth century preacher Fulk of Neuilly = The Crusades and other historical essays presented to Dana C. Munro (1928) I, 7.

des gehalten, da so eine breitere Auswirkung möglich war[210]. In den letzten Jahren von Innozenz III. († 1216) und zu Beginn des Pontifikates von Honorius III. hat man die Kreuzzugspredigt mit besonderem Nachdruck betrieben. In allen Kirchen fanden auf Anordnung hin täglich Gebete für das Gelingen der Kreuzzüge und jeden Monat Prozessionen statt. Damals wurden die Opferstöcke überall aufgestellt, gegen die sich Walther von der Vogelweide wandte[211].

Im Gegensatz zu der Predigt der vorangegangenen Züge wendete die Predigt sich jetzt nicht an Könige und Herrscher. Denn Innozenz schwebte ein Kreuzzug unter rein kirchlicher Führung vor, besonders da man in dem letzten, dem dritten Kreuzzug, schlechte Erfahrungen durch den Streit der Könige gemacht hatte. Auch unter Honorius III. hielt man daran fest, bis man dann umgekehrt vor Damiette die Mängel eines Kreuzzuges mit rein geistlicher Führung auch in militärischen Fragen gründlich kennengelernt hatte[212]. Jedenfalls aber sollte die letzte Zusammenfassung durch den Papst selbst geschehen. Hier sollte die Spitze der ganzen Organisation sein. Innozenz wollte nicht selbst mitziehen, aber er kündete auf dem Laterankonzil 1215 an, daß er bei der Versammlung des Kreuzheeres und bei der Abfahrt in Messina und Brindisi selbst anwesend sein werde, um dem ausziehenden Heer Ziele und Wege selbst zu weisen und ihm einen Legaten zur Betreuung mitzugeben[213].

Die Zahl der mitziehenden Fürsten und Könige blieb entsprechend dieser Ausrichtung der Werbung verhältnismäßig klein bis zum Auftreten von Ludwig IX. von Frankreich. Groß aber wurde die Zahl der Teilnehmer aus minderbemittelten Schichten: ärmere Ritter, städtische Bürger und Bauernsöhne. Man hat darum mit Recht von einer „Demokratisierung der Kreuzzüge" gesprochen[214]. Wenn diese neuen Schichten auch großenteils nicht ritterlicher Art waren, so übernehmen sie doch die ritterliche Gottestreiterfrömmigkeit und das darin enthaltene ritterliche Gedankengut. Es ist das verständlich in

---

[210] So hören wir, daß 1195 die Predigt des Kardinals, den Rom gesandt hatte, wenig Wirkung hatte, da die meisten Leute kein Latein verstanden. Als dann aber Erzbischof Konrad von Mainz in deutscher Sprache redete, war die Wirkung ungeheuer (Chron. von Reinhardsbrunn = M. G. SS. XXX, S. 555).

[211] Walther von der Vogelweide (Ausg. von Lachmann) 34, 14: „Sagt an, hêr Stoc, hât iuch der bâbest her gesendet . . ."

[212] Die Anschriften der ersten Aufrufe von Innozenz zeigen Geistliche aller Stufen; von Weltlichen erscheinen als Adressaten des Hauptschreibens nur Grafen und Barone neben einem Landgrafen und einem Herzog. Dann erst wendet der Papst sich an die Könige von Frankreich und England, aber auch da ist die Hauptforderung, Frieden zu schließen, um den Kreuzzug nicht zu hemmen. Der Gedanke an eine Beteiligung der beiden Könige steht mehr im Hintergrund. R. Röhricht, Regesta, 741/197. — Innoc. III, Epist. I, 13, S. 6; 336, S. 192; 345, S. 199; 355, S. 205.

[213] Mansi, Conc. XXII, 1058 f. — J. Haller, Papsttum II, 2, S. 437.

[214] J. Haller, Papsttum II, 2, S. 437 u. 341. — K. Hampe, Hochmittelalter, 277. — B. Kugler, S. 264 f. u. 309.

einer Zeit, in der die feudalen Kreise in ihrem Leben, Denken und Handeln, in ihrer religiösen Haltung und in ihrer frommen Begeisterung ein Vorbild sind, das von den sozial tieferstehenden Schichten übernommen oder nachgeahmt wird. So bleibt trotz der Zurückhaltung der führenden Schichten[215] der Kreuzfahrerglaube und die durch ihn gegebene Erregung und Begeisterung. Eine Atmosphäre von Wunderglauben liegt über der ganzen Kreuzzugswerbung unter Innozenz III., teilweise sich sogar steigernd das ganze Jahrhundert hindurch. Wir hören überall von wunderbaren Himmelserscheinungen, die an die des Jahres 1095 erinnern. Dem den ausziehenden Kreuzfahrern angehefteten Kreuz schreibt man Wunderwirkung zu[216].

Der Inhalt dieser Werbung ist das ritterliche Gedankengut der Gottesstreiterfrömmigkeit. Wir fanden es schon bei Urban II., ausgeprägter noch bei Bernhard von Clairvaux. Aber es wird nun noch straffer konzentriert und zusammengefaßt. Aus der Werbung wird großenteils ein Befehl. Der Ton ist schärfer geworden. Aber das wichtigste ist, daß diese Ideen nun ganz von der Kirche übernommen werden. In den zahlreichen Enzykliken Innozenz' III. und in den von ihm angeordneten Kreuzzugspredigten kehren sie immer wieder. Sie sind nicht das geistige Eigentum nur einzelner Prediger, sondern es hat sich aus der Gesamtheit dieser Gedanken ein Gesamtschatz gebildet, aus dem alle Prediger mit großer Einheitlichkeit schöpfen[217]. Und auch die Kreuzzugsdichtung dieser Tage fügt sich, soweit sie werbenden Charakter hat — und das haben zunächst fast alle Kreuzzugsdichtungen —, völlig in diese Gedankenbahnen ein. In Predigten und Dichtungen ist die Mannigfaltigkeit der Gedanken nicht groß, aber die Intensität, mit der diese Gedanken immer wieder den Völkern des Abendlandes eingeprägt werden, ist um so größer[218].

Auch die Widerlegung von Argumenten gegen die Kreuzzüge weist eine gewisse Einheitlichkeit auf. Sie spielt zur Zeit von Innozenz III. noch keine Rolle, aber bald sehen sich kirchliche Schriftsteller, wie Heinrich von Albano, genötigt, in besonderen Schriften solche Gegengründe eingehend zu widerlegen[219]. Sie sind für die Benutzung durch die Kreuzzugsprediger bestimmt.

Solche Gebrauchsliteratur für Kreuzzugsprediger gab es aber auch schon unter Innozenz III. Es sind die Briefbücher, deren bekanntestes wohl das

---

[215] J. Haller, Papsttum II, 2, S. 437 u. 601.

[216] Siehe oben S. 25/26. Beispiele ähnlicher Art bei Caesarius von Heisterbach und Jakob von Vitry.

[217] Eine Zusammenstellung dieser Propagandagedanken gibt G. Wolfram, Ztschr. f. dt. Altertum 30 (1886) S. 97 ff.

[218] K. Lewent, Das altprovencalische Kreuzlied. Diss. (Berlin 1905). — G. Wolfram, Kreuzpredigt und Kreuzlied = Ztschr. f. dt. Altertum 30 (1886) S. 89—132. — R. Doney, A Source For One Of The Carmina Burana = Speculum 27 (1952) S. 191 bis 196.

[219] Heinrich von Albano, Tractatus de peregrinante civitate Dei XIII = Migne PL 204, S. 251 ff.

Rommersdorfer Briefbuch ist[220]. Ähnlicher Art sind aber auch das Briefbuch des Bischofs Lambert von Arras (1093—1115), das Bullar des Johanniterordens auf Malta, die Briefsammlung des Erzbischofs Heinrich von Reims (1162—1175), des Bruders von König Ludwig VII., die Windsberger Briefsammlung und die des Bischofs Gervasius von Séez[221]. Von diesen sind das Rommersdorfer, das Windsberger und das des Bischofs von Séez fast ausschließlich für den Kreuzzugsgebrauch zusammengestellt, während die übrigen daneben auch Briefe enthalten, die als Material für andere kirchliche Fragen zu gelten haben. Alle bieten Abschriften von päpstlichen und anderen Briefen, die dem Kreuzzugsprediger für seine Werbereden von Nutzen sein und ihm helfen konnten, wenn er Auskunft über Einzelfragen geben mußte, Es ist anzunehmen, daß jede Diözese ein Kreuzzugspropagandabüro besaß, von dem aus die Abschrift solcher Briefe den einzelnen Predigern zugesandt wurde. Für Rommersdorf war diese Stelle Trier, für Admont Salzburg. Wahrscheinlich hat auch die königliche Kanzlei in ähnlicher Weise für die Kreuzzugswerbung gearbeitet, und ebenso auch die einzelnen Orden für ihren Kreis[222].

Zu dieser literarischen Organisation der Kreuzzugswerbung tritt ein Informationsdienst in Kreuzzugsfragen hinzu, den auch Innozenz III. ins Leben gerufen hat. Wir wissen, daß er, kurz nachdem er den päpstlichen Stuhl bestiegen hatte, den Patriarchen von Jerusalem, die Hochmeister der Templer und Johanniter und ebenso auch einzelne Personen des Heiligen Landes aufforderte, ihm einen ausführlichen Bericht über die Lage des Heiligen Landes, über seine Landeskultur sowie über die Muslime und ihre Stärke einzusenden, Berichte, die wir teilweise noch besitzen[223].

Das alles zeigt, wie systematisch Innozenz vorging, um die Kreuzzugspropaganda wirksam zu machen und einheitlich zu gestalten[224]. Er hat die ganze Autorität der Kirche und die von ihm geschaffene große Organisation für diesen Gedanken eingesetzt, der ursprünglich aus dem Rittertum aufgestiegen war. Die Aktion des Papstes bedeutete einen großen Schritt auf dem

---

[220] Rommersdorfer Briefbuch, hrsg. von F. Kempf = Mitt. d. Instituts f. österr. Geschichtsforschung, Erg.-Bd. XII (1933).

[221] U. Schwerin, S. 18 u. 19.

[222] Rommersdorfer Briefbuch, S. 538 ff. u. 562. Von diesem Briefbuch läßt sich zeigen, daß es unmittelbar auf eine Anregung Innozenz' III. zurückgeht. Denn es wurde begonnen, als ein Abt des Klosters von Innozenz III. zum Kreuzzugsprediger ernannt worden war (kurz nach 1213).

[223] Rothelin 15, S. 520. ff. — Haymari Monachi lib. tret., S. 63. — Jakob von Vitry lib. III, S. 1125. — Richard von St. Germain = M. G. SS. XIX, S. 336. — Vincent von Beauvais, 32, 54. — Troop, Criticism (1940) S. 9 ff. — R. Röhricht, Regesta, 760/202.

[224] Die Frage der Entstehung der Kreuzzugsorganisation und der dazu gehörigen juristischen Begriffe untersucht gründlich die Arbeit von Michel Villey, La croisade: Essay sur la formation d'une théorie juridique = L'Eglise au moyen âge, vol. 6 (Paris 1942).

Weg der Anpassung der Kirche an die Ideen der ritterlichen Schichten, mit anderen Worten zu einer Feudalisierung der kirchlichen Frömmigkeit. Auf diesem Wege waren schon früher Schritte getan worden, besonders in der Begründung einer militia Christi durch Papst Gregor VII., im Kreuzzugsaufruf Urbans II. und in den Schriften und Briefen Bernhards. Jetzt aber erst wird ein geschlossenes System daraus, jetzt erst wird dieses Gedankengut das Kernstück der Organisation der päpstlichen Kreuzzugswerbung, dadurch mit der Autorität des Papstes ausgestattet und so überall verbreitet. Damit ist ein großer weiterer Schritt zur Feudalisierung auch der kirchlichen Frömmigkeit getan, der letzte, den die Kirche in dieser Richtung noch ging.

Von besonderer Wichtigkeit und von besonderer Schwierigkeit war die Organisation der Kreuzzugsfinanzen. Sie war eine besondere Sorge des Papstes. Denn wie wir schon sahen, brauchte man viel Geld, wenn man nicht mehr nur wohlhabende Ritter aufrief, die mit eigenen Mitteln den Kreuzzug bestreiten konnten, sondern auch Soldritter und Söldner aller Art, und wenn man für eine geordnete Überfahrt und für Nachschub sorgen wollte, wie es sich immer mehr als nötig erwies. Auch für die anderen Kriege und Streitigkeiten dieser Jahre, vor allem in Italien, beginnt das Geld eine immer größer Rolle zu spielen[225]. Darum schuf nun Innozenz III. eine finanzielle Grundlage für den geplanten Kreuzug.

Es war das nicht der erste Versuch hierzu. Schon zur Zeit des dritten Kreuzzuges hatte man den sogenannten Saladinszehnten in Frankreich und England erhoben. In Frankreich stieß er auf energischen Widerstand, so daß die Erhebung fallen gelassen wurde. In England aber hat diese Steuer Richard Löwenherz beträchtliche Summen eingebracht. Allerdings soll fast die Hälfte davon von Juden erpreßt worden sein[226]. Sie kam in der Hauptsache dem König zugute. Darum verfügte Richard während des Kreuzzuges über so reiche Mittel[227].

Eine staatliche Besteuerung für den Kreuzzug versuchte auch Philipp von Schwaben in Deutschland durchzuführen unter dem Namen einer Almosensammlung. Doch er drang damit nicht durch. Es blieb bei Ansätzen[228].

Ganz anderen Erfolg hatte die Besteuerung von Geistlichen, wie sie Innozenz III. durchführte. In Frankreich machte er zuerst tastende Versuche, wie weit er mit seinen Forderungen gehen konnte. Der Dreißigste soll erhoben werden, und der Vierzigste ist zunächst wirklich erhoben worden. Wenn auch manche Widerstände sich zeigten[229], so sah Innozenz, daß er weitergehen könne. Auf dem 4. Laterankonzil wurde, wie wir sahen, die Zahlung von einem Zwanzigstel von allen Geistlichen gefordert, von den Kardinälen

[225] J. Haller, Papsttum III, 1, S. 155.

[226] J. H. Round = The English Hist. Review XXXI (1916) S. 447 ff. — Eylon, Court, household and itinerary of Henry II., S. 285.

[227] Latein. Forts. d. Wilh. v. Tyrus II, IX, S. 92.

[228] Gottlob, Kreuzzugssteuern, S. 6.

[229] Potthast 1045. — Ebd. 3454. — Gottlob, Kreuzzugssteuern, S. 21 ff.

wurde sogar ein Zehntel verlangt. Diese Abgabe sollte als eine außerordentliche Steuer drei Jahre lang erhoben werden. Doch entwickelte sich daraus ein regelmäßiges Besteuerungsrecht allen Kirchengutes für den Papst. Die Lehre von dem göttlichen Eigentum allen Kirchengutes und der Vollmacht des Papstes (plenitudo potestatis) gab die rechtliche Grundlage dazu[230].

Die Erträgnisse der Steuer müssen für damalige Verhältnisse sehr hoch gewesen sein. Denn eine Abrechnung aus dem Jahr 1220 gibt Zahlungen in der Höhe von einer Million Mark Silber an, und 1218 konnte der Papst darauf hinweisen, daß die Beiträge der Kurie allein schon 100 000 Mark Silber betrugen. Bei einer Überweisung aus dem Jahre 1219 wird ausdrücklich angegeben, daß die hier dem Heiligen Land zufließende Summe von 16 000 Mark der Ertrag des Zwanzigsten allein aus Frankreich sei; ebenso wird eine andere Zahlung aus dem Zwanzigsten von 20 000 Mark erwähnt, allerdings ohne anzugeben, aus welchem Gebiet sie stammte[231].

Von diesen päpstlichen Steuern wußten sich aber oft die Staaten einen wesentlichen Vorteil zu sichern. Denn man übertrug ihnen oft den gesamten Ertrag der Steuern ihres Landes zur Bezahlung aller Kreuzzugsteilnehmer des Landes. Eigentlich sollten diese Summen erst ausgezahlt werden, wenn die Kreuzfahrt schon angetreten war. Doch kam es bald dazu, daß diese Steuererträgnisse auch schon vorher als Darlehen an Könige, die das Kreuz genommen hatten, gegeben wurden, gegen das Versprechen der Rückzahlung, falls die Fahrt nicht ausgeführt werden sollte[232]. Daß damit einer mißbräuchlichen Verwendung der Kreuzzugssteuern Tür und Tor geöffnet war, liegt auf der Hand.

Von der Verteilung der Steuererträgnisse an Kreuzzugsteilnehmer durch die Bischöfe oder die Kreuzzugsprediger ging man bald ab. Die Kurie zog, wie verständlich, die Zuweisung der Kreuzzugsgelder an die Teilnehmer selbst an sich. Das bedeutete eine große Machtsteigerung, einmal weil die weltlichen Herren dadurch von dem Papst finanziell abhängig wurden, und zweitens dadurch, daß sich auf diesem Wege die Steuereingänge auch für andere politische Zwecke, z. B. für den Kampf gegen die Hohenstaufen in Italien, verwenden ließen, sobald man diesen Kampf als eine pia causa, als ein opus pietatis, also als einen Gott wohlgefälligen Kampf, der den Kreuzzügen gleichzusetzen sei, erklärte. Das geschah unter Innozenz IV. in mehreren Bullen[233].

Die Erhebung und Versendung dieser großen Summen erforderte bald eine besondere Finanzverwaltung. Bischöfen und Ortsgeistlichen konnte man diese Aufgabe auf die Dauer nicht übertragen. Etwa seit der Mitte des 13.

[230] Clemens Bauer, Die Epochen der Papstfinanz = Hist. Ztschr. 138 (1928) S. 457 ff.

[231] Honorius III, Opera III, lib. III, 15, Sp. 23/24 und lib. IV, 19, Sp. 300. — J. Haller, Papsttum III, 1, S. 17 u. 19.

[232] Gottlob, Kreuzzugssteuern, S. 50.

[233] Gottlob, Kreuzzugssteuern, S. 46 f. u. 51. — Potthast II, 15 382 u. 15 381.

Jahrhunderts setzte man päpstliche Legaten als Generalkollektoren ein, die sich Unterkollektoren ernannten oder mitbrachten[234]. Die Sammlung von Rechtstiteln zur Erhebung solcher Abgaben durch den Papst im „Liber censuum" des Cencius schließt diese Entwicklung ab[235]. Die reverenda camera apostolica wurde zum Mittelpunkt eines weitverzweigten Geldgeschäftes. Sie kann wohl als die erste Kapitalmacht des Abendlandes gelten[236].

Das aber verwickelte die Kurie — nicht immer zu ihrem Vorteil — in alle Zweige des Geldgeschäfts, führte zu einer engen Verbindung des Papstes mit den italienischen Kaufleuten, die als ausführende Organe für die Geschäfte, vor allem für die Versendung der Gelder, benötigt wurden. Die mercatores camerae spielen nun eine immer größere Rolle. Im Jahre 1245 folgen sie Innozenz IV. zum Lyoner Konzil[237]. Das aber brachte die Kurie in Konflikt mit dem Zinsverbot. Denn zur Verwendung der Steuergelder brauchte die Kurie Darlehen von Kaufleuten, die ohne Zinsen nicht zu haben waren. Da man solche aber nicht anerkennen konnte, gewöhnte man sich daran, in die Schuldurkunde eine höhere Summe einzutragen, als sie in Wirklichkeit gezahlt wurde. Auf diese Weise scheint die Kirche damals Wucherzinsen gezahlt zu haben. Denn für Darlehen auf die Dauer eines Jahres erhöhte man die eingeschriebene Summe um ein Drittel des Darlehens[238].

Um solcher Verwicklungen willen zog die Kurie gern die Ritterorden des Heiligen Landes, vor allem die Templer, an Stelle der italienischen Kaufleute zu diesen Geldgeschäften heran. Denn schon sehr bald nach ihrer Gründung hatten die Templer einen großen Besitz sowohl im Abendland wie im Heiligen Land. So waren sie in der Lage, auch größere Summen durch Verrechnung hinüber und herüber zu überweisen. Auf diesem Wege wurden die Templer die bevorzugten Bankiers der Kirche. Schon bei dem 4. Laterankonzil hören wir von Finanzübertragungen durch den Templerorden[239].

Bald zeigte es sich, daß ein so großer Apparat wie die päpstliche Kreuzzugsorganisation[240] nicht ohne Mißstände funktionieren konnte. Zunächst

---

[234] Gottlob, Kreuzzugssteuern, S. 181 ff. — Clemens Bauer, S. 462. — J. Haller, Papsttum III, 1, S. 17.

[235] C. Bauer, S. 458.

[236] L. Brentano, Anfänge des modernen Kapitalismus, S. 42. — C. Bauer, S. 462.

[237] H. Benary, Über die säkularisierende Wirkung der Kreuzzüge (1937) S. 24.

[238] Ebd. 41.

[239] Mansi, Concilia XXII, 1062, von 1215. — Gottlob, Kreuzzugssteuern, 178, 239. — Leopold Deslisle, Les opérations financières des Templiers = Mémoires de l'institut national de France, XXXIII (1889) S. 1 ff. — Fedor Schneider = Quellen und Forschungen aus italienischen Archiven und Bibliotheken 9 (1906) S. 1—37. — H. Prutz, Kulturgesch., 369. — H. Finke, Templer, S. 79. — G. A. Campbell, Tempelritter, S. 146 ff.

[240] Über die ganze Finanzentwicklung vgl. A. Gottlob, Die päpstlichen Kreuzzugssteuern des 13. Jhds. (1892). — Ders., Aus der Camera apostolica des 15. Jhds. (1885). — Ders., Päpstliche Darlehensschulden des 13. Jhds. = Hist. Jahrb. der Görres-Ges. XX (1899) S. 665 ff. — Ders., Kreuzablaß und Almosenablaß = Kirchenrechtliche Abhandlungen 30/31 (1906). — Ders., Kuriale Prälatenanleihen im 13. Jhd.

sind es noch keine eigentlichen Mißstände, sondern nur eine zu laxe Handhabung des Ganzen, über die sich ein Schreiben des Papstes Honorius III. von 1221 beklagt[241]. Das war noch harmlos. Bald aber häufen sich die Klagen über Mißstände bei der Predigt und vor allem bei der Steuererhebung. Im Jahre 1224 erhebt die Ursperger Chronik Klage, man ermutige durch die Kreuzzugspredigt Menschen zu Sünden und Untaten dadurch, daß man sie sicher mache, die Vergebung für alles das durch die Teilnahme am Kreuzzug erlangen zu können. Das war ein sehr ernst zu nehmendes, schweres Bedenken.

Vor allem aber waren es — wie leicht denkbar — die Kreuzzugs**steuern**, die Widerstand oder doch Unwillen auslösten. Nicht anders zu erwarten war das bei den ersten Versuchen Innozenz' III., Kreuzzugssteuern schon vor dem 4. Laterankonzil, also etwa in den Jahren 1199—1214, zu erheben[242]. Aber auch dann hören diese Widerstände nicht auf. Man berichtet immer wieder davon[243]. Diese ablehnende Haltung zeigt sich auch, wenn ein Chronist Kaiser Friedrich II. die Worte in den Mund legt, „die römische Kirche habe kein wirksameres Argument, um Geld von den Gläubigen herauszupressen, als das Heilige Land und die sophistische Predigt zu seiner Befreiung"[244]. In der Hauptsache sind es drei Punkte, die dabei immer wieder den Unwillen erregen und scharfe Kritik herausfordern: 1. der Mißbrauch der Ablösung oder der Umwandlung der Kreuzzugsgelübde, 2. die Verwendung der Kreuzzugssteuern für andere Zwecke und 3. die betrügerische Erwerbung von Steuererträgnissen durch Herrscher, die den Willen zum Zug nur fingieren. Andere Beschwerden, wie die über das Auftreten von betrügerischen Kollektoren mit falschen Ausweisen, treffen nicht die Sache selbst. Denn mit solchen Betrugsversuchen muß man bei jeder Erhebung von Geldern rechnen[245].

Gegen die Sache selbst aber richtet es sich, wenn eine Liste des Erzbischofs

---

= Vierteljahresschr. für Soz. und Wirtschaftsgesch. 1 (1903) S. 345 ff. — Ders., Hat Papst Innozenz sich das Recht zuerkannt, auch die Laien für Kreuzzugszwecke zu besteuern? = Hist. Jahrb. der Görres-Ges. XVI, S. 312 ff. — Ders., Die Servitientaxe im 13. Jhd. = Kirchenrechtliche Abhandlungen 2 (1903). — Clemens Bauer, Die Epochen der Papstfinanz = Hist. Ztschr. 138 (1928) S. 457—503. — Lujo Brentano, Die Anfänge des modernen Kapitalismus, Exkurs 2: Der vierte Kreuzzug (München 1916).

241 Rommersdorfer Briefbuch 4, S. 568, von 1221.

242 Potthast 1045. — W. S. Lunt = English Hist. Review XXX, 398. — Roger von Wendower IV, 114 f., 124, 201. — Matthaeus Paris., Chron. maior IV, S. 35—43, 526—536, 580—585, 590—597; V, S. 324—332, 524—527, 532, 539/540; VI, S. 144 bis 146. — Bouquet, Recueil XVIII, 191.

243 1234: Matthaeus Paris. III, S. 279. — 1267: Chron. Normanniae = Bouquet, Recueil XXIII, S. 219. — Gottlob, Kreuzzugssteuern, 61. — P. Scheffer-Boichorst = Mitt. des Instituts für österr. Geschichtsforschung VIII (1887) S. 374 f.

244 Matthaeus Paris. = M. G. SS. XXVIII, S. 280, zu 1146: „... quod ecclesia Romana nullum habuerat tam efficax argumentum extorquendi a fidelibus pecuniam ... sicut per Terram Sanctam et sophisticam ad eius liberacionem predicacionem."

245 Oliverus Scholasticus, Brief 10, S. 208, von 1225—1227.

Giffard von York beweist, daß dort weitaus die meisten Kreuzzugsgelübde, die abgelöst werden sollten, gar nicht freiwillig geleistet worden waren, sondern Gerichtsurteile darstellten, die ausgesprochen waren mit dem Zusatz, daß die Gelübde auch durch Zahlung einer bestimmten Geldsumme abgelöst werden könnten[246]. Hier wird der Kreuzzugsgedanke deutlich mißbraucht, um bloß große Zahlungen zu erreichen[247].

Daß außerdem die Verwendung der Kreuzzugssteuern für andere Kriege der Kurie, wie den gegen die Hohenstaufen, scharfe Kritik herausforderte, ist nicht zu verwundern[248].

Doch den gröbsten Mißbrauch stellt der dritte Fall dar, die Zuwendung des Steuerertrags an Könige, die das Kreuzzugsgelübde nie durchführten. Die besten Beispiele dafür sind König Heinrich III. von England (1216 bis 1272) und König Haakon IV. von Norwegen (1240—1263). Heinrich III. erlebte 1246, daß in seinem Land der Kreuzzug gepredigt wurde, daß eine große Zahl von Rittern das Kreuz nahm und daß recht beträchtliche Summen aus seinem Land als Kreuzzugssteuern erhoben wurden. Da nahm auch er 1250 in feierlicher Form das Kreuz. Es wurde sogleich behauptet, das sei nur der Steuern wegen geschehen. Und wirklich war kaum ein Monat vergangen, da erhielt er vom Papst die Genehmigung, für drei Jahre von den englischen Kirchengütern einen Zehnten zu erheben. Das Geld wurde erhoben, aber der König trat den Kreuzzug nicht an. Endlich, am 8. 4. 1252, erneuerte er wenigstens das Kreuzzugsgelübde. Wieder folgte dem Versprechen die Genehmigung weiterer Steuern durch den Papst. Ein energischer Widerspruch der englischen Geistlichkeit, die offen erklärte, es sei dem König nur um das Geld zu tun, nützte gar nichts. Die Steuern wurden erhoben, aber kein Kreuzzug brach auf. In ähnlicher Weise ging es in Schottland und Irland[249]. Auch für einen versprochenen Zug des Bruders des Königs, des Grafen Richard von Cornwall, der schon einmal im Heiligen Land gewesen war, wurden Steuern erhoben, aber der gelobte Kreuzzug fand nie statt[250]. König Haakon IV. von Norwegen ging diesen Weg zur Erlangung von Steuern vom Kirchengut sogar dreimal hintereinander, ohne die Gelübde auszuführen[251]. Hier war der Mißbrauch kaum noch zu überbieten.

Wurden hier die Absichten des Papstes von Fürsten in trügerischer Weise durchkreuzt, so stellten sich an anderen Stellen die weltlichen Herrscher in

---

[246] Throop, Criticism, S. 95, von etwa 1274—1276. — Collectio de scandalis 6, S. 39 ff.

[247] Vgl. auch Matthaeus Paris., Chron. maior IV, S. 9, zu 1240, u. VI, S. 137.

[248] Als Beispiele seien Briefe des Erzbischofs Aegidius von Tyrus (= Bibliothèque de l'école des chartes 19 [1858] S. 288, von 1265) und des Kaisers Friedrich II. (Huillard-Bréholles III, S. 71, von 1228) genannt.

[249] Gottlob, Kreuzzugssteuern, S. 53 ff. — Matthaeus Paris., Chron. maior V, 101, S. 327. — Ebd. IV, S. 629 ff., eine entsprechende Erzählung über Wilhelm Langschwert.

[250] Gottlob ebd. S. 52. [251] Gottlob ebd. S. 57 f.

offenem politischem Kampf den Maßnahmen des Papstes entgegen. Am entschiedensten ging König Philipp August von Frankreich vor. Er wandte sich neben dem Steuerrecht vor allem gegen die Schutzherrschaft, die der Papst nach den Bestimmungen des Konzils von 1215 über die ausziehenden und abwesenden Kreuzfahrer und ihr Gut beanspruchte, und gegen die leicht auszunutzenden Freiheiten, die ihnen versprochen wurden. Er sah mit Recht die Gleichmäßigkeit seiner Herrschaft über seine Untertanen hier bedroht. So legte er seine Forderungen, in einem sogenannten Stabilimentum zusammengefaßt, sogleich nach dem Konzil 1215 den Großen seines Reiches vor und verschaffte ihnen so Rechtsgültigkeit, ohne mit dem Papst darüber zu verhandeln[252]. Gerade aus dieser scharfen Abwehr wird deutlich, welche Macht die Bestimmungen des Laterankonzils von 1215 dem Papst durch dies Schutzrecht gaben, von allem Steuerrecht noch abgesehen.

Aber die Kritik ging nicht nur von den Herrschern aus, sie war überall im Volk lebendig. Die Literatur spiegelt uns den Unwillen und die Abwehr der päpstlichen Maßnahmen, vor allem der neuen Steuern, wider. Am bekanntesten ist der Spruch Walthers von der Vogelweide, in dem er sich an den Opferstock, den Papst Innozenz III. in allen Kirchen hatte aufstellen lassen, als den „Herrn Stock", wendet:

„Sagt an, hêr Stoc, hât iuch der bâbest her gesendet,
daz ir in rîchet und uns Tiutschen ermet unde pfendet?
. . . ich waen des silbers wênic kumet ze helfe in gotes lant:
grôzen hort zerteilet selten pfaffen hant.
hêr Stoc, ir sît ûf schaden her gesant,
daz ir ûz tiutschen liuten suochet toerinne unde narren." [253]

Das klingt sehr erbittert. Aber es ist nicht die einzige derartige Stimme. Im Renner von Hugo von Trimberg heißt es: „Der bâbest ist sînen kinden holt, er nimt ir silber und ir golt." [254] Fügen wir dazu, daß in Freidanks Bescheidenheit steht: das Netz, mit dem Petrus Fische gefangen habe, sei in Rom verachtet; das römische Netz fange: „silber, golt, burge und lant, das was sant Pêter unbekant" [255], so ergibt sich daraus, daß man in weiten Kreisen die Maßnahmen des Papstes nicht freundlich aufgenommen hat. Doch die Bitterkeit dieser Sprache ist noch gering gegen die Parodie aus Vagantenkreisen, die unter dem Namen des Geldevangeliums bekannt ist. Sie ist wahrscheinlich mit der Einführung der Kreuzzugssteuern von 1198/99 in ursächlichen Zusammenhang zu bringen, spricht also Stimmungen aus, die sich

[252] Bouquet, Recueil XVII, XLVII, von 1215. — Vgl. dazu J. Greven = Hist. Jahrb. d. Görres-Gesellsch. XLIII (1923) S. 27.
[253] Walther von der Vogelweide 34, 14 ff.
[254] Vers 9121
[255] Ausgabe von Bezzenberger, 152, 20.

schon vor Innozenz III. gegen die päpstlichen Maßnahmen wandten[256]. Die Satire erreicht ihren Höhepunkt, wenn sie den Papst in Parodierung von Lukas 10, 27 sagen läßt: „Du sollst Gold und Silber lieben aus ganzem Herzen und aus ganzer Seele und den Reichen wie dich selbst" (Dilige aurum et argentum ex toto corde tuo et ex tota anima tua et divitem sicut te ipsum)[257]. Auch wenn man die allgemeine Abneigung gegen Abgaben einbezieht, so zeigen sich hier doch sehr bedenkliche Reaktionen in der Christenheit.

Der vierte Kreuzzug

Die großangelegte Werbung des Papstes hatte Erfolg. In Venedig entschloß sich der greise Doge Enrico Dandolo mit vielen Venezianern, das Kreuz zu nehmen, in der Lombardei Bonifaz von Montferrat, der Bruder des Konrad von Monferrat, der im dritten Kreuzzug zum Retter des Heiligen Landes geworden war, und mit ihm viele Herren des lombardischen Adels und Bürgertums. In Frankreich und Deutschland war die politische Lage der Werbung günstig. Denn alle die französischen Ritter, die auf der Seite Löwenherz' gestanden hatten, beeilten sich jetzt nach seinem Tode, das Kreuz zu nehmen, um den Feindseligkeiten des französischen Königs zu entgehen[258/59]. Es muß eine große Zahl von Teilnehmern aus Frankreich und Deutschland gewesen sein, jedoch überwog die Zahl der Franzosen bei weitem. Zunächst hatte sich auch viel geringes Volk, viele Frauen und Kampfuntüchtige gemeldet. Doch die wies der päpstliche Kardinallegat vor der Abfahrt zurück. Es muß also ein Heer ohne große Belastung durch Nichtkämpfer gewesen sein[260].

Die Größe des Heeres ergibt sich daraus, daß man mit Venedig einen Überfahrtsvertrag für 4500 Ritter, ebenso viele Pferde, 9000 Knappen und 20 000 Mann Fußtruppen abschloß. Aber es kamen lange nicht so viele nach Venedig, sondern viele fuhren auf eigene Faust nach dem Heiligen Land. Doch zählte die Kreuzfahrerflotte, als sie Venedig verließ, noch 1000 Ritter, 4000 Sergeanten zu Pferd und 8000 Fußsoldaten[261]. Man konnte also mit großen Hoffnungen diesem neuen Kreuzzug entgegensehen.

---

[256] H. Benary a. a. O. S. 25. — Lehmann hatte das Werk schon in die zweite Hälfte des 12. Jahrhunderts zurückdatiert, was mir aber sehr unwahrscheinlich, ja sogar unmöglich erscheint. Ausgabe von P. Lehmann, S. 65.

[257] P. Lehmann, Parodie im Mittelalter (1920). — Ders., Parodistische Texte (1923) S. 9.

[258] Ernoul S. 337: il se croisierent pour le doute dou roi de France qu'il ne les grevast, por çou que contre lui avoient esté. — Vgl. auch P. comte Riant = Revue des quest. hist. XVII, 332.

[259] Würzburger Annalen = M. G. SS. XVI, S. 9 ff. — Vgl. auch Riant a. a. O. S. 339.

[260] Würzburger Annalen = M. G. SS. XVI, S. 10. — Eracles XXVIII, 3, S. 252.

[261] G. L. F. Tafel und G. M. Thomas = Font. rer. Austr., XVII, 369 ff. — Dazu

Die militärische Führung des Zuges sollte nach dem Willen von Innozenz III. zuerst Richard Löwenherz übernehmen. Doch er starb am 16. April 1199. Dann sah man Graf Thibaut von der Champagne vor, den Bruder des Grafen Heinrich von der Champagne, der 1192—1197 die Geschicke des Heiligen Landes geleitet hatte. Doch auch dieser starb am 24. Mai 1201. Daraufhin wählten französische Kreuzritter zu Soissons den Markgrafen Bonifaz von Montferrat. Maßgebend war hier auch das große Ansehen, das sich sein Bruder im Heiligen Land erworben hatte. Davor trat der nationale Gegensatz zurück, und man sah darüber hinweg, daß Bonifaz Lombarde und Parteigänger Heinrichs VI. gewesen war, wie er auch mit den Hohenstaufen verwandt war. Echtes Verdienst vermochte doch auch damals noch den nationalen Gegensatz und politische Bedenken zu überwinden[262].

Das Ziel, das sich dieser Kreuzzug gesteckt hatte, war zweifellos die Eroberung Ägyptens. Es ist der alte Plan, den Amalrich schon durchzuführen versucht hatte und der dann in den Gedanken Richard Löwenherz' und seiner Mitstreiter immer wiederkehrte. Man hatte wiederholt erfahren, wie schwer es war, unmittelbar um Jerusalem zu kämpfen. Gelang es dagegen, in Ägypten festen Fuß zu fassen und ein Stück ägyptischen Landes in der Hand zu haben, so konnte man damit rechnen, daß Jerusalem unter diesem Druck zu befreien war[263]. Doch es kam nicht zu diesem Angriff auf Ägypten. Viele haben die Schuld daran Venedig und Enrico Dandolo zugeschrieben und behauptet, sie seien durch große Handelsvorrechte von al-Malik al-ʿĀdil bestochen worden, die Sache der Kreuzfahrer zu verraten und die Ausrichtung des Zuges auf Ägypten zu verhindern[264]. Diese Beschuldigung des offenen und bezahlten Verrates ist sicher unrichtig. Doch stimmt, daß ein Kreuzzug gegen Ägypten Venedigs gute Handelsbeziehungen zu dem Sultan erheblich gestört hätte. Venedig mußte darum auch ohne Versprechungen des Sultans daran gelegen sein, den Kreuzzug von Ägypten abzulenken. Und daß es wirklich gelang, hat sich später für Venedig gut bezahlt gemacht.

---

ein Brief des Grafen von St. Pol = Bouquet, Recueil XVIII, S. 519. — Nach seinen Angaben war die Zahl der Ritter, die vor Byzanz ankam, noch geringer: 500 Ritter, 500 Berittene und 2000 Fußsoldaten. Das ist durch die Abtrennung der Opposition wohl möglich. — Vgl. dazu Jahn, Heereszahlen, S. 40.

262 P. comte Riant, Revue des quest. hist. XVII, S. 348. — Über Bonifaz vgl.: D. Brader, Bonifaz von Montferrat bis zum Antritt der Kreuzfahrt. — Ein Gedicht von Rombaut de Vaqueiras, das seine Wahl preist, siehe Fr. Diez a. a. O. S. 238.

263 Guntherius Parisiensis 6, S. 230ff. — Gesta Innocentii III, cap. 83, S. CXXXI. — Robert de Clary V, S. 5. — Brief des Grafen von St. Pol = Bouquet, Recueil XVIII, S. 517. — G. de Villehardouin, La conquête de Constantinople 30, S. 30.

264 Eracles XXVIII, 2, S. 251f. — Ernoul S. 343ff. — Ch. Hopf in: Ersch und Gruber, Enzyklop. 85, S. 188. — G. Hanotaux = Revue hist. IV (1877) S. 74 bis 102. P. comte Riant = Revue des quest. hist. XVII, S. 327. — H. Benary a. a. O. S. 22. — R. Sternfeld = Hist. Ztschr. 106, S. 312. — Die Privilegien siehe R. Röhricht, Regesta 830/222; 831/223; 832/223 u. 833/223.

Denn es erhielt einige Jahre später Privilegien für seinen Handel in Alexandrien. Die Tatsache dieses Verdachtes aber zeigt, wie wenig man in den Kreisen der Kreuzfahrer Venedig traute.

In dem genannten Überfahrtsvertrag verpflichtete sich Venedig, die angegebene Zahl von Kreuzfahrern überzusetzen, ihnen Verpflegung für die Dauer eines Jahres zu liefern und ebenso Futter für die Pferde. Schiffe sollen in genügender Zahl zum festgesetzten Termin bereitliegen. Außerdem will Venedig freiwillig noch darüber hinaus 50 Galeeren auf seine eigenen Kosten für den Kreuzzug stellen. Für alles das haben die Kreuzfahrer 85 000 Mark in festgesetzten Raten zu zahlen[265]. Außerdem muß man damals vereinbart haben, ohne es in den Vertragstext aufzunehmen, daß die Hälfte aller Eroberungen außerhalb des Heiligen Landes den Venezianern zukommen solle[266].

Die Summe, die die Kreuzfahrer zu zahlen hatten, ist nicht übermäßig hoch, aber auch nicht billig, wenn man die weit größere Kaufkraft des Geldes berücksichtigt[267]. Doch sie war nicht aufzubringen, da viel weniger Kreuzfahrer angekommen waren, als man gerechnet hatte. Venedig aber blieb bei seinen Forderungen mit dem Hinweis auf die für die Schiffe gemachten Ausgaben. Die Lage der Kreuzfahrer, die man auf der Insel des Nikolaus, dem heutigen Lido, untergebracht hatte, wurde immer unerträglicher. Untätigkeit, Hunger und Krankheiten bedrückten sie schwer. Zudem klagten sie, man behandle sie wie Gefangene und Knechte. Da war es denn nicht zu verwundern, daß viele das Heer verließen, um über andere Häfen sich einzuschiffen. Diese Verminderung der Zahl machte es noch weniger möglich, die von Venedig geforderten Zahlungen zu leisten.

In dieser Not machte Enrico Dandolo den Vorschlag, er wolle dem Kreuzheer die rückständige Summe erlassen, wenn es für Venedig die Stadt Zara an der dalmatinischen Küste erobere. Diese Stadt aber gehörte dem christlichen König von Ungarn, der dazu auch noch das Kreuz genommen hatte. Anfangs wiesen die Kreuzfahrer das Ansinnen mit Entrüstung ab, dann aber stimmten sie zu, da sie keinen anderen Weg sahen, den Kreuzzug auszuführen[268]. Eine kleine Gruppe opponierte allerdings heftig, aber ohne Erfolg. Am 8. Oktober 1202 verließ die Flotte Venedig, eroberte Triest und Muglia, ohne dort auf Widerstand zu stoßen; Zara aber ließ sich erst nach einer Belagerung von zwei Wochen nehmen. Es wurde völlig zerstört und geplündert. Dabei kam

---

[265] G. L. F. Tafel und G. M. Thomas = Font. rer. Austr., XVII, 369 ff. — Die Angaben der Halberstädter Bistumschronik = Mon. Germ. SS. XXIII, S. 117, sind ungenau, weichen aber nicht weit davon ab. Ebenso die Chronik des Andreas Dandolo = Muratori XII, S. 320.

[266] G. de Villehardouin, 23, 5, S. 24. — Ernoul S. 339. — Chronik des Andreas Dandolo = Muratori XII, S. 320.

[267] Untersuchungen von A. Luschin von Ebengreuth. Siehe Kretschmayr, Geschichte von Venedig I, S. 282 f.

[268] Kölner Königschronik. Continuatio III = M. G. Schulausg., S. 199. — G. de Villehardouin 59, S. 60. — Eracles XXVIII, 3, S. 253.

es — ein trauriges Bild zu Beginn des Kreuzzuges — zu blutigen Kämpfen zwischen Venezianern und Kreuzfahrern um die Beute. In diesen Kämpfen wurde Istrien und Dalmatien zur Tributzahlung an Venedig gezwungen. Es galt also nicht, eine einzelne Stadt für Überfälle zu bestrafen, wie man es vorher gesagt hatte, sondern einen großen Teil der dalmatischen Adriaküste Venedig zu unterwerfen.

Wie aber stellte sich Papst Innozenz zu dieser Wendung des Kreuzzuges, den er zu leiten beanspruchte? Auf Anraten des mitgesandten päpstlichen Legaten, Kardinal Peters von Capua, verschwieg man dem Papst zunächst die ganze Angelegenheit, um das Zustandekommen des Kreuzzuges nicht zu gefährden. So erfuhr Innozenz erst davon, als der Kampf um Zara schon in vollem Gang war. Voll Entrüstung und Trauer schrieb er an die Kreuzfahrer und sprach den Kirchenbann über sie aus, wenn Zara erobert werde. Doch diesen Brief verschwieg Bonifaz von Montferrat den Kreuzrittern. Erst nach der Eroberung, Zerstörung und Plünderung schickte das Kreuzheer Gesandte an Innozenz mit dem Bekenntnis seiner Schuld, mit der Erklärung, was es dazu genötigt habe, und der Bitte, es vom Bann zu lösen. Das gestand denn der Papst auch zögernd zu mit der Forderung, das geraubte Beutegut zurückzugeben und von weiteren Zerstörungen abzusehen[269]. Der Papst lenkte also ein, um die Weiterführung des Kreuzzuges möglich zu machen. Die Führung des Kreuzzuges, der sein mit so viel Hingabe unternommenes Werk war und bleiben sollte, war damals schon seiner Hand entglitten — Tragödie eines großen Willens. Er versuchte, das Unternehmen jetzt durch verzeihende Nachgiebigkeit wieder in die Hand zu bekommen. Doch das war vergeblich.

Denn im Lager von Zara kam es zu einer neuen und folgenschweren Ablenkung des Zuges. Es erschien dort Alexios, der Sohn des abgesetzten, gefangenen und geblendeten byzantinischen Kaisers Isaak, und erbat die Hilfe der Kreuzfahrer bei der Eroberung des ihm zustehenden byzantinischen Reiches. Er hatte sich, als er aus Byzanz entkommen war, zunächst an Papst Innozenz III. gewandt mit derselben Bitte. Aber dieser hatte abgelehnt. Denn einmal hoffte er auf eine Lösung der Unionsfrage mit dem neuen byzantinischen Kaiser, und dann wollte er den jungen Prinzen, der der Schwager des deutschen (von ihm damals bekämpften) Königs Philipp war, schon deshalb nicht unterstützen.

So ging Alexios weiter nach Deutschland zu Philipp. Dort traf er 1201 Bonifaz von Montferrat, den neugewählten Führer des Kreuzheeres. Es gelang, ihn für Alexios' Sache zu gewinnen. Dazu half die Tatsache, daß er Heinrich VI., Philipps Bruder, nahegestanden hatte und ebenso Kaiser Isaak, dem Vater von Alexios. Er plante damals, mit dem Kreuzheer Alexios zu

---

[269] Halberstädter Bistumschronik = M. G. SS. XXIII, S. 117. — G. L. F. Tafel und G. M. Thomas a. a. O., 101, 102, 103 u. 105, S. 409 ff.

unterstützen[270]. Da Papst Innozenz III. die Führung des Kreuzzuges beanspruchte, machte sich Bonifaz auf den Weg zu ihm, um seine Zustimmung zu erreichen. Doch er mußte unverrichteter Dinge abziehen. So kehrte er zum Heer zurück[271].

Daraufhin kam Alexios nach einer vorbereitenden Gesandtschaft Philipps unmittelbar zum Kreuzfahrerheer im Lager vor Zara (20. April 1203). Diejenigen Kreuzfahrer, die mit dem neuen Plan nicht einverstanden waren, schickten den Kardinallegaten zum Papst, um anzufragen, wie sie sich verhalten sollten. Innozenz verbot es nachdrücklich, nach Byzanz zu fahren statt nach Ägypten oder ins Heilige Land[272]. Doch sein Verbot kam wieder zu spät. Denn inzwischen war man im Lager auf die verlockenden Pläne des jungen Prinzen eingegangen und hatte mit ihm abgeschlossen. Allerdings gelang das nicht ohne lebhafte Unruhen im Kreuzheer[273]. Anfangs waren nur wenige für den neuen Plan zu haben. Dann aber wußten Bonifaz und Balduin ihnen klarzumachen, daß man ohne die Hilfe von Byzanz gar nicht in der Lage sei, erfolgreich gegen die Muslime zu kämpfen, daß man deshalb diese Unterstützung sich erwerben, dann aber schnell von Byzanz weiterziehen werde.

Was Alexios (und mit ihm Philipp von Schwaben) damals dem Heer versprachen, ist nicht mehr eindeutig festzustellen. Zunächst einmal sind augenscheinlich den einzelnen Führern gesondert große Summen gegeben oder versprochen worden: 100 000 Mark Silber je für Bonifaz, den Dogen und Balduin von Flandern, 50 000 dem Grafen von St-Pol. Außerdem sollte das ganze Heer auf dem jetzigen Zug von Alexios verpflegt werden und ferner der Kreuzzug eines Heeres von 100 000 Mann von Byzanz aus finanziert und durch die Absendung von 500 byzantinischen Rittern unterstützt werden. Auch versprach Alexios die Unterstellung der Ostkirche unter Rom[274].

Entsprechend diesen Verträgen fuhr die Hauptmasse des Heeres unter Bonifaz, dem Dogen und Balduin von Flandern nach Konstantinopel. Doch eine große Oppositionsgruppe schloß sich aus. Es kam vor Zara zu großen Auseinandersetzungen; eine Chronik spricht von einer Verschwörung der Gegner des neuen Plans[275]. Diese Gruppe trennte sich vom Heer und fuhr unmittelbar nach Akkon. Andere folgten von Korfu aus. Andere wieder

---

270 Gesta Innocent. III, cap. 83 = Migne PL 214, CXXXII. — D. Brader, Bonifaz von Montferrat, S. 182—184.

271 Gesta Innocent. III = Migne PL 214, CXXXII.

272 Migne PL 214, 1123, von 1202. — Vgl. dazu J. Haller, Papsttum II, 2, S. 348. — G. L. F. Tafel und Thomas a. a. O. 104, S. 415 ff., von 1203.

273 Brief des Grafen von St. Pol = Bouquet, Recueil XVIII, 517.

274 Bouquet, Recueil XVIII, 517. — Ernoul S. 360 f. — Eracles XXVIII, 13, S. 264 f. — G. de Villehardouin, 70 S. 70.

275 Würzburger Annalen = M. G. SS. XVI, S. 10. — G. de Villehardouin 95, S. 95; 100, S. 100 ff.; 117, S. 121. — Ernoul S. 274. — P. comte de Riant = Revue des quest. hist. XVIII, S. 21—23. — K. Burdach, Walther von der Vogelweide, S. 34 = H. Z. 145 (1931).

zogen zu Land dem ungarischen König zu, dem man gerade Zara abgenommen hatte, um sich an dessen Kreuzfahrt zu beteiligen. René de Montmirail, den man mit einer Gruppe von Rittern ins Heilige Land geschickt hatte, kam von dort nicht wieder mit seiner Schar, und ebenso fuhr Kardinal Robert de Boves, den man nach Rom gesandt hatte, von dort unmittelbar ins Heilige Land[276]. Ein letzter kleiner Teil von Opponenten ließ sich im letzten Augenblick doch noch überreden, gegen Byzanz mitzuziehen.

Überschaut man das Ganze und rechnet noch die zahlreichen Scharen dazu, die von vornherein gar nicht nach Venedig gekommen, sondern von anderen Häfen aus nach Akkon gefahren waren[277], so bedeutet das alles zusammen einen Kreuzzug neben dem Kreuzzug, und zwar einen, der das eigentliche Ziel, nämlich Jerusalem, erreichte und sich damit gegenüber der Hauptmasse des vierten Kreuzzuges als der legitime erweist. Dieser Kreuzzug hatte freilich keinen Erfolg. Er kam ohne Gesamtführung im Heiligen Land an, ohne Kenntnis des geheimgehaltenen Planes, Ägypten anzugreifen, und dazu in einzelnen verstreuten Gruppen. Auch kam er in einer Zeit an, in der König Amalrich eifrig darauf bedacht war, den mit den Muslimen abgeschlossenen Frieden nur ja nicht zu brechen. Wieder kam es zu Gegensätzlichkeiten zwischen den neuangekommenen Kreuzfahrern und den einheimischen fränkischen Rittern samt ihrem König. Mit Mühe gelang es ihm, eine besonders eifrige Gruppe von Kreuzfahrern davon abzuhalten, unmittelbar anzugreifen und so den Frieden zu brechen[278]. Gekämpft wurde damals nur in Antiochia. Aber es war ein Kampf von Christen gegen Christen, ein Thronfolgestreit, in dem Bohemund IV. von Antiochia dem König Leo II. von Armenien gegenüberstand. Da die Kreuzfahrer sofort kämpfen wollten, griffen sie hier ein, teils auf der einen, teils auf der anderen Seite. So hätten hier also Kreuzfahrer gegen Kreuzfahrer gefochten als ein Zerrbild des Kreuzzuges, wenn nicht die eine Gruppe in einen Hinterhalt der Muslime geraten und aufgerieben worden wäre, nicht ohne eigene Schuld, da sie Warnungen von Einheimischen in den Wind geschlagen hatte[279]. Auch an Unternehmungen König Amalrichs gegen Ba'rin waren Kreuzfahrer beteiligt. Doch alles in allem verliert sich die an sich nicht unbeträchtliche Macht dieses Kreuzzuges der Opposition mangels einer Führung im Unbedeutenden.

Die Hauptmasse des Heeres war inzwischen weitergezogen, hatte Durazzo und Korfu eingenommen und war am 5. Juli 1203 vor Konstantinopel gelandet. Verhandlungen, die man ihnen anbot, waren aussichtslos. Man griff an. Die erste Phase des Kampfes galt der Kette, die, quer vor das Goldene Horn gespannt, die Einfahrt in dieses verhindern sollte. Doch die Sperre wurde vernichtet, so daß man einfahren, dort landen und den Blachernen-

[276] G. de Villehardouin 102, S. 102/03; 106, S. 106. — Ernoul S. 351.

[277] Eracles XXVII, 24, S. 246. — Ernoul S. 340. — G. de Villehardouin, 50, S. 53 bis 52, S. 54.

[278] Eracles XXVII, 24, S. 247. — Ernoul S. 341.

[279] Eracles XXV, 27, S. 247 ff. — R. Grousset III, S. 178/79.

palast unmittelbar bedrohen konnte. Bald drangen die Venezianer auch mit Leitern in die Stadt ein. Da gab Kaiser Alexios III. seine Sache verloren und floh. Die Kreuzfahrer zogen durch die nun geöffneten Tore in Konstantinopel ein. Der junge Alexios aber wurde neben seinem nun befreiten Vater als Alexios IV. von den byzantinischen Garden zum Kaiser ausgerufen.

Alexios IV. erneuerte nun seine den Kreuzfahrern gemachten Versprechungen. Doch die Ausführung verzögerte sich. Inzwischen aber kam es zu Feindseligkeiten zwischen dem neuen Kaiser und den zahlreichen in Konstantinopel ansässigen lateinischen Zivilisten. Diese suchten bei den Kreuzfahrern Schutz, so daß nun auch diese in scharfen Gegensatz zu Alexios IV. gerieten. Da benutzte ein gewisser Alexios Dukas, genannt Murzuflos, die allgemeine Unzufriedenheit und machte sich zum Herren der Stadt. Der geblendete Kaiser Isaak wurde wieder gefangengesetzt und Alexios IV. erdrosselt. Auch ein weiterer Prätendent, Nikolaus Marcellarius, wurde geschlagen und getötet. Er selbst aber hatte sich als Alexios V. zum Kaiser gemacht. Doch die Kreuzfahrer waren nicht gewillt, diesen Wirren zuzuschauen, zumal die Versprechungen dadurch in Frage gestellt wurden. Sie eroberten zum zweitenmal die Stadt. Dabei wurde sie ein Raub der Flammen und gründlich von den Kreuzfahrern geplündert. Byzanz war damals voll von Reichtümern, vor allem aber auch von Kunstwerken antiker und späterer Zeiten. Sie wurden großenteils vernichtet[280]. Damals und nicht erst unter den Türken wurde das meiste zerstört. Die Beute muß sehr groß gewesen sein[281]. Villehardouin sagt, man hätte das Gold und Silber, die Edelsteine, das Silbergeschirr, die Seidenstoffe aller Art, Gewänder und die verschiedensten Pelzsorten gar nicht zählen können. Nachdem schon mancher sich versorgt hatte, war der Rest doch noch groß genug, um jedem von den Kreuzfahrern nach einem bestimmten Schlüssel (Ritter : Priester und Berittene : Fußsoldaten = 20 : 10 : 5) einen Anteil zuweisen zu können. Es war eine der größten Vernichtungen von Kunstwerken, die das Mittelalter kennt[282].

Papst Innozenz III. war in einer schlimmen Lage: Der Kreuzzug, der sein Zug sein sollte, war nun zum zweitenmal seiner Führung entglitten. Er war bei der Entscheidung zur Seite geschoben worden. Man hatte sich entschlossen und gebunden, ehe seine ablehnende und verbietende Antwort

---

[280] Niketas Choniates, S. 761—762, beschreibt als Augenzeuge das Wüten der Kreuzfahrer in Konstantinopel. Ähnlich auch der Metropolit von Ephesos, Nikolas Mesarites, in einem Epitaph auf seinen Bruder Johannes = A. Heisenberg, Neue Quellen I, S. 41 ff.

[281] G. de Villehardouin II (1939) S. 52: „Seit die Welt erschaffen, ist eine solch große Beute noch nie in einer Stadt gewonnen worden."

[282] Würzburger Annalen = M. G. SS. XVI, 12 ff. — Vgl. auch die Nachricht, daß der Bischof Konrad von Halberstadt dem dortigen Dome aus der Beute kostbare Paramente und Fahnen stiften konnte = Franz Dölger, Grabmann-Festschrift, S. 1315 ff. — Zu den ganzen Kämpfen vgl. Eracles XXVIII, 15, S. 266; XXIX, 1, S. 275. — Ernoul S. 375 f. — G. de Villehardouin an verschiedenen Stellen.

eintraf. Dann aber hatte man ihn erst unterrichtet, als er geschehenen Tatsachen gegenüberstand, an denen er nichts mehr ändern konnte[283]. Es lag nahe, daß der Papst voll Enttäuschung und Entrüstung geantwortet hätte. Aber da war die alte treugehegte Hoffnung auf eine Vereinigung mit der Ostkirche. Sie schien nun endlich erreicht. So antwortete er den Kreuzfahrern friedlich mit ernsten Ermahnungen, für die Unterwerfung der griechischen Kirche unter Rom Sorge zu tragen und doch noch zum Kreuzzug zum Heiligen Land aufzubrechen[284]. Es war zweifellos nicht leicht für Innozenz III., diese Haltung einzunehmen, aber doch das Klügste, was er unter den gegebenen Verhältnissen tun konnte. Seine Hoffnung auf den Anschluß der Ostkirche sollte sich aber doch nicht erfüllen. Der starke Widerstand innerhalb der griechischen Kirche, der auch durch die Erfahrungen von 1204 noch gewachsen war, ließ sich nicht überwinden[285].

Inzwischen hatte sich das eroberte Reich seine neue Form gegeben. Am 9. Mai wählte man in einem indirekten Wahlverfahren durch 6 Wahlmänner der Venezianer und 6 Wahlmänner der Kreuzfahrer den Grafen Balduin von Flandern einstimmig zum Kaiser des neuen Reiches. Im Interesse des neuen Reiches war es zu bedauern, daß man nicht Bonifaz von Montferrat wählte. Denn Balduin zeigte sich bald seiner Aufgabe nicht gewachsen. Von Bonifaz aber ließ sich viel erwarten. Villehardouin und die Minnesänger preisen ihn sehr, sein Vater und sein Bruder hatten sich zudem im Kampf gegen die Muslime sehr gut bewährt. Aber Bonifaz war Venedig nicht genehm, da er gute Beziehungen zu Genua, Venedigs Gegnerin, und zu den Hohenstaufen hatte.

Nicht nur für Bonifaz bedeutete diese Wahl eine Niederlage, sondern auch für Philipp von Schwaben. Über seine Erbansprüche ging man ohne weiteres hinweg, und er hatte keine Macht, sie durchzusetzen. Wenn Philipp auch noch weiter diese Ansprüche aufrechterhielt und dem zweiten lateinischen Kaiser Heinrich gegenüber vertrat, so zeigt das einen Mangel jeden Maßstabes für politische Realitäten.

Venedig hatte entschieden, wie es einleuchtend ist, wenn es 6 von 12 Wahlstimmen in seiner Hand vereinigte, die anderen aber sich zerstreuten. Es beanspruchte die Hälfte der Stadt, das Patriarchat und mit ihm die Hagia Sophia. Bei der Teilung des Byzantinerreiches erhielt Venedig der Quadratmeterzahl nach nur drei Achtel des Bodens, aber die enthielten alle wichtigen Häfen, Küstenstreifen und Inseln. Die fünf Achtel der Kreuzfahrer aber wurden aufgeteilt in das lateinische Kaisertum, die Herzogtümer Philippopel, Morea, Athen u. a., so daß die Macht dieser einzelnen neuen Staaten nur gering war. Venedig blieb der eigentliche Sieger. Das war das Werk seines

[283] G. L. F. Tafel und G. M. Thomas a. a. O. 111, S. 428 ff., von 1203.

[284] Bibl. d. l'école des chartes XXXIV, S. 408. — Potthast 2507. — Ebenso an Bonifaz von Montferrat = Innocent. III, Migne 215, lib. VI, Brief CI, S. 106.

[285] P. comte Riant = Revue des quest. hist. XVIII, 63. — J. Haller, Papsttum II, 2, S. 355.

Dogen Enrico Dandolo, der als neunzigjähriger, blinder Mann den Kreuzzug mit nie nachlassender Energie mitmachte und heimlich leitete. 30 Jahre vorher hatte ihm in Konstantinopel die Tücke des Kaisers Manuel das Augenlicht geraubt. Von da an haßte er Byzanz, das außerdem immer der große Gegner der venezianischen Handelspolitik trotz aller Verträge gewesen war. Ostrogorski [286] charakterisiert ihn als „einen großen, zu durchgreifenden Entschlüssen fähigen, dem Kreuzzugsgedanken gefühlsmäßig gänzlich unzugänglichen Staatsmann", während er Karl Hampe „recht eigentlich als eine Verkörperung des aus Helden- und Händlergeist wunderbar gemischten Genius seiner Vaterstadt" erscheint [287].

Er ist der eigentliche Sieger. Die Geschehnisse nach der Eroberung der Stadt zeigen auch, wo das eigentliche Schwergewicht schon vorher lag. Wenn man in Byzanz auf Venedigs Stimme als die entscheidende hörte, wenn ihm der Hauptgewinn zufiel, so war es sicherlich auch der Doge, der die Wendung des Kreuzzuges gegen Byzanz im wesentlichen verursacht hat. Er spielte dabei die seit einem Jahrhundert Byzanz feindlich gesinnte Stimmung der Kreuzfahrer aus und schob dabei in der Öffentlichkeit Philipp von Schwaben und den jungen Alexios vor. Aber wie das Heer dann über deren Ansprüche hinwegging, hatte der Doge auch nie daran gedacht, sie zu erfüllen. Und Philipp hatte keine Macht, um sich durchzusetzen. Denn seine Lage war damals schlecht; vom Papst war er gebannt, von seinen Anhängern in Deutschland sah er sich allmählich verlassen, und auch in Frankreich sank sein Ansehen. So werden nach der Eroberung die wahren Machtverhältnisse plötzlich völlig klar. Als maßgebende Macht bei dem Entschluß, bei der Eroberung und bei der Verteilung der Beute wird Venedig nun deutlich sichtbar [288].

Diese Beurteilung fügt sich auch ohne weiteres in das Gesamtbild der venezianischen Politik dieser Zeit ein. Der Mittelpunkt der venezianischen politischen Pläne war seit langem Byzanz. Zunächst hatte man versucht, in Freundschaft mit dem byzantinischen Reich sich dort festzusetzen und einen Handelsstützpunkt zu schaffen. Und man hatte gute Erfolge mit dieser Politik: 1081, als das Byzantinerreich in großer Gefahr war, als Robert Guiskard über Durazzo weit durch das Festland auf Byzanz zu vorgedrungen war, hatte Venedig auf den Hilferuf des Kaisers Alexios I. hin als Bundesgenosse eingegriffen und die Normannen mit seiner Flotte geschlagen. Dafür

---

286 G. Ostrogorsky S. 330.

287 K. Hampe, Hochmittelalter, S. 268.

288 Zusammenstellungen der verschiedenen Meinungen bei B. Kugler, Geschichte d. Kreuzzüge, S. 269/70. — H. Kretschmayr, Geschichte Venedigs I, 480 ff., und G. Schrötter, Jahresber. d. Geschichtswiss. 29 (1906) III, 237. — In Philipps Politik sieht den Hauptfaktor besonders P. comte de Riant = Revue des quest. hist. XVII, S. 331. — Auch E. Winkelmann, Philipp (1872), schließt sich dieser Meinung an und neuerdings Ch. Petit-Dutaillis = L'Essor, S. 82 u. 83. Er spricht vom deutschen „Drang nach dem Osten" (geschrieben im Jahr 1936!).

erhielt es durch ein Privileg des Kaisers in Pera, dem Stadtteil von Byzanz jenseits des Goldenen Horns, eine Handelskolonie mit eigenem Landungsplatz, den dazu notwendigen Grundstücken und einer Kirche. Dazu bekam Venedig Zollfreiheit im ganzen Byzantinerreich, und der Doge wurde mit dem Titel Protosebastos ausgezeichnet. Damit schien Venedig erreicht zu haben, was es wollte. Doch der Erfolg war nicht von langer Dauer. Es kam zu Streitigkeiten (1171), in deren Verlauf Kaiser Manuel, der auch den Genuesen Privilegien gegeben hatte, alle Venezianer im Byzantinerreich gefangennehmen und vertreiben ließ. Dies veranlaßte Venedig, seine politische Stellung zu wechseln und sich mit den Normannen gegen Byzanz zu verbinden. Das Verhältnis beider schien sich um 1179 wieder zu bessern, doch da wiederholten sich die Vorgänge von 1171: in einem wilden Ausbruch der Volkswut wurden alle Venezianer in Byzanz ermordet oder vertrieben. Das war, als der vierte Kreuzzug vor Zara lag, erst etwas mehr als 20 Jahre her, also noch in guter Erinnerung, vor allem bei Enrico Dandolo, der seinen Haß zu bewahren wußte wie wenig andere. Die Verhältnisse hatten sich freilich zwischendurch wieder gebessert. Aber das änderte nichts mehr an der Überzeugung des Dogen, daß Venedig eine starke Stellung in Byzanz als Stützpunkt für den Orient- und Schwarzmeerhandel nicht mit Byzanz, sondern nur gegen Byzanz erreichen könne. Darum mußte ihm alles daran liegen, die Erbansprüche des jungen Alexios gegen Byzanz zu benützen. Und wie günstig war dabei, daß Venedig, hier zunächst ganz im Hintergrund bleibend, Philipp von Schwaben und die Kreuzfahrer vorschieben konnte. Enrico Dandolo erreichte so, was er lange erstrebt hatte.

Das neue lateinische Kaisertum stand dem alten byzantinischen Reich an Macht bedeutend nach. Dies zeigte sich rasch. Denn während Alexios III. und Murzuflos bald von den Lateinern gefangen und unschädlich gemacht wurden, gründeten Konstantin und dann Theodor Laskaris in Nicaea ein neues griechisches Gegenkaisertum, das eine immer größere Gefahr wurde. Auf der anderen Seite stellten die Bulgaren eine bedrohliche Macht dem lateinischen Kaisertum entgegen. Wie groß diese Gefahr war, zeigte sich, als 1205 Kaiser Balduin in die Gefangenschaft der Bulgaren geriet und dort wahrscheinlich in grausamer Weise getötet wurde[289]. Die Macht also, die das Abendland so lange im Osten gegen die Muslime geschützt und verteidigt hatte, wurde durch die Kreuzzüge, die selbst die Aufgabe hatten, gegen den Islam zu kämpfen, vernichtet, ohne daß man einen Staat gleicher Kraft an die Stelle setzen konnte. Man war ursprünglich ausgezogen, um Byzanz auf seinen Hilferuf hin gegen die Muslime zu unterstützen, und nun zerstörte man Byzanz mit den Kräften eines solchen Zuges.

Aber diese Wendung der Kreuzfahrer gegen Byzanz kam nicht überraschend. Die Feindschaft der Kreuzfahrer gegen Byzanz und der Byzantiner gegen die ihnen im Grunde sehr fremden Kreuzzüge nahm von einem Zug

[289] Robert Lee Wolff, Baldwin of Flanders = Speculum 27 (1952) S. 281 ff.

zum anderen zu. Der Griechenkaiser sah in ihnen eine Störung seiner Politik, auch der von Byzanz bisher immer geleisteten Verteidigung des Christentums gegen den Islam. Er unterstützte darum die Kreuzzüge nur unter Bedingungen und oft sehr zurückhaltend. Dies aber empfanden die Kreuzfahrer als Verrat an ihrer Sache. Sie sahen sich selbst als die eigentlichen Kämpfer für das Christentum an. Unklarheiten der Politik auf beiden Seiten verschärften noch die Feindseligkeiten. So war ein Streit unvermeidlich, und ein Austrag mit den Waffen wurde immer wahrscheinlicher. Schon beim zweiten Kreuzzug lag eine kriegerische Wendung gegen Byzanz sehr nahe, und Friedrich Barbarossa war einige Jahrzehnte später nahe daran, Konstantinopel anzugreifen. Diese Animosität gegen Byzanz war der beste Bundesgenosse für Enrico Dandolo, als er die Ablenkung des Zuges zu erreichen suchte.

Für die Kreuzzüge selbst bedeutete die Errichtung des lateinischen Kaisertums in Konstantinopel und der dazu gehörigen Staaten eine schwere Schädigung. Nicht nur daß der von Innozenz III. mit so viel Energie geworbene und vorbereitete Kreuzzug in seinem Hauptstrom nun das Heilige Land gar nicht erreichte, daß also die hier eingesetzten Mittel und die ausziehenden Streitkräfte dem Heiligen Land, für das sie bestimmt waren, nicht zugute kamen; sondern daß darüber hinaus das neue lateinische Kaisertum und die in Verbindung damit entstehenden Königreiche und Herrschaften abendländischer, meist französischer Herren eine große Zahl von Rittern aus dem Abendland an sich und damit von dem Heiligen Land abzogen. Aber der neue lateinische Kaiser ging noch weiter und ließ auch unter den Rittern des Heiligen Landes für sich werben; es solle zu ihm kommen, wer Länder und Güter haben wolle. Der Ruf wirkte. Hundert Ritter und etwa 10000 andere Männer sollen so aus dem Heiligen Land ausgewandert sein[290]. Daß sie nachher meist bitter enttäuscht wurden, steht auf einem anderen Blatt. Hundert Ritter mehr oder weniger konnten aber damals für die Geschicke des Königreiches Jerusalem entscheidend sein.

Die Hoffnung jedoch, mit Hilfe des neuen Staates am Bosporus und der griechischen Fürstentümer einen neuen Kreuzzug ausrüsten zu können, trog völlig. Denn das neue lateinische Kaisertum und die anderen Staaten waren schwach und brauchten alle ihre Kräfte, um sich nur gegenüber Nicaea und den Bulgaren halten zu können[291].

Auch für das Papsttum brachte der vierte Kreuzzug nur Enttäuschung. Denn die Hoffnung auf Vereinigung mit der Ostkirche war gescheitert. Außerdem mußte die Tatsache, daß ein Kreuzzug so ganz der ursprünglichen Absicht entfremdet werden konnte, daß er so sehr der Hand des Papstes entglitten war, das Ansehen des Papstes sehr schädigen, gerade jetzt, wo der Papst die Sache der Kreuzzüge so umfassend zu seiner eigenen gemacht hatte.

---

[290] Eracles XXIX, 3, S. 278. — Ernoul S. 378.

[291] R. Grousset III, 176/77, dort auch urkundliche Belege.

Wer aufmerksam den Verlauf der Dinge beobachtete, mußte sehen, daß in den führenden Schichten des Adels der Kreuzzugsgedanke keinen rechten Halt mehr hatte, daß er zum Deckmantel für andere politische Absichten zu werden drohte. Gewiß gab es auch noch Ritter, die anders dachten, wie es die 1204 die Ausrichtung auf Byzanz ablehnende, unmittelbar dem Heiligen Land zustrebende Opposition beweist. Aber sie waren nicht mehr entscheidend. Gewiß war auch noch ein starker Kreuzzugswille der niederen Schichten vorhanden, aber damit allein ließ sich das Heilige Land nicht wieder erobern oder Angriffen gegenüber halten. Darin lag die Tragik im Willen der Päpste, die den Kreuzzugsgedanken in einem Augenblick zu einem zentralen Thema der Kirche und der Religiosität machten, als er gerade, zumindest bei seinen ursprünglichen Trägern, zu erlahmen begann.

Die Kinderkreuzzüge und Albigenserkriege

Ehe es zu einem neuen, vom Papst geleiteten Kreuzzug kam, zogen waffenlose Kinder zur Befreiung des Heiligen Landes aus, und zwar ziemlich gleichzeitig in Frankreich und Deutschland. So unwesentlich diese Züge für den Kampf in Palästina waren, so wichtig sind sie zur Kenntnis und Beurteilung der Kreuzfahrerfrömmigkeit und der geistigen Haltung der abendländischen Völker dieser Tage.

Der Gedanke will uns Heutigen kaum faßbar erscheinen, daß nach dem Tod so vieler Männer Kinder glauben konnten, Gott habe sie auserwählt, ohne Waffen Jerusalem zu befreien; durch den Mißerfolg der bisherigen Kreuzzüge habe er gezeigt, daß er diese Art des Kämpfens um die Heilige Stadt, nämlich mit Waffen, nicht billige. Und noch weniger will es uns glaubhaft erscheinen, daß auch Erwachsene diesen Glauben teilten und den Auszug der Kinder förderten. Aber geht man aus von dem, was wir über die Begeisterungsfähigkeit der Kreuzfahrer auch sonst wissen, von ihrem Glauben an die unmittelbare und wunderbare Hilfe Gottes und seiner Engel in diesem gottgewollten Kampfe, und nimmt man dazu, daß der Kreuzzugsgedanke, wie wir sahen, im 13. Jahrhundert sich zu den niederen Klassen hin verschob, so erscheinen uns die Kinderkreuzzüge verständlicher.

Und noch eines muß dabei beachtet werden. Die Kirche hatte in der Kreuzzugspropaganda Gedanken aus der kämpferischen Laienwelt übernommen und für diesen Fall den Krieg bejaht, ihn als Gottes Willen und Gebot erklärt. Ist es zu verwundern, wenn diese Stellung zum Krieg und Blutvergießen nicht überall durchdrang, vor allem bei Frauen und nichtritterlichen Kreisen? Da lag es nahe, den Zug zur Befreiung Jerusalems zwar begeistert zu bejahen, aber die Befreiung durch Krieg, Waffen und Blutvergießen abzulehnen. Mißerfolge der Ritterzüge mußten als eine Bestätigung solchen abgewandelten Kreuzzugsglaubens erscheinen. Dann aber hatte der Gedanke des Zuges der Waffenlosen, der Unmündigen, der Unschuldigen Kraft und Erfolg auch bei Erwachsenen, mehr aber noch bei Kindern und Jugendlichen, die, wenn sie einmal erfaßt waren, sich durch keinen Einspruch und keine Strafe abhalten ließen. So nahm denn das Unheil seinen Lauf.

Wie lange solche Gedanken schon im Abendland umgingen, zeigt die Kaiserchronik, die in den Zeiten Heinrichs des Stolzen (1106—1139) verfaßt worden ist, also etwa 80 Jahre vor dem Kinderkreuzzug. Da wird erzählt, wie Karl dem Großen, nachdem er von den Heiden geschlagen worden ist, in verzweifeltem Gebet ein Engel erscheint, der ihn auffordert, seine Boten zu den Jungfrauen zu schicken. „Die megede suln dir dîn êre wider gewinnen.“ [292] Daraufhin sammeln sich 50 000 Jungfrauen zum Zug gegen die Heiden. Die aber lassen sich unter dem Eindruck dieser reinen Jungfrauen taufen und schließen ohne Schlacht Frieden. „Alse tet in got sigehaft / âne stich unt âne slach.“ Der Gedanke des Sieges durch waffenlose junge Menschen ist also schon damals in Deutschland lebendig gewesen.

Auch die in der französischen und deutschen Literatur mit besonderer Liebe gezeichnete Gestalt des kindlichen Helden Vivien, der den Tod auf dem Schlachtfeld ersehnt und so nach seiner Erstkommunion freudig stirbt, weist eine gewisse Verwandtschaft mit der religiös opferfreudigen Haltung der Kinderkreuzzüge auf [293].

Ebenso war speziell der Gedanke des Sieges durch waffenlose Menschen noch lange nach den Kreuzzügen im Abendland wirksam. Denn die Bewegung der sogenannten Pastorellen von 1251 und eine ähnliche von 1320 sind auch von dieser Grundidee getragen. Und wenn lange später in denselben Landschaften Frankreichs Jeanne d'Arc, die Jungfrau, auftreten und siegen konnte, dort, wo die Waffen der Ritter versagt hatten, so ist es derselbe Geist, der hier lebendig ist.

Eine auffallende Weiterbildung hat dieser Gedanke in Frankreich gefunden. Denn dort bezog man auch die Tiere in diesen Ideenkreis ein. Von Stephan, dem jungen Führer des französischen Kinderkreuzzuges, wird berichtet, daß die Schafe seiner Herde vor ihm auf die Knie fielen und ihn so zu dem Zug aufforderten [294]. Ja eine Chronik erzählt sogar, daß schon vorher die Fische, die Frösche, die Schmetterlinge und die Vögel geschlechterweise zum Heiligen Land aufgebrochen seien [295]. So spannte man den Kreis derer, die um ihrer Unschuld willen gerufen seien, Jerusalem zu befreien, von den armen Leuten und Hirten über Jungfrauen und Kinder bis zu den Tieren aus.

So sind die Kinderkreuzzüge keine Einzelerscheinung, vor deren Sinnlosig-

[292] Kaiserchronik, Vers 14933 ff.

[293] In der französischen Lit. erzählt das Gedicht „Gui de Bourgogne“ u. a., in der deutschen vor allem der „Willehalm“ von Wolfram von Eschenbach von dem jungen Vivien.

[294] E. Lavisse, Histoire de France III, 1, S. 311 ff.

[295] Chron. S. Medardi Suessionensis = Bouquet, Recueil XVIII, 721.

keit und Einmaligkeit man staunend stehen müßte, sondern sie reihen sich in die Glaubensvorstellungen ihrer Zeit sehr wohl ein. Die Bewegung tritt etwa gleichzeitig am Rhein wie in Frankreich auf. Eine Verbindung von beiden wird nirgends sichtbar. So wird man sie als voneinander unabhängige Schößlinge einer Wurzel zu betrachten haben.

In Köln warb im Jahre 1212 ein etwa 10jähriger Knabe, Nikolaus, für einen solchen Kreuzzug der Kinder. Er war überzeugt, daß er von Gott gerufen sei und daß er seine Schar trockenen Fußes durch das Meer hindurch nach Jerusalem führen könne. Er muß in seiner Begeisterung eine große Suggestionskraft gehabt haben. Um ihn sammelten sich bald große Scharen von Buben und Mädchen, aber auch etwas Ältere, ja schon Verheiratete schlossen sich ihnen an. Sie kamen aus dem Rheinland und den anschließenden Landschaften. Die Chroniken lassen deutlich erkennen, daß sich im ganzen Land zwei Parteien bildeten: solche, die an die Berufung der Kinder glaubten, und solche, die aus gesundem Menschenverstand sich entschieden gegen die ganze Bewegung wandten. Zunächst behielt die erste Gruppe die Oberhand. Durch die Hilfe solcher von dem begeisterten Glauben der Kinder beeindruckten Erwachsenen wurde es möglich, den Zug durch das Rheinland, über die Alpen und durch Italien überhaupt durchzuführen, wenn auch mit den größten Schwierigkeiten und mit großen Verlusten. Etwa 20000 Kinder soll dieser Zug umfaßt haben; doch ist die Zahl sicher übertrieben, und es sind dabei wahrscheinlich minderwertige Elemente mitgerechnet, die sich angeschlossen hatten. In Italien fing der Zug schon an sich zu zerstreuen, da viele nicht mehr weiterkonnten. Viele der jungen Mädchen wurden mit Überredung, List oder Gewalt für italienische Bordelle gewonnen, andere wieder nahmen mitleidige Bürger von Genua und anderen Städten auf; viele blieben als Knechte und Mägde. Ein Rest erreichte Brindisi, wo der Bischof die Überfahrt der Kinder zu verhindern suchte. Bei den meisten gelang es auch. Die zogen nun nach Rom, um von Papst Innozenz III. die Befreiung von ihrem Gelübde zu erhalten und zurückzukehren. Doch Innozenz befreite zwar die Mädchen, aber den Knaben verlängerte er nur die Frist bis zu ihrem Mannesalter. Er stand von vornherein dem Kinderkreuzzug nicht ganz ablehnend gegenüber. Er soll auf die Kunde davon ausgerufen haben: „Diese Kinder beschämen uns; während wir schlafen, ziehen sie fröhlich aus.“ [296] Diejenigen Kinder und Jugendlichen, die sich nicht an der Weiterfahrt hindern ließen und von Schiffen mitgenommen wurden, fielen Seeräubern in die Hände und wurden im Orient als Sklaven verkauft. Der Rest zog in die Heimat zurück. Still, niedergeschlagen und vereinzelt kamen die zurück, die in Gruppen singend und zukunftssicher ausgezogen waren. Die Mädchen waren unterwegs alle mißbraucht worden. Einer der Chronisten schließt aus dem allen, daß dieser Zug „durch einen Betrug des bösen Feindes“ zu erklären sei [297].

---

[296] Albert von Stade, Annales Stadenses = Mon. Germ. SS. XVI, 355.

[297] Zusammenstellung der Literatur über den Kinder-Kreuzzug siehe E. Michael,

In ähnlicher Weise trat in einem Dorf bei Vendôme in der Nähe der Loire im Jahre 1212 eine Knabe namens Stephan auf und sammelte in Begeisterung junge Leute um sich, da er als Gesandter Gottes die Aufgabe habe, das Heilige Land zu erobern. Es ist zu beachten, wie es hier die jungen Hirten sind, von denen die Bewegung ausgeht, so wie die Hirten schon bei dem ersten Kreuzzug unter Peter von Amiens eine Rolle gespielt hatten und wie die Bewegung der „Pastorellen" sich nach den Hirten nannte. Auch Jeanne d'Arc war eine Hirtin. Dieser Knabe Stephan soll auch Wunder gewirkt haben. Andere kindliche Prediger unterstützten ihn, so daß sich eine Menge jugendlicher Menschen um ihn sammelte. Der König von Frankreich wandte sich entschieden gegen den beabsichtigten Zug und befahl den Kindern und Halbwüchsigen, nach Hause zu gehen. Doch in ihrer Begeisterung gehorchten die wenigsten. 30 000 junge Menschen beiderlei Geschlechtes sollen es gewesen sein, die singend auszogen, dem Verderben entgegen. Denn in Marseille fielen sie Betrügern in die Hände, die sie mit sieben Schiffen überzufahren versprachen. Zwei davon scheiterten, die anderen fünf kamen nach Alexandria. Dort aber wurden die Kinder als Sklaven verkauft [298].

Im ganzen gesehen, sind die Kinderkreuzzüge ein schauerliches Bild, das wie eine böswillige Karikatur eines Kreuzzuges anmutet. Aber es ist, wie wir sahen, aus der Geisteshaltung der Zeit, zusammen mit der Verschiebung der Kreuzzugsbegeisterung in andere soziale Schichten und Altersstufen, wohl zu verstehen.

Bedeutet eine solche Erscheinung, daß man darum auch dem Ganzen der Kreuzzüge das geschichtliche Verständnis versagen muß? Der Schluß ist oft gezogen worden, weniger in wissenschaftlichen Werken als in populären Darstellungen und Reden. Doch mit Unrecht. Denn wilde Schößlinge beweisen nichts gegen das Ganze, dem sie entstammen. Es kann nicht danach beurteilt werden. Starke Kräfte müssen am Werk sein, wenn es zu solchen schrecklichen Entartungen kommen kann. Eines muß man allerdings sehen: Was hier zum Unheil wird, muß als Gefahr auch das Ganze bedroht haben. Und in der Tat enthalten die Kreuzzüge Elemente eines schwärmerischen Glaubens, der alle Forderungen der Vernunft als bloße Berechnung, als Unglauben abweist und alle uns in diesem Leben gezogenen Grenzen überspringen will. Dieses Schwärmertum begleitet alle Kreuzzüge und hat die Scharen Peters von Amiens sowie die Kreuzfahrer von 1101 und gar manche einzelne andere ins Verderben geführt.

Geschichte des deutschen Volkes II (1899) S. 254/55, Anm. 5. — Von den Quellen sind hauptsächlich zu nennen: die Ebersheimer Chronik = Mon. Germ. SS. XXIII, die Marbacher Annalen = Mon. Germ. Schulausgb., S. 82 f., und die in der vorigen Anmerkung genannten Annales Stadenses von Albert von Stade.

298 Matthaeus Paris. II, S. 558. — Chron. S. Medardi Suessionensis = Bouquet, Recueil XVIII, 721, von 1209. — Chronicon Alberti Trium-Fontium monachi = Bouquet, Recueil XVII, 778. — Chron. anon. Laudunensis = Bouquet, Recueil XVIII, 705. — E. Lavisse, Histoire de France III, 1, S. 313.

Vor allem aber zeigt sich hier, daß unter der Oberfläche das Problem des Krieges mit dem Aufruf zum Kreuzzug als zum Heiligen Krieg für viele nicht gelöst war. Die Waffenlosigkeit unschuldiger Kinder sollte die Aporie des Heiligen Krieges aufheben.

Ein zweiter wilder Schoß am Stamm der Kreuzzüge, die sog. Albigenserkriege, liegen außerhalb unseres Themas. Denn wir hatten uns vorgesetzt, nur von den Kreuzzügen im eigentlichen Sinn, die der Befreiung Jerusalems dienen wollen, zu reden. Doch zeigen auch sie ein Stück des Kreuzzuggeistes in Verzerrung. Darum ist ein kurzer Blick auf sie notwendig.

Im 13. Jahrhundert nahm die Ketzerei im Abendland und vor allem in Südfrankreich, Oberitalien und dem Rheinland sehr stark zu. Neben den Waldensern, die als ein Sproß der Armutsbewegung zu betrachten sind und keine große Gefahr für die Kirche bedeuteten, standen die Katharer mit einem Glauben, der in der Hauptsache aus dem Orient stammte und von Vorstellungen der Manichäer und Gnostiker gespeist war. Daß man gegen diese neue Religion mit Gewalt vorgehen mußte, war von der mittelalterlichen Kirche aus gesehen selbstverständlich. Dem Wesen der Kirche hätte es freilich am besten entsprochen, wenn man sich auf geistige und geistliche Mittel beschränkt hätte. Aber man lebte im Zeitalter der Kreuzzüge und der „Heiligen Kriege". Die Kirche war gewohnt, zum Kampf gegen die Heiden zu den Waffen zu rufen. Warum sollte man dieselben Waffen nicht auch gegen die Feinde im Inneren anwenden? Seit den Zeiten Gregors VII. und schon Leos IX. kannte man den Begriff des „Heiligen Krieges" im Inneren des Landes. Von hier aus ist es wohl verständlich, wenn Papst Alexander III. im Jahre 1179 zu einem „Kreuzzug" gegen die Feinde im Inneren, die Ketzer, aufrief. Er stellte denselben ewigen Lohn, den man den Kreuzfahrern zusagte, auch den Kämpfern gegen die Albigenser, die Ketzer, in Aussicht. Und mit noch größerer Intensität tat das Papst Innozenz III.

Diese erbitterten Kämpfe setzten sich durch 20 Jahre fort, populär gemacht durch den Begriff des Kreuzzuges. Ihr Ergebnis war, daß eines der reichsten und blühendsten Länder Frankreichs, die Languedoc, völlig zerstört und seine Bevölkerung fast vernichtet wurde. Wie groß auch auf geistigem Gebiet die Verwüstungen waren, zeigt eine Untersuchung von Louis J. Paetow am Beispiel eines an sich friedliebenden Professors der Universitäten in Paris und Toulouse, des John of Garland, der voll ist von Haß gegen die albigensischen Ketzer, deren Hinmordung er ohne Mitleid fordert und dabei die Taten eines Folquet de Marseille und eines Meisters Roland uneingeschränkt gutheißt[299].

Diese Kämpfe haben den eigentlichen Kreuzzügen sehr geschadet. Denn einmal wurden ihnen viele Kräfte entzogen, die es nun vorzogen, unter denselben Aussichten in der Nähe, im eigenen Land zu kämpfen, wo auch

[299] Louis J. Paetow, The Crusading Ardor of John of Garland = The Crusades and other historical essays presented to Dana C. Munro I, 8 (1928), S. 207.

mancherlei Gewinn an Beute oder an Herrschaft lockte. Innozenz III. selbst sah dies später deutlich[300]. Dazu aber kam, daß die Art, wie die Albigenser niedergeworfen wurden, wie das Land schonungslos verwüstet wurde und wie sich sehr vielerlei egoistische Interessen in diesen Kämpfen immer deutlicher zu erkennen gaben, viel Widerspruch hervorrief, der sich dann gegen die Kreuzzüge als solche richtete, da ja der Albigenserkrieg unter dem Namen des Kreuzzugs geführt wurde. Die Problematik des Kampfes für das Christentum mit den Waffen, mit Blutvergießen und Sengen und Brennen wurde plötzlich offenbar. Es war doch etwas ganz anderes, wenn man dies alles jetzt im eigenen Land vor sich sah, als wenn in der Ferne das Kreuzheer gegen Muslime kämpfte. Gerade in Südfrankreich finden sich darum in den nächsten Jahrzehnten die schärfsten kritischen Stimmen, die den Kreuzzug ablehnten.

Der fünfte Kreuzzug

Doch kehren wir zu den eigentlichen Kreuzzügen zurück. Man konnte vom ersten Kreuzzug, der nach dem 4. Laterankonzil von 1215 aufbrechen sollte, viel erwarten. Hatte doch Innozenz III. seine ganze Kraft eingesetzt, um alle Widerstände zu beseitigen und um alle Einzelheiten des Zuges zu regeln. Doch er starb am 16. Januar 1216. Sein Nachfolger, Honorius III., übernahm die Kreuzzugsverpflichtung mit allem Ernst. Aber er konnte von Anfang an nicht verhindern, daß der neue Kreuzzug seine Kräfte zersplitterte. Eine große Heeresgruppe unter König Andreas II. von Ungarn und Herzog Leopold VI. von Österreich wartete die anderen Kreuzfahrer nicht ab, sondern landete allein im September 1217 in Akkon. Es war das schon ein großes Heer; „moult grant planté de Alemans et de Hongres", sagt der Chronist und schätzt die Zahl auf 2000 geharnischte Ritter, 1000 berittene Sergeanten und 20000 Fußsoldaten, dazu noch ein Troß mit Frauen und Nichtkämpfern von etwa 30000 Menschen[301]. Auch König Hugo von Zypern kam mit seinen Rittern. Das war nur ein unglücklicherweise abgespaltener Teil des zu erwartenden Kreuzheeres. Aber auch mit diesem hätte sich etwas Rechtes erreichen lassen.

Ende Oktober 1217 hielt man zwar gemeinsamen Kriegsrat in Akkon, aber der ungarische König und der österreichische Herzog konnten sich nicht

---

[300] Brief des Papstes Innozenz III. an Simon von Montfort, den Heerführer im Albigenserkriege = Migne PL 216, S. 152/53 = Innoz. III, Epist. XII, 123, von 1209.

[301] Eracles XXXI, 10, S. 322 bis 11, S. 323. — Jakob von Vitry, der damals als Bischof im Land war, urteilte, daß 4000 Ritter genügen würden, um die Feinde völlig über den Haufen zu werfen. Diese Zahl aber wurde, auch wenn man die Ritter des Heiligen Landes einschloß, nicht erreicht. (Jakob von Vitry, Brief 2 = Ztschr. f. Kirchengeschichte 14 (1874) S. 116. — R. Röhricht, Forschungen z. dt. Geschichte 16 (1876) S. 141.

entschließen, sich dem Kommando des Königs von Jerusalem, Johanns von Brienne, zu unterstellen, und dieser umgekehrt nicht dem des Ungarn. So blieb der Zug ohne Führung. Der Sultan konnte sich verächtlich äußern, es sei zwar eine große Zahl, aber sie hätten keinen Herren, der sie führe, jeder stehe nur für sich; sie würden, wenn ihre Mittel verbraucht seien, schnell wieder abziehen[302]. Und er sollte recht behalten.

Auf einen Angriff auf Jerusalem verzichtete man von vornherein, ehe weitere Kreuzfahrer einträfen. An Stelle davon unternahm man drei einzelne Vorstöße, von denen aber keiner zu einem rechten Erfolg führte.

Ein erster Vorstoß richtete sich auf Beisān, südwestlich von Akkon. Das gaben die Muslime kampflos auf, so daß die Kreuzfahrer zu einem billigen Erfolg kamen. Der Sultan al-Malik al-ʿĀdil sorgte sich damals ernstlich um Jerusalem und Damaskus. Doch das Kreuzheer zog es vor, nach einer vergeblichen Belagerung der Stadt Paneas (Bānijās) mit Beute und einigen Gefangenen nach Akkon zurückzukehren. Ein zweiter Zug richtete sich gegen die Feste Thabor, die al-Malik al-ʿAdil ausgebaut hatte. Doch als zwei Sturmversuche auf die Bergfeste mißglückt waren, zog das Heer wieder ab, obwohl, wie wir von arabischen Chronisten wissen, die Verteidiger in solcher Not waren, daß sie die Feste sehr bald hätten übergeben müssen. Nun machte König Andreas noch einen vergeblichen Versuch, die Feste Beaufort oder Schakīf, die die Muslime 1190 den Franken abgenommen hatten, zurückzuerobern. Aber nach viertägiger Belagerung zog der Ungarnkönig einen Beutezug in die reiche Ebene Beqā vor. Doch dabei wurde diese Kreuzfahrergruppe von den Bergbewohnern des Libanon überfallen und erlitt sehr schwere Verluste[303].

König Andreas glaubte, nun seine Pflicht als Kreuzfahrer erfüllt zu haben, und beschloß, nach Hause zu fahren. Auch der Kirchenbann hinderte ihn nicht daran. Doch hatte er Zeit genug, um in Tripolis noch die Hochzeit von Bohemund IV. von Antiochia mitzufeiern, den Johannitern in der Feste Krak einen Besuch abzustatten und ebenso dem König von Armenien in Tarsus. Er nahm eine reiche Beute, vor allem an Reliquien mit.

Dieser Kreuzzug ist das Musterbeispiel eines nutzlosen Zuges. Die fehlende Einheitlichkeit der Führung, die so leicht bei feudalen Heeren eintrat, lähmte die Schlagkraft des beträchtlichen Heeres. Streitigkeiten der verschiedenen Nationen untereinander kamen dazu[304]. Vor allem aber zeigte sich damals ein Nachlassen der Energie der Kreuzfahrer. Man hätte 1217 mehr erreichen können, wenn man sich nachdrücklicher eingesetzt, wenn man mehr Ausdauer

---

[302] Ernoul S. 412.

[303] Jakob von Vitry, Brief 3 = Ztschr. f. Kirchengeschichte 15, S. 569. — Al-Athīr II, 113/14. — Abū Schāma, Zwei Gärten II, 164/65. — R. Grousset III, 207 f.

[304] Oliverus Scholasticus, Histor. Damiat., cap. 1, S. 162 (1894). Man beklagt sich damals vor allem über die Grobheit der Bayern in der Quartierfrage. Die Geschichte des 5. Kreuzzuges ist voll von Berichten über solche Reibereien unter allen beteiligten Nationen.

gehabt hätte. Aber war man ins Heilige Land gefahren und hatte dort irgendwie mit den Muslimen gekämpft, so betrachtete man das Kreuzfahrergelübde als erfüllt und glaubte, beruhigt wieder nach Hause fahren zu können, besonders wenn man noch etwas Beute gemacht hatte.

Dieser Auftakt des Kreuzzuges hatte jedenfalls bitter enttäuscht. Die umfangreichen Anstrengungen, die das Abendland gemacht hatte, waren vergeblich gewesen, wenigstens was diesen Zug anging. Große Mittel waren verschleudert. Und dem nun kommenden Hauptunternehmen waren beträchtliche Kräfte entzogen. Es hätte für den Kampf um Damiette von entscheidender Bedeutung sein können, wenn man diese Kräfte dort noch zur Verfügung gehabt hätte. Es zeigte sich hier schon, daß Papst Honorius III. nicht der Mann war, das Unternehmen wirklich zu leiten. Die Absicht der einzelnen Fürsten, in Einzelkämpfen Ruhm für sich allein zu erwerben, erwies sich stärker als der Wille des Papstes, dem Ganzen eine einheitliche Führung zu geben.

Ein Teil der deutschen Kreuzfahrer unter Herzog Leopold von Österreich blieb zurück und leistete unter der Leitung des Königs Johann von Brienne noch nützliche und fruchtbare Dienste. Sie bauten die Befestigungswerke von Caesarea wieder auf und errichteten zwischen dieser Stadt und Haifa an einer Stelle, wo der Berg Karmel besonders nahe an die Küste herantritt, bei ʿAthlith, eine neue starke Feste, die sie das Castrum Peregrinorum, das „Pilgerschoß“, oder, wie man besser übersetzen sollte, das Kreuzfahrerschloß nannten[305]. Diese Gruppe zog auch mit zu den Kämpfen in Ägypten.

Diese neue Phase des fünften Kreuzzuges wurde eingeleitet durch die Ankunft einer Flotte von etwa 200—300 Schiffen mit friesischen, rheinischen und anderen niederdeutschen Kreuzfahrern. Sie hatte sich im Juni 1217 in Darthmouth in England gesammelt, unter der Führung der Grafen Georg von Wied und Wilhelm von Holland. Ein besonderes Heeresgesetz zeigt, daß man den Zug straff organisierte. Bei einer Zwischenlandung in Lissabon erbat der dortige Bischof, in Erinnerung an frühere Züge, die Hilfe der Kreuzfahrer gegen die dortigen Muslime. Ein Teil blieb und half die Festung Alcasar do Sol erobern, ein anderer eroberte unterdessen Sancta Maria. Beide Gruppen trafen dann aber im April und Mai 1218 in Akkon ein.

Hier hielt man Kriegsrat. Nach langen Erwägungen entschloß man sich, den Sultan in Ägypten anzugreifen. Das war ein alter Plan. Schon auf dem ersten Kreuzzug hatte man diesen Angriff erwogen, König Amalrich hatte ihn zu verwirklichen versucht, Richard Löwenherz hatte dann mit dem Gedanken gespielt, und Papst Innozenz III. hatte ihn für den vierten Kreuzzug und dann erneut auf dem 4. Laterankonzil für den geplanten Kreuzzug vorgesehen[306]. Vieles sprach für den Plan, da Jerusalem durch die Wasserarmut

[305] Dieses P i l g e r s c h l o ß (Chateau Pèlerin) ist nicht zu verwechseln mit dem Mont Pelèrin, dem Schloß, das seinerzeit Raimund gegenüber von dem für ihn uneinnehmbaren Tripolis gebaut hatte. Siehe oben.

[306] Böhmer, Acta imp. sel. 934/642, von 1218. — Jakob von Vitry, Brief 3 =

der Gegend schwer anzugreifen war und man hoffen konnte, in Ägypten Pfänder in die Hand zu bekommen, die den Sultan veranlassen würden, Jerusalem gegen ihre Rückgabe freizugeben. Daß es ein Wagnis war, wußte auch Papst Honorius III.[307]. Man faßte alle Kräfte zu diesem Zug zusammen, ließ in Akkon nur eine starke Besatzung zurück, segelte am 27. Mai 1218 ab und landete nach zwei Tagen im Nildelta vor Damiette, auf der anderen Seite des Nilarmes. Dort bezog man ein festes Lager.

Damiette bildete damals mit Alexandria zusammen das Eingangstor zu Ägypten. Im Nildelta, etwa eine Meile vom Meer aufwärts an dem einen Nilarm gelegen, war es zugleich Hafen und Festung. Die Natur schon begünstigte seine Lage. Denn im Westen schützte der Nil, im Osten der See Mensale. Bedeutende Festungswerke verstärkten diesen natürlichen Schutz. Eine dreifache Mauer umgab die Stadt, die mittlere über die äußere und die innere über diese hinausragend. Die Zahl von 22 Toren gibt einen Begriff von der Größe der ganzen Anlage. Auf dem die Stadt umschließenden Graben konnten Galeeren fahren. Im Nil stand mitten im Strom auf einer Insel ein hoher, starker Turm, von dem aus eine schwere eiserne Kette zur Stadt hinüber gespannt war, die die Durchfahrt völlig sperrte. Denn jenseits des Turmes konnten keine Schiffe passieren. Der Turm war von auserlesener Mannschaft besetzt[308].

Diesem Kettenturm galt der erste Angriff, da er eine Einschließung der Stadt unmöglich machte. Südlich der Stadt hatte al-Malik al-Kāmil, der Sohn des herrschenden Sultans al-Malik al-ʿĀdil, sein Lager aufgeschlagen, in enger Verbindung mit der Stadt. Er hinderte das Kreuzfahrerheer am Flußübergang. Nach langem vergeblichem Ringen gelang es den Kreuzfahrern am 24. August, den Kettenturm zu nehmen. Es war in der Hauptsache das Werk der Friesen und der Templer und wurde erreicht durch besondere schwimmende Belagerungstürme, die man nach Angaben des Kölner Domscholasters Oliver auf je zwei Schiffen aufgebaut hatte[309]. Dieser Oliver stand an Rang und Würden hinter vielen anderen Geistlichen des Heeres weit

---

Ztschr. f. Kirchengeschichte 15, S. 571. — Oliverus Scholasticus, Hist. Damiat. 10, S. 175, von 1218. — Ernoul S. 414. — R. Sternfeld = Hist. Ztschr. 106, S. 318. — H. Hoogeweg, Der Kreuzzug von Damiette = M. I. ö. G. VIII, S.188—218 und IX (1887/88) S. 249—288 u. S. 414—447. — Gerade wenige Jahre vorher hatte ein einzelner Ritter einen kühnen Raubzug ins Nildelta gemacht, war bis in die Nähe von Damiette gekommen und mit vieler Beute nach Haus zurückgekehrt. Das schien einen guten Erfolg zu versprechen.

[307] Honorius III, Opera III, lib. III, 15, Sp. 21, von 1218: in qua consistat aut plena victoria aut vincendi desperatio manifesta.

[308] Oliverus Scholasticus, Hist. Damiat., 32/33, S. 228, von 1219. — Ebd. 38, S. 237, von 1219. — H. Hoogeweg I, S. 195 f. — Ernoul S. 416.

[309] Oliverus Scholasticus, Hist. Damiat. 12, S. 182, von 1218. — Eracles XXXII, 15, S. 328. — Al-Athīr, Kāmil tewārīkh II, S. 115. — Histoire des patriarches d'Alexandrie, trad. Blochet = Revue de l'Orient latin 1907, S. 243. — R. Grousset III, S. 210/11.

zurück, aber sein Einfluß war sehr groß. Er war mit denjenigen Friesen und Niederdeutschen gekommen, die er selbst durch seine Predigt für den Kreuzzug gewonnen hatte. Diese hingen nun sehr an ihm. Seiner lebhaften Beredsamkeit soll es zu verdanken sein, daß man im Kriegsrat den Zug gegen Damiette beschloß. Zum Führer des ganzen Zuges hatte man damals König Johann von Brienne gewählt; hätte er die Führung behalten, so hätte der Zug wohl ein anderes, ein ruhmvolles Ende genommen.

Der Eindruck der Einnahme des Kettenturmes in den Reihen der Muslime war groß. Ein arabischer Chronist sagte, damit seien die Schlüssel von Ägypten in die Hände der Franken gefallen[310]. Und da der Sultan al-Malik al-ʿĀdil, kaum daß er diese Nachricht empfangen hatte, starb, wird man beides in ursächlichen Zusammenhang miteinander bringen dürfen.

Die Aussichten waren für die Kreuzfahrer nach dem Fall des Turmes nicht schlecht. Nutzte man den lähmenden Schrecken im Lager der Muslime aus, so ließ sich vielleicht nun das andere Ufer errreichen. Doch man zögerte, eine Art Erschlaffung scheint unter den Kreuzfahrern Platz gegriffen zu haben. So konnte al-Malik al-Kāmil neue Stromsperren schaffen, die Ufer befestigen, den Christen den Weg auf das andere Ufer verbauen und die Einschließung von Damiette verhindern. So war der weitere Vormarsch unmöglich gemacht.

Dies Zögern erklärt sich wohl in der Hauptsache durch die Abfahrt vieler Kreuzfahrer. Denn gar manche der schon lange anwesenden friesischen und niederdeutschen Kreuzfahrer glaubten mit der Eroberung des Kettenturmes genug getan und ihr Gelübde erfüllt zu haben. So entschlossen sie sich zur Heimkehr. Auch Herzog Leopold von Österreich, der sich auch bei dem Kettensturm ausgezeichnet hatte, fuhr ab. Um sich gegen Vorwürfe zu schützen, ließen sich die Abfahrenden ehrenvolle Zeugnisse vom Patriarchen von Jerusalem und von Oliver ausstellen. Man sieht daraus, daß das Recht der Kreuzfahrer zur Heimkehr mitten im Feldzug damals zwar nicht unbestritten war, aber doch im allgemeinen anerkannt wurde. Pelagius, von dem noch die Rede sein wird, belegte solche Einzelheimkehrer später mit dem Bannfluch, aber hier erkannte man ihre Abfahrt noch mit Zeugnissen über ihre Verdienste stillschweigend als rechtmäßig an.

Diese Tendenz zur frühen Heimkehr war einmal eine Folge davon, daß man (undiszipliniert) zu so verschiedenem Termin aufgebrochen war. So standen, als die letzten hinkamen, die ersten schon lang im Kampf. Zum anderen war es wieder ein Zeichen für die Lockerheit feudaler Heere, in denen man oft den Kriegsdienst auf ein Jahr oder eine andere Frist begrenzte. Vor allem aber bekundet sich hier ein Schwächung der Kreuzzugsidee. Sah man im Kreuzzug im wesentlichen eine Gelegenheit zur Gewinnung von Ablaß und himmlischem Lohn, ohne das eigentliche Ziel, Jerusalem, die Stadt des Herrn, so war es verständlich, wenn man heimkehrte, wenn dieses Ziel

[310] Abū Schāma, Zwei Gärten, S. 167.

nach etwa einjährigem Kriegsdienst als erreicht gelten konnte. Diese Einstellung hatte sich schon im dritten Kreuzzug vor Akkon zum Schaden des Heeres bemerkbar gemacht. Jetzt aber trat sie in weiterem Kreis in Erscheinung.

Doch Kreuzfahrer gingen nicht nur, sondern kamen auch. Es kamen vor allem Franzosen und Italiener, während unter den Abfahrenden viele Deutsche waren. So verschob sich die nationale Zusammensetzung des Heeres. Es bestand fast nur noch aus Franzosen und Italienern, bis im Mai 1221 500 deutsche Ritter unter Ludwig von Bayern und Hermann von Salza eintrafen, um noch am letzten Akt des Dramas teilzunehmen.

Mit diesen Kreuzfahrern aber traf — und das war für die Geschichte des Zuges entscheidend — der neuernannte päpstliche Kardinallegat, Bischof Pelagius von Albano, ein. Papst Honorius III. hatte zwei Legaten abgesandt, aber der eine, Kardinal Robert, starb, ehe er sein Amt ausüben konnte[311].

Pelagius war unter Innozenz III. Gesandter in Byzanz gewesen, um die Union im lateinischen Kaiserreich durchzuführen, hatte aber durch sein herrisches und hochfahrendes Auftreten die Griechen vor den Kopf gestoßen. Die Union kam nicht zustande, griechische Geistliche und Laien gingen zu dem Gegenkaiser in Nicaea, Theodor Lascaris, über. Es war letztlich ein Unglück, daß Papst Honorius III. gerade diesen Mann mit der vollen Leitung des Kreuzzuges beauftragte. Schon Innozenz III. wollte, daß sein Legat unter ihm die volle Führung des Kreuzzuges haben sollte. Da Honorius III. aber selbst die Zügel viel weniger in der Hand behielt als sein Vorgänger, hieß das, daß Pelagius weithin aus eigener Vollmacht handeln konnte. Dieser Kardinal hatte aber auch den brennenden Ehrgeiz, überall selbst zu handeln. Von Geburt war er Spanier. Er wird uns geschildert als „klein, hager und von scharfem Verstand"; stets im Bewußtsein seiner großen Würde und Vollmacht trat er immer mit einem gewissen wirksamen Pomp auf. Er war gewillt, rasch zu seinem Ziel zu kommen und dafür auch die schärfsten Methoden anzuwenden. Mit dem Kirchenbann hat er nie gespart. Zweifellos war er dabei beseelt von einem reinen und großen Eifer für die Kreuzzugssache[312].

So beanspruchte Pelagius sofort nach seiner Landung den unbeschränkten Oberbefehl über den Kreuzzug mit der Begründung, der Kreuzzug sei ein Werk des Papstes und müsse daher vom Papst und ihm als seinem Vertreter geleitet werden. Für diesen Kreuzzug dürfe nicht wie für die früheren menschlicher Ratschluß maßgebend sein, sondern nur die ihm von Gott gegebene Vollmacht[313]. Honorius III. bestätigte diese Auffassung und diese

---

311 Ernoul S. 417.

312 R. Grousset III, S. 223, dort Zitat eines byzantinischen Zeugnisses. — H. Hoogeweg a. a. O. I, S. 205 f. — Otto Haßler, Ein Heerführer der Kurie am Anfang d. 13. Jh., Pelagius Galvani. Phil Diss. Basel (1902), bes. S. 15 ff.

313 Vgl. Oliverus Scholasticus, Hist. Damiat. 17, S. 189, von 1218. — Eracles XXXII, 12, S. 343. — Baronius XX, 414, 1218, Jordanus.

Ansprüche auch wiederholt[314]. Wo wir auch in die weitere Entwicklung des Kreuzzuges hineinsehen, erscheint der Legat als Oberbefehlshaber. Botschaften gehen an ihn oder auch an den König und ihn, er entscheidet, auch wenn es sich um einen Angriffsplan oder um die Annahme von Waffenstillstands- oder Friedensbedingungen handelt. Er herrscht teilweise auch mit geistlichen Waffen. Der Kirchenbann wird gegen diejenigen geschleudert, die seinem Plan nicht zustimmen oder nicht folgen wollen, ebenso gegen diejenigen, die ohne seine Genehmigung in die Heimat zurückkehren. Damals tauchte plötzlich ein arabisch geschriebenes Buch auf, das von der Erschaffung der Welt beginnt, dann aber mit Prophezeiungen über die Eroberungen der Christen in Ägypten endet, bei denen die Hinweise auf Pelagius als den Retter deutlich genug waren. Es wird als „Liber Clementis" oder als „Enthüllungen des heiligen Apostels Petrus" bezeichnet und trug nicht unwesentlich dazu bei, das Ansehen des Legaten zu erhöhen[315]. Aber man stelle sich den Kardinallegaten bei allem seinem Ehrgeiz keineswegs als kalten Rechner vor. Er lebte intensiv in der Gedankenwelt und in der Frömmigkeit, die wir als für die Kreuzfahrer charakteristisch kennen. Überschwengliches Gefühl läßt ihn leicht und oft in Tränen ausbrechen, wenn er vor dem Heer für die Sache des Kreuzzuges betet[316]. Er betet, daß Gott seine Engel vom Himmel sende, damit sie mit dem Heer streiten gegen die Feinde des Kreuzes oder daß Christus selbst den Schiffen den Weg zeige im Strom[317]. Auch darin ist er ein rechter Kreuzfahrer, daß er den Mut hat, dem Heer mit dem heiligen Kreuz voranzuziehen, dem Feind entgegen, in der Schlacht die einzelnen anzufeuern und dort laut zu beten[318]. Er ist ein rechter Kreuzfahrer, und eine einheitliche Führung tat ja dem Kreuzzug not. Aber unglücklicherweise hatte er Fehler, die auch sonst in den Kreuzzügen oft zu spüren sind: den ungeduldigen, alle Erfahrungen der Einheimischen und der Fachleute über den Haufen werfenden Eifer der Neuankommenden und ferner die Überzeugung selbstbewußter Geistlicher, die Leitung auch in Fragen der Strategie und militärischen Taktik und Technik auch ohne jede Sachkenntnis und ohne alle Erfahrung übernehmen zu können. Diese Fehler kleideten sich, wie so oft bei Kreuzfahrern, in fromme Formen, nahmen die Gestalt unbedingten Vertrauens in die unmittelbare reale Führung Gottes an und wurden darum um so gefährlicher, um so verführerischer für alle, die den Kreuzfahrerglauben teilten.

Es hatte schon vor dem Eintreffen des Kardinals nicht an Feindseligkeiten und Gehässigkeiten im Heer gefehlt, die sogar zu einem Auseinanderbrechen

---

[314] Potthast 5810. — Honorius III, Opera III, lib. IV, 86, S. 393: „... plenam ipsi legato ... tam in temporalibus quam in spiritualibus connisimus potestatem ita ut per se aut per alios liberam eam exerceat, prout res videtur postulare ..." Vgl. auch einen Brief: Mon. Germ. Epist. sel. I, Honorius III, 176, S. 123, von 1221.

[315] Oliverus Scholasticus, Hist. Damiat. 56, S. 258, von 1221.

[316] Gesta obsid. Damiat. = Muratori VIII, 1087, 1088 u. 1089.

[317] Ebd. 1089. [318] Ebd. 1087.

desselben zu führen drohten[319]. Jetzt aber trat dies alles in den Schatten vor dem Gegensatz zwischen Pelagius und dem König Johann. Denn dieser war ein erfahrener und kluger Feldherr, der sich dem unerfahrenen und unmilitärischen Kardinal nur sehr schwer unterordnen konnte. Auch das Heer selbst widerstrebte der Führung durch den Legaten. Das zeigte sich besonders deutlich, als dieser im Juni 1221 das Heer gegen Kairo führen wollte, während König Johann in Palästina war. Damals erklärten die Ritter, daß kein Fürst ein Heer so verschiedener Nationalitäten führen könne außer König Johann[320]. Diese feindseligen Gegensätze lähmten die Stoßkraft des Heeres beträchtlich.

Da mit und nach dem Kardinal zahlreiche neue Kreuzfahrer ankamen, wuchs das Heer wieder stark an. Zahlenmäßig lassen sich keine zuverlässigen Angaben machen. Bei der Niederlage soll es nur noch 100 Grafen, 800 kampffähige Ritter und eine ungeheure Zahl von Fußvolk umfaßt haben[321]. Dann wäre für den Beginn des Kampfes wohl das Dreifache zu schätzen. Jedenfalls war im Gegensatz zu den ersten Kreuzzügen die Zahl der Ritter im Verhältnis zu der der Fußsoldaten sehr klein. Das entspricht der ganzen Entwicklung der Kreuzfahrerheere und der steigenden Bedeutung der leichten Truppen. Auch bei diesem Kreuzzug muß die Zahl der mitziehenden Nichtkämpfer beträchtlich gewesen sein. In einer Lagerordnung werden wiederholt Frauen oder Frauen und Knaben als größere Gruppen genannt[322].

Die Zahl der in Damiette befindlichen Einwohner und Verteidiger hat man auf 80 000 Menschen berechnet, unter denen sich 20 000 waffenfähige Männer befanden[323]. Dagegen entzieht sich die Stärke der vom Sultan herangeführten Entsatzarmee unserer Schätzung. Sie muß in ständigem Wachsen gewesen sein. Denn al-Malik al-Kāmil, der Sohn und Nachfolger al-Malik al-ʿĀdils, rief unter der Losung des Heiligen Kriegs aus dem ganzen Orient Kräfte herbei. 70 Boten soll er nach allen Richtungen ausgesandt haben[324]. So kam nicht nur ein großes, sondern auch ein von religiösem Eifer getriebenes Heer zusammen, das eine starke Streitkraft darstellte. Der damals überall entfachte Fanatismus des Dschihad läßt sich in Ägypten an großer Opferfreudigkeit und an feindseliger Haltung gegen die christlichen Kopten und Melkiden des Landes deutlich beobachten[325].

---

[319] Brief des Papstes Honorius III. über diese Feindseligkeiten: Honorius III, Opera III, lib. III, 15, Sp. 24.

[320] Eracles XXXII, 16, S. 349. — Oliverus Scholasticus, Hist. Damiat. 43, S. 248, von 1220.

[321] Abū Schāma, Zwei Gärten II, 183, zu 1221/22. — Das Heer der Niederdeutschen und Friesen soll 58 000 Mann, darunter aber nur 1000 Ritter gezählt haben (Mon. Germ. XXIII, S. 473, Anm. 29 in der Chronik des Emo).

[322] H. Hoogeweg II, 281 u. 286.

[323] H. Hoogeweg II, 249. — Vgl. auch ähnlich Jakob von Vitry, Brief VI = Ztschr. f. Kirchengeschichte 16, S. 83/84, von 1220.

[324] Makrizi = R. Röhricht, Beiträge I, S. 103.

[325] H. Hoogeweg II, 256. — R. Grousset III, 217.

Eine Verminderung des muslimischen Heeres trat allerdings zeitweise dadurch ein, daß des Sultans Bruder al-Muʿassam versuchte, durch einen Zug nach Syrien fränkische Streitkräfte von Damiette abzuziehen. Er eroberte das von den Christen neuausgebaute Caesarea und brachte der Garnison von Akkon eine empfindliche Niederlage bei. Doch ließen die Franken sich nicht verleiten, Streitkräfte von Ägypten zu Hilfe zu schicken.

Trotz dieser Erfolge beurteilte der Sultan seine Lage damals recht pessimistisch. Denn er ließ alle namhaften Festungen Palästinas, die in seiner Hand waren, damals schleifen: Thabor, Tibnīn (Toron), Paneas (Bānijās), Safed und ebenso Jerusalem (19. März 1219). Der Schrecken in der Stadt Jerusalem, wo man sich schutzlos allen Feinden preisgegeben sah, war ungeheuer. Ein Teil der Bevölkerung versuchte nach Krak oder Damaskus auszuwandern[326].

Vor Damiette gelang es zunächst keinem der beiden Heere, einen entscheidenden Erfolg zu erringen. Verschiedene Versuche des Sultans, das Lager der Franken zu stürmen, mißlangen, ebenso aber auch deren Versuche, das andere Nilufer zu erreichen[327]. Da verhalf im Anfang Februar 1219 ein Aufstand im ägyptischen Lager den Christen unerwartet zu einem großen Erfolg. Al-Malik al-Kāmil hatte sich durch die ruhmlose Defensive vor Damiette den Unwillen eines Teiles seiner Emire zugezogen. Es kam zu einer Empörung unter dem kurdischen Emir ʿImād ad-Dīn ibn Meschtūb. Die Verschwörung wurde zwar rechtzeitig entdeckt, aber der Sultan fühlte sich in seinem eigenen Lager nicht mehr sicher und verließ es heimlich in der Nacht. Ein Teil der Soldaten folgte ihm, ja das Heer löste sich teilweise auf. Am kommenden Morgen fanden die Kundschafter der Franken das Lager fast leer. Ohne Schwierigkeiten konnten sie nun das so lange erstrebte rechte Ufer erreichen und Damiette einschließen[328].

Doch der Gegner wußte der Empörung schnell Herr zu werden. Al-Muʿassam kam von Syrien aus seinem Bruder zu Hilfe. Eines Nachts stand er plötzlich vor dem Zelt des Empörers und zwang ihn, mit ihm zu reiten. Der Ritt aber führte in die Verbannung[329].

Der Sultan, nun wieder Herr seines Heeres, schloß die Kreuzfahrer vor Damiette ein, so daß die Versorgung des christlichen Belagerungsheeres schwierig wurde. Hungersnot trat ein, Krankheiten breiteten sich aus. Ein Sechstel des Heeres soll damals Hunger, Krankheit und Kälte erlegen sein[330].

---

[326] Abū Schāma, Zwei Gärten II, S. 174. Vgl. auch Abu ʾl Fedā, 91, zu 1219/1220. — Ernoul S. 417. — R. Grousset III, 214.

[327] Eracles XXXII, 4, S. 332 ff. — Jakob von Vitry, Brief V = Ztschr. f. Kirchengeschichte 15, S. 580. — R. Grousset III, 214—216.

[328] Eracles XXXII, 6, S. 335 — 7, S. 337. Makrizi = R. Röhricht, Beiträge I, 104. — Al-Athīr, Kāmil al-tewārīkh II, S. 117. — Ernoul S. 419. — R. Grousset III, 219.

[329] Makrizi a. a. O. — Abū Schāma, Zwei Gärten, S. 175/76. — R. Grousset III, 220.

[330] Gesta obsid. Damiat. = Muratori VIII, S. 1089. — Dazu ebd. S. 1090 u. 1091.

Wie in den schwersten Notzeiten des ersten Kreuzzuges, wird auch in dieser verzweifelten Lage von Erscheinungen des heiligen Georg berichtet[331].

In dieser Notlage drohte auch die Disziplin des Heeres nachzulassen; ungehemmter Lebensgenuß griff unter dem Eindruck der Gefahr um sich. Pelagius suchte dem mit einer scharfen Lagerordnung zu begegnen. Dirnen wurden aus dem Lager verwiesen und schwere Strafen für alle die festgesetzt, die sich an dem geplanten Sturm nicht mit allen Kräfte beteiligen, im Lager zurückbleiben oder es heimlich verlassen würden. Die drohende Lockerung der Disziplin ist zwischen den Zeilen herauszulesen[332].

Auch in Damiette herrschte große Not. Der Sultan sah, daß er die Stadt nicht mehr lange werde halten können, und machte darum ein Friedensangebot. Er bot, wie dies sein Vater, al-Malik al-ʿĀdil, schon sterbend seinen Söhnen geraten hatte[333], die Herausgabe Jerusalems und des Heiligen Landes an die Franken an, wenn sie dagegen das Nildelta räumten[334]. Al-Muʿassam, der Herr von Syrien, sollte dafür in Oberägypten entschädigt werden. Doch die Kreuzfahrer lehnten in der Hoffnung, bald Herren von Damiette zu sein, das Angebot ab. Aber man war sich im Christenheer in dieser Frage keineswegs einig. Der König, die Ritter des Heiligen Landes und die französischen Kreuzritter sprachen sich mit aller Entschiedenheit für die Annahme des Angebotes aus, dagegen waren die Templer und Johanniter, die Italiener, die in Damiette schon die künftige Basis ihres Orienthandels sahen, und — das Entscheidende — Kardinal Pelagius. So lehnte man ab[335].

Aber die Not im Kreuzfahrerlager schuf Unruhe. Die Fußsoldaten, die über keine Erfahrung verfügten, und viele Geistliche drängten zu Angriffen auf die Stadt und das Lager der Feinde, während die kriegserprobten Ritter und der König an ihrer Spitze widerrieten. Doch sie konnten sich nicht durchsetzen. So wurden drei Versuche gemacht, die Stadt zu stürmen, die aber alle mißlangen. Größer noch war die Niederlage, als man unter demselben Druck der niederen Schichten der Kreuzfahrer versuchte, das Lager des Sultans zu stürmen. Der Rückzug wurde zu einer sehr verlustreichen Niederlage[336].

In dieser Situation erneuerte der Sultan sein Angebot, in der Erwartung, nun offenere Ohren zu finden. Diesmal war das Angebot noch detaillierter. Das ganze Heilige Land mit Jerusalem sollte herausgegeben werden, mit Ausnahme der Festungen Krak und Montroyal. Ebenso sollte das heilige Kreuz und die christlichen Gefangenen den Franken übergeben werden und dazu die Kosten der Wiederbefestigung Jerusalems. Dagegen wurde nur die Räumung Ägyptens gefordert. Aber in ihrer Kurzsichtigkeit lehnten die

[331] Ebd. [332] H. Hoogeweg II, 281 und III, 423. — Dazu ebd. I, 211.
[333] Eracles XXXII, 1, S. 329 f.
[334] Eracles XXXII, 9, S. 339.
[335] Eracles XXXII, 9, S. 339. — H. Hoogeweg II, 272. — R. Grousset III, 223.
[336] Eracles XXXII, 10, S. 340 f. — Oliverus Scholasticus, Hist. Damiat. 29, S. 213. — O. Haßler, Pelagius, 40. — H. Hoogeweg II, 262 u. 263.

Kreuzfahrer auch dies Angebot wieder ab. Der Gegensatz zwischen dem Kardinal und dem König verschärfte sich dadurch noch um ein Bedeutendes[337].

Da glückte es am 5. November 1219, durch einen Handstreich Damiette zu nehmen. Wir haben über die Art, wie das geschah, zwei sich widersprechende Berichte und können nicht sagen, welcher der Wahrheit entspricht. In dem einen ist es der Legat selbst, der sich in der Nacht mit wenigen Männern den Weg in die Stadt bahnt, nach dem anderen tritt der Legat ganz in den Hintergrund, während 4 beliebige Sergeanten durch eine Bresche einsteigen[338].

Die hochgeschraubte Erregung des Kreuzheeres entlud sich nach der Einnahme in einem fürchterlichen Morden, das an das Blutbad nach der Eroberung von Jerusalem erinneren kann[339]. Von dem Rest der Bevölkerung wanderten Teile freiwillig aus. Die dadurch entstandene Leere suchte man durch Ansiedlung christlicher Siedler in der Stadt und ihrer Umgebung wieder auszufüllen. Man war daran, Damiette zu einer fränkischen Kolonie auszubauen. Solange die Franken durch eine starke Flotte die See beherrschen konnten, schien es sehr wohl möglich, sich hier auf Dauer festzusetzen, besonders da man bald darauf auch Tanis am Mensale-See, das heutige Port Said, besetzte[340].

Doch begann nach dem Sieg keine gute Zeit für die Kreuzfahrer. Der König und der Legat stritten sich heftig um die eroberte Stadt. Der König drohte mit seinem Abmarsch, Pelagius mit dem Interdikt. Schließlich verschob man die endgültige Lösung bis zu einem Spruch des Papstes oder bis zur Ankunft Kaiser Friedrichs II., die man baldigst erwartete. Außerdem stritten sich französische und italienische Kreuzfahrer um die Beute. Zuerst jagten die Italiener die Franzosen aus der Stadt, dann die Franzosen mit dem König und den Ritterorden die Italiener. Erst Anfang Februar 1220 einigte man sich über die Verteilung der Beute nach einem bestimmten Schlüssel. Es war also ein sehr wenig erfreuliches Bild, das das Kreuzheer bot. Dazu kam, daß das ruhige und verhältnismäßig gute Leben alle Disziplin lockerte und das Heer verweichlichte[341].

Auf die Dauer wurden König Johann der ständige Streit mit dem Legaten und die Tatsache, daß er machtlos dessen Fehlentschlüssen gegenüberstand,

---

337 Eracles XXXII, 11, S. 341 f. — Oliverus Scholasticus, Hist. Damiat. 31, S. 222.

338 Die eine Version: Jakob von Vitry IV, 302. — Gesta obsid. Damiat. 111 bis 113. — H. Hoogeweg II, 284. — O. Haßler, Pelagius, S. 45, wo auch weitere Quellen aufgeführt werden. — Andere Version: Eracles XXXII, 14, S. 345 f. — Ernoul S. 426. — Vgl. auch R. Grousset III, 228.

339 Makrizi = R. Röhricht, Beiträge I, 106. — Abū Schāma, Zwei Gärten II, S. 177. — H. Hoogeweg II, 284. — Doch fehlen daneben auch nicht Züge von Freundlichkeit gegen die Einwohner, vgl. R. Grousset III, 229.

340 Honorius III, Opera III, lib. IV, 86, S. 392, von 1220.

341 H. Hoogeweg III, 417, auf Grund eines Briefes von Jakob von Vitry.

unerträglich. Er verließ darum an Ostern 1220 das Kreuzheer mit der Begründung, vom Heiligen Land aus Erbansprüche in Armenien geltend machen zu müssen. Der Papst verbot ihm dies unter Androhung des Kirchenbanns, aber er ließ sich nicht abhalten[342]. Nun begann eine Zeit der Diktatur des Kardinals. Kreuzfahrer, die der allgemeinen Gepflogenheit entsprechend wieder nach Hause fahren wollten, hielt er mit Gewalt zurück, beschlagnahmte die Schiffe, bannte die Kreuzfahrer und verlangte für jede Fahrt nach dem Abendland eine schriftliche Genehmigung mit seinem eigenen Siegel[343].

Eigenwillig lehnte Pelagius auch ein neues Angebot des Sultans, das inhaltlich den früheren entsprach, gegen das dringende Anraten des Königs und der syrischen Barone ab[344]. Diese dreimalige Ablehnung ist eine Entscheidung von der allergrößten Bedeutung für die Geschichte des Heiligen Landes und der Kreuzzüge. Die große sich bietende Gelegenheit, den Schaden von 1187 wiedergutmachen und Jerusalem wiedergewinnen zu können, wurde versäumt. Pelagius hoffte auf die baldige Ankunft Kaiser Friedrichs II. und auf das Vorrücken der Mongolen in Innerasien, wovon man dunkle Kunde hatte. Aber er besaß bei allem diesem Hoffen keinen realen Maßstab, kein klares Urteil über die wirklichen Gegebenheiten. Und auf diejenigen, die es hatten, hörte er nicht.

Der Islam befand sich damals in einer schlechten Lage. Denn während die Franken in Ägypten festen Fuß faßten und die Ägypter schon daran dachten, ihr Land zu räumen[345], während man die Festungen des Heiligen Landes schleifte und Damaskus in Verteidigungszustand setzte, aus Sorge vor dem weiteren Vormarsch der Franken, drangen von Osten aus die Mongolen unter Dschingischan in schnellem Siegeszug immer weiter vor. 1220 fiel Buchārā und Samarkand in ihre Hände, bald darauf Chorassan, Nīschāpūr und Tūs. Das Reich der Chwarismier-Schahs wurde zerstört, und ein Teil von Iran war schon in ihrer Hand. Die Gefahr für die Staaten Vorderasiens, vielleicht auch für den Islam, war also unmittelbar gegeben, wenn dieser Strom vom Südufer des Kaspischen Meeres aus sich nach Südwesten gegen Bagdad wendete. Daß er sich dann statt dessen von dort nach Nordwesten gegen die Russen wandte, hat den Vorderen Orient ohne sein Zutun damals vor dieser großen Gefahr bewahrt. Aber dies war nicht vorauszusehen. Die Bedrohung fing schon an, sich in Ägypten auszuwirken. Denn der dritte der Söhne al-Malik al-ʿĀdils, al-Aschraf, wollte, von seinen Brüdern gerufen, ihnen zu Hilfe kommen, als schlimme Nachrichten aus dem Osten kamen, so daß er schwankte, ob er nach Ägypten ziehen sollte. Im Kreuzfahrerheer

[342] Honorius III, Opera III, lib. V, 20, S. 504, von 1220.

[343] Ernoul S. 428. — Oliverus Scholasticus, Hist. Damiat. 50, S. 253, von 1220. — Rommersdorfer Briefbuch 2/566, von 1220. — Vgl. Honorius III, Opera III, lib. IV, 106, S. 573.

[344] Oliverus Scholasticus, Hist. Damiat. 71, S. 269, von 1221. — Abu 'l Fedā S. 97, von 1221/1222. — Makrizi = R. Röhricht, Beiträge I, 107. — Ernoul S. 435 f.

[345] Al-Athīr, Kāmil al-tewārīkh II, S. 120.

wußte man durch unklare Gerüchte vom Vordringen der Mongolen. Mit ihnen verband sich die alte Vorstellung von dem in Innerasien lebenden Priesterkönig Johannes, der einmal den Christen zu Hilfe kommen werde[346].

Andererseits hofften die Kreuzfahrer und vor allem Pelagius auf die Ankunft Kaiser Friedrichs II. Der aber ließ auf sich warten. Er hatte zwar schon bei seiner Krönung in Aachen (1215) das Kreuz genommen, konnte damals aber gar nicht daran denken, das Gelübde schon auszuführen, da er Deutschland nicht verlassen konnte. Dieser Schwebezustand blieb zunächst bis 1219. Da gebot der Papst unter Androhung des Kirchenbannes allen deutschen Rittern, die das Kreuz genommen hatten, auszuziehen. Aber Friedrich wollte auch damals Deutschland und Italien nicht verlassen. Der Papst stellte noch verschiedene Termine hintereinander, aber der Kaiser ließ sie verstreichen. Diese lange Verzögerung war von Kaiser Friedrich keineswegs beabsichtigt. Aber die Feindschaft, auf die er allenthalben im Reich stieß, nicht zuletzt seitens der Kurie, machte ihm einen Aufbruch zu den gesetzten Terminen trotz aller Versprechungen sehr bedenklich. Freilich kann man dem Kaiser den Vorwurf, seine Versprechungen ohne rechte Kenntnis der Lage oder leichtfertig gegeben zu haben, nicht ersparen. Jedenfalls aber mußte jenseits des Meeres im Lager vor Damiette diese ständige Verschiebung des Zeitpunktes für die ersehnte Hilfe nicht nur Unruhe, sondern auch Erbitterung hervorrufen. Die Kreuzfahrer schrieben darum an Friedrich und an Honorius und dieser wieder an den Kaiser[347]. Auch in der öffentlichen Meinung wuchs die Verärgerung. Der Troubadour Peirol gab ihr in einem Gedicht erregten und drastischen Ausdruck[348].

Friedrich schickte, ehe er selbst abreisen konnte, verschiedentlich den Kreuzfahrern Hilfe: im Mai 1221 den Herzog Ludwig I. von Bayern, den Hochmeister des Deutschherrenordens, Hermann von Salza, den Bischof Ulrich von Passau und etwa 500 Ritter, dann den Markgrafen Wilhelm von Montferrat mit zahlreichen Rittern und schließlich den Grafen Heinrich von Malta mit einer Flotte von 40 Galeeren. Doch diese letzte Hilfe kam

[346] Jakob von Vitry, Brief II, S. 177 = Ztschr. f. Kirchengesch. 14 (1874). — Honorius III = Mon. Germ. Epist. sel. I, 176, S. 123, von 1221. — Otto von Freising, Chron. VII, 33, S. 365.

[347] Böhmer, Acta imp. sel. 943/642, von 1218. — Martène et Durand, Amplissima collectio V, 1479, von 1219. — Honorius III, Opera III, lib. V, 431, S. 854, von 1221.

[348] F. Diez, Leben und Werke der Troubadours, S. 259: „Lieber Gott, tätest du nach meinem Sinne, so sähest du dich vor, wen du zum Kaiser machtest ... noch vor kurzem sah ich den Kaiser manchen Schwur tun, den er jetzt bricht ... Herr Kaiser, Damiette harret euer, und Tag und Nacht weinet der weiße Turm um euren Adler, den ein Geier (Ägyptens Wappen) herabstieß. Feige ist der Adler, der dem Geier unterliegt. Schmach habt ihr davon, und Ehre der Sultan, und außer der Schmach kommt der Schaden auf euch, den unsere Lehre dadurch erleidet." — Vgl. auch V. de Bartholomaeis, Poesie provenc. II, 13, 14, Str. IV, V, ebenfalls von Peirol. — Ähnlich äußert sich der Deutsche Bruder Wernher (ca. 1217—1250). Hrsg. v. A. E. Schönbach = Wiener Sitzungberichte 148 und 150.

schon zu spät. Diese Maßnahmen bekunden immerhin den Willen des Kaisers zur Hilfeleistung. Aber der Unwille gegen ihn wurde durch diese doch unbefriedigenden Hilfssendungen eher noch erhöht[349].

Inzwischen hatte der Kardinallegat endlich errreicht, daß das Heer gegen Kairo aufbrach. Schon lange drängte er darauf, aber die Ritter lehnten es ab mit der Begründung, daß König Johann in Palästina sei und daß niemand außer ihm ein aus so verschiedenen Nationen zusammengesetzes Heer führen könne[350]. Darauf schickte Pelagius nach dem König. Zuerst weigerte er sich, entschloß sich aber dann doch zu kommen, da er sonst sicher sein konnte, von dem Legaten als Verräter gebrandmarkt zu werden[351]. Denn alle, die sich gegen sein Vorhaben wandten, beschuldigte Pelagius des Verrates.

Sobald König Johann angekommen war, brach das Kreuzfahrerheer auf, ohne auf das Eintreffen der kaiserlichen Flotte zu warten. Man zog nilaufwärts. Nach etwa 30 km Marsch gelang es, die Stadt Schāramsāh zu besetzen, die der Sultan geräumt und zerstört hatte. Etwa 25 km aufwärts davon stand bei al-Mansūra die muslimische Armee. Da al-Malik al-Kāmil seine Brüder al-Muʿassam und al-Aschraf herbeigerufen hatte und da auch die Herrn von Aleppo, Hamā, Emesa und Baalbek herbeigeeilt waren, war es ein großes Heer, das nun den Kreuzfahrern entgegentrat. Noch einmal versuchte der König den Kardinal zur Einstellung des Vormarsches zu bewegen, um die kaiserlichen Verstärkungen abzuwarten, doch vergeblich. Mit dem Vorwurf „Verräter" wurde auch dieser Vorschlag abgelehnt. Man rückte weiter vor, sah sich aber bald am Ende (24. Juli 1221). Das Frankenheer stand auf der Halbinsel des Nildeltas zwischen dem Hauptstrom und dem Bahras-Saghīr, und zwar in der Spitze, so daß der Nil allen weiteren Vormarsch verhinderte. Auf der anderen Seite des Stroms aber lag die Festung al-Mansūra, die der Sultan hatte bauen lassen, und das große muslimische Heer. Einen Monat lang standen die Franken in dieser Stellung, ohne etwas zu erreichen. Da trat früher als in anderen Jahren die Überschwemmung des Nils ein, und die Ägypter nutzten das aus und durchbrachen dazu auch noch die Nildämme. Damit wurde die Stellung der Kreuzfahrer unhaltbar, aber auch der Rückweg nach Damiette war abgeschnitten. Trotzdem entschloß man sich am 6. August zum Rückzug. Bāramun, noch nicht halbwegs Schāramsāh gelegen, erreichte man noch mit Mühe und Not. Dann aber kam man nicht weiter. Es blieb nichts, als sich dem Sultan zu ergeben und um Frieden zu bitten. Die Brüder des Sultans wollten die Bitte ablehnen und die Kreuzfahrer ganz vernichten. Al-Malik al-Kāmil aber nahm den angebotenen Frieden an: gegen die Rückgabe von Damiette sollte das Heer freien Abzug erhalten.

[349] Mon. Germ. Epist. sel. I, Hon. III, 176, S. 123, von 1221. — Ebd. 177, S. 123, von 1221. — Honorius III, Opera III, lib. V, 431, S. 854, von 1221.

[350] Eracles XXXII, 16, S. 349. — Oliverus Scholasticus, Hist. Damiat. 43, S. 248, von 1220.

[351] Ernoul S. 441 ff. — Histoire des patriarches d' Alexandrie = Revue de l'Orient lat. 1907, S. 259. — R. Grousset III, S. 236.

Den Sultan leitete dabei der Gedanke, daß die Franken sich verzweifelt wehren und auch Damiette nur nach sehr schwerem Kampf hergeben würden. Vorher konnte sich aber das Kriegsglück gewendet haben. Denn wie der Sultan wußte, war inzwischen die Flotte Kaiser Friedrichs II. gelandet, und weitere Verstärkungen waren zu erwarten. So ward am 30. August der Friede geschlossen. Die Verluste der Franken müssen außerordentlich und das Elend durch Hunger sehr groß gewesen sein[352]. Al-Malik al-Kāmil zeigte sich dem besiegten Heer gegenüber sehr großmütig. Denn er schickte dem hungernden Heer 4 Tage lang je 30000 Brote und rettete so viele vor dem Hungertod[353]. Der Kölner Domscholaster Oliver schrieb unter dem Eindruck dieser freundlichen Haltung des Sultans diesem einen sehr anerkennenden Brief, in dem er ihn aufforderte, zum Christentum überzutreten[354].

Der Eindruck dieser vollständigen Niederlage der Kreuzfahrer war im Morgen- wie im Abendland gewaltig. Hatten die Ägypter doch noch vor kurzem daran gedacht, ihr Land vor den Franken räumen zu müssen. Man feierte Feste im Lager des Sultans. Ein dafür gedichtetes Freudelied ist uns noch erhalten[355]. Im Abendland aber war der Eindruck niederschmetternd. Nach so großen Werbungen, die immer nur mit einem vollen Sieg gerechnet hatten, nach so vielen Anstrengungen, so vielen Opfern an Blut und Geld und angesichts so viel ehrlichen Glaubens nun diese jammervolle Niederlage! Am schlimmsten war die Depression der Kreuzfahrer selbst. Eine zeitgenössische Chronik berichtet von der Verzweiflung der Besiegten, die sich in Sätzen aussprach wie: Gott ist gegen uns, oder: Gott hat uns vergessen[356]. Je stärker die Gewißheit, von Gott zum Sieg geführt zu werden, gewesen war, um so mehr erschütterte die unerwartete Niederlage alle Grundlagen des Glaubens.

Man fragte allenthalben nach der Schuld für das Scheitern des Kreuzzuges. Weitaus die meisten Stimmen klagten den Kardinallegaten als den Führer des Zuges oder auch daneben die Geistlichkeit als solche an. Nur wenige Chroniken verteidigten Pelagius[357]. Besonders offen sprechen das die Troubadours aus, die vorher mit ihren Kreuzliedern so intensiv für den Kreuzzug

[352] Siehe oben S. 266—267. Es soll das Heer damals nur noch mit 100 Grafen, 800 kampffähigen Rittern und einer sehr großen Zahl von Fußvolk aus der Niederlage herausgekommen sein.

[353] Abū Schāma, Zwei Gärten II, 183. — Oliverus Scholasticus, Hist. Damiat. 75, S. 273 ff. — Eracles XXXII, 16, S. 351. — Ernoul S. 445 ff. — Abu 'l Fedā, 97, zu 1221/22 = 618. — O. Haßler, Pelagius, S. 61. — H. Hoogeweg III, 432 ff. — H. Benary a. a. O. 19. — R. Grousset III, 236 ff. und 442 Anm. 1.

[354] Oliverus Scholasticus, Epist. 5, S. 296 ff., von 1221.

[355] Abū Schāma, Zwei Gärten II, 618, S. 183/84.

[356] Gesta obsidion. Damiat. = Muratori VIII, 1089.

[357] Böhmer, Fontes III, S. 49. Oliverus Scholasticus, Hist. Damiat. 54, S. 257. — Sehr scharf urteilt Eracles XXXII, 17, S. 352. Eine Zusammenstellung der Meinungen gibt H. Hoogeweg a. a. O. III, 445, Anm. 7, Verweis auf Schirrmacher: 2, S. 364, Anm. 29.

geworben hatten. Huon von St-Quentin erhebt scharfe Klage und mit ihm Moniot, Gautier de Coincy und besonders Guillaume de Clerc in seiner Satire „Le Besant de Dieu“[358].

Andere, und allen voran Honorius III., klagten Kaiser Friedrich II. an, der den Kreuzzug gelobt, aber nicht rechtzeitig durchgeführt habe[359].

Sind diese Anklagen berechtigt? Was zunächst Friedrich II. angeht, so ist natürlich richtig, daß ein kraftvolles, rechtzeitiges Eingreifen eine große Hilfe für das Kreuzheer bedeutet hätte. Aber entscheidend ist die Frage, ob man bei seinem Eintreffen dem Kardinallegaten die Führung abgenommen hätte. Bei der schroffen Haltung von Pelagius ist es nicht anzunehmen. Dann aber hätten auch die durch Friedrich gebrachten Verstärkungen die Katastrophe nicht verhindern können. Denn das Heer ging nicht daran zugrunde, daß es etwa zahlenmäßig zu schwach gewesen wäre, sondern daran, daß es schlecht geführt wurde. Außerdem hatte Friedrich wiederholt dringend gebeten, auf das Eintreffen seiner Flotte zu warten. Aber das tat Pelagius nicht[360].

Der Kardinal aber hatte die volle Leitung des Unternehmens. Darum trug er auch die volle Verantwortung für den Untergang, so wie er für die Einnahme von Damiette geehrt worden war. Warum hatte er wiederholt die Ablehnung des günstigen Friedensangebotes erzwungen? Warum hatte er auf dem verhängnisvollen Plan, gegen Kairo zu ziehen, trotz allen Abratens erfahrener Männer bestanden? Warum hatte er überhaupt in Verkennung seiner Fähigkeiten auf keinen Rat bei kriegerischen Unternehmungen gehört? Er konnte sich nicht auf den Befehl des Papstes berufen. Denn Honorius III. hatte zur Annahme des Angebotes des Sultans geraten[361]. Später hatte er dann allerdings anempfohlen, nicht abzuschließen, da *jetzt* die Hilfe des Kaisers nahe, aber in demselben Brief hatte er ihm die ausdrückliche Anweisung gegeben, daß er im Einvernehmen mit dem Rat der großen und klugen Männer des Heeres handeln solle[362]. Auf diesen Befehl hörte aber Pelagius nicht. So liegt die Verantwortung auf ihm.

So war dieser stolze und mächtige Feldzug gescheitert. Die große päpstliche Organisation, die Intensität der Werbung und der immer noch lebendige Glaube hatten in einem beträchtlichen Mißerfolg geendet. Schon der vierte Kreuzzug von 1204 war als solcher anzusehen. Aber dieser galt als mißgeleitetes Unternehmen, und man hatte auf den kommenden großen Zug gehofft. So war der Eindruck noch niederschmetternder. War doch der Kreuzzug *das* Unternehmen des 13. Jahrhunderts, auf das sich die Augen aller richteten. Es wäre nicht erstaunlich gewesen, wenn nach diesem Mißerfolg

---

[358] P. A. Throop, Criticism, S. 32. — Ähnlich auch Peirol, siehe K. Lewent, Altprov. Kreuzlied, S. 19.

[359] Mon. Germ., Epist. sel. I, Honorius III, 183, S. 128.

[360] Mon. Germ. Const. II, 116—148. — Von dem Mangel an Augenmaß bei dem Versprechen von Terminen war oben schon die Rede.

[361] Mon. Germ. Epist. sel. I, Honorius III, 159, S. 112, von 1221.

[362] Ebd. 176/122, von 1221.

überhaupt kein Kreuzzug mehr zustande gekommen wäre. Aber noch stand die Erfüllung des Kreuzzugsgelübdes Kaiser Friedrichs II. aus.

Doch eines war endgültig aufgegeben: der Gedanke, einen Kreuzzug von einem Geistlichen führen zu lassen und die eroberten Gebiete nur der Kirche zu unterstellen. 1222 reiste König Johann nach Italien, um sich beim Papst über die Führung des Zuges durch Pelagius zu beklagen. Honorius III. wie auch der gleichfalls anwesende Kaiser Friedrich versprachen daraufhin, daß dieser Fall nicht mehr eintreten und daß Eroberungen in Zukunft ohne Abzug dem König von Jerusalem unterstellt werden sollten[363]. Beides, die geistliche Führung des Kreuzzuges und die Gründung von kleinen papstunmittelbaren Gebieten im Ausland war mit dem Fall von Damiette ad absurdum geführt. Auch Gregor IX. hat diese Gedanken nicht wieder aufgegriffen.

Der Kreuzzug Kaiser Friedrichs II.

Jede Hoffnung auf einen neuen Kreuzzug richtete sich nach dem unglücklichen Ende des fünften Kreuzzuges auf Kaiser Friedrich II. Denn es zeigte sich bald, daß man in Frankreich, England und Deutschland nicht zu einem neuen Kreuzzug bereit war. Zwar gab der sterbende König Philipp von Frankreich eine große Geldspende für die Bedürfnisse eines neuen Kreuzzuges. Aber dieser sollte nach seinem testamentarischen Bestimmungen ganz anders aussehen als die früheren: der König von Jerusalem und die beiden Orden sollten je 100 Ritter von diesem Geld auf die Dauer von 3 Jahren unterhalten. Also ein Kreuzzug ohne das Abendland! Mit Geld sollte es sich von der Kreuzzugsverpflichtung loskaufen. Man sieht deutlich, wie das Abendland damals dem Kreuzzugsgedanken gegenüberstand[364].

Also blieb alle Hoffnung an Friedrich haften. Ihn versuchte man aber noch fester an die Sache des Heiligen Landes zu binden. Da er Witwer geworden war, faßte Honorius zusammen mit dem Hochmeister des Deutschen Ordens, Hermann von Salza, den Plan, Friedrich mit der Erbin des Königreichs Jerusalem zu verheiraten. Zur Zeit war Johann von Brienne König, aber nur als Prinzgemahl seiner Gattin Maria von Jerusalem-Montferrat. Sie hatten eine Tochter Jolanthe oder Isabella, die nach dem im Heiligen Land gültigen Erbrecht zweifellos die allein berechtigte Erbin der Krone war. Sie zählte im Augenblick erst 11 Jahre, aber Friedrich konnte sich sehr wohl jetzt schon mit ihr verloben, und die Ehe konnte vollzogen werden, sobald die Prinzessin etwas älter geworden war. Auf der schon erwähnten Zusammenkunft in Ferrentino im März 1223 wurde der Plan besprochen. Friedrich ging gern darauf ein, und auch König Johann war damit einverstanden[365].

[363] Ernoul S. 449.

[364] Eracles XXXII, 20, S. 357. — Testament Philipps: Bouquet, Recueil XVII, 114—115. — R. Röhricht, Geschichte ... Jerusalem, 759.

[365] R. Grousset III, S. 272. — J. Haller, Papsttum III, 1, S. 30. — E. Kantorowicz, Friedrich II., S. 130. — R. Röhricht, Geschichte ... Jerusalem, 758.

Diesen Abmachungen entsprechend fuhr zwei Jahre später, im August 1225, Bischof Jakob von Patti als Stellvertreter des Kaisers mit einer stattlichen Flotte nach Akkon, um die Braut abzuholen. Dort empfing sie vom Bischof im Namen des Kaisers den Verlobungsring und wurde in Tyrus mit großer Feierlichkeit gekrönt. In Brindisi empfing sie Friedrich. Dort fand im November 1225 die feierliche Vermählung statt. Isabella war inzwischen 14 Jahre alt geworden[366].

Doch bei diesem strahlenden Fest kam es zu einer schrillen Dissonanz. Denn Friedrich forderte während des Mahles von seinem neuen Schwiegervater die sofortige Übergabe der Königsrechte. Dieser aber hatte damit gerechnet, daß der Kaiser ihn zeit seines Lebens als seinen Vertreter in der königlichen Funktion belassen werde. Juristisch hatte er keinerlei Anspruch darauf. Denn seine Gattin Maria war inzwischen verstorben. Seitdem führte er die königlichen Geschäfte als Vogt seiner Tochter, solange sie unmündig war. Mit dem Augenblick der Verheiratung wurde das hinfällig. Auch hatte man ihm keinerlei Versprechungen gemacht, wohl aber hatte Johann unklare Äußerungen in den Verhandlungen so verstanden. Er verließ darum in Feindschaft den Hof seines Schwiegersohnes und begab sich fluchtartig nach Rom. Der Papst wußte ihm eine andere Krone zu vermitteln. Man wählte ihn zum Kaiser des lateinischen Kaiserreiches in Konstantinopel. Seine Tochter Isabella (Jolanthe) schenkte bald darauf dem Kaiser einen Sohn, den späteren König Konrad IV. Sie selbst starb aber im Wochenbett. Sie ist, da sie noch ein Kind war, des neuen Lebens als Kaiserin nicht froh geworden. Ihr Schicksal hat die Sage mannigfach aus- und umgestaltet zu der Gestalt der Ortnit, die ein deutsches Epos gleichen Namens feiert[367].

Im Heiligen Land machte Friedrich II. nun seine Rechte geltend. Er sandte den Bischof Richer von Melfi mit 300 Rittern dorthin, um den Treueid der syrischen Barone entgegenzunehmen, und bald nach ihm noch den Grafen Thomas von Aquin, ebenfalls um Rechte Friedrichs als König wahrzunehmen. In dem seiner Lehenshoheit unterstehenden Zypern stieß er aber dabei auf Widerstand[368].

Doch der Kreuzzug, den Friedrich schon so lange und so oft gelobt hatte, lag noch in unbestimmter Zukunft. Honorius III. war am 18. März 1227 gestorben. An seine Stelle war Gregor IX. getreten. Der aber fühlte sich in

---

366 R. Röhricht, Geschichte ... Jerusalem, 761/62. Dort auch Angabe der Quellen. — R. Grousset III, 274 f.

367 Eracles XXXII, 20, S. 356 ff. — Mon. Germ. Epist. sel. I, 338, S. 256, von 1227 = Potthast 7659. — R. Röhricht, Geschichte ... Jerusalem, S. 762/63. — R. Grousset III, S. 276. — E. Winkelmann, Jahrb. d. dt. Reiches, K. Friedrich II., I, S. 244 f. — Konstantinopel: siehe Eracles XXXIII, 15, S. 381, von 1229. — Ortnit siehe: E. Kantorowicz, Friedrich II., II, S. 52. — Dazu: K. Müllenhoff = Ztschr. f. dt. Altertum 13 (1867) S. 185. — E. H. Meyer, ebd. 38 (1894) S. 65 ff.

368 Eracles XXXII, 20, S. 359. — R. Grousset III, S. 276 u. 400. — R. Röhricht, Geschichte ... Jerusalem, S. 764.

erster Linie als Fortsetzer des Werkes von Innozenz III. Zudem war er eine leidenschaftliche Natur. Auch ihm war der Kreuzzug Herzenssache. Darum verschärfte er die Forderung, den Kreuzzug anzutreten, und die Drohungen für den Fall, daß der Kaiser seinen Verpflichtungen nicht nachkäme. Und nicht nur der Papst wartete ungeduldig, sondern mit ihm das ganze Abendland. Das bezeugen z. B. Sprüche Walthers von der Vogelweide[369] und Bruder Wernhers[370].

Inzwischen hatten politische Veränderungen im Zusammenspiel der muslimischen Staaten die Aussichten für einen Kreuzzug vollkommen verändert. Den Sieg von al-Mansūra (Damiette) hatten die drei Brüder al-Malik al-Kāmil, al-Muʿassam und al-Aschraf in treuer Zusammenarbeit erfochten. Doch sie war von kurzer Dauer. Al-Muʿassam versuchte, sich seine beiden Brüder zu unterwerfen und wieder ein Gesamtreich zu schaffen wie zur Zeit Saladins. Verbündet mit seinem Bruder al-Aschraf, der faktisch schon von ihm abhängig war, zog er gegen al-Malik al-Kāmil. Beide hatten sich außerdem mit den Chwarismiern verbunden, einem türkischen Stamm, den die Mongolen aus seiner Heimat am Kaspischen Meer vertrieben hatten und der seitdem Vorderasien und Syrien unsicher machte. Es war eine ernsthafte Bedrohung für al-Malik al-Kāmil. Darum wandte sich dieser an Kaiser Friedrich II. mit der Bitte um Hilfe. Augenscheinlich hatte er damals schon Zutrauen zu ihm.

Zweimal, 1226 und 1227, ging der Emir Fachr ad-Dīn als Gesandter zu Friedrich und wurde dort aufs freundlichste empfangen. Ja es entspann sich eine Freundschaft zwischen beiden Männern, die Gefallen aneinander fanden. Zum Ausdruck dessen schlug Friedrich ihn zum Ritter. Umgekehrt schickte der Kaiser Gesandte an den Sultan. Reiche Geschenke wurden ausgetauscht. Friedrich ging also mit allem Nachdruck auf die Verhandlungen ein. Der Sultan versprach ihm Jerusalem, wenn er in Akkon lande und seinen Bruder al-Muʿassam in Damaskus bedrohe. Das ließ sich Friedrich nicht entgehen. Den Kreuzzug mußte er ja seines Prestiges wegen und um des Papstes willen ausführen. Da kam ihm das Angebot sehr gelegen. Es schlug allerdings der Denkungsart der alten Kreuzfahrer ins Gesicht, wenn man den Kreuzzug im Bund mit einem muslimischen Fürsten unternahm. Aber hatten nicht gerade die tüchtigsten Könige von Jerusalem oft Bündnisse mit einem benachbarten muslimischen Staat geschlossen? Das war nicht neu. Allerdings daß ein Kaiser es tat, gab dem doch ein anderes Aussehen. So entschloß sich der Kaiser zu schnellem Handeln, obwohl in Italien eine schwere kriegerische Auseinandersetzung mit der Kurie drohte.

Im August 1227 sammelte sich ein Kreuzfahrerheer in Brindisi. Unglückseligerweise brach aber unter ihnen in der Sommerhitze eine schwere Seuche

369 Walther von der Vogelweide (Ausg. Lachmann) 29, 15.

370 Bruder Wernher (Hrsg. von Schönbach) = Wiener Sitzungsberichte 148 u. 150, von 1227.

aus, die viele dahinraffte. Friedrich selbst erkrankte, leitete aber von Brindisi aus die Abfahrt von 2 Geschwadern im Abstand von acht Tagen. Mit dem dritten fuhr er selbst ab und mit ihm Landgraf Ludwig IV. von Thüringen. Beide aber waren krank. Deshalb ging man in Otranto nochmals an Land, wo der Landgraf starb. Friedrich selbst brach trotzdem nochmals auf, kehrte jedoch dann wieder zurück wegen Verschlimmerung seiner Krankheit — ein Grund, den man jedoch von der Gegenseite aus anzweifelte. Es ist verständlich, daß man nach dem allzu langen Zögern des Kaisers kein Vertrauen in seine Äußerungen setzte. Andererseits aber ist zu bedenken, daß Friedrich jetzt, wo sein Heer schon drüben war und wo es ihm darauf ankommen mußte, seine Abmachungen mit dem Sultan möglichst bald zur Tat werden zu lassen, ehe die politische Konstellation sich geändert haben konnte, eigentlich keinen politischen Grund zu einer weiteren Verschiebung des Zuges haben konnte.

Jedenfalls sah Gregor IX. in der Mitteilung von Friedrichs Erkrankung eine Ausrede und bannte ihn. Durch dieses Urteil machte der Papst den Kreuzzug Friedrichs als ein kirchliches Unternehmen unmöglich.

Die Gegnerschaft zwischen Friedrich II. und Gregor IX. wurde außer durch das leidenschaftliche Temperament des Papstes noch verstärkt durch die politische Lage in Italien. Die Vereinigung des Königreichs Sizilien mit dem deutschen Reich in einer Hand schloß den Papst ein. Das aber wurde gefährlich, als der Kaiser versuchte, die dem Reich unterstehenden Teile Ober- und Mittelitaliens wirklich zu beherrschen; bisher, seit den Zeiten Barbarossas, hatten die Kaiser stillschweigend darauf verzichten müssen. Jetzt machte Friedrich Anstalten dazu, die Verhältnisse zu ändern.

So sprach Gregor den Bann aus und verbot im Anschluß daran den Kreuzfahrern die Abfahrt[371], eine im Grunde paradoxe Situation. Es ist kein Wunder, daß dieser Schritt an vielen Stellen auf großes Befremden stieß[372]. Walther von der Vogelweide sprach damals von einem verhängnisvollen Sturm, der vieles zerschlage und über den die Kreuzfahrer sehr klagen müßten[373].

Aber Friedrich fuhr dennoch. Freilich war dies kein Kreuzzug mehr im Sinne des Jahres 1095. Im April 1228 schickte er noch einmal eine Staffel von 500 Rittern unter dem Marschall Richard Filanghieri voraus; er selbst folgte am 28. Juni mit einem kleinen Rest des Heeres, die Chroniken sprechen von 22 oder auch 70 Schiffen und 100 Rittern[374]. Man hat wegen dieser kleinen Zahl der unmittelbaren Begleiter Friedrichs ihn immer wieder getadelt, daß er mit einer ganz ungenügenden Heeresmacht zum Heiligen Land gezogen

---

371 Eracles XXXIII, 1, S. 366.

372 Ursperger Chronik = Mon. Germ. Schulausg., S. 125, zu 1228.

373 Walther von der Vogelweide (Ausgabe Lachmann) 13, 12.

374 Eracles XXXIII, 1, S. 366. — R. Röhricht (Geschichte ... Jerusalem, S. 769, Anm. 4) führt weitere Quellen an.

sei und daß dieser Zug darum gar nicht als ein Kreuzzug im eigentlichen Sinn zu betrachten sei. Doch mit Unrecht. Denn der Kaiser hatte die Hauptmacht seines Heeres ja schon vorausgeschickt. Er selbst kam, verspätet, nur mit soviel Rittern, als nötig waren, um die Überfahrt zu decken. Aber er fand vor: die 300 Ritter, die unter dem Bischof von Melfi den Treueid der syrisch-fränkischen Ritter entgegennehmen sollten, die Begleitung des Grafen von Aquin (Acerra), weiter die drei Geschwader, die 1227 von Brindisi abgefahren waren unter dem Kommando des Herzogs von Limburg, sowie die 500 Ritter, die Richard Filanghieri führte. Das alles zusammen muß schon eine sehr stattliche Heeresmacht dargestellt haben. Außerdem mußte man zunächst doch annehmen, auf die Ritter des Heiligen Landes, vor allem auf die Ritterorden, rechnen zu können. Waren die Bestimmungen des Testaments des französischen Königs ausgeführt, so mußten auf Grund davon noch weitere 300 Ritter für den Kreuzzug bereitstehen. Es war also ein rechter Kreuzzug mit starker Heeresmacht.

Ehe der Kaiser landete, begannen die vorausgefahrenen Kreuzfahrer unruhig zu werden. Doch man wußte sie mit der Befestigung der zerstörten Städte Caesarea und Jaffa und der Erbauung der Feste Monfort nordöstlich von Akkon, des künftigen Sitzes des Deutschordens, nutzbringend zu beschäftigen.

Am 21. Juli 1228 landete Friedrich II., und zwar, ähnlich wie seinerzeit Richard Löwenherz und die Führer des Heeres Heinrichs VI., in Zypern. Sein Eingreifen dort war nötig, wenn er nicht unsichere Verhältnisse bei dem Kreuzzug im Rücken haben wollte. Zypern hatte sich damals Heinrich VI. als lehenspflichtig unterstellt, und sein Kanzler Konrad hatte König Amalrich gekrönt. Jetzt war im Januar 1218 König Hugo gestorben und hatte nur einen wenige Monate alten Sohn, Heinrich, hinterlassen. Für ihn führte zunächst seine Mutter, dann aber bald ihr Onkel, Philipp von Ibelin, und dessen älterer Bruder, Johann von Beirut (Ibelin), die Regierung. Wie wir schon sahen, war die Familie Ibelin führend in den Kreisen des syrischen und palästinensischen Adels. Sie vertrat geschickt dessen Interessen. Nur eine verhältnismäßig kleine Gruppe von Baronen stand in Opposition gegen sie. Diese wandten sich unmittelbar nach seiner Landung an den Kaiser mit heftigen Beschwerden. Der Kaiser griff sie sofort auf. Es kam zu scharfen Auseinandersetzungen und einem erbitterten Streit, da die Adelsgruppe der Ibelin und ihrer Anhänger sich im sicheren Besitz des Landes Zypern, ebenso aber auch — das stand im Hintergrund — Palästinas fühlte und das Eingreifen des neuen starken Königs fürchtete und abzuwehren suchte. Johann von Ibelin wich nach Nikosia und dann in seine Bergfeste, Saint-Hilarion, zurück. Friedrich folgte ihm bis Nikosia, nicht jedoch zu seiner Burg in den Bergen. Endlich kam ein Frieden zustande, in dem Friedrich Vormund über den jungen König Heinrich wurde und als solcher die Verwaltung und die Einkünfte Zyperns bis zur Großjährigkeit Heinrichs (25 Jahre) erhielt. Johann von

Beirut aber mußte ihn als seinen Lehensherren und als König von Jerusalem anerkennen. Damit war in die reine Adelsherrschaft, die in Zypern wie auch Palästina sich festzusetzen drohte, eine Bresche geschlagen.

Diese Kämpfe wurden erbittert geführt. Auf seiten des Adels verraten dies die aus ihren Kreisen stammenden gehässigen Quellen. Das harte, rücksichtslose Auftreten Friedrichs aber spiegelte die Tatsache wieder, daß Bohemund IV. von Antiochia Geisteskrankheit simulierte, um sich schnell vom Hofe Friedrichs zurückziehen zu können. Die Auseinandersetzung ist als Kampf zwischen König und Adel aufzufassen. Wir kennen die Ibelin und ihren Geschichtsschreiber Philipp von Novara[375] besonders gut dadurch, daß aus ihrem Kreis die Assisen von Jerusalem stammen, die sich bemühen, durch ihre Fixierungen des Rechts die reine Freudalherrschaft in Jerusalem und dann auch in Zypern zu sichern und zugleich zu lehren, wie man sie verteidigen und befestigen müsse. Sie führten ihre Kämpfe als echte Aristokraten mit ritterlichem Anstand und als erfahrene Juristen, aber auch mit maßlosem Stolz und erbittertem Haß.

Aber es geht durchaus nicht an, in diesen erbitterten Auseinandersetzungen von Königtum und Aristokratie, wie sie jeder König von Jerusalem, der wirklich König sein wollte, ausfechten mußte, einen Nationalitätenkampf zu sehen[376]. Eine solche Deutung entbehrt jeder Grundlage. Ein scharfes Durchgreifen im Interesse seiner Königsrechte konnte man von Friedrich erwarten, aber Feindseligkeiten nationaler Art konnte niemand dem Herren des sizilischen Reiches, in dem so viele Nationen sich gegenseitig duldend und anerkennend nebeneinander lebten, zutrauen. Ob der Adel des Heiligen Landes französisch war, italienisch oder deutsch, spielte für Friedrich keine Rolle, wenn er nur seine Regierung anerkannte und keine feudale Oppositionspolitik trieb.

Als Friedrich in Akkon an Land ging (7. September 1228), hatte sich die Lage in Syrien völlig geändert gegenüber der Zeit, als er mit al-Malik al-Kāmil verhandelt hatte. Al-Muʿassam war im November 1227 gestorben. Damit war die Bedrohung, um derentwillen al-Malik al-Kāmil ihn seinerzeit herbeigerufen hatte, beseitigt und so sein Interesse an den Abmachungen geschwunden. Außerdem hatte al-Malik al-Kāmil inzwischen Jerusalem ohne Schwertstreich besetzt. Nun hätte er also die gerade erworbene Stadt wieder herausgeben müssen. Aber die Kämpfe der Sultane untereinander gingen weiter; jetzt kämpften al-Malik al-Kāmil und al-Aschraf gegen ihren Neffen, den Erben von Damaskus, konnten aber die Stadt trotz erbitterten Kampfes nicht einnehmen. Dies verbesserte wieder die Lage Kaiser Friedrichs II.

Währenddessen waren Gesandtschaften mit reichen Geschenken wieder hin

---

375 Gestes de Chiprois, S. 670 ff. Einzelausgabe: Philipp von Novara, Mémoires 1218—1243. Hrsg. Charles Kohler, Paris 1913.

376 Wie z. B. R. Grousset III, S. 289 ff. u. 300, der von „francophobie“, „dénationaliser les vieilles colonies françaises“ und dgl. redet.

und her gegangen. Sie wurden auf beiden Seiten mit großer Freundlichkeit empfangen trotz der zunächst ablehnenden Haltung al-Malik al-Kāmils.

Friedrich war in schwieriger Lage. Denn inzwischen war, wie zu befürchten war, der Krieg zwischen dem Papst und Friedrichs sizilischem Reich ausgebrochen. Es ist schwer, festzustellen, wer mit dem offenen Kampf angefangen hatte, jede Partei schob es der anderen zu. Der Papst hatte sich mit den Lombarden verbündet, aber auch eigene Heere ausgesandt, die aus Kreuzzugsgeldern bezahlt wurden. Johann von Brienne, der ehemalige König von Jerusalem, war vom Papst mit dem Oberbefehl seiner Truppen beauftragt worden. Mit großer Erbitterung wurde gekämpft. Es war kaum anders zu erwarten, als daß Friedrich bei solcher Not seines Landes zurückkehren werde.

Auch die Stellung Friedrichs im eigenen Heer in Palästina war wegen des auf ihm lastenden Kirchenbanns keineswegs leicht. Das wußte auch der muslimische Gegner sehr wohl. Darum mußte Friedrich etwas unternehmen, um zu zeigen, daß das Kreuzzugheer ihm doch noch folgte. Es war eine Kraftprobe. So rief er zum Aufbruch von Akkon nach Jaffa auf, zur Vollendung der im Vorjahr begonnenen Wiederbefestigung. Aber die Templer, die Johanniter, die syrischen Barone und viele der nichtdeutschen Kreuzfahrer verweigerten ihm den Gehorsam. Blieb es dabei, so war das Ansehen seiner Macht bei den Muslimen geschwunden. Dann konnte er weder friedlich noch mit den Waffen etwas erreichen. Er zog mit den deutschen Kreuzfahrern, dem Deutschorden und einigen englischen Kreuzrittern auf Jaffa zu. Doch die Templer und Johanniter folgten in Tagesabstand nach. Auf der Höhe zwischen Caesarea und Arsuf wartete der Kaiser, und nun einigte man sich dahin, daß die Ritterorden sich dem Zug des Kaisers anschlossen, daß aber alle Befehle nicht namens des Kaisers, sondern nur „im Namen Gottes und der Christenheit" gegeben werden sollten[377]. Damit war das Ansehen auch des gebannten Kaisers den Muslimen gegenüber wiederhergestellt. Aber er selbst wußte auch, auf wie unsicheren Füßen seine Macht in Heiligen Land stand, besonders da sich bei dieser Gelegenheit gezeigt hatte, daß der Patriarch Gerold mit allen Mitteln gegen den Kaiser als einen Gebannten vorging.

Aber Friedrich hatte die Zähigkeit, trotz allem im Heiligen Land zu bleiben. Er schickte eine neue Gesandtschaft an al-Malik al-Kāmil und fand nun offenere Ohren. Denn der Sultan sah, daß Friedrich doch Herr seines Heeres und damit einer starken Macht war, dann aber auch, daß Damaskus nicht so leicht zu erobern war, daß es also für ihn gefährlich werden konnte, wenn Friedrich sich mit Damaskus gegen ihn verband. In Damaskus würde man jetzt in dieser Bedrängnis sicherlich gern dazu bereit sein. Konnte außerdem aber nicht dieses Kreuzfahrerheer jetzt den Angriff auf Ägypten erneuern? Vor einigen Jahren hatte er diesen Versuch mit Hilfe seiner Brüder

[377] R. Röhricht, Geschichte ... Jerusalem, S. 781/82. Dort sind auch Quellen angegeben. — R. Grousset III, S. 304/05.

abschlagen können. Aber er war nicht sicher, ob es ihm auch diesmal gelingen würde. Wahrscheinlich spielte bei dem Sproß Saladins auch der Gedanke mit, daß er sein Wort gegeben habe[378]. Nicht ausgeschlossen ist auch eine ritterliche Rücksicht darauf, daß Friedrich sein Ansehen im Abendland verlieren werde, wenn er nach Hause fahren müsse, ohne Jerusalem für die Christen zurückgewonnen zu haben. So hatte wenigstens der Kaiser an ihn geschrieben, und er wußte sicher, mit welchen Begründungen er Eindruck auf den Sultan zu machen vermochte[379].

Was aber auch die Motive von al-Malik al-Kāmil gewesen sein mögen, jedenfalls kam am 11. Februar 1229 ein Abkommen zustande, das am 18. Februar feierlich bestätigt wurde. Danach erhielten die Christen die heiligen Städte Jerusalem, Bethlehem und Nazareth; dazu in Galiläa die Burg Tibnīn (Toron) mit ihrem Gebiet und im Küstenland Ramla und Lydda, so daß die Pilgerstraße nach Jerusalem wieder in die Hand der Christen kam. Außer Tibnīn durften alle diese Orte befestigt werden, während die Muslime sich verpflichteten, keine neue Festungen in dem Gebiet anzulegen. Doch bestand in Jerusalem eine Einschränkung: der heilige Tempelbezirk (Haram asch-Scherīf) mit den beiden Moscheen al-Sachrā und al-Asā verblieben in der Hand der Muslime, und jeder Muslim hatte das Recht, dorthin zu wallfahrten, allerdings ohne Waffen und ohne über Nacht zu bleiben. Aber auch Christen durften innerhalb des Tempelbezirkes beten, wenn sie es ohne aufreizendes Verhalten taten. Die in Jerusalem ansässigen Muslime sollten ihre eigene Gerichtsbarkeit erhalten, wie solche Sondergerichte in den Küstenstädten schon bestanden. Außerdem verpflichtete sich der Kaiser, Franken, die den Sultan kriegerisch angreifen würden, keine Hilfe zu leisten und auch diejenigen, die einen Krieg gegen den Sultan planten, davon abzubringen. Ebenso verspricht der Kaiser, Franken, die die Bestimmungen dieses Vertrages übertreten sollten, zu bestrafen. Für Tripolis und Antiochia sollte dieser Vertrag nicht gelten, ja der Kaiser sollte ihnen sogar keine militärische Hilfe leisten dürfen.

Man sieht deutlich, wie dieser zweite Teil des Vertrages aus dem Bündnisvertrag von 1226/27 hervorgegangen ist, der 1229 eigentlich seine Bedeutung schon verloren hatte. Die Hauptsache war sicherlich der erste Teil: die Abtretung Jerusalems und der anderen genannten Orte. Dabei sollte der Tempelbezirk eine Art von religiöser Enklave in der sonst den Franken gehörigen Stadt bilden. Jerusalem sollte eine Pilgerstadt und eine heilige Stadt für beide Religionen werden, entsprechend der Tatsache, daß Jerusalem oder al-Kuds auch für die Muslime heilig, die heiligste Stadt nach Mekka ist[380].

---

[378] So sagt ausdrücklich Ernoul S. 463.

[379] Reinaud, Chroniques arabes, S. 429. — R. Grousset III, S. 303.

[380] Über die Verhandlungen: Eracles XXXIII, 4, S. 370; ebd. 6, S. 374; ebd. 8, S. 373 f. — Amari = R. Röhricht, Beiträge I, S. 88 ff. — Abū Schāma, Zwei Gärten II, S. 185, von 1226/27. — Collier des perles = Recueil, Hist. orient. II, 1, von 1226/27, S. 185/86. — Abu 'l Fedā, von 1227/28, S. 102 ff. — Makrizi = R. Röhricht, Bei-

Nur eines läßt sich nicht mit Sicherheit feststellen, ob in dem Vertrag die Bestimmung enthalten war, daß die Mauern von Jerusalem nicht wieder aufgebaut werden dürften. Die christlichen Berichte wissen von einer solchen Einschränkung nichts und betonen ausdrücklich, „daß der Kaiser mit der Stadt nach seinem Gutdünken verfahren, sie befestigen könne oder nicht“ [381], so wie ein Brief Hermanns von Salza erzählt, der Kaiser habe vorgeschlagen, mit allem Volk hinaufzuziehen nach Jerusalem ... „und mit aller Intensität sich um die Wiederbefestigung der Stadt zu bemühen“ [382]. Andere Chroniken berichten Ähnliches [383]. Allerdings sind es nur die christlichen Quellen, die davon berichten. Nach arabischen Zeugnissen war die Nicht-Wiederbefestigung eine ausdrückliche Bestimmung des Vertrages [384]. Beide Berichte stehen einander schroff gegenüber. Dabei war die Frage von großer Bedeutung. Denn eine unbefestigte Stadt mußte immer wieder das Opfer von Überfällen werden, wenn nicht einer der kleineren oder größeren islamischen Staaten Neigung bekommen sollte, die wehrlose Stadt zu nehmen. So tröstete eine arabische Chronik die Muslime ausdrücklich damit, Jerusalem sei nur noch eine Ruinenstadt, die man nach Ablauf des Friedens wieder nehmen werde [385]. Augenscheinlich war der Punkt für beide vertragschließenden Teile sehr heikel; keiner konnte nachgeben, und keiner konnte mit einer in diesem Punkt ungünstigen Vertragsbestimmung vor die Öffentlichkeit treten. So scheint man im Wortlaut des Vertrages davon geschwiegen zu haben.

Wie wichtig die Frage der Wiederbefestigung Jerusalems war und wie gefährlich die Nichterledigung dieser Angelegenheit, zeigten schon die folgenden Monate. Denn noch im Jahre 1229 vereinigten sich die muslimischen Einwohner von Judäa und Samaria und nahmen das so ganz gegen ihren Willen abgetretene Jerusalem wieder. Die christlichen Bewohner flüchteten sich mit ihrer Habe in den Davidsturm, der allein zu verteidigen war. Die Stadt aber fiel in die Hände der muslimischen Banden, die sie plünderten. Als auf Hilferufe hin von Akkon aus ein Hilfskorps im Anmarsch war, faßten die Bewohner der Stadt im Davidsturm wieder Mut und warfen,

---

träge I, 97/98. — E. Blochet, Les relations diplomatiques des Hohenstaufen avec les sultans d'Égypte = Revue historique 80 (1902) S. 51—64. — Der Vertrag selbst ist uns leider nicht im Wortlaut erhalten. Doch läßt dieser sich aus zahlreichen Berichten erschließen: Mon. Germ. Const. II, 120/160, von 1229. — Makrizi = R. Röhricht, Beiträge I, 97, 98. — Eracles XXXIII, 8, S. 374, von 1229. — Abu 'l Fedā = Recueil, Hist. orient. I, S. 104/05. — Vgl. auch E. Blochet, Relations, S. 51 ff. — E. Kantorowicz, Friedrich II, S. 264 ff. u. Erg.-Bd. S. 118.

[381] Mon. Germ. Const. II, 120/160: quil en face cho que ilh vora, de garnir ou autre chose. — ut de ea quocumque modo pro arbitrio disponat communiatve ...

[382] Mon. Germ. Const. II, 121/162, von 1229.

[383] Mon. Germ. SS. XXIV, S. 769. — Mon. Germ. Epist. sel. I, Nr. 380. — Roger von Wendower IV, S. 197. — R. Röhricht, Geschichte ... Jerusalem, S. 791. Dort auch Angabe weiterer Quellen. Vgl. R. Grousset III, 314.

[384] Abu 'l Fedā 104. — Collier des perles = Recueil hist. orient. II, 188. — Makrizi = R. Röhricht, Beiträge I, S. 97. — Amari, ebd. S. 90.

[385] Collier des perles a. a. O., S. 189.

noch ehe die Hilfe kam, die muslimischen Scharen wieder zur Stadt hinaus[386]. Wenn dieser Vorstoß auch keinen dauernden Erfolg hatte, so zeigt er doch, wie gefährdet das unbefestigte Jerusalem war, und mehr noch, wie unsicher sich seine Bewohner fühlten.

Doch kehren wir zu Friedrich II. zurück. Was der Vertrag vorgesehen hatte, wurde bald in die Tat umgesetzt. Am 17. März 1229 zog Friedrich hinauf nach Jerusalem. Der Kadi von Nābulus, Schams ad-Dīn, mit dem der Kaiser schon in freundschaftlicher Form verhandelt hatte, erwartete ihn am Tor, um ihm im Auftrag des Sultans die Stadt zu übergeben. Am folgenden Tag, Sonntag Oculi, zog der Kaiser zur Grabeskirche. Da er gebannt war, mußte von jedem Gottesdienst abgesehen werden und die Feier rein weltlichen Charakter tragen. Friedrich nahm selbst die Krone des Königreiches Jerusalem vom Altar und setzte sie sich aufs Haupt. Hermann von Salza aber verlas eine große Proklamation des neuen Königs in deutscher, italienischer und französischer Sprache. Schon in der Dreisprachen-Ausfertigung zeigt sich, daß Friedrich hier zum ganzen Abendland sprechen wollte. Dabei ist es für die Art Friedrichs charakteristisch, daß seine Notlage sein königliches Selbstbewußtsein steigerte und daß er einen solchen Aufstieg bis zur Befreiung Jerusalems und der Krönung mit seiner Krone trotz Not und Feindschaft erlebt hatte. Er erscheint sich — von Friedrichs persönlicher Art aus verständlich — als der Bevorzugte Gottes, als der Gottunmittelbare, der sich selbst nun zum König von Jerusalem zu krönen vermag! Dies alles steht in schroffem Gegensatz zu der Notlage, in der er sich im Augenblick in Jerusalem befand. Aber er wollte sie nicht sehen angesichts des großen Sieges[387].

Mit der Krone zog er dann hinüber ins Johanniterhaus, das er sich für die Zeit seines Aufenthaltes zum Quartier ausersehen hatte. Doch war seines Bleibens in der Stadt nicht lang. Denn am folgenden Montag erschien auf Geheiß des Patriarchen der Erzbischof Petrus von Caesarea und belegte die Stadt und die heiligen Stätten, die gerade nach so langer Zeit wieder für die Christen erworben waren, mit dem Interdikt und erneuerte den Bann über den Kaiser. Die Erbitterung darüber war tief und allgemein, und mit Recht. Selbst Papst Gregor IX., der doch selbst den Kaiser gebannt hatte, tadelte bald darauf

---

[386] Eracles XXXIII, 17, S. 383 — 19, S. 385.

[387] Die Beurteilung der Selbstkrönung und der dazu gehörigen Proklamation hat zu einer lebhaften Diskussion zwischen Ernst Kantorowicz und Albert Brackmann geführt (Histor. Ztschr. Bd. 140, S. 536 ff. u. Bd. 141, S. 459 ff.). Kantorowicz betont in seiner Biographie Friedrichs II. nur die in der eigenhändigen Krönung und dem Manifest gegebene Selbstdarstellung des absoluten, seiner Gottnähe sicheren Königs. Brackmann betont demgegenüber, daß diese Selbstkrönung eine Notlösung aus einer Friedrich selbst sehr unangenehmen Notlage darstellte und keine selbstgewählte stolze, seine Stellung dokumentierende Handlung. Dabei hat Brackmann recht, wenn er diese Notlage hervorhebt, aber er übersieht, daß diese bei Friedrich, in dem Bewußtsein des Erfolges *trotz* der Notlage, ein gesteigertes Selbstbewußtsein auslöste, das für ihn gerade die ihm zugewandte Gottesgunst und seine gottbegnadete Stellung ins volle Licht rückte. Das ist für Friedrich II. charakteristisch.

das Vorgehen Gerolds und entzog ihm deshalb das Amt des päpstlichen Legaten im Heiligen Land[388].

Friedrich aber verließ schnell die Stadt Jerusalem. Er eilte nach Jaffa und von dort nach Akkon. Die wenigen Wochen seines dortigen Aufenthaltes waren ausgefüllt von Streitigkeiten mit den Templern und dem Patriarchen. Einmal vereinigte er alle Geistlichen, Kreuzfahrer und Bürger vor den Toren, um ihnen Rechenschaft abzulegen über die Geschehnisse, vor allem über den Vertrag, und um sich bitter über den Patriarchen und die Templer als Saboteure des Kreuzzuges zu beklagen.

Ehe Friedrich abfuhr, setzte er als seine Stellvertreter in der Regierung des Landes eben die Angehörigen des Landadels ein, die ihn so lange bekämpft hatten: Johann von Ibelin-Beirut und Garnier l'Aleman. Gleichzeitig gab er das Schloß von Tyrus an Balian von Sidon. Fast will es scheinen, also ob er damit vor den feudalen Kräften des Landes, die er anfangs so nachdrücklich bekämpft hatte, kapitulierte. Doch dem widerspricht die Tatsache, daß er eine starke Besatzung in Akkon hinterließ, die seinem königlichen Willen wohl Nachdruck verleihen konnte.

Bei seiner Abfahrt kam es noch zu unliebsamen Szenen: die Menge beleidigte ihn und bewarf seinen Zug mit Kot, so daß Johann von Beirut erst Ordnung schaffen mußte. Am 1. Mai 1229 verließ Friedrich sein Königreich Jerusalem.

Inzwischen war sein Vertrag mit dem Sultan bei Freund und Feind viel besprochen und viel kritisiert worden. Und zwar waren weder die Muslime noch die Christen damit zufrieden. Daß die Muslime den Verlust Jerusalems, um das man im Heiligen Krieg so lange gekämpft hatte, als eine schwere und grundlose Niederlage ansahen, ist leicht verständlich. Abū Schāma nannte den Vorgang „einen der schmerzlichsten Verluste, die den Islam je trafen"[389], und ähnlich urteilen auch die anderen Chronisten[390]. In Jerusalem kam es zu erregten Szenen[391]. Doch am stärksten war die Erregung in Damaskus, wo sie freilich der dortige Sultan zu steigern und gegen seinen Onkel al-Malik al-Kāmil, der damals Damaskus noch belagerte, zu benützen wußte. Er ließ einen sehr populären und redegewandten Prediger in der großen Moschee über die Herrlichkeit und Heiligkeit Jerusalems reden und Klagen und Dichtungen über den Verlust der Stadt vortragen. Die Erregung der Massen muß ungeheuer gewesen sein. Viele brachen in Tränen und lautes Klagen aus[392]. Man sollte meinen, dieser Eindruck auf die Muslime hätte den Christen vor Augen führen sollen, was sie gewonnen hatten.

---

[388] Mon. Germ. Epist. sel. I, 467, 475, 476 und 479, S. 376 ff. — Vgl. R. Röhricht, Geschichte . . . Jerusalem, S. 799 f. — R. Grousset III, 313.

[389] Abū Schāma, Zwei Gärten II, S. 186.

[390] Amari = R. Röhricht, Beiträge I, 90. — Al-Athīr, Kāmil al-tewārīkh = Recueil, Hist. orient. II, 1, S. 176. — Collier des perles = Recueil, Hist. orient. II, 1, S. 188.

[391] Makrizi, zitiert E. Blochet, Relations, S. 57.

[392] Kāmal ad-Dīn, zitiert E. Blochet, Relations, S. 57.

Aber auf seiten der Franken war man mit dem Ergebnis keineswegs einverstanden. Es war dies freilich aus der ganzen Lage heraus kaum anders zu erwarten. Denn Friedrich war als Gebannter ausgezogen, der Papst hatte den Kreuzzug verboten und die Teilnehmer mit schweren Kirchenstrafen bedroht. Im Heiligen Land aber hatte man ihn meist mit Feindseligkeit oder ablehnender Kühle empfangen. So war man geneigt, den Erfolg zu bestreiten, besonders wenn er Ansatzpunkte für die Kritik bot. Zum Sprecher dieser Unzufriedenheit machte sich Patriarch Gerold in Briefen an den Papst, und dieser gab sie in den schärfsten Worten an das ganze Abendland weiter. So redet Gregor IX. von Friedrich als „dem Feind des Kreuzes, dem Bekämpfer des Glaubens, dem Gegner aller Reinheit, der zur Hölle verurteilt ist", und weiterhin von der „unerträglichen Schmach des Heilands und der unauslöschlichen Schande des christlichen Volkes und der Verachtung des Martyriums vieler Christen" (13. Juni 1229)[393].

Die Kritik richtete sich einmal gegen die Überlassung des Tempelplatzes mit den beiden Moscheen an die Muslime und ihre Wallfahrten, außerdem aber gegen die Schlußbestimmungen, die den Kaiser zum Verbündeten des Sultans machten und ihn verpflichteten, jedem Angriff auch der Franken und Kreuzfahrer entgegenzutreten[394].

Sicherlich war mit diesem Friedensschluß nicht alles erreicht, was man sich gewünscht hätte. Denn ein Teil des Heiligen Landes verblieb in der Hand der Muslime, und Jerusalem mußte sich mit dem muslimischen Kult in der Stadt neben dem christlichen abfinden. Aber das entsprach eigentlich dem Geist, in dem das Königreich Jerusalem seit langem lebte, sehr gut. Denn früh schon hatte man dort und anderwärts im Land den muslimischen Kult neben dem eigenen geduldet, allerdings nicht in offizieller Anerkennung. Ebenso hatten die Könige von Jerusalem schon immer Bündnisse mit muslimischen Fürsten abgeschlossen. Oft hatten sie Seite an Seite mit ihnen gekämpft. So war dieser Vertrag im Grund Geist von ihrem Geist. Allerdings war es etwas anderes, wenn nun der Kaiser vor aller Welt ein solches Bündnis abschloß. Aber man mußte bedenken, daß der Friedensschluß dazu bestimmt war, der Christenheit Jerusalem wiederzuverschaffen, um dessen Rückgabe man jahrzehntelang mit allen Mitteln vergeblich gekämpft hatte. Soweit die Kritik sachlich war, hatte sie freilich einen tiefen Grund: Dem alten Kreuzfahrergeist schlug ein solcher Vertrag ins Gesicht. Diese Methode verfolgte die Politik der fränkisch-syrischen Staaten schon lange. Darum waren auch die syrischen Barone (mit Ausnahme der politisch gebundenen Ritterorden) mit dem Vertrag von 1229 sehr einverstanden.

Wer unvoreingenommen das Ganze übersah, mußte zugeben, daß in poli-

---

[393] Mon. Germ. Epist. sel. I, Nr. 390, S. 309 = Potthast 8418.

[394] Baronius, Annales ecclesiast. XXI, 1/229, 15 ff., S. 5 ff. — Vgl. auch Mon. Germ. Epist. select. I, 397, S. 315, von 1229: Gregor IX. klagt über Friedrich II. in einem Schreiben an Herzog Leopold von Österreich.

tischer Hinsicht Erstaunliches erreicht war. Friedrich konnte mit Recht sagen: „In diesen wenigen Tagen ist mehr durch ein Wunder als durch Tüchtigkeit diese Sache glücklich erreicht worden, die seit lang zurückliegenden Zeiten viele Mächtige und die verschiedensten Fürsten der Welt inmitten der Massen ihrer Völker weder durch Furcht noch auf eine andere Weise auszuführen vermochten." [395] Was die vorangehenden Kreuzzüge seit 1187 vergeblich versucht hatten, die Befreiung Jerusalems, war nun erreicht.

Es war erreicht ohne alles Blutvergießen, wie die Marbacher Annalen ausdrücklich betonen[396]. Und wir wissen, wie groß gerade am Anfang des 13. Jahrhunderts die Zweifel waren, ob Jerusalem nicht besser ohne Waffengewalt erobert werden müsse. So rühmt die Fortsetzung der Kaiserchronik Friedrich dafür[397], doch nur mit halbem Recht. Denn es ist doch nicht zu vergessen, daß er diesen Vertrag nur erreicht hat unter dem Druck des hinter ihm stehenden großen Heeres. Es ist ganz irreführend, diesen Abschluß als nur diplomatischen Erfolg anzusehen, wie man es oft getan hat[398].

Selbstverständlich blieb die Nichtbefestigung der Heiligen Stadt eine gefährliche Tatsache. Aber so wie Friedrich unmittelbar nach seiner Krönung die Wiederbefestigung trotz allem geplant hat, hätte er sie auch sicherlich durchgeführt, wenn er im Heiligen Land noch kurze Zeit hätte bleiben können. Doch dies machten die Feindseligkeiten des Patriarchen und seiner Parteigänger unmöglich.

Im Lauf der Zeit aber traten alle diese Vorwürfe zurück hinter dem einen, daß Friedrich im Grunde seines Herzens Muslim, Freund des Sultans gewesen und daß sein Handeln von da aus bestimmt gewesen sei. Er habe sich aus Gleichgültigkeit der Kirche und dem Christentum gegenüber oder gar aus Friedensseligkeit gar nicht bemüht, mehr zu erreichen. Und damit habe er die Interessen des Christentums verraten. Dieser Vorwurf ist damals in immer stärkerem Maße erhoben worden, vor allem auch in der Polemik der Kurie gegen den Kaiser. Ebenso wird er aber auch heute von Historikern ausgesprochen.

Demgegenüber ist einmal zu sagen, daß Friedrich II. schon deshalb nicht mehr erreichen konnte, weil er sich al-Malik al-Kāmil gegenüber in keiner

---

395 Brief Friedrichs II. = Mon. Germ. Const. II, 122/163, vom 18. März 1229.

396 Marbacher Annalen, Continuatio, Mon. Germ. Schulausgabe, S. 92: „... sine omnis sanguinis effusione."

397 Kaiserchronik Anhang I, 557 ff.

398 Ein sehr ungünstiges, scharf ablehnendes Urteil über Friedrichs Kreuzzug fällt René Grousset (III, 271—347); wie oben gelegentlich anderer Angriffe schon gesagt, wird hier deutlich sichtbar, daß die deutsche Politik zu der Zeit, als Grousset an seinem Buch schrieb, augenscheinlich ihn auch in diesem seinem Urteil über Heinrich IV. und Friedrich II. stark beeinflußt hat. Stephan Runciman schrieb nach dem 2. Weltkrieg, und er ist Engländer. Sein Urteil ist von solchen Beeinflussungen völlig frei, wenn auch für Friedrich II. nicht eben günstig. Auch die Französin Marion Melville gibt in ihrem Buch, La Vie des Templiers (Paris 1951) ein sehr ablehnendes Urteil über Friedrich.

guten Position befand. Er selbst bezeichnet es als Wunder, daß er so viel überhaupt erreichen konnte[399].

Doch wichtiger noch ist die zweite Frage, ob Friedrich wirklich als verkappter Muslim und darum als Parteigänger des Sultans zu betrachten ist. Seine Vertrautheit mit muslimischer Kultur und Wissenschaft sowie mit orientalischen Lebensgewohnheiten steht außer Frage. Der Schlüssel zu seinem Verhalten liegt darin, daß er in einem Reich groß geworden war und lebte, das zwei Kulturen, der islamischen und der christlichen, Lebensraum gab. Darum war es ihm fremd, exklusiv nur eine Kultur anzuerkennen, wie es das mittelalterliche Abendland tat. Es war ihm eine Selbstverständlichkeit, daß er in seinem sizilischen Reich auch Muslime zu Beamten machte und die Ausübung zweier Religionen nebeneinander duldete und daß er manches von orientalischer Lebenskultur in sein persönliches Leben übernahm[400]. Man muß in Gedanken die Bauten Palermos hinter seiner Gestalt sehen, um seine Denkweise zu erkennen. Jedoch ist es auch ganz falsch, ihn als einen Vorläufer der abendländischen Aufklärung, als einen „modernen" Menschen zu betrachten, wie man ihn so oft gepriesen oder verurteilt hat. Denn dann sind, um nur ein Beispiel zu nennen, seine Ketzergesetze ganz unverständlich. Friedrich gehört ganz dem 13. Jahrhundert an, aber dem 13. Jahrhundert seines sizilianischen, dem Orient nahen und verwandten Reiches.

Viele Anekdoten erzählen von seinem Bemühen, auch den Muslimen gerecht zu werden, wie das dem Nebeneinander der Religionen in seinem Reich entsprach. So wenn er einen christlichen Priester, der sich in der Jerusalemer Moschee al-Sachrā aufreizend benahm, energisch zurechtweist[401]. In anderen Fällen spielen seine Jugenderinnerungen an mohammedanische Sitten aus der sizilianischen Welt mit, so wenn er gar nicht einverstanden damit war, daß man den Mu'essin in Jerusalem veranlaßt hatte, während er da sei, nicht zum Gebet zu rufen. Wie man erzählt, fügte er hinzu, gerade darum sei er nach Jerusalem gekommen, um wieder einmal in der Nacht den Mu'essin rufen zu hören[402]. Solche Äußerungen waren natürlich für den mittelalterlichen Abendländer anstößig.

Kennnzeichnend für Friedrichs Stellung zwischen den Kulturen ist es, wenn er in Gegenwart von Muslimen mit den wegwerfenden Bezeichnungen, die diese für die Christen anwandten, zu spielen wußte, sie selbst verwendend[403]. Andererseits bezeichneten ihn auch die islamischen Schriftsteller,

---

[399] Siehe Anmerkung 368.

[400] Abu 'l Fedā 104. — Rothelin 19, S. 526.

[401] Collier des perles a. a. O., S. 192. — Amari = Röhricht, Beiträge I, 92. — Kāmal ad-Dīn, zitiert E. Blochet, Relations, S. 59. — Makrizi, übers. von Blochet = Rev. de l'Orient lat., 1902, S. 526.

[402] Amari = Röhricht, Beiträge I, 92. — Collier des perles S. 193. — Makrizi = Revue de l'Orient lat., 1902, S. 526.

[403] Collier des perles S. 192. — Amari = Röhricht, Beiträge I, 92.

dort, wo sie ein Urteil über seine Religion abgaben, keineswegs als einen der Ihren [404]. Das alles macht es begreiflich, daß Friedrich so freundschaftlich mit dem Sultan und seiner Umgebung verkehren konnte, war er doch selbst in einer teilweise islamischen Umgebung groß geworden. Aber ein Muslim war er nicht [405].

Etwas anderes war es mit dem Kreuzfahrerglauben im engeren Sinn, der Gottesstreiterfrömmigkeit. Sie teilte Friedrich nicht mehr, aber viele seiner Zeitgenossen auch nicht. Es wird erzählt, daß der Kaiser vor seiner Abfahrt aus dem Heiligen Land zu Fachr ad-Dīn gesagt habe: „Wenn ich nicht hätte fürchten müssen, in den Augen der Franken mein ganzes Prestige zu verlieren, hätte ich niemals den Sultan veranlaßt, Jerusalem abzutreten." [406] Es liegt kein Grund vor, die Echtheit dieser Worte zu bezweifeln, besonders da sie fast wörtlich in dem Brief wiederkehren, mit dem Friedrich nach seiner Ankunft in Akkon die Verhandlungen mit dem Sultan eröffnete [407]. Mit anderen Worten hieß das: Der Kreuzzug ist eine politische Notwendigkeit meiner Lage im Abendland, speziell um meines Verhältnisses zum Papst willen. Ich bin kein Kreuzfahrer alter Art. Der Kreuzzug ist für mich keine Herzensangelegenheit, keine Glaubenssache. Ich stehe ihm fremd gegenüber, ja lehne ihn sogar im Grunde ab. Aber ich muß ihn unternehmen und muß aus politischen Gründen versuchen, zu erreichen, was ich kann, am besten ohne Gewaltanwendung (wenn auch unter dem Druck eines drohenden Heeres) in der Form freundschaftlicher Verständigung. Dann muß das Erreichte meine Stellung im Abendland verbessern. So hat Friedrich seinen Kreuzzug angesehen, und so hat er es seinem Freund Fachr ad-Dīn gesagt.

Den Erfolg im Abendland hat die anhaltende Feindschaft des Papstes und dessen Propaganda gegen Friedrich sehr geschmälert. Daß die öffentliche Meinung trotzdem Friedrichs Erfolg auch anerkannte, zeigen zahlreiche Briefe und Berichte der Kreuzfahrer [408] und die Dichtung dieser und der folgenden Tage. Da preist Guillem Figueira mit Leidenschaft und Wärme den Kaiser [409], und ebenso rühmt ihn Aimeric von Peguilain als „den klugen Arzt

---

[404] Collier des perles S. 193. — Amari = Röhricht, Beiträge I, S. 92.

[405] Daß Friedrich in der den Muslimen gehörigen Moschee gesagt habe: „Wir sind hier alle nur Mameluken des Sultans", ist sicherlich als eine humoristisch gemeinte Übertreibung für „Untertanen" oder „Leute" des Sultans zu verstehen und nur auf die augenblickliche Situation der Anwesenheit in der dem Sultan unterstehenden Moschee zu verstehen. Friedrich liebte augenscheinlich sehr zugespitzte oder übertreibende Äußerungen, die seine Umgebung oder einen Teil derselben schockierten und schockieren sollten. — Vgl. Kāmal ad-Dīn, zit. E. Blochet, Relations, S. 59. — Makrizi = Amari S. 521.

[406] Collier des perles S. 189. — Amari = R. Röhricht, Beiträge I, 91. — Makrizi = Revue de l'Orient latin. 1902, S. 525.

[407] Reinaud, Chron. arabes, S. 429.

[408] Zusammengestellt von R. Röhricht, Geschichte ... Jerusalem, S. 786, Anm. 2 (2. Hälfte).

[409] F. Diez, Leben und Werke der Troubadours, S. 458. — K. Lewent a. a. O. S. 8

des Abendlandes“ [410], und die Kaiserchronik schließt sich mit Eifer und Ausführlichkeit diesem Lob an [411].

Man hat die Eigenart von Friedrichs II. Kreuzzug allen anderen Zügen gegenüber oft betont. Doch hat man sie allzusehr der Person Friedrichs zugeschrieben. Der Kreuzzug, den Wilhelm II. von Sizilien im Jahre 1187 nach Tripolis und Laodicea führte und durch den er ohne Eingreifen mit den Waffen verhinderte, daß Saladin die Franken ganz von der syrischen Küste vertrieb, und der mit einer von Saladin sehr freundschaftlich empfangenen Gesandtschaft abschloß, trägt die gleichen Charakterzüge. Auch hier war ein wichtiger Erfolg, der für das Land mehr bedeutete als der ganze dritte Kreuzzug, ohne Kampf nur in freundschaftlicher Auseinandersetzung mit dem Sultan erreicht worden. Das zeigt, wie sehr ein solches Vorgehen in der Linie der Politik des sizilischen Reiches lag, wo freundliche Beziehungen zu den Muslimen, aber keine Kriege im alten Kreuzfahrergeist Tradition waren. Oder sieht man in spätere Zeiten hinein, so wird an dem Gegensatz von König Ludwig IX. von Frankreich, dem letzten Kreuzfahrer im alten Sinn, zu seinem Bruder Karl von Anjou, dem Herren des sizilischen Reiches, der allem Kreuzfahrergeist völlig fremd war, klar, wie die Tradition des sizilischen Reiches auch hier noch so mächtig war, daß sie die Politik bestimmte.

Und auch die Kreuzfahrerstaaten des Heiligen Landes kennen immer wieder neue Bündnisse mit den benachbarten muslimischen Staaten und Verträge, die dem von 1229 sehr nahe verwandt sind [412]. Auch von da aus gesehen, verliert das Vorgehen Friedrichs seine Einmaligkeit und Besonderheit. Besonders instruktiv ist es, zu sehen, wie ein Mann wie Richard Löwenherz nach einem Aufenthalt im Heiligen Land sich den dortigen politischen Methoden und Denkweisen so anpaßte, daß seine Vorschläge an den Sultan für entscheidende Abmachungen an Entgegenkommen weit über den Vertrag Kaiser Friedrichs II. von 1229 hinausgehen. Auch hier zeigt sich, wie wenig der Kreuzzug von 1229 allein von Friedrichs persönlichem Charakter und nur seiner Geisteshaltung bestimmt ist.

Das Ende der Kreuzzüge schien mit diesem Zug erreicht. Jerusalem war wieder gewonnen, und zwar durch einen günstigen Vertragsabschluß. Die Mißerfolge des zweiten, dritten und fünften Kreuzzuges aber hatten das Vertrauen in Kreuzzüge des alten Stils genommen. Und wer näher zusah, mußte sehen und spüren, daß der alte Kreuzfahrerglaube im Schwinden war. Daß trotzdem noch weitere Kreuzzüge stattfanden, ist, von Unwesentlichem abgesehen, nur zwei Umständen zu verdanken: einmal daß die Päpste an der Kreuzzugsidee festhielten und die Werbung mit Nachdruck fortsetzten, und dann daß noch einmal unter den Königen ein Mann voll alten Kreuzfahrergeistes und -glaubens aufstand: König Ludwig IX. von Frankreich.

---

410 F. Diez a. a. O. S. 353.
411 Kaiserchronik, Anhang I, 557 ff.
412 Fast alle Friedensschlüsse Vorderasiens waren damals zeitlich begrenzt.

Der Kreuzzug Thibauts von der Champagne und Richards von Cornwall

Im Abendland ließ der erbitterte Kampf von Kaiser und Papst in den nächsten Jahren den Kreuzzug zeitweise in den Hintergrund treten. Doch da der von Kaiser Friedrich II. mit dem Sultan geschlossene Friede 1239 ablief, setzte für dieses Jahr die päpstliche Propaganda von neuem ein und hatte in Frankreich und England auch guten Erfolg. Ein stattliches Heer sammelte sich, es sollen 1000—1500 Ritter gewesen sein und dazu eine große Masse von Fußsoldaten. Selbst wenn davon etwas als die gewöhnliche Übertreibung der mittelalterlichen Chronisten abzusetzen ist, so bleibt es doch eines der größten Kreuzheere, das jemals ausgezogen ist.

Friedrich hatte seine oder seines Sohnes Konrad Beteiligung in Aussicht gestellt, doch die heftigen Kämpfe in Italien machten das unmöglich. So trat an die Spitze des einen großen ausziehenden Heeres Thibaut, Graf von der Champagne und König von Navarra, sowie Herzog Hugo IV. von Burgund. Thibaut war ein Ritter im traditionellen Sinn, dazu ein Minnesänger, dessen Lieder an die Königin Blanche von Kastilien ihn bekannt gemacht haben; aber ein Politiker oder weitblickender Feldherr war er nicht. Sein Kreuzrittertum hat schon einen leicht romantischen Charakter.

Wie sehr der Kreuzfahrergedanke auch an der Kurie selbst in den Hintergrund treten konnte, zeigt die Tatsache, daß Papst Gregor IX. die Ausfahrt zu dem Kreuzzug, für den er selbst geworben hatte, unter Androhung des Kirchenbannes verbot, jetzt wo alle Kreuzfahrer ihre Güter verkauft oder verpfändet und alle Vorbereitungen getroffen hatten. Der Papst wollte das Kreuzheer dem lateinischen Kaisertum in Konstantinopel zu Hilfe schicken und gleichzeitig möglichst viele Kräfte im Kampf gegen den Kaiser zur Verfügung haben[413].

Doch Thibaut brach 1239 von Südfrankreich aus auf. Gleichzeitig zog aber ein anderes Kreuzheer nach Konstantinopel, um gegen den Gegenkaiser in Nicaea und gegen die Bulgaren Hilfe zu leisten. Hier zeigte es sich deutlich, wie sehr die Errichtung des lateinischen Kaisertums Kräfte vom Kreuzzug in Palästina abzog[414].

Der Augenblick war für einen Kreuzzug recht günstig. Denn seit dem Tod von al-Malik al-Kāmil waren heftige, in ihrer Gruppierung stets wechselnde Kämpfe zwischen den Ajjūbidenfürsten, den Söhnen, Brüdern und Neffen des Verstorbenen, im Gange. Meist war die eine oder die andere Partei bereit, ein Bündnis mit den Franken einzugehen, und das war der einzige Weg, auf dem die Franken damals Erfolg haben konnten. Aber dazu brauchte man Sachkenntnis und vorsichtige diplomatische Beziehungen zu den musli-

---

[413] Matthaeus Paris. = Mon. Germ. SS. XXVIII, S. 177 ff. — R. Röhricht = Geschichte ... Jerusalem, S. 837. — E. Kantorowicz S. 507, Erg.-Bd. S. 216.

[414] Zu dem ganzen Zug vgl. R. Röhricht, Die Kreuzzüge des Grafen von Navara und Richard von Cornwallis = Forschungen z. dt. Gesch. 26 (1886) S. 67 ff.

mischen Fürsten. Beides aber lag dem romantischen Kreuzfahrer Thibaut fern.

Friedrich II. hatte Bedenken gegen einen Kreuzzug zu diesem Termin gehabt, weil die Landung eines so großen Kreuzfahrerheeres schon als ein Bruch des Friedens gelten mußte. (Man sieht, hier steht die Sorge um den Frieden mit den Muslimen und nicht der Kreuzfahrerkampf im Vordergrund.) Wie recht er hatte, zeigte sich sofort. Denn der Sultan von Transjordanien, an-Nāsir Dāwūd, betrachtete, als das Kreuzheer erschien, den Frieden als gebrochen und griff Jerusalem an. Die Stadt war aber noch kaum besser befestigt als vor 10 Jahren. Weniges hatte die Bevölkerung von sich aus tun können. Der Ritterschaft des Landes aber war damals die Auseinandersetzung zwischen Feudalität und Monarchie wichtiger als die Verteidigung Jerusalems, und auch der kaiserliche Marschall Richard Filanghieri hatte den Davidsturm zwar mit einer kleinen Besatzung versehen, doch nicht genügend mit Proviant, Waffen und Heergerät versorgt. So mußte sich die Stadt nach einer Belagerung von 27 Tagen dem Sultan ergeben. Die in Akkon gelandeten Kreuzfahrer aber konnten nichts dagegen tun[415].

Auf einem Kriegsrat in Akkon zeigte sich die Rat- und Planlosigkeit des Zuges. Man mußte sich damals entscheiden, ob man sich mit Damaskus (as-Sālih Ismā'īl) oder mit Ägypten (al-Malik al-'Ādil II.) gegen den anderen Teil verbünden wollte. Jetzt aber stieß man beide vor den Kopf, Ägypten durch die geplante Wiederbefestigung Askalons und Damaskus durch einen geplanten Angriff auf diese Stadt.

Doch zunächst bewies dieses Kreuzheer sich als feudales Heer im schlechten Sinn durch törichte, nur auf persönlichen Ruhm einzelner ausgerichtete Unternehmungen. Ein Überfall auf eine Karawane begann den Reigen. Dann folgte trotz allen Abratens ein tollkühnes Vorstürmen von etwa 500 meist französischen Rittern in die Ebene von Gaza. Dort wurden sie überfallen und fast völlig niedergemacht oder in Gefangenschaft geschleppt. Unter dem Eindruck dieser Niederlage gab man auch die geplante Befestigung von Askalon auf.

Auf ein drittes solches Unternehmen ließ man sich durch den Hilferuf des islamischen Herrn von Hamā ein. Aber als die Kreuzfahrer zur Stelle waren, wollte dieser von Hilferuf und Bündnis nichts mehr wissen, so daß die Kreuzfahrer wieder abziehen mußten[416].

Nach diesen Vorgängen kam aber den Kreuzfahrern der Streit der Ajjūbidenfürsten wieder zu Hilfe. Der Herr von Damaskus, von Ägypten aus bedroht, erbat ihre Hilfe. Und da die Franken ihm eine beträchtliche Streit-

[415] Arabischer Überlieferung nach fand die Eroberung Jerusalems erst etwas später, nach der Niederlage der Franken bei Gaza, statt. Doch ist der Unterschied der beiden Zeitpunkte nicht von großer Bedeutung. Fränkische Quellen, vor allem: Rothelin 21, S. 529 f. — Siehe auch R. Grousset III, 374 f.

[416] Rothelin 26, S. 538 ff. — Eracles XXXIII, 445, 414/46, S. 416. — Gestes des Chiprois S. 726. — R. Grousset III, 384 f.

macht bieten konnten, war er bereit, es sich etwas kosten zu lassen: Er trat Galiläa, soweit es sich nicht wie Nazareth schon in der Hand der Franken befand, an sie ab, also im wesentlichen das Land zwischen Tiberias und Sidon. Von besonderem Wert war, daß damit auch die Burgen Beaufort (Schakīf Arnūn), Dschebel ʿAmila und vor allem Safed wieder in die Hände der Christen kamen. Zu Safed allein gehörte ein Gebiet von 260 Bauernstellen mit einer bäuerlichen Bevölkerung von mehr als 10 000 Menschen. Es wurde wieder dem Kommando der Templer unterstellt.

Entsprechend diesen Abmachungen marschierte das fränkische Heer neben den Truppen von Damaskus und Homs zwischen Jaffa und Askalon gegen ein anrückendes ägyptisches Heer auf. Doch die Bündnispolitik der Herren stieß bei dem muslimischen Heer auf heftigen Widerstand. Als die Türken mit den Franken zusammen gegen die Ägypter kämpfen sollten, stürzten sie sich statt dessen auf die Christen. Es war das religiöse Selbstbewußtsein der Muslime und die Idee des Dschihad so gewachsen, daß sie im Gegensatz zu der Haltung des christlichen Heeres die Bündnispolitik nicht mehr ertrugen. Die Franken mußten sich zurückziehen, um es nicht zu einer Niederlage kommen zu lassen.

Thibaut tat nun das Seine, um diese Bündnispolitik der muslimischen Herren noch weiter zu diskreditieren: Er ließ seine damaszenischen Bundesgenossen im Stich und schwenkte zu den Ägyptern über; denn as-Sālih Ajjūb, der Herr von Ägypten, war bereit, ihm für diesen Wechsel des Bündnisses die Abtretungen in Galiläa zu garantieren und dazu noch eine große Zahl von christlichen Gefangenen auszuliefern[417].

Im fränkischen Lager aber schuf dieser Schritt neue Uneinigkeit. Denn während die Johanniter Thibaut zu dem Bündnis mit Ägypten veranlaßt hatten, traten die Templer von jeher für den Anschluß an Damaskus gegen Ägypten ein. Sie hielten nun auch an dem Bündnis mit Damaskus fest. So war das fränkische Heer in zwei sich feindlich gegenüberstehende Lager gespalten. Thibaut selbst war über die Verwirrung, die er im eigenen Lager angerichtet oder doch befördert hatte, so entrüstet und entmutigt, daß er sich schnell in Akkon nach der Heimat einschiffte. Es war ein kurzer Kreuzzug eines stattlichen Heeres, bei dem sich weder das Heer noch die Führung auszeichneten, dem aber ein großer Erfolg durch den Streit der gegnerischen Fürsten in den Schoß fiel: die Wiedergewinnung Galiläas.

Der Herzog von Burgund blieb noch, bis die nun betriebene Wiederbefestigung von Askalon vollendet war, im Heiligen Land. Zur gleichen Zeit baute Johann II. von Ibelin die Mauern von Arsuf wieder auf, so daß nun das Land wieder fester und sicherer seinen Feinden gegenüberstand. Nur Jerusalem war wieder verloren.

Fast in demselben Augenblick, in dem Thibaut so eilig das Heilige Land

---

[417] Eracles XXXIII, 48, S. 417 f. — Matthaeus Paris. IV, 64 f. — Gestes des Chiprois S. 727. — Rothelin 34, S. 554.

verließ, landete Richard von Cornwall mit einem neuen Kreuzfahrerheer. Auch hierin zeigt sich die mangelnde Organisation des Kreuzzuges durch die Kurie und die fehlende Zusammenarbeit der Fürsten, die ihr Hauptaugenmerk auf den Kriegsruhm speziell ihres Heeres legten. Vereint hätten beide Heere eine sehr bedeutende Macht dargestellt, die wirklich große Erfolge gerade in dieser Lage hätte erringen können. Doch der eine ging, als der andere kam.

Richard war der Bruder des Königs Heinrich III. von England und der Schwager Kaiser Friedrichs II. Schon darum setzte man große Hoffnungen auf seinen Kreuzzug. Englischer Adel nahm mit ihm in großer Zahl das Kreuz[418]. Auch ihm verbot der Papst die Ausfahrt zum Kreuzzug, doch er ließ sich nicht abhalten. Im Heiligen Land begrüßte man ihn auf das feierlichste. Man hoffte auch hier Großes von ihm.

Sofort wurde er von den beiden Parteien des Heiligen Landes bestürmt. Die Templer suchten ihn für ein Bündnis mit Damaskus, die Johanniter für eines mit Ägypten zu gewinnen, und beide mit aller Feindseligkeit und Gehässigkeit gegen die andere Seite. Erbittert über die Ritterorden, schrieb Richard damals nach Hause: „Im Heiligen Land herrscht statt Frieden Zwietracht, statt Einigkeit Zwiespalt, statt Liebe nur Haß, verbannt ist alle Gerechtigkeit.“ Er klagt dann bitter über die beiden Brüder, die schon im Mutterleibe uneins gewesen seien und nun ihre Mutter nicht mehr verteidigen wollten, die zu reich geworden seien und darum zu stolz und nur noch an gegenseitige Bekämpfung dächten[419]. Zunächst schloß sich Richard keiner der beiden Parteien an und wandte sich nach Askalon. Dort aber legten ihm Gesandte des Sultans as-Sālih Ajjūb von Ägypten Vorschläge zu einem neuen Vertrag vor, die so günstig waren, daß er sie annahm. Denn was die Franken hier erhielten, ging weit über das hinaus, was Thibaut von der Champagne und auch was Friedrich II. seinerzeit errreicht hatten. Denn nun wurde an die Franken zurückgegeben: Jerusalem, allerdings ohne den Tempelbezirk, mit dem Streifen Landes, der die Pilgerstraße von Jaffa her sicherte, dazu das Hinterland von Beirut und Sidon mit der Feste Beaufort (Schakīf Arnūn), Galiläa mit Tibnīn (Toron), Tiberias, der Berg Tabor, Kaukab (Belvoir) u. a. und schließlich in der Küstenebene Askalon mit seinem Umland, nicht jedoch Gaza. Das war also fast das ganze frühere Königreich Jerusalem mit Ausnahme von Samaria, das mit der Stadt Nābulus in der Hand der Muslime verblieb. Allerdings war das wiedergegebene Jerusalem ganz ohne Befestigungen. Denn auch der „Turm Davids“, die Zitadelle der Stadt, war inzwischen zerstört worden[420]. Als Kommandant der Stadt setzte Richard den Ritter Gautier Pennenpié ein[421].

[418] Matthaeus Paris. IV, 89, von 1241 und IV, 46, von 1240.

[419] Matthaeus Paris. IV, 139. — R. Röhricht, Geschichte ... Jerusalem, 851. — R. Grousset III, 393.

[420] Die ausführlichsten Angaben enthält ein Brief Richards von 1241 = Matthaeus Paris. IV, 141 ff.

[421] Dieser Gautier Pennenpié war schon vor dem Vertrag mit dem Sultan in Jeru-

Am 3. Mai 1241 konnte Richard von Cornwall, ohne einen Schwertschlag getan zu haben, erfolgreich wieder in seine Heimat zurückkehren. Ihm waren kampflos die Früchte der Uneinigkeit der Ajjūbiden in den Schoß gefallen, und zwar so reich, wie man vor wenigen Jahrzehnten es sich nicht hatte träumen lassen. Fast das ganze Königreich Jerusalem war wieder in der Hand der Christen. Aber wieviel mehr hätte man erreichen können, wenn Thibaut klare Pläne und größere Entschlußkraft gehabt hätte, wenn die Uneinigkeit der Ritterorden die Kräfte des Heiligen Landes nicht lahmgelegt und wenn der Kampf zwischen Kaiser und Papst nicht vom Schicksal des Heiligen Landes abgelenkt hätte! Denn die einmal sich bietende Gelegenheit der bitteren Verfeindung aller Nachkommen Saladins bot große Aussichten, die nur zu leicht versäumt sein konnten.

Auf der Heimreise besuchte Richard von Cornwall in Sizilien Friedrich II. und wurde außerordentlich herzlich empfangen, ein Beweis, wie eng beide zusammenarbeiteten, so daß der Kreuzzug fast als ein gemeinsames Werk beider angesehen werden kann[422].

Ehe wir uns nun wieder der weiteren Entwicklung der Kreuzzugsidee im Abendland zuwenden, müssen wir kurz noch das weitere Schicksal Jerusalems und des Heiligen Landes verfolgen.

Die durch die Feindseligkeiten der Ajjūbiden bedingte günstige Lage des Heiligen Landes hielt zunächst noch an, so daß noch weitere Vorteile für die Franken zu gewinnen waren. As-Sālih Ismāʿīl, inzwischen Herr von Damaskus, wandte sich wieder an die Franken mit der Bitte um Hilfe gegen Ägypten. Und wieder bot er mehr, als die Ägypter zuletzt geboten hatten. Das war nun schon die dritte Steigerungsstufe. Nun sollte ganz Jerusalem einschließlich des Tempelbezirkes den Christen zufallen. Kaum hatte Ägypten davon Kunde, als es auch mit demselben Angebot an die Franken herantrat. Besser konnten diese es sich nicht wünschen. Sie konnten wählen und entschieden sich für das Bündnis mit Damaskus. Jerusalem ward also nun ganz frei von muslimischem Gottesdienst. Mit heller Freude berichtete es der Großmeister der Templer, Herman de Perigord, nach dem Abendland[423], und mit großer Trauer verzeichneten die arabischen Historiker die Tatsache[424].

Da die Franken sich an Damaskus angeschlossen hatten, war Ägypten in Not und wandte sich an die Chwarismier um Hilfe. Wir sind diesen Stäm-

---

salem, und zwar als bailli des Kaisers. Das bezeugt eine Urkunde Filanghieris (= Mitt. d. Inst. f. österr. Geschichtsforschung 12 [1891] S. 493) und Chroniken (Eracles XXXIII, 51, S. 421 und Gestes des Chiprois S. 728). Es müssen also auch in der Zwischenzeit die Franken oder der Kaiser eine gewisse Stellung in der muslimischen Stadt gehabt haben, von der wir sonst nichts wissen.

[422] R. Grousset III, 396.

[423] Matthaeus Paris. IV, 288/90, von 1244.

[424] Abu 'l Fedā 122. — Collier des perles S. 197. — Makrizi = Revue de l'Orient latin 1903/1904, S. 357. — R. Grousset III, 408.

men schon wiederholt begegnet. Von den Mongolen aus Innerasien vertrieben, waren sie lange die Geißel des Zweistromlandes und der benachbarten Länder. Denn sie plünderten und mordeten mit einer Grausamkeit, die der der Mongolen gleichkam. Im Jahre 1241 gelang es den verbündeten Ajjūbidenfürsten von Damaskus, Homs und Aleppo, die Chwarismier bei Edessa entscheidend zu schlagen. Die Gefahr, die beständig von ihnen gedroht hatte, wäre damit beseitigt gewesen, wenn sie jetzt nicht, wie wir hörten, der Sultan von Ägypten zu Hilfe gerufen und damit die Gefahr aufs neue beschworen hätte.

Raubend und plündernd brachen sie mit einer Heerschar von etwa 10000 Mann im fränkischen Syrien ein. Tiberias mußte sich ergeben. Dann zogen sie gegen Jerusalem. Die Stadt hatte damals immer noch keine Befestigungen. Hilferufe nach Antiochia, Zypern und Akkon waren vergeblich. Die Franken der Küste waren in ihre eigenen Streitigkeiten so verwickelt, daß sie für die Befestigung von Jerusalem nichts getan hatten und nun auch keine Hilfe schickten. Was früher schon zu beobachten war, wird jetzt völlig deutlich: Die fränkischen Küstenbewohner hatten an der schlecht zu verteidigenden, vom Verkehr abgelegenen Stadt Jerusalem kein Interesse. Sie hatten aber auch keinen König oder Führer, der sie aus ihrem engsichtigen Treiben hätte herausreißen und nach Jerusalem führen können.

Am 11. Juli 1244 bestürmten die Chwarismier zum erstenmal die Stadt. Noch ließ sich der Sturm abschlagen. Aber am 23. August mußten die Bewohner die Stadt aufgeben und versuchten, sich nach Jaffa durchzuschlagen. Aber kaum hatten sie die Stadt verlassen, als die Chwarismier in Arglist christliche Fahnen auf den Mauern der Stadt hißten, um sie zur Umkehr zu verlocken. Diese ließen sich dazu verführen und wurden dann in hellen Haufen ermordet. Die Stadt wurde hart geplündert. Selbst die Särge der Könige von Jerusalem wurden nicht geschont[425].

Die Chwarismier blieben nicht in der eroberten und geplünderten Stadt, sondern zogen weiter nach Gaza, um sich dort mit dem Heer der Ägypter zu vereinigen. Das führte der Mameluk Baibars. Ihm und den Chwarismiern entgegen standen die Truppen von Damaskus, Transjordanien, Homs und der Franken. Am 17. Oktober kam es bei Gaza zur Schlacht, in der Baibars einen großen Sieg erfocht. Die Verluste müssen ungeheuer gewesen sein. Von den Templern entkamen 36 Mann, 312 aber fielen oder wurden gefangen, von den Johannitern blieben nur 26 am Leben, während 325 als Verluste zu beklagen waren. Von dem Deutschherrenorden konnten sich überhaupt nur 3 retten[426].

Da Ägypten die Chwarismier nicht, wie sie gehofft hatten, in seine Gren-

---

[425] Matthaeus Paris. IV, 307 f., Brief. — Rothelin 41, S. 563.

[426] Eracles XXXIII, 57, S. 429 f. — Abu 'l Fedā 122, von 1244/45. — Rothelin 41, S. 564. — Matthaeus Paris. IV, 302 ff.

zen aufnahm, sondern ihnen ein Heer entgegenstellte, zogen sie plündernd und sengend durch das fränkische Gebiet zurück.

Diese schwere Niederlage von Gaza (1244) hatte für die Franken dreierlei Folgen: 1) Die Ägypter besetzten nun das von den Chwarismiern verlassene Jerusalem. Damit aber war es für die Christen endgültig verloren. Zum drittenmal wurde damals die Stadt den Christen entrissen, der der Kreuzzug ursprünglich allein gegolten hatte. 2) Im Zusammenhang damit drangen die ägyptischen Truppen noch weiter vor. Sie nahmen dem Sultan von Transjordanien fast die ganze Gegend von Hebron (südlich von Jerusalem) ab und ebenso Samaria mit Nābulus. 3) Sie eroberten auch Damaskus. Damit war die Vereinigung von Damaskus und Ägypten in einer Hand wieder erreicht, die unter Saladin schon einmal für die Christen verhängnisvoll geworden war.

In Ägypten aber stieg der Mann empor, der für das weitere Schicksal des Heiligen Landes bestimmend wurde: Baibars. Noch war er nicht Sultan, er wurde es erst 1260. Und noch entstanden immer wieder Streitigkeiten in den muslimischen Ländern, von denen die Franken ihren Vorteil hatten. Aber die Entwicklungslinie war klar zu erkennen: Alle muslimische Macht, so wie sie zur Zeit Saladins geschlossen gegen die Franken gestanden hatte, wie auch in Ägypten die Sultanswürde lagen nun in der Hand derer, die in Wirklichkeit die Macht schon hatten: der Mameluken. Dadurch wiederum war die ganze Kraft der vereinigten muslimischen Staaten in der Hand des bedeutendsten Mannes dieser Tage, Baibars, konzentiert. Die glücksverheißenden Zeiten von etwa 1228—1244, in denen die Franken aus der Uneinigkeit der Muslime ihren Nutzen gezogen hatten, waren endgültig vorüber. Die letzte Epoche in der Geschichte der Kreuzfahrerstaaten hatte begonnen.

Der Eindruck der Niederlage von Gaza im Heiligen Land muß lähmend gewesen sein. Es wird uns anschaulich geschildert, wie die Bürger von Akkon, nun die Belagerung ihrer eigenen Stadt fürchtend, keinerlei Hilfe mehr aussenden, wie die festen Burgen ihren Bewohnern mehr als ein Gefängnis als ein Schutz erscheinen, wie Christen in Verzweiflung lieber sterben wollen, als das auf sich zu nehmen, was sie auf sich zukommen sahen, und wie viele unter diesem Druck ihr Christentum verleugnen und zum Islam übertreten[427]. Alles das war auch darum kein gutes Zeichen für die Zukunft, weil es die geringe psychische Widerstandskraft der Bewohner der syrischen Küstenstädte aufwies[428].

---

[427] Matthaeus Paris. IV, 559 und 560, von 1246.

[428] Ob Friedrich II. wirklich die Hilfe für Jerusalem abgelehnt hat mit dem sarkastischen Bemerken, daß die ihn bekämpfende Kurie ihr bestes Mittel, Gelder aus den Gläubigen herauszupressen, in der sophistischen Predigt zur Befreiung des Heiligen Landes habe, mit anderen Worten, daß er sich in seinem Kampf in der Heimat nur schade, wenn er Jerusalem verteidige, muß dahingestellt bleiben (Matthaeus Paris. a. a. O.). Unmöglich ist es seiner Denkungsweise nach keineswegs, aber auch keinesfalls sicher, da in dieser Zeit des erbitterten Kampfes gar manche Bemerkungen entstellt wiedergegeben worden sind.

Kreuzzugswerbung und Kreuzzugsgedanke im Lauf des 13. Jahrhunderts

Die Kreuzzugswerbung war seit den Tagen Innozenz' III. so sehr ein unlösbares Stück der päpstlichen Politik geworden, daß sie weitergeführt wurde, allen Schwierigkeiten zum Trotz. Damit aber geriet das Papsttum in einen gewissen Widerspruch zu seiner eigenen Bewertung der Kreuzzüge. Denn wie wir verfolgen konnten, waren den Päpsten seit Gregor IX. die Kämpfe gegen die Hohenstaufen in Italien wichtiger als die Kreuzzüge ins Heilige Land. Innozenz IV. ging in dieser Richtung noch weiter. Der Kreuzzugsgedanke wurde unter ihm fast ausschließlich dazu benutzt, für die Kämpfe in Italien Geld und Soldaten zu bekommen. In seiner Gegnerschaft zu Friedrich II. hat er alles getan, um dessen Stellung als König von Jerusalem zu untergraben. Die Anarchie im Heiligen Land wurde auch dadurch gefördert und die Widerstandskraft gegen die Muslime gelähmt.

Doch die Zeit von Innozenz IV. bedeutete den Tiefpunkt im Kreuzzugswillen der Kurie. Schon unter seinen Nachfolgern nahm das Interesse am Kreuzzug und am Schicksal des Heiligen Landes wieder zu, schon darum, weil es nun ganz verloren zu gehen drohte. Urban IV., der selbst vorher Patriarch von Jerusalem gewesen war, und Gregor X., der vorher als päpstlicher Legat im Heiligen Land war, setzten sich wieder nachdrücklich für die Kreuzzugssache ein.

Indes hörte aber die Verwendung der durch Kreuzzugswerbung gewonnenen Mittel für die italienischen Kämpfe der Kurie keineswegs auf. So ließen z. B. Alexander IV. und Urban IV. in Frankreich, wo man immer die beste Wirkung der Kreuzzugspredigt erhoffte[429], werben mit allen bei dieser Gelegenheit üblichen Versprechungen, aber nicht für einen Zug zum Heiligen Land, sondern gegen Manfred, den Hohenstaufen. Auch wer die Fahrt ins Morgenland schon gelobt hatte, sollte, wenn er gegen den Staufer kämpfte, sein Gelübde erfüllt haben[430]. 1264 schloß der Papst mit Karl von Anjou einen Vertrag, daß die Hilfe für ihn an die Stelle der Kreuzzugsunterstützung treten solle und daß die Sammlungen für das Heilige Land so lange unterbleiben sollten, als der Zehnte für den Kampf Karls gegen die Hohenstaufer in Sizilien erhoben werde[431].

Überall dort, wo man den Kreuzzug noch ernstlich wollte, und im Heiligen Land, wo man die Hilfe, die die Christenheit zu geben bereit war, brauchte, stand man verständlicherweise diesen päpstlichen Maßnahmen mit scharfer Kritik und Verbitterung gegenüber. Erzbischof Ägidius von Tyrus schreibt z. B., als er in Frankreich Einblick in diese Verhältnisse bekam: „Hart ist es

---

[429] Bouquet, Recueil XIX, 731, von 1223: „... Gallia, quae praeliari praelia Domini potissimum consuevit ..."

[430] Matthaeus Paris. V, 521, von 1255. — J. Haller, Papsttum III, 1, S. 315.

[431] R. Sternfeld, Ludwig des Heiligen Kreuzzug, S. 9.

(satis durum), daß der Papst erlaubt, das Kreuzzugsgelübde für das Heilige Land mit dem gegen die Staufer zu vertauschen, aber härter noch, daß das Geld, welches fromme Menschen für Palästina bestimmt haben, für Karls Sache verwendet wird."[432] Man sieht, daß diese Vertauschung der Ziele der Kreuzzüge und der Verwendung der Gelder in aller Öffentlichkeit vor sich ging.

Auch die Kämpfe in Ostdeutschland und Livland gegen die dortigen heidnischen Nachbarn betrachtete man als Kreuzzüge. Während aber Innozenz III. sie mit den daran geknüpften geistlichen Versprechungen den eigentlichen Kreuzzügen gegenüber hintangestellt hatte, gewährte Honorius III. volle Gleichstellung, ja spätere Päpste gaben ihnen den Vorzug vor den Zügen nach Jerusalem. Es erklärt sich das daraus, daß diese Züge im Norden und Osten die Mission unterstützten. Aber diese Bevorzugung schädigte natürlich die Züge in den Orient sehr. So waren z. B. dadurch aus Deutschland nur noch wenige Kreuzfahrer für das Heilige Land zu gewinnen; man warb auch dort mehr für die „Wendenkreuzzüge" als für die Befreiung Jerusalems[433].

Ein besonders krasses Beispiel für die mißbräuchliche Verwendung der Kreuzzugswerbung bietet die Geschichte der Stedinger Bauern in Friesland. Als der Erzbischof dort bei der Erhebung von Zehnten auf Widerstand stieß, erlaubte Papst Gregor IX., daß ein Kreuzzug gegen sie gepredigt wurde, der alle Gnadenverheißungen der anderen Kreuzzüge auch bot. So brach 1234 ein „Kreuzheer" gegen diese Bauern auf, die man ohne jeden Grund als Ketzer und Heiden erklärt hatte, und unterwarf sie der Herrschaft des Bremer Erzbischofs, ungeachtet ihrer bisherigen verbürgten Freiheiten[434].

Daneben traten einzelne Mißbräuche in der Kreuzzugswerbung, die sich auch früher schon bemerkbar gemacht hatten, nun immer deutlicher hervor. Da war z. B. der Loskauf von dem geleisteten Gelübde. Häufig ließ man Menschen, die den Kreuzzug gar nicht ausführen konnten, unter dem Eindruck der Werbepredigt das Kreuzzugsgelübde ablegen, von dem sie sich dann loskaufen mußten. Die Höhe der Loskaufsumme aber stand nicht fest, sondern wurde von den Kreuzpredigern je nach der Vermögenslage des Loszukaufenden bestimmt. So ließen sich sehr große Summen gewinnen, besonders wenn man, wie es augenscheinlich oft geschah, seitens der Kreuzprediger einen Druck ausübte. Kleine Leute, die nicht viel zahlen konnten, rühmten sich laut und gerne, mit einer kleinen Loskaufssumme in den Besitz des versprochenen himmlischen Lohnes gekommen zu sein. Jedenfalls war an dieser Stelle Tür und Tor für mißbräuchliche Ausnutzung offen. So fehlt es dann

[432] Bibliothèque de l'ecole des chartes XIX (1858) S. 288.
[433] Bruno von Olmütz XIII f., S. 21 f. — P. A. Throop, Criticism, S. 108/09.
[434] H. A. Schumacher, Die Stedinger (Bremen 1865). — Walter Hotz, König und Verschwörer, S. 179 ff. (Bremen 1940). — J. Haller, Papsttum III, 1, S. 158.

auch nicht an Beschwerden und Klagen[435]. Auch von falschen Kreuzpredigern mit gefälschten Ausweisen, die sich viel Geld zu verschaffen wußten, wird erzählt[436]. Wie sehr alle solche Praktiken den Kreuzzugsgedanken entarten ließen, zeigt die Geschichte von einem Mann, der nach einem Loskauf im Wirtshaus erklärte: „Ihr seid Toren, wenn ihr über das Meer fahrt, wenn ihr euer Hab und Gut ausgebt, wenn ihr euer Leben so vielen Gefahren aussetzt. Ich bleibe bei Weib und Kindern zu Haus und habe für ganze 5 Mark mein Gelübde abgelöst und werde den gleichen himmlischen Lohn haben wie ihr." [437]

Von einer besonders geschäftstüchtigen Verwendung des Kampfes gegen die Muslime wird aus dem Jahr 1245 berichtet. Damals verbreitete sich in Frankreich und England das Gerücht, der Pfeffer, der in der letzten Zeit aus dem Orient eingeführt worden war, sei von den Muslimen aus Angst vor einem kommenden Kreuzzug vergiftet worden. Es wurde deshalb überall vor diesem Pfeffer gewarnt. Der Chronist setzt hinzu, es sei dies eine Machenschaft der Kaufleute gewesen, die ihre schon lange lagernden Pfefferbestände besser verkaufen wollten[438].

Dabei haben sich die Kreuzzugssteuern in dieser Zeit stark entwickelt. Honorius III. beschränkte sich nicht mehr auf die Besteuerung der Geistlichen, sondern forderte sie auch von den Laien, und zwar von jedem Haus. Ebenso erhob auch Papst Gregor IX. im Jahre 1235 eine allgemeine Kopfsteuer mit der Begründung, mit diesen Mitteln ein stehendes Heer im Heiligen Land unterhalten zu wollen. Die Höhe dieser Steuern muß sehr groß gewesen sein. Denn 1245 erklärten die englischen Barone vor dem Konzil, der Papst erhalte durch diese Steuer als Reingewinn 60000 Mark jährlich aus England, das sei aber mehr als das ganze Einkommen des englischen Königs[439]. So konnte der Papst auch 1238 Karl von Anjou aus Kreuzzugssteuern 15600 Goldunzen geben und in demselben Jahr noch einmal 25000, die durch eine Anleihe aufgebracht, aber augenscheinlich aus Kreuzzugssteuern beschafft werden mußten[440]. Die Erträgnisse dieser Steuer wurden zur Zeit Eduards I. (1272 bis 1307) zwischen dem König und dem Papst geteilt, und zwar betrug der Anteil des Papstes über 43000 Pfund, der des Königs aber muß sich auf rund 63000 belaufen haben, so daß im ganzen 105000 Pfund erhoben wurden[441]. Zu diesen Steuern kamen ergänzend Vermächtnisse für den Kreuzzug. Auch auf diese Weise müssen große Summen eingegangen sein. Denn allein in Irland sollen aus Vermächtnissen in drei Jahren um die Mitte des Jahrhunderts 400000 Pfund gezahlt worden sein.

---

[435] Matthaeus Paris. IV, 133, zu 1241. — Ebd. V, 73, von 1249. — Collectio de scandalis, cap. VI, S. 40.

[436] Oliverus Scholasticus: Briefe X, S. 316, von 1225/27.

[437] Caesarius von Heisterbach I, S. 70, 71.

[438] Matthaeus Paris. IV, 490, von 1245.

[439] J. Haller, Papsttum III, 1, S. 184. [440] J. Haller, Papsttum III, 1, S. 435.

[441] W. E. Lunt = The Engl. Hist. Review XXX (1915) 417.

Daß diese Steuern oft schon, ehe der Kreuzzug ausgeführt wurde, und bisweilen auch ohne daß er zur Ausführung kam, an Könige, die das Kreuz genommen hatten, bezahlt wurden, haben wir schon oben gehört[442]. Das englische Königshaus verstand es besonders gut, sich auf diese Weise große Zahlungen zu verschaffen[443].

Die Folgen einer so starken Besteuerung lassen sich in Frankreich beobachten. Dort waren am Ende der Herrschaft Ludwigs IX. die meisten Bistümer schwer verschuldet und mußten an lombardische Bankiers große Summen für Zinsen bezahlen[444].

Die Technik der Erhebung verbesserte sich inzwischen mehr und mehr, was bei solchen Steuererträgen ja dringend notwendig war. Abrechnungen wurden nun genauer geführt. Vor allem aus England sind wir über die Technik der Erhebung der Steuern, die alle mit der Begründung der Hilfe für das Heilige Land erhoben wurden, gut unterrichtet[445].

Im ganzen gesehen, hat man den Eindruck, daß die Kreuzzugswerbung und besonders die Steuererhebung zum Ausbau einer Großorganisation geführt haben, die sich von den Kreuzzügen selbst weitgehend gelöst hat und selbständig geworden ist. Sie bestand darum auch weiter, einerlei ob der Wille zu den Kreuzzügen noch vorhanden war oder nicht.

Dieser aber hat in der Allgemeinheit sehr nachgelassen. Die öffentliche Meinung, die die Kreuzzüge so lange getragen hat, steht ihnen jetzt kühl oder ablehnend gegenüber. Hatten früher die Troubadours für sie geworben und die Könige getadelt, wenn sie zögerten, zum Kreuzzug aufzubrechen, so tadelten sie seit der Mitte des 13. Jahrhunderts umgekehrt diejenigen Herrscher, die auszogen, wie Karl von Anjou und Jakob von Aragón, dafür, daß sie ihre eigenen Länder und die Kriege, die es dort zu führen gäbe, vernachlässigten um der Kreuzzüge willen[446]. Ein Chronist erzählt, daß man in Frankreich Minoriten, die „im Namen Christi" Geld sammelten — augenscheinlich für den Kreuzzug —, zähneknirschend erwiderte: „Das hier geben wir dir, aber im Namen Mohammeds, der stärker ist als Christus."[447] Diese Kritik läßt schon die damit entstehende Wendung gegen das Christentum oder die Kirche erkennen. Das findet sich auch sonst. So gerieten nach dem Bericht von Salimbene die Bewohner Frankreichs im Jahr 1251 über die Kreuzzugspredigt „in Zorn gegen Christus so sehr, daß sie den Namen

[442] Siehe oben S. 239/40.

[443] W. E. Lunt = The Engl. Hist. Review XXX (1915) 409. — J. Haller, Papsttum III, 2, 260, 359 u. 451.

[444] E. Lavisse, Histoire de France III, 2, S. 70, Anm. 3.

[445] W. E. Lunt, Papal taxations in England = The Engl. Hist. Review XXX (1915) S. 389 ff. — Ders., Collectors' accounts for the clerical tenth levied in England by order of Nicholas IV = The Engl. Hist. Review XXXI (1916) S. 102 ff. — Ders., A papal Tenth levied in the British isles ... = The Engl. Hist. Review XXXII (1917) S. 49 ff.

[446] Belege siehe Throop, Criticism, S. 285.

[447] Salimbene = Mon. Germ. SS. XXXII, S. 445, zu 1251.

Christi zu schmähen wagten"[448]. Und in England schnitten sie den Kreuzpredigern Grimassen und verlachten sie[449]. Selbst König Ludwig IX. fand auf seinen beiden Kreuzzügen bei seiner Ritterschaft offenen oder geheimen Widerstand. Beim zweiten Zug spricht sein getreuer Gefolgsmann Jehan de Joinville aus, wie ungern und bedenklich er auszieht im Hinblick auf die schlechten Erfahrungen, die er persönlich, aber auch ganz Frankreich während des vorangegangenen Kreuzzuges gemacht hätten. Er schließt: „Ich glaube, daß alle eine Todsünde begehen, die dem König zu dem Kreuzzug raten."[450]. Das klingt nun freilich sehr anders als zu Beginn der Kreuzzüge. Und wenn so schon eine dem König sehr nahestehende Persönlichkeit redete, wie mögen Fernstehende gesprochen und gar gedacht haben.

Auch drüben über dem Meer im Heiligen Land glaubte man damals an keinen Kreuzzug mehr, da man sah, wie wenig sich lange Zeit hindurch der Papst die Sache des Kreuzzuges angelegen sein ließ[451]. Ja man scheint dort einen eigentlichen Kreuzzug gar nicht mehr gewollt zu haben, sondern nur die Unterstützung durch einzelne, in die dortigen Verhältnisse sich einfügende Ritter oder Söldner[452].

Der erste Kreuzzug Ludwigs IX., des Heiligen

Entgegen dieser ablehnenden Haltung, die im Abendland immer weiter um sich griff, kamen doch noch zwei Kreuzzüge zustande. Das ist einmal der wieder auffrischenden päpstlichen Werbung zu verdanken, aber weit mehr noch der Tatsache, daß ein König auftrat, der sich mit aller Kraft für den Kreuzzug einsetzte und ihn auch führte: Ludwig IX., der Heilige, von Frankreich.

Denn auch die große Werbeaktion des Konzils von Lyon (1245), die wortgetreu die 1215 auf dem Laterankonzil festgelegten Grundgesetze des Kreuzzuges wiederholte, hätte ohne Ludwigs Auftreten keinen rechten Erfolg gehabt. Schon auf dem Konzil protestierte einer der englischen Gesandten namens der englischen Barone energisch gegen die päpstlichen Kreuzzugssteuern. Das widersprach völlig altem Kreuzzugsgeist. Auch in Deutschland war der Widerhall gering. Die Kämpfe des Kaisers gegen den Papst nahmen alle Kräfte in Anspruch. Und auch in Frankreich war der Adel nicht geneigt, auszuziehen[453]. König Ludwig mußte ihn dazu nötigen. Eine Anekdote hat

---

[448] Salimbene ebd.

[449] Matthaeus Paris. V, 522, von 1255. — Andere Fälle von Widerstand siehe R. Sternfeld, Ludw. d. Heil. Kreuzzug, S. 27. — W. E. Lunt = The Engl. Hist. Review XXX, 402. — J. Haller, Papsttum III, 1, S. 295.

[450] Joinville S. 300.

[451] Matthaeus Paris. V, 522, von 1255.

[452] R. Sternfeld, Ludwigs des Heiligen Kreuzzug, S. 43.

[453] Einige größere französische Fürsten wußte die Kurie allerdings durch große Zahlungen an dem Kreuzzug zu interessieren, so die Brüder des Königs, Robert von

das festgehalten: Ludwig IX. schenkte regelmäßig seinen Rittern an Weihnachten neue Festkleider. So auch diesmal. Aber da er bei seinen Rittern auf passiven Widerstand gegen den Kreuzzugsplan gestoßen war, ließ er heimlich auf die Schultern dieser Festgewänder Kreuze aufnähen und befahl dann, in den neuen Kleidern in die Frühmesse zu kommen. In der Kirche sahen alle mit Staunen, daß die anderen alle mit dem Kreuz gezeichnet waren, und dann erst das Kreuz auf der eigenen Schulter. Sie machten dann gute Miene zu dem Spiel und ließen es als Kreuznahme für das Heilige Land gelten[454]. Was auch immer an dieser Geschichte wahr ist, sie ist charakteristisch für die Stimmung, die sich auch bei den Troubadours der Zeit bekundet[455].

Ludwigs Kreuzzugswille entschied. Als todkranker Mann verlangte er das Kreuz. Man versuchte, ihn davon abzubringen, doch vergeblich. Er drohte sogar mit Hungerstreik[456]. In ihm lebte der alte Kreuzfahrergeist, der sonst im Schwinden war, noch einmal auf, der Gottesstreiterglaube. Daneben zeigt er auch Züge mönchischer Frömmigkeit. Ludwig gehörte selbst dem Dritten Orden des heiligen Franz an und lebte teilweise ganz im Geiste dieses Ordens. Doch dies war für den Kreuzzug nicht ausschlaggebend. Ludwig war Ritter im alten Sinn und wollte es bis zum Letzten sein. Dazu aber gehörte an erster Stelle der Kreuzzug. Er hat ritterliche Tapferkeit und Zähigkeit in den Kämpfen in Ägypten bewiesen und damit das ganze Heer hochgehalten und angefeuert[457]. Politische Gesichtspunkte mußten oft davor zurücktreten. Hier lag seine Stärke nicht. Im Gegensatz zu anderen Fürsten seiner Zeit, wie etwa seinem Bruder Karl von Anjou, diente ihm der Kreuzzug nicht dazu, politische Zwecke zu erreichen und Vorteile für seinen Staat zu erringen[458].

Am 12. Juni 1248 brach König Ludwig von Paris auf mit einem der größten Heere, das überhaupt in den Kreuzzügen aufgestellt worden ist. Auch die Staaten des lateinischen Kaisertums, vor allem das Fürstentum Morea, schickten stattliche Heere, und ebenso Zypern und Syrien[459]. Dem entspra-

Artois, Karl von Anjou und Alfons von Poitiers. Diese wurden damit gewissermaßen zu päpstlichen Soldrittern. Doch das änderte an der Haltung der Masse der Ritter nichts. Vgl. Gottlob, Kreuzzugsteuern, S. 50.

[454] Matthaeus Paris. IV, 502, von 1245.

[455] A. Throop, Criticism, 208.

[456] Eracles XXXIII, 58, S. 431 f. — Matthaeus Paris. V, 3.

[457] Rothelin 66, S. 612 und Joinville S. 226. Dazu zahlreiche Beispiele bei R. Grousset III, 438 f.

[458] Zur Charakteristik Ludwigs des Heiligen: Joinville S. 153 ff. — E. Lavisse, Hist. de France III, 2, S. 26. — Ch. Petit-Dutaillis, Evolution, S. 318. — G. Goyau 266. — R. Grousset III, 426 ff. — R. Sternfeld, Ludwigs d. Heiligen Kreuzzug, 248. — E. R. Curtius, Die französ. Kultur (1930) 104. — H. Delbrück, Weltgeschichte II, 778. — L. Buisson, König Ludwig IX. . . . und das Recht (1954).

[459] Die Flotte soll 600—800 Segel betragen haben. Abu 'l Fedā 126, zu 1249/50: 50000 Mann, aber er übertreibt meist die Stärke der feindlichen Heere. Eracles, S. 571 (Brief des Sarrasin), gibt an 25000 Ritter ohne andere Streiter. — Die Gestes des Chiprois I, 350 schätzen die Zahl allein der französischen Kämpfer auf 25000. Dazu wären dann etwa 24000 Mitkämpfer aus anderen Staaten zuzurechnen.

chen auch die großen Kosten des Zuges. Ein Sänger weiß anschaulich zu schildern, wie Ludwig bei seinem Auszug 40 Lasttiere mit sich führte, die mit Geld beladen waren, das zur Soldzahlung bestimmt war. Die Gesamtkosten des Zuges bis zum Jahr 1256 wurden auf 1 537 570 Turonen berechnet. Man sieht aus diesen Angaben, daß die Aufwendungen des Abendlandes oder richtiger der Kurie und Frankreichs, die fast ausschließlich beteiligt waren, ungeheuer waren. Die Kosten steigerten sich ständig vom ersten bis zum letzten Kreuzzug. So mußte das Abendland nun aber auch endlich den schon lange erhofften Erfolg erwarten.

Abseits von dem allen stand Kaiser Friedrich II. Verschiedene arabische Quellen erzählen, daß er den Sultan as-Sālih Ajjūb von Ägypten stets auf dem laufenden gehalten habe über die Bewegungen des anrückenden Kreuzheeres[460]. Und diese Nachricht ist, da sie nicht aus dem Abendland stammt, wohl glaubwürdig. Der Herrscher eines halbmohammedanischen Mittelmeerstaates fühlte sich dem ihm befreundeten ägyptischen Sultan näher als dem französischen König.

Ludwig hätte sich, als er landete, den Streit des Sultans von Ägypten und des Fürsten von Aleppo nutzbar machen können, wie so viele vor ihm in ähnlichen Fällen getan hatten. Die Templer drängten ihn dazu. Aber er lehnte es ab. Er war Kreuzritter und nicht Diplomat im Sinne Siziliens. Sein Kreuzzug steht von vornherein dem von 1218 näher als allen späteren Zügen, ja er erscheint geradezu als eine Erneuerung des Kampfes um Damiette unter Pelagius und Johann von Brienne. Nur ein großer Unterschied ist von vornherein deutlich: Auch mit dem Heere Ludwigs zieht zwar ein päpstlicher Legat mit, Odo von Châteauroux, der Kardinallegat von Tuskulum; aber er soll nach dem Wortlaut der Legationsbulle dem weltlichen Schwert das geistliche zugesellen, zur Verstärkung von dessen Macht[461], mit anderen Worten: Man hatte durch den Ausgang des Zuges unter Pelagius eingesehen, daß die geistliche Führung des gesamten Feldzuges ein Unding sei, und hatte diesmal nun den Legaten dem König beigegeben, aber nicht übergeordnet.

Ludwig überwinterte mit seinem Heer noch in Zypern. Das ließ dem Sultan Zeit, für alle Fälle Damiette reichlich mit Waffen und Vorräten zu versehen und mit Elitetruppen, aus dem arabischen Stamm Kināna, zu besetzen. Trotzdem war die Überraschung groß, als Ludwig am 4. Juni 1249 vor Damiette erschien, denn immer noch war es zweifelhaft gewesen, wo er angreifen werde.

Die Landung war schwierig, da sie angesichts des Feindes ausgeführt werden mußte. Doch Ludwig wagte sie mit gutem Erfolg, nicht zuletzt dadurch, daß er selbst energisch mitkämpfte. Fachr ad-Dīn, der Freund Kaiser Friedrichs, der das ägyptische Heer, das die Landung verhindern sollte, kom-

---

[460] Collier des perles S. 201. — Badr al-Dīn und Jamal al-Dīn = Revue de l'Orient latin 1902, S. 527.

[461] Berger, Innozenz IV, II, 4662, S. 108, von 1248.

mandierte, zog sich auf das rechte Nilufer bis in die Gegend von Aschmūn-Tannāh zurück. Das nahm der Besatzung von Damiette den Mut. Bevölkerung und Verteidiger verließen die Stadt, und die Franken konnten am 6. Juni schon in die verlassene Stadt einziehen. Große Beute, vor allem an Lebensmitteln, fielen in die Hände der Kreuzfahrer. Auf der anderen Seite war die Bestürzung der Muslime sehr groß. As-Sālih Ajjūb war dazu todkrank, zu einer hochgradigen Tuberkulose müssen Geschwüre getreten sein. Aber er blieb im Feldlager und leitete den Kampf.

Die Franken betrachteten die Erwerbung von Damiette als endgültig. Ein lateinischer Erzbischof wurde eingesetzt, und die Ritterorden sowie die syrischen und zyprischen Barone erhielten Lehen in der Stadt. Auch wußte man mit den christlichen koptischen Einwohnern von Damiette ein gutes Verhältnis anzubahnen.

In dieser Siegesgewißheit wies man auch ein günstiges Angebot des Sultans zurück. Er war bereit, gegen die Rückgabe von Damiette Jerusalem, Askalon und Tiberias den Franken zu übergeben[462]. Es hätte nahegelegen, darauf einzugehen. Denn hier war das erreicht, was man durch den Zug nach Ägypten zu erhalten gehofft hatte: auf Grund von Pfändern die Auslieferung der wichtigsten Städte des Heiligen Landes. Aber man lehnte das Angebot ab. Die Ereignisse des Feldzuges vor 30 Jahren wiederholten sich nun mit unheimlicher Präzision.

In einem Kriegsrat entschloß man sich, nicht Alexandria anzugreifen, wie die meisten es wollten, sondern dem Vorschlag des Brudes des Königs, des Grafen Robert von Artois, zu folgen und sich gegen Kairo, die Hauptstadt des Feindes, zu wenden. Am 20. November 1249 brach man auf.

In eben diesen Tagen starb der schwerkranke Sultan as-Sālih Ajjūb. Da sein Sohn Tūrān-schah, der ein junger und noch ganz unerfahrener Mann war, sich zudem in Hisn Kaifā am oberen Tigris befand, drohte dieser Tod eine schwere Krise für das ägyptische Heer zu werden. Da entschloß sich die energische Sultanswitwe, Schadscharat ad-Durr (der „Perlenmund"), den Tod des Sultans geheimzuhalten. Nur ein Eunuche und Fachr ad-Dīn, der Kommandant des Heeres, wußten davon. Und die Geheimhaltung gelang, bis der junge Sultan eintraf.

Währenddessen marschierte das Kreuzfahrerheer in dem Dreieck des Nildeltas, das von dem Hauptstrom und dem Bahr as-Saghīr gebildet wird, aufwärts. Wollten sie Kairo erreichen, so mußten sie den Bahr as-Saghīr überschreiten, und zwar in der Nähe der Festung al-Mansūra (die „Siegreiche"), an der der Vormarsch des Kreuzheeres dreißig Jahre vorher zum Scheitern gekommen war. Fachr ad-Dīn nahm seine Armee bis hinter diesen Flußlauf zurück.

Eine Episode aus diesem Vormarsch charakterisiert die Haltung dieses wie

---

[462] Matthaeus Paris. V, 105 und 143. — Joinville S. 237. — Rothelin 74, S. 628 f.; siehe für das Folgende: Rothelin 62, S. 595 — 66, S. 615.

so vieler anderen Kreuzheere. Ludwig hatte klugerweise alle Verfolgungen fliehender Gegner verboten. Trotzdem ließen sich die Templer zu einer solchen hinreißen, bei der etwa die Hälfte dieser Truppe vernichtet wurde. Indisziplin aus Ehrsucht bleibt stets die Gefahr aller Feudalheere.

Da Fachr ad-Dīn auf dem anderen Ufer des Nilarmes stand, war ein Übergang sehr schwierig. Lange versuchte König Ludwig, einen Damm in den Strom vorzutreiben. Aber das griechische Feuer in der Hand des Feindes

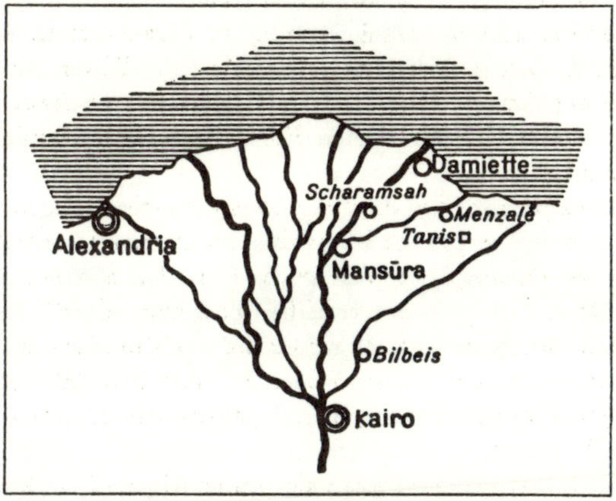

Das Nildelta in den Kämpfen Amalrichs I., des Kardinals Pelagius und des Königs Ludwig IX.

zwang, den Plan aufzugeben. Dann versuchte man es bei einer Furt stromabwärts, bei Salamun. Aber das Fußvolk konnte sie kaum passieren. So war der Übergang schwierig und zeitraubend, und es kam alles darauf an, die Truppen beisammenzuhalten. Der König regelte alles genau und schärfte seinen Rittern äußerste Disziplin ein. Doch vergeblich. Denn der Bruder des Königs, Graf Robert von Artois, wußte sich nicht unterzuordnen und zu zügeln. Er griff mit seinen Leuten an, während der Übergang noch im Gang war. Die Templer rieten ihm dringend ab, aber ernteten nur Beschimpfungen von ihm. Der Graf hatte zunächst Erfolg, und der Rausch dieses scheinbaren Sieges trieb ihn und seine Leute immer weiter bis nach al-Mansūra. In den engen Gassen dieser Stadt aber waren die Ritter des Grafen verstreut den Angriffen des Feindes hilflos preisgegeben. Fast alle wurden vernichtet. Die Templer, die sich vergebens gegen das tollkühne Unternehmen gewehrt hatten, verloren an diesem Tage 285 Ritter, nur 4 oder 5 entkamen, und ähnlich erging es den anderen Orden[463]. Die Führer beider Heere, Graf Robert von Artois und Fachr ad-Dīn, waren unter den Toten dieses Tages.

Die Ägypter versuchten nun in demselben Ansturm auch die Hauptmacht der Kreuzfahrer zu vernichten. Doch König Ludwig hielt in zähem Kampf

[463] Matthaeus Paris. V, S. 158 und ebd. S. 105 u. S. 147 ff. — Joinville S. 219, 224 f.

mit Einsatz seiner Person stand. Schließlich gelang es, trotz aller Schwierigkeiten die fränkische Infanterie über den Nilarm in den Kampf zu führen. So konnten die Christen an diesem wie am nächsten Tag das Schlachtfeld behaupten[464].

Doch das Verderben wurde nicht aufgehalten. Vom 11. Februar bis zum 5. April lagen die Franken vor al-Mansūra. In dieser Zeit kam Tūrān-schah, der Thronerbe, im ägyptischen Lager an. Damit war die Krise dort überwunden. Die Franken aber hatten sehr unter ausbrechenden Epidemien und unter Hunger zu leiden. Denn Tūrān-schah hatte auseinandernehmbare Schiffe in den Rücken des Kreuzfahrerheeres bringen lassen und so ihnen die Zufuhr von Damiette aus abgeschnitten. Gleichzeitig hatte er in einer Seeschlacht den Franken 32 mit Getreide beladene Schiffe abgenommen. So wurde die Hungersnot immer größer[465].

Es wäre klug gewesen, in dieser Lage beizeiten den Plan, gegen Kairo zu marschieren, aufzugeben und den Rückzug nach Damiette anzutreten. Doch Ludwig lehnte bis zum 5. April alle dahin gehenden Vorschläge ab. Er war Ritter alten Stiles und hielt es mit seiner Ehre für unvereinbar, zurückzugehen. So blieb er, bis es zu spät war. Zwar gelang es noch, die Truppen über den Nilarm zurückzubringen, doch das durch Hunger und Krankheit geschwächte Heer war dem Feind nicht mehr gewachsen. Ludwig selbst bot dem Sultan Frieden an, er wolle Damiette zurückgeben. Doch die Muslime, in guter Kenntnis der schlechten Lage der Franken, gaben nur hinauszögernde Antwort[466]. Seine Getreuen rieten dem König, doch wenigstens sein Leben zu retten. Doch er wies es mit Entrüstung zurück[467].

Es gelang dem Heer, noch bis in die Gegend von Schāramsāh zu kommen. Dort aber mußte es sich am 6. April 1250 ergeben. Auch die fränkischen Schiffe mit Verwundeten und Kranken wurden genommen. Nur der Patriarch Robert von Jerusalem und der päpstliche Legat konnten sich in Sicherheit bringen[468].

Auch König Ludwig gehörte zu den Gefangenen der Muslime. In ihrem Siegestaumel forderten viele, daß Ludwig gefangen in einem Käfig in den verschiedenen islamischen Städten gezeigt werde. Auch Tūrān-schah scheint sich kurze Zeit mit einem solchen Plan getragen zu haben. Dann aber ließ er ihn um des Lösegeldes willen fallen. Es zeigt sich hier jedoch, daß man es diesmal mit einem anderen Gegner als mit Saladin und seinen unmittelbaren Nachkommen zu tun hatte.

Zunächst forderte der Sultan von Ludwig für seine und seines Heeres Freilassung nicht nur die Rückgabe von Damiette, sondern auch die Auslieferung der fränkischen Staaten in Syrien. Das aber lehnte Ludwig ab mit

[464] Ausführliche Beschreibung der Schlacht mit Angabe der Quellen siehe R. Grousset III, 465—473.

[465] Collier des perles S. 209. — Makrizi S. 223 f.

[466] Joinville S. 236 f. [467] Rothelin 66, S. 612. — Joinville S. 237.

[468] Matthaeus Paris. V, S. 160.

der Begründung, daß er über diese nicht verfügen könne, weil sie Kaiser Friedrich und seinem Sohne Konrad als den Königen von Jerusalem gehörten. Schließlich stand der Sultan von der Forderung ab, verlangte dafür aber eine Loskaufsumme von 500000 Pfund der Währung von Tours, was einer Million von Byzantinergoldstücken gleichkam. Die Zahl der Gefangenen, die dafür losgekauft werden sollten, betrug 12000 Mann. Das war der Rest von mindestens 50000, mit denen der König seinen Zug begonnen hatte. Von den 2800 oder 2500 französischen Rittern, die mit ihm gelandet waren, sollen kaum hundert übriggeblieben sein[469], ein ungeheueres Blutopfer Frankreichs. Das große Lösegeld aber bedeutete eine sehr schwere Belastung der französischen Staatskasse, die schon durch den Kreuzzug sehr in Anspruch genommen war.

Die Friedensverhandlungen zögerten sich hinaus. Denn Tūrān-schah, der sich als untüchtig erwies, wurde von den Mameluken unter Baibars gestürzt. Schon unter dem letzten Sultan war die Macht der Mameluken ständig gestiegen. Sie waren ursprünglich eine Truppe, die aus Sklaven gebildet wurde, die also nichts kannten als ihr Soldatentum, aber die Aussicht hatten, bei Treue und Tapferkeit zu Offizieren in dieser Truppe aufzusteigen. Man wählte den Nachwuchs für sie sorgfältig auf die Kriegstüchtigkeit hin aus Sklaven aller Völker aus. Saladin und sein Nachfolger hatten die Mameluken zu gebrauchen, aber auch zu beherrschen gewußt. Dann aber stieg ihre Macht so hoch, daß sie faktisch den Staat beherrschten. Fast alle Emire wurden aus ihrer Mitte genommen. Offiziell blieb auch nach dieser Umwälzung unter Baibars noch ein Sultan bestehen (zuerst die Witwe Schadscharat ad-Durr), doch in Wirklichkeit herrschte Baibars mit seinen Mameluken. Eine neue Epoche der ägyptischen Geschichte brach an. Die Zeiten der toleranten, geistig hochqualifizierten Sultane aus Saladins Geschlecht war vorbei. Macht und Grausamkeit waren nun maßgebend.

Einen Augenblick schien es, als ob die Mameluken die fränkischen Gefangenen alle erdrosseln würden, so wie sie unter ihren Gegnern am Hof gewütet hatten. Doch dann besannen sie sich und schlossen den Frieden mit geringen Modifizierungen der Bedingungen ab.

Am 6. Mai 1250 wurde Damiette wieder den Ägyptern übergeben. Dort hatte inzwischen Ludwigs Gemahlin, die Königin Marguerite von der Provence, den abwesenden König vertreten. Der Schutz der Stadt aber lag wesentlich in den Händen der Flottenstreitkräfte von Genua und Pisa. Diese wollten, als die Nachricht von der Niederlage bekannt wurde, Damiette dem Feind übergeben. Doch die Königin kämpfte, obwohl sie ihre Niederkunft bald erwartete, energisch dagegen, so daß man den Plan fallen ließ. Es hätte die ewige Gefangenschaft des Königs und seines Heeres nach sich gezogen, da die Franken dann kein Pfand mehr gehabt hätten, um die Freilassung zu erreichen.

---

[469] R. Grousset III, S. 495.— Matthaeus Paris. V, S. 283.

Die Befreiung des Königs sollte sofort nach der Zahlung des Lösegeldes erfolgen. Doch fehlten an der ersten Rate von 200 000 Pfund immer noch 30 000. Erst nach langem Zögern gaben die Templer diese Summe, so daß dann am 8. Mai Ludwig, freigelassen, sich nach Akkon einschiffen konnte[470].

So hatte dieser letzte der großen Kreuzzüge auch mit einer Katastrophe geendet. Wer aber trug die Schuld daran? Im Grunde sind es die alten Fehler, die bei allen Kreuzzügen wiederkehrten: die Disziplinlosigkeit des feudalen Heeres, die mangelnde Kenntnis der Eigenarten des Feindes und des Landes, die starre, rein ritterliche Haltung dort, wo Einsicht in die Lage und die Verantwortung für das Ganze eine andere Entscheidung notwendig gemacht hätte, und schließlich das mangelnde Augenmaß für das Mögliche, das Voraussetzung für jeden Politiker und Feldherrn ist.

Nach dieser neuen Niederlage war es für jeden, der sehen wollte und konnte, klar, daß den Kreuzzügen kein guter Ausgang beschert sein werde. Die innere Verwirrung war ungeheuer. Die Menschen begannen irre zu werden an Gott, der seine Heere so elendiglich zugrunde gehen ließ. Die Dichter lassen diese psychologische Wirkung der Niederlage klar erkennen[471].

An einer Stelle des Abendlandes begrüßte man aber Ludwigs Niederlage mit Freude und Befriedigung: in Venedig. Dort hat man auf die Nachricht hin Freudenfeste gefeiert. Denn die venezianischen Kaufleute sahen in Ludwig IX. den Mann einer romantischen Kreuzzugsbegeisterung, der im Begriff war, ihre guten Handelsbeziehungen zu Ägypten zu stören. Ja man sprach im Abendland selbst davon, daß die Venezianer nach diesem Siege des Islams Neigung hätten, zu ihm überzutreten[472].

Die nächste Frage war, ob König Ludwig nun nach seiner Freilassung nach Hause zurückkehren oder im Heiligen Land verbleiben werde. Die Königinmutter und die meisten französischen Kreuzfahrer rieten dringend zur Rückkehr. Doch Ludwig blieb. Das entsprach seinem ritterlichen Sinn, der die noch ausstehende Befreiung des zweiten Teiles der Gefangenen abwarten wollte. Vom Mai 1250 bis zum 24. April 1254 blieb Ludwig in Palästina. Doch es waren ergebnislose Jahre. Er hatte nur noch eine geringe Macht zur Verfügung, und mußte so versuchen, aus einer Bündnispolitik Vorteile herauszuholen. Die Zeit dafür war günstig. Denn Damaskus war mit Ägypten wieder verfeindet und bedrohte es ernsthaft, so daß Ägypten ein Bündnis mit den Franken sehr begrüßt hätte. Daraufhin machte auch Damaskus entsprechende Gegenvorschläge, und Ludwig konnte wählen. Angeboten wurde ihm das ganze Heilige Land bis zum Jordan einschließlich Jerusalem, wenn er mit den Ägyptern Damaskus erobere. So entschloß sich Ludwig zu einem Bündnis mit den Ägyptern. Doch das war die falsche Karte. Denn die from-

[470] Joinville S. 249.

[471] Albrecht von Johannsdorf, Heinrich von Rugge. Siehe P. A. Throop, Criticism, S. 179.

[472] R. Sternfeld, Ludwigs des Heiligen Kreuzzug, S. XXXI = Hist. Studien (Ebering) 5 (1896). — Ders. = Hist. Ztschr. 106 (1911) S. 318.

men Muslime wandten sich energisch gegen das Bündnis mit den Ungläubigen. Die Gegner versöhnten sich. Die Damaszener aber verwüsteten aus Rache für das Bündnis mit ihrem Feind die fränkischen Lande, vor allem Sidon.

Im Heiligen Land konnte Ludwig in einigen Streitigkeiten, so zwischen Antiochia und Armenien, schlichtend eingreifen. Aber Herr des Landes war er doch nicht. Die Templer trieben sogar eine eigene selbständige Außenpolitik dem Sultan von Damaskus gegenüber. Das zeigt, wie eng begrenzt Ludwigs Macht und Einflußmöglichkeit war. Es war eine traurige Zeit für den König und für das Heilige Land[473].

Da traf im April 1254 die Nachricht ein, daß Ludwigs Mutter, die Königin Blanche, die in seiner Abwesenheit für ihn regiert hatte, gestorben war. Nun mußte er heimkehren. Er tat es ungern; in Akkon hinterließ er noch eine Garnison von 100 Rittern. Am 7. September 1254 traf er wieder in Paris ein[474].

Die Pastorellen

Die Nachricht vom katastrophalen Mißerfolg des Kreuzzuges Ludwigs des Heiligen löste eine eigentümliche Reaktion in der Bewegung der „Pastorellen" aus[475]. Dies ist eine Bewegung der kleinen Leute, die sich nach dem Versagen der Ritterschaftszüge berufen glaubten, nun ihrerseits den Kreuzzugsgedanken in die Tat umzusetzen. An ihrer Spitze stand ein etwa 60jähriger, bleicher, hagerer Mann mit langem Bart, der über eine große Beredsamkeit verfügte, auch mehrere Sprachen beherrschte und sich Jakob oder auch der „Meister aus Ungarn" nannte. Er soll ein ehemaliger Zisterzienser gewesen sein. Er rief zum Kreuzzug auf. Aber Gott habe kein Wohlgefallen an dem

[473] Matthaeus Paris. V, 385: tempore tribulationis in Terra Sancta inglorius, fame invalescente ...

[474] René Grousset will in diesem Kreuzzug Ludwigs IX. „die erste Kolonialexpedition des französischen Königtums" sehen. Doch das ist irreführend. Bei allen Kreuzzügen spielte, wie wir sahen, das Bestreben, Herrschaften oder Staaten im Orient zu begründen, mit. Doch war das für andere Kreuzzüge mehr bestimmend als gerade für diesen Zug, der als das Werk eines Mannes anzusehen ist, in dem spätes Kreuzrittertum und alter Gottesstreiterglaube lebendig waren. Darum wird man Ludwig nicht gerecht mit der von Grousset gegebenen Charakteristik seines Zuges. Auch den Begriff der Kolonie möchte man für die feudalen Kreuzfahrerstaaten nicht anwenden. Denn er trägt zu viele Begriffe des 19. und 20. Jahrhunderts in diese ganz mittelalterlich und feudal strukturierten staatlichen Gebilde hinein. Eines ist allerdings zu betonen: Dieser Kreuzzug war fast ausschließlich eine Angelegenheit des französischen Königtums und des französischen Adels in seinem Gefolge.

[475] Das Wort Pastorellen bezeichnet nicht nur Hirten, sondern allgemein Menschen der niederen Volksschichten. Ducange unter Pastorelli (Bd. 6, S. 204): infimae plebis hominem. — Die Chroniken übertreiben aus der Ablehnung der Bewegung heraus den minderwertigen Charakter, wenn sie nur von Verbrechern, Zauberern, Übeltätern, Dieben, Räubern und Huren reden.

Hochmut der fränkischen Ritter. Darum rufe er nun gerade die Armen und Niedrigen. Er habe eine Vision der Gottesmutter gehabt und von ihr auch einen Brief empfangen. Sie habe ihm verheißen, daß er mit den Seinen trockenen Fußes das Meer durchschreiten werde. Von vornherein verband sich mit dieser Werbung eine scharfe Ablehnung der Ritter, der Geistlichen und der Mönche.

Dieser aggressiv-soziale Charakter der Bewegung trat immer mehr in den Vordergrund, je mehr die Bewegung wuchs, und sie wuchs schnell. Die Gesamtzahl der Beteiligten wird auf mehr als 100 000 angegeben. Massenpsychologie und soziale Animositäten bestimmten nun immer mehr ihr Handeln. Der Kreuzzug trat ganz in den Hintergrund. Überall in den Städten bietet sich fast das gleiche Bild: Die unteren Schichten der Städte sympathisieren mit den Pastorellen, so daß sie in die Städte eindringen. Dort kommt es zu Ausschreitungen gegen die Minoriten, gegen die Juden, gegen die Geistlichen oder auch gegen wohlhabende Bürger. Dann aber wendet sich das Blatt. Die ruhigen Elemente stellen sich gegen sie, und man vertreibt sie aus den Städten. So etwa lassen sich die im einzelnen natürlich verschiedenen Vorgänge in Amiens, Rouen, Paris, Tours, Orléans und Bourges zusammenfassen. Schließlich wurden die Pastorellen bei Villeneuve an der Cher geschlagen und der Anführer Jakob erschlagen. Eine andere Gruppe wurde in Marseille gefangen und erhängt. So schnell wie sie gekommen, verschwand die Bewegung wieder. Im April 1251 begann es, und im Juli desselben Jahres war es zu Ende[476].

Im Jahre 1320 hören wir von einer ähnlichen Bewegung. Unter der Führung eines abgesetzten Priesters sammelte sich eine ähnliche Menge, bei der auch der Wille zum Kreuzzug, der sie zusammengeführt hatte, in den Hintergrund trat vor sozial-revolutionären Tendenzen. Ausschreitungen in den Städten und Verfolgungen der Juden waren die Folgen. Der Schauplatz war u. a. Toulouse und Carcassonne. Als die Bewegung sich dann gegen Avignon und den Papst wandte, wurde sie geschlagen und die Beteiligten hingerichtet[477].

Die Ähnlichkeiten der beiden Züge untereinander und mit den Kinderkreuzzügen müssen auffallen. Augenscheinlich sind diese Züge als Teile eines Ganzen anzusehen, als Ausbrüche einer sonst in der Tiefe verbleibenden Unterströmung. Zunächst ist es eine Gegenströmung gegen die ritterlichen Kreuzzüge mit den Waffen in der Hand, gegen das Gottesstreitertum, wenn auch oft ohne klare Erkenntnis der Gegensätzlichkeiten, dann aber gleiten

[476] Quellen: Salimbene, Chronica = Mon. Germ. SS. XXXII, S. 444/45. — Chronica Reinhardsbrunn = Mon. Germ. SS. XXX, S. 618, zu 1245. — Literatur: E. Lavisse, Hist. de France III, 2, S. 79 ff. — R. Röhricht = Ztschr. f. Kirchengesch. VI, 290—296. — S. M. Deutsch = Realenzyklopädie f. prot. Theol. u. Kirche XIV, S. 760. — Lex. f. Theol. u. Kirche, hrsg. von M. Buchberger, VII, S. 1025. — J. Haller, Papsttum III, 1, S. 241 f. — Matthaeus Paris. V, S. 246 ff.

[477] S. M. Deutsch a. a. O. — Buchberger a. a. O.

1251 und 1320 die Bewegungen schnell hinüber und werden zu sozialrevolutionären Ausbruchsversuchen. Die Waffenlosigkeit, die für die Kinderkreuzzüge und für die Träume von Zügen von Jungfrauen wesentlich war, ist allerdings bei den Pastorellen völlig aufgegeben. Auch ist 1251 und mehr noch 1320 alles stark vergröbert.

Die letzten Kreuzzüge

Nach wie vor wurde auch nach der Mitte des Jahrhunderts die Aktivität der Päpste in erster Linie durch den Kampf gegen die Hohenstaufen in Anspruch genommen. Alexander IV. bemühte sich, die Herrscher des Abendlandes dazu zu bestimmen, gemeinsam ein stehendes Heer in Palästina zu unterhalten[478]. Zur Deckung der Kosten sollten sie jährlich $^1/_{20}$ der kirchlichen Einkünfte ihres Landes erhalten. Das war sicherlich ein guter Plan. Denn mit einem stehenden Heer war zweifellos dem Heiligen Land besser gedient als mit Kreuzzügen. Doch der Plan kam nicht zur Ausführung. Derselbe Papst versuchte — ebenfalls ein fruchtbarer Gedanke —, durch Versöhnung und Befriedung der im Heiligen Land sich streitenden Parteien dessen Verteidigungs- und Stoßkraft zu erhöhen. Vor allem suchte er zwischen Venedig und Genua, die sich dort Schlachten lieferten, zu vermitteln. Doch ehe es so weit kam, hatten schon die Venezianer die Flotte Genuas im Hafen von Akkon vernichtet. Auch Papst Urban IV. war durch den Kampf gegen Manfred völlig in Anspruch genommen; er wäre sonst als ein willensstarker und kluger Politiker, der ein warmes Herz für die Sache Jerusalems hatte, wohl in der Lage gewesen, eine starke Hilfe zu leisten. So mußte das Abendland zusehen, wie die Eroberung Syriens durch die Ägypter rasche Fortschritte machte. Die mongolische Gefahr war für diese im wesentlichen überwunden. So konnte Baibars, der inzwischen selbst Sultan geworden war, eine Burg nach der anderen und eine Stadt nach der anderen erobern. Akkon mit seiner Umgebung verblieb noch in der Hand der Franken. Aber Jahr für Jahr erneuerten sich die Eroberungszüge Baibars. Die verhängnisvollsten waren die der Jahre 1265, 1266 und 1268. In diesem Jahr eroberten die Ägypter auch Antiochia. Dabei sollen nach den Angaben sonst zuverlässiger Quellen 17 000 Personen getötet und 100 000 in Gefangenschaft abgeführt worden sein. Das kann einen Begriff von dem Charakter dieser Eroberungen Baibars geben[479]. Dem bisherigen Herren der Stadt, Bohemund VI., verblieb nur noch Tripolis.

Das Abendland aber wachte aus seiner Untätigkeit erst auf, als die Hohenstaufen in Italien endgültig geschlagen waren (1266) und als Konradin als letzter seines Geschlechtes hingerichtet worden war (1268). Jetzt hatte der Papst die Hände wieder frei für den Kreuzzug. Klemens IV. rief nun mit einem Eifer zum Zug auf, wie man ihn lange nicht gekannt hatte. Von den

[478] J. Haller, Papsttum III, 1, 288.

[479] R. Grousset III, S. 641.

französischen Kirchengütern wurde wieder ein Kreuzzugszehnter erhoben. Und wirklich nahm König Ludwig, der Heilige, zum zweitenmal, am 24. März 1267, das Kreuz. Doch gingen über die Vorbereitungen noch drei Jahre hin. Erst am 1. Juli 1270 verließ der neue Kreuzzug Ludwigs den Hafen von Aigues-Mortes.

In der Zwischenzeit aber war schon König Jakob I. von Aragón zum Kreuzzug aufgebrochen. Er hatte sich bereits in Spanien durch seine siegreichen Kämpfe gegen die Muslime einen Namen gemacht. Nun wollte er sich in demselben Kampf gegen den Orient wenden. Dabei hoffte er auf die Bundesgenossenschaft der Mongolen gegen Baibars. 1267 hatte er eine Gesandtschaft an Abaka, den Khan der persischen Mongolen, gesandt, und dieser hatte ihm 1269 mit einer Gesandtschaft Hilfe versprochen. Außerdem rechnete er auf Zusammenarbeit mit Ludwig IX. von Frankreich, der ja auch das Kreuz genommen hatte. Trotzdem wartete er dessen Abfahrt nicht ab, sondern segelte am 4. September 1269 mit einer stattlichen Flotte von 30 großen Schiffen, 20 Galeeren und zahlreichen kleineren Schiffen von Barcelona ab. Ihn begleiteten seine beiden unehelichen Söhne, Fernando Sánchez und Pedro Fernández. Doch der König kam nicht weit. Seine Flotte geriet in einen Sturm, der eine Woche lang anhielt. Da glaubte Jakob, daß Gott seiner Fahrt nicht gnädig sei, und kehrte in die Heimat zurück. Seine Flotte aber fuhr unter dem Befehl seiner beiden Söhne nach Akkon. Doch die Hoffnung auf die Hilfe der Mongolen erfüllte sich nicht. Denn diese waren zwar in das Gebiet von Aleppo eingefallen, hatten sich aber, als Baibars ihnen von Damaskus aus ein Heer entgegenwarf, wieder zurückgezogen. Damit verloren die Kreuzfahrer den erwarteten Bundesgenossen. Als weiter eine kleinere Abteilung der Kreuzfahrer unter einem tatendurstigen Führer die Muslime angegriffen hatte und vernichtet worden war, kehrte dieser Kreuzzug tatenlos und ruhmlos wieder heim. Er mutet nach dem großen Kreuzzug Ludwigs wie ein Satyrspiel nach der Tragödie in der Weise der Alten an[480].

Indessen hatte Ludwig IX. weiter zum Kreuzzug gerüstet. Wie groß der Widerstand seiner Ritter war, die sich auf die schlechten Erfahrungen während des letzten Kreuzzuges beriefen, bewiesen die Äußerungen seines getreuen Mitkämpfers, des Herrn von Joinville[481]. Doch der zähe Wille des Königs und das Geld des Papstes brachten wieder ein stattliches Kreuzheer zusammen. Kardinallegat Rudolf von Albano begleitete den Zug als Vertreter des Papstes. Am 1. Juli 1270 verließ die Kreuzzugsflotte Frankreich.

Doch landete man zunächst noch einmal in Cagliari in Sardinien, um mit Karl von Anjou über den Kriegsplan zu beraten. Das Ergebnis war — überraschend für einen Kreuzzug —, daß man sich nach Tunis wenden wollte.

[480] Vgl. R. Röhricht, Gesch. . . . Jerusalem S. 950 ff. — Ders., Der Kreuzzug des Königs Jakob I. von Aragonien = Mitt. d. Inst. f. österr. Geschichtsforschung XI, S. 372 ff. — R. Sternfeld, Ludw. d. Heil. Kreuzzug, S. 170—172. — R. Grousset III, S. 649/50.

[481] Siehe oben S. 301.

Beide Brüder, Ludwig und Karl, traten für diesen Plan ein, doch aus ganz verschiedenen Beweggründen. Dem König hatten Mönche aus Tunis gemeldet, der dortige Sultan al-Mustansir Billāh, wolle zum Christentum übertreten. Ludwig glaubte das, da er den Sultan als tolerant und freundlich gegenüber den Christen seines Landes kannte. Er sah schon im Geist das Land Augustins wieder als ein christliches vor sich. Ganz anders dachte Karl von Anjou. Für ihn waren nur realpolitische und keine religiösen Gedanken maßgebend. Tunis war damals unter den Hafsiden ein eigenes Reich. Es hatte sich von der Herrschaft der Almohaden losgerissen. Nun aber suchten Sizilien einer- und Kastilien andererseits Tunis sich in lockerer oder festerer Form anzugliedern. Sizilien hatte damals rege Handelsbeziehungen zu Tunis. Auf Grund eines Vertrages hatte Tunis (als Entschädigung für die Aufhebung eines Kornausfuhrverbotes) eine Art Tribut zu zahlen. Der aber war einige Zeit ausgeblieben. Da konnte ein Krieg nützlich sein, besonders wenn Karl selbst im Hintergrund blieb und nur seinen Bruder vorschickte. Dazu kam, daß Karl einen Kreuzzug nach Ägypten auf alle Fälle verhindern wollte, der seine gute Handelsbeziehungen zu Baibars empfindlich gestört hätte. Schließlich aber war Tunis das Zufluchtsland für die aus Sizilien vertriebenen Anhänger der Hohenstaufen in den letzten Jahren gewesen. Auch hier konnte ein Krieg ihm nützlich sein. So veranlaßte Karl seinen Bruder, in der Hoffnung auf den Übertritt des Sultans, gegen Tunis zu ziehen, blieb selbst aber im Hintergrund.

Ludwig landete in Tunis und nahm die nahegelegene Burg von Karthago. Weil Karl versprochen hatte, bald nachzukommen, zögerte man alle weitern Maßnahmen hinaus. Da traf aber das Heer das Unglück so vieler Kreuzzüge: Seuchen und Hungersnot im Verein miteinander suchten es schwer heim. Viele Ritter erlagen der Malaria und anderen Krankheiten. Zuerst starb ein junger französischer Prinz, dann der Kardinallegat und am 25. August König Ludwig selbst. Sein letzter Seufzer soll Jerusalem gegolten haben. Nun eilte Karl schnellstens herbei, übernahm die Führung und erntete, wo er nicht gesät hatte. Zwei Siege, die die Christen noch erfochten, nötigten al-Mustansir Billāh die hohen Forderungen Karls, die Sizilien fast allein zugute kamen, anzunehmen. So ward im Spätherbst der Friede geschlossen. Frankreich erhielt zwar 70 000 Goldunzen, aber ebensoviel auch Sizilien, das sich am Krieg kaum beteiligt hatte. Außerdem mußte Tunis den sog. „Tribut" für die Jahre 1265 bis 1270 nachzahlen, das waren 60 000 Goldunzen, und von nun an regelmäßig den doppelten Betrag entrichten (= 24 000 Goldunzen).

Gerade als der Vertrag geschlossen war, landete in Tunis auch Kronprinz Eduard von England, um am Kreuzzug teilzunehmen. Er wandte sich auf das schärfste gegen den Vertrag, den er unehrenhaft schalt, ebenso mit ihm viele andere Kreuzfahrer. Doch Karl ließ sich dadurch nicht beirren, und Eduard konnte, da er vollendete Tatsachen vorfand, nichts mehr ändern. Er wollte nach dem Heiligen Land weiterfahren, jedoch auf Rat Karls erst in Sizilien überwintern. Doch auf der Fahrt von Tunis nach Sizilien geriet bei Trapani die ganze Kreuzfahrerflotte in einen großen Sturm, der 18 große und eine sehr große Zahl von kleineren Schiffen vernichtete. Nur Eduards Schiffe wurden verschont. Dies erschien vielen Kreuzfahrern als ein Zeichen, daß Gott über diesen Kreuzzug zürne, und man brachte das Ereignis mit dem Vertrag von Tunis in Zusammenhang. So gaben die Franzosen und Sizilianer den Kreuzzug auf. Nur Eduard und seine Leute segelten im Frühjahr nach Akkon weiter.

Dort war die Lage der Franken inzwischen viel schlechter geworden. Denn Baibars hatte, als ihm die Nachricht von dem Untergang der Flotte bei Trapani die Sorge um einen nahenden Kreuzzug genommen hatte, die Templerburg Sāfithā oder Castelblanche und die starke Feste Krak des chevaliers (Kal'at al-Hisn) genommen. Daraufhin baten die Templer und Johanniter um Frieden. Doch Baibars nahm erst noch Akkar (Gibelcar), ehe er einen zehnjährigen Frieden gewährte[482].

Eduard versuchte zunächst, mit den Mongolen gemeinsame Sache zu machen. Doch der Zug der Mongolen war mehr ein schnell wieder verschwindender Raubzug als ein gemeinsamer Krieg, wenn auch Aleppo damals von ihnen schwer geplündert wurde. Daraufhin unternahm Eduard nur noch einen kleinen, aber harmlosen Raub- und Beutezug in der Gegend von Akkon. Das war das einzige kriegerische Unternehmen dieses Zuges. Eduard versuchte noch, die Venezianer davon abzuhalten, die Ägypter regelrecht mit Kriegsmaterial zu versorgen. Doch vergeblich. Venedig verschanzte sich hinter seinen Privilegien. Bei solcher Einstellung war von ihnen für einen Kreuzzug nichts zu erhoffen. Ebenso aber auch von der Ritterschaft von Zypern, die sich weigerte, einem Kreuzzug Eduards zuzuziehen.

Den Siegeszug Baibars aber konnte Eduard nicht aufhalten. Vor allem fiel in diesem Sommer auch die Feste des Deutschordens, Montfort, in Baibars Hand. Ein Angriff auf Zypern scheiterte zwar, und ein Handstreich gegen Akkon mißglückte, aber da der Sultan nun im Besitz der entscheidenden Festungen des Landes war, konnte es nur noch eine Frage der Zeit sein, wann auch Akkon und Tripolis fielen. Das Bemühen der Franken galt nur noch der Erreichung eines Friedens mit dem Sultan. Am 22. Mai 1272 wurde er für zehn Jahre abgeschlossen. Daraufhin fuhr Eduard wieder nach Hause[483].

Sein Kreuzzug war ganz ergebnislos verlaufen, der König Ludwigs aber, dem Eduard Hilfe leisten wollte, hatte niemand außer dem König von Sizilien genützt. Damit war wieder ein großer Aufwand des Abendlandes vertan. Gerade damals, im Jahre 1270, wäre es möglich gewesen, daß der Mongolenkhan von Persien mit voller Kraft als Bundesgenosse gegen die syrischen

---

[482] R. Röhricht, Geschichte ... Jerusalem, 954 ff.

[483] Ein kurz zuvor von den Assassinen gegen ihn unternommenes Attentat mag diesen Entschluß beschleunigt haben. Vgl. Eracles XXXIV, 15, S. 462. — Gestes des Chiprois § 382. — R. Grousset III, 663.

Staaten gekämpft hätte. Denn er hatte durch einen Sieg über die Mongolen von Turkestan bei Hērāt die Hände frei bekommen. Aber der Augenblick blieb ungenützt. Im Abendland war jedoch der allgemeine Zweifel an Gottes Macht größer als je[484].

Auch im Heiligen Land selbst wurden die Wirren immer größer. Akkon war fast ohne Unterbrechung der Schauplatz erregter Bürgerkriege. Da griff dort derjenige Herrscher ein, der vielleicht am wenigsten Verbindung mit dem Kreuzzugsgedanken hatte: Karl von Anjou. Er wollte König von Jerusalem werden, ohne religiöse Grundlage, ohne Gottesstreitertum und ohne Glaubenskrieg, nämlich so wie sein Vorgänger in Sizilien, Friedrich II., die Krone getragen hatte. Die Tradition der sizilischen Politik überdauerte den Wechsel des Herrscherhauses und seiner Nationalität. Da die Nachfolge Konrads IV. in Sizilien nur eine sehr schwache Grundlage für Karls Ansprüche bot, begrüßte er es sehr, daß Maria von Antiochia, die als Tochter von Melisende und Enkelin König Amalrichs Anspruch auf die Krone erheben konnte, ihm ihre Anrechte gegen eine jährliche Rente abtrat[485]. So konnte sich Karl König von Jerusalem nennen. Zur selben Zeit hatte sich König Hugo von Zypern, der auch die Krone von Jerusalem beanspruchte, vom Festland, wo er der Verwirrung nicht Herr wurde, auf Zypern zurückgezogen. So war die Bahn für Karl von Anjou frei. Er ernannte Roger von San Severino zu seinem Stellvertreter (bailli) im Land, und dieser übte 1277—1282 die Herrschaft über den Rest des Landes von Akkon aus. Mit Geschick wußte er den zunächst widerspenstigen Adel zu gewinnen, so daß dieser Karl den Treueid leistete. Doch diese Herrschaft, die vielleicht Ordnung in das von lokalen Kämpfen aufgewühlte Land hätte bringen können, war nur von kurzer Dauer. Die Sizilianische Vesper von 1282, d. h. das blutige Ende von Karls Herrschaft in Sizilien, machte auch hier seinem Königtum ein Ende[486].

Die Mongolen als Bundesgenossen der Kreuzfahrer

Schon wiederholt war von der Hoffnung des Abendlandes die Rede, in den Mongolen einen Bundesgenossen gegen die islamischen Staaten Vorderasiens finden zu können. In den zwanziger Jahren des 13. Jahrhunderts waren sie unter Dschingis-Khan aus dem Inneren Asiens vorgestoßen, und zwar mit einer erstaunlichen Kraft gleichzeitig nach Osten, wo Dschingis-Khan und seine Söhne China unterwarfen, und nach Westen, wo sie unter der Herrschaft seines Sohnes Ungarn und Schlesien erreichten. Nur der Tod des Khans

[484] Throop, Criticism, S. 176/77, zitiert die Troubadoure Austorc de Segree und Guillem Daspols.

[485] R. Grousset III, S. 672 ff.

[486] Gestes des Chiprois S. 789. — R. Grousset III, S. 677/678.

zwang ihre Heere zur Umkehr. Der Hauptgegner, auf den die Mongolen bei ihrem Vorstoß nach Vorderasien trafen, waren die islamischen Staaten. Darum lag es nahe, daß sie den Franken, die diese Staaten von der anderen Seite aus bekämpften, die Hand zum Bund reichten.

Schon im Jahre 1218 sprach Jakob von Vitry die Hoffnung aus, daß Christen aus dem Inneren Asiens — man dachte an die bis dahin gedrungenen Nestorianer — gegen die islamischen Staaten rüsteten, um den Kreuzfahrern zu Hilfe zu kommen. Es müssen damals schon Gerüchte über den Ansturm der Mongolen zu seinen Ohren gekommen sein[487]. Auch Papst Honorius III. hatte schon 1221 solche vage Hoffnungen. Ebenso fürchtete der Islam Vorderasiens die von dort in der Ferne drohende Gefahr[488].

Einer solchen Bundesgenossenschaft standen zunächst starke Bedenken gegenüber, besonders da die Mongolen durch ihr rücksichtsloses und grausames Vorgehen Schrecken vor sich her verbreiteten. Aber erleichtert wurde der Anschluß dadurch, daß die Mongolenkhane freundliche Beziehungen zu den Christen hatten. Denn das nestorianische Christentum war, ohne daß man im Abendland davon mehr als eine schwache Ahnung und sagenhafte Vorstellungen hatte, weit nach Asien hinein vorgedrungen. Und diesen verstreuten nestorianischen Gemeinden, Bistümern und Erzbistümern, wie z. B. Peking, stand die Familie der Mongolenkhane nahe, wenn auch diese persönlich sich nicht zum Christentum bekannten. Zum Beispiel war die Hauptfrau Hülägüs, des Khans von Persien, Dokus-Chatun, Christin, ebenso ihre Nichte, die auch eine Frau von Hülägü war, und seine Mutter[489]. Damit war die Möglichkeit einer Zusammenarbeit mit den Mongolen gegeben. Innozenz IV. schickte schon 1245 einen Franziskaner zu dem Khan. Er fand dort noch wenig Verständnis, eine gleichzeitige Gesandtschaft desselben Papstes an einen General der Mongolen dafür um so mehr. Auch König Ludwig IX. griff diese Verhandlungen auf, Gesandte gingen hin und her, ohne daß es allerdings zu näheren Plänen gekommen wäre[490].

Ernster wurden diese Verhandlungen erst, als der Khan Hülägü Persien erobert und 1258 Bagdad genommen hatte. Nun bedrohten die Mongolen den Islam unmittelbar, und das Massaker nach der Einnahme von Bagdad zeigte, was man von den Mongolen zu erwarten hatte. Jetzt mußten sich auch die Franken entscheiden, ob sie mit oder gegen die Mongolen kämpfen wollten. Denn deren Siegeszug machte nicht halt. 1260 zog Hülägü, verbündet mit dem König von Armenien, gegen an-Nāsir Jūsuf, den Sultan

---

[487] Jakob von Vitry a. a. O. Brief 2, S. 117.

[488] Mon. Germ. Epist. select. I, 176, S. 123, von 1221, Honorius III. — Auf der Gegenseite: Abu 'l Fedā 91, von 1219/1220. — Brockelmann, Gesch. d. islam. Völker u. Staaten, S. 219, verweist auf Al-Athīr.

[489] Spuler, Goldene Horde, S. 211 f. — R. Grousset III, S. 522 ff. Vgl. auch Salimbene = Mon. Germ. SS. XXXII, S. 537, Anm. 7.

[490] Joinville S. 211 u. S. 262 f., Gesandte der Mongolen an den Papst. — Matthaeus Paris. V, 37.

von Aleppo und Damaskus, und bald fielen Dijarbekr, Aleppo und Damaskus in die Hände Hülägüs. Die Mongolen standen damals bei Hârîm in der nächsten Nachbarschaft von Antiochia, griffen es aber nicht an, da Bohemund VI., der Herr der Stadt, sich mit den Mongolen verbündet hatte. Auch für die Franken in Akkon lag dieser Entschluß nahe. Denn die Vernichtung der syrischen muslimischen Staaten schien unmittelbar bevorzustehen. Doch in Akkon konnte man die Hemmungen den Mongolen gegenüber nicht überwinden.

Da starb plötzlich in China der oberste Khan der Mongolen, Möngkä (11. August 1260). Streitigkeiten um sein Erbe zwangen Hülägü, nach Asien zurückzukehren. Er setzte in Damaskus einen seiner Generäle als Statthalter für das eroberte syrische Land ein, Ketbogha; dieser war Christ, wie überhaupt unter den Mongolen in Damaskus das christliche Element gefördert wurde. Doch ein törichter Angriff eines fränkischen Barons schuf Feindschaft zwischen den Franken und den Mongolen. Sidon wurde erobert und zerstört. Die hier gegebene Möglichkeit wurde also leichtsinnig zerschlagen.

In Akkon neigte man mehr zum Anschluß an Ägypten. Dieses aber war, solange Hülägü im Land war, sehr bedroht. Doch nach seinem Abzug gelang es den Ägyptern, die Mongolen bei Gaza zu schlagen. Nun schlossen die Franken von Akkon sich dem siegreichen Sultan von Ägypten, Kotus, an, und dieser konnte die Mongolen bei ʿAin Dschālūt am Berg Tabor zum zweitenmal schlagen. Ketbogha fiel. Damit war die Aussicht, daß der ganze syrisch-ägyptische Islam von den Mongolen unterworfen werde, daß die Christen unter dieser mongolischen Herrschaft in ganz Syrien hätten verhältnismäßig sicher leben können und daß das Heilige Land als Preis für die Unterstützung der Mongolen den Christen zurückgegeben werde, vorbei. Dazu aber kam, daß nun nach dem Sieg wieder Kairo, Damaskus und Aleppo in einer Hand vereinigt wurden wie zur Zeit Saladins. In Ägypten aber setzte sich an die Stelle von Kotus bald Baibars, den wir schon als den entscheidenden Gegner der Franken kennengelernt haben. Er stand nun an der Spitze des großen muslimischen, die Franken einschließenden Staates. Und Baibars war nicht nur ein geschickter Feldherr und ein glaubenseifriger Moslim, sondern auch ein Sultan, der mit modern wirkenden Mitteln zu herrschen und die Wohlfahrt seines Landes systematisch zu fördern wußte[491].

Die Mongolen wurden nun für die Franken gefährlich. Denn Berkē, der in Rußland herrschende Mongolenkhan, trat zum Islam über und verbündete sich mit Ägypten. So war nun Hülägü in Persien und mit ihm die Franken von zwei Seiten aus durch diese Verbündeten bedroht. Dadurch veranlaßt, griff Abaka, der Sohn Hülägüs, die Frage eines Bündnisses mit dem Abendland von neuem auf. Nun waren es die Mongolen, die drängten. In den Jahren 1273 bis 1277 erschienen eine ganze Reihe von Gesandtschaften Abakas im Abendland, beim Papst, beim König von England und bei

[491] R. Sternfeld, Ludwigs des Heiligen Kreuzzug, S. 4.

anderen Fürsten. Man nahm sie freundlich auf, beschloß auch den Kreuzzug, aber der Einfluß Karls von Anjou, der jedem Kreuzzug abhold war, weil er seinen sizilischen Handel stören mußte, wußte die Ausführung zu verhindern.

Währenddessen war Baibars weit in Kilikien und Anatolien vorgedrungen. Doch Abaka hatte ihn wieder zurückgetrieben. Wieder hätte es nahegelegen, daß Akkon sich Abaka anschloß, so wie es Armenien tat, aber man konnte sich in Akkon nicht dazu entschließen. Nur die Johanniter machten wieder ihre eigene Außenpolitik und verbündeten sich mit den Mongolen.

1277 starb Baibars. Doch sein Tod bedeutete kein Nachlassen der Bedrohung für die Franken. Denn sein junger Sohn wurde von einem anderen fähigen Mamelukengeneral, Kilāwūn, beseitigt, der sich selbst zum Sultan machte. Er führte Baibars Politik gradlinig fort. Aber immer wieder boten sich in den nächsten Jahren Möglichkeiten, mit den Mongolen zusammen anzugreifen. 1280 zog Abaka gegen Aleppo, das die Besatzung vor ihm räumte. Doch zog er sich bald wieder zurück. Ernsthafter war ein zweiter Vorstoß, den Abaka selbst befehligte, im Jahre 1281. Doch da schlugen die Ägypter die Mongolen bei Homs. Die Franken waren neutral geblieben und hatten einen zehnjährigen Frieden mit Kilāwūn von Ägypten geschlossen. Diese mongolenfeindliche Politik war zurückzuführen auf San Severino, den Statthalter Karls von Anjou, da Karl seine guten Beziehungen zu Ägypten unter allen Umständen aufrechterhalten wollte.

Abaka starb am 1. April 1282. Damit schien alle Aussicht auf ein Zusammengehen mit den Mongolen für immer verloren. Denn sein Bruder und Nachfolger, Tekūder, trat zum Islam über und schloß ein enges Bündnis mit Ägypten. Doch noch einmal wendete sich das Glück. Persien nahm die erneute Veränderung seiner religiösen Verhältnisse nicht ruhig hin. Ein Aufstand erhob sich, und an seine Spitze stellte sich der Sohn Abakas, Arghun, mit Unterstützung des obersten Mongolenkhans dieser Tage, Khubilai. Er wurde an Stelle des von dem Heer verlassenen und getöteten Tekūder Khan.

Er nahm sofort die alte Politik Abakas wieder auf. 1285 schlug er Papst Honorius IV. einen gemeinsamen Feldzug vor, „um Syrien und Ägypten zwischen uns und euch zu erdrücken“ [492]. Doch das Abendland ging nicht darauf ein. Der Krieg zwischen England und Frankreich verhinderte es. Man versuchte einen Frieden zu erreichen. Doch als er 1295 zustande kam, war es zu spät.

Arghun ließ sich nicht entmutigen. Aber eine zweite Gesandtschaft traf in Rom ein, als Papst Honorius IV. gerade gestorben war. Eine dritte Botschaft brachte ganz genaue Vorschläge: im Januar 1291 sollte ein Kreuzheer in Akkon landen, dort werde es 30000 Pferde vorfinden; der Khan aber werde um diese Zeit in Damaskus sein, um von dort aus mitzukämpfen. Aber auch

---

[492] J. B. Chabot, Relations ... = Revue de l'Orient lat. 1894, S. 571. — R. Grousset III, S. 711.

diese Gesandtschaft fand nichts als vertröstende Worte, ebenso eine vierte. Als diese aber zum Khan zurückkehren wollte, war Akkon schon gefallen und damit das Heilige Land verloren. Trotz der immer dringender und präziser werdenden Angebote hatte man sich nicht entschließen können, gemeinsam mit den Mongolen vorzugehen.

Die letzten Kreuzzugsversuche

Noch einmal lebte in den siebziger Jahren des 13. Jahrhunderts der Kreuzzugswille mächtig auf, in der Person des Papstes Gregor X. (1272—1276). Er befand sich gerade im Heiligen Land, als er zum Papst erwählt wurde. Seiner Abschiedspredigt dort legte er den Text zugrunde: „Jerusalem, wenn ich dein vergäße, so werde meiner Rechten vergessen. Meine Zunge müsse an meinem Gaumen kleben, wo ich nicht deiner gedenke, wo ich nicht lasse Jerusalem meine höchste Freude sein" (Psalm 137). So erschien, kaum daß er sein Amt angetreten hatte, am 31. März 1272 seine Ankündigung eines neuen Kreuzzuges. Er glaubte in Akkon gesehen zu haben, daß die Rettung noch möglich sei, und bereitete nun, darin noch über Innozenz III. hinausgehend, den Zug sehr eingehend vor. Er forderte von verschiedenen Seiten Gutachten ein. Einige von diesen sind uns noch erhalten, so die erst in den letzten Jahrzehnten von H. Finke gefundenen „Constitutiones pro zelo fidei" [493] und die Schrift des Fidentius von Padua „De recuperatione terrae sanctae" [494]. Ein anderes Werk von Humbert de Romanis [495] sollte die Kreuzzugspredigt auf eine neue Grundlage stellen, vornehmlich dadurch, daß es alle gegen den Kreuzzug vorgebrachten Bedenken — und es sind recht viele — im einzelnen widerlegen sollte. Auch die „Collectio de scandalis ecclesiae", die Mißbräuchen in der Kreuzzugswerbung und anderwärts entgegentreten sollte, gehört hierher [496]. Eine ganze Literatur entstand, die die Kreuzzüge auf eine teilweise neue Basis zu stellen suchte. So schlug Fidentius die Einrichtung eines stehenden Heeres mit zugehöriger Flotte im Heiligen Land vor, deren notwendige Stärke er genau errechnete. Man spürt in allen diesen Schriften die starke Kritik an den Kreuzzügen in der bisherigen Form und den Willen, nun einen Kreuzzug neuen Stils durchzuführen. Das Konzil zu Lyon 1274 sollte die Einzelheiten festsetzen; es baute auf den Bestimmungen

[493] Constitutiones pro zelo fidei. Hrsg. von H. Finke = H. Finke, Konzilstudien = Erg. und Berichtig. zu Hefele-Knöpfler, Konziliengeschichte Bd. 5 u. 6 (1891 u. 1914) S. 113.

[494] Fidentius von Padua: De recuperatione terrae sanctae. Hrsg. von P. G. Golubivich = Bibliotheca bio-bibliografica della Terra Santa II, S. 9—60 (1906).

[495] Humbert a Romanis, Opus tripartitum = Mansi, Conc. XXIV, Sp. 113 ff. — Dazu Fritz Heintke, Humbert von Romans = Hist. Studien 222 (1913) (Ebering).

[496] Collectio de scandalis ecclesiae. Verfasser vermutlich Gilbert von Tournay, hrsg. von P. A. Stroick = Archivum Franciscanum historicum XXIV (1931) S. 33 bis 62.

des Laterankonzils von 1215 auf, ging aber doch in manchem darüber hinaus, so z. B. darin, daß es auch eine Besteuerung der Laien für den Kreuzzug vorsah[497].

Die Werbung erstreckte sich diesmal weiter als je zuvor; auch in Lappland, Island, Finnland, Grönland, ja auch an der Küste Nordamerikas wurde das Kreuz gepredigt[498]. Und diese Werbung schien guten Erfolg zu haben. Denn König Philipp von Frankreich, König Eduard von England, König Rudolf von Habsburg, König Karl von Sizilien und König Jakob von Aragón nahmen das Kreuz. Allerdings hat keiner von ihnen das Gelübde erfüllt und den Kreuzzug ausgeführt. Papst Gregor X. zog aus jeder Kirchenprovinz einen Erzbischof, Bischof und Abt heran, mit denen er in Sonderverhandlungen erfolgreich für den Kreuzzug warb[499].

Doch am 10. Januar 1276 starb Papst Gregor X. Damit aber war der Plan gescheitert. Das sahen auch die Zeitgenossen deutlich. Salimbene, um ein Beispiel zu nennen, schreibt zum Tod Gregors X., Gott wolle augenscheinlich die Wiedereroberung des Heiligen Grabes nicht, deshalb habe er Gregor X. zu sich gerufen[500]. Die Nachfolger Gregors waren nicht imstande, seine Pläne wirklich durchzuführen. Innozenz V. starb nach fünf Monaten, Hadrian V. gar nach 49 Tagen. Johann XXI. bemühte sich um den Kreuzzug, aber der Kampf zwischen Frankreich und Spanien verhinderte solche Pläne. Dann trat eine längere Vakanz ein. Und Nikolaus III. war viel zu sehr an der italienischen Politik interessiert, um in der Kreuzzugssache etwas erreichen zu können. Und doch wäre damals nach Baibars Tod ein günstiger Augenblick gewesen. Martin IV. aber finanzierte gar mit einem Teil der für den Krieg im Heiligen Land gesammelten Mittel den „Kreuzzug" gegen Peter von Aragón. So nahm niemand mehr die Pläne Gregors X. mit Nachdruck auf.

Im Gegenteil, der Widerstand regte sich wieder stärker als zuvor. 1290 erschienen neben den Gesandten des Königs von Frankreich auch die Vertreter der weltlichen Stände, der Ritter und Städte, vor Papst Nikolaus IV. und protestierten in einer großen Denkschrift mit scharfen Worten gegen die ihnen auferlegten Lasten. Unter diesen Umständen wolle ihr König nicht länger „Verteidiger des Glaubens und der Kirche sein"[501].

Und doch kam trotz dieser Gegenströmungen noch einmal im Jahre 1290 ein Zug zustande. Aber dieser richtete nur Unheil im Heiligen Land an. Charakteristischerweise hatte die Werbung nur kleine Leute erfaßt, diesmal in Oberitalien, der Lombardei, Toskana und einigen anderen Städten, Leute ohne militärische Ausbildung und ohne Disziplin, die mit den Pastorellen

---

497 Mansi, Conc. XXIV, Sp. 37—108.

498 Paul comte de Riant, Expéditions et pèlerinages des Scandinaves en Terre Sainte au temps des croisades (Paris 1865).

499 J. Haller, Papsttum III, 1, S. 402.

500 Salimbene = Mon. Germ. SS. XXXII, S. 494, 495.

501 J. Haller, Papsttum III, 1, S. 456.

vieles gemein hatten[502]. Auf 20 Galeeren fuhren sie von Venedig ab, und fünf weitere Schiffe folgten von Sizilien aus. In Akkon wurden sie, da der ihnen versprochene Sold nicht rechtzeitig zur Stelle war, unruhig und unzufrieden. Sie überfielen auf der Suche nach billigen Heldentaten muslimische Händler und Bauern in der Stadt Akkon, die ihre Waren und Feldfrüchte in die Stadt brachten, ja sie mordeten dann im Bazar der Stadt, wen sie von Muslimen finden konnten. Sultan Kilāwūn forderte darauf, wie es nicht anders zu erwarten war, Genugtuung. Doch man hatte in Akkon nur laue Entschuldigungen vorzubringen. Das aber bedeutete den Krieg, der zur Einnahme und Vernichtung der Stadt führte. So hatte die Torheit undisziplinierter Kreuzfahrer noch den letzten Anlaß zur Vernichtung der fränkischen Kreuzfahrerstaaten gegeben. Am 18. und 28. Mai 1291 fiel Akkon.

Doch auch nach dem Fall Akkons, also nach dem Verlust des Restes des Heiligen Landes, gab man die Hoffnung nicht auf, das Verlorene wieder erwerben zu können. Der Kreuzzugsgedanke lebte länger als die Kreuzzüge selbst, auch wenn man von der verblaßten und verallgemeinerten Verwendung des Wortes, die auch heute noch üblich ist, absieht und nur die Züge zur Befreiung des Heiligen Landes Kreuzzüge nennt. Im Jahre 1307 hatte Papst Klemens V. und König Philipp IV. von Frankreich eine Zusammenkunft, die einen Kreuzzug unter der Teilnahme von England und Neapel vorbereiten sollte. Genaue Pläne wurden geschmiedet, doch es blieb bei den Plänen[503]. In den Jahren 1308 und 1309 drohte dagegen in Frankreich eine gefährliche Art neuer Kreuzzugsbewegung der niederen Schichten auszubrechen, die mit den Pastorellen von 1251 alle Ähnlichkeit hat. Doch es gelang noch beizeiten, die Haufen auseinanderzutreiben und zu beschwichtigen[504]. Am Ende des 14. Jahrhunderts bekam der Gedanke erneute Kraft, als die Türken Adrianopel erobert hatten und nun Konstantinopel nahe waren. Als Bajesīd I. Ungarn bedrohte, zogen Kaiser Sigismund und König Ludwig von Ungarn mit einem stattlichen Heer gegen sie, doch wurden sie 1396 bei Nikopolis geschlagen. Hier lebte neben aller Ablehnung doch der alte Kreuzfahrergeist wieder auf, mit ihm aber auch leider die Sorglosigkeit in der Vorbereitung des Feldzuges, die wir bei den Kreuzzügen oft beobachten konnten[505]. So schließen sich die Türkenkriege an die Kreuzzüge an. Der Zusammenhang war den Zeitgenossen durchaus bewußt. Als Enea Piccolomini, der spätere Papst Pius II., im Jahre 1452 seine glänzende Beredsamkeit in den Dienst der Werbung für den Türkenkrieg stellte, nahm er gleich die Einwände auf, die von dem in Mißkredit geratenen Kreuzzugsgedanken aus kommen konnten, um sie zu widerlegen. Er beginnt eine Rede vor Papst Nikolaus V. in

[502] Der Vergleich R. Groussets mit den Scharen Peters von Amiens ist schief. Er tut damit den Scharen von 1296 viel zuviel Ehre an.

[503] J. Haller, Papsttum III, 1, S. 597.

[504] R. Röhricht = Ztschr. f. Kirchengesch. 6 (1884) S. 296.

[505] E. Hocks, Pius II. und der Halbmond (1941) S. 41. — J. Huizinga, Herbst des Mittelalters, S. 97. — Aziz Suryat Atiya: The Crusade of Nikopolis (London 1934).

Rom: „Es gibt viele Leute, Heiligster Vater, welche, wenn sie das Wort ‚Kreuzzug' nennen hören, ausrufen: ‚Da haben wir wieder das Traumgebilde aus alter Zeit, den nie auszurottenden Wahnwitz, die alten und unhaltbaren Fabeleien ...'" Dann aber warb er selbst von neuem für einen Kreuzzug gegen die Türken. Man sieht also, wie sehr der Kreuzzugsgedanke sowohl in der Ablehnung und scharfen Verwerfung wie auch in der Bejahung lebendig war[506].

Auch an Literatur zu den Kreuzzügen hat es in dieser Zeit nach den Kreuzzügen nicht gefehlt. Wenn man zur Zeit der Kreuzzüge sich so viele und so systematische Gedanken über die beste Weise, einen solchen Zug durchzuführen, gemacht hätte, wäre wohl manche Torheit vermieden worden. Es würde zu weit gehen, auf die einzelnen damals gemachten, teilweise guten Vorschläge näher einzugehen. Diese Schriften werden eingeleitet von den genannten, von Gregor X. angeforderten Gutachten. Von ihnen hatte das von Fidentius (De recuperatione terrae sanctae) seine Hauptwirkung erst nach 1291, als man sich Gedanken machte, warum das Heilige Land verlorengegangen sei. Das gleiche gilt von Odo von Grandson, Memoria Terrae Sanctae[507]. Weiter folgt Pierre Dubois, der Mitarbeiter König Philipps des Schönen von Frankreich, mit seiner Denkschrift „De recuperatione Terrae sanctae"[508], außerdem der in denselben Kreis gehörige, aber jüngere Philipp von Mézières, „Songe du viel pèlerin"[509]. Älter schon sind die beiden Schriften des Hochmeisters der Templer Jakob von Molay[510] und von Fulko von Villaret[511]. Auch die „Secreta fidelium crucis" von Marino Sanudo sind in diesem Zusammenhang zu nennen[512]. Die bedeutendsten sind jedoch die Schriften von Raimund Lullus, sein „Liber de Fine" und sein „Liber de acquisitione Terrae sanctae"[513]. So war also mit dem Verlust des Heiligen Landes in Theorie und Praxis der Gedanke des Kreuzzuges noch keineswegs aufgegeben. Doch würde es jenseits unseres Themas liegen, darauf näher einzugehen[514].

---

506 E. Hocks, Pius II., S. 55 ff. — J. Huizinga, Herbst, S. 96.

507 Text hrsg. von Kohler = Revue de l'Orient lat. X, S. 425 ff. u. 435 ff. Das Ganze ist die Umarbeitung einer älteren französischen Vorlage, die vor dem Jahr 1289 verfaßt wurde.

508 Hrsg. von Langlois = Collection des textes pour servir ... de l'histoire IX (1891).

509 Vgl. J. Huizinga, Herbst, S. 66 f.

510 Hrsg. von Baluze II, S. 76.

511 Biblioth. de l'école des chartes LX (1899) S. 602.

512 In Bongars, Gesta Dei per Francos II, S. 22 ff.

513 Adam Gottron, Ramon Lulls Kreuzzugsideen = Abhandlungen zur mittleren und neueren Geschichte 39 (1912).

514 Vgl. A. von Hirschbereuth, Studien zur Geschichte der Kreuzzugsideen nach den Kreuzzügen = Historische Abhandlungen 11 (1896). — N. Jorga, Philippe de Mézières, 1307—1405, et la croisade au XIVe siècle (1896). — Franz Heidelberger, Kreuzzugsversuche um die Wende des 13. Jahrhunderts = Abhandlungen zur mittleren und neueren Geschichte 31 (1911). — Delaville de Roulx, La France en Orient au XIVe siècle, 2 vols. (1885). — Aziz Suryat Atiya, The crusade in the later middle ages (1938).

Noch an einer Stelle, wo man es nicht erwarten sollte, leben die Kreuzzüge, wenn auch in veränderter Form, weiter: in den Entdeckungsfahrten der Spanier und Portugiesen. Die Kämpfe der Spanier gegen die Mauren in Afrika, die unmittelbar die Kämpfe gegen die Muslime in Spanien fortsetzten, galten zunächst durchaus als Kreuzzüge im Interesse der Christenheit. Die Königin Isabella hielt streng an ihrer Pflicht zum Kreuzzug, d. h. zur Eroberung Afrikas, fest und beschwor in ihrem Testament ihre Nachfolger, das gleiche zu tun. Diese Kämpfe aber leiten unmittelbar zu den als „Entdeckungsfahrten" bekannten Zügen über. Aber auch darüber hinaus war der Gedanke der Befreiung Jerusalems in den spanischen Königen dieser Zeit durchaus lebendig. Wir wissen, daß Ferdinand der Katholische im Zusammenhang mit seinen Afrikafahrten die Eroberung des Heiligen Landes und einen großen Kreuzzug gegen die Türken plante. Aus dem Jahre 1501 wird uns das ausdrücklich berichtet[515]. Ebenso schrieb Hieronymus Münzer, wohl in Kenntnis solcher Pläne, kurz darauf an den spanischen König: „Nichts sehe ich, was den Siegen Eurer Majestät noch zuzufügen bleibt als die Wiedererlangung des Grabes des Heilandes in Jerusalem[516]. Und auch von Kolumbus wissen wir, nach dem Zeugnis von Las Casas, daß er in dem Glauben lebte, „daß Gott ihn würdige, daran helfen zu dürfen, das Heilige Grab zu gewinnen"[517]. Er fuhr aus in der Hoffnung, auf dem Rückweg von Indien in den Rücken der Türken zu gelangen. So bewahrte der Kreuzzugsgedanke noch zwei Jahrhunderte nach dem Fall Akkons seine treibende Macht, ein Beweis seiner erstaunlichen Lebenskraft und der Tiefe, in der er das Bewußtsein der abendländischen Menschen getroffen hatte.

---

[515] Konetzke, Das spanische Weltreich, S. 223.
[516] Konetzke ebd.
[517] Konetzke ebd. S. 151.

DRITTES KAPITEL

Die Kreuzfahrer und ihre Begegnung mit den Muslimen

Wirtschaftliche und soziale Fragen

Wenn wir uns in diesem Kapitel ein Bild des Kreuzfahrers in seinen verschiedenen Ausprägungen und in seinem Wandel machen wollen, so kann das nur gelingen, wenn wir uns dabei stets vor Augen halten, was wir oben[1] über die Frömmigkeit der Kreuzfahrer und die daraus sich ergebenden psychologischen Sondererscheinungen gesagt haben. Denn das läßt sich hier nicht wiederholen, muß aber stets als Grundierung des Bildes vorausgesetzt werden. Das gleiche aber gilt von den weltlichen, aber charakteristisch ritterlichen Antrieben, von dem Willen, sich im Kampf zu beweisen und zu bewähren, sowie von dem Wunsch, sich, wenn möglich, eine eigene Herrschaft im Orient zu begründen. Doch treten diese weltlichen Motive im allgemeinen vor den religiös-kämpferischen zurück. Allerdings ist dies bei verschiedenen Kreuzfahrern sehr verschieden. Das Verhältnis von beidem zueinander schafft einen wichtigen Unterschied zwischen verschiedenen Kreuzfahrergruppen. Die Kämpfer der italienischen und anderen Seestädte müssen hier, wie wir schon sahen, gesondert betrachtet werden. Denn bei ihnen ist das politische oder Handelsinteresse ihrer Heimatstadt von so überragender Bedeutung, daß sie eine klare Sondergruppe unter den Kreuzfahrern darstellen. Wir werden eine Menge von Einzelfragen zu besprechen haben, aber sie dürfen das oben aufgezeigte Gesamtbild nicht verwischen, so wichtig diese Einzelzüge auch sein mögen.

Die wirtschaftlichen Opfer, die ein Kreuzzug für den Ausziehenden und seine Familie mit sich brachte, waren sehr groß. Sie bestanden einmal in den großen Ausgaben für Ausrüstung und Verpflegung der Kreuzfahrer, außerdem aber nicht weniger in der schweren Gefährdung von Haus und Hof und allem Besitz in der Zeit, in der der Herr weit weg im Morgenland war. Hier sah sich deshalb die Kirche früh schon genötigt, einzugreifen. Nach vorausgehenden, allgemeineren Sätzen in der Art eines Gottesfriedens[2] enthalten

---

[1] Siehe oben S. 5 ff.

[2] M. Villey, La croisade. Essai sur la formation d'une théorie juridique (1942) S. 155. — Vgl. Migne PL 180, Eugen III, Sp. 1085 ff., von 1146.

die Akten des 4. Laterankonzils eingehende Bestimmungen über den Schutz der Kreuzfahrer und ihres Eigentums während der Kreuzfahrt[3], und Papst Innozenz III. prägt sie in seinen Briefen immer wieder Adressaten aller Länder ein[4]. Sie erklären, daß alle Kreuzfahrer von dem Augenblick der Kreuznahme an dem Schutz der Kirche unterstehen sollen und daß dieser Schutz, damit er nicht nur auf dem Papier steht, von den Bischöfen der betreffenden Diözese ausgeübt werden soll. Die Kreuzfahrer werden damit gewissermaßen Untertanen der Kirche und des Papstes. Auch unterstehen sie geistlichem Gericht. Das war nicht ausdrücklich gesagt, doch die Praxis mußte sich so entwickeln und tat es auch[5]. Außerdem aber sollen die Kreuzfahrer Steuerfreiheit genießen, und ihre Verpflichtungen zur Zahlung von Schuldzinsen sollen während der Zeit des Kreuzzuges sistieren. Alle Belastungen aus Verträgen und Schuldverträgen sollen so lange aufgehoben sein. Auch die Juden sollen zur Einhaltung dieser Bestimmungen von der weltlichen Gewalt gezwungen werden. Das alles blieb keine Theorie, sondern wir erfahren aus einer Chronik, daß die Unterstellung der Kreuzfahrer und ihrer Güter unter päpstlichen Schutz allgemeine Übung war[6].

Diese Bestimmungen mußten weitreichende Folgen haben. Zunächst einmal nahmen sie dem König bedeutende Gerichts- und Steuerrechte weg. Außerdem brachte der Ausfall aller Schuldenzinsen und ähnlicher Verpflichtungen eine Erschütterung des Wirtschaftslebens, die auch den König schädigte. Denn erhielten z. B. die Juden, in deren Händen das Geldverleihgeschäft großenteils lag, keine Zinsen, so mußte auch die Judenschutzsteuer kleiner ausfallen. Darum wehrte sich das französische Königtum, da Frankreich die meisten Kreuzfahrer stellte, energisch gegen diese Bestimmungen. Wir besitzen große Gesetze König Philipp Augusts von Frankreich aus den Jahren 1188 und 1214, in denen in genauen Einzelbestimmungen diese Freiheiten der Kreuzfahrer sachlich und zeitlich eingegrenzt werden[7]. Das zweite, bedeutendere von diesen Gesetzen, das sogenannte Stabilimentum, wurde vom König und dem Rat seiner Großen erlassen, ohne daß darüber mit dem Papst verhandelt wurde. Die Gegnerschaft ist sehr deutlich[8].

Aber diese Schutzbestimmungen konnten doch den Besitz der Kreuzfahrer während ihrer Abwesenheit nicht genügend schützen. Denn immer wieder berichten die Chroniken, wo sie lokale Einzelheiten erzählen, und später die

---

[3] Mansi, Concilia XXII, S. 1063; wiederholt auf dem Konzil von Lyon 1245. — Ebd. XXIII, S. 630.

[4] Migne PL 216, S. 819ff. — Briefe, hrsg. v. Baluze, II, 159, S. 215 und 185, S. 234 u. a.

[5] H. Conrad = Ztschr. d. Savignystiftg. f. Rechtsgesch. 61, germ. Abt., S. 113/14. — P. Hinschius, Kirchenrecht V, S. 424/25.

[6] Guntherius Parisiensis = Migne PL 212, S. 231, zu 1202: signo crucis accepto, ut moris est, sub proctectionem summi pontificis se et sua tradiderat...

[7] Bouquet, Recueil XVII, S. 25, von 1188. — Migne PL 217, S. 239, von 1214.

[8] Siehe oben S. 241.

Kreuzzugssagen von Rittern, die vom Kreuzzug nach Hause kommen und Unheil aller Art vorfinden: ihre Erben geschädigt oder bedrängt, ihre Frauen in Not oder gar Gefangenschaft[9]. Und mehr noch: Durch diesen Schutz wurde die finanzielle Belastung nicht aufgehoben, die Ausrüstung und Versorgung des Ritters und seiner Leute mit sich brachten. Immer wieder hören wir aus allen Ländern des Abendlandes, daß Fürsten oder Ritter ihre Herrschaften oder ihr Land verkauften oder verpfändeten, um das für den Auszug notwendige Geld zu bekommen. So verkaufte Herzog Gottfried, als er aufbrach, dem Bischof von Lüttich sein Schloß Bouillon für 1300 Mark Silber, dazu zwei Mühlen, dem Bischof von Verdun verkaufte er gleichzeitig Mosay, Stenay und Falkenstein und dem Kloster Stenay (zusammen mit seinem Bruder) Genappe und Baisay. Außerdem verschenkte er noch einige Güter an Klöster[10]. Das kam der völligen oder doch nahezu vollständigen Auflösung der wirtschaftlichen Existenz gleich. Wer so vorging, gab seine Heimat auf. Kehrte er einmal zurück, so mußte er sich eine neue Existenz schaffen. Und so handelte Gottfried nicht allein. Als Robert von der Normandie auszog, verpfändete er die Normandie an seinen Bruder Wilhelm II. von England für 10000 Mark Silber. Wenn es auch hier nur eine Verpfändung war, so war es doch immer unsicher, wie weit man das Pfand wieder einlösen oder wieder an sich bringen konnte, wenn man zurückkehrte[11]. Solche Erscheinungen beschränkten sich aber nicht etwa auf die Tage der Begeisterung beim ersten Zug, sondern die zwei Jahrhunderte durch werden uns immer wieder derartige große Verkäufe und Verpfändungen von ausziehenden Kreuzfahrern gemeldet[12]. Man sah solche Verkäufe und Verpfändungen durchaus als die Regel an. Denn als 1239 die in Lyon versammelten Kreuzfahrer vom Papst zurückgeschickt wurden, beschwerten sie sich dagegen mit der Begründung: „Wir haben unsere Ländereien mit all unserem Gerät und dazu unsere Häuser verpfändet oder verkauft ...[13] Sie alle stehen also vor der gleichen Tatsache, keine Heimat, keine Arbeitsstelle mehr zu haben. Man muß sich das klarmachen, um zu verstehen, was der Entschluß, zum Heiligen Lande aufzubrechen, für alle diese Männer bedeutete. Nur so läßt sich die Größe der sie treibenden Kräfte ermessen.

Es ist ja auch nicht zu verwundern, daß die Ausziehenden zu solchen einschneidenden Maßnahmen sich entschließen mußten. Denn im allgemeinen

---

[9] R. Röhricht, Die Deutschen im Heiligen Land, S. 133 ff.

[10] Belege siehe R. Röhricht, Geschichte des ersten Kreuzzuges, S. 60, Anm. 4.

[11] Ordericus Vitalis III, 476 u. 483 = Migne PL 188. — R. Röhricht, Gesch. d. 1. Kreuzzuges, S. 79.

[12] Marbacher Annalen = Mon. Germ. Schulausg., S. 75 f., von 1200. — Joinville S. 208: ... je alé lessier a Mez ... grant foison de ma terre en gage ... — Lespinasse, Cartulaire du prieuré de la Charité-sur-Loire (Nièvre) (Paris-Nevers 1887). Urk. Text 76, S. 171, von 1187; 29, S. 88, von 1095; 50, S. 126, von 1146. — Zimmersche Chronik I, S. 87.

[13] Mon. Germ. SS. XXVIII, 178, zu 1239.

mußte auf den ersten Kreuzzügen jeder für seine eigene Verpflegung Sorge tragen, und zwar in der Regel durch Kauf von Lebensmitteln. Wir haben oben gesehen, wie die Führer des Kreuzzuges mit den Herrschern der Länder, durch die der Zug gehen sollte, immer wieder über freien Markt von Lebensmitteln verhandeln und wie Streitigkeiten mit den Einwohnern immer wieder bei dem Kauf entstehen. Im Feindesland wurde dann natürlich viel genommen, aber in der Hauptsache blieb man auf Kauf angewiesen. So brauchte man Geld zum Kreuzzug. Allerdings hatten es nicht alle Kreuzfahrer. Diese waren dann auf die Mildtätigkeit der anderen, der reicheren, angewiesen. Wir hören, wie der päpstliche Legat, Bischof Ademar von Puy, sich gerade der Fürsorge für die Armen unter den Kreuzfahrern besonders gewidmet habe und wie er dafür eintrat, daß die Reicheren die Ärmeren mit unterhalten müßten. Später hat, wie wir wissen [14], Peter von Amiens an der Spitze dieser Fürsorge gestanden.

Aber das war nur ein Notbehelf. Oft mußten ärmere Kreuzfahrer auch hungern. Besonders drastisch schildert das Albert von Aachen aus dem Feldzug der Lombarden von 1101 in Anatolien. Es heißt da: „Nur reiche und erlauchte Herren, die von dem Hafen Ghemlik oder von der Stadt Nikomedien aus auf Karren sich Mehl, Brot, gebackenes und gedörrtes Fleisch hatten bringen lassen, hatten ihren Lebensunterhalt. Die anderen aber zwang die schwere Not, Laub und Baumrinde und Kräuterwurzeln zu nagen und sich so den Bauch zu füllen.“ [15] So ist es denn auch nicht verwunderlich, wenn wir immer wieder hören, daß ärmere Kreuzfahrer oder solche, deren Geldmittel zu Ende gingen, umdrehten und wieder nach Hause fuhren [16], oder daß beim Auszug gleich Unbemittelte zurückgewiesen wurden [17].

Zog man aber nicht zu Lande aus, sondern mit dem Schiff, so kostete die Überfahrt schon eine erhebliche Summe, die für die meisten nicht ohne weiteres zu leisten war. Die Züge Peters von Amiens scheiterten mit daran, daß die meisten der dort Mitziehenden keine Mittel hatten und daß so Streitigkeiten in den durchzogenen Ländern unvermeidlich waren. Diese Notwendigkeit aber, sich Geld zu verschaffen, mußte den wirtschaftlichen Ruin vieler Kreuzfahrerfamilien zur Folge haben, während andere, die in der Lage waren, solche Güter zu kaufen oder in Pfandschaft zu nehmen, auf diese Weise schnell wohlhabend werden konnten. Meist erfahren wir davon nichts. Lokale Einzeluntersuchungen werden da noch manches klären können. Aufschlußreich sind dann aber gelegentliche Bemerkungen, wie die der Zimmer-

---

[14] Siehe oben S. 81.

[15] Albert von Aachen VIII, 11, S. 566. — Vgl. auch Würzburger Annalen = M. G. SS. XVI, S. 10, von 1202.

[16] Wilhelm von Tyrus XVI, 23, S. 745. — Eracles XXVIII, 3, S. 252 f. — Annales Waverleienses, zu 1218 = Bouquet XVIII, S. 206.

[17] Lat. Forts. d. Wilhelm von Tyrus II, XVI, S. 10. — Marbacher Annalen = Mon. Germ. Schulausg., S. 60. — Würzburger Annalen = M. G. SS. XVI, S. 10. — Ernoul S. 361.

schen Chronik, daß der zum Kreuzzug ausziehende Herr von Zimmern die Herrschaft Rosenfeld „mit großen nachtail" verpfändet habe und daß er nach seiner Rückkehr seiner ganzer Herrschaft „aller on worden" sei[18]. Jedenfalls muß mit einer beträchtlichen Verarmung großer Kreise des abendländischen Adels im Gefolge der Kreuzzüge gerechnet werden. Denn ankaufen oder in Pfand nehmen konnte meist nicht der kleinere Adel, sondern nur reichere Fürsten, deren Landesherrschaften sich auf diese Weise vergrößern ließen.

Um dieser Schwierigkeiten willen ging man bald dazu über, die Leistungen von Kriegsdienst und von dem dafür notwendigen Geld zu trennen, so daß manche nur das Geld gaben, mit dem ein anderer Kriegsmann ausziehen konnte. Die Bestimmungen des Laterankonzils von 1215 setzen das schon als eine übliche Regelung voraus. Ebenso stellten Stadtgemeinden oder Klöster und Stifter in Gemeinschaft eine Anzahl von Streitern, für die die Gesamtheit die Kosten übernahm[19]. Auch muß es fraglich erscheinen, ob die Herren, die im Gefolge eines Fürsten in den Kreuzzug gingen, so z. B. die zahlreichen Verwandten von Herzog Gottfried und die mit ihm zusammen genannten Herren[20], ganz auf eigene Rechnung auszogen oder ob eine gemeinsame Versorgung solcher Vasallengruppen von jeher stattfand. Die spätere Entwicklung ließe es vermuten. Denn mehr und mehr wurden die Kosten für den Kreuzzug von den Fürsten übernommen. So wissen wir, daß Kaiser Heinrich VI. die Kosten für die Rittergruppe, die er stellte, selbst übernahm[21], ähnlich wie Innozenz von den von Gemeinden, Klöstern und Stiftern zu stellenden Kontingenten sprach[22]. Dadurch trat eine Änderung im Charakter des ganzen Kreuzfahrerheeres ein, von der noch zu sprechen sein wird; die ursprünglich einzeln, spontan ausziehenden Ritter werden zu Soldrittern, die die Fürsten für ihre Unternehmungen werben.

Über die soziale Zusammensetzung der Kreuzfahrerheere sind wir leider schlecht unterrichtet. Wir haben zwar für Deutschland eine gute Zusammenstellung aller der Kreuzfahrer aus Deutschland, deren Namen wir kennen[23], aber eine Zusammenstellung der Zahlen nach dieser Liste ergibt doch kein klares Bild. Denn von den ausziehenden Herzögen und Fürsten ist natürlich in unseren Quellen viel die Rede, so daß ihr Anteil relativ zu groß erscheint, von den einzelnen Kreuzfahrern aber oft gar nicht. Auch ist es ohne nähere Kenntnis der Geschichte der einzelnen Geschlechter oft unmöglich, zu sagen, ob ein Kreuzfahrer als freier Herr oder als Ministeriale zu gelten hat. Aus der genannten Liste ergeben sich als Teilnehmer deutscher Nation für den

---

[18] Zimmersche Chronik I, S. 93—97.
[19] Migne PL 216, S. 819 ff.
[20] Siehe Albert von Aachen II, 1, S. 299.
[21] Siehe oben S. 217 u. 221.
[22] Migne PL 216, S. 819 ff.
[23] R. Röhricht, Die Deutschen im Heiligen Land (1894) S. 1—130.

	1. Kreuzzug	2. Kreuzzug	3. Kreuzzug
Bischöfe	5	12	18
Fürsten	6	15	19
Grafen	30	30	72
Freiherren	43	56	110
Ministerialen	2	15	6
Reichsministerialen	—	—	8
Äbte und Mönche	8	6	7
Priester	5	10	15
Bauern	—	—	—
Bürger	von Augsburg, Regensburg	von Memmingen, Limburg, Salzburg	von Köln, Lübeck, Metz, Regensburg
Friesen (wohl = Freiherren)	18	—	—
Unbekannten Standes	15	8	6

Diese Zahlen zeigen, daß die Hauptlast zweifellos bei den freien Herren und Grafen liegt. Kluckhohn hat in einer besonderen Untersuchung für Südostdeutschland dort eine sehr große Beteiligung von Ministerialen seit dem zweiten Kreuzzug nachgewiesen. Sie erreicht ihren Höhepunkt in dem Kreuzzug Kaiser Friedrichs II. Für die Jahre 1192—1250 errechnet er, daß die Kreuzfahrer aus dem Ministerialenstand 97 % aller kreuzfahrenden Ritter (ohne die Grafen) ausgemacht hätten [24]. Selbst wenn die Zahlen anderswo nicht auch so hoch liegen sollten, ist eine starke Beteiligung der Ministerialen an den Kreuzzügen der Hohenstaufenkaiser bei der großen Bedeutung, die sie damals hatten, eigentlich eine Selbstverständlichkeit.

Schwer ist es, über die beteiligten Bürger ein klares Bild zu bekommen. Die Überlieferung hat die Tendenz, die Beteiligung, die bei späteren Kreuzzügen lebhaft war, zum größeren Ruhm einer Stadt, auch schon auf die ersten Kreuzzüge zu übertragen. So entstehen dann Sagen wie die von der Teilnahme zahlreicher Bremer Bürger am ersten Kreuzzug [25]. Darum wird man skeptisch den genannten Zahlen gegenüber, daß beispielsweise 200 Memminger Bürger am 2. Kreuzzug teilgenommen haben sollen [26]. Daß Bürger der schwäbischen Reichsstadt dem schwäbischen Herzog zum Kreuzzug gefolgt sind, ist sehr glaubhaft, aber die Zahl von 200 erscheint doch auffallend groß. Beim dritten Kreuzzug werden nun öfters größere Zahl von Bürgern genannt. Sind die Bürger aber in großer Zahl ausgezogen, wie es vom dritten Kreuzzug an wahrscheinlich ist, so kann es sich da nicht um Ritter, sondern nur um Fußkämpfer handeln. Wenn einzelne städtische Geschlechter als Ritter gekämpft haben, so kann dies daneben keine wesentliche Rolle spielen. Da

[24] Paul Kluckhohn, Die Ministerialität in Südostdeutschland vom 10. bis zum Ende des 13. Jh. (1910): Exkurs, S. 241—247.

[25] R. Röhricht a. a. O. S. 11/12. [26] Ebd. S. 36.

aber das Schwergewicht der Heere immer bei den Rittern lag, ist es also der abendländische Adel, der als der eigentliche Träger der Kreuzzüge zu betrachten ist.

Bis zum Anfang des 13. Jahrhunderts muß das Angebot von ritterlichen Kräften größer gewesen sein als die Möglichkeit, die Kosten für den Zug dieser Ritter und Knappen aufzubringen. Denn Papst Innozenz III. erklärte wiederholt, daß er mit aller Sicherheit hoffe, die Kämpfer werden nicht fehlen, wenn es nur am Geld nicht mangle[27]. Das Verhältnis änderte sich später, als durch die Organisation der Kreuzzugsgelder durch Innozenz III. die Finanzen einigermaßen gesichert waren, der Kreuzzugswille des Adels aber nachließ. Dies bezeugen die großen Kreuzzugsprediger ausdrücklich[28]. Denn wie wir oben schon wiederholt beobachten konnten[29], verschob sich seit dem 13. Jahrhundert das soziale Bild der Kreuzfahrer: der Adel zeigte weit geringeren Willen, die niederen Klassen des Volks aber wollten es nun den Großen nachtun, auch hatte die religiöse Welle der Kreuzfahrerfrömmigkeit nun erst sie erreicht. So verschiebt sich die soziale Zusammensetzung der Kreuzfahrer im 13. Jahrhundert.

Gleichzeitig und vorher schon hatte man aber auch neben das eigentliche Ritterheer, in Nachahmung der muslimischen Heere, immer größere Scharen von Leichtbewaffneten gestellt. In diesen wurden die Kreuzfahrer niederer Stände verwendet. Aber das Hauptgewicht des Zuges lag auch dann noch bei dem schwergepanzerten Ritterheer und damit beim Adel. Der anschauliche Bericht des Herrn von Joinville von den Kreuzzügen Ludwigs IX. von Frankreich gibt ein deutliches Bild davon.

Wenn man die Angaben der Chroniken des 13. Jahrhunderts über die große Zahl der Kreuzfahrer niederen Standes (menue gent, vulgus promiscuum) liest[30] und die Minderschätzung dieser Kreuzfahrer niederen Standes aus den Erwähnungen spürt, ist man zunächst versucht, an unkriegerische Mitläufer des Kreuzzuges, allenfalls an Troßknechte, zu denken. Doch das wäre verfehlt. Das Bild des Zuges von Peter von Amiens im Jahr 1096 darf nicht auf die späteren Kreuzzüge übertragen werden. Ein großer Teil von ihnen hat als Leichtbewaffnete zu Fuß oder auch zu Pferd gekämpft. Troßknechte und Knappen müssen allerdings daneben auch in großer Zahl mitgezogen sein. Aber auch diese sind ja zum Kriegführen notwendig. Alle Heereszahlen geben stets eine vielfach größere Zahl von nichtritterlichen Kämpfern neben den Rittern an, und diese Zahl nimmt im Laufe der Kreuzzüge im Verhältnis zu den Rittern stets zu. So ist also eine starke auch kämpferische Beteiligung der Bürger und aller fahrenden Elemente des Abendlandes anzunehmen, ohne daß dadurch die überwiegende Bedeutung

27 Migne PL 216, S. 819.
28 V. Cramer, Kreuzpredigt 151, Sermo 50.
29 Siehe oben S. 218.
30 Rothelin 20, S. 527, von 1239. — Eracles XXVII, 24, S. 246/47. — Lat. Forts. des Wilhelm von Tyrus II, XI, S. 92. — Gervais de Chicester, Schreiben an Papst Innozenz III. = Histoire littér. de la France 18, S. 45, von 1216.

der Ritterschaft aufgehört hätte. Das Kreuzfahrerheer ist eben ein Spiegelbild der sozialen Verhältnisse des Abendlandes: Maßgebend ist die Ritterschaft (einschließlich der Grafen und Fürsten), wenn sie auch der Zahl nach nur einen geringen Prozentsatz der Gesamtheit ausmacht. Sie führt militärisch und politisch. Gelegentlich kommt allerdings der Wille der Kreuzfahrer niederen Standes zum Durchbruch, und dann macht man sich auf einmal klar, daß ja nicht die Ritter, sondern die Männer anderen Standes die große Masse der Kreuzfahrer bildeten. Dieser Wille der Masse der Kreuzfahrer wirkt sich günstig aus auf dem ersten Kreuzzug, wo sie den Weitermarsch auf Jerusalem durchsetzen. Meist aber schädigt er das Ganze schwer. Das bekannteste Beispiel dafür ist der Aufstand der sogenannten Sergeanten vor Akkon im Juli 1190, die gegen den Willen der Herren allein angreifen und dann vollkommen geschlagen werden[31]. Solche Fälle wiederholen sich im Laufe der Kreuzzüge immer wieder, wir sind häufig[32] darauf gestoßen. Aber gerade sie zeigen, wie sicher im Gegensatz zu diesen meist ungünstig verlaufenen Fällen die Ritterschaft sonst führt[33]. Der feudal-aristokratische Charakter des ganzen Zuges wird durch die Beteiligung der Bürger und anderer niederer Volksschichten trotz dieser gelegentlichen Ausbrüche in keiner Weise verändert. Wie sehr man ursprünglich in Adelskreisen den Kreuzzug rein als eine Angelegenheit ritterlichen Standes ansah, geht daraus hervor, daß das Zuströmen nichtritterlicher Kreise als Kreuzzugsteilnehmer vielen Rittern die Lust am Kreuzzug aus Standesdünkel nahm[34].

Was aber oben über die wirtschaftliche Lage der ritterlichen Kreuzfahrer gesagt war, gilt für die Teilnehmer anderer Kreise noch in verstärktem Maße. Bei ihnen war die Möglichkeit, sich wieder eine Existenz zu schaffen, wenn sie einmal alles verkauft oder verpfändet hatten, noch geringer. Auszunehmen sind allerdings die, die im Dienste und auf Kosten eines Herren fuhren, und deren Zahl ist sicherlich groß und immer mehr ansteigend. Aber es blieb daneben eine zahlreiche Masse von Männern, die sich selbst durch die Teilnahme am Kreuzzug ruinierten. Der schon genannte Prämonstratenserabt Gervais de Chicester weist nachdrücklich auf die große Not und die gedrückte Lage (in multa amaritudine et angustia constituti) dieser kleinen Leute unter den Kreuzfahrern hin, besonders auch in der Zeit, in der sie sich schon zur Kreuzfahrt gerüstet haben, die Fahrt aber noch nicht angetreten werden

[31] Eracles XXV, 10, S. 150 f. — Ernoul S. 266 f. — Lat. Forts. des Wilh. v. Tyrus III, XVI, S. 131. — Itinerar. reg. Ricardi I, XL, S. 89. — Abū Schāma, Zwei Gärten I, 464/465.

[32] Eracles XXXII, 10, S. 340 f.

[33] Was R. Grousset öfters „Demagogie des Kreuzzugs" nennt, ist großenteils Mangel an Führung in der Ritterschaft selbst. Es ist feudaler Widerstand und feudale Indisziplin, die die Grenzen eines feudalen Heeresaufbaues nicht überschreitet, selbst wenn Kämpfer anderer Schichten die widerstrebenden ritterlichen Kräfte unterstützt haben.

[34] Predigt von Odo von Chateauroux = V. Cramer, Kreuzpredigt, S. 169.

kann. Auch in bäuerlichen und bürgerlichen Kreisen muß also mit einem schweren wirtschaftlichen Opfer der Teilnehmer gerechnet werden.

Doch noch drei Gruppen von Kreuzzugsteilnehmern gilt es kurz besonders zu betrachten. Einmal sind Geistliche sicherlich in größerer Zahl mitgezogen. Doch darf man auch diese Beteiligung nicht nur als eine militärische Belastung des Kreuzzuges ansehen. Denn es haben viele Geistliche, entgegen dem Wesen ihres Standes, damals mitgekämpft. Das gilt vor allem von den Bischöfen, die ja nicht nur um ihres geistlichen Amtes willen auszogen, sondern mehr noch als Führer der Ritterschar, die ihr Bistum zum Kreuzzug stellte. An vielen Stellen wird berichtet, daß sie auch persönlich kämpften[35]. So wie der Dichter des Rolandsliedes den Erzbischof von den fränkischen Männern preisen läßt um der guten Schwertschläge willen, die er auszuteilen weiß[36]. Und zogen diese Bischöfe und Reichsäbte nicht selbst das Schwert, so führten sie doch oft ihre Ritter oder ganze Abteilungen des Heeres in der Schlacht[37]. Alle Chroniken wissen davon zu berichten. So ist die verhältnismäßig große Zahl der deutschen Bischöfe, die die obengenannten Listen als Teilnehmer der Kreuzzüge erweisen, 5, 12 und 18 in den drei ersten Kreuzzügen, zu verstehen. Andererseits sah das Kreuzfahrerheer auch die Bitte um den Sieg während der Schlacht als eine ganz reale Waffe im Kampf an. Und in der Rolle des Beters sehen wir die Bischöfe und anderen Geistlichen mit wahrer Leidenschaft, besonders in dem Kampf um Damiette im Jahre 1218/19. Die Zahl der niederen Geistlichen aber scheint nicht sehr groß gewesen zu sein, abgesehen etwa vom Kampf um Damiette. Verbot doch auch schon Papst Urban II. ihnen die Teilnahme am Zug. Eine gewisse Anzahl von Mönchen oder niederen Geistlichen hatte man dabei für die Schreibarbeiten nötig. Denn solche gab es auch, wenn auch nicht in dem Maße wie in modernen Kriegen. Auch werden wir uns die Sanitätswagen, von denen wir gelegentlich hören, von Mönchen besetzt vorzustellen haben[38].Als man 1204 vor Venedig die unbrauchbaren Elemente zurückschickte, werden neben den Kranken, Schwachen und Frauen auch die pauperes, die Mittellosen, genannt, aber nicht die Geistlichen (will man diesen Bericht nicht darauf zurückführen, daß ein Kleriker die Chronik verfaßt hat[39]).

Ganz anders steht es mit den Frauen. Immer wieder wird ihr Mitziehen verboten, aber immer wieder finden sie sich auch. Am größten muß ihre Zahl im ersten Kreuzzug gewesen sein. Albert von Aachen sagt, es seien „wohl

---

[35] Lat. Forts. des Wilh. v. Tyrus III, V, S. 116; III, 16, S. 131. — Joinville S. 271. Mansi, Conc. XXII, S. 1059, 4. Laterankonzil. — Gegen solche Geistliche wendet sich der Liber de Poenitentia, cap. XXVII = Migne PL 213, S. 893.

[36] Chanson de Roland 1569: „il frappe bien, nostre archeveque" und „bien fiert nostre arcesvesques".

[37] Historia peregrinorum S. 164, von 1190.

[38] Sanität: Lat. Forts. des Wilh. v. Tyrus II, XVI, S. 99; zum Kreuzzug Barbarossas.

[39] Würzburger Annalen = M. G. SS. XVI, S. 10.

viele Tausende von Weibern und Kindern" gewesen, die mit dem Kreuzfahrerheer vor Antiochia angekommen seien[40]. Sicher ist das eine der Übertreibungen, die wir bei Albert gewohnt sind, aber eine sehr große Zahl muß es gewesen sein. Es erklärt sich wohl daraus, daß in den ersten Kreuzzug die schwärmerischen Tendenzen des Zuges von Peter von Amiens noch eingegangen sind und daß man damals noch nicht ahnte, was ein Kreuzzug an Mühen und Not mit sich brachte. Viele Frauen beteiligten sich beim ersten Zug entsprechend der hochflammenden Begeisterung an den Kämpfen. Beim Auszug schon wird betont, daß Frauen in Männerkleidern und in Waffen mitzogen[41]. In der Schlacht bei Doryläum brachten sie den durstenden Männern Trinkwasser in die Kampfesreihen[42] und ebenso arbeiteten sie bei der Belagerung von Jerusalem mit und kämpften auch dort mit Waffen[43]. Aber diese Erscheinung beschränkt sich nicht auf den ersten Kreuzzug. Wo die Kampfbegeisterung besonders groß wird, treffen wir oft mitkämpfende Frauen, so z. B. in dem Kampf um Akkon[44]. Es wird von verschiedenen arabischen Chroniken berichtet, daß damals eine fränkische Prinzessin mit 500 Rittern aus dem Abendland zu Schiff gekommen sei, um in den Kampf einzugreifen, daß ihr Schiff aber bei Alexandrien von den Muslimen genommen wurde[45]. Ja bei der Belagerung von Damiette im Jahre 1219 — also wieder in einem besonders heftigen und religiös begeisterten Kampf — bestimmte man sogar in der Lagerordnung: „Wird ein Mann oder ein Weib ohne Waffen angetroffen, so wird er (sie) exkommuniziert ..."[46] Hier also verlangte man sogar die Bewaffnung der anwesenden Frauen.

Dieser kämpferischen Haltung der Frauen entspricht es denn auch, wenn die Sage zahlreiche Frauen verkleidet oder unverkleidet den Herren folgen läßt, um schließlich den gefangenen geliebten Ritter in abenteuerlicher Weise aus der Gefangenschaft befreien zu können. Eine Erinnerung an das Mitkämpfen von Frauen hat sich hier erhalten[47].

Waren in diesen Fällen die Frauen eine Hilfe, so muß man sie im ganzen doch als eine Last empfunden haben. Denn wo man um Hilfe bat, fügte man hinzu, man möge aber keine Frauen schicken[48]. Wo man Bestimmungen für den Kreuzzug traf, schloß man oft ausdrücklich die Frauen aus[49], und wo man Ungeeignete zurückschickte, werden die Frauen ausdrücklich genannt. Es ist auch nicht zu verwundern. Denn die Masse der Frauen zog im Troß

---

[40] Albert von Aachen III, 37, S. 365.

[41] Annalen von Dissibodenberg von 1095 = Mon. Germ. SS. XVII, S. 15/16.

[42] Gesta Francorum IX, 5, S. 200.

[43] Wilhelm von Tyrus, lib. VIII, cap. 13, S. 344.

[44] Behā al-Dīn S. 231 f. — Al-Athīr II, S. 13. — Abū Schāma, Zwei Gärten I, S. 468.

[45] Abū Schāma, Zwei Gärten I, S. 479. — Ders., I, 433. — Al-Athīr II, S. 29.

[46] H. Hoogeweg II, 281.

[47] R. Röhricht: Die Deutschen im Heiligen Land, S. 136/37.

[48] H. Hagenmeyer, Kreuzzugsbriefe IX, 6, S. 148, von 1098.

[49] Würzburger Annalen S. 10, zu 1202 = M. G. SS. XVI.

mit und betätigte sich als Mägde, Wäscherinnen oder dergleichen. Aber auch Frauen der Pilger, die den Kreuzzug unrechtmäßigerweise begleiteten, gab es immer. Dazu aber kamen auch Dirnen. Von „unehrenhaften Personen weiblichen Geschlechtes" spricht schon Abt Ekkehardt von Aura[50]. Als Richard Löwenherz mit dem Heer aus Akkon zur Eroberung der Küste auszog, schloß er diese aus. Er erlaubte das Mitziehen nur „alten Pilgerfrauen, Arbeiterinnen und Wäscherinnen, die ihnen die Wäsche und den Kopf wuschen und die Flöhe wegnahmen ..."[51] Also auch nach dem Ausschluß der Dirnen und anderer Frauen, die damals zurückbleiben mußten, verblieb doch noch ein recht großer Rest, der zweifellos für das Heer eine beträchtliche Belastung bedeutete, gerade auf dem Zug, zu dem man damals aufbrach, wo man ständig Angriffen der Feinde ausgesetzt war. Von einer Szene, die freilich einen Ausnahmefall darstellt, berichtet Albert von Aachen[52]. Wir sprachen davon.

Eine ganz andersartige, aber nicht minder schwere Belastung für die Kreuzzüge stellten die Verbrecher dar, denen man die Teilnahme am Kreuzzug als Buße auferlegt hatte. So erzählt Caesarius von Heisterbach von einem Mann, der in der Trunkenheit eine Monstranz zerschlagen hatte und dem darum von dem geistlichen Gericht auferlegt wurde, drei Jahre im Heiligen Land zu kämpfen[53]. Oder es wird der Kreuzzug solchen als Buße auferlegt, die Priester verletzt haben[54]. Schon auf dem Konzil von Clermont wurde dem Bericht von Balderich von Dol nach diese Möglichkeit, durch die Kreuznahme schwere Verbrechen zu sühnen, festgesetzt[55]. Die Kirche sah zunächst nur die positive Seite dieser Maßnahme. Bernhard von Clairvaux begrüßt es sehr, daß auf diese Weise „Verbrecher und Gottlose, Räuber und Eidbrüchige, Mörder, Frevler und Ehebrecher" gerettet werden können[56], und er soll besonders viele Verbrecher auf die Kreuzfahrt gesandt haben[57]. Gewiß gab es hier Fälle echter Bekehrung und Buße. Aber man darf die unerfreuliche Kehrseite nicht übersehen. Auch fromme Männer wie Burchard von Ursperg sahen sie deutlich. Gelegentlich der Ermordung des Kölner Erzbischofs Engelbert läßt er die Mörder sagen: Ich will das Verbrechen tun. Denn wenn ich dann das Kreuz nehme, bin ich wieder frei von Schuld[58]. Außer solcher Verringerung der Hemmungen vor Verbrechen aber war die Folge, daß ein sehr

---

[50] Chron. S. 214, von 1095 = M. G. SS. VI.

[51] Ambroise, Vers 5695. — R. Grousset III, S. 62/63.

[52] Albert von Aachen II, 40, S. 330: „Hac crudelitate atrocissimae necis stupefactae ac pavidae tenerae puellae et nobilissimis vestibus ornari festinabant, Turcis se offerebant, ut saltem amore honestarum formarum accensi et placati discant captivis misereri." Vgl. oben S. 21.

[53] Caesarius von Heisterbach VII, 3, S. 4.

[54] Rommersdorfer Briefbuch 7/570, von 1221.

[55] Balderich von Dol IV, S. 14. — Vgl. dazu Collectio de scandalis 21, S. 59.

[56] Bernhard, Liber de laude 5, Sp. 928.

[57] Vgl. auch „Ysengrimus" von Nivard von Gent, Ausgabe von E. Vogt (1884) VII, 483 f.

[58] Ursperger Chronik, Schulausgabe, S. 115/16.

unangenehmes Element sich unter die Kreuzfahrer mischte und daß der Ruf des ganzen Heeres darunter leiden mußte[59]. Schließlich aber bedeutete es einen Zustrom von Verbrechern zum Heiligen Land. Denn diese Männer hatten kein Interesse daran, bald zurückzukehren, und wurden Bürger der Städte Syriens. Jakob von Vitry, der Bischof von Akkon, beklagt sich bitter darüber, daß solche Elemente sich festsetzen und die Bevölkerung des Heiligen Landes verderben[60]. Und auch Marino Sanudo spricht davon, daß täglich schwere Verbrecher vom Abendland nach Palästina einwandern und das dortige Leben in schlimmer Weise beeinflussen.

Aufbruch und Überfahrt

Vom Abschied der Kreuzfahrer haben die Minnesänger oft gesungen. Eines der bekanntesten Lieder ist das von Friedrich von Hausen, das beginnt:

„Mîn herze und mîn lîp diu wellent scheiden,
diu mit ein ander varnt nu manege zît.
der lîp wil gerne vehden an die heiden,
sô hât iedoch das herze erwelt ein wîp
vor al der werlt. daz müet mich iemer sît.
daz si ein ander niene volgent beide.
mir habent diu ougen vil getân ze leide.
got eine müeze scheiden noch den strît.
Ich wânde ledic sîn von solher swaere,
dô ich daz kriuze in gotes êre nam ...“ [61]

Das Gedicht schildert nicht nur den Abschiedsschmerz einer jeden Reise, sondern es zeigt die besonders große Spannung zwischen allem, was den Ziehenden zu der Kreuzfahrt treibt, und dem, was ihn hält. Zunächst war die Begeisterung so groß, daß er ohne „swaere“ zu ziehen glaubt, dann aber stellt der Abschiedsschmerz sich doch mit aller Schärfe ein[62].

Die ersten Kreuzzüge brachen zu Lande auf, in großen unübersehbaren Heerscharen, oder ein Stück weit zu Schiff auf der Donau. Die späteren Kreuzfahrer aber fuhren über die See. Man schiffte sich in Venedig, Genua, Marseille, Aigues-Mortes oder anderen Mittelmeerhäfen ein. Friesische, flämische, englische und skandinavische Kreuzfahrer kamen durch die Nordsee und die Straße von Gibraltar. 1248 hören wir, daß man die Harnische und anderes schweres Gepäck zuerst mit Wagen und dann mit dem Schiff die

[59] Throop, Criticism, S. 287.
[60] Historia § 82, S. 1097. — Briefe II, S. 111, von 1217.
[61] Minnesangs Frühling 47, 11 ff.
[62] Andere Abschiedsgedichte von Albrecht von Johansdorf = Minnesangs Frühling 86, 1 ff.; 88, 19 ff.

Rhône herunter bis zum Meer befördert hat[63]. Zu Schiff kamen auch zwischen den eigentlichen Kreuzzügen immer größere oder kleinere Gruppen von Kreuzfahrern im Heiligen Lande an, um mitzukämpfen und nach Jerusalem zu wallfahren. Zweimal im Jahr gingen sogenannte Passagien ab, eine kam zu Ostern im Heiligen Land an, die andere im August oder September. Die Italiener zogen im allgemeinen die Überfahrt im Winter vor.

Für die Kreuzfahrer bedeutete es wie für alle Nicht-Küstenbewohner des Mittelalters einen schweren Entschluß, sich den Schiffen anzuvertrauen. Fulcher schildert anschaulich, wie im Jahre 1097 die Kreuzfahrer, als sie in Brindisi den Untergang eines Kreuzfahrerschiffes erlebt hatten, von Angst vor dem „trügerischen Wasser" ergriffen, wieder nach Hause zurückkehrten[64]. Ebenso singt der Troubadour Rutebeuf davon, daß man sich auf dem Wasser nicht festhalten und sich nicht auf einen Stock stützen könne[65], und die Sänger Bertran d'Alamanon und Sordello werfen sich um die Mitte des 13. Jahrhunderts gegenseitig ihre Angst vor der Überfahrt vor. Sordello schreibt mit Anspielung auf den Ablaß der Kreuzfahrer, durch die Fahrt übers Meer kämen alle Menschen zur ewigen Seligkeit, darum wolle er, solange er am Leben sei, nicht über die See fahren[66]. Man muß sich diese Furcht vor Augen halten, um den Entschluß so vieler Kreuzfahrer, überzufahren, recht zu würdigen.

Die Annehmlichkeiten einer solchen Fahrt waren aber auch, abgesehen von der damals viel größeren Gefahr, für den Seefahrer weit geringer als für den heutigen Reisenden. Wir dürfen eine Schilderung einer solchen Fahrt nach dem Heiligen Land aus dem Jahre 1476 wohl unbedenklich auch auf die Fahrten der Kreuzzugszeit übertragen, da die Verhältnisse in den beiden dazwischenliegenden Jahrhunderten eher besser als schlechter geworden sind. Es heißt da: „In der Galeen ist gar mancherley Unruhe; es ward unser einem in der Galeen eine Statt dreyer Vorderspannen weit (drei Spannen breit mit den Vorderfingern gemessen) zu eigen gegeben, da liegt einer am andern, da muß man im Sommer gar große Hitze leiden, so thut einem das Ungeziefer große Überlast; auch sein aus der Maassen viel grosse Ratzen darinnen, di einem des Nachts über die Mäuler laufen. Grosse Sorge der Lichter halben, damit man ungewärlich umgehet und doch nicht zu löschen wäre, wenn Feuer auskäme; denn es ist eitel Pech. So denn Zeit Schlafens ist, und einer gerne schliefe, so reden die andern neben ihm, oder singen und schreien, und machens nach ihrem Gefallen, damit uns der Schlaf gebrochen wird. Diejenigen, so bei uns sich krank geworden, sind des meisten Theils gestorben ... Das Essen war unlustig, das Fleisch hing an der Sonne, das Brot steinhart, darin waren viel Würmer, das Wasser war zu Zeiten stinkend, der Wein warm, daß er vor Wärme rauchte, und war unschmackhaft ... Die Galioten sind eines Theiles untreu und diebisch. So mußten wir Wassers halben große

[63] Joinville S. 209. [64] Fulcher I, 8; 4, S. 171.
[65] Ausgabe von Jubinal, S. 132. [66] Throop, Criticism, S. 153.

Gefahr ausstehen, wurden auch zu Zeiten von den Türken und Raubschiffen gejaget... Da es zum Herbste kam, begaben sich große Winde, Wetter, Donner, Blitzen und Regen, davor wir uns nicht konnten erhalten. Es sind auch auf dem Schiffe viel Wanzen, anderes Ungeziefer und Luftraupen, die bekriechen einen überall. In Summa wir hatten wenig Ruhe, und weiß ich nichts Besseres auf dem Schiffe denn die liebe Patientia." [67]

Doch fuhren bevorzugte Reisende unter den Kreuzfahrern mit mehr Bequemlichkeit. So wissen wir, daß Jakob von Vitry, als er, 1216 zum Bischof von Akkon ernannt, von Genua aus auf einem Kauffahrteischiffe überfuhr, für sich, seine Begleiter, die Pferde und die Lebensmittel fünf Räume zur Verfügung hatte und daß der vierte Teil des Oberdecks für ihn belegt war [68]. Im allgemeinen benutzte man Galeeren, lange und schmale Schiffe mit Rudern und kleiner Takelage an zwei bis drei Masten oder auch Dromonen und andere Schiffe. Die norddeutschen Kreuzfahrer kamen auf den ihnen gewohnten Koggen, schwerfälligen bauchigen Schiffen, die die Hanse bekannt gemacht hat. Man schloß dann mit dem Besitzer des Schiffes einen Überfahrtsvertrag ab. Der bekannteste ist der Vertrag der Ritter des vierten Kreuzzuges mit den Venezianern, der dann der Anlaß zu der Eroberung von Zara und der weiteren Ablenkung des Zuges wurde. Für eine bestimmte Summe leistete der „Patron" die Fahrt, versorgte aber auch während der Überfahrt die Kreuzfahrer mit Essen und Trinkwasser.

Man fuhr meist so, daß man möglichst lange an Küsten entlang fahren konnte, an Kreta und Zypern vorbei. Die Fahrt beanspruchte etwa vier bis fünf Wochen im Durchschnitt. Doch müssen die Unterschiede schon wegen der vielen Zwischenfälle sehr groß gewesen sein. Katastrophen durch Stürme kamen häufig vor. Eine der schwersten war die, die die Flotte der Franzosen und Sizilianer nach dem Tod von Ludwig dem Heiligen bei Sizilien zerstörte. Eine große Gefahr bedeuteten außerdem die Seeräuber, besonders an den dalmatinischen Küsten und den Inseln des Mittelmeeres. 1220 geriet z. B. ein Graf von Katzenelnbogen in ihre Hand [69]. Die Päpste haben sich im 13. Jahrhundert immer wieder gegen die Seeräuber gewendet, im ganzen aber kaum mit großem Erfolg [70].

Nationale Gegensätze in der Kreuzritterschaft

Im Laufe der Kreuzzüge haben sich starke nationale Gegensätze unter der Kreuzfahrerschaft bemerkbar gemacht und sich zu verschiedenen Zeiten als eine schwere Hemmung erwiesen. Doch tut man gut, um nicht ein falsches

[67] Hans von Mergenthal, Begleiter des Herzogs Albrecht, siehe: R. Röhricht, Pilgerreisen.

[68] Brief Jakobs = Ztschr. f. Kirchengeschichte 14, S. 105.

[69] Oliverus Scholasticus, Hist. Damiat. 50, S. 253, von 1220.

[70] Migne PL 216, S. 820, Innozenz III. (1213). — Honorius III., Opera III, V, 321, S. 764, von 1221. — Potthast I, 6611.

Bild zu bekommen, davon nicht auszugehen, sondern zunächst die erstaunliche Tatsache eines gemeinsamen Handelns und eines gemeinsamen Kämpfens des ganzen Abendlandes zwei Jahrhunderte hindurch ins Auge zu fassen. Der Haupteindruck ist trotz aller nationalen Schwierigkeiten der der Einheit des Abendlandes. Einheit und Einigkeit sind damals kein Wunschtraum. Wenn das ganze Abendland gemeinsam, allerdings mit verschiedener Intensität der Beteiligung, spontan aufbrechen kann einem gemeinsamen Ziele zu, dann ist dieses Abendland damals noch eine handlungsfähige Einheit, also ein politisches Ganzes. Und wenn die abendländische Ritterschaft in diesen zwei Jahrhunderten eine gemeinsame Haltung einnimmt, von einer gemeinsamen ritterlichen Frömmigkeit getrieben wird und nach gemeinsamen Werturteilen handelt, so ist das Abendland eine kulturelle Einheit. Und diese Einheit hat das Abendland wesentlich erwiesen eben durch die Kreuzzüge als gemeinsame Tat. In diesem gemeinsamen Ausziehen ist trotz aller Gegensätzlichkeiten das Abendland sich seiner Einheit voll bewußt geworden. Sonst hätten nicht immer wieder Könige, Fürsten und Ritter aller abendländischen Staaten zu einem gemeinsamen Ziel aufbrechen können; sonst hätte der Papst nicht immer wieder mit e i n e m Ruf alle Völker des Abendlandes erfassen können, ohne jede Rücksicht auf politische Kämpfe des Kaisers oder anderer Fürsten mit dem Papst. Und als man gar Menschen der fremden Religion, Kultur und völkischen Eigenart gegenüberstand, da wußte jeder Kreuzfahrer, daß er mit den Rittern anderer Völker zusammen zu einem geschlossenen Ganzen gehörte. Die Kreuzzüge und die Tatsache des Abendlandes als kampferprobter Einheit stehen in enger sachlicher Verbindung. Denn in den Kreuzzügen erst ist die Einheit des Abendlandes im Gegensatz zum Morgenland und zu Byzanz den Rittern voll zum Bewußtsein gekommen. Die Kreuzzüge haben erwiesen, daß es nicht nur eine Einheit des Abendlandes als Kirche, sondern auch eine Einheit der christlichen Ritter mit e i n e m Willen und einer, und zwar einer großen Kraft gab. Dies Bewußtwerden der Einheit des Abendlandes hat aber dann auch die Macht der Idee des Abendlandes bedeutsam gestärkt.

Es gab keine Landesgrenzen für die Kreuzzugswerbung. Und wenn vor dem zweiten Kreuzzug der Papst aus politischen Gründen die Ausdehnung der Werbung auf den deutschen König und auf Deutschland nicht wollte, so erwies sich die Kraft des Gedankens und die Einheit der Länder als stärker.

Daß sich daneben nationale Gegensätze bemerkbar machten und zu heftigen Spannungen zwischen den einzelnen nationalen Kreuzfahrergruppen führten, ist nicht erstaunlich. Begannen doch gerade damals die nationalen Staaten in Europa sich zu konsolidieren und damit das nationale Bewußtsein sich zu verfestigen[71]. Die nationalen Reibungen der verschiedenen Kreuz-

---

[71] Vgl. dazu J. Haller, 1000 Jahre deutsch-französischer Beziehungen (1930) S. 8 ff. — F. Kern, Der mittelalterliche Deutsche in französischer Ansicht = Hist. Ztschr. 108 (1912) S. 237 ff. — L. Reynaud, Les origines de l'influence française en

fahrerabteilungen haben nun ihrerseits dazu beigetragen, das Nationalbewußtsein der einzelnen Völker zu verstärken. Dieses Bewußtsein aber hat dann schließlich die Zusammengehörigkeit des Abendlandes und damit seine Einheit wesentlich geschwächt; erst sehr viel später haben andere kulturelle und politische Tatsachen sie neu belebt. Hier in den Kreuzzügen stehen wir vor den ersten Anfängen dieser Entwicklung. Darum kann man sowohl sagen, daß die Kreuzzüge, vom Abendland geschaffen, es in seiner Kraft erwiesen und verstärkt haben, wie daß sie dann im Lauf ihrer Geschichte die Grundlagen für die Schwächung des Abendlandes durch das aufkommende Nationalbewußtsein gelegt haben.

Nationale Gegensätze und ein Bewußtsein davon gab es in Anfängen schon vor den Kreuzzügen. Aber die Gelegenheit zur Berührung der verschiedenen Völker miteinander und gar der Berührung in größeren Gruppen war sehr selten. Sobald die Kreuzzüge nun die Völker des Abendlandes zu einem gemeinsamen Werk verbanden, mußten diese Gegensätze lebendig werden. Im ersten Kreuzzug rühmte man schon an Herzog Gottfried, daß er in besonderem Maße die Fähigkeit habe, nationale Gegensätze und Reibereien auszugleichen[72]. Und ebenso hören wir, daß sich bei dem Zuge Peters von Amiens die Deutschen und Italiener von den Franzosen trennten, des Hochmutes der Franzosen wegen[73]. Beim zweiten Kreuzzug werden die Berichte über solche Spannungen weit häufiger. Beide Heeressäulen zogen getrennt nach Konstantinopel, um solche Streitigkeiten zu vermeiden. Aber die Vor- und Nachhuten kamen doch auf dem Zug durch den Balkan miteinander in Berührung und in Streit[74]. Dann zog König Konrad III. über den Hellespont, ohne die Ankunft des französischen Königs abzuwarten, wie berichtet wird, um nicht mit den Franzosen zusammen ziehen zu müssen[75]. Nur eine Abteilung von Lothringern unter dem Bischof von Toul und Reinald von Metz trennten sich von dem deutschen Heerhaufen, um sich mit dem französischen Heer zu vereinigen[76]. Auch die Griechen erzählen von solchen Streitigkeiten und Neckereien der Kreuzfahrerheere[77]. Als später König Konrad nach seiner Niederlage in Anatolien genötigt war, sich dem Heer der Franzosen anzuschließen, hielt er es darum nicht lange aus, sondern fuhr nach Konstantinopel hinüber. So wiederholen sich solche Vorgänge während des zweiten Kreuzzuges immer wieder bis zu der Belagerung von Damaskus, wo man einerseits mit Verärgerung von dem ungestümen Vorgehen der Deutschen spricht[78], andererseits aber den König von Frankreich

Allemagne (1913) S. 493. — J. Westfall Thompson, Feudal Germany (1928) S. 381 ff.

[72] Otto von Freising, Chronic. VII, Kap. 5 = Mon. Germ. Schulausg., S. 315, zu 1099.

[73] Gesta Francorum II, 4, S. 115 ff.

[74] Odo von Deuil = Mon. Germ. SS. XXVI, 3, S. 63, von 1147.

[75] Historia Pontificalis 24, zu 1147 = Mon. Germ. SS. XX, S. 534.

[76] Siehe Odo von Deuil a. a. O. S. 65. [77] Kinnamos II, 18, S. 84.

[78] Gesta Ludovici VII regis XXI = Duchesne IV, 406.

beschuldigt, zusammen mit den fränkischen Rittern verräterischerweise die Belagerung aufgehoben und die Deutschen im Stiche gelassen zu haben[79]. Und so geht es weiter die ganze Geschichte der Kreuzzüge hindurch. 1217 wollten, wie Eracles erzählt, die Franzosen nicht zusammen mit den Deutschen und Ungarn ausziehen[80], und vor Damiette erklären die Kreuzfahrer dem Legaten Pelagius, daß nur König Johann von Jerusalem die verschiedenen Nationen unter einen Hut bringen könne[81].

Es sind dabei keineswegs nur die Deutschen und die Franzosen in Gegensätze geraten, sondern ebenso die Franzosen und die Engländer[82] und die Franzosen und die Italiener[83].

Gerade durch diese Auseinandersetzungen aber bildet sich das Nationalbewußtsein der verschiedenen Völker immer deutlicher aus. Wir sehen es auf deutscher Seite nicht nur in der Gereiztheit einzelner Fürsten anderen Nationen des Kreuzheeres gegenüber, wie Herzog Leopolds von Österreich gegen Richard Löwenherz, König Konrads oder auch des Landgrafen Ludwig von Thüringen gegen die Franzosen, sondern mehr noch in dem Stolz, mit dem z. B. der Kölner Domscholaster Oliverus in seiner „Historia Damiatina“ über die Taten der Deutschen bei der Eroberung des Kettenturmes vor Damiette zu berichten weiß. Oder man denke an den Ton, mit dem Abt Ekkehard von Aura erzählt, daß Herzog Gottfried die deutschen Kämpfer vor allen anderen ausgezeichnet und sie den Franzosen als Muster hingestellt habe[84]. Auch an den Brief des Patriarchen Dagobert an die deutschen Fürsten sei in diesem Zusammenhang erinnert, wo er schmeichelnd schreibt, den Deutschen sei von Gott eine Machtstellung gegeben über andere Völker, dementsprechend sollten sie nun Hilfe schicken[85]. Ein gutes Beispiel des deutschen Nationalbewußtseins aus etwas späterer Zeit finden wir bei Thomasin von Zirkläre[86].

Deutlicher noch tritt dies Bewußtsein bei den Franzosen zutage. Hier bekommt das nationale Bewußtsein einen besonderen Charakter dadurch, daß man die Kreuzzüge in erster Linie als ein Werk der Franzosen ansah und darum Frankreich als eine besonders treue Tochter der Kirche oder gar als *die* Tochter der Kirche betrachtete. Das beruht zunächst darauf, daß die meisten Teilnehmer des ersten Kreuzzuges Franzosen waren und daß auch die Normannen Süditaliens sich, als sie sich anschlossen, als Franzosen fühlten[87]. Guibert von Nogent berichtet sogar, Papst Urban II. habe in seiner berühmten Rede von Clermont betont, er wende sich an die Franzosen, da es immer

[79] Gerhoch von Reichersberg, Antichrist 61, S. 377.
[80] Eracles XXXI, 10, S. 322.
[81] Oliverus Scholasticus 43, S. 248/49.
[82] Matthaeus Paris. V, 131, von 1250.
[83] H. Hoogeweg II, 286. — Nach dem Fall von Damiette brach ein heftiger blutiger Streit der Franzosen und der Italiener um die Beute aus. Siehe auch oben S. 268.
[84] Ekkehard, Chron. univers., zu 1099 = M. G. SS. VI, S. 218.
[85] H. Hagenmeyer, Kreuzzugsbriefe XXI, 6, 176, von 1100.
[86] Thomasin von Zirkläre, 11347 ff.; ein gutes Beispiel aus etwas späterer Zeit.
[87] Robert von Reims Buch II, 4, S. 741. — Reynaud, Les origines 102.

üblich gewesen sei, daß der Papst, wenn er in Not sei, sich an sie gewendet habe[88]. Und rückschauend sagt er an anderer Stelle, wenn die Franzosen damals auf Urbans Ruf nicht vorangegangen wären, hätten die Deutschen keine Hilfe geleistet[89]. Auch Papst Eugen III. nennt in seiner Kreuzzugsbulle von 1146[90] vor allem die Ritter Frankreichs als tapfere und tüchtige Streiter, und dann erst die Ritter Italiens. Das ist in gewissem Maß sicherlich richtig, wenn es auch damals schon überbetont war. Denn Johannes von Würzburg führt entschiedene Klage darüber, daß man den deutschen Kreuzfahrern nicht entsprechend ihrer Beteiligung auch ein Recht in Jerusalem nach der Eroberung eingeräumt habe[91]. Auch geht aus der obengenannten Liste der namentlich bekannten deutschen Kreuzfahrer hervor, daß die Beteiligung der Deutschen am ersten Kreuzzug doch nicht so gering gewesen sein kann, wie man nach Ekkehards von Auras Bemerkungen[92] hätte annehmen können. Weiß diese Liste doch 135 deutsche Kreuzfahrer des ersten Zuges mit Namen zu nennen[93].Wenn also auch der erste Kreuzzug nicht so ausschließlich von Franzosen und Normannen getragen worden ist, wie man oft angenommen hat, so bleibt doch das Übergewicht sehr groß. Und die Geschichte des Heiligen Landes zeigt außerdem, daß ein steter Nachstrom von französischen Rittern aus dem Abendland die Ritterschaft des Königreichs Jerusalem und der anderen Staaten ergänzt hat. Da diese im Laufe der Jahre immer mehr einen französischen Charakter aufwies, auch französisch sprach, holte man sich auch die Kräfte, die man zur Führung brauchte, immer wieder aus Frankreich. Nur Konrad von Montferrat hat man aus Oberitalien kommen lassen," aber doch auch aus einer romanischen Welt. So trat denn im Bewußtsein der Allgemeinheit, vor allem in Frankreich, der Anteil der anderen Völker des Abendlandes ganz in den Hintergrund. Darum konnte dann im Jahre 1223 Papst Honorius III. an König Philipp August von Frankreich schreiben: „Frankreich, das die Schlachten Gottes aus alter Gewohnheit am liebsten schlägt."[94] Ebenso führt Gregor IX. in einem Schreiben an Ludwig IX. aus: Die Franzosen hätten einen Vorrang vor anderen Völkern, sie schlügen die Schlachten Gottes für den katholischen Glauben und kämpften in Ost und West für die Freiheit der Kirche. Im Jahre 1312 spinnt König Philipp der Schöne von Frankreich diesen Gedanken weiter und verallgemeinert ihn dahin, daß Christus in Frankreich vor anderen Völkern eine Grundlage für Frömmig-

[88] Guibert von Nogent S. 135 = lib. 2, cap. 1.

[89] l. c. S. 136.

[90] P. Rassow = Neues Archiv 45 (1924) S. 302.

[91] Johannes von Würzburg, Descriptio, cap. IX = Migne PL 155, 1082.

[92] Hierosolyma IX, 1, S. 109. — Chron. = M. G. SS. VI, 214. — Siehe auch Bernold von St. Blasien, Chron., S. 464, von 1096.

[93] R. Röhricht, Die Deutschen im Heiligen Land, S. 9ff.

[94] Bouquet, Recueil XIX, 731, von 1223: „Gallia, quae praeliare praelia Domini potissimum consuevit." — Ähnlich Gregor IX. = Potthast 10925, von 1240. — Vgl. auch schon die Vorrede zur Lex Salica und die Briefe der Päpste an Pippin und Karl d. Großen, 754ff.

keit und Glauben gefunden habe und die Kirche ihre treuesten Anhänger; hier werde Christus mehr geliebt, gefürchtet und geehrt als bei anderen Völkern. Darum habe Gott auch beschlossen, Frankreich vor allen anderen Völkern zu ehren und von jedem Vorherrschaftsanspruch eines anderen Herrschers auszunehmen. Und diese Gedanken schickt er als Antwort auf dessen Krönungsanzeige an Kaiser Heinrich VII.[95]. So läßt sich das Wachstum dieser Idee von Frankreich als der getreuesten Tochter der Kirche aus den Kreuzzügen heraus deutlich verfolgen. Freilich waren es nicht die Kreuzzüge allein, die diese Idee wachsen und an Macht gewinnen ließen. Der Papst, verwickelt in den Kampf mit den Hohenstaufen, brauchte einen der mächtigen Staaten des Abendlandes als Stütze gegen den Kaiser. Darum wandte er sich an das benachbarte Frankreich und betonte die stete Verbundenheit Frankreichs mit der Kurie, obwohl bis zu Paschalis II. hin recht große Spannungen bestanden hatten. Auch später dachte der Papst bei solchen anerkennenden Hinweisen mehr daran, den französischen Adel und das Volk zu gewinnen als die Könige. Auch das Wort von Frankreich, das die Schlachten der Kirche immer geschlagen habe, ist keineswegs nur an den König, sondern mindestens ebenso auch an das französische Volk gerichtet. Eine starke Bewegung in Adel und Volk kam augenscheinlich dem Papst und seinen Bemühungen entgegen. Die Wirksamkeit von Männern wie Suger von St-Denis, Bernhard von Clairvaux und der ganzen Reihe der Äbte von Cluny[96] war nicht vergeblich gewesen. Im Laufe der Jahrhunderte haben sich diese Gedanken zu einem weitverbreiteten, oft mystischen Glauben an die besondere Verbundenheit Frankreichs mit der katholischen Kirche und mit Christus gesteigert. So wenn die Mystikerin Lucie Christine (1870—1908) Christus sagen läßt: „Siehe, wie sehr mein Herz Frankreich liebt. Ich könnte ihm nichts Teureres schenken als meine Mutter, und ich habe sie ihm geschenkt."[97] In ähnlicher Weise äußerte sich auch der Dominikaner Lacordaire (1802 bis 1861)[98]. So führen die Linien von den Kreuzzügen bis in die Geistesgeschichte der Gegenwart. Die Kreuzzüge haben dieses eigentümliche religiöse Nationalbewußtsein der Franzosen geschaffen, das sie heute noch kennzeichnet.

Die Kampfesweise der Kreuzfahrer und der Muslime

Wer sich ein Bild von den Kreuzfahrerheeren im Orient machen will, muß vor allem versuchen, ihre Kampfesweise und die ihrer Gegner klar zu sehen. Sie stehen zunächst in einem deutlichen Gegensatz. Im Lauf der Jahrzehnte

[95] Mon. Germ. Const. IV, 2, Heinrich VII., 811, S. 813, von 1312. — Vgl. dazu J. Haller, 1000 Jahre . . ., S. 7. — Ders., Papsttum III, 1, S. 132.

[96] Vgl. auch Caspar, Roger, S. 365.

[97] E. R. Curtius, Kultur, S. 100, Anm. 1: „Vois . . . combien mon coeur aime la France! Je ne pouvais rien lui donner de plus cher que ma mère, et je la lui ai donnée."

[98] E. R. Curtius ebd. S. 100.

passen sich aber die Kreuzfahrer in ihrer Art zu kämpfen immer mehr an die Muslime an.

Selbstverständlich übertrugen die Kreuzfahrer bedenkenlos ihre zu Haus gewohnte Art zu streiten auch in das fremde Land. Darum ist ihr Krieg in erster Linie Kampf der schwergepanzerten Ritter zu Pferd, und dabei ist alles auf die Offensive, auf einen gewaltigen, mit aller Kraft und Tapferkeit vorgetragenen Angriff abgestellt. Diesem Ansturm haben die muslimischen Heere nicht standgehalten. Aber die Muslime wichen ihm aus, sie flohen scheinbar und verlockten so die Franken dazu, ihre geschlossene Front, in der sie unüberwindlich waren, aufzugeben. In diesem Augenblick verlor aber das Ritterheer seine eigentliche Kraft.

Man legte bei den Kreuzrittern großen Wert auf eine gut ausgebaute Schlachtordnung[99]. Dabei bildete das Ritterheer den Kern, der, wie in der Schlacht von Arsuf 1191, zu beiden Seiten von Infantrie flankiert und geschützt war; oder aber eine vorgeschobene Abteilung von Rittern wurde mit einer Truppe von Infanterie zu gegenseitigem Schutze verbunden[100]. Selten nur entschloß sich der Ritter zum Fußkampf, doch scheint darin ein Unterschied zwischen deutschen und französischen Kreuzfahrerscharen bestanden zu haben. Die Deutschen waren eher gewöhnt, auch zu Fuß zu kämpfen. Der Reiterkampf war bei ihnen augenscheinlich noch nicht so gut durchgebildet wie bei den Franzosen[101]. In der Not der äußersten Defensive ist es aber allgemein gebräuchlich, einen „Igel" zu bilden, d. h. eng aneinandergedrängt, auf ein Knie niedergelassen, sich gegenseitig stützend mit den gestreckten Speeren und den Schilden, ein kaum überwindliches Hemmnis für den andringenden Feind zu bilden[102].

Demgegenüber besteht die Stärke der Muslime in ihrer leichten Reiterei, die dem Ansturm auszuweichen pflegt, aber zerstreute Ritterscharen vernichtet und zu allen Zeiten das schwerfällige fränkische Ritterheer von allen Seiten belästigt. Es ist dieselbe Situation, in der die Franzosen in ihren Kolonialkämpfen gegen die Kabylen, Napoleon in Ägypten gegen die einheimischen Truppen und die Österreicher und Russen gegen die Türken waren[103]. Schwierig war darum immer die Lage der Kreuzfahrerheere auf dem Marsch. Ließen die Ritter sich da verlocken, die ringsum schweifenden Muslime anzugreifen, so waren sie verloren. Nur eiserne Disziplin vermochte einen solchen Zug durch angreifende Muslime hindurchzuführen. Ein Beispiel dafür ist der Zug des Richard Löwenherz von Akkon nach Arsuf

[99] Galtherius II, cap. XII, 1, S. 103, zu 1119.

[100] Galtherius a. a. O.

[101] Wilhelm von Tyrus VII, 4, und Wilhelm von Apulien, Gesta Roberti Wisc. lib. II, v. 153 ff. = Mon. Germ. SS. IX, S. 256/57.

[102] Lat. Forts. des Wilhelm von Tyrus III, V, 114. — Albert von Aachen III, 51, S. 374, beschreibt eine ähnliche Form des Zusammenschlusses zu einer Einheit.

[103] O. Heermann, Die Gefechtsführung mittelalterlicher Heere im Orient in der Epoche der Kreuzzüge (Marburg 1887).

im Jahre 1191[104]. Ausdrücklich rühmt eine Chronik, daß die Ritter einer Nachhut sich wie wackere Rittersleute verhalten hätten, weil sie die ständigen Angriffe des Feindes ruhig ausgehalten hätten[105].

Dem Kreuzritter aber fiel eine geduldige, disziplinierte Kampfesweise gegenüber den umherschwirrenden Scharen der türkischen Reiter sehr schwer. Er war gewohnt, alles von einem mit aller Kraft vorgetragenen Vorstoß zu erwarten. Beweglichkeit, Klugheit und List lagen ihm fern. Gerade das aber hatten die Muslime besonders ausgebildet.

Dadurch war auch der Erfolg der Kämpfe weithin bestimmt. Zunächst schlugen die Kreuzfahrerheere, wo ihre Reitermassen anstürmen konnten, die Muslime fast immer. Wenn der Feind sich aber auf seine Stärke besann, waren die schwerbeweglichen, gepanzerten Kreuzritter den leichten, nie faßbaren, aber immer gefährlichen Reitern unterlegen. Man lockte sie gern in einen Hinterhalt oder in Landstriche, in denen die Natur den Franken ungünstig war. Hier nützte alle persönliche Kühnheit nichts mehr. Immer wieder gerieten so fränkische Fürsten durch Tollkühnheit oder Unvorsichtigkeit in Gefangenschaft oder wurden getötet. Immer wieder auch konnten neue Kreuzfahrer eine gute Gelegenheit nicht abwarten und griffen tollkühn und töricht an[106]. Besonders verhängnisvoll und überkühn waren der Marsch des Legaten Pelagius gegen Kairo 1221 und der Reiterangriff des Grafen Robert von Artois bei al-Mansūra im Jahr 1250. Als Humbert von Romans sich Rechenschaft über die Mißerfolge der Kreuzzüge gibt, nennt er vor allem die Tollkühnheit der fränkischen Ritter (indiscreta audacia nostrorum)[107].

Demgegenüber stand die wendige, überraschende Kampfesweise der Muslime. Hier ist Taktik alles. Schnelligkeit, Klugheit und Geduld stehen hier höher im Kurs als das tapfere, kühne Angreifen und Überrennen. Deutlich scheiden sich beide Welten im Punkt der Ehre. Sie verbietet es dem Kreuzritter unter allen Umständen, zu fliehen. Für den Muslim aber ist eine geschickte oder vorgetäuschte Flucht ein Mittel zum Sieg, und darum durchaus nicht unehrenhaft. Eine abendländische Chronik schreibt darum voll Staunen: „Für sie bedeutete es keinen kleineren Ruhm, zu fliehen, als in die Flucht zu schlagen.“[108] Wilhelm von Malmesbury sagt: „Sie lieben einen Krieg auf der Flucht“ (fugax bellum)[109], und Guido de Bazoches schreibt: „Wir kämpfen, indem wir in die Flucht schlagen mit Lanzen und Schwertern, jene kämpfen im Fliehen mit Bogen und Pfeilen!“[110]

[104] Siehe oben S. 211. Vgl. auch R. Grousset III, S. 62—67.

[105] Eracles XXVI, 7, S. 183.

[106] Oliverus Scholasticus, Hist. reg. 91, S. 142, zu 1187. — Itinerar. reg. Ricardi III, X, S. 223, von 1191. — Rothelin 62, S. 595 f., von 1249. — So gibt es viele Beispiele.

[107] Opus tripartitum, cap. 17 = Mansi, Conc. XXIV, S. 116.

[108] Lat. Forts. des Wilh. von Tyrus II, XX, S. 103: quibus non minor gloria fugere quam fugare.

[109] Wilhelm von Malmesbury II, Bd. IV, § 347, S. 395.

[110] Brief 35 = Neues Archiv der Ges. f. ält. dt. Gesch.kde. 16, 109.

Die Kennzeichen dieses Kampfes der Muslime sind folgende:
1. die Scheinflucht. Die Muslime ziehen sich nach kurzem Kampf angeblich geschlagen zurück, verlocken die Franken, sie zu verfolgen und sich zu zerstreuen, und schlagen dann die einzelnen Ritter[111];
2. der Versuch, die Franken durch Angriffe von Bogenschützen zu veranlassen, aus guten Verteidigungsstellungen herauszugehen, Burgen zu verlassen oder überhaupt in ungünstiger Lage eine Schlacht zu beginnen[112];
3. der Versuch, die Franken in einen Hinterhalt zu locken[113];
4. die Absicht, den Feind durch anhaltende Kleinangriffe von leichter Reiterei mit Pfeil und Bogen zu ermüden[114];
5. die Ausnutzung der Besonderheiten der Natur des Landes, vor allem des Wassermangels, aber auch sumpfigen Geländes. Das bekannteste Beispiel ist die Schlacht von Hattīn, wo der Durst die Franken zur Verzweiflung bringt, die dadurch noch gesteigert wird, daß der Wind den Rauch von Buschwerk und Steppengras, das die Muslime in Brand gesteckt haben, den Franken in die Augen treibt[115]. Aber das ist durchaus nicht der einzige Fall, sondern die Muslime wissen alle solche sich bietenden Gegebenheiten auszunutzen[116];
6. Kriegslisten aller Art. Soll doch schon der Prophet gesagt haben: „Krieg ist ein Betrugsspiel."[117] Beispiele sind zahlreich in der Geschichte des Heiligen Landes[118];
7. Auf dem Marsch ist es für die Muslime charakteristisch, daß man die Bagagen und die für die Verpflegung bestimmten Herden vorausschickt und daß oft weitschweifende Reiterscharen den Zug begleiten[119];
8. Als Gesamtcharakteristikum des muslimischen Kämpfens kann wohl die Wendigkeit des Entschlusses genannt werden. So erklärt Usāma, es gäbe nur eine Methode des Kampfes, nämlich die, keine zu haben. „Der Krieg leitet sich selbst — La guerre se dirige elle-même")[120].

[111] Gerhoch von Reichersberg, Antichrist, S. 375. — Al-Athīr, S. 221, zu 1104; 399, zu 1132/33; 539, zu 1163/64. — Itinerar. reg. Ricardi IV, VIII, S. 247, von 1191. — R. Grousset II, S. 124—126 u. S. 491.

[112] Abū Schāma, Zwei Gärten I, S. 245 u. I, S. 265. — Saladin ruft, als die Franken ihre guten Stellungen verlassen, um anzugreifen: „Was wir wünschen, trifft ein."

[113] Al-Athīr I, S. 627, von 1176/1177; 632/633, von 1177/1178; 742/743, von 1189/1190.

[114] Lat. Forts des Wilhelm von Tyrus II, S. 103. — Gerhoch von Reichersberg 59, S. 375.

[115] Al-Athīr I, S. 683, zu 1187/88. — Abū Schāma, Zwei Gärten I, S. 266. — Brevis reg. Jerosol. Hist. = Mon. Germ. SS. XVIII, S. 53.

[116] Al-Athīr I, S. 217, zu 1104; ebd. S. 231 u. S. 289, zu 1113/1114; ebd. S. 344, zu 1121/22. — Jakob von Vitry 46, S. 1073. — Gesta Ludovici VII, 21 = Duchesne IV, 406.

[117] H. Delbrück, Geschichte der Kriegskunst III, S. 222.

[118] Einige Beispiele: Eracles XXIV, 10, S. 455. — Abū Schāma, Zwei Gärten (Ausg. Goergens) S. 47. — Al-Athīr I, S. 222 f., zu 1104; ebd. I, S. 555 f., zu 1168/69.

[119] Al-Athīr I, S. 297, zu 1115/16; ebd. I, S. 410, zu 1134/35.

[120] Usāma S. 547 (Ausgabe Derenbourg).

Alle diese Eigenarten des Kampfes hatten natürlich auch auf die Franken den größten Einfluß. So kann es denn auch nicht wundernehmen, die Franken bald dieselben Praktiken im Kampfe anwenden zu sehen. Sie haben von ihren Gegnern gelernt[121].

Eigentümlicherweise siegen die Franken in einem Fall dadurch, daß sie sich nicht der Natur des Landes anpassen, sondern im Gegenteil in der Mittagshitze angreifen, wo im Orient niemand etwas Anstrengendes tut. Gerade dadurch aber gelingt ihnen eine vollständige Überraschung, die zu einem Sieg führt[122].

Und doch hat trotz dieser Verschiedenheiten die Kampfweise beider Gegner von vornherein manche überraschende Ähnlichkeiten. Sie haben ihre Ursache in dem feudalen Charakter beider Heere. Vor allem fällt die Vorliebe für ritterliche Einzelkämpfe auf beiden Seiten ins Auge. Gern greifen einzelne Ritter beider Seiten auf eigene Initiative, oft ohne jede Verständigung mit der Heeresleitung, einzeln an und suchen so durch besondere Heldentaten persönlichen Ruhm zu erwerben. Es kann sein, daß dann ein Ritter von der Gegenseite sich zum Einzelkampf stellt, es kann aber auch ebenso sein, daß der Angreifer von der Masse der Gegner niedergemacht wird. Ein Ergebnis für den Gesamtkampf ist auf diese Weise wohl kaum einmal erreicht worden. Oft wird aber dieser Sonderkampf auch nicht nur von einem einzelnen Ritter ausgeführt, sondern er wirbt im Lager Mitkämpfer zu einem solchen Privatunternehmen, so wie nach der Schilderung von Tacitus germanische Helden in der Volksversammlung zu persönlichen Kriegszügen Männer anwarben. Unseren heutigen Begriffen nach scheint es ganz unglaubhaft, daß eine Heeresleitung solche Unternehmungen aus eigener Initiative und nach eigenem Plan (und meist mit geringer Kenntnis der Lage und des Feindes) duldete, aber die Chronisten loben ohne Bedenken solche Unternehmungen. Selten nur hören wir, daß ein Heerführer seinen Rittern verbietet, auf solche Herausforderungen zum Einzelkampf einzugehen[123]. Gelegentlich erbittet auch ein Ritter, den Gesamtkampf mit einem Einzelkampf oder dem Kampf seiner Gruppe einleiten zu dürfen[124]. Auch die Könige beteiligen sich an solchen Duellen, allen voran Richard Löwenherz. Er macht im Jahre 1192 in der Gegend von Ramla geradezu Jagd auf einzelne Muslime. Er reitet aus und kommt mit einem oder zwei Dutzend Sarazenenköpfen am Sattel wieder nach Hause. Hier wird der Einzelkampf geradezu zum Sport[125]. Richard hat sich dabei in jedem Kampf gern kühn bis zur Unklugheit mit seiner eigenen Person eingesetzt[126]. Im ganzen ist den Kreuzfahrern viel Unheil aus solchem disziplinlosen Einzelvorgehen

[121] Usāma S. 37; ebd. S. 93. [122] Al-Athīr I, S. 530, zu 1162/63.

[124] Ernoul S. 44. — R. Grousset II, 656. [123] Eracles XXIV, 24, S. 135 f.

[125] Alex. Cartellieri, Richard Löwenherz im Heiligen Land = Hist. Ztschr. 101 (1908) S. 20.

[126] Ambroise, Vers 11345—11691. — A. Cartellieri a. a. O. — R. Grousset III, 115/16.

entstanden. Aber dies sind Erscheinungen aller Feudalheere. In dieser Zeit finden sie sich ebenso bei den Byzantinern wie bei den Muslimen[127].

Neben den Rittern hatten von Anfang an auch Fußkämpfer gestanden. Das behielt man auch bei. Welche Aufgabe der Infanterie in der Schlacht zukam, zeigt am besten die Schlacht von Harīm 1164. Damals flohen die Muslime in der bekannten Weise, und die fränkischen Ritter verfolgten sie. Währenddessen aber vernichteten die Muslime die fränkische Infanterie. Als nun die Ritter von der vergeblichen Verfolgung zurückkehrten, „fanden sie keinen einzigen Fußsoldaten, bei dem sie Zuflucht finden konnten, und kein Asyl, nach dem sie sich zurückziehen konnten“[128]. An einer anderen Stelle greifen die Fußsoldaten der Muslime während einer ähnlichen Verfolgung der fränkischen Ritter das fränkische Lager und die es schützende fränkische Infanterie an und vernichten sie. Als die Ritter dann von der Verfolgung zurückkehren und dies sahen, flohen sie[129]. Die Infanterie muß also Auffangstellungen für die schnell ermüdenden und dann, solange sie wieder Kräfte sammeln, Schutz brauchenden Ritter schaffen. Außerdem hatte sie das Lager zu schützen, also gewissermaßen einen stets gleichbleibenden Kern des Heeres zu bilden, während die Ritterschaft durch Angriff oder Verfolgung in Bewegung war. Für diese Infanterie zogen die Franken bald einheimische Kräfte heran, zunächst wohl christliche Syrer, bald aber auch Muslime. Man bezeichnete sie meist als Sergeanten[130]. So beschwert sich Papst Nikolaus III. im Jahre 1279 darüber, daß der Fürst von Antiochia den Bischof von Tripolis gefangengenommen und durch sarazenische Soldaten habe bewachen lassen[131].

Vor allem aber zog man einheimische Kräfte in immer steigendem Maße für leichte Reiterei heran. Aus der oben geschilderten Kampfesweise beider Heere hatte sich bald die Notwendigkeit ergeben, eine leichte Reiterei nach dem Vorbild der Türken zu schaffen. Man nannte sie darum Turkopulen[132]. So kommt es, daß der Deutschorden, als er schon im Osten Deutschlands

[127] Einzelkämpfe aus eigener Initiative sind sehr häufig: H. Hagenmeyer. Kreuzzugsbriefe XV, S. 157, von 1098. — Lat. Forts. des Wilhelm von Tyrus I, XII, 67, von 1186. — Arnold von Lübeck, M. G. Schulausg., S. 205/06. — Dazu R. Röhricht, Geschichte ... Jerusalem, S. 697. — St. Runciman, A. History of the Crusades II, 453. Oliverus Scholasticus, Hist. Damiat. 10, S. 177, von 1218. — Usāma S. 107 u. 105. — Einzelkampf eines Priesters: Joinville S. 231. — Einzelkampf mit tödlichem Ausgang: Itinerar. reg. Ricardi III, X, S. 223, von 1191. — Rothelin 62, S. 595 f., von 1249. — Lob des Einzelkämpfers: Itinerar. reg. Ricardi III, X, S. 223. — Aufruf zum Einzelkampf: Gesta Francorum XXX, 5, S. 386, von 1098. — Einzelkampf bei den Muslimen: Usāma S. 94 u. S. 174. — Joinville S. 273. — R. Grousset I, S. 611, und II, 87 u. 505.

[128] Al-Athīr I, S. 539, zu 1163/64.

[129] Al-Athīr I, S. 372, zu 1126/27, bei Damaskus.

[130] Ernoul S. 170, zu 1187: „Lors manda li quens Henrins (von der Champagne) sien sergant qui de le tiere estoit nées, ...“

[131] Potthast 21590. — R. Röhricht, Geschichte ... Jerusalem, 977.

[132] Livre au roi IX, S. 612, Anm. = Recueil, Leges I.

lebte und stritt, seine leichte Reiterei noch Turkopulen (turkopil) und ihren Anführer Turcopolier nannte[133]. Gerade hierfür nahm man mit Vorliebe einheimische, auch muslimische Männer an. Das Königreich Sizilien hatte hierin schon das Vorbild gegeben. Denn dort treffen wir bereits 1096 und 1097 arabische, muslimische Soldaten im Dienste des Grafen Roger[134].

Die leichten Reiter rüstete man meist mit Pfeil und Bogen aus, nach dem Vorbild des Gegners. Doch müssen auch die ersten Kreuzfahrer schon Bogenschützen, wenn auch nur in kleineren Abteilungen, gekannt haben. Denn nach dem Zeugnis der Gesta Francorum[135] hat Raimund von St-Gilles vor Nicaea und nach dem Bericht eines vor Antiochia geschriebenen Briefes auch vor Antiochia Bogenschützen eingesetzt. Wir wissen allerdings nicht, ob diese beritten waren. Die daneben an beiden Stellen genannten ballistarii oder arbalistae sind dagegen nicht als Armbrustschützen anzusehen, sondern als Bedienungsmannschaften von Belagerungsmaschinen kleinerer Art[136]. Die Normannen hatten auf ihren Fahrten im Orient die Bedeutung von Bogenschützen früh kennengelernt. Im Normannenheer, das unter Wilhelm dem Eroberer nach England zog, war deshalb die Waffengattung der Bogenschützen schon recht zahlreich vertreten[137]. Auch in den Heeren des ersten Kreuzzuges fehlten sie also nicht ganz. Dann aber führte das Beispiel der Muslime dazu, daß man die Bogenschützen stark vermehrte, so daß im späteren 13. Jahrhundert die leichte, mit Bogen ausgerüstete Reiterei einen wesentlichen Bestandteil des fränkischen Heeres darstellte. Die Zahl der Bogenschützen war meist der der Ritter weit überlegen. Man kann oft sieben Leichtbewaffnete auf einen gepanzerten Ritter rechnen. Im Abendland wurde diese Waffengattung trotzdem damals noch als etwas Fremdes und Anstößiges empfunden. Dies zeigt das von Papst Innozenz II. 1139 ausgesprochene Verbot, „jene todbringende und Gott verhaßte Kunst der Schleuderer und Bogenschützen (ballistariorum et sagittariorum) gegen Christen in Anwendung zu bringen[138].

Die Rüstungen der Ritter haben wir uns anfangs noch verhältnismäßig leicht vorzustellen. Man trug ein Panzerhemd und einen kleinen, kegelförmigen Helm und dazu einen langen, buntbemalten Schild. Bald kamen Kettenhosen und im Lauf des 13. Jahrhunderts ein besonderer Schutz der Knie und Ellenbogen mit Eisenplatten dazu. Auch bevorzugte man ziemlich bald große Helme (Tonnenhelme) und einen kleinen, leicht beweglichen dreieckigen Schild an Stelle des schwerfälligen großen. Zum Schutz gegen die Sonne trug man dann auch ein Überkleid über dem Panzer, das meist reich

---

[133] Statuten des Deutschordens (Königsberg 1806), S. 171 u. 188.
[134] Erich Caspar, Roger, S. 10.
[135] Gesta Francorum VIII, 4, S. 183.
[136] H. Hagenmeyer, Kreuzzugsbriefe XV, 11, S. 158, von 1098. — Dazu Erläut., S. 321.
[137] P. Schmitthenner, Das freie Söldnertum (1934), S. 74 ff.
[138] Mansi Conc. XXI, S. 533 = 2. Laterankonzil von 1139, can. 29.

mit heraldischen Zeichen ausgestattet war. Schwere Plattenpanzer wie auch die später üblichen Plattenrüstungen der Pferde waren noch unbekannt, wären auch für die Wüstenmärsche unerträglich gewesen. Dies geht auch aus der Tatsache hervor, daß die Franken erbeutete arabische Pferde ohne weiteres sofort wieder verwendeten und daß Richard Löwenherz ein ihm von Saladins Bruder geschenktes Pferd mitten in der Schlacht besteigt und so weiterkämpft. Mit schweren Plattenpanzern wäre dies unmöglich gewesen. Noch brauchte man keine besonders schweren Pferde für die Ritter wie im späteren Mittelalter allenthalben[139].

Die Fußsoldaten trugen im allgemeinen einen dicken, filzartigen Rock und darüber einen Maschenpanzer. So ist es zu erklären, daß Pfeile, wie uns erzählt wird, im Panzer der Kämpfer steckenbleiben konnten[140]. Usāma berichtet von einem „kurzen Speer, mit dem damals die Franken am häufigsten die Araber bekämpft" hätten. Ohne weitere Angaben ist aber schwer, etwas über diese Waffe zu sagen.

Dabei müssen die Kreuzfahrer eine große Freude am Prunk ihres Auftretens, an der Kostbarkeit und Farbigkeit ihrer Ausrüstung gehabt haben. Das beweist die energische Wendung Bernhards von Clairvaux gegen prunkvolles Auftreten. Aus seinen Schriften sind die Verbote solcher Ausstattung in die päpstlichen Kreuzzugsaufrufe des 13. Jahrhunderts übergegangen[141]. Auch haben wir verschiedene eingehende Beschreibungen einer ganz besonders kostbar ausgestatteten, reich mit Gold verzierten Galeere, mit der der Graf von Jaffa, Jean d'Ibelin, 1249 zum Heere König Ludwigs IX. stieß[142]. Überhaupt ist es auffallend, welche große Rolle ritterliche Schönheit des Körpers und der Ausstattung überall im Leben des Heiligen Landes damals gespielt hat. Der seriöse Wilhelm von Tyrus weiß an vielen Stellen die Schönheit einzelner Könige und Ritter gar nicht genug zu preisen, und zwar nicht nur bei „jungen Männern", wie Guido von Lusignan, sondern auch bei ernsthaften Königen von Jerusalem. Ein Beweis, wie groß der ästhetische Einschlag dieser ritterlichen Kultur war.

Das Aussehen eines muslimischen Heeres bei den großen Reiterangriffen, die es natürlich auch gab, schildert uns eine englische Chronik aus der Zeit des Richard Löwenherz sehr lebhaft. Das ganze Heer ist in einzelne Kampfverbände gegliedert, von denen jeder sein eigenes, von den anderen verschiedenes „Fähnlein" hat. Aber auch alle Lanzen haben kleine Feldzeichen, also wohl kleine, angebundene Wimpel oder Fähnchen. Gerühmt werden dabei die guten, schnellen Pferde. Dem Heer voraus aber ziehen Männer, die Trompeten, Posaunen und Flöten blasen und Pauken und Zymbeln schlagen. Zudem stimmen alle ein starkes Geschrei und Geheul an, das den Gegner schrecken soll[143]. Anläßlich eines Kampfes zwischen muslimischen Heeren

[139] A. Cartellieri, Richard d. Löwe im Hl. Ld., S. 12.
[140] A. Cartellieri a. a. O. S. 13.
[141] Gregor VIII., Kreuzzugsbulle von 1187 = Mansi, Conc. XXII, S. 530.
[142] Z. B. Joinville S. 215.
[143] Itinerar. reg. Ric. IV, XVIII, S. 262.

wird berichtet, daß Frauen die Trommeln geschlagen und Knaben eine Schlachtmusik mit allerlei Instrumenten veranstaltet haben[144]. Solche kriegerische Musik muß die Regel gewesen sein. Wir hören oft davon[145]. Kriegsgesänge werden, soweit ich sehe, bei den Muslimen zur Zeit der Kreuzzüge nicht erwähnt[146], wohl aber wird erzählt, daß persische und arabische Dichter in den Schlachten ihre Kriegslieder sangen[147].

Von Pauken, Posaunen, Trommeln, Trompeten auf seiten der Franken hören wir in diesen Zeiten nichts. Aber sie sind in Nachahmung der Muslime in den Kreuzzügen und mehr noch der Türken in den Türkenkriegen später auch in abendländischen Heeren heimisch geworden. Dagegen entstammen die Kriegs- und Siegesgesänge der Franken eigenem altem Brauch, und zwar ist besonders häufig von solchen der Deutschen die Rede[148]. Sie werden vom Kriegsgeschrei der Franzosen unterschieden. Aber auch kirchliche Gesänge sind vor den Schlachten zur Anfeuerung gesungen worden[149]. Wir müssen annehmen, daß die uralte Tradition des Schlachtgesangs damals bei den deutschen Kreuzrittern noch lebendig gewesen ist. Mit dem Vortragen von Kriegsliedern einzelner Dichter, wie wir es von den Muslimen hören, hat das nichts zu tun.

Fahnen kannten dagegen die abendländischen Ritter schon vor den Kreuzzügen[150]. Doch ist damit zu rechnen, daß auch diese Fahnen vor den Kreuzzügen auf arabisches Vorbild zurückgehen. Die Tatsache, daß sie in gleicher Weise, wie das bei den Arabern üblich war, erst vor der Schlacht an den Fahnenschaft gebunden werden, macht es wahrscheinlich[151]. Aber die Fahnen der Kreuzfahrer unterscheiden sich doch sehr deutlich von der Mannigfalt der muslimischen Fahnen und Fähnchen. Das Heer der Kreuzritter hat e i n e Fahne, die der Führer teils vom Papst empfängt, teils vom Altare nimmt. Es ist d i e Fahne, der gegenüber die Treue, die der einzelne dem König schuldet, zum Ausdruck kommt. Mit dieser Fahne ergreift der Herrscher von einer eroberten Stadt Besitz. Bleibt sie aufgepflanzt, so ist es natürlich ein anderes Exemplar der Fahne. Diese Sitte unterscheidet sich von den Fähnlein der Muslime, deren jedes das Abzeichen einer Abteilung trägt. Doch paßte sich der christliche Gebrauch dem muslimischen mehr und mehr an. Es ist auch fraglich, ob die Besitznahme einer Stadt durch das Aufpflanzen der

---

[144] Al-Athīr I, S. 347 f., von 1123/24.

[145] Albert von Aachen IX, 49, S. 622/23. — Galtherius II, cap. XII, 2, von 1119. — Kamāl ad-Dīn, Sahne, S. 284, 295 (R. Röhricht, Beitr. I).

[146] Fraglich: Würzburger Annalen = Mon. Germ. SS. XVI, S. 6.

[147] G. Marçais, Le monde oriental = Histoire du moyen âge III, 101.

[148] Historia peregrinorum S. 163, und an verschiedenen anderen Stellen. — Gerhoch von Reichersberg, Comment. in psalmos XXXIII, S. 431. — Emo zu 1217 = Mon. Germ. SS. XXIII, S. 480.

[149] Emo a. a. O.

[150] Zahlreiche Belege bei C. Erdmann, Entstehung, S. 46 u. 166.

[151] Siehe C. Erdmann a. a. O. S. 46.

Fahne nicht auch auf muslimisches Vorbild zurückgeht[152]. Jedenfalls aber hat man schon 1189 über die unterscheidenden Merkmale der Fahnen der verschiedenen kreuzfahrenden Nationen verhandelt[153]. Auch bei den Pastorellen, also in der zweiten Hälfte des 13. Jahrhunderts, hatten die einzelnen Abteilungen ihre Fahnen oder Fähnchen[154]. Vollständig ist aber der muslimische Brauch von Fahnen und Fähnchen durchgedrungen, als der Graf von Jaffa zum Empfang von König Ludwig IX. von Frankreich sein Schloß schmückte und an jeder Zinne sein Wappen und eine Fahne anbrachte; es sollen im ganzen 500 gewesen sein[155].

In einer besonderen Form erscheint die königliche Fahne unter Richard Löwenherz. Da ist sie an einem hohen Mast befestigt, der auf einem vierrädrigen Wagen steht. Sie soll, wie ausgeführt wird, als Sammelpunkt des Heeres weithin sichtbar sein. Sie muß besonders verteidigt werden, denn ihr Verschwinden nimmt den Kämpfern den Mut. Man denkt an die Fahnenwagen der Mailänder im Kampf gegen Friedrich Barbarossa. Von dort scheint diese Form übernommen worden zu sein[156].

Als vorherrschende Farbe der Kreuzfahrerfahnen erscheint Rot, so wie ja auch die Orisflamme der französischen Könige rot war, während die Fahnen der Muslime grün waren, wie das die Farbe der Kalifenfahne immer war (von der ältesten schwarzen abgesehen). So schreibt Baibars 1271: „Unsere grünen Fahnen haben deine roten vertrieben."[157] Sonst hören wir von weißen und roten Fahnen der Kreuzfahrer[158]. Im allgemeinen war die Fahne der Kreuzfahrer das rote Kreuz auf weißem Feld, so wie es Abbildungen zeigen[159]. Aber neben Kreuzesfahnen[160] gab es häufiger noch Fahnen mit den Bildern von Heiligen[161].

Im Zusammenhang mit der Ausbreitung der die einzelnen Herren und die einzelne Abteilung kennzeichnenden Fahnen steht auch die Entstehung der Wappen bei den Christen und Muslimen. Seit dem 11. Jahrhundert haben alle muslimische Emire Wappen, die allerdings noch nicht erblich sind[162].

---

[152] Zahlreiche Belege der einen heiligen Fahne der abendländischen Heere siehe C. Erdmann, Entstehung, S. 16 ff. — Lat. Forts. des Wilhelm von Tyrus III, XVI, 131. — Anna Komnena X, 7, 3 (II, S. 214). — J. Delaville Le Roulx, Cartulaire général de l'ordre des Hospitaliers de S. Jean de Jerusalem (1894—1906) I, 527/560, von 1178/80. — Migne PL 185, S. 381 ff. = Vita Bernhardi prima, zu 1146. — Kretschmayr, Gesch. von Venedig I, 225. — Lecoy de la Marche, S. 25: in einem Lied, das während des Kreuzzugs gesungen wurde: vexilla regis, salve crux sancta. — Matthaeus Paris. V, 248. — Über die Fahne der Pastorellen mit dem fahnentragendem Lamm.

[153] O. Neubecker, Fahnen und Flaggen (1939), S. 5.

[154] Matthaeus Paris. a. a. O.

[155] Joinville S. 268.

[156] Itinerar. reg. Ricardi IV, X, S. 249, von 1191.

[157] R. Grousset III, 656.

[158] Ricordano Malespini, cap. CVI, S. 948 = Muratori (alte Ausgabe) VIII.

[159] H. Prutz, Kulturgeschichte, S. 15.

[160] J. Delaville, Cartulaire I, 527/360, von 1178—1180.

[161] Z. B. Lat. Forts. des Wilhelm von Tyrus III, XVI, S. 131, von 1190: Fahne mit dem Bild des heiligen Thomas, der erst 20 Jahre vorher ermordet worden war.

[162] E. G. Rey, Les Colonies franques de Syrie, cap. XVI, S. 948.

Wie die älteste arabische Bezeichnung renk = Farben zeigt, geht die Wahl einer bestimmten Farbe für den einzelnen Herren der Wahl eines Bildes voraus. Diese Sitte übernehmen die Franken schnell. Von König Balduin I. (1100—1118) wird erzählt, daß er sich einen goldenen Schild überallhin voraustragen ließ, der einen Adler zeigte[163]. Das ist das erste bekannte Wappen eines abendländischen Herrn. Von dieser Übernahme der Wappen aus dem Orient her erklärt sich auch das häufige Vorkommen von orientalischen Tieren in den abendländischen Wappen. In der Mitte des 13. Jahrhunderts müssen Wappen unter den Kreuzfahrern allgemein verbreitet gewesen sein[164]. Eigentümlich ist, wie bei dem freundschaftlichen Verkehr mancher fränkischer Herren mit den Muslimen auch die Wappen sich miteinander verbanden. So trug Fachr ad-Dīn, der Freund Kaiser Friedrichs II., dessen Wappen, das des Sultans von Aleppo und das des Sultans von Ägypten auf Bändern an seiner Fahne[165].

Kampfrufe sind von beiden Seiten berichtet. Auf fränkischer Seite rief man meist: „Helf uns Gott und das Heilige Grab" oder „Helf uns Christus, Gottes Sohn, und das Heilige Grab"[166]. 1105 war den Kämpfern ausdrücklich der Schlachtruf: „Christus vincit, Christus regnat, Christus imperat", befohlen worden[167]. Der Ruf der ausziehenden Kreuzfahrer: „Gott will es", ist augenscheinlich nur im ersten Kreuzzug als Schlachtruf erklungen. Auch die Muslime kämpften mit solchen Schlachtrufen, die ausdrücklich als ihre alte Sitte bezeichnet werden[168].

Diese Kampfrufe sind spezielle Kennzeichen der Kreuzfahrerheere. Als die Leute von Raimund von St-Gilles durch den Balkan dem Kreuzheer nach Konstantinopel zuzogen, kämpften sie noch unter ihrem alten heimatlichen Rufe: „Toulouse." Sie sind damals noch nicht völlig Kreuzritter geworden.

Von einem eigentümlichen Kampfruf der Kreuzritter berichtet eine arabische Chronik von 1187. Er lautet: „Leute der Länder, Leute der Trinität", offenbar ein Wortspiel in arabischer Sprache: „Ahl al-akālim, ahl al-akānīm."[169] Ich weiß nicht, wie man es sich erklären soll. Hatten Turkopulen einen arabischen Kampfruf? Oder hat man ihn von arabischer Seite den Christen angedichtet?

Als die Chwarismier ins Land drangen, tauchten auch 18 Kriegselefanten auf[170]. Sie blieben eine Ausnahme. Daß Saladin sich von Ägypten eine

[163] Guibert von Nogent, lib. VII, cap. 39, S. 254.

[164] Joinville S. 268. [165] Joinville S. 221.

[166] Roger von Hoveden = M. G. SS. XXVII, S. 175. — Ernoul S. 312f. — Itinerar. reg. Ricardi IV, XIX, S. 274; IV, XII, S. 253.

[167] Fulcher II. 32, 5, S. 497.

[168] Lat. Forts. des Wilhelm von Tyrus III, XII, S. 126. — Würzburger Annalen = M. G. SS. XVI, S. 6, zu 1147.

[169] Abū Schāma, Zwei Gärten (Ausg. Goergens) S. 61. — Anders in Recueil I, S. 264.

[170] Al-Athīr I, S. 320, zu 1119/20.

Menge von Giftschlangen habe schicken lassen und diese auf das christliche Heer losgelassen habe, ist wohl in das Reich der Greuelmärchen zu verweisen[171].

Ein Kampf ganz besonderer Art waren die Belagerungen von Burgen und Städten. Und es mußten im Laufe der Kreuzzüge viele Städte und Burgen erobert werden. Von den wichtigsten Belagerungen haben wir sehr ausführliche Beschreibungen, wie z. B. von der Belagerung Jerusalms bei Albert von Aachen und von der von Damiette bei Oliverus Scholasticus (Historia Damiatina). Trotzdem haben wir von den Einzelheiten der Belagerungstechnik keine klare Vorstellung. Die Kreuzfahrer haben ihre Kenntnisse der Belagerungsmethoden im Laufe der Kreuzzüge sehr verbessert. Vor Nicaea versuchte sich darin zunächst ein Schwabe, dann mit mehr Erfolg ein Mailänder[172]. Bei der Belagerung von Tyrus 1124 leitete ein armenischer Ingenieur die Arbeiten. Augenscheinlich waren die Armenier den Abendländern überlegen, wahrscheinlich als Schüler der Byzantiner, die das ganze Erbe der Antike in der Belagerungskunst besaßen, wenn die Armenier nicht selbst aus der Antike solche Kenntnisse bewahrt hatten[173]. Wie sehr die Griechen den Abendländern in der Belagerungskunst überlegen waren, zeigte sich, als man 1138 gemeinsam Schaisar belagerte. Staunend sahen die Araber damals die Kunst der Byzantiner an[174].

Da der Bau von Belagerungsmaschinen sehr teuer war, das Gesamtheer aber über keine eigenen Mittel verfügte, bauten stets einzelne Kreuzfahrerfürsten Belagerungstürme und andere Belagerungsmaschinen auf eigene Kosten. Das ist besonders deutlich bei der Belagerung von Damiette zu erkennen, wo König Johann, der Legat Pelagius, der Herzog von Österreich, der Graf von Nevers, die Johanniter und die Templer alle eigene Belagerungsmaschinen auf ihre Kosten erbaut haben[175], und vorher bei der Eroberung des Kettenturms ähnlich die Friesen und Niederdeutschen. Aber auch bei der Belagerung von Jerusalem 1099 baute jede Heeresgruppe für sich ihren eigenen Turm. So brauchten die Kreuzheere bald Maurer, Zimmerleute und ähnliche Facharbeiter[176]. Man versteht daher, mit welcher Freude das Kreuzfahrerheer vor Jerusalem 1099 die Ankunft von venezianischen Seeleuten begrüßte, die sich auf solche Arbeiten verstanden. Schleuderer (ballistarii) nannte man die besonders ausgebildeten Bedienungsmannschaften solcher Belagerungsmaschinen[177]. Man kämpfte einmal mit großen Schleudern, die Steine in die feindliche Stadt warfen, kleinere Schleudern (ballista) warfen Pfeile. Ferner gab es folgende Belagerungsmaschinen: die Widder, große, eisenbeschlagene Balken, die, unter einem Schutzdach an Ketten waagrecht aufgehängt, mit Gewalt gegen die feindlichen Mauern gestoßen wurden; die Türme, die, bis zur

171 Eracles XXV, 27, S. 169.
172 Albert von Aachen II, 30, S. 322.
173 R. Grousset I, S. 611.
174 Usāma S. 162.
175 H. Hoogeweg II, S. 261.
176 Eracles XXVI, 7, S. 183.
177 Siehe oben S. 133 u. 151—52. — Lat. Forts. des Wilhem von Tyrus III, IX, S. 120/21; allerdings können hier auch Armbrustschützen gemeint sein.

Höhe der Mauern hochgebaut und auf Rollen an die Mauern herangebracht, eine Beschießung, vor allem aber eine Ersteigung der Mauern ermöglichen sollten. Eine weitere Form der Belagerungstechnik, in der sich vor allem die Muslime auszeichneten, war die Unterhöhlung der Mauern durch vorgetriebene Stollen. Bei dem weichen Gestein vieler Berge des Heiligen Landes war das oft der einzige Weg, um an die Bergfestungen auf steilen Felsenhöhen herankommen zu können. Daß daneben das Aushungern der Festen oft die gefährlichste Waffe war, ist eine Selbstverständlichkeit. Bei den Seefestungen, wie Akkon, Tyrus und Beirut, kam es vor allem auf das Zusammenarbeiten mit einer Flotte an. Ohne eine solche waren diese Hafenstädte nicht zu überwinden.

Eine Waffe, die die Byzantiner, aber auch die Muslime meisterhaft handhabten, lernten die Franken nie völlig benutzen: das sog. griechische Feuer, das, gegen Belagerungstürme oder auch gegen Schiffe geschleudert, diese durch Brand vernichtete[178]. An dieser Stelle zeigt es sich wieder, daß die Orientalen einschließlich der Byzantiner in technischen Fragen den abendländischen Rittern überlegen waren. Das Erbe der Antike in allen naturwissenschaftlich-technischen Fragen war hier weit lebendiger als im Abendland.

Eine besondere Aufgabe für die Kreuzfahrer war der Bau von Burgen in einem Land, dessen geographische und geologische Verhältnisse sie erst kennenlernen mußten. Gewiß brachten sie aus Frankreich gute Kenntnisse des Burgenbaus mit, was T. G. Lawrence nachdrücklich betont. Aber die Bautechnik der Byzantiner und Araber — beide auf antiker Grundlage — zeigte sich bald der der Franzosen weit überlegen. So lernten sie denn von den Orientalen und lernten viel und gut. Denn die dann von den Kreuzfahrern gebauten Burgen sind Meisterwerke der Burgenbaukunst, so daß sie sich der Übernahme einzelner Elemente nicht zu schämen brauchten. So waren z. B. für die Buckelquader, die die Kreuzfahrerburgen kennzeichnen, die vorbyzantinischen Burgen Vorbild[179]. Zwei Typen von Burgen bildeten sich dabei heraus, von denen einer von den Templern, der andere von den Johannitern bevorzugt wurde. Die Templer liebten rechteckige Bergfriede in einfachem, meist viereckigem Mauerring, die Johanniter runde Türme in doppeltem oder mehrfachem Mauerring mit Türmen. Auch für die einfacheren Templerburgen waren jedoch byzantinische oder arabische Vorbilder maßgebend, so z. B. das alte Tortosa für das Pilgerschloß. Die stolzesten Beispiele der Johanniterburgen sind Markab und Krak des Chevaliers, die der Templerburgen sind Sāfithā, das Pilgerschloß, Krak de Moab u. a. Eine Feste eigener Art war die Höhlenfestung Habis Jaldak (Kasr Bardawik, Dschaisch), die die Landschaft Sawād jenseits des Sees Genezareth sicherte. Sie war nur auf einem schmalen Serpentinenpfad von der Höhe aus erreichbar.

Seit dem Zusammenbruch des Königreichs Jerusalem im Jahre 1187 vollzog sich ein großer Umschwung im Burgenbau. Sie wurden jetzt zu groß-

---

[178] Z. B. Joinville S. 222. [179] Fedden S. 22.

angelegten Festungen. Die konnten aber nicht mehr von einem Adelsherren mit seinen Leuten bewohnt und verteidigt werden, wie das vor 1187 die Regel war. Deshalb gehen nun alle Burgen nach und nach in die Hände der Ritterorden über. Nur wenige Burgen bleiben in der Hand einzelner Herren. Das wird ohne weiteres verständlich, wenn wir hören, daß Krak des Chevaliers eine Garnison von etwa 2000 Mann, darunter allerdings nur etwa 150 Ritter, hatte.

Die Burgen hatten untereinander eine enge Verbindung durch Brieftauben und Signale. Gruppenweise waren sie so zusammengeschlossen. So z. B. Krak des Chevaliers, 'Akkar, Chastel Rouge, Sāfithā, Arima und Tortosa, und ebenso Beaufort mit Subeiba, Toron und Sidon. Selbst das weitentlegene Krak de Moab soll über das Tote Meer hinweg seine Belagerung nach Jerusalem mit Feuersignalen gemeldet haben[180].

Bei dieser starken Befestigung und starken Garnison der einzelnen Plätze ist es erstaunlich, daß sie überhaupt und teilweise recht schnell erobert werden konnten. Hunger war nur selten der Grund, da sie meist gut mit Vorräten eingedeckt waren; öfter war der Mangel an Verteidigern entscheidend, da die einheimischen mit herangezogenen Kämpfer im entscheidenden Augenblik oft nicht standhielten. Doch wichtiger war noch das, was Fedden als „castle mentality" bezeichnet: ein Versagen der durch den ständigen Wachdienst zermürbten Nerven der Verteidiger. Ein Beispiel dafür bietet die genannte Felsenfestung Habis Jaldak. Saladin hatte sie 1182 erobert, die Franken belagern sie daraufhin und versuchen, mit Hacken und Graben einen neuen Eingang in die Burg zu schaffen. Da kapituliert die Besatzung, da sie das Anhören des Grabens, Hämmerns und Hackens auf die Dauer nicht erträgt[181].

Doch ist beim Burgenbau nicht zu übersehen, daß er nur in geringerem Maße eine Leistung der eigentlichen Kreuzfahrer war. Vielmehr kommt das Verdienst den Rittern des Königreichs Jerusalem und der anderen fränkisch-syrischen Staaten zu, wenn auch neuankommende Kreuzfahrer immer wieder zur Hilfe herangezogen wurden.

Aus der Geschichte der Kreuzzüge ergibt sich, daß die Frage der Führung auf den einzelnen Zügen sehr verschieden gelöst wurde. Papst, Könige und Ritterschaft stehen hier miteinander in Wettbewerb. Gregor VII. wollte selbst führen, aber sein Zug kam nicht zustande. Urban II. dachte auch daran, sandte dann aber Ademar von Puy als Legaten mit den Kreuzfahrerheeren. Aber auch dieser führte nicht wirklich. Als er starb, wandte Bohemund sich an Papst Urban II. mit der Bitte, nun zu kommen und selbst zu führen. Aber Urban starb. Paschalis II. bezeichnete den heiligen Petrus als Führer

---

180 Fedden S. 31.

181 Fedden S. 34. Auf Grund des Berichtes von Wilhelm von Tyrus. — Über den Burgenbau vergleiche auch: Robin Fedden, Crusader Castles (London 1950). — Paul Deschamps, L'architecture militaire en Terre Sainte (1932). — M. Melville, La vie des Templiers (Paris 1951). — R. Grousset, L'Empire du Levant (1946).

des Zuges[182], kam aber ebenfalls nicht selbst. So blieb der erste Kreuzzug ohne einheitliche Führung. Ein kleiner Kreis von Kreuzzugsfürsten führte gemeinsam oder übertrug die Führung für bestimmte Zeit einem aus ihrem Kreise. Zum Schluß hatte Gottfried eine gewisse Führung, die aber im wesentlichen darin bestand, Gegensätze auszugleichen.

Beim zweiten Kreuzzug wollte der damals maßgebende Mann der Kirche, Bernhard von Clairvaux, keine geistliche Führung, sondern, wie er schrieb, „kriegerische und in solchem Werk erfahrene Führer"[183]. So führten diesmal Könige, und ebenso beim dritten Kreuzzug. Aber da es stets mehrere Könige waren, war ihre Rivalität eine neue Belastung für die Kreuzzüge. Darum konnte der Kreuzzug Kaiser Heinrichs VI. Großes versprechen, weil er eine einheitliche, erfahrene Führung hatte; doch der schnelle Tod des Kaisers führte zum kläglichen Ende des Zuges. Als Papst Innozenz III. dann die Kreuzzüge neu organisierte, wollte er keine weltliche Führung. Aber der vierte Kreuzzug von 1204 entglitt völlig der geistlichen Leitung und unterstand faktisch der vom Papst nicht gewollten stillen, aber um so mächtigeren Führung des Dogen Enrico Dandolo. Daraufhin wurde aber der Kreuzzug gegen Damiette ganz unter geistlicher Leitung auf Befehl des Papstes Innozenz III. ausgeführt. Selbst der König von Jerusalem mußte sich dem päpstlichen Legaten unterordnen. Doch gerade dies wurde dem Kreuzzug verhängnisvoll. Damit war die Unmöglichkeit der rein geistlichen Führung eines Kreuzzuges vor aller Welt erwiesen. Inzwischen kamen nur noch Könige hierfür in Betracht. Denn kleinere Fürsten oder Ritter konnten jetzt nicht mehr, wie noch beim ersten Kreuzzug, die Führung einzeln oder in Gruppen übernehmen. Das verbot schon die große finanzielle Anforderung, die nun im 13. Jahrhundert die Leitung eines Kreuzzuges stellte. So führten nun jeweils die mächtigsten Herrscher des Abendlandes, Friedrich II., Ludwig IX. und Karl von Anjou, allerdings nicht ohne den Kreuzzug in die eigene Politik einzubeziehen. Auch die Theorie der Kirche hielt sich in ihrer Forderung einer Leitung der Kreuzzüge durch den Papst nun sehr zurück[184]. Es ergab sich also folgende Entwicklung: Das Papsttum sieht die Gefahr, daß die Kreuzzüge in der Hand der Könige den politischen Interessen einzelner Staaten dienstbar gemacht werden (Heinrich VI. und vor allem Enrico Dandolo). Es setzt deshalb eine geistliche Führung der Züge durch (Pelagius), aber der Versuch scheiterte an dem Mangel an sachlicher, kriegserfahrener Qualifizierung. So muß der Papst den Versuch aufgeben, und die gefürchtete Entwicklung einer Verquickung mit der Sonderpolitik tritt nun doch ein.

[182] C. Erdmann, Entstehung, S. 323/24.

[183] Bernhard, Epist. 363 = Migne PL 182, Sp. 568, von 1146.

[184] Z. B. Humbert von Roman = Mansi, Conc. XXIV, S. 110, von 1274; oder Innozenz' IV. Legationsbulle von 1248 = Berger, Innozenz IV., II, 4662/108.

Feudalität und Geld

Eine tiefgreifende Wandlung erfuhren die Kreuzzüge durch das Vordringen des Geldes. Bereits in den Auseinandersetzungen König Balduins I. mit dem Patriarchen hören wir von den schweren Geldsorgen des Königs. Seine Ritter haben Forderungen an ihn, und er kann sie nicht bezahlen[185]. Ja schon vorher, im Jahre 1099, hatte Raimund von St-Gilles den anderen Kreuzfahrerfürsten vorgeschlagen, sie alle und ihre Leute zu besolden. Doch das sind Anfänge. Größere Bedeutung gewann das Geld erst am Ende des 12. Jahrhunderts. Damals besprach im Jahre 1189 Kaiser Friedrich Barbarossa mit seinem Sohn brieflich seine größten Sorgen wegen des gerade begonnenen Kreuzzuges. Unter ihnen steht die um die Beschaffung von Geld an erster Stelle. Das ist der Hauptauftrag für seinen Sohn[186]. Und als auf dem vierten Kreuzzug ein Teil der Kreuzfahrer die Ablenkung nach Byzanz nicht mitmachen und unmittelbar nach dem Heiligen Land fahren will, ist der Hauptgrund, mit dem Bonifaz von Montferrat und die anderen Führer diese Gruppe überreden wollen: Ihr habt kein Geld, ihr könnt den Kreuzzug nicht bezahlen[187]. Ebenso schreibt Papst Innozenz III. in seinem Werbeschreiben vom Laterankonzil 1215, er hoffe mit aller Bestimmtheit, daß es an Kämpfern nicht fehlen werde, wenn es nur gelinge, das nötige Geld zu beschaffen[188]. Und als später Pierre Dubois Vorschläge zur besseren Durchführung von Kreuzzügen macht, da ist wiederum sein Hauptaugenmerk auf die Geldbeschaffung gerichtet[189]. Man sieht deutlich die Wandlung: Das Geld ist der entscheidende Faktor geworden[190]. Wie wir oben sahen[191], galt ihm darum auch die Hauptsorge von Papst Innozenz III. und seinen Nachfolgern. Sie suchen durch neueingeführte Kreuzzugssteuern die notwendigen Mittel zu bekommen. Diese Wendung hat einmal darin ihre Ursache, daß man, wie oben gezeigt, neben den Rittern in immer stärkerem Maße Sergeanten und Turkopulen einstellte, die durch Sold entlohnt werden mußten[192]; ferner aber brauchte man Geld, da man mehr und mehr dazu überging, die Ritter selbst zu besolden, weil ihnen auf die Dauer das große wirtschaftliche Opfer der vollständigen Selbstversorgung nicht zugemutet werden konnte, zog doch nun oft schon die 2. und 3. Generation aus. Das aber veränderte den Charakter der Kreuzritterschaft beträchtlich. Doch überschätze man diese Entscheidung andererseits auch nicht. Denn auch Soldritter zogen oft noch in religiöser Begeisterung aus. Die Belastung durch einen solchen Zug blieb

---

185 Albert von Aachen VII, 49, S. 540.

186 Historia de expeditione Frid. imp., S. 42.

187 Bouquet, Recueil XVII, 517, von 1203.

188 Migne PL 216, S. 819.

189 Pierre Dubois, De recuperatione 1—13.

190 Vgl. auch Kölner Königschronik = Mon. Germ. Schulausg., S. 199, zu 1201.

191 Siehe oben S. 236 ff.

192 Über deren Ausstattung mit Soldlehen siehe G. Dodu, Histoire des institutions monarchiques (1894), S. 205 ff.

schon um der Gefahren, Strapazen und der langen Abwesenheit willen groß. Ein leichter Entschluß war es nicht, auch wenn der Ritter besoldet wurde. Aus dem, was oben über die wirtschaftliche Lage der Kreuzfahrer gesagt wurde[193], ergibt sich die Notwendigkeit solcher Besoldung.

Schon auf dem ersten Kreuzzug fehlt sie nicht. So wurde vor Antiochia mit Tankred verabredet, daß er für die Sonderaufgabe, ein Kastell zu besetzen und ein Tor zu überwachen, monatlich 40 Mark Silber bekommen solle[194]. Ebenso hören wir von großen Geschenken des byzantinischen Kaisers an die Kreuzfahrer, als sie seine Lehensleute geworden waren[195]. In der gleichen Weise gab man nach der Eroberung von Jerusalem an die Kreuzfahrer, die sich überreden ließen, noch eine Weile im Heiligen Land zu bleiben und zu kämpfen, hohen Sold und Geschenke[196]. Lassen sich diese Gaben noch als Geschenke, die von jeher man den Rittern zu geben gewohnt war, deuten, so stoßen wir bei Bohemund auf regelrechte Soldzahlung. Denn Kaiser Alexios nutzte es aus, daß Bohemund seinen Leuten seit 4 Jahren den Sold schuldete. Er stachelte die Männer dazu an, ihn zu fordern, und bot gleichzeitig jedem, der in seine Dienste treten wollte, reicheren Sold und pünktliche Erfüllung der Bedingungen[197]. Ebenso stritten sich Graf Raimund und Tankred über eine Soldzahlung, auf die Tankred Anspruch erhob. Der Gedanke der Besoldung ist den Führern des ersten Kreuzzuges also im Verlaufe des Zuges nicht fremd geblieben. Aber er ist doch eine Ausnahmeerscheinung. Nur im Heere der unteritalienischen Normannen scheint die Soldzahlung schon weiter eingedrungen gewesen zu sein. Der allgemeinen Haltung der Kreuzritter des ersten Zuges entsprach es nicht, mit regelmäßiger Zahlung zu rechnen. Wir kennen auch eine alle Soldzahlung auf dem Kreuzzug ablehnende Haltung der Ritter. Eine Legende über die Kreuzfahrt Karls des Großen erzählt, wie der Kaiser Karl seinen Großen die Frage vorlegt, ob es recht sei, für den Zug von dem byzantinischen Kaiser Sold zu nehmen, wie diese ihm aber antworten, es zieme sich ganz und gar nicht, für seine und seiner Leute Mühe einen Lohn anzunehmen, wenn sie um ihrer Frömmigkeit willen zum Heiligen Land zögen[198]. Diese Legende ist etwa 1050 bis 1080 geschrieben worden; sie gibt also die Mentalität kurz vor dem ersten Kreuzzug wieder.

Aber die Verhältnisse waren stärker als solche stolz ablehnende Haltung. Es fing damit an, daß man Prämien für bestimmte hohe Leistungen versprach, beispielsweise für den, der einen Stein aus der Mauer einer belager-

---

[193] Siehe oben S. 324 ff.

[194] Albert von Aachen III, 45, S. 370.

[195] Siehe oben S. 130 ff.

[196] H. Hagenmeyer, Kreuzzugsbriefe XXI, 5, S. 177, von 1100.

[197] L. v. Brentano, Anfänge, S. 39/40. Auf Grund von Anna Komnena V, 7, 4 (II, S. 32).

[198] G. Rauschen, Die Legende Karls des Großen im 11. und 12. Jh. (1890). Darin abgedruckt: „Descriptio qualiter Karolus magnus ...", S. 103.

ten Burg ausbräche[199], oder man verteilte unerwartet gewonnenes Geld an besonders verdiente Ritter[200], oder man spornte, ehe man zu einem neuen Feldzug auszog, die Ritter durch besondere Geldgaben zur Teilnahme an[201]. Alles das sind aber noch Vorstufen einer eigentlichen Besoldung von Rittern, während Bogenschützen und Sergeanten damals schon regelrecht besoldet wurden[202]. Daneben stehen aber schon bald und in immer zunehmendem Maße Zeugnisse, daß auch die Ritter in ein gleiches Verhältnis eintreten. So läßt Usāma[203] Tankred, den Neffen Bohemunds, seinen Rittern, als diese vergeblich angreifen, zurufen: „Ihr seid meine Ritter, und jeder von euch steckt eine Löhnung ein gleich dem Sold von 100 Muselmännern", und als die Ritter erklären, sie hätten für die Pferde gefürchtet: „Die Pferde gehören mir. Wenn einem von euch sein Roß getötet wird, werde ich es ihm ersetzen." Hier ist die Situation eindeutig klar, und zwar schon in den ersten Jahren des 12. Jahrhunderts (Tankred starb 1112). 1500 solche Soldritter warb Kaiser Heinrich VI. im Jahre 1195 zu seinem Kreuzzug zusammen mit ebenso vielen Sergeanten. Daß diese Soldritter wirklich noch ritterlich lebten, geht daraus hervor, daß ihr Sold das Dreifache des der Sergeanten beträgt und daß jeder von zwei Knappen begleitet ist[204]. Man erinnert sich in diesem Zusammenhang gern an die Verse Walthers von der Vogelweide:

„ich wolte saelden krône êwiclîchen tragen,
die môhte ein soldener mit sîme sper bejagen." [205]

Und das sind keine Ausnahmen[206]. Raimund von Tripolis beschwert sich 1185, er könne keinen Krieg gegen die Muslime führen, da er kein Geld habe[207]; Richard Löwenherz und Philipp II. August von Frankreich suchen sich gegenseitig die Ritter abspenstig zu machen, indem sie sich im Sold überbieten[208]. Ein anderes Mal erklären Soldritter auf der Fahrt ins Heilige Land, nicht mehr weiterzuziehen, wenn ihr Herr nicht für neue Geldmittel sorge, um sie bezahlen zu können[209]. Waren zuerst Ritter genug da, die be-

199 Itinerar. reg. Ricardi III, XIII, S. 225/26.

200 Albert von Aachen VII, 44, S. 537.

201 Itinerar. reg. Ricardi IV, I, 240. — R. Röhricht, Gesch. ... Jerusalem, 572. — Lat. Forts. des Wilhelm von Tyrus III, XXII, S. 139. — Guillem de Newburgh II, 69.

202 Siehe obige Belegstelle. 203 Seite 104.

204 Mon. Germ. Const. I, 365/514.

205 Walther von der Vogelweide 125, 7. Der soldenaere ist Longinus. Zu Walthers Zeit war also der Begriff geläufig.

206 Eracles XXIII, 30, S. 47: Verwendung des Schatzes von König Heinrich von England zur Soldzahlung an Ritter. — Oliverus Scholasticus, Hist. Damiat. 46, S. 250, und 57, S. 260, von 1220. — Joinville S. 257. — P. A. Throop, Criticism, S. 208. — Fr. Diez, Troubadours, S. 477/78: „viele (Ritter) ... sagen: Ich würde ziehen, wenn mir der König Sold gäbe."

207 Eracles XXIII, 4, S. 7.

208 R. Grousset III, 50/51. — Lujo Brentano, Anfänge, S. 40, Anm. 2.

209 Joinville S. 211.

reit waren, gegen Sold auszuziehen, wie aus Innozenz' III. Wort hervorgeht, so fehlte es in der zweiten Hälfte des 13. Jahrhunderts oft empfindlich an solchen. Darum soll ja Ludwig IX. seinen Rittern das Kreuz heimlich auf den Mantel haben nähen lassen[210].

Damals ging dann die Kurie dazu über, die aus Kreuzzugssteuern usw. eingehenden Geldmittel an die ausziehenden Herren zu verteilen, so daß diese selbst nun als päpstliche Soldritter auszogen. Speziell bei Papst Klemens IV. läßt sich das deutlich zeigen[211]. Umgekehrt kommt es aber auch vor, daß Papst Honorius III. sich für die Ernennung eines Ritters zum Fahnenträger des Kreuzheeres eine nicht unbeträchtliche Summe, die wohl für Kreuzzugszwecke verwandt wurde, bezahlen ließ. Geld ist also allmählich überall im Heere maßgebend. Das verwandelt natürlich das Bild der Kreuzfahrer, besonders wenn gleichzeitig der religiöse Kreuzzugswille in der Ritterschaft nachläßt[212].

Eine weitere Stufe einer solchen Entwicklung des Kreuzritterheeres wäre es gewesen, wenn es gelungen wäre, ein stehendes Heer für das Heilige Land zu schaffen, wie es die großen Programme für die Neugestaltung der Kreuzzüge am Ende des 13. Jahrhunderts, z. B. Humbert von Romans und Fidentius von Padua, vorschlugen[213]. Aber dazu kam es nicht mehr. Doch ließen sich die Ritterorden als Anfänge eines solchen stehenden Heeres ansehen. Von ihnen soll unten die Rede sein.

Gerne möchten wir uns ein genaueres Bild machen von den Kosten eines Kreuzzuges, von der Belastung der einzelnen Ritter wie der Staaten und der päpstlichen Kasse. Wir haben auch eine ganze Reihe von Einzelangaben von Zahlen. Aber sie stammen aus verschiedenen Zeiten, sind unter ganz verschiedenen Gesichtspunkten errechnet, in ganz verschiedener Währung, so daß daraus doch kein Gesamtbild von wirklicher Anschaulichkeit zu gewinnen ist. Nur für die Kreuzzüge König Ludwigs IX. sehen wir klarer, da hier schon eine gewisse Buchführung vorliegt. Die Gesamtkosten seines ersten Kreuzzuges von 1247—1256 betrugen danach 1 537 570 Pfund von Tours[214]. Vielleicht daß Einzeluntersuchungen diese finanzielle Seite des Kreuzzuges

---

[210] Mangel: siehe auch Rothelin 80, S. 636, von 1258—1260.

[211] Potthast 19606, 19769, 19774, 19778, 19780, 19785, 20033 ff., 20041. — Vgl. auch A. Gottlob, Kreuzzugssteuern, S. 50 u. 60/61.

[212] Über Söldner vor den Kreuzzügen siehe Schmitthenner, Söldnertum, S. 1 ff., 15 ff. u. 56. — C. Erdmann, Entstehung, S. 196 u. 250/51. — H. Hagenmeyer in der Ausgabe von Fulcher, S. 136, Anm. 30. — Besoldung von „Armen" im Kreuzzuge siehe Wilhelm von Tyrus VIII, 24.

[213] Mansi, Conc. XXIV, S. 119/20: Fidentius von Padua. — Liber recuperationis Terrae Sanctae. Inhaltsangabe von Golubovic S. 426.

[214] Fragmentum historicum = Bouquet, Recueil XX, S. 404. — Wie unzuverlässig aber auch solche sachliche Angaben doch noch sind, geht daraus hervor, daß eine andere Gesamtabrechnung die Kreuzzugskosten nur für die Jahre 1250—1253 schon auf 1 053 476 Pfund von Tours berechnet. — A. Gottlob, Kreuzzugsteuern, S. 48 ff.

noch aufzuhellen vermögen; für die früheren Züge werden wir uns wohl nie ein klares Bild machen können, wenn nicht besondere Funde an Dokumenten gemacht werden[215].

Ein wunder Punkt in der Heeresgeschichte der Kreuzzüge war die Flotte. Die Kreuzfahrerheere hatten keine eigenen Flotten bis zu dem Kreuzzug Kaiser Heinrichs VI., der mit seiner sizilischen Flotte die Überfahrt bewerkstelligen konnte. Wir haben oben gesehen, wie die Ablenkung des vierten Kreuzzuges nach Konstantinopel von dem Fehlen einer eigenen Flotte und dem darum notwendigen Paktieren mit Venedig ihren Ausgang nahm. Auch noch der Kreuzzug gegen Damiette litt unter diesem Mangel. Erst die späteren, von einzelnen Mittelmeerstaaten getragenen Züge konnten mit eigenen Flotten der Herrscher: Friedrichs II., Ludwigs IX. und Karls von Anjou, überfahren und den Nachschub bewältigen. Alle früheren waren auf die Mithilfe der Flotten von Venedig, Genua oder Pisa angewiesen. Und diese Unterstützung mußte fast immer mit Vorrechten der Seestädte in den palästinensischen Häfen erkauft werden. Von den palästinensisch-fränkischen Staaten hatte später jeder seine eigene Flotte. So fuhr Amalrich mit seiner eigenen Flotte nach Ägypten[216], und ebenso kämpfte 1246 eine fränkische Flotte von 15 Galeeren und 50 anderen Schiffen verschiedener Art bei Askalon[217]. Aber allein genügte diese fränkische Flotte nie zu einem wirklichen Widerstand oder Angriff der ägyptischen Flotte gegenüber. So war man auch hier immer auf die Unterstützung der italienischen und französischen Seestädte und auf die Bundesgenossenschaft von Byzanz angewiesen. Und das war beides ein unzuverlässiger Faktor[218].

Die Seeschlachten unterscheiden sich nicht von den sonst im Mittelalter geschlagenen. Wir besitzen verschiedene Beschreibungen solcher Schlachten vor den Küsten des Landes[219], die aber wenig Sonderzüge zeigen.

Feudalität und Disziplin

Wenn in einem Heer aus eigener Initiative des Ritters oft ohne Wissen der Führung Einzelkämpfe unternommen werden können, wie wir das oben sahen, kann von einer straffen Disziplin in unserem Sinne keine Rede sein. Ich sage, in unserem Sinne. Denn man muß sich klarmachen, daß ein solches Feudalheer des Mittelalters gar nicht mit einer so scharfen Unterordnung aller Kräfte unter einen leitenden Willen rechnet. Und wo man Schlachtenschilderungen der Kreuzzüge im einzelnen verfolgt[220], sieht man, wie sich das

[215] Vgl. auch H. Prutz, Kulturgeschichte, S. 101 u. 365.
[216] Wilhelm von Tyrus XX, 4 u. 5, S. 945 ff.
[217] Eracles XXXIII, 60, S. 433.
[218] Vgl. G. Dodu, Histoire des institutions monarchiques, S. 228.
[219] Lat. Forts. des Wilhelm von Tyrus III, VII, S. 118, und III, XXII, S. 138.
[220] Joinville S. 233 f.

Kreuzritterheer aus vielen einzelnen Kontingenten zusammensetzt, die alle eine weitgehende Selbständigkeit haben. Im Grunde entschließt sich jeder Unterführer noch einmal, was nun im Augenblick zu tun ist, eine Selbständigkeit des Entschlusses, die von der der Unterorgane moderner Heere sehr verschieden ist, denn es ist die Selbständigkeit vor der Einfügung ins Ganze.

Aber das genügt zur Charakterisierung der Kreuzfahrerheere noch nicht. Denn oft setzt sich diese Selbständigkeit gegen den Willen der Heeresleitung durch. Als Beispiel sei nur genannt der verhängnisvolle Angriff des Grafen Artois auf Mansura, gegen den ausdrücklichen Willen seines königlichen Bruders Ludwig IX. und gegen wiederholten, sehr ernsthaften Widerstand der mit ihm streitenden Templer[221], oder der Wegzug der Fußsoldaten auf den Berg in der Schlacht von Hattīn, wo sie auf den Befehl des Königs zur Rückkehr und die Bitte der Bischöfe erklärten: „Wir kommen nicht..."[222] Ein anderes solches Beispiel des offenen Ungehorsams dem Oberbefehlshaber gegenüber ist die Geschichte des Königs von Navarra. Als er im Jahre 1240 als Oberbefehlshaber einen Vertrag mit dem Sultan geschlossen hatte, verweigerten Templer, Johanniter und andere Ritter des Heiligen Landes ihm den Gehorsam, und der König fuhr erbittert nach Hause[223]. Es ist kennzeichnend, daß hier der Chronist ausdrücklich betont, der König habe die Gunst des Heeres nicht mehr gehabt (n'avoit mie la grace de l'ost). Der Gehorsam ist hier also von der Gunst des Heeres abhängig gemacht. Und wenn in anderen Fällen, wie bei der Aufhebung der Belagerung von Damaskus im zweiten Kreuzzug oder bei dem Scheitern des gemeinsamen fränkisch-byzantinischen Kreuzzuges, der Ungehorsam nicht offen ausgesprochen wird, sondern sich in einer energischen Sabotage des Kreuzzugs auswirkt, so ist das Gesamtbild das gleiche: Die Feudalherren des Heeres setzen dort, wo sie sich im Recht glauben, ihren eigenen Willen dem des Königs entgegen und sind überzeugt, ein Recht dazu zu haben. Das heißt also, daß das Heer nur einen schwachen Zusammenhalt hat, eine Lockerheit der Unterordnung, wie sie alle rein feudalen Verbindungen charakterisiert, in Schranken gehalten fast nur durch den persönlichen Einfluß des Königs auf seine Fürsten und Ritter, seine Lehensleute.

Besonders deutlich zeigt die Situation sich auch darin, daß die Kreuzzugsfürsten glaubten, über ihre Rückkehr ganz frei, ohne Rücksicht auf die Gesamtlage des Heeres und des Heiligen Landes, verfügen zu können. So kehrte Philipp II. August von der Belagerung Akkons zurück, als ihn schlechte Nachrichten nach Frankreich riefen, andere Kreuzfahrer legten es ihm freilich als Verrat an der gemeinsamen Sache aus[224]. Ebenso fuhr Herzog Leopold von Österreich erzürnt über das anmaßende und beleidigende Ver-

[221] Matthaeus Paris. V, 147ff., von 1250. — Rothelin 64, S. 602f., von 1250.
[222] Raoul de Coggeshale, cap. 12 = Martène, Ampliss. Collectio V, 556/57.
[223] Rothelin 34, S. 554.
[224] Otto von St. Blasien = Mon. Germ. Schulausg. 36, S. 53. — Siehe auch oben S. 208.

halten von Richard Löwenherz bald darauf mit den Deutschen nach Hause[225]. Auch die schnelle Rückkehr des Königs Andreas von Ungarn im Jahre 1217 ist hier zu nennen. Gegen König Johann von Jerusalem wendete sich Papst Honorius III. mit allem Nachdruck, weil er das Heer vor Damiette gegen den Willen des Legaten verlassen hatte, um in Armenien seinen Ansprüchen nachzugehen[226].

Waren es in allen diesen Fällen Fürsten, die selbständig und oft unerwartet schnell über den Termin ihrer Heimkehr verfügen, so konnte es immer noch fraglich sein, wie weit andere Gruppen sich einzufügen verpflichtet waren. Aber auch in diesen Kreisen finden wir die gleiche Erscheinung. So weigerten sich die Ritter von Zypern, außerhalb ihrer Insel Kriegsdienste auch gegen die Muslime zu leisten. Erst nach langen Verhandlungen kam ein Kompromiß zustande, der bestimmte, daß sie nur vier Monate im Jahr und nur bei Anwesenheit ihres Königs verpflichtet sein sollten, auf dem Festland gegen die Muslime zu kämpfen. Solche Einschränkungen der Heerespflicht sind ganz allgemein für die feudalen Heere kennzeichnend. Doch hätte man erwarten sollen, daß die Besonderheit des Kreuzzuges als gottgewollter Kampf mit einem bestimmten Ziel sie in den Hintergrund drängen würde. Im Anfang galt das wohl auch, aber nicht auf die Dauer.

Eine Stufe weiter aber geht die Lockerung des feudalen Heergefüges, wenn nicht nur Fürsten oder geschlossene Gruppen nach eigenem Entschluß frühzeitig nach Hause fuhren, sondern auch einzelne Ritter dies nach eigenem Ermessen taten. Es kam vor, daß Kreuzfahrer sogleich wieder umkehrten, wenn die Führung des Zuges nicht in denjenigen Händen lag, die sie erwartet und erhofft hatten[227]. Diese Abwanderungen nahmen im fünften Kreuzzug vor Damiette besonders zu. Schon nach der Einnahme des Kettenturms, als ein Erfolg erreicht und ein Abschnitt des Ganzen gegeben schien, fuhr eine große Zahl von Niederdeutschen und Friesen mit ihren Koggen davon[228]. 1219 folgte der Herzog von Österreich und mit ihm eine Menge von Kreuzfahrern[229]. Er gab, wie überliefert wird, an, er habe nun ein Jahr und 6 Monate im Kreuzfahrerheer gekämpft[230]. Doch scheinen diese Frühheimkehrer ein schlechtes Gewissen gehabt zu haben. Denn einer hinterließ 40 Ritter an seiner Statt, die er für ein Jahr voll ausrüstete[231]. Dann aber trat die Kirche oder besser die kirchliche Führung des Zuges solchen Eigenmächtigkeiten entgegen. Vorsichtig klingt es noch, wenn 1219 Oliverus solche Heimkehrer nachdrücklich tadelt, die sich selbst, wie er sagt, mehr liebten, als daß sie mit ihren Kampfbrüdern sich eins fühlten[232]. Doch dann

---

225 Ebd. S. 54. 226 Honorius III, Op. III, V, 20, S. 504, von 1220.
227 R. Röhricht, Gesch. ... Jerus., S. 776/77.
228 Oliverus Scholasticus, Hist. Damiat. 16, S. 186, von 1218.
229 Ebd. 26, S. 207, von 1219. — Eracles XXXII, 3, S. 332.
230 Dazu Oliverus Scholasticus, Hist. Damiat. 26, S. 207.
231 Oliverus Scholasticus, Hist. Damiat. 1, S. 163, von 1217.
232 Ebd. 30, S. 218, von 1219.

muß man energischer vorgehen. 1220 unterscheidet Oliver zwischen solchen, die mit Erlaubnis heimfahren, solchen, die ohne Erlaubnis fahren (zum Verderben ihrer Seele), und drittens solchen, die sich durch Betrug die Erlaubnis zur Heimkehr zu verschaffen wissen[233]. Man spürt deutlich, wie die disziplinlose Eigenmächtigkeit zunahm und wie man sich dagegen mit immer schärferen Mitteln zur Wehr setzte. Zunächst stellte man denen, die die Erlaubnis erhalten hatten, Geleitbriefe aus, forderte aber zugleich die Heimat auf, gegen solche, die ohne solchen ankämen, vorzugehen und sie zurückzuschicken[234]. Dazu drohte man denen, die ohne Erlaubnis abfuhren, die Exkommunikation an[235]. Augenscheinlich mußte man mit allen Mitteln einschreiten, um eine größere Abwanderung von Kreuzfahrern zu verhüten. War es doch auch gerade der Augenblick, in dem König Johann von Jerusalem, auch gegen den Willen des Legaten, Damiette verließ um seiner Auseinandersetzungen mit Armenien willen. Man sieht, wie locker das Gefüge in kürzester Frist werden konnte. Die Tendenz dazu aber muß schon sehr lange bestanden haben. Denn schon beim zweiten Kreuzzug klagt man darüber, daß manche Ritter nach erfülltem Kreuzzugsgelübde so schnell als möglich wieder in die Heimat fahren wollen[236].

Aber auch unter den Kreuzfahrern, die im Heiligen Land verblieben und dort gemeinsam kämpften, war der lockere Aufbau des Heeres weithin sichtbar. Hier sei nur an den Streit der Könige vor Akkon erinnert, der zeitweise alle Kraft des christlichen Heeres lahmlegte. Denn das Kreuzfahrerheer vor Akkon, das einheitlich sein wollte und sollte, ist faktisch nur das Nebeneinander von zwei oder drei Heeren, deren Zusammenarbeit durch die Eifersucht der Könige sehr erschwert wird. Denn keiner der Könige will dem anderen Erfolg und Ruhm gönnen (uterque sibi totum ascribere nitebatur). Verhandelte der Franzose mit den Belagerten wegen Übergabe, so griff währenddessen der Engländer die Stadt an, um die Übergabe an die Franzosen zu verhindern. Dasselbe wiederholt sich in geringerem Maß in allen Zügen. Denn die Lockerheit des feudalen Gefüges ist immer dieselbe, wenn nicht ein König allein kämpft und führt, wie Kaiser Heinrich VI. oder Ludwig IX., und auch dann noch beweisen Unterführer diese Unfähigkeit des Sicheinfügens, wie der Graf von Artois[237].

An manchen Stellen überwiegt das Sonderinteresse des einzelnen Kreuzzugsfürsten alle Notwendigkeiten des gemeinsamen Kreuzzuges, so wenn in gemeinsamem Rat nach dem Fall von Antiochia zwar beschlossen worden war, nach Jerusalem weiterzuziehen und dann 1099 die einzelnen Fürsten, voran Gottfried von Bouillon, Robert von Flandern und Raimund von St-Gilles, sich doch bemühen, erst einmal sich selbst eine gute reiche Herr-

233 Ebd. 52, S. 254, von 1220.
234 Mieris, Charterbock I, 176, von 1218. — Ernoul 428 f.
235 Ernoul (ebd.) S. 428.
236 Gesta Ludovici VII. regis = Duchesne IV, S. 408.
237 Lat. Fort. d. Wilh. von Tyrus III, XXII, S. 139. — Eracles XXV, 30, S. 172.

schaft zu sichern und dafür die Kräfte des Kreuzheeres zu verwenden[238]; oder wenn nach dem Tod Kaiser Heinrichs VI. jeder der teilnehmenden deutschen Herren nur daran denkt, was er nun in der Heimat erreichen oder welcher Verlust ihn bedrohen könnte, und daraufhin den aussichtsreich unternommenen Zug plötzlich abbricht, einer nach dem anderen[239]. Der Chronist sagt dazu nur, daß das die Regel sei in solchen Fällen.

Was aber für den großen Herren die Hoffnung auf eine eigene reiche Herrschaft ist, das bedeutet für die anderen Kreuzfahrer die Hoffnung auf Beute[240]. Diese vier Faktoren, die Hoffnung auf Herrschaft und Beute für den einzelnen, die Ruhmbegierde, die möglichst wenig mit anderen zusammen vorgeht, um den Ruhm mit ihnen nicht teilen zu müssen[241], der religiöse Übereifer, der nur an den versprochenen himmlischen Lohn denkt, nicht aber daran, was ein einzelner mit einem törichten, tollkühnen Angriff für Unheil anrichten kann, und zuletzt die Abenteuerlust, die man allerdings in der Literatur meist überschätzt hat, sind es, die einer straffen Führung des Heeres und einer Ausnutzung aller seiner Kräfte nach einem einheitlichen Plan immer wieder entgegenstehen. Eine Gegenkraft war einmal der anfangs immer und später oft lebendige Gemeinschaftsgeist der Gottesstreiter, von dem uns Wilhelm von Malmesbury zu erzählen weiß[242]. Eine stärkere Gegenkraft aber war die persönlich fesselnde Kraft eines überragenden Führers, wie sie z. B. Friedrich Barbarossa, aber auch Richard Löwenherz darstellte. Oft wird die Disziplin und Zucht der Heere gelobt, aber das bezieht sich dann nur auf Lagerzucht, Lagerordnung und Regelung des Beutemachens, aber nicht auf die Unterordnung unter die Führung des ganzen Zuges[243].

Echte Führergestalten, wie Friedrich Barbarossa, empfanden diese große Lockerheit im Gefüge der Kreuzheere schmerzlich. „Er war besorgt darüber, daß die verschiedenen Ritter verschiedenen Sinnes waren", sagt die Chronik[244]. Er versuchte es darum mit einer Organisation, die über das normale Gefüge der feudalen Heere hinausging. Über eine Abteilung von etwa 50

[238] R. Grousset I, 134.

[239] Arnold von Lübeck V, 27, S. 203, von 1197: „... sicut in tali mutatione fieri solet, alius cogitabat perdere dignitatem suam, alius beneficium, alter patrimonium."

[240] Ordericus Vitalis, Hist. eccl. XI (Ausg. von Prévost) t. IV, S. 213: Bohemund verspricht bei der Werbung zum Kreuzzug Reichtümer, worauf sie aufbrechen, „als ob sie zum Festmahl eilten". — Guntherius Parisiensis = Migne PL 212, S. 228: Martin von Paris verspricht bei der Werbung zum Kreuzzug Reichtümer.

[241] Lat. Forts. d. Wilh. von Tyrus III, XIV, S. 129. — Ebd. III, XXII, S. 139. — Matthaeus Paris. V, 147, von 1250. — Urhajetzi 409, S. 10 = Iskenderian S. 75/76 u. Anm. 288.

[242] Wilhelm von Malmesbury II, IV, § 348, S. 399, zu 1095/96: „... fervebat in omnibus alterultra dilectio." Als Beispiel wird dann allerdings nur die Wiedergabe verlorenen Gutes erzählt.

[243] Vgl. z. B. Oliverus Scholast., Hist. Damiat. 11, S. 179, von 1218. — Joinville S. 267.

[244] Histor. de expeditione Frid. imp. S. 69.

Rittern setzte er einen Pentarchen oder Heermeister, der diese Abteilung im Kriege anführen, aber auch Streitigkeiten zwischen ihnen schlichten sollte[245]. Doch hat sich diese Einrichtung nicht bewährt. Vor Konstantinopel schaffte er dieses Amt wieder ab, da die Pentarchen untereinander zu uneins waren, und ließ sich nun von allen Rittern des Heeres den Treueid unmittelbar leisten. Sie sollten in Zukunft alle unmittelbar dem Befehl des Kaisers gehorchen. Der Versuch einer Zwischenschaltung von Offizieren war also gescheitert. Die feudale Lockerung des Heeres, die Auflösung in einzelne Gruppen, war durch die Neueinrichtung nur noch verstärkt worden[246]. Eine neue Bindung wußte der Kaiser nur in der alten feudalen Form des Treueides zu geben. Sie spannte er nun schärfer an. Gleichzeitig hatte der Kaiser einen Rat von 60 Großen seines Heeres eingesetzt, der ihm zur Seite stehen sollte. Dieser hat sich augenscheinlich besser bewährt, er hielt sich, wenn auch reduziert auf 16 Männer. Aber ein solcher Rat war ja auch keine Neueinrichtung, sondern stets in feudalen Verhältnissen unter verschiedenem Namen üblich[247].

Später haben sich solche Heermeister, trotzdem Barbarossa sie fallen ließ, durchgesetzt. Denn Heinrich VI. ließ die ausziehenden Kreuzfahrer schwören, den über sie gesetzten Heermeistern oder Führern zu gehorchen[248]; ebenso finden sie sich schon in dem Heeresgesetz, das die niederdeutschen und englischen Kreuzfahrer vor ihrer Abfahrt von Dartmouth im Jahre 1147 aufstellten[249].

Hatten sich diese Versuche gegen die Uneinigkeit und Disziplinlosigkeit in der Kriegführung gerichtet, so versuchte man gleichzeitig auch die allgemeine Zucht in den Heeren zu verbessern, und zwar durch Heeresgesetze. Das erste solche Gesetz, das wir kennen, wurde vor Antiochia im Jahre 1098 erlassen, und zwar auf Veranlassung der Bischöfe und des päpstlichen Legaten an ihrer Spitze. Es ist eine Art Einung der Heeresgenossen zur Verbesserung der Lagerzucht und des Heeresfriedens. Zur Wahrung wurden Richter eingesetzt, die teilweise also schon die Funktionen der Pentarchen Barbarossas vorausnehmen. Die angeführten Bestimmungen richten sich gegen Betrug in Geschäften der Kreuzfahrer untereinander, gegen Diebstahl und gegen Unzucht und Hurerei. Hierauf scheint besonderer Nachdruck gelegen zu haben; denn die erste Handlung nach Erlaß des Gesetzes war, daß man alle Dirnen und „leichte Frauen" aus dem Lager hinausschickte. Der Antrieb dazu war im wesentlichen geistlicher Art. Denn in den Sünden der Kreuzfahrer sah man die Ursache ihrer damaligen schweren Not[250].

Diesem Heeresgesetz folgen nun im Lauf der Kreuzzüge eine ganze Reihe ähnlicher Art. Nur sind sie weltliche Gesetze, erlassen von den Herrschern,

[245] Ebd. S. 46. [246] Ebd. S. 69. [247] Ebd. S. 46.

[248] Mon. Germ. Const. I, 365/514, von 1195.

[249] H. Conrad, Ztschr. d. Savigny-Stiftung f. Rechtsgesch. 61, germ. Abt., S. 121.

[250] Albert von Aachen III, cap. 57, S. 378. — Wilhelm von Tyrus IV, cap. 22. — H. Conrad a. a. O. S. 120 f.

die den Kreuzzug führten, oder in einer Einung von den maßgebenden Herren des Zuges. Wir kennen folgende: 1147 Heeresgesetz König Ludwigs von Frankreich für die Kreuzfahrer, von den Fürsten beschworen; 1147, Heeresgesetz der niederdeutschen und englischen Kreuzfahrer in Dartmouth, zugleich Heeresfrieden; 1189 Heeresgesetz Friedrich Barbarossas, Heeresfrieden und Bestimmungen über Heereszucht, von den Führern des Heeres beschworen; 1190 gemeinsames Heeresgesetz von Richard Löwenherz und König Philipp August, erlassen zu Messina vor der Abfahrt zum Heiligen Land; 1195 Bestimmungen Kaiser Heinrichs VI.[251] Vor Damiette erließ Pelagius ein Lagergesetz im November 1219. Aber dieses unterscheidet sich sehr von den anderen Gesetzen. Denn es will verhindern, daß sich irgend jemand im christlichen Lager bei dem bevorstehenden Sturm zurückhält oder einen Auftrag nicht ausführt[252]. Auch König Ludwig IX., der Heilige, hat ein Heeresgesetz erlassen, aber wir kennen es leider nicht[253].

Man hat mit Recht darauf aufmerksam gemacht, daß die Gesetze der niederdeutschen und englischen Kreuzfahrer von 1147 und das von Ludwig IX. von den Forderungen, die der heilige Bernhard für die Kreuzfahrer aufgestellt hatte und die die Templerregel zu verwirklichen suchte, beeinflußt sind. Man sieht also doch, mit welchem Nachdruck die Kreuzfahrer sich bemühten, solche Forderungen in die Wirklichkeit umzusetzen. Später ist dann allerdings, abgesehen von Ludwigs Gesetz, keine Rede mehr davon[254].

Daß diese Bestimmungen aber nicht nur auf dem Papier standen, sondern zum mindesten zeitweise streng durchgeführt wurden, zeigen Schilderungen von der Disziplinargerichtsbarkeit vor Antiochia 1098[255] und in Barbarossas Heer teilweise aus deutscher, teilweise aus armenischer Feder[256]. Aber das galt zweifellos nicht für alle Heere und alle Zeiten.

Man darf den Gesamteinfluß, den solche Bemühungen auf Abänderung des feudalen, lockeren Charakters des Kreuzheeres hatten, nicht überschätzen. Ihre Wirkung blieb doch relativ gering. Der altererbte feudale Charakter der einzelnen blieb erhalten. Die allmähliche Erstarkung der Landesstaaten, die Umwandlung des freien Rittertums in Soldrittertum und die zunehmende Macht des Geldes waren stärker umgestaltende Faktoren. Ihnen ist es zu verdanken, daß die Kreuzfahrerheere Ludwigs des Heiligen, die uns Joinville schildert, einen anderen Charakter haben als die der ersten Kreuzzüge.

---

[251] Hier kann es allerdings fraglich sein, ob es als Heeresgesetz anzusehen ist, oder ob es nicht nur Bestimmungen über den Dienst und den Sold von Kreuzzugsteilnehmern sind.

[252] H. Hoogeweg II, 281.

[253] Über alle diese Gesetze mit Angabe der Drucke und Ausgaben siehe Herm. Conrad a. a. O.

[254] Vgl. Herm. Conrad S. 91 u. 121.

[255] Albert von Aachen III, 57, S. 378/79.

[256] Historia de expeditione Frid., S. 59/60. — Brief des Bar Gregor = Wilken, Geschichte der Kreuzzüge IV, Beilage 1, S. 6.

Doch zeigte die Feudalität der Kreuzheere auch viele positive Züge, so wenn Ludwig IX. sich weigert, sich selbst in Sicherheit zu bringen, da er sich nicht von seinem Heer trennen könne, nicht im Leben und nicht im Tode[257].

Fränkische Ritter und Muslime

Aber der Kreuzzug ist nicht nur ein Kampf wie andere Kriege des Mittelalters. Er bringt die Auseinandersetzung von Abendland und Morgenland. Darum charakterisiert ihn vor allem das Verhältnis von Kreuzfahrern und Muslimen. Bei der Erörterung dieser Frage ist es nicht zu umgehen, auch die Ritter des Heiligen Landes und ihre Kämpfe mit einzubeziehen. Es besteht zwar ein deutlicher, ja zeitweise scharfer Gegensatz von Kreuzfahrern und „Pullanen" in dieser Frage, aber gerade der ist nur zu erfassen, wenn man beides zusammen betrachtet.

Soweit das Abendland vor den Kreuzzügen nicht in unmittelbare Berührung mit Ungläubigen gekommen war — und das war verhältnismäßig selten der Fall, etwa an Spaniens Grenzen oder in Süditalien —, hatte man nur eine unklare Vorstellung von den Muslimen. Man malte ihr Bild stets schwarz. Die Literatur dieser Tage und auch aus den Anfangszeiten der Kreuzzüge gibt uns einen Begriff davon. Im französischen Rolandslied nimmt man an, daß unter ihnen Mord, Untreue, Verrat und Goldgier allgemein herrsche, da sie ja doch an Gott nicht glaubten[258]. In Wolframs „Willehalm" stellen sich die Christen die Heiden als Säufer und liederliche Menschen vor[259], während das deutsche Rolandslied ihre Teufelsbeziehungen und ihre Menschenopfer für ihren „Abgott" unterstreicht[260]. Die Macht dieser heidnischen Könige hielt man für ungeheuer groß. Wolfram berichtet, daß in Bagdad

„waere ein sô gewaldic man,
daz im der erde undertân
diu zwei teil waeren oder mêr...
vil künige wâren sîne man,
mit gekrôntem lîbe undertân"[261].

Ergänzt wurde dies Bild durch die Überzeugung, daß man so minderwertigen Menschen gegenüber zu Treue, zum Halten seiner Eide und Versprechungen nicht verpflichtet sei, und diese Anschauung blieb noch lange in den Kreuzzügen erhalten. Noch 1188 handelte König Guido von Lusignan danach[262].

257 Rothelin 66, S. 612. Andere Beispiele: Joinville S. 226; Eracles XXXII, 24, S. 364.

258 Ausgabe von Bédier 1470 ff. 259 Willehalm 44, 12.

260 Rolandslied des Pfaffen Konrad 59 ff., 204 ff. 261 Parzival 13, 17.

262 Roger von Wendower II, S. 432/33: „... nec ibi fidem esse servandam, ubi periclitatur religio."

In dieser Einstellung zog man aus. Und eine ähnliche brachten auch sicherlich die Muslime den Christen gegenüber mit in den Kampf. Dann aber kam bei der ersten Begegnung in der Schlacht von Eskischehir (Doryläum) im Jahre 1097 die überraschende Erkenntnis: das sind ja Ritter, tapfere Ritter[263]. „Wer", fragt der Chronist erstaunt, „ist so gelehrt oder weise, daß er zu beschreiben wagte das Rittertum und die Tapferkeit der Türken?" Wahrlich, fährt er dann fort, wenn die nur Christen wären, „könnte niemand auf der Welt machtvollere, tapferere und kriegskundigere Männer finden"[264]. Auch der Gegner machte umgekehrt die gleiche Entdeckung, denn nach dem Bericht derselben Chronik forderte Körbogha die Kreuzfahrer auf, zu ihm überzutreten; alle sollten Ritter werden, setzt er hinzu, wie auch sie selbst es seien[265]. Dasselbe aber wiederholt sich später immer wieder, so wenn König Fulko zu einem muslimischen Emir sagt: „... Ich habe gestern eine sehr lebhafte Freude empfunden ... Man hat mir berichtet, daß du ein edler Ritter seist. Ich wußte nämlich nicht im mindesten, daß du ein Ritter wärest." Worauf der Muslim antwortete: „Ich bin ein Ritter im Sinne meiner Rasse und meines Geschlechtes."[266]

Im Spiegel der Literatur sehen wir, wie schnell sich diese veränderte Anschauung von dem „Heiden" im Abendland durchsetzte. Bald finden wir in allen Heldenepen die Gestalt des edlen ritterlichen Heidenfürsten, der in seiner Ritterkultur den abendländischen Rittern in keiner Weise nachsteht, ja sogar oft als Vorbild hingestellt wird. Das bekannteste Beispiel dafür ist Feirefîz in Wolframs „Parzival", aber auch die Dichtungen „Ortnit", „Flor und Blancheflor" und „Graf Rudolf" weisen solche Gestalten edler Muslime voll Ritterlichkeit auf. Am ausgeprägtesten aber ist die Vorliebe für solche Helden in Ottokar von Steiers Schilderung der Belagerung Akkons[267]. In „Ortnit" erscheint sogar die Grenze des verschiedenen Glaubens nicht mehr als unbedingt entscheidend. Denn als Ortnit den Heidenkönig bittet, zum Christentum überzutreten und dieser es ablehnt, erklärt der Heidenkönig das für ihre Freundschaft als nicht wesentlich; er werde ihm die Treue halten und ihm besser dienen als einer, der die Taufe empfangen habe[268].

Die Änderung der Haltung den Muslimen gegenüber geht sogar so weit, daß Wolfram nachdrücklich betont, es sei Unrecht, Heiden einfach nur niederzuschlagen wie ein Vieh, da sie doch aus Gottes Hand hervorgegangen seien[269]. Bedenkt man, daß Wolfram etwa von 1170 bis 1220 gelebt hat, daß

[263] Siehe oben S. 134. [264] Gesta Francorum IX, 11, S. 206/207.

[265] Ebd. XXVIII, 4, S. 366—367. [266] Usāma S. 102.

[267] Österreichische Reimchronik M. G., Dt. Chron. V, 1 u. 2, Vers 44579—53866. Vgl. dazu H. Naumann, Der wilde und der edle Heide = Vom Werden des deutschen Geistes. Festschrift G. Ehrismann (1925) S. 80—101. — Ders., Ritterliche Standeskultur, S. 52, 54, 62. — H. Benary, Über die säkularisierende Wirkung der Kreuzzüge, S. 37. — Kantorowiz, Friedrich II, S. 174.

[268] Zitiert in H. Naumannn, Der wilde und der edle Heide, S. 92.

[269] Willehalm 450, 15 ff. — Ähnlich: Willehalm 402, 10 ff. — Auch Chroniken vertreten ähnliche Ansichten: Rothelin 64, S. 604, von 1250.

also diese Worte geschrieben sind, während die Kreuzzüge im besten Gang waren, so ist die Schnelligkeit und Gründlichkeit der Wandlung in der Haltung des Abendlandes sehr erstaunlich. Freilich haben auch nicht alle so gedacht wie Wolfram.

Daß im Morgenland angesichts des Feindes die Wandlung schnell vor sich ging, braucht nicht wunderzunehmen. Zunächst einmal erkannten die Muslime schon früh die Tapferkeit und die kriegerische Stoßkraft der Franken an, doch beileibe nicht mehr als das[270]. Diese Anerkennung der kriegerischen Tüchtigkeit und Tapferkeit wiederholt sich immer wieder[271] und war eine Grundlage, auf der bessere Beziehungen zueinander sich aufbauen konnten. Wir erleben die Entstehung eines freundlicheren Verhältnisses zueinander mit, wenn uns geschildert wird, wie nach der Eroberung von Tyrus durch die Franken die Muslime staunend im Lager der Franken sie, ihre Waffen, ihre Belagerungsmaschinen usw. bewundern und umgekehrt gleichzeitig die Franken staunend die eroberte Stadt und ihre Befestigungen betrachten[272].

Hatte man sich so kennengelernt, so erwuchs daraus bald gegenseitige Hochachtung. Wiederholt rühmen die Chronisten der Muslime die Tapferkeit der Franken bei Schilderungen von Schlachten[273]. Usāma nennt sie einmal die klügsten Krieger der Welt, setzt aber in demselben Atemzug hinzu: Allah verfluche sie![274] Eine ausführliche Charakteristik lesen wir bei Abū Schāma[275]. Er preist nicht nur ihre Tapferkeit, sondern vor allem ihre Opferbereitschaft für ihren Glauben, mit der sie ihre Heimat verlassen, alle Not auf sich nehmen, ihren Heerführern gehorsam sind und für das alles kein Geld nehmen. Das Urteil steht in einem nach Bagdad gerichteten Brief, will also keineswegs schmeicheln. Es spricht ehrliche Hochachtung daraus. Auch die über einzelne fränkische Persönlichkeiten abgegebenen Urteile zeigen bei individueller Gestaltung Kenntnis der Persönlichkeit und echte Hochachtung, was aber auch nicht ausschließt, daß ein solches „Allah verfluche ihn!“ oder das Urteil, der Genannte sei „einer der ärgsten Teufel der Franken“, unmittelbar darauf folgt[276].

Wenn dem auf der anderen Seite auch negative Urteile der Muslime über die Franken gegenüberstehen, so ist das mitten in den erbitterten Kämpfen nicht zu verwundern. Auch ist ja die Fremdheit der beiden Völkergruppen

---

[270] Usāma zu 1097 = Revue orient. lat. 1894 III/IV, S. 456.

[271] Behā al-Dīn S. 326. [272] Wilhelm von Tyrus XIII, 14, S. 575.

[273] Kamāl ad-Dīn, Sahne, S. 225. — Röhricht: Beiträge I. — Al-Athīr S. 571 und an anderen Stellen.

[274] Seite 38. [275] Seite 145.

[276] Itinear. reg. Ricardi VI, XXIV, S. 424, u. Behā al-Dīn S. 214: Richard Löwenherz. — Al-Athīr I, S. 674, zu 1186/87: Raimund von St-Gilles. — Al-Athīr I, S. 635, zu 1179/80: Onfroi de Toron. — Al-Athīr II, S. 67 f., zu 1192: Heinrich von der Champagne. — Al-Athīr II, S. 59, zu 1192: ders. — Al-Athīr II, S. 51, zu 1191/92: Konrad von Montferrat.

selbstverständlich groß. Nichts bedeutet es, wenn Usāma, der persönlich mit manchen der Franken eng befreundet war, immer wieder von den „fränkischen Teufeln" redet. Das steht auf der gleichen Stufe wie das stereotype „Allah verfluche sie!" Aber eben dieser Usāma ibn Munkidh gibt auch eine ausführliche Charakterschilderung der Franken, in der er ihre große Tapferkeit und Intelligenz hervorhebt, sonst aber nichts Rühmliches anzuerkennen weiß[277]. Im ganzen spricht daraus das etwas hochmütige Bewußtsein, einer Kultur anzugehören, die er für höherstehend hält. Wenn er das Verhältnis des Franken zur fränkischen Frau nicht zu verstehen vermag und von mangelnder Eifersucht und darum von mangelndem Ehrgefühl spricht, so ist das angesichts der muslimischen Harems nur zu verständlich. Aber der freundschaftliche Verkehr eben dieses Mannes mit den Franken steht in merkwürdigem Gegensatz zu solchen Urteilen. Man sieht daraus, über welche Schwierigkeiten sich doch solche Beziehungen wegzusetzen hatten. Die Anziehungskraft, die sie überwand, muß groß gewesen sein. Von welchen Anschauungen aber die Muslime ursprünglich ausgingen, zeigt ein Ausspruch, den Albert von Aachen dem Feldherrn Körbogha in den Mund legt. Er fragt seine Mutter, ob Bohemund und Tankred Götter der Franken seien, die täglich zum Frühstück 2000 Kühe und 4000 Schweine verspeisten[278]. Hier sehen wie also die Vorstellung vom „Wilden Heiden" auf der Gegenseite ins Groteske gesteigert[279].

Dem stehen nun ebenso freundliche Urteile von Franken über die muslimischen Herrscher gegenüber. Eines der ersten und schönsten ist das Wort, mit dem Wilhelm von Tyrus Nūr ad-Dīn begrüßt, als er die Herrschaft übernimmt: „Ein kluger und weiser Mann, der in den irrgläubigen Traditionen seines Volkes Gott fürchtet." Dabei war Nūr ad-Dīn doch einer der gefährlichsten Feinde, den die fränkischen Christen hatten[280]. Solche Urteile setzen sich von da an fort durch die ganze Geschichte des Heiligen Landes[281].

War man sich so innerlich nähergekommen, so konnte es nicht ausbleiben, daß bald auch freundschaftlicher Verkehr einsetzte. Eigentlich war er von dem Grundgedanken des Kreuzzugs, der Bekämpfung der Ungläubigen des Heiligen Landes, aus eine Ungeheuerlichkeit. Aber bei der anfänglichen großen Zerspaltenheit der Muslime war es kein Wunder, wenn dort, wo man in dem einen Herren einen Bundesgenossen gegen den anderen finden konnte, man von dieser Möglichkeit auch Gebrauch machte. Denn die Kreuzzugsfürsten waren ja nicht nur Enthusiasten des Kreuzzugsgedankens, sondern auch Diplomaten, die einen solchen Vorteil im Dienst der Gesamtsache zu

---

277 Usāma S. 169, 173 u. 183 bis 200 u. 100.

278 Gesta Francorum XXII, 9, S. 329.

279 Vgl. auch Ekkehard, Hierosol. XVI, 2.

280 Wilhelm von Tyrus XVI, 7, S. 714.

281 Usāma S. 102. — Wilhelm von Tyrus XVI, 8, S. 717, und XV, 11, S. 675. — Itinerar. reg. Ricardi VI, XXII, S. 419, von 1192. — Rothelin 59, S. 591, von 1249, und 63, S. 599, von 1250. — Walther Mapes, De nugis cur. I, 21, S. 33.

nutzen wußten. Schon als die Kreuzfahrer noch vor Antiochia lagen, bot der Wesir von Ägypten, al-Afdal Schâhânschâh, den Kreuzfahrern ein Bündnis gegen die syrischen muslimischen Fürsten an[282]. In derselben Zeit schlug auch der Kommandant der Feste Azaz bei Antiochia, der sich gegen seinen Herrn, Ridwān von Aleppo, empört hatte, Zusammenarbeit vor; er bat die Franken um Hilfe, und als Gottfried mit anderen Kreuzzugsfürsten sie ihm leistete, erkannte er in ihm seinen Lehensherren an[283]. Das setzte sich auf dem Marsch von Antiochia — wenn auch zunächst in Ansätzen — fort. Die Emire von Schaisar und von Tripolis waren bald bereit, Verträge mit den Franken zu schließen, die ihnen freien Durchzug und Markt für die Verpflegung sicherten[284]. Diese Pakte gewannen noch an Bedeutung, als sich nach der Eroberung von Jerusalem der fränkische Staat konsolidiert hatte. Schon 1101 boten die muslimischen Nachbarstaaten König Balduin I. solche freundschaftliche Verträge an, und es kam zum Abschluß mit Askalon, Caesarea, Akkon und Tyrus, die damals noch in der Hand von Muslimen waren. Bald gehen diese Beziehungen noch eine Stufe weiter. Im Jahre 1108 sehen wir Tankred verbündet mit dem Malik von Aleppo gegen Balduin von Bourg und den Atabeg von Mossul stehen[285], ebenso wie der Kriegszug von Maudūd und Tūghtekin vom Jahre 1113 die syrischen muslimischen Fürsten veranlaßte, sich an König Balduin I. anzuschließen. So steht 1115 ein Bündnis der syrischen christlichen und muslimischen Staaten unter König Balduins Führung dem Sultan von Persien entgegen, als er ein neues Heer gegen Syrien sendet[286]. Es spielen nun in der Folgezeit die Bündnisse von Franken und Muslimen in der Geschichte von Syrien eine so große Rolle, daß sie nicht einzeln erwähnt werden können. Erinnert sei nur an das Bündnis mit Damaskus, das lange Zeit die Franken gegen die aufsteigende Macht der Muslime schützte, und an die Bündnisse mit den wechselnden Herren Ägyptens, die die Politik von König Amalrich kennzeichnen. Auch die wechselnden Bündnisse um die Mitte des 13. Jahrhunderts, als man zugleich von Ägypten, Damaskus und Aleppo aus um die Unterstützung der Franken warb, können die Bedeutung der fränkischen Bündnispolitik unterstreichen, da sie damals zu der Rückgabe weiter Landstriche des Heiligen Landes führten. Inhaltlich erreichten diese Bündnisabsichten ihren Höhepunkt unter Richard Löwerherz, der die Schaffung eines zugleich englisch-christlichen und muslimischen Staates in Syrien vorsah durch die Heirat von Saladins Bruder mit seiner, Richards, Schwester[287]. Aus dem Plan ist nichts geworden. Aber er zeigt deutlich, daß die Kreuzfahrer — und zwar einer ihrer berühmtesten Führer — bereit waren, das Ziel des Kreuzzuges, die Eroberung des Heiligen Landes für das Christentum, zugunsten einer Ver-

[282] Siehe oben S. 139.
[283] Albert von Aachen V, 10, S. 439. — Wilhelm von Tyrus VII, 4, S. 283.
[284] Wilhelm von Tyrus VII, 12, S. 295 = R. Grousset I, S. 127.
[285] Al-Athīr I, S. 266 ff., zu 1108/09. — R. Grousset I, S. 439 f.
[286] Siehe oben S. 184. [287] Siehe oben S. 213 ff.

brüderung und Vermischung von christlichen und muslimischen Elementen aufzugeben. Und dies ist eine überraschende Abschwenkung von der ursprünglichen Linie.

Soweit sich das heute noch sagen läßt, scheinen die Muslime häufiger die Unterstützung der Franken angerufen zu haben als umgekehrt[288]. Aber auch das Gegenteil, Hilferufe der Franken an ihre muslimischen Gegner, gehören keineswegs zu den Seltenheiten[289]. Es ist ja auch leicht, zu verstehen, daß die Hilfe der kriegstüchtigen Franken den Muslimen im Gewirre der kleinen Kriege der syrischen und mesopotamischen und ägyptischen Staaten stets willkommen sein mußte. Auch waren die Hemmungen auf dieser Seite, ehe der Gedanke des Heiligen Krieges sich wieder völlig neu belebt hatte, sicherlich geringer.

Denn daß es auf beiden Seiten auch an Widerständen gegen solche Bündnisse, ein solches Zusammengehen mit dem Andersgläubigen, dem Feind der Religion, nicht gefehlt hat, war zu erwarten. Als vor der Schlacht von Hattīn Graf Raimund von Tripolis, von König Guido aus seiner Machtstellung vertrieben, mit Saladin einen Vertrag abgeschlossen hatte, betrachtete man das als Verrat[290]. Es fehlte auch wirklich nicht viel dazu. Eine prinzipielle Ablehnung der Verträge, Bündnisse und des freundschaftlichen Verkehrs findet sich auch beispielsweise bei Otto von St. Blasien im Jahre 1202 und im Manuskript Rothelin zum Jahre 1229[291]. Dagegen wird man den lebendigen Protest Kaiser Friedrichs II. gegen die Bündnisse der Templer und gegen ihren freundschaftlichen Verkehr mit muslimischen Großen[292] nicht als eine prinzipielle Ablehnung werten dürfen, da er ja selbst die besten freundschaftlichen Beziehungen zum Sultan und seiner Umgebung hatte. Das Vorgehen dieses Kaisers rief den schärfsten Protest gegen allzu freundliche Beziehungen mit den Muslimen hervor, der wohl jemals ausgesprochen worden ist. Aber auch dieser Protest ist politisch bedingt durch die Streitigkeiten und Kriege zwischen Papst und Kaiser, so daß auch er dadurch an Gewicht verliert. Die prinzipielle Ablehnung der Bündnis- und Freundschaftspolitik macht einen großen Teil des Gegensatzes zwischen den neuankommenden Kreuzfahrern, die die Muslime auf jeden Fall bekämpfen wollen, und den mitten in politischen Beziehungen stehenden einheimischen Rittern aus; von ihm wird noch unten zu reden sein.

Auch auf seiten der Muslime findet sich eine lebhafte Gegenbewegung

[288] Wir beschränken uns auf die Zeugnisse von zwei arabischen Chroniken: Kāmal ad-Dīn, Sahne, S. 252, 280 f. u. 309 (R. Röhricht: Beiträge I). — Al-Athīr I, S. 205, zu 1101. — Ders. I, S. 224, von 1104; I, S. 266, von 1108/09; I, S. 282, zu 1111/12; I, S. 294, von 1114/15; I, S. 296, von 1115/16; I, S. 307, von 1117/18; I, S. 384, von 1129; I, S. 435, von 1139/40.

[289] Al-Athīr I, S. 522 f., von 1161. — R. Grousset I, S. 651/652. — Ders. II, 16; III, 269. — Urhajetzi 406, S. 104 = Iskenderian 70. — Brockelmann, Geschichte der islamischen Völker 204. [290] Arnold von Lübeck = M. G. Schulausgabe 119.

[291] M. G. SS. XX, S. 327. — Rothelin 16, S. 522. — Huillard-Bréholles VI, S. 256.

[292] R. Grousset I, 259.

gegen die Bündnisse mit den christlichen Franken oder „Freng", wie man sie nannte. Als im Jahre 1111 der ägyptische Gouverneur von Askalon mit König Balduin einen Garantievertrag abgeschlossen hatte, wendete sich einmal al-Afdal, der Herr Ägyptens, mit allem Nachdruck dagegen — doch das war eine rein politische Maßnahme. Außerdem aber entstand in der Stadt Askalon selbst ein Volksaufstand, als Balduin eine fränkische Schutzwache für seinen Vasallen, den Gouverneur, nach Askalon schickte. Der Gouverneur, Schams al-Chilāfa, wurde getötet und die fränkische Garnison verdrängt. Hier stehen wir vor einer deutlichen Regung des Volkswillens, der sich gegen solche Verbindung mit den Franken wendete. Und ähnlich ist es im Jahre 1240. Damals hatte as-Sālih Ismā'īl mit den Franken ein Bündnis geschlossen, das eine religiöse Gegenbewegung in Damaskus auslöste. Man predigte in der großen Moschee der Stadt dawider, und als kurz darauf das damaszenische Heer zusammen mit den Franken gegen die Ägypter ziehen sollte, entsprechend diesem Vertrag, da trat das ganze Heer zu den Ägyptern über und kämpfte gegen die Franken[293]. Auf beiden Seiten fehlte es also an einer Opposition nicht. Aber im allgemeinen vermochte sie sich nicht durchzusetzen. Der politische Vorteil der Bündnisse und Freundschaften war zu groß.

Die freundschaftliche Haltung der Fürsten, Könige und Emire bestimmte dann aber auch in ungünstiger Weise das Verhalten des einzelnen Ritters oder Kämpfers. Es fehlte nicht an Überläufern zu den Muslimen. Wir hören es von mit Namen genannten Rittern[294], ebenso aber auch von größeren ungenannten Scharen[295]. In einem der Fälle werden diese Überläufer mit Hilfe des Sultans Seeräuber, um christliche Schiffe zu kapern[296]. Ein anderes Mal hören wir, daß sie auch zum Islam übertreten, gegen die Franken kämpfen, das in den Händen der Franken ihnen entgegengehaltene Heilige Kreuz verspotten und sich selbst ein Kreuz herstellten, um es vor den Augen der Christen in jeder Weise zu beschmutzen und zu verunehren[297]. Andere allerdings liefen über, um ihr Leben zu erhalten in der Verzweiflung des Hungers und Durstes auf dem Marsch[298]. Jedenfalls muß man also mit einer nicht ganz geringen Zahl von Überläufern seitens der Christen rechnen.

Es finden sich auch Überläufer von den Muslimen zu den Christen. Aber sie sind seltener. Meist ist es der Übertritt eines in seinem Ehrgefühl unbefriedigten oder in seiner Politik enttäuschten Emirs[299]. Aber auch anderes kommt vor. 1110 kämpfte eine ganze übergelaufene Schiffsmannschaft für die Franken[300].

---

[293] R. Grousset III, S. 386—389. [294] Ernoul S. 60. — Eracles XXIV, 12, S. 123.

[295] Abū Schāma, Zwei Gärten I, S. 490. — Historia peregrinorum 161. — Itinerar. reg. Ricardi I, LXXIV, 131. — Albert von Aachen X, 48, S. 653/654.

[296] Davon wird unten noch die Rede sein.

[297] Albert von Aachen X, 48, S. 653/654. [298] Historia peregrinorum S. 161.

[299] Wilhelm von Tyrus XVI, 8, S. 715. — Al-Athīr I, S. 349, zu 1123/24.

[300] R. Grousset I, 263.

Weit wichtiger als das ist die Veränderung des Tones im Verkehr zwischen den Christen und den Muslimen, die eintrat, als man sich kennenlernte. Die Kämpfe mit allen ihren Härten und Grausamkeiten hören keineswegs auf, aber es werden nun ritterliche Formen im Verkehr eingehalten. Ein Beispiel für viele: Bei Tiberias stehen sich im Jahre 1107 König Balduin I. und Tūghtekin von Damaskus gegenüber. Da schicken die Damaszener eine Gesandtschaft und bieten einen Waffenstillstand an, Balduin empfängt diese Gesandtschaft sehr liebenswürdig, überhäuft sie mit Geschenken, mit Ehrengewändern u. a. nach der Sitte der Muslime. Die Boten gehen zurück und preisen den Reichtum und die Macht Balduins im heimischen Lager. Darauf wird der Waffenstillstand geschlossen, und das Damaszenerheer zieht ab[301]. Damit war ein erster Schritt getan. Bestimmte ritterliche Formen im Verkehr miteinander werden hier beiderseits anerkannt. Dazu gehörte es auch, daß man einen Krieg vorher dem Gegner ansagte[302].

Diese Ritterlichkeit war damals für die Muslime nicht neu. Wir wissen, daß Alp-Arslan, der Seldschukensultan, nach seinem Sieg über die Byzantiner bei Mantzikert im Jahre 1071 den gefangenen Kaiser Romanos Diogenes mit ausgesuchter Höflichkeit behandelte[303]. Auch untereinander waren sie gewohnt, solche ritterliche Höflichkeit anzuwenden. Ein hübsches Beispiel dafür bietet der Sultan Sandschar, der, als er seinen vierzehnjährigen Neffen Mahmūd mit Hilfe von Kriegselefanten geschlagen hatte, befahl, man solle die Elefanten nach einer anderen Seite schicken, damit sie „dem Kind keine Angst einjagen". Der Neffe kennt daraufhin die Oberhoheit des Onkels an und schickt ihm ein sehr großes Geschenk, aber dieser schickt es ihm zurück und behält sich nur, um seinen kleinen Neffen nicht zu kränken, 5 arabische Pferde[304]. Es ist gerade in diesen Jahrzehnten zu beoabachten, daß die Seldschukenfürsten, die seinerzeit als Barbaren ins Land gekommen waren, sich der vorgefundenen alten islamischen, ritterlichen Kultur des Landes anpaßten[305].

Die freundschaftlichen Beziehungen und Bündnisse standen aber durchaus nicht nur auf dem Papier, sondern hatten ihre sehr realen Auswirkungen in der Politik, so zum Beispiel wenn der Herr von Arabien nach der gemeinsamen Verteidigung von Damaskus auch gemeinsam mit den Franken Paneas erobert und den Franken zurückgibt, das Sengī den Franken vorher abgenommen hatte[306]. Usāma weiß von ähnlichen Fällen zu berichten[307]. Besonders die Jahre um 1110 sind an solchen Beweisen ehrlich gemeinter Freund-

---

[301] Ibn al-Qalanisi S. 92. — Al-Athīr I, S. 269/70, zu 1108/09. — R. Grousset I, S. 249.

[302] Wilhelm von Tyrus XVI, 8, S. 716. — R. Grousset II, S. 212.

[303] R. Grousset I, S. XXXIII.

[304] Al-Athīr I, S. 321 u. 323, zu 1119/20. — R. Grousset I, S. 525—526.

[305] R. Grousset I, S. 527, und II, S. 209, dort speziell auf Nūr ad-Dīn und seinen Vater bezogen.

[306] Al-Athīr I, S. 436, von 1139/40. [307] Usāma S. 170/171.

schaft in der Politik reich[308], so wenn einem muslimischen Emir geraten wird, die durch den Tod von Joscellin I. von Edessa entstandene Verwirrung zu einem Angriff zu benützen, er aber erklärt, er wolle sich nicht nachsagen lassen, er habe aus dem Tod eines Herrschers Vorteil gezogen und dadurch dessen Heer geschlagen[309]. Aber wenn auch politische Folgen aus diesen guten Beziehungen zu den islamischen Staaten erwachsen, so tragen sie doch einen ganz persönlichen Charakter. Es sind Freundschaften der Fürsten und Könige untereinander, die diese sachlichen Auswirkungen haben. Das spricht sich an vielen Stellen deutlich aus, so wenn der Herr der Assassinen König Ludwig IX. ein Hemd schickt zum Zeichen, daß niemand seinem Herzen näher stehe als er[310], oder wenn bei der Übergabe von Damiette die Muslime sich weigern, die Stadt einem anderen als Balian von Ibelin, mit dem sie Freundschaft verbindet, zu übergeben[311], oder wenn Muʿīn ad-Dīn Unur, der Herr von Damaskus, dem die Durchführung der Bündnispolitik vor allem zu verdanken ist, „der liebende Freund unseres Volkes" genannt wird[312]. Freilich wird auch die Möglichkeit offengelassen, daß er diese Politik um ihres Nutzens willen aufrechterhielt[313]. Manche dieser Berichte haben anekdotenhaften Charakter, zeigen aber gerade darin die persönlichen und herzlichen Züge solcher Freundschaften über die Grenzen der einander feindlich gegenüberstehenden Heere hinweg. So folgender Vorfall: König Balduin I. hatte im Jahre 1101 eine reiche Karawane weggenommen. In ihr befand sich auch die Frau eines Scheichs, die ihrer Niederkunft entgegensah. Als die Zeit gekommen war, ließ König Balduin sie von dem Kamel herunterheben, ihr aus Beutestücken ein gutes Lager machen, gab ihr Mägde und zwei Kamelstuten, von deren Milch sie leben konnte, dazu Speise und Trank und seinen eigenen Mantel. So ließ er sie frei und zurück. Als kurze Zeit darauf nach der unglücklichen Schlacht von Ramla (1102) der König sich in diese Stadt geflüchtet hatte, erschien heimlich nachts ein Araber, der dringend den König zu sprechen verlangte. Es war der Mann jener Frau, der sich nun dadurch Balduin erkenntlich zeigte, daß er ihm den Plan der Muslime verriet, das fränkische Lager in der Morgenfrühe zu überfallen[314]. Eine solche hübsche Anekdote zeigt deutlicher als lange Erörterungen den Geist dieser Beziehungen von Franken und Muslimen.

Unter Balduin II. setzen sich solche gute persönliche Verbindungen der Gegner fort, obwohl die Kämpfe mit unverminderter Ausdauer fortgeführt

---

[308] Al-Athīr I, S. 267, zu 1108/09.

[309] Michel le Syrien (Ausgabe Chabot) III, 232. — A. Hatem, Les poèmes épiques de la croisade (1932) S. 284.

[310] Hatem a. a. O. S. 285. [311] Eracles XXXII, 14, S. 346.

[312] Wilh. von Tyrus XVI, 8, S. 717: „... populi nostri amator ... Is gentis nostrae gratiam, quibuscunque poterat obsequiis, mereri satagebat; et quibus solent amici comparari, merita in eo non erant otiosa."

[313] Vgl. außerdem Al-Athīr I, S. 290, von 1113/14.

[314] Wilhelm von Tyrus I, 11 u. 21, S. 415 u. 431.

werden. Als Beispiel dafür seien die Munkidhen-Fürsten von Schaisar genannt. In ihrem Gewahrsam waren fürstliche Kinder als Geiseln, die Balduin II. bei seiner Befreiung aus der muslimischen Gefangenschaft gestellt hatte. Als diese Geiseln freigelassen wurden und kaum das Tor von Schaisar verlassen hatten, wurden sie vom Emir von Homs wieder gefangengenommen in der Hoffnung, noch einmal ein Lösegeld für sich dadurch erpressen zu können. Daraufhin machten sich aber die Munkidhen sofort auf und jagten dem Emir von Homs die Geiseln wieder ab[315].

Doch am meisten häufen sich solche Züge unter Saladin, der ja in der Überlieferung auch zum Musterbeispiel der Ritterlichkeit gegen den Gegner geworden ist. Am bekanntesten ist, daß er dem vor Akkon krank liegenden Richard Löwenherz eisgekühlte Limonade und Früchte schickte[316] oder daß sein Bruder Richard mitten im Kampfe zwei gute Pferde schickte, weil dieser keine mehr hatte[317]. Solche Anekdoten von Saladin, die sicherlich historisch gut fundiert sind, gibt es noch viele[318]. Aber auch umgekehrt zeigte König Amalrich beim ersten Auftreten Saladins diesem gegenüber alle ritterliche Höflichkeit[319]. Ebenso ist es bekannt, wie unter Friedrich II. sich diese ritterlich-freundschaftlichen Beziehungen fortsetzten, ja ihren Höhepunkt erreichten[320]. Ihnen allein hat er ja auch die Übergabe der heiligen Stätten an die Christen zu verdanken. Aber solche Züge beschränken sich keineswegs auf Kaiser Friedrich II., wie es in manchen Darstellungen erscheinen könnte, sondern auch bei der Niederlage des Christenheeres vor Damiette im Jahre 1221 zeigt sich der Sultan al-Malik al-Kāmil von überlegener Großherzigkeit[321]. Ebenso weiß auch Joinville aus dem Jahre 1250 zu erzählen, wie ihn, als er gefangen und krank war, ein Muslim versorgte und rettete[322].

Solche freundschaftliche Beziehungen mitten in Kriegen oder zwischen den Kriegen in Zeiten des Waffenstillstandes werden auch von einzelnen Rittern des Heeres oder von den Massen der Kreuzfahrer gepflegt. Schon während des dritten Kreuzzuges kam es vor Akkon zu eigentümlichen Verbrüderungsszenen zwischen den Schlachten. Man kam aus den Stellungen heraus, tanzte und sang zusammen, ja man parodierte den Kampf in einem Spielkampf zwischen einem christlichen und einem muslimischen Knaben. Dann kämpfte man wieder weiter[323]. Stärker noch war dies Sympatisieren miteinander da,

---

[315] Usāma S. 152. — R. Grousset I, 635.

[316] Abū Schāma, Zwei Gärten II, S. 18 u. 76. — R. Grousset III, S. 30.

[317] Itinerar. reg. Ricardi VI, XXII, S. 419. — Eracles XXVI, 15, S. 196.

[318] Eracles XXIII, 63, S. 98 f. — Caesarius von Heisterbach IV, 15, S. 186. — Abū Schāma, Zwei Gärten I, S. 276 f. — Ebd. II, S. 6, 9 u. 18. — R. Grousset II, 797, 800 u. 809. — Ebd. III, S. 30.

[319] R. Grousset II, S. 501.

[320] Siehe oben S. 279 ff. u. 291 ff. Siehe auch E. Kantorowicz, Friedrich II., S. 174.

[321] Siehe oben S. 272. [322] Joinville S. 240.

[323] Abū Schāma, Zwei Gärten I, S. 412. — Behā al-Dīn S. 139 u. 333 f. — R. Grousset III, S. 28.

wo durch Bündnisse Christen und Franken nebeneinanderstanden[324]. Daß aber gerade bei solchen Gelegenheiten auch Gegenbewegungen gegen solche Bündnisse wirksam werden konnten, davon war oben die Rede[325].

Weit häufiger aber als solchen Verbrüderungen in größerem Kreise begegnen wir persönlich freundschaftlichen Beziehungen einzelner Ritter von Mensch zu Mensch. Vor allem die Selbstbiographie des schon öfters genannten Usāma ibn Munkidh ist voll von Belegen dafür. Er nennt die Templer „meine guten Freunde“[326] und erzählt, daß er „ein freundschaftliches Verhältnis“ zum Stadtoberhaupt von Antiochia hatte, er erzählt von Besuchen bei den Franken, bei denen Christen ihn schützen, als er, nach seiner muslimischen Sitte betend[327], von einer Frau angefallen wird[328]. Er rühmte die christliche Gastfreundschaft[329] und berichtet, daß ein fränkischer Ritter ihm vorgeschlagen habe, er wolle seinen Sohn mit ins Abenland nehmen, damit er dort christliche Ritterschaft kennenlerne, was der Muslim aber ablehnte[330], und wie Tankred, der Fürst von Antiochia, ihm einen neuangekommenen Kreuzfahrer mit einem Empfehlungsschreiben zusendet, damit dieser Gelegenheit habe, morgenländische Ritterschaft kennenzulernen[331]. Diese Beispiele ließen sich leicht vermehren[332]. Ihren besonders klaren Ausdruck fanden solche Beziehungen darin, daß einzelne islamische Ritter von den Franken zum Ritter geschlagen wurden. Selbst von Saladin wird erzählt, er habe sich von Onfroi de Toron zum Ritter nach abendländischer Weise schlagen lassen. Ist das auch wahrscheinlich ins Reich der Legende zu verweisen, so ist doch Saladins Sohn, der spätere al-Malik al-Kāmil, von Richard Löwenherz zum Ritter geschlagen worden, wie auch unter Ludwig IX., dem Heiligen, noch Muslime zu Rittern geschlagen wurden[333]. Auf derselben Linie liegt es, wenn man Differenzen zwischen Franken und ihnen verbündeten Muslimen nach dem Lehnsrecht entscheidet. Das zeigt, wie sehr man Franken und Muslime schon als eine einheitliche ritterliche Welt zu betrachten gewohnt war[334].

Freilich fehlte es auch nicht an Stimmen, die grundsätzlich eine Freundschaft zwischen Christen und Muslimen für ein Unrecht erklärten[335]. Aber

---

[324] Wilhelm von Tyrus XV, 7 u. 9, S. 668 u. 671.

[325] Siehe oben S. 292. [326] Usāma S. 187.

[327] R. Grousset II, S. 140—141. [328] Usāma S. 194—195.

[329] R. Grousset II, S. 142. [330] Usāma S. 184.

[331] Usāma S. 107.

[332] Caesarius von Heisterbach IV, 15, S. 187. — R. Grousset I, S. 464 f.

[333] Lat. Forts. d. Wilh. von Tyrus I, VII, S. 60, von 1186. — Dazu H. Prutz, Kulturgeschichte, S. 57. — Eracles XXIII, 26, S. 37. — Itinerar. reg. Ricardi I, 3, S. 9 u. 324. — J. de Joinville = Mon. Germ. SS. XXVI, cap. 196 u. 198, S. 556. — Guillelmus de Nangiaco, Gesta s. Ludov. IX = Duchesne V, S. 404. — E. Kantorowicz a. a. O. S. 174 und Erg.-Bd. 68.

[334] R. Grousset II, S. 212.

[335] Itinerar. reg. Ricardi IV, S. 296, von 1191: „... unde rex non modicum suis videbatur reprehensibilis, et cum Ethnicis contraxisse familiaritatem nefas esse dice-

gerade diese Warnungen und Verbote zeigen, wie weit solche Verbindungen schon gingen.

Wir wissen, daß jedes Jahr im Februar, wenn friedliche Zeiten waren und Waffenstillstand oder Frieden geschlossen war, die Ritterorden und andere Christen ihre Pferde auf die Wiesen am Hange des Berges Karmel trieben und dort ein Zeltlager aufschlugen. Dort feierte man ein Fest, Haraz genannt, mit Reiterspielen aller Art. Zu ihnen fanden sich auch muslimische Beduinen ein, um sich an den Reiterspielen zu beteiligen. Die Reitkunst der Beduinen wird dabei besonders gelobt. Es seien Tage voll Heiterkeit und Frohsinn gewesen. Ein Reiterspiel, eine Art Ringelstoßen, wird eingehend beschrieben[336].

Es war ein eigentümliches Nebeneinander von Krieg und Frieden. Ein Reisender berichtet auch erstaunt, daß man mit Erbitterung miteinander gekämpft habe und daß doch gleichzeitig die Karawanen ruhig durch das Land gezogen seien, von Kämpfern beider Seiten friedlich begleitet[337].

Selbstverständlich wurde das Leben der Frankenstaaten durch solche freundschaftlichen Beziehungen erleichtert. Aber der Kampfeswille im Interesse der Kreuzzüge mußte darunter leiden. Der Kampf bekam bisweilen geradezu den Charakter des Sports, der unter befreundeten Ritterschaften auch nicht fehlen durfte. Denn sich im Kampfe zu messen, auch bei freundschaftlicher Gesinnung, darauf mußten alle Ritter brennen. Für den Ritter war der Kampf ein Normalzustand. So fand nach dem Zeugnis von Gerhoch von Reichersberg Konrad III. im zweiten Kreuzzug das Heilige Land zu seiner Überraschung ganz friedlich, „abgesehen von Beutezügen und Einfällen, wie sie immer an den Grenzen der Völker vorzukommen pflegen“[338]. Macht man sich außerdem klar, daß man damals Frieden zwischen Muslimen und Christen immer nur mit einer Begrenzung auf einige Jahre abschloß, so wird deutlich, daß man einen dauernden Frieden gar nicht mit allem Nachdruck wünschte, sondern daß solche Friedensschlüsse nur eine zweckmäßige Unterbrechung des gewöhnlichen Zustandes des Kampfes bedeuteten. Die Freude am Kampf war beiden gemeinsam und stets gleichbleibend[339]. Selbstverständlich wurden diese Zeiten dann abgelöst von solchen, in denen der Kampf um die Existenz der Franken geführt wurde. Aber zeitweise und

batur ...“ — Jakob von Vitry, Sermo 38: Kreuzpredigt an die Ritterorden. Auszug bei U. Cramer, Kreuzpredigt, S. 159: „Setzt deshalb euer Vertrauen nicht in falsche Christen, nicht auf Sarazenen und Beduinen, wenn sie euch auch umwerben; pflegt mit ihnen keine vertraute Freundschaft ...“ Gerade diese Warnungen und Verbote zeigen, wie weit diese Verbindungen schon gingen.

[336] Magistri Thietmari peregrinatio, hrsg. von Laurent VIII, 28, S. 22, und 31 ff., S. 22/23.

[337] Ibn Jobair (Jubair) (Ausgabe Goergens) S. 271.

[338] Gerhoch von Reichersberg: Antichrist 60, S. 376—377.

[339] Abū Schāma, Zwei Gärten I, S. 221, zu 1182, gibt ein Bild von der Kampfesfreude der Muslime. Dabei heißt es: „... les bataillons musulmans ... marchèrent à l'ennemi comme à une rencontre d'ami.“

zwischendurch wies er doch immer einmal diesen anderen, etwas spielerischen, sportlichen Charakter auf.

Es wäre jedoch völlig falsch, aus dem Gesagten zu schließen, daß die Kreuzzüge ein harmloses Kämpfen gewesen seien. Sie sind Glaubenskriege mit der vollen Härte und Grausamkeit, die in solchen in Erscheinung zu treten pflegt. Besonders nach der Eroberung einer hart umkämpften Stadt oder Burg tobte sich oft die Wut der Kämpfer ungehemmt aus. Da gibt es meist gar keine Einschränkungen ritterlicher Schonung dem Gegner gegenüber. Saladin freilich weiß selbst in diesen Augenblicken zu schonen, aus Ritterlichkeit, weil er die 1187/88 eroberten Städte schon als seine, und ihre Einwohner schon als seine Untertanen betrachtet. Im ganzen läßt sich beobachten, daß die ersten Kämpfe mit großer Grausamkeit geführt wurden, entsprechend den Vorstellungen, die jeder vom anderen mitbrachte, und entsprechend der religiösen Begeisterung der Franken. Dann ließ diese Schärfe nach. Denn man lernte sich kennen, und die Wildheit der Seldschuken nahm ab. In den letzten Jahrzehnten ist die Grausamkeit des Krieges wieder bedeutend gestiegen. Denn nun führten die Muslime den Krieg mit religiöser Hingabe auch der Massen und nicht nur der Führer. Unter diesen war ein Mann wie Baibars zu jeder Grausamkeit der Kriegführung gewillt[340]. Aber auch zwischen beiden Höhepunkten finden sich Kriegshandlungen von äußerster Grausamkeit. Wie nahe freundschaftlicher Verkehr und brutale Grausamkeit einander stehen können, wie beide in einer Persönlichkeit vereinigt sein können, zeigt Richard Löwenherz. Denn er, der mit Saladins Bruder äußerst freundschaftlich verkehrte und seine Schwester mit ihm verheiraten wollte, ließ nach der Eroberung von Akkon mehrere Tausend muslimischer Gefangener, denen man das Leben zugesagt hatte, vor den Augen ihrer Landsleute und Kameraden erschlagen[341], eine Grausamkeit und Wildheit, die dem Wesen des Gegners ganz zuwiderlief und sich auch politisch als eine große Unklugheit erweisen sollte. Aber auch bei einer so ritterlichen Persönlichkeit wie Saladin sind Züge von Wildheit und Grausamkeit erkennbar, so wenn er Renaud von Châtillon selbst enthauptet[342], oder wenn er dem gefangenen Balduin von Ramla die Zähne einschlagen läßt, um ihn zur Zusage eines höheren Lösegeldes zu zwingen[343], oder wenn man von ihm berichtet, es sei seine Gewohnheit gewesen, Templer und Johanniter hinzurichten[344].

Mit welcher Grausamkeit auf der Gegenseite die Christen nach der Eroberung von Jerusalem in der Heiligen Stadt hausten, wie sie buchstäblich im Blute wateten, wurde oben schon berichtet[345]. Man denke nur an die

[340] Abu 'lFedā S. 151 u. 152.
[341] Siehe oben S. 208/09. [342] Vgl. unten Kap. VII.
[343] Vgl. R. Grousset II, S. 687.
[344] Al-Athīr I, S. 736, von 1188/89. Vgl. auch Lat. Forts. d. Wilhelm von Tyrus 14, S. 73.
[345] Siehe oben Seite 153.

Szene, wie der Patriarch durch eine Straße zieht, alle Muslime mordend, wie er dann die Grabeskirche mit völlig blutbefleckten Händen erreicht und sich die Hände wäscht mit dem Psalmwort: Der Gerechte wird sich freuen, wenn er solche Rache sieht, und wird seine Füße baden in des Gottlosen Blut (Ps. 58, 11)[346].

Von dieser fanatischen Grausamkeit rückte man zwar bald sehr energisch ab. Aber häufig sind doch noch die Fälle, in denen nach der Einnahme einer Stadt oder Burg die Verteidiger und Bewohner entweder erschlagen oder in Gefangenschaft abgeführt wurden[347]. Besonders bekannt ist das Blutbad, das die Franken nach der Eroberung von Damiette im Jahre 1229 dort veranstalteten[348]. In Dschebail erzwangen die Franken von den Bewohnern, entgegen ihrer Zusage vor der Übergabe, mit Foltern die Herausgabe ihrer Reichtümer[349]. Andere Fälle von grausamer Behandlung nach der Eroberung, oft entgegen den gemachten Zusagen, liegen vor der Einnahme Jerusalems, gehören also in die erste Periode des fanatischen Kampfes[350].

Später begnügte man sich oft mit der Gefangennahme und Plünderung, so zum Beispiel 1109/10 in Tripolis[351].

Auch grausamer sadistischer Mord der Frauen, wie er uns aus den Kämpfen vor Antiochia berichtet wird[352], kam wohl nur in diesen ersten Jahren fanatischen Kämpfens vor. Ebenso gehört die Methode zur Abschreckung von Spionen, die Bohemund 1098 anwendete[353], nur dieser ersten Periode an. Er ließ nämlich Gefangene töten und braten, als ob sie gegessen werden sollten. Das Abschlagen von Köpfen und das Vorzeigen oder Vorwerfen dieser Köpfe vor den Feind, um ihn abzuschrecken, scheint man von den Muslimen gelernt zu haben, aber schnell und gründlich. Denn schon bei dem Kampf um Nicaea und bei der Belagerung von Antiochia warf man mit Katapulten solche abgeschlagene Köpfe von Muslimen in die belagerte Stadt hinein[354]. Doch beschränkte sich das nicht auf die ersten Jahre. Auch Richard Löwenherz unternahm 1192 von Ramla aus Streifzüge, von denen er heimkehrte mit einem oder zwei Dutzend Sarazenenköpfen am Sattel[355].

Im Kampf um Akkon unter Richard scheinen überhaupt Grausamkeiten

---

[346] Michel le Syrien S. 329 = Rec. arm. I.

[347] Al-Athīr I, S. 208, zu 1101: Caesarea. — R. Grousset II, S. 129, von 1138: Jil'ad. — Al-Athīr I, S. 554, zu 1168/69: Bilbeis.

[348] H. Hoogeweg II, 284, Anm. 4, mit Angabe der Quellen.

[349] Al-Athīr I, S. 219, von 1104.

[350] Gesta Francorum XX, 9, S. 307: Antiochia; XXX, 1 und XXXIII, 7: Al-Bāra und Ma'arrat, dort werden weder Männer noch Frauen verschont. — Kāmal ad-Dīn, Sahne, S. 223 u. 226 (R. Röhricht: Beiträge I).

[351] Al-Athīr I, S. 274, von 1109/10.

[352] Fulcher I, 23, 5, S. 257, zu 1098.

[353] Wilhelm von Tyrus IV, 23, S. 189—190.

[354] Albert von Aachen II, S. 27, und III, 62, S. 382. — Gesta Francorum VIII, S. 182, und XII, S. 247 u. 320.

[355] A. Cartellieri, Richard Löwenherz im Heiligen Land, S. 20.

aufgelebt zu sein, die in den ersten Jahrzehnten des 12. Jahrhunderts häufig, dann aber fast in Vergessenheit geraten waren. Denn vor Akkon hören wir von Absengen der Genitalien, von Schinden, Köpfen und zu Tode Martern. Auch wurden nach dem Gefangenenmord Richards die Eingeweide der Leichen daraufhin untersucht, ob die Gefangenen nicht Gold oder Edelsteine verschluckt hätten, um sie vor den Zugriffen der Franken zu sichern[356]. In der Frühzeit der Kreuzzüge hat man vor Antiochia auch Tote ausgegraben, um ihre abgeschlagenen Köpfe als Trophäen verwenden zu können[357]. Auch wurden Gefangene im Angesicht ihrer Freunde vor den Mauern enthauptet[358] oder auch in einer Stadt hoch auf den Mauern gekreuzigt vor den Augen der Belagerer[359]. Der spätere König Balduin ließ 1097 einen Armenier foltern, um die Herausgabe einer Burg zu erpressen, aber erst auf die Androhung hin, daß man ihn Glied für Glied in Stücke reißen werde, gab der Gefolterte nach[360]. Auch sonst hören wir aus dieser Zeitspanne viel von Martern von Gefangenen und Besiegten, vom Blenden, vom Abschneiden der Nasen, Hände und Füße[361]. Besonders scheinen sich Balduin und Joscelin in Edessa durch Grausamkeit ausgezeichnet zu haben. Wieder hören wir von Blendungen, von abgeschnittenen Genitalien, Nasen und Händen, von Martern von Kindern für die Eltern usw., und zwar aus recht zuverlässiger Quelle[362]. Die Härte dieses Kampfes von beiden Seiten aus beweist auch der Entschluß der fränkischen Bewohner von Apamaea und Kafr Ṭāb im Jahre 1115/16, ihre Frauen und ihre Kinder selbst zu töten, ehe die Muslime die Stadt einnahmen[363]. Denselben Entschluß faßten die Bewohner von Jerusalem 1187, als Saladin ihnen den freien Abzug verweigern wollte[364]. Das ist also auch ein Zeitpunkt, zu dem der alte Fanatismus des Kampfes wieder zu seiner vollen Höhe aufzuflammen drohte. Es kam dann nicht dazu, da Saladin auf einen Vermittlungsvorschlag einging.

Eine andere Form von barbarischer Grausamkeit ist die systematische Vernichtung der Wein- und Baumpflanzungen, von denen im Orient das ganze Leben abhängt und die nur in langer, mühevoller Arbeit wieder herzustellen sind. Im Heiligen Land verbot schon das mosaische Gesetz ihre Zerstörung im Kriege[365]. Entgegen diesem im Orient stets weiterbestehen-

---

[356] Roger von Hoveden III, S. 127 f., von 1191. — Haymar, De expugnata Accone, Str. 215 ff., S. 48 ff.

[357] Gesta Francorum XVII, 10, S. 286.

[358] Gesta Francorum XII, 5, S. 247.

[359] Al-Athīr I, S. 292, zu 1114/15.

[360] Albert von Aachen III, 18, S. 351.

[361] Usāma S. 104, von 1104—1112. — Albert von Aachen VII, 9, S. 513, von 1100. — Kāmal ad-Dīn S. 227 (R. Röhricht: Beiträge I). — R. Grousset I, 628.

[362] Urhajetzi 375 : 80; 384 : 87/88; 423—424 : 117—118 = Iskenderian S. 70, 83 ff. u. 97.

[363] Al-Athīr I, S. 297, zu 1115/16.

[364] Vgl. dazu Kap. VII.

[365] Deuteronomium 20, 19.

den Gesetze vernichteten die Franken wiederholt rücksichtslos solche Pflanzungen[366].

Erschreckend ist, daß die abendländischen Chronisten der Kreuzzüge sich nur in ganz seltenen Fällen von einer solchen Grausamkeit abwenden. Über den Gefangenenmord Richards vor Akkon berichten viele, ohne mit einem Wort davon Abstand zu nehmen, nur Haymar tadelt die Tat scharf[367]. Auch Raimund von Agiles und die Gesta Francorum haben oft ihre Freude an Blutvergießen und Grausamkeit[368]. Am erstaunlichsten aber ist doch die zynische Notiz bei Fulcher, als er von dem Sieg der Franken vor Antiochia und der Eroberung des muslimischen Lagers voll Stolz und Freude berichtet: „Ihre Weiber fanden sie in den Zelten. Denen taten aber die Franken nichts anderes Böses an, als daß sie ihre Lanzen in ihren Bauch bohrten." Das weist schon darauf hin, daß die Kreuzfahrer diese Grausamkeit nicht von den Muslimen gelernt haben (von Einzelheiten abgesehen), sondern daß sie sie mitbrachten. Denn sie sind sehr schnell damit zur Stelle, und gerade da, wo sie, wie in Armenien, kaum Grausamkeit von Türken oder Armeniern erfahren haben konnten. Auch müßten die Chronisten sonst anders denken. Dazu kommt, daß dieselben grausamen Behandlungsmethoden ebenso von Christen gegen Christen angewendet wurden, und zwar so ziemlich in allen Zeiten der Kreuzzüge[369]. Wir wissen ja, welche Brutalität das mittelalterliche Abendland in seinem Gerichts- und Kriegswesen aufzuweisen hatte.

Aber auch die Muslime scheuen vor Grausamkeiten ähnlicher Art nicht zurück. Doch scheint die Entwicklung hier den entgegengesetzten Weg gegangen zu sein und die Härte zugenommen zu haben. Denn das Blutbad von 1099 in Jerusalem machte als eine ganz unerhörte Tatsache einen riesengroßen Eindruck im ganzen Land[370]. Und bei den ersten Rückeroberungen von Burgen und Städten bei Aleppo durch die Muslime geht es nur um die Frage, ob sie freien Abzug gewähren oder die Besatzung in die Gefangenschaft fortführen[371]. Zum Schluß aber weisen die Kämpfe um den Rest des fränkischen Besitzes unter den ägyptischen Sultanen eine besonders ausgeprägte Härte und Grausamkeit auf. Man denke nur an die Eroberung Akkons im Jahre 1291 und das dabei angerichtete Blutbad und die Zerstörung der Stadt. Hier tobte sich ein fanatischer Kampfes- und Zerstörungs-

---

[366] Kāmal ad-Dīn, Sahne, S. 226 u. 274 f. (R. Röhricht: Beiträge I). — Vgl. R. Grousset I, 186 u. 187. — Zu dem Verbot siehe Viktor Hehn, Kulturpflanzen und Haustiere, S. 105.

[367] Haymar, De expugnata Accone, Str. 215, S. 48. — Vgl. auch Cartellieri, Richard Löwenherz im Heiligen Land, S. 11.

[368] H. v. Sybel, Gesch. des ersten Kreuzzugs, S. 16. — H. Prutz, Kulturgesch. der Kreuzzüge, S. 135.

[369] R. Grousset II, 330. — Ebd. II, 477: Roger von Wendower III, 57, von 1192. — Eracles XXX, 3, S. 314.

[370] R. Grousset I, S. 162.

[371] Kāmal ad-Dīn, Sahne, S. 232 (Röhricht: Beiträge I).

wille hemmungslos aus[372]. Mit dieser Linie des zunehmenden Glaubensfanatismus der Muslime überschnitt sich aber eine andere: die Seldschuken brachten Wildheit und Grausamkeit mit. Sie nahm freilich ab, sobald sie mit der alten islamischen Kultur verwuchsen. Sengī ist noch grausamer als Nūr ad-Dīn und Saladin. Die späteren ägyptischen Sultane, wie Baibars, aber haben diese Kultur nicht mehr[373].

Mit diesen Modifikationen finden sich aber Grausamkeiten bei den Muslimen, die denen der Franken nichts nachgeben, besonders wenn man die Kämpfe des ersten Kreuzzuges abrechnet. Da werden bei Eroberungen alle Verteidiger getötet, oft außer den Edlen, für die man reiches Lösegeld erhofft[374]; da werden Gefangene getötet[375], gefoltert[376] oder, auf der Mauer angebunden, den feindlichen Geschossen ausgesetzt[377]. Die Martern von Gefangenen bekommen hier meist den ausgesprochenen Sinn, daß man auf diese Weise die christlichen Gefangenen zum Übertritt zum Islam pressen will. Eine Chronik aus dem Jahre 1147 gibt erschreckende Bilder von verstümmelten Männern, die aus der Gefangenschaft zurückkehrten und sich dort geweigert hatten, ihr Christentum zu verleugnen[378]. Das wiederholt sich in der Folge[379]. Das Paradieren mit abgeschlagenen Köpfen der Christen findet sich immer wieder im Laufe der Jahrzehnte. Schon 1098 wird berichtet, daß bei dem schon genannten Kampf um Ma'arrat an-Nu'mān Köpfe von etwa 1000 Christen nach Aleppo gesandt worden seien, um als Kriegstrophäen zu dienen[380]. Als man 1250 König Ludwig IX. gefangen hatte, drohte man ihm die schlimmste Folter an, die man kannte[381]. Man plante dann, ihn als Schaustück in der ganzen muslimischen Welt herumzuschicken, eingeschlossen in einen Käfig; vor allem in Bagdad sollte er dem Kalifen vorgeführt werden[382]. Dann aber gab man den Plan auf und behandelte Ludwig gut, da als Lösegeld für ihn die Freigabe von Damiette in Aussicht stand.

Wie sehr diese Grausamkeit der Muslime eine Folge des religiösen Fanatismus war, geht daraus hervor, daß nach der Schlacht von Hattīn 1187 eine Gruppe von jungen, frommen Theologen im Heere Saladins es sich als be-

[372] Abu 'lFedā S. 164. — Andere Kämpfe ebd. S. 151, zu 1266/67.

[373] Ein Beispiel für Sengis Wildheit und Grausamkeit ist die Einnahme von Ba'albek im Jahre 1139, wo Zengi trotz heiliger Eide schrecklich wütete (Al-Athīr I, S. 433, von 1138/39; Kāmal ad-Dīn S. 681; R. Grousset II, 129).

[374] Matthaeus Paris. V, 164, von 1250.

[375] Al-Athīr I, S. 659, von 1182/83. — Joinville S. 241.

[376] Joinville S. 271. [377] R. Grousset I, 182.

[378] Würzburger Annalen = M. G. SS. XVI, S. 5.

[379] Matthaeus Paris. V, 218 f., von 1251. — Joinville S. 242. — Weltchronik eines Minoriten aus Assisi, 238, zu 1287.

[380] Weitere Fälle: Usāma S. 19, von 1135. — Kāmal ad-Dīn, Sahne, S. 310 (R. Röhricht: Beiträge I). — Eracles XXIII, 27, S. 41. — Matthaeus Paris. V, 157, von 1250. — Abu 'lFedā 112, von 1236/37. — R. Grousset III, 637.

[381] Joinville S. 243.

[382] Matthaeus Paris. V, 160, von 1250; ebd. V, 283 u. V, 411.

sondere Gunst erbat, eigenhändig Gefangene enthaupten zu dürfen; die Chronik schildert dann, wie man mit einem sportlichen Vergnügen feststellte, wessen Säbel gut schnitt, und wie man die auslachte, die sich schlecht zu dem Henkergeschäft anstellten[383]. Auch 1178 gab der Sultan den Befehl, Christen „durch fromme und strenggläubige Muslime zu enthaupten". Die dieser Aufforderung folgten, werden dann namentlich genannt. Nur einer von ihnen beteiligte sich nicht, sondern bat sich das Opfer als Gefangenen aus[384]. Auch ein noch junger Sohn Saladins bat seinen Vater, einen christlichen Gefangenen selbst enthaupten zu dürfen; aber Saladin schlug es ab mit der Begründung, er sei noch zu jung, um sich an Blutvergießen zu gewöhnen, er solle das nicht als Spiel tun. Wenn der Sohn älter gewesen wäre, hätte er es sicherlich nicht abgeschlagen[385]. Augenscheinlich galt also etwa seit der Zeit Saladins, also seit der vollen Entfaltung des Heiligen Krieges, die Enthauptung eines Christen als ein Gott wohlgefälliges Werk. Als 1182 durch den Angriff von Renaud de Châtillon auf das Gebiet von Mekka und Medina die Wut der Muslime auf das Äußerste gestiegen war, sollen nach dem Bericht eines arabischen Chronisten einige Gefangene der Truppe von Renaud nach Mekka gebracht worden sein, um im Tal Minā an dem Tag des Opferfestes geopfert zu werden[386]. Die Nachricht erscheint durchaus glaubwürdig im Zusammenhang mit den vorausgenannten Berichten.

Bei der Einnahme von Edessa werden uns Eigentümlichkeiten berichtet, die einen anderen, aber auch religiösen und hier primitiv religiösen Sinn haben. Damals bestrichen sich Muslime mit Christenblut und zerbissen die Leber der Gefallenen[387]. In der Leber sah man den Sitz der Tapferkeit, aß man sie, so eignete man sich die große Tapferkeit an, die man bei den Franken bewunderte. Ähnliches gilt von dem Blut. Durch das Bestreichen mit ihm hoffte man, auch die guten Eigenschaften, die Stärke der Franken, auf sich zu übertragen. Hier stoßen wir also auf ganz primitive religiöse Vorstellungen, die sicher viel älter sind als der Islam.

In Saladins Heer verschonte man gelegentlich einige Gefangene von der Hinrichtung und schickte sie nackt und ohne jede Hilfsmittel wieder nach Hause zu den neuangekommenen Kreuzfahrern, damit sie diesen den Mut nehmen[388].

Doch ist es zur Beurteilung solcher Grausamkeiten im Kampf gegen die Christen nicht unwesentlich, zu sehen, daß die Muslime auch untereinander mit großer Grausamkeit vorgehen[389]. Nicht alles geht also auf den Heiligen

[383] Abū Schāma, Zwei Gärten I, S. 277 f. — R. Grousset II, S. 799.
[384] Abū Schāma, Zwei Gärten (Ausg. Goergens) S. 3.
[385] Abū Schāma, Zwei Gärten II, S. 6. [386] Abu 'lFedā S. 51 f.
[387] St. Nerses 265 = Iskenderian 103, Anm. 390.
[388] Latein. Fortsetzung des Wilhelm von Tyrus 14, S. 73.
[389] Al-Athīr I, S. 240, zu 1107; ebd. I, S. 265, zu 1108/09, und I. S. 631. zu 1177/78. — Abū Schāma, Zwei Gärten (Ausg. Goergens) S. 21. — Abu 'lFedā S. 126. —

Krieg zurück. Große Grausamkeit bewiesen auch die Armenier. Fürst Mleh († 1175) zeichnete sich hierin besonders aus[390]. Auf solchem Hintergrund muß man das Verhalten der Franken und der Muslime in den Kreuzzügen sehen.

Plünderungen eroberter Plätze, Raubzüge, Wegnahme von Viehherden und von Karawanen, ebenso wie Seeraub waren zur Zeit der Kreuzzüge immer üblich. Sie galten im allgemeinen für keine Schande, und der ungeschriebene Ehrenkodex für die Kämpfer beider Seiten gestattete sie wenigstens in gewissen Grenzen. Natürlich nahm man einen solchen Raubzug oder dergleichen nicht einfach hin, sondern man vergalt ihn, sobald als möglich, durch einen ähnlichen Zug. Nur die geschlossenen und beschworenen Waffenstillstände oder Friedensschlüsse (was auf das gleiche hinauskam) unterbrachen solche Unternehmungen zwischen den friedenschließenden Parteien. Aber das war doch nur eine Atempause. Mit solchen kühnen und listenreichen Raubzügen ließen sich freundschaftlich-ritterliche Beziehungen von einem Volk zum anderen wohl vereinen.

Es hatte sich ein richtiges Beuterecht ausgebildet. Man spricht von ritterlichem oder auch kriegerischem Recht in diesem Zusammenhang, von Gewohnheitsrecht oder von einem Gesetz[391]. Über die Verteilung der Beute ist allerdings viel Streit entstanden, der zum Beispiel in Damiette zu schweren Kämpfen zwischen Franzosen und Italienern führte[392] und nach der Eroberung von Akkon die schnelle, verbitterte Abfahrt der Deutschen unter Herzog Leopold von Österreich zur Folge hatte[393]. Auch nach der Eroberung von Konstantinopel war die Erbitterung über die Beuteverteilung sehr groß[394].

Ursprünglich galt es als Recht, daß, wer zuerst in ein Haus eingedrungen sei und es besetzt habe, Herr dieses Hauses und allen Inhaltes sei[395]. So versuchte man es nach der Eroberung von Jerusalem zu halten; aber es war nicht durchführbar[396]. Nach der Einnahme von Konstantinopel und von Damiette sammelte man alle Beute und verteilte sie nach einem bestimmten Schlüssel, was aber auch nicht zu einer vollen Befriedigung aller Beteiligten führte, wenn eine solche überhaupt jemals zu erreichen war[397]. In Damiette erhielt jeder Ritter 24 Goldstücke, jeder Priester 12, jeder Turkopule 12,

Usāma S. 214 f. — Kāmal ad-Dīn, Sahne, S. 268 (R. Röhricht: Beiträge I). — Joinville S. 270.

390 R. Grousset II, 567 ff. u. 681 ff.

391 Wilhelm von Tyrus XII, 21, S. 545, u. 23, S. 548; XVII, 27, S. 805. — R. Röhricht, Regesta 452/118, von 1168. — Albert von Aachen VI, 23, S. 479.

392 Siehe oben S. 268.

393 Otto von St. Blasien = M. G. Schulausgabe 36, S. 54/55.

394 Eracles XXIX, 1, S. 275.

395 Fulcher I, 29, S. 304 ff. — Albert von Aachen IV, 23, S. 479.

396 R. Röhricht, Geschichte des ersten Kreuzzuges, S. 195.

397 Würzburger Annalen, zu 1204 = M. G. SS. XVI, S. 12. — Hoogeweg II, S. 286. — Hassler, Pelagius, S. 48.

jeder Knappe 6, die Weiber und Kinder aber je 3. In Konstantinopel (1204) soll das Verhältnis gewesen sein: Ritter 20 000, Geistliche und Sergeanten zu Pferd 10 000, Fußsoldaten 5000. Überall aber sah man die Beute als ein verbrieftes Recht des Kämpfers an, und es gab Fälle, in denen man die Übergabe einer Feste vermied um der Beute willen, die winkte, wenn man stürmen mußte. Die Verluste bei einem solchen Sturm achtete man also gelegentlich geringer als die Beute[398].

Die Beutezüge gegen Viehherden und dergleichen scheinen die Franken von den Muslimen gelernt zu haben. Tankred hat anscheinend zur Zeit Herzog Gottfrieds, also unmittelbar nach der Eroberung des Landes, zuerst solche Beutezüge in Galiläa ins Land der Muslime organisiert[399]. Aber wenn sie es auch von anderen gelernt hatten, so waren die Franken doch augenscheinlich gelehrige Schüler. Denn immer wieder in der Geschichte des Heiligen Landes hören wir von solchen Zügen. Wir nennen nur einzelne Beispiele[400]. Auch hier kam es zu Grausamkeiten. Von Joscelin von Edessa wird berichtet, daß er auf einer solchen Razzia Greise, Greisinnen und Kranke antraf, sie völlig ihrer Kleider beraubte und so, schutzlos der Kälte ausgesetzt, zurückließ[401].

Raubzüge von besonderem Gewicht stellten die Wegnahmen von Karawanen durch die Franken dar. Auf diesem Gebiet machte sich Renaud von Châtillon einen Namen. Zweimal nahm er gerade in kritischer Zeit Saladin reiche Karawanen weg. Bei einer soll des Sultans Schwester in Gefangenschaft geraten sein[402]. Geschah es hier sehr gegen den Willen des Königs, so nahm Richard Löwenherz selbst einmal eine besonders große und reiche Karawane weg[403]. König Ludwig IX. raubte zwar nicht selbst eine Karawane aus wie Richard, aber als einer seiner Ritter ihn um Erlaubnis dazu bat, genehmigte er es. Der Raubzug erregte dann aber dadurch den Unwillen der anderen Ritter, weil man den Ritter beschuldigte, nicht den dem König geziemenden Anteil an der Beute abgegeben zu haben. Solche Beutezüge geschahen hier also im vollen Einverständnis mit dem König und mit seiner Beteiligung am Gewinn[404]. Aber das sind nicht die einzigen Fälle in der Geschichte des Heiligen Landes, in denen man den Muslimen reiche Karawanen ausraubte[405].

---

398 R. Grousset III, S. 160. 399 Ebd. I, S. 179.

400 Kāmal ad-Dīn, Sahne (R. Röhricht: Beiträge I) S. 253, 263, 274, 276 u. 282. — Al-Athīr I, S. 217 f., zu 1104, und 349. — Itinerar. reg. Ricardi V, XII, 324, zu 1192. — Usāma S. 99. — Eracles XXXI, 6, S. 316. — R. Grousset II, S. 424, 627/628, 667 ff.; III, 532.

401 Kāmal ad-Dīn, Sahne (R. Röhricht: Beiträge I) S. 263.

402 Ernoul S. 54 ff. — Al-Athīr I, S. 676, zu 1186/87. — Abū Schāma, Zwei Gärten I, S. 258 f. — R. Grousset II, 702 u. 776/77.

403 Eracles XXVI, 10, S. 189. — Oliverus Scholasticus, Hist. reg. 105, S. 152, von 1192. 404 Matthaeus Paris. V, 385, von 1253.

405 Kāmal ad-Dīn, Sahne (R. Röhricht: Beiträge I) S. 252 f. — Al-Athīr I, S. 272, von 1108/09. — Joinville S. 270.

Darüber hinaus muß man mit fränkischen Räuberbanden, die die Straßen des Landes regelmäßig bedrohten, gerechnet haben. Denn ein Reisender aus dem Jahr 1274 berichtet von einem Eichbaum an der Straße, der die Grenze des Gebietes bildete, innerhalb dessen fränkische Räuber Reisende gefangenzunehmen pflegten[406]. Ein trübes Licht auf die Sicherheitsverhältnisse wirft auch die Tatsache, daß die aus Jerusalem nach der Eroberung 1187 vertriebenen Christen von Saladin bis an die Grenze fränkischen Gebietes geleitet wurden, dann aber im Gebiet von Tripolis von einem fränkischen Ritter überfallen und beraubt wurden[407].

Auch der Seeraub blühte unter den Franken. Bekannt sind die Raubzüge von Renaud de Châtillon gegen die Küste von Zypern um das Jahr 1154[408] und dann die desselben Ritters im Rotem Meer[409]. Ebenso plünderte Raimund III. von Tripolis, verärgert über die Ablehnung der byzantinischen Heirat seiner Schwester, die byzantinischen Küsten von Zypern[410]. Derartiges berichten unsere Quellen immer wieder[411]. Aber auch der Zug der Kreuzfahrer des vierten Kreuzzuges gegen Zara war im Grunde nur ein großer Seeräuberzug gegen die christliche Stadt[412].

Es gab von alten Zeiten her in Palästina ein Strandrecht, nach dem das Gut der Schiffbrüchigen den Herren des Strandes gehört. Das machte sich König Balduin III. von Jerusalem in der Weise zunutze, daß er Schiffe erst schiffbrüchig machte und sie dann ausplünderte. Usāma erzählt aus eigener Anschauung eine solche Szene, bei der der König selbst die Aktion leitete[413]. Aber die Muslime waren nicht besser. Auch bei ihnen hören wir von Beutezügen, von Wegnahme von Karawanen und Seeräubereien[414]. Einer dieser Berichte über einen solchen Beutezug endet mit den charakteristischen Worten: „Sie lebten glücklich im Beutemachen und in Sicherheit.“[415] In einem eigentümlichen Verhältnis stand Saladin zu dem Seeräubertum. Als fränkisch-christliche Überläufer sich erboten, als Seeräuber die Franken zu schädigen und zu bekämpfen, gestattete er es. Als sie dann aber, wie sie vorgeschlagen hatten, die Beute ihm ablieferten, damit er sie zwischen sich

[406] Ibn Dschubair (Ausgabe Goergens) S. 273 f.

[407] R. Grousset II, S. 818.

[408] R. Grousset II, S. 335.

[409] R. Grousset II, S. 732 ff.

[410] R. Grousset II, S. 429/30.

[411] Würzburger Annalen, zu 1204 = M. G. SS. XVI, S. 12. — Eracles XXXI, 6, S. 316, von 1211; ebd. XXVI, 13, S. 192. — Abū Schāma, Zwei Gärten I, S. 230 f. — Al-Athīr I, S. 279, von 1110/11. — R. Grousset III, 188.

[412] Kölner Königschronik = M. G. Schulausgabe, S. 199, c. III, zu 1201. — Gesta episc. Halberstadt. = M. G. SS. XXIII, S. 117.

[413] Usāma S. 60/61.

[414] Razzias: Kāmal ad-Dīn, Sahne (R. Röhricht: Beitr. I) S. 260. — Al-Athīr I, S. 401, zu 1133/34; ebd. I, S. 438, zu 1140/41. — Abū Schāma, Zwei Gärten I, S. 218 f. — Ibn Dschubair (Ausg. Goergens) S. 273. — Wegnahme von Karawanen: Kāmal ad-Dīn, Sahne (R. Röhricht: Beitr. I) S. 311. — Seeraub: Abū Schāma, Zwei Gärten I, S. 239.

[415] Ibn Dschubair (Ausg. Goergens) S. 273.

und ihnen teile, nahm er nichts davon, sondern überließ ihnen alles. Nun wollte er doch nichts mit der Seeräuberei zu tun haben[416].

Der Übergang von Seeräubern zu Kreuzfahrern und umgekehrt scheint, wie schon das vorausgehende Beispiel beweist, damals nicht ganz ungewöhnlich gewesen zu sein. Denn Seeräuber kamen auf dem ersten Kreuzzug den Rittern zu Hilfe[417], und Seeräuber halfen 1108 Balduin I., Sidon einzunehmen. Es werden Pisaner, Genuesen, Venezianer und Amalfitaner darunter genannt[418]. Ein großer Teil der Seeräuber des Mittelmeeres, die damals sehr zahlreich gewesen sein müssen[419], sind augenscheinlich Christen gewesen. Denn der Papst bedroht sie wiederholt mit dem Kirchenbann[420]. Wenn bei den Kreuzfahrern wilde Grausamkeit üblich ist, die wir sittlich verurteilen, so müssen wir dabei jedoch die verschiedenen sittlichen Maßstäbe berücksichtigen. Vor allem darf man daraus keinen Schluß auf die Echtheit oder Unechtheit der Kreuzfahrerfrömmigkeit ziehen.

Entartung der Kreuzfahrer?

Zweifellos hat sich der Typ des Kreuzfahrers im Lauf der zwei Jahrhunderte, über die sich die Kreuzzüge erstrecken, verändert. Aber es ist doch fraglich, ob man deshalb von einer Entartung des Kreuzritters durch die Jahre hindurch reden kann. Die wesentlichen Momente dieser Veränderung haben wir schon kennengelernt. Wir sahen, wie der spontane Wille der Ritterschaft zum Kreuzzug abnahm und die große Werbung dafür einsetzte. Wir haben weiter gehört, daß eine soziale Verschiebung innerhalb der Kreuzfahrerschaft eintrat, so daß mehr und mehr Männer aus niederen Schichten an den Kreuzzügen teilnahmen. Das fiel zusammen mit der immer weiter durchdringenden Einführung des Soldrittertums, das den spontan auf eigene Kosten ausziehenden Ritter immer mehr verdrängte. Damit ging aber die eigentliche Initiative zum Kreuzzug auf die Landesfürsten und anderen Herrscher über, die imstande waren, Heere von Soldrittern und leichten Truppen zu werben und zu unterhalten. Auch konnten wir beobachten, daß die Tendenz der einzelnen Ritter und der Fürsten, nach abgeleistetem Gelübde schnell wieder heimzukehren, immer größer wurde. Der Kreuzfahrer vom Ende des 13. Jahrhunderts ist in der Tat nicht mehr derselbe wie der von 1095. Aber eine Entartung des Kreuzrittertums würde ich diese Entwicklung doch nicht nennen. Es haben sich die Zeiten geändert und damit der Platz der Kreuzzüge innerhalb der Zeit, und es hat der Wille zum Kreuzzug nicht dauernden Bestand gehabt, sondern die Bewegung ist abgeflaut, wie das das Schicksal aller Bewegungen ist. Aber das ist keine eigentliche Entartung.

---

416 Abū Schāma, Zwei Gärten I, S. 522.

417 Siehe oben S. 38. 418 R. Grousset I, 253. 419 Siehe oben S. 337, 388.

420 Mansi, Concil. XXII, S. 1063 ff., von 1215; ebd. XXIII, S. 631, von 1245.

Es sprechen freilich die Kreuzzugsprediger oder die Chronisten häufig von einer Entartung der Kreuzfahrer und der Bewohner des Heiligen Landes. Meist geschieht es im Zusammenhang mit der Frage nach der Ursache, warum Gott die Niederlagen der Kreuzfahrer und den Verlust von Jerusalem zuläßt. Sünde muß die Ursache und darum aufzuzeigen sein. Die Habgier der Kreuzfahrer, ihr Neid aufeinander werden oft genannt und vor allem das Fressen und Saufen in den Städten oder in anderen Ruhezeiten und der Verkehr mit Dirnen und anderen Frauen des Landes[421].

Diese Vorwürfe haben ihre Berechtigung. Wie stets Ruhe und gutes Leben eine große Gefahr für die Schlagkraft eines Heeres sind, so sind auch die Kreuzfahrerheere, wenn sie in reiche Städte kamen und dort längeren Aufenthalt machten, immer in Gefahr gewesen, zu verweichlichen oder gar zu verkommen. Betraten sie doch als Abendländer zum erstenmal eine morgenländische Hafenstadt. Da war die Versuchung, sich zu verlieren, natürlich sehr groß, besonders wenn man anstrengende Märsche hinter sich und Hunger und Durst ausgestanden hatte. Und wer wußte, wie lange er noch lebte. Das wiederholte sich immer wieder. Auf dem zweiten Kreuzzug begann es mit Philippopel und Adrianopel, wo das Heer länger lagerte[422]; und als die Reste des deutschen Heeres in Antiochia eintrafen, tat man sich gütlich nach den Anstrengungen und begann in dem Wohlleben zu verweichlichen. Die Krankheiten taten ihr Teil dazu[423]. Vor Akkon wiederholte sich dasselbe Spiel trotz der Primitivität des Lagerlebens[424]. Richard Löwenherz sah nach der Einnahme der Stadt diese Gefahr für sein Heer sehr deutlich. Er führte es darum bald aus der Stadt heraus, aber das Heer folgte nur ungern und zögernd, besonders da Richard befohlen hatte, daß alle Dirnen zurückbleiben mußten[425]. In den folgenden Jahren spielten Jaffa und vor allem Tyrus eine ähnliche Rolle für das Heer[426]. Nach der Eroberung von Konstantinopel im Jahre 1204 hören wir dieselben Klagen[427], und vor Damiette entschloß man sich auf Grund entsprechender Erfahrungen zur Ausweisung aller Dirnen aus dem Lager und zur Einfüh-

---

[421] Jakob von Vitry, Sermo, hrsg. von R. Röhricht = Ztschr. f. Kirchengesch. 6 (1884) S. 571 f. — Pierre de Blois = Migne PL 207, S. 294. — Mansi, Concil. XXIII, S. 628: Konzil von Lyon von 1245: Bericht über die Kreuzzüge. — Lat. Forts. des Wilhelm von Tyrus III, XXVIII, S. 148.

[422] Histor. peregrin. S. 142 u. 147. — Histor. de expedit. Frid. imp. 59, S. 60.

[423] Eracles XXV, 3, S. 141.

[424] R. Röhricht, Gesch. d. Kgr. Jerus., 540. Dort Wiedergabe des Wortlauts einer Predigt des Erzbischofs von Canterbury über die Zustände des Lagers. Dort auch Angabe der Quellen. — Siehe auch Lat. Forts. des Wilhelm von Tyrus III, XIX, S. 133.

[425] Itinerar. reg. Ricardi IV, IX, S. 247/48.

[426] Ambroise 6941—6951 und ebd. 8450—8468. — Itinerar. reg. Ricardi V, XX, S. 300/31.

[427] La Bible au seigneur de Berzé (Anfang des 13. Jh.) V, 449 ff. u. 469 ff. = Chr. Langlois, La vie de France (1911) S. 84/85.

rung einer strengen Lagerordnung[428]. Aber nach der Einnahme der Stadt mußte man von neuem dieselben Erfahrungen machen. Völlerei und Luderleben nahmen in erschreckender Weise zu, besonders da die Beute den Soldaten die Mittel dazu gab. Aber auch Raub und Diebstahl verbreiteten sich in dieser Atmosphäre[429]. Dasselbe wiederholte sich 1249, als man wieder Damiette genommen hatte, nur daß nun noch Schiebergeschäfte aller Art sich dazugesellten[430]. Im Grunde ist es überall das gleiche Bild. Bedeutete das nun aber eine Entartung der Kreuzfahrerschaft? Sicherlich sind die uns gezeichneten Bilder der trunken vor den Türen der Dirnen randalierenden Ritter nicht schön, aber muß nicht jedes Heer mit solchen Erscheinungen rechnen, wenn es nach langer Mühlsal in ein reiches Quartier kommt und besonders wenn das Hafenstädte und gar orientalische Städte sind? War das Heer aus dieser Atmosphäre der Untätigkeit und des Wohllebens wieder herausgeführt, so war es schnell wieder das alte. So bekommen wir vom Kreuzfahrerheer von 1192, das alle diese Verlockungen von Akkon, Jaffa und Tyrus gerade hinter sich hatte, ein sehr gutes Bild, als Richard Löwenherz plant, nach Hause zu ziehen, das Heer aber erklärt, man würde mit oder ohne König Richard nach Jerusalem ziehen, ein Plan, der allgemeine Freude und Begeisterung auslöste[431]. So sieht kein verweichlichtes, entartetes Heer aus.

Ähnlich steht es mit den anderen von den Predigern erhobenen Vorwürfen. Gewiß benahmen sich die Bayern, als sie 1217 unter Herzog Leopold von Österreich in Akkon landeten, wenig manierlich, bekamen Streit wegen der Quartiere und brachen in Gärten ein[432]; aber wo geschieht solches nicht, wenn fremde Truppen, die zum erstenmal in fremden Ländern sind, landen?

Viel wird immer wieder in der Geschichte der Kreuzzüge von Verrat gesprochen. Besonders war während des Streites der Engländer und Franzosen vor Akkon um 1190 die Luft geradezu geschwängert mit solchen Verdächtigungen. Aber geht man ihnen nach, so ist der Verdacht meist unbegründet, oder er hat seine Ursache in dem Unverständnis, mit dem die neuankommenden Kreuzfahrer der Politik der Einheimischen gegenüberstanden. In ihren Augen mußte manches als Verrat an der Sache des Kreuzzuges gelten, was, von den Einheimischen aus gesehen, kluge Politik war. In manchen dieser Fälle werden wir dem Urteil der landenden Kreuzfahrer zuneigen. Aber die fränkischen Ritter des Landes handelten in diesen Fällen sicher mit bestem Gewissen. Wenn hier von einer Entartung die Rede sein kann, so liegt sie nur bei den einheimischen Franken, den „Pullanen“, wie man sie nannte. Davon werden wir noch in anderem Zusammenhang reden müssen.

---

428 H. Hoogeweg III, 424.

429 Oliverus Scholasticus, Hist. Damiat. 38, S. 238, und 48, S. 252. — Eracles XXXII, 15, S. 348. — H. Hoogeweg III, 417.

430 Joinville S. 216 f. — R. Grousset III, 446.

431 Itinerar. reg. Ricardi V, XLIII, S. 359, von 1192.

432 Oliverus Scholasticus, Hist. Damiat., cap. 1, S. 163.

Die Kreuzfahrer werden damit aber im allgemeinen nicht belastet. Das bekannteste Beispiel für solchen „Verrat" bietet die Belagerung von Damaskus am Ende des zweiten Kreuzzuges. Damals fuhr der deutsche König Konrad III. und der größte Teil der Kreuzfahrer äußerst entrüstet und erzürnt ab, in der Überzeugung, von den Einheimischen verraten worden zu sein. Er mußte es wohl so ansehen. Aber wir wissen heute, daß die Haltung der fränkischen Ritter von schwerwiegenden politischen Gesichtspunkten aus bestimmt war. Die Art und Weise, wie man diese Politik den Kreuzfahrerkönigen gegenüber durchführte, scheint allerdings heimtückisch gewesen zu sein, aber von einem plumpen Verrat im eigentlichen Sinne kann auch hier nicht die Rede sein[433]. Und die gegen den Herzog von Burgund von Richard Löwenherz ausgesprochenen Beschuldigungen und Verdächtigungen sind ganz sicher Ausgeburten einer Phantasie, die durch Gehässigkeit vergiftet war[434]. Ernster zu nehmen waren die Beschuldigungen, die man gegen Venedig erhob, da Venedig seine Interessen immer der Sache der Kreuzzüge voranstellte. Aber die Behauptungen eines offenen Verrats vor dem vierten Kreuzzug, der ihnen Handelsverträge mit den Ägyptern eintragen sollte, lassen sich auch bei näherem Zusehen, so wie sie damals erhoben wurden, nicht halten[435]. Man war mit Verdächtigungen des Verrats und der Bestechung sehr schnell bei der Hand.

Es gab einzelne Verräter und Überläufer unter den Franken. Davon war oben schon die Rede[436]. Aber die Versuchung dazu war auch groß, besonders in Zeiten äußerer Not. Ebenso gab es gar manche Fälle von Unterschlagung von Kreuzzugsgeldern[437]. Und es gab Männer, die die Loslösung von der bindenden Sitte der Heimat benützten zu Diebstahl, Mord und Raub von Frauen, wie dies eine Urkunde von Papst Gregor X. betont[438]; aber es ist nicht zu verwundern, daß solche Fälle vorkamen, wenn Tausende auszogen und darunter Verbrecher waren, denen man die Teilnahme am Kreuzzug als Buße auferlegt hatte. Das alles läßt keine Schlüsse auf den sittlichen Zustand des Kreuzfahrerheeres zu. Und die Schilderungen von Bußpredigern sind nie eine verlässige Unterlage für solche Urteile. Auch das Urteil einer arabischen Chronik, daß „die Treulosigkeit der Christen bekannt sei"[439], darf nicht als allgemeingültig angesehen werden, da man, wie wir sahen, sich nicht immer verpflichtet fühlte, den Muslimen gegebene Verpflichtungen zu halten. Außerdem ist dies Urteil im unmittelbaren Anschluß an den Gefangenenmord von Richard Löwenherz ausgesprochen, und das war eine

[433] Siehe oben S. 178.
[434] Siehe oben S. 215. — Roger von Wendower III, 56/57, von 1192.
[435] Siehe oben S. 243.
[436] Siehe oben S. 374. — Außerdem Oliverus Scholasticus, Hist. Damiat. 76, S. 273, von 1221.
[437] Ebd. 42, S. 247, von 1220.
[438] Gregor X, Registr., Append. II, 391, von 1017.
[439] Abū Schāma, Zwei Gärten II, S. 79.

Treulosigkeit großen Stiles. Alles das gibt uns nicht das Recht, von einer sittlichen Entartung der Kreuzfahrer im allgemeinen zu sprechen.

Will man sich klarmachen, was sittliche Entartung bedeutet, so braucht man nur nach dem nicht weit abgelegenen Byzanz dieser Zeit hinüberzusehen. Dafür nur ein Beispiel: Der Philosoph Psellos gibt den Rat, den Kaiser Romanos IV. zu blenden. Es geschieht. Dann aber schreibt derselbe Psellos an den geblendeten Kaiser: „Ich weiß nicht, soll ich Dich als Menschen beweinen oder als Märtyrer glücklich preisen. Gott hat Dir die Augen des Körpers genommen" (es geschah auf seine Veranlassung), „damit Dir das innere Licht um so besser leuchte..." Solche Frivolität ist Entartung. Das aber steht von der geistigen Welt der Kreuzfahrer weit ab[440].

Man könnte mit mehr Recht andere Erscheinungen als Entartungen der Kreuzzüge ansehen, so wenn aus den Kriegszügen Reisen nach dem Heiligen Land werden mit einer Pilgerfahrt nach Jerusalem und einem freundschaftlichen Besuch bei verschiedenen orientalischen Höfen. So sah der Kreuzzug Heinrichs des Löwen, des Herzogs von Sachsen und Bayern, aus[441] und der von Étienne de Blois aus dem Jahre 1171[442]. Und ähnlichen Charakter trug die Fahrt der Königin Margarete von Ungarn im Jahre 1197[443]. Das sind nur noch Schatten oder Karikaturen der rechten Kreuzzüge. Aber das belastet die anderen Kreuzfahrten nicht. Auch gingen Pilgerfahrten, die sich allerdings dann nicht den Anschein von Kreuzzügen gaben, immer neben ihnen her.

Eine Entartung der Kreuzzüge bedeuten auch viele der Unternehmungen Venedigs, Genuas und der anderen Seestädte. Denn oft überwog hier allzu deutlich das wirtschaftliche Interesse am Erwerb von Handelsstützpunkten die religiösen Absichten der Kreuzzüge. Doch sind wir auch hier nicht berechtigt, generell ein Verdammungsurteil zu sprechen. Außerdem bleibt es sehr wohl möglich, daß viele von den Seestädten ausziehende Ritter und Kämpfer trotz ihres Wissens um den Nutzen für die Heimatstadt aus ehrlicher Kreuzfahrerfrömmigkeit ausfuhren.

So bleibt das Gesamtbild doch unverändert: Von einem Nachlassen des Kreuzzugswillens kann mit Fug und Recht gesprochen werden, ebenso von einer Veränderung des Typs des Kreuzfahrers und der Struktur der Kreuzzüge, nicht aber von einer sittlichen Entartung der Kreuzritterschaft, wie das die zeitgenössischen Prediger gern tun und als Bußprediger auch tun mußten. Wir lassen dabei aber die Frage offen, ob ein solches Urteil über die fränkischen Bewohner der fränkisch-syrischen Staaten berechtigt ist oder nicht. Denn zwischen beiden Gruppen bestand ein scharfer Gegensatz.

---

440 Karl Neumann, Die Weltstellung des byzantinischen Reiches (1894) S. 112.
441 Siehe oben S. 183.
442 R. Grousset II, S. 583.
443 Eracles XXVI, 23, S. 211.

Der Gegensatz von Kreuzfahrern und fränkischen Rittern des Heiligen Landes

Die Kreuzzüge waren ein politisches Unternehmen, wie jeder Krieg ein solches ist. Aber da die ursprünglichen Triebkräfte zum Kreuzzug auf anderem Gebiete lagen, in der Kreuzzugsfrömmigkeit, verbunden mit Kampflust und ritterlichem Ehrgeiz, war ein Auseinandergehen politischer und anderer Gesichtspunkte unvermeidlich. Politische Ziele waren zu verschiedenen Zeiten und mehr noch bei verschiedenen Gruppen in verschiedenem Grade wirksam.

Selbst bei den Päpsten kam es zeitweise zu einem Gegensatz von Kreuzzugswillen und Politik. Hier wurden andere politische Ziele um der Gesamtpolitik willen den Kreuzzügen vorangestellt. Vor allem war es der Kampf der Päpste gegen die Hohenstaufer, den die Päpste der ersten Hälfte des 13. Jahrhunderts höher werteten als die Kreuzzüge. Sie hielten darum Kreuzfahrer, die bereit waren, nach dem Heiligen Land zu fahren, zurück und setzten sie gegen die Staufer, vor allem gegen Friedrich II., ein[444]. Diese Wendung ist verständlich aus der außerordentlichen Heftigkeit des Kampfes gegen Friedrich II., in dem man einen heiligen Kampf der Kirche gegen ihren vornehmsten Widersacher sah.

Auch sonst kam es vor, daß einzelne Fürsten zur Ausfahrt bereite Kreuzfahrer für einen ihrer eigenen Kriege zu verwenden suchten. Das bekannteste Beispiel dafür ist der Kampf der Kreuzfahrer des vierten Kreuzzuges gegen Zara im Interesse Venedigs. Doch ist dies keineswegs der einzige Fall. Als Beispiel sei auf König Wilhelm von Sizilien im Jahre 1188 verwiesen[445]. Daß es sich hier um grob mißbräuchliche Verwendung der Kreuzzugsenergie handelte, ist einleuchtend.

Für die Kreuzzüge wichtiger noch wurde das Auseinandertreten von Politik und Kreuzzugswille im Heiligen Land selbst. Wie schon wiederholt oben beobachtet, traten sich neuankommende Kreuzfahrer und einheimische Franken gegenüber. „Pullanen" nannte man diese verächtlich in diesem Zusammenhang. Sie standen mitten drin im Geflecht der abend- und morgenländischen Staaten Syriens. Bei ihnen überwog die heimische Politik alle anderen Antriebe. Die ankommenden Kreuzfahrer kannten dagegen diese Politik nicht. Ihnen erschien jeder Waffenstillstand mit den Muslimen als Verrat an der Sache des Christentums. „Sie suchen nicht die Sache Christi, sondern ihre eigene Sache", sagt darum Otto von St. Blasien von den Pullanen[446]. Zugleich wirft er ihnen vor, „sie fürchten mehr den Eifer der Kreuzfahrer als die Bosheit der Heiden" und es „komme ihnen nur auf die Verteidigung der reichen Gebiete der Küste an, während ihnen an Jerusalem und den heiligen Stätten nichts gelegen sei". Die Einheimischen dagegen spra-

444 Matthaeus Paris. IV, 46 f., von 1240. — Kantorowicz, Friedrich II., S. 507; Erg.-Bd. S. 216. — J. Haller, Papsttum III, 1, S. 209 u. 233.

445 Eracles XXIV, 5, S. 112.

446 M. G. Schulausg. S. 42, von 1197.

chen verächtlich von dem „Strohfeuer der Kreuzzugsbegeisterung, das bald verlösche"[447], und suchten die Neulinge mit allen Mitteln daran zu hindern, die mühsam erreichten Waffenstillstandsverträge leichtfertig zu brechen[448]. Auch die muslimischen Gegner sahen diese Spannungen unter den Christen sehr wohl[449]. Zum erstenmal traten sie weithin sichtbar hervor, als die wiederholten Ansätze, gegen Jerusalem zu ziehen, unter Richard Löwenherz zu keinem Erfolg führten[450], weil sich entscheidende Stimmen der Einheimischen immer wieder dagegen wandten; sie waren auch schon vorher spürbar, als beim Kampf gegen das früher verbündete und befreundete Damaskus der Widerstand einheimischer Ritter den Abbruch der Belagerung erzwang[451]. Und so lassen sich Beispiele dafür aus der ganzen Geschichte der Kreuzzüge beibringen[452].

Doch würde man diesen Gegensatz in seiner Grundlage überschätzen, wollte man nur den Gegensatz zwischen einheimischer Politik und Kreuzfahrerwille darin sehen. Oft ist nur der Ehrgeiz der Kreuzfahrer maßgebend, die für sich allein ohne fremde Hilfe und fremden Rat möglichst schnell den Ruhm von Heldentaten oder einfach Beute erwerben wollen[453]. Oder es steht dem Kreuzfahrer die Eifersucht der Pullanen auf Erfolge entgegen, die die neuangekommenen Kreuzfahrer erwerben[454]. Aber derselbe Gegensatz zwischen tollkühnen, unüberlegten und politisch denkenden Männern findet sich auch unter den Kreuzfahrern selbst[455]. So wie auf der anderen Seite die Templer, also doch eine der wichtigsten Gruppen der „Pullanen", sehr oft eine dem Pullanengeist gerade entgegengesetzte Politik vertreten haben[456]. Im Grunde führt also auch dieser Gegensatz von Kreuzfahrern und Pullanen oft wieder zu dem Punkte zurück, den wir oben verließen: zur Lockerheit des Gefüges des Kreuzfahrerheeres. Doch bleibt daneben bestehen, daß die Stoßkraft der im Lande Ansässigen nachläßt, wenn sie, in die Fäden der einheimischen Politik verstrickt, allzu vorsichtig werden und wenn die Verteidigung ihrer nun dort gewonnenen Eigeninteressen die

---

447 Ernoul S. 323—324.

448 Ernoul S. 341. — Eracles XXVII, S. 247. — Roger von Hoveden = M. G. SS. XXVII, 174. 449 Abū Schāma, Zwei Gärten I, S. 467.

450 Lat. Forts. des Wilhelm von Tyrus III, XXXVII, S. 146. — Itinerar. reg. Ricardi V, I, S. 308, und ebd VI, VII, S. 393. 451 Siehe oben.

452 R. Grousset II, S. 225, 517, 520, 618; III, S. 161, 180, 224, 246, 462 u. 496. — Siehe auch Reinhardsbrunner Chonik = M. G. SS. XXX, S. 545, zu 1190.

453 Rothelin 26, S. 538—549, zu 1239: Graf Heinrich II. von Bar-le-Duc u. a. unternehmen, da sie eifersüchtig sind auf die Erfolge des Grafen Peter Mauclerc von der Bretagne, einen törichten Vorstoß gegen den Rat und Willen des Führers des Heeres, des Königs von Navarra. Sie werden geschlagen; von den 670 Rittern und der Menge Sergeanten können nur wenige entfliehen.

454 Abū Schāma, Zwei Gärten I, S. 467: sie sprachen unter sich: „Wenn ihr (der Deutschen) König anlangt und die Muslime schlägt, so ist es mit unserem Ansehen aus." — R. Grousset II, 264. — Thierry d'Alsace. — R. Grousset III, 79.

455 Eracles XXXIV, 12, S. 458. — R. Grousset III, 650. — Rothelin 36, S. 556, von 1240. 456 Zum Beispiel R. Grousset III, 189.

eigentliche Kreuzzugssache und den Gedanken an die heiligen Stätten Jerusalems in den Hintergrund treten läßt.

Dieser Gegensatz ist aber keineswegs neu, ist nicht, wie die Literatur oft annimmt (z. B. René Grousset), eine Entartung eines ursprünglich anders denkenden Kreuzfahrertums, sondern es ist der alte Gegensatz der beiden Grundmotive, die die Kreuzfahrer antrieben: des eigentlichen frommen Kreuzzugseifers und des Verlangens nach eigenen Herrschaften oder Fürstentümern im Orient. Als es nach der Eroberung von Antiochia so schien, als ob der Kreuzzug nicht weiterziehen, sondern sich mit der Eroberung von Herrschaften für die Führer des Zuges begnügen werde, traten damals schon diese beiden Tendenzen einander gegenüber, die man später als „Geist der Kreuzfahrer" und der „Pullanen" gegeneinander streiten sieht. Durch die ganze Geschichte der Kreuzzüge geht dieser sachlich gegebene Gegensatz durch: das politische Interesse der Kreuzfahrer und Kreuzfahrerstaaten in der Welt Syriens, und auf der anderen Seite der Kreuzzugswille im eigentlichen Sinne. An der Frage nach dem Schicksal Jerusalems schieden sich beide Prinzipien: Der Kreuzfahrerwille stellte Jerusalem zweifellos ganz in den Vordergrund, der „Pullane" die Sicherheit seines Staates, der venezianische Kaufmann seine Handelsinteressen und der abendländische Herrscher eines Mittelmeerstaates seine Orientpolitik, mag er nun Heinrich VI. oder Karl von Anjou heißen. Der Gegensatz hat seinen Charakter gewechselt, Staatspolitik und Handelsinteressen spielen zum Schluß eine weit größere Rolle als die Wünsche einzelner Ritter und Fürsten, aber der Gegensatz ist im Grunde derselbe.

Auf welcher Seite aber liegt das Recht in diesem Widerstreit? Sicherlich hatten die „Pullanen" alles Recht, tollkühne und unüberlegte Vorstöße übereifriger Kreuzfahrer zurückzuweisen, sicherlich hatten sie auch ein Recht, an die Sicherheit ihrer Staaten und Herrschaften und an ein dafür notwendiges friedliches Verhältnis mit den muslimischen Nachbarn zu denken. Aber der eigentliche Sinn des Kreuzzuges durfte darüber nicht vergessen werden. Waren die fränkischen Staaten im Heiligen Land doch nicht um ihrer selbst willen gegründet, sondern zum Schutz der heiligen Stätten. Ursprünglich waren doch die Küstenplätze in christlicher Hand nur gedacht als Ausgangspunkte für die Eroberung und dauernde Sicherung von Jerusalem, der Heiligen Stadt, und der anderen heiligen Stätten, „die Christi Fuß betrat". Das wurde aber oft im Laufe der Kreuzzüge von jenen Entscheidungen im Winter 1098/99 an nur allzuoft vergessen. Von dieser Seite aus betrachtet, liegt das Recht, allgemein gesehen, sicherlich auf seiten der Kreuzfahrer und nicht auf seiten der um ihren Besitz und ihre Staaten besorgten Pullanen oder der nur an Handelsinteressen denkenden Kaufleute der italienischen oder südfranzösischen Seestädte[457].

[457] R. Grousset nimmt in dieser Frage anders Stellung. Er sieht in den fränkisch-syrischen Staaten französische Kolonien und beurteilt die Politik im Lande von da aus, und das heißt moderne Gesichtspunkte und Begriffe ins Mittelalter übertragen.

Geschichte der Kreuzzüge

Adolf Waas

Band II

Adolf Waas

Geschichte der Kreuzzüge

Band II

area

Adolf Waas, Geschichte der Kreuzzüge, Band 2

Einbandgestaltung: Bille Fuchs, Köln
Einbandabbildungen: akg, Berlin

Abb. o.: „Alexander der Große im Zweikampf“ (Ritter zur Zeit der Kreuzzüge). Buchmalerei, mittelrheinisch, Ende des 12. Jahrhunderts. Hannover, Kestner-Museum

Abb. u.: Der hl. Ludwig als Gefangener (6. Kreuzzug, 6. April 1250; nach einmonatiger Gefangenschaft Freikauf durch die Abtretung Damiettes). Buchmalerei, französisch, um 1330/50.
Aus „Vie et miracles de Saint Louis“ von Guillaume de Saint-Pathus. Paris, Bibliotheque Nationale.

Printed in Slovakia 2005

ISBN 3-89996-450-0

INHALT

ACHTES KAPITEL

Der Staat der Kreuzfahrer und sein Recht

NEUNTES KAPITEL

Die Kultur des Heiligen Landes unter den Kreuzfahrern

ZEHNTES KAPITEL

Einige Bemerkungen zum Staatsleben und zur Kultur der Muslime zur Zeit der Kreuzzüge

ELFTES KAPITEL

ZWÖLFTES KAPITEL

Die Folgen der Kreuzzüge

VIERTES KAPITEL

Die Ritterorden

Allgemeines

Von jeher haben die Ritterorden in dem Gedächtnis der Völker eine besondere Stelle eingenommen. Nicht nur daß die Werke über ihre Geschichte so zahlreich sind wie zu kaum einem anderen Kapitel der mittelalterlichen Geschichte und daß diese Bücher teilweise mit einer leidenschaftlichen Anteilnahme geschrieben sind, wie wir sie sonst nicht zu finden gewohnt sind, sondern auch in Dichtungen, Erzählungen und Legenden spielt der Tempelritter eine ganz besondere Rolle. Die hier gezeichneten Bilder der Orden weichen mannigfach und weit voneinander ab. Man stelle nur den Templer in Lessings „Nathan dem Weisen" neben die Gralsritter Wolframs von Eschenbach oder Richard Wagners und die Ritter Walter Scotts. Aber trotzdem ist in allen doch die Erinnerung an dieselben geschichtlichen Tatsachen lebendig.

Dieses Weiterleben im Gedächtnis der Völker ist nur möglich, wenn das Ordensrittertum schon in den Zeiten seiner Blüte die Gedanken der Zeitgenossen lebhaft beschäftigt hat. Und so ist es. Denn auch wenn wir vom Templerprozeß absehen, der durch die völlige Diskreditierung und Vernichtung eines Ordens, auf den das Abendland bis dahin stolz gewesen war, ungeheures Aufsehen erregte, so bleiben doch Gründe genug, die es verständlich machen, daß man die Ordensritterschaft hoch über alle anderen Gruppen der Zeit hinaushob.

Denn einmal sind sie die ersten Ritter, die das Ideal tätiger Nächstenliebe zur Richtschnur ihres Lebens gemacht haben, die das, was wir heute öffentliche Fürsorge nennen, in den Mittelpunkt ihres Lebens gestellt haben, die einen in der Form der Krankenpflege, die anderen als Schutz reisender Pilger[1]. Das sahen auch schon die Zeitgenossen mit aller Klarheit und erkannten es voll an. Als Beispiel sei eine Urkunde von König Andreas von Ungarn genannt, der zum Dank für die Hilfe, die er bei den Johannitern in Jerusalem gefunden hatte, ihnen eine große Schenkung machte und dabei erklärte: „... ich hatte schon vorher davon reden hören, habe es aber, als ich

[1] Siehe F. Meffert, Caritas und Krankenwesen bis zum Ausgang des Mittelalters (1927) S. 164 ff. — H. Prutz, Ritterorden (1908) S. 524.

in das Heilige Land zog, ... selbst gesehen, daß der Orden mit mannigfachen Liebestaten glänzt zum Nutzen und zur Ehre der ganzen Christenheit ... Ich selbst habe dort mit meinen eigenen Augen in ihrem Hospital den Zudrang von unzähligen armen Leuten gesehen, die dort ihren Unterhalt täglich bekommen, und habe gesehen, wie dort Müde und Kranke mit einem Götterschmaus verschiedenster, reichhaltiger Speisen wiederhergestellt wurden und wie die Toten dort ein Begräbnis mit aller schuldigen Ehrfurcht fanden, und vieles andere, was einzeln gar nicht berichtet werden kann"; und damit verbinde sich, wie er weiter ausführt, mönchische Andacht und ein immer erneutes Kämpfen gegen die ungläubigen Feinde Gottes. Ein solches Zeugnis kann als Beispiel für viele die segensreiche Wirkung der Ritterorden auf dem Gebiete der Fürsorgearbeit zeigen und das dankbare Gedenken, das sie sich auf diese Weise erworben haben[2].

Aber wichtiger noch für ihre Geltung in der damaligen Welt und in der Erinnerung der Nachwelt war die andere Aufgabe, die die Ritterorden sich gestellt hatten: der Kampf gegen die Ungläubigen. Von hier aus gesehen, ist der Ordensritter der Gottesstreiter schlechthin, das Urbild des Kreuzfahrers. Was die Kreuzfahrer im ganzen kennzeichnete: der ritterliche Dienst Gottes im Kampf gegen die Muslime zur Befreiung des Heiligen Landes, das scheint in den Ritterorden in Reinkultur vor uns zu stehen. Auf sie blickt man und sie verehrt man, auch wo man eigentlich das viel größere Heer der Kreuzfahrer als Gottesstreiter meint. Im Kreuzfahrerheer war es unvermeidlich, daß sich die eigentliche Kreuzfahrerfrömmigkeit mit allerlei anderen Motiven mischte. So war es verständlich, daß die allgemeine Aufmerksamkeit sich einer Stelle zuwandte, wo sie reiner in Erscheinung zu treten versprach. Deshalb erscheinen den Zeitgenossen und mit ihnen auch den Nachfahren die Templer und anderen Ordensritter als die reine Verkörperung der „militia Christi", wenn auch das ganze Kreuzfahrerheer beanspruchen konnte, als solche zu gelten.

Ist es aber so, so muß die Geschichte der Ritterorden nun auch unser ganz besonderes Interesse erwecken. Denn dann muß sie die Geschichte der Kreuzfahrer in nuce darstellen. Dann müssen sich die für die Entwicklung der Kreuzzüge und der Kreuzfahrerstaaten entscheidenden Gesichstpunkte aus der Geschichte der Ritterorden ablesen lassen, nicht etwa so, als ob das eine das reine Spiegelbild des anderen sein müßte, sondern in der Weise, daß das eine die Grundprobleme im engeren Kreise vielleicht deutlicher zeigt, als der große Kreis mit seinen mannigfachen Überschneidungen mit anderen Linien es erkennen lassen kann.

Kennzeichnend für die Art und Weise, wie die Zeitgenossen voll Freude das neuentstehende Werk der Ritterorden ansahen und begrüßten als sichtbar gewordene Erscheinung der in den Kreuzfahrern wirksamen neuen Fröm-

---

[2] J. Delaville Le Roulx, Cartulaire général de l'ordre des Hospitaliers (1894 bis 1906) II, 1590/231, von 1217.

migkeit, ist die kleine Schrift „Lob der neuen Ritterschaft an die Tempelritter“, die Bernhard von Clairvaux im Jahre 1128 oder 1129 auf ihre Bitte hin schrieb[3]. Es ist einmal eine Werbeschrift für den neuen Orden, zugleich aber auch eine Anweisung zum rechten Leben für die Tempelritter. Dabei vereinfacht Bernhard das Gesamtbild der ritterlichen Welt. Denn er spricht nur von der weltlichen Ritterschaft auf der einen und von den Ritterorden auf der anderen Seite. Die dazwischen stehende große Masse der Kreuzritter läßt er beiseite. Das weltliche Rittertum malt er in den schwärzesten Farben, voll Mord, Raub und Verbrechen, ihm stellt er den Ordensritter als das Ideal des Gott dienenden, für ihn streitenden Kämpfers gegenüber. Das ist Schwarzweißmalerei, vielleicht um der besseren Einprägsamkeit willen, vielleicht war aber Bernhard so eng mit seinem Mönchtum verwachsen, daß er die volle Anerkennung einer Frömmigkeitsform leichter dort ausspricht, wo sie ihm in ordensmäßiger Form entgegentrat.

Dieselbe Haltung nimmt auch Johannes von Salisbury ein. Er sagt von den Templern, sie seien fast die einzigen Menschen, die gerechte Kriege (legitima bella) führten[4]. Nicht die ganze Kreuzfahrerschaft, sondern erst die Ritterorden erscheinen diesen Männern der Kirche als die rechten Vertreter des Gottesstreitertums. Dafür ist es kennzeichnend, daß viele Chronisten und andere geistliche Schriftsteller meist dieselben Ausdrücke zur Bezeichnung der Ritterorden wie der Kreuzfahrer verwenden[5].

Das Lob der Ritterorden war allgemein vor allem in der Geistlichkeit. Petrus Venerabilis feiert zum Beispiel die Templer in den höchsten Tönen[6]. „Wer sollte sich nicht mit der ganzen Macht seines Geistes freuen in Gott, seinem Retter, daß die Ritterschaft des ewigen Königs, das Heer des Herren Zebaoth, zu neuen Kämpfen gleichsam von himmlischen Heerlagern herabgestiegen ist, um den Fürsten dieser Welt zu schlagen und die Feinde des Kreuzes Christi zu besiegen.“ In ähnlicher Weise betont eine Urkunde des Papstes Klemens III. von 1191, daß die Templer, „dem Dienst des allmächtigen Gottes geweiht, zu der himmlischen Ritterschaft zuzurechnen seien“[7]. Ebenso preisen sie auch Papst Honorius III. in einem Brief von 1218[8], Jakob von Vitry[9] und Ordericus Vitalis[10]. Augenscheinlich waren es die Ritterorden, die für einen beträchtlichen Teil des Klerus die volle Anerkennung des ritterlichen Gottesstreitertums erst möglich machten. Denn der

[3] Migne PL 182, S. 921 ff. — Über die Datierung vgl. Gustav Schnürer, Die ursprüngliche Templerregel (1903) S. 95 ff.

[4] Johannes von Salisbury, Policraticus VII, 21 = Migne PL 199, S. 695.

[5] Zum Beispiel spricht Ordericus Vitalis von „laudabili militia exercitus Christi“ im Sinne von Kreuzfahrern (III, Buch IX, Kap. 1, S. 459), dann aber fast mit den gleichen Worten von den Ritterorden (IV, Buch XII, Kap. 29).

[6] Migne PL 189, Brief 26, S. 434.

[7] H. Prutz, Malteser-Urkunden, 32/44, von 1191.

[8] Honorius III. = M. G. Epist. saec. XII, I, 79/58.

[9] Jakob von Vitry = Bongars, Kap. 65, Sp. 1085.

[10] Ordericus Vitalis IV, Buch XII, Kap. 29.

Entschluß dazu mag gar manchem Geistlichen und Mönch schwer genug gefallen sein.

Bei manchen dieser Geistlichen tritt der Gedanke an den Ordenscharakter der Templer mehr in den Vordergrund, die Tatsache also, die sie von den anderen Kreuzfahrern schied. Man spürt es bei ihnen besonders deutlich, wie sehr die Vereinigung der beiden Frömmigkeitsideale, die das Mittelalter vor den Kreuzzügen aufzuweisen hatte, des ritterlichen und des geistlich-mönchischen, sie befriedigen mußte. Am deutlichsten ist das bei Petrus Venerabilis, wenn er von einem doppelten Kampfe redet, den der Ordensritter zu führen habe, gegen die Fehler des geistlichen Lebens und gegen die Feinde der körperlichen Welt. Er fährt dann fort: „Ihr seid Mönche in euren Tugenden, Ritter in euren Taten, das eine erfüllt ihr in geistlicher Weise, das andere übt ihr mit den Kräften des Körpers aus." [11] Augenscheinlich hatte dies Nebeneinander von ritterlicher und klösterlicher Frömmigkeit im 11./12. Jahrhundert bewußt oder halbbewußt die nachdenklichen Köpfe der Geistlichkeit mit Sorge erfüllt. Das erst macht die Freude, daß nun beide Wege in einen münden, voll verständlich.

Dabei ist eine solche Stellungnahme für die geistliche Ritterschaft in diesem Jahrhundert keineswegs selbstverständlich. Wir haben oben schon Stimmen kennengelernt, von Geistlichen wie von Laien, die den Krieg für die Sache Gottes ablehnten, wie zum Beispiel Wolfram von Eschenbach im „Willehalm" oder Walter Map, und wie sich diese Stimmen im Laufe des 13. Jahrhunderts häuften und an Gewichtigkeit zunahmen [12]. Die Übernahme der Ideen des ritterlichen Gotteskämpfertums in die offizielle Propaganda der Kirche für die Kreuzzüge folgte im wesentlichen erst der Schrift Bernhards nach. Es bedeutete darum damals eine entscheidende Tat, daß Bernhard so Stellung nahm. Es war die Anerkennung der Frömmigkeit der ritterlichen Laienwelt durch die Geistlichkeit zum mindesten in der Form, die sie speziell in den Ritterorden gefunden hatte, aber darüber hinaus auch aller Kreuzfahrerfrömmigkeit, aus der die Ritterorden hervorgegangen waren.

Die Templer

Über die ersten Anfänge des Templerordens berichtet uns Wilhelm von Tyrus am ausführlichsten [13]. War man früher geneigt, sich auf die Darstellung dieses Chronisten, der sich überall sonst auf das beste bewährt hat, vollständig zu verlassen, so hat die Arbeit von Friedrich Lundgreen [14] gezeigt, daß hier eine gewisse Vorsicht am Platze ist, daß man sich fragen

[11] Migne PL 189, Brief 26, S. 434.

[12] Siehe oben S. 253 u. 299 u. II, 71—78.

[13] Wilhelm von Tyrus XII, 7, S. 520.

[14] Friedrich Lundgreen, Wilhelm von Tyrus u. d. Templerorden (Berlin 1911) = Hist. Studien (Ebering) S. 97.

muß, ob Wilhelm unparteiisch über die Templer berichtet. Denn er ist augenscheinlich schlecht auf sie zu sprechen, seit sie die Oberhoheit des Patriarchen von Jerusalem von sich abgeschüttelt haben. Aber damit, daß die Geschichte der Templer bei Wilhelm von Tyrus etwas vom Standpunkt des Patriarchen aus gesehen ist, wird sie für uns nicht weniger brauchbar, wenn man nur diesen Umstand in Rechnung zu setzen weiß. Und wenn der Chronist mit einer Zahlenspielerei berichtet, im 9. Jahr seines Bestehens habe der Orden nur 9 Mitglieder gehabt, während es nach Lundgreen damals sicherlich eine größere Zahl gewesen sein muß, so werden wir auch das Wilhelm nicht sehr schwer anzurechnen brauchen. So behält sein Bericht doch seinen großen Wert. Daneben stehen eine Erzählung bei Walter Map[15] und eine kürzere Nachricht bei Johann von Würzburg[16]. Da Wilhelm von Tyrus gleichzeitig mit den Ereignissen schreibt, Map zwischen 1182 und 1187, Johann von Würzburg aber um 1165, und da alle drei im Heiligen Land waren, können alle drei als wohlunterrichtete Zeitgenossen gelten. Am engsten war die Berührung mit den Ereignissen sicherlich bei Wilhelm von Tyrus. Im allgemeinen weisen diese drei Quellen untereinander auch keine Widersprüche auf; so ist das Bild, das wir gewinnen, recht deutlich[17].

Der Anfang war recht unscheinbar: Hugo von Payns, ein französischer Ritter, nahm sich um 1118, oder richtiger wohl um 1120, mit einer Gruppe von Genossen des Schutzes der nach Jerusalem kommenden Pilger an. Und zwar war Ausgangspunkt eine Zisterne vor den Toren der Stadt, bei der häufig Überfälle vorkamen. Mag dabei die Lokalisierung auf diese Zisterne legendär sein, so ändert das an dem Gesamtbild nichts. Bald wurde allgemein der Schutz der auf der Straße von Joppe nach Jerusalem verkehrenden Pilgerscharen ihre Aufgabe. Es kann nur ein kleiner Kreis von Rittern gewesen sein, der sich hier zusammenschloß. Das Unternehmen bekam festere Gestalt, als sich König Balduin II. seiner annahm und mit ihm gleichzeitig der Patriarch von Jerusalem. Der König bot ihnen drei Häuser zur Wahl an. Sie entschieden sich für einen Teil des königlichen Palastes auf dem Boden des alten Tempels Salomos. Er schloß die frühere Moschee al-Aksā ein, die aus einer Basilika des Kaisers Justinian von den Kalifen in eine Moschee verwandelt worden war. Zahlreiche Nebengebäude müssen wohl damals schon dazugehört haben oder kamen bald hinzu. Darunter befinden sich auch die sogenannten „Pferdeställe Salomos“, die für 10000 Pferde Raum geboten haben sollen. Später erweiterten die Templer selbst diese Gebäulichkeiten noch beträchtlich, vor allem auch durch den Bau einer großen und schönen Kirche (um 1172)[18]. Diese Niederlassung an dem alten Tempel-

---

15 Walter Mapes, De nugis curialium, I, 18 ff., S. 29 ff.

16 T. Tobler, Descriptio Terrae sanctae, S. 130: Johann von Würzburg.

17 Vgl. dazu R. Grousset I, S. 541 ff. — Finke, Templerregel, S. 3 f. — H. Prutz, Entwicklung und Untergang, Urkundl. Beilage, S. 2 ff. — Ders., Ritterorden, S. 25 ff. — B. Kugler S. 111.

18 Fr. Lundgreen = M. I. ö. G. 35 (1914) S. 672 ff.

platz gab dem Orden von nun an den Namen der Templer, militia Templi, während sie wohl in der ersten Zeit als „Arme Ritter Christi" bezeichnet worden sind.

Ob der König ihnen den Schutz des Patriarchen vermittelte, oder umgekehrt dieser die Anteilnahme des Königs, ist nicht mehr festzustellen. Wahrscheinlicher ist das zweite. Jedenfalls nahm der Patriarch sie in Schutz. Ihm leisteten sie auch ihr erstes Gelübde der Keuschheit, der Armut und des Gehorsams. Ihr Leben bestimmte sich nach den Vorschriften der Regularkanoniker von Jerusalem, mit denen sie in enger Verbindung gestanden zu haben scheinen. Denn diese schenkten ihnen einen dem vom König gegebenen Hause benachbarten Platz. Auch der Patriarch machte ihnen Schenkungen, ebenso nochmals der König und einige seiner Barone. Dadurch stieg die Bedeutung der kleinen Gemeinschaft schnell. Aber noch war es kein Orden. Noch 1123 wird Hugo von Payns als Laie bezeichnet[19]. Und noch trugen die Ritter keine Ordenstracht, sondern was ihnen von mildtätiger Hand gespendet wurde.

Doch dieser Zustand sollte nur ein Anfang sein. Denn der kleine Kreis wollte Orden werden. Die Anregung dazu stammte aus seiner eigenen Mitte, sie ist nicht von außen herangetragen, soweit wir das irgend sehen können. Man will die päpstliche Bestätigung erlangen und eine für die eigenen Zwecke besonders ausgearbeitete Regel. Um das zu erreichen, wendete man sich an den einflußreichsten Mann in der Kirche, an Bernhard von Clairvaux. Es lag das nahe auch darum, weil ein Onkel Bernhards zu den ersten Mitgliedern des neuen Ordens gehörte. So gingen im Jahre 1126 zwei Templer, eben dieser Onkel Bernhards, Andreas von Montberry, und Gundemar, mit einem Brief König Balduins II. zu Bernhard. In diesem Schreiben bat der König Bernhard, mit seinem Einfluß dem Kreis zu der päpstlichen Bestätigung zu verhelfen und eine Regel für den neuen Orden selbst zu entwerfen. Augenscheinlich fürchtete der König, aus der Feder des Mönchs möchte eine allzu mönchische Regel fließen, die dem ritterlichen Wesen des neuen Ordens nicht gerecht werde. Denn er setzte hinzu, es möchte eine Regel sein, „die von Krieges Lärm und Geschrei keinen Abstand habe und helfe, die Hilfe der Fürsten des Abendlandes zu erlangen"[20].

Damit begnügte man sich aber nicht. Im folgenden Jahr zog Hugo von Payns selbst mit 5 anderen Rittern nach Frankreich, wo auf einer Provinzialsynode in Troyes im Jahre 1128 über die Zukunft der Templer beraten wurde. So sehr fühlte der Orden sich als eine Angelegenheit französischer Ritter, die in Frankreich beraten werden müsse. Auch der heilige Bernhard nahm später an dieser Versammlung teil. Die beste Auskunft über dieses

---

[19] H. Fr. Delaborde, Chartres de la Terre Sainte provenant de notre Dame de Josaphat, XII, S. 73, von 1123.

[20] Henriquenz, Privilegia ord. Cister., 477 = G. Schnürer, Templerregel, S. 101.

Konzil gibt uns die Vorrede zur Templerregel[21]. In Troyes legte, wie die Regel berichtet, Hugo von Payns einen Entwurf zu einer Regel vor, den das Konzil im einzelnen durchsprach, guthieß oder verwarf. Das Ergebnis sollte dann Papst Honorius II. und dem Patriarchen von Jerusalem, damals Gormund, später Stephan, vorgelegt werden, damit sie es notfalls ergänzten oder verbesserten. Honorius II. hat, soviel wir wissen, sich an der Redaktion der Regel nicht beteiligt. Die Zusätze aber des Patriarchen Stephan (denn Gormund war inzwischen gestorben) hat Schnürer wohl mit gutem Erfolg herausgeschält, so daß wir nun in der Regel drei Schichten unterscheiden können: die Vorlage, die Hugo von Payns aus dem Heiligen Land mitbrachte, die Verbesserungen und Ergänzungen des Konzils und Bernhards und drittens die Zusätze des Patriarchen. Man lehnte wohl unter Bernhards Einfluß die neue Regel eng an die Benediktinerregel an. Vieles mußte man allerdings dem anderen Charakter des Ordens entsprechend neu hinzusetzen. Im ganzen aber ist doch eine recht mönchische Regel herausgekommen, die mit dem oben genannten Wunsch König Balduins wenig übereinstimmt. Es ist dies ja auch bei der Neuheit der Ritterorden und dem geistlichen Stand der meisten, die an der Regel mitgearbeitet haben, nicht weiter verwunderlich. Man vergleiche nur die lateinische Regel mit der Schrift Bernhards „Vom Lob der neuen Ritterschaft“, die gleichzeitig entstanden ist. Dort ist der ritterliche Charakter des neuen Ordens deutlich spürbar, und zwar vor allem in dem Abschnitt „De conversatione militum Christi“[22].

Aber auch in der Regel sind trotz der Überarbeitung des Konzils die aus der Vorlage Hugo von Payns’ stammenden Stücke an ihrem ritterlich-militärischen Charakter deutlich erkennbar. Schon der Teil, der von der Disziplin handelt, hat einen wenig klösterlichen Charakter trotz allen Drängens auf Einfachheit der Lebensführung. Wenn aber dann verordnet wird, daß die Ritter nicht müßig sein sollen, weiß man sofort Vorschläge zu ihrer Beschäftigung zu machen, die von einem Ritter stammen müssen. Denn es werden Ausbesserung an Waffen und anderen Ausrüstungsgegenständen gefordert. Die dann folgenden Bestimmungen sind noch deutlicher. Denn sie stellen alle ein Verbot neben das Gebot, und dies Verbot wendet sich jedesmal gegen eine speziell ritterliche Einrichtung oder Eigenschaft: gegen Entscheidungen nach dem Adel statt nach der Tüchtigkeit, gegen eine Überspannung des Ehrbegriffs und des Ehrwettstreits, gegen Schach und Würfelspiel, gegen Jagd und Fal-

[21] Diese Ordensregel ist uns in lateinischer und französischer Sprache erhalten. Auf Grund eingehender Untersuchungen wies Gustav Schnürer nach, daß die lateinische Fassung die ältere ist und (abgesehen von einigen Zusätzen) auf das Konzil von Troyes zurückgeht, während die französische Fassung eine spätere, neueren Bedürfnissen angepaßte Überarbeitung darstellt (G. Schnürer, Templerregel. — Ders., Zur ersten Organisation der Templer = Hist. Jahrb. XXXII [1911] S. 298—316 u. 511—546). An diesem Ergebnis ist auch trotz des Widerspruches von H. Prutz (Die Autonomie des Templerordens = Sitzungsber. d. Münchener Akad. d. Wiss., philos.-philolog.-hist. Klasse [1905]) festzuhalten.

[22] Migne PL 182, S. 925 ff.

kenzucht, gegen Schauspieler und Gaukler, gegen humoristische Lieder und Spiele usw., und wenn von unflätigen Worten oder ungezügeltem Lachen die Rede ist, glauben wir auch ritterliche Gelage vor uns zu sehen. Dann aber werden so ins einzelne gehende Bestimmungen über Rüstungen, Pferde und vor allem über die Art und Weise des Kampfes gegeben, daß es unmöglich erscheint, diese Bestimmungen Bernhard von Clairvaux zuzuschreiben, der so oft von sich sagt, daß er von Kampf und Ritterschlacht nichts verstehe[23]. Einzelne dieser Bestimmungen fußen auch so deutlich auf Erfahrungen aus dem Kampf mit den Muslimen, daß die Annahme wohl berechtigt erscheint, daß diese Teile dem Entwurf entstammen, den Hugo von Payns dem Konzil vorgelegt hat. Sie stellen also den aus dem Heiligen Land stammenden ritterlichen Teil der Regel dar, der auf dem Konzil allerdings durch den Anschluß an die Benediktinerregel in den Hintergrund gedrängt wurde. Verhält es sich so, so würde das für den ersten Ordenskreis in Palästina einen ritterlicheren weltlicheren Charakter ergeben, als ihn die erste Regel aufweist. Es wäre falsch, die Ordensanfänge n u r aus der Regel zu charakterisieren. Es ist k e i n Mönchsorden, der sich dem Kreuzfahrertum angepaßt hätte, sondern ein Ritterkreis, der seine Lebensformen denen der Mönchsorden angepaßt hat. Sein Lebenselement ist die Kreuzfahrerfrömmigkeit des Gotteskämpfertums, nicht die Frömmigkeit der Mönche. Das ist für den Charakter aller Ritterorden entscheidend.

Nach der Rückkehr von Troyes legte man die neue Regel dem Patriarchen vor, und dieser fügte seine Zusätze bei. Sie müssen um 1130 entstanden sein und regelten hauptsächlich das Institut der Gastritter. Es ist dies die Form, in der nur vorübergehend im Heiligen Land anwesende Ritter, also Kreuzfahrer, sich dem Templerorden für die Zeit ihrer Anwesenheit anschließen konnten. Diese Einrichtung bestand, wie wir aus dem Bericht von Walter Map[24] wissen, schon vor der Synode von Troyes. Hugo von Payns hat damals schon Ritter in dieser Form für den Orden geworben. Dem Patriarchen lag natürlich viel daran, auf diese neuankommenden Ritter, also auf die Kreuzfahrerheere, während ihres Aufenthaltes Einfluß zu bekommen in der Weise, daß er den Templerorden mit ihnen in Abhängigkeit von sich hielt. Eine Zeitlang ist es ihm auch gelungen. Dann aber kam es zu der Loslösung der Templer von der Oberhoheit des Patriarchen, die Wilhelm von Tyrus so sehr gegen den Orden eingenommen hat[25]. Recht stand in diesem Streit auf beiden Seiten. Der Patriarch hatte sicherlich das historische Recht für sich zu beanspruchen. Denn unter dem Schutz und damit unter der Oberhoheit des Patriarchen (den mittelalterlichen Begriffen nach gehört beides zusammen) hatte der Orden der Templer seinen Weg angetreten. In dem Maße aber, in dem er mächtiger wurde und aufhörte, nur eine Angelegenheit Jeru-

---

[23] Migne PL 182, Brief 256, S. 464.

[24] Walter Mapes, De nugis curialium I, 18 ff., S. 29 ff.

[25] Vgl. Lundgreen, Wilhelm von Tyrus und der Templerorden, S. 72 ff.

salems und des Heiligen Landes zu sein, wurde diese Abhängigkeit unerträglich. Mit einem Recht des Wachstums konnten sich die Templer dagegen wenden. Das verstärkte sich noch dadurch, daß der Patriarch augenscheinlich die Templer benutzen wollte, um seine eigene Kirchenpolitik, die auf einen Kirchenstaat Jerusalem unter seiner Leitung hinzielte, durchführen zu können. Denn gerade damals griff er die dahin zielenden Absichten seiner Vorgänger auf[26]. Daß sich die Templer dagegen wehrten, ihre Macht und ihr Ansehen für die Politik des Patriarchen benutzt zu sehen, ist verständlich. Ehe wir aber auf die weitere Entwicklung des Templerordens, insbesondere auf die Privilegierung durch die Kurie, eingehen, müssen einige Bemerkungen noch eingefügt und einige Fragen beantwortet werden, die für die Anfänge und den Ursprung der Ritterorden von Bedeutung sind.

Zunächst eine Bemerkung über die Tracht des Ordens. Der die Templer jahrhundertelang kennzeichnende weiße Mantel wurde ihnen nach dem Zeugnis von Wilhelm von Tyrus zusammen mit der Regel bei der Synode von Troyes verliehen. Wahrscheinlich war dafür die Tatsache bestimmend, daß auch der große Förderer des Ordens, Bernhard von Clairvaux, eine weiße Ordenstracht trug[27]. Später, zur Zeit Eugens III. (1145—1153), wurde den Templern als Kennzeichen das rote Kreuz zum weißen Mantel verliehen. Das rote Kreuz galt damals schon lange Jahrzehnte als das Zeichen des Streiters der Kirche. Es erscheint als solches zuerst in den Kämpfen der Anhänger Gregors VII. in der Lombardei. Vor allem aber war es vor anderen Farben das Abzeichen der Kreuzfahrer des ersten Kreuzzuges[28]. Diese Tatsache ist kennzeichnend dafür, wie man in der Öffentlichkeit die Templer einschätzte: Was allgemeines Abzeichen aller Kreuzfahrer ist, wird ihnen als besonderes Kennzeichen verliehen. Sie gelten also als die Kreuzfahrer schlechthin.

Die erste der hier sich aufwerfenden Fragen ist: Was charakterisiert den neugegründeten Orden? Im Gegensatz zu den Johannitern und dem Deutschherrenorden fehlt hier das caritative Element. Denn der Schutz der Pilger und die Sicherung der Straßen ist doch wesentlich als eine militärische Aufgabe anzusehen. Dieser Schutz aber, erweitert auf das ganze Heilige Land, war auch die Aufgabe des Kreuzzuges an sich. Auch der Angriffsgeist, das Streitertum im Dienste Gottes gegen die Muslime, ist nicht dem Ritterorden allein eigentümlich, sondern allen Kreuzfahrern. Neu ist der organisatorische Zusammenschluß und die Ablegung der Gelübde der Armut, der Keuschheit und des Gehorsams. Was führte dazu? Zu der Genossenschaft mochte wohl eine gerade Linie vom Kampf her führen. Denn jeder Kampf erfordert Zusammenschlüsse. Aber zu den Mönchsgelübden ging von da aus kein Weg.

---

[26] Siehe unten S. 82 ff.

[27] Fr. Lundgreen (Wilhelm von Tyrus und der Templerorden, S. 66) sucht demgegenüber nachzuweisen, daß die Einführung des weißen Mantels erst nach der Rückkehr vom Konzil durch den Patriarchen erfolgt sei.

[28] H. Prutz, Entwicklung und Untergang, S. 27.

Ich glaube, hier ergibt sich diese Erklärung: Jetzt, wo auf dem Kreuzzug die ritterliche Frömmigkeit sich bewährt hatte, wollte sie in keiner Weise mehr hinter der anderen Form einer Nachfolge Christi, dem mönchischen Leben, zurückstehen. Damit man auf keine Punkte mehr hinweisen könne, in denen das Mönchtum Gott wohlgefälliger sei, übernahm man für die Gruppen, in denen das Gottesstreitertum sich am reinsten darstellen sollte, das, was als ein besonderes Verdienst des Mönchs galt: das Gelübde der Armut, der Keuschheit und des Gehorsams. Es war das nichts völlig Neues in der abendländischen Ritterwelt. Ich erinnere an die Schwurbruderschaft, die Gregor VII. zum Schutz der römischen Kirche aus ihm ergebenen Rittern gegründet hatte[29]. Solche Schwurbruderschaften gab es in Frankreich damals auch sonst. Wir kennen eine solche um das Kloster La Sauve bei Bordeaux[30]. Eine gewisse Wertschätzung des asketischen Lebens in der Ritterschaft zeigt die Legende über Gottfried von Bouillon. Sie berichtet, daß er, nach der Ursache seiner außerordentlichen Leistungskraft gefragt, geantwortet habe, sie komme daher, daß er nie in seinem Leben eine Dirne berührt und sich nie einem Luxusleben hingegeben habe. Sicherlich haben nicht alle Ritter solche Neigungen zur Askese gehabt, aber eine namhafte Gruppe muß es gewesen sein[31]. Auch von hier führt eine Linie zur Gründung des Templerordens hin.

So sind wir keineswegs genötigt, ein morgenländisches Vorbild für die Entstehung der Ritterorden anzunehmen. Aber der Gedanke einer Beeinflussung oder Anregung liegt sehr nahe. Denn es gab damals im muslimischen Lager Bünde, die diesen Ritterorden ähneln, wie denn der Islam überhaupt eine besondere Kraft zur Bildung von Männerbünden hat. An der byzantinischen Grenze standen Kampfgruppen ilsamischer Glaubenskämpfer (Ghāzī), doch sind sie zu primitiv, um Vorbild der Ritterorden sein zu können. Anders die sogenannten Futūwa-Bünde. Aus der arabischen aristokratischen Welt stammt der Begriff des Fatā, des echten ritterlichen Mannes (Plural: Futūwa). Als Prototyp des Fatā galt kein geringerer als 'Alī, der Schwiegersohn des Propheten und vierte Kalif. Eine Stimme aus dem Himmel soll ihn als den wahren Fatā und sein Schwert als das wahre Schwert bezeichnet haben (la fatā illā Alī). Pflegestätten dieser Gedanken waren Burschenbünde, die sich zugleich auch mit dem Ideengut des Sufismus, der Mystik des Islam, beschäftigten. Diese Futūwa-Bünde entfalteten sich dann in verschiedener Weise: 1) in wohlhabenden städtischen Kreisen, wo das Ideal bald zu sportlicher Bravour entartete, 2) in Glaubenskämpfergruppen, die in bestimmten Stützpunkten (ribats) ihren Ausgangspunkt haben, 3) in niederen Männerbünden, die als Träger der Politik in den größeren Städten

---

[29] Gregor VII. Registr. I. 46/69, von 1074, u. 72/103, von 1074.

[30] Ab Cirot de la Ville, Histoire de la ville et de la congrégat. de N. D. de La Grande Sauve (Paris 1844) I, S. 297 ff. u. 497 f. = C. Erdmann, Entstehung, S. 253.

[31] Etienne de Bourbon, Anecdotes historiques, S. 442, 512.

eine bedeutende Rolle spielten. 1135—1144 hatten sie ganz Bagdad in ihrer Hand[32]. Auch in der Umgebung Saladins treffen wir wiederholt solche Bünde junger eifriger Glaubenskämpfer[33]. Lagen solche Bünde auf islamischer Seite den Franken gegenüber, so war bei den teilweise sehr guten Beziehungen eine Anregung oder eine Beeinflussung von hier aus sehr gut denkbar und sogar wahrscheinlich. Darum waren die Ritterorden aber keine Nachahmung eines arabischen Vorbilds. Sie hatten eigene Quellen. Eine Übertragung oder Beeinflussung von Spanien halte ich für ausgeschlossen, da dort der Kreuzfahrergeist, dessen Zeugnisse die Orden sind, erst sehr spät Fuß faßte. Auch sind ja die Orden in Palästina und nicht in Spanien enstanden[34].

Die weitere Entwicklung des Ordens ist aus den Privilegien, die er von zahlreichen Päpsten erhielt, deutlich abzulesen. Vor allem war sie Papst Innozenz II. zu danken, der zu einem Neuorganisator des Ordens wurde. Maßgebend war seine Bulle „Omne datum optimum“ aus dem Jahre 1139[35]. Mit dieser Bulle war der erste Schritt zur Loslösung der Templer von aller geistlichen Gewalt außer dem Papst getan. Damit war der Versuch des Patriarchen Stephan vereitelt, die Templer zu seiner Kampftruppe gegen den König im Kampf um die Herrschaft über Jerusalem zu machen, zugleich war aber auch die anfängliche aus seiner Gönnerschaft erwachsene Schutzherrschaft des Patriarchen gefallen; darüber hinaus war der Orden in eine von allen weltlichen und geistlichen Gewalten unabhängige Stellung hineingewachsen, wie sie kaum eine andere Organisation aufzuweisen hatte. Allerdings war damit auch der Grund gelegt für den Neid und die Mißgunst, mit der nun viele geistliche Stellen dem Orden begegneten, eine Gegnerschaft, die ihm noch viel zu schaffen machen sollte.

Die Bulle „Omne datum optimum“ ist dann von Papst Anastasius IV. 1154 und mit gewissen Erweiterungen von Papst Alexander III. 1173 bestätigt worden[36]. Sie bildete nun die eigentliche Grundlage für die Regelung des Lebens im Orden. Denn durch die neuerworbenen Vorrechte und den inzwischen gewonnenen Besitz wurde das Leben des Ordens auf eine so veränderte Grundlage gestellt, daß die Regel von Troyes als veraltet gelten mußte. Man hat sich damals dadurch geholfen, daß man eine etwas erweiterte Regel herausgab, und zwar um der besseren Verständlichkeit willen in

[32] F. Taeschner, Die islamischen Futuwa-Bünde = Zschr. d. dt. morgenländ. Ges. 87, NF 12 (1934) S. 6—49. — Ders., Islamisches Ordensrittertum zur Zeit der Kreuzzüge = Welt als Geschichte 4 (1938) S. 382—408. — Américo Castro, Espagna en su historia. Auszug in deutscher Übersetzung = Hochland 44 (1952) S. 401 ff.

[33] Abū Schāma, Zwei Gärten I, S. 277/78.

[34] C. Erdmann, Hist. Zschr. 141 (1930) S. 38 ff.

[35] Migne PL 200, 1042, S. 919 = Bestätigung durch Papst Alexander III., von 1173. — Vgl. dazu G. Schnürer, Zur ersten Organisation, S. 529.

[36] Anastasius: J. Delaville, Cartulaire I, 226/173, von 1154. — Alexander III.: Migne PL 200, 1042, S. 919, von 1173.

französischer Sprache. Aber die eigentliche Grundlage des Ordenslebens bildete jetzt die Bulle „Omne datum optimum". Doch war damit die Reihe der Privilegien noch keineswegs abgeschlossen. Zahlreiche Urkunden der Päpste fordern zunächst einmal die Adressaten auf, die den Templern verliehenen Rechte zu achten und zu wahren[37]. Andere Urkunden gehen den Weg der Privilegierung weiter. Papst Innozenz III. schon hat zahlreiche solche Privilegierungen für die Templer erlassen[38]. Weitere, und zwar wesentliche Bevorrechtungen folgten unter Papst Honorius III.[39], Innozenz IV.[40], Urban IV.[41] und Klemens IV.[42], ohne daß die Reihe damit vollständig wäre. Die Ausdehnung der Reihe zeigt die Konsequenz, mit der die Kurie an der Förderung des Templerordens über ein Jahrhundert lang festgehalten hat. Erst unter Papst Gregor X. stoßen wir dann auf Urkunden, die die den Templern gegebenen Vorrechte — hier die finanzieller Art — zurückzunehmen oder einzuschränken versuchen[43]. Nun aber war es zu spät, das Gebaute wieder einzureißen.

Sieht man alle diese Privilegien durch, so ergibt sich etwa folgendes Bild des Ordens, das von dem ursprünglichen Zustand, so wie ihn uns die Templerregel von Troyes und das Buch Bernhards gezeigt hatte, wesentlich abweicht: Der Templerorden besteht nun aus einer ganzen Reihe von Ordenshäusern in verschiedenen Ländern. An ihrer Spitze aber steht das Haus in Jerusalem. Dort hat der Templer-Ordensmeister seinen Sitz. Er ist vor allem militärischer Oberbefehlshaber, dadurch aber und durch die weltweite Ausdehnung des Ordens den Einzelheiten des Lebens im Ordenshause entfremdet. Hier entscheidet der Konvent, der dadurch einen gesteigerten Einfluß auf die Gestaltung des Lebens innerhalb des Ordens erhält. Zu dem Konvent gehören nur die Tempelritter. Sie bilden den Kern des Ordens und sind durchaus als Herren zu denken. Neben ihnen steht eine größere Zahl von dienenden Brüdern (Servientes). Außerdem gehören zu dem Orden im weitesten Sinne noch alle seine Pächter und Bediensteten auf den großen Ordensgütern und die von ihm besoldeten Scharen von Leichtbewaffneten (Turkopolen und anderen). Dazuzurechnen sind alle die Inhaber und Verwalter des Templergutes im Abendland wie auch die Hilfskräfte, die sich durch den Besitz von Schiffen und durch die großen Geld- und Handelsgeschäfte notwendig machen. Das alles zusammen hatte die Lage der Tempelritter auch im Inneren des Ordens seit den Tagen des Konzils von

[37] H. Prutz, Malteser-Urkunden 6/38, von 1160. — Ebd. 43, 82, 83, 96, 103, 156 u. 213.

[38] H. Prutz, Malteser-Urkunden 51/46, von 1198; 55/46, von 1198; 56/46, von 1198; 57/46, von 1199; 58/47, von 1199; 64/47, von 1199; 67/48, von 1200; 79/48, von 1201; 88/49, von 1204 u. a.

[39] H. Prutz, Malteser-Urkunden 141/51, von 1219.

[40] Ebd. 210/55, von 1244.

[41] H. Prutz, Entwicklung und Untergang, Urkundl. Beilage II, 15/288, von 1264.

[42] H. Prutz, Malteser-Urkunden 340/78, von 1265.

[43] Gregor X., Registr. 27/9, von 1272, u. 29/10, von 1272.

Troyes wesentlich verschoben. Man würde ein falsches Bild gewinnen, wollte man die Schilderungen Bernhards oder der ersten Templerregel wörtlich auf das Leben der späteren Tempelherren anwenden.

Nach außen ist die Lage des Ordens durch eine zweifache Ausnahmestellung gekennzeichnet. Einmal ist er aller geistlichen Gewalt mit Ausnahme der des Papstes entzogen; niemand außer ihm kann Mitglieder des Ordens bannen oder das Interdikt über Kirchen des Ordens verhängen. Der Orden besitzt zahlreiche Kirchen, teils durch Schenkungen, teils dadurch, daß er auf dem Land, das man den Muslimen abgenommen hat, Kirchen errichten darf. Dieses Recht dehnt sich bald auch über diese Grenzen hinaus aus. Die Unabhängigkeit von aller kirchlichen Organisation wird weiter dadurch gesteigert, daß die Templer eigene Ordensgeistliche besitzen. Die Weihe dieser Ordensgeistlichen muß jeder Bischof vollziehen, ohne die Macht zu haben, den jungen Geistlichen von dem Eintritt in den Orden zurückzuweisen oder abzuhalten. Weiterhin aber muß der Orden eine sehr große Zahl von Patronatsrechten über Kirchen aller Art besessen haben. Daß die Abgrenzung solcher Ausnahmestellung zu Streitigkeiten führen mußte, ist einleuchtend. So ergaben sich zum Beispiel Auseinandersetzungen darüber, ob die Ordensritter berechtigt seien, von ihren Untergebenen Beichte zu hören und ihnen Absolution zu erteilen, oder wieweit der Orden in mit dem Interdikt belegten Kirchen Gottesdienst dürfe halten lassen. Auch in der Frage der Besteuerung durch die Kirche sind die Templer und ihr großer Besitz in aller Welt durch die gewährten Vorrechte in besonders günstiger Lage. Denn sie sind von allen kirchlichen Abgaben befreit. Kein päpstlicher allgemeiner Erlaß hat für die Templer Gültigkeit, wenn er es nicht ausdrücklich betont. Die Templerregel wird vom Papst, so wie sie besteht, anerkannt, kann aber jederzeit vom Ordensmeister zusammen mit der „sanior pars" seines Kapitels abgeändert oder ergänzt werden. Sie ist also faktisch ganz in die Hand des Ordens selbst gelegt. Die Wahl eines neuen Ordensmeisters erfolgt allein durch das Kapitel der Ordensritter, und zwar kann nur gewählt werden, wer dem Orden selbst schon angehört hat. So ist die Unabhängigkeit des Ordens von aller geistlichen Gewalt außer dem Papste selbst vollständig durchgeführt. Aber auch die Abhängigkeit vom Papste ist doch sehr eingeschränkt.

Ähnlich steht der Orden aber auch den weltlichen Gewalten gegenüber. Es wird verboten, daß die Truppen des Ordens zu irgendwelchen anderen Kämpfen angefordert werden können. Vor allem aber enthält die Bulle „Omne datum optimum" von 1139 den Satz: „Auch verbieten wir und untersagen in aller Weise, daß eine geistliche oder weltliche Macht Treueide, Gefolgschaftseide, Gelöbnisse oder andersartige Sicherheitsgelübde, so wie sie unter weltlichen Gewalten üblich sind, von dem Meister und den Brüdern dieses Ordens fordern darf."[44] Mit einer scharfen Auslegung dieses Satzes

[44] Migne PL 200, 1042, S. 919.

ließ sich jede weltliche Untertänigkeit des Ordens ablehnen. Denn da ein allgemeiner Staatsbegriff, der jenseits solcher Treugelöbnisse gebunden hätte, in den Feudalstaaten des Mittelalters nicht bestand, war jede weltliche Untertänigkeit ausgeschaltet, wenn alle Treueide verboten waren. Das Verhältnis des Templerordens zum Königtum von Jerusalem hat denn auch bald gezeigt, daß der Orden gewillt war, diesen Satz so auszulegen und zur Anwendung zu bringen.

Um die Bedeutung dieser privilegierten Sonderstellung recht zu würdigen, muß man sich vor Augen halten, daß in denselben Jahren, in denen der Orden diese Vorrechte erhielt, sein Besitz sehr groß geworden war, und zwar nicht nur in Palästina, sondern auch im Abendland, vor allem in Frankreich, aber ebenso in Spanien, England, Deutschland und anderen Ländern. Es ist heute sehr schwer, den damaligen Reichtum des Templerordens richtig abzuschätzen. Aber schon die Tatsache, daß der Orden im Jahre 1191 imstande war, Richard Löwenherz die eroberte Insel Zypern für 100 000 Goldbyzantiner abzukaufen, eine Summe, deren Wert Prutz im Jahre 1883 auf 8 000 000 Francs berechnete[45], zeigt, mit welchen Summen der Templerorden rechnen konnte. Heinrich Finke schätzt auf Grund des Zehntertrages das jährliche Einkommen des Ordens im Anfang des 14. Jahrhunderts, also schon nach dem Verlust seiner Güter im Heiligen Land, auf 60 000 Pfund oder, wie er nach der Kaufkraft seiner Tage (1907) umrechnet, auf 5 392 000 Francs[46]. Auf Grund einer etwa gleichzeitigen Zusammenstellung von Pierre Dubois, dem Ratgeber Philipps des Schönen, hätte man sogar mit einer jährlichen Rente von mehr als 800 000 Pfund aus dem Templerbesitz zu rechnen[47]. Auch wenn diese Berechnungen nicht zuverlässig sind, geben sie doch ein Bild von dem großen Reichtum des Templerordens.

Da die Privilegien des Ordens sich auf alle seine Besitzungen und auf alle ihm zugehörigen Personen bezogen, wird hieraus erst seine Sonderstellung Kirche und Staat gegenüber in ihrer vollen Bedeutung ersichtlich. Außerdem erhöhte natürlich solch ein Reichtum schon von sich aus Macht und Ansehen des Ordens.

Auch die Zahl der Tempelritter ist in jenen Jahren stark angewachsen. Im Jahr 1128 brachten die damals ausziehenden Ordensbrüder eine große Anzahl von Rittern aus Frankreich mit, die gewillt waren, in den Orden einzutreten. Wilhelm von Tyrus erzählt, daß gerade damals die Zahl der Ordensritter sehr stark angestiegen sei. Er rechnet für die Zeit, als er diesen Teil seiner Chronik schrieb, und das war bald nach 1144, mit etwa 300 Rittern im Ordenshaus von Jerusalem[48]. Doch ist hinzuzurechnen, daß die

[45] H. Prutz, Kulturgesch. der Kreuzzüge, S. 282.

[46] H. Finke, Papsttum und Untergang des Templerordens = Vorreformationsgeschichtliche Forschungen 4/5, S. 77.

[47] Dubois, De recuperatione Terrae Sanctae, hrsg. von E. Zeck (1905) XIV, S. 13. Das Buch wurde etwa 1305—1307 geschrieben.

[48] Wilhelm von Tyrus XII, 7, S. 521.

Zahl der Gesamtangehörigen des Ordens die der Ritter um ein Vielfaches überstieg. Bald darauf, im Jahre 1165/66, berichtet der jüdische Reisende Benjamin von Tudela von 400 Rittern, die stets vom Ordenshaus in Jerusalem zum Kampf gegen die Ungläubigen ausziehen[49]. Da beide Zahlen als runde Angaben ohne Anspruch auf Genauigkeit gemeint sind, können sie als miteinander wohl vereinbar betrachtet werden. Weitere Angaben über die Zahl der Tempelritter bekommen wir aus den Berichten über die Verluste der Templer in den verschiedenen Schlachten; und zwar sind diese Zahlen zuverlässiger, da es sich hier um Zahlen handelte, die man schmerzlich erfahren und nicht nur schätzungsweise errechnet hatte, wie es so oft bei den Angaben über die Größe von Heeren der Fall ist.
Ich stelle hier einige zusammen[50]:

	Schlacht bei	gefallen	gefangen	zurückgekehrt	Summe
1156	Bānijās	300	87	30	410 Tempelritter
1187	Hattin	60	230	?	290 Tempelritter
1237	Darbsak	100 (gefallen oder gef.)		20	120 Tempelritter
1244	Gaza	312 teilgenommen			312 Tempelritter
1250	Mansūra	285 teilgenommen			285 Tempelritter

Diese Zahlen stimmen im allgemeinen mit den obengenannten überein. Sie zeigen, daß das Heer der Tempelritter die Zahl von 400 nur in einem Fall überstiegen hat, gar manches Mal aber weit darunter geblieben ist. Freilich muß man dabei mitberechnen, daß neben den Rittern eine meist größere Zahl von Servienten stand und daß die Zahl des Gesamtheeres des Ordens mit allen Bogen- und Armbrustschützen und Turkopolen meist das 4- bis 5fache der Zahl der Ritter und Servienten zusammen betrug. So ist also doch in den besten Zeiten mit einem Heer der Templer von 4000—5000 Mann zu rechnen, besonders da die starken Besatzungen der Burgen stets einen Teil des Heeres nicht unmittelbar in Erscheinung treten ließen. Die in den Verhandlungen des Templerprozesses genannten Zahlen der Verhörten zeigen, wie gering die Zahl der Tempelritter im Vergleich zu den anderen Zugehörigen des Ordens war.

Alle diese Angaben bezogen sich nur auf das Heilige Land. Der Orden hatte aber sehr früh schon große Besitzungen mit den dazu gehörenden Leuten in allen Ländern des Abendlandes erworben. Bei den Johannitern ist außerdem noch eine sehr große Zahl von Ordensgeistlichen in allen Ländern zuzurechnen. Sie rühmen sich in einer Urkunde von 1179, täglich 1000 Seelenmessen ohne Schwierigkeit lesen lassen zu können, da ihnen 14 000 Ordenspriester — die Kapläne nicht eingerechnet — zur Verfügung stünden[51]. Bei

[49] Benjamin von Tudela, Itinerary, ed. by A. Asher (1842) S. 30; zitiert bei Lundgreen, Wilhelm von Tyrus und der Templerorden, S. 75.

[50] Zusammenstellung der Zahlen bei J. Gmelin, Schuld oder Unschuld (1893) S. 231 f.; zu ergänzen durch R. Grousset III, S. 366 u. 465.

[51] K. H. von Lang, Regesta Boica I b, S. 305.

dem Templerorden war die Zahl der Ordenskleriker weit geringer, aber mit einer beträchtlichen Anzahl müssen wir doch auch hier rechnen, so daß die Gesamtzahl der Ordensangehörigen und Ordenszugehörigen nochmals ansteigt[52]. So werden denn die großen Zahlen verständlich, die Heinrich Finke für die Zahl der Ordensmitglieder zur Zeit des Beginns des Templerprozesses, also etwa um 1305—07, auf Grund der Prozeßakten errechnet hat[53]. Er gibt an: Frankreich 2000, Zypern 118 Aragón 300—400, Provence 70, außerfranzösische Templer zusammen 1000—2000, was eine Gesamtzahl von 3000—4000 ergibt, von denen aber nur etwa 1000 Ritter des Ordens sein konnten, während die übrigen Summen auf Servienten und Geistliche entfallen.

Wie kam nun aber der Orden zu einer solchen Machtstellung? Warum gaben ihm die Päpste solche Vollmachten, solche Sonderstellung und solche Reichtümer? Sicherlich gilt auch hier, daß die Templer wie die anderen Ritterorden als potenzierte Kreuzfahrer die Gunst in erhöhtem Maße genossen, deren sich die Kreuzritter allgemein bei den Päpsten erfreuen konnten. Aber im Lauf der Zeit wird ein zweites Motiv immer klarer. Die Ritterorden sollen zu einer Kampftruppe für die Kirche werden und darum mit großer Macht und Selbständigkeit ausgestattet werden, und niemand soll über sie verfügen können als der Papst allein. Das läßt schon die Bulle „Omne datum optimum“[54] ahnen, da dort die Betonung der Verpflichtung, die Kirche zu schützen, über das hinausgeht, was wir in anderen Papsturkunden zu lesen pflegen. Deutlich haben es aber die Jahre von 1220—1250 gezeigt, wo der Papst[55/56] den Orden zum Kampf gegen Kaiser Friedrich II. nicht nur im Heiligen Land, wo der Orden selbst daran interessiert war, sondern auch in Italien einsetzte, wo er beträchtliche Verluste erlitt. Schließlich rief dieser Einsatz im Abendland aber doch den Widerstand des Ordens wach. Der Ordensmarschall weigerte sich, als er gegen Manfred kämpfen sollte.

Reichtum, Macht und Unabhängigkeit veränderten aber auch den Charakter des Ordens vollkommen. Das wird am klarsten darin, daß der Orden nun Geldgeschäfte im großen übernahm, eine für einen Ritter zunächst ganz abseitige Vorstellung. Denn Geld hat im Leben der Ritter des Abendlandes vor den Kreuzzügen gar keine Rolle gespielt. Wenn es auch Münzen gab und wenn man sie auch gern mit dem Abzeichen, Wappen oder Bild des Herren versah, so hatte ihr Gebrauch doch mehr die symbolische Bedeutung,

---

[52] Vgl. H. Prutz, Ritterorden, S. 123/24. Er erschließt die kleine Zahl der Ordenskleriker bei den Templern aus der geringen Zahl von ihnen in den Verhören des Templerprozesses, was aber nicht unbedingt stichhaltig ist, sondern auch auf andere Gründe zurückgehen kann.

[53] H. Finke, Templerregel, S. 72 ff.

[54] „... ut pro tuenda catholica ecclesia et ea quae sunt sub paganorum tyrannide de ipsorum spurcitia eruenda expugnando ...“

[55] Potthast I, 8251. — Roger von Wendower, Flores IV, S. 166.

[56] Huillard-Bréholles III, 265 u. 281, von 1231 = Potthast I, 8663 u. 8731.

daß man anerkannte, unter der Herrschaft dieses Herren seinen Handel zu treiben oder seinen Zins zu zahlen. Im Laufe der Kreuzzüge benötigte man dann das Geld immer mehr. Es wurde eine Macht.

Wir haben oben verfolgt, wie man Söldner warb und wie die Päpste seit Innozenz III. ein großangelegtes System von kirchlichen Steuern einrichteten, um die für den Kreuzzug notwendigen Gelder zu verschaffen. Man lernte nun, mit großen Summen zu rechnen. Diese mußten gesammelt, aufbewahrt, verbucht und weithin verschickt werden, von der Stelle ihrer Erhebung zu den sich rüstenden Kreuzfahrern durch Vermittlung kirchlicher oder staatlicher Stellen und schließlich nach dem Heiligen Land. Außerdem mußte der einzelne Ritter und mehr noch der Fürst, der für eine größere Zahl von Rittern und Knappen aufzukommen hatte, beträchtliche Summen Geldes nach Palästina überführen. Eine Organisation, die solche Aufgaben hätte übernehmen können, fehlte im Abendland. Am ersten waren die italienischen Kaufleute dazu in der Lage, aber auch ihr Geldwesen stand erst am Beginn seiner Entwicklung. Der Wunsch nach einem sicheren Transport der Gelder oder noch besser nach bargeldloser Überweisung in das Heilige Land oder in die Ausreisehäfen wurde immer dringender. Da konnten die Templer helfen. Denn sie besaßen große Besitzungen und Geldmittel diesseits und jenseits des Meeres. Sie konnten jederzeit die gewünschten Zahlungen leisten und so einen bargeldlosen Zahlungsverkehr einrichten. So wurden denn die Templer und neben ihnen auch die Johanniter die großen Bankiers der Kreuzzüge. Erst später traten die italienischen Kaufleute neben sie. Dazu kam, daß die Päpste die Templer als ihre Vertrauensleute bei der Erhebung und Verrechnung der Kreuzzugssteuern mit Vorliebe verwandten.

Das erste Beispiel einer finanziellen Tätigkeit der Templer im Abendland, das wir kennen, ist ein Hypothekendarlehen des Ordens an Pierre Desde von Saragossa, der im Jahre 1135 eine Pilgerreise nach Jerusalem machen wollte[57]. Schon im 12. Jahrhundert wurde die Niederlassung des Ordens in Paris, der Temple, unter dem Meister der Templer in Paris, Eustache Chien, Mittelpunkt für größere Finanzoperationen der Templer. Eustache Chien (Cane) wurde bald auch der Vertrauensmann des französischen Königs in Finanzangelegenheiten, so daß nun viele Finanzoperationen vom Temple von Paris und von Eustache Chien aus unternommen wurden. Wahrscheinlich stammte dieser Mann aus der lombardischen Bankiersfamilie der Cane. Dann hätten die Templer in der Lombardei bei den dortigen Kaufleuten gelernt[58].

Welchen Umfang solche Geldgeschäfte der Templer hatten, zeigt zum Beispiel die Verfügung des Papstes Honorius III., daß die Templer von Paris die in ihrer Hand befindlichen Erträgnisse des in Frankreich erhobenen Kreuzzugszwanzigsten in bestimmter Weise für die Kreuzzugssache in Palästina schnellstens auszahlen sollten. Die Gesamtsumme beträgt dabei 16 000

[57] M. Melville, La Vie des Templiers (1951) S. 74.
[58] M. Melville a. a. O. S. 76 ff.

Mark[59]. Und solche Transaktionen waren keine Seltenheit[60]. Im wesentlichen sind es vier Arten von Geldgeschäften, die — sicherlich nicht ohne guten Gewinn — betrieben wurden: 1. Deposita der gesammelten Steuern oder auch von Geldbeträgen eines kreuzfahrenden Fürsten oder Herren, 2. Überführung der von den Kreuzfahrern benötigten Summen nach dem Heiligen Land oder den Einschiffungshäfen, 3. Einsammlung und Weiterleitung der von den päpstlichen Kommissaren gesammelten Kreuzzugszehnten und der anderen Kreuzzugssteuern, 4. große Anleihen an Fürsten, die einen Kreuzzug planten[61].

Die Johanniter legten den Gewinn solcher Geschäfte im allgemeinen in Grundbesitz an. Anders die Templer. Sie ließen nach Abzug der Kosten für kriegerische Ausrüstungen, Besoldung von Turkopolen, Befestigungen und dergleichen die Erträgnisse der Geschäfte wieder in ähnlichen Geldgeschäften arbeiten, und zwar mit gutem Erfolg. An sich stand ja das kirchliche Zinsverbot solchem Geldhandel im Wege. Aber die Tatsache, daß das Geld für Kreuzzüge bestimmt war, ließ hier alle Bedenken schwinden. Mit welcher Souveränität die Templer und Johanniter bei diesen Geschäften schalteten, zeigt ein Beispiel schon aus dem Jahre 1208. Damals verkauften sie einen für das Heilige Land bestimmten Getreidetransport in Sizilien, da dort der Getreidepreis höher war als in Palästina, und sandten das dafür erlöste Geld dorthin[62].

So wurde das Geldgeschäft immer mehr zu einem wesentlichen Bestandteil des Lebens im Templerorden.

Auch das bei dem starken Pilgerzustrom nach dem Heiligen Land sehr einträgliche Geschäft des Pilgertransportes ließen sich die Templer und ebenso die Johanniter nicht entgehen. Lange überließ man es zuerst den italienischen und südfranzösischen Seestädten. Aber um 1230 erschienen in Marseille die ersten Pilgerschiffe, die den Ritterorden gehörten. Natürlich wehrte Marseille sich gegen die neue Konkurrenz. 1234 kam aber ein Vertrag dieser Stadt mit den Ritterorden zustande, nach dem die beiden Ritterorden zu jeder Passage, also zweimal im Jahr, je ein Pilgerschiff aus Marseille können auslaufen lassen, und zwar je ein besonders großes Pilgerschiff, das 1500 Personen faßt, während 1000 Personen das Normale der damaligen Transportschiffe war[63]. Auch an dem Überfahrtsvertrag, den Ludwig der Heilige 1246 abschloß, sehen wir beide Ritterorden beteiligt.

---

59 Honorius III., Opera III u. IV, 19/300.

60 Potthast 20/515, Gregor X., von 1272, ist ein Beispiel dafür. — Walter Mapes, De nugis curialium I, 23, S. 37. — Vgl. Fedor Schneider = Quellen und Forschungen IX, S. 3. — G. A. Campbell, Tempelritter, S. 146 ff. — H. Prutz, Ritterorden, S. 530/31.

61 Siehe L. Deslisle, Les opérations financières des Templiers = Mémoires de l'institut nat. de France XXXIII (1889) S. 1 ff. — Gottlob, Kreuzzugssteuern, S. 178, 239, 245 u. a. a. O.

62 Gesta Innocentii III, XLVI B, S. XL = Migne PL 214.

63 Delaville, Hospitaliers, S. 343 f.

Außerdem scheinen die Templer auch Handelsschiffe auf dem Mittelmeer gehabt zu haben. Denn 1218, also ehe Pilgerschiffe der Templer sich finden, hören wir von Schiffen der Templer, die in Stürmen gefährdet waren[64].

Eine Kriegsflotte haben auffallenderweise die beiden Ritterorden während ihrer Zeit im Heiligen Land nicht geschaffen, obwohl so manches Mal das Eingreifen der italienischen Flotten allein einen Sieg möglich gemacht hatte. Erst als die Orden nach dem Fall von Akkon in Zypern ihren Sitz hatten, schufen sie eine Kriegsflotte.

Es konnte nicht ausbleiben, daß die starke Verwickelung der Orden in Geldgeschäfte in manchen Fällen auch ihr Verhalten bei Entscheidungen bestimmte, wo rein politische oder religiöse Gesichtspunkte hätten maßgebend sein sollen. Auch die Gesamthaltung des Ordens und seiner Ritter wurde von da aus beeinflußt. Das geht aus zwei Vorwürfen hervor, die man damals so oft und von so vielen Seiten machte, daß sie sprichwörtlich wurden. Es ist Stolz, Hochmut einerseits (superbia), Habgier (avaritia) andererseits, die man den Templern immer wieder vorwirft. Stolz und Hochmut ist die generelle Beschuldigung allen Feudalherren gegenüber, aber Habgier ist ein völlig neuer Tadel, der nur unter dem Einfluß des Reichtums und der Geldgeschäfte entstanden sein kann. Wir haben viele Beispiele für diese oft schweren Vorwürfe[65].

---

[64] Oliverus Scholasticus, Hist. Damiat. 21, S. 194, von 1218.

[65] Wilhelm von Tyrus XII, 7: „... neglecta humilitate quae omnium virtutum custos esse dinoscitur ... facti sunt valde molesti ..." — Walter Mapes, De nugis I, 19, S. 31: „... caritas viluit et invaluit opulentia ..." — Johannes von Salisbury, Polycraticus VII, 21 = Migne 199, S. 695: „... amore pecuniae illecti ... adulterantes verbum Dei, quod annunciant non ad gratiam, sed ad pretium, viventes ad voluptatem non ad veritatem: et tandem quum in latibulis sero conveniunt, die de virtute locuti, clunem agitant errore et labore nocturno ..." — Collectio de scandalis, cap. 17, S. 57: „... his cavendum est, ne superbia de nobilitate generis, de potestate de divitiis laborarent ..." — Gerhoch von Reichersberg, Antichrist I, 67, S. 384: „... sed et alia bestia, superbia videlicet domus illius hospitalis, sicut avaricia corporibus ita multorum animabus perniciem induxit ...", bezieht sich zwar zunächst auf die Johanniter, kann aber bei der engen Verbindung beider Orden auch auf die Templer angewendet werden. — Matthaeus Paris. IV, 168, von 1241: „... proinde comes ... noluit Aschalonem et thesaurum ... superbiae Templariorum commendare ..." — Ders. IV, 302, von 1244: „Templariorum superba religio ..." — Ders. V, 339, von 1252: König Heinrich III. von England an die Templer: „... superfluae possessiones vos faciunt superbire et superbientes insanire." — Fragment aus der ersten Hälfte des 13. Jahrhunderts, veröffentlicht von P. Meyer = Romania 4 (1875) S. 391:

„Mult sont prudome li templer
E bien se sevent purchacer,
Mès trop par aiment le diner:
E quant li tens est alques chiers
Si vendent blé
Plus volontiers que il nel prestent a lur menie."

Vgl. Ch. V. Langlois, La vie en France, S. 60, Anm. 1. — La Bible Guyot (etwa 1200—1223): „Les Templiers sont populaires ... convoiteux et orgueilleux, c'est

Otto von St. Blasien faßt diese Vorwürfe in die Worte zusammen: „Sie suchen das Ihre und nicht das, was Jesu Christi ist." [66] Und in ähnlicher Weise sagt Jakob von Vitry von den Deutschordensrittern mit deutlichem Bezug auf die beiden anderen Ritterorden: „Bewahre sie Gott vor dem Reichtum, denn er macht hochmütig, habgierig, streitsüchtig, ängstlich und der Frömmigkeit abhold!" [67] Dem reiht sich die Charakteristik an, die Wilhelm von Tyrus von dem Templermeister Odo von Saint-Amand gibt: „Er war ein Nichtsnutz, ein hochmütiger und anmaßender Mann, dem man den wütend draufgängerischen Charakter an der Nase ansah. Er fürchtete Gott nicht und hatte keine Achtung vor den Menschen." [68] Ihm schreibt er auch um dieser Eigenschaften willen die Schuld an der Niederlage der Franken bei Mardsch ʿAyūn zu.

So sah man also allenthalben die ungünstige Veränderung im Wesen des Ordens und wußte wohl, daß sie dem zunehmenden Reichtum und der wachsenden Macht zuzuschreiben sei. Bei der Mannigfalt der Zeugen ist eine Voreingenommenheit oder Einseitigkeit ausgeschlossen. Auch das satirische Testament Kaiser Friedrichs II. ist hier einzufügen. Denn nach ihm vererbt der Kaiser den Templern und Johannitern den hochmütigen Stolz. Den sollen sie haben für alle Zeit, solange ihr Orden besteht [69]. Das alles zeigt, in welch einem schlechten Ruf die Templer damals allgemein in der Öffentlichkeit standen, sie, die bei ihrer Gründung die Lieblinge des Abendlandes gewesen waren.

Bei solcher inneren Haltung ist es nicht zu verwundern, wenn auch die Politik des Templerordens von der Rücksicht auf finanzielle Vorteile bestimmt gewesen zu sein scheint. Immer wieder wird der Vorwurf der Gewinnsucht in diesem Zusammenhang erhoben. Vor allem steht hier der beste Chronist dieser Zeit, Wilhelm von Tyrus, als Zeuge wider den Orden auf [70]. Wir geben einige Beispiele:

Im Jahre 1154 war Nāsir ad-Dīn, der Sohn des aus Ägypten vertriebenen Sultansprätendenten ʿAbbās, in die Gefangenschaft der Templer geraten. Nāsir ad-Dīn, in Ägypten auf das äußerste bedroht, glaubte sich bei den Christen in Sicherheit, besonders da er schon längere Zeit, wie Walter Map das ausführlich erzählt, dem Christentum freundlich gesinnt war und sich mit ihm beschäftigt hatte. Doch die Templer nahmen darauf keine Rücksicht

---

tout le mal qu'on peut dire d'eux; mais cela tout le monde le dit . . ." = Ch.V. Langlois a. a. O. S. 60.

[66] Otto von St. Blasien = M. G. Schulausgabe 42, S. 68, von 1197.

[67] Jakob von Vitry, Hist. Hierosol. 56, S. 1085.

[68] Wilhelm von Tyrus XXI, 29, von 1179, S. 1057.

[69] Winkelmann, Acta imperii inedit. saec. XIII, 437/371.

[70] Fr. Lundgreen (Wilhelm von Tyrus, S. 135 ff.) hat versucht zu beweisen, daß das Urteil von Wilhelm von Tyrus an allen Stellen voreingenommen sei, daß der Vorwurf zu Unrecht gegen den Orden erhoben werde. Doch hat er seine Behauptungen nicht erweisen können, besonders da auch andere Zeitgenossen ähnlich urteilen.

und lieferten ihn gegen ein Lösegeld von 60 000 ägyptischen Goldmünzen seinen Feinden aus, die ihn dann grausam töteten. Augenscheinlich hat hier die Aussicht auf ein hohes Lösegeld alle anderen Rücksichten, auch die auf einen möglichen Übertritt einer so gewichtigen Persönlichkeit, zurücktreten lassen[71].

Oder ein anderes Beispiel: Im Jahre 1177 belagerte das fränkische Heer die Feste Harīm. Nach einem Monat eifrigen Bemühens hatte man durch Unterhöhlung die Burg fast zum Einsturz gebracht. Da entschloß man sich auf das dringende Anraten der Templer hin, gegen eine große Zahlung der Eingeschlossenen die Belagerung aufzugeben. Kurz nach dem Abzug aber stürzte ein Teil der Burg ein, die Erstürmung wäre nun leicht gewesen[72].

Oder ein weiteres Beispiel aus dem Jahre 1263: Damals war ein Abkommen mit dem Sultan Baibars geplant, das den Austausch der beiderseitigen Gefangenen vorsah, wie solche Austauschabkommen damals häufig geschlossen wurden. Aber beide Orden, die Templer wie die Johanniter, verweigerten die Herausgabe der in ihrem Gewahrsam befindlichen Gefangenen mit der Begründung, es seien tüchtige Arbeiter und man müsse andere teure Handwerker an der Stelle dieser billigen Arbeitskräfte bezahlen, wenn man sie hergäbe. Dadurch wurde das Abkommen vereitelt, und die christlichen Gefangenen verblieben in der Gefangenschaft in Ägypten[73]. Selbst Baibars soll sich bei dieser Gelegenheit entrüstet über die Habgier der Ritterorden ausgesprochen haben[74].

Auch die Ermordung der Gesandtschaft der Assassinen im Jahre 1173 durch die Templer läßt sich neben diese Zeugnisse stellen. Damals hatte diese Sekte die Absicht, zum Christentum überzutreten. Man schätzt ihre Stärke auf 60 000 Mann. Der Plan ist nicht so unwahrscheinlich, wie es zunächst aussehen mag. Denn die Assassinen suchten eine enge Bundesgenossenschaft mit den Franken gegen die Muslime. Doch stellten sie als Bedingung, daß eine Tributzahlung von 2000 Goldmünzen, die sie bis dahin den Templern entrichtet hatten, aufgehoben werde. Nach der Darstellung des sicherlich sehr gut unterrichteten Wilhelm von Tyrus ging König Amalrich, an den sich die Assassinen gewendet hatten, gern darauf ein, ja er war bereit, aus seinen eigenen Mitteln den Templern die fragliche Summe als Entschädigung zur Verfügung zu stellen. Das nahmen jedoch die Templer nicht ernst, sondern durchkreuzten den Plan des Königs. Sie ließen die Gesandten der Assassinen auf dem Rückweg vom König, noch ehe sie ihr Gebiet erreicht hatten, er-

---

[71] Wilhelm von Tyrus XVIII, 9, S. 833/34. — Walter Mapes, De nugis I, 21, S. 33 f. — H. Prutz, Kulturgeschichte der Kreuzzüge, S. 281. — Fr. Lundgreen a. a. O. S. 93 ff. Lundgreens Gegengründe können die Tatsachen nicht entkräften.

[72] Roger von Hoveden II, S. 132, von 1177. — Benedikt von Peterborough I, S. 130 u. 131. Dazu Fr. Lundgreen a. a. O. S. 118.

[73] Gestes de Chiprois S. 756. — Makrīzī, Geschichte der Mameluken-Sultane, S. 195 ff. — R. Grousset III, S. 622. — Delaville, Hospitaliers, S. 217/218.

[74] Makrīzī a. a. O.

morden[75]. Selbst wenn dieser geplante Übertritt nicht ernst gemeint war oder nur ein politisches Geschäft sein sollte, was damals noch nicht zu beurteilen war, bleibt die eigenwillige Durchkreuzung der königlichen Politik eine Ungeheuerlichkeit.

In einem anderen Fall mischen sich bei den Templern Gewinnsucht und Ruhmbegier als bestimmende Faktoren ihrer Politik. Es war bei der Belagerung von Askalon im Jahre 1153. Nach langer Mühe gelang es, eine Bresche in die Stadtmauer zu schlagen. Als nun das ganze Heer drängte, durch diese Bresche in die Stadt einzudringen, fand es sie von den Templern besetzt unter der Führung des Ordensmeisters, der erklärte, niemand außer seinen Rittern dürfe durch diese Bresche in die Stadt kommen. Er setzte es auch durch. Aber die eingedrungenen 40 Tempelritter wurden von den Verteidigern eingeschlossen und niedergemacht. Die Stadt konnte sich trotz dieser Bresche weiterverteidigen. Der schon nahe Sieg war wieder in weite Ferne gerückt. Wilhelm von Tyrus begründet dies eigentümliche Verbot der Templer damit, daß sie die zu erwartende Beute sich selbst reservieren wollten, zum mindesten den Löwenanteil daran. Ob dies der Grund war oder ob die Absicht, den Ruhm, die Stadt erobert zu haben, mit niemand teilen zu müssen, entscheidend war, mag dahingestellt bleiben. Jedenfalls ist das engstirnig eigennützige Verhalten der Templer in entscheidender Stunde deutlich[76].

Diese Beispiele können genügen. Denn wenn auch dabei manches, entsprechend der geringen Sympathie, die der Orden jetzt genoß, übertrieben wurde, so bleibt doch noch genug bestehen, um eine derartige Politik der Templer deutlich und die ablehnende Haltung der Öffentlichkeit ihnen gegenüber verständlich zu machen.

Aber sehen wir doch, um nicht einseitig zu werden, auch die andere Seite. Zunächst steht einmal die Tapferkeit der Tempelritter im Kampf gegen die Muslime alle diese Jahrzehnte hindurch ganz außer Zweifel. Besonders eindrucksvoll ist die Tatsache, daß von den 22 Großmeistern, die der Orden vor seiner Auflösung im Jahre 1312 hatte, 5 in der Schlacht fielen, weitere 5 an den in der Schlacht erhaltenen Verwundungen starben und einer in einem Gefängnis der Muslime umkam. Über die Hälfte ist also im Kampf gegen die Ungläubigen geblieben. Andere Beispiele für die außerordentlich hohen Verluste der Templer im Kampf haben wir oben schon kennengelernt[77]. Hier erweist sich der alte Kreuzfahrergeist als immer wieder lebendig trotz aller Veränderungen, die in dem Orden vorgegangen sind. Das muß als Hintergrund von allem, was zu sagen ist, immer gesehen werden. Auch Einzelhei-

---

[75] Wilhelm von Tyrus XX, 29 u. 32, S. 995. — Auch Walter Mapes und Burchard vom Berg Zion berichten von dem Mord der Gesandten und den vorausgehenden Verhandlungen, ohne allerdings den an die Templer zu zahlenden Tribut zu erwähnen. — Walter Mapes, De nugis I, 22, S. 35. — Burchardus de Monte Sion cap. XIII, S. 90. — H. Prutz, Kulturgeschichte, S. 281. — Siehe auch oben S.

[76] Wilhelm von Tyrus XVII, 27, S. 804/05. — R. Grousset II, S. 355/56.

[77] Siehe oben S. II, 15. — Großmeister: Fedden, Crusader, S. 34.

ten, die uns berichtet werden, zeigen die Freudigkeit, mit der die Tempelritter in den Tod gingen, in der Gewißheit, damit als Märtyrer ewigen Lohn zu erlangen[78].

Aber auch die Schattenseiten dieses Kreuzfahrerwagemutes fehlen bei den Templern nicht. Man sollte erwarten, daß Ritter, die so lange schon mit den Muslimen kämpften und deren Kampfesweise sehr genau kannten, ihren tollkühnen Angriffsgeist zu zähmen wüßten und einer gewissen klugen Vorsicht Spielraum ließen. Aber in vielen Fällen lassen die Templer auch in späteren Zeiten noch ihrer Angriffslust die Zügel schießen, sind sorglos und leichtsinnig und rennen so in einen Hinterhalt oder geben sonst dem Feind die Möglichkeit, die Allzukühnen zu vernichten. Das heißt, die Templer begehen noch Fehler, die man nur neuankommenden Kreuzfahrern zuzutrauen gewohnt ist. Ein Beispiel dafür ist die Schlacht von Tekūʿa bei Bethlehem. Da waren die Muslime vor dem Ansturm des Heeres unter der Führung des Templermeisters Robert von Burgund gewichen. Das fränkische Heer zerstreute sich über die reiche Beute. Da machte der noch kaum geschwächte Gegner kehrt, überfiel die Sorglosen und vernichtete sie[79]. Ein anderes Beispiel bietet die Schlacht von Nazareth, wo der Templermeister „gegen den Rat der klugen Männer, ohne die große Zahl der Feinde und die geringe Zahl der eigenen Kräfte zu erwägen, voller Unklugheit die wohlgeordneten Schlachtreihen des Feindes angriff"[80]. Die Beispiele für solche Tollkühnheiten und Unklugheiten in der Kampfesweise und Politik der Templer ließen sich leicht vermehren[81]. Aber das darf nicht dazu verleiten, über diesem Unerfreulichen die positiven Seiten der Orden zu vergessen und zu übersehen, welch eine große Bedeutung die Ritterorden für die Verteidigung des Heiligen Landes hatten. Das zeigt ein Schreiben des Templermeisters Hermann von Perigord an seine englischen Ordensbrüder aus dem Jahre 1244[82]. Er klagt dort darüber, daß die Last der Landesverteidigung fast ausschließlich auf den Schultern des Ordens liege, gibt einen Überblick über die verschiedenen Aufgaben, die der Orden sich gestellt hat, und bittet um Hilfe bei deren Durchführung. Das bestätigt sich auch aus anderen Zeugnissen. Denn wir hören, daß man aus dem Abendland die für die Landesverteidigung gesammelten Gelder unmittelbar den Ritterorden zuschickte, weil man wußte, daß sie die eigentlichen Verteidiger waren[83].

Die Belastung der Templer und anderen Ritterorden mit der Verteidigung

---

[78] Siehe Jakob von Vitry, Predigt an die Ordensritter = V. Cramer, Kreuzpredigt, S. 155, und Itiner. reg. Ricardi I, 5, S. 16, von 1187.

[79] Wilhelm von Tyrus XV, 6, S. 665.

[80] Oliverus Scholasticus, Hist. reg. 91, S. 142.

[81] Eracles XXX, 16, S. 309, von 1209. Dazu R. Grousset III, S. 189/190. — Oliverus Scholasticus, Hist. Damiat. 22, S. 199, von 1218. — Ders. 48, S. 252, von 1220. — Wilhelm von Tyrus XXI, 28, S. 1054 ff. = Schlacht von Marj'Ayun. 1179. — Siehe R. Grousset II, S. 677.

[82] Matthaeus Paris. IV, S. 288 ff., von 1244.

[83] Oliverus Scholasticus, Hist. Damiat. 26, S. 207, von 1219.

des ganzen Landes gegen den mit großer Übermacht vorstürmenden Feind wurde dadurch besonders groß und vor aller Augen deutlich, daß man die zahlreichen nach der Schlacht von Hattin erneuerten, vergrößerten oder neuerbauten Burgen den Ritterorden zur Verteidigung übergab. Das war eine schwere Aufgabe. Denn das waren nun nicht mehr kleine Burgen, die an unsere abendländischen Ritterburgen erinnern konnten, wie die Burgen des Heiligen Landes es vor Hattin gewesen waren, sondern das waren nun meist große Festungen, denen ein großes Gebiet zur Beschützung unterstellt war. Diese Festungen verlangten eine große Besatzung unter dem Kommando von Rittern, die mit allen Einzelheiten des Festungskrieges vertraut sein mußten, sie verlangten Verproviantierung für lange Belagerungen und entsprechende Versorgung mit Waffen und Munition. Das alles stellte große Anforderungen an die Orden. Wir nennen nur einige Beispiele: den Templern war unterstellt das Pilgerschloß (Château Pèlerin), Safed, Sāfithā, Beaufort, Tortosa u. a., den Johannitern Markab, Krak des Chevaliers u. a. und dem Deutschorden Montfort. Andere kleinere Burgen wurden zu Reihen zusammengeschlossen, die nun einheitliche Befestigungssysteme darstellten, auch dies unter dem Kommando der Orden. Solche Ketten lagen Askalon gegenüber, Aleppo zugewendet rechts und links des Orontes und im Norden und Nordwesten von Antiochia. Dies alles bildete die Aufgabe der Templer und anderen Orden, für die sie sich mit aller Kraft einsetzten. Nur in den allerletzten Jahren vor dem Fall Akkons scheint diese Energie einmal nachgelassen zu haben. Denn im Jahre 1278 befiehlt Papst Nikolaus III. den Ritterorden, für eine genügende Zahl von Kämpfern zur Verteidigung des Heiligen Landes Sorge zu tragen und sich nicht auf eine finanzielle Unterstützung des Kampfes zu beschränken[84]. Da bricht der alte, oben besprochene Vorwurf noch einmal durch. Aber das muß als eine Ausnahme gelten. Denn dem steht viel Anerkennung der tapferen Verteidigung gegenüber. Die schönste stammt von Papst Gregor IX., der erklärte, daß das Land bisher in vielen Nöten mit ihrer Hilfe regiert worden sei und daß es ohne sie durchaus nicht regiert werden zu können scheine[85].

So haben die Templer trotz aller Veränderungen, die in dem Orden vorgegangen sind und die sich auch in der Politik des Ordens erkennen lassen, ihre militärische Haltung und die Energie der Landesverteidigung bis zum Schluß bewahrt, wenn man von wenigen Jahren der allerletzten Zeit absieht. Daß der Orden dann nach dem Verlust von Akkon an seinem neuen Sitz in Zypern, also nach dem vollen Zusammenbruch seines Werkes im Heiligen Land, nichts Rechtes mehr geleistet hat, daß also seine Kraft nach diesem Schlag versiegt zu sein scheint, steht auf einem anderen Blatt[86]. Wir werden davon noch in anderem Zusammenhang reden müssen.

---

[84] Nicolaus III., Register (ed. Gay et Vitte) I, 167/51, von 1278.
[85] Potthast I, 8663 = Huillard-Bréholles III, S. 264.
[86] H. Finke, Papsttum und Untergang des Templerordens, S. 71.

Diese Tapferkeit der Templer und ihr opferbereiter Einsatz bei der Verteidigung des Königreiches Jerusalem-Akkon fanden nicht nur bei den Päpsten, sondern auch in der öffentlichen Meinung überall Anerkennung[87]. Doch genügte dies gute Urteil nicht, um die scharfe Ablehnung und Verurteilung der Templer, die im Abend- und Morgenland stets zunahm, aufzuwiegen und aufzuheben. Wir sprachen schon von den Vorwürfen, die man gegen sie erhob, aber das steigert sich zu öffentlichen Ausbrüchen eines Hasses gegen die Ritter des Ordens. Schon im Jahre 1160/61 mußte der Papst vorgehen gegen solche, „die Templerritter von ihren Pferden herabstießen, sie ehrenrührig behandeln und mit Schmähworten überhäufen“ [88]. Und diese päpstliche Verordnung mußte 21mal wiederholt werden. Das allein zeigt schon, wie verhaßt die Templer in der Öffentlichkeit waren, und zwar in einer Zeit, die als die beste des Ordens bezeichnet werden kann[89]. Auch Matthaeus Parisiensis schließt sich diesem Chor von templerfeindlichen Stimmen an. Da lesen wir, daß die Templer und die Johanniter so große Besitzungen im Abendland hätten, daß man von ihnen allein leicht 9000 Mann ausheben und so den Krieg gegen die Muslime ganz aus eigenen Mitteln führen könne. Der Templerorden sei in der Lage, allein den Islam zu besiegen, wenn nicht immer wieder Verrat das hindere[90]. An anderer Stelle sagt derselbe Chronist, als er von einem Kampf zwischen Templern und Johannitern in Akkon berichtet: „Da man sah, daß die, welche sich mit den Geldern, die zum Kampf gegen die Sarazenen gegeben wurden, mästeten, gottlos gegen die Christen, ja sogar gegen ihre eigenen Brüder kämpften, also den Zorn Gottes herausforderten ...“ [91]. Walter Map kennt diese allgemeine schlechte Meinung von den Templern gut, aber er selbst hält sich zurück und will sich nur auf das stützen, was er selbst gehört hat. Er sagt, nachdem er allerlei Ungünstiges erzählt hat: „Ähnliches wird von den Tempelrittern noch vieles erzählt. Aber wir wollen sie selbst danach fragen und glauben, was wir dann hören.“ [92] Aber gerade daraus geht hervor, wie stark und weit verbreitet doch diese üble Nachrede den Templern gegenüber gewesen sein muß.

Denselben Eindruck gewinnt man aus der Literatur der Zeit. Von dem satirischen Testament Friedrichs II. und seinen Ausfällen gegen die Orden

[87] Haymar, Schriften 22, S. 9, zu 1089. — Oliverus Scholasticus rühmt die Tapferkeit des Ordens an vielen Stellen, z. B. Hist. Damiat. 19, S. 217; 22, S. 199; 27, S. 210, u. a.

[88] H. Prutz, Malteser-Urkunden 4, S. 38, von 1160/61; wiederholt in Nr. 15, 18, 40, 75, 85, 91, 94, 107, 123, 126, 134, 153, 168, 180, 194, 213, 253, 277, 289, 296 u. 300.

[89] Ältere solche Ausschreitungen gegen die Templer weist H. Prutz nach (Entwicklung und Untergang, S. 32).

[90] Matthaeus Paris. IV, S. 291, von 1244.

[91] Matthaeus Paris. IV, S. 167, zu 1241.

[92] Walter Mapes, De nugis I, XXI.

war schon die Rede[93]. In dem „Roman de Renard“ von Jacquemar Gelée wird der Fuchs, der, als Eremit lebend, den Ruf seiner Heiligkeit bis nach dem Heiligen Land zu verbreiten gewußt hat, gleichzeitig vom Templer- und Johanniterorden zum Meister begehrt[94]. Der „Roman de Renard nouvel“ zeigt ein an sich stolzes Bild des Tempelritters, doch wird den Templern der andauernde Streit mit den Johannitern und die allzu enge Freundschaft mit den Muslimen zum Vorwurf gemacht[95]. Die Troubadours schließen sich hier an mit denselben Urteilen und Vorwürfen. Wir nennen Guillem Dāspols[96]. Ähnlich äußern sich Rostaing Berenguier[97] und Pierre Cardinal[98].

So begegnet man fast überall Ablehnung oder Haß den Templern gegenüber. Was aber hat diese Haltung hervorgerufen? Sind die Vorwürfe, die man gegen sie erhob, berechtigt? Von dem Einfluß des Reichtums und der Geldgeschäfte auf die persönliche Haltung der Ritter und die Politik des Ordens war schon die Rede. Doch das kann nicht genügen.

Zunächst einmal ist gar nicht zu leugnen, daß die erbitterten und blutigen Streitigkeiten der Templer und Johanniter untereinander die Sache des Heiligen Landes sehr schwer geschädigt haben. Oft hat man den Eindruck, daß der eine der Orden eine bestimmte Richtung der Politik nur deshalb einschlägt, weil der andere Orden sich für den entgegengesetzten Weg entschieden hat. Diese Kämpfe ziehen sich durch die ganze Geschichte des Heiligen Landes hin, seit beide Orden reich und mächtig geworden sind. Die „Collectio de scandalis“, die 1274 geschrieben wurde, sagt dazu: „Zwei Stolze können nicht in einem Sattel reiten. Deshalb können sich auch die Templer und Johanniter, wie man gemeinhin sagt, nicht leiden. Die Ursache dafür ist ihre Begehrlichkeit nach irdischen Gütern. Was der eine Orden erworben hat, neidet ihm der andere. Denn der eine erringt, was auch der andere gern haben wollte. Die einzelnen haben, wie sie sagen, auf allen Besitz verzichtet, aber für die Gemeinschaft wollen sie dann alles haben. Einzeln sind sie Ordensleute, in der Gesamtheit aber weltlich. Wie sollen denn da die einzelnen gerettet werden, wenn sie in der Gesamtheit zugrunde gehen. In der Ritterschaft Christi sollte man nicht nach Gewinn dieser Welt streben.“[99] Diese

93 H. Finke, Templer, S 82/83.

94 H. Prutz, Kulturgeschichte, S. 254.

95 H. Finke, Papsttum und Untergang des Templerordens, S. 82/83.

96 Guillem Dāspols = Bibl. de l'École des Chartes XXX, S. 289, vom Ende des 13. Jahrhunderts:

„E dels ordes comensatz ab santeza
S'es devengut qu'en luoc de ben fan mal
e volon trop dormir en lur maleza,
car tutz son plens d'orguelh e d'avareza
e non volon pensar d'autre jornal;
Mas iels farai camjar cambras hostal,
Quel plus ardit de totz n'aura fereza.“

97 Throop, Criticism, S. 230.

98 K. Lewent, Kreuzlied, S. 8.

99 Collectio de scandalis cap. 17, S. 56/57.

Feindschaft der Ritterorden gegeneinander wirkt sich überall im Leben des Heiligen Landes verhängnisvoll aus. Bei jeder Streitigkeit kann man sicher sein, den einen Orden auf der einen, den anderen auf der Gegenseite zu finden. So werden alle an sich unbedeutenden Streitigkeiten durch diese Feindschaft verschärft. Nach außen aber wird die Verteidigungskraft des Landes dadurch bedeutend geschwächt.

Im Jahre 1179 gelang es Papst Alexander III., einen Friedensschluß zwischen den Orden zustande zu bringen, als ob es sich um zwei verschiedene feindliche Staaten handle[100]. Doch war der Streit damit keineswegs beendet; 1235 mußte Papst Gregor IX. den beiden Orden nachdrücklichst vorwerfen, daß sie nicht, wie es ihre Pflicht wäre, das Land verteidigten, sondern es schädigten durch anhaltende Fehden um geringfügiger Kleinigkeiten willen, wie zum Beispiel wegen einiger Mühlen[101]. Doch trotz des Friedensschlusses von 1179 gingen die Kämpfe weiter. 1242 belagerten die Templer die Johanniter in ihrem Ordenshaus zu Akkon und erlaubten ihnen nicht einmal, ihre Toten zu bestatten, wenige Jahre später aber rieben umgekehrt die Johanniter die Templer in einem Kampf in Akkon fast bis auf den letzten Mann auf. 1262 kam es noch einmal zu einem Friedensschluß, aber auch dann tobte noch einmal ein blutiger Kampf der Orden gegeneinander, während von außen der Untergang immer näherrückte[102]. Auch mit dem Deutschorden lagen die Templer ähnlich im Streit[103]. Die Summe dieser Einzelheiten zeigt deutlich, wie sehr den einzelnen Orden ihre speziellen Angelegenheiten, ihre kleinlichen Feindschaften über alles gemeinsame Interesse des ganzen Landes gingen.

Andererseits wird man sich dem Vorwurf des unmittelbaren Verrats gegenüber zurückhaltend verhalten müssen. Er wird oft gegen die Templer erhoben[104]. Das geht so weit, daß der Graf von Artois, als er durch Schmähungen die Templer zu einem törichten Angriff bewegen will, von dem Verrat der Templer als einer altbekannten Tatsache reden kann[105]. Aber wir sahen ja oben bereits, wie leicht man mit dem Vorwurf des Verrates bei der Hand und wie selten er berechtigt war[106]. In vielen Fällen erhoben neuankommende Kreuzfahrer, die für die Bündnispolitik der Franken des Heiligen Landes kein Verständnis hatten, diese Anklage. So zum Beispiel wenn die Templer und die Johanniter sich mit den Assassinen gegen Bohemund von Antiochia verbündeten, was Papst Gregor IX. 1236 heftig

[100] J. Delaville, Cartulaire I, 558/378 f. u. 570/387, von 1179.

[101] J. Delaville, Cartulaire II, 2120/489, von 1235.

[102] H. Finke, Papsttum und Untergang des Templerordens, S. 16 ff.

[103] Matthaeus Paris. IV, S. 168, zu 1241.

[104] z. B. Otto von St. Blasien = M. G. Schulausgabe 42, S. 67, von 1197/98. — Matthaeus Paris. = M. G. SS. XXVIII, S. 123, zu 1229. — Ders. IV, S. 291, von 1244.

[105] Matthaeus Paris. V, S. 149, von 1250: „O antiqua Templi proditio! O vetus Hospitaliorum seditio!"

[106] Siehe oben S. I, 391 ff.

tadelte[107]. Dem letzten Ordensmeister, Wilhelm von Beaujeu, kann man allerdings den Vorwurf des Verrates nicht ersparen, da er sich vertraglich verpflichtete, dem Sultan jeden kommenden Kreuzzug zwei Monate vor seiner Ankunft zu melden.

Wohl aber trat eine schwere Schädigung des Heiligen Landes mitten in den Zeiten des Existenzkampfes durch die Haltung ein, die die Templer dem König gegenüber stets einnahmen. Das ergab sich einmal aus der feudalen Struktur des Königreichs Jerusalem, wo alle feudalen Kräfte im Laufe der Jahre an Macht zunahmen auf Kosten des Königs. Und so wie die anderen handelten auch diejenigen, die am ersten die Macht hatten, eine solche selbständige Haltung dem König gegenüber durchzusetzen: die Templer und Johanniter. Ihr Reichtum war allmählich so groß geworden, daß sie eine weit größere Macht ihr eigen nannten als der König von Jerusalem in Akkon. Zudem hatte der Orden von allem Land dem König keine Abgaben oder Dienste zu leisten. Auch die dort ansässigen Bauern zahlten nicht einmal den Zehnten an die Kirche. Es waren also die Ländereien der Orden Staaten im Staat, auf die der König keinen Einfluß hatte und von denen er keine Abgaben oder Dienste erwarten konnte. Und wenn die Heere der Orden mit dem König oder unter seinem Oberbefehl zum Krieg auszogen, so glichen die Ordenstruppen mehr Bundesgenossen als Lehensleuten oder Untertanen. Die päpstlichen Privilegien aber ermöglichten es, daß dieser Zustand auch juristisch in den meisten Fällen von den Orden verteidigt werden konnte. Sie wurden so zu mächtigen Gegnern der königlichen Politik und hätten doch seine großen Helfer werden können, wenn ihre Truppen das stehende Heer des Königs gewesen wären. Das hätte den vordringenden Muslimen noch sehr lange starken Widerstand leisten können.

Am bekanntesten ist die Opposition, die die Templer Kaiser Friedrich II. lange Jahre hindurch entgegenstellten. Sie waren es, die sich am heftigsten seiner Krönung in Jerusalem widersetzten und ihn zu baldiger Abreise nötigten. Aber auch in den folgenden Jahrzehnten kreuzten sie Friedrichs Politik immer wieder[108]. Nun läßt sich diese Feindschaft gegen Friedrich II. erklären und auch verstehen. Aber das ist durchaus nicht der einzige Fall einer solchen Opposition gegen den König und einer Sabotierung seiner Absichten. Schon im Jahre 1168 kam es zu einer offenen Gehorsamsverweigerung der Templer gegenüber dem König. Sie lehnten es ab, an dem geplanten Zug gegen Ägypten teilzunehmen[109]. Damals blieben die Templer aller-

---

[107] J. Delaville, Cartulaire II, 2149/505, von 1236.

[108] Matthaeus Paris. IV, S. 300ff., von 1244. — Ursperger Chronik = M. G. Schulausg., S. 125, zu 1228. — R. Grousset III, S. 313. — Eine spezielle schwere Beschuldigung bei Matthaeus Paris. = M. G. SS. XXV, III, S. 123: Die Templer verraten Saladin den Plan Friedrichs II., die Taufstelle am Jordan nur mit einer kleinen Begleitung aufzusuchen, in der Absicht, daß der Sultan sich dort des Kaisers bemächtigen könne. — Über die Stellung der Orden zum König siehe auch Runciman II, S. 312.

[109] Wilhelm von Tyrus XX, 5, S. 49, von 1168.

dings nicht bei ihrer Weigerung, sondern beteiligten sich doch noch am Zuge[110]. Jedenfalls aber ist ihre Opposition und die völlige Selbständigkeit ihrer Politik deutlich.

Diese eigenmächtige Haltung der Templer setzte sich die ganze Geschichte des Königreichs Jerusalem hindurch fort. Sie führte im Jahre 1278 dazu, daß der König Hugo von Jerusalem und Zypern den Entschluß faßte, auf die Krone zu verzichten, da ihm der Templer- wie der Johanniterorden es unmöglich machten, das Heilige Land zu regieren. Er schrieb in diesem Sinn an den Papst. Der Entschluß wurde dann nicht ausgeführt, aber er zeigt deutlich, wie der König selbst die Lage beurteilte[111].

Diese beiden Zeugnisse reden eine klare Sprache, so daß wir auf weitere Beispiele verzichten können. Die Templer und Johanniter hätten ein starkes Instrument in der Hand des Königs sein können, das es ermöglichte, das Land erfolgreich gegen die Angriffe der Sarazenen noch lange Zeit zu verteidigen. Aber die feindselige Haltung der Orden gegen den König machte das unmöglich. Sie wurden zu Staaten im Staat, die die Macht der Christen des Heiligen Landes entscheidend lähmten.

Auch zum Papst trat der Templerorden auf die Dauer in Gegensatz. Der Ordensmarschall Stephan von Sissy weigerte sich 1265, auf päpstlichen Befehl gegen Manfred in Italien zu kämpfen. Lange und erbitterte Auseinandersetzungen zwischen dem Papst und dem Orden waren die Folge[112].

Abseits von diesen Anklagen gegen die Templer steht eine andere, die schließlich in dem Templerprozeß für sie verhängnisvoll werden sollte, weil sie wenigstens den Vorwand zu einem Eingreifen gab. Es ist der Vorwurf der Ketzerei und der innerlichen Entartung des Ordens.

Man hat in der Literatur teilweise geglaubt, aus den Aussagen des Templerprozesses Rückschlüsse auf die Zustände im Orden auch in vorausgehenden Jahrhunderten ziehen zu können, und meinte auf Grund einer Reihe von Zeugnissen aus der Zeit, als der Orden noch im Heiligen Land war, diese Vorwürfe der Entartung und Ketzerei aufrechterhalten zu können. Diese Ansicht vertrat Hans Prutz in seinem frühen Buch „Geheimlehre und Geheimstatuten des Templerordens“ (1879).

Der Templerprozeß, der im Anfang des 14. Jahrhunderts zur Vernichtung des Ordens führte, ist durch eine Reihe von neueren Arbeiten so gründlich untersucht worden, daß wir uns heute auf Grund des reichen urkundlichen Materials ein Urteil bilden können. Das kann aber nur dahin lauten, daß die Aussagen im Templerprozeß für die Beurteilung der Zustände im Orden

[110] Abū Schāma 135. — Siehe Fr. Lundgreen S. 105.

[111] Gestes de Chiprois S. 783: „... abandonna la seignorie ... et manda lettres au pape coment il ne poiet plus gouverner la terre por le Tempel et l'Ospitau ...“

[112] H. Prutz, Entwicklung und Untergang. Urkundl. Beilage (o. J.) II, 17/289, u. ebd. 18/290, von 1265. — H. Prutz, Genesis, S. 22 ff. — H. Finke, Papsttum und Untergang des Templerordens, S. 51/52.

und der geistigen Art und Haltung der Ritter nicht als Zeugnis in Frage kommen. Es ist unmöglich, aus diesen Prozeßakten Rückschlüsse auf die Templer früherer Jahrzehnte und Jahrhunderte zu ziehen. Denn näheres Zusehen ergibt, daß die Geständnisse dieses Prozesses alle unter Zwang gemacht sind. Meist ist die Folter angewendet worden, in anderen Fällen hat die Drohung mit der Folter, die andere vorher schon erdulden mußten, genügt, oder der Schrecken über die Verbrennung anderer Templer bestimmte die Aussagen. Wie aus der Geschichte des Prozesses hervorgeht, waren die Templer, als sie aussagten, alle in der Hand ihres Feindes, König Philipps des Schönen von Frankreich, der zielbewußt die Vernichtung des Ordens wollte. Die Führung dieses Inquisitionsprozesses wäre zweifellos Sache der Kirche gewesen. Aber Philipp hatte von Anfang an sehr schnell zugegriffen. Der Schein, als ob geistliche Richter maßgebend seien, wurde meist aufrechterhalten. Aber sie waren, wo sie tätig waren, nur Werkzeuge des Königs. Und — was die Hauptsache war — die Gefangenen blieben doch in der Hand des Königs oder, wenn sie einer päpstlichen Kommission übergeben wurden, doch unter dem Druck seiner Maßnahmen. Als einmal im Verlaufe des Prozesses die Gefangenen glaubten, der Gewalt des Königs entronnen zu sein, da man sie einer päpstlichen Kommission übergeben hatte, widerriefen sie fast alle ihre Geständnisse. Das zeigt deutlich deren Charakter. Auch war eine ganze Zahl von Templern jetzt auf einmal bereit, als Verteidiger des Ordens aufzutreten. Als Philipp das sah, erneuerte er sofort den Druck auf die Angeklagten durch Hinrichtung und Verbrennung einiger Angeklagter des Ordens. Und sofort kehrten alle Gefangenen zu ihren alten Geständnissen zurück. Der Gesamtlage des Prozesses nach gab es für die Gefangenen nur einen Weg, wieder in Freiheit zu kommen und am Leben zu bleiben, nämlich zu gestehen, wo nichts zu gestehen war, und die dann auferlegte kirchliche Buße auf sich zu nehmen. Freilich war der Orden dann durch diese Geständnisse verloren. Leugneten sie aber anhaltend und beteuerten sie ihre und des Ordens Unschuld, so hatten sie Kerkerhaft in der Hand des französischen Königs zu erwarten[113]. So sind schon durch die Art ihres Zustandekommens diese Geständnisse wertlos.

Auch der Inhalt dieser Geständnisse macht sie von vornherein unglaubhaft. Denn dieselben Einzelaussagen wiederholen sich bei den verschiedenen Zeugen immer wieder. Und was gesteht man? Bei dem Eintritt in den Orden Christus verleugnet, das Kruzifix bespien zu haben; sie „gestehen" weiter von unsittlichen Küssen bei derselben Gelegenheit, von der dort gegebenen Erlaubnis oder Ermunterung zu unsittlichem Verkehr untereinander und — das aber nur selten — von der Anbetung eines Idols. Das alles ist ganz unsinnig. Hätte im Templerorden Ketzerei geherrscht, so müßte man ganz andere Geständnisse erwarten: etwa die Leugnung der Gottheit Christi, der Dreieinigkeit, der Unsterblichkeit, der Heiligkeit eines oder des

[113] H. Finke, Papsttum und Untergang des Templerordens, S. 151.

anderen der Sakramente, Anschuldigungen gegen die Kirche oder ihre Priester. Das oder ähnliches hätte man erwarten müssen. Aber von alledem findet sich keine Spur. Man vergleiche damit doch einmal, was wir über die Äußerungen der Katharer wissen. Das ist eine ganz andere Welt. Auch mit anderen Ketzergruppen, etwa den Waldensern oder islamischen Sekten, besteht kein Zusammenhang. Auch pflegt doch bei allen Ketzerprozessen wenigstens ein Teil der Angeklagten sich frei und stolz zu seinem Glauben zu bekennen. Hier aber findet sich keine Spur von Bekenntnisfreudigkeit.

Dazu kommt, daß diejenigen Aussagen, die vor demselben Richter und nach demselben „peinlichen Verhör" gemacht sind, untereinander wieder eine ganz besondere Gleichförmigkeit haben, wie es bei erpreßten und suggerierten Aussagen leicht verständlich ist.

In dieselbe Richtung weist die Tatsache, daß der Orden in anderen Ländern gerade so gelebt hat wie in Frankreich, daß engste Verbindungen bestanden über die Landesgrenzen hinaus und daß doch der Inquisitionsprozeß, der auch in den übrigen Ländern geführt wurde, dort überall Unschuld der Templer ergab. Auf schuldig wurde nur in Frankreich und im Kirchenstaat erkannt, wo Papst Klemens V., das schwache Werkzeug des französischen Königs, selbst Landesherr war[114].

Aus alledem ergibt sich, daß die Aussagen und Geständnisse des französischen Templerprozesses in keiner Weise zur Beurteilung des geistigen Lebens und der religiösen Haltung der Templer vor dem Prozeß oder gar vor dem Fall von Akkon verwendet werden können.

So sollte denn gar nichts hinter diesen merkwürdigen Anklagen zu suchen sein, an das diese Beschuldigungen anknüpfen, das sie entstellen und böswillig deuten konnten? An sich ist eine solche Annahme unnötig. Denn auch bei den Hexenprozessen würde man in den meisten Fällen vergeblich nach einem solchen Substrat suchen, an das sich die Beschuldigungen hätten anhängen lassen. Wollte man aber hier nach einem solchen Ansatzpunkt suchen, so wäre es wohl möglich, daß in dem Orden, wie in so vielen Männerbünden, Initiationsriten bestanden haben, etwa vergleichbar den späteren Depositionsgebräuchen, die, wie das in solchen Fällen vorkommt, eine gewisse Selbstverspottung der Gemeinschaft in sich schlossen. Die Tatsache, daß die meisten Vorgänge der Geständnisse bei der Aufnahme in den Orden vor sich gegangen sein sollen, kann diese Deutung nahelegen. Umgab man dann noch, wie es unglücklicherweise im Templerorden geschah, alle Vorgänge im Orden mit einem aufreizenden Geheimnis, so waren Vergröberungen und Mißdeutungen solcher an sich harmloser Initiationsriten sehr leicht möglich. Es wäre also wohl denkbar, daß anschließend an die offizielle Aufnahme in den Orden eine Parodierung eben dieser Aufnahmeriten (hinter dem Altar, wie es heißt) in rüpelhafter Form stattfand. So wäre doch zu verstehen, daß man gerade auf solche ganz ungewöhnliche und widersinnige Beschuldigun-

[114] H. Finke, Papsttum und Untergang des Templerordens, S. 39 f., 324 f.

gen kam. Denn die hinter dem Ganzen stehenden Staatsmänner waren keine Stümper in propagandistischen Erfindungen. Doch das muß Vermutung bleiben, ist aber auch für unsere Frage nicht von ausschlaggebender Bedeutung.

Ist also auf diesem Wege kein Zeugnis für eine Entartung des Templerordens und gar nicht für Ketzerei im Orden zu gewinnen, so führen uns auch die Klagen und Beschwerden über den Templerorden seitens der Päpste und der anderen Würdenträger nicht weiter. Denn parallel mit den Anerkennungen und Privilegierungen der Templer durch die Päpste gehen päpstliche Schreiben, die die Unzufriedenheit der Kurie mit dem Orden aus dem einen oder anderen Grunde zum Ausdruck bringen. Und sie hat man immer wieder gegen die Templer ins Feld geführt. Dazu gehören die Beschlüsse des Laterankonzils von 1179, die sich gegen Übergriffe der geistlichen Ritterorden wendeten, aber nicht lange in Geltung blieben[115], oder das Schreiben des Papstes Innozenz III. von 1218[116], das sich über Simonie bei dem Eintritt in den Templerorden beschwert, oder der Brief Innozenz' III. vom 12. Sept. 1208[117]. Aus allen diesen Äußerungen einer Unzufriedenheit mit den Templern läßt sich nichts entnehmen, was auf Entartung oder gar Ketzerei im Orden schließen ließe. Daß man von Hochmut und Stolz des Ordens und von seiner Habgier allenthalben sprach, hörten wir schon. Aber die im Prozeß erhobenen Anklagen haben ganz andere Dinge als diese landläufigen und sicherlich auch berechtigten Klagen im Auge. In den hier genannten Papsturkunden richtet sich der Tadel auf andere Dinge, nämlich gegen den Mißbrauch eines päpstlichen Privilegs. Daß aber bei einem so stark mit Privilegien ausgestatteten Orden Schwierigkeiten über die Grenzen solcher Bevorrechtungen nicht ausbleiben konnten, mit oder ohne Schuld des Ordens, das war zu erwarten. Ebenso waren Übergriffe des Ordens über die ihm gegebenen Rechte hinaus nicht erstaunlich. Eine solche Fülle von Macht kennt leicht ihre Grenzen nicht mehr. Liest man aber einige dieser Papsturkunden und wüßte nicht, daß der Papst hier nur gegen solche Überschreitungen von Privilegierungen zu Felde zieht, so könnte man aus den starken Worten, die der Papst wählt, leicht zu ganz falschen Schlüssen über den inneren Zustand des Ordens kommen. Das beste Beispiel dafür ist die schon genannte Urkunde von Papst Innozenz III. von 1208. Da liest man: „Klagen über die schweren Exzesse eurer Brüder ... eine Schande für die ganze Kirche und eine Gefahr für das Heil der zu ihr gehörigen Seelen ... abgefallen von dem Herren ... haben sie sich nicht gescheut, dem Antlitz der römischen Kirche einen häßlichen Makel zuzufügen ... nicht etwa nur einen Skandal um kleiner Dinge willen, sondern einen der ganzen Kirche, keuchend von der Glut der Habgier, lassen sie von der Lüge nicht ab und richten sich nach den

---

[115] Mansi, Concilia XXII, S. 222/23. — H. Prutz, Ritterorden, S. 170f.

[116] Migne PL: Innocentii III, Opera III, S. 870.

[117] Innocentii III, Epist. (ed. Baluze) II, 121/68, von 1208 = Potthast 3175, zu 1207 = Migne PL 215, 121, S. 1217.

Lehren von bösen Dämonen ...“ Liest man solche Sätze außer allem Zusammenhang, so müssen sie als Zeugnis einer schweren Entartung des Ordens, wahrscheinlich sogar der Ketzerei erscheinen. Und so hat man sie in der Literatur teilweise gedeutet. Doch sehen wir zu, worin denn das Unrecht bestanden hat, dessentwegen der Orden so scharf getadelt wird, so gibt uns dasselbe Schreiben darüber genaue Auskunft: Sie haben öffentlich behauptet, es sei ihnen durch päpstliches Privileg gestattet, alle mit Interdikt belegten Kirchen bei ihrer Ankunft öffnen zu lassen, um dort Messe zu lesen. Das ist der ganze „Skandal“. Diese Auslegung ihrer Privilegien ist die „doctrina daemoniorum“, von der die Urkunde redet.

Das gleiche gilt auch von anderen Papsturkunden. Bei einer Urkunde Honorius' III. verlangt der Papst selbst, daß man den bösen Gerüchten gegenübertrete, gegen die er anfangs redet[118]. Von den Briefen der Päpste Urban IV. und Klemens IV. aber wissen wir, daß die Ablehnung des Kampfes gegen Manfred in Italien der Grund des päpstlichen Unwillens und Drohens ist[119]. Ähnlich verhält es sich mit einer die Johanniter tadelnden Urkunde Gregors X.[120] Und wenn in einer Beschreibung des Heiligen Landes Johann von Würzburg mit allem Vorbehalt von der perfidia der Templer redet[121], so ist das mit Treulosigkeit oder Verrat, aber nicht mit Ketzerei zu übersetzen, und Verrat warf man den Templern gerade damals im Zusammenhang mit dem Rückzug von Damaskus unter König Konrad allenthalben vor. Im 14. Jahrhundert redet Pierre Dubois von Exzessen bei den Templern, aber das besagt nichts für Ketzerei, und wir wissen, daß Dubois dem König Philipp, dem Feind der Templer, nach dem Mund redete[122]. Man hat außerdem darauf hingewiesen, daß eine freiere französische Bibelübersetzung aus dem Kreis der Templer aus den sechziger Jahren des 12. Jahrhunderts stamme. Sie enthält gar nichts Ketzerisches, sondern weist nur eine freiere Darstellung der Schöpfungsgeschichte auf[123]. Ein Zeugnis besitzen wir, das wirklich von Ketzerei redet, aber es bezieht sich auf die Johanniter und redet auch da nur von einem Verdacht, den man gegen einzelne Brüder habe[124]. Aber Zeugnisse über Ketzerei bei den Templern fehlen vollkommen.

Im Gegenteil wissen wir, daß die Templer selbst scharf über Ketzerei bei ihren Untertanen richteten[125]. Auch haben wir gar keine Spur für ein

[118] Honorius III. = M. G. Epist. saec. XIII, I, 79, S. 56 f.

[119] H. Prutz, Entwicklung und Untergang, Urkundl. Beilage II, 17/289 u. 18/290, von 1265.

[120] Gregor X., Registr. 1057/411, von 1274.

[121] Johann von Würzburg = T. Tobler, Descriptio terrae sanctae, S. 130.

[122] H. Finke, Templer, S. 84.

[123] H. Prutz, Entwicklung und Untergang, S. 121.

[124] J. Delaville, Cartulaire II, 2186/523. Merkwürdigerweise hat gerade diese Urkunde, die am ersten einen Anhaltspunkt gegeben hätte, in der Diskussion fast gar keine Rolle gespielt. Nur H. Prutz erwähnt sie gelegentlich (Ritterorden, S. 171).

[125] H. Prutz, Entwicklung und Untergang, Urkundl. Beilage II, 12/286, von 1262.

Sympathisieren der Templer etwa mit den Albigensern, sondern sie sind befreundet mit den Dominikanern, die die Inquisitionsprozesse gegen die Albigenser führten[126].

Wir müssen uns über den Templerprozeß selbst kurz fassen, denn er liegt außerhalb der Geschichte der Kreuzzüge. Wir können das um so mehr, da zahlreiche Werke seine Geschichte ausführlich behandelt haben[127]. Die Daten des Prozesses sind kurz folgende: Im Frühjahr 1307 machte König Philipp von Frankreich Papst Klemens V. bei einer Zusammenkunft in Poitiers davon Mitteilung, daß Gerüchte über Ketzerei und Mißstände, die im Templerorden zu Hause sein sollten, umliefen. Quelle dafür war die recht dunkle Aussage eines Gefangenen, der von Mitgefangenen, die dem Templerorden angehörten, davon gehört haben wollte. Zunächst ging der Papst nicht darauf ein, schrieb jedoch dem König im August, daß er die Angelegenheit untersuchen werde. Aber König Philipp griff vor und gab am 14. September 1307 den Befehl zur Verhaftung aller Mitglieder des Ordens. Alle Templer wurden verhaftet und von bischöflichen Richtern, die zusammen mit königlichen Funktionären arbeiteten, verhört. Auf der Folter wurden allenthalben Geständnisse erzielt. Widerrechtlich behielt Philipp die Verhandlungen in seiner Hand. Er wandte sich auch an ausländische Regierungen mit der Aufforderung, das gleiche Verfahren auch in ihren Ländern durchzuführen. Der Papst protestierte dagegen, aber ohne Erfolg, aber auch ohne Nachdruck. Dann aber raffte er sich auf und verbot den Inquisitionsrichtern der Bischöfe weiter über die Templer zu richten und Untersuchungen zu führen, sondern behielt sich selbst alles vor. Eine Wendung schien einzutreten, die Gefangenen faßten neuen Mut. Ein Gutachten der Pariser Universität, vom König eingefordert, führte nur zu einem in sich widerspruchsvollen und dadurch nichtssagenden Ergebnis. Der König ging aber

---

[126] H. Prutz, Ritterorden, S. 364.

[127] G. Buschbell, Papsttum und Untergang des Templerordens = Hist. Jahrb. 32 (1911) S. 547 ff. Dazu ausführliche Besprechung von H. Finke. — A. Busson, Besprechung von Schottmüller, Untergang = M. I. ö. G. 9 (1888) S. 496 ff. — G. A. Campbell, Die Tempelritter. Aufstieg und Verfall. Übers. a. d. Englischen (Stuttgart 1939). — J. Gmelin, Schuld oder Unschuld (1893). — H. Finke, Papsttum und Untergang des Templerordens = Vorreformationsgeschichtliche Forschungen 4/5 (1907). — J. Haller, Das Papsttum III, 1, S. 599 ff. — G. von Hülsen, Tragödie der Ritterorden (1948). — M. Melville, La Vie des Templiers (1951). — H. Prutz, Geheimlehre und Geheimstatuten des Templerordens (1879). — Ders., Kulturgeschichte der Kreuzzüge (1883). — Ders., Entwicklung und Untergang des Templerordens (1888). — Ders., Kritische Bemerkungen zum Prozeß des Templerordens = Dt. Ztschr. f. Gesch.wiss. 11 (1894). — Ders., Zur Genesis des Templerprozesses = Sitzungsber. der Münchener Akademie d. Wiss. (1907) S. 5 ff. — Ders., Die geistlichen Ritterorden (1908). — G. Schnürer, Kirche und Kultur III, S. 206 ff. — K. Schottmüller, Der Untergang des Templerordens, 2 Bde. (1887). — K. Wenck, Philipp der Schöne (1905). — Ders., Besprechung von Prutz, Entwicklung und Untergang = Göttinger gel. Anz. 1890, S. 253—275. — Ders., Besprechung von K. Schottmüller = Göttinger gel. Anz. 1888, S. 465—511.

zielbewußt seinen Weg weiter. In geschickter Weise wußte er die öffentliche Meinung zu beeinflussen. Darum gaben die Reichsstände, die er im Mai 1308 nach Tours zusammenberief, ihrer Zustimmung zu der Politik des Königs in der Frage des Templerordens Ausdruck. Eine Abordnung dieser Stände begleitete Philipp noch in demselben Monat nach Poitiers zum Papst. Dort tritt der König mit den Ständen nun mit allem Nachdruck auf, fordert die Verurteilung und droht mit Anklage wegen Duldung von Ketzerei, wenn sie unterbliebe. Lange geheime Verhandlungen gingen hin und her. Da der König aber den Papst anderweitig brauchte, gab er nach. Er erklärte sich damit einverstanden, daß die Angelegenheit nochmals untersucht werde und Personen und Sachen dem Papste übergeben würden. Doch der Papst wußte die Stunde nicht zu nützen und überließ doch die Gefangenen weiter dem Gewahrsam Philipps und das Vermögen des Ordens in seiner Verwaltung. In den folgenden Verhandlungen, die Philipp in glänzender Regie ganz in seiner Hand zu behalten wußte, versuchte man den Papst auf alle Weise zu täuschen. 72 Templer wurden vor dem Papst vernommen, aber es waren solche, die schon gestanden hatten und die fast alle auch vor dem Papst dies Geständnis wiederholten. Die führenden Männer aber ließ man in Paris vernehmen, und schickte dem Papst irreführende Berichte. Schritt für Schritt gab Klemens V. in diesen Untersuchungen und Verhandlungen dem König nach. Er genehmigte, daß den Glaubensrichtern wieder Untersuchung und Verurteilung zugewiesen wurde, und zwar in engster Zusammenarbeit mit den königlichen Beamten, daß also der Anfangszustand des Prozesses, der zu den Geständnissen geführt hatte, voll wiederhergestellt wurde. Und nun lief das Ganze ab, wie es nach Philipps Willen ablaufen sollte. Entweder gestanden die Angeklagten, dann wurden sie mit großer kirchlicher Buße entlassen, waren aber für die weitere Entwicklung bedeutungslos; oder sie gestanden nicht, dann wurden sie auf dem Scheiterhaufen verbrannt oder verblieben im Kerker des Königs.

Nur über das Schicksal des Ordens selbst war noch zu bestimmen. Dieses Urteil hatte der Papst sich vorbehalten. Ein allgemeines Konzil zu Vienne im Oktober 1311 sollte entscheiden. Der Papst wollte die Auflösung des Ordens durch päpstliche Verfügung, ohne Verfahren und Urteil. Das Konzil stellte sich in überwiegender Mehrheit zugunsten der Templer dagegen. Da kam der König selbst nach Vienne zum Konzil. Unter seinem persönlichen Einfluß und dem Druck, den er auszuüben wußte, entschied das Konzil mit einer Mehrheit von 4/5 für die Auflösung des Ordens. Der König hatte also durch geschickte Maßnahmen und infolge des schwachen Nachgebens des Papstes die Verurteilung und die Auflösung des Ordens erreicht.

Die anderen Länder des Abendlandes schieden sich in der Frage des Templerordens in zwei Gruppen. Aragón schloß sich dem französischen Vorbild an; ebenso die Frankreich sehr nahestehenden Staaten von Neapel, der Provence und der Kirchenstaat. England zögerte lange, dann aber ging es denselben Weg. Alle anderen Staaten aber lehnten mit mehr oder weniger Entschiedenheit eine Verurteilung der Templer ab.

Im wesentlichen sind es vier Faktoren, die den Untergang des Ordens herbeigeführt haben: 1) das starke Interesse des französischen Königtums an der Beseitigung der Machtstellung des Ordens, vertreten durch Philipp den Schönen und seine skrupellosen Räte, wie Nogaret; 2) die Schwäche der in Frankreich residierenden Päpste dem französischen König gegenüber; 3) die gehässige Haltung der öffentlichen Meinung den Templern gegenüber, geschickt genährt durch die Propaganda Philipps; 4) die nachlassende innere Kraft des Ordens.

Als der Orden seine Position im Heiligen Land mit dem Fall von Akkon (1291) verloren hatte, blieb als seine Hauptmachtstellung sein Besitz in Frankreich. Die beiden anderen Orden hatten verstanden, sich neue Stützpunkte zu sichern. Der Johanniterorden faßte vorübergehend in Zypern Fuß, um später in Rhodos einen neuen, gutausgebauten Mittelpunkt seines Lebens zu finden. Die Deutschordensherren aber standen schon seit längerer Zeit fester im deutschen Osten als im Heiligen Land. Nur die Templer fanden keine neue Position außer ihren alten Besitzungen in Frankreich. Man hat den Eindruck, daß die Tatkraft des Ordens damals entscheidend gelähmt war, besonders wenn man sie vergleicht mit der Angriffslust und Energie, die der Orden im Heiligen Land mit Ausnahme der allerletzten Jahre immer wieder bewiesen hatte. Schon in den ersten Jahren seines Bestehens hatte er große Besitzungen in Frankreich erworben, und sie waren von einem Jahrzehnt zum anderen gewachsen. Pierre Dubois berechnete kurz vor dem Prozeß für die Templer eine jährliche Rente von 100 000 Pfund aus ihren Besitzungen in Frankreich[128]. Aber dieser Reichtum allein erklärt den Angriff König Philipps auf die Templer noch nicht. Denn die Johanniter und die Zisterzienser waren noch reicher. Warum griff Philipp diese nicht an? Alle drei Orden beeinträchtigten die Macht Philipps in unangenehmster Weise. Denn alle drei waren durch ihre weitgehenden Privilegierungen nahezu zu Staaten im Staat geworden. Der Fall eines dieser Orden und der Verlust seiner Güter mußte einen ungeheuren Gewinn für den sich immer weiter ausbildenden und konzentrierenden französischen Staat bedeuten. Aber warum wurden gerade die Templer das Opfer dieser Politik? Einmal weil sie dadurch, daß sie ihren Schwerpunkt nach Frankreich verlegten, bedrohlich wurden, während die Johanniter ihre Macht im Osten konzentrierten. Und dann sah der König augenscheinlich voraus — denn in Machtfragen hatte er einen guten Spürsinn —, daß bei den Templern der Widerstand von innen her am geringsten sein werde.

Philipp aber war ein gefährlicher Gegner. Er war bereit, alles einzusetzen für den Ausbau seiner Königsmacht. Er war ein kühler Rechner, der vorher seine Chancen genau erwog, ehe er etwas unternahm. Handelte er aber, so

---

[128] Siehe oben S. II, 14.

griff er schnell und unerwartet zu und verfolgte sein Ziel mit großer Rücksichtslosigkeit auch durch alle Gefahren hindurch, die solch ein Vorgehen für ihn oder seinen Staat bringen konnte. Moralische Hemmungen konnten sein Vorgehen dort, wo er sich entschlossen hatte, nicht aufhalten. Und ihm standen sehr geschickte Räte zur Seite, die seinen Willen ohne jeden Abstrich ausführten und in einer geschickten Propaganda die Öffentlichkeit für Philipps Pläne zu gewinnen oder, wo es zweckmäßig erschien, durch Terror ihm die Wege zu ebnen wußten.

Ihm gegenüber — und das war der zweite der oben genannten Faktoren — stand als Papst Klemens V., „ein schwächlicher Gefühlsmensch, kleinlich, einseitig, stets in erster Linie seiner Verwandten gedenkend, dem weniger Mächtigen gegenüber oft von erfolgreicher Hartnäckigkeit. Philipp dem Schönen gegenüber dagegen nachgiebig wie kaum ein Papst einem weltlichen Herrscher"[129]. Er war Philipps Geschöpf, lebte in Frankreich in Philipps Machtbereich und war sich dieser Abhängigkeit stets voll bewußt. Dazu war er ein kranker Mann, dessen Energie ein quälendes Magen- und Darmleiden lähmte. So war seitens des Papstes von vornherein kein ernster Widerstand zu erwarten, als Philipp 1307 beschloß, den Orden zu vernichten. Ob Klemens sich der Unschuld der Templer bewußt war, ist nicht mit Bestimmtheit zu sagen. Wahrscheinlich gab er sich selbst darüber keine klare Rechenschaft. Er hoffte wohl lange, wenigstens den Orden als solchen retten zu können, aber zuletzt entschloß er sich doch, den Orden selbst aufzulösen. Auf diese Weise konnte er über das Vermögen der Templer verfügen und es wenigstens teilweise den Johannitern zukommen lassen.

Der dritte den Untergang des Ordens bestimmende Faktor war die öffentliche Meinung. Wir haben schon gesehen, wie groß der Haß und das Mißtrauen den Templern gegenüber waren, schon als sie noch im Heiligen Land beheimatet waren, mehr aber noch, als sie sich auf die abendländischen Besitzungen zurückzogen und nun keine Tapferkeit gegen die Muslime mehr ihnen Sympathien verschaffen konnte.

Doch noch ein vierter Faktor ist in seiner Bedeutung nicht zu unterschätzen. Ebenso wie bei den Kreuzfahrern im ganzen der Mißerfolg zu den schwersten inneren Konflikten führte, ebenso wie schon Bernhard von Clairvaux nach dem Mißlingen des zweiten Kreuzzuges schwer mit der Frage zu kämpfen hatte, warum Gott den Mißerfolg seines Werkes, des Zuges, den er gewollt, zugelassen habe, so hatten die Siege der Muslime und ihr langsames, aber sicheres Vordringen auch an der Stelle innerhalb der Ritterschaft, die als die reinste Verkörperung des Kreuzfahrergeistes galt, dieselben bohrenden Fragen und Zweifel zur Folge. Und hier bei den Männern, die ihr ganzes Leben dem Kampf gegen die Muslime gewidmet hatten und nicht nach einem Mißerfolg wieder in ihre alte Heimat zurückkehren konnten, bedeuteten solche Gedanken Zweifel an dem ganzen Sinn ihres Lebens. Sie

[129] H. Finke, Papsttum und Untergang des Templerordens, S. 97.

mußten hier viel schwerere Wunden schlagen. Gerade darum, weil der Orden nicht entartet war und den alten Kreuzfahrerglauben bewahrt hatte, mußten diese Zweifel den Lebenskern der einzelnen Ritter treffen.

Wir haben ein Zeugnis dafür, wie weit und wie tief diese Zweifel in den Kreis des Ordens eindrangen, wie Verzweiflung sich an die Stelle des alten Kampfesmutes zu setzen begann. Es ist ein Gedicht, ein sirvente, eines unbekannten Troubadours, der sich Chevalier du Temple nennt, und das wohl zu Recht, wie der Inhalt des Gedichtes zeigt. Das Gedicht ist 1265 verfaßt, somit noch vor dem Fall Akkons, also noch ehe die Katastrophe ihren Höhepunkt erreicht hatte, unter der Einwirkung der anhaltenden Siege der Muslime über die Christen. Es ist gedichtet unter dem Eindruck der Eroberung der Johanniterburg Arsuf [130] und lautet in seinen wichtigsten Teilen in deutscher Übersetzung:

„Ein rechter Tor ist also, wer den Kampf noch sucht gegen die Türken,
da Gott denen ja alles erlaubt.
Ist es dann noch zu verwundern,
daß sie alles besiegen
und uns Templer jeden Tag von neuem schlagen?
Gott, der ehemals wachte, schläft jetzt.
Mohammed aber entfaltet seine ganze Kraft ...“ [131]

War das aber die Stimmung des Templerordens in den letzten Jahren, so ist es nicht erstaunlich, daß seine Kraft nachließ. Dann ist es aber auch begreiflich, daß der Orden nicht mehr die innere Kraft hatte, sich mit allem Nachdruck eine neue Arbeitsbasis im Orient zu verschaffen, und daß er den Angriffen des französischen Königs nicht mehr seine alte volle Energie und Macht entgegenstellen konnte. Er war im Herzen getroffen durch den Mißerfolg der Kreuzzüge und den Verlust des Heiligen Landes. Er war in seinem Glauben irre geworden, der ihn bis dahin mit elementarer Kraft vorangetrieben hatte. Das heißt keineswegs, daß die Beschuldigungen König Philipps begründet waren; aber die Kraft des Ordens war von innen aus gelähmt, darum konnte er dem Angriff Philipps nicht standhalten.

Die Johanniter oder Hospitalritter

Über die beiden anderen Orden, den Johanniter- und den Deutschherrenorden, können wir uns viel kürzer fassen. Denn das Wesentliche ist den

---

130 Ebd. S. 13.

131 Raynouard, Choix de poésie des Troubadours V, S. 131 u. I, LXXVII. Früher nahm man als Verfasser Ricaut Bonomel an, heute den auch sonst bekannten „Olivier le Templier“. Siehe M. Melville, Templiers, S. 230/31. Wir werden an anderer Stelle auf das Gedicht zurückkommen und dort die wichtigsten Teile auch im Urtext wiedergeben. Andere Ausgabe: P. Mayer, Recueil des anciennes textes, S. 95.

Orden gemeinsam und so schon gelegentlich der Geschichte des Templerordens gesagt. Was einleitend über die soziale Hilfstätigkeit der Orden berichtet wurde, gilt sogar nur für den Johanniter- und Deutschherrenorden. Sie leisteten Sozialarbeit, während der Pilgerschutz der Templer doch wesentlich eine militärische Aufgabe war. Beim Johanniterorden aber ist die caritative Arbeit, die Krankenpflege und Pilgerfürsorge, zunächst die alleinige ihm gebotene Pflicht. Die militärische Tätigkeit kam erst im Lauf der Entwicklung dazu, um dann allerdings ganz in den Vordergrund zu treten. Erst von diesem Augenblick an, wo die militärische Pflicht mindestens gleichgewichtig neben der Sozialarbeit der Johanniter stand, ist die Parallele, ja oft die völlige Gleichheit in der Geschichte der beiden Orden gegeben.

Ganz anders als der Templerorden hat der Johanniterorden schon eine Vorgeschichte, als der erste Kreuzzug in das Heilige Land kommt. Denn das Bedürfnis nach Pilgerunterkunftsstätten und Krankenhäusern für die Pilger war ebenso alt wie die Wallfahrten zum Heiligen Land. Schon Papst Gregor der Große hatte in Jerusalem ein Hospital eingerichtet, das auch arme Pilger durch Almosen unterstützen sollte. Die nächsten Nachrichten, die wir haben, stammen aus der Zeit Karls des Großen. Er unterhielt ein Pilgerhospiz in Jerusalem mit einer der Jungfrau Maria geweihten Kirche, mit einer Bibliothek und einer Wohnung für Geistliche[132]. Wir können nicht sicher sagen, ob dies Hospital Karls des Großen eine Fortsetzung der Stiftung Gregors darstellte oder eine Neugründung war. Ausgeschlossen ist eine Kontinuität keineswegs, trotz der Eroberung von Jerusalem durch die Muslime im Jahre 614. Denn diese pflegten solche Einrichtungen weiterbestehen zu lassen. Karl erhielt auch von Hārūn ar Raschīd ein gewisses Schutzrecht über diese Gründungen, das unter seinen Nachfolgern freilich verlorenging[133].

Wie diese Wohlfahrtseinrichtungen für Pilger die Verfolgungen des christentumsfeindlichen Kalifen al-Hākim überstanden haben, wissen wir nicht. Wahrscheinlich aber hat die Gründung einiger Kaufleute von Amalfi in der Mitte des 11. Jahrhunderts mindestens an die Reste der alten Stiftungen angeknüpft, wenn sie sie nicht fortsetzen konnten[134]. Mit großer Wahrscheinlichkeit haben diese Amalfitaner Benediktiner aus dem ihrer Vaterstadt benachbarten Kloster Scala herangezogen, die in Jerusalem das Kloster S. Maria Latina begründeten. An dieses schloß sich eine Pilgerherberge und ein Pilgerhospital an. An der Spitze dieses Hospitals stand zur Zeit, als der erste Kreuzzug nach Jerusalem kam, ein gewisser Gérard. Man hielt ihn früher für einen Provenzalen, heute kann aber wohl als sicher gelten, daß er aus Amalfi oder dem benachbarten Kloster Scala stammte und

132 Siehe oben S. I, 113. — Dazu H. Prutz, Ritterorden, S. 10/11. — J. Delaville, Hospitaliers, S. 8. — R. Grousset I, S. 541.

133 Siehe oben S. I, 112.

134 Für die Kontinuität: J. Delaville S. 11 ff. — Dagegen: H. Prutz, Ritterorden, S. 13/14.

ursprünglich Laienbruder der Benediktiner war. In Scala soll noch 1705 auf dem Hauptplatz ein Bild eben dieses Gérard zu sehen gewesen sein, das ihn als Gründer des Johanniterordens bezeichnete, ihn aber in der Tracht der Benediktiner zeigte[135]. Das Hospital lag in Mūristān in Jerusalem, das heißt zwischen dem Bazar und der Heilig-Grab-Kirche. Es war dem heiligen Johannes geweiht, und zwar ursprünglich Johannes dem Barmherzigen (Jean l'Aumônier), erst später trat Johannes der Täufer an seine Stelle[136]. Der Legende nach soll Gérard während der Belagerung von Jerusalem die Belagerer mit Brot versorgt haben. Das zeigt, in welchem Ansehen er später bei den Kreuzfahrern stand. Sonst hätte sich eine solche Legende nicht bilden können.

Die alten Einrichtungen wurden unter der Herrschaft der Kreuzfahrer so völlig umgestaltet, daß es einer Neugründung gleichkam. So sahen es auch die Zeitgenossen. Man bezeichnete darum Gérard als Institutor des Hospitals. Dieses löste sich dabei von dem Benediktinerorden, dem es im Anschluß an das Kloster S. Maria Latina bisher unterstanden hatte. Ein freier religiöser Orden eigener Lebensweise bildete sich, doch darf man sich diese junge Gemeinschaft noch nicht als ähnlich mit dem späteren Johanniterorden vorstellen. Denn einmal ist es noch eine lockere Lebensgemeinschaft. Erst Papst Anastasius IV. bestimmte, daß, wer der Bruderschaft beigetreten sei, sein Gewand nicht wieder ablegen oder mit einem anderen Ordensgewand vertauschen dürfe[137]. Damit gewinnt die Gemeinschaft der Johanniter festere Formen. Außerdem stellte sich dieser ursprüngliche Lebenskreis Gérards nur die Aufgabe der Krankenpflege. Von Waffendienst gegen die Ungläubigen war noch keine Rede. Die Krankenpflege und die Betreuung der Pilger muß sich sehr schnell entwickelt haben, da dem Orden reiche Mittel zugewandt wurden. Von dem reichen Lob, das König Andreas von Ungarn der helfenden Tätigkeit der Johanniter in Erinnerung an seinen Aufenthalt in ihrem Hospital spendete, war schon oben die Rede[138]. Diese Schilderung stammt erst aus dem Jahre 1217. Doch dieselben Erfahrungen machte auch Johann von Würzburg schon im Jahre 1170 auf seiner Reise ins Heilige Land. Er schrieb damals in seinem Reisebericht: „An die Kirche des heiligen Johannes ist ein Hospital angeschlossen, das in seinen verschiedenen Gebäuden eine sehr große Zahl von Schwachen und Kranken sammelt, pflegt und wiederherstellt, was einen hohen täglichen Kostenaufwand bedeutet. In der Zeit, in der ich selbst dort war, betrug, wie ich von den dienenden Brüdern selbst erfuhr, die Zahl der Kranken bis zu 2000. Sie waren teilweise so schwer krank, daß manchmal innerhalb 24 Stunden mehr als 50 Tote hinausgetragen werden mußten. Aber immer und immer wieder kamen mehr noch dazu. Außerdem unterhält dieses Haus außerhalb noch einmal so viele Menschen

[135] J. Delaville, Hospitaliers, S. 35—37.
[136] R. Grousset I, S. 541, Anm. 1.
[137] J. Delaville, Cartulaire I, 226/173, von 1154.
[138] Siehe oben S. II, 1/2.

wie darin mit Lebensmitteln. Es entfaltet so eine unübersehbare Wohltätigkeit, dadurch daß Armen, die um Brot bitten, gegeben wird, auch wenn sie außerhalb des Hauses bleiben. So kann die Summe der Ausgaben wohl gar nicht festgestellt werden, selbst nicht von den Verwaltungs- und Zahlungsleuten des Hospitals selbst." [139] Daneben erwähnt dieser Pilger aber auch die militärische Tätigkeit des Ordens zum Schutze des Heiligen Landes. Walter Map dagegen redet nur von der Krankenpflege und Pilgerfürsorge des Ordens und ist dafür des Lobes voll [140].

Auch die Ordensregel, die unter dem zweiten Ordensmeister Raymond du Puys dem Orden gegeben wurde und die etwa in den Jahren 1155—1160 entstand [141], enthält noch nichts über eine militärische Tätigkeit des Ordens. Ebenso preist die Bulle des Papstes Innozenz II. von 1137 [142] nur die soziale Arbeit des Ordens, obwohl er in der Zeit der Entstehung der Regel und des Erlasses dieser Bulle schon lange wichtige militärische Verteidigungsarbeit leistete. Die Erklärung dafür gibt ein Schreiben des Papstes Alexander III. an den 7. Ordensmeister, Roger des Moulins, aus den Jahren 1178—1180. Darin wird dem Ordensmeister anbefohlen, sich an das zu halten, was gute Tradition des Ordens von Raymond her sei, und die Sozialarbeit als die eigentliche Aufgabe des Ordens anzusehen, um derentwillen er gegründet sei. Zu den Waffen greifen sollen die Brüder nur, wenn allgemein zur Verteidigung des Landes oder zur Belagerung einer Burg der Ungläubigen unter dem Zeichen des Kreuzes aufgerufen werde [143]. Man sieht also deutlich, daß die militärische Tätigkeit des Ordens der Kurie nicht genehm war. Man verbot sie nicht. Denn das war bei Rittern im Heiligen Land eine Unmöglichkeit, aber man schränkte sie, soweit als möglich, ein. Darum schwieg man von ihr in der Ordensregel ebenso wie in den päpstlichen Urkunden. Die Wirklichkeit entsprach aber lange nicht mehr diesen päpstlichen Wünschen. Denn wir wissen, daß schon im Jahre 1137 König Fulko den Johannitern die wichtige Grenzburg gegen Ägypten, Beit Dschibrin (Gibelin), übergab, mit der Verpflichtung zum Grenzschutz. Das ist aber nur denkbar, wenn der Orden schon längere Zeit militärisch tätig gewesen war und sich dabei bewährt hatte. Sonst konnte man ein solches Vertrauen in seine militärische Tüchtigkeit nicht haben. Es ist also mit aller Sicherheit anzunehmen, daß die einzelnen Ordensritter sich die Ritterpflicht, gegen die Ungläubigen zu kämpfen, nicht nehmen ließen, als sie den Orden gründeten oder ihm beitraten. Als Lebensgemeinschaft bildeten sie auch eine Kampfgemeinschaft, und der übertrug König Fulko die militärisch wichtige Aufgabe. So wuchs gleichsam von selbst die kriegerische Tätigkeit neben der Sozialarbeit auf.

---

[139] Johann von Würzburg 15, S. 169, von 1170 (Tobler, Descriptiones Terrae sanctae, S. 874).

[140] W. Mapes, De nugis I, 23, S. 36.

[141] Ambraziejute, S. 5.

[142] J. Delaville, Cartulaire I, 122/101, von 1137.

[143] J. Delaville, Cartulaire I, 527/360, von 1178—1180.

Allmählich gewann dann aber diese kriegerische Seite im Orden die Oberhand. Dagegen wehrte sich Papst Alexander III., jedoch vergeblich. Schon das Vorbild des neben den Johannitern stehenden Templerordens sorgte dafür, daß das ritterliche Element dem caritativen gegenüber immer mehr an Raum gewann. Damit aber wurde der Orden dem der Templer immer ähnlicher. Ritterliche Sitten und ständische Exklusivität bestimmten nun weithin auch das Leben des Johanniterordens.

Doch bleibt der Johanniterorden der Vertreter des caritativen Gedankens innerhalb der Ritterschaft. Man hat mit Recht darauf aufmerksam gemacht, wie wenig ein solcher Geist, der die Armen (das heißt die Notleidenden) preist und als die eigentlichen Herren des Ordens ansieht, den sonstigen Anschauungen des Rittertums entsprach[144]. Und doch steht der Johanniterorden keineswegs allein in seiner Zeit als Vertreter eines solchen zunächst dem rauhen Rittertum fremd erscheinenden Geistes. Denn im 11. und mehr noch im 12. Jahrhundert gewinnt diese Seite des Christentums, die dem Ritter bis dahin ferngelegen hatte, auch in seinem Kreise Wirksamkeit. Hans Naumann[145] hat an Hand der Literatur und der Kunst darauf aufmerksam gemacht, wie das bis dahin fast stets beiseite gelassene Gleichnis vom barmherzigen Samariter zum Lieblingsthema des 12. Jahrhunderts und wie die Gestalt des seinen Mantel teilenden Martin besonders gern damals dargestellt und betrachtet wurde. Es war damit eine neue Stufe erreicht in dem langdauernden Prozeß des Lebendigwerdens des Christentums in Deutschland, über die erste primitive Annahme und die speziell mönchischen Formen hinaus. Hartmann von Aue stellt diese liebende Barmherzigkeit in den Mittelpunkt seines „Armen Heinrich" — wenn auch von einer anderen Seite aus — und hebt sie an betonter Stelle zum Schluß hervor: „Dô erzeicte der heilec Krist, wie liep im triuwe und bärmde ist." [146] Und ebenso steht in Wolframs „Parzival" die Frage des barmherzigen Mitleids im Mittelpunkt des ganzen Geschehens; ihr Unterlassen erscheint als große Verfehlung. So war der Boden gegeben, auf dem sich der neue Ritterorden mit seiner caritativen Aufgabe entwickeln konnte, im wesentlichen aus ritterlicher Gedankenwelt heraus, ohne allzu großen Einfluß mönchischer Gedanken, wie es zuerst vielleicht den Anschein haben könnte.

Auch von der Armutsbewegung, wie wir sie in Peter von Amiens und seinen Vorgängern und Nachfolgern kennengelernt haben, führen gewisse Linien zum Johanniterorden hinüber, doch ist der Weg hier weiter. Denn wenn auch Entsagung und Verzicht auf das gewohnte Leben zugunsten eines Lebens für andere beiden gemeinsam ist, so überwiegt bei der Armutsbewegung zur Zeit Peters von Amiens und Roberts von Abrissel noch die Predigt und das Anliegen der eigenen Armut in der Nachfolge Christi, wäh-

---

[144] H. Prutz, Ritterorden, S. 39.
[145] Hans Naumann, Der staufische Ritter, S. 36 ff.
[146] Vers 1365 f.

rend das caritative Element erst unter Franz von Assisi zur absoluten Vorherrschaft kam[147].

Eine erste Änderung im Leben der Johanniter bedeutete also die Aufnahme des Ritterdienstes gegen die Ungläubigen in die offiziellen Aufgaben des Ordens. Ein gewisser aristokratischer Charakter trat nun im Leben der Johanniter deutlicher hervor. Und da neben dem Orden der Bruderorden der Templer stand, für den diese kämpferische Aufgabe fast allein maßgebend war, beide Orden aber nun auf das heftigste miteinander rivalisierten, mußte dieses ritterlich-kämpferische Element mehr und mehr in den Vordergrund treten. Von hier aus ist auch die Sorge von Papst Alexander III., das caritative Element möchte darüber zu kurz kommen, wohl verständlich. Aber die Sorge bestand zu Unrecht. Das der Fürsorgearbeit der Johanniter in verschiedenen Jahrhunderten gespendete Lob beweist es.

Eine zweite große Wandlung bedeutete die Einführung einer Ordensregel (zwischen 1155—1160), die dem Leben des Ordens nun eine festgelegte, bestimmt umrissene Form gab. Dabei löste sich der Orden von der Benediktinerregel los und damit völlig von jeder Abhängigkeit von dem Kloster S. Maria Latina, wie sie von den Zeiten der Amalfitanergründung hätte hergeleitet werden können. Maßgebend wurde jetzt die Augustinerregel, nach deren Vorschriften auch die Chorherren des Heiligen Grabes zu Jerusalem lebten. Auch die Regel der Templer blieb nicht ohne Einfluß.

Eine weitere Stufe erreichten die Johanniter mit ihrer Privilegierung durch den Papst. Sie erfolgte im allgemeinen gleichzeitig mit der des Templerordens. Die Bulle „Christianae fidei religio“ von Papst Anastasius IV. von 1154[148], die die rechtliche Stellung des Ordens im wesentlichen festlegt, hat in vielen Bestimmungen als Vorurkunde ein Privileg von Papst Innozenz II. von 1137[149]. Geht also dieses Privileg dem entsprechenden der Templer um 2 Jahre voraus, so enthält es doch an entscheidenden Punkten viel weniger als das andere. Wichtige Rechte, die die Templer 1139 erhielten, wurden den Johannitern erst 1154 verliehen. So läuft immer wieder ein Orden dem anderen den Rang an der Kurie ab. Der Unterschied ist auch bei den nachfolgenden Privilegien gering. Kaum hat der eine Orden ein Recht erhalten, so weiß es der andere Orden sich auch zu erbitten[150].

Große Schenkungen machten den Johanniterorden bald reich. Das war die vierte und vielleicht größte Veränderung im Leben des Ordens und entspricht völlig dem, was sich bei dem Templerorden beobachten ließ. Auch der Johanniterorden übernimmt Geldgeschäfte. So berichtet zum Beispiel Matthaeus Parisiensis, daß dem Heiligen Land durch den Johanniterorden

---

[147] Über die Entwicklung des Ordens auf der Pyrenäenhalbinsel vgl. oben S. I, 76 ff.

[148] J. Delaville, Cartulaire I, 226/173, von 1154.

[149] J. Delaville, Cartulaire I, 122/101, von 1137.

[150] Eine Bulle von Papst Innozenz II. von 1130 ist eine Fälschung. Siehe Ambraziejute S. 27.

die Summe von 1000 Pfund überwiesen worden sei[151]. Aber das Schwergewicht liegt hier im Gegensatz zu den Templern im Grundbesitz. Der Orden kauft Grundstücke auf, soweit es ihm irgend möglich ist. Oft geschieht das verschleiert in der Form einer Schenkung, bei der dann ein namhafter Geldbetrag dem Schenkenden gegeben wird[152]. Die größte Schenkung an die Johanniter plante aber König Amalrich I., als er 1168 nach Ägypten ziehen wollte. Damals sollten die Johanniter nach der Eroberung des Landes die Stadt Bilbeïs erhalten, was einer jährlichen Einnahme von 100 000 Goldbyzantinern gleichgesetzt wurde. Dazu sollten 10 weitere Städte Ägyptens kommen, deren jede einen jährlichen Ertrag von 5000 Goldbyzantinern verheißen konnte, dazu in allen diesen Städten ein Schloß, ein Zehntel von dem Schatz des Sultans, wenn er in die Hände des Königs fällt, und eine Begünstigung bei der Beute. Dagegen sollte ihm der Orden 500 gewappnete Ritter und ebenso viele Turkopolen für die Eroberung des Landes stellen[153]. Die Schenkung konnte nie ausgeführt werden. Aber zweierlei an ihr ist für uns von Bedeutung: einmal die ungeheure Rolle, die das Geld hier im Leben des Ordens und des ganzen Landes spielt. Der Kriegsdienst des Ordens wird nicht mehr nur um der Sache, sondern auch um der Bezahlung willen geleistet, und der Wert der geschenkten Städte wird sofort in die Geldrente umgerechnet, die aus dieser Schenkung zu erwarten ist. So weit ist also das ganze Leben und Denken schon vom Geld bestimmt, und das nicht etwa am Ende der fränkischen Herrschaft, sondern im Jahre 1168, also in den besten Zeiten des Königreiches Jerusalem. Außerdem aber zeigt der Plan, welche große Schenkung an Grund und Boden man dem Orden in dem Falle der Eroberung machen wollte. Und so geschah es immer wieder. Der Orden wurde damals schon der große Grundherr des Landes. Daß eine solche Schenkung militärischen Zwecken dienen, der Orden also dafür eine Art Grenzschutz dort aufbauen sollte, leuchtet ein. Auch den Templern wurden in dieser Weise Gebiete zum Schutz des Landes übertragen, doch standen die Johanniter hier voran.

Wo der Orden keine Schenkungen erhielt, kaufte er auf. Dazu ergab sich seit dem dritten Kreuzzug überall dort Gelegenheit, wo abendländische Ansiedler, an der Zukunft des Landes verzweifelnd, ihren Besitz im Heiligen Land abstießen und nach Europa zurückkehrten[154]. Dadurch stieg der Grundbesitz des Johanniterordens wieder um ein beträchtliches. Es ist anzunehmen, daß am Ende des 13. Jahrhunderts fast der ganze fränkische Besitz im Heiligen Land in der Hand der Ritterorden lag. Und unter diesen stand der Johanniterorden, was den Grundbesitz anging, an erster Stelle.

Dieser Großgrundbesitz wurde bewirtschaftet, wie man es aus dem

---

151 „... mille libras per Hospitalarios transmisit ..." = M. G. SS. XXVIII, S. 251, von 1254.

152 H. Prutz (Kulturgeschichte, S. 251) führt eine Reihe von Beispielen dafür an.

153 R. Röhricht, Regesta, 452/118, von 1168.

154 H. Prutz, Ritterorden, S. 61. — G. A. Campbell, Tempelritter, S. 119.

Abendland her gewohnt war: nur ein kleinerer Teil wurde von dem Orden unmittelbar bearbeitet, und zwar durch dem Orden angegliederte Arbeitsbrüder oder auch durch Landarbeiter. Der meiste Besitz wurde in kleineren Teilen in Pacht, Erbpacht oder einer ähnlichen Form vergeben[155], blieb aber im Gesamtverband der Grundherrschaft des Ordens. Diese Wirtschaft wurde wesentlich dadurch erleichtert, daß der Orden Sklaven im eigentlichen Sinne hatte, nicht nur grundhörige Bauern auf solchen ausgetanen kleinen Gütern[156]. Beschlüsse des Generalkapitels treffen Bestimmungen über den Verkauf solcher Sklaven, ihre Taufe u. a. Offensichtlich sind es meist Ungläubige, die hier als Sklaven verwendet werden. Die meisten Kriegsgefangenen werden dieses Los haben teilen müssen, soweit sie nicht in Gefängnissen gehalten wurden, um gegen hohes Lösegeld oder durch Vertrag im Austausch wieder freigegeben zu werden. Aber auch Syrer kommen darunter vor[157]. Allmählich beherrscht der Gedanke an diese Besitzungen überall im Land die Ordensritter so stark, daß der Vorwurf, den Otto von St. Blasien ausspricht, sie dächten nur noch an ihre eigenen Angelegenheiten, nicht mehr aber an die Sache Christi, es läge ihnen nur noch an den fruchtbaren Strichen an der Küste, nicht mehr aber an Jerusalem, sicher seine Berechtigung gehabt hat[158].

Daß dieser große Grundbesitz und die damit verbundene Grundherrschaft militärischen Zwecken dienen sollte, den Absichten des Königs nach, wurde schon oben betont. Diese Herrschaften des Ordens sollten ein fester Grenzschutz in der Hand des Ordens sein. Die Ritterorden sollten ja das stehende Heer in der Hand des Königs darstellen. In Wahrheit aber errangen sie eine solche Selbständigkeit dem König gegenüber, daß nun dieses stehende Heer eine Gefahr für das Königtum wurde.

An vier Stellen des Landes hatten die Johanniter solche geschlossene Gebiete des Grenzschutzes:

1. Das älteste Gebiet war Beit-Dschibrīn (Gibelin) an der Südgrenze gegen Ägypten. Es wurde schon 1137 dem Orden gegeben und 1168 erweitert[159]. 1153 wurde in der Nachbarschaft Askalon erobert und ein Teil der Stadt sowie Güter in der Umgebung dem Johanniterorden vom König zugewiesen, was das Grenzschutzgebiet bedeutend erweiterte. 1187 ging es mit allem anderen verloren. Als das Land 1243 wieder in die Hände der Christen kam, wurde es von Kaiser Friedrich II. erneut an die Johanniter gegeben. Die Erinnerung an die alten Grenzschutzrechte und -pflichten waren also damals noch lebendig.

2. Ein anderes solches Schutzgebiet lag am Jordan. Sein Mittelpunkt war die Feste Belvoir (Kaukab al-Hawā) mit einer ganzen Reihe von kleineren

---

155 H. Prutz, Ritterorden, S. 56.

156 H. Prutz, Kulturgeschichte, S. 251/52.

157 Ebd. 158 Otto von St. Blasien = M. G. Schulausgabe 42, S. 68/69.

159 H. Prutz, Ritterorden, S. 50 f.

Burgen und ausgedehnten zugehörigen Ländereien. Auch der später gut befestigte Berg Tabor gehörte dazu.

3. Der Orden besaß in der Grafschaft Tripolis eine Reihe von Besitzungen rings um das sog. Kurdenschloß Kal'at al-Hisn (oder Krak des Chevaliers), eine Burg, die stets eine Besatzung von 60 Rittern aufwies. Dazu gehörte Rafnije, die Herrschaft Ba'rīn (Montferrand) und 'Arca sowie einige Zeit auch Homs, ein reiches und fruchtbares Land[160].

4. Die wichtigste Besitzung der Johanniter aber lag im Gebiet von Antiochia. 1167 erhielt der Orden dort das Gebiet von Apamaea. Dazu kamen 1174 einige Güter bei Markab (Margat) und 1186 Markab selbst, das der Orden zusammen mit seinem Umland dem bisherigen Herrn von Markab gegen eine jährliche Rente von 2000 Goldbyzantinern abkaufte — ein Beweis für den Reichtum des Ordens. Über Markab hören wir am besten, was Wilbrand von Oldenburg in dem Bericht über seine Reise von 1211 darüber sagt: „Markab ist eine große und starke Burg, mit einem doppelten Mauerring befestigt. Es weist viele Türme auf, von denen man eher annehmen sollte, sie seien geschaffen, den Himmel zu halten, als zur Verteidigung zu dienen. Denn der Berg, auf dem diese Burg liegt, ist sehr hoch, so daß er wie ein Atlas den Himmel auf seinen Schultern trägt ... Diese Burg gehört den Johannitern, und auf sie setzt das ganze Land seine Hoffnung. Denn sie hält Widerpart den vielen und starken Burgen des Alten vom Berge (d. i. der Assassinen) und des Sultans von Aleppo. Deren Herrschsucht und deren Angriffe hat der Orden schon so weit zurückgehalten, daß er von ihnen für die Aufrechterhaltung des Friedens jährlich 2000 Mark erhält. Um zu verhüten, daß nicht irgendein Verrat geübt werde, was an sich leicht geschehen könnte, wachen in jeder Nacht 4 Tempelritter und 28 andere Wächter. Denn die Johanniter halten in Friedenszeiten dort eine Garnison von 1000 Mann, ungerechnet die anderen Besiedler der Burg, und für Notzeiten haben sie Vorrat an allem Nötigen für 5 Jahre."[161] Markab wurde nach dem Fall von Jerusalem der Hauptsitz des Johanniterordens. Seine Einnahme durch den Sultan Kalāwūn im Jahre 1275 bedeutete einen der schwersten Schläge gegen die Franken. Sie bereitete den endgültigen Zusammenbruch vor. In diesem Gebiet, das an sich zum Fürstentum Antiochia gehörte, war den Johannitern eine Machtvollkommenheit zugestanden worden, die sie faktisch von Antiochia und auch von Jerusalem unabhängig machte. Sie entschieden über Krieg und Frieden. Sie sind die Landesherren.

Dieser Besitz der Johanniter vergrößerte sich noch in den Jahren 1207 bis 1226. Damals fochten sie auf der Seite von Raimund Rupēn von Antiochia und Armenien. Sie erhielten von diesem damals Dschabala (Gibel) u. a. und von Armenien Selefke (Seleucia) an der Südküste Anatoliens. Man sieht deut-

[160] H. Prutz, Ritterorden, S. 51 ff.

[161] Wilbrand von Oldenburg = Peregrinationes medii aevi quatuor (ed. I. C. M. Laurent) (1873) S. 170.

lich, wie man in diesen Notzeiten nur zu den Ritterorden noch das Zutrauen hatte, daß sie das Land und seine feste Plätze gegen die Muslime zu behaupten imstande sein würden. Neben den Flotten der italienischen Seestädte waren sie die einzigen militärischen Mächte im Land, mit denen wirklich zu rechnen war. Aber auch ihre Macht reichte nicht aus. In klarer Erkenntnis der verzweifelten Lage schreiben die Johanniter darum kurz vor dem Fall Akkons: „Den Sarazenen ist unsere Lage nicht verborgen. Sie wissen, daß wir arm sind an Waffen, daß wir nur eine ganz geringe Zahl von Pferden und kaum Kriegsvolk, das irgendwie ausreichen könnte, besitzen." [162] Aber dieser militärische Zusammenbruch darf nicht einer mangelnden Tapferkeit der Ritterorden zur Last gelegt werden. Die Zeugnisse über ihre tapfere Haltung reichen bis zum Ende der fränkischen Herrschaft im Heiligen Land [163].

Von der inneren Entwicklung der Johanniter läßt sich nicht sehr viel anderes als von den Templern sagen. Die beiden Orden stehen sich lange Zeit trotz ihrer Feindschaft (oder gerade dadurch) so nahe, daß ihr Bild verschmilzt. Es war darum schon oben, zusammen mit den Templern, auch häufig von den Johannitern die Rede. Denn die meisten Beschwerden und Beschuldigungen betreffen, wie oft gesagt wird, beide Orden. Doch einiges unterscheidet die Johanniter von den Templern. Dadurch, daß sie ihren Reichtum mehr im Grundbesitz anlegten, gerieten sie nicht in dem Maße wie die Templer in das Geldgeschäft hinein, so daß auch dessen zersetzende Macht bei ihnen wohl nicht so groß war. Dadurch aber, daß die Zahl der Ordensgeistlichen bei ihnen besonders groß war [164], scheint die Erbitterung der Geistlichen ihnen gegenüber besonders mächtig gewesen zu sein. Darauf deuten die scharfen Worte bei Walter Map über die Patronate in der Hand des Ordens [165] und die gereizten Äußerungen bei Wilhelm von Tyrus über die Auflehnung gegen die kirchliche Oberhoheit und die Schädigung der Kirchen hin [166]. Speziell gegen die Johanniter wendet sich auch die Beschwerde, daß sie den ihnen auferlegten Verpflichtungen der Pilgerfürsorge nicht nachkämen [167]. Doch diese Klage will nicht viel bedeuten. Denn wann wäre man allerseits mit Fürsorgeleistungen zufrieden gewesen! Viel allgemeiner und ein recht trübes Bild entwerfend ist die auch speziell an die Johanniter gerichtete Anklage von Papst Gregor X., von der schon die Rede war [168]. Sie enthält die verschiedensten Anklagen gegen den Orden, von der Unterhaltung von Dirnen, der Asylgewährung für Verbrecher, der Unterstützung des griechischen Gegenkaisers Vataces und der Fälschung von Testamenten bis zu dem Verdacht der Ketzerei einzelner Brüder. Das spricht nicht gerade für die Sauberkeit der Zustände im Johanniterorden des 13.

[162] H. Prutz, Entwicklung und Untergang. Urkundl. Beilagen IV, 7/10, S. 314.
[163] Belege siehe oben S. II, 22 ff. [164] Siehe oben S. II, 13.
[165] W. Mapes, De nugis I, 23, S. 37.
[166] Wilhelm von Tyrus XVIII, 3, S. 820 ff.
[167] La Bible Guiot (etwa 1220—1223) = Ch. V. Langlois, Vie en France, S. 61.
[168] Siehe oben S. II, 33. — J. Delaville, II, 2186/523, von 1238.

Jahrhunderts, aber es ist doch fraglich, ob hier sicher vorliegende Einzelfälle verallgemeinert werden dürfen.

Wir haben aus dem Johanniterorden kein Zeugnis für eine so verzweifelte Haltung und ein solches Irrewerden am Kreuzfahrerglauben, wie wir es aus den Kreisen des Templerordens besitzen. Das kann Zufall sein. Es könnte aber auch auf einen stärkeren inneren Widerstand gegen die Depressionen der Mißerfolge im Kreise der Johanniter hinweisen. Jedenfalls haben die Johanniter in den Krisenjahren nach dem Fall von Akkon weit mehr Widerstandskraft und Lebenskraft bewiesen als der Templerorden. Sie wußten sich schon in Zypern eine Auffangsposition zu schaffen und dann in Rhodos ein neues und fruchtbares Leben zu beginnen. Das würde mit einer kräftigeren Haltung auch in den Jahren vor dem Fall Akkons sehr wohl zusammenpassen. Doch bleiben wir hier auf Vermutungen angewiesen.

Der Deutschherrenorden

Über den Deutschherrenorden müssen wir uns ebenfalls kurz fassen. Denn seine eigentliche Bedeutung liegt in der deutschen Geschichte und nicht in der der Kreuzzüge und des Heiligen Landes. Hier in Syrien stehen wir nur vor den Anfängen seiner Geschichte, und wenn wir absehen von der Zeit Kaiser Friedrichs II., der ihn zum Träger seiner Politik im Heiligen Land machte und ihm so für einige Zeit eine erhöhte Bedeutung gab, spielte er keine entscheidende Rolle im Königreich Jerusalem-Akkon. Denn mit dem Sinken der Hohenstaufenmacht sank auch seine Bedeutung im Heiligen Land. Dann aber begann erst seine eigentliche Tätigkeit in Preußen.

Die Entwicklung des Deutschherrenordens im Heiligen Land ging, gemessen an der der beiden anderen Orden, unverhältnismäßig schnell vor sich. Denn er konnte die Lebensformen, die die beiden älteren Orden sich langsam erarbeitet hatten, einfach übernehmen. Wie eine Bulle des Papstes Innozenz III. von 1199 bestätigt, wurde er nach dem Vorbild der Templer und Johanniter gestaltet[169]. Und wenn im Jahre 1221 von Papst Honorius III. ihm zugebilligt wurde, daß er alle Freiheiten, Immunitäten und Indulgentien haben solle, die den Johannitern und den Templern bisher von der Kirche gewährt worden seien[170], so hatte er damit in kurzen Sprüngen erreicht, worum die beiden anderen Orden sich lange mühen mußten. Das gibt seiner Geschichte einen ganz anderen Charakter.

Seine Geschichte unterscheidet sich aber in noch einem Punkt von der der beiden anderen Orden. Templer und Johanniter haben zwar, solange sie bestanden, oft in erbittertem Kampf miteinander gelegen, aber ohne eine

---

[169] Strehlke, Tab. ord. Theut., 297/266: „... ordinationem factam ... juxta modum Templariorum in clericis et militibus et ad exemplum Hospitalariorum in pauperibus et infirmis ..."

[170] Strehlke, Tab. ord. Theut, 309/281, von 1221.

innere Gegensätzlichkeit aufzuweisen. Im Gegenteil, ihre Feindschaft rührt gerade daher, daß sie die gleichen Aufgaben auf dem gleichen Felde hatten und etwa auch die gleichen Machtmittel anwenden konnten. Ihre Stellung in den großen Fragen der Politik des Heiligen Landes war, im ganzen gesehen, dieselbe: Dem König, dem Patriarchen, dem Kaiser Friedrich II., dem Papst gegenüber ist ihre grundsätzliche Stellung die gleiche, sooft auch in der praktischen Politik des Tages sie schon aus Eifersucht entgegengesetzte Positionen einnahmen. Beide Orden waren sich auch gleich in ihrer internationalen Haltung und zugleich in ihren engen kulturellen Beziehungen zu Frankreich, das sie beide als ihr abendländisches Heimatland ansahen. Ganz anders der Deutschherrenorden. Er war von vornherein zur Pflege deutscher Pilger geschaffen, und seine Ritter rekrutierten sich stets aus Deutschland und den angrenzenden Ländern, das heißt aus deutschem Kulturgebiet. Der Orden war also mit einer nationalen Begrenzung in die Welt getreten, die ihn schnell in Gegensatz zu den Templern und Johannitern bringen mußte. Wichtiger war aber noch ein Zweites: Als 1198 aus dem Hospital von Akkon ein Ritterorden geschaffen wurde, geschah das gerade in dem Augenblick, in dem die große Politik der Hohenstaufen als solche zum erstenmal im Heiligen Land eingriff. Und dieser zeitliche Zusammenfall war nicht zufällig; der Orden sollte dieser staufischen Politik dienstbar sein und war es unter Heinrich VI. wie unter den folgenden Kaisern auch, am ausgeprägtesten unter Kaiser Friedrich II., der auch der größte Förderer des Ordens gewesen ist. So aber unterscheidet sich die Haltung des Deutschherrenordens grundsätzlich von der der beiden anderen älteren Orden. Diese hatten sich stets von jeder engeren Bindung an das Königtum oder an eines der herrschenden Häuser freigehalten, ja eigentlich immer in mehr oder weniger verdeckter Opposition ihr eigenes Interesse und das des Kampfes gegen die Muslime stets allein maßgebend sein lassen. Die Haltung des Deutschherrenordens bestimmte aber die Bindung an die Politik des staufischen Hauses. Da dieses aber unter Friedrich II. zugleich die Krone von Jerusalem trug, wurde der Deutschherrenorden damals zum Werkzeug der Politik des Königs von Jerusalem. Die anderen Orden hatten sich nie gebunden, sie hatten ihre eigene Politik soweit wie möglich dem König entgegengestellt. Daraus ergab sich ein scharfer Gegensatz, besonders da die anderen Orden aus nationalfranzösischer Ablehnung und aus Gehorsam dem Papst gegenüber dies Königtum der Hohenstaufen in Jerusalem mit allem Haß verfolgten. Dieser Gegensatz war es, der sich im Jahre 1241 zu einem offenen Kampf der Templer gegen den Deutschherrenorden verdichtete, in dessen Verlauf die Templer den Deutschherrenorden fast aus allen seinen Besitzungen im Heiligen Land vertrieben[171].

An noch einer anderen Stelle tritt die Entwicklung des Deutschherrenordens in einen entscheidenden Gegensatz zu der der beiden anderen Orden.

171 Matthaeus Paris. IV, S. 167/68. — H. Prutz, Ritterorden, S. 103.

Templer und Johanniter hatten ihren Schwerpunkt bis zum Fall Akkons zweifellos im Heiligen Land. Erst in den allerletzten Jahren vor dem Fall Akkons sind Ansätze zu einer Verlagerung zu bemerken. Ganz anders der Deutschherrenorden. Schon 1211 übertrug ihm König Andreas von Ungarn das Burzenland. Damit schon nahm der Orden eine andere Aufgabe in Angriff, die für ihn wichtiger zu werden versprach als seine Aufgabe im Heiligen Land. Die Deutschherren gingen dann auf diesem Weg weiter, als 1226 Herzog Konrad von Masowien den Orden um Hilfe gegen die Preußen bat und der Orden vom Kaiser das Kulmerland als Reichslehen erhielt und als 1230 der Hochmeister Hermann von Salza den Landmeister Hermann Balk nach Preußen zum Kampf gegen die dortigen Ungläubigen entsandte. Zwischen der Gründung des Ordens als Ritterorden und der Übernahme des Burzenlandes liegen nur 13 Jahre, zwischen der Entsendung von Hermann Balk und der Gründung des Ordens vor Akkon liegen auch nur 32 Jahre. Was bedeutet eine solche Zeitspanne gegenüber der fast 200jährigen Tätigkeit des Johanniterordens im Heiligen Land! Für die beiden älteren Orden war das Heilige Land der Wirkraum ihres Lebenswerkes, für den Deutschherrenorden Raum seiner Kindheit, Sprungbrett für seine eigentliche Tätigkeit. Denn nach dem Untergang der Staufer mußte sich seine Stellung dort auf die Dauer als unhaltbar erweisen.

So zeigt also die Geschichte und das Wesen des Deutschherrenordens von vornherein einen anderen Charakter als die der beiden älteren Orden. Freilich, seine Frühgeschichte — oder sollte man sie besser seine Vorgeschichte nennen? — gehört ganz in die Welt der Johanniter. Wir besitzen einen ziemlich eingehenden Bericht darüber von Jakob von Vitry [172], der im allgemeinen als zuverlässig gelten darf, wenn auch die verschiedenen Stadien der Entwicklung wohl nicht immer klar geschieden sind. Ein deutscher Pilger, der sich mit seiner Frau in Jerusalem niedergelassen hatte, errichtete danach noch unter König Balduin I., also vor 1118, in Jerusalem ein Haus zur Aufnahme deutscher Pilger und zur Pflege deutscher Kranker. Die Gründung wuchs schnell, da deutsche Pilger dieses Haus, wo man ihre Sprache sprach, anderen vorzogen. Doch galt das Ganze als eine Dependance des Johanniterordens. Als das deutsche Hospital wahrscheinlich den Versuch gemacht hatte, diese Oberhoheit der Johanniter abzuschütteln, bestätigte Papst Cölestin II. im Jahre 1143 dem Johanniterorden, daß das deutsche Spital unter der Herrschaft der Johanniter zu stehen, daß der Johanniterordensmeister einen Prior dort einzusetzen und über die Aufnahme von neuen Brüdern und Servienten zu bestimmen habe, die aber alle deutscher Abkunft sein müßten [173]. Außer dem Hospital gehörte eine der Gottesmutter geweihte Kirche, die 1165 ausgebaut wurde, also schon länger bestanden haben muß, zu dem deutschen Spital, an das sich, wie aus dem Privileg Cölestins hervor-

[172] Jakob von Vitry I, S. 66; Ausgabe von Bongars S. 1085 ff.

[173] J. Delaville, Cartulaire I, 154/123, von 1143; von Papst Hadrian IV. bestätigt.

geht, bald eine ordensartige Gemeinschaft von deutschen Männern anschloß. Jakob von Vitry sagt ausdrücklich, daß die beiden älteren Ritterorden als Vorbild gedient hätten (quasi ex praedictis duabus compositam). Er weist auch schon die beiden Aufgaben der Krankenpflege und des Ritterdienstes zur Verteidigung des Heiligen Landes dem neuen deutschen Orden zu. Doch war mit dem Fall Jerusalems 1187 dieser Ansatz verloren.

Als dann in den folgenden Jahren die Heere vor Akkon lagen, fehlte es an einer Unterbringungsmöglichkeit für deutsche verwundete und kranke Kreuzfahrer. Da halfen Kaufleute aus Bremen und Lübeck durch Errichtung eines Zeltlazarettes zwischen ihren auf den Strand gezogenen Schiffen, und ebenso halfen Brüder des verlorengegangenen deutschen Spitals in Jerusalem durch Übernahme des Pflegedienstes. Nach dem Fall Akkons stellte König Guido von Lusignan ein Grundstück zur Errichtung eines festen Lazarettes in Akkon zur Verfügung. Herzog Friedrich von Schwaben kam das Hauptverdienst bei dieser Neugründung zu. Er wurde auch, als er vor Akkon starb, in dem neuen Hospital beigesetzt. Papst Cölestin III. bestätigte 1196 dies neue Werk [174]. Doch blieb man hierbei nicht lange stehen.

Als Heinrich VI. sich anschickte, in Palästina Fuß zu fassen, und zunächst ein Kreuzfahrerheer unter Erzbischof Konrad von Mainz vorausschickte, wollte man auch die neue Brüderschaft des deutschen Spitals in den Kreis dieser politischen Pläne einbeziehen. Zu diesem Zwecke verwandelte man sie in einen Ritterorden, der den beiden anderen gleichartig zur Seite stehen sollte. Kaiser Heinrich VI. stattete ihn mit Gütern aus. Eine Regel wurde nach dem Vorbild der beiden anderen Orden geschaffen oder, wie Jakob von Vitry sagt, nach dem Muster der Templer [175]. Innozenz III. bestätigte 1199 diese Regel [176]. In seiner Urkunde werden beide Orden als Vorbild genannt, und das ist sicherlich das Richtige. Von irgendeiner Unterstellung unter die Johanniter ist aber nicht mehr die Rede [177]. Jetzt setzen auch größere Schenkungen ein, die bis dahin wohl noch recht dürftig gewesen sind. Denn Johann von Würzburg berichtet 1172 von seiner Reise nach Jerusalem, daß nur wenige oder gar keine Menschen anderer als deutscher Zunge dem Spital etwas übertragen [178]. Und von bedeutenderen deutschen Schenkungen vor dem Fall von Jerusalem wissen wir auch nichts. Das änderte sich nach der Neugründung in Akkon. Außer von Schenkungen des Kaisers wissen wir vor allem von einer großen Zuwendung des Herzogs Leopold von Österreich,

---

174 Strehlke, Tab. ord. Theut., 296/264, von 1196.

175 Jakob von Vitry a. a. O. „... regulam et instituta fratrum militie templi ...“

176 Strehlke, Tab. ord. Theut, 297/266, von 1199.

177 M. Töppen leugnet in seinem Aufsatz „Des deutschen Ordens Anfänge“ (= Neue Preußische Provinzialblätter VII, S. 232) den Zusammenhang der Gründung von Akkon mit dem vom Johanniterorden abhängigen deutschen Hospital in Jerusalem. Doch spricht alle Wahrscheinlichkeit für einen solchen Zusammenhang. So z. B. der Bericht Jakobs von Vitry, an dem zu zweifeln wir trotz allerlei Unklarheiten keinen Grund haben. Vgl. auch H. Prutz, Ritterorden, S. 62.

178 T. Tobler, Descriptiones, S. 161.

der bei seinem Aufenthalt im Heiligen Land dem Orden die Summe von 6000 Mark Silber schenkte[179]. Der Besitz des Deutschherrenordens im Heiligen Land wie im Abendland nahm seit den Tagen Kaiser Heinrichs VI. und Friedrichs II. zu, aber er erreichte nie das Ausmaß des Besitzes des Templer- oder Johanniterordens. Auch der Deutschherrenorden ist an Handelsgeschäften beteiligt. So wissen wir aus Zollbefreiungen, daß er um 1220—1230 einen recht umfangreichen Weinhandel betrieben haben muß[180]. Doch stand bei ihm, wie bei den Johannitern, der Grundbesitz im Vordergrund. Auch hier zieht dieser sich in bestimmten Landschaften Palästinas zusammen, um Burgen des Ordens gruppiert, wie z. B. Starkenberg, Toron (Tibnin) oder Montfort. Diese Burg wurde das, was Markab (Margat) für die Johanniter war, der Sitz des Hochmeisters, der Mittelpunkt des Ordens. 1229 hat Hermann von Salza den Bau begonnen, 1271 aber räumten die Ritter die Burg, als Sultan Baibars heranzog und eine Verteidigung der Burg aussichtslos war. Sie wurde damals zerstört, um niemals wieder aufgebaut zu werden.

Das Land wurde bewirtschaftet wie das der anderen Orden, das wenigste unmittelbar in eigener Verwaltung, das meiste war ausgetan zu Zins oder Pacht an einzelne Bauern oder bäuerliche Verbände.

Der bedeutendste und für die Geschichte des Ordens in dieser Zeit wichtigste Mann war Hermann von Salza (1210—1239), der dritte Hochmeister des Ordens. Er war zugleich einer der nächsten politischen Ratgeber Kaiser Friedrichs II. Unter seiner Leitung wurde der Orden ganz hineingezogen in die Kreise der großen Politik, was für den Orden eine Reihe der bedeutsamsten Folgen hatte. Einmal erhielt er nun zahlreiche Schenkungen und Privilegien des Kaisers, die ihm Macht und Ansehen gaben. Besonders aus den Jahren 1214—1223 sind solche Urkunden uns zahlreich erhalten[181]. Zugleich aber zog der Orden durch diese kaisertreue Politik sich die Feindschaft des Papsttums zu. Hatte Papst Honorius III. 1221 dem Deutschherrenorden noch alle Rechte und Freiheiten verliehen, die dem Templer- und Johanniterorden gegeben worden waren[182], so wollte Papst Gregor IX. wenige Jahre später, 1229, den Deutschherrenorden dadurch unschädlich machen, daß er versuchte, die alte Unterstellung des Ordens unter die Johanniter wieder einzuführen. Er wies darum mit Bezug auf die oben genannte Urkunde Papst Cölestins II. von 1143 den Patriarchen von Jerusalem an, für die Unterordnung des Deutschherrenordens Sorge zu tragen[183]. Noch 1241 erging von demselben Papst ein entsprechendes Gebot an den Deutschherrenorden selbst[184]. Doch auch dies blieb ohne Erfolg.

---

179 H. Prutz, Ritterorden, S. 66. 180 Ebd. S. 129.

181 Strehlke, Tab. ord. Theut., 253/239, von 1214; 254/239, von 1216; 255/240, von 1221; 257/240, von 1221; 258/241, von 1222; 260/241, von 1223.

182 Strehlke, Tab. ord. Theut., 309/281, von 1221.

183 J. Delaville, Cartulaire II, 1944/398, von 1143.

184 Ebd. II, 2270/587, von 1241.

Gleichzeitig mit der Feindschaft des Papstes verschärfte sich aber auch die seit jeher bestehende Gegnerschaft des Johanniter- und vor allem des Templerordens den Deutschherren gegenüber. Von den mit dem Johanniterorden bestehenden Schwierigkeiten geben uns die genannten Urkunden Gregors IX. einen Begriff, ebenso aber auch eine eingehende Schilderung der Fortsetzung von Wilhelm von Tyrus[185]. Die Templer hatten von vornherein Einspruch dagegen erhoben, daß die Deutschherren als Ordenstracht den weißen Mantel erhielten, da er mit ihrer Tracht zu verwechseln sei. Daraufhin verbot zunächst Papst Innozenz III. 1210 dem Deutschherrenorden diese Tracht und bat den Patriarchen von Jerusalem, diese Angelegenheit zu bereinigen[186]. Der Patriarch erlaubte nun aber den Deutschherren den weißen Mantel, verlangte jedoch ein besonderes Tuch. Doch die Templer protestierten. Papst Honorius III. hielt sich trotz dieses Protestes an die Entscheidung des Patriarchen und bestätigte sie[187]. Die Templer verblieben bei ihrem Protest, obwohl der Papst sie nochmals zur Anerkennung der Entscheidung aufforderte[188]. Noch 1230 mußte sich Papst Gregor IX. erneut an die Templer wenden und ihnen untersagen, die Deutschherren der Tracht wegen zu belästigen[189]. Dazwischen aber liegt die Zeit der großen politischen Gegnerschaft beider Orden, zu der Zeit, als Kaiser Friedrich II. im Land war und der Templerorden mit aller Macht gegen den Kaiser, der Deutschherrenorden aber ebenso nachdrücklich für ihn kämpfte. Diese Streitigkeiten setzten sich fort, solange noch Kräfte Friedrichs II. oder Konrads IV. im Land waren. Die Feindseligkeiten erreichten ihren Höhepunkt im Jahre 1241. Damals kam es zu einem regelrechten Krieg zwischen den beiden Orden[190], in dem der Deutschherrenorden geschlagen wurde. Mit dem Untergang der Hohenstaufen hat dann der Deutschherrenorden vollends Macht und Einfluß bedeutenderen Umfangs in Syrien verloren.

Die öffentliche Meinung aber war dem Deutschherrenorden günstiger als den beiden anderen Orden. Das zeigt der Schluß der Darstellung Jakobs von Vitry, wo es heißt: „Der Herr aber bewahre sie (d. i. die Deutschherren) vor dem Reichtum. Denn er macht hochmütig, habgierig, streitsüchtig, ängstlich und der Frömmigkeit abhold."[191] In der Öffentlichkeit gab auch kein übergroßer Reichtum und keine überragende Machtstellung beim Deutschherrenorden Anlaß zu einem so starken Haß, wie er den Templern und Johannitern entgegengebracht wurde. Die Anerkennung ihrer Tapferkeit vor dem Feind besaßen die Deutschherrenritter geradeso wie die anderen Orden. Als Beispiel dafür sei die sie hervorhebende Schilderung der Schlacht von Gaza in der Rothelin-Handschrift genannt[192].

---

185 Eracles XXV, 3, S. 141 f., von 1190.

186 Strehlke, Tab. ord. Theut., 299, 300 u. 301, S. 269/70, von 1210—1211.

187 Ebd. 308/280, von 1221.

188 Ebd. 368/322, von 1222.

189 H. Prutz, Ritterorden, S. 102.

190 Matthaeus Paris. IV, S. 167/68.

191 Jakob von Vitry, Hist. Hierosol. 56, S. 1085.

192 Rothelin 29, S. 547, von 1239.

Auch der deprimierende Einfluß des Mißerfolgs der Kreuzzüge ist augenscheinlich beim Deutschherrenorden geringer gewesen, da er, als Akkon verlorenging, an anderer Stelle schon sehr wesentliche Erfolge aufzuweisen hatte, die für die Haltung der Ritter wichtiger waren als die Mißerfolge im Heiligen Land. Denn der Schwerpunkt der Ordenstätigkeit verlegte sich schon im 13. Jahrhundert mehr und mehr nach Preußen, wenn auch der Sitz des Hochmeisters noch in Venedig blieb und erst 1309 endgültig nach der Marienburg in Ostpreußen verlegt wurde. Ist doch bereits 1237 alles Land bis zur Nogat dem Deutschherrenorden unterworfen und ebenso die Lehenshoheit über das Herzogtum Masowien und das Bistum Kulm, 1237 aber sogar durch die Vereinigung mit dem Schwertbrüderorden auch Livland und Kurland zu diesem Gebiet der Ordensherrschaft dazugetreten. Hier hatte der Orden also Erfolge aufzuweisen. Hier hatte er ein beträchtliches Herrschaftsgebiet und eine großzügige Wirkungsmöglichkeit im Sinne der Kreuzzüge schon ein halbes Jahrhundert, ehe Akkon verlorenging. Das Heilige Land trat damals schon (trotz allen Ehrenvorrechtes) davor in den Hintergrund.

In Preußen konnten sich aber die Privilegierungen des Ordens erst recht auswirken. Hier gestatteten sie ihm unter Loslösung von den geistlichen und weltlichen Autoritäten, einen Landesstaat zu schaffen, der weit mehr leisten konnte als die anderen deutschen Staaten, die mitten in Deutschland damals sich mühten, ihre Rechte und Freiheiten zu erweitern und zu einem Ganzen zusammenzuschließen. Hier bildete sich ein geschlossener Landesstaat und eine Landeskirche, als daran sonst in Deutschland noch nicht zu denken war und auch im übrigen Abendland nur wenige Staaten eine solche Geschlossenheit aufweisen konnten. Eine gewisse Parallele dazu zeigen die Staaten der Pyrenäenhalbinsel, die auch das Erbe der Kreuzzüge und des Kampfwillens gegen die Ungläubigen für ihren eigenen Staat und für ihre Konsolidierung nutzbar zu machen wußten. Doch das liegt schon außerhalb unseres Themas.

Doch geriet dort der Orden in eine Problematik, die im Heiligen Land fast fehlte. Man tadelte ihn scharf, es komme ihm nur auf die Unterwerfung der Heiden, nicht aber auf ihre Bekehrung zum Christentum an. Diese Frage hatte schon auf die „Wendenkreuzzüge“ einen großen Einfluß gehabt, als Bernhard die Bekehrung oder Vernichtung der Heiden gefordert hatte, die norddeutschen Fürsten aber im Interesse des Ausbaues ihrer Staaten andere Wege gegangen waren. Roger Bacon tadelte darum den Deutschherrenorden scharf[193]. Der religiöse Wille dieser Tage begnügte sich nicht mit dem Gotteskämpfertum, sondern verlangte die Christianisierung. Damit aber trat er in scharfen Gegensatz zu den politischen Forderungen und Wünschen der wachsenden Staaten.

Jedenfalls aber liegt der Ursprung und die Schulung für die jahrhundertelange fruchtbare ostdeutsche Tätigkeit des Deutschherrenordens wie des Johanniterordens von Rhodos gegen die Türken in den Kreuzzügen und der

[193] Roger Bacon, Opus majus III, cap. 13 = Bd. 3, S. 121.

ersten Phase ihrer Ordenstätigkeit im Heiligen Land. Die dort arbeitenden Energien wurden so im Kampf um das östliche Mittelmeer und um die ostdeutschen baltischen Gebiete noch langehin fruchtbar.

Die spanischen Ritterorden

In Spanien ging die Entwicklung der Ritterorden dadurch ganz andere Wege, daß der Einfluß der erstarkenden Staaten dort die Geschicke der Ritterorden weitgehend bestimmte, und zwar in immer steigendem Maß, bis die Orden von Calatrava, Alcántara und des Heiligen Jakob von Compostela unmittelbar und die Orden von Montjoie und Évora mittelbar mit der Krone vereinigt wurden, in der Form, daß das Ordensmeisteramt auf die Krone überging. Hier ist darum auch die Bedeutung der Orden für die Geschichte und den inneren Aufbau des Landes nicht ohne weiteres zu erkennen, da der Nutznießer ihrer Macht und ihrer Leistung der König war. Sie verschwanden im ganzen der königlichen Macht und Tätigkeit. Doch diese Entwicklung gehört nur der spanischen Geschichte an[194].

Die Ritterorden. Zusammenfassung

Wir hatten unsere Betrachtung der Ritterorden begonnen mit der Frage, ob nicht nur ihr Wesen, sondern auch ihr Schicksal repräsentativ sei für das der ganzen Kreuzfahrerschaft, ob die Geschichte der Orden, konzentriert, die der ganzen Kreuzzüge sei[195]. Und diese Frage läßt sich jetzt bejahen, wenn auch selbstverständlich jeder Orden ein Stück Eigenleben hat, das nur ihm eigentümlich ist. Denn Kreuzfahrer und Ordensritter leben beide aus dem Gottesstreitertum heraus für die Befreiung des Heiligen Landes, und beide gehen zugrunde mit dem Mißerfolg, nur mit dem Unterschied, daß der Ordensritter seine ganze Existenz dafür einsetzt. Ebenso weisen die Ordensritter die für die Kreuzfahrer charakteristischen Eigenschaften auf, nur oft in potenzierter Form: die religiöse Begeisterung und Opferbereitschaft, die sich in vor nichts zurückschreckender Tapferkeit auswirkt. Zugleich aber auch die Schattenseiten solcher Eigenschaften: die Steigerung dieses Willens zu unkluger Tollkühnheit und zu disziplinlosen Heldentaten des einzelnen, den die Sucht nach Ruhm durch persönliche Taten ohne Rücksicht auf das Ganze treibt. Die hieraus sich ergebende feudale Lockerheit im Gefüge des Gesamtheeres spricht sich ebenfalls nirgends so klar aus wie bei den Templern, in ihren Sonderkämpfen mit den anderen Orden und ihrem eigenwilligen Eingreifen in die Politik in Opposition zu ihrem König. Auch die Zersetzung des sie treibenden Glaubens durch die Mißerfolge und die daraus sich

---

[194] H. Prutz, Ritterorden, S. 71 ff. [195] Siehe oben S. II, 2.

ergebende verzweifelte Haltung, das Irrewerden an Gott und ihrer Aufgabe, ist nirgends so deutlich zu sehen wie bei den Ritterorden.

Doch noch ein Schritt weiter läßt sich gehen: Auch das Schicksal der Ritterschaft im Abendland, das schnelle Aufblühen der ritterlichen Kultur im 12./13. Jahrhundert und der Zusammenbruch zur Zeit der Mißerfolge der Kreuzzüge lassen ebenso das Schicksal der Ritterorden (wenn man von ihrem Nachleben in anderen Ländern absieht), nicht nur als ein Spiegelbild des Schicksals der gesamten Ritterschaft erscheinen, sondern als gesteigerte und besonders markante und weithin sichtbare Form des Gesamtschicksals.

Und wenn die Templer und die Johanniter durch ihre immer weitergehende Verbindung mit internationalen Geldgeschäften in neue Lebens- und Denkformen hineingedrängt werden und dadurch viel von ihrem alten Wesen einbüßen, so ist das auch nur ein besonders scharf beleuchteter Ausschnitt aus der Entwicklung, die das gesamte Rittertum des Abendlandes seit der zweiten Hälfte des 13. Jahrhunderts durchmachen mußte, und die zusammen mit anderen Faktoren zum Niedergang der führenden Stelle des Ritterstandes im ganzen Abendland führte.

FÜNFTES KAPITEL

Kreuzzüge und Ritterkultur

Kreuzzüge und Ritterkultur

Überblicken wir das bisher gewonnene Bild des Kreuzfahrers, so ergibt sich der außerordentlich enge innere Zusammenhang von Rittertum und Kreuzfahrertum. Es ist dies nicht erstaunlich, denn der allgemeinen geschichtlichen Tradition erscheint der Kreuzfahrer als die höchste Blüte des Rittertums, als die Darstellung seines eigentlichen Wesens. Das aber haben auch unsere Untersuchungen vollauf bestätigt. Aus der Verbindung von Frömmigkeit, wie sie speziell dem Ritter eignet, und ritterlichem Tatendrang entstanden die Kreuzzüge, ritterliches Wesen gibt ihnen das Gepräge, in der Kampfesweise ebenso wie in dem Aufbau des Heeresgefüges nach dem Stil rein feudaler Ritterheere. Ritterliches Wesen und Denken wird je länger, je mehr für die Beziehungen der Franken des Heiligen Landes zu den Muslimen maßgebend, und auch die Schwächen der Kreuzfahrerheere ergeben sich aus ritterlichem Wesen, bis dann Landesfürstentum, Söldnertum, Geldwirtschaft, Handelspolitik und anderes den Wirkungsbereich ritterlichen Geistes und ritterlichen Lebens einschränken oder gar zerstören. In diesem Augenblick sind aber auch die Kreuzzüge im eigentlichen Sinn zu Ende.

Wir haben darum allen Grund, zu fragen, ob nicht umgekehrt auch die Kreuzzüge entscheidenden Einfluß auf die Entwicklung des Rittertums gehabt haben. Denn der Kreuzfahrergedanke ist für das abendländische Rittertum keineswegs peripher. Immer wieder betonen die Dichter und die Prediger die zentrale Bedeutung des Kreuzzuges für die Ritterschaft. Wer wirklich Ritter sein will, muß den Kreuzzug unternehmen. Erst der Kreuzzug macht den Ritter vollends zum Ritter, erst der Kreuzritter erscheint als die volle Ausprägung des ritterlichen Ideals. Walthers von der Vogelweide Wort drängt sich uns in diesem Zusammenhange auf:

> „dar an gedenkent: ritter: ez ist iuwer dinc.
> ir tragent die liehten helme und manegen herten rinc,
> darzuo die vesten schilte und diu gewîhten swert . . .“ [1]

Ähnlich spricht sich Wolfram von Eschenbach in der Kreuzzugswerbung aus, die er in den „Willehalm“ eingefügt hat [2]. Im gleichen Sinn äußern sich aber

---

[1] Walther von der Vogelweide 125, 1. Ähnliche Werbungen für den Kreuzzug 12, 18; 13, 5; 29, 15; 76, 22.

[2] Wolfram von Eschenbach, Willehalm 16, 25.

auch Friedrich von Hausen und Albrecht von Johansdorf in ihren Liedern[3]. Conon de Béthune singt: „Ehrlos alle, die nicht ziehen"[4], und Bischof Marbod von Rennes (gest. 1123) dichtet: „Debet enim plane, nisi nomen gestat inane, contra gentiles pugnare deicola miles — Der Ritter als Gottesstreiter muß gegen die Heiden kämpfen, wenn er den Namen des Ritters nicht zu Unrecht führen soll."[5]

Hat die Forderung an den Ritter, Gotteskämpfer zu sein und insbesondere zum Kreuzzug auszuziehen, solche zentrale Bedeutung, so muß sie auch auf die Bildung und Ausgestaltung des Rittertums entscheidenden Einfluß gehabt haben. Es ist gar nicht denkbar, daß der Stand des Ritters und die ritterliche Kultur sich nur aus äußeren Gründen, aus militärischen, wirtschaftlichen und ständischen Rücksichten gebildet haben. Das Leben der Menschen des 12. Jahrhunderts wie auch schon der vorausgehenden Zeiten ist so sehr religiös verhaftet, daß starke und lebenswichtige Bindungen und Formungen in diesen Zeiten nur gedacht werden können, wenn ein entscheidender Antrieb auf das Transzendente gerichtet ist. Gemeinschaften schließen sich nur zusammen, wenn sie gemeinsam ein transzendentes Ziel verwirklichen wollen. So bildet sich auch aus der noch ungeformten Schar französischer, deutscher u. a. Herren und Kämpfer die Ritterschaft im Blick auf ein religiös bestimmtes Ideal, und das ist das Gotteskämpfertum. Die so in gemeinsamem Willen zusammentretende Ritterschaft findet dann auch eigene Lebensformen für die so gebildete Lebens- und Kampfgemeinschaft. Kraft aber bekommt ein solches Ideal erst in dem Augenblick, in dem es zu einer bestimmten Tat aufruft. So läßt sich mit vollem Recht sagen, daß der Ruf zum Kreuzzug das Rittertum geschaffen hat. Allerdings nicht so, daß dafür nur das eine Jahr 1095 maßgebend gewesen sei. Wir haben ja oben gesehen[6], wie vor den Kreuzzügen schon der Gedanke des Gottesstreitertums sich entfaltete. Wir kennen das damals entstandene Rolandslied, das diesen Gedanken ausspricht und mit Leidenschaft ausspricht. Langsam formt sich an diesem Ideal die Ritterschaft als Gottesstreiterschaft, die Kreuzzüge aber beschleunigen diese Entwicklung stark. Nun zeigt sich plötzlich vor aller Welt, was sich in der Stille gebildet hatte: die christliche Ritterschaft des Abendlandes, die mehr ist als die Summe des Adels der Länder des Okzidents. Sie ist nun ein geschlossenes Ganzes, das getragen ist von einem einheitlichen Ideal. Und mehr noch: sie ist bereit, für dies Ideal zu streiten und zu sterben. Ein gewaltiger Krafteinsatz der ganzen Ritterschaft zeigt die ungeheure zusammenschließende Kraft dieses Ideals. Das erst hat die Ritterschaft des Abendlandes ausgeformt. Es gibt wenige Gemeinschaften in der Weltgeschichte, die so bereit waren, von Anfang an Leben und die gesamte Exi-

[3] Friedr. v. Hausen 53, 31. — A. v. Johansdorf 89, 30 — 89, 32. — Rugge 96, 13; 99, 1. Dazu Wolfram = Ztschr. f. dt. Altertum XXX (1886) S. 109.

[4] Schultz, Wandlungen II, 93.

[5] Migne PL 171, Sp. 1672, Nr. 38.

[6] Siehe oben S. I, 40 ff.

stenzgrundlage des Geschlechtes freudig für ihr Ideal zu opfern. Alles andere muß demgegenüber verblassen.

Gewiß, es gibt auch vorher eine Vorstufe des Rittertums. Die Heere der Karolinger, der Ottonen und Salier, die der Kapetinger des 11. Jahrhunderts, die mit Wilhelm dem Eroberer nach England drangen und die in Spanien gegen die Ungläubigen kämpften, sind Ritter in gewissem Sinne, aber seine volle Ausprägung bekommt der Begriff erst mit dem Beginn des 12. Jahrhunderts. Nun wird die Ritterschaft ein gemeinsamer Stand des ganzen Abendlandes. Nun bekommt das Ritterdasein erst seine bestimmte Form, der Begriff des Ritters erst seinen ausgeprägten Inhalt. Nun gibt es ein ausgebildetes ritterliches Lebensideal. Ich erinnere daran, wie ganz anders noch das Bild aussah, das man in der Cluniazenserbewegung von der Idealgestalt eines Ritters entwarf. Das war kein Ritter nach späteren allgemeinen Begriffen[7].

Diese Ausformung des Ritterstandes geht in Stufen vor sich. Wir kennen eine Anfangsstufe, die etwa das Rolandslied darstellen mag, in der das Ritterideal vorgeformt ist, aber doch erst im Rohbau, und noch keine praktische Auswirkung gefunden hat. Wir kennen dann die ritterliche Kultur der Troubadours, die sich in Südfrankreich unmittelbar im Anschluß an den ersten Kreuzzug zu bilden beginnt und von dort aus dann auch den Norden Frankreichs ergreift. Aber diese Ausbreitung, die bald die Grenzen Frankreichs überschreitet, wird augenscheinlich erst möglich durch den 2. und den 3. Kreuzzug und die dann einsetzende große Werbungsaktion des Papsttums. So beginnt dann um 1150 die Blüte der ritterlichen Kultur in dem ganzen Abendland. Gleichzeitig setzt sich aber auch, ausgehend von Bernhard von Clairvaux, eine Verfeinerung des religiösen Ritterideals durch, die hinführt zu Wolframs „Parzival“ (es wäre eine lohnende Aufgabe, dieser Frage in der Literatur, und zwar in der Dichtung wie in der Theologie, nachzugehen). Die Zeit, in der im Abendland die ritterliche Kultur mit dem Beginn des 13. Jahrhunderts ihre Höhe erreicht, ist auch die, in der die Männer lebten, die heute noch als die reinsten Ausprägungen des Kreuzfahrers gelten: Friedrich Barbarossa und Richard Löwenherz und zahlreiche französische Ritter. Die Zeit, in der die Ritterorden im Heiligen Land sich entwickeln und das Ideal der für Gott streitenden Ritter in eine besonders prägnante Form gießen, ist dieselbe Zeit, in der in Frankreich die ersten Anfänge einer neuen Kunst sich regen. Und während im Morgenland abendländische Ritter, stolz auf ihr Rittertum, muslimischen Gegnern anbieten, ihre Söhne in abendländischem Rittergeist erziehen zu lassen, und Muslime sich in Anerkenntnis des Glanzes abendländischen Rittertums zum Ritter schlagen lassen, prägen sich im ganzen Abendland die Lebensformen aus, die den Ritter ausmachen: der Ehrenkodex für sein Kämpfen und der Minnedienst für sein höfisches Leben. In dem Zeitpunkt aber, in dem der Wille zum

[7] Siehe oben S. I, 38 ff.

Kreuzzug nachläßt und in dem dann die Kreuzzüge aufhören, verliert auch die ritterliche Kultur des Abendlandes ihre Kraft. Mit dem Absterben des Ideals des Gotteskämpfers und Kreuzzugsritters nach dem Mißerfolg der Kreuzzüge hat auch das Rittertum seine tiefste Kraft verloren, und die ritterliche Kultur folgt dem Absterben des ritterlichen Ideals nach. Die große Tat des Rittertums scheitert und enttäuscht durch ihr Scheitern bis in die Tiefe. Das Rittertum des Abendlandes hat diese durch den Zusammenbruch der Kreuzzüge entstehende Krise nie überwunden. Der das Rittertum und die Kreuzzüge tragende spezielle ritterliche Glaube geriet ins Wanken, und damit verlor die ritterliche Kultur die strahlende jugendliche Kraft, die sie ausgezeichnet hatte und die ihren besonderen Reiz ausmachte. Gewiß, das Rittertum besteht auch dann noch weiter, aber in einer ganz veränderten Form. Es hat seine innere kulturzeugende Kraft verloren. Was bleibt, ist Nachblüte.

Wir haben ein Recht, dabei den Kreuzzügen mehr als eine periphere Rolle zuzuweisen. Das machen schon die chronologischen Zusammenhänge wahrscheinlich. Mehr aber gibt uns ein Recht dazu die Tatsache, daß die Kreuzzüge das entscheidende Ideal enthalten und daß sie die einzige große gemeinsame Tat der abendländischen Ritterschaft darstellen. Taten aber haben eine weit stärkere gestaltende Kraft als alle Worte und Meinungen. So dürfen wir in den Kreuzzügen und dem mit ihr verbundenen Gottesstreiterglauben die wichtigste, wenn auch nicht die alleinige Ursache für Entstehen, Ausprägung und Untergang der ritterlichen Kultur des Abendlandes sehen.

Daneben stehen natürlich andere Gründe, die je nach den einzelnen Ländern auch noch verschiedenes Gewicht haben können. So hat für Deutschland das Aufsteigen und der Verfall der Hohenstaufenmacht in hohem Maße den Auf- und Niedergang der Ritterkultur bestimmt. Aber diese ist eine Erscheinung des Abendlandes und nicht einzelner Länder, und innerhalb der einzelnen Länder führt Frankreich. Darum müssen wir für das Ganze nach entscheidenden Ursachen suchen, die allen Ländern des Abendlandes gemeinsam sind. Auch für Frankreich lassen sich besondere Ursachen für die Entwicklung der ritterlichen Kultur in diesem Zeitabschnitt, vornehmlich in dem Erstarken des französischen Königtums, nachweisen. Aber wir dürfen uns damit keinesfalls begnügen. Allzuoft hat man diese Fragen nur für ein einzelnes Land beantwortet und darum diese partiellen Ursachen zu weit in den Vordergrund geschoben.

Schon lange hat man mit Recht auf die Bedeutung des Aufstiegs der Geldwirtschaft für den Niedergang des Rittertums hingewiesen. So hat ja auch die Geschichte der Kreuzzüge gezeigt, wie sich das Bild der Heere und damit der Ritter unter dem Einfluß des Geldes verändert hat[8]. Aus dem Ritter alten

[8] Daß das Geld im Leben des Adels vor den Kreuzzügen keine Rolle gespielt hat und damit auch nicht in dem feudal bestimmten Gesamtleben, zeigen die Münzen. Einmal ist ihre Zahl gering und ihre Form sehr unscheinbar. Wo aber neue Münzen geschaffen werden, wie die deutschen Brakteaten, sind sie so zerbrechlich, daß sie für

Schlages wird der Soldritter oder der Söldnerführer. Gerade die Kreuzzüge haben dadurch, daß sie die Entstehung des Geldwesens und dann sein Eindringen in das Heereswesen, wie wir oben sahen, sehr gefördert haben, in großem Maße zur Veränderung des Rittertums im ganzen Abendland beigetragen. Auch von dieser Seite aus ließe sich also in den Kreuzzügen eine Ursache des Absinkens des Ritters und seiner Kultur sehen. Doch ich glaube nicht, daß man so diese Erscheinungen richtig erfaßt. Denn auch nach dem Eindringen des Geldwesens ins Heer ergaben sich noch Erfolg und Ehre verheißende Möglichkeiten für den Ritter, sei es als besoldeter Ritter oder mehr noch als Söldnerführer, als Landsknechtsführer, wie man später sagte. Die Kreuzzüge sind es wiederum, die das klar zeigen. So sind z. B. die Tempelritter später, als die Besatzungen der großen Burgen aus wenigen Rittern und Hunderten von Söldnern verschiedener Art bestanden, mehr deren Führer als in alter Art kämpfende Ritter. Und Namen wie Frundsberg oder Truchseß von Waldburg zeigen, welche Möglichkeiten auch später noch unter veränderten wirtschaftlichen Verhältnissen den Rittern offenstanden. Nein, so stark auch die umgestaltende Kraft des Geldes in der ritterlichen Welt war, ein so rasches Absinken des Standes und seiner Kultur ist von da aus nicht verständlich. Die Hauptursache der Umwälzung ist an anderer Stelle, in der ritterlichen Geistesart und ihrer eigentümlichen Frömmigkeit und in deren Verfall zu suchen.

Zu demselben Ergebnis kommen wir auch, wenn wir unsere Fragen von der anderen Seite aus stellen. Wie muß der Hauptantrieb zu der ritterlichen Kultur des Abendlandes ausgesehen haben? Er muß dem Abendland gemeinsam sein, er muß, da es sich um eine ausgesprochene Laienkultur handelt, in der Gedankenwelt der ritterlichen Laien gesucht werden. Er muß, entsprechend der gesamten Art des Mittelalters, gemäß aber auch der religiösen Ausrichtung der Ritterkultur, wie sie sich im „Parzival" am klarsten ausspricht, engen Zusammenhang mit ritterlicher Frömmigkeit aufweisen können. Er muß dabei der von Cluny bestimmten Frömmigkeit der vorausgehenden Zeiten gegenüber deutlich seine eigene Art behaupten. Er muß imstande sein, die Selbsterkenntnis und das Selbstbewußtsein der Ritterschaft zu steigern. Dieser Hauptantrieb muß, da man Jugendfrische und Tatenlust mit Recht als Kennzeichen dieser Kultur bezeichnet hat, auch diese Elemente aufzeigen. Er muß außerdem aber entsprechend der starken Durchsetzung der Ritterkultur mit einer in die Ferne, oft in die Weite des Südens schweifenden Lust an Abenteuern und Heldentaten auch eine solche Sehnsucht

den eigentlichen größeren Handel unbrauchbar sind und nur dazu dienen können, durch das ihnen aufgeprägte Bild oder Symbol des Herren (Wappen?) bei Zinszahlung und Marktverkehr die Hoheit des Herren, unter dessen Schutz und Herrschaft der Handel abgeschlossen oder der Zins bezahlt wird, zu dokumentieren. Da hat die Münze noch keine eigentliche Geldfunktion. Das aber ist der Zustand bei dem Beginn der Kreuzzüge. Vgl. Adolf Waas, Brakteat = Ztschr. f. dt. Geisteswiss. 5 (1943) S. 187—202.

stark anzusprechen in der Lage sein. Schließlich muß er chronologisch mit dem Beginn des 11. Jahrhunderts in steiler Kurve aufsteigen, um in der zweiten Hälfte des 13. Jahrhunderts langsam abzusinken. Das alles zusammen führt zu dem oben gewonnenen Ergebnis der zentralen Bedeutung der Kreuzzüge und des Gotteskämpfergedankens für Aufstieg, Ausgestaltung und Niedergang der ritterlichen Kultur des Abendlandes[9]. Das Spiegelbild dieser Vorgänge liegt in der Literatur des Abendlandes deutlich vor uns.

Eine Vorstufe zeigt Gestalten, die wir eher als Helden, als Recken, aber kaum als Ritter bezeichnen möchten. Als Beispiel sei aus der deutschen Dichtung vor allem das Nibelungenlied genannt. Obwohl die endgültige Textgestaltung der Zeit der Kreuzzüge angehört, ist doch, da der Sagenstoff ja viel älter ist, das Bild des Helden von der eigentlichen Ritterkultur des 13. Jahrhunderts unberührt: kein Minnedienst, kein Gottesstreitertum, kein Kreuzzugsgedanke; aber auch französischer Einfluß nur in der Wahl einzelner Worte, also nur in der Formgestaltung, die dem Bearbeiter angehört.

Die „Gudrun“, aber auch der „Ruodlieb“ (etwa um 1030) zeigen denselben Stand[10]. Im Bereich des welfischen Hofes hat sich bis zu gewissem Grade diese ältere Stufe der Dichtung bis in die Zeit der Hohenstaufen und Heinrichs des Löwen erhalten. Als Beispiel können das deutsche Rolandslied und König Rother dienen. Hier ist der Kreuzzugsgedanke, das Gotteskämpfertum schon vorhanden; die Wahl des französischen Vorbildes für einen Teil der Stoffe zeigt auch schon die beginnende Vereinheitlichung der Ritterschaft unter französischer Führung. Aber noch ist nichts von Minnedienst zu spüren. Man huldigt noch nicht der höfischen Ritterehre, sondern dem alten Reckenideal[11].

Von Südfrankreich kommt die Welle der neuen ritterlichen Kultur und der ritterlichen Dichtung im engeren Sinne. Die ältesten Dichtungen, die unmittelbar unter dem Einfluß des ersten Kreuzzuges standen, sind leider

[9] Zu der ganzen Entwicklung der Ritterkultur finden sich zahlreiche Hinweise und Einzelausführungen in vielen Werken, ohne daß aber zusammenfassend irgendwo die Bedeutung der Kreuzzüge für die ritterliche Kultur voll gewürdigt wäre. — Vgl. E. R. Curtius, Französ. Kultur (1930) S. 9 ff. — K. Hampe, Hochmittelalter, S. 222 ff. — P. Kluckhohn, Die ritterliche Kultur in Deutschland (Wien 1929). — H. Naumann und G. Müller, Höfische Kultur (Halle 1929). — K. Burdach, Über den Ursprung des mittelalterlichen Minnesangs = Sitz.-Ber. d. preuß. Akad. d. Wiss. 1918, S. 994. — Ders., Der Gral = Forschungen zur Kirchen- und Geistesgesch. 14 (1938). — K. Voretzsch, Einführung in das Studium d. altfranzös. Literatur (Halle 1925). — G. Weise, Die geistige Welt der Gotik (Halle 1939). — A. Hessel, Odo von Cluny und das französische Kulturproblem im früheren Mittelalter = Hist. Ztschr. 128 (1923) S. 1—25. — L. von Ranke, Weltgeschichte VIII, S. 109 ff. — J. G. Herder, Ideen z. Gesch. d. Menschheit IV, 20. Ausgabe von Suphan, 14, 471.

[10] Einmal ist im Nibelungenlied von Pflege der Ritterschaft die Rede, dort sind aber nur ritterliche Übungen gemeint. Nibelungenlied 261, dazu Anmerkung von Bartsch.

[11] H. Naumann, Höfische Kultur, S. 62. — Burdach S. 1018. — Kluckhohn a. a. O. S. 142.

verloren. Aber wir wissen, daß der älteste der provenzalischen Troubadours, Graf Wilhelm IX. von Poitiers, seine Erlebnisse auf dem Kreuzzug von 1101 besungen hat, und ebenso bald nach ihm Grégoire Bechada, und daß bald danach auch Kreuzzugsepen, französische Chansons de geste entstanden sind[12]. Seit der Zeit dieser ältesten Troubadours und Kreuzfahrer blüht in Südfrankreich die ritterliche Poesie schnell auf. Hier entsteht das Minnelied, da hier der Minnedienst gepflegt wird. Hier findet sich zuerst der neue, jugendfrische, frohe und freie Ton, der die neue Dichtung der Ritterschaft in dem ganzen Abendland dann auszeichnen wird. Eigentliche Kreuzzugsdichtung, d. h. Lieder, die für den Kreuzzug werben, folgen nach, aber nicht sofort, sondern erst, als man in größerem Maß für den Kreuzzug zu werben beginnt. Denn wir haben oben schon gesehen, daß Kreuzzugspredigten und Kreuzzugslieder auf das engste zusammengehören[13], daß also die Kreuzzugslieder großenteils Werbereden in dichterischer Form sind. Als Beispiele solcher werbender, für den Kreuzzug begeisternder Lieder der Troubadours seien genannt: Pons de Capduoill, Lanfranc Cigala und Gaucelm Faidit[14]. Von Südfrankreich verbreitet sich diese Dichtung nach dem Norden Frankreichs, vor allem dadurch, daß die Enkelin des genannten Grafen von Poitiers den König Ludwig VII. von Frankreich und nach ihm den Thronerben Englands aus dem Geschlecht der Plantagenets heiratete. So erobert Minnesang und Minnedienst Frankreich und bald auch Deutschland und England.

An sich hat der Minnedienst mit dem Kreuzzug nicht das mindeste zu tun. Aber er wird die Ausdrucksform des neuen Lebenswillens und Selbstbewußtseins der Ritterschaft, wie dies damals in Südfrankreich seine Ausprägung erhielt und von dort aus schnell für die ganze in den Kreuzzügen sich vereinigende Ritterschaft des Abendlandes maßgebend wurde. Aus dem Erbe der Antike in Südfrankreich, unter dem Einfluß der Lebenslust der Landschaft, aus mittelalterlichem freiem Vagabundenleben, verstärkt durch die Berührung mit arabischer Welt in Spanien entsteht diese Minnepoesie[15] und wirkt mit zur Bildung der Ritterkultur.

Auch in Nordfrankreich entwickelt sich um die Mitte des 12. Jahrhunderts, also in der Zeit, als die Kreuzzüge durch den 2. und 3. Zug neue Kreise in Bewegung setzen, neue Formen der Dichtung. Neben das alte Heldenlied des Chanson de geste tritt der höfische Roman, der Roman courtois, der nun zusammen mit den Epen zu dem Träger des neuen ritterlichen Geistes über die Grenzen Frankreichs hinaus wurde. Hatten schon die Chansons de geste, auch wenn sie Taten Karls des Großen und seines Kreises besangen, Gottesstreitertum und Kreuzzugsritterschaft gepriesen, so trat das im Roman noch deutlicher hervor[16].

Dem Beispiele Frankreichs folgt schnell auch Deutschland. In der zweiten

[12] Voretzsch a. a. O. S. 255. [13] Siehe oben S. I, 234.
[14] K. Lewent, Kreuzlied, S. 80 u. 81. — Fr. Diez, Troubadours, S. 207, 293, 458.
[15] Siehe oben S. II, 62/63.
[16] Voretzsch a. a. O. S. 42 ff. u. 289. — K. Hampe, Hochmittelalter, S. 231/32.

Hälfte des 12. Jahrhunderts setzt auch dort die Blüte der Literatur ein. Die Grundlage ist die neue höfische Ritterkultur, wie wir sie schon in Frankreich kennengelernt haben. Es ist kennzeichnend, daß damals ein Geistlicher es für nötig hielt, das Alexanderlied des Pfaffen Lamprecht im Geist der höfisch-ritterlichen Kultur umzudichten. Im Bereich der staufischen Macht entfaltete sich schnell die neue Art, zu denken, zu leben und zu dichten. In den siebziger Jahren schon entsteht das Gedicht von Flor und Blancheflor, das bereits ganz die Kreuzzugswelt darstellt und zugleich ritterlich-höfische Kultur. Heinrich von Veldeke dichtete in derselben Zeit seine „Eneide" unter dem Einfluß des französischen Dichters Chrêtien von Troyes und zugleich der französischen neuen Bildungswelt ritterlichen Typs[17]. Und bald folgen kurz nach 1200 Walther von der Vogelweide, Wolfram von Eschenbach, Hartmann von Aue und Gottfried von Straßburg. Außerordentlich schnell ist diese Höhe ritterlicher Dichtung erreicht, und eine kurze Zeitspanne vereinigt eine große Zahl hochqualifizierter Leistungen, umgeben von einem Kranz weiterer Dichtungen. Der Glanz des Staufischen Hauses unter Friedrich Barbarossa, Heinrich VI. und Friedrich II. hat zweifellos diese schnell hervortretende Blüte sehr gefördert, aber die entscheidenden Faktoren sind nicht hier allein zu sehen. Denn diese Ritterkultur in Deutschland und an dem sizilischen Hof der Hohenstaufen hat einen internationalen Charakter. So wie die deutschen Dichter französische Vorlagen frei bearbeitend benützen (Hartmann von Aue, Wolfram von Eschenbach, Gottfried von Straßburg, Heinrich von Veldeke u. a.), so erscheinen nun auch die in Frankreich zuerst ausgebildeten Formen ritterlichen Lebens, der Minnedienst, das Turnierwesen u. a., in der deutschen Ritterschaft und an den deutschen Fürstenhöfen. Daß französische Wörter in vielen Fällen (unmittelbar oder in Übersetzung) diese neuen Begriffe bezeichnen, charakterisiert die Gemeinsamkeit dieser ritterlichen Lebensformen und Kultur. Es ist keineswegs nur eine literarische Mode, die auch Deutschland ergriffen hätte. Es sind keine rein literarischen Entlehnungen. Dazu geht die Übernahme viel zu schnell und greift viel zu tief. Es sind Zeugnisse der allen Völkern des Abendlandes gemeinsamen ritterlichen Kultur, die in Frankreich ihren ersten Niederschlag gefunden hat und nun in dieser Form auch in Deutschland sich zeigt, aber darum sich zeigt, weil auch der deutsche Ritter, mit dem französischen durch die Kreuzzüge mannigfaltig verbunden, teilhat an dieser neuen abendländischen ritterlichen Kultur. Aber die Literatur ist die Stelle, an der wir die Entwicklung am klarsten verfolgen können. Da sehen wir auch, daß diese höfische Kultur auch auf Widerstände in Deutschland stieß[18], so wie die deutsche Ritterschaft dem ersten Kreuzzug noch ablehnend gegenüberstand und sich erst langsam für den Gedanken gewinnen ließ. Aber dies langsamere Zugreifen und teilweise Widerstreben gegen die neue Ritterkultur und den Kreuzzugsgedanken ändert gar nichts an dem Gesamtbild der ein-

---

[17] H. Naumann, Höfische Kultur, S. 64 ff.   [18] Ebd. S. 25.

heitlichen Kultur der Ritterschaft über die Grenzen der Königreiche hin; von allen Ländern des Abendlandes brachen die Ritter zum Kreuzzug auf. Daß Frankreich in der ritterlichen Kultur vorangeht, hat auch seine volle Parallele in der Kreuzzugsbewegung, wo auch Frankreich zunächst den Weg weist.

Mit der neuen Gattung der höfischen Romane kommen auch die Kreuzzugsromane in Deutschland auf, und die Stoffe der Heldenepen und Romane werden weithin von dem Eindruck der Erzählungen aus den Kreuzzügen bestimmt: die Helden fahren in orientalische Länder, kämpfen dort gegen die Heiden usw. Man spürt, wie enge die Wandlung der Literatur und der Kultur mit dem großen Erlebnis der Kreuzzüge zusammenhängt. Aber die äußere Übernahme von literarischen Stoffen und dgl. halte ich für nicht so bedeutungsvoll wie die indirekte Beeinflussung durch Steigerung des ritterlichen Selbstbewußtseins und Herausbildung einer ritterlichen Art, zu glauben, zu denken, zu leben und zu dichten.

Man könnte allerdings sich wohl fragen, wie dann der weltliche, sehr unfromme Charakter des Minnedienstes, der immer mit dem Gedanken des Ehebruches spielt, sich mit dem zutiefst frommen Charakter des Gotteskämpfertums vertragen könne. Liegt beides nicht so weit voneinander, daß eine Formung der ritterlichen Kultur, die den Minnedienst pflegt, nicht den für Gott streitenden Kreuzzügen zu verdanken sein könne? Daran ist so viel sicherlich richtig, daß der Minnedienst nicht unmittelbar von den Kreuzfahrern geschaffen sein kann[19]. Aber sie schufen die hohe Erregung zusammen mit dem stolzen Bewußtsein der großen Tat aller abendländischen Ritterschaft. Sie sind sich ihres Standes als Ritter nun voll bewußt. Für dies Rittersein haben sich aber damals in Südfrankreich aus alten antiken Erinnerungen Formen herausgebildet, die nun auch die ganze sich eins fühlende Ritterschaft übernimmt. So auch den Minnedienst. Dann aber wird auch die Minne in der Frömmigkeit des „Ritters Christi" eingefügt. Man ist nun überzeugt, daß Gott den Minnedienst will und ihn von den höfischen Rittern verlangt. So äußert sich Ulrich von Lichtenstein[20]. Er hilft den Liebenden, auch wo diese Liebe den ethischen Gesetzen widerspricht. So rechnen Tristan und Isolde mit Gottes Unterstützung, der Isolde hilft, das Gottesurteil zu fälschen[21]. Wolfram von Eschenbach, Hartmann von Aue u. a. dagegen bemühen sich, den Gegensatz dadurch aufzulösen, daß ihre großen Liebespaare zugleich auch Ehepaare sind, z. B. Parzival und Kondwiramur, Erec und Enîte, Willehalm und Kyburg, Iwein und Laudine. Man sieht deutlich: zwei Elemente, von verschiedener Seite herkommend, werden miteinander verschmolzen, und zwar wird die Minne geheiligt, in die Frömmigkeit eingefügt, weil diese der stärkere Faktor ist. Allein aus dem Minnedienst der

[19] Über die Entstehung des Minnesangs siehe oben S. II, 62/63. Es soll aber auch unten in anderem Zusammenhang noch davon die Rede sein.

[20] Ulrich von Lichtenstein 379, 21 ff. Vgl. H. Naumann, Höfische Kultur, S. 23.

[21] H. Naumann ebd. S. 46/47.

Provenzalen hätte sich keine gemeinsame ritterliche Kultur des Abendlandes gebildet, wenn nicht die Kreuzzüge die Ritterschaft der verschiedenen Länder zusammengebracht, zusammengeschlossen und mit dem Bewußtsein der gemeinsamen Gotteskämpferschaft und dem Stolz der gemeinsamen Tat erfüllt hätte.

Aber nicht nur in der Literatur spiegelt sich diese neue Kultur der in der Tat des Kreuzzuges geeinten Ritterschaft wider. Auch die Kunst legt Zeugnis davon ab. Zunächst die Baukunst. Man hat oft den entscheidenden Wandel der Baukunst in Frankreich zur Gotik hin beobachtet, wie er zunächst in St-Denis in den vierziger Jahren des 12. Jahrhunderts und dann in Notre-Dame in Paris in den Jahren 1163—1235 in Erscheinung tritt. Man hat mit Recht diesen Wandel mit dem Glanz des Königtums und der neuen ritterlichen Kultur in Verbindung gebracht. Sie ist von einem neuen Lebensgefühl getragen und verlangt einen neuen Ausdruck auch in der Baukunst. In diesem Augenblick kam diesem Bedürfnis eine neue Lösung der Wölbungsfrage entgegen. Aber keineswegs hätte diese technische Entwicklung allein von sich aus einen neuen Stil hervorgebracht[22]. Die Wurzel liegt tiefer in einem neuen Verhältnis Gott und der Welt gegenüber, und daneben nicht minder wichtig in einem Wechsel der diese Kunst tragenden Schicht. Es ist nicht mehr das Mönchtum und die von diesem beeinflußte Geistlichkeit, die hier maßgebend ist, sondern nun entscheidet das neu erstarkte Königtum, das Rittertum, das von seinem Geist getragene Fürstentum und eine auch von dieser ritterlichen Frömmigkeit mitergriffene Geistlichkeit.

Doch wäre es irrig, das Vordringen der gotischen Baukunst auch in Deutschland mit demselben Vorgang in Frankreich gleichzusetzen. In Deutschland wurde die gotische Baukunst erst im Laufe des 13. Jahrhunderts heimisch, als die ritterliche Kultur schon ihre Blütezeit hinter sich hatte und die Kreuzzüge ihren ursprünglichen Charakter einer spontanen Bewegung weitgehend verloren hatten. Hier ist die Gotik nicht Ausdruck der aufstrebenden ritterlichen Kultur, im Gegensatz zu dem Ursprungsland der Gotik. Aber auch in Deutschland brachte das Aufkommen der ritterlichen Kultur einen neuen Baustil mit sich. Hier ist der Ausdruck ebenderselben kulturellen Welle, die in Frankreich die Gotik entstehen ließ, der Stil, den man (in sehr ungeschickter Weise) lange spätromanisch nannte und den Pinder als den staufischen Stil bezeichnet. Es ist das keine Schlußphase des romanischen Stils, sondern, worauf Pinder hinweist, ein eigener Stil. Er hat eine ganz andere Welt als Grundlage. Wer vor dem Limburger Dom steht, spürt, daß es sich hier um die Kunst einer aristokratischen Welt handeln muß, die einerseits jugendliche Lebensfreude und frischer Stolz, andererseits aber auch eine unbedingte Hingabe an den Dienst Gottes kennzeichnen. Das ist der Kunst-

[22] H. Tietze, Die Gotik, S. 99 ff., in: Wissenschaft und Kultur = Mittelalter in Einzeldarstellungen III, zusammen mit E. Gall gegen Dehio. — Vgl. K. Hampe, Hochmittelalter, S. 234 ff. — H. Sedlmayr, Die Entstehung der Kathedrale (1950).

wille, der die Dome von Mainz und Worms umgestaltet, der die von Naumburg und Limburg a. d. Lahn geschaffen hat, dem wir in so vielen Kirchen am Rhein begegnen, der aber auch geradeso alle die Burgen- und Pfalzbauten der Hohenstaufen in Deutschland geformt hat. Als Beispiele seien Gelnhausen, Münzenberg, Wimpfen am Neckar, Eger, Goslar und Nürnberg genannt. Die Burgen anderer Fürsten, wie die Wartburg, folgten dem Vorbild. Es ist ein völlig einheitlicher Stil, der reine Ausdruck dieser stolzen Laienkultur des Ritterstandes.

Eine Hochblüte der Plastik schließt sich an. Sie erreicht ihre volle Höhe im 13. Jahrhundert mit den Naumburger Stifterfiguren und den Statuen des Bamberger Doms. Aber auch die kirchliche Monumentalmalerei steigt zu dieser Stufe der Leistung auf, z. B. in den Gestalten der streitbaren Bischöfe in St. Gereon, Köln, ebenso aber auch die Buchmalerei und die Goldschmiedekunst. Besonders aufschlußreich sind die Münzen, die für die Zeit von der Mitte des 12. zur Mitte des 13. Jahrhunderts einen ganz eigenen Typ aufweisen, die Brakteaten. Sie sind geprägt von Rittern und Herrn als stolzer Ausdruck ihrer Macht im Kampf gegeneinander und gegen den König, umgekehrt auch von Bischöfen, Äbten und Königen in ebendiesem Kampf. Sie tragen einen ganz eigenen Charakter, der sich von allen Münzen vorher und nachher scharf abhebt. Eine eigene Prägung für sich, eine eigene Welt ritterlicher Kultur repräsentierend, die weder vorher noch nachher bestand. Auch in der Musik trat in derselben Zeit eine entscheidende Wandlung ein. Hier mag es allerdings dahingestellt bleiben, wie weit hier unmittelbare Beziehungen zu der neuen ritterlichen Kultur vorhanden sind. Auch die Form der Buchstaben gestaltet sich um dieselbe Zeit um, wieder ein Zeugnis für irgendwelche tiefgehende Veränderungen im kulturellen Gesamtbild der Zeit[23]. Der Wandel der Kultur gerade in der Zeit der Aktivität und des stolzen Glanzes des Rittertums wird also von allen Seiten des künstlerischen Lebens aus deutlich.

Ebenso klar tritt aber auch der Zerfall, und zwar der sehr schnelle Zerfall dieser ritterlichen Kultur seit der Mitte des 13. Jahrhunderts, vollends aber mit dem Ende dieses Jahrhunderts, in Erscheinung. Doch davon soll in einem anderen Zusammenhange die Rede sein.

Daß aber diese Kultur getragen ist von dem Glauben des Gottesstreitertums und dem daraus entspringenden neuen ritterlichen Selbstbewußtsein, beweisen gerade die schönsten und reinsten Schöpfungen der Dichtkunst dieser Tage. In Deutschland sind es Wolframs „Parzival“ und „Willehalm“, daneben auch die Dichtungen Walthers von der Vogelweide, etwa in dem Lied, in dem der alternde Ritter sehnsuchtsvoll der Kreuzfahrt gedenkt.

---

[23] H. Naumann, Höfische Kultur, S. 52. — Kluckhohn, Die ritterliche Kultur, S. 145. — G. Weise, Die geistige Welt der Gotik, S. 52 ff., 81 u. a. — K. Hampe, Hochmittelalter, S. 234 ff. u. 321 ff. — H. Tietze a. a. O. S. 99. — R. Ficker, Die Musik des Mittelalters (1930) S. 112.

Die Kreuzzüge und das Abendland

Die ritterliche Kultur, von der wir sprachen, gehörte dem Abendland an. Wir müssen darum einen Augenblick bei diesem Begriff verweilen. Der uns so geläufige Gegensatz von Morgenland und Abendland bestand nicht immer. Denn in den Zeiten Alexanders des Großen, des Hellenismus und des Römischen Reiches waren die Länder, die wir gegensätzlich als Abendland und Morgenland bezeichnen, eine Einheit. Und auch die Völkerwanderung war anfangs ein gemeinsames Schicksal aller dieser Völker, das die Einheitlichkeit nicht zerstörte. Alle unterstanden unter Alexander und unter Rom einer einheitlichen Herrschaft, wurden nach gleichen Grundsätzen regiert und von den gleichen Heeren verteidigt. Sie hatten in der ganzen Periode, die etwa 6 Jahrhunderte umfaßte, bei aller Differenzierung in den überlagerten Nationalschichten, eine einheitliche Kultur und im wesentlichen auch eine Kultursprache, die griechische Koine, neben ihren Landessprachen. Dazu kam, daß sie seit der Ausbreitung des Christentums einen Glauben hatten und einer Kirche angehörten. So ist der Gegensatz Abendland—Morgenland durchaus keine Selbstverständlichkeit. Auch schon die enge Verbindung, die dieser Ländergruppe durch das Mittelmeer gegeben ist, legt das nahe.

Freilich bestand ein Gegensatz zwischen Ost und West schon in früherer Zeit, nämlich als Griechenland unter Athens Führung den Ansturm des Perserreiches in den Perserkriegen abschlug. Denn damals waren sich die Griechen bewußt, nicht nur für ihr Volk, sondern für die ganze westliche Welt zu kämpfen. Herodot brachte das zum Ausdruck in einem Gespräch, das er den Perserkönig Xerxes mit dem Spartanerkönig Demaratos führen läßt[24]. Da spricht der Perserkönig von seinen Gegnern als von „den Griechen und den übrigen gen Westen wohnenden Menschen“ (Πάντες Ἕλληνες καὶ οἱ λοιποὶ πρὸς ἑσπέρης οἰκέοντες ἄνθρωποι). Und Herodot weiß, daß zwei ganz verschiedene kulturelle Welten hier aufeinanderstoßen. Dem Stolz des Persers auf den blinden Gehorsam, der die Massen seines Heeres bedingungslos seinem Willen unterwirft, steht hier der Grieche gegenüber, der mit Sicherheit weiß, daß seine Landsleute viel mehr zu leisten vermögen als die Massen des Persers, da sie keinem fremden Herrn, sondern nur dem in ihnen liegenden Gesetze gehorchten. Zwei Welten traten sich hier gegenüber. Aber die Grenze verlief anders als im Mittelalter. Sie zieht mitten durch Kleinasien hindurch, so daß die Westküste mit ihren Griechensiedlungen dem Westen zuzurechnen ist. Konstantinopel und die Westküste Anatoliens ebenso aber Syrien, Ägypten und Nordafrika gehörten der antiken Scheidung nach zum Westen, während das Mittelalter und wir sie jedenfalls zum Orient rechnen. Der antike Gegensatz ist also sehr wohl von dem mittelalterlichen und neuzeitlichen zu unterscheiden.

[24] Herodot VII, 101.

Der mittelalterliche Gegensatz von Morgen- und Abendland ist durch zwei Faktoren geschaffen worden: durch die Neuformung der größten Teile Europas, wie sie sich aus der Begegnung von Germanentum und antiker Welt ergab, und durch den Siegeszug des Islams, der eine scharfe Grenze durch das Mittelmeer hindurch zog und seine Welt der christlichen, von Rom aus bestimmten entgegenstellte. Eine eigene Welt zwischen beiden stellte das oströmische byzantinische Reich dar, das seit dem religiösen Schisma der römischen Welt so fremd geworden war, daß man es in den Begriff des Abendlandes nicht mehr einbezog, aber auch nicht dem Orient zurechnete. Das war das Ende der um das Mittelmeer sich herumgruppierenden antiken Welt. Das Mittelmeer verband nun nicht mehr, sondern trennte. Die neue mittelalterliche Welt wurde politisch und kulturell geformt unter der Herrschaft der Karolinger und besonders Karls des Großen, dessen Reich fast alle Länder des Abendlandes umfaßte. Ihr religiöser Mittelpunkt aber blieb Rom.

Die Kämpfe gegen den Islam und daran anschließend die gegen die Hunnen und Awaren trugen wesentlich zu dem Zusammenwachsen der Länder des abendländischen Kulturkreises bei. Die gemeinsame Aktivität im Kampf und der gemeinsame Sieg schufen ein gemeinsames Selbstbewußtsein des Abendlandes, das das der einzelnen Stämme und Völker in Schach hielt. Aber das änderte sich, als nach dem Tod Karls des Großen die Einheit seines Reiches langsam verfiel. Das Selbstbewußtsein der Völker und Stämme drohte das des ganzen Abendlandes in den Schatten zu stellen, wenn dem nicht ein großes gemeinsames Erlebnis, ein Zusammenstehen in einer großen Sache, vielleicht in einem großen gemeinsamen Kampf entgegentrat. Sollte das den ganzen abendländischen Kulturkreis zusammenhaltende Band lebendig bleiben und von allen Völkern als verpflichtend empfunden werden, so mußten alle einzelnen Völker oder Stammesgruppen aufgerufen werden zu einer gemeinsamen Tat, und zwar mußte dieser Aufruf, wenn er wirkungsvoll sein sollte, auf dem Grunde des Christentums, als der größten allen Gliedern des Kreises gemeinsamen Macht, und auf der ihnen allen gemeinsamen Lebensform des feudalen Kämpfertums (des werdenden Rittertums) ruhen.

Alle diese Voraussetzungen aber erfüllten die Kreuzzüge. Sie haben das Bewußtsein der Gemeinsamkeit dieses christlichen und ritterlichen Lebenskreises erst recht erwachen lassen. Dadurch und durch die gemeinsame angespannte Aktivität der Kreuzritter haben sie die Möglichkeit für eine gemeinsame ritterliche Kultur des Abendlandes geschaffen. Solange die Kreuzzüge in voller Kraft geführt wurden, traten auch die nationalen Gegensätze, selbst wenn sie nun besonders fühlbar wurden, vor der Zusammengehörigkeit des zum Kreuzzug aufgerufenen Abendlandes und der Ritterschaft Gottes zurück. Dabei ist von Wichtigkeit, daß die treibenden Impulse nicht vom Papsttum in die Ritterschaft hineingetragen wurden, sondern daß der gemeinsame Wille zum Gottesstreitertum und zum Kreuzzug aus der Ritterschaft des Abendlandes und speziell des damals führenden Frankreich erwachte. Nicht also ein Zusammenschluß der schon bestehenden Völker oder gar der Staaten führte zu der gemeinsamen Tat des Abendlandes, sondern die Ritterschaft handelte in Zusammenarbeit mit dem Papst über die Grenzen von Völkern und Staaten hinweg im Bewußtsein der gemeinsamen Aufgabe.

SECHSTES KAPITEL

Vom Kreuzzug zur Heidenmission

Als die Kirche zum Kreuzzug aufrief und sich die Gedankenwelt der Ritterschaft mit ihrem Verlangen, Gotteskämpfer zu werden, zu eigen machte, hatte sie im Sturm dieser das ganze Abendland erschütternden Bewegung den Krieg als solchen anerkannt und geheiligt, wenn er im Dienst Christi geführt wurde. Mit scharfer Ablehnung der Fehden innerhalb der Heimat verbanden Urban II. und Bernhard von Clairvaux die volle Bejahung der neuen Ritterschaft und ihres Kämpfens. Doch es wurden Bedenken laut gegen die Berechtigung des Krieges im Namen des Christentums. Aus der Dichtung erfahren wir davon. Zunächst allerdings nicht durch unmittelbare Kritik, sondern dadurch, daß man ein Gegenbild der Phantasie dagegenstellt. In der Kaiserchronik, die in die Mitte des 12. Jahrhunderts gehört, wird berichtet, daß Karl der Große im Kampf gegen die Muslime mit seinen Ritterheeren geschlagen wird, daß er dann aber auf Gottes ausdrückliches Gebot die Jungfrauen des Landes aufbietet und mit ihnen erreicht, daß die Sarazenen sich ergeben und ihr König mit seinem Volk sich taufen läßt. Ausdrücklich hebt der Dichter hervor: ohne Stich und ohne Schlag[1]. Hier stoßen wir also schon in der ersten Hälfte des 12. Jahrhunderts auf Gedankengänge, die in dem Kinderkreuzzug dann so unheilvoll sich ausgewirkt haben. Wichtig ist in unserem Zusammenhang, daß man überzeugt ist, die Ungläubigen würden sich eher zum Christentum bekehren, wenn man sie nicht mit den Waffen bekämpfe.

Solche Ablehnung der Gewaltanwendung gegen die Muslime entstammte aber nicht etwa Mönchskreisen, sie findet sich auch nicht nur bei schwärmerischen Kindern, die ausziehen wollen, sondern wir treffen sie auch klar gefaßt in Wolfram von Eschenbachs „Willehalm“, einer Dichtung, die etwa 1210—1220 entstanden ist. Da heißt es[2]:

„die nie toufes künde
enphiengen, ist daz sünde
daz man die sluoc alsam ein vihe?
grôzer sünde ich drumme gihe:
es ist gar gotes hantgetât . . .“

[1] Kaiserchronik, Vers 14985 ff.: „alse tet in got sigehaft / âne stich unt âne slach. / wol erkanten dô die mägede daz, / daz got von himele mit in was.“

[2] Willehalm 450, 15 ff.

Hier wendet sich also ein kampfgewohnter, aber tiefdenkender Ritter gegen die Vernichtung der Heiden oder gegen die Gewaltanwendung in der Ausbreitung des Christentums. Noch an verschiedenen anderen Stellen weist der Dichter darauf hin, daß Gott auch die Heiden geschaffen habe, so gut wie die Christen: „der beide gemachet hât | den kristen und den heiden“[3], und in dem gleichen Dichtwerk klagt der Dichter über die Todesopfer eines solchen Krieges, die man nicht vor Gott verantworten könne:

„dâ wart des tôdes phlihte
in dem strîte wol bekant.
ze beider sît si sazten phant,
diu nimmer mugen werden quît
vor der urteillîchen zît“[4].

Hier ist der Gedanke des Heiligen Krieges innerlich, von religiöser und ethischer Haltung aus, überwunden, und zwar ohne Hinblick auf die Niederlagen der Kreuzfahrer.

In ganz ähnlicher Weise spricht sich schon im vorletzten Jahrzehnt des 12. Jahrhunderts Walter Map in England entschieden gegen die Führung des Schwertes für Christus, also gegen den Heiligen Krieg und das Gotteskämpfertum aus. Und Map war kein beliebiger Mann, sondern der Vertraute König Heinrichs II. Aber er ist Geistlicher. Man sieht also, daß solche Gedanken in Laienkreisen ebenso wie in den Zirkeln Geistlicher umgingen. Doch stehen solche Stimmen noch vereinzelt da. Nur selten, wie in den Kinderkreuzzügen, ergreifen diese Ideen auch größere Massen. Im allgemeinen denkt man doch anders. Und wer anderer Meinung ist, schweigt in der Öffentlichkeit meist lieber.

Denn wenn in diesen Jahren die Kreuzzugswerbung auf Widerstände stößt, so richten diese sich gegen einzelne Mißbräuche, vornehmlich in der Verwendung der aufgebrachten Mittel[5]. Erst um die Mitte des 13. Jahrhunderts hören wir von Tumulten bei der Kreuzzugswerbung, bei denen man Gott lästert und erklärt, Mohammed sei doch mächtiger als Gott[6]. Das ist dann eine andere Welt; hier stehen wir nicht einer ruhigen, prinzipiellen Ablehnung gegenüber, sondern einer gefühlsmäßigen leidenschaftlichen Abkehr der Enttäuschten und Verzweifelten.

Rein äußerlich bedingt ist es auch, wenn die norddeutschen Fürsten, wie wir gesehen haben[7], sich von der Parole abwenden, die Bernhard von Clairvaux für die Wendenkreuzzüge ausgegeben hatte: „Bekehrung oder Vernichtung“, weil sie keine zerstörten und entvölkerten Länder erobern wollten. Hier liegen die Beweggründe der Abwendung auf dem Gebiete der praktischen Politik und sind vom Nutzen bestimmt.

---

[3] Ebd. 253, 6 ff. — Ähnlich 306, 27 ff. [4] Ebd. 402, 10 ff.

[5] Zum Beispiel Schreiben des Abtes Gervasius von Prémontré an Papst Honorius III., von 1216/17 = Bouquet XIX, 619.

[6] Salimbene = M. G. SS. XXXII, S. 445, zu 1251.

[7] Siehe oben S. I, 183.

Alle diese letztgenannten Widerstände gegen die Kreuzzugsbewegung fußen noch nicht auf einer grundsätzlichen Abkehr von dem Gedanken des Kreuzzuges. Im Gegenteil hat die theologische Literatur dieser Tage oft erklärt, der Kreuzzug sei ein gerechter Krieg und darum erlaubt und Gott wohlgefällig, zum Beispiel Humbert von Romans und Heinrich von Susa[8]. So hatte schon am Ende des 11. Jahrhunderts Bonizo von Sutri das Rittersein im Dienste Christi gepriesen[9], und um die Mitte des 12. Jahrhunderts Johannes von Salisbury[10], ebenso wie Bernhard von Clairvaux in seiner Schrift „De laude novae militiae“[11] um 1132—1136 die Idee des Gotteskämpfertums und damit des Kreuzzuges gewissermaßen kirchlich anerkannt hatte und wie die päpstliche Kreuzzugspropaganda immer wieder zum geheiligten Kreuzzug aufforderte. Erst um die Mitte des 13. Jahrhunderts, als der Kreuzzugswille schwächer wurde und die Niederlagen der Kreuzfahrer häufiger, werden die Fragen nach der Berechtigung der Kreuzzüge immer lauter. Noch werden sie übertönt von der Werbung für die Kreuzzüge und der damit sich oft verbindenden freudigen Bejahung. Noch schweigen die maßgebenden Theologen zu der Frage, die ungeklärt im Halbdunkel bleibt.

In diese Dämmerung des nicht ausgetragenen Gegensatzes tritt im Jahre 1219 wie ein wegweisendes Licht die Persönlichkeit von Franz von Assisi, und zwar nicht mit theologischen Erörterungen oder predigenden Mahnungen, sondern mit einem wie selbstverständlich geschehenden Einsatz seiner Persönlichkeit. Er stammt aus einem ritterlichen Geschlecht und ist in manchem Ritter geblieben. Er steht dem Gedanken des Gotteskämpfertums sehr nahe, bezeichnet sich auch nach seiner Bekehrung gern als novus Christi miles[12], so wie ihn auch Bonaventura Christi Ritter nennt[13]. Er möchte Martyrer im Dienst Christi gegen die Muslime werden, er wie die anderen ersten Mönche seines Ordens; aber der Kampf mit den Waffen kam für ihn nicht in Frage. So nimmt er denn die unklaren Strömungen seiner Zeit, auf die wir schon wiederholt stießen, daß der Ungläubige mit anderen Mitteln als den Waffen bekämpft werden müsse, voll in sich auf, aber so, daß aus der unklaren gefühlsmäßigen Haltung nun eine klare wohlüberlegte Tat wird. Die bischöfliche Erlaubnis zum Zug gegen die Muslime hatte er sich schon früh geholt[14]. 1219 brach er nach Ägypten auf, wo die Franken unter dem Kardinal Pelagius und dem König Johann von Jerusalem Damiette

[8] Vgl. H. Finke, Das Problem des gerechten Krieges in der mittelalterlichen theologischen Literatur = Grabmann-Festschrift (1935) S. 1426—1434. — Humbert, Opus tripartitum = Mansi, Conc. coll. XXIV, S. 109 ff.

[9] Bonizo von Sutri, Liber ad amicum IX, S. 618 ff., L. d. L. I.

[10] Policraticus VI, 8 (Bd. 2, S. 21).

[11] Migne PL 182, Sp. 921 ff.

[12] H. Tillmann, Studien zur Individualität des Franz v. A. (1914) S. 135. — P. Sabatier, Vie de S. François d'A. (1899) S. 193.

[13] Bonaventura, Legenda maior, cap. IX, 7 (Op. VIII, S. 532).

[14] Sabatier S. 255.

belagerten und dem Heer des Sultans al Malik al-Kāmil gegenüberstanden. Dorthin begab sich Franz von Assisi. Damals müssen sich Pelagius und er begegnet sein: der Geistliche, der die militärische Führung des fränkischen Heeres hatte, und der Mönch, der nicht den Waffen, sondern nur der Macht der Überredung und der Hilfe Gottes durch seine Rede hindurch und mehr noch der werbenden Kraft der Botschaft von Christus vertraute. Es wurde ein großer religionsgeschichtlicher und menschlicher Gegensatz in dieser Begegnung sichtbar.

Mit einem Gefährten ging Franz aus dem fränkischen Lager zu dem der Muslime hinüber. Hier wurden die beiden schlecht empfangen und sogar mißhandelt, dann aber doch zum Sultan geführt. Dort bejahte Franz die Frage des Sultans, ob sie eine Botschaft zu überbringen hätten, mit der Zufügung, sie stamme aber von Gott, der des Sultans Seele retten wolle dadurch, daß er sich zum Christentum bekehre. Der Sultan befragte den Kreis seiner Großen, was er mit den beiden tun solle. Diese Männer verlangten ihren Tod. Dem Sultan aber machte die Persönlichkeit von Franz und sein Mut Eindruck, so daß er ihm große Geschenke anbot. Doch die lehnte Franz ab.

Dem Bericht von Bonaventura zufolge hat Franz von Assisi zunächst ein Gottesurteil angeboten, und zwar zuerst in der Weise, daß er und ein Muslim über glühendes Eisen schreiten sollten, dann aber, als kein Muslim dafür zu finden war, daß er allein gehen wolle, um so, wenn er unverletzt sei, die Wahrheit seines Glaubens zu erweisen. Freilich müsse der Sultan versprechen, sich in diesem Falle taufen zu lassen. Doch der Sultan ging nicht darauf ein. Man hat den Bericht stets als Legende zurückgewiesen. Doch ist nicht einzusehen, warum wir ihm nicht glauben sollen. Der Vorgang würde auch der besprochenen ritterlichen Denkweise von Franz entsprechen[15]. Die Legende hat die ganze Begebenheit ausgesponnen dahin, daß der Sultan Franz und seinen Brüdern die Erlaubnis gegeben habe, überall in seinem Reich das Evangelium zu predigen, und daß er Franz gestanden habe, er würde ja gern Christ, müsse aber Unruhen unter seinen Untertanen befürchten, wenn er sich zum Übertritt entscheide; erst auf dem Sterbebette wolle er es tun. Franz habe versprochen, wenn er bis dahin nicht mehr am Leben wäre, ihm doch zwei seiner Ordensbrüder zu schicken, und so sei es in der Sterbestunde des Sultans geschehen, und von ihnen habe der Sultan die Taufe empfangen. Das ist sicherlich Legende und auch nur in den „Fioretti"[16] überliefert. Aber den ganzen Bericht von diesem Bekehrungsversuch anzuzweifeln, liegt keinerlei Anlaß vor. Den Wunsch, Martyrer zu werden, der

---

[15] Bonaventura, Legenda maior, cap. IX, 7 ff. (Op. VIII, S. 532 ff.). — Thomas von Celano I, 57 = Analecta Francisc. X, 1, S. 43. — Ernoul XXXVII, S. 431 ff. — Eracles XXXII, 15, S. 348, von 1219. — Jakob von Vitry, Brief VI, von 1220 (Ztschr. f. Kirchengesch. 16, S. 83).

[16] Fioretti di S. Francesco (hrsg. von G. Battelli, 1929), cap. XXIV.

zu diesem Versuche angetrieben habe, erwähnen Bonaventura und die „Fioretti“ ausdrücklich[17].

Das berührt sich auch eng mit den weiteren Geschehnissen dieser Jahre. Denn etwa gleichzeitig ging eine Gruppe von Franziskanern nach Tunis, mußte allerdings unter Zwang wieder zurückkehren, und eine zweite Gruppe nach Marokko, wo 5 Brüder den Märtyrertod erlitten. Als diese Nachricht nach Assisi kam, waren einige Brüder stolz auf dies Märtyrertum ihrer Ordensbrüder, Franz selbst aber fühlte sich gedemütigt, weil ihm die Gnade des Märtyrertums nicht zuteil wurde[18].

Die ersten Anfänge der Überseemission sind also anzusehen als ein Kreuzzug der Mönche ohne Waffen, getragen von dem Wunsch, das Martyrium zu erlangen, dessen so viele Kreuzfahrer teilhaftig werden konnten.

Hatte man aber einmal mit der Predigt des Christentums unter den Ungläubigen begonnen, mußte einleuchten, daß diese Art des Kampfes für die Sache Christi dem Evangelium mehr entsprach als der Kreuzzug. So kommt es zur Ablehnung des Kreuzzugs oder der Bekehrung unter dem Druck der Waffen.

Franz von Assisi machte aber von dem Tage an, an dem er den Sultan zu bekehren hoffte, die Mission zu einer der großen Aufgaben seines Ordens. Auf der Rückreise von Ägypten setzte er noch in Palästina eine erste Missionsstation ein. In den seinem Orden gegebenen Vorschriften nimmt er die Pflicht der Mission ausdrücklich auf[19]. Gerade so verhielt sich auch Dominikus und sein Orden, so daß nun in Asien Franziskaner und Dominikaner nebeneinander sich der Mission widmeten. Und als man gar mit den Mongolen in freundliche Beziehungen gekommen war, bahnte sich für einzelne von ihnen ein Weg bis weit ins Innere von Asien (Johannes von Pian del Carpine und Wilhelm von Rubruck) und bis nach China (Johannes von Monte Corvino und Odorich von Pordenone). Da die Mongolen-Chane dem nestorianischen Christentum nahestanden und ihre Frauen teilweise nestorianische Christinnen waren, konnte man damals hoffen, daß das alte Ziel der Bekehrung eines Sultans zum Christentum sich nun verwirklichen lasse. Doch es blieb bei solchen Hoffnungen.

Auch in Syrien setzte man den Versuch, den Sultan zu bekehren, fort. Oliverus Scholasticus wandte sich 1221 in einem Brief an den Sultan, der ihn von der Wahrheit des Christentums überzeugen sollte[20]. Und auch König Ludwig IX. wiederholte diesen Versuch nach seiner Gefangennahme[21], ohne daß solche Bemühungen irgendeinen Erfolg gehabt hätten.

---

[17] Fioretti a. a. O. — Bonaventura a. a. O. cap. IX, 5 f. (Op. VIII, S. 531).

[18] Sabatier S. 256 ff.

[19] Franz von Assisi, Op., pars III: Collationes monasticae XXIII (Bibl. Patrist. 6 [1880] S. 331).

[20] Oliverus Scholasticus, Brief 5, von 1221. = Westdt. Ztschr. f. Gesch. u. Kunst X (1891) S. 195.

[21] Siehe oben S. I, 307.

Auch verschiedene Päpste haben Briefe mit verschiedenen Sultanen gewechselt. Aber die meisten verfolgen ein ganz reales und spezielles Anliegen, wie den Austausch von Gefangenen oder den Abschluß eines Friedensvertrages[22]. Eine andere Gruppe von Schreiben zeigt die Abreise von Predigermönchen an und bittet um deren freundliche Aufnahme[23]. Aber einige fordern auch den Sultan auf, zum Christentum überzutreten, mit einigen Sätzen über die Kraft, Bedeutung und Wahrheit des Christentums. In diesem Sinne schrieb z. B. Innozenz III. schon an den Sultan al Malik as-Sāhir von Aleppo, aber zugleich enthält der Brief doch auch ein ganz reales Anliegen wegen des Patriarchen von Antiochia, so daß man den Eindruck hat, daß dieses den eigentlichen Kernpunkt darstellt[24]. Doch dringender und ernster werden diese schriftlichen Bekehrungsversuche, als unter Papst Gregor IX. um 1235 die Nachricht durch Boten des Sultans von Ikonium eintrifft, dieser sei geneigt, zum Christentum überzutreten[25]. Vollen Nachdruck bekommen diese Bestrebungen aber erst unter Papst Innozenz IV., demselben Papst, der, wie wir sahen, zuerst prinzipielle Bedenken gegen die Berechtigung des Kreuzzuges äußerte. Er sandte nicht nur Predigermönche, sondern auch Schreiben an verschiedene muslimische Fürsten, die sie zum Christentum bekehren sollten[26]. Sein Nachfolger, Papst Alexander IV., setzte diese Bemühungen fort[27], die jedoch alle keinen Erfolg hatten. Kennzeichnend für die muslimische Denkweise ist die Antwort, die Papst Innozenz IV. auf eines dieser Bekehrungsschreiben erhielt: Er, der Sultan, wisse von Christus mehr als der Papst und verehre ihn mehr als dieser[28]. Die Mission der Bettelorden aber hat fortgedauert, als die Kreuzzüge zu Ende gegangen waren. So erwuchs aus der Zersetzung der Kreuzzüge der Anfang der heute noch tätigen Heidenmission, zunächst gedacht als eine Art von Kreuzzug der Mönche oder Kreuzzug des Wortes an Stelle des Kampfes der Waffen. Dennoch wurden neben der sich entfaltenden Heidenmission und den Versuchen, einzelne Sultane zu bekehren, die Kreuzzüge fortgesetzt (z. B. bei König Ludwig dem Heiligen). Man scheint damals diesen Gegensatz beider Methoden nicht in seiner vollen Schärfe erfaßt zu haben. Denn auch Franz von Assisi wendet sich nicht grundsätzlich gegen die Kreuzzüge, die er doch in ihrer vollen Realität vor Damiette erlebt hatte. Und Papst Gregor IX., der stets eifrig für die Kreuzzüge warb, schrieb 1238 in offen-

[22] Siehe R. Röhricht, Zur Korrespondenz der Päpste mit den Sultanen = Theologische Studien (1891) S. 359—369.

[23] Zum Beispiel M. G. Epist. I, Saec. XIII, S. 410—412, Nr. 512, von 1233, und S. 422, Nr. 527, von 1233.

[24] Migne PL 216, Sp. 434 (Buch 14, Nr. 69).

[25] M. G. Epist. I, Saec. XIII, S. 519—634 II, Nr. 634 III u. 634 IV, S. 520, als Antwort.

[26] Raynaldi Annales Ecclesiastici ad a. 1247, § 69—70, 71—73, und ad a. 1254, § 5 = Potthast Nr. 15 237.

[27] Raynaldi Annales ad a. 1257, § 65—72 = Potthast 17 131.

[28] Matthaeus Paris. IV, S. 566—567, von 1245.

kundigem Gegensatz dazu an die Franziskaner Palästinas, daß „es dem Heiland ebenso lieb sei, die Ungläubigen zum Glauben durch die Predigt seines Wortes zu führen, wie mit Waffengewalt den falschen Glauben der Sarazenen zu unterdrücken" [29]. So stehen Kreuzzug und Überwindung des Kreuzzugsgedankens in der Idee der Mission in unausgetragenem Gegensatz nebeneinander. Ein weiteres Beispiel dafür stellt auch König Ludwig der Heilige von Frankreich selber dar. Denn einerseits ist eine treibende Kraft seiner Politik bei dem Beginn des Zuges gegen Tunis die Hoffnung, den dortigen Sultan al-Mustansir Billāh in Güte zum Übertritt zum Christentum bewegen zu können [30], andererseits ist er der begeisterte Rufer zum Kreuzzug, trotz aller Erfahrungen, die er auf seinem ersten Kreuzzug hatte machen müssen.

Doch auf die Dauer war dieser Zustand unhaltbar. Die Stimmen, die sich gegen den Kreuzzug wenden, wurden im Lauf des 13. Jahrhunderts immer lauter, und die bedeutendsten Theologen der Zeit sahen sich genötigt, sich mit dieser Frage auseinanderzusetzen, so z. B. Thomas von Aquino, Joachim von Fiore und Papst Innozenz IV. [31] Ebenso mußten die in der praktischen Kreuzzugswerbung stehenden Männer sich äußern und allerlei Begründungen für die Kreuzzüge vorbringen. So schreibt Oliverus Scholasticus, man müsse die Ungläubigen zuerst mit den Waffen niederwerfen, da sie vorher die Predigt des Evangeliums in ihrem Machtbereich nicht zuließen [32]. Die Missionare aber drängte es zur Opposition gegen die Waffen-Kreuzzüge [33].

Im päpstlichen Auftrag schrieb damals Humbert von Romans († 1277) sein Buch [34], in dem er sich bemüht, alle gegen die Kreuzzüge vorgebrachten Gründe zu widerlegen. Der erste der sieben vorgetragenen Gegengründe zeigt den Charakter dieser Gegenbewegung. Er lautet: „Christen dürfen kein so großes Blutvergießen anrichten, auch nicht, wenn es Ungläubige sind", und der letzte, siebte, der Mißerfolg der Züge beweise, daß es nicht Gottes Wille sei [35].

Ob diese Literatur zur Verteidigung der Kreuzzüge viel Erfolg gehabt hat, kann wohl mit Recht bezweifelt werden. Ja, es werden nun auch in der theologischen Literatur ernste, gegen den Kreuzzug sich wendende Stimmen laut. Es ist zunächst ein Kommentar zu Jeremias, der fälschlicherweise

---

[29] Sbaraleae Bullarum Franciscanarum I (1759) S. 233, Nr. 249 = Potthast 10525.

[30] Matthaeus Paris. V, S. 309, von 1252. — Siehe auch oben S. I, 313.

[31] H. Finke, Grabmann-Festschrift, S. 1433. — Throop, Criticism, S. 138.

[32] Brief 5, S. 197, von 1221.

[33] Ricoldus de Monte Crucis, Raymond Pennafort, Wilhelm von Tripolis, Ricoldus = Peregrinationes, ed. I. C. M. Laurent (1873). — Ders., Epist. V, ed. R. Röhricht (1883). — Wilhelm von Tripolis, De statu Saracenorum 53 = Prutz, Kulturgeschichte der Kreuzzüge. Beilage, S. 597/598. — Vgl. auch Throop, Criticism, S. 115 ff., 129 u. 131.

[34] Siehe oben S. I, 319.

[35] Vgl. auch Fritz Heintke, Humbert von Romans = Histor. Studien (Ebering, 1933) S. 222.

Joachim von Fiore zugeschrieben wird. Er enthält eine klare prinzipielle Ablehnung der Kreuzzüge mit aller streitbaren Schärfe. Daher verwandten ihn, wie Salimbene erzählt, die Anhänger Joachims zur Bekämpfung der Kreuzzugswerbung König Ludwigs IX., des Heiligen, von Frankreich[36]. Roger Bacon ist es, der zuerst mit Einsatz seiner Persönlichkeit den Kreuzzugsgedanken energisch bekämpft hat, und zwar einmal wegen des Schadens, der der Kirche und den Christen dabei angetan werde, mehr aber noch, weil die friedliche Bekehrung der Heiden durch solche Kriege nur gehemmt werde. Besonders beweist er seine These an dem Beispiel der Kämpfe des Deutschordens in Preußen, wo es diesem nur darauf ankomme, die Heiden zu unterwerfen, aber nicht sie zu bekehren, und wo die Grausamkeit der Unterwerfung alle Bekehrungsversuche zum Scheitern verurteile[37]. Aber nicht nur Theologen wendeten sich gegen die Bekehrung durch Gewalt, sondern auch Männer der praktischen Politik. König Alfons X. von Kastilien, der Bewerber um die deutsche Königskrone, verbot die Gewaltanwendung bei der Bekehrung der Muslime[38]. So überwanden maßgebliche Kreise den Kreuzzugsgedanken noch vor dem Fall Akkons, zu einer Zeit also, da noch für die Kreuzzüge geworben wurde. Wie groß dabei der Einfluß des positiven Vorgehens auf dem Weg der Mission war, zeigt die Tatsache, daß fast stets die gedankliche Wendung gegen die Kreuzzüge sich mit einer Werbung für die Heidenmission verbindet. Aber so unscheinbar diese ersten Schritte auch waren, ihre religionsgeschichtliche und geistesgeschichtliche Bedeutung war groß. Denn die in den Kreuzzügen gegebene Feudalisierung christlicher Frömmigkeit war damit innerlich überwunden.

---

[36] Salimbene zu 1247/48 = M. G. SS. XXXII, S. 237. — Vgl. auch Throop, Criticism, S. 174 ff.

[37] Roger Bacon, Opus maius, geschrieben 1268, III, cap. 13 = Ausgabe von Bridges (Oxford 1900) III, S. 121: „... nec valet bellum contra eos ... nec sic convertuntur et mittuntur in infernum, Residui vero qui supersunt post bella filii eorum irritantur magis ac magis contra fidem Christianam ... fiunt impossibiles conversioni ... maxime in mare et in Prussia ... non enim est dubium quin omnes nationes infidelium ultra Alemanniam fuissent diu conversae, nisi esset violentia fratrum de Doma Teutonica ..." — Ähnlich II, S. 377.

[38] Throop, Criticism, S. 130, Anm. 73: „Por buenas palabras et convenibles predicaciones ... et non por fuerza nin por premia ..." — Vgl. auch die Stimmen der provenzalischen Troubadours Guiraut Riquier († 1276) und Ramon de Cornet († nach 1332) = K. Lewent, Kreuzlied, S. 57.

SIEBTES KAPITEL

Die Geschichte des Königreiches Jerusalem und der anderen fränkischen Staatengründungen

Herzog Gottfried (1099—1100) und die Könige Balduin I. (1100—1118) und Balduin II. (1118—1131).

Sicherung und erster Ausbau

Wir wenden uns noch einmal zurück zu dem Jahr der Eroberung Jerusalems, um von da aus die Geschichte des Heiligen Landes bis zum Fall Akkons zu verfolgen. Denn die Geschichte des Heiligen Landes ist nicht die der Kreuzzüge, sondern diese greifen als halbfremde Gewalten immer wieder in die eigene Entwicklung des Landes und der fränkischen Staatengründungen ein. Die Kreuzzüge wurzeln, wie der Gang durch ihre Geschichte ergeben hat, viel weniger in Ereignissen des Heiligen Landes als in Vorgängen und Zuständen des Abendlandes, in der Geschichte der Päpste, der einzelnen Herrscher und Staaten, der Ritterschaft, der Religions- und Geistesgeschichte ebenso wie der des Handels und der Sozialentwicklung des Abendlandes. Darum müssen die Kreuzzüge selbst vom Abendland aus gesehen und verstanden werden. Aber Ereignisse aus dem Morgenland geben immer wieder Anlaß zu den Zügen oder doch zu den Aufrufen dazu. Darum muß die Geschichte der fränkischen Staaten Syriens für sich im Zusammenhang, wie sie eingebettet ist in die Geschichte der muslimischen Staaten Vorderasiens, gesehen werden.

Die abziehenden Kreuzfahrer des ersten Zuges hatten noch den großen Angriff der Ägypter abgewehrt. Damit aber war das Ziel erreicht, das sie sich im allgemeinen gesteckt hatten: Das Heilige Land war erobert, die heiligen Stätten in der Hand der Christen. Was aber aus diesem Land werden sollte mitten im feindlichen muslimischen Land, blieb offen, auch, ob die Verbindung mit der Heimat aufrechtzuerhalten sei ohne eigene Flotte. Denn auch Frankreich, das Heimatland der meisten dort verbleibenden Ritter, war ohne rechte Flotte immer angewiesen auf die unsichere Hilfe der italienischen Seestädte, die sich jede Unterstützung mit Privilegien oder anderem teuer bezahlen ließen. Es mußte sehr fraglich erscheinen, ob sich der notwendige Nachschub an Kämpfern, Lebensmitteln und Kriegsmaterial auf diese Weise werde bewerkstelligen lassen. Die zurückbleibenden Kämpfer schienen außerdem der Zahl nach kaum in der Lage zu sein, das Land zu verteidigen. Es sollen nach zuverlässigen Angaben 300 Ritter und 2000 Mann Fußvolk gewesen sein [1]. Allerdings konnte man damit rechnen, daß in jedem Jahr mit der Osterpassage oder auch im Herbst Kreuzfahrergruppen zu Hilfe kamen. Aber mit Sicherheit konnte man das nie wissen, und dazu zogen diese wieder nach Hause, sobald sie nach einigen Kämpfen ihr Gelübde als erfüllt ansehen konnten und ihrem Wunsch nach Gottesstreiterkämpfen und Abenteuern genug getan war. Aber eines hatten die Kreuzfahrer von 1099 hinterlassen: die tiefe Furcht der Muslime vor diesen Ritterheeren. Das war die eigentliche Grundlage, auf der Gottfried in den ersten Jahren aufbauen konnte.

So entwickelte sich das neue Staatswesen nach außen zunächst recht günstig. Der einzige Kreuzfahrerfürst, der zurückgeblieben war, Tankred, eroberte mit nur etwa 80 Rittern Galiläa rings um die Städte Tiberias, Beisan (oder Bethsan) und Nazareth. Dies neuerworbene Land unterstellte er Gottfried und erhielt es von ihm als Lehen zurück. Zu gleicher Zeit unterwarf Gottfried Judäa mit Nābulus und Hebron als Mittelpunkten. Gemeinsam dehnten dann Gottfried und Tankred ihre Herrschaft nach langwierigen Kämpfen mit Damaskus auch über das Ostufer des Sees Genezareth aus, über das Land Sawād oder Suète. An der Küste gelang es neben dem Hafen von Jaffa, den Gottfried fest in der Hand hielt, auch Arsuf (oder Arsur), Askalon, Akkon und Caesarea zur Zahlung eines Tributes und zur Anerkennung ihrer Oberhoheit zu veranlassen.

Darüber hinaus verstand es Gottfried, mit einer ganzen Reihe von Scheichs oder Emiren der Beduinen oder anderer muslimischer Gruppen dauernde freundschaftliche Beziehungen herzustellen, die sich meist in der Zahlung eines Tributes und der Anerkennung seiner Oberhoheit kundtaten. Doch darf man sich das Land deshalb noch lange nicht als geschlossenes und gesichertes Herrschaftsgebiet der Franken vorstellen. Sie hatten in der Hauptsache die Städte als Stützpunkte in der Hand, im Inneren des Landes Jerusalem, Hebron, Bethlehem, Ramla, Lydda, Nābulus, Beisan, Tiberias und Nazareth. Dazwischen aber lagen weite Strecken, in denen islamische Bauern und Beduinen wohnten und schweiften und die nur in lockerer Abhängigkeit zu den Franken standen [2]. Die Schwierigkeit bestand hier vor allem im Mangel an zuverlässigen Bebauern des Landes.

Wichtig war, daß Gottfried durch die Hilfe der italienischen Flotten zunächst das Meer beherrschte. Die Bewohner des Landes wurden genötigt, alle Landesprodukte zunächst den Franken anzubieten und in fränkischen Häfen zu verschiffen. Denn noch immer unterstanden die Haupthäfen des Landes Akkon, Caesarea und Askalon, trotz Tributzahlungen, Ägypten.

---

[1] Wilhelm von Tyrus IX, cap. 19, S. 393.
[2] Dodu, Le royaume latin de Jerusalem, S. 74.

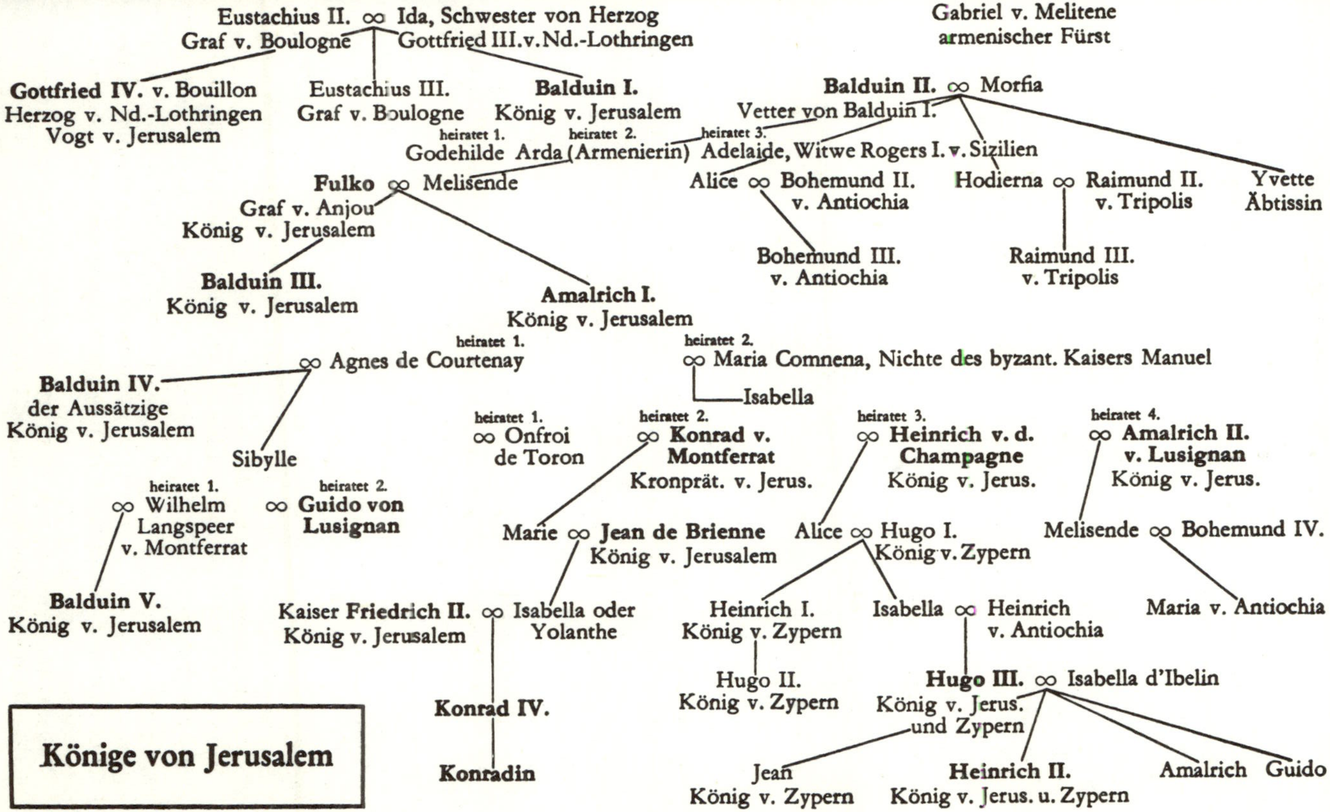
Eustachius II. ∞ Ida, Schwester von Herzog
Graf v. Boulogne
Gottfried III. v. Nd.-Lothringen
Gabriel v. Melitene
armenischer Fürst
Gottfried IV. v. Bouillon
Herzog v. Nd.-Lothringen
Vogt v. Jerusalem
Eustachius III.
Graf v. Boulogne
Balduin I.
König v. Jerusalem
heiratet 1.
Godehilde
heiratet 2.
Arda (Armenierin)
heiratet 3.
Adelaide, Witwe Rogers I. v. Sizilien
Balduin II. ∞ Morfia
Vetter von Balduin I.
Fulko ∞ Melisende
Graf v. Anjou
König v. Jerusalem
Alice ∞ Bohemund II.
v. Antiochia
Hodierna ∞ Raimund II.
v. Tripolis
Yvette
Äbtissin
Balduin III.
König v. Jerusalem
Amalrich I.
König v. Jerusalem
Bohemund III.
v. Antiochia
Raimund III.
v. Tripolis
heiratet 1.
∞ Agnes de Courtenay
heiratet 2.
∞ Maria Comnena, Nichte des byzant. Kaisers Manuel
Balduin IV.
der Aussätzige
König v. Jerusalem
Sibylle
Isabella
heiratet 1.
∞ Wilhelm
Langspeer
v. Montferrat
heiratet 2.
∞ Guido von
Lusignan
heiratet 1.
∞ Onfroi
de Toron
heiratet 2.
∞ Konrad v.
Montferrat
Kronprät. v. Jerus.
heiratet 3.
∞ Heinrich v. d.
Champagne
König v. Jerus.
heiratet 4.
∞ Amalrich II.
v. Lusignan
König v. Jerus.
Balduin V.
König v. Jerusalem
Marie ∞ Jean de Brienne
König v. Jerusalem
Alice ∞ Hugo I.
König v. Zypern
Melisende ∞ Bohemund IV.
Kaiser Friedrich II. ∞ Isabella oder
König v. Jerusalem
Yolanthe
Heinrich I.
König v. Zypern
Isabella ∞ Heinrich
v. Antiochia
Maria v. Antiochia
Hugo II.
König v. Zypern
Hugo III. ∞ Isabella d'Ibelin
König v. Jerus.
und Zypern
Konrad IV.
Konradin
Jean
König v. Zypern
Heinrich II.
König v. Jerus. u. Zypern
Amalrich
Guido
Könige von Jerusalem

Jaffa blieb der Haupthafen und wurde noch von Gottfried ausgebaut. Auch die später geltenden Tarife, die die Einfuhrzölle regelten, gehen auf Gottfried zurück[3].

In der Behandlung der einheimischen Bevölkerung, speziell der Syrer und Byzantiner, hatte Gottfried eine sehr glückliche Hand. Ein Nachruf auf ihn von einem deutschen Chronisten betont, er habe sich mit einem solchen Wohlwollen der Einheimischen wie auch der Genossen seiner Kreuzfahrt angenommen, daß es schwer zu entscheiden sei, ob sein Tod von den Franken oder von den Syrern und Griechen mehr beklagt worden sei[4]. Hier spüren wir etwas von den Herrschergaben Gottfrieds, die ihm seine Popularität verschafften. Und gerade die Frage, ob es den Franken und ihren Königen gelingen werde, mit den Syrern und Griechen in ein gutes Verhältnis zu kommen, erwies sich für das Schicksal des Königreiches Jerusalem als sehr wichtig.

Auch die Grundlagen der Gerichtsverfassung des Landes, die Begründung eines eigenen Gerichtshofes für Bürger (cour des bourgeois) neben seiner eigenen Haute Cour und eines besonderen Gerichtshofes für die einheimische Bevölkerung sind auf Gottfried zurückzuführen und atmen einen ähnlichen Geist[5]. So hat Gottfried in den wenigen Jahren seiner Herrschaft auf zahlreichen Gebieten die Grundlagen gelegt und damit die weitere Entwicklung vorgezeichnet[6].

Doch an einer Stelle hat Gottfried Entscheidungen getroffen, die für das Land verhängnisvoll zu werden drohten. Und die meisten Zeitgenossen ahnten gar nichts von dieser Gefahr. Sie lag in der Absicht, Jerusalem als eine Art Gottesstaat rein geistlicher Führung zu unterstellen. Das aber mußte angesichts der drohenden Gefahren und der notwendig werdenden Kämpfe zu einer Katastrophe führen. Die Erfahrungen, die man 1218 mit der Führung des Kreuzzuges durch den Kardinal Pelagius machen mußte, drohten auch hier schon.

---

[3] Assises II, Cour des Bourgeois CCXLIII, S. 181, Anm. c.

[4] Ekkehard, Hierosolyma, cap. 20, 4, S. 203. — Vgl. auch 20, 2, S. 201: „... paterna sollicitudine curabat."

[5] Grandeclaude, S. 332 ff., hat in eingehenden Untersuchungen 6 Gesetze Gottfrieds aus der Masse der späteren Assisen herauszuschälen gewußt. Das sind einzelne Gesetzesbestimmungen aus dem Lehensrecht, dem Strafrecht, dem Handelsrecht u. a. ohne systematischen Zusammenhang. Es sind von Fall zu Fall erlassene Entscheidungen, die Gesetzeskraft erlangt haben. Sicherlich sind das nicht alle Gesetze Gottfrieds, aber ebenso sicher ist auch kein systematisches Gesetzbuch von Gottfried geschaffen worden, wie dies die spätere Legende wissen wollte, um den bestehenden Gesetzen durch Zurückdatierung auf Gottfried erhöhten Wert zu verschaffen. — Assises II., Cour des Bourgeois XXXI, S. 36. — Assises I., Philippe de Navarre LXXI—CXXIX, S. 542. — Assises I, Jean d' Ibelin CLV, S. 235 — Beugnot, Assises II, Introduction, S. IX f.

[6] In der Literatur hat man meist Gottfrieds Bedeutung für die Grundlegung des Staates von Jerusalem zugunsten von Balduin I. unterschätzt, sehr zu Unrecht.

In den Kämpfen gegen die spanischen Muslime hatte sich früh schon die Theorie ausgebildet, alles den Ungläubigen abgenommene Land gehöre dem heiligen Petrus[7]. Sie übertrug sich später leicht auf den Kreuzzug. Zwar scheinen Urban II. und Paschalis II. von sich aus keine derartigen Ansprüche gestellt zu haben[8], aber in dem bekannten Brief der Kreuzzugsfürsten vor Antiochia an Urban II. sprechen sie derartige Gedanken aus[9], die damals der Politik Bohemunds, des Wortführers der Schreiber, nur allzugut entsprachen. Nach der Eroberung Jerusalems finden sich ähnliche Tendenzen wieder. Aber zugleich tritt auch die scharfe Gegnerschaft gegen sie auf, zunächst in der Frage, wer zuerst gewählt werden solle, der Patriarch oder der König von Jerusalem. Hier siegte die theokratische Idee nicht, wohl aber gleich darauf, als Raimund und dann auch Gottfried es ablehnten, in Jerusalem eine Krone zu tragen.

Doch das alles bekam erst rechte Bedeutung, als man nach einer vorübergehenden Stellvertretung durch Arnulf Malecorne einen Patriarchen wählte, und zwar den bisherigen Erzbischof Dagobert von Pisa, der mit einer pisanischen Flotte im September 1099, also als Jerusalem schon erobert war, ankam. Gleich bei den der Wahl vorausgehenden Verhandlungen stellte dieser seine theokratischen Forderungen, daß Gottfried für Jerusalem und Bohemund für Antiochia ihm den Lehenseid leisten und damit seine Oberhoheit anerkennen sollten. Bohemund war gleich damit einverstanden, da eine Unterstellung unter den Patriarchen ihn vor den Ansprüchen der Byzantiner schützen konnte, während die Lehenshoheit Dagoberts für ihn nicht viel zu bedeuten brauchte. Denn Jerusalem war weit. Gottfried wehrte sich zuerst, gab dann aber nach. Beide leisteten Dagobert den Treueid. Der spätere Erzbischof von Tyrus und Kanzler des Reiches, Wilhelm, schüttelt entrüstet den Kopf, als er davon berichtet[10]. Aber solche theokratische Gedanken waren damals im Abendland sehr verbreitet: die Könige von Spanien, Dänemark, Polen und Ungarn nahmen ihr Land vom Papst zu Lehen, und ebenso die Normannen. Auch die Mathildischen Güter in Italien wurden seiner Lehenshoheit unterstellt. Gottfried selbst stand von jeher solchen Tendenzen nahe, seine Gottesstreiterfrömmigkeit führte ihn dahin. Augenscheinlich hat er gar nicht unter Druck, etwa der pisanischen Flotte, gehandelt, sondern aus Überzeugung. Denn er ging, als die Pisaner wieder fort waren, in seinen Entschlüssen noch weiter[11].

Der Papst fußte darauf, daß 1063 die Türken dem Patriarchen eine Schutzherrschaft über die zu Jerusalem wohnenden Christen zuerkannt hat-

---

[7] M. G. Reg. Gregor VII, I, 6, S. 8, von 1073, und I, 7, S. 11 ff., von 1073: ab antiquo proprii juris sancti Petri fuisse.

[8] Hagenmeyer, Kreuzzugsbriefe XVI, S. 164, siehe oben S. 146.

[9] Hagenmeyer, Kreuzzugsbriefe XVI, S. 161—165.

[10] Wilhelm von Tyrus IX, cap. 15, S. 387.

[11] Fulcher, Buch III, 34, 16, S. 741. — Hansen, Kirchenstaat, S. 44 ff. — Dodu S. 344 ff. — Grousset I, S. 191 ff.

ten. Unversehens wandelte das sich in die Behauptung, Jerusalem habe dem Patriarchen gehört und müsse ihm nun wieder ausgeliefert werden samt der Zitadelle, dem Davidsturm. Gottfried hat sich dieser Forderung gegenüber zunächst gewehrt, dann aber doch nachgegeben [12]. An Ostern 1100 trat er die Stadt an den Patriarchen ab; er sollte Jerusalem mit der Zitadelle so lange behalten können, bis er durch Eroberungen sich einen Ersatz verschafft habe. Doch Gottfried ging noch weiter. Auch einen Teil von Jaffa trat er ab, der den Pisanern zukommen sollte, vor allem aber versprach er, daß, wenn er ohne männliche Nachkommen sterbe, alle seine Rechte an die Kirche von Jerusalem fallen sollten. Zugleich erneuerte und erweiterte er seinen Treueid. Als er ein Vierteljahr darauf auf dem Sterbebett lag, bekräftigte er dort — den Angaben des Patriarchen zufolge — diese Versprechungen. Der volle Sieg der theokratischen Idee schien errungen.

Am 18. Juli starb Herzog Gottfried [13]. Der Patriarch Dagobert hoffte nun ein leichtes Spiel zu haben, besonders da auch Tankred, der Herr von Galiläa, ihm zur Seite stand. Doch die Mehrzahl der fränkischen Ritter, an ihrer Spitze der Kommandant des Davidsturms, Garnier de Grès, ein Vetter Gottfrieds, hielten sich durch die Abmachungen des Herzogs nicht gebunden. Sie waren der Meinung, daß dieser Weg bei der Gefährdung Jerusalems ins Verderben führen müsse. So hielten sie sich an das allgemeine Erbrecht, nach dem, da ein Nachkomme nicht vorhanden war, der Bruder des Verstorbenen, Balduin, der Herr von Edessa, das Erbe antreten mußte. Deshalb schickte man ihm entsprechende Botschaft und bat ihn, möglichst schnell nach Jerusalem zu kommen [14]. Der Patriarch forderte den ihm ergebenen Bohemund von Antiochia auf, Balduin den Durchmarsch durch sein Gebiet nach Jerusalem zu verbieten und ihn notfalls mit Gewalt daran zu hindern. Das hätte einen Bruderkrieg der Kreuzfahrerfürsten angesichts der muslimischen Feinde bedeutet. Aber es kam nicht dazu. Die Botschaft wurde von Raimund von St-Gilles abgefangen und nicht weiter gesendet. Auch schied Bohemund gerade in diesen Wochen für die Dauer von drei Jahren aus der Politik aus, da er auf einem Kriegszug in Armenien in die Gefangenschaft des Emirs der

[12] Wilhelm von Tyrus X, 4, S. 405 f. — Prutz und A. Wolff halten den Brief für eine rednerische Erfindung Wilhelms, Kugler sogar für eine Fälschung. Doch haben die Untersuchungen von H. v. Sybel und Fr. Kühn gezeigt, daß kein Anlaß vorliegt, eine Fälschung anzunehmen. — Siehe auch Dodu S. 349.

[13] Wilhelm von Tyrus spricht von einer schweren und unheilbaren Krankheit. Die armenische Chronik des Urhajetzi behauptet, daß bei einem festlichen Empfang, den muslimische Fürsten ihm in Caesarea gaben, man ihm vergiftete Speisen vorgesetzt habe und er davon aß. Das ließe sich mit den Angaben Wilhelms wohl vereinen und stimmt auch mit den Angaben Alberts von Aachen überein. — Wilhelm von Tyrus IX, 23, S. 399. — Albert von Aachen VII, 18, S. 519. — Urhajetzi 331 = 49 = Iskenderian S. 48, Anm. 162.

[14] Die wichtigsten Quellen über die folgenden Ereignisse sind Albert von Aachen, Buch VII, 46, S. 538, und Wilhelm von Tyrus, Buch X, 3 und 4, S. 403 ff. — Vgl. auch J. Hansen, Das Problem eines Kirchenstaates in Jerusalem (1928) S. 67 ff.

Dänischmends Gümüschtekin geriet und in Nordostanatolien gefangengehalten wurde.

Die andere Botschaft aber erreichte ihr Ziel, und Balduin entschloß sich, sofort zuzugreifen. Die Chronisten behaupten, die Freude über die in Aussicht stehende Herrschaft sei größer gewesen als seine Trauer um den Bruder[15]. Die Grafschaft Edessa übergab er seinem Vetter, Balduin von Bourg, als Lehen und brach mit 400 Rittern und 1000 Fußsoldaten nach Jerusalem auf. In Antiochia wollte man ihn halten, da die Stadt zur Zeit keinen Herren hatte, aber er zog weiter. In einem gefährlichen Engpaß bei Gibelet (Dschebail) trat ihm der Herr von Damaskus, Dukak, mit einem großen Heer entgegen; doch in einer harten zweitägigen Schlacht erkämpfte Balduin sich den Durchmarsch. Ebenso waren auch alle Versuche Tankreds, der mit Balduin verfeindet war, seit sie um Tarsus gekämpft hatten, seinen Marsch aufzuhalten, vergeblich. Schon in Haifa und Jaffa empfing ihn die fränkische Besatzung voll Freude als den neuen Herrn. Ebenso aber auch in Jerusalem. Ritterschaft, Bevölkerung und Geistlichkeit (mit Ausnahme des Patriarchen) zogen ihm festlich entgegen. Der Streit war damit schon zu seinen Gunsten ohne Kampf entschieden. Arnulf Malecorne hatte innerhalb der Geistlichkeit geworben, und die Ritterschaft begrüßte die starke Persönlichkeit Balduins. Durch einige sofort unternommene siegreiche Züge, besonders nach den Landstrichen südlich des Toten Meeres, wußte er seine führende Stellung zu sichern.

Den Patriarchen Dagobert hatte man zunächst abgesetzt. Doch waren beide Teile zu klug, um nicht einen Ausgleich zu erstreben und zu erreichen. An Weihnachten 1100 krönte Dagobert Balduin mit der Königskrone, die Gottfried abgelehnt hatte. Allerdings krönte man ihn in Bethlehem, so daß auch von ihm gelten konnte, er habe nicht dort die Königskrone getragen, wo Christus die Dornenkrone trug[16]. Tankred aber übernahm die Herrschaft über das verwaiste Antiochia und war nun auch zur Anerkennung Balduins bereit.

Doch der Kampf zwischen dem König und dem Patriarchen ging weiter. Viermal setzte ein Konzil unter Vorsitz eines päpstlichen Legaten Dagobert ab. Und viermal wurde er wieder eingesetzt, dreimal, weil Balduin sich doch mit ihm aussöhnte, das letzte Mal von Papst Paschalis II. in Rom, als er mit seiner Klage dorthin gefahren war. Doch da starb er, ehe er Jerusalem wieder erreicht hatte. In diese Streitigkeiten hinein spielte immer wieder die ernste Bedrohung des Königreiches durch Ägypten. Dann brauchte Balduin die Hilfe des Patriarchen und mußte zunächst einmal nachgeben. Kaum aber war die schlimmste Not überwunden, so bezog Balduin wieder seine alte Stellung

[15] Fulcher II, 1, 1, S. 353, und Albert von Aachen VII, 30, S. 526.

[16] Ob Balduin, wie Hansen S. 83 behauptet, sich zunächst auch absichtlich nur König in Jerusalem und nicht von Jerusalem nannte, scheint mir sehr zweifelhaft. Damit ist in den Wortlaut zu viel hineingelegt entsprechend neuzeitlichen Auffassungen.

dem Patriarchen gegenüber. Auch nach Dagoberts Tod setzten sich die Spannungen fort. Zwar wurde der Balduin ergebene Arnulf Malecorne Patriarch, aber auch er wurde bald wieder abgesetzt, da er sein neues Amt zu seiner und seiner Verwandten Bereicherung mißbrauchte. Doch auch Arnulf wurde wieder eingesetzt und verblieb bis zu seinem Tod im Amt.

Während der ganzen Regierung Balduins I. standen sich also in Jerusalem zwei Parteien gegenüber, die sich lebhaft bekämpften[17]. Auch das Abendland nahm, wie Briefe zeigen, lebhaften Anteil an diesem Kampf[18]. Doch langsam erstarkte die Macht des Königs. Die theokratischen Ideen vermochten sich ihm gegenüber nicht durchzusetzen.

Doch während dieser inneren Kämpfe mußte Balduin I. alle Kräfte anspannen zur Abwehr der äußeren Feinde. Denn wie zu erwarten, gab sich der Islam und vor allem Ägypten nicht mit dem Verlust Palästinas und der syrischen Küste zufrieden. Dreimal versuchte Ägypten mit großer Macht die Franken zu schlagen und zu vertreiben, und dreimal wurde der Angriff siegreich von Balduin abgewiesen. Besonders gefährlich war der Ansturm im Jahre 1102. Denn während im Jahre zuvor Balduin die Ägypter bei Ramla mit einer kleinen Ritterschar geschlagen hatte, erlitt er nun eine schwere Niederlage, wieder bei Ramla, mußte flüchten und konnte nur mit einem kleinen Schiff mit Mühe Jaffa erreichen und so Jaffa hindern, sich den Ägyptern zu übergeben. Da kam Hilfe aus Jerusalem und von einer Kreuzfahrerflotte, so daß Balduin nun bei Jaffa in einer siegreichen Schlacht die Ägypter völlig schlagen konnte.

Doch nicht nur von Ägypten aus griff der Islam die jungen fränkischen Staaten an. Der Sultan von Persien, Muhammed, veranlaßte den Atabeg von Mossul, Maudud ibn Altyntasch, zum Angriff, und zwar auf die ihm zunächst gelegene Grafschaft Edessa. Balduin von Bourg rief daraufhin seinen Lehensherren Balduin von Jerusalem zu Hilfe, und dieser tat auch, was er irgend konnte. Auch die fränkischen Fürsten von Antiochia, Sidon und Tripolis leisteten Unterstützung. Lange lag man sich bei Apamaea gegenüber. Doch dann errangen die Franken in einer schweren Schlacht den Sieg.

Aber Maudud gab sich noch nicht geschlagen. Er war der erste, der dem Gedanken des Heiligen Krieges auf seiten der Muslime wieder Stoßkraft gab. Er versöhnte sich mit seinem Gegner Tughtekin von Damaskus und griff mit ihm zusammen 1113 von neuem an. Balduin rief wieder die fränkischen Fürsten um Hilfe an, wartete aber ihr Eintreffen nicht ab, sondern ließ sich zu einem Angriff an der Jordanbrücke bei Sinn ar-Nabra leichtfertig verlocken, der mit einer Niederlage der Franken endete. Die Franken konnten sich großenteils auf einen Hügel bei Tiberias retten und verschanzen. Dort

---

[17] In der Erbitterung des Kampfes griff man auch hier, wie damals so häufig im Abendland, zu Fälschungen. — Hagenmeyer, Kreuzzugsbriefe XXII, S. 179.

[18] Migne PL 159, Brief 9 und 36, Sp. 206 und 220 f. — Migne PL 162, Brief 93, Sp. 113/14, von 1101. — Vgl. auch Hansen, Kirchenstaat, S. 101.

harrten sie aus, bis weitere Verstärkungen durch Kreuzfahrer kamen. Sie mußten aber zusehen, wie der Feind das Land ringsum verwüstete, wie die muslimischen, den Franken untertänigen Bauern mit ihnen gemeinsame Sache machten, während auch noch die ägyptische Besatzung von Askalon vorstieß. Doch als Verstärkungen mit der Herbstpassage kamen, zogen Maudud und Tughtekin sich zurück. Der große Angriff war abgeschlagen.

Und noch ein drittes Mal mußte Balduin hier sein Reich verteidigen, aber unter anderen Konstellationen. Maudud wurde, als er in Damaskus weilte, von einem Assassinen ermordet. Der Verdacht fiel auf Tughtekin, der sich von Maudud bedroht gefühlt hatte. Das entzweite die Gegner: Damaskus suchte das Bündnis der Franken, ebenso andere kleinere muslimische Staaten. Die Bündnisse zeigen, daß die Frankenstaaten in diese syrisch-muslimische Welt hineingewachsen waren und als Gegner wie als möglicher Bundesgenosse sich eine sichere Stellung erworben hatten. Von hier aus waren neue Wege für die fränkische Politik gewiesen, die allerdings von dem eigentlichen Kreuzfahrertum weit ablagen. Dem großen Heer, das der Sultan diesmal unter Bursuki sandte und das zugleich Gebiete von Damaskus wie von Antiochia angriff, trat der neue muslimisch-fränkische Bund entgegen. Daraufhin mußte Bursuki sich wieder zurückziehen.

So hatte Balduin I. in engem Zusammengehen mit den anderen fränkischen Herrschaften sich gegen Ägypten und gegen die Heere des Sultans von Persien in je drei Feldzügen zu behaupten gewußt. Jedesmal stand eine feindliche Überzahl den kleinen christlichen Ritterheeren gegenüber. Jetzt erst konnte das Ergebnis des Kreuzzuges als gesichert gelten. Es war eine glänzende militärische Leistung. Sie macht das eigentliche Verdienst von Balduin I. aus[19]. René Grousset bezeichnet alle diese Kriege als „Gegenkreuzzüge". Doch scheint mir diese Bezeichnung wenig gücklich zu sein. Denn abgesehen von Anfängen bei Maudud, ist damals bei den Muslimen der Wille zum Dschihad, zum Heiligen Krieg, noch nicht wieder entwickelt. Hier kämpfen einzelne islamische Staaten um die Macht und gegen den neuen Nachbarn, aber nicht der Islam als solcher. Aber auch nicht als Kampf gegen den Kreuzzug hat das Wort „Gegenkreuzzug" seine Bedeutung. Denn der Gegner der Muslime ist das nach seinen eigenen Gesetzen sich entwickelnde fränkisch-syrische Reich, aber kein Kreuzzug mehr.

Ein zweites großes Verdienst Balduins war der Ausbau des fränkischen Staates. Hier war, wie wir sahen, Gottfried ihm vorangegangen. Balduin nun gelang es, die Küste zu erobern und zu sichern. So erst wurde eine stete Verbindung mit dem Mutterland garantiert, siedelten die Kolonien der italienischen Handelsstädte so fest im Lande an, daß man nun regelmäßig auf die Mitarbeit von Venedig, Genua und Pisa mit ihren Flotten rechnen konnte. Dieser große Siegeszug verlief etwa in folgenden Etappen: 1100

---

[19] Eine genaue Schilderung der Kämpfe mit eingehender Wiedergabe der Schlachtenberichte unserer Quellen bietet René Grousset I, S. 218—288.

gelang es Tankred mit Hilfe der Venetianer, Haifa einzunehmen, 1101 nahm Balduin mit genuesischer Hilfe Arsuf und Caesarea, 1103 mißlang ein Angriff Balduins auf Akkon, 1104 eroberte Graf Raimund von St-Gilles mit den Genuesen Gibelet (Dschebail oder Byblos), 1104 nahm Balduin mit Hilfe der Genuesen Akkon, 1106 nötigte Balduin, unterstützt von einer flämischen, dänischen und englischen Pilgerflotte, Sidon zu einem großen Tribut, 1108 mißlang dagegen ein neuer Versuch Balduins, mit Hilfe von italienischen Seefahrern Sidon ganz zu unterwerfen, 1109 aber gewann Balduin zusammen mit Bertrand von St-Gilles Tripolis, ebenso 1110 mit italienischer Hilfe Beirut, und 1111 endlich mit Hilfe einer norwegischen und einer venetianischen Flotte das lang umstrittene Sidon. Askalon wurde durch ein Bündnis zur Aufnahme einer fränkischen Garnison veranlaßt; doch die arabische Bevölkerung der Stadt erhob sich und machte diese Garnison nieder. 1112 versuchte Balduin noch Tyrus zu nehmen, doch das mißlang.

Gewisse einheitliche Züge lassen sich dabei beobachten: vor allem die Tatsache, daß die Eroberungsversuche von Balduin ohne die Hilfe von Flotten mißlingen. Man war also auf die venetianische, genuesische, pisanische Seemacht angewiesen. Diese Städte aber verlangten regelmäßig bestimmte Vorrechte in der eroberten Stadt, aus denen sich dann italienische Handelskolonien mit großer Selbständigkeit, also Fremdkörper in den Städten, entwickelten. Sie brachten dem Land viel Nutzen, aber auch viel Schaden. Aber der Preis war nicht zu hoch. Denn ohne die Hilfe der Flotten war die Eroberung dieser wichtigen Plätze überhaupt nicht möglich.

Ägypten war damals innerlich so schwach, daß es diesen großen Verlust hinnehmen mußte und auch die gefährlichen Lagen, in die Balduin wiederholt geriet, nicht ausnutzen konnte. Solange dieser Zustand dauerte, konnte das Königreich Jerusalem sich entfalten.

Bei allen diesen Zügen bewies Balduin seine große Tüchtigkeit und Zuverlässigkeit, nicht nur als König von Jerusalem, sondern auch als Lehens- und Oberherr auch der anderen fränkisch-syrischen Staaten. Er setzte sich mit aller Kraft ein, wenn sie bedroht waren, und umgekehrt war ihre Hilfeleistung für sein Reich ihnen eine Selbstverständlichkeit. Am klarsten ward diese Stellung, als man ihn 1109 in Tripolis die erbitterten Streitigkeiten einiger fränkischen Herren entscheiden ließ. Die Feindschaft Tankreds gegen Balduin von Bourg kam zum Austrag, und der Streit der Erben des inzwischen verstorbenen Grafen Raimund von St-Gilles, des Führers aus dem ersten Kreuzzug, wurde geschlichtet. Balduins Schiedsspruch schuf Frieden.

Gegen Ende seiner Regierung ging Balduin I. über diese Linien der Verteidigung und des Ausbaues hinaus. Einmal unternahm er einen kühnen Vorstoß gegen Ägypten selbst, der ihn bis zum Ufer des Nils führte und eine ägyptische Stadt in seine Hand brachte. Er wollte augenscheinlich dies Land nicht erobern, sondern auf es nur einen Druck ausüben, der ihm anderwärts (vielleicht in Askalon) Nutzen bringen sollte. Doch sein Tod verhinderte die Erfüllung solcher Hoffnungen.

Schon vorher, im Jahre 1115, war er in die Länder südlich des Toten Meeres vorgedrungen, in Arabia Peträa. Dort stieß er bis zum Roten Meer vor, befestigte dort 'Aila und die gegenüberliegende Insel Grayé (Qireiyé) und erbaute vor allem die starke Feste Krak de Montréal oder Schaūbak an einer das „Val Moyse", Wādī Mūsā und die dortige Karawanenstraße beherrschenden Stelle. Hierdurch wurde der Islam in seinem Zentrum bedroht. Denn damit hatte Balduin die Möglichkeit, die Karawanenstraße von Ägypten nach Mekka zu sperren. Behā ad-Dīn nennt diese Stelle „die Wurzel und die Stütze aller muslimischen Länder" [20]. Noch war Ägypten schwach und konnte sich nicht dagegen wehren. Aber später sollte sich zeigen, daß hier ein gefährlicher Punkt erreicht war. Hier ging Balduin I., die derzeitige Schwäche Ägyptens benutzend, über die Notwendigkeiten der Verteidigung hinaus und verstand sich nicht — wie sonst so oft — auf ein einsichtsvolles Sicheinfügen in die Welt der muslimischen Staaten [21].

Noch auf eine Seite der Politik Balduins I. müssen wir das Augenmerk richten. Jerusalem war seit der Eroberung entvölkert. Die muslimisch-arabische Bevölkerung war entweder in dem Blutbad nach der Eroberung umgekommen oder ausgewiesen worden. Denn man wollte keine Ungläubigen in der Heiligen Stadt. Die syrischen und griechischen Christen aber waren schon vor der Eroberung von den muslimischen Herren großenteils vertrieben oder getötet worden, da man fürchtete, sie würden gemeinsame Sache mit den Kreuzfahrern machen. Von den Kreuzfahrern blieben aber nur sehr wenige im Land, ebenso wie von den immer wieder kommenden Wallfahrern. Da versuchte Balduin I. durch eine Siedlungspolitik Abhilfe zu schaffen. Er ließ syrische und griechische Christen aus Transjordanien auffordern, nach Jerusalem auszuwandern, und versprach ihnen günstige Lebensbedingungen. Und diese Aufrufe hatten guten Erfolg. Eine große Zahl von Siedlern aus Transjordanien und Haurān kamen. Man hatte mit Absicht nur Christen aufgerufen, weil der Aufstand der arabischen muslimischen Bauern in Galiläa bei dem Einfall von Maudud (1113) gezeigt hatte, wie wenig man sich damals noch auf solche muslimische Siedler verlassen konnte.

König Balduin I. selbst paßte sich schnell der orientalischen Welt an, in der er nun lebte und herrschte. Er trat in Jerusalem als christlicher Sultan mit einem goldgestickten Burnus auf, trug in morgenländischer Weise den Bart lang und ließ sich in der Art der orientalischen Herrscher verehren. Auch liebte er es, in der Art der Orientalen mit untergeschlagenen Beinen zu sitzen. So wie er, kaum daß er in Edessa war, durch die Heirat mit der

[20] Beha ed-Dīn, Leben des Sultans Yusuf, S. 58.

[21] Grousset I, S. 315, sieht diese Gefahr wohl, er urteilt, daß dieser Schritt Balduins I. „... dépassa le domaine proprement palestinien ...", aber er bewertet ihn trotzdem so hoch, daß er ihn die Krönung des Werkes von Balduin nennt.

Armenierin Arda den fränkischen Rittern ein Vorbild für die Vermischung gegeben hatte, so auch in Jerusalem.

Für seinen Charakter kennzeichnend ist sein starker Wille, der sich voll für das Wohl seines Reiches einsetzt, aber auch vor keinem Mittel zurückschreckt. Das zeigt die Art und Weise, wie er Herr von Edessa wurde, von der oben schon die Rede war, das zeigen auch seine Heiraten. Seine erste Frau verlor er früh. Dann heiratete er, als er Herr von Edessa war, die vornehme Armenierin Arda. Als er aber Edessa verließ und die Verbindung mit den Armeniern nicht mehr brauchte, schickte er Arda in ein Kloster und lebte zunächst als Junggeselle, heiratete dann aber, als er aus politischen Gründen die Verbindung mit Sizilien festigen wollte, Adelaide, die Witwe Rogers I. von Sizilien. Sie brachte ihm großen Reichtum als Mitgift. Als dieser aber für die Zwecke seines Reiches verbraucht war, und er in seinem Land ernste Schwierigkeiten wegen Bigamie bekam, schickte er Adelaide sehr gegen ihren Willen wieder nach Sizilien zurück und holte Arda aus dem Kloster wieder zu sich. René Grousset, der Balduin I. sonst sehr hochschätzt, charakterisiert ihn gut mit den Worten: „Die morgenländische Welt fand in ihm einen Politiker, der fähig war, sie auf ihrem eigenen Gebiet zu schlagen, arglistiger als ein Levantiner, schlauer als ein Araber, gewalttätiger in seinem Gegenstoß als ein Türke und von einem soldatischen Feuer, das alle Türken in Schatten stellte, alles in allem ein genialer Abenteurer, der seine Zeit zu beherrschen wußte.“ [22]

Er war eine stolze königliche Erscheinung und betonte in seinem gemessenen würdevollen Auftreten und seiner wortkargen Art noch das Strenge, Herrscherhafte seines Wesens. Er war ein echter Ritter. Zweimal hat er durch seine draufgängerische, unkluge Tollkühnheit sein Land in ernste Gefahr gebracht, 1102 bei Ramla und 1113 bei Sinn ar-Nabra, ebenso aber auch oft durch seine kühnen Angriffe das Schicksal der Schlachten zu seinen Gunsten entschieden. Daß er aber auch mit Geduld auszuharren und Schwierigkeiten aller Art zu ertragen vermochte, hat er in demselben Jahr 1113 bewiesen. Durch diese kriegerischen Erfolge hat er seinem Land einen sicheren Platz innerhalb des Gefüges der islamischen Staaten verschafft. Erst in zweiter Linie war er Staatsmann. Als solcher wußte er mit klarem Instinkt eine Politik der Bündnisse und Friedensverträge einzuschlagen, die die Grundlage für die Existenz der fränkisch-syrischen Staaten bis 1187 wurde. Er ist so der eigentliche Begründer der fränkischen Staaten geworden, und zwar nicht nur des Königreichs Jerusalem, sondern auch der unter seiner Lehensoberhoheit sich daran anschließenden anderen fränkisch-syrischen Staaten.

Die Herrschaft König Balduins II. (1118—1131) trägt denselben Charakter wie die seines Vorgängers, nur sind die Verhältnisse von vorneherein schon klarer, die Königsherrschaft bereits gesichert. Schon seine Wahl verlief ohne große Schwierigkeit. Zwar war nach dem Erbrecht der Bruder des

[22] Grousset I, S. 65.

Verstorbenen, Graf Eustachius von Boulogne, erbberechtigt, aber der war in Frankreich, und es schien gefährlich, das Königreich so lange führerlos zu lassen, bis er aus dem Abendland angereist war. So entschloß man sich einhellig für den Vetter Balduins I. und Gottfrieds, Balduin von Bourg, den Herren von Edessa. Die Krönung fand diesmal in Jerusalem selbst statt, alle Bedenken waren also inzwischen geschwunden, ein Zeichen für die Erstarkung des Königtums.

Im allgemeinen setzen sich die Linien über diesen Thronwechsel hin fort. Auch Balduin II. hatte noch gegen Ägypten zu kämpfen, ebenso aber auch im Nordosten des Landes, wenn auch dort gegen einen neuen Gegner, Il-Ghāzī, den Emir von Mārdīn (Dijarbekr), den Nachbarn von Edessa; dabei stand der Kampf um Aleppo im Vordergrund. Auch Balduin II. baute die Herrschaft der Franken über die Küste aus, und zwar durch den Erwerb von Tyrus, der bedeutendsten Stadt der Küste. Alles das gleicht in den Grundzügen der Regierung Balduins I. Doch konnte Balduin II., gestützt durch das Ansehen, das die fränkische Macht inzwischen genoß, viele Kämpfe unblutig führen. Das Erscheinen seines Heeres oder auch das Beharren in gegenüberliegenden Stellungen genügte oft, um den Kampf zu entscheiden. Statt des starken, hemmungslosen Willens Balduins I. zeigt der Nachfolger aber Verschlagenheit und Gerissenheit. Beiden gemeinsam ist, daß sie neben Jerusalem auch Herren von Antiochia, Tripolis und Edessa sind, teilweise als Stellvertreter der dort fehlenden Fürsten, teilweise als Lehensherren, so daß also die Gesamtheit der fränkischen Herrschaften jedem Gegner gegenüberstand. Doch hatte Balduin II. andererseits auch die bei Balduin I. schon zu beobachtende Neigung, nach errungenen Erfolgen die ihm gezogenen Grenzen nicht zu sehen und von der Verteidigung zu großen Angriffen überzugehen, und zwar Balduin II. in einem für die Zukunft bedenklichen Maße.

Der wichtigste Schauplatz der Kämpfe Balduins II. war das Binnenland des Fürstentums Antiochia vom Orontestal gegen Aleppo hin. Denn Aleppo war zu einem kritischen Punkt geworden. Roger, der derzeitige Herr von Antiochia, hatte eine gewisse Oberhoheit über die Stadt. Das war für die Muslime schon schwer erträglich. Kam Aleppo ganz in die Hand Rogers, so bedeutete das für die Franken die endgültige Sicherung von Antiochia und Tripolis. Aber die ganzen Machtverhältnisse hätten sich damit so sehr verschoben, daß alle muslimischen Nachbarn sich energisch dagegen zur Wehr setzen mußten. Ein Schutzbündnis dieser Staaten war die Folge. Die Führung übernahm, da der persische Sultan und mit ihm sein Atabeg Bursuki diesmal in Mossul vollauf in Anspruch genommen waren, der Emir Il-Ghāzī von Mārdīn und nach seinem Tod sein Neffe Balak und sein Sohn Timurtasch. Nun unterstellte sich auch Aleppo der Führung von Il-Ghāzī, sich damit gegen die Franken wendend, wenn man auch erklärt hatte, daß durch diesen Schritt die Rechte der Franken gewahrt bleiben sollten. Das aber

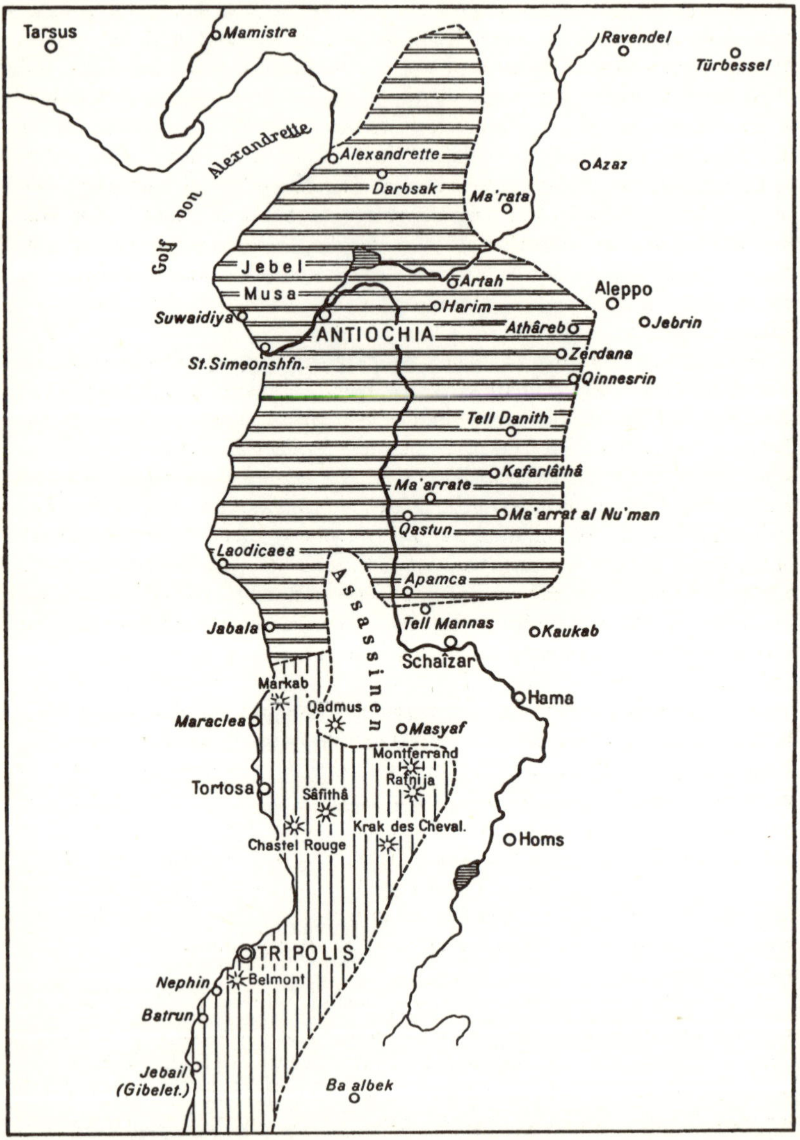

Fürstentum Antiochia (waagrecht schraffiert) · Grafschaft Tripolis (senkrecht schraffiert)

genügte Roger von Antiochia nicht mehr. Er empfand es als eine Herausforderung. So zog er gegen Aleppo, und zwar, da er ein kühner Draufgänger war, leichtsinnigerweise, ohne die Hilfe König Balduins und der andern Franken abzuwarten. Zwischen Aleppo und Antiochia bei der Burg Tell Akibrīn trat ihm Il-Ghāzī entgegen und schlug ihn am 28. Juni 1119 vollkommen. Von dem stattlichen Heer sollen nur 140 Mann entkommen sein. Roger selbst gab sich, als er die Größe der Niederlage übersah, den Tod. Die Gefangenen aber wurden getötet, teilweise mit ausgesuchter Grausamkeit. Die abendländischen Chroniken nannten das Schlachtfeld nur noch „ager sanguinis". Es war die schwerste Niederlage, die die Franken bisher erlitten hatten. Antiochia war stark bedroht. Außerdem aber war der Bann der Furcht, die die Franken bis dahin verbreitet hatten, gebrochen. Sie waren nicht unbesieglich.

In dieser Not bewies sich König Balduins Treue und Geschicklichkeit. Trotz der großen Reiterscharen, die der Feind ihm entgegengeschickt hatte, erreichte er Antiochia, ebenso andere fränkische Große. Man übertrug Balduin als Stellvertreter des noch abwesenden jungen Prinzen die Herrschaft über Antiochia. Währenddessen hatten die Muslime schon eine der fränkischen Burgen nach der anderen genommen, ja sogar den Hafen von Antiochia besetzt. Schnell trat Balduin II. mit wenigen Rittern Il-Ghāzī entgegen und behauptete in einer heißen Schlacht bei Tell Danith das Feld. Doch damit war noch kein endgültiger Sieg erfochten. 1120, 1121 und 1122 erneuerte Il-Ghāzī seine Angriffe. Doch es kam nicht zum Kampf. Die Heere lagen sich gegenüber, bis die Muslime abzogen.

Da gelang es Balak, dem Neffen von Il-Ghāzī, den Herren von Edessa, Joscellin von Courtenay, gefangenzunehmen. Auf das Angebot seiner Freilassung, wenn er Edessa abtrete, ging Joscellin nicht ein. So wurde er in die Feste Charput in den armenisch-kurdistanischen Bergen gebracht. Doch damit nicht genug: als der König ihn befreien wollte und unterwegs auf die Jagd ging, wurde er selbst überrascht und gefangengenommen. Auch er wurde nach Charput gebracht. Nun waren Jerusalem, Antiochia und Edessa ohne Herren. Doch verlor man im Lager der Franken den Kopf nicht, sondern wählte für Jerusalem den Connetable Eustache Garnier zum Stellvertreter, während in Antiochia der Patriarch Bertrand de Valence die Geschäfte übernahm.

Währenddessen hatten Balduin und Joscellin in ihrem Gefängnis es verstanden, mit den Armeniern der Stadt und des armenischen Landes Beziehungen aufzunehmen. Beide waren bei ihnen als ihre alten Herrscher wohlbekannt und beliebt[23]. Jetzt hielten die Armenier ihnen die Treue. Als Bettler oder Mönche verkleidet drangen Armenier in Charput ein, setzten sich

[23] Wir besitzen noch die Gedenkrede, die sein armenischer Beichtvater, der Bischof Vasil, auf Balduin II. hielt. Darin heißt es u. a.: „Er liebte die Armenier mehr als die Franken." = Iskenderian S. 92.

mit Hilfe der armenischen Einwohner in den Besitz der Stadt und befreiten die beiden Gefangenen. Aus Gefangenen wurden sie Herren der Stadt.

Doch blieb die Lage sehr gefährlich, wenn es nicht gelang, schnellstens Hilfe der Franken herbeizurufen. Darum machte sich Joscellin mit drei treu ergebenen Armeniern auf den Weg, während Balduin die Stadt behauptete. In abenteuerlicher Flucht schlug sich Joscellin durch. Mit wunden, blutenden Füßen erreichte er den Euphrat. Da er nicht schwimmen konnte, zogen ihn die Armenier auf zwei aufgeblasenen Wasserschläuchen über den Fluß. Als sie vor Hunger und Durst nicht weiterkamen, ließen seine Gefährten ihn im Gestrüpp verborgen zurück, um Hilfe zu suchen. Sie stießen auf einen armenischen Bauern, der Joscellin zum Verhängnis zu werden schien, da er diesen erkannte und laut als Herren begrüßte. Er stellte ihm nun alles, was er hatte, zur Verfügung — viel war es nicht —, und so erreichte Joscellin auf einem Esel des Bauern, dessen Säugling auf dem Arm, glücklich seine Stadt Turbessel und von dort so schnell als möglich Antiochia und Jerusalem. Überall warb er für eilige Hilfe[24].

Inzwischen aber hatte Balak Charbut wieder genommen, und Balduin war von neuem in Gefangenschaft. Da wurde Balak im Mai 1124 von einem Pfeil tödlich getroffen, der königliche Gefangene aber ging in die Hand von Timurtasch, dem Herrn von Aleppo, über. Der hatte vor allem Interesse an einem großen Lösegeld. Die Bedingungen waren hart: 100 000 Goldgulden oder 80 000 Dinare Lösegeld, von denen 20 000 sofort zu bezahlen waren, die Übergabe der Städte Azaz, Athāreb, Zerdana, Dschasr und Kafr Tāb an Aleppo, Hilfe gegen den Beduinenscheich Dubais und Stellung seines Töchterchens Yvette und anderer als Geiseln. Doch Balduin II. nahm an. Ende August 1124 kam er wieder in Freiheit.

Kaum in Antiochia, ließ Balduin durch den Patriarchen beweisen, daß die Übergabe der Städte, die ihm gar nicht gehörten, sondern dem jungen Prinzen, für den er die Herrschaft führte, rechtlich nicht möglich sei. Außerdem verbündete er sich gerade mit dem Mann, den er bekämpfen sollte. Von neuem zogen die Heere gegeneinander, aber es kam zu keiner Schlacht mehr. Man vertrug sich, und die jungen Geiseln wurden freigegeben.

Doch die Freilassung der Geiseln hatte noch ein Nachspiel. Kaum hatten sie die Tore von Schaisar verlassen, als sie von einem anderen Herren, dem Emir von Homs, von neuem gefangengenommen wurden. Aber die Herren von Schaisar griffen in ritterlicher Weise sofort ein und erzwangen die Freigabe der Geiseln. So tritt plötzlich in diesen erbitterten Kämpfen die ritterliche Freundlichkeit der muslimischen Herren überraschend in Erscheinung.

Aber diese letzten Kämpfe hatten für die Franken noch ein unerfreuliches und für die Zukunft bedrohliches Ergebnis. Timurtasch hatte Bursuki, den Atabeg von Mossul, zu Hilfe gerufen, und dieser hatte dafür die Herrschaft

[24] Über die Flucht siehe Fulcher von Chartres III, 24, S. 680—686. — Wilhelm von Tyrus XII, 20, S. 541. — Grousset I, S. 590—593.

über Aleppo verlangt und auch erhalten. So waren Aleppo und Mossul in einer Hand, und zwar in der des gefährlichen Bursuki oder Ak Sonkor, des „Weißen Falken", wie er sich auch nannte. Nun stand also eine starke Macht unmittelbar vor den Toren von Antiochia. Es gelang Balduin II. zwar, Bursuki bei Azaz zu schlagen, so daß vorläufig keine drohende Gefahr bestand, aber für die Zukunft war sie doch gegeben[25]. An die Erwerbung Aleppos war nicht mehr zu denken.

Während der Gefangenschaft des Königs hatte Ägypten die gute Gelegenheit zu einem Angriff auf Jaffa zu nutzen versucht (1123). Damals war Ägypten wieder kräftiger geworden, weil durch die Ermordung des allmächtigen Wesirs al-Afdal der Kalif wieder Herr in seinem Land war. Jaffa war in großer Gefahr. Doch Eustache Garnier, der Stellvertreter des Königs, raffte alle Kräfte zusammen, und es gelang ihm, die Ägypter bei Ibelin zu schlagen und Jaffa zu befreien. Eine ägyptische Flotte, die Jaffa zur See angreifen sollte, wurde von der sich nahenden venetianischen Flotte vollständig vernichtet.

Denn Balduin II. hatte schon vor einigen Jahren dringend die Hilfe Venedigs erbeten, um sich voll in den Besitz der Küste setzen zu können. Am 8. August 1122 verließ darum eine Kreuzfahrerflotte von 300 Schiffen unter der Führung des Dogen Venedig. 15 000 Mann sollen an Bord gewesen sein. Es war also ein großer Krafteinsatz Venedigs. Doch unterwegs verwickelte sich diese Flotte in Kämpfe mit den Byzantinern und belagerte Korfu — ein merkwürdiges Vorspiel zu dem vierten Kreuzzug. Als sie dann im Heiligen Land landeten, entschloß man sich zum Angriff auf Tyrus. Denn Hafen, Festung und Stadt von Tyrus waren für die Kreuzfahrer von unermeßlichem Wert[26]. Von Tyrus sollte später nach der Niederlage von 1187 die Wiedererstarkung, die Sammlung der Kräfte ausgehen.

Ehe man an die Belagerung heranging, ließen sich die Venetianer, wie dies bei ihnen üblich war, durch ein Privileg ihre Rechte in Tyrus und in ganz Palästina sichern. Diese Versprechungen gingen über das Gewohnte weit hin-

[25] Wir besitzen über diese Kämpfe und diese Zeit eine besonders interessante und eigenartige Quelle in den Memoiren des Emirs Usāma ibn Munqidh, eines Mitglieds der Herrscherfamilie von Schaisar. Er hat teilweise selbst in die Politik eingegriffen, weit mehr aber noch sein Onkel, zu dem er in großer Verehrung aufblickt. So ist er sehr gut unterrichtet. Doch das Wertvollste an dem Buch sind die Streiflichter, die auf mannigfache Gebiete des kulturellen Lebens auf seiten der Muslimen wie der Franken fallen. Ausgabe: Ousama ibn Mounkidh, Un émir syrien au premier siècle des croisades. Par Hartwig Derenbourg, 2 Teile (Paris 1886). — Franz. Übersetzung: Revue de l'orient lat. III/IV (1894) und Publications de l'école des langues orientales vivantes, 2e série XII (1889). — Englische Übersetzung von Philip K. Hitti (New York 1929). — Deutsche Ausgabe: Memoiren eines syrischen Emirs aus der Zeit der Kreuzzüge. Aus dem Arabischen übersetzt von Georg Schumann (1905).

[26] Wir besitzen bei Wilhelm von Tyrus, XIII, 1 ff., S. 555, eine ausführliche, begeisterte Schilderung der Stadt und ihrer schönen, reichen Umgebung. Für diese Stadt lohnte sich der Einsatz aller Kräfte und manches Opfer.

aus. Nicht nur soll ein Drittel von Tyrus Venedig gehören, sondern in allen Städten des Landes soll es eine Straße, eine Kirche, einen Markt und ein Bad haben, in Jerusalem gar so viel Eigentum, als der König dort besitzt. Außerdem soll Venedig von Abgaben aller Art frei sein und eine eigene Gerichtsbarkeit haben[27]. Das bedeutet alles zusammen nicht weniger als das Zugeständnis eines eigenen venetianischen Staates innerhalb des Königreichs Jerusalem — ein teurer Preis, den man für die Eroberung der Stadt zahlte. Aber es zeigt, wie dringend man diese Stadt inmitten des fränkischen Gebietes brauchte und welchen Wert man auf diesen Hafen und diese Festung legte. König Balduin II. hat nach seiner Rückkehr diese Bedingungen in manchem zu mildern gewußt und erreicht, daß Venedig dafür eine starke Truppe zur Verteidigung der Stadt halten mußte. Doch blieb es ein Verzicht auf einen Teil der Souveränität, der sich bitter rächen sollte, als das Königtum an Macht eingebüßt hatte. Es vollendete sich, was Gottfried und Balduin I. begonnen hatten. Und begründet war dies alles darin, daß man mit den Kreuzzügen ein Überseeunternehmen begonnen hatte ohne eigene Flotte. Jetzt mußte man die fehlende Seemacht bezahlen.

Es war ein harter Kampf um Tyrus. Vom Land und von der See aus versuchte der Gegner die Stadt zu entsetzen oder Truppen abzuziehen. Aber vergeblich. Alle Mittel neuzeitlicher Belagerungstechnik mußten angewandt werden; am 7. Juli 1124 fiel Tyrus. Der Bevölkerung gewährte man freien Abzug mit so viel Gut, als der einzelne tragen konnte. Damit war die syrische Küste bis Askalon, das ägyptisch blieb, in der Hand der Franken.

Es war darum kein Wunder, daß man sich auf muslimischer Seite zunächst noch nicht mit dieser Tatsache abfand. Bursuki fiel in das Gebiet von Antiochia ein, und gleichzeitig suchte eine ägyptische Flotte an der Küste eine geeignete Stelle zur Invasion. Doch Balduin II. wurde mit einem der für ihn charakteristischen unblutigen Kriege Herr der Gefahr von beiden Seiten.

Diese Abwehr stellt das Ende der Periode der Verteidigung des neueroberten Landes dar, die sich von Gottfried zu Balduin II. hinzieht. Zweierlei war erreicht: eine gewisse Sicherung der Grenzen und eine Konsolidierung der Königsmacht in dem ganzen Raum von Edessa bis Askalon.

Doch Balduin II. gab sich damit nicht zufrieden. Er faßte nun den großen Plan, Damaskus, die beherrschende Stadt des Hinterlandes zu erobern. Damaskus spielte nun eine sehr ähnliche Rolle wie wenige Jahre zuvor Aleppo. In der Hand der Franken hätte es die politische und wirtschaftliche Lage der Franken sehr verbessert, aber gerade dieser Umstand mußte die Gegenkräfte des Islams in besonderem Maße lebendig machen und Zusammenschlüsse der einzelnen Staaten hervorrufen. Doch Balduin II. wußte sich so wenig zurückzuhalten wie kurz vorher der unglückliche Roger von Antiochia. Zweimal versuchte er diesen Angriff. Das erstemal, 1126, kam er ganz überraschend; in einer Schlacht unweit Damaskus' schlug er Tughtekin. Doch es

[27] Wilhelm von Tyrus XII, 25, S. 550, gibt den Wortlaut der Verträge.

war ein Pyrrhussieg. Die Franken hatten so viel Kräfte verloren, daß sie den Angriff aufgeben mußten. 1129 unternahm er einen zweiten Versuch, diesmal im Bund mit der Sekte der Assassinen oder Ismaeliten, die damals in Damaskus selbst eine starke Stellung hatten. Doch ehe der Plan eines gemeinsamen Angriffs zur Ausführung kam, empörte sich die Bevölkerung von Damaskus gegen die wachsende Macht der Assassinen in der Stadt; alle Assassinen, deren man habhaft werden konnte, wurden getötet. Es müssen mehrere Tausende gewesen sein. Das verschlechterte natürlich die Aussichten der Angreifer sehr. Doch man wagte den Angriff, und die Franken, unterstützt von gerade ankommenden französischen Kreuzfahrern, setzten große Kräfte ein: 2000 Ritter sollen es gewesen sein. Aber dieses stattliche Heer hatte keinen Erfolg. Eine fouragierende, sich leichtsinnig zerstreuende Abteilung wurde überrascht und aufgerieben, Regengüsse erschwerten die Belagerung, so daß Balduin unverrichteterdinge abziehen mußte. Der große Plan war gescheitert. Augenscheinlich hatte der König den Bogen überspannt. Jerusalem stand damals auf dem Höhepunkt seiner Königsmacht. Doch es waren ihr harte Grenzen gezogen. Sie hatte Balduin II. übersehen.

Eine Zeitlang hatte ein Zerfall der Macht der islamischen Staaten diesen Aufstieg der fränkischen Königsmacht bis zu den Tagen des Angriffs auf Damaskus unterstützt. Im Zweistromland bekämpfte Sultan Mahmūd mit aller Kraft den Kalifen und nahm Bagdad 1127 im Sturm; in Aleppo setzten nach dem Tod von Bursuki große Wirren ein, und die Fatimiden in Ägypten verfügten damals über nur geringe Macht nach außen. Doch nun stieg in der Welt des Islams ein Mann herauf, dem die Zukunft gehören und der ein gefährlicher Feind der Franken werden sollte: Imād ad-Dīn Sengi. Er war, wie oben schon gesagt, der Sohn eines Offiziers von Melikschāh, war aufgestiegen unter den Atabegen von Mossul, Dschāwalī und Bursuki. Entscheidend aber wurde, daß er das Heer des Sultans Mahmūd 1126 gegen Bagdad und den Kalifen führte und dessen Heer bei Wāsit entscheidend schlug. Darauf ernannte der Sultan ihn zum Statthalter in Mesopotamien, was zugleich die Schutzherrschaft über den Kalifen in sich schloß. Als kurz darauf Bursuki, der Herr von Mossul und Aleppo, starb, wurde Sengi auf des Sultans Befehl sein Nachfolger. Niemand wagte ihm zu widerstehen. Am 18. Juni 1128 zog er in Aleppo ein.

Von diesem Augenblick an war die Lage für die Franken völlig verändert. Denn Sengi erscheint nun als der eigentliche Vorkämpfer des Heiligen Krieges, vom Sultan damit beauftragt. Langsam war nach dem Kreuzzug der Gedanke des Dschihad im Islam Vorderasiens wieder lebendig geworden. War Sultan Mahmūd von Persien (1118—1131) ein erster Kämpfer dafür gewesen und hatten Il-Ghāzī und Bursuki sein Erbe angetreten, so waren das doch nur Anfänge. Religiöse Entschiedenheit bekam der Kampf gegen die Christen erst unter Sengi. Jetzt ist es kein Kampf mehr um die Aufrechterhaltung des fränkisch-muslimischen Gleichgewichts, sondern jetzt kämpft man um die Existenz der fränkischen Staaten in Syrien. Auch Sengi ist nur eine Stufe dieser Entwicklung, die zu Nūr ad-Dīn und Saladin weitergeht[28].

Das nächste Ziel Sengis war die Vereinigung des muslimischen Syriens in seiner Hand. Kleinere Staaten schlossen sich ihm ohne weiteres an. Entscheidend war Damaskus. Ein erster Vorstoß mißlang; dann wurde Sengi im oberen Mesopotamien angegriffen. Doch er siegte vollkommen und war nun wieder für Syrien frei. Aber der Angriff kam erst zustande, als Balduin II. nicht mehr lebte. Auch von hier aus gesehen, erscheint das Ende seiner Regierung als eine Grenze.

Im Inneren hatte es geschienen, als ob dank dem energischen Vorgehen von Balduin I. alle theokratischen Absichten und Pläne begraben seien. Doch noch einmal tauchten sie mit Étienne von Chartres auf. Kaum war er Patriarch geworden, so brachte er alle alten Forderungen Dagoberts wieder vor. Der ganze Sieg Balduins I. schien vergebens errungen zu sein. Und Étienne war ein leidenschaftlich streitender Gegner; doch es kam nicht zu einem eigentlichen Kampf, weil er schon 1130 starb. Man raunte in der Stadt, Balduin habe ihn ermorden lassen oder ein anderer habe ihn vergiftet dem König zuliebe; doch wir haben keinen Anlaß, solchen Gerüchten, die damals leicht auftauchten, Glauben zu schenken[29].

Die Oberhoheit des Königs über Antiochia war bis dahin nie ernstlich in Frage gestellt. Am Ende der Regierung Balduins II. zeigten sich erstmalig Ansätze dazu, die als bedenkliche Anzeichen für die Zukunft gewertet werden konnten. Balduin hatte, als der junge Prinz Bohemund vom Abendland aus landete, ihm die Herrschaft über Antiochia übertragen und ihm, um die Bande mit Jerusalem eng zu knüpfen, seine Tochter Alix zur Frau gegeben. Und Bohemund II. bewährte sich. Er konnte bald die an die Muslime verlorene Burg Kafr Tāb zurückerobern, fiel jedoch schon 1130. Erbin war dem geltenden Recht nach Konstanze, die kleine Tochter von Bohemund und Alix. Aber die Mutter, Alix, von Ehrgeiz besessen, setzte alles in Bewegung, um selbst die Herrschaft zu behalten. Um das zu erreichen, scheute sie sich nicht, mit dem schärfsten Feind der Christen, mit Sengi, in Verbindung zu treten gegen ihren eigenen Vater. Als dieser vor Antiochia erschien, schloß sie die Tore. Doch die Bevölkerung öffnete sie gegen den Willen von Alix. Sie suchte sich in einem Turm gegen ihren Vater zu verteidigen, aber vergeblich. Es blieb ihr nichts, als sich dem Vater zu Füßen zu werfen, und der war gnädig. Sie behielt ihr Witwengut. Die Herrschaft über Antiochia aber führte für die kleine Konstanze König Balduin II. selbst. So war auch diese Frage gut gelöst, aber ein Gefahrenpunkt für das Ganze war deutlich geworden.

---

[28] Al-Athīr I, S. 389, zu 1130: „Bis dahin hatten die Franken sich nichts Geringeres zum Ziel gesetzt als die Unterwerfung des ganzen Landes, jetzt mußte sich ihr Ehrgeiz darauf beschränken, das zu halten, was sie in der Hand hatten."

[29] Wilhelm von Tyrus XIII, 25, S. 594. — Hansen, Kirchenstaat, S. 67, 117, 121, 139. — Dodu S. 337, 356.

Balduin II. regelte schon zu seinen Lebzeiten die Frage seiner Nachfolge. Er hatte vier Töchter, aber keinen Sohn. Er wollte für seine älteste Tochter Melisende darum einen besonders befähigten Gatten auswählen. Im Heiligen Land war die Auswahl zu klein. Darum schickte er an den König von Frankreich und bat ihn, ihm einen geeigneten Thronfolger und Schwiegersohn aus der Ritterschaft Frankreichs vorzuschlagen. König Ludwig VI. nannte den Grafen Fulko V. von Anjou, einen der mächtigsten Herren Frankreichs; dieser nahm an, fuhr nach Palästina und heiratete Melisende. Vorläufig erhielt er Tyrus und Akkon als Lehen.

Am 31. August 1131 starb König Balduin II. nach einer Herrschaft von fast 13 Jahren. Es war eine Zeit voller Kämpfe, von denen viele allerdings unblutig verliefen, sicherlich eine der glücklichsten Zeiten, die das Königreich Jerusalem erlebt hat. Aber es zeigten sich auch unter seiner Herrschaft nicht nur die Grenzen, die der Macht der Franken in Syrien gezogen waren, sondern auch schon drohend wachsende Gefahren.

Von König Fulko bis Amalrich I. (1131—1173).
Behauptung gegen drohende, wachsende Gefahr

Am 14. September 1131 wurde Fulko entsprechend den Bestimmungen Balduins II. zum König gekrönt. Er brachte von Frankreich reiche Erfahrungen mit. Er war damals etwa 40 Jahre alt und hatte schon etwas geleistet. Er hatte seine väterliche Erbschaft, die Grafschaft Anjou und Maine, wesentlich erweitert und hatte den aufsässigen Adel zu bändigen und seiner Herrschaft einzufügen gewußt. Er brachte außerdem gute Beziehungen mit, denn sein Sohn Gottfried, der Begründer des Hauses Plantagenet, war zum Erbe des englischen Königs ausersehen. Dazu muß er eine große persönliche Liebenswürdigkeit besessen haben, die ihm schnell die Herzen gewann. Mild, freigebig und leutselig wird er uns geschildert, mittelgroß und mit rötlichem Haar. Im Krieg hatte er gute Erfahrung und wußte selbst alle Strapazen auf sich zu nehmen. Vor allem aber hatte er ein gutes politisches Urteil und einen sicheren Blick für das Notwendige. Das zeigt sein Verhalten gegen Byzanz und Damaskus. Doch standen dem andererseits große Schattenseiten entgegen. Er ließ sich teilweise sehr von persönlichen Leidenschaften (wie Eifersucht) beherrschen und räumte besonders in späteren Jahren seiner Gattin übergroßen Einfluß auf seine Politik ein.

Wie schon zu den Zeiten Balduins I. und Balduins II. lag das Schwergewicht im Kampf gegen den Islam im Nordosten, also an der Stelle, wo jetzt benachbart die Macht von Sengi, dem Herren von Aleppo und Mossul, drohte. Aber jetzt haben die Franken dort nicht mehr die Initiative, sondern ihr Handeln wird hier von Sengi bestimmt, je nachdem, ob er zur Stelle ist und angreift oder anderweitig beschäftigt ist. Zunächst, bis zum

Jahre 1135, war Sengi durch große Kämpfe mit dem Kalifen in Bagdad gebunden. Das änderte sich aber 1135, da der Kalif von dem neuen Sultan Mas'ūd ibn Muhammed geschlagen und von den Assassinen ermordet wurde.

Nun hatte Sengi freie Hand gegen die Franken. Noch 1135 griff er an und nahm alle die Städte, um die Balduin I. und II. so zäh gekämpft hatten: Athāreb, Zerdana, Ma'arrat an-Nu'mān, Kafr Tāb u. a., weg, d. h. die ganze umstrittene Landschaft zwischen Antiochia und Aleppo jenseits des Orontes. Auch Schaīsar fiel in seine Hand. Sengi zog sich wieder zurück, aber seine Heere stießen in einem großen Raubzug bis Laodicea und bis vor die Tore von Tripolis vor, wo die Tripolitaner geschlagen wurden und ihr Fürst fiel. Sehr viele Gefangene und viele Beute kam in die Hand der Muslime. Plötzlich sah man, wie machtlos die Franken Sengi gegenüberstanden, auch wenn die Schwäche im Augenblick nur durch die Wirren in Antiochia begründet war.

1137 kehrte Sengi von Mossul nach Syrien zurück. Sein Ziel war zunächst die Vereinigung des muslimischen Syriens in seiner Hand durch die Eroberung von Damaskus. Dann erst wollte er sich gegen die Franken wenden. Die Unterwerfung des Damaskus unterstehenden Homs sollte dies Unternehmen einleiten. Doch Fulko, der die Bedeutung dieses Schrittes erkannte, zog aus, um Homs zu retten. Und wirklich gab Sengi, als das fränkische Heer nahte, die Belagerung von Homs auf. Aber er wandte sich nun gegen die Franken, überfiel sie im Nosairi-Gebirge und schlug sie vollkommen. Der König selbst konnte sich mit wenigen Getreuen nach der Feste Montferrand (Ba'rin) retten, wurde dort eingeschlossen und belagert und konnte nur mit Mühe Boten entsenden, die in Jerusalem, Antiochia, Edessa und Tripolis Hilfe erbaten. Obgleich damals von allen Seiten Gefahr drohte, kam diese schnell. Aber bis sie Montferrand erreicht hatte, hatte König Fulko dem Druck nicht standgehalten und die Feste vorzeitig übergeben. Es war eine schwere Niederlage, und Sengi hätte sie ausgenützt, wenn damals gerade nicht Johannes Komnenos, der byzantinische Kaiser, mit einem Heer herangerückt wäre.

Er war der Sohn des Kaisers Alexios, der dem ersten Kreuzzug entgegengetreten war. In wiederholten Feldzügen bemühte er sich seit seinem Regierungsantritt (1118), Byzanz die an die Seldschuken verlorenen Gebiete Anatoliens zurückzuholen. 1135 war dies Ziel im wesentlichen erreicht. Nun aber lag vor ihm das Reich, das in den letzten Jahrzehnten armenische Fürsten aus den zerstreuten armenischen Siedlungen in Kilikien zusammengeschweißt hatten. Jetzt beherrschte es Leo I., der Bruder von Thoros I. Doch vor dem Ansturm von Kaiser Johannes brach dieses Reich schnell zusammen; Tarsus, Adana und Mamistra und dann nach harter Belagerung auch Anazarbe wurden genommen. Nun aber wandte sich das Heer gegen Antiochia. Auch es wurde belagert.

Byzanz hatte seine alten Ansprüche nicht aufgegeben. Hatten die Kreuzfahrer doch 1097 gelobt, die Stadt, die einst Byzanz gehört hatte, an den Kaiser zurückzugeben. Hatten die Kreuzfahrerfürsten dem Kaiser nicht den Treueid geleistet, und hatte Bohemund, der Herr von Antiochia, 1108 besiegt und gefangen, nicht nochmals den byzantinischen Anspruch besiegelt? Seitens der Kreuzfahrer betrachtete man diese Ansprüche als erloschen, seit Kaiser Alexios die dagegen versprochene Hilfe für den Kreuzzug nicht geleistet hatte. Den Vertrag des gefangenen Bohemund aber hatten die Franken nie anerkannt. Doch was nützte das angesichts des großen heranrückenden siegreichen byzantinischen Heeres?

Die Lage war sehr gefährlich. Die Niederlage von Montferrand hatte alle Kräfte der Franken verbraucht. Und es zeigte sich bald, daß die Griechen über zahlreiche und vorzügliche Belagerungsmaschinen verfügten.

Da riet auch König Fulko, nachzugeben in der Hoffnung, dann ein Bündnis mit Byzanz gegen Sengi erreichen zu können. So kam der Vertrag zustande: Kaiser Johannes verzichtete auf die völlige Einnahme der Stadt, aber Raimund von Antiochia mußte ihm den Lehens- und Treueid leisten. Er sollte Antiochia so lange als Lehen behalten, bis in einem gemeinsamen Kreuzzug eine große Herrschaft im Binnenland mit Aleppo, Schaīsar, Hamā und Homs erobert sei. Dann solle Raimund diese übernehmen, Antiochia aber Byzanz zurückgeben, so wie es vorher ihm gehört hatte.

Entsprechend diesen Abmachungen brach man 1138 zu einem gemeinsamen byzantinisch-fränkischen Kreuzzug auf. Was man 40 Jahre früher erhofft hatte, verwirklichte sich jetzt. Die Aussichten schienen günstiger als je. Und auch die Pläne und Hoffnungen gingen weiter als zuvor. Denn jetzt sollte dieser Zug auch die Eroberung des Hinterlandes bringen. Aber anstatt überraschend Aleppo anzugreifen, nahm man zuerst Biza'a und wandte sich dann erst gegen Aleppo. Das war aber inzwischen gerüstet. So sah man von einer Belagerung ab und nahm die vielumstrittenen Festungen Athāreb, Ma'arrat an-Nu'mān und Kafr Tāb und wandte sich dann gegen Schaīsar. Trotz großer numerischer Überlegenheit richtete aber das vereinigte Kreuzfahrerheer nichts gegen Schaīsar aus. Am 23. Mai 1138 entschloß man sich sogar, die Belagerung aufzugeben. Schuld an diesem Mißerfolg des großen hoffnungsvollen Zuges war vor allem der passive Widerstand, den fränkische Fürsten und vor allem Joscellin II. von Edessa und Raimund von Antiochia leisteten. Der letztere hatte gar kein Interesse daran, ein Gebiet zu erobern, das er dann gegen sein geliebtes Antiochia eintauschen sollte. Joscellin II. aber, der Sohn des Joscellin, von dem wir so viel zu erzählen hatten, war ein degenerierter Sproß der Ehe mit einer Armenierin, dick, sinnlich und faul, der stets Gelage und Gesellschaft schöner Frauen dem Krieg und der Mühe vorzog [30]. Diese beiden Fürsten lebten darum offenkundig vor

[30] Darum lebte er auch lieber in Turbessel als in seiner Hauptstadt Edessa, weil Turbessel durch den Euphrat besser geschützt war. Das sollte sich kurz darauf,

Schaïsar in Wohlleben und Genuß, während Kaiser Johannes sich mit dem Einsatz seiner ganzen Persönlichkeit mühte, die Belagerung voranzutreiben. So weit war man also auf seiten einiger fränkischen Fürsten von einem Kreuzzugswillen und Kreuzzugsgeist entfernt, daß man bewußt den sehr aussichtsreichen Kreuzzug sabotierte. Und es gelang ihnen. Kaiser Johannes zog ab nach Antiochia.

Nun aber zog er als Herrscher in die Stadt ein und lebte dort als Herr von Antiochia. Als er von den Franken die Übergabe der Zitadelle verlangte, wußte aber Joscellin II., in dergleichen Ränken geschickt, einen Volksaufstand gegen die Byzantiner in Antiochia zu inszenieren, dem der Kaiser weichen mußte. Der Aufstand war schnell zu Ende, als der Kaiser vor den Toren war. Aber das byzantinische Heer war doch so geschwächt, daß Johannes Komnenos abzog. Er versprach, bald wiederzukommen, um dann den gemeinsamen Kreuzzug durchzuführen. So wußte er zu vermeiden, als ein Geschlagener abziehen zu müssen.

Sengi aber nahm bald die in diesem Kreuzzug eroberten Burgen und Städte wieder.

Erst 1242 kam Kaiser Johannes zurück. Durch Geiseln versicherte er sich der Person von Joscellin II. Vor Antiochia forderte er von Raimund die Übergabe von Stadt und Festung. Dieser war dazu bereit, fragte aber doch noch zuerst den Adel, die Geistlichkeit und Bürger der Stadt. Die aber gaben mit aller Entschlossenheit einen ablehnenden Bescheid. Raimund, der nur als Gemahl Konstanzes das Land verwalte, habe kein Recht, solche weitgehenden Beschlüsse zu fassen. Würde er es trotzdem tun, so würden sie ihn verjagen[31]. Diese Entscheidung des Adels, der Bürger und des Klerus zeigt einmal deren Mut dem großen Heer des Kaisers gegenüber, außerdem aber die schwache Stellung, die (zum mindesten in der Theorie) ein Herrscher dieser fränkisch-syrischen Staaten den Feudalgewalten gegenüber hatte, wenn er nicht der Mann dazu war, durchzusetzen, was ihm die Theorie nicht zuerkannte.

Der Kaiser aber zog sich vor diesem entschiedenen Widerstand nach Kilikien zurück. Er versuchte nun an anderer Stelle die Franken anzugreifen, und zwar in Jerusalem selbst. Er ließ durch eine Gesandtschaft in Jerusalem melden, er plane eine Pilgerfahrt nach Jerusalem an der Spitze seines ganzen Heeres. König Fulko wußte aber wohl, was eine solche „Pilgerfahrt" eines ganzen Heeres bedeuten würde. Er sprach darum in seiner Antwort sehr höflich seine Freude über die geplante Pilgerfahrt aus, erklärte jedoch, sein Land sei so arm, daß es den Kaiser nicht mit mehr als 10000 Mann ver-

---

als Edessa angegriffen wurde, bitter rächen. Joscellin II. stellt überall, wo er auftritt, ein zersetzendes Element dar, und zwar für die Kreuzzüge wie für die fränkischen Staaten. Ihn treibt nur sein persönlicher Haß, sein Wille zum Wohlleben und wohl auch seine Abneigung gegen das fränkische Wesen seiner Väter.

[31] Wilhelm von Tyrus XV, 20, S. 690.

pflegen könne. Er bitte deshalb, von einer größeren Begleitung abzusehen. Aber er erklärte sich doch gleichzeitig bereit, ihm als seinem Herren und dem größten Fürsten der Erde zu gehorchen[32]. Johannes aber ließ sich nicht auf eine Verkleinerung ein. Doch der plötzliche Tod des Kaisers bewahrte Fulko vor dieser „Pilgerfahrt". Damit war zwar die Gefahr für die Selbständigkeit von Antiochia verschwunden, aber auch die Möglichkeit, im Bund von Byzanz die eigene Stellung in Syrien wesentlich zu erweitern.

Kaum war Kaiser Johannes gestorben, als Sengi, für den nun kein Hemmnis mehr bestand, angriff. Sein Ziel war wieder Damaskus. Zunächst versuchte er auf friedlichem Wege durch Verhandlungen sein Ziel zu erreichen. Eine Heirat sollte ihm Homs verschaffen; das wollte er Damaskus übergeben und damit seine Freundschaft gewinnen.

Da wurde aber Mahmūd, der Herr von Damaskus, ermordet. In den entstehenden Wirren nahm der alte Mameluk Mu'īn ad-Dīn Unur die Herrschaft über die Stadt in seine kräftige Hand. Offiziell setzte er neben sich einen Herrscher ein, aber die Macht hatte er.

Sengi nahm zunächst Baalbek, schloß dann aber Damaskus ein. Unur wandte sich an König Fulko mit dem Angebot eines Bündnisses. Und Fulko griff zu aus der sicheren Erkenntnis heraus, daß Damaskus in der Hand Sengis den Anfang vom Untergang der Frankenstaaten bedeuten mußte. Und zwar tat Fulko diesen Schritt mit voller Zustimmung seiner Barone. Als daraufhin Fulko mit Heeresmacht gegen Damaskus vorrückte, sah sich Sengi veranlaßt, die Belagerung aufzuheben. Das Bündnis hatte also gute Früchte getragen. Es blühte auch in den folgenden Jahren und führte zu mannigfachen, oft freundschaftlichen Beziehungen fränkischer und muslimischer Ritter und Fürsten.

Diese Jahre waren für die Franken wiederum ruhig, schon darum, weil der Sultan Masūd von Persien Sengi, der ihm zu stark wurde, absetzen wollte. Doch es mißlang. Immerhin ergaben diese Wirren aber einige ruhige Jahre für die Franken.

Ein damals eintreffender Kreuzzug des Grafen von Flandern, Thierry d'Alsaces, des Schwiegersohnes von König Fulko, mit einer Expedition nach Transjordanien hatte nur die Bedeutung einer Episode.

Im Inneren mußte ein Aufstand des Grafen Pons von Tripolis am Anfang der Regierung Fulkos den nachdenklichen Betrachter erschrecken. Denn er zeigte, daß die feudalen Kräfte des Landes nur allzusehr bereit waren, sich gegen den König zu empören, daß also die Struktur des Feudalstaates im Inneren erschreckend schwach war. Und die Tatsache, daß ein Mitglied des Königshauses, die ehrgeizige Witwe des Fürsten von Antiochia, die Königstochter Alix, dabei auf der Seite der Gegner des Königs gestanden hatte, zeigte, daß auch innerhalb des Königshauses mit Feindschaft, Widerstand und

[32] Wilhelm von Tyrus XV, 21, S. 692: „... et tanquam domino et maximo principi orbis terrarum obedirent ..."

Verrat gerechnet werden mußte. Beides war ein schlechtes Vorzeichen für die Zukunft.

Eben diese ehrgeizige Frau suchte in Antiochia gegen den Willen des Königs die Herrschaft zu erringen. Ihr Bundesgenosse dabei war außer Joscellin II. der Patriarch von Antiochia, Raoul von Domfront. Er war ein außerordentlich beredter, gewandter Mann, beliebt bei dem Volk, der hoffte, sich auf diese Weise zum Herren von Antiochia machen zu können. Es lag hier also keine Wiederaufnahme der theokratischen Tendenzen vor, sondern nur die Auswirkung eines schrankenlosen Ehrgeizes. Der aus Frankreich als Gatte der jungen Konstanze herbeigeholte Raimund von Poitiers wußte ihn aber nach harten Kämpfen zu überwinden[33].

Sehr unerfreulich ist das Bild der Intrige auch am Jerusalemer Hof, besonders da auch der König selbst in sie verwickelt war. Er soll seiner Eifersucht auf den reizvollen jungen Hugo von Puiset, der, als Vetter mit seiner Frau Melisende aufgewachsen, mit ihr befreundet war, die Zügel haben schießen lassen. Doch auch dieser zeigte sich nicht von der guten Seite. Denn als er vom Gericht wegen Verrats verurteilt wurde, ging er ins ägyptische Lager und hetzte dort gegen Fulko. Es kam zu einer Aussöhnung. Doch wurde Hugo bald darauf von einem Ritter überfallen und schwer verwundet. Der Verdacht, den Täter angestiftet zu haben, fiel auf den König. Durch ein gegen sich selbst gefordertes Gerichtsverfahren, das mit aller Grausamkeit gegen den Täter vorging, rechtfertigte sich der König. Hugo aber ging nun nach Sizilien, um dort zu hetzen. Solche Hofgeschichten brauchten uns eigentlich nicht zu beschäftigen. Aber sie zeigen die ganze Atmosphäre, die große Rolle persönlicher Leidenschaften in der Politik und die Bereitschaft des Adels, sich, wenn er sich gekränkt glaubt, mit dem Feind zu verbinden. Die Machtkämpfe der ehrgeizigen Fürstin-Witwe in Antiochia ergänzen dies Bild[34].

Ein Hauptverdienst Fulkos war die Sicherung der Grenzen durch starke Burgen. In Judäa baute er Ibelin oder Yebnā, das die Straße von Askalon nach Ramla und Lydda beherrschte[35]. Außerdem errichtete er Blanchegarde und Gibelin (Beit-Dschibrīn) in derselben Gegend, Askalon gegenüber. In Transjordanien hatte Balduin I. schon die Feste Krak de Montréal oder Schaūbak erbaut; jetzt fügte Fulko oder sein Lehensmann Payen le Bouteiller

[33] Er starb auf der Fahrt von Rom, wo er sich beschwerte und auch teilweise recht behielt. Er ist wahrscheinlich vergiftet worden, ohne daß festzustellen ist, wem die Schuld daran zuzuschreiben wäre.

[34] Diese Kämpfe entbehren auch nicht der komischen Seite. So, wenn man der Fürstin-Witwe erzählt, der aus Frankreich als Gemahl für ihre Tochter Konstanze herbeigeholte Raimund von Poitiers wolle nicht die Tochter, sondern sie, die Mutter, heiraten. Sie glaubt das und wartet in ihrem Schloß begierig auf den Freier, bis sie hört, daß er gerade mit ihrer Tochter vor aller Öffentlichkeit getraut wird. Darauf verläßt sie voll Wut Antiochia.

[35] Es wurde durch seine Herren, vor allem durch Balian d'Ibelin, sehr bekannt, den wir als Vorkämpfer des Adels gegen Kaiser Friedrich II. schon kennengelernt haben.

1142 die neue Festung „Fels der Wüste", Petra Deserti, oder auch Krak de Moab östlich des Toten Meeres dazu. Sie sollte noch wichtiger werden als das ältere Krak de Montréal, da sie die Karawanenstraßen zwischen Ägypten und Syrien noch mehr bedrohte. In Galiläa errichtete er die Feste Safed, zur Sicherung der Straße von Jerusalem nach Jaffa wurde unter seiner Regierung die Burg Beit Nūba oder Bétenoble erbaut. Alles das erhöhte die Sicherheit des Landes. Seine Nachfolger erweiterten und ergänzten dies System von Burgen.

Am 10. November 1143 starb König Fulko durch einen unglücklichen Sturz vom Pferd bei der Jagd, wahrscheinlich im Alter von 54 Jahren.

Königin Melisende

König Fulko hinterließ zwei Söhne aus seiner Ehe mit Melisende, der Tochter König Balduins II., den dreizehnjährigen Balduin und den siebenjährigen Amalrich. Nach dem Erbfolgerecht von Jerusalem führte Melisende nun die Regierung für ihren minderjährigen Sohn, der als Balduin III. zum König ausgerufen wurde. Die Chronisten preisen Melisende als eine tüchtige Frau und Herrscherin. Und wirklich wußte sie in dem engeren Kreis des Königreiches Jerusalem sich zu behaupten und die stets zum Widerstand neigenden feudalen Kräfte in Schach zu halten. Aber in den Außenbezirken, in Antiochia, Edessa und Tripolis, hörte unter ihr fast jede Auswirkung der Königsgewalt auf. Und gerade dort hätte sie gerade damals eingreifen müssen, zumal weil Joscellin II. von Edessa, wie wir wissen, der Lage in keiner Weise gewachsen war, ebenso aber auch Raimund von Poitiers, der neue Herr von Antiochia, der sich als engstirnig und egoistisch erwies.

Sengi übersah das mit scharfem Blick und griff deshalb Edessa, die exponierteste Stellung der Franken, an. Joscellin hatte Edessa verlassen und war der Bequemlichkeit wegen nach Turbessel gezogen. Dabei hatte er die meisten fränkischen Ritter mitgenommen und Edessa einer Besatzung von armenischen Söldnern überlassen, die aber, da er mit dem Sold rückständig war, unzufrieden waren. So war die Lage in Edessa für Sengis Absichten günstig.

Am 28. November 1144 erschien er überraschend vor der Stadt. Hatte er darauf gerechnet, daß die armenisch-syrische Bevölkerung mit ihm gemeinsame Sache machen werde, so hatte er sich sehr getäuscht. Sie war es, die Edessa vor allem verteidigte. Doch diese armenischen Bürger verstanden nichts von militärischen Dingen. Und Edessa, das an sich als uneinnehmbare Festung galt, war schlecht verproviantiert und schlecht mit Kriegsmaterial versehen.

Joscellin II. wandte sich von Turbessel aus an Raimund von Antiochia mit der Bitte um Hilfe. Doch dieser, mit Joscellin verfeindet und zu kleinlich und eng, um die Gesamtlage zu übersehen, verweigerte die so dringend erwartete Hilfe[36]. In Jerusalem aber, wohin auch Joscellin seine Boten geschickt hatte, war kein König, der schnell handeln konnte. Melisende stellte ein Hilfskorps zusammen, das aber wenig Aussichten hatte, noch zurechtzukommen.

Als Sengis große Belagerungsmaschinen nicht schnell genug zum Ziel kamen, ließ er von landeskundigen Leuten aus Aleppo die Stadt unterminieren. Durch eine so gewonnene Bresche konnten seine Truppen am 23. Dezember 1144 die Stadt stürmen. Da die Bevölkerung nicht mehr in die Zitadelle flüchten konnte, begann ein furchtbares Blutbad, das Sengi aber bald verbot, ebenso wie er die Plünderung untersagte, da er eine reiche blühende Stadt und keine Ruine haben wollte[37]. Auch die Zitadelle mußte sich zwei Tage später ergeben.

Sengi versuchte nun, die syrische und armenische Bevölkerung an sich zu fesseln, eine Politik, die Saladin später systematisch fortsetzte. Bei den Syrern gelang es ihm, aber die Armenier blieben zunächst noch Joscellin treu, den sie mit einem gewissen Recht als einen der Ihren betrachteten.

Auch einen Teil der Grafschaft Edessa eroberte Sengi nach dem Fall der Stadt: Sarudsch (Soronge) und al-Bīra. Doch verblieb Joscellin noch etwa die Hälfte der alten Grafschaft mit Turbessel als Mittelpunkt, Samosata, Marʿasch, Hamtab (ʿAintab), Ravendel und anderen Burgen.

Sengi aber mußte eilig nach Mesopotamien ziehen. Denn der Mann, der faktisch Syrien beherrschte und die Franken bedrohte, war rechtlich ja nur der Statthalter (Atabeg) des Sultans von Mesopotamien. Dieser mißgönnte ihm seine Macht und ließ in seiner Abwesenheit seinen Stellvertreter in Mossul ermorden, um so seine dortigen Truppen zu sich hinüberzuziehen. Doch die Truppen blieben Sengi treu. Sengi gelang es bald, als er einrückte, dort wieder Ordnung zu schaffen. Dieses Zwischenspiel ist nur darum für uns wichtig, weil es erkennen läßt, wie wenig der Islam als Ganzes noch zu einem einheitlichen Kampf gegen die Christen entschlossen war. Der Kampf war Sengis persönliche Sache. Seine Macht beruhte nur auf seinem Schwert.

Einem Vordringen Sengis in Syrien stand das mit den Franken verbündete Damaskus entgegen. Ihm sollte sein nächster Angriff gelten. Da wurde er am 14./15. September 1146 ermordet. Es war keine politische Tat: Als Sengi nach einem Trinkgelage aufwachte und seine Diener zur Rede stellte, weil sie die Reste des Weines austranken, hatte aus Ärger darüber sein Hauseunuch ihn ermordet.

Für die Franken bedeutete dieser Tod keinen Einschnitt. Denn wenn auch eine Teilung des Reiches zwischen den beiden Söhnen Sengis, Saif ad-Dīn und Nūr ad-Dīn, eintrat, so übernahm dieser von Aleppo aus Sengis Politik.

---

[36] Die Chroniken berichten sogar, Raimund habe sich schadenfroh gefreut, als er von der Notlage Joscellins hörte: Wilhelm von Tyrus XVI, 4, S. 709.

[37] Al-Athīr I, S. 445.

Und er war vielleicht noch gefährlicher als sein Vater, da er dessen Wildheit nicht hatte, die manche kleine muslimische Fürsten davon abgehalten hatte, sich ihm anzuschließen.

Inzwischen hatten in Edessa die Armenier, die treu zu Joscellin II. standen, wiederholt versucht, diesen wieder zum Herren der Stadt zu machen; einmal schon zu Lebzeiten Sengis. Doch dieser hatte davon erfahren und hielt ein strenges Strafgericht: die Verschwörer wurden gekreuzigt. Nach Sengis Tod versuchten sie, aufgestachelt von Joscellin, es aufs neue. Und diesmal gelang es, Joscellin wurde wieder Herr der Stadt. Allein die Zitadelle verblieb in der Hand der Muslime. Dadurch gerieten Joscellin und seine Armenier aber in eine verhängnisvolle Lage zwischen der Zitadelle und Nūr ad-Dīn, der schnell herangerückt war. Jetzt gingen Boten nach Jerusalem und Antiochia, aber es war zu spät.

Da faßte Joscellin den tollkühnen und egoistischen Plan, sich mit einigen Reitern durchzuschlagen. Die armenische Bevölkerung schloß sich an, und auch den Syrern blieb nichts anderes übrig. Doch die fränkischen Ritter wurden von Nūr ad-Dīns Heer fast alle niedergemacht, die Armenier und Syrer aber in die Stadt zurückgedrängt und getötet. Nur Joscellin konnte sich auf schnellem Pferd retten. Nach zuverlässigen Angaben [38] sollen bei der ersten und der zweiten Eroberung der Stadt 30 000 Menschen getötet und 16 000 in die Gefangenschaft verkauft worden sein. Es war also eine völlige Ausrottung der Bevölkerung dieser einst so reichen und großen Stadt [39].

Nūr ad-Dīn aber wandte sich gegen Antiochia. Nun rächte es sich, daß Raimund aus Feindschaft und Haß Edessa keine Hilfe gebracht hatte. Denn Nūr ad-Dīn nahm die wichtigsten Festen Basrafūth, Artāh und Kafarlāthā. Er bedrohte nun unmittelbar Antiochia. Alles kam in dieser Lage darauf an, daß die Franken an dem sie schützenden Bündnis mit Damaskus festhielten. Und gerade jetzt gaben sie diese Verbindung auf.

Eine der wichtigsten Landschaften, die Damaskus unterstanden, war Haurān mit den Städten Bosra und Salchad. Der Emir dieser Städte aber hatte sich mit Unur, dem Herren von Damaskus, überworfen. Er erbat nun von den Franken Hilfe gegen diesen. Dafür bot er die Übergabe von Haurān (Bosra und Salchad) an. Dies Angebot verlockte die kurzsichtigen fränkischen Barone. Und sie hatten das entscheidende Wort, denn Melisende konnte oder wollte kein Urteil fällen. Unur und die alten Kameraden Fulkos taten alles, diesen Schritt zu verhindern. Unur bot eine Entschädigung für Bosra

---

[38] Michael der Syrer. Nähere Angaben siehe folgende Anmerkungen.

[39] Quellen über die Eroberung Edessas, außer Wilhelm von Tyrus und Al-Athīr, Michael der Syrer = Recueil, Document arm. I, S. 309—409. — Nerses Shnorhali, Élégie sur la prise d'Edessa = Recueil, Document arm. I, S. 226—268. — Chronique syriaque anonyme. Hrsg. von M. A. S. Tritton = Journal of the royal asiatic society (1933) S. 69—101 und S. 273—305. — Ter-Grigorian Iskenderian, Die Kreuzfahrer und ihre Beziehungen zu den armenischen Nachbarfürsten bis zum Untergang der Grafschaft Edessa. Diss. (Leipzig 1915).

an, doch vergeblich. Es entschied — und das ist kennzeichnend für die absteigende Macht des Königtums unter Melisende — die Stimme der Masse des Volkes. Ein Aufstand drohte, man beschimpfte alle, die für die Aufrechterhaltung des Friedens mit Damaskus eintraten, als Verräter und Feiglinge. Und dieser Terror der Straße entschied. Im Juni 1147 brach man auf.

Doch inzwischen hatte Unur sich gerüstet und seinen alten Feind Nūr ad-Dīn zur Hilfe herbeigerufen. Die Franken fanden Bosra und Salchad schon in der Hand der Gegner und mußten unverrichteterdinge wieder abziehen. Der Rückzug war durch die große Hitze, durch Hunger und Durst außerordentlich schwierig. Man riet dem jungen König Balduin III., sich selbst doch wenigstens auf einem guten Pferd in Sicherheit zu bringen. Doch dieser lehnte ab. Es war das ein Glück für das Heer; es hätte sich sonst völlig aufgelöst. So erreichte man mit Mühe wieder den Jordan. Kurz vorher hatte Unur mit einer an Saladin gemahnenden Ritterlichkeit sich angeboten, die Verpflegung des notleidenden Heeres zu übernehmen. Doch Balduin mißtraute noch und lehnte es ab. Nun aber waren beide geneigt, das Bündnis zu erneuern. Da aber kam, veranlaßt durch den Fall Edessas, der zweite Kreuzzug an und bestimmte nun einmal zunächst das politische Geschehen.

Wir haben schon oben den zweiten Kreuzzug dargestellt: die Ankunft der Reste der in Anatolien geschlagenen und geschwächten Heere, ihre Ablehnung des Vorschlags, Nūr ad-Dīn in Aleppo anzugreifen, ihr Zug gegen Damaskus und sein Mißerfolg, nicht zuletzt durch den Widerstand eines großen Teiles der syrisch-fränkischen Barone gegen den Angriff auf diese Stadt. Jetzt erst im Zusammenhang mit der Geschichte des Heiligen Landes wird voll deutlich, welche Möglichkeiten ein Angreifer auf Aleppo damals gehabt hätte und welche Bedeutung für den Schutz des nördlichen Syriens ihm zugekommen wäre. Jetzt auch wird die stille Sabotage der fränkischen Ritter vor Damaskus verständlich, wenn auch nicht in dieser Form entschuldbar. Das langjährige Freundschaftsverhältnis mit Damaskus wirkte sich aus, große Teile der Ritterschaft wußten, daß man das Bündnis mit Damaskus brauchte, nicht aber den Kampf mit dieser Stadt. Auch kennen wir ja von dem fränkisch-byzantinischen Kreuzzug vor Schaīsar her (1138) die Spannung zwischen der Politik der einheimischen Franken und der Kreuzfahrer und die gefährliche Neigung von Kreisen syrisch-fränkischer Barone, die Kreuzzüge zu sabotieren, wenn sie mit ihrer eigenen Politik nicht übereinstimmten. Auch wird nun erst ganz verständlich, welche Einbuße an Prestige das Mißlingen des zweiten Kreuzzuges für die Franken Syriens mit sich brachte, das Mißlingen gerade in einem Augenblick, in dem alles darauf ankam, dem Islam nicht Mut zu machen und seinen Willen zu einem großen zusammenfassenden Angriff nicht zu stärken. Eine solche Ermutigung war aber der zweite Kreuzzug für die Muslime. Das Abendland hatte mit einem großen Aufwand aller Kräfte nichts erreicht, seine stolzen Ritterheere waren großenteils zugrunde gegangen bei diesem Versuch; in Syrien aber waren die

Beziehungen zu Damaskus empfindlich gestört und der Mut des Gegners gestärkt worden.

Nun konnte aber auch Nūr ad-Dīn nach dem Scheitern des Kreuzzuges den Fall von Edessa erst voll auswerten. Ebenso nahmen andere muslimische Nachbarn der Grafschaft die Gelegenheit wahr, auch noch ein Stück davon sich für sich selbst zu sichern. Die Jahre 1148—1150 sind ganz erfüllt von solchen Kämpfen um die Reste der Grafschaft. Am Ende dieser Zeit war auch die Grafschaft um Edessa für die Franken verloren. Joscellin geriet zum zweitenmal in Gefangenschaft und verblieb neun Jahre bis zu seinem Tod darin. Seine Witwe Beatrix versuchte die Reste der Grafschaft dadurch zu retten, daß sie Byzanz herbeirief und sich ihm unterstellte, aber selbst das hatte keinen wesentlichen Erfolg mehr.

Auch Antiochia war in den Jahren 1148 und 1149 zweimal von Nūr ad-Dīn angegriffen und zweimal geschlagen worden. Raimund selbst fiel 1149 in diesen Kämpfen. Nūr ad-Dīn hatte Antiochia 1149 eingeschlossen, gab es aber frei, als er alle festen Plätze bis zum Orontes in seiner Hand hatte. Das ganze reiche Hinterland, das Antiochia gehabt hatte, war verloren. Die Franken besaßen nur noch wenig Hinterland: Judäa mit Jerusalem, Samaria mit Nābulus und Nazareth und Galiläa mit Tiberias. Das war ein geringer Landbesitz für die Küstenstädte und eine sehr schmale Verteidigungsposition. So war die Lage der Franken nach außen und im Innern wesentlich verschlechtert, als der junge Balduin III. selbst die Regierung übernahm.

König Balduin III. (1144—1162)

Mit 21 Jahren wurde Balduin volljährig, und es schien selbstverständlich, daß er nun im Jahre 1152 die Regierung übernähme. Doch seine Mutter Melisende bemühte sich, das zu verhindern. Wieder tritt uns die Herrschsucht der fränkischen Fürstenfrauen Syriens als eine gefährliche Macht entgegen. Sie ist wohl aus einer unglücklichen Mischehe mit Armenierinnen, wie solchen viele dieser Frauen entstammen, zu erklären. Ihr Vetter, den sie zum Connétable machte, und der Patriarch, den sie begünstigte, unterstützten ihre Aspirationen. Zunächst versuchte man das kleine Königreich Jerusalem zwischen Mutter und Sohn zu teilen. Doch es erwies sich selbstverständlich als untragbar. So blieb Balduin III. schließlich nichts anderes übrig, als sich sein Reich von seiner Mutter zu erkämpfen. Im Davidsturm von Jerusalem hielt sich Melisende bis zuletzt. Mit Belagerungsmaschinen mußte er erobert werden. Melisende verzichtete endlich auf die Regierung, erhielt aber Nābulus als Witwensitz.

Frauen machten Balduin auch weiter in seiner Politik Sorge. In Tripolis mußte er wegen Eheschwierigkeiten der Schwester Melisendes, Hodiernas, und des Grafen Raimund II. eingreifen. Man fand eine vorläufige Regelung, aber Raimund wurde ermordet (ob mit Schuld von Hodierna, ist nicht zu erweisen). Balduin mußte die Regentschaft übernehmen.

Frauen machten dem König auch in Antiochia zu schaffen. Denn die Witwe Raimunds von Poitiers und Mutter des kleinen Bohemund III., Konstanze, sollte einen tüchtigen Mann heiraten, damit dieser statt Balduins die Regentschaft für den jungen Bohemund führen könne. Doch Konstanze — wieder eine der herrschfrohen Frauen — lehnte alle Angebote ab. Sie wollte selbständig bleiben. Auch Byzanz hatte ihr einen geeigneten Gatten vorgeschlagen, aber vergeblich. Schließlich aber verliebte sie sich in einen jungen, hübschen, aber ganz unbedeutenden französischen Soldritter, der gerade in Syrien gelandet war, Renaud de Châtillon, und verlobte sich mit ihm. Renaud suchte König Balduin III. im Heerlager vor Askalon auf, da die beiden seine Zustimmung als Lehensherr brauchten, und erhielt sie merkwürdig schnell. So heirateten sie, und an eine der damals wichtigsten Stellen, die Spitze des Fürstentums Antiochia, trat Renaud de Châtillon, der diesen Anforderungen in keiner Weise genügte. Er war zwar ein kühner Ritter, ein Draufgänger, besaß aber keinen Überblick über die Folgen seines oft vorschnellen Handelns, verfügte über keinen politischen Sinn. Auch kannte er keine moralischen Hemmungen, wo er seinen Vorteil sah oder seinen Leidenschaften die Zügel schießen ließ. Er stammte aus den Kreisen der feudalen Opposition in Frankreich und brachte kein Verantwortungsgefühl für das Ganze, keine Disziplin im Interesse des Landes mit. Auch in Palästina stand er darum fast stets in Opposition dem König gegenüber. Er ist eine der verhängnisvollsten Gestalten in der Geschichte des Heiligen Landes geworden.

Wes Geistes Kind er war, zeigte sich bald. Der Patriarch von Antiochia, der bisher der einflußreichste Mann neben der Königin gewesen war, war ihm ein Dorn im Auge. Renaud beschuldigte ihn der Konspiration gegen seine eigene Herrschaft und ließ den Kirchenfürsten foltern. Seinen Kopf ließ er mit Honig bestreichen und setzte den Patriarchen so in der Sonne den Insekten aus.

Das Gesamtbild der Politik Balduins III. ist von der Abwehr gegen die aufsteigende, bedrohende Macht Nūr ad-Dīns bestimmt. Er mußte Schutz gegen ihn suchen, und zwar in verschiedenen Zeiten seiner Regierung an verschiedenen Stellen. Das gliedert die Zeit seiner Herrschaft in drei Abschnitte. Zuerst versuchte er das von seiner Mutter leichtfertig aufgegebene Bündnis mit Damaskus zu erneuern und zu verhindern, daß Nūr ad-Dīn Herr der Stadt wurde. Als dies mißlang, verbreiterte Balduin die Grundlage seiner Macht im Süden Ägypten gegenüber und hoffte auf dieser Basis Nūr ad-Dīn gegenübertreten zu können. Doch das genügte nicht, so daß ihm nur noch der Anschluß an Byzanz verblieb. Diese drei Grundabsichten geben die richtungweisenden Gesichtspunkte in allen Einzelheiten seiner Politik und hinter allem der sorgenvolle Blick auf Nūr ad-Dīn.

Wann das Bündnis mit Damaskus wieder zustande kam, wissen wir nicht, wahrscheinlich hat der alte Unur es noch kurz vor seinem Tod (1149) ins Leben gerufen. Jedenfalls ist es 1150 wieder in voller Kraft. Nūr ad-Dīn versuchte nun mit allen Mitteln, es zu sprengen. Zweimal zog er vor die Stadt und stellte ultimativ die Forderung zum Anschluß an ihn mit der Begründung des allgemeinen Kampfes der Muslime gegen die Christen. Doch beide Male standen die Franken mit Heeresmacht in der Nähe, und Nūr ad-Dīn zog wieder ab. 1151 erhielt er wenigstens einen Freundschaftsvertrag von Damaskus. Doch der besagte nicht viel. Im Gegenteil, die Beziehungen zu den Franken wurden noch enger. Und da Abak, der Herr von Damaskus, sich als unfähig zeigte, wurde sogar ein fränkisches Protektorat über Damaskus daraus. Die Stadt zahlte den Franken einen jährlichen Tribut. Das aber bedeutete seitens der Franken eine törichte Manifestation ihres Übergewichtes über Damaskus, die auf die Dauer böses Blut in der Stadt erregen mußte. Als Nūr ad-Dīn bald darauf mit Geld und guten Worten in der Stadt für sich Stimmung machen ließ, fand er darum offene Ohren. Und als er am 18. April 1154 überraschend erschien, ehe fränkische Ritter heranziehen konnten, hatte er schon viele Freunde in der Stadt. Kaum war die Mauer an einer Stelle erstiegen, als man ihm auch schon die Tore öffnete[40]. Die Periode des fränkisch-damaszenischen Bündnisses und zugleich des Gleichgewichts der fränkischen und der muslimischen Kräfte war mit diesem Tag zu Ende. Nūr ad-Dīn hatte nun überlegene Kräfte in seiner Hand.

Schon vorher hatte Balduin versucht, seine Macht an der ägyptischen Grenze zu erweitern. Er hatte 1149/50 das alte Gaza wiederaufgebaut und den Templern übergeben und damit einen Keil zwischen Askalon und Ägypten geschoben. Doch das sollte nur ein Anfang sein. Die Wirren in Ägypten gingen weiter — der Vater läßt seinen Sohn vergiften und der Adoptivsohn seinen Adoptivvater im Schlaf ermorden. So hatte Ägypten zur Zeit nicht die Macht, sich zu wehren. Der Wezir Ibn Sallar versuchte noch, diesem Verfall zu steuern, doch nach seinem Tod im Jahr 1153 war der Weg für König Balduin III. frei.

Sein Ziel war Askalon. Am 25. Januar 1153 begann er die Belagerung der Stadt, die als uneinnehmbar galt. Sie war wohl besetzt und gut ausgestattet. Zudem gelang es einer ägyptischen Flotte, mit Truppen und Material die Einschließung zu durchbrechen und in die Stadt zu kommen. Es war also eine schwere Aufgabe. Eine Episode zeigt, welche besonderen Schwierigkeiten ein fränkisches Heer dieser Zeit zu überwinden hatte. Eine Bresche war geschlagen, doch die Templer wollten den Ruhm, die Stadt zu erstürmen, für sich allein haben und versperrten allen anderen den Zugang zu der Bresche. So drangen 40 Templer allein in die Stadt ein, wurden aber überwältigt und niedergemacht. Das brachte Mutlosigkeit ins fränkische Lager. Aber eine siegreiche Schlacht vor den Toren entschied zugunsten der Franken. Am 19. August 1153 mußte die Stadt sich ergeben. Die ägyptische Besatzung und

---

[40] Kamāl ad-Dīn, Sahne, S. 317 f.

die arabische Bevölkerung erhielten freien Abzug, und die guterhaltenen Mauern konnten bald wiederhergestellt werden. Reiche Vorräte fielen in die Hände der Christen. Nun endlich war die ganze philistinische Ebene in den Händen der Franken, nun erst die ganze Küste des Landes. Jetzt hatten auch die Ägypter nicht mehr die Möglichkeit, bei jeder Abwesenheit des Königs Jerusalem oder das Land anzugreifen. Es war ein großer Erfolg.

Auf dieser Grundlage versuchte Balduin nun, ohne Bundesgenossen Nūr ad-Dīn zu bekämpfen. Doch mit geringem Erfolg. Anfängliche Kämpfe endeten damit, daß Balduin in der Jakobsschlucht am oberen Jordan überfallen und völlig geschlagen wurde. Kämpfe um die wichtige Stadt Schaīsar endeten zur Schande der fränkischen Fürsten damit, daß man die Belagerung aufgab, weil Renaud de Châtillon und ein angekommener Kreuzfahrerfürst sich darum stritten, wer der Herr der Stadt sein sollte, wenn sie einmal eingenommen sei. Anstelle der Franken und der mit ihnen streitenden Ismaeliten nahm dann Nūr ad-Dīn die Stadt und verbesserte damit seine Stellung am Orontes. Die Feste Harīm vor den Toren von Antiochia konnte Balduin allerdings wieder nehmen und die Landschaft Sawād am Ostufer des Sees von Tiberias schützen, als Nūr ad-Dīn sie angriff, aber das wog den Verlust von Schaīsar nicht auf. So blieb für König Balduin nur noch das Zusammengehen mit Byzanz. Seit etwa 1158 wird es der maßgebende Gedanke seiner Politik.

Aber als sich Balduin III. 1158 an Kaiser Manuel von Byzanz mit dem Vorschlag eines durch Heirat befestigten Bündnisses wandte, standen dem schlechte Erinnerungen Manuels an Renaud de Châtillon im Wege. Mit ihnen verhielt es sich folgendermaßen: 1137/38 hatte Kaiser Manuel den armenischen Staat in Kilikien niedergeworfen. Doch Thoros II. gelang es, aus der Gefangenschaft zu entkommen und Schritt für Schritt das Reich um Vahka wiederaufzubauen. Byzantinische Heere schlug er wiederholt, und auch die Bundesgenossenschaft des Sultans von Konja nützte dem Kaiser nichts.

Da wandte sich Manuel von Renaud de Châtillon. Dieser hatte ein Interesse daran, sich Byzanz gefällig zu erzeigen. So ließ er sich gewinnen; er sollte dic Armenier niederwerfen, die Kosten aber sollte Byzanz tragen. Es kam zwar wirklich zu Kämpfen mit den Armeniern, doch ohne rechte Kraft. Renaud schloß schnell Frieden mit ihnen. Mit der Kostenrückerstattung von Byzanz war er aber gar nicht zufrieden. Darum hielt er sich — skrupellos wie er sich immer gezeigt hatte — durch einen großen Raubzug nach Zypern schadlos. Den Neffen des Kaisers und dessen Feldherrn besiegte er. Reiche Beute wußte er zu machen. Von dem geraubten Vieh verkaufte er, was er nicht mitnehmen konnte, für teures Geld wieder an die Bevölkerung Zyperns. Außerdem forderte er eine große Kontribution. Das alles war keine gute Vorgeschichte für ein Bündnis des Kaisers mit dem Lehnsherrn eben dieses Renaud, dem König Balduin III.

Doch trotz dieser Hemmungen ging Kaiser Manuel auf den Bündnisvorschlag ein. Balduin III., der selbst 27 Jahre zählte, heiratete die erst 13jährige, sehr schöne Nichte Kaiser Manuels, Theodora. Sie brachte ihm eine reiche Mitgift ein. Außerdem versprach Manuel baldigst einen gemeinsamen Feldzug gegen Nūr ad-Dīn durchzuführen.

Doch mit der Ausführung dieses Versprechens hatte Manuel es nicht eilig. Im Sommer 1158 besiegte er zunächst den Sultan von Konja, dann Thoros II. von Armenien und eroberte ganz Kilikien. Dann aber wandte er sich gegen Antiochia und Renaud de Châtillon, um Rache zu nehmen für die vorschnelle Versöhnung mit den Armeniern und den Raubzug gegen Zypern. Renaud blieb nichts übrig, als sich dem Kaiser auf Gnade und Ungnade zu unterwerfen, denn Hilfe von Jerusalem konnte so schnell nicht da sein[41]. Er mußte sich den demütigendsten Bedingungen für seinen Empfang im Feldlager von Mamistra unterwerfen: barfuß und barhäuptig mußte er durch die Stadt ziehen, um sich dann vor dem Kaiser in Anwesenheit aller in den Staub zu werfen. Und alle Bedingungen mußte er annehmen: die volle Unterwerfung Antiochias und seiner Zitadelle unter Byzanz; auch der lateinische Patriarch sollte durch einen griechischen ersetzt werden, d. h., Antiochia sollte wieder eine griechische Stadt werden.

Auch Balduin III. hielt es für das beste, nach Mamistra zu kommen. Er wurde mit allen Ehren empfangen. Ein Vertrag kam zustande, über dessen Inhalt wir leider im einzelnen nicht unterrichtet sind. Jedenfalls wurde ein baldiger gemeinsamer Zug gegen die Muslime vorgesehen.

Ein pompöser Einzug Kaiser Manuels in Antiochia sollte seinen Sieg aller Öffentlichkeit kundtun[42]. Balduin nahm die in dem allen liegende Demütitung der Franken hin in der Hoffnung, daß der kommende gemeinsame byzantinisch-fränkische Zug gegen Nūr ad-Dīn ein großer Erfolg werden und ihm die Befreiung von der dauernden Bedrohung bringen werde. Doch das war ein großer, schwer enttäuschender Irrtum. Man zog zwar 1159 gemeinsam gegen Aleppo und stand schon etwa 40 km nordwestlich der Stadt. Da schloß Manuel unerwartet Frieden. Nūr ad-Dīn bot die Befreiung von 6000—10000 christlichen Kriegsgefangenen an, die teilweise schon seit dem zweiten Kreuzzug, also schon über ein Jahrzehnt, in muslimischen Gefängnissen schmachteten. Das löste in der ganzen Christenheit große Freude aus.

[41] Die von Chalandon, Comnènes II, S. 444, vertretene Ansicht, Balduin III. habe damals Renaud nicht helfen wollen, in der Hoffnung, die Herrschaft über Antiochia selbst erhalten zu können, weist R. Grousset, II, S. 401, mit vollem Recht zurück. Balduin III. hatte ebenso wie seine Vorgänger wiederholt bewiesen, daß sie die Herrschaft über Antiochia nicht suchten, sondern einen starken, aber ihnen ergebenen Herren der Stadt wollten.

[42] Grousset, II, S. 404, spricht von einer von Manuel geplanten dénationalisation und défrancisation. Das bringt aber falsche Begriffe in diese Welt. Die Bevölkerung von Antiochia war unter der verschiedenen Herrschaft stets hauptsächlich griechisch und syrisch. Es geht hier um einen Wechsel in der Herrschaft auch auf kirchlichem Gebiet.

Aber der große Schlag gegen Nūr ad-Dīn, auf den alles ankam, war nicht geführt, ja nicht einmal ernstlich versucht worden. Es war ein Verrat des Kaisers an der gemeinsamen christlichen Sache. Er wollte keinen Sieg der Christen und Franken; er wollte durch die Schonung Nūr ad-Dīns ihn als Bundesgenossen gegen Konja gewinnen; das Bündnis kam zustande. Und als im folgenden Jahr Kaiser Manuel, unterstützt von seinem getreuen Neffen Balduin III. und seinem fränkischen Lehensmann Renaud, den Sultan von Konja angriff, fiel gleichzeitig Nūr ad-Dīn von der anderen Seite in dessen Land ein. Anstatt also Nūr ad-Dīn zu bekämpfen, verhalfen ihm die Franken durch die gemeinsame Gegnerschaft zum Erwerb der Festung Marʿasch und Behesni. Dahin hatte die Hoffnung auf Byzanz geführt.

Und noch eine Demütigung brachte das Verhältnis von Byzanz für die Franken diesmal wieder um einer Frau willen. Manuel erbat bei Balduin III. für sich eine fränkische Prinzessin zur Frau, und zwar entweder Melisende, die Schwester des Grafen Raimund von Tripolis, die Tochter von Hodierna, oder Maria, die Schwester Bohemunds III. von Antiochia, die Tochter Konstanzes. Beide waren als besonders schön bekannt. Balduin entschied sich für die erstere, und Tripolis rüstete sich für die Ausstattung und Überfahrt der Prinzessin. Doch die Antwort kam nicht. Manuel hatte sich inzwischen direkt an Konstanze gewendet und deren Zustimmung zur Hochzeit ihrer Tochter, Maria von Antiochia, erhalten. Der Protest Balduins kam zu spät. Und auch die Raubzüge, mit denen Raimund von Tripolis seiner Entrüstung Ausdruck gab, änderten nichts mehr an der vollzogenen Heirat.

Am 10. Februar 1162 starb Balduin III. in Tripolis, vergiftet durch die Arzneien eines dortigen Arztes. Ob dieser Tod politische Hintergründe hatte, läßt sich nicht mehr feststellen.

Das Gesamtbild, das die Regierung dieses Königs bietet, ist nicht einheitlich. Die Eroberung Askalons und die dabei bewiesene Zähigkeit ist zweifellos ein großes Verdienst. Ebenso ist es anzuerkennen, daß er die Erneuerung des Bündnisses mit Damaskus erreichte. Aber dem stehen doch zu viele Fälle entgegen, in denen die Kraft und Entschiedenheit des Handelns fehlten und die zum Unheil seines Reiches ausschlugen. Das schlimmste ist, daß er durch seine kraftlose Haltung die völlig verzerrende Abbiegung des byzantinisch-fränkischen Kreuzzuges möglich machte. Er durfte als König nicht dulden, daß die Belagerung von Schaīsar wegen eines törichten Streites von Fürsten abgebrochen wurde. Er muß auch verantwortlich gemacht werden für die übersteigerten Maßnahmen gegen Damaskus, die dann Nūr ad-Dīn den Weg in die Stadt ebneten. Und auch seine vorschnelle Zustimmung zur Heirat Konstanzes mit Renaud de Châtillon rächte sich bitter, wie er dann überhaupt wohl gar keinen Einfluß auf die oft sehr unkluge Politik Renauds gehabt hat. So bleibt doch im ganzen das Bild eines trotz großer Erfolge schwachen Königs. Im Hintergrund seiner ganzen Regierungszeit aber steigt ständig die Macht Nūr ad-Dīns.

Aber dieser König war beliebt. Es muß eine werbende Kraft von seiner Persönlichkeit ausgegangen sein, so daß nicht nur sein Volk, sondern auch seine Gegner ihn hochgeschätzt haben. So hören wir, daß Nūr ad-Dīn, als man ihm riet, die durch Balduins Tod gegebene Unruhe im fränkischen Lager zu einem Überfall zu benutzen, gesagt habe: „Wir müssen Mitleid haben und in menschlicher Weise auf ihren gerechten Schmerz Rücksicht nehmen. Denn sie haben einen Fürsten verloren, wie die ganze übrige Welt jetzt keinen hat."[43] Balduin muß also durch andere menschliche Qualitäten seine Fehler in den Augen der Mitmenschen wettgemacht haben. Er muß schon durch sein Äußeres, seine Züge, seine Gestalt und die leichte Sicherheit seines Auftretens etwas Besonderes, ihn vor allen anderen Auszeichnendes gehabt haben. Dazu kamen seine schnelle Auffassungsgabe und glänzende, gewinnende Beredsamkeit. Heiter erschien sein ganzes Wesen. Ein Scherz oder Witz lag ihm stets nahe, für jeden Stand und jedes Lebensalter hatte er ein freundliches Wort. Auch die Tatsache, daß er Spiel, Trunk und Fröhlichkeit liebte, mag diese allgemeine Beliebtheit des Königs erhöht haben. So scheint für das Urteil der Mitwelt und auch meist der Nachwelt dies Gewinnende der Persönlichkeit maßgebender gewesen zu sein als die Schattenseiten seines politischen Handelns.

König Amalrich I. (1162—1173)

Auf Balduin III. folgte sein Bruder Amalrich, der damals 27 Jahre zählte. Der Gegensatz der beiden Brüder in ihrem ganzen Wesen kann gar nicht größer gedacht werden. War Balduin heiter, so war Amalrich schweigsam und verschlossen. War der eine glänzend beredt, so sprach sein Bruder, durch eine Sprachhemmung behindert, wenig und ungern. War Balduin leutselig und schnell bereit, jemanden anzureden und mit ihm sich zu unterhalten, so wandte sich Amalrich nur ungern an jemanden, mit dem er nicht vertraut war. War Balduin gern für alle Feste und Gelage zu haben, so war Amalrich im Essen und Trinken sehr mäßig und nüchtern. Dabei war er von Gestalt sehr korpulent, aber trotzdem ein sehr guter ausdauernder Soldat und ein trefflicher Jäger. Doch das wichtigste war, daß er ein guter Politiker war, der über die nächsten Grenzen der Gegebenheiten hinauszusehen wußte. Und er stand auch großen Aufgaben gegenüber, an denen er sich bewähren konnte. Seine Regierung war keine Zeit der dauernden Erfolge und des Glanzes. Denn das die Franken bedrohende Unheil schritt unaufhaltsam weiter. Aber er bewies in dieser schwierigen Lage Format. Er sah die Gefahren, wenn er auch nicht immer ihrer Herr werden konnte. Und dieser große Zug, der durch seine Politik hindurchging, verschaffte ihm Sympathien, die er nicht so leicht wie sein liebenswürdiger Bruder mit einem freundlichen Lächeln zu erwerben wußte. Freilich hatte er auch einen sehr

[43] Wilhelm von Tyrus XVIII, 34, S. 881.

guten Berater in seinem Kanzler, dem Erzbischof von Tyrus, Wilhelm, der als Historiker der Franken bekannt geworden ist[44].

Er bestieg den Thron nicht ohne Widerstand. Eine Adelsgruppe forderte, daß er sich von seiner Frau Agnes von Courtenay scheiden lasse, da beide zu nahe verwandt seien. Was hier dahinterstand, wissen wir nicht. Jedenfalls zeigt es aber die bedenklich steigende Macht des Adels, daß man die Thronbesteigung an Bedingungen knüpfen konnte. Und Amalrich mußte nachgeben.

Die ganze Regierungszeit Amalrichs ist von einem großen Problem bestimmt: Ägypten. Am Schicksal Ägyptens entscheidet sich in diesen Jahren das Geschick der Frankenstaaten und der ihnen gegenüberstehenden muslimischen Welt. Denn die Macht Ägyptens war durch die andauernden inneren Wirren so geschwächt, daß es das Opfer eines der mächtigeren Nachbarstaaten werden mußte. Dafür aber kamen nur die Franken oder Nūr ad-Dīn in Frage. Griff dieser zu, so war damit der ganze Islam von Ägypten bis Mesopotamien den Christen gegenüber geeint. Wenn zu Damaskus auch Ägypten in die Hände Nūr ad-Dīns kam, so war das Schicksal der Franken eigentlich damit schon besiegelt. Um das zu verhindern, mußte der fränkische König eingreifen. Er mußte darum nicht Ägypten voll unterwerfen; eine Art Schutzherrschaft, eine Tributzahlung konnte genügen und brauchte bei geschickter Handhabung keine Gegenkräfte gegen die Franken in Ägypten mobil machen.

Es war also kein die eigenen Grenzen verkennender Eroberungsdrang, wenn Amalrich nach Ägypten zog, sondern eine politische Notwendigkeit im Interesse der Selbsterhaltung. Schon Balduin III. hatte man von Ägypten aus um Schutz und Hilfe gebeten und ihm dafür einen jährlichen Tribut von 160000 Dinaren versprochen. Aber Balduin III. hatte damals abgelehnt.

Es würde zu weit führen, die Streitigkeiten und Wirren in Ägypten darzustellen. Mord und Verrat häufen sich in kaum glaublicher Weise. Schließlich sind vor dem Eingreifen Amalrichs der Gouverneur von Oberägypten, Schāwar, und ein arabischer Emir Dirgham die beiden erbittert einander gegenüberstehenden Gegner.

Amalrich übersah die Lage und beschloß, von sich aus einzugreifen. Er erhob Klage darüber, daß man ihm den Balduin III. versprochenen Tribut nicht gezahlt habe, und fiel mit dieser Begründung ins Nildelta ein. Die Stadt Bilbeīs versperrte ihm weiteres Vorgehen. Er belagerte sie, und schon schien die Eroberung nahe bevorzustehen, da durchstieß Dirgham zur Zeit der Nilüberschwemmung die Dämme des Stroms. Demgegenüber konnten sich die Franken nicht halten, sondern mußten sich wieder zurückziehen,

[44] Wilhelm von Tyrus XIX, 2, S. 884ff. — Al-Athīr I, S. 553f., von 1168/69, und S. 619, von 1174/75. — R. Sternfeld, Histor. Ztschr. 106, S. 301/02. — G. Schlumberger, Campagnes du roi Amaury Ier de Jérusalem en Egypte au XIIe siècle (Paris 1906). — Kugler, Gesch. d. Kreuzzüge, S. 166/67. — J. Haller, Papsttum II, 2, S. 231.

besonders da inzwischen Nūr ad-Dīn in Nordsyrien eingefallen war. Doch hatte er dabei keinen Erfolg. Im Gegenteil gelang es den Franken, ihn unterhalb der Burg Krak des Chevaliers in der Ebene Bekā (al-Bukaiʿa) zu schlagen.

Inzwischen war Schāwar, aus Ägypten vertrieben, zu Nūr ad-Dīn geflüchtet und hatte ihn unter großen Versprechungen um Hilfe gebeten: Schāwar wolle den ganzen Feldzug bezahlen; dazu solle Nūr ad-Dīn ein Drittel aus allen Abgaben des Landes als Tribut erhalten und ebenso einen Teil des Nildeltas. Auch wolle Schāwar sein Lehensmann werden. Nūr ad-Dīn, inzwischen ein alter Mann, zögerte eine Zeitlang, dann schickte er aber ein großes Heer unter seinem Feldherrn Schīrkūh, aus kurdischem Geschlecht, nach Ägypten. Daraufhin aber rief Dirgham in Ägypten die Franken zu Hilfe. Amalrich sagte auch zu. Aber ehe er Ägypten erreichen konnte, hatte Schīrkūh Dirghams Heer geschlagen und war als Sieger in Kairo eingezogen. Dirgham mußte fliehen und fiel. Aber Schāwar und Schīrkūh verfeindeten sich bald untereinander. Schāwar konnte und wollte Schīrkūh nicht bezahlen und geben, was er versprochen hatte. Da aber nahm sich dieser als Pfand Bilbeīs und den Ostteil des Deltas. Nur rief aber Schāwar seinerseits die Franken herbei. Und Amalrich kam. Man sieht, daß ihn nichts an eine bestimmte Partei in Ägypten band, sondern daß er kam, wo er gerufen wurde.

So zog Amalrich 1164 zum zweitenmal zum Nil. Die von Schāwar gezahlte Summe von 27 000 Goldstücken machte den Feldzug möglich. Gemeinsam belagerten Schāwar und Amalrich Schīrkūh in Bilbeīs. Aber die Einnahme gelang nicht so schnell, wie man gehofft hatte. Vielleicht zog auch Schāwar sie hin, um nicht die Franken Herren des Landes werden zu lassen. Da kamen schlechte Nachrichten aus Syrien; Nūr ad-Dīn belagerte Harīm vor den Toren Antiochias. Da einigten sich Amalrich und Schīrkūh verträglich dahin, daß beide Ägypten verlassen wollten. Und so geschah es. Amalrich hatte also 1164 mit seinem zweiten Zug nichts für sich gewonnen, aber — und das war wichtig — verhindert, daß Nūr ad-Dīn sich durch Schīrkūh in Ägypten festsetzte.

Doch endete dieser Feldzug von 1164 anders als der vorige mit einer Niederlage der Franken durch Nūr ad-Dīn. Denn dieser gab zwar die Belagerung von Harīm bei ihrem Herannahen auf; aber als die Franken ihn verfolgten, schlug er sie bei Harīm am 11. August 1164. Der Tag soll die Franken 10 000 Tote und viele Gefangene gekostet haben. Außerdem nutzte er den Sieg aus und nahm das umstrittene Harīm und Paneas (Bānijās). Dem folgten im folgenden Jahr Schakif, Tīrūn im Libanon, östlich Sidon, 1166 Munaītira in der Grafschaft Tripolis und eine Höhlenburg der Templer in Transjordanien[45]. Der Siegeszug Nūr ad-Dīns am Orontes war also durch die Feldzüge in Ägypten vorläufig nicht aufgehalten worden.

[45] Wilhelm von Tyrus XIX, 1, S. 902, klagt heftig über die große Not, in die das Königreich dadurch gekommen sei.

In Antiochia aber hatte sich inzwischen das Bild verschoben. Nūr ad-Dīn hatte im Jahre 1165 den Fürsten von Antiochia, Bohemund III., freigelassen, einmal mit Rücksicht darauf, daß dieser die Schwester des byzantinischen Kaisers zur Frau hatte, und aus dem Gedanken heraus, es sei günstiger für ihn, wenn in Antiochia Bohemund herrsche als Amalrich als sein Stellvertreter. Und darin täuschte er sich nicht. Denn furchtsam schloß Bohemund sich nun völlig an Byzanz an. Antiochia wurde nun ganz byzantinisches Gebiet. Sein Fürst trieb byzantinische Politik. Ein griechischer Patriarch zog ein. Antiochia war für das Königreich Jerusalem an Byzanz verloren. Eines allerdings knüpfte diese Verbindung wieder etwas enger: Bohemund gab eine größere Reihe von Burgen im Gebiet von Schaīsar an die Johanniter im Interesse der Landesverteidigung. Doch das Gesamtbild bleibt: Antiochia war byzantinisch.

1167 begannen die Kämpfe in Ägypten von neuem. Da Nūr ad-Dīn alterte und kränkelte, war es nun Schīrkūh, der zum Heiligen Krieg trieb. Der Kalif beauftragte ihn, und Nūr ad-Dīn stimmte zu. So zog er mit 2000 ausgewählten Kämpfern von Damaskus aus. Daraufhin rief Schāwar die Franken. Bei Kairo lagen die Heere sich gegenüber. Schāwar hatte Amalrich 400 000 Byzantinergoldstücke versprochen, wenn er Schīrkūh aus Ägypten vertreibe. Schāwar sah darum die Franken als seine von ihm bezahlten Söldner, Amalrich aber sah in dieser Summe einen Tribut Ägyptens.

Als Amalrich den Nil überschritt, zog sich Schīrkūh nilaufwärts zurück. Amalrich folgte ihm, wurde aber bei Bābain (Aschmūnain) in Mittelägypten geschlagen. Er zog sich in aller Ordnung nach Kairo zurück, während Schīrkūh nach Alexandrien marschierte. Dort belagerten ihn Schāwar und Amalrich zusammen mit einer pisanischen Flotte. Die Not wurde groß in Alexandrien. Da verließ Schīrkūh mit dem größten Teil des Heeres die Stadt und schlug sich nach Oberägypten durch. Die Verteidigung der Stadt überließ er seinem Neffen Saladin, der hier zuerst handelnd in die Geschichte eingreift. Er wußte trotz der drängenden Not die Bevölkerung zum Ausharren zu bewegen und durch Botschaften Schīrkūh zu veranlassen, neu ausgerüstet zurückzukehren. Dieser machte den Franken Friedensvorschläge, die dahin gingen, daß man den Kampf unentschieden lasse und beide Heere Ägypten wieder verlassen sollten. Amalrich wollte annehmen, da Nūr ad-Dīn wieder ins Land eingefallen war und seine Eroberungen fortsetzte. Die fränkischen Barone dagegen wollten teilweise weiterkämpfen. Doch Amalrich setzte sich durch.

Dieser Feldzug hatte aber doch nicht ohne jeden Erfolg außer der Verhinderung des Gegners geendet. Schāwar zahlte Amalrich einen jährlichen Tribut von 100 000 Byzantinergoldgulden, und in Kairo verblieb eine fränkische Besatzung und ein der Regierung zugeteilter Kommissar (Schihna). Das aber wirkte sich besonders deutlich auch in den wirtschaftlichen Verhältnissen aus, vor allem dadurch, daß nun Ägypten für den Handel der fränkischen

Kaufleute offenstand. Wilhelm von Tyrus preist rückschauend diese Zeit, in der das Königreich Jerusalem auf dieser Seite geschützt war und in der die fränkischen Handelsleute in Ägypten und die ägyptischen in den syrischen Städten verkehrten. Er fährt fort: „Diese ... brachten die Reichtümer ferner Länder und den Unseren unbekannte Waren mit sich, und brachten uns damit Vorteil und Ehre zugleich, solange sie mit uns verkehrten. Zudem verstärkte die Zahlung des ungeheuer großen jährlichen Tributes die Kaufkraft nicht nur der königlichen Kasse, sondern auch der einzelnen privaten Menschen."[46] Man sieht daraus, welch einen Aufschwung das fränkisch-syrische Land durch eine solche Verbindung nehmen konnte. Dies Reich konnte der Mittelpunkt des Orienthandels werden. Aber leider war der Traum schnell ausgeträumt. Denn der vielverheißene Ansatz ging bald wieder verloren.

Amalrich fühlte die Unsicherheit seiner neuen Stellung, die seinen faktischen Kräften nicht entsprach. Hilfe sollte Byzanz bringen, und wieder sollte eine Heirat die Verbindung befestigen. Manuel war durchaus damit einverstanden, und so heiratete Amalrich 1167 Maria Comnena, die Tochter eines Neffen des Kaisers. Ein Bündnis gegen Ägypten wurde gleichzeitig abgeschlossen. Gesandte kamen und gingen. Die letzteren, geführt von Amalrichs Kanzler, Wilhelm von Tyrus, brauchten lange Zeit, bis 1168 die näheren Vereinbarungen für einen gemeinsamen Feldzug im Jahr 1169 getroffen waren. Im Oktober 1168 kehrte Wilhelm von Tyrus befriedigt vom Kaiser zurück. Da erfuhr er zu seinem Schrecken, daß Amalrich im Begriff war, ohne Byzanz gegen Ägypten zu ziehen.

Verschiedenes trieb dazu. Die Franken hatten sich durch ihre Garnison und durch den Tribut in Ägypten unbeliebt gemacht. Schāwar machte darum Anstalten, nun wieder Schīrkūh gegen die Franken zu rufen. Doch Schīrkūh war damals in Mossul und anderwärts in Streitigkeiten verwickelt und so festgehalten. Dazu drängten neuangekommene Kreuzfahrer und ebenso die Johanniter, denen Amalrich die Stadt Bilbeīs versprochen hatte. Alle forderten den Aufbruch, und der König konnte demgegenüber nicht standhalten, trotz seiner besseren Einsicht. Es ist eine entscheidende Stunde in der inneren Geschichte des Königtums. Es kann sich dem Adel gegenüber nicht mehr durchsetzen.

Man hat dabei auch den Eindruck, daß der König in der entscheidenden Phase nicht hätte nachgeben müssen, wenn sein Kanzler, Wilhelm von Tyrus, zur Stelle gewesen wäre. Ist es so, so wäre Wilhelm als der gute Geist von Amalrich zu betrachten und die Umsicht und Sicherheit, die Amalrichs Politik sonst aufweist, mehr auf das Konto seines Kanzlers zu setzen. Jedenfalls beschloß Amalrich den Angriff, ohne die Mittel dazu zu haben.

Amalrich schloß Bilbeīs ein, und trotz harten Widerstandes wurde die Stadt genommen. Törichterweise ließen sich die Sieger zu Ausschreitungen gegen die Bewohner hinreißen. Ähnlich töricht verhielt sich die Flotte; sie

---

[46] Wilhelm von Tyrus XX, 10, S. 957/58.

plünderte die Stadt Tanis nach ihrer Einnahme. Das war verhängnisvoll. Denn hätten die Franken sich damals Sympathien erworben, so hätte man wohl Kairo und Fustāt ihnen ohne Kampf übergeben[47]. So aber leisteten beide Städte Widerstand, und Schāwar ließ selbst die große Stadt Fustāt in Brand stecken. Da sah Amalrich, daß er das Land nicht vor der Ankunft Schīrkūhs erobern könne und daß er es nicht auf friedliche Weise unverbrannt und unzerstört in die Hand bekommen werde. Darum war er bereit, zu verhandeln. Gegen die Zahlung von 100 000 Goldgulden (viel weniger, als Amalrich gefordert hatte) zog Heer und Flotte wieder ab.

Kaum war er fort, so kam Schīrkūh, festlich in Kairo als Retter begrüßt. Mit Schāwar vertrug er sich aber auch jetzt nicht. Da beschlossen Schīrkūh und der Kalif, ihn aus dem Weg zu räumen. Saladin nahm ihn gefangen, der Kalif sprach das Todesurteil. Schīrkūh aber wurde als Wezir der beherrschende Mann. Er verteilte die großen Lehen des Reiches neu in seinem Interesse. Doch er überlebte den Sieg nicht lange: er starb am 23. März 1169, Saladin wurde sein Nachfolger.

Noch saß Saladin nicht fest im Sattel. Gegen zwei große Revolten mußte er sich wehren. Eine sollte von den Franken unterstützt werden, doch es kam nicht dazu. Dann revoltierte die Negergarde in einer Stärke von 50 000 Mann. Ihre Niederwerfung wurde zu einem furchtbaren Blutbad. Aber dann war Saladin Herr Ägyptens. Doch immer noch blieb er dem Recht nach nur Offizier Nūr ad-Dīns, wie Schīrkūh es immer gewesen war.

Nun war eingetreten, was die Franken so lange gefürchtet hatten: die islamische Großmacht, die Ägypten, Syrien und Teile von Mesopotamien umfaßte, war geschaffen und hatte an ihrer Spitze einen so bedeutenden Mann wie Saladin. Die Franken suchten dagegen zunächst die Hilfe des Abendlandes in einem neuen Kreuzzug zu gewinnen, doch vergeblich.

So blieb wieder nur die Hoffnung auf Byzanz, die so oft schon getrogen hatte. Aber noch war ja der vor dem letzten Krieg von Wilhelm von Tyrus abgeschlossene Vertrag in Gültigkeit. So rüstete Kaiser Manuel eine große Flotte unter dem Herzog Andronikos Kontostephanos aus. Sie rechnete mit einem schnellen Feldzug und war deshalb nur für drei Monate mit Lebensmitteln versorgt. Man entschloß sich, diesmal nicht Bilbeīs oder Kairo anzugreifen, sondern Damiette, da dort der Angriff nicht erwartet wurde. Saladin stand in Kairo, konnte aber die Stadt der dort bestehenden Unruhen wegen nicht verlassen. Doch wußte er auch von dort aus Damiette genügend auszurüsten, so daß es energisch Widerstand leisten konnte. Und das war nötig. Denn Amalrich und die Byzantiner griffen mit großem Nachdruck an. Dann aber lähmte eine eintretende Hungersnot alle Kräfte. Es rächte sich, daß die Byzantiner siegesgewiß ihre Flotte so schlecht verproviantiert hatten. Gewaltige Regengüsse kamen dazu. Saladin wußte von der Not der Byzantiner

---

[47] Abū Schāma I, Zwei Gärten, S. 113 f. — Al-Athīr I, S. 555. — Wilhelm von Tyrus XX, 6.

und griff darum dort am schärfsten an. Da veruneinigten Amalrich und Kontostephanos sich über den einzuschlagenden Weg: der Byzantiner wollte Damiette stürmen, Amalrich belagern; er verhinderte einen allein unternommenen Sturm der Byzantiner. In dieser Lage begannen beide mit Saladin zu verhandeln, und dieser wußte die Unstimmigkeit beider zu schüren und zu benutzen. Im Dezember 1169 schlossen die Franken mit Saladin einen Waffenstillstand, und gleichzeitig kehrte auch die byzantinische Flotte zurück. Unterwegs wurde diese noch großenteils durch einen Sturm zerstört, so daß nur traurige Reste Byzanz wieder erreichten. Ein klägliches Ende. Für die Franken war die Hoffnung auf das Abendland ergebnislos geblieben, und die auf die immer als letzte Rettung angesehene byzantinische Hilfe hatte zu einem großen Mißerfolg geführt. So mußten sie mit offenen Augen sehen, wie die neue einheitliche Großmacht der Muslime ständig wuchs und sich drohend um sie zusammenschloß.

Aber noch war Saladin nur der Offizier Nūr ad-Dīns. Spannungen und Streitigkeiten beider waren vorauszusehen und stellten sich auch bald ein.

Beider Machtbereich erweiterte sich zunächst unabhängig voneinander. Nūr ad-Dīn erwarb nach seines Bruders Tod Mossul und wußte die Oberhoheit des Sultans von Persien abzuschütteln. Saladin dagegen nahm den Franken ʿAila am Roten Meer weg und eroberte durch seinen Bruder Nubien und Yemen. Außerdem wußte er der immer wieder drohenden Aufstände und Verschwörungen — wie sie Ägypten immer wieder zeitigte — Herr zu werden, ohne daß eine fremde Macht, Sizilien oder die Franken, hereingezogen wurde. Und dieser Mann sollte nur der Offizier Nūr ad-Dīns sein. Das war unhaltbar.

Der Konflikt zeigte sich zuerst in der Frage des islamischen Schismas (Schiiten-Sunniten). Noch bestand ja das fatimidische Kalifat der Schiiten in Ägypten. Nūr ad-Dīn drängte auf seine Beseitigung, Saladin aber zögerte, um sich nicht neuen Unruhen auszusetzen. Schließlich aber entschloß sich Saladin, im großen Freitagsgebet für den Kalifen von Bagdad statt für den schiitischen beten zu lassen. Und es geschah ohne Widerstand. Das entschied. Als bald darauf der schiitische Kalif starb, wurde kein Nachfolger mehr ernannt. Damit war das große Schisma beseitigt, der Islam geeinigt (1171). Der Jubel war groß. Man feierte mehr als Nūr ad-Dīn Saladin. Er war der Held des Tages. Sein Ansehen war damit sehr gestiegen.

Für die Franken war diese Spannung zwischen beiden Männern günstig. Denn Saladin dachte nun nicht daran, diesen Pufferstaat zwischen ihnen zu beseitigen oder Nūr ad-Dīn bei Eroberungen zu unterstützen. Beide wichen einander aus. Eine große Auseinandersetzung beider stand bevor, als Nūr ad-Dīn 1174 starb.

Der starke Druck dieser islamischen Großmacht auf die Franken zwang sie zu immer näherem Anschluß an Byzanz. Aber auch dieses brauchte die Franken. Denn in Anatolien hatte der Sultan von Konja seine Machtstellung nach Osten erweitert, und in Armenien hatte nach dem Tod von Thoros II. dessen Bruder Mleh den Armenierstaat völlig an Nūr ad-Dīn angeschlossen. Seine Untertanen wollten es nicht, aber Mleh zwang sie mit einer Gewaltherrschaft. So wurde Armenien auch in das Ganze der islamischen Großmacht eingefügt und die Franken von dem einzigen Bundesgenossen Byzanz abgeriegelt.

Amalrich ging selbst nach Konstantinopel und brachte dort das Opfer der Unabhängigkeit des Königreiches Jerusalem. Der glänzende Empfang verdeckte das nicht. Er mußte den Kaiser Manuel als seinen Lehensherren anerkennen[48]. Damit war aufgegeben, um was die ersten Kreuzfahrer so zäh gekämpft hatten und was ihre Nachfahren immer zäh festgehalten hatten. Aber die Not schien dazu zu zwingen. Amalrich erhielt dafür die Zusage eines gemeinsamen Zuges, der Saladin aus Ägypten vertreiben sollte. Doch das Opfer war vergeblich gebracht: Denn ehe der große Plan ausgeführt werden konnte, starb Amalrich im Jahre 1174 und bald darauf auch Manuel.

Im eigenen Land schien sich ein Bundesgenosse zu Amalrich zu gesellen. Denn die Sekte der Ismaeliten (Assassinen), gute Schiiten, geriet durch die Beseitigung des ägyptischen Kalifates in starken Gegensatz zu Saladin. Er drängte sie zum Anschluß an die Franken. Sie hatten sich, so klein ihre Schar auch war, eine feste Stellung in den Bergen des Libanon und des Jebel Nusairi geschaffen, die für die Franken von Tripolis als Bundesgenossen einen guten Schutzwall bieten konnte. Als der damalige „Alte vom Berge", Rāschīd al-Din Sinān, Amalrich ein Bündnis anbot, ging er darum gern darauf ein. Als Bedingung forderte Sinān, daß man ihnen den Tribut erlasse, den sie den Templern zu zahlen hatten. Amalrich erstattete den Templern die Summe des Tributes, um sie vor Schaden zu bewahren. Doch die Templer, die erbitterten Feinde der Ismaeliten, wollten ein Bündnis mit ihnen auf keinen Fall dulden. Sie durchkreuzten darum aus eigener Machtvollkommenheit die Politik ihres Königs und ließen den Boten Amalrichs, der die Zusage bringen sollte, durch einen der Ihren, Gautier de Mesnil, ermorden. Amalrich schäumte vor Wut und forderte von dem Orden die Auslieferung des Mörders. Doch die Templer weigerten sich, Amalrich aber rückte nach Sidon und nahm ihn sich mit Gewalt. Er wollte über die Templer Klage führen vor einem abendländischen Konzil. Doch sein Tod verhinderte diese Absicht. Die Erbitterung des Königs ist sehr verständlich. Denn hier hatte sich wieder gezeigt, daß von innen her der Widerstand der feudalen Gewalten gegen das Königtum die große Gefahr für die Frankenstaaten bedeutete. Die Zukunft mußte zeigen, ob diese große innere Gefahr angesichts der äußeren zu bannen war. Wenn nicht, mußte der Weg zur Katastrophe führen.

Amalrich hatte diesen Widerstand wiederholt zu spüren bekommen: bei seiner Thronbesteigung, als er 1168 den Feldzug nach Ägypten gegen besse-

---

[48] Kinnamos VI, 10 = Migne PL, Sp. 280. — Chalandon, Les Comnènes II, S. 549/50. — Grousset II, S. 577.

res eigenes Wissen angetreten hatte, bei der Frage des Bündnisses mit den Ismaeliten und sicherlich in vielen anderen kleineren Angelegenheiten. Er suchte darum durch die Gesetzgebung diesen Tendenzen entgegenzuwirken. Ein uns erhaltenes Gesetz von 1162[49] versuchte, die Macht des Königs im Lehnsgefüge zu stärken, indem es bestimmt, daß auch die Untervasallen der Königsvasallen dem König unmittelbar den Treueid zu leisten haben. Aber dadurch, daß in dieser Urkunde alle Vasallen zu einem Ganzen zusammengefaßt und dem König gegenübergestellt wurden, gab er ihnen durch diesen Zusammenschluß und die Verhandlungen über diese Urkunde ungewollt neue Aktionskraft. Grandclaude und Mitteis nennen sie darum „die Magna Charta des feudalen Widerstandsrechtes"[50]. Doch darf diese Seite in der Wertung des Gesetzes nicht überwiegen. Es war doch zunächst ein energischer Vorstoß des Königs den feudalen Gewalten gegenüber. Wenn dann später diese Urkunde in anderem Sinne benutzt werden konnte, so beruht das auf der nun bald einsetzenden und sich steigernden Machtlosigkeit des Königs den Vasallen gegenüber, nicht aber auf diesem Gesetz selbst. Eine jede Fixierung von Rechten kann später immer in doppeltem Sinn verwendet werden, je nach der Kraft beider Parteien. Amalrich steht hier an der Grenze der Zeiten. Er setzt sich für die Macht der Monarchie kräftig ein, und doch schwankt schon der Zeiger in der Frage, wer das entscheidende Wort im Staat zu sprechen hat. Andere Gesetze zeigen seine Fürsorge für das wirtschaftliche Leben des Königreichs Jerusalem. Das bedeutendste davon ist sein Gesetz über die Seefahrt[51]. Wahrscheinlich hat der damals durch die Verbindung mit Ägypten gesteigerte Handel ein solches Gesetz notwendig gemacht.

Vor allem zeigt von seiner Sorge für das Wohl des Landes der Siedelungsplan, den er mit Thoros II. von Armenien durchführen wollte. Damals sollten 30000 armenische Bauern in Palästina angesiedelt werden. Das hätte bedeutet, daß die Bauernschaft des Landes, die bisher großenteils aus muslimischen Arabern bestand, sich weithin aus christlichen Armeniern zusammengesetzt hätte und daß diese Armenier wahrscheinlich eine intensivere Bodenkultur mitgebracht hätten. Die Ansiedler sollten volle persönliche Freiheit erhalten und außer der Bebauung des Bodens noch Militärdienst leisten. Aber der lokale lateinische Klerus verlangte, weil er Furcht vor dem anderen christlichen Ritus hatte, einen besonderen Zehnten von diesen Siedlern. Das aber lehnte Thoros ab. Auch hier vermochte der König die lokalen Mächte nicht in Schach zu halten.

Suchen wir uns ein Gesamtbild Amalrichs zu verschaffen, so stehen seine politischen Gaben, sein weiter Blick und seine Fähigkeit, sich veränderten Situationen anzupassen, in merkwürdigem Gegensatz zu den Mißerfolgen

---

[49] Assises I, Jean d'Ibelin CXL, S. 214f.

[50] Grandclaude S. 152. — Mitteis, Lehnrecht u. Staatsgewalt, S. 252/53. — Ders., Staat, S. 183/84.

[51] Assises II, Cour des Bourg. XLIII—XLIX, S. 42—47.

seines Lebens. Sein großes Programm in Ägypten war, soweit wir sehen können, nicht undurchführbar, wenn er sich in dem Land geschickt zu bescheiden und Sympathien zu erwerben wußte. Aber gerade hier konnte er sich seinen Leuten und Rittern gegenüber nicht durchsetzten. Vielleicht war die Aufgabe, das Schicksal des Königreiches Jerusalem günstig zu gestalten, während die Macht Saladins immer mehr stetig stieg, überhaupt undurchführbar. Amalrich erreichte es jedenfalls nicht. Er vermochte sein großes weitblickendes Wollen nicht zur vollen Auswirkung zu bringen.

König Balduin IV. (1173—1185)

Daß König Amalrich so plötzlich und im Alter von 38 Jahren starb, bedeutete darum einen besonders schweren Schlag für Jerusalem, weil sein Nachfolger, Balduin IV., damals noch ein Kind von 13 Jahren und außerdem mit Aussatz behaftet war[52]. Es erscheint wie ein Ding der Unmöglichkeit, daß er elf Jahre lang, also im Alter von 13 bis 24 Jahren, die Regierung geführt hat, und zwar so, daß er selbst bei allen Schlachten persönlich anwesend war und bestimmenden Einfluß geübt hat, zunächst noch vom Pferd, später von der Sänfte aus. Es muß ein ungeheurer Lebens- und Herrscherwille in dem jungen Menschen lebendig gewesen sein. Aber ein rechtzeitiges Zurücktreten und Platzmachen für einen stärkeren und unbelasteten Monarchen wäre dem Ganzen doch zuträglicher gewesen. Denn ein aussätziger König, der trotz seines guten Willens eine Regentschaft notwendig machte, mußte die feudalen Kräfte zuungunsten der Königsmacht fördern. Das aber war gerade damals verhängnisvoll, da Saladins Macht immer bedrohlicher anstieg.

Die erste Stufe war die Erwerbung von Damaskus. Dazu verhalfen ihm die Wirren nach Nūr ad-Dīns Tod. Drei Emire stritten sich um die Macht. Da rief einer von ihnen, der Herr von Damaskus, Saladin zu Hilfe. Reibungslos wurde er Herr der Stadt, als er mit einer auserlesenen Kriegerschar auszog. Auch Homs und Hamā unterwarf er schnell seiner Herrschaft. Dagegen mißlang ein Versuch, Aleppo durch eine Belagerung zu nehmen, da as-Sālih, der Herr der Stadt, die Ismaeliten und die Franken zu Hilfe rief. Als sie erschienen, brach Saladin die Belagerung ab.

Dann hatte er sich 1175 und 1176 zweier Angriffe der vereinigten Macht von Mossul und Aleppo zu erwehren, die Saladin nicht so groß werden lassen wollten. Doch Saladin blieb beide Male Sieger. Jetzt konnte er die Oberhoheit der Sengiden endgültig als beseitigt ansehen. Nun ließ er eigene

[52] Der Aussatz kann bei dem Tod Amalrichs noch nicht weit entwickelt gewesen sein. Denn Wilhelm von Tyrus erzählt, wie man gelegentlich von Kinderspielen erst auf die Unempfindlichkeit seines Armes als erstes Anzeichen aufmerksam wurde: Wilhelm von Tyrus XXI, S. 1004/05.

Münzen schlagen und im großen Freitagsgebet nicht mehr für die Sengiden, sondern für sich selbst beten, Ausdruck der vollen Souveränität.

Doch noch hatte Saladin nicht ganz Syrien in der Hand. Außer den Franken widerstanden ihm noch die Assassinen in den Bergen und vor allem Aleppo. Auch im Jahre 1176 führte eine neue Belagerung nicht zu einem Erfolg.

Nach dem Tod der beiden Sengiden in Mossul und Aleppo schien es zunächst zu einer Vereinigung von diesen beiden Staaten zu kommen, denn beide Herren hatten sterbend denselben Vetter zu ihrem Erben bestimmt. Aber dieser 'Iss ad-Dīn war ein kraftloser Mann. Das wußte Saladin und griff ihn an. Mossul widerstand, aber Aleppo übergab 'Iss ad-Dīn, als Saladin es belagerte[53]. Am 12. Juni 1183 war er Herr der Stadt. Jetzt war Syrien in seiner Hand.

Diese Jahre der Entwicklung von Saladins Macht hatten die Franken noch vor großen Angriffen bewahrt. Doch gekämpft wurde schon jetzt fast stets. Der erste dieser Kämpfe gegen Saladin wurde ohne die Franken ausgefochten, sehr zum Schaden der christlichen Sache. Aufständische Ägypter hatten sich, wie schon berichtet, an die Franken und an König Wilhelm II. von Sizilien um Hilfe gewandt. Aber als die große sizilische Flotte vor Alexandria erschien, war Amalrich gerade gestorben. In der Unsicherheit über die Frage der Regentschaft war niemand da, um diese Hilfe gut zu leisten. Alleingelassen, konnte das große sizilische Heer, das 30 000 Mann gezählt haben soll, darunter 1500 Ritter, nichts erreichen. Es mußte die Belagerung von Alexandria aufgeben und nach schweren Verlusten wieder abfahren. Die gute Gelegenheit war versäumt.

Das Jahr 1177 schien aber dann den Christen günstige Aussichten zu bieten. Ein Kreuzzug kam an, geführt von Philippe d'Alsace, dem Grafen von Flandern. Da dieser der Sohn des Kreuzfahrers Thierry d'Alsace und der Tochter König Fulkos, Sibylles, war, schien er der gegebene Mann für die Regentschaft des Königreiches zu sein. Balduin IV. bot sie ihm an, doch er lehnte ab, da er nicht den Willen hatte, sich ernstlich im Heiligen Land einzusetzen, sondern eigentlich nur gekommen war, um die Hand der Erbinnen des Königreiches für Verwandte von ihm zu gewinnen.

Nun traf dieser Kreuzzug gerade in dem Augenblick ein — und das erschien als ein großes Glück —, in dem der schon 1171 beschlossene byzantinisch-fränkische Kreuzzug zur Ausführung kommen sollte. 70 byzantinische Schiffe, mit reichen Geldmitteln ausgestattet, kamen an, man drängte zum Zug, da Saladin im Norden beschäftigt war. So versprach man sich viel von

[53] Die Bevölkerung von Aleppo war über die schwächliche Haltung von 'Imād ad-Dīn wütend. Ein Einwohner soll dem Ausdruck gegeben haben dadurch, daß er ihm zurief: „Das Königtum war nicht für dich geschaffen, du bist nur dazu gut, Wäsche zu waschen" (Al-Athīr I, S. 663. — Beha ed-Dīn S. 72. — Grousset II, S. 720).

einem Kreuzzug der vereinigten byzantinischen, flämischen und syrisch-fränkischen Ritter. Balduin IV. bot Philippe d'Alsace die Leitung des Zuges an, doch uninteressiert versagte er sich und blieb ganz untätig. Das löste schon großen Unwillen ihm gegenüber aus. Philippe lehnte es überhaupt ab, mit seinen Rittern nach Ägypten zu ziehen; nur in Syrien wolle er kämpfen. Nach erneuten Verhandlungen erklärte er sich bereit, mitzuziehen, aber erst zu einem späteren, unbestimmten Termin. Die Byzantiner, enttäuscht über solchen Mangel an gutem Willen, fuhren wieder ab. Das war das klägliche Ende der fränkisch-byzantinischen Zusammenarbeit. Die letzte Gelegenheit zu einem großzügigen Vorgehen gegen Saladin war versäumt. Denn drei Jahre später starb Kaiser Manuel. Sein Nachfolger aber war unfähig. Ihm folgte das Kaiserhaus der Angeloi, das aber hatte nicht die Macht, einen solchen Kampf durchzuführen. So war die Zeit, in der die Franken auf ein byzantinisches Bündnis hoffen konnten, vorbei. Dazu kam noch, daß die schwere Niederlage, die die Byzantiner von Kylydsch Arslan II. bei Myriokephalon 1176 erlitten, Byzanz aus den für Syrien maßgebenden Kräften ausschaltete. Denn nun schob sich Armenien und das Sultanat von Konja zwischen Byzanz und die Franken.

Auch die Kämpfe, die Balduin IV. zusammen mit den flämischen Kreuzfahrern in Syrien führte, waren ergebnislos.

Währenddessen war das Königreich Jerusalem nur von wenigen Rittern geschützt. Darauf baute Saladin seinen Plan auf. Von Ägypten aus stieß er längs der Küste vor. Balduin trat ihm mit wenigen Rittern entgegen, wurde aber in Askalon eingeschlossen. Saladin eilte weiter auf das ungeschützte Jerusalem los. Schon war Ramla verbrannt, da stand ihm plötzlich Balduin IV., den er eingeschlossen glaubte, bei Montgisard gegenüber mit einem kleinen Heer von etwa 300 Rittern. Und dieses kleine Heer schlug Saladin vollständig, da sein Heer teilweise sich zum Plündern zerstreut hatte. Saladin selbst mußte nach Ägypten fliehen. Es war ein Tag, an dem sich noch einmal die ganze Stoßkraft fränkischer Ritterschaft zeigte. Diesmal trieb sie die Sorge um Jerusalem und die Wut über das rings zerstörte Land.

Doch dieser Sieg war nur eine Episode, die das Vordringen Saladins nicht aufhielt. Seine Raubzüge stießen bis nach Beirut und Sidon vor, und als die Franken sich dagegen wehren wollten, wurden sie bei Mardsch 'Ajun geschlagen. Diesen Plünderungszügen konnten die Franken noch weniger Widerstand leisten, seit die neugebaute Feste an der Jakobsschlucht auch von Saladin erobert worden war. Gleichzeitig drang eine ägyptische Flotte bis in den Hafen von Akkon vor. Da bewilligte Saladin den Franken überraschenderweise einen ziemlich günstigen Frieden, weil er im Norden nötig war.

Aber diesen für die Franken so notwendigen Frieden brach Renaud de Châtillon in sehr leichtfertiger Weise. Nach 16jähriger Gefangenschaft zurückgekehrt, fand er in Antiochia den nun erwachsenen Bohemund vor. Dort war kein Platz für ihn. Da erheiratete er sich mit Étienette von Milly Transjordanien. Das aber war damals eine wichtige Stellung, da dort fränkische Burgen die für die islamische Welt so wichtige Karawanenstraße von Ägypten bedrohten. Und Renaud machte aus dieser Bedrohung Wirklichkeit. Er beraubte reiche Karawanen, die nach Mekka unterwegs waren, und unternahm einen Raubzug nach Arabien bis nach Taima. Balduin IV. war wütend über diese Störung seiner Politik, aber Renaud war auf keine Weise zur Herausgabe seiner reichen Beute zu bewegen. Große Plünderungszüge Saladins in fränkisches Land waren die Antwort. Doch wußte König Balduin wenigstens zu verhindern, daß er Beirut wegnahm. Eine Pause trat ein, als Saladin 1182 wieder in Mesopotamien beschäftigt war, aber 1183 lagen sich die fränkischen und Saladins Streitkräfte schon wieder gegenüber.

Währenddessen spann Renaud seine eigenwilligen egoistischen und habgierigen Pläne weiter. Und diese hatten große Ziele vor Augen. Diesmal wollte er nichts Geringeres als die Herrschaft über das Rote Meer. Das versprach große Beute — und Beute war für ihn das wichtigste —, dazu die Kontrolle der Karawanenstraßen nach Mekka und des Indienhandels. Sein erstes Ziel war ʿAila am Roten Meer, das 1116 erobert, aber 1170 von Saladin zurückgewonnen worden war. Mit Kamelen ließ er zerlegte Schiffe ins Rote Meer bringen, um dort ʿAila zu belagern und die ägyptische Küste zu plündern. Und wirklich eroberte er ʿAila, und es fielen dort Schiffe und große für Mekka und Medina bestimmte Vorräte in seine Hände. Dann drang er auf der arabischen Seite bis Rabigh bei Mekka vor. Damit bedrohte er die Heiligen Stätten unmittelbar. Das rief nun aber den Zorn und Kampfeseifer der ganzen islamischen Welt wach. Jetzt erst erschienen die Franken als betonte Feinde des islamischen Glaubens.

Saladins Bruder, al-Malik al-ʿĀdil, schickte sofort mit Kamelen Schiffe ins Rote Meer, ließ ʿAila wieder nehmen und die Franken Renauds in Arabien verfolgen. Es gelang, sie abzuschneiden; alle wurden gefangen oder getötet, einen Rest enthauptete Saladin selbst. Seit diesen Tagen haßte Saladin Renaud aus vollem Herzen. Doch noch behauptete er sich. Saladin belagerte zweimal seine Feste Krak de Moab vergeblich.

Zum Unheil der Franken schwächten damals innere Streitigkeiten, in denen wieder Frauen eine besondere Rolle spielten, Antiochia und Jerusalem. Bohemund III. gehörte jener Generation von Franken an, bei denen sich die Stärke und der Kampfeswille der Ahnen in Genußsucht und Verantwortungslosigkeit gewandelt hatten. Die byzantinische Prinzessin Theodora Komnena, mit der er zuerst verheiratet war, verstieß er, um Orgueilleuse von Hārenc zu heiraten. Doch auch diese verließ er, um nun mit einer gewissen Sibylle zu leben, die in den Quellen als Dirne bezeichnet wird. Sie hatte Saladin als Spionin gedient und ihren Mann an den Feind verraten. Als der Patriarch ihn zur Rede stellte und dann wegen Bigamie exkommunizierte, kam es zu regelrechten Verfolgungen der Geistlichkeit. Schlichtungsversuche Balduins führten nach langem Hin und Her nur zu einem Scheinerfolg.

In Jerusalem sah es nicht besser aus. Für den jungen kranken König war eine Regentschaft notwendig. Zunächst wurde der damalige Seneschall Milon de Plancy Regent. Er war ein energischer Mann, der sich mühte, die Autorität der Monarchie aufrechtzuerhalten. Doch das rief die feudale Opposition auf den Plan. Sie hatte auch einen tüchtigen und klugen, aber in seinem Ehrgeiz hemmungslosen Führer in Raimund III. von Tripolis. Beide stritten um die Regentschaft. Da wurde 1174 Milon ermordet, sicherlich auf Betreiben von Raimund. Nun wurde dieser Regent und erwies sich als vorsichtiger und kluger Politiker.

Um die Nachfolgefrage, die bei der Krankheit des Königs bald akut werden konnte, zu regeln, suchte man einen passenden Gatten für die älteste Tochter Balduins III., Sibylle. Denn sie war die legitime Erbin. Die Wahl fiel auf einen piemontesischen Fürsten, Guillaume Longue-Epée (Wilhelm Langschwert), den Sohn des Markgrafen Wilhelm III. von Montferrat, einen Verwandten des französischen Königs und des deutschen Kaisers. Er heiratete Sibylle, starb aber schon 1177. Das posthume Kind dieser Ehe war der spätere König Balduin V.

So suchte man wieder nach einem Gatten. Doch der vorgeschlagene kam nicht. Da erkor man einen der tüchtigsten Ritter des Heiligen Landes selbst: Balduin von Ramla aus der Familie Ibelin. Aber dieser geriet in Saladins Kriegsgefangenschaft. Sibylle schickte ihm die Botschaft, sie sei bereit, ihn zu heiraten, aber er möge sich schnellstens loskaufen. Saladin, der davon wahrscheinlich erfuhr, verlangte daraufhin das für regierende Fürsten, aber nicht für Ritter wie Balduin, übliche Lösungsgeld von 200000 Goldgulden, eine ungeheuerliche Summe. Doch Balduin versprach sie und wurde frei. Als er aber Sibylle gegenübertrat, verlangte diese, er solle zuerst seine Schuld an Saladin bezahlen. Dann erst wolle sie ihn heiraten. Darauf reiste der Bräutigam nach Konstantinopel. Denn nur der Kaiser konnte eine solche Summe vorstrecken. Dieser tat es. Denn er benutzte jede Gelegenheit, das Königshaus von Jerusalem von sich abhängig zu machen. Doch als Balduin freudig in der Hoffnung auf baldige Hochzeit nach Hause kam, wollte die Braut nicht mehr ihn, sondern Guido von Lusignan.

Das war das Werk des Connetable Amalrich von Lusignan, eines ehrgeizigen und gerissenen Politikers, der durch die Gunst der Königin-Witwe Agnes aufgestiegen war. Er wollte nun seinen Bruder Guido mit Sibylle verheiraten und schilderte ihn ihr deshalb so anziehend, daß es ihr Eindruck machte. Auch ihre Mutter redete ihr zu im Interesse ihres Günstlings. So brachte man das unerfahrene Mädchen dazu, sich einverstanden zu erklären. Amalrich holte seinen Bruder schnell herbei. Sibylle aber ließ sich, besonders da die Mutter und ihr Galan es gern sahen, bald mit dem Neuankömmling ein, so daß man nun dem König klarmachen konnte, die Ehe der beiden sei notwendig. So stimmte er, wenn auch ungern, zu, und sie heirateten 1180. Aber dieser Guido hatte nichts aufzuweisen als seine Jugend und seine Schönheit. Er war schwach und unentschlossen. Im Heiligen Land achtete ihn niemand. Er blieb immer ein Fremder.

Diesem Guido von Lusignan gab der inzwischen fast erblindete und gelähmte Balduin IV. die Regierung und ernannte ihn zum Regenten. Denn der Jerusalem erfüllende Streit zweier Machtgruppen des Hofes, deren eine die Königin-Mutter Agnes führte, machte eine Regentschaft notwendig.

Doch als im Oktober 1183 dieser mit dem Heer der Franken bei ʿAin Dschālūt Saladin gegenübergelegen hatte, ohne eine Schlacht oder einen entscheidenden Schritt zu wagen, breitete sich ein allgemeiner Unwille über den unfähigen Guido aus. Auch der König Balduin IV. wandte sich mit Entschiedenheit nun gegen Guido. Ein Rat der Hauptvasallen sprach ihm die Regentschaft und alle Anwartschaft auf die Erbfolge ab; die Regentschaft übertrug er Raimund von Tripolis. Aber der König hatte nicht mehr die Macht, diesen Spruch gegen Guido durchzusetzen, da ein Teil der Ritterschaft diesen deckte. Es war ein offener Bürgerkrieg zwischen den beiden Parteien, während Saladins Macht drohte. Aus dem Königreich Jerusalem war eine feudale Anarchie geworden.

Balduin IV. verlangte, daß Sibylle und Guido sich trennten. Die Gültigkeit der Ehe wurde angefochten. Er ernannte außerdem das Kind Balduin zu seinem Mitkönig als Balduin V. Aber er hatte keinen Erfolg mehr. Denn Balduin IV. starb im Alter von 24 Jahren am 16. März 1185, und das Kind Balduin V. folgte ihm wenige Monate später in den Tod. Damit war der letzte feste Punkt in dem Streit der Adelsparteien geschwunden.

Gleichzeitig wurde auch die Autorität des Patriarchen in Jerusalem durch die Lebensweise des Patriarchen Heraclius sehr herabgesetzt. Er hielt sich in aller Öffentlichkeit in Jerusalem eine Mätresse, die mit allem Luxus auftrat, so daß man allgemein von der „Frau Patriarchin" redete. Als ihr Mann, ein Kaufmann in Nābulus, noch lebte, hatte der Patriarch diesen durch reiche Geschenke dahin gebracht, daß er ihm völlig freie Hand ließ. Dann starb dieser, und zwar so plötzlich, daß der Gedanke an eine Ermordung nahelag. Nun holte Heraclius diese Frau nach Jerusalem in sein Haus. Er selbst verdankte seine Stellung nur der Tatsache, daß die Königin-Mutter Agnes ihm seiner Schönheit wegen sehr zugetan war und ihn förderte. Sein scharfer Gegner war Erzbischof Wilhelm von Tyrus, der Geschichtsschreiber. Dieser fiel als Opfer des Heraclius. Denn als er, von diesem gebannt, in Rom Klage führen wollte, wurde er auf Heraclius' Anstiften von einem Arzt ermordet. Diese Zustände beschleunigten auch den Niedergang aller öffentlichen Autorität und trugen zu der allgemeinen Verwirrung in diesen Jahren bei[54].

[54] Eine ausführliche Darstellung der Geschichte Balduins IV. gibt Grousset II, S. 609—758. — Die beste Quelle ist Wilhelms von Tyrus Buch XXI u. XXII. — Zum Urteil über Raimund von Tripolis vgl. Ibn Dschubair, Ausg. in: Recueil, Hist. orient. III, S. 455. — Ausg. von Goergens S. 279. — Beha ed-Dīn S. 95. — Latein. Forts. d. Wilhelm von Tyrus III, II, S. 111. — Al-Athīr I, S. 540 u. S. 619. — Roger von Wendower II, S. 433, von 1188. — Über den Zug Renauds de Châtil-

Doch wäre es völlig falsch, anzunehmen, daß das ganze Land etwa schon das Gepräge des Niederganges getragen hätte. Wir besitzen die Reisebeschreibung eines Arabers, Ibn Dschubairs[55], der 1184 durch das Heilige Land gereist ist, und man gewinnt daraus den Eindruck eines blühenden Landes. Trotz aller Kämpfe leben die muslimischen Bauern gut unter dem leichten Joch der fränkischen Herrschaft. In gutem Einvernehmen wird in manchen Bezirken der Ernteertrag zwischen muslimischen Bauern und fränkischen Herren geteilt. Die Häfen liegen voll von Schiffen, ein blühender Handel gibt den Küstenstädten das Gepräge. Und die muslimischen Kaufleute, zu denen der Berichterstatter gehört, werden freundlich in den fränkischen Städten und Dörfern aufgenommen. Es ist das Bild eines blühenden, glücklichen Landes, gezeichnet wenige Jahre vor dem Zusammenbruch.

Guido von Lusignan und die Katastrophe des Königreichs Jerusalem

Noch eine kurze Zeit der Ruhe war dem Heiligen Land nach dem Tod König Balduins IV. gegönnt. Denn Saladin hatte die Hände nicht frei, er war in Mesopotamien und Ägypten festgehalten. So schloß er 1185 mit Raimund von Tripolis einen Frieden auf 4 Jahre ab, und als damals eine Hungersnot bei den Franken auszubrechen drohte, half er sogar durch Lieferung von Lebensmitteln.

Auch machte es den Franken Mut, daß neue Kreuzfahrer ankamen, vor allem der alte Markgraf Wilhelm von Montferrat, der Großvater Balduins V. Sein Sohn Konrad kam allerdings noch nicht, sondern fuhr zunächst nach Konstantinopel, wo er eine große politische Rolle spielte. Seine Kraft hätte damals dem Heiligen Land viel nützen können.

In Jerusalem war die Rechtslage nicht eindeutig klar. An sich waren Sibylle und mit ihr Guido von Lusignan die Erben. Aber Balduin IV. hatte ausdrücklich Guido enterbt und Raimund III. als Regenten eingesetzt. Noch auf dem Totenbett hatte er sich schwören lassen, daß man daran festhalten werde.

---

lon gegen das Rote Meer und Arabien: Al-Athīr I, S. 658, 675 u. 677. — Abu 'l Feda S. 50 u. 51. — Latein. Forts. d. Wilhelm von Tyrus I, VI, S. 58. — Zu dem Urteil über Guido von Lusignan: Latein. Forts. d. Wilhelm von Tyrus I, VI, S. 58. — Wilhelm von Tyrus XXII, 25, S. 1116, und 29, S. 1129. — Eracles XVIII S. 30, von 1186. — Über die Gegnerschaft von Guido von Lusignan und Raimund von Tripolis: Benoit de Peterborough I, S. 343. — Oliverus Scholasticus, Hist. reg. 91/142. — Eracles 23, II, S. 4; 23, III, S. 6; 23, IV, S. 7; 23, VI, S. 9 f., von 1185. — Latein. Forts. d. Wilhelm von Tyrus I, V, S. 51. — Al-Athīr I, S. 674, von 1186/87. — Zur Lage des Heiligen Landes vor 1187: siehe auch Latein. Forts. d. Wilhelm von Tyrus I, V, S. 55, u. I, VI, S. 57 u. 58, u. I, VIII, S. 61. — Wilhelm von Tyrus XXI, 7. — Über den Patriarchen: Eracles 23, XXXIX, S. 59 f. — Ernoul VIII, S. 83 f.

[55] Ibn Dschubair (Gubair), Ausg. von Goergens, S. 271 ff. = Ausg. in: Recueil des Hist. orient III, S. 445 ff.

Doch auch Guido hatte eine starke Partei hinter sich. Beide standen sich feindlich gegenüber. Raimund verbot dem Patriarchen ausdrücklich, Guido und Sibylle zu krönen. Aber hinter verschlossenen Türen krönte er Sibylle doch, und diese setzte Guido selbst die Krone auf. Auf der Gegenseite hatte man einen anderen Plan. Die Ehe, der Sibylle entstammte, ließ sich anfechten. Dann mußte der Gemahl der zweiten Tochter Amalrichs, Isabellas, Onfroi IV. de Toron, König werden. Doch dieser Schwächling wollte den mit dem Königtum verbundenen Kämpfen und Mühen ausweichen und stahl sich in der Nacht aus Nābulus fort[56], zur großen Entrüstung des ganzen Landes.

Nun hatte Raimunds Partei keinen rechten Vorschlag zu machen und die Anhänger gingen einer nach dem anderen zu Guido über, Raimund aber zog sich, in seinem brennenden Ehrgeiz enttäuscht und verbittert, in seine Herrschaft Tiberias und Tripolis zurück. Alle Verpflichtungen gegen das Königreich Jerusalem, dessen erster Vasall er war, waren vergessen. Ja er knüpfte mit Saladin an und bat ihn um Hilfe. Und dieser sagte sie ihm zu.

So waren die Männer, unter deren Führung das Heilige Land in das entscheidende Jahr 1187 hineinging: der unfähige Guido, der nur König geworden war, weil er ein schöner Mann war, der Abenteurer Renaud de Châtillon, der jede Rücksicht auf das Ganze sowie jede Subordination immer abgelehnt hatte, wenn das seinen ehrgeizigen Wünschen entgegenstand, der Patriarch Heraclius, der durch sein lasterhaftes Leben alle Autorität schädigte, Raimund von Tripolis, der sicherlich der fähigste von allen war, aber wo sein Ehrgeiz gekränkt wurde, bereit war, skrupellos zu jedem Mittel zu greifen, um sich durchzusetzen, und der draufgängerische Templermeister Gérard de Ridefort, der, mit Raimund verfeindet, schon deshalb jedem vernünftigen und maßvollen Vorschlag Raimunds entgegentrat. Eine unheilvollere Konstellation hätte sich kaum denken lassen.

Wieder war es Renaud, der Saladin reizte und so den Ausbruch des Krieges herbeiführte. Er nahm Saladin eine Karawane weg, in der sich auch eine Schwester Saladins befand. Dieser forderte zunächst die Gefangenen und die Beute zurück, aber vergebens. Auch Guido erreichte nichts. Saladin, der schon vorher Renaud haßte, schwor nun, ihn mit eigener Hand zu töten. Jetzt rüstete er gegen die Franken, und zwar mit aller Macht. Von Ägypten, Damaskus, Aleppo, Dschasīra und Dijarbekr holte er Hilfe herbei. Ein Waffenstillstand Saladins mit Antiochia nahm Jerusalem wenigstens zunächst auch diesen Bundesgenossen weg.

Im Königreich Jerusalem stand man gerade vor Ausbruch des Bürgerkrieges gegen Raimund. Dieser hatte, wie gesagt, Saladin angerufen. Das war in dieser Lage offenkundiger Landesverrat, der mit den sonst üblichen

[56] Eine englische Quelle kennzeichnet ihn als Mann, der mehr einer Frau als einem Mann gleiche, und wendet auf ihn den Vergilvers an: „Dum dubitat natura marem faceretve puellam, | natus es, o pulcher, pene puella, puer." — Itiner. reg. Ricardi I, 63, S. 120.

Bündnissen mit Muslimen nicht gerechtfertigt werden kann. Und wenn er in letzter Stunde sich doch noch den Franken anschloß, so hatte seine Haltung vorher aber doch dem Feind den Aufmarsch erleichtert[57]. Als die Kampfhandlungen schon begonnen hatten, ließ er sich nach vergeblichen Versuchen doch noch für die Franken gewinnen. Er zog dem Heer zu und überließ die Verteidigung von Tiberias seiner Frau Echive.

Ein unerfreuliches Vorspiel leitete die Kämpfe ein. Der Templermeister hörte, daß Saladin einen Heeresteil ausgesandt habe, um zu plündern und Schrecken zu verbreiten. Daraufhin sammelte er einige Kräfte und stellte sich damit dem Heer Saladins entgegen. Es war ein tolldreistes, unsinniges Unterfangen. Denn die Franken zählten etwa 150 Mann, die Muslime aber 7000. Wie zu erwarten, wurde die kleine Schar völlig zusammengehauen. Nur der Templermeister entkam mit 2 Mann. Es war ein schlechter Auftakt.

Bei Saffūrija, einem quellen- und weidereichen Gelände in Galiläa, sammelten sich die Franken. Auch Bohemund von Antiochia schickte doch noch Hilfe. Der Templermeister aber warb große Scharen von Soldrittern und Söldnern, leichten Truppen (Turkopolen). Er verwendete dafür den Schatz, den König Heinrich von England für die Sache des Heiligen Landes zusammengebracht und den Templern übergeben hatte. So erreichte das fränkische Heer eine für seine Verhältnisse ungewöhnliche Stärke von etwa 1200 bis 2000 Rittern und etwa 20 000 Fußsoldaten. Das Heer Saladins war ihm allerdings an Zahl weit überlegen, seine Größe wird mit 60 000 bis 100 000 Mann angegeben. Schon diese Zahlen zeigen, daß eine großangelegte Entscheidungsschlacht bevorstand.

Saladin, der seinen Vertrag mit Raimund nun als gebrochen ansah, griff dessen Stadt Tiberias an, nahm auch die Stadt, aber in der Zitadelle wußte sich Raimunds Frau Echive tapfer zu halten.

Die Franken hielten in Akkon Kriegsrat. Renaud und der Templermeister traten für sofortigen Angriff in offener Feldschlacht ein. Raimund aber, dem an einem Vorstoß gegen Tiberias am meisten gelegen sein mußte, trat trotzdem in kluger Übersicht über die Lage und die verfügbaren Kräfte für eine defensive Haltung ein. Dafür waren drei Gründe maßgebend: Einmal wollte er Verstärkungen abwarten, dann sah er, daß die Franken in offener Feldschlacht dem Gegner nicht gewachsen waren, und drittens wies er darauf hin, daß das Frankenheer in der augenblicklichen Stellung auch in der Julihitze gut leben und kämpfen könne, nicht aber in dem wasserlosen Gelände, das zwischen ihnen und dem Heere Saladins am See Tiberias lag. Aber Renaud und der Templermeister beschuldigten Raimund, daß er mit solchem Vorschlag Saladins Sache betreibe und daß er als Verräter mit diesem unter einer

---

[57] Al-Athīr I, S. 675 u. 679. — Abū Schāma I, Zwei Gärten, S. 257 f. — Latein. Forts. d. Wilhelm von Tyrus XI, S. 67. — Arnold von Lübeck, Schulausgabe IV, 3, S. 118. — Weitere Quellen siehe R. Röhricht, Gesch. d. Königr. Jerusalem, S. 420, Anm. 3.

Decke stecke. Das konnte Raimund sich nicht sagen lassen, und er stimmte gegen besseres Wissen zu. Als man Saffūrija erreicht hatte, fand noch ein Kriegsrat statt, in dem nun Raimund doch mit seinem Rat zur defensiven Stellung bei Saffūrija durchdrang. Aber in der Nacht wußte der Templermeister Guido doch noch zu überreden, über den Beschluß wegzugehen und sofort aufzubrechen.

So marschierte am 3. Juli 1187 das Heer in Hitze durch wasserloses Gelände auf Tiberias zu. Die Muslime stellten ihren ganzen Plan darauf ab, die Franken vom See und von allem Wasser fernzuhalten. Saladin war außer sich vor Freude über diesen Marsch der Franken. Auf dem Hügel von Hattīn machten sie für die Nacht vom 3./4. Juli halt. Hier aber schloß sie Saladin in wasserlosem Gelände ein. Der Durst und die Hitze wurden immer unerträglicher, besonders als die Muslime Gras und Gebüsch vor den Franken in Brand steckten und der starke Wind ihnen den Rauch ins Gesicht trieb.

In dieser Lage befahl König Guido Raimund und seinen Rittern einen Durchbruchsversuch. Und dieser gelang. So entkam Raimund mit seinen Begleitern, was man ihm später als Verrat auslegte, augenscheinlich mit Unrecht. Aber sein Verhalten vorher machte das Aufkommen solchen Verdachtes verständlich[58].

Außer diesen wenigen wurden alle andern gefangen oder getötet. Das große Heer der Christen war völlig vernichtet. Unter den Gefangenen befand sich auch König Guido von Lusignan, Renaud de Châtillon, Onfroi de Toron, der Templermeister Gérard de Ridefort und viele andere. Auch das Heilige Kreuz fiel in die Hände Saladins, ein schwerer Verlust für die Christen jener Tage[59].

Saladin ließ die Gefangenen in sein Zelt führen. Guido von Lusignan machte keine gute Figur. Er war nahe an einer Ohnmacht vor Schrecken und völlig

---

[58] Vgl. dazu Itiner. reg. Ricardi I, 5, S. 14. — Al-Athīr I, S. 684. — Eracles 23, XLI u. XLII, S. 64 f. — Epistola Wilhelmi = Röhricht, Beiträge I, S. 189 ff. — Dagegen erwähnt nichts von solchem Verdacht der Brief der Templer an das Abendland = Roger von Hoveden II, 33, S. 324/25. — Weitere Quellen siehe R. Röhricht, Geschichte d. Königr. Jerusalem, S. 435, Anm. 2. — Ausführlich untersucht diese Frage in einer Darstellung des Lebens von Raimund Cl. Devic und J. Vaisete, Histoire générale de Languedoc IV (Toulouse 1872) S. 237. Aber der Verdacht blieb. Noch lange sang man im Abendland:

„Malus comes Tripolis
mentem ferens ream ...
Turcos suis fraudibus
ducit in Judeam ...“ (Carmina Burana 26, S. 29.)

[59] Über die Schlacht von Hattīn vgl. Eracles 23, XLV u. XLVI, S. 67 f. — Latein. Forts. d. Wilhelm von Tyrus I, XIII, S. 69/70. — Al-Athīr I, S. 682—687. — 'Imād ad-Dīn = Röhricht, Beiträge I, S. 123 ff. — Abu 'l Feda S. 56. — Behā ad-Dīn S. 97. — Arnold von Lübeck IV, 4, S. 121/22. — Historia de expeditione Friderici (= Ansbert) S. 2/3. — Itiner. reg. Ricardi I, 5, S. 14—16. — William of Newburgh III, 17, S. 258. — Roger von Wendower II, S. 423. — Grousset II, S. 793 ff. — R. Röhricht, Gesch. d. Königr. Jerusalem, S. 433 ff.

erschöpft vom Durst. Da ließ ihn Saladin sich zu seiner Seite niedersitzen und bot ihm ein Glas Scherbet, gekühlt mit dem Eis des Hermon, an. Es war das mehr als eine ritterliche Freundlichkeit, es war eine symbolische Handlung. Denn nach arabischer Sitte tötet kein König einen Mann, der mit ihm an seinem Tische ißt. Darum wehrte Saladin auch heftig, als Guido den Becher an Renaud de Châtillon weitergeben wollte. Ihn wollte Saladin dieses Schutzes nicht teilhaftig werden lassen. Nach einem heftigen Streitgespräch, in dem Saladin allem seinem Groll Luft machte, erschlug er ihn mit eigener Hand und erfüllte so sein Gelöbnis. Die übrigen Gefangenen aber behandelte er mit aller Ritterlichkeit. Im ganzen war die Zahl der Gefangenen so groß, daß ihr Wert auf den Sklavenmärkten sehr stark sank. Es wird erzählt, daß man damals gern einen Gefangenen für ein Paar Schuhe eintauschte; christliche Gefangene gab es ja so viele.

Die Lage des Landes war verzweifelt. Denn Guido hatte für diese Schlacht die Burgen des Landes fast ganz von Verteidigern entblößt. Es war nicht mit einem erfolgreichen Widerstand zu rechnen, wenn Saladin die einzelnen Festungen nun angriff. Auf dem freien Land aber machten die mohammedanischen Bauern und Pächter, ebenso wie die Beduinen schnell gemeinsame Sache mit dem Sieger.

Saladin ging ganz systematisch vor. Sein Ziel war deutlich die Eroberung des ganzen Landes. Darum schonte er auch, wo er irgend konnte, die Bevölkerung, die er schon als Untertanen seines Reiches ansah.

Die erste Burg, die in seine Hand fiel, war Tiberias. Echive, die tapfere Verteidigerin, erhielt mit ihren Frauen ein ehrenvolles Geleite. Balian d'Ibelin schlug sich nach Jerusalem durch, in Sorge um die im Augenblick fast schutzlose Stadt. Er fand dort nur noch 2 Ritter vor. Deshalb schlug er aus eigener Machtvollkommenheit schnell junge Rittersöhne und geeignete Bürger zu Rittern, um eine notdürftige Verteidigung möglich zu machen.

Doch Saladin wollte zuerst die Küstenplätze nehmen, um die Franken vom Abendland abzuschneiden. Dann mußte ihm alles andere zufallen. Akkon übergab sein Herr und Befehlshaber, der den Mut verloren hatte, ohne Kampf, sehr zum Unwillen der Bevölkerung.

Von Ägypten aus nahm Saladins Bruder al-Malik al ʿĀdil Jaffa. Saladin selbst aber hatte inzwischen Galiläa und Samaria ohne große Schwierigkeit genommen. Nur Nābulus leistete Widerstand, mußte sich dann aber ergeben. Tibnīn (Toron) wurde erobert, Sarepta und Sidon ergaben sich. Beirut versuchte sich zu verteidigen, mußte es aber aufgeben. Der Herr von Gibelet aus dem Geschlecht der Embriaci war gefangen. Man bot ihm die Freiheit an gegen die Übergabe der Stadt, und er ließ sich wirklich darauf ein. So fiel auch diese Stadt.

Askalon leistete Widerstand. Da versprach Saladin König Guido die persönliche Freiheit, wenn er die Stadt zur Übergabe überrede. Dieser, würdelos wie er war, ging darauf ein, holte sich aber von den Bewohnern Askalons eine scharfe Antwort, es sei eine Schande, die Freiheit einer Stadt mit der eines einzelnen aufzuwiegen. Auch der Templermeister, Gérard de Ridefort, machte unter denselben Bedingungen denselben Versuch, auch er vergeblich. Doch veranlaßte er mit Erfolg Gaza und die Templerburgen des Grenzbezirkes zur Übergabe, ein trauriges Bild eines Templers und eines Königs von Jerusalem. Askalon leistete noch einige Zeit Widerstand, dann konnte es sich nicht mehr halten. Saladin aber gab Guido nach dem vergeblichen Versuch die Freiheit noch nicht.

Nun konzentrierte sich alle Aufmerksamkeit auf Jerusalem. Gern hätte es Saladin ohne die Schäden einer Belagerung bekommen. Zweimal machte er das Angebot, daß die Bevölkerung und Besatzung frei abziehen sollte unter Mitnahme von beweglicher Habe. Doch Balian d'Ibelin lehnte es ab. So schloß Saladin die Stadt ein (20. September 1187). Doch ließ er die Witwe Amalrichs, Maria Komnena, mit ihren Frauen und mit einer Zahl von Kindern unter Schutz aus der Stadt abziehen. Jerusalem wehrte sich erbittert. Die Leidenschaft des Religionskrieges flammte auf beiden Seiten auf. Doch den schweren Belagerungsmaschinen Saladins vermochte die Stadt nicht zu widerstehen. Balian erbat nun den freien Abzug, den Saladin früher angeboten hatte. Doch jetzt nach so harten Kämpfen wollte dieser nichts mehr davon wissen. Er berief sich auf das Blutbad, das die Christen 1099 angerichtet hatten. Da erklärte Balian, wenn ihr Untergang unvermeidlich sei, würden sie sich alle gegenseitig töten, ebenso aber auch die 5000 muslimischen Gefangenen, die in ihrer Hand seien[60]. Da spürte Saladin, daß er hier vor echter Verzweiflung und ihrer Entschlossenheit stand. Nun gewährte er freien Abzug gegen eine Loskaufsumme von 10 Goldgulden für den Mann, 5 für die Frau und jedes Kind. Die Gesamtsumme hätte 100 000 Gulden betragen.

Diese Summe war aber nicht zu beschaffen. 7000 Menschen konnte man loskaufen, 16 000 blieben zurück. Dabei zögerten die Templer und Johanniter ihre Reichtümer für diesen Zweck zur Verfügung zu stellen. Unruhen in der Bevölkerung mußten sie erst dazu nötigen. Saladin zeigte sich ritterlicher. 500 Arme ließ er ohne Lösegeld frei, und ebenso sein Bruder al Malik al-ʿĀdil 1000. Ebenso erlaubte er einer Zahl syrischer und griechischer Christen in der Stadt unter muslimischer Herrschaft zu bleiben. Den radikalen Vorschlag, die christlichen Kirchen zu zerstören, lehnte Saladin ab. Es lag ihm daran, die christlichen Pilgerfahrten nach Jerusalem zu erhalten, schon weil sie immer Geld eingebracht hatten.

Auch die Behandlung der ausgewiesenen Bevölkerung war im bewußten Gegensatz zu 1099 gut. Sie erhielten gutes Geleit bis an die Grenze. Aber die Christen von Tripolis verschlossen die Tore vor ihnen, ja man raubte sie teilweise aus. Erst im Gebiet von Antiochia fanden sie freundliche Aufnahme. Den von Askalon Ausgewiesenen erging es bei den christlichen Glau-

[60] Al-Athīr I, S. 700 f.

bensgenossen nicht besser. Die italienischen Seeleute weigerten sich, sie nach dem Abendland überzusetzen, bis die ägyptischen Behörden sie zwangen.

Saladin aber hielt seinen festlichen Einzug in Jerusalem. Die Kirchen des Tempelplatzes (Haram al-Sherīf) wurden in die Moscheen al-Sakhra und al-Aqsā umgewandelt. Die Grabeskirche wurde zunächst geschlossen, dann aber gegen eine Abgabe für christliche Pilger geöffnet [61].

Saladins Siegeszug ging weiter. Die festen Burgen des Südens widerstanden allem Bestürmen und Belagern recht lange. Krak de Moab hielt sich bis zum November 1188, Krak de Montréal sogar bis zum Frühjahr 1189. Dann wurde auch es durch Hunger bezwungen.

Nur Tyrus widerstand auf die Dauer. Das war das Werk von Konrad von Montferrat. Wir haben davon schon gelegentlich des dritten Kreuzzuges berichtet [62]. Daß dies gelang, war von großer Bedeutung: die Panik fand hier eine Grenze, man schöpfte neuen Mut.

Doch weiter ging Saladins Eroberungszug. Es fielen Castel-Neuf oder Hūnīn in Galiläa, Tortosa, Bānijās oder Valénie, Gibel oder Dschabala, Laodicea oder Lattachié oder La Liche, Sahjun, Schugr, Bahās am Orontes, Sermanija, die Bergfeste Burzey, die Templerfeste Darbsak bei Antiochia und das auch den Templern gehörende Baghrās. Lange hielt sich außer den beiden Festen Krak de Moab und Krak de Montréal die Templerburg Safed und die Johanniterburg Beauvoir (Kaukab). Auch die Johanniterburg Krak des Chevaliers suchte Saladin 1188 vergeblich zu nehmen. Lange widerstand auch Kal ʿat asch-Schakif oder Beaufort (Belfort) zwischen Tyrus und Damaskus. Es wurde erst am 22. April 1190 eingenommen.

So verblieben nur wenige Reste des alten Landes noch in der Hand der Franken: vom Königreich Jerusalem nur Tyrus, von der Grafschaft Tripolis nur die Hauptstadt, die Zitadelle von Tortosa und Krak des Chevaliers und von Antiochia außer der Hauptstadt die Feste Markab.

Antiochia hatte Saladin zunächst umgangen und die umliegenden Burgen eingenommen. Als er dann im Begriff stand, Antiochia anzugreifen, weigerte sich sein Heer, weiterzuziehen. Besonders die Abteilungen von Mossul und Dschasīra waren schon lange unzufrieden und verlangten die Demobilisierung. Nun zeigte es sich, daß auch das muslimische Heer alle Nachteile eines Feudalheeres aufwies. Man hatte große Beute gemacht und wollte diese nach Haus in Sicherheit bringen. Saladin mußte den Forderungen nachgeben. Er konnte nun nur noch mit einer kleineren Truppe einzelne Burgen angreifen. Aber die Eroberung von Antiochia mußte er verschieben. Er schloß darum mit Bohemund einen Waffenstillstand auf 8 Monate, der im Mai 1189 ablief.

---

[61] Zur Einnahme von Jerusalem vgl. Eracles 23, LIII—LXI, S. 80 f. — Epistola Wilhelmi = Röhricht, Beiträge I, 191. — Latein. Forts. d. Wilhelm von Tyrus I, XVI, S. 75. — Al-Athīr I, S. 699 ff. — Behā ad-Dīn S. 101. — Abu 'l Feda S. 57. — Annales Marbacenses Schulausg., S. 57.

[62] Siehe oben S. 200, 205 u. 210.

Der kommende Kreuzzug ließ Saladin zu diesen Eroberungen in den Jahren 1187 bis 1191 vollkommen Zeit. Denn Barbarossas Zug scheiterte fast ganz mit seinem Tod 1190. Richard Löwenherz und Philipp August von Frankreich landeten aber erst im April und Juni 1191 vor Akkon. So lange war das Heilige Land auf sich selbst angewiesen.

Saladin aber richtete in dem eroberten Gebiet sofort eine neue Verwaltung ein, die das Land auf die Dauer seiner Herrschaft einfügen sollte. Was er von Burgen verteidigen zu können hoffte, baute er aus, die anderen zerstörte er so vollkommen, daß sie auch einem Feinde nicht mehr von Nutzen sein konnten.

Das Königreich von Akkon (1189—1291)

Die nun folgenden Schicksale des Heiligen Landes sind großenteils schon oben zusammen mit der Geschichte der Kreuzzüge dargestellt. Weil das Land sich jetzt nicht mehr ohne die Hilfe des Abendlandes behaupten kann, ist die Verflechtung der Geschichte von Palästina und der großen abendländischen Politik seit 1187 viel enger. Aber doch führt das Königreich Jerusalem noch sein Eigenleben ebenso wie die anderen fränkischen Herrschaften. Das bleibt das ganze Jahrhundert hindurch (1187—1291) klar erkennbar. Dem gilt es nachzugehen, freilich in steter Erinnerung an die oben berichteten Tatsachen.

Im Jahre 1187/88 schien es fast, als ob das Ende aller fränkischen Staaten in Syrien gekommen sei. Daß es nicht geschah, ist der Hilfe des dritten Kreuzzuges und in demselben Maße Konrad von Montferrat und seiner Festsetzung in Tyrus zu danken. Ohne ihn wären die Könige des dritten Kreuzzuges zu spät gekommen. So standen denn die beiden Männer gegeneinander: der unfähige Guido von Lusignan, der alles Ansehen seit 1187 verloren hatte, der aber offiziell König war, und Konrad, der allein die Kraft hatte, Saladin entgegenzutreten. Das änderte sich auch mit der Landung des Kreuzzuges nicht. Denn Richard Löwenherz schloß sich Guido, Philipp August aber Konrad an. Als der französische König, des Streites müde, das Land verlassen hatte, war Richard nahezu alleiniger Herr des Heiligen Landes. Wie sehr sich Richard so fühlte, geht aus den Unterhandlungen hervor, die er mit Saladin führte: er verfügte über das Schicksal des Landes, er schlug von sich aus ein halb muslimisches, halb christliches Reich durch eine Eheverbindung seiner Familie mit der Saladins vor. So sehr betrachtete er das Land als das seine.

Diese Herrschaft Richards war nur von kurzer Dauer. Denn 1192 fuhr er wieder nach Hause. Aber das Beispiel war nun gegeben. Wer immer der mächtigste Herrscher des Abendlandes war, beanspruchte von da an die Oberhoheit über das Heilige Land mit irgendwelcher Begründung. In dieser Rolle lösen sich nun Kaiser Heinrich VI., Kaiser Friedrich II., König Ludwig IX. von Frankreich und König Karl von Anjou ab. Die Königskrone von Jerusalem haben Friedrich II., Konrad IV., Konradin und Karl getragen oder zu tragen beansprucht. Noch einer aber hat, solange er lebte, das Heilige Land regiert (und wirklich regiert): Papst Innozenz III.[63] Neben diesen großen Herrschern des Abendlandes spielen die Könige von Jerusalem im Land, Heinrich von der Champagne, Amalrich oder Jean de Brienne, nur eine untergeordnete Rolle. Die mächtigen Herren des Abendlandes bemühen sich, eine von ihnen abhängige ausländische Herrschaft — fast könnte man sagen eine Kolonie — aus dem Heiligen Land zu machen, allerdings mit wechselndem Erfolg. Dies ist das erste Moment, das die Geschichte des Königreichs Jerusalem-Akkon von 1187 an charakterisiert.

Das zweite ist die Kleinheit des Gebietes. Wir sahen schon, wie wenig von den fränkisch-syrischen Staaten nach dem Siegeszug Saladins verblieben war. Zwar ward nun Akkon wieder dazu erobert und nach und nach noch die eine oder andere Stadt. Als Richard Löwenherz wegging, umfaßte die christliche Herrschaft wieder die Küste mit Ausnahme von Askalon, Beirut, Dschebail, Dschabala und Laodicea (Lattaquié). 1197 gelang es, dazu Beirut zu nehmen. Doch Jaffa ging in demselben Jahr verloren. Das änderte sich erst durch den Vertrag, den Kaiser Friedrich II. 1229 abschloß. Durch ihn kamen die heiligen Stätten wieder in die Hand der Christen. Doch auch dann blieb der Bereich ein kleines unbedeutendes Land, gemessen an den großen islamischen Staaten der Nachbarschaft. Deshalb betrachteten die Muslime diese fränkischen Staaten nicht mehr als einen ernsthaften Gegner.

Im Gegenteil war der rege Handelsverkehr, den die italienischen Handelsniederlassungen in den fränkischen Städten mit sich brachten, den muslimischen Herren sehr erwünscht. Darum duldete man sie. Außerdem aber entstanden nach Saladins Tod (1193) so große Schwierigkeiten um seine Nachfolge und sein Erbe, daß man keine Zeit hatte, sich ernsthaft mit den unbedeutenden Nachbarn zu beschäftigen. Wenn man arabische Chroniken der Zeit, etwa Abū 'lFedā, liest, ist es auffallend, wie wenig nach dem dritten Kreuzzug noch von den Franken die Rede ist[64]. Sie liegen außerhalb der großen Politik. Am besten war es, wenn man immer wieder einen Frieden mit ihnen abschloß, selbst wenn man dabei Zugeständnisse machen mußte. Dann hatte man einen ungefährlichen, ruhigen Nachbarn. Und als die Streitigkeiten der muslimischen Staaten untereinander für die einzelnen

[63] Wir besitzen 28 Schreiben von Papst Innozenz III., die sich mit den Angelegenheiten des Heiligen Landes befassen, Streitigkeiten schlichten, Patriarchen einsetzen usw. Die Aufträge aber, die durch Boten oder mündlich erteilt wurden, können wir nicht zählen. In diesen Jahren ist die geistliche Herrschaft über das Land, die so oft erstrebt wurde, fast durchgesetzt. Siehe R. Röhricht, Reg. Regn. Hieros. 745, 748, 751, 760, 764, 765, 770, 782, 791, 793, 801, 802, 804, 805, 808, 811, 814, 815, 837, 838, 842, 851, 852, 862, 863, 864, 880 u. 881.

[64] Abgesehen von den Kreuzzügen im Jahre 1218 und 1229, die selbstverständlich stark besprochen werden.

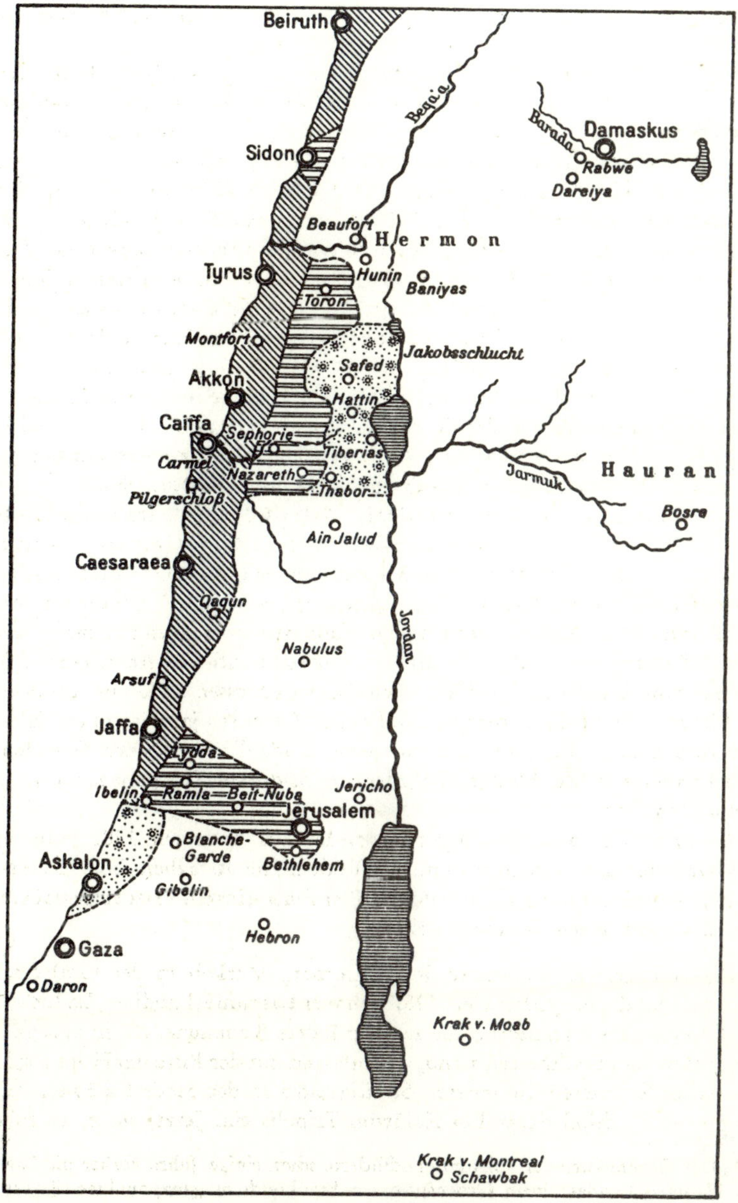

Königreich Akkon

Wiedererwerbung bis 1225

Wiedererwerbung Kaiser Friedr. II.

Wiedererwerbung 1240 — 1244

bedrohlicher werden, sucht man gern die Hilfe der Franken gegen den bedrohenden muslimischen Staat. Daraus wußten die Franken dann ihren Nutzen zu ziehen. Freilich, das dauerte nicht sehr lange. Doch hatten die Franken auf diese Weise etwa ein halbes Jahrhundert lang, bis zur Mitte des 13. Jahrhunderts, eine ruhige, friedliche Zeit, nicht etwa durch ihre eigene wehrhafte Stärke, sondern weil der Gegner kein Interesse daran hatte, sie zu vernichten. Das änderte sich um die Mitte des 13. Jahrhunderts. Jetzt konsolidiert und konzentriert sich die islamische Macht in Syrien aufs neue, jetzt bekommt auch der Gedanke des Dschihad neue Kraft. Und damit ist das Geschick der fränkischen Herrschaften und Staaten in Syrien besiegelt. Es gilt also von diesem letzten Jahrhundert des Königreichs Jerusalem besonders klar, was auch vorher schon seine Geschichte in geringerem Maß bestimmt hatte: daß sie abhängig ist von der Macht und dem Willen des Gegners. Er bestimmt, wie lange die vorläufig zugestandene Ruhe dauern und wann die Katastrophe eintreten soll.

Noch zweierlei ist hervorzuheben, was die Geschichte des Königreichs von Akkon kennzeichnet und von der Geschichte des Heiligen Landes vor der Schlacht von Hattīn unterscheidet: die Nachbarschaft von Zypern und das veränderte Verhältnis zu Byzanz.

Zypern hatte Richard Löwenherz 1192 auf dem Zug zum Heiligen Land erobert. Zunächst hatte er es den Templern verkauft. Als diese aber das Geschäft rückgängig machten, hatte er Guido von Lusignan damit für das Königtum von Jerusalem entschädigt. Seitdem bestand Zypern als selbständiges Königreich unter der Familie de Lusignan neben den Staaten des syrischen Festlandes. 1197—1205 waren beide Reiche unter der Herrschaft von Amalrich II. vereinigt. Doch war das nur eine vorübergehende Personalunion, die zu keiner Verschmelzung der beiden Reiche führte. Erst in den letzten Jahren des Reiches von Akkon wurde es wieder mit Zypern in Personalunion verbunden. Doch da war seine Rolle schon fast ausgespielt.

Dies Nebeneinander von Zypern und Palästina mochte zunächst als ein Vorteil erscheinen. Denn diese reiche Insel konnte für jeden Kreuzzug die Landung, die Lebensmittelversorgung und jeglichen Nachschub erleichtern. Andererseits aber zog das reiche und keinerlei Kriegen ausgesetzte Zypern die fränkischen Ritter und Bürger in Syrien stark an, besonders die späteren Generationen, die schon orientalischen Müttern entstammten. Die Quellen geben an[65], Guido von Lusignan habe 300 Ritter, dazu 200 Sergeanten und Bürger in Zypern angesiedelt und mit Lehen ausgestattet. Das war eine für das Heilige Land sehr unangenehme Konkurrenz, da es dort stets an Rittern fehlte. Bei dem Reichtum Zyperns und dem neben aller Kreuzfahrerfrömmigkeit stets vorhandenen Wunsch der Ritter, sich eine Herrschaft zu erwerben, ist dieser Zug nach Zypern wohl verständlich. Das galt auch von den Bürgern.

[65] Eracles 26, XII, S. 191, von 1192. — Ernoul XXV, S. 286 f.

Die Ritterschaft Zyperns, die auch die Sache der Kreuzzüge hätte tragen sollen, rückte mehr und mehr von diesen ab. Bald schon wird eine Gleichgültigkeit gegenüber Jerusalem und dem Heiligen Land bemerkbar[66]. Seine volle Ausprägung fand das erst in der 2. Hälfte des 13. Jahrhunderts. Da weigerten sich 1271 die zyprischen Ritter, noch weiter in Palästina zu kämpfen. Ihre Dienstpflicht beschränkte sich auf Zypern selbst[67]. Es kam dann ein Kompromiß zustande, nach dem die Dienstpflicht der zyprischen Ritter in Palästina sich auf 4 Monate im Jahr beschränken sollte[68]. Aber ein solches Feilschen um die Dienstpflicht zeigt schon, wie wenig man sich auf eine starke Hilfe von Zypern verlassen konnte[69]. Außerdem aber entwickelte sich die zyprische Ritterschaft zur Vorkämpferschar der feudalen Mächte im Kampf gegen eine starke Monarchie. Wir sind dem schon in der Zeit Friedrichs II. begegnet. Es ist auch kein Zufall, daß die Assisen, die für diesen Kampf geschaffen wurden, in engem Zusammenhang mit Zypern stehen.

Eine ganz ähnliche Rolle spielte auch Konstantinopel für das Heilige Land, seitdem die Stadt im Jahre 1204 von den Abendländern erobert worden war. Auch Byzanz hatte man erobert mit der Begründung, einen Stützpunkt für die Kreuzzüge, ein Vorfeld für die Landung dort gewinnen zu wollen. Aber auch hier war der Nachteil weit größer als der Vorteil. Denn die Hoffnung, im Bereich des neuen lateinischen Kaisertums eine Herrschaft begründen zu können, zog viele Ritter an, die sonst ins Heilige Land gefahren wären. Ein ganzer Strom von französischen und anderen abendländischen Rittern ergoß sich nach Byzanz, der Balkanhalbinsel und Anatolien. Auch aus dem Heiligen Land selbst fuhren auf die Aufforderung Balduins hin etwa 100 Ritter dorthin.

Außerdem bedeutete die Eroberung von Byzanz das völlige Ausscheiden von Byzanz als Bundesgenossen aus allen politischen Berechnungen und Plänen. Schon seit der Niederlage von Byzanz im Jahre 1176 konnte das Griechenreich nicht mehr eingreifen. Doch dieser Zustand hatte nun Dauer bekommen. Das unterscheidet die Geschichte des Königreichs Jerusalem vor 1187 und die Geschichte Akkons scharf.

In der durch diese vier Faktoren bestimmten Situation vollzog sich die Geschichte des Reiches von Akkon. Wir haben schon gehört, wie das Ansehen von Guido von Lusignan immer mehr sank und wie die versammelten Ritter von Richard Löwenherz verlangten, er solle Konrad von Montferrat zum König einsetzen, wie Guido dann abgefunden, Konrad aber, ehe es zur Krönung kam, von Assassinen ermordet wurde. Die Möglichkeit, daß mit ihm noch einmal das Königtum erstarken könne, fiel damit zusammen.

Nach seinem Tod fiel die Wahl auf einen gerade neu angekommenen

---

[66] Z. B. Eracles 27, II, S. 219, von 1197. [67] Grousset III, S. 660.

[68] Eracles 34, XVII, S. 463 f. — Assises II, Document, S. 428—434. — Grousset III, S. 664.

[69] Ich stimme hier mit dem Urteil von Grousset, III, S. 137—139, voll überein.

französischen Ritter, Heinrich von der Champagne. Er war der Neffe von Richard Löwenherz, wurde von ihm gefördert und schloß sich eng an ihn an. Er heiratete die Witwe Konrads, Isabella, und wurde so in die Erbfolge eingereiht. Er hatte zunächst Differenzen mit der Familie de Lusignan zu überwinden, die sich mit der Abfindung mit Zypern nicht zufriedengeben, sondern mit Hilfe der Pisaner sich weiter eine einflußreiche Stellung im Heiligen Land sichern wollte. Heinrich griff energisch zu, war aber klug genug, durch einen persönlichen Besuch eine friedliche Lösung zu erreichen. Durch Heiraten seiner drei Töchter mit den drei Söhnen von Amalrich, der seinem Bruder Guido inzwischen gefolgt war, befestigte er die Freundschaft. Auch sonst gewinnt man von seiner Regierung ein gutes Bild. Aufsässigen Vasallen gegenüber trat er sehr energisch, ja brutal auf. Nach außen aber steuerte er das Schifflein seines kleinen Reiches geschickt durch alle Schwierigkeiten. Er vermittelte gewandt und vorsichtig zwischen Antiochia und Armenien und wußte sich sowohl die Ismaeliten wie auch die italienischen Kaufleute, deren Geld er brauchte, zu Freunden zu machen. Am 10. September 1197 verstarb er in Akkon an den Folgen eines unglücklichen Sturzes aus dem Fenster.

An seine Stelle hätte man gern einen tüchtigen Ritter des Landes, Raoul von Tiberias, gewählt. Doch waren die Templer und Johanniter der Meinung, er sei seit 1187 zu arm, um sich als König von Akkon-Jerusalem durchsetzen zu können. Diese Bemerkung ist sehr aufschlußreich. Denn sie zeigt, daß schon damals der König von Jerusalem durch sein Königtum nicht genug Macht und Ansehen erhielt, um seine Autorität zu bewahren und durchgreifen zu können. Er brauchte, was man später eine Hausmacht nannte, d. h. einen persönlichen Besitz, der ihn in den Stand setzte, als König zu leben, Vasallen zu beschenken, Söldner zu bezahlen.

Statt seiner wählte man den König Amalrich von Zypern aus dem Haus Lusignan als Amalrich II. Für diese Wahl ist sicherlich die Stimme des damals mit Heeresmacht anwesenden Erzbischofs Konrad von Mainz, des Kanzlers Kaiser Heinrichs VI., maßgebend gewesen. Denn Amalrich hatte gerade seine Krone von Zypern aus der Hand des Kanzlers im Namen Heinrichs VI. genommen. Darum und weil er Lehensmann des Kaisers war, war er Heinrich VI. und seinem Kanzler Konrad genehm. So blieb nun Zypern 1197 bis 1205 durch Personalunion mit Jerusalem-Akkon vereint. Amalrich heiratete die Witwe Heinrichs, Isabella. Es war die vierte Ehe der 26jährigen. Unter Amalrichs Regierung wurde mit Hilfe des damals geführten Kreuzzuges der Ritter Heinrichs VI. Beirut genommen. Auch im Inneren wußte Amalrich sich den unbotmäßigen Vasallen gegenüber durchzusetzen. Sogar das verlorene Jaffa erhielt er in einem günstigen Frieden mit den Muslimen zurück. Im ganzen hat er mit sicherer, ruhiger Hand die Regierung geführt, bis er am 1. April 1205 starb.

Nun traten beide Länder wieder auseinander. Denn in Zypern und Jerusalem galt ein verschiedenes Erbrecht. In Akkon erbte Maria, die Tochter von Amalrichs Frau Isabella aus ihrer ersten Ehe mit Konrad von Montferrat. Sie war damals erst 13—14 Jahre alt. Darum führte zunächst Johann I. d'Ibelin für sie die Regentschaft. Als sie heiratsfähig wurde, wandten sich die Barone an König Philipp August von Frankreich mit der Bitte, einen passenden Gatten vorzuschlagen. Dieser wählte Johann von Brienne aus, und er wie auch Papst Innozenz III. statteten ihn mit großen Geldsummen aus. Als er ankam, war die Überraschung groß, daß er ein 60jähriger Mann war, der die 17jährige Maria heiraten sollte. Doch die Hochzeit fand im Jahre 1210 statt.

Die Geschichte des Heiligen Landes unter Johann von Brienne wird durch den 5. Kreuzzug bestimmt, und da wieder vor allem durch den Kampf um Damiette, den der päpstliche Legat Pelagius und neben ihm, in seinem Schatten, König Johann leitete. Er zeigte sich dabei als ein vorsichtiger, kluger Feldherr und Staatsmann, der sich aber dem Legaten gegenüber nicht durchsetzen konnte. Doch läßt sich dies Urteil nur mit allem Vorbehalt aussprechen, da er in den entscheidenden Jahren nicht selbst führen und seine Fähigkeiten nicht klar erweisen konnte.

Nach dem jammervollen Scheitern dieses Kreuzzuges ruhte die Hoffnung des Abendlandes nur auf Kaiser Friedrich II. Um ihn noch enger an die Sache Jerusalems zu fesseln, veranlaßten ihn der Papst und Johann von Brienne, daß er dessen erst 11jährige Tochter Isabella oder Jolanthe heiratete. 1225 wurde in Brindisi die Hochzeit gefeiert. Sehr zur Enttäuschung seines Schwiegervaters, nahm Friedrich die Krone sogleich selbst für sich. Es ist ein entscheidender Augenblick für das Heilige Hand. Denn die Krone wurde ihm jetzt entfremdet; Friedrich II. selbst hat das Heilige Land nur kurz gesehen, die folgenden Träger der Krone, Konrad IV. und Konradin, nie. Für die dann folgenden Könige, die daneben Könige von Zypern waren, stand die Krone von Jerusalem auch nur an zweiter Stelle.

Isabella aber starb schon bald darauf im Wochenbett, nachdem sie dem späteren König Konrad IV. das Leben gegeben hatte.

Über den Kreuzzug Friedrichs II. und die außerordentlichen Erfolge, die er den Streitigkeiten der muslimischen Fürsten untereinander und seinem guten Einvernehmen mit ihnen zu verdanken hatte, haben wir schon oben gesprochen. Ebenso hörten wir schon von den großen Schwierigkeiten, die ihm im Heiligen Land gegenüberstanden, dem Widerstand der feudalen Elemente gegen einen starken König und zugleich dem Bann des Papstes. Über die Beziehungen Friedrichs II. zu Jerusalem nach seiner Abfahrt wird noch einiges zuzufügen sein. Zunächst aber ist noch ein Wort über die Geschicke von Antiochia nachzutragen.

Auch die Geschichte von Antiochia bekommt um die Jahrhundertwende ein anderes Gesicht durch das Ausscheiden von Byzanz. Bisher hatte man mit ihm um die Selbständigkeit kämpfen müssen. Jetzt wurde das Verhältnis von Antiochia zu Armenien bestimmend. Diese Auseinandersetzungen trugen nicht immer einen feindseligen Charakter. Gerade allzu freundlich-nahe Beziehungen bargen die Gefahr einer Armenisierung der Stadt.

Durch den Verrat der ränkereichen Sibylle, die wir schon als Geliebte Bohemunds III. kennengelernt haben, geriet Bohemund gelegentlich eines großen Festes beider Höfe in armenische Gefangenschaft. Unter dem Druck dieser Gefangensetzung erklärte Bohemund sich bereit, für den Preis seiner persönlichen Freiheit Antiochia an Armenien zu geben, eine Zustimmung, die die älteren Generationen der fränkisch-syrischen Fürsten nie erteilt hätten. Aber das Volk von Antiochia und seine Barone wehrten sich, auch der damalige König von Jerusalem, Heinrich von der Champagne, suchte zu vermitteln. Aber Bohemund III. mußte trotzdem die Lehensoberhoheit von Armenien anerkennen und einen Landstrich am Golf von Alexandrette abtreten. Gleichzeitig wurde Bohemunds Sohn mit der Nichte und Erbin des Armenierkönigs Leo verheiratet, so daß für die Zukunft als schwacher Trost die Möglichkeit einer Vereinigung beider Länder unter Bohemunds Sohn bestand.

Doch kehren wir zu Friedrich II. zurück. Als er Palästina verließ, war sein Kampf um das Heilige Land noch keineswegs zu Ende. Er suchte ein kräftiges Königtum zu schaffen; ihm standen aber nach wie vor die feudalen Elemente gegenüber, die geführt wurden von Philipp von Novara und Jean d'Ibelin, die beide durch ihre Aufzeichnung der Assisen des Königreichs bekannt geworden sind. Sie hatten schon vor Friedrichs Ankunft die Macht der Barone zu dem entscheidenden Faktor im Land auch dem König gegenüber zu machen gewußt. Nun wehrten sie sich gegen Friedrichs Absicht, die feudalen Mächte herabzudrücken und damit die Monarchie zu stärken. Siegte Friedrich, so wurde das Königreich Jerusalem in loser Form von Sizilien abhängig, aber es konnten dann von einem starken König alle Kräfte des Landes zum Kampf gegen den Islam zusammengefaßt werden. Dann ließ sich das Heilige Land auch gegen einen starken Ansturm der Muslime halten. Dann war aber auch, solange Friedrichs gute Beziehungen zu dem Sultan dauerten, von da aus so bald kein größerer Angriff gegen die Franken zu erwarten. Es boten sich also gute Aussichten für das Land, wenn die fränkischen Barone sich entschlossen, ihre eigenen Vorrechte im öffentlichen Leben zugunsten der Stärke und Macht des Landes zurückzustellen. Doch das geschah nicht.

Ein erster Versuch Friedrichs II., die Regentschaft im Heiligen Land und in Zypern einheimischen Großen zu überlassen, scheiterte. Zunächst wurden in Zypern seine Regenten vertrieben.

Da sandte Friedrich 1230 ein großes Heer unter dem Marschall Ricardo Filanghieri. Er belagerte Jean d'Ibelin, den ersten von Friedrich eingesetzten Regenten in Beirut, und erklärte ihn aller seiner Ämter für verlustig. Auch in Tyrus setzte Filanghieri sich fest. Aber er fand starken Widerstand mit Akkon als Mittelpunkt. Seine Hoffnung, auf einem großen Parlament in

Akkon die maßgebenden Kreise gewinnen zu können, scheiterte. Man stellte ihm eine scharfe Erklärung gegenüber, Jerusalem sei das Land einer Adelsherrschaft mit monarchischer Spitze und solle es bleiben. Gleichzeitig organisierte sich in Akkon der Widerstand. Da eine Kommune, d. h. eine politische Organisation der Bürgerschaft, verboten war, übernahm die Bruderschaft St. André, die eigentlich religiösen Charakter hatte, diese Rolle. Als Jean d'Ibelin dann als Maire von Akkon an die Spitze dieser Kreise trat, war damit Akkon offen im Aufruhr gegen Filanghieri und Friedrich. Ein Ausbruch der Masse in Akkon trieb Filanghieri nach Tyrus zurück. Eine Zeitlang verbesserte sich dann die Lage des Marschalls, ja er konnte 1232 Zypern erobern. Dann aber wurde er dort entscheidend geschlagen und mußte nach Italien zurückkehren.

Friedrich versuchte es nun mit Verhandlungen. Er machte Zugeständnisse, und es schien schon zu einer friedlichen Lösung zu kommen. Da läutete aber die junge Generation des Adels unter der Führung eines Gliedes der Familie Ibelin, Jeans von Caesarea, in Akkon die Sturmglocke der Bruderschaft St. André. Die Massen strömten zusammen, und unter ihrem Druck wurden die vermittelnden Vorschläge Friedrichs abgelehnt.

Doch das Spiel war noch nicht zu Ende. Zunächst einmal lenkten der Kreuzzug Thibauts von der Champagne, die Niederlage der Franken bei Gaza (1239) und der Kreuzzug Richards von Cornwall (1240—1242) die Aufmerksamkeit im Heiligen Land auf andere Stellen. Außerdem ergab sich jetzt die besprochene Situation, daß die Franken aus den Kämpfen zwischen Damaskus und Ägypten und anderen Staaten Nutzen ziehen konnten und daß man ihnen darum von verschiedenen Seiten fast alle alten Besitzungen des Königreichs Jerusalem wieder zusagte oder auslieferte. Besonders war hierin Richard von Cornwall erfolgreich, einmal weil er einheimsen konnte, was andere vorbereitet hatten, und weil er, der Friedrich II. sehr nahestand, bei den Muslimen geradezu als sein Beauftragter galt. So setzte sich Friedrichs friedliche Erwerbungspolitik von 1228 bis 1242 erfolgreich fort.

Kaum aber war Richard von Cornwall abgefahren, als die innerpolitischen Fragen wieder die Oberhand gewannen. Noch immer saßen die Brüder Ricardo und Lotario Filanghieri in Tyrus fest. Ihr alter Gegner, Jean d'Ibelin, der „alte Herr von Beirut", war zwar gestorben, aber seine Rolle hatte der junge und energische Philippe de Montfort übernommen. In Akkon aber stand noch die Bruderschaft St. André geschlossen als Gegner den Filanghieri gegenüber. Diese versuchten darum einen Handstreich auf Akkon; doch er mißlang. Da rief Friedrich Ricardo Filanghieri zurück. Sein Bruder Lotario hielt sich noch einige Zeit in Tyrus. Doch als 1243 die Gegner zusammen mit venetianischen und genuesischen Schiffen Tyrus angriffen, mußte Lotario sich gegen freien Abzug ergeben. Friedrich II. aber warf die beiden zurückkehrenden Brüder ins Gefängnis. Die Möglichkeit, eine starke Monarchie in Jerusalem aufzurichten, war damit zu Ende. Es blieb die feudale Anarchie im Lande, und daß diese nicht imstande sein würde, den immer stärker werdenden Angriffen der Muslime zu trotzen, sah damals schon mancher ruhige Beobachter [70]. So haben Männer wie Jean d'Ibelin und Philippe von Novara, die als glanzvolle Vertreter französischen Rittertums in Syrien und bester ritterlicher Kultur vor uns stehen, in ihrem kurzsichtigen Kampf um ihre feudalen Rechte dem Untergang der abendländischen Herrschaft im Heiligen Land sehr nachdrücklich vorgearbeitet und dadurch ihm mehr geschadet als mancher erfolgreiche muslimische Feldherr [71].

Doch auch nachdem Friedrichs II. Macht im Heiligen Land geschwunden war, behielt sein Name im Orient noch einen eigenen Glanz. Joinville berichtet, wie man ihn 1250 bei seiner Gefangennahme zuerst nach Kaiser Friedrich gefragt und ihn wesentlich besser behandelt habe, als er berichten konnte, daß er mit ihm verwandt sei [72]. Auch einen gewissen Anspruch Friedrichs erkannte man noch an. Denn damals erklärte ein fränkischer Graf, als der Sultan ihm zumutete, einige seiner Burgen zur Auslösung von Gefangenen dem Sultan zu übergeben, das könne er nicht, da er sie von Kaiser Friedrich zu Lehen habe [73]. Und ähnlich antwortete 1250 König Ludwig IX. von Frankreich auf dieselben Forderung des Sultans.

In dieser Zeit hatte die Stadt Jerusalem ein eigenes Schicksal, ein wenig abseits von dem Gesamtschicksal des Heiligen Landes. Denn man hatte sich im Königreich Akkon und ebenso in Zypern von Jerusalem distanziert. Die lokalen Kämpfe gegen die Filanghieri, die der Templer gegen die Johanniter und der Venetianer gegen die Genuesen nahmen alles Interesse gefangen. Trotz dieser Gleichgültigkeit tat sich aber plötzlich die Möglichkeit auf, auch den Rest von Jerusalem, der unter Friedrich II. noch in der Hand der Muslime geblieben war, als Gegenwert für ein Bündnis zu erhalten.

Friedrich II. hatte Jerusalem 1229 in schlechtem Verteidigungszustand übernommen. Denn Saladin hatte zwar nach 1187 die Befestigungen wieder instand gesetzt, aber der Herr von Damaskus hatte 1219 diese wieder schleifen lassen aus Furcht, Jerusalem könne einem Feind in die Hand fallen und dann ihm gefährlich werden. Friedrich II. wollte 1229 die Stadt wieder befestigen, aber die Anfeindungen, denen er ausgesetzt war, hinderten ihn daran. Nur der Davidsturm war noch im guten Zustand [74]. So war Jerusalem Angriffen preisgegeben. Kurz nach 1229 griffen muslimische Haufen, die über die Übergabe an die Christen empört waren, die Stadt an, die Bevölkerung mußte sich in den Davidsturm flüchten, konnte aber von dort aus die

[70] Matthaeus Paris. IV, 2, S. 559, von 1246.

[71] Über Novara: G. Paris, Les mémoires de Philippe de Novare = Revue Orient lat. (1902) S. 164—205. — Beugnot = Biblioth. de l'école de Chartes II, (1840/41) S. 1—31. — Jean d'Ibelin: Grousset III, S. 344, 422, 628.

[72] Joinville S. 241. [73] Joinville S. 242.

[74] Al-Athīr II, S. 67. — Abū Schāma II, Zwei Gärten, S. 82f. — Abū 'l Fedā S. 91. — Eracles 32, X, S. 339. — Oliverus Scholasticus, Hist. Dam. 52/254, von 1220. — Rothelin I, S. 489. — Abū 'l Fedā S. 117.

Eindringlinge wieder vertreiben, eine Episode, die die Schutzlosigkeit des damaligen Jerusalem zeigt. Ein Bayle Kaiser Friedrichs sorgte für die Stadt und ihre Sicherheit, so gut er konnte[75]. Aber er konnte nicht verhindern, daß 1239 an-Nāsir Dāwūd, der Herr von Transjordanien, die Stadt einnahm. Er gab sie allerdings bald wieder auf.

So kam es überraschend, daß 1240 durch einen günstigen Vertrag mit Damaskus, von dem schon die Rede war, auch der Tempelplatz mit den Rechten, die al-Kāmil sich noch vorbehalten hatte, den Christen zufiel. Die Freude war groß. Denn nun war das Ziel der Kreuzzüge wieder erreicht[76]. Doch der Jubel war von kurzer Dauer. Denn die Ägypter, damals von überlegenen verbündeten Feinden bedrängt, riefen die Chwarismier zu Hilfe. 1244 folgten sie diesem Ruf und eroberten Tiberias und bald auch Jerusalem. An-Nāsir Dāwūd sorgte für freien Abzug für die meisten christlichen Einwohner. Doch kaum hatten sie die Stadt verlassen und waren die Chwarismier eingedrungen, als sie christliche Fahnen hißten. Das ließ die Christen in dem Wunsch, es möge wahr sein, an den Trug glauben und zurückkehren. Dort aber wurden sie niedergemacht. Jerusalem wurde nun völlig geplündert. Selbst die Königsgräber wurden nicht verschont. So war Jerusalem nun endgültig für die Christen verloren, gerade in dem Augenblick, in dem man die Heilige Stadt wiedergewonnen hatte. Die Chwarismier blieben freilich nicht in der Stadt, aber an ihrer Stelle zogen 1244 die Ägypter ein, und die Franken, gerade von den Ägyptern geschlagen, konnten sich nicht dagegen wehren[77].

Auch die Gesamtlage der Franken verschlechterte sich um die Mitte des Jahrhunderts bedeutend. Die Zeit der vorübergehenden relativen Ruhe ist nun vorbei. Einmal eroberte as-Sālih, der Sultan von Ägypten, im Jahre 1245 auch Damaskus, so daß nun das Reich Saladins im wesentlichen wieder geeinigt den Franken gegenüberstand. Außerdem aber veränderte sich damals der Charakter des ägyptischen Reiches und seiner Politik durch den Wechsel der Herrscher vollkommen. Schon as-Sālih Ajjūb, der Großneffe Saladins, war nicht mehr von seiner Art. Er war Mulatte, seine Mutter war eine Sklavin aus dem Sudan. Hochfahrend, hart, schweigsam und grausam,

---

[75] Rothelin XXI, S. 530. — Eracles 33, LI, S. 421, wird auch sein Name Gautier Pennenpié genannt.

[76] Abū 'l Fedā S. 122. — Grousset III, S. 408. Dort auch weitere Belege. Die Freude wird besonders deutlich aus dem Bericht des Matth. Paris. (Ausg. Luard) IV, S. 291: „Unde gaudendum est angelis et hominibus, quod civitas sancta Jerusalem a solis Christianis jam inhabitatur, expulsis omnibus Saracenis, et in cunctis sanctis locis ... in quibus a quinquaginta sex annis nomen Dei non fuerat invocatum, benedictus Deus, divina mysteria quotidie celebrantur ..."

[77] Die Beurteilung der Lage im Heiligen Land zeigt merkwürdige Gegensätze. Neben tiefem Pessimismus (Matth. Paris. IV, S. 559, von 1246, und Rothelin XLI, S. 565, von 1244) wird doch auch ein großer Optimismus in völliger Verkennung der Lage noch laut (Paoli, Cod. dipl. I, S. 233. — Beugnot, Assises I, Introduction, S. XXIX).

hatte er nichts mehr von der Liebenswürdigkeit Saladins und seiner Nachkommen. Auch hatte er gar kein Verhältnis mehr zu der Welt des Geistes [78]. Nach seinem Tod aber kamen die Mameluken, die schon lange eine große Macht im Leben Ägyptens waren, vollkommen zur Herrschaft. Von 1251 bis 1517 stammen alle Sultane Ägyptens aus dieser Schicht von soldatisch gut geschulten ehemaligen Sklaven. Sie brachten auch eine andere Art von Kriegführung mit sich: Grausamkeit, Unerbittlichkeit und wilde Zähigkeit charakterisieren die Kriege dieser Sultane. Sie sind nun die neuen Feinde der Franken. Der wichtigste von allen ist Baībars. Er kam 1260 dadurch zur Regierung, daß er seinen mamelukischen Vorgänger ermordete.

Das muslimische Syrien suchte sich zunächst gegen die Herrschaft der Mamelukensultane zu wehren. Doch im Jahre 1251 schlug der erste von ihnen, Aibek, einen Versuch des Sultans von Damaskus in Ägypten einzudringen und die Mamelukenherrschaft zu beseitigen, in der Schlacht bei al-Abāsa siegreich ab. 1253 kam eine endgültige Versöhnung von Damaskus und Ägypten zustande, so daß nun eine einheitliche Front gegen die Franken wiederhergestellt war. Noch einmal, nach Baībars Tod, war diese Einheit bedroht. Doch der Nachfolger Kalāwūn besiegte schnell den Damaszener Gegensultan. So war die für die Franken verhängnisvolle Einheit 1253 wiederhergestellt und nun doppelt gefährlich, weil die Führung in der Hand der Mameluken lag.

Im Heiligen Land wurde währenddessen die Macht, die dem hätte widerstehen können, immer geringer. Es gelang nicht mehr, ein wirkliches Königtum im Land zu schaffen oder ihm eine entscheidende Macht zu geben, die es fähig gemacht hätte, Widerstand zu leisten. Da die Könige seit Friedrich II. stets außer Landes waren, suchte man sich durch Einrichtung einer Regentschaft an ihrer Stelle und in ihrem Namen zu helfen. Doch war diese Lösung zu schwach. Es würde zu weit führen, durch das Dickicht der zahlreichen Ansprüche durchzudringen, Frauen, die als Witwen oder Töchter ein Anrecht zu haben glauben, wollen ihre Gatten oder Söhne zum Regenten eingesetzt haben. Ein Teil dieser Ansprüche verschwand nach dem Ende der Hohenstaufen und der Anjous. Nun einigte man sich, und 1282 wurde König Hugo III. von Zypern auch zum König von Jerusalem zu Tyrus gekrönt. Aber er starb schon bald ebenso wie seine beiden ältesten Söhne. Sein dritter Sohn, Heinrich, folgte ihm nach. Auch er ist gleichzeitig König des benachbarten zyprischen Reiches. 1286 wurde er gekrönt, aber schon 5 Jahre später ging Akkon verloren und damit das Königreich Jerusalem zu Ende.

Wie gering die Macht des Königs in diesen letzten Zeiten war, selbst wenn er die beiden Königreiche in seiner Hand vereinigte, geht daraus hervor, daß Hugo III. sich nicht durchsetzen konnte und darum 1276 Akkon aufgab und sich nach Zypern zurückzog. Er begründete diesen Schritt in einem offiziellen Schreiben an den Papst damit, daß die Unbotmäßigkeit der Be-

[78] Grousset III, S. 435/36.

völkerung, vor allem aber der Templer und Johanniter, es ihm unmöglich mache, das Land zu regieren[79]. Als der König gegangen war, schickten die Bürger von Akkon dringende Bitten an ihn, doch zurückzukehren. Hugo wollte seinen Beschluß wieder rückgängig machen, landete in Tyrus. Nun hatte aber Karl von Anjou die Macht im Heiligen Land schon in der Hand, und Hugo mußte unverrichteterdinge wieder zurückfahren.

Aus diesem Dauerzustand der Schwäche des Königtums hebt sich die kurze Zeit des Königtums Karls von Anjou heraus. Eine der Kronprätendentinnen, Maria von Antiochia, hatte ihre Ansprüche für viel Geld an Karl verkauft. Daraufhin nahm dieser den Titel eines Königs von Jerusalem an und sandte den Grafen von Marseille, Roger von San Severino, mit einer Flotte als seinen Statthalter nach Akkon. Als Nachfolger der Hohenstaufen in Sizilien übernahm Karl die Politik Friedrichs II. Doch wußte Roger von San Severino durch geschicktes Vorgehen die Barone des Landes für seine und seines Herren Sache zu gewinnen. Die Bürger aber folgten diesem Vorbild. Das wurde erleichtert durch die verwandtschaftlichen und freundschaftlichen oder lehensrechtlichen Beziehungen Karls von Anjou zu vielen der fränkischen Herren in Syrien. Das Schloß von Akkon, das bis dahin Balian d'Ibelin in der Hand hatte, spielten die Templer geschickt Roger von San Severino zu. Der Hochmeister der Templer, Guillaume de Beaujeu, erwies sich damals als eine bedeutende Persönlichkeit, als einer der letzten Templer, denen das Geschick des Heiligen Landes noch ernstlich am Herzen lag. In diesen Jahren 1277—1282 schien es so, als ob das Heilige Land doch noch einmal ein starkes Königtum erhalten sollte, und zwar im Anschluß an Sizilien, so wie es Friedrich II. schon versucht hatte. Doch das war nicht von langer Dauer. Die Sizilianische Vesper machte 1282 allen diesen Plänen und Hoffnungen ein Ende. Roger von San Severino verließ das Land. An seiner Stelle ließ er Eude Poilechien mit einer Besatzung zurück. Das Land aber fiel wieder in den vorigen Zustand einer feudalen Anarchie zurück.

Doch wesentliche Züge im Bild dieser Anarchie fehlen noch, solange wir die Kämpfe der italienischen Handelskolonien gegeneinander im Heiligen Land nicht ins Auge gefaßt haben. Wir wissen, welche großen Vorrechte die Venetianer, Genuesen und Pisaner, ebenso auch die südfranzösischen und spanischen Seestädte sich in den Häfen des Landes hatten einräumen lassen als Entgelt für die mit ihren Flotten geleistete Hilfe. Solange ein starkes Königtum im Land bestand, ließen sich diese Kolonien in ihren Schranken halten. Das aber änderte sich nach dem Sturz des Königtums im Jahre 1187. Diese Kolonien wurden aber noch gefährlicher dadurch, daß die Mutterstädte die einzelnen Kommunen der Städte organisatorisch zusammenschlossen und einem Befehlshaber unterstellten. Seit 1192 hatte Venedig einen „bajulus Vene-

[79] Eracles 34, XXVIII, S. 474. — Gestes des Chiprois 396, S. 783: „... et manda lettres au pape coment il ne poiet plus gouverner la terre, por le Temple et l'Ospitau ..."

torum in tota Syria", also einen Oberkommandierenden für alle seine syrischen Kolonien. Genua besaß seit derselben Zeit 2 Generalkonsuln in Akkon und Pisa und später einen Konsul mit gleicher Vollmacht in Akkon. Nun waren aus einzelnen Stützpunkten vom Mutterland her befehligte, starke Mächte geworden, mitten in dem kleinen Königreich Jerusalem-Akkon. Faktisch waren sie von diesem ganz unabhängig und nahmen in ihrem Verhalten auf das Gesamtinteresse der Franken und des Königreiches keinerlei Rücksicht mehr. Der Kreuzfahrergeist war bei diesen Städten immer schon eine problematische Angelegenheit gewesen, jetzt nimmt man gar keine Rücksicht mehr darauf. Die Politik dieser Kolonien ist nun ganz von den Streitigkeiten der Mutterstädte aus bestimmt.

Das Heilige Land und vor allem Akkon wird blutiger Schauplatz der Kämpfe zwischen Venedig, Genua und Pisa. Über ein halbes Jahrhundert ziehen sich diese kriegerischen Handlungen hin. Besonders heftige Kämpfe wurden in den Jahren 1222, 1249, 1256, 1258, 1259, 1264, 1267 und 1287 ausgefochten. Oft waren es große Seeschlachten, so 1256, 1258, 1259 und 1287. Dabei wird wiederholt von einer der beiden Parteien der Hafen von Akkon blockiert, so einmal in den zwanziger Jahren mehrere Jahre lang von den Genuesen. Mit schwerem Belagerungsgeschütz kämpft dabei oft eine Partei gegen die andere, und das alles auf dem Boden der unglücklichen, bedrohten Stadt Akkon. Dieser Kampf wird aber dadurch noch verschärft, daß alle Kräfte des Landes selbst, die miteinander im Streit lagen, hier nun Partei ergreifen, und zwar jeweils auf verschiedenen Seiten. Die alte Gegnerschaft der Johanniter und der Templer lebt neu auf und verschärft sich dadurch, daß die Templer für Venedig, die Johanniter für Genua Partei ergreifen. Stand Philippe de Montfort auf seiten der Genuesen, so ergriff folgerichtig Jean d'Ibelin Partei für die Venetianer, entschlossen sich die in Gibelet herrschenden Embriaci, da sie Genueser Abstammung waren, für diese Partei, so fand man Bohemund VI. von Antiochia-Tripolis auf der Gegenseite. Alle alten Feindschaften des Landes brachen auf diese Weise wieder auf und bekamen neue Schärfe.

Vermittlungsversuche Bohemunds von Antiochia (1257), des Papstes Innozenz IV. (1259) erreichten nichts, der von König Ludwig IX. von Frankreich (1270) wenigstens einen Waffenstillstand. Erst 1277 kam ein Friede zustande, der aber auch nur für ein Jahrzehnt die Kampfeslust in Schranken hielt. Nach dem Friedensschluß von 1277 muß Akkon ausgesehen haben wie eine zerstörte Stadt. Wir besitzen eine anschauliche Schilderung davon[80]. Alle festen Häuser und ein großer Teil der Türme sei zerstört gewesen außer den Kirchen, und 20 000 Menschen seien auf beiden Seiten umgekommen. Man steht bei diesen Kämpfen immer wieder mit Staunen vor der Verblendung dieser ganzen Generation des Heiligen Landes.

Selbstverständlich blieb bei so erbitterten Kämpfen keine Kraft mehr zur

[80] Rothelin LXXIX, S. 635, von 1258.

Unterstützung der Kreuzzüge, um derentwillen man einmal hierhergekommen war. Schon im Jahre 1249 konnte König Ludwig der Heilige von Frankreich aus dem Heiligen Land keine Schiffe für seinen Kreuzzug erhalten, da dort gerade der Kampf zwischen Genuesen und Pisanern wütete. Und einige Jahrzehnte später konnte Kalāwūn Laodicaea (La Liche) erobern, ohne daß die ganz in der Nähe befindlichen Flotten der Venetianer, Genuesen und Pisaner eingriffen, da diese nur daran dachten, sich gegenseitig zu befehden.

Die streitenden Parteien wandten sich sogar an den großen Feind aller Christen und Franken. Genua rief Baībars zu Hilfe gegen Venedig. Als dieser aber 1263 kam, zögerte Genua zwar, mit ihm zusammen zu kämpfen, aber 1267 waren auch solche Hemmungen überwunden, und Genuesen kämpften Seite an Seite mit Baībars gegen Akkon und die Venetianer. Gemeinsam eroberten sie den Fliegentum (Tour des mouches) von Akkon[81]. Neben diesen großen Kämpfen verblassen die anderen Streitigkeiten im Land. Nur darauf sei noch aufmerksam gemacht, daß seit 1187 die Herrschaften von Antiochia und Tripolis in einer Hand vereinigt waren, daß also die Möglichkeit bestand, daß sich dieser nun recht ansehnliche Staat nachdrücklich für den Kampf gegen die muslimische Macht eingesetzt hätte. Aber auch hier lähmten innere Streitigkeiten die Stoßkraft nach außen. Sie bestanden einmal aus Erbschaftsstreitigkeiten und außerdem aus der Abwehr einer Überfremdung mit Italienern, die einzutreten drohte, als Bohemund V. Lucie de Segni, die Tochter des Grafen von Segni, geheiratet hatte und diese nun Verwandte und andere Italiener nach Tripolis und Antiochia zog und ihnen führende Stellen gab. Die Einheimischen wehrten sich, und es kam zu Kämpfen. Auch hier also Bürgerkriege, die den Blick auf die Gefahr der gesamten Lage aller Franken versperrten.

Während dieser inneren Kämpfe vollzog sich unaufhaltsam der Siegeszug Baībars und dann Kalāwūns. Einer der festen Plätze des Landes nach dem anderen fiel in ihre Hand[82].

Baībars stammt wohl von Türken im mongolischen Rußland, vielleicht auch aus Bulgarien. Er hatte dunkle Haut, aber blaue Augen, und war von sehr großer Gestalt. Auf einem Sklavenmarkt auf der Krim gekauft, wird er Mameluk, zeichnet sich als solcher aus. Er ist ein guter Soldat und Feldherr und einer der tüchtigsten Staatsmänner seiner Zeit, wild und grausam. Und diesen Charakter bekommt der Krieg unter ihm. Er wird mit der Erbitterung des Kampfs einer Religion gegen die andere und zugleich einer Rasse gegen

[81] Zu dem Ganzen siehe Eracles 34, X, S. 455 f., von 1267. — Dazu Grousset III, S. 534—550. — Der ganze Kampf wird öfters als Kampf um St. Sabas bezeichnet. Es war dies ein Kloster, das auf dem den Hafen von Akkon beherrschenden Hügel lag; und zwar ursprünglich an der Grenze des venetianischen und genuesischen Gebietes in Akkon. 1256 nahmen es die Genuesen mit einem Handstreich weg. Seitdem tobte der Kampf um Hügel und Kloster St. Sabas.

[82] Die Einzelheiten dieser Kämpfe siehe bei Grousset III, S. 554, und bei R. Röhricht, Gesch. d. Königr. Jerusalem, S. 906—1032.

die andere geführt. Bald schon sichert er sich außenpolitisch einen festen Rückhalt. Er steht im Bündnis mit Michael Palaeologos, Manfred, Genua und dem Mongolenchan von Kyptschak, Berké, dem Freund des Islams. Man sieht, alle Rom und dem Abendland feindlichen Kräfte hat er als Bundesgenossen zu gewinnen gewußt. Es ist also kein lokaler syrischer Kampf, den er führt, sondern es ist ein großangelegter Kampf gegen die Franken im östlichen Mittelmeer. Die Erinnerung an diese Gestalt ist im Orient lebendig geblieben so wie die an Barbarossa und Herzog Ernst in Deutschland. Aber wie in Deutschland romantische und märchenhafte Erzählungen sich mit dieser Erinnerung vermischten, so im Orient Stücke alter ägyptischer Gaunerromantik. Mit solchen Ausgestaltungen hat man bis vor nicht allzu langer Zeit im Orient von Baībars erzählt. Der Roman von ihm wurde von einer Generation zur anderen weitergegeben, in steter Veränderung. Uns aber zeigt dieses literarische Weiterleben, wie groß der Eindruck gewesen sein muß, den dieser Mann bei seinen Zeitgenossen hinterließ [83].

Dieser Baībars wird nun der große Feind der Franken. 1261 und 1262 schon zieht er gegen Antiochia und verwüstet das Gebiet um die Stadt, 1263 steht er am Berg Tabor und unternimmt von da aus seine verwüstenden Züge. Auf diesen wird auch Nazareth mit der dortigen Kirche der heiligen Jungfrau zerstört. Kurz darauf steht er zum erstenmal vor Akkon. 1265 gilt sein Angriff der Philisterküste. Er nimmt Caesarea, Haifa und Arsuf ein. Die Zitadelle des Pilgerschlosses bei Haifa (ʿAthlith, Château Pèlerin) aber widersteht seinem Angriff. Noch wissen die Templer sie zu verteidigen. Damals kam König Hugo von Zypern aus Akkon zu Hilfe. Als er mit Truppen landete, zog sich Baībars nach Ägypten zurück. Doch schon 1266 steht er wieder vor Akkon. Hier vermochte er nichts Wesentliches auszurichten, doch gelang ihm die Eroberung der Templerfeste Safed, die 1240 von den Templern erbaut worden war zum Schutz von ganz Galiläa. 160 Dörfer wurden von dort aus beherrscht, beschützt und verwaltet, 10000 Einwohner sollen so unter dem Schutz dieser Feste gestanden haben. Sie galt als uneinnehmbar. Doch gelang es Baībars nach langem Mühen, einen syrischen Sergeanten zu gewinnen, durch dessen Verrat dann die Feste fiel. Damit war Galiläa schutzlos den Muslimen preisgegeben. Auch die Festen Toron (Tibnin) und Ramla fielen damals Baībars zu, ebenso 3 Burgen der Grafschaft Tripolis: Kulai'at, Halba und ʿArca. Ein zyprisches Heer, das wieder zu Hilfe kommen wollte, wurde vernichtet.

Nun wandte sich Baībars zunächst gegen das christliche Nachbarreich Armenien, das unter Hethum I. eine nicht unbeträchtliche Macht darstellte. Es hatte sich — anders als die Franken — wiederholt mit den Mongolen gegen Baībars verbündet. Jetzt, während die Mongolen durch Erbfolgestreitigkeiten gebunden waren, konnte Baībars angreifen. Die Armenier wurden bei Darbsak geschlagen, ihr Reich einschließlich der Hauptstadt Sis erobert.

[83] Brockelmann, Geschichte der islamischen Völker, S. 214/15.

Hethum mußte wichtige Gebiete seines Reiches an Baibars abtreten und wurde dadurch machtlos. Er dankte zugunsten seines Sohnes ab und ging ins Kloster. Das war eine schwere Schädigung für die Franken. Denn lange hatten sie an Armenien einen guten Bundesgenossen gefunden. Außerdem waren sie jetzt völlig von Byzanz abgeschnitten.

Bereits 1267 war Baibars wieder vor Akkon erschienen. Philippe de Montfort, der Herr von Tyrus, und die Johanniter erbaten und erhielten von Baibars einen Frieden für 10 Jahre. Das kennzeichnet die volle Auflösung der Frankenstaaten, daß jeder Herr einzeln mit dem Sultan verhandelt und froh ist, wenn er nur für sich und sein Land einen Frieden erhält, ohne Rücksicht auf das Ganze.

1268 eroberte Baibars Jaffa und zerstörte es. In der Philisterebene siedelte er Türken an, ein Zeichen, wie sehr er sich schon als Herren des ganzen Landes betrachtete.

Schon am 15. April dieses Jahres fiel auch die mächtige Burg Beaufort (Schakīf Arnūn). Einer Belagerung mit 26 Belagerungsmaschinen konnte sie auch unter dem Befehl der Templer nicht standhalten. Sie hatte ursprünglich zu Sidon gehört, war nach der Schlacht von Hattīn erobert, dann aber zurückgegeben worden. Zum besseren Schutz hatte sie dann der Herr von Sidon den Templern übergeben. Aber auch das vermochte die Feste nicht zu retten.

Baibars zog weiter durch die Grafschaft Tripolis nach Antiochia. Es wurde eingeschlossen und im Sturm genommen. Ohne jede Hemmung wurde die reiche Stadt geplündert und die Einwohner ermordet. Die Mameluken sollen damals 17000 Personen getötet und 100000 Gefangene gemacht haben[84].

Die Burgen der Umgegend, Baghrās u. a., hatte man schon lange den Ritterorden übergeben, und diese hatten sie gut ausgebaut. Jetzt aber fielen sie alle ohne Schwertstreich Baibars zu.

Nun erbat auch Hugo III. Frieden für Zypern und Syrien. Er wurde auch für 10 Jahre gewährt. Man konnte nur noch Frieden erbitten, aber keinen Widerstand mehr leisten. Baibars hielt den Frieden nicht. Schon 1269 stand er wieder vor Akkon, Tyrus und dem Johanniterschloß Markab und Krak des Chevaliers (Kal ʿat al-Hisn). Nur der beginnende Kreuzzug Ludwigs des Heiligen hielt ihn davon ab, mit stärkerer Kraft vorzugehen. Doch als sich 1270 geklärt hatte, daß dieser Kreuzzug keine größere Gefahr für Ägypten mit sich brachte, griff er 1271 erneut an. Nun fielen die starken Festen Chastel Blanc (Sāfithā) der Templer, die Johanniterburg Krak des Chevaliers (Kal ʿat al-Hisn), 'Akkar (Gibelcar), das gleichfalls den Johannitern gehörte, und die Feste des Deutschordens Montfort bei Akkon. Freilich, ein Angriff der ägyptischen Flotte auf Zypern und ein Versuch, Akkon mit einem Handstreich zu nehmen, mißlang. Auch der Versuch, Laodicea (Lattachié) zu er-

---

[84] Grousset III, S. 641. — Dazu Abū 'l Fedā S. 150 u. 152.

obern, führte nicht zum Ziel. Gegen einen jährlichen Tribut ließ Baībars davon ab.

1277 starb Baībars. Sein Sohn Berke (Baraka) wurde bald durch eine Heeresrevolte gestürzt. Durch sie wurde Kalāwūn Sultan. Einen Gegensultan in Damaskus schlug er 1280. So war er nun Herr des ganzen Reiches und konnte Baībars' Politik in vollem Umfang wiederaufnehmen.

Noch einmal gelang es im Jahre 1280 den Johannitern, im Bund mit den Mongolen, einen Sieg zu erringen. Bei Sāfithā (Chastel Blanc) schlugen sie die Reiter Kalāwūns. Doch dieser Sieg hatte damals keine Wirkung mehr. Die Lage war verzweifelt[85]. Dem König gehörte damals nur noch Akkon, Sidon hatte sein Herr den Templern verkauft, die außerdem noch das sogenannte Pilgerschloß am Karmel besaßen. Beirut gehörte der Familie Ibelin und Tyrus den Montfort. Außerdem hielt sich noch Tripolis, Lattachié und die Johanniterburg Markab. Das war der Rest der einst so stolzen Frankenstaaten. Alles Hinterland, das für die Ernährung hätte sorgen können, fehlte. Die Bevölkerung dieses Restbestandes war aber nicht nur unter sich uneins, sondern auch bemüht, jeder für sich die Gunst des drohenden Sultans zu erringen. So suchten die Templer Baībars, als er auf dem Marsch gegen Antiochia war, auf, um zu erreichen, daß ihr eigenes Gebiet verschont werde. Und das war derselbe Orden, dem kurz zuvor der Herr von Antiochia seine festen Plätze an der Grenze übertragen hatte, mit der Verpflichtung, die Straße nach Antiochia zu verteidigen. Auch Beirut hatte sich damals dem Schutz Baībars unterstellt[86]. Ähnlich verhielt sich auch das Abendland. Die Könige von Aragón und Sizilien sowie Genua schlossen 1290 mit Kalāwūn ein Bündnis. Und daß in ebendiesen Jahren die Genuesen jahrelang den Hafen von Akkon blockierten und daß vor dieser Stadt die Venetianer, Genuesen und Pisaner sich Seeschlachten lieferten, sei in diesem Zusammenhang noch einmal erwähnt.

So konnte Kalāwūn den Siegeszug von Baībars fortsetzen. 1281 schlug er die Armenier und Mongolen, um den Rücken frei zu haben. Die Franken wußte er geschickt dadurch zu teilen, daß er ihnen einzeln Frieden gewährte, die zu verschiedenen Terminen abliefen.

1285 eroberte er die starke Johanniterburg Markab in der Grafschaft Tripolis und die Burg Maraclea. 1287 nahm er Lattachié (Laodicea, La Liche). In Tripolis aber wandte sich die neugegründete Kommune, die in scharfem Gegensatz zum Stadtherren stand, an Kalāwūn mit der Bitte um Hilfe gegen Genua. So bereiteten die inneren Streitigkeiten in der Stadt Kalāwūn den Weg[87]. 1289 schloß daraufhin Kalāwūn Tripolis ein. Jetzt, wo es zu spät

[85] Der Großmeister der Johanniter schilderte schon einige Jahre vorher die Lage des Heiligen Landes einem Ordensprior in Frankreich in ganz dunklen Farben. Delaville Le Roulx, Cartulaire III, S. 183, Nr. 3308.

[86] Grousset III, S. 640 u. 666.

[87] Gestes des Chiprois 473, S. 802. — Dazu Grousset III, S. 740.

war, versöhnten sich die Parteien. Die Templer, die Johanniter, Zypern, Venedig und Genua halfen alle. Jetzt war man sich der Notwendigkeit, zusammenzustehen, bewußt. Aber Kalāwūns Heer war sehr groß[88]. Mit 29 schweren Katapulten ließ er die Stadt beschießen, außerdem unterminieren und griechisches Feuer schleudern. Dem konnte Tripolis nicht lange widerstehen. Als nun gar die Venetianer und nach ihnen auch die Genuesen begannen, ihre Sachen zu packen, verloren die Verteidiger den Mut. Die Stadt wurde im Sturm genommen, und die Muslime machten nieder, wen sie nur irgend erreichen konnten. Die Stadt aber wurde völlig zerstört. Denn Kalāwūn wollte nicht, daß sich die Franken etwa von Zypern aus wieder auf dieser günstigen Halbinsel festsetzen sollten. Das heutige Tripolis wurde später weiter landeinwärts gebaut. Um zu ermessen, was diese Zerstörung bedeutete, muß man sich noch einmal vor Augen halten, daß diese Stadt der Sitz der großen Textilindustrie und vieler anderen Industriezweige war, ebenso daß die Schulen der Stadt Weltruf besaßen.

Der Rest der Grafschaft Tripolis wurde von den Franken nicht mehr verteidigt. Die Burgen des Landes wurden kampflos übergeben[89].

Auf die Nachricht vom Fall von Tripolis hin ließen die Venetianer in ihrer Stadt und dem umliegenden Gebiet das Kreuz predigen, um Akkon, das speziell unter venetianischem Schutz stand, zu retten. Und die Predigt hatte einen gewissen Erfolg: Im Sommer 1290 stachen von Venedig aus 20 Galeeren in See unter dem Kommando von Niccolò Tiepolo, dem Sohn des Dogen. Mit ihnen vereinigten sich noch 5 sizilianische Schiffe. Sie kamen in Akkon an, als es König Heinrich II. gerade gelungen war, den Frieden mit Kalāwūn auf 10 Jahre zu verlängern. Aber diese Kreuzfahrer waren undisziplinierte Leute, denen jede militärische Zucht fehlte. Voll Eifer, die Muslime zu bekämpfen, wo sie sie fänden, stürzten sie sich auf harmlose Bauern, die Lebensmittel in die Stadt brachten, und mordeten die muslimischen Kaufleute im Bazar, auf die sie stießen. Ja selbst die einheimischen syrischen Christen waren vor ihnen nicht sicher, da sie sie nicht von den Muslimen unterscheiden konnten. Die Ritter Akkons aber kamen zu spät, um diese Ausschreitungen zu verhüten.

Die Nachricht über diese Vorgänge erregte den größten Zorn Kalāwūns. Er benutzte gern die Gelegenheit, um mit gutem Grund eingreifen zu können. Zunächst forderte er die Auslieferung aller Schuldigen. Der Templermeister Guillaume de Beaujeu schlug daraufhin vor, alle Insassen der Gefängnisse auszuliefern und so die drohende Gefahr abzuwehren. Aber er drang nicht durch. Entschuldigungen beim Sultan aber waren fruchtlos. Er rüstete zum Aufbruch. Da starb Kalāwūn am 10. November 1290. Doch auch das be-

---

[88] Das Heer Kalāwūns soll 40 000 Reiter und 200 000 Fußsoldaten umfaßt haben. Archives de l'Orient lat. II, 2, S. 460. — Dazu Grousset III, S. 743.

[89] Weltchron. Minor. v. Assisi, S. 237 = Neues Archiv X. — Dazu Grousset III, S. 741 ff.

deutete keinen Aufschub. Denn sein Sohn al-Aschraf saß schnell nach Aufdeckung einer Verschwörung fest im Sattel. Am 5. April 1291 schloß er Akkon ein. Sein Heer soll 60 000 Reiter und 160 000 Fußsoldaten gezählt haben, während auf christlicher Seite ihm nur etwa 800 Berittene und 14 000 Fußsoldaten gegenüberstanden. Die Stadt zählte etwa 30 000—40 000 Einwohner. Im Mai kam noch König Heinrich mit 200 zyprischen Rittern. Doch der Kampf war von vorneherein aussichtslos. Mit zahlreichen Katapulten schwersten Kalibers ließ der Sultan die Stadt beschießen und jeden Turm unterminieren. Die Franken wehrten sich sehr tapfer. Die Ritterorden zeigten sich noch einmal von ihrer besten Seite in Tapferkeit und Todesbereitschaft, die Templer sowohl wie die Johanniter und der Deutschorden, je unter ihren Ordensmeistern. Auch anwesende französische und englische Ritter zeichneten sich aus. Die meisten dieser Ritter fielen. Nur der Meister der Johanniter, Jean de Villiers, konnte sich retten. Ausfälle hatten keinen Erfolg. Entscheidend war, daß es den Belagerern gelang, den „Neuen Turm König Heinrichs II." zu sprengen. Nun nützte kein Widerstand mehr. Versuche der Bevölkerung, zu Schiff oder mit Booten zu entkommen, mißlangen. Ein schreckliches Blutbad begann. Viele flüchteten sich in das feste Haus der Templer. Es hielt sich noch mehrere Tage. Der Sultan war bereit, den hierher Geflüchteten freien Abzug zu geben. Doch als bei dem Auszug Mameluken sich an Frauen und Kindern vergriffen, schlugen die Ritter zu und schlossen die Tore von neuem. Nun wurde das Haus über ihrem Kopf zusammengeschossen. Es begrub den Rest der Templer unter sich.

Nach dem Fall von Akkon fand Kalāwūn keinen ernsthaften Widerstand mehr. Tyrus wurde ohne Gegenwehr übergeben. Sidon mußte kapitulieren, da die Hilfe von Zypern, die der Befehlshaber holen wollte, zu spät kam. Die Einwohner von Beirut gingen, vertrauend auf ihre besonderen Abmachungen mit dem Sultan, diesem entgegen, aber dieser ließ alle gefangennehmen und nahm die Stadt ein (21. Juli 1291). Im August mußten sich auch die beiden noch bestehenden Templerburgen, das Pilgerschloß ('Athlith) und Tortosa ergeben. Damit waren die fränkischen Staaten im Heiligen Land verschwunden, die Eroberungen der Kreuzzüge wieder verloren[90].

Hatte schon vorher der Mißerfolg der Kreuzzüge Enttäuschung und Verzweiflung ausgelöst und viele Menschen am christlichen Glauben irre werden lassen, so steigerte sich die Bewegung noch, als das Heilige Land verloren war. Man neigte nun sehr dazu, in dem Ausgang des Kampfes ein Gottesurteil zu sehen, das gegen das Christentum entschied. Man wurde an Gott irre, der nicht Christus, sondern Mohammed den Sieg gab. Man spürt das, wenn man die Briefe liest, die Ricoldus de Monte Crucis, der lange als Missionar in Syrien tätig war, damals schrieb. Er fragt da: „Aber wie läßt

[90] Eine ausführliche Darstellung des Falles von Akkon siehe Grousset III, S. 571 ff. — R. Röhricht, Gesch. d. Kgr. Jerusalem, S. 1004—1024. — Weltchronik des Minoriten von Assisi S. 561 ff. = Neues Archiv XXI. — Abū 'l Fedā S. 164.

du denn deine Kraft sich auswirken in der Geschichte der Völker, wenn die Leute vor allem in Antiochia, Tripolis und Akkon auf Grund dessen, was in unserer Zeit deinem Christenvolk geschah, nun in aller Öffentlichkeit und im Angesicht der orientalischen Völker sagen, du habest nicht die Macht, uns zu helfen? ... Auch sagen sie, daß unser Herr Jesus Christus uns nicht unterstützen könne gegen die Muslime. Sie sagen auch und schreiben es sich in gotteslästerlichen Briefen, daß jetzt das Heil Mohammeds das Heil Christi vollkommen überwunden habe. Denn heute sprechen sie es öffentlich unter den Völkern aus: ‚Wo ist Gott, der Gott der Christen?' Und nicht nur die Sarazenen schmähen uns, sondern auch die Juden und Mongolen. ... Wo ist nun unser Gott? Hörst du uns nicht, o Herr? Erhebe dich, Herr, und rette uns ..., denn schon lange Zeit wütet das grausame Untier und herrscht über die Christen."[91] An anderer Stelle schreibt er in Hinwendung zur Gottesmutter: „Ich habe es bisher noch nicht glauben können, daß dein Sohn Jesus Christus Muslim werde. Aber ich sehe mit aller Klarheit, daß er vieles den Muslimen gibt und gewährt. Sollte das das Vorspiel dazu sein, daß er selbst wirklich Muslim werden will? ... Siehst du denn nicht, daß die Christen vor Hunger und Durst sterben und daß sie ihren Glauben verleugnen? ..."[92] Solche Worte zeigen die ungeheuere Auswirkung, die der Verlust des Heiligen Landes auf den Glauben in weiten Kreisen der Christenheit hatte. Denn wenn so schon ein Missionar schrieb, wie anders mag es dann in anderen Menschen, in größeren Schichten der Bevölkerung, die nicht zu schreiben pflegte, ausgesehen haben? Davon berichtet kein unmittelbares Zeugnis.

[91] Archives de l'Orient lat. II, 2, ep. I, S. 265 f.
[92] Archives de l'Orient lat. II, 2, ep. II, S. 274 f.

ACHTES KAPITEL

Der Staat der Kreuzfahrer und sein Recht

Der König und der Adel

Über den Charakter der fränkischen Staaten im Heiligen Land, besonders des Königreichs Jerusalem, haben wir schon einiges aus der Geschichte des Landes erfahren. Aus der Eigenart des ersten Kreuzzuges als eines rein feudalen Unternehmens ergab sich, daß auch der dabei gegründete Staat diesen Charakter tragen mußte. Dem entspricht es, daß sich Herzog Gottfried mit einer wenig ausgeprägten Machtstellung als Vogt des Heiligen Grabes zufriedengab. Anders sein Bruder und Nachfolger Balduin I. Er setzte alles daran, daraus eine wirkliche Monarchie, wenn auch mit feudalem Unterbau, zu machen. Und er erreichte einen Teil seines Zieles in scharfer Auseinandersetzung mit dem Patriarchen und vorsichtiger Politik dem Adel gegenüber. Unter ihm und den nachfolgenden beiden Königen gelang es, die Macht des Königs dem Adel gegenüber in glücklich geführten Kriegen zu erhöhen und auch die Lehensherrschaft über Antiochia, Edessa und Tripolis kräftig werden zu lassen. Doch das verlangte immer wieder einen starken König. Nur in seiner Persönlichkeit war die Macht und das Ansehen des Königs begründet. Unter schwachen Königen wuchs darum die Macht des Adels gewaltig, und vollends seit den Zeiten des kranken Balduin IV. und des schwächlichen Guido von Lusignan und nach der Niederlage von Hattīn 1187 blieb nur noch eine Anarchie des Adels mit monarchischer Spitze. Daran änderten auch die Versuche Friedrichs II. und später Karls von Anjou, in Anlehnung an einen auswärtigen Staat wieder ein starkes Königtum zu schaffen, nichts mehr.

Alles das hat uns schon die Geschichte des Heiligen Landes in der Hand der Christen gezeigt. Aber wir haben andere Quellen, die uns den Aufbau der staatlichen Macht und des öffentlichen Lebens von anderer Seite aus, nämlich in seiner grundsätzlichen und systematischen Struktur, erkennen lassen. Es sind dies die Assisen des Königreichs Jerusalem, eine Rechtsaufzeichnung großen Formates und sorgfältiger Arbeit, oder besser ein System verschiedener Aufzeichnungen. Sie stammen zwar erst aus dem 13. Jahrhundert, also aus einer Verfallszeit des Staates, aber der systematische Aufbau und die Rechtslage ist, wie bei den meisten Feudalstaaten in den verschiedenen Zeiten, fast die gleiche, nur daß starke Könige und auf der anderen Seite übermächtig gewordene Adelsgeschlechter etwas ganz Verschiedenes auf dieser Grundlage aufzubauen vermögen. Darum haben die Assisen trotz ihrer späten Aufzeichnung doch großen Wert als Quellen für das Staatsleben des Heiligen Landes.

Die Entstehungsgeschichte und die Bedeutung dieser Rechtswerke ist viel erörtert und viel umstritten worden. Doch sehen wir heute dank der Untersuchungen von Maurice Grandclaude ziemlich klar[1]. Das Ganze setzt sich danach aus folgenden Werken zusammen: 1. „Le Livre au roi", entstanden zwischen 1197 und 1205. 2. Das „Buch an seinen Freund" von Philipp von Novara, entstanden jedenfalls vor 1263, dem Todesjahr des Verfassers, vielleicht schon 1252/57[2]. Wir sind dem Verfasser schon in der Geschichte der Königreiche Jerusalem und Zypern begegnet. Er ist einer der eifrigsten Vorkämpfer für die Freiheit des Adels gegenüber Kaiser Friedrich II., ein vielseitig gebildeter Mann von großer Gewandtheit. 3. „Le Livre des assises et bon usages du royaume de Jérusalem" von Jean d'Ibelin, dem Grafen von Jaffa, einem der mächtigsten Herren des Königreichs Jerusalem um die Mitte des 13. Jahrhunderts. Er ist auch ein Führer der Adelspartei, war befreundet mit Herrn von Joinville, dem Geschichtsschreiber Ludwigs IX., des Heiligen, von Frankreich. Das Werk ist verfaßt in den Jahren 1265/66. Alle diese drei Werke behandeln die Rechtsprechung der Haute Cour des Königreichs, vor dem unter Vorsitz des Königs über den Adel abgeurteilt wird. Sie behandeln also die Rechtsverhältnisse des Königs und des Adels.

Daneben steht der „Livre des Assises de la Cour des Bourgeois" (Das Buch der Assisen des Gerichtshofes der Bürger), der das Gewohnheitsrecht für diese Rechtssphäre aufzeichnet. Es ist wahrscheinlich im Jahre 1243 verfaßt, jedenfalls zwischen 1229 und 1244. Dazu kommen noch eine Reihe kleinerer oder späterer Arbeiten, doch diese sind von geringerer Bedeutung. Schon die Tatsache, daß die Verfasser der beiden größten und bedeutendsten Schriften, Philipp von Novara und Jean d'Ibelin, zu den angesehensten Männern und Vorkämpfern des Adels gehörten, also Partei waren, läßt in ihren Werken keine objektive Darstellung der Rechtsverhältnisse erwarten. Um so wichtiger wäre es für uns, die älteren Aufzeichnungen aus der Zeit der größeren Macht des Königtums zu kennen, aber diese sind uns leider verloren. Es gab eine

---

[1] Maurice Grandclaude, Étude critique sur les Livres des Assises de Jérusalem. Thèse pour le doctorat (Paris 1923). — Ders., Caractère du „Livre au Roi" = Revue hist. de droit franç. et étrang., 4. Serie, Bd. 5 (1926) S. 308—314. — Ders., Classement sommaire des manuscrits des principaux livres des Assises de Jérus. = ebd. S. 418 ff. — Ders., Liste d'assises remontant au premier royaume de Jérusalem (1099—1187) = Mélanges Paul Fournier (1929) S. 329—346. — Dazu Besprechung von Georges Recoura = Moyen âge, Serie II, Bd. 26 (1924) S. 151 ff.

[2] Die Urform des Werkes ist verloren. Die Handschriften A und B geben sie mit späteren Zusätzen des Verfassers. Die letzten 10 Kapitel, die in der Ausgabe von Beugnot angefügt sind, gehören nicht zu dem Werk.

ältere Sammlung von Assisen, vermutlich in diesem Falle von königlichen Verordnungen und Gesetzen. Diese werden als die „Schriften vom Heiligen Grab“ (Lettres du Saint Sépulcre) bezeichnet, da sie in der Schatzkammer der Grabeskirche in Jerusalem aufbewahrt wurden und nur in Gegenwart von neun genau bezeichneten Personen, zu denen auch der König oder sein Stellvertreter und der Patriarch gehörten, geöffnet werden durften, um das Buch um das geltende Recht zu befragen. Philipp von Novara berichtet sehr ausführlich darüber [3]. Lange hielt man diese „Schriften vom Heiligen Grab“ für legendär, aber mit Unrecht. Sie haben sicherlich bestanden. Aber seit der Eroberung von Jerusalem durch Saladin von 1187 fehlte jede Spur von ihnen. Die Schwierigkeit, an das Buch heranzukommen, und die Umständlichkeit der Befragung zeigt, daß man nicht stets nach seinem Wortlaut Recht gesprochen hat, sondern nach dem Wissen der Richter von dem gewohnten Recht und ihrem Rechtsempfinden. Aber die Möglichkeit des Rückgriffes dort, wo das Gedächtnis verließ, stand doch stets im Hintergrund. Und zwar mußte das Vorhandensein dieses Buches in einer Zeit, in der der Adel seine Rechte zu vermehren suchte, im ganzen für den König sich günstig auswirken.

Dem entspricht es auch, daß der Adel nach dem Verschwinden der „Lettres du Saint Sépulcre“ eine neue schriftliche Fixierung des Rechtes zunächst nicht wünschte. Wir hören, daß König Amalrich II. (1197—1205) eine solche Kodifizierung mit Hilfe des besten Rechtskenners seiner Zeit, Raouls von Tiberias, und zehn weiterer Barone durchführen wollte, daß es aber am Widerstand von Raoul, der auch zu den mächtigsten Herren des Landes gehörte, wie später Novara und Ibelin, scheiterte. Augenscheinlich fürchtete er, daß die Macht des „Hohen Gerichtshofes“, der Haute Cour, und der dort tätigen rechtsverständigen Herren sinken müsse, wenn man eine schriftliche Aufzeichnung des geltenden Rechtes habe. Kam dieser Versuch auch nicht zustande, so wurde doch der „Livre au roi“ damals aufgezeichnet.

Was dann etwa ein halbes Jahrhundert später von Novara und Ibelin geschaffen wurde, trug einen anderen Charakter. Es sind Anweisungen für alle an der Haute Cour Tätigen, also für Kläger wie Richter und andere, wie ein Prozeß zu führen und erfolgreich zu führen sei. Denn das war in einer Zeit, die von dem vor Gericht Tätigen die genaue Kenntnis des Gewohnheitsrechtes und — fast wichtiger noch als das — eine gute Vertrautheit mit allen Formalien des Prozesses verlangte, keine leichte Aufgabe. Andererseits konnte, wer alle Wege und Schleichwege dieses Prozeßrechtes kannte und alle Einzelheiten des ererbten Rechtes anzuwenden wußte, sehr viel erreichen, ohne Rücksicht darauf, ob seine Sache eigentlich gut oder schlecht war. Und dazu will Novara und ebenso auch Ibelin anleiten. Alle Finessen, ja alle Schikanen kennen und lehren sie. Da sie selbst aber der Partei des Adels eindeutig angehören, werden ihre Assisen unter der Hand zum Lehr-

[3] Assises I, Novara XLVII, S. 521 ff. — Vgl. auch Assises I, Jean d'Ibelin IV, S. 25 ff.

buch der Förderung und Wahrung der feudalen Rechte mittels des Prozeßrechtes und des alten Gewohnheitsrechtes. Anderen Charakter haben der „Livre au roi“ und auch die Assisen des Gerichtshofes der Bürger (Cour des Bourgeois). Doch drücken die Werke von Novara und Ibelin dem Ganzen den Stempel auf.

Diese Tatsachen sind aus doppeltem Grunde bedeutsam. Denn einmal zeigen sie, in welcher Weise diese Werke für uns als Quellen benutzbar sind. Außerdem decken sie den Charakter der Rechtsprechung und des Staatslebens in der zweiten Hälfte des 13. Jahrhunderts auf. Das Recht drohte zum Werkzeug des Feudaladels gegen den König zu werden, und das Dikkicht des Formalismus und des verlangten Gedächtnisses drohte allen denen, die es nicht völlig beherrschten, den Zugang zu versperren oder ihnen doch jeden Erfolg unmöglich zu machen. Da es aber eine Grenze von privatem und öffentlichem Recht nicht gab und ebendiese Gerichte auch über alle Fragen des öffentlichen Lebens entschieden, war damit auch alles Leben des Staates zur Abhängigkeit von den gewandten oder gar gerissenen Juristen des Feudaladels verurteilt[4]. Die Sitzungen der Haute Cour müssen oft interessante Wettkämpfe in Spitzfindigkeit und Formgewandtheit der darin geschulten Juristen gewesen sein. Aber Recht und Gerechtigkeit kamen dabei zu kurz.

Alles Feudalrecht hat eine doppelte Entfaltungsmöglichkeit in sich. Es kann königliches Feudalrecht werden, und diesen Weg hat es im Frank-

[4] Übersicht über die Assisen: Émile Chénon, Histoire générale du droit français ... I (1926) S. 551 f. — Ausgabe der Assisen in: Recueil des historiens des croisades II, Abt. Lois I, 2 (1841/43), hrsg. von Comte Beugnot; andere Ausgabe von Kausler (Stuttgart 1839). — Über die Aufzeichnung der Assisen: Assises I, Jean d'Ibelin, cap. I, II, III, CCLXXIII, S. 21 ff. u. S. 428 ff. — Dazu Einleitung von Beugnot: Assises I, S. XXIV f. — Über Amalrichs Versuch: Assises I, Novara XLVII, S. 521 f. — Grousset III, S. 167/68. — Prutz, Kulturgesch. d. Kreuzzüge, S. 228. — Über die Lettres du St-Sépulcre: Assises I, Novara XLVII, S. 521 ff. — Assises I, Jean d'Ibelin IV, S. 25 f. — Beugnot, Assises I, Introduction, S. XII, XXIV. — Prutz, Kulturgesch., S. 213 ff. — Dodu S. 38 ff. — Mitteis, Lehnrecht und Staatsgewalt, S. 249. — Livre au Roi: Beugnot, Assises I, Introduction, S. LXV f. — Mitteis, Lehnrecht, S. 253. — Novara: Beugnot, Lois I, Introduction, S. XXXVII, XXXIX, XLIII f. — Ders., Notice sur la vie ... = Biblioth. de l'École des Chartes 2 (Paris 1840/41) S. 1—31. — Grousset III, S. XXXI. — Jean d'Ibelin: Beugnot, Assises I, Introduction, S. XLIX f. — Assisen des Bürgergerichtshofes: Beugnot, Assises II, Introduction, S. VII, XXXV f., XLIV, LVIII u. LIX. — Dodu S. 54. — Weitere Assisen. — Werke: Assises I, Geoffroy le Tort, S. 433—450. — Beugnot, Assises I, Introduction, S. LXIV. — Jacques d'Ibelin: Beugnot, Assises I, Introduction, S. LXIV. — Prutz, Kulturgesch., S. 231 — Geoffroy le Tort lehnte Novaras Abzielen auf die Kunst der Prozeßführung entschieden ab. — Register: Abrégé du livre des Assises de la Cour des Bourgeois I, cap. XIII, S. 246 bis XVI, S. 248. — Spätere Legende der Assisen: Beugnot, Assises I, Introduction, S. XXIV. — Prutz, Kulturgesch., S. 229. — Die Absicht des Werkes gibt Novara besonders deutlich in seinem Prolog an: „Aprendre et enseigner coument on doit plaidoier en la Haute Cour“ = Assises I, Novara, S. 475.

reich des 12. und 13 Jahrhunderts eingeschlagen, oder es kann Vasallenrecht werden. Die Macht des einen oder anderen Teils kann den Charakter des Ganzen bestimmen. Ist der Weg aber einmal begangen, so ist eine Umkehr nur sehr schwer möglich. Die Assisen nun stellen die reinste Ausprägung eines zur letzten Konsequenz durchgeführten Vasallenrechtes dar. Das allen abendländischen Staaten des Mittelalters im wesentlichen gemeinsame Feudalrecht ist also hier durch einseitige Überbetonung des Vasallen und seiner Rechte zum Recht fast einer Anarchie der feudalen Kräfte geworden. Auch im Abendland hat man Zeiten gekannt, die eine solche Anarchie des Adels mit formaler, aber machtloser monarchischer Spitze aufwiesen. Am klarsten ausgeprägt finden wir das im Abendland im 9./10. Jahrhundert auf den Trümmern des Reiches Karls des Großen. Es ist auch hier also keine Anfangsstufe, sondern auch hier hat das Sinken der Königsmacht dem Adel zu einer solchen beherrschenden Stellung verholfen. Als kennzeichnend für das Recht ist, daß einem Vasallen nur bei groben Verfehlungen und nach dem Spruch der Haute Cour sein Lehen entzogen werden konnte. Dies Vasallenrecht, das sich auf diese Weise im Heiligen Land herausbildete, geriet dann noch in für den König verhängnisvoller Weise unter den Einfluß der kommentierenden Jurisprudenz. Die sehr ausgeprägten Formen machen es nur juristisch geschulten Männern möglich, im Prozeß erfolgreich einzugreifen. Das aber waren nur Mitglieder des Adels. Und sie können durch die Kenntnis der schwierigen Voraussetzungen erreichen, was sie in ihrem Interesse erreichen wollen. Das aber wird um so gefährlicher dadurch, daß die Haute Cour nicht nur oberster Gerichtshof ist, sondern auch als Rat das entscheidende Gremium in allen Regierungsangelegenheiten. Auf die Assisen dieses Gerichtshofes aber, d. h. auf die strenge Wahrung dieser Formen und dieses Rechtes, wird der König bei der Krönung verpflichtet, also im Grunde gebunden an eine Rechtskodifikation, die schon in ihrer Entstehung königsfeindliche Tendenzen aufweist[5].

Im wesentlichen geht das Recht des palästinensischen Assisen zurück auf französisches und vorwiegend auf lothringisch-flämisches Recht. Novara selbst erzählt, daß ein guter Rechtskenner, der von Frankreich nach dem Heiligen Land kam, Einfluß auf die Ausgestaltung der Assisen hatte. Es ist ja auch kaum anders denkbar, als daß die französischen und lothringischen Herren des ersten Kreuzzuges, als sie darangingen, dem Leben im neueroberten Land eine Form zu geben, ihr heimisches Recht als Vorbild nahmen. Auch die Einrichtung eines besonderen Gerichtshofes für die Bürger neben dem des Adels hat in Frankreich ihr Vorbild. So begegnen wir dieser Zweiheit in ganz ähnlicher Weise in einer Urkunde des Grafen Balduin III.

---

[5] Assises I, Jean d'Ibelin V, S. 27f. — Vgl. Mitteis, Lehnrecht, S. 483f. — Recoura = Moyen âge, Serie II, Bd. 26, S. 162. — Prutz, Kulturgesch., S. 216. — Betonung des Gewohnheitsrechtes: Wilhelm von Tyrus XII, 12, S. 531; XVI, 2, S. 706; XIX, 2, S. 884.

von Hainaut für Valenciennes aus dem Jahre 1114. Wenn aber dann in Frankreich etwas anderes aus diesen Rechtsverhältnissen wurde als im Heiligen Land, so liegt das an den anderen politischen Gegebenheiten: an der stärkeren Macht, die der König von Frankreich seinem Adel gegenüber ansetzen konnte. So wurde seine Cour nur ein Rat mit beratschlagender Funktion, während im Heiligen Land der König immer mehr an die Entscheidungen seiner Haute Cour gebunden wurde. Auch das römische Recht half im Heiligen Land nicht die Königsmacht aufbauen. Denn sein Einfluß ist nur in den Gesetzen des Gerichtshofes für die Bürger spürbar, in den Kreisen der Haute Cour so gut wie gar nicht, obwohl Ibelin selbst den Codex Justinianus nennt und lobt[6].

Neben dem Einfluß des Abendlandes auf das Recht des Heiligen Landes tritt der des arabischen Rechtes und einheimischer Institutionen ganz zurück. Aber er ist auch vorhanden. Zum Beispiel machen die Assisen den Arzt für die Heilung seiner Kranken verantwortlich[7]. Das geht augenscheinlich auf in Palästina landesübliches Recht zurück[8], ebenso eine gesetzliche Bestimmung König Amalrichs I. über das Recht des Ehegatten, der seine Frau beim Ehebruch ertappt[9]. Doch verändern diese Übernahmen aus im Lande geltenden Recht im ganzen den Charakter des Rechts der Assisen nicht als eines von Frankreich stammenden Rechts, das durch die politische Lage des Heiligen Landes sein besonderes Gepräge erhält.

Dieses Recht der Assisen des Königreiches Jerusalem galt aber nur in seinem engeren Bereich. Die Grafschaft Tripolis und das Fürstentum Antiochia hatten ihre eigenen Assisen, die sich allerdings, soweit wir wissen, nicht wesentlich von denen von Jerusalem unterschieden. Immerhin ist festzuhalten, daß diese Lehensträger des Königs von Jerusalem ihr eigenes Gesetzgebungsrecht hatten[10].

Um die Struktur des Königreichs Jerusalem recht zu verstehen, muß man zunächst von allen Begriffen eines modernen Staates absehen. Es gibt als

[6] Einfluß französischen Rechtes: Beugnot, Assises I, Introduction, S. XVI, XIX, XXXV, XLII u. XLVI. — Mitteis, Lehnrecht, S. 255. — Novara über Rechtskenner aus Frankreich: Assises I, Novara LXXI, S. 542. — Ein Beispiel für den Aufenthalt eines solchen Rechtsgelehrten im Heiligen Land: Glanville aus England; siehe Beugnot, Assises I, Introduction, S. XXXVI. — Ibelin über römisches Recht: Assises I, Jean d'Ibelin CXCII, S. 309. — Ebenso wird Bezug genommen auf einen Grundsatz des römischen Rechts, allerdings im Bereich der Cour des Bourgeois: Assises II, Cour des Bourg. VII, S. 23 und CCLIII, S. 189 f. — Vgl. dazu Chénon, Hist. générale I, S. 552.

[7] Assises II, Cour des Bourg. CCXXXVI, S. 165.

[8] Rey, Colonies, S. 182.

[9] Beugnot, Assises II, Introduction, S. LIV. — Vgl. auch Claude Cahen, La Syrie du Nord, besprochen von C. de Clercq = Revue d'hist. écclés. (1941) S. 241 f.

[10] Dodu S. 102. — Beugnot, Assises II, Introduction, S. XVII u. XXV. — Prutz, Kulturgesch., S. 222 u. 545. — Belege: Assises II, Chartes 14, S. 491 f., von 1135. — Paoli, Cod. dipl. del sacro militare ordine Gerosolimitano I (Lucca 1733) S. 181, von 1265.

Quelle wirklicher Macht nur Herrschafts- und Lehensrechte. Gewiß ragt das Königtum als solches über diese Herrschafts- und Lehensrechte hinaus. Aber das ist nur eine Ehrenstellung — allerdings im ganzen Abendland außerordentlich hochgeachtete Ehrenstellung —, die aber keinerlei reale Macht, keinerlei Einnahmen mit sich bringt. Es gibt kein öffentliches Recht in unserem Sinn, es gibt keine Institutionen staatlichen Charakters in unserem Sinne, keine Beamten (wenn man nicht die Hofämter als solche rechnen will), keine Grafschaften, die solchen Charakter hätten. Es gibt nur Lehensbande und das Herrschaftsrecht über den engeren Kreis des Königreichs Jerusalem, den man mit Recht als Domäne bezeichnet hat, einen Herrschaftsbezirk Jerusalem unter dem Namen des Königtums. Hier nur ist der König wirklich Herr, ebenso wie die anderen Barone in ihrem Bezirk. Hier hat der König materielle Rechte, Einnahmen in Geld oder Naturalien, von denen er leben kann. So wie die deutschen Könige des Mittelalters nur von ihren Königshöfen und Pfalzen (und später den Reichsstädten) mit den dazugehörigen bäuerlichen Gebieten leben konnten, von einem zum anderen ziehend und verzehrend, was man dort gesammelt hatte, so war auch für den König von Jerusalem die materielle Grundlage seiner Existenz der Domänenbesitz des Königreichs. Diese Basis war sehr klein und später völlig unzureichend. Als man nach dem Tod Heinrichs von der Champagne einen neuen König wählen wollte, dachte man an Raoul von Tiberias, einen der tüchtigsten Männer des Heiligen Landes. Doch wandten sich die Templer dagegen mit der Begründung, er habe nicht genug Besitz, um als König leben zu können. Und bei dieser Gelegenheit hören wir, daß Heinrich von der Champagne oft nicht gewußt habe, von was er von einem Tag zum anderen leben solle[11]. So gering sind also die materiellen Erträgnisse des Königreichs Jerusalem, d. h. des Domänenbesitzes, daß nur ein reicher Mann, der von Haus aus zu leben hat, König werden kann. Das zeigt, wie begrenzt dieses in aller Welt gerühmte Königtum von Jerusalem in seinen Existenzmitteln ist. Der engere Kern, die eigene Herrschaft um Jerusalem entscheidet.

Will man sich davon einen Begriff machen, so darf man sich durch das Wort Domäne nicht irremachen lassen. Es bezeichnet keineswegs nur königliche Fronhöfe in Eigenbetrieb, sondern das dazugehörige Land ist, wie auch im Abendland, meist an Bauern in kleinen Losen ausgegeben zu Pacht oder ähnlichem Recht[12].

Aber auch dieser kleinbäuerliche Besitz untersteht keineswegs im ganzen Land des Königreichs dem König. Sondern es gibt da außer dem Jerusalemer Bezirk — 4 große Baronien, die dem König im Lehensverhältnis unterstehen. Es sind dies Galiläa oder Tiberias, Jaffa mit Askalon, Sidon und

---

[11] Eracles 27, V, S. 223, von 1197. — Ernoul XXVIII, S. 309 f. — Assises I, Le Livre au Roi XXVII, S. 625.

[12] Assises II, Cour des Bourg. XXXI, S. 36.

Krak oder Montroyal. In diesen Gebieten ist der König nur indirekt Herr. Sie unterstehen ihren eigenen Herren mit weitgehender Selbständigkeit trotz der Lehenshoheit des Königs. In vielen Fällen haben diese Baronien ihre eigenen kleineren Kriege mit der Nachbarschaft geführt. Sie haben ihr eigenes Münzrecht und unter der Lehenshoheit des Königs ihr eigenes Gerichtsrecht.

Zu dem Königreich Jerusalem gehörten außerdem auch eine Reihe von Städten, die dem König unterstanden: Jerusalem, Nābulus, Akkon und Tyrus. Von ihnen hat der König bestimmte steuerliche Einkünfte zu erwarten, soweit er nicht auch diese vergeben hatte. Hier hat er Bannrechte an Bäckereien, Schlachthäusern usw. Außerdem gehören eine Reihe kleinerer Lehen mit geringerer Selbständigkeit dazu. Geht man nun davon aus, daß das Heilige Land im ganzen, in den größten Grenzen gerechnet, etwa 40 000 qkm umfaßt, das ist etwa soviel wie Württemberg, Baden und die Pfalz zusammen, daß von diesem Gebiet aber nur ein kleiner Teil zu wirklichen Siedelungen geeignet ist, ein großer Teil aber halbwüstes Bergland darstellt, so verbleibt, wenn man davon einen großen Teil für die 4 großen Baronien abrechnet, für den König nur ein kleiner Rest. So ist es verständlich, wenn der König davon nicht leben kann[13].

Alle anderen Rechte des Königs, alle seine Beziehungen zu dem fränkischen Adel Syriens werden nur durch das Lehensrecht bestimmt. So erscheint der König als größter der Lehensherren, als ihre anerkannte Spitze, aber doch nur als primus inter pares. Von einer öffentlich-rechtlichen Gewalt, die privaten Herrschaftsrechten als grundsätzlich anders und überlegen entgegenträte, ist gar keine Rede. Es ist kennzeichnend, daß in den Assisen der König sehr oft als „chief seignor" bezeichnet wird[14]. Dasselbe besagt auch die Antwort, die Raimund von Tripolis Guido von Lusignan gab, als dieser ihn aufforderte, ihm als König den Treueid zu leisten: „Ich habe nichts mit Euch als König zu schaffen. Denn was ich habe, das besitze ich mehr aus freiem Eigentum als durch Verlehnung von Euch."[15] Man sieht, nur das Lehen wird hier als Verbindung zwischen dem Grafen und dem König anerkannt. Und wenn das Königtum in Erbfolge auf den Nachfolger übergeht, ist der entscheidende Akt der Vollziehung die Lehenshuldigung der Königsvasallen an den neuen König oder Stellvertreter[16].

Das schließt aber nicht aus, daß trotzdem ein Bewußtsein dafür vorhanden war, daß das Königreich ebenso wie die Fürstentümer oder Grafschaften Antiochia, Tripolis oder andere vorhanden sind, auch unabhängig von der Person des Herren, daß etwas den Wechsel der Person überdauert, daß also das Königtum doch mehr ist als die Summe der Herrschaftsrechte

---

[13] Dodu S. 82 f. — Prutz, Kulturgesch., S. 162.
[14] Assises I, Jean d'Ibelin V, S. 27 f. u. VII, S. 31.
[15] Arnold von Lübeck, Schulausgabe IV, 3, S. 118.
[16] Assises I, Livre au Roi V, S. 609 f.

des gerade regierenden Herren. Denn als Joscellin und sein Neffe Galeran 1122 in Gefangenschaft gerieten und aufgefordert wurden, die ihnen gehörigen Plätze zu übergeben, erklärten sie nach dem Bericht eines arabischen Chronisten, mit ihren Staaten (oder Herrschaften) verhalte es sich wie mit Kamelen und ihren Lasten. Wenn ein Kamel am Fuß verletzt sei, so lege man die Last einem anderen auf, geradeso gehe die Herrschaft (der Staat) in andere Hände über[17]. Aber dieser überpersönliche Staatsbegriff zeichnet keineswegs das Königreich Jerusalem vor anderen aus. Auch besagt er über den Inhalt dieser staatlichen Gewalt gar nichts.

Auch bei der Nachfolgefrage im Königreich Jerusalem spricht sich ein solches Bewußtsein von dem überpersönlichen Charakter des Staates aus. In eigentümlicher Weise halten Erblichkeit und Wahlrecht sich hier die Waage. Gottfried von Bouillon war rein durch Wahl zum Vogt des Heiligen Grabes gewählt worden. Nach seinem Tod wurde Balduin I. auch gewählt, aber mit starker Rücksicht auf den erblichen Anspruch des Bruders. Dann aber setzt sich das Erbrecht immer mehr durch. Die Bestimmungen der Assisen über die Einsetzung und Krönung kennen nur die Frage an die versammelten Barone, Bürger und Volk, ob das der rechte Erbe des Königreiches sei. Die Frage wird dreimal wiederholt, und erst nach dreimaliger Bestätigung erfolgt die Krönung. Ein Bestimmungsrecht der Großen des Landes ist also auch hier festgestellt, wenn auch innerhalb der Grenzen des Erbrechtes. Aber wenn 1197/98 nach dem Tod Heinrichs von der Champagne die über die Nachfolge beratenden Herren den mit dem Verstorbenen verwandten Raoul von Tiberias ablehnen, weil er zu arm sei, so zeigt das schon, daß auch innerhalb dieser Grenzen der Einfluß der Fürsten und Barone des Landes entscheidend sein konnte[18]. Wenn auch im „Livre au roi" — charakteristischerweise nur dort — eingehende Bestimmungen über die Erbfolge der Krone getroffen werden, so wird doch auch dort an einer entscheidenden Stelle hinzugesetzt: „durch den Ratschluß der Lehensleute"[19]. Und wenn die Assisen von Jean d'Ibelin auch den Grundsatz aussprechen: „Der König des Reiches von Jerusalem hat sein Königreich inne nur von Gott"[20], so läßt die schon oben zitierte Antwort von Raimund von Tripolis auf die Aufforderung Guidos von Lusignan, ihm als König zu huldigen, die faktische Haltung der Großen des Reiches deutlich erkennen. Es heißt da[21]: „Wer ist jemals König gewesen ohne die Wahl der Großen und die Zustimmung des Volkes? Denn niemand kann sich selbst zum König machen, es sei denn er wolle als Tyrann regieren." Hier spricht sich die wirkliche Lage aus. Bei der Einsetzung des neuen Königs hat sich eine bestimmte Reihenfolge der Stimmabgabe ein-

---

[17] Kamāl ad-Dīn, Sahne, S. 271.
[18] Eracles 27, V, S. 223 u. Ernoul XXVIII, S. 309 f.
[19] Assises I, Livre au Roi IV, S. 609. — Ohne Zusatz ebd. V, S. 609 f. u. VI, S. 610.
[20] Assises I, Jean d'Ibelin VI, S. 29.
[21] Arnold von Lübeck, Schulausgabe IV, 3, S. 117, von 1186.

gebürgert, so daß die, welche zuerst abstimmen, das entscheidende Wort und den größten Einfluß haben[22]. Es war hier also ein kleinerer Kreis, ähnlich den deutschen Kurfürsten, im Begriff, sich herauszubilden.

Die Monarchen wußten teilweise dieser Wahl, ähnlich wie das auch im Abendland geschah, eine Designation und Anerkennung des Nachfolgers schon bei Lebzeiten entgegenzusetzen, deutlich z. B. bei der Wahl von Balduin I.[23]. Aber auch damit war das Recht der Wahl oder doch der entscheidende Einfluß anerkannt, wenn er auch durch die Vorverlegung noch unter dem Einfluß des vorangehenden Herrschers stattfinden konnte.

Den Formen der Krönung nach erscheint der König abhängig von dem Patriarchen, der ihn krönt. Denn vor Beginn der Feierlichkeiten leistet er dem Patriarchen einen Eid, der mit den Worten beginnt: „Ich, x, durch göttliche Gnade im Begriff, zum König von Jerusalem gekrönt zu werden, verspreche Treue Dir, x, dem Patriarchen von Jerusalem, meinem Herren und deinen Nachfolgern . . ."[24]. Doch wissen wir aus der Geschichte des Heiligen Landes, wie der König mit diesen immer wieder ihm entgegentretenden theokratischen Forderungen fertig zu werden wußte. Die Gefahr einer wesentlichen Einschränkung des Königtums von dieser Seite aus war wiederholt groß, wurde aber überwunden. Hier entsprach die Krönungsformalität nicht den faktischen Machtverhältnissen.

Wichtiger war, daß in demselben Krönungseid der König sich auf das Gewohnheitsrecht des Königreichs und auf seine Assisen verpflichten mußte, daß er weiterhin geloben mußte, die von seinen Vorgängern gemachten Schenkungen und gegebenen Privilegien bestehen zu lassen und Änderungen nur vorzunehmen im Einvernehmen mit seiner Haute Cour[25]. Auch neue Schenkungen kann er nur machen und neue Privilegien nur vergeben in Übereinstimmung mit dem genannten Gerichtshof. Da dieser auch der Hüter des Gewohnheitsrechtes und der Assisen war, war der König also faktisch ganz an diese Haute Cour gebunden. Wir sehen denn auch, wie der König Steuern nur erhebt im Einverständnis mit Fürsten und Volk, d. h. dieser Haute Cour[26]. Die deutschen Könige des Mittelalters haben sich durch ihren Königsbann eine eigene, von dem Adel unabhängige Rechtssphäre zu schaffen gewußt; hier besteht zwar ein solcher königlicher Bann, aber auch er ist von der Zustimmung einer der Gerichtshöfe abhängig. Das geht bis zu Kleinigkeiten hinunter. Als König Balduin I. eine Verfügung über die Straßenreinigung ohne solche Zustimmung des hier zuständigen Rats der Bürger getroffen hatte, blieb diese Verfügung kraftlos. Dies Beispiel zeigt die Macht-

---

[22] Lat. Fortsetzung des Wilhelm von Tyrus I, X, S. 65: „. . . instabant tamen hii, qui primam habebant in contione vocem."

[23] Raoul von Caen, Hist. de Tancrède, cap. CXLII, S. 705.

[24] Assises I, Jean d'Ibelin VII, S. 29 f.

[25] Assises I, Jean d'Ibelin VII, S. 29 f. u. CXCIII, S. 310 f.

[26] Wilhelm von Tyrus XXII, cap. 23, S. 1110. — Vgl. auch Assises II, Cour des Bourg. CCCIII, S. 225 u. Anm.

losigkeit des Königs deutlich[27]. Wurde dies voll durchgeführt, so war der König nichts mehr als das ausführende und kontrollierende Organ des in der Haute Cour seine Macht zusammenfassenden Adels. Und so ist es wirklich in den letzten Zeiten des Köngreichs Jerusalem und der anderen fränkischen Staaten gewesen. Das geht deutlich aus der Antwort hervor, die der Rat von Antiochia dem griechischen Kaiser Johannes Komnenos gab, als dieser ihn aufforderte, die Stadt ihm zu übergeben, entsprechend den Zusagen, die der Regent Raimund gemacht hatte. Der Rat erklärte, er erkenne die Abmachungen Raimunds durchaus nicht an. Denn dieser habe kein Recht, in dem Fürstentum, das das Erbe seiner Frau sei, so vorzugehen. Aber auch seine Frau habe nicht das Recht ohne die Zustimmung der Bürger und des Adels der Stadt die Herrschaft auf eine andere Person zu übertragen . . ., kurz, der mit dem Regenten geschlossene Vertrag wurde rückgängig gemacht, und der Regent mußte zusehen, wie man über seinen Willen hinwegging, ja man drohte, ihn aus der Stadt zu verbannen, wenn er sich dem Spruch nicht füge. Das war keine Monarchie mehr, sondern eine Aristokratie mit ausführendem fürstlichem Organ[28].

Daß es nicht so zu allen Zeiten war, haben wir oben schon besprochen. König Balduin nötigte im Jahre 1122 den Grafen Pons von Tripolis, der die Erfüllung seiner Lehenspflichten verweigerte, unter militärischem Druck zur Unterwerfung[29]. Aber die Macht dazu sank von einem Jahrzehnt zum anderen seit etwa 1131, deutlicher seit 1173. Die weibliche Erbfolge, die im Heiligen Land in vollem Maße galt, trug ihr Teil dazu bei. Denn wie in Deutschland die Macht des Königtums sank, als nach dem Tod Kaiser Heinrichs III. eine schwache Frau die Regentschaft führte, so schadeten die wiederholten Regentschaften in Jerusalem und Antiochien der Macht des Monarchen sehr. Von etwa 1180 an wird der offene Widerstand des Adels gegen den König eine alltägliche Erscheinung. Dafür nur wenige Beispiele: 1184 leistete Guido von Lusignan dem rechtmäßigen König Balduin IV. offenen Widerstand. Als der König vor seine Stadt Askalon zog, öffnete er ihm auf sein Verlangen die Tore nicht[30]. Zwei Jahre darauf weigerte sich Renaud de Châtillon, die bei einem Karawanenraub erbeuteten Güter Saladin zurückzugeben, auch als ihn der König offiziell dazu aufforderte. Er entgegnete ihm, er sei sein Herr in seinem eigenen Land wie der König in seinem eigenen, d. h. der Domäne Jerusalem[31]. Wieder drei Jahre später verweigerte Konrad von Montferrat dem König Guido von Lusignan den Eintritt in seine Stadt Tyrus[32]. 1198 kam es gar zu einem Attentat auf den König Amalrich II., und als der König dafür den Schuldigen bannen wollte,

---

[27] Assises II, Cour des Bourg. CCC, S. 224. — Beugnot, Assises I, Introduction, S. XLVII. — Dodu S. 261 ff.

[28] Siehe oben S. I, 102.

[29] Wilhelm von Tyrus XII, XVII, S. 536.

[30] Eracles 23, I, S. 1 f., von 1184.

[31] Eracles 23, XXIII, S. 34, von 1186.

[32] Eracles 24, XIII, S. 124. — Lat. Forts. d. Wilh. v. Tyrus III, II, S. 111.

verlangten die Barone des Landes, daß der Spruch zurückgenommen und er von der Haute Cour gerichtet werde[33]. Am klarsten aber wird der Widerstand des Adels unter Friedrich II. Der Fortsetzer des Wilhelm von Tyrus legt dem Führer des Adels eine Rede in den Mund, die deutlich ausspricht, was diese widersetzliche Gruppe denkt und fordert. Es heißt da, als man Jerusalem seinerzeit eroberte, sei das von keinem einzelnen Herren und Machthaber geschehen, sondern von einem Heer von Kreuzfahrern und Pilgern. Diese hätten dann einen Herren sich nach Übereinkommen und durch Wahl gesetzt und diesem die Herrschaft im Königreich übertragen. Danach habe man Assisen und Bestimmungen festgelegt, damit sie und der Herr an diese Gewohnheiten und Assisen des Königreichs Jerusalem gebunden seien. Dann hätten sie selbst diese Assisen beschworen und auch den Herren sie beschwören lassen, und ebenso hätten dann alle, die nachher Herren gewesen seien, sie beschworen. Deshalb wehre er sich mit aller Macht dagegen, daß Kaiser Friedrich Johann von Ibelin, den Herren von Beirut, abgesetzt habe ohne einen Spruch der Haute Cour. Das sei ungesetzlich[34]. Und dem ganz entsprechend rief Jean d'Ibelin die Ritter des Königreichs Jerusalems auf, ihn „gemäß dem Gewohnheitsrecht und den Gepflogenheiten des Königreichs Jerusalem gegen Kaiser Friedrich zu unterstützen und ihm zu seinem Recht zu verhelfen"[35]. Hier ist der Widerstand des Adels gegen jedes selbständige Handeln des Königs deutlich, und dabei richtete dieser Widerstand sich damals gegen die starke Macht Kaiser Friedrichs II. und seines Stellvertreters im Lande, Filanghieri.

Dieser Widerstand der Lehensmannen gegen den Lehensherren ist aber nicht etwa ungesetzliche Notwehr, sondern er ist in den Assisen voll anerkannt. Ja die Assisen fordern, wenn der König seinen Krönungseid auf die Assisen nicht einhält, geradezu zum Widerstand auf. „Das dürfen seine Lehensleute und das Volk nicht dulden", heißt es da[36].

So sind dem König die Hände gebunden außerhalb der engen Grenzen seiner eigenen Herrschaft Jerusalem. Immer wieder betonen die Assisen seine Macht innerhalb dieser Grenzen, aber nur hier[37]. Jenseits dieser Grenzen hat er nur noch die Oberhoheit des Lehensherren. Er kann nicht über irgendwelches Gut verfügen ohne den Herren des Landes, er kann niemand seines Lehens von sich aus entsetzen. Das Münzrecht, die Gerichtsbarkeit, auch die hohe Gerichtsbarkeit, steht nicht ihm zu, sondern den Herren des Landes. Diese haben nach dem Vorbild des Königs einen eigenen Gerichtshof für ihre Lehensleute und einen eigenen für die Bürger ihrer Städte. Sie führen ihr eigenes Siegel. „Cour, coins et justice" gehören, wie die immer

[33] Assises I, Jean d'Ibelin S. 327. — Grousset III, S. 168/169.

[34] Eracles 33, XXIV, S. 389 f., von 1231.

[35] „... selonc les us et les costumes dou roiaume de Jérusalem", Eracles 33, XXVIII, S. 394, von 1232. — Vgl. auch Eracles 33, XXVI, S. 391, von 1231.

[36] Assises II, Cour des Bourg. XXVI, S. 34. — Vgl. Dodu S. 170 .

[37] Assises I. Jean d'Ibelin CXLI, S. 215 f. — Assises I, Livre au Roi III, S. 608 f.

wiederkehrende Formel heißt, dem Herren und nicht dem König[38]. Diese Herren sind nach deutschen und abendländischen Begriffen als Landesherren im Besitz der Landeshoheit zu betrachten. Sie werden als terrae principes bezeichnet[39].

Diese Rechte haben aber nicht nur etwa die Grafen von Tripolis und die Fürsten von Antiochia sowie früher von Edessa, sondern ebenso auch die vier großen Barone des Königreichs selbst: Galiläa-Tiberias, Jaffa-Askalon, Sidon und Krak. Auch aus dem Gebiet des Königreichs sind also solche Bezirke mit eigener Landeshoheit herausgeschnitten.

Diese vier Baronien weisen noch eine besondere rechtliche Eigentümlichkeit auf. Diese Herren können nicht von der Haute Cour des Königs abgeurteilt werden, sondern nur von einem Sondergericht dieser vier Barone unter dem König. Hier führt sich der Grundsatz, daß jeder nur von seinen Standesgenossen verurteilt werden könne, gleichsam selbst ad absurdum. Denn dies Gericht verurteilt wohl selten einen der vier schwer[40]. Man wird wohl nicht fehlgehen in der Annahme, daß diese Sonderung der vier Barone stattfand, als durch das Gesetz Amalrichs I. von 1163 alle Königsvasallen auch die Aftervasallen unmittelbar an den König gebunden und der Haute Cour eingefügt wurden. Das ertrug augenscheinlich das Standesbewußtsein dieser vier Barone nicht. Sie sonderten sich zu einem eigenen Gericht ab.

Von diesem Gesetz Amalrichs war schon oben die Rede. Man hätte erwarten müssen, daß es eine Verstärkung der königlichen Macht zur Folge hätte. Wenn das der Fall war, kann es sich nur wenig und nur kurze Zeit ausgewirkt haben. Denn wir sehen gerade in dieser Zeit die königliche Macht den Lehensleuten gegenüber ständig im Sinken. Die allgemeine Entwicklungstendenz war stärker als solch ein einzelnes Gesetz. Sie suchte sich einen neuen Weg in der Richtung, die sie eingeschlagen hatte, und fand ihn in der Stärkung des Vasallenverbandes[41]. Diese Vasallen- oder Pairsverbände bekamen eine steigende Bedeutung in der Geschichte des Landes. Ein späteres Stück der Assisen äußert sich ausführlich über sie, wie es ihre Aufgabe sei, ihre Mitglieder zu schützen und für die Aufrechterhaltung der Rechte jedes einzelnen einzutreten, auch vor Gericht[42]. Das waren also später die eigentlichen Widerstandsnester, die Interessenvertretungen des Adels, die dem König gegenüberstanden mit deutlicher Front gegen ihn.

Welche Bedeutung dem Lehen und der Treupflicht im öffentlichen Leben

---

[38] Assises I, Jean d'Ibelin VIII, S. 31. — Ebd. V, S. 27.

[39] Jakob von Vitry, Hist. Hierosol. (Ausgabe Bongars), cap. LXIV, S. 1083. — Vgl. auch Beugnot, Assises II, Introduction, S. XVII, Anm. 2.

[40] Assises I, Jean d'Ibelin CCLXIX, S. 417 f. u. ebd. Livre au Roi XXXIX, S. 634. — Dazu Assises I, Jean d'Ibelin CCLXIX, S. 418 f., Anm.

[41] Assises I, Jean d'Ibelin CXL, S. 215, Anm. a. — Ebd. CXL, S. 214, Anm. b. — Beugnot, Assises I, Introduction, S. XXIII, XLVI. — Dodu S. 161. — Prutz, Kulturgesch., S. 168.

[42] Assises I, Geoffroy le Tort XV, S. 448.

zugemessen wurde, geht aus dem Verbot hervor, gegen den Lehensherren oder umgekehrt gegen den Lehensmann vor Gericht zu klagen oder zu zeugen. Die Lehensbande gehen also den Erfordernissen des Rechts vor. Unser Recht gestattet, engsten Angehörigen gegenüber die Aussage zu verweigern. Das damalige Recht ging viel weiter, und nicht dem Vater oder Bruder, sondern dem Lehensherren oder dem Lehensmann gegenüber. Das zeigt, welchen Raum das Denken in Lehensbegriffen damals einnahm und einen wie hohen Rang man diesen Bindungen beimaß. Auch von hier aus erweist das öffentliche Leben dieser Tage seinen rein feudalen Charakter[43].

Im einzelnen werden eine Fülle von Bestimmungen über die Lehen getroffen, auf die wir hier nicht näher eingehen können. Wichtig, daß die Einmaligkeit des Treuverhältnisses als Regel gefordert wird. Wer einem Herren die Treue gelobt hat als Lehensmann, kann die gleiche Verpflichtung nicht einem anderen gegenüber eingehen, es sei denn, daß sein Herr ihn dazu ermächtigt[44]. Eingehende Bestimmungen werden über die Verkäuflichkeit von Lehen und ihre Weitergabe getroffen[45]. Besonders wird dabei immer wieder eingeschärft, daß der König einmal gemachte Schenkungen und Übertragungen nicht wieder rückgängig machen kann[46]. Weiterhin wird das Erbrecht der Lehen oft erörtert und genau geregelt[47], auch das meist mit der Absicht, die Eingriffsmöglichkeit des Königs zu verkleinern.

Andere Bestimmungen setzen die weitgehende Verpflichtung des Vasallen fest, für den König in Not, also z. B. wenn er in Gefangenschaft geraten ist und ein hohes Lösegeld verlangt wird, zu bürgen und einzutreten, unter Umständen auch persönlich als Geisel[48]. Andere Assisen regeln die auf den Lehen ruhende Verpflichtung zum Heeresdienst[49] oder treffen Bestimmungen, unter welchen Umständen dieser Heeresdienst auch außerhalb der Grenzen des Landes zu leisten ist[50]. Hier ist nichts mehr von dem alten Kreuzzugsgeist zu spüren, sondern gesetzliche Bestimmungen müssen den Vasallen zum Kampf verpflichten. Es kommt auch vor, daß von einzelnen Lehen kein Heeresdienst mehr zu leisten ist[51]. Wahrscheinlich sind es Lehen, die durch

[43] Assises I, Jean d'Ibelin XXV, S. 48 f. — Ebd. XXIII, S. 46. — Dazu ebd. S. 49, Anm.

[44] Assises I, Jean d'Ibelin CXCV, S. 313 f.

[45] Assises I, Livre au Roi I, S. 607. — Assises I, Jean d'Ibelin XXXVIII, S. 63. — Ders., CXLII, S. 216.

[46] Zum Beispiel Assises I, Livre au Roi II, S. 608. Assises I, Jean d'Ibelin CLXXXIX, S. 302 f.

[47] Assises I, Jean d'Ibelin CXLVI u. VII, S. 222 f. — Ebd. CLII, S. 228 f. — Ebd. CLXIX, S. 259 f. — Assises I, Livre au Roi XXX, S. 626 f. — Ebd. LI, S. 643.

[48] Assises I, Livre au Roi VII, S. 611 u. VIII, S. 611 f. — Dazu Beugnot, Assises I, Introduction, S. LV.

[49] Assises I, Jean d'Ibelin CXLVIII, S. 223 f.

[50] Assises I, Livre au Roi XXIX, S. 626.

[51] Assises I, Jean d'Ibelin CLXXXIX, S. 302 f.: „... et donent aucune chose de leur fié."

Teilung so klein geworden sind, daß sie die Verpflichtung nicht mehr tragen, wenn nicht besondere Privilegierung vorliegt. Um Schwierigkeiten in der Erfüllung dieser Verpflichtung zu vermeiden, sollen den Assisen nach auch keine Lehen an Geistliche gegeben werden[52]. Doch haben sich die Könige von Jerusalem augenscheinlich daran nicht gehalten, denn wir hören wiederholt von Vergebungen von Lehen in geistliche Hände[53].

Eine wichtige Veränderung ist mit manchen Lehen im Laufe der Zeit vor sich gegangen: mit dem Eindringen der Geldwirtschaft wurden manche Lehen nur noch zu Renten, die der König oder der Herr dem Belehnten zahlte[54]. Dann ist der Kriegsdienst nicht mehr an den Grundbesitz gebunden und das Lehen nicht mehr an ein Lehengut. Der Ritter wird fast schon zum Soldritter.

Von Anfang an waren die Lehen des Königreichs festgelegt in einer Lehensmatrikel. Man hat geglaubt, sie mit den „Lettres du s. Sepulcre“ identifizieren zu können, doch mit Unrecht[55].

Die Münzprägung des Heiligen Landes unter den Franken zeigt im Spiegel die Macht- und Rechtsverhältnisse. Denn immer schon hatte es im Orient als das Zeichen der Souveränität gegolten, im Freitagsgebet in den Moscheen genannt zu werden und seinen Namen auf die Münzen setzen zu können[56]. Und ähnlich dachte auch das Abendland. So spricht es denn deutlich für die Selbständigkeit der einzelnen fränkischen Herrschaften auch unter der Lehensoberhoheit von Jerusalem, wenn nicht nur die Fürstentümer außerhalb des Königreichs Jerusalem, wie Antiochia, Edessa und Tripolis, eigenes Geld prägen, sondern auch die großen Baronien des Königreichs. Von Jaffa-Askalon und Sidon sind uns solche Münzen erhalten, und sicherlich haben dann auch die Herren von Galiläa-Tiberias und wohl auch von Krak Münzen geschlagen, wenn uns auch keine erhalten sind. Dagegen kennen wir Münzen auch von den Herren von Beirut, Toron, Tyrus und Marʿasch. Die Zahl der münzprägenden Herrschaften geht also über den Kreis der vier großen Baronien noch hinaus. Im Gegensatz dazu hat in dem benachbarten und in fast derselben Weise aufgebauten Königreich Zypern nur der König Münzen geschlagen. Er hat sich also dort besser seinem Adel gegenüber durchzusetzen gewußt, wenigstens auf diesem Gebiet[57].

An diesem rein feudalrechtlichen Aufbau ändern auch die vier Hofämter und das des Vicomte in dem Königreich Jerusalem nichts. Denn die vier Hofämter, der Seneschall, der Connétable, der Marschall und der Kämmerer (auch Chambellan genannt), kehren in allen mittelalterlichen Höfen des

[52] Assises I, Livre au Roi XLIII, S. 637 f.

[53] Assises I, Livre au Roi XLIII, S. 638, Anm.

[54] Prutz, Kulturgesch., S. 166. — Assises I, Livre au Roi XXVII, S. 625. — Assises I, Jean d'Ibelin CLXXXIX, S. 302 f.

[55] Vgl. auch Beugnot, Assises II, Introduction, S. XIV.

[56] Brockelmann, Geschichte der islam. Völker, S. 240.

[57] G. Wegemann, Die Münzen der Kreuzfahrerstaaten, in: Blätter für Münzfreunde, 68. Jhg. (1934), S. 754 f.

Abendlandes in der gleichen oder in ähnlicher Form wieder. Es sind zunächst einmal nur Funktionen der Hofhaltung, die ihnen obliegen. Da in früher Zeit aber schon der Hof zugleich Heerlager in vielen Zeiten ist, verbinden sich früh damit militärische Funktionen. So auch hier im Heiligen Land, wo ja der Krieg gegen die Muslime eine dauernde Aufgabe des Königs, ja die eigentliche Aufgabe, die er im Auftrag des Abendlandes ausübt, darstellt. So ist der Connétable der Stellvertreter des Königs im Kommando, sonst der zweite Kommandant nach dem König, der Marschall die rechte Hand des Connétable, dem vor allem die Soldzahlung obliegt. Dem Seneschall dagegen ist die Inspektion der Festungen und Burgen übertragen; im Feld führt er meist eine Abteilung. Nur der Kämmerer ist nicht mit militärischen Aufgaben betraut, ihm bleibt die Sorge für die Hofhaltung. Die Aufsicht über die Einkünfte aber liegt in der Hand des Seneschalls. Für diese Arbeit hatte er ein nach arabischem und byzantinischem Vorbild eingerichtetes Büro: Le Secrète. Das konnte ein Ansatz sein, um aus dem Seneschall einen Verwaltungsbeamten werden zu lassen, aber es ist nur ein Ansatz, denn dies Büro war nicht straff organisiert. Diese Herren sind als Offiziere anzusprechen, aber nicht als Beamte. Der Staat als solcher findet an ihnen keine Stütze. Das feudale Gepräge des Staates wird durch sie nicht abgeändert, und seine Schwächen werden dadurch nicht behoben[58].

Es bleibt abschließend nur die Frage zu beantworten, ob eine solche feudale Gestaltung des öffentlichen Lebens für die Geschichte des Heiligen Landes günstig war oder nicht. J. La Monte hat die Frage bejaht. Das Land hätte sich so länger behauptet, als es unter rein monarchischer Führung möglich gewesen wäre[59]. Daran ist so viel richtig, daß sicherlich in den Kreuzzügen der privaten Initiative einzelner Ritter sehr viel zu verdanken ist. Die Intensität der Bewegung auf der Grundlage eines spontanen Willens des einzelnen bedeutete auf den ersten Kreuzzügen sicherlich mehr als das Kommando eines Herrschers. Aber das gilt nur für den ersten Kreuzzug, und auch da nur mit großen Einschränkungen. Die Zersplitterung der Kräfte, die Uneinheitlichkeit des Planes, die Undiszipliniertheit des Vorgehens hat dem Ganzen einen ungeheuren Schaden gebracht. Und das gilt für die Geschichte des Heiligen Landes in ganz besonderem Maße. Und nimmt man noch dazu, was eine starke, mitreißende, einheitliche Führung an latent vorhandenen Kräften hätte lösen und fruchtbar machen können, so kann die Frage wohl nicht anders beantwortet werden, als daß der rein feudale Charakter des Lebens mit der starken Betonung der Vasallenrechte dem Ganzen sehr schwer

---

[58] Sénéchal: Assises I, Jean d'Ibelin CCLVI, S. 407 f. — Connétable: Ebd. CCLVII, S. 409 f. — Marschall: Assises I, Livre au Roi IX, S. 612 f. — Assises I, Jean d'Ibelin CCLVIII, S. 412 ff. — Kämmerer: Assises I, Jean d'Ibelin CCLIX, S. 414. — Dodu S. 155 u. 177. — Prutz, Kulturgesch., S. 176 f.

[59] J. La Monte, Feudal monarchy in the latin kingdom of Jerusalem 1100 to 1291 (1932).

geschadet und den Untergang beschleunigt hat. Man wende nicht ein, daß diese Jahrhunderte keine andere als eine feudale Gestaltung des öffentlichen Lebens gekannt hätten und daß man also sie als notwendig hinnehmen müsse. Denn gerade damals haben andere Länder, wie Sizilien und Frankreich, auf derselben Grundlage eine starke Königsmacht aufzubauen gewußt, und in dem Heiligen Land selber waren unter den ersten Königen fruchtbare Ansätze dazu vorhanden. Im Bereich des Unmöglichen hätte eine solche Entwicklung nicht gelegen.

Die Geistlichkeit

Bei der Besonderheit des Heiligen Landes als heiliges Land lag der Anspruch der Geistlichkeit, hier eine führende Rolle zu übernehmen, nahe. Wir sahen, wie der Patriarch solche Ansprüche erhob, wie die ersten Könige sich aber durchzusetzen wußten. Trotzdem blieb die Macht der Kirche und der Geistlichkeit im Heiligen Land immer sehr groß. Der arabische Schriftsteller al-Athīr sagt im Jahre 1187/88, der Patriarch spiele in dem Land eine sehr große Rolle und habe eine größere Macht als der König[60]. Dazu kam, daß die Kirche wohl der größte Grundbesitzer im Land war und auch an Edelmetall sehr reich gewesen sein muß. Nach der Eroberung Jerusalems konnte der Patriarch seine und seiner Kirche Schätze bergen, und ebenderselbe al-Athīr sagt, den Wert alles dessen habe Gott allein schätzen können[61]. Von dem Treueid, den der König dem Patriarchen bei der Krönung ablegen mußte, war schon die Rede. Auch diese mit dem Königtum konkurrierende Macht bedeutete also eine große Einschränkung, die letztlich wieder den feudalen Kräften zugute kam. Der König hat aber auch selbst da, wo er sich auch gegen theokratische politische Ansprüche des Patriarchen mit aller Macht wehrte, den Besitz der Kirche nie angegriffen. Von irgendwelchen Konfiskationen ist auch in den Zeiten großer Not nie die Rede[62]. Aber nach den Differenzen zwischen Balduin I. und Daimbert gab es in Jerusalem keine ernsthafte Opposition des Patriarchen mehr.

Die Wahl des Patriarchen erfolgte offiziell durch den Klerus und die Barone des Landes[63]. Doch hatte der König stets auch einen bestimmenden Einfluß darauf. Entweder konnte er zwischen verschiedenen Vorgeschlagenen auswählen oder er konnte von vorneherein ihm unliebsame Kandidaten aus-

[60] Al-Athīr I, S. 698: „... le patriarche qui jouissait d'une grande considération et d'un pouvoir supérieur à celui du roi."

[61] Al-Athīr I, S. 704. — Vgl. auch Dodu S. 311 u. 359 f.

[62] Dodu S. 308 u. 315. — Von den Schwierigkeiten, die König Balduin I. mit dem Patriarchen Daimbert hatte, als er nur einen zu geringen Beitrag zur Landesverteidigung geben wollte, so daß Balduin ihn zu einer Erhöhung nötigen mußte, müßte man dann absehen.

[63] Wilhelm von Tyrus IX, 15, S. 387; XI, 4, S. 458; XVII, 20; XIII, 25, S. 595.

schließen[64]. Dem entspricht es, wenn der Patriarch sich im Jahre 1113 als „von dem König, dem Klerus und dem Volke zum Hirten erwählt“ bezeichnet[65].

Ein zweiter römischer Patriarch residiert in Antiochia. Jedoch der Patriarch von Jerusalem ist trotzdem der ehrenhalber führende Geistliche nicht nur des Königreichs Jerusalem, sondern auch ganz Syriens. Er herrscht über alle Geistlichen des Landes. Eine Ausnahme machten die Ritterorden, aber auch diese lösten sich von seiner Oberherrschaft erst nach langem Kampf und nach eindeutiger Privilegierung durch die Päpste. Der Patriarch unterstand unmittelbar dem Papst, er leistete ihm einen Treueid, der stark an die weltlichen Treueide der Lehensmannen erinnert[66]. Und einen entsprechenden Treueid leisteten ihm die Prälaten des Landes[67]. Wir hören, daß er einen Erzbischof von Tyrus exkommuniziert, weil er sich ihm widersetzt hatte[68]. Den Anspruch, daß den Muslimen abgenommene Gebiete ihm unterstehen sollten, setzte er nicht durch. Rom entschied zugunsten der erobernden Fürsten[69].

Die Zahl der Erzbischöfe und Bischöfe im Lande ist für seine Größe und die geringe Zahl seiner Bewohner unverhältnismäßig groß. Dem Patriarchen unterstehen die Erzbischöfe von Tyrus, Caesarea, Beisān oder Nazareth, Bessereth (?) und von Petra Deserti (Krak de Moab). Jerusalem unterstehen außerdem die Bischöfe der eigenen Erzdiözese: von Lydda, Bethlehem und Hebron. Zu Tyrus gehören die Bischöfe von Akkon, Sidon, Beirut und Panéas. Caesarea unterstehen Sébaste, Beisān, Tiberias und dem „Bischof der Wüste“ der des Berges Sinai. Dazu kommen die Äbte von fünf Klöstern, der Prior vom Heiligen Grab und drei Äbtissinnen[70]. Man sieht: eine außerordentlich große Zahl hoher Geistlicher.

Mit der Wahl der Bischöfe hat theoretisch der König nichts zu tun. Doch war stets der Einfluß des Königs auch auf die Wahl der Bischöfe sehr groß, so daß Wilhelm von Tyrus es als allgemeinen Brauch bezeichnen kann, daß der König bei der Wahl mitwirkt[71].

Eine große Bedeutung hatten auch die von Gottfried geschaffenen 20 Chorherren des Heiligen Grabes. Sie lebten nach der Chorregel des heiligen Augustinus. Von Herzog Gottfried gegründet, blieben sie immer in einer gewissen Abhängigkeit vom König und konnten gegebenenfalls als Werkzeuge in kirchlich-politischen Auseinandersetzungen gebraucht werden[72].

---

[64] Dodu S. 339 u. 343.

[65] Assises II, Chartes 5, S. 484, von 1113 = Cartulaire du St-Sépulcre 25 = Migne PL 155, Sp. 1116.

[66] Assises II, Chartes 52, S. 537.

[67] Eid des Abtes von S. Maria de Latina in Jerusalem: Assises II, Chartes 51, S. 536, von 1240.

[68] Eracles 23, XXXIX, S. 61.

[69] Wilhelm von Tyrus XI, 28, S. 502 f. — Pflugk-Harttung, Acta Pontif. Roman. inedita II, Nr. 247, S. 205, von 1113.

[70] Assises I, Jean d'Ibelin CCLXI—CCLXVIII, S. 415—417. — Dodu S. 310.

[71] Wilhelm von Tyrus XXI, 9, S. 1020.

[72] Hansen, Kirchenstaat, S. 23.

Die sachliche Ausdehnung des geistlichen Gerichtes scheint im Heiligen Land nicht sehr groß gewesen zu sein. Die „gemischten" Angelegenheiten, um die man im Abendland so heftig stritt, scheinen hier vor den weltlichen Gerichten verhandelt worden zu sein. Auch wird, wo in den Assisen von dem Recht der Schenkungen oder vom Eherecht die Rede ist, das geistliche Gericht nicht erwähnt[73]. Augenscheinlich vermochte die Kirche sich gegenüber dem Adel, der in den weltlichen Gerichten maßgebend war, nicht durchzusetzen, oder man war anderweitig so sehr auf gute Zusammenarbeit angewiesen, daß man hier zu einem Entgegenkommen bereit war.

Neben der fränkisch-römischen Kirche standen aber noch große Gruppen von einheimischen Christen, die ihre eigene Organisation besaßen. Es waren das einmal die griechischen Christen, die unter der Oberhoheit von Byzanz lebten. Sie besaßen, als die Kreuzfahrer kamen, je einen Patriarchen in Jerusalem und Antiochia. Beide wurden abgesetzt wegen der Spannung gegenüber Byzanz. In Jerusalem setzte erst Saladin nach der Eroberung wieder einen griechischen Patriarchen ein, in Antiochia bemühte sich Byzanz unter politischem, kriegerischem Druck 1155, 1160 und 1208 darum, die Einsetzung eines solchen zu erreichen, jedoch vergeblich. Erst etwa 1240 wurde ein griechischer Patriarch eingesetzt. Im ganzen traten die griechischen Christen hinter den syrischen zurück, wurden aber auch mit Achtung behandelt[74].

Die syrischen Christen teilten sich in die Gruppen der Maroniten, der Jakobiten und der Nestorianer. Jede dieser Gruppen hatte eine eigene Organisation mit eigenen Priestern. Die Maroniten waren meist im Libanon und Antilibanon zu Hause. Dort besaßen sie zahlreiche Klöster. Die Jakobiten unterstanden einem Patriarchen, der in Antiochia seinen Sitz hatte. Er wandte sich im Jahre 1247 an den Papst, um die Vereinigung der Jakobiten mit der römischen Kirche durchzuführen. Die Nestorianer dagegen griffen über die Grenzen Syriens hinaus. Ihr Patriarch (Katholikos) residierte in Bagdad. Jerusalem war aber Sitz eines Erzbischofs mit Bistümern in Damaskus, Aleppo, Tarsus, Mélitène und Zypern. Dank ihrer Missionstätigkeit hatten sie zerstreute Gemeinden in Arabien und Innerasien, in Turkestan, Indien und China.

Jakobiten und Nestorianer waren treue Hüter der hohen, alten syrischen Kultur und Bildung, wie sie vor allem an den Schulen der Nestorianer in Tripolis blühte. Bar Hebraeus ist der bedeutendste Mann dieser Bildungswelt[75]. Die Franken standen im allgemeinen mit diesen syrischen Christen sehr gut. Das bezeugt immer wieder Michael, der Syrer, der syrische Patriarch in Antiochia[76].

---

[73] Beugnot, Assises I, Introduction, S. LXVIII. — Vgl. auch Assises I, Novara XLVII, S. 521 f.

[74] Rey, Colonies, S. 89.

[75] Rey, Colonies, S. 76, 78, 82, 89 u. 170 f.

[76] Ausgabe von Chabot I, S. 222, 231, 281, 304, 332, 377, 379 u. a. — Über die syrischen Christen vgl. auch St. Runciman, A History of the Crusades II, S. 322 f.

Eine weitere kirchliche Organisation bildeten die armenischen Christen. Auch ihre Bischöfe wurden von den Franken hochgeachtet und geehrt. Sie lehnten sich in ihrer Organisation an das benachbarte armenische Land an.

Die Zahl der Juden im Heiligen Land war gering. Bei der Eroberung 1099 hatte man die Jerusalemer Synagoge mit allen darin anwesenden Juden verbrannt. Das schreckte ab. Sie fühlten sich unter der Herrschaft der Muslime in Damaskus, Aleppo und Kairo sicherer und wohler, obwohl König Balduin I. ihnen Schutz zugesagt hatte[77].

Die Städte und ihre Bürger

Ebenso wie im Abendland lebten auch die Städte und Bürger des Heiligen Landes ihr eigenes, gesondertes Leben innerhalb der geschilderten Welt der feudalen Gewalten. Sie sind ihr eingegliedert. Denn jede Stadt hat einen Stadtherren, dem sie untersteht. Dieser setzt als seinen Stellvertreter in der Stadtherrschaft den Vicomte ein und neben ihm die Geschworenen (Jures), die unter der Leitung des Vicomte die Cour des Bourgeois bilden, der über alle Streitigkeiten und Klagen der Bürger und gegen die Bürger urteilt. Wir wissen nichts Sicheres über die Ernennung dieser 12 Schöffen, aber augenscheinlich werden sie von dem Herren ernannt[78]. Meist sind es Franken, aber auch Italiener kommen vor. Doch haben die italienischen Kaufleute dort, wo sie ihre eigenen Kolonien haben, ihre eigene Gerichtsbarkeit. Die Assises machen Einzelangaben über die Anforderungen an Wahrheitsliebe, Unparteilichkeit und Unabhängigkeit, die an die Schöffen zu stellen sind[79]. Stadtherr ist in 4 von den 37 Städten, die das Heilige Land damals aufwies, der König, bei den anderen 33 ist es ein Baron des Landes. Es war also unmöglich, daß die Könige etwa versucht hätten, sich auf die Städte gegen den Adel zu stützen, wie das die deutschen Könige zeitweise erstrebt haben. Denn die große Überzahl der Städte war in der Hand ebendieses Adels selbst. Die Funktion der Cour des Bourgeois ging wie bei der Haute Cour über die richterliche Tätigkeit hinaus. Sie sind oft der Rat des Königs in Angelegenheiten der Städte und ihrer Bürger. Jede der Städte hat ihre eigene Cour des Bourgeois, ohne daß etwa die von Jerusalem den anderen übergeordnet gewesen wäre. Eine Gesamtorganisation der Städte, eine Querverbindung von Stadt zu Stadt, gab es nicht. Das wußten die Stadtherren zu unterbinden, damit auf diese Weise ihnen kein gefährlicher Gegner erstehen könne.

Aber im ganzen ist die Stellung der Bürger und ihres Bürgergerichtes doch recht frei und selbständig. Denn die Könige haben sich um die Angelegenheiten der Städte nie bekümmert. Kein König oder Stadtherr saß jemals

---

77 Vgl. Ernst L. Dietrich, Das Judentum im Zeitalter der Kreuzzüge = Saeculum III (1952) S. 94 ff., bes. 105 u. 119 f. — Runciman a. a. O. S. 323.

78 Dodu S. 285. — Beugnot, Assises II, Introduction, S. VII, XX, XXIII.

79 Assises II, Cour des Bourg. VI, S. 23 f.

persönlich einer Cour des Bourgeois vor. Seine richterliche Tätigkeit beschränkte sich auf die Haute Cour, auf die Lehenshöfe. Denn der König und der Adel lebten ganz in der Welt lehensrechtlichen und ritterlichen Denkens. Die Angelegenheiten der Bürger, des Handels und des Handwerks waren ihnen fremd. Es lag wohl ihrem Empfinden nach auch unter ihrer Linie, darüber zu richten. So blieb die Entscheidung ihrer eigenen Angelegenheiten in ihrer und ihres Vicomte Hand. Daß im Bereich dieser Bürgergerichte das römische Recht einen gewissen Einfluß hatte, wurde schon oben erwähnt.

Über die Entstehung der Cour des Bourgeois sind wir schlecht unterrichtet. Die Assisen selbst erzählen einerseits, Gottfried von Bouillon habe sie eingerichtet, und andererseits, sie seien später von den Stadtherren mit Zustimmung ihrer Lehensleute den Städten verliehen worden. Beides wird in Grenzen richtig sein. Eine Grundlage hat sicherlich Herzog Gottfried schon gelegt, wohl aber nur einen Vicomte eingesetzt. Da aber nach dem allgemein geltenden Grundsatz nur Standesgenossen das Urteil sprechen konnten, mußte der dem Vicomte beigegebene Gerichtshof aus Bürgern bestehen, ohne daß es dafür einer besonderen Verleihung bedurft hätte[80].

Auch aus anderen Quellen läßt sich ersehen, daß die Stellung der Bürger im Heiligen Land nicht schlecht war. Schon seit 1110, häufiger seit 1135, finden wir Bürger als Zeugen in den Urkunden[81]. Seitdem wird es dann zur Regel, daß neben den Geistlichen und Baronen auch Bürger als Zeugen auftreten. Auch sind die Grenzen zwischen Bürgern und Rittern nicht scharf gezogen. Bürger sind in Zeiten der Not zu Rittern geworden. So schlug Balian d'Ibelin, als er nach der verlorenen Schlacht von Hattīn nach Jerusalem kam und dort nur noch 2 Ritter vorfand, 60 Bürgersöhne zu Rittern. Auch sonst haben häufig Ritter und Bürger nebeneinander gekämpft[82]. Auch wissen wir, daß bei dem der Krönung folgenden festlichen Essen Bürger von Jerusalem neben den Baronen bei der Tafel bedienten[83]. Ebenso berichten uns die Chroniken wiederholt, daß Bürger der Städte dort, wo niemand anders zur Stelle war, Feinden antworteten und über das Schicksal der Stadt entschieden[84]. Eine solche gehobene Stellung der Bürgerschaft ist nicht zu verwundern. Sie findet sich häufig in Kolonien, wo die Angehörigen des Herrenvolkes, sei es nun Adel oder Bürgerschaft, sich zu einer Gruppe zusammenschließen gegenüber der einheimischen Bevölkerung. Denn besaß die syrische eingeborene Bevölkerung hier auch teilweise eine hohe Kultur, so war es doch eine andere, fremde Kultur, der gegenüber sich alle aus Frankreich und

[80] Beugnot, Assises II, Introduction, S. VIII. — Assises I, Jean d'Ibelin II, S. 23 f. u. XXIV, S. 47.

[81] Dodu S. 164. — Assises II, Chartes 14, S. 491 f., von 1135. — Röhricht, Regesten 164, S. 40, von 1136. — Assises II, Chartes 35, S. 518 ff., von 1155.

[82] Ernoul XV, S. 175. — La Monte, Commun. movement, S. 119. — Beugnot, Assises II, Introduction, S. XXVI f.

[83] Eracles 23, V, S. 9, von 1185.

[84] Ernoul XVI, S. 184 f. (Askalon, Jerusalem); XVIII, S. 217 ff. (Jerusalem).

dem Abendland stammenden als Einheit fühlten. Dazu kam, daß die Bürger der Hafenstädte, vor allem die Kaufleute, schnell reich wurden und bald auf besserem Fuße lebten als manche Gruppen des Adels. Nicht zuletzt aber war man in vielen Kriegen auf die Unterstützung der Bürger angewiesen.

Aber diese sozial begünstigte Stellung der Bürger bedeutete keineswegs, daß die Stadtgemeinde, also eine organisierte Gemeinschaft der Bürger als solche, Macht und Einfluß gehabt hätte, wie es im Abendland — allerdings nach langen Kämpfen — der Fall war. Erst ziemlich spät entstehen Stadtgemeinden, Kommunen, die Rechte für sich beanspruchen und die Stadt vertreten wollen. Das erstemal war es der Fall in Antiochia, als der Herr der Stadt von dem Armenierkönig gefangengenommen worden war und die Stadt den Armeniern ausgeliefert werden sollte. Da setzte sich die in einer Kommune sich organisierende Bürgerschaft zusammen mit dem Patriarchen zur Wehr. In Akkon entstand die Gemeinde bei einer ähnlichen Gelegenheit. Es war im Kampf gegen den Statthalter Kaiser Friedrichs II., Filanghieri. Die Initiative lag hier nicht so sehr bei den Bürgern selbst als bei Jean d'Ibelin, dem Führer der gegen Friedrich II. stehenden Adelspartei. In Tripolis entstand eine solche Gemeinde erst 1288 in den Wirren nach dem Tod Bohemunds VII. Damals hatte die Witwe als Bailly den Bischof von Tortosa ernannt. Dagegen protestierten die Barone des Landes und riefen die Kommune von Tripolis zu ihrer Unterstützung im Kampf ins Leben. In allen diesen Fällen erwuchs also die Kommune keineswegs, um eigene Rechte für die Stadt zu erwerben, wie es im Abendland oft der Fall war, sondern um in Abwesenheit eines Stadtherren in einer strittigen Frage Stellung zu nehmen. Es war also die Kommune nicht primär ein Organ des städtischen Freiheitswillens. Aber sie konnte natürlich leicht dazu werden. Darum betrachtete man die sich bildenden Kommunen mit dem allergrößten Mißtrauen. Papst Gregor IX. verlangte die Auflösung der Gemeinde von Akkon, und auch in den Assisen spricht sich dieses Mißtrauen gegen Kommunen auch kleiner ländlicher Gemeinden aus[85].

Man hütete sich darum wohl, irgendwelche Ansatzpunkte für eine solche zu schaffen. Dem Vicomte stand nicht eine zusammengeschlossene Gemeinde, sondern nur eine große Zahl von Einzelpersonen gegenüber. Von diesen wurde der Treueid geleistet, nicht von irgendeiner Gemeinschaft[86]. Aber eine andere Stelle wurde zu einem solchen Ansatzpunkt des Widerstands: die religiösen Bruderschaften. So in Akkon die St.-Andreas-Bruderschaft, die zunächst den Kampf gegen Friedrich II. führte, bis sich aus ihr eine Kommune konstituierte. Und als die Kommune aufgelöst werden mußte, verblieb in Akkon doch eben diese Bruderschaft, die das Erbe der Kommune antrat.

Das Vorbild für diese Kommunen war nahe genug. Denn die italienischen

---

[85] Assises I, Jean d'Ibelin CXCII, S. 309.

[86] Beispiel einer Gemeinde ohne Zusammenschluß in Urkunde: Assises II, Chartes 44, S. 528, von 1168.

Kolonien in den Hafenstädten bildeten solche Kommunen, die sich in der Hauptsache selbst regierten [87].

Im ganzen gesehen, läßt sich aber nur feststellen, daß das Heilige Land keine Freiheitsbewegung der Bürger und der Stadtgemeinden gekannt hat, wie sie das Abendland fast in allen Ländern in dieser Zeit aufweist. Die Ursache dafür ist einmal in der von vorneherein nicht ungünstigen Lage der Bürger zu suchen, mehr aber noch in der im ganzen Land bestehenden großen Macht der Feudalherren, die die meisten Stadtherren im Lande stellten (33 von 37 Städten) [88]. Auch dämpfte das Bestehen der großen und machtvollen italienischen Kolonien in den Hafenstädten sicherlich die Bewegungsfreiheit und Entwicklungsmöglichkeit der fränkischen Bürger dieser Städte.

Diese Kolonien der italienischen und südfranzösischen Seestädte in den Hafenstädten führten ein vollständiges Sonderdasein. Sie waren exterritorial, ähnlich etwa den Konzessionen der Fremden in Schanghai oder Hongkong. Sie unterstanden als Kolonien den italienischen Mutterstädten. Dadurch floß die Hauptmacht, die diese Städte ihren Herren gewähren konnten, ein großer Teil des Reichtums, der aus ihnen fließen konnte, Venedig, Genua, Pisa oder Marseille zu, aber nicht dem König von Jerusalem oder dem Stadtherren des syrisch-fränkischen Adels. Das bedeutete einen Verlust in den guten Zeiten des Reiches und eine sehr ernste Gefahr, als in den Zeiten der Schwäche des Reiches die Streitigkeiten der italienischen Seestädte untereinander in Akkon und den anderen Hafenstädten ausgetragen wurden.

Im allgemeinen läßt sich sagen, daß das Zentrum der genuesischen Niederlassungen Akkon war. Sie waren darum für die Versorgung von Jerusalem, solange es in christlicher Hand war, besonders wichtig. Pisa hatte seinen Hauptstützpunkt in Antiochia im Norden. Venedig aber saß in der Mitte, in Tyrus. Dort war der Sitz seiner Gesamtverwaltung für seine syrischen Handesstützpunkte.

Genua war vorangegangen. Früh schon hatte es Hilfe geleistet und sie sich mit gewichtigen Privilegien bezahlen lassen. Den kräftigsten der Jerusalemer Könige erschien diese Machtstellung der Stadt unerträglich, und sie versuchten, die genuesischen Rechte einzuschränken. Wiederholt beschwerten die Genuesen sich in den Jahren 1144—1161 bei dem Papst, daß die Könige von Jerusalem wie die Grafen von Tripolis und die Fürsten von Antiochia ihnen „Tag für Tag ihre Rechte wegnehmen oder schmälern" [89]. Doch davon konnte ernstlich nicht mehr die Rede sein, als 1187 die Macht des Königreichs Jerusalem zusammengebrochen war. Nun brauchte man die Flotte der Seestädte erneut und bezahlte ihre Hilfe wieder mit Vorrechten. Die Kraft der in Akkon herrschenden Könige genügte keineswegs, um den Seestädten Widerpart halten zu können.

---

[87] La Monte, Commun. movement, S. 129.

[88] La Monte, Commun. movement, S. 117 .

[89] Beugnot, Assises II, S. 101, Anm.

Einen Verlust erlitt Genua von anderer Seite aus: Es verlehnte die Rechte in Gibelet und anderen Städten seinem Admiral Ilgone Embriaco und seinen Nachkommen, d. h. einer der mächtigsten Familien Genuas. In der dritten Generation aber lockerten die Embriaci ihr Verhältnis zur Vaterstadt. Sie wurden Herren eigenen Rechtes, unabhängig von den genuesischen Behörden des Landes. Kulturell verschmolzen sie mit dem einheimischen Adel und wurden Franzosen.

Abgesehen davon aber wuchs die Macht der Seestädte nach 1187 bedeutend. Der Handel wurde immer lebhafter, so daß nun die italienischen Kaufleute auch ins Binnenland nach Aleppo und Damaskus vordrangen. Die Zahl der Kreuzfahrer und Pilger, für deren Überfahrt Genua und die anderen Städte gegen gute Bezahlung sorgten, nahm sehr zu. Viele Genueser Familien zogen ganz nach den schönen Küstenstädten Syriens oder wohnten doch einen Teil ihres Lebens hier. Die Schiffe wurden zahlreicher und größer und die Sicherheit sowohl der Überfahrt wie des Lebens in Syrien größer, so daß der Zustrom von Siedlern, Kaufleuten und Pilgern ständig wuchs und damit der Reichtum der genuesischen und venetianischen Niederlassungen. Sie betrachteten sich faktisch in Syrien als unabhängig und nahmen auf das Schicksal des Königreichs Jerusalem-Akkon und auf seine Lebensnotwendigkeiten keine Rücksicht mehr[90].

Für Vendig gilt etwa das gleiche. Nur war es von Anfang an zurückhaltender als Genua, holte aber mit der gleichen Politik des Verkaufs seiner Hilfe gegen Privilegien Genua bald ein. Im Mittelpunkt seiner Rechtsstellung wie auch dann seiner Kolonialverwaltung stand Tyrus, da Venedig bei der Eroberung dieser Stadt die entscheidende Hilfe geleistet hatte. So ließ es auch 1189 seine Hilfe sich bezahlen. Aber das neue Privileg konnte nur die alten Rechte bestätigen. So groß war seine Machtstellung schon. Amalfi hatte Niederlassungen in Tripolis und Antiochia. Die Pisaner waren schon 1099 mit einer stattlichen Flotte unter Erzbischof Daimbert den Kreuzfahrern zu Hilfe gekommen, und das bedeutete den Anfang einer immer mehr erstarkenden Stellung der Pisaner in den syrisch-fränkischen Städten. In Antiochia erlebten sie zwar, ähnlich wie die Genuesen im Königreich, einen Rückschlag, aber in Tripolis und im Königreich Jerusalem war ihre Macht ständig im Steigen. Vor allem wurde Akkon zu ihrem starken Handelsstützpunkt[91].

Von den Südfranzosen ging Marseille voran[92]. Es profitierte vor allem davon, daß König Fulko wie auch andere Könige die Machtstellung der Italiener nicht mehr erweitern, sondern eher zurückdrängen wollten. Darum

---

[90] Über die italienischen Niederlassungen vgl. Eugene H. Byrne. The Genoese Colonies in Syria = The Crusades and other historical essays presented to Dana C. Munro I, 6 (New York 1928).

[91] Adolf Schaube, Handelsgeschichte der romanischen Völker des Mittelmeergebietes (1906) S. 133, 135, 137, 140 u. 177. — Prutz, Kulturgesch., S. 376—380. — Grousset I, S. 359.

[92] Ein Privileg von 1117 ist eine Fiktion. Siehe Schaube a. a. O. S. 132.

gab Fulko 1136 in Jerusalem, Akkon und anderen Städten Rechte an Marseille. 1187 schlossen sich die südfranzösischen Städte Marseille, St-Gilles und Montpellier mit Barcelona zusammen. Ihnen gab Konrad von Montferrat 1187 ein Privileg mit Vorrechten vor allem in seiner Stadt Tyrus. Wir wissen nicht, ob dieser Zusammenschluß der vier Städte länger bestanden hat. Diese südfranzösischen Kolonien haben dem Jerusalemer König schon um der nationalen Zugehörigkeit willen entschieden nähergestanden als die immer mehr auf eigene Interessen ausgehenden italienischen Kommunen. Der Vicomte der Marseiller leistete dem König jeweils den Treueid[93].

Was nun den Inhalt dieser Privilegien anlangt, so ist kennzeichnend, daß eines der grundlegenden Privilegien, das für Venedig von 1123, an verschiedenen Stellen die Gleichstellung der venetianischen Rechte mit denen des Königs betont[94], und daß in derselben Urkunde festgesetzt wird, daß ein Venetianer im Königreich Jerusalem ein und aus gehen und Handel treiben kann so frei, als ob er in Venedig selbst sei (sed si liber ipsa Venetia sit). Das zeigt den autonomen Charakter dieser Kolonien deutlicher als viele Einzelbestimmungen. Die Organisation dieser Niederlassungen wurde immer straffer und besser durchgebildet. An ihrer Spitze stehen Beamte, die zuerst von den Kaufleuten der Kolonie gewählt, dann aber von der Mutterstadt ernannt wurden. Meist hießen sie Konsuln, nur in den venetianischen Kommunen führen sie die Bezeichnung Bailo. Venedig hat auch im Unterschied von den anderen in Tyrus eine zentrale Verwaltungsstelle für die syrisch-fränkischen Städte, der alle anderen Kommunen unterstellt sind. Es hat also ein syrisches organisiertes Kolonialreich.

Diese Konsuln haben auch die Gerichtsbarkeit über die Venetianer der Kolonie. Sie haben Polizeigewalt und ein eigenes Gefängnis. Von Zivilklagen gehören solche zwischen Venetianern und von anderen gegen einen Venetianer vor das venetianische Gericht; Klagen dagegen von Venetianern gegen Untertanen des Königs gehören vor das königliche Gericht. Doch sind eine Reihe von schweren Straffällen, wie Mord, blutiger Angriff, Vergewaltigung von Frauen usw., den königlichen Gerichten vorbehalten, ebenso aber auch der Verkauf von Häusern und Grundstücken[95].

Sicherlich sind die Vorteile, die diese Niederlassungen der Italiener den Kreuzfahrerstaaten boten, nicht zu unterschätzen. Ohne die Flotten der Italiener wäre die Eroberung der Hafenstädte nicht möglich gewesen und hätte der Nachschub an Kämpfern und an Geld und Gut nicht bewerkstelligt werden können. Jakob von Vitry hat schon recht, wenn er darum den

---

[93] Schaube a. a. O. S. 141 u. 177. — Grousset III, S. 6. — Prutz, Kulturgesch., S. 382. — Beugnot, Assises II, S. 101, Anm.

[94] Wilhelm von Tyrus XII, 25, S. 544 ff.: „... ab omni exactione libera, sicut sunt regis propria. Verum in platea Hierusalem tantum ad proprium habeant, quantum rex habere solitus est."

[95] Wilhelm von Tyrus XII, 25, S. 552. — Assises II, Cour des Bourg. CXLVII, S. 100 f. — Vgl. Prutz, Kulturgesch., S. 384. — Grousset I, S. 619/621.

Nutzen der italienischen Verbindungen für das Heilige Land preist[96]. Er hat auch recht, wenn er hervorhebt, daß die Italiener durch ihre Anspruchslosigkeit, durch ihre Mäßigkeit im Essen und Trinken besonders gute Ansiedler gewesen sind[97]. Aber diesen Vorteilen für das Heilige Land und die Sache der Kreuzzüge steht doch die ganze Haltung der italienischen Seestädte entgegen. Gewiß sind viele Männer der italienischen Seestädte mit echter Kreuzzugsbegeisterung zum Kreuzzug gefahren. Aber die Politik dieser Staaten weiß davon nichts. Sie wußten immer geschickt ihren politischen Nutzen aus der Kreuzzugssache zu ziehen. Sie ließen sich jede Hilfe mit Privilegien bezahlen. Die Ablenkung des vierten Kreuzzuges nach Konstantinopel ist auch großenteils das Werk dieser den eigenen Nutzen erstrebenden Politik Venedigs. Die Seestädte waren es, gegen die sich die immer wieder erneuerten Verbote der Päpste richteten, während des Kampfes Handel mit den moslimischen Staaten zu treiben und ihnen gar Kriegsmaterial zu liefern. Kennzeichnend ist auch die Haltung der italienischen Seeleute im Jahre 1187. Damals kam ein Strom von Flüchtlingen aus dem eroberten Jerusalem nach Alexandria in der Hoffnung, von dort mit den 38 Genueser Schiffen, die dort bereitlagen und mit der Herbstpassage nach dem Abendland fahren wollten, mitfahren zu können. Aber die italienischen Schiffsleute lehnten es ab. Der muslimische Hafenkommandant von Alexandria mußte sie durch Drohungen nötigen, die Flüchtlinge mitzunehmen. Daß der Muslim sie an ihre Christenpflicht erinnerte, hatte allein nicht genügt[98]. Als dann bei der Belagerung von Akkon Hungersnot ausbrach, sollen die italienischen Kaufleute durch Wucher ihren Vorteil daraus gezogen haben[99]. Und als Ludwig IX., der Heilige, im Jahre 1250 mit seinem Kreuzheer in Ägypten geschlagen wurde, soll man in den italienischen Seestädten Freudenfeste gefeiert haben, da sie ihren Handel mit Ägypten durch den Kreuzzug Ludwigs gefährdet sahen[100]. Mag man auch aus einem einzelnen dieser Zeugnisse keine verallgemeinernden Schlüsse ziehen wollen, so geben sie zusammen doch ein klares Bild von dem Geist und der Haltung der venetianischen und anderen italienischen Kolonien zur Kreuzzugsfrage. Es ist kein Zufall, wenn Matthäus von Paris in diesem Zusammenhang erklärte, die Venetianer seien nur halbe Christen[101].

Dieses Bild ergänzt sich auch dadurch, daß in den letzten Jahrzehnten vor dem Verlust des Heiligen Landes die Streitigkeiten der Seestädte unterein-

---

[96] Jakob von Vitry, Hist. Hier. LXVII, S. 1086.

[97] Ebd. — Darum ist aber doch das Urteil von G. M. Monti, L'Italia e le crociate in terra santa (1940), schief. Er erklärt S. 196: „... si tratto di un condominio franco-italiano di una fratellanza di armi, con una superiorita economica e navale da parte dell'Italia."

[98] Eracles 24, I, S. 102 f., von 1187. [99] R. Grousset III, S. 37.

[100] R. Sternfeld, Hist. Ztschr. 106, S. 318, u. Ders., Ludwigs des Heiligen Kreuzzug, S. XXXI.

[101] Matth. Paris., Chron. major V, S. 109.

ander ganz das Verhalten der Seestädte im Heiligen Land bestimmten, ohne jede Rücksicht auf die dem ganzen Lande von außen drohende Gefahr. Ihre Feindseligkeiten und Gehässigkeiten zerstörten den Rest der Widerstandskraft des Heiligen Landes den Muslim gegenüber[102]. Sie waren aber zur Mitverteidigung des Landes verpflichtet. Die stärksten Könige von Jerusalem hatten seinerzeit erreicht, daß sie sich verpflichteten, Truppen zur Verteidigung des Landes zu stellen.

Einerlei, wie man Einzelheiten bewerten mag, jedenfalls drang durch diese italienischen Kaufleute, die nicht um des Kreuzzuges, sondern um des Handels willen nach Syrien kamen, eine Geisteshaltung ein, die dem ursprünglichen Kreuzfahrergeist vollkommen fremd gegenüberstand. Es war diesen Männern ja kaum zu verdenken, daß sie ihren Handelsvorteil im Auge hatten. Aber die Verquickung mit dem Kreuzzug, die Gewährung von Hilfe für den Kreuzzug um der Handelsvorteile willen — bei dem sicher vorhandenen guten Willen einzelner — ist sehr unerfreulich. Sicherlich aber förderte das Dasein dieser Männer und ihrer Denkungsart die Zersetzung des alten Kreuzfahrergeistes in den Küstenstädten. So wurden die anfänglich sicherlich weit überwiegenden Vorteile, die die italienischen Flotten und Kolonien mit sich brachten, im Laufe der Zeit immer mehr und mehr in den Schatten gestellt durch den schädigenden Einfluß einmal des zersetzenden Geistes dieser Kolonien und dann durch die Kämpfe der Seestädte untereinander, die im Heiligen Land ausgetragen wurden.

Das Recht der einheimischen Bevölkerung

Aber Ritter und Bürger waren nicht die einzigen Rechtskreise, die unabhängig voneinander nebeneinanderstanden. Als dritter Kreis kamen alle einheimischen Bevölkerungskreise dazu: Syrer, Griechen, Armenier, Juden und Muslime. Sie unterstehen einem eigenen Gericht, das eine Parallele zu der Cour des Bourgeois darstellt. Es ist die Cour de la Fonde. Auch dort richten Schöffen (Geschworene), aber nach dem herkömmlichen Gesetz der Syrer, Muslime usw. Sie werden auch aus ihren Kreisen genommen. An die Stelle des Vicomte tritt hier ein Beamter, der in arabischer Sprache als Reïs bezeichnet wird. Es ist kennzeichnend, daß er einen arabischen Titel trägt. Er wird vom König ernannt. Der Überlieferung nach hat Herzog Gottfried diese Regelung getroffen, die der einheimischen unterworfenen Bevölkerung eine recht günstige Lebensbedingung gab. In einzelnen Fragen, z. B. im Schuldrecht, sind die Franken zwar besser gestellt als die Syrer und anderen eingeborenen Landesbewohner[103], aber im ganzen stehen sie den Franken gleich,

[102] Vgl. den Brief des Erzbischofs Ägidius von Tyrus von 1265 = Bibliothèque de l'École des chartes, 4. Serie, Bd. 4 (Paris 1858) S. 288.
[103] Beugnot, Assises II, Introduction, S. XLIII.

leben aber nach ihrem eigenen Recht. Das zeigt, daß die Franken bei der Organisation des Landes doch den größten Wert darauf legten, diese Bevölkerung, die ja faktisch das ganze wirtschaftliche Leben trug, durch Gewährung guter Lebensformen für sich zu gewinnen. Auch an der Cour des Bourgeois sind Christen aller Konfessionen, Juden und Mohammedaner zum gerichtlichen Zeugnis zugelassen und dürfen ihre Aussage in der Weise bekräftigen, die ihnen ihre eigene Religion vorschreibt[104]. Die Assisen begründen die Rechtsstellung dieser Gruppen ausdrücklich damit, daß sie auch Menschen seien wie die Franken[105]. Ausgenommen von ihrer Gerichtsbarkeit sind alle Fragen des Blutgerichts — ähnlich wie bei der Cour des Bourgeois — und alle Klagen in Fragen des Bürgertums, carelle de borgesie, ohne daß genauer zu sagen wäre, was darunter zu verstehen ist[106]. Auch die arabischen Schriftsteller der Zeit bezeugen, daß die Lage der Muslime unter der Herrschaft der Franken gut gewesen ist. Ibn-Dschubair, ein jüdischer Reisender des 12. Jahrhunderts, sagt[107]: „Ein Unglück, das die Muslime betroffen hat, ist, daß sie unter ihrer eigenen Herrschaft sich immer über Ungerechtigkeiten ihrer Herren zu beklagen hatten, daß sie aber die Haltung des Feindes (d. i. der Franken) nur rühmen können. Denn man kann sich auf ihre Gerechtigkeit verlassen." Natürlich ist es bei der Eroberung auch nach dem Blutbad noch zu allerlei Härten gekommen. Gerade in den eroberten Städten haben sich fränkische Herren an die Stelle der bisherigen Eigentümer gesetzt. Was die Türken anlangte, so trat dabei merkwürdigerweise der große Wechsel in den Eigentumsverhältnissen nicht sehr in Erscheinung. Denn der muslimischen, auf dem Koran fußenden Auffassung nach gehörte alles Grundeigentum Gott. Als seine Vertreter waren die Sultane und an deren Statt wieder die Emire und Scheichs Inhaber dieses Eigentums Gottes. Sie vergaben es den Bebauern des Landes zur Nutznießung gegen eine Abgabe. Zu demselben Ergebnis kam auf der ganz anderen Grundlage des Lehenswesens das europäische Wirtschaftsleben, das die Franken für das Heilige Land übernehmen, soweit es tunlich war. So konnte der Übergang der muslimischen abhängigen Bevölkerung nicht schwerfallen[108]. Ihre Rechtsstellung blieb fast die gleiche, nur die Herren wechselten.

Eine andere Frage war es allerdings, wieweit im politischen Leben sich die fränkischen Herrscher und Herren verpflichtet glaubten, die mit Muslimen getroffenen Abmachungen einzuhalten. Anerkennung der Verpflichtung und Ableugnung wechseln miteinander in der fränkisch-syrischen Geschichte. Als Beispiel für das erste sei König Balduin II. genannt. Dieser antwortet 1122 Guillaume de Zerdana, als dieser ihn gegen Il-Ghāzī um Hilfe gebeten hatte,

[104] Prutz, Kulturgesch., S. 351.

[105] Assises II, Cour des Bourg. CCXLI, S. 172.

[106] Über die Cour de la Fonde: Assises I, Jean d'Ibelin IV, S. 26. — Assises II, Cour des Bourg. CCXLI, S. 172. — Beugnot, Assises II, Introduction S. XXIV ff.

[107] Recueil des Hist. orient. III, S. 448.

[108] Beugnot, Assises II, Introduction, S. XL f.

er aber vor kurzem mit Il-Ghāzī Frieden geschlossen hatte: „Seit wir Frieden miteinander geschlossen und gegenseitige Garantien übernommen haben, habe ich getreu meinem Wort die Besitzungen von Il-Ghāzī in seiner Abwesenheit geschützt. Wir sind Edelleute (arabisch wörtlich Scheiks), und ich muß keinen illoyalen Akt von ihm fürchten.“ [109] Als Beispiel für die zweite Haltung, die keine rechtlichen Bindungen den Muslimen gegenüber anerkennt, sei König Guido von Lusignan genannt. Er gelobte, als er gefangen war, Saladin eidlich, nicht wieder gegen ihn die Waffen zu ergreifen, sondern ins Abendland abzufahren. Daraufhin ließ dieser ihn aus der Gefangenschaft frei. Guido aber hielt den Eid nicht; er ließ sich geistlicherseits davon entbinden. Aber hier handelte es sich klar um Akte des Kampfes gegen die Muslime. Im allgemeinen, alltäglichen Verkehr hielt man an der Verpflichtung auch gegenüber dem Andersgläubigen fest. Sonst wäre kein Geschäftsverkehr und keinerlei rechtliche Beziehung möglich gewesen. Beides aber finden wir immer wieder. Schwieriger waren die Beziehungen zu den Armeniern. Denn diesen war das Lehenssystem so fremd, daß sich die Beziehungen meist nicht mit lehensrechtlichen Begriffen regeln ließen [110]. Im Lauf der Zeiten verschlechterte sich augenscheinlich das Verhältnis zu der einheimischen Bevölkerung. Auch ihre Sondergerichte (Cour de Fonde) wurden abgeändert. Gemischte Gerichte traten an die Stelle der rein einheimischen, die nun 6 Geschworene, und zwar 4 Syrer und 2 Franken, aufwiesen. Sie waren in der Hauptsache für kleinere Handelsstreitigkeiten zuständig. Vorsitzender hieß nun Bailly. Aber es war wohl derselbe Vorsitzende, den man nun nicht mehr arabisch als Reïs, sondern fränkisch als Bailly bezeichnete [111].

Eine besondere Stellung nahmen die Beduinen ein, die halbnomadenhaft das Land durchzogen, aber sich doch in halber Seßhaftigkeit einem Orte zugehörig betrachteten. Darauf fußend, schenkten die Jerusalemer Könige verschiedentlich Höfe mit den dazugehörigen Beduinen. Aber das war gar manches Mal ein trügerische Gabe. Denn die Beduinen waren nie völlig seßhaft geworden und standen in steter fluktuierendem Zusammenhang mit den Beduinenstämmen der Wüste, wohin kein Recht der Franken reichte [112].

Mit den Rittergerichten, den Bürgergerichten und den Gerichten für die Einheimischen, die sich so in allen Herrschaften des Landes wiederholten, war aber die Zahl der Gerichtshöfe noch nicht abgeschlossen. Nach dem Zeugnis der Assisen gab es noch eine Cour de la Chaîne, die über Seehandels- und Schiffahrtsfragen zu entscheiden hatte. Jedoch mußten alle schweren Vergehen vor der Cour des Bourgeois verhandelt werden. Alle Blutgerichtsbarkeit gehörte hierher, schon deshalb, weil der für solche Fragen entscheidende

[109] Kamāl al-Dīn S. 632. [110] Iskenderian S. 93/94.

[111] Beugnot, Assises II, Introduction, S. XXIII.

[112] Assises II, Chartes 17, S. 494 f., von 1138: an den Patriarchen im Tausch gegeben: „... villanosque et Beduinos ... casalia ... cum omnibus pertinentibus suis, tam in terris quam in villanis et Beduinis ...“. — Assises I, Jean d'Ibelin CCLII, S. 404, Anm.

Beweis, der gerichtliche Zweikampf, vor der Cour de la Chaîne nicht stattfinden konnte. Zum Vorbild dieser Einrichtung scheinen ähnliche Gerichte in Pisa, Trani und Marseille gedient zu haben. Augenscheinlich erforderte die Beurteilung dieser Fragen so viel Sachkenntnis, daß diese Fragen vor gewöhnlichen Gerichten nicht verhandelt werden konnten[113].

Sklaven und unfreie Bauern

Erstaunlich ist, daß die christlichen Kreuzfahrer, die als besonders gute Christen galten, und auch die Johanniter u. a. Orden im Heiligen Land Sklaven hielten, und zwar nicht nur grundhörige Bauern wie im Abendland, sondern Sklaven, die sie kauften und verkauften. Sie haben diese Einrichtung von den Syrern und Muslimen übernommen. Teils wurden die Sklaven zu persönlichen Diensten verwendet, teils zum Bebauen des Landes. Auch Kriegsgefangene wurden als Sklaven verwendet, wie dies bei den Muslimen die Regel war[114]. Ibn Dschubair hat auf seiner Reise muslimische Gefangene gesehen, „die, in Ketten geschmiedet, einen mühseligen Dienst verrichten . . ., wie auch muslimische Sklavinnen . . . mit eisernen Fußketten"[115].

Zu Hausangestellten nahm man jedoch nicht nur Sklaven, sondern auch freie Bedienstete. Doch war ihre Lage schon dadurch, daß die meisten Hausbediensteten Sklaven waren, nicht sehr viel besser als die Situation dieser. Augenscheinlich haben neuankommende Kreuzfahrer und Siedler sich keine Sklaven gekauft, wohl aber länger im Lande ansässige Herren. Auch der freie Hausangestellte unterstand dem Recht des Herren zu einer allerdings begrenzten Prügelstrafe. Flucht gilt bei ihm als Verrat und zieht den Verlust der rechten Hand durch glühendes Eisen nach sich.

Im allgemeinen sind die Sklaven Muslime gewesen. Denn die Taufe machte meist ein Weiterbestehen der Sklaveneigenschaft unmöglich. Es werden genaue Bestimmungen darüber getroffen, wie mit getauften Sklaven, besonders mit entflohenen und auf der Flucht getauften Sklaven, zu verfahren sei[116]. Aus diesen Bestimmungen geht hervor, daß man die Taufe eines seiner Sklaven zu verhindern suchte, so daß der Sklave schon fliehen mußte, um der Taufe teilhaftig werden zu können. Es kam auch vor, daß Christen sich in Sklaverei verkauften, um auf diese Weise den Kaufpreis zu erhalten, also augenscheinlich von Schulden überlastete Menschen. Dann wären auch christliche Sklaven entstanden. Doch scheint in einem solchen Fall der Betreffende

[113] Assises II, Cour des Bourg. XLIII, S. 42 f., XLVII u. XLVIII, S. 45 f. — Beugnot, Assises II, Introduction, S. XXIII.

[114] Vgl. z. B. nach der Einnahme von Tripolis 1109/10 Al-Athīr I, S. 274: „Les hommes furent faits prisonniers, les femmes et les enfants furent faits esclaves." — Sklaven der Johanniter: Prutz, Kulturgesch., S. 251.

[115] Jbn Dschubair (Ausgabe Goergens) S. 278.

[116] Assises II, Cour des Bourg. CCIII, S. 137; CCV, S. 139 u. CCLV, S. 191.

zum Islam übergetreten zu sein, um sein Sklavendasein möglich zu machen, oder sich einem muslimischen Herren verkauft zu haben[117]. Von Ausnahmefällen abgesehen, scheint es nur muslimische Sklaven gegeben zu haben[118].

In den Rechtsbüchern hören wir nur sehr wenig von den Sklaven. Denn sie hatten kein Recht. Der Herr konnte über sie verfügen. Die Gesetze bekümmerten nur die Fälle, in denen das Recht des Herren durch Flucht oder heimliche Taufe anderer in Frage gestellt war.

Aber es gab nicht nur Sklaverei im Heiligen Land, sondern auch Sklavenhandel. Die Venetianer und Genuesen müssen lebhaft dabei beteiligt gewesen sein[119]. Von einem Dorf Kara in der Nähe von Damaskus berichtet ein arabischer Schriftsteller, Abū 'l Fedā, daß seine christlichen Einwohner die Gewohnheit hatten, Muslime aus der Nachbarschaft festzunehmen und sie heimlich den Franken zu verkaufen. Die Kinder habe man zu Sklaven gemacht und in Ägypten unter den Mameluken zu Soldaten oder zu Emiren erziehen lassen. Stimmen diese Angaben — und wir haben keinen Grund, sie zu bezweifeln —, so muß ein internationaler Sklavenhandel mit starker Beteiligung von Christen innerhalb und außerhalb des Königreichs Jerusalem bestanden haben[120].

Ob die Bauern, die in den Urkunden oft zusammen mit Gütern oder Höfen veräußert werden, als eigentliche Sklaven anzusehen sind, oder ob sie den an die Scholle gebundenen unfreien Bauern des Abendlandes gleichzusetzen sind, ist schwer zu entscheiden[121]. Auch die gesetzlichen Bestimmungen über solche unfreien Bauern, die nach auswärts heiraten, die fliehen oder die vor ein Gericht gefordert werden, würden sich dem Bild der Unfreiheit im abendländischen Sinn ebensowohl einfügen wie dem der Sklaverei, aber manches, wie das Anfordern vor Gericht, spricht gegen eine ausgesprochene Sklaverei in diesen Fällen[122]. Es ist also anzunehmen, daß die für ländliche Arbeit verwendeten Kräfte im allgemeinen in Formen lebten, die den der unfreien, schollengebundenen abendländischen Bauern glichen, doch kamen auch richtige Sklaven oft vor[123].

---

117 Assises II, Cour des Bourg. CCIX, S. 141 f.

118 Beugnot, Assises II, Introduction, S. XLVII f., nimmt auch christliche Sklaven an, jedoch wohl auf Grund einer falschen Auslegung von Assises II, Cour des Bourg. CCLV, S. 191, wo sich die Aufzählung „sei es ein Christ, ein Jude, ein Samaritaner ...“ auf den Herren, nicht aber auf den Sklaven bezieht. — Ähnlich nimmt Rey (Colonies, S. 105) christliche Sklaven an.

119 Rey, Colonies, S. 105.

120 Abū 'l Fedā S. 151.

121 Urkunden: Assises II, Chartes 4, S. 483, von 1113. — Ebd. 10, S. 488 f., von 1128; 11, S. 489 f., von 1128; 19, S. 498, von 1138; 28, S. 509 f., von 1143; 31, S. 513 f., von 1152; 33, S. 515, von 1155. — Dazu Assises I, Jean d'Ibelin CCLV, S. 406, Anm. Er nimmt volle Sklaverei an.

122 Assises I, Jean d'Ibelin CCLI, S. 403; CCLIV, S. 405.

123 Vgl. über die Fragen der Sklaven auch Beugnot, Assises II, Introduction, S. XLIV u. XLVII f. — Siehe auch Assises I, Jean d'Ibelin CXXXI, S. 207 f., Anm.; CCLI, S. 403, Anm.; CCLV, S. 406, Anm.

Verwendete man solche Sklaven oder Unfreie zum Heeresdienst, so wurde oft eine Freilassung notwendig, da man ihnen dort freieren Spielraum geben mußte. Doch blieben diese Freigelassenen in mancherlei Weise ihrem alten Herren untertan, auch konnten sie, wenn sie diese Pflichten nicht erfüllten oder sich sonst gegen ihre ehemaligen Herren wandten, wieder in die alte Sklaverei zurückgezwungen werden. Auf jeden Fall unterscheidet sich diese Gruppe der Freigelassenen wesentlich von ähnlichen Gruppen des abendländischen Rechtes[124].

Weitere Einzelheiten des Rechtslebens

Wir erfahren aus den Assisen viele Einzelheiten des Rechts, die hier aber nicht wiederholt werden können. Für den Handel wurden am Ende des 12. Jahrhunderts eingehende Zollisten für die Einfuhr und Ausfuhr ausgestellt, die zeigen, wie lebendig und vielseitig dieser Handel der Küstenstädte war[125]. Das Schuldrecht war hart. Für eine Schuld von 20 Byzantiner Goldmünzen drohte schon das Schuldgefängnis. Doch war auch der Gläubiger mitgestraft. Denn er mußte den Gefangenen verpflegen, unter Umständen für ihn arbeiten[126]. Das Testamentsrecht ließ zwar das schriftliche Testament zu, aber doch waren stets Zeugen notwendig. In Zweifelsfällen entschied der gerichtliche Zweikampf. Das zeigt den feudalen Charakter auch dieser Zweige des Rechts[127].

Das Strafrecht wird ganz von dem Zweikampf bestimmt. Er stellt das eigentliche Beweismittel dar. Das gilt von der Haute Cour der Ritter so gut wie von der Cour des Bourgeois. Griechen, Syrer und Muslime konnte man nicht in der gleichen Weise zum gerichtlichen Zweikampf nötigen. Doch gab es drei Verbrechen: Mord, Verrat und — auffallenderweise — Ketzerei, gegen deren Verdacht sich auch Angehörige dieser Volksschichten mit dem Zweikampf verteidigen mußten. Augenscheinlich haben die italienischen Kaufleute sich bemüht, den schriftlichen Beweis als vollgültig durchzusetzen, aber ohne damit durchzudringen[128].

War bei Rittern der Zweikampf eine absolute Notwendigkeit, so wurden bei Bürgern und Bauern daneben auch andere Formen des Gottesurteils zugelassen[129]. So berichtet der muslimische Ritter Usāma von einer Wasserprobe, die er bei den christlichen Franken Syriens erlebt hat. Sie ging in der Weise

[124] Assises II, Cour des Bourg. XVI, S. 29. — Beugnot, Assises II, Introduction, S. V u. XLVIII.

[125] Assises II, Cour des Bourg. CCXLII, S. 173 ff. u. CCXLIII, S. 178 ff.

[126] Beugnot, Assises II, Introduction, S. XLIII.

[127] Beugnot, Assises II, Introduction, S. XLVII.

[128] Assises I, Jean d'Ibelin LXXXI ff., S. 129 ff. — Assises II, Cour des Bourg. CCLXXVI, S. 209. — Beugnot, Assises II, Introduction, S. XLVI u. LI.

[129] Assises II, Cour des Bourg. CCLXVI, S. 201 f.

vor sich, daß man den Beschuldigten auf ein Brett legte, das in einem Faß schwamm. Sank er unter, so war er unschuldig, trug ihn aber das schwimmende Brett, so galt er als schuldig[130]. An einer anderen Stelle erzählt derselbe Schriftsteller von einem Zweikampf, den man unter den Bauern durchführte. Da wurden zwei Bauern mit einem Prügel und einem Schild ausgestattet und schlugen nun in erschreckender Rohheit so lange aufeinander los, bis der eine tot war[131]. Man sieht an diesem Beispiel deutlich, einmal, wie sehr der Gedanke des gerichtlichen Zweikampfs im Denken dieser Männer die Oberhand hatte, so daß man ihn sogar vergröbert auf bäuerliche Verhältnisse übertrug, und zweitens, wie wenig man auch im Frieden vor groben Grausamkeiten zurückschreckte.

Zwei Verbrechen stehen in den Assisen absolut im Vordergrund: der Mord und der Verrat. Verrat mußte selbstverständlich in einem so ausgeprägten Lehenssystem an erster Stelle stehen. Denn er bedeutete die Leugnung der Lehensverpflichtungen und damit der Lehensbande überhaupt. Mord und blutige Verwundung traten als die primitivsten ins Auge fallenden Verbrechen daneben. Antwortete der Ritter darauf mit Zweikampf, so stand das der alten Blutrache noch sehr nahe. Ihren Geist atmet auch noch die Bestimmung, daß der König den Tod eines armen Mannes rächen muß, wenn dieser niemand hat, der dies tun könne. Und zwar wird dann Gott als Rächer aufgerufen, in dessen Stellvertretung der König die irdische Bestrafung des Mörders vollziehen muß. Im allgemeinen sorgt also sonst die Verwandtschaft noch dafür, daß Mord gerächt wird, sei es mit oder ohne Gericht[132]. Wir kennen auch einen Fall, in dem in wildem Gericht der Sohn eines Beschuldigten von wütenden Männern aufgehängt wurde[133]. Um solcher Selbsthilfe der Sippe wegen mußte dem Gesetzgeber sehr daran liegen, daß gerade der Mord auf gerichtlichem Wege bestraft wurde. Aber herrschten auch Mord und Verrat in den Bestimmungen vor, so urteilten die Gerichtshöfe der Ritter wie der Bürger doch auch über viele andere Vergehen, die einzeln aufgeführt werden[134].

Neben solchen rüden Zügen, wie dem bäuerlichen Prügelkampf, finden sich aber auch sehr menschliche Elemente in dem Strafrecht der Franken, so z. B. wenn entsprechend einer Gepflogenheit römischen Rechtes die Anklage eines Angeklagten gegen andere Mitschuldige nicht angenommen wird[135].

Selbstverständlich standen neben diesen weltlichen Gerichten entsprechend den Gepflogenheiten des ganzen Abendlandes die geistlichen Gerichte, von denen schon die Rede war. Das Konzil von Nābulus im Jahre 1220 ist dem geistlichen Gerichtswesen zuzurechnen. Es faßte eingehende Beschlüsse über die Bestrafung von gleichgeschlechtlichem Verkehr, von Geschlechtsverkehr

[130] Usāma S. 193. [131] Usāma S. 191 ff.
[132] Assises II, Cour des Bourg. CCLXXXV, S. 216.
[133] Matth. Paris. V, S. 386, von 1253.
[134] Assises I, Jean d'Ibelin LXXX, S. 128 f.
[135] Assises II, Cour des Bourg. CCLIII, S. 189.

mit muslimischen Männern und Frauen, über Doppelehen usw., also über Delikte, die überall damals vor die geistlichen Gerichte gezogen wurden[136]. Hier wurde auch ein Rechtssatz ausgesprochen, der damals und dort allgemeine Gültigkeit gehabt zu haben scheint und auf ein gesundes Rechtsempfinden schließen läßt: „Wer jemand anklagt und den Beweis dafür nicht erbringen kann, zieht sich dieselbe Strafe zu, zu der der Angeklagte verurteilt worden wäre." [137]

Zwei Eigentümlichkeiten der Prozeßführung müssen noch erwähnt werden. Einmal ist es die Eigenart der Jurisconsultes in diesen Prozessen. Sie waren nicht wie die Rechtsanwälte studierte Juristen, wie dies im Abendland damals sich allgemein durchsetzte, sondern es waren dieselben Herren, die auch die Richter in den Gerichtshöfen stellten, also in der Haute Cour Angehörige des Adels. Sie waren zugleich also auch Vertreter einer bestimmten Interessengruppe im öffentlichen Leben. Es lag ihnen sehr daran, nichtstudierte Juristen, also das, was im Abendland die königlichen Räte waren, nicht in das Gerichtswesen eindringen zu lassen und das Amt des Jurisconsulten, also des Klägers in dem Prozeß, ihrem eigenen Kreis vorzubehalten, zum mindesten in der Haute Cour, in der die politischen Entscheidungen in der Hauptsache fielen[138].

Auch den Défenseur oder Conseil, eine Art Rechtsbeistand, stellte wiederum dieselbe Klasse. Er hatte denjenigen Standesgenossen, der ihn gebeten hatte, in der Führung des Prozesses in jeder Weise zu unterstützen, vor allem durch seine Kenntnis der Formen und Formeln des Prozesses. Es war eine Ehrenpflicht eines Standesgenossen für den anderen, die nicht abgelehnt werden durfte. So ist es denn kein Wunder, wenn die führenden politischen Männer des Landes sich in ganz besonderer Weise für die Juristerei und Kasuistik des Prozeßwesens interessierten, wenn von den Königen immer wieder ihre Rechtskenntnis gerühmt wird und wenn wir hören, daß die Herren im Feld, z. B. bei der langwierigen Belagerung von Damiette, sich die Zeit damit vertrieben, schwierige juristische Streitfragen zu diskutieren.

Dabei bestand natürlich die Gefahr, daß diese juristischen Formen und Formeln, die allein im Wissen dieser Klasse lebten, zu Fallstricken wurden für die Führung des Prozesses, daß Prozesse dadurch endlos und immer unübersichtlicher wurden, wenn das im Interesse der sachverständigen Kenner des Prozeßwesens lag[139]. Die Assisen geben auch selbst zu, daß es unmöglich sei, alle diese Feinheiten zu kennen, daß aber der beste Kenner darum auch die besten Aussichten habe[140]. Und Philipp von Novara meint, zum Kläger, also zum Jurisconsulten, gehöre besonderer Mut, „denn dieser Beruf sei insofern ein gefährlicher, als der Plaideur sein Seelenheil daransetze und

[136] Mansi, Conc. XXI, S. 263 ff., von 1220.
[137] Mansi, Conc. XXI, S. 265.
[138] Beugnot, Assises II, Introduction, S. XXXIII.
[139] Beugnot, Assises I, Introduction, S. LII u. LIV.
[140] Assises I, Jean d'Ibelin XXVI, S. 50 f.

Gefahr laufe, wegen seiner Handlungsweise dereinst verdammt zu werden, wenn ihm Gott in seiner Barmherzigkeit nicht schließlich doch Gnade gewähre“ [141]. So ganz wohl ist es also Philipp von Novara bei seiner Arbeit nicht gewesen.

Verwaltung und Finanzen

Von Verwaltung außerhalb des Finanzwesens kann im Königreich Jerusalem kaum die Rede sein. Als Verwaltungsbeamte ließen sich der Vicomte und der Bailly bezeichnen, ersterer als Vertreter des Königs in dem bürgerlichen Gericht und unter der Bezeichnung des Reïs im Gericht der Syrer, letzterer als Vertreter im allgemeinen Sinn, als Stellvertreter bei dem Fehlen oder der vorübergehenden Abwesenheit des Königs, aber auch als Stellvertreter mit einem bestimmten begrenzten Auftrag. Doch würde es verfehlt sein, Begriffe modernen Beamtentums auf diese beiden Arten der Vertretung des Königs anwenden zu wollen. Die Hofämter aber waren zunächst nur Ehrenämter, dann aber militärische Stellen [142]. Die königliche Kanzlei war nur sehr unentwickelt. Nur für die Finanzen gibt es königliche Behörden.

In allen Fürstentümern des Heiligen Landes bestehen solche Finanzverwaltungen unter dem Namen la secrète, geleitet von einem Bailly de la secrète, lateinisch secretarii [143]. Sie sind augenscheinlich Nachbildungen der muslimischen Dīwān, d. h. der dortigen Finanz- und Steuerbehörden. Vielleicht gehen sie aber auch auf abendländisches Vorbild zurück und sind nur den muslimischen Behörden dann angepaßt worden.

Eine Steuer wird von den Franken von allen muslimischen Untertanen als Kopfsteuer erhoben. Sie gilt als das Zeichen der Unterwerfung und wird darum als eine Erniedrigung empfunden [144]. Außerdem aber wird von den bewirtschafteten Gebieten eine Bodensteuer oder ein Bodenzins, wie man ihn nennen kann, erhoben [145]. Wo Franken und Muslime in ihrer Siedelung einander durchdringen, kann diese Grundsteuer gelegentlich auch zwischen beiden geteilt werden [146]. Auch dieses Nebeneinander von Personal- und Grundsteuer findet sich in den muslimischen Staaten in gleicher Weise. Wahrscheinlich hat diese Besteuerung schon vor der Einnahme bei den Unterworfenen, also den Syrern usw., in gleicher Weise bestanden. Die Franken traten als Empfänger an die Stelle der früheren muslimischen Herren.

Außerdem erhoben die Franken Zölle. Einmal war dies ein Durchgangszoll an bestimmten Stellen, wie ihn das Abendland im Mittelalter in gleicher Weise erhob. Ibn Dschubair berichtet gelegentlich seiner Reise von einem

---

141 Prutz, Kulturgesch., S. 228.

142 Siehe oben S. II, 172/173.

143 Rey, Colonies, S. 257. — Assises II, Chartes 14, S. 491 f., von 1135.

144 Ibn Dschubair (Ausgabe Goergens) S. 271.

145 Abū Schāma S. 67. — Ibn Dschubair (Ausgabe Goergens) S. 275. — Assises II, Cour des Bourg. XXXI, S. 36.

146 Ibn Dschubair (Ausgabe Goergens) S. 274.

solchen. Es war ein Kopfzoll und ein Warenzoll[147], bestimmt vor allem für von weither reisende muslimische Kaufleute. Außerdem aber erhob man in Akkon und ebenso wohl auch in den anderen Küstenstädten Zölle von allen ein- und ausgehenden Waren. Wir haben Listen dieser Zölle von verschiedenen Waren[148]. Ibn Dschubair verdanken wir eine sehr lebendige Beschreibung einer solchen Zollbehörde, hier Dīwān genannt; es könnte genausogut ein modernes türkisches Büro sein.

Auch von bestimmten Handwerken, z. B. Bäckern, bezog der König eine regelmäßige Einnahme.

Im ganzen aber waren die Einnahmen des Königs gering und wurden durch die anhaltenden Kriege, die er führen mußte und für die seine Ritter belohnt und seine Söldner bezahlt sein wollten, immer schlechter. Schon von König Balduin III. (1143—1162) berichtet sein sehr gut unterrichteter Geschichtsschreiber, Wilhelm von Tyrus, er habe einen Überfall auf Herden der Muslime im Frieden nur unternommen, weil er sich vor Schulden nicht mehr zu helfen gewußt hätte[149]. Auch an anderen Stellen reden Quellen ganz offen von der Armut des Königs[150]. Wir sprachen oben schon davon[151], daß man die Wahl von Raoul von Tiberias ablehnte, weil er zu arm sei, und ein armer König, wie auch der Vorgänger es war, wisse oft nicht, wovon er leben solle. Auch bei der Wahl von Jean de Brienne zum König spielt der Gedanke eine große Rolle, ob er von Haus aus Geld habe, um König sein zu können[152]. Da aber das Geld im Laufe der Jahrhunderte in den Kreuzzügen eine immer größere Rolle spielte, so verurteilte schon der schlechte Zustand der Finanzen den König zu dauernder Machtlosigkeit, wenn er nicht zugleich Herrscher eines anderen Landes war (wie Friedrich II. und Karl von Anjou) oder sonst über gute Finanzquellen verfügte.

Heereswesen

Das meiste, was über das Heereswesen und die Kriegführung der fränkischen Staaten zu sagen wäre, wurde schon bei der Betrachtung der Kreuzfahrerheere gesagt. Sieht man die Heeresmatrikeln durch, die uns überliefert sind, so hat man auf den ersten Blick den Eindruck, daß der König von Jerusalem doch im Krieg wenigstens ein mächtiger Mann gewesen sein muß. Denn 588 Ritter und 4775 Sergeanten stellt ihm das Königreich Jerusalem in seinen

147 Ibn Dschubair ebd.

148 Assises II, Cour des Bourg. CCLII, S. 173 ff. u. CCXLIII, S. 178 ff.

149 Wilhelm von Tyrus XVIII, 11. „Rex enim aere gravatus alieno, et multis obligatus debitis, cum non haberet unde creditoribus satisfacere posset, proclivius, ad hoc ut quocunque modo se expediret, patulam pravis incentoribus aurem praebuit ..."

150 Eracles 32, XIX, S. 355, von 1223.

151 Siehe oben S. II, 142, 164.

152 Eracles 30, XIII, S. 307, von 1208. — Ebd. 30, XIV, S. 308.

verschiedenen Teilen. Doch kamen sie nicht immer alle zusammen. Denn die Zahlen der Schlachtteilnehmer, die wir kennen[153], bleiben stets dahinter zurück. Ritter stellen hauptsächlich die Baronien des Landes, allen voran die Herrschaft Galiläa oder Tiberias, die 100 Ritter zu stellen verpflichtet ist. Jerusalem selbst entsendet nur 41 Ritter und 95 Sergeanten. Die Städte schicken alle sowohl eine kleinere Zahl von Rittern wie eine größere von Sergeanten. La Monte vermutet, daß die Ritter von Lehen in der Stadt, d. h. von Rentenlehen, zu stellen sind, während die Stadt selbst nur die Sergeanten zu stellen habe[154]. Alle geistlichen Stellen, der Patriarch, Erzbischöfe, Bischöfe und Klöster, stellen nur Sergeanten im Gegensatz zu den Gepflogenheiten des Abendlandes, aber einzelne von ihnen, wie der Erzbischof von Tyrus, deren 150[155]. Da die Sergeanten aber im Laufe der Zeiten an Bedeutung für die Kriegführung stets zugenommen haben, so ist es im ganzen doch ein recht stattliches Heer. Anzunehmen ist außerdem, daß Söldner, die je nach Bedarf für einen bestimmten Zug geworben wurden, in diesen Verzeichnissen nicht inbegriffen sind. Dazu kommt, daß die Heere der Ritterorden, der Templer, der Johanniter und des Deutschordens, in diesen Listen ebenfalls nicht genannt sind, da sie ja nicht unmittelbar dem Königreich Jerusalem unterstanden, wie etwa seine Baronien, sondern eine gewisse Selbständigkeit hatten. Diese aber machten, weil sie als stehende Heere gelten konnten, einen wichtigen Faktor in der Streitmacht des Landes aus. Freilich konnte der König, wie sich oft zeigte, auch nicht unbedingt auf sie rechnen.

Aber alles in allem zeigt der König doch im Kriege eine ganz andere, machtvollere Stellung als im Frieden. So ist es denn nicht verwunderlich, daß die Könige, unter deren Herrschaft die Königsmacht im Wachsen, auch im Inneren im Wachsen war, dauernd Kriege geführt haben, und zwar erfolgreiche Kriege. Das knüpfte das lockere Band der Lehen fester. Das gab dem König das Ansehen, dessen er bedurfte, um diesen Lehensleuten, aber auch den Städten gegenüber seine Autorität zu wahren und zu vergrößern. Feudale Staatsaufbauten stammen immer von kriegerischen Zeiten oder kriegerischen Völkern. Sie sind zunächst für den Krieg gedacht und haben da auch ihre besten Leistungsmöglichkeiten. So erweisen sich auch das Königreich Jerusalem und seine Vasallenstaaten als klare Typen von Feudalstaaten. Im Abendland kennen wir keine Beispiele eines so reinen Staatsaufbaues auf feudalen Gedanken, da das — allerdings sehr verschieden starke — Erbe der Antike ein anderes Element zufügte. Hier aber konnte man neu aufbauen und das Experiment eines rein feudalen Staates durchführen. Doch das Ergebnis war ungünstig. Es zeigte, daß in einem reinen Feudalstaat das Schwergewicht der Vasallen dem König gegenüber zunimmt, bis die Waage sich ganz zu ihren Gunsten neigt. Dann aber ist der Staat machtlos. Denn

[153] Siehe oben S. II, 80, 126, 132 u. a. Siehe auch unten S. II, 208.

[154] La Monte, Commun. movement, S. 122.

[155] Sanuto, Secreta fidelium crucis III/VII, 1, S. 174. — Assises I, Jean d'Ibelin CCLXXII, S. 426.

nicht der äußere Feind hat die Machtlosigkeit des Königreichs von Jerusalem hervorgerufen, sondern vor allem die innere Schwäche den Vasallen gegenüber, besonders da es einer Gruppe von Rittern, den Ritterorden, gelang, innerhalb dieses Staatswesens die Unterordnung unter den König fast ganz abzuschütteln und eigene Staaten im Staat zu werden. Das ist die Stelle, an der das Schicksal des Königreichs Jerusalem und seiner Vasallenstaaten nicht mehr typisch für die Entwicklung und das Geschick eines reinen Feudalstaates ist, sondern wo in dem Aufwachsen der Ritterorden besondere, sonst nicht vorhandene Faktoren auftreten, die den Untergang beschleunigen, obwohl gerade die Orden berufen gewesen wären, diese syrischen Staatsgründungen zu schützen und zu kräftigen. Aber wo einmal in einem feudalen Staatswesen die Waage sich zugunsten der Lehensträger geneigt hat, ist kein Aufhalten mehr. Denn dann wird auch jeder überragenden Königspersönlichkeit der Weg verstellt. Dann muß auch, was normalerweise Heil hätte bringen können (wie in unserem Fall die Orden) das Unheil nur vermehren.

NEUNTES KAPITEL

Die Kultur des Heiligen Landes unter den Kreuzfahrern

Das Land

Das Heilige Land und die zugehörigen Landschaften des fränkischen Syrien standen zur Zeit der Kreuzfahrer in großer Blüte. Natürlich machte der Reichtum der südlichen Vegetation auf den Abendländer, der nach dem Heiligen Land kam, großen Eindruck. Aber darauf kann es allein nicht zurückzuführen sein, daß die Beschreibungen aus der damaligen Zeit das Land immer wieder preisen. Nicht nur preisen, weil „die Füße des Herren hier gestanden haben", d. h. also um seiner Heiligtümer willen, sondern daneben wegen der Blüte des Landes. Wir haben eine Reihe von Beschreibungen, die einzeln aufführen, welche Teile des Landes besonders fruchtbar waren und welche Städte die schönsten gewesen seien. Und das ist keine Selbstverständlichkeit. Denn das Land enthielt damals doch daneben große wüste Strecken, die auf jeden Besucher erschreckend wirkten, wie die wüsten Berge Judäas zwischen Jerusalem und der Küste und die Umgebung des Toten Meeres. Und doch überwiegen bei den Besuchern des Landes immer wieder die Lobpreisungen des Landes. Es besaß damals noch große Wälder, nicht nur auf den Höhen des Libanon und Antilibanon. Und das bedeutete Fruchtbarkeit für Landschaften, die man heute mit künstlicher Bewässerung mühsam wieder ertragreich zu machen versucht. Die Umgebung von Jerusalem war allerdings damals schon trostlos wasserarm und baumlos. Wilhelm von Tyrus schreibt: „Jerusalem ... liegt in einer Gegend, die keine Bäche, keine Wälder, keine Quellen und keine Weiden hat" [1], und wir hören, wie schwer es bei der Belagerung von Jerusalem wurde, das Holz für Belagerungsmaschinen zu beschaffen. So waren die Verhältnisse also schon so wie heute, soweit nicht heute künstliche Bewässerung durchgeführt wird. Aber sonst im Land müssen die Fruchtbarkeitsverhältnisse damals gut gewesen sein. Burkhard vom Berg Zion hat uns eine eingehende Beschreibung des Heiligen Landes zu seiner Zeit hinterlassen, die sich nicht in allgemeinen Sätzen erschöpft, sondern sorgfältig auf vielen Einzelbeobachtungen aufgebaut ist. Er schreibt: „Man sollte wissen, daß das Heilige Land unter allen Ländern das beste heute ist und in Wahrheit auch war. Nur Leute, die

[1] Wilhelm von Tyrus VIII, 2, S. 322.

das nicht genau beobachtet haben, können das Gegenteil behaupten. Denn das Land ist sehr fruchtbar für den Anbau von Getreide, das fast ohne Mühe wächst und gedeiht. Allerlei Kräuter bringt der Boden wild hervor, Fenchel, Salbei, Raute und Rosen wachsen allenthalben im Feld. Baumwolle wächst in Gesträuchern ..., und ebenso gedeiht dort das Zuckerrohr ... Manche Früchte gibt es dort das ganze Jahr an den Bäumen, und die Menschen ernten sie das ganze Jahr hindurch. Zugleich und auf einmal findet man auch an denselben Bäumen Blüten, halbreife und reife Früchte und überreife zu gleicher Zeit; daß sie auch bisweilen die Frucht in vierfacher Gestalt ... tragen. Die wichtigsten der Früchte sind die Äpfel, die auch Narangen genannt werden, die Limonen und die Adamsäpfel (Tomaten), von denen die eingesessenen Bewohner eine Sauce machen, die man zu Hühnern, Fischen und anderen Speisen ißt. Es gibt auch eine Art Äpfel, die Zitronen heißen, von denen man in Akkon einen ausgezeichneten Scherbet (Limonade) macht. Andere Früchte, die es hier gibt, heißen Paradiesäpfel ... Es gibt viele Weinberge im Heiligen Land. Und es gäbe noch mehr; aber weil die Muslime, die heute im Land wohnen, keinen Wein trinken — oder nur einige von ihnen heimlich —, bauen sie keinen Wein an oder zerstören die vorhandenen Weinberge. Eine Ausnahme machen nur einzelne, die in der Nachbarschaft der Christen wohnen und dann Wein für deren Bedarf bauen. Sie verkaufen ihn dann ihnen. Der Wein des Heiligen Landes ist aber sehr gut und von edlem Geschmack, vor allem der von Bethlehem ... Aber auch bei Sidon und daran anschließend entlang der ganzen Höhe des Libanon wächst ein guter Wein und ebenso in Antaradus und Margath und an dem ganzen dortigen Meeresufer ... Ganz merkwürdig ist, was ich in Antaradus gesehen habe: denn dort gewinnt man aus einem und demselben Weinstock drei Ernten in einem Jahr. So haben es mir die einheimischen Winzer gesagt ... Feigen gibt es außerdem und Granatäpfel, Honig und Öl und die verschiedensten Sorten von Gemüsen, wie Melonen und Gurken. Auch viele andere Früchte gedeihen dort in Fülle."[2] Die Beschreibung, die Sanudo wenig später von dem Heiligen Land uns darbietet, schließt auch die anderen fränkischen Herrschaften in Syrien ein und weiß die Fruchtbarkeit und den Wasserreichtum der Grafschaft Edessa, der Gegend um Antiochia und der Grafschaft Tripolis am Meer und an den Hängen des Libanon zu preisen. Bei der Grafschaft Edessa werden an erster Stelle die zahlreichen Wälder hervorgehoben[3]. Auch Jakob von Vitry gibt eine eingehende Schilderung des reichen Ertrages des Landes, der Quellen und der Bewässerung des Geländes. Man spürt gerade an diesen Hervorhebungen, wie die verschiedenen Schilderer des Landes die Bedeutung der Frage der Bewässerung sehr wohl kennen und das Vorhandensein solcher Anlagen deshalb besonders betonen[4].

[2] Burkhard de Monte Sion XII, S. 86/87.
[3] Sanuto, Secreta fidelium crucis III, Teil VII, 1, S. 173.
[4] Jakob von Vitry I, 84, S. 1098.

So ist es denn sehr wohl verständlich, daß die fränkischen Ritter im Heiligen Land und die dort angesiedelten Kaufleute ihr Land liebten. Wir spüren es deutlich aus den liebevollen Schilderungen, die Wilhelm von Tyrus immer wieder in sein Buch einstreut, vor allem Beschreibungen seiner Stadt Tyrus und deren Umgebung. Es ist das eine andere Art der Liebe zum Heiligen Land, als sie der Abendländer hat, wie z. B. sehr lebhaft Walther von der Vogelweide[5]. Denn diese schätzen Palästina als das Heilige Land hoch um seiner heiligen Stätten willen und um der Verheißungen willen, die die Wallfahrt dorthin erfüllen sollen. Wilhelm von Tyrus liebt aber außerdem das Land um seiner selbst, um seiner Natur, seiner Schönheit und seines Reichtums willen.

Doch überschätze man auch andererseits die Hilfsmittel dieses Landes nicht. Die fränkisch-syrischen Ansiedelungen waren doch immer auf die Zufuhr aus der abendländischen Heimat angewiesen, nicht nur, was den ständigen Zustrom von Kämpfern zum Kreuzzug betrifft, sondern auch für Getreide, Fleisch und andere Lebensmittel, vor allem auch für Geld. Es wird das besonders deutlich aus einem Brief, den der Templermeister von Jerusalem an die Templer des Abendlandes im Jahre 1201 schrieb, als die Kämpfe in Sizilien das dortige Haus der Templer zerstört hatten und die Lieferungen von dort ausblieben. Sie hätten, wie der Meister schreibt, so dringenden Bedarf an Getreide, Wein, Gerste, Fleisch, Käse und nicht zuletzt an Geld. Auch berichtet er, die Feinde der Christen frohlockten, denn sie sähen sie arm an Geld und an Waffen[6]. Man sieht, wie das Land in seinen dauernden Kämpfen gegen die Muslime doch auf den Nachschub aus dem Abendland angewiesen war. Trotzdem aber bleibt das Bild eines in vielen Landschaften reichen, fruchtbaren und seit langem kultivierten Landes, wenn auch die großen wüsten Strecken, die zwischen diesen üppigen Gefilden liegen, den Gesamtertrag des Landes sehr verringern.

Unsere Quellen der Zeit rühmen besonders die Umgegend von Jericho[7], die Umgegend von Tiberias am See Genezareth[8], die Landschaft Sawād (Suète) am Ostufer dieses Sees[9], die Ebene Jesreel (Esdrelon) in Galiläa[10], die Umgegend von Sidon[11], die Hänge des Antilibanon[12], die Abhänge des Libanon[13] und die Ebene Bekā nordöstlich von Tripolis[14], dazu wird viel gerühmt an der Küste die Umgebung von Akkon, Tyrus, Tripolis, Laodicea und Antiochia[15]. Im Ostjordanland aber — umstritten zwischen Franken

---

[5] Walther von der Vogelweide 14, 38 u. 78, 10. [6] Bouquet XVII, S. 613 f.
[7] Thietmar, Peregrinatio, S. 26/32. [8] Burkhard de Monte Sion VI, S. 45.
[9] Deschamps, Deux posit. stratég. = Rev. hist. 172 (1933) S. 48.
[10] Burkhard de Monte Sion VII, S. 51.
[11] Ebd. II, S. 26. [12] Ebd. II, S. 27 u. III, S. 34.
[13] Ebd. III, S. 34. [14] Ebd. II, S. 28.
[15] Ibn Dschubair (Ausgabe Goergens) S. 280. — Jakob von Vitry 43, S. 1071. — Burkhard de Monte Sion II, S. 28. — Abū Schāma, Zwei Gärten I, S. 359. — Ibn Butlan S. 242.

und Muslimen — lockte die reiche Ebene des Haurān, eines der fruchtbarsten Weizenländer Syriens in tiefen Tälern mitten in der steinigen Wüste des Ostjordangebietes, es lockte die Gartenlandschaft rings um Damaskus, die der Baradāfluß bewässerte. Es lockte dabei die alte Kulturstadt Damaskus selbst als Mittelpunkt eines großen Handels, und auch das südlich davon gelegene Land, durch das die Karawanen nach Ägypten zogen. Man hat es mit Energie gegen die Muslime behauptet[16].

Neben diesen landwirtschaftlich fruchtbaren Gegenden machten die Hafenstädte den Reichtum des Landes aus. Gerade in den Jahren, in denen die Franken das Land innehatten und die italienischen Seestädte ihre Handelskolonien in diesen Städten besaßen, strömte ein guter Teil des abendländischen Orienthandels hier zusammen. Es waren eine ganze Reihe solcher Hafenstädte, vom Süden nach Norden: Askalon, Jaffa, Caesarea, Haifa, Akkon, Tyrus, Sidon, Beirut, Gibelet, Tripolis, Laodicea, und der St.-Simeons-Hafens von Antiochia. Von diesen Städten zeichnete sich Akkon und Tyrus durch besonders gute Häfen, Tripolis, Laodicea und Antiochia durch die besondere Lieblichkeit ihrer Lage aus[17].

Doch der Kern des Landes war und blieb natürlich Jerusalem. Allerdings nicht von wirtschaftlichen oder militärischen Gesichtspunkten aus. Von da aus gesehen, war der Besitz von Jerusalem ein problematischer Gewinn. Richard Löwenherz gab es seinerzeit auf den Rat landeskundiger Leute hin zweimal auf, nach Jerusalem zu ziehen und es zu erobern, weil es in dem wasserarmen Land schwer zu gewinnen und noch schwerer zu halten sei. Aber darum war der Ruhm und die Anziehungskraft Jerusalems als der Heiligen Stadt doch über alle Zweifel erhaben. Ein gewaltiger Pilgerstrom ging das ganze Mittelalter über Jahr für Jahr nach Jerusalem, so daß man wohl mit Recht gesagt hat, der Reiseverkehr dorthin sei damals verhältnismäßig stärker gewesen als in unseren Tagen[18]. Welchen Wert aber auch die Muslime auf al-Kuds als ihre Heilige Stadt legten, zeigen die Bedingungen, die al-Malik al-Kāmil Kaiser Friedrich II. auferlegte, und die Entrüstung und Trauer, die dieser Vertrag im muslimischen Lager auslöste.

Für die Christen stand im Mittelpunkt dieses heiligen Jerusalems wieder die Grabeskirche. Sie wird gern als das Herz der Welt oder als der Mittelpunkt der Erde bezeichnet[19]. Sie haben die Kreuzfahrer auch reich ausgestaltet: die sogenannte Engelskapelle wurde hinzugefügt, das alte Grabheilig-

---

[16] Deschamps, Deux posit. stratég. = Rev. hist. 172 (1933) S. 42 ff.

[17] Akkon: Ibn Dschubair (Goergens) S. 276. — Lat. Forts. des Wilh. v. Tyrus III, 13, S. 127. — Ludolf von Suchem, Übers. v. R. Röhricht, Gesch. d. Königreichs Jerusalem, S. 1009 ff. — Al-Athīr I, S. 689, von 1187/88. — Tyrus: Wilhelm von Tyrus XIII, 1—5, S. 555—563. — Ibn Dschubair (Goergens) S. 276 u. 277. — Jakob von Vitry 43, S. 1076. — Tripolis: Burkhard de Monte Sion II, S. 28. — Al-Athīr I, S. 237 u. 274. — Laodicea: Abū Schāma, Zwei Gärten I, S. 359. — Antiochia: Ibn Butlan S. 242.

[18] R. Bauerreis, Sepulchrum Domini, S. 34 f.

[19] Bauerreis ebd. S. 35.

tum reich geschmückt und mit einem Kranz von Kapellen umgeben. Außerdem wurde östlich der eigentlichen Grabeskirche eine neue größere Kirche von den Kreuzfahrern und den Königen von Jerusalem gebaut und mit der Grabeskirche durch Bogen verbunden. Dieser Neubau enthielt vor allem auch eine große Halle für Prozessionen und dergleichen[20].

Benachbart der Kirche des Heiligen Grabes lagen auch die mit Pracht ausgestatteten Gräber von Herzog Gottfried und König Balduin I. Sie wurden von den Chwarismiern bei der Eroberung im Jahre 1244 aufgebrochen und ihrer Kostbarkeiten beraubt. Ein Feuer von 1808 zerstörte sie dann noch vollkommen[21].

Die Kreuzfahrer haben auch darüber hinaus in Jerusalem viel gebaut, die Stadt sehr ausgeschmückt und sie so verändert, daß die Muslime, als sie 1187 nach der Eroberung durch Saladin die von ihren Einwohnern verlassene Stadt wieder betraten, es mit Staunen sahen. Wir besitzen einen Brief des Kadi al Fādl an den Kalifen aus diesen Tagen, in dem er schreibt, Jerusalem sei in den Händen der Franken zu einem Paradies geworden. Er berichtet von Säulen und Marmorplatten und von Brunnen aus Marmor, aus denen immerwährend Wasser fließt. Er erzählt von öffentlichen Plätzen, die Gärten gleichen, die mit Marmor eingefaßt sind und wo Säulen (durch ihre Kapitäle) wie Bäume aussehen[22]. So sieht man aus muslimischem Zeugnis hier deutlich, wie Jerusalem unter christlicher Herrschaft aufgeblüht ist. Was von der Stadt gilt, läßt sich aber auch von dem ganzen Land sagen, und dabei war das Land schon lange Zeuge der sehr entwickelten syrischen Kultur, in der sich das Erbe der Antike mit Einflüssen aus der muslimischen Welt Persiens und Arabiens und neuerdings von Bagdad mischte.

Die Bewohner des Landes

Trotzdem trug das Land durch die fränkische Eroberung einen schweren Schaden davon, der sich auch während der ganzen Dauer der fränkischen Herrschaft nicht beheben ließ: die geringe Zahl der ländlichen Bevölkerung als Folge der Tötung und der Vertreibung vieler Muslime bei der Eroberung. Als Humbert von Romans um das Jahr 1274 — also schon gegen das Ende der Frankenherrschaft hin — die Haupteinwände zusammenstellte, die man im Abendland gegen die Kreuzzüge vorbrachte, gehörte dazu auch der, es sei sinnlos, die Gebiete der Muslime zu entvölkern, weil die Bewohner des Abenlandes sich im Orient nicht auf die Dauer ansiedeln wollten und so ihre Länder veröden würden[23]. Dieser Mangel, der sich schon bald nach der

[20] J. R. Macpherson, The Church of the Resurrection or of the Holy Sepulchre = The Engl. Hist. Review VII (1892) S. 417—436 u. 669—684. Dort auch eingehende Geschichte des Heiligtums.

[21] Macpherson a. a. O. S. 679.

[22] R. Röhricht, Beiträge I, S. 200.

Eroberung zeigte, ist also die ganzen Jahrhunderte durch empfunden worden. Nun muß man sich allerdings dabei sagen, daß die Abendländer eine ganz andere Vorstellung von Besiedelungsmöglichkeiten und Besiedelungsdichte aus dem Abendland mitbrachten, daß ihnen also immer die dünne Besiedelung des Heiligen Landes unangenehm auffallen mußte, auch wenn sie durch die karge Natur vieler Teile des Landes nicht viel zu verbessern war. Aber trotz des Abzuges solcher leicht überschätzender Sicht bleibt die Bevölkerungsfrage während der ganzen Zeit ein drückendes Problem.

Daß die Muslime auch außerhalb Jerusalems bei der Einwanderung vertrieben wurden oder flohen, geht schon daraus hervor, daß dort, wo die Muslime eine Stadt wieder eroberten, in den ersten Jahrzehnten oft eine systematische Rückführung der früheren Besitzer und Bewohner stattfand. Die noch vorhandenen alten Grundbücher wurden dafür als Grundlage benützt[24]. Von anderen Städten wissen wir, daß die Muslime bei der Eroberung sich freien Abzug ausbedungen, so in Arsuf, Gibelet, Tyrus, Akkon u. a.[25]. Das hatte zunächst einmal noch eine weitere üble Folge. Die auf dem flachen Lande wohnenden Muslime bewahrten eine feindselige Haltung gegen die Franken. Sie überfielen einzelne und kleine Gruppen, sie stahlen, wo sie konnten, bauten die Äcker nicht mehr an, so daß Hunger die Franken bedrohte, oder sie versuchten ihre alten verlassenen Besitzungen wieder zu nehmen. Herzog Gottfried bemühte sich, dem durch ein Gesetz zu steuern, das die Streitigkeiten um solche verlassene Besitzungen regelte. Eine größere Sicherheit der Besitzverhältnisse scheint die Folge dieser Verordnung gewesen zu sein[26].

Doch die Schwierigkeit der Bevölkerungsfrage blieb. Wilhelm von Tyrus berichtet, die Heilige Stadt sei fast „leer von Einwohnern gewesen. Denn die Muslime habe man bei der Eroberung vertrieben, die Syrer, die in dem — teilweise sicher berechtigten — Verdacht des Zusammenarbeitens mit dem Feind standen, habe man schlecht behandelt und auch dezimiert, Franken gäbe es nur wenige, die für die Besiedelung der Dörfer in Frage kämen, schon weil es den Geeigneten an Betriebskapital fehle.[27] Deshalb rief König Balduin I. aus Transjordanien christliche Bauern herbei unter Versprechung günstiger Lebensbedingungen. Die Aufforderung hatte guten Erfolg. Viele der Gerufenen kamen mit ihren Herden und ihren Familien, und andere, die auf diese Weise eine drückende Herrschaft loszuwerden hoffen konnten, folgten aus anderen Teilen des Landes[28].

Aber damit war die Bevölkerungsfrage keineswegs gelöst. Als König

[23] F. Heintke, Humbert von Romans. = Hist. Studien (Ebering) 222 (1933). — Mansi, Concilia 24, S. 116, hat nur einen Auszug.

[24] Grousset II, S. 62/63, von 1135. — Die Orte: Athāreb, Zerdana, Ma'arrat an-Nu'mān und Kafr Tāb. — Al-Athīr I, S. 423.

[25] Wilhelm von Tyrus X, 18 u. XI, 27.

[26] Ebd. IX, 19, S. 393.

[27] Ebd. XI, 27, S. 500.

[28] Ebd.

Fulko etwa zwischen 1134 und 1137 an der Südgrenze des Reichs gegen Ägypten hin die Festungen Beit Dschibrīn (Bethgibelin oder Gibelin) und Blanche-Garde gründete, tauchte dort dieselbe Frage auf. Es galt das Land um diese Festungen herum zu besiedeln, um so für das Land auch Verteidiger bei Angriffen zu haben, Leute, die ihrerseits froh waren, ihre Siedelungen durch die neuen Burgen geschützt zu wissen. Wieder wurden günstige Bedingungen ausgeschrieben, gegen eine Grundsteuer wurden das Wohnhaus und das zugehörige Ackerland mäßigen, aber genügenden Umfangs den Bewohnern überlassen[29]. Es ist dieselbe Form, in der man auch im Abendland Königsbauern zum militärischen Schutz angesiedelt hat. Als später in derselben Gegend die Feste Darum gebaut wurde, wiederholt sich derselbe Vorgang. Wieder zieht man unter günstigen Bedingungen Siedler heran. Während aber 1134/37 augenscheinlich muslimische Bauern angesiedelt wurden, sind hier syrische Christen mindestens darunter gewesen, da von einem Kirchenbau berichtet wird. Auch siedelte man neben den Bauern Handwerker an[30]. Augenscheinlich hatte sich also das Siedelungswesen inzwischen fruchtbar entwickelt.

Dazwischen liegen aber zwei weitere Versuche des Königs, die Besiedelung des Landes zu verbessern. Nach dem Frieden mit Ägypten im Jahre 1167 forderten die syrischen Barone und Bischöfe den König Amalrich auf, Boten ins Abendland zu schicken und zur Besiedelung des eroberten Landes aufzufordern[31]. Ob diese Aktion zustande gekommen ist, wissen wir nicht. Groß kann ihr Erfolg nicht gewesen sein. Denn 7 Jahre später bot König Thoros II. von Armenien König Amalrich von Jerusalem an, er wolle das Land von armenischen Bauern besiedeln lassen. Wie groß die Bevölkerungsnot im Heiligen Land außerhalb der Städte war, geht daraus hervor, daß man damals die Ansiedelung von 300 000 Armeniern ins Auge faßte. Es war ein günstiges Angebot. Denn diese aus Armenien nach Kilikien Vertriebenen waren als gute Bauern und Handwerker bekannt. Der Plan kam leider nicht zustande, weil die lateinische Geistlichkeit des Heiligen Landes ein allzu starkes Vordringen der armenischen Kirche fürchtete und deshalb eine Sonderbesteuerung der Armenier forderte, die König Thoros entrüstet ablehnte[32].

So blieb die Bevölkerungszahl gering. In den Städten war die Zahl der Abendländer im Gegensatz zum flachen Land recht groß. Italienische und französische Kaufleute vermischten sich untereinander und seltener auch mit den Rittern, die meist französischer Abkunft waren. Außerdem kamen nach den Städten zahlreiche abendländische Elemente als Pilger und Büßer, die nicht gerade die besten Kräfte des Abendlandes in diese Hafenplätze brachten. Man braucht ja nicht so weit zu gehen wie Jakob von Vitry, der

[29] Ebd. XV, 24 u. 25, S. 696 f., von 1134—1137. — Prutz, Ritterorden, S. 50 f. — Grousset II, S. 156 f. [30] Wilhelm von Tyrus XX, 19, S. 975.

[31] Ernoul III, S. 24 f. — Grousset II, S. 502.

[32] Grousset II, S. 602 ff. — Ernoul IV, S. 27 ff.

als Bischof einer solchen Stadt die Verhältnisse allerdings sehr gut kannte, aber als Bußprediger leicht zu Übertreibungen neigen mußte. Seiner Darstellung nach müßten nur Verbrecher aller Art vom Abendland nach Palästina gekommen sein und dort ihre Verbrechen heimisch gemacht haben[33]. Aber immerhin hat sich sicherlich allerlei Gesindel aus dem Abendland, Händler, Büßer und Abenteurer, in den Hafenstädten gesammelt. Das abendländische eingewanderte Element war also nicht immer das beste, wenn man von der Ritterschaft absieht. Auch von den Kreuzfahrern und Pilgern zogen die besten, die zu Hause geordnete Verhältnisse hatten und keine Ursache hatten, aus der Heimat zu verschwinden, wieder dorthin zurück. Die verschiedenen Völker des Abendlandes mischten sich hier. Jakob von Vitry rühmt die Mäßigkeit und Wortgewandtheit der Italiener und die Kriegstüchtigkeit und kirchlich-fromme Gesinnung der Franzosen und Deutschen[34]. Doch der Gesamtcharakter der fränkischen Staaten blieb französisch. Dafür sorgte schon die herrschende Adelsschicht, die sich größtenteils aus Franzosen zusammensetzte. An den Kreuzzügen waren zwar alle abendländischen Nationen beteiligt, aber die Franzosen überwogen, vor allem in den Kreuzzügen Ludwigs des Heiligen, aber auch in anderen Zügen. Außerdem entstammten aber diejenigen, die sich im Heiligen Land niederließen, größtenteils Frankreich. Und auch das Königshaus wurde im Lauf der Zeit rein französisch. Gehörte das Haus Gottfrieds und der beiden Könige Balduin dem lothringisch- brabantischen Adel an, war Gottfried noch deutscher Reichsfürst mit französischer Sprache, so kamen König Fulko, Guido von Lusignan, Heinrich von der Champagne, Amalrich II. von Lusignan und Jean de Brienne von Frankreich. Dazwischen war nur Konrad von Montferrat Italiener. Erst mit Kaiser Friedrich II. brach diese Reihe ab. Dieser aber blieb eben um seiner nichtfranzösischen Abstammung wegen immer ein verhaßter Fremder im Land. „Wir lieben Euch und Euer Land", schrieb König Amalrich II. an König Ludwig VII. von Frankreich, als er Ägypten angreifen wollte und dafür Hilfe erbat, und fuhr dann fort: „Wir hoffen ganz speziell auf Euch und Euer Reich, und Wir teilen, wie Wir es gewohnt sind, den Erfolg Unserer Heere Euerer Majestät mit."[35]

Die Hauptmasse des offenen Landes bewohnten auch unter fränkischer Herrschaft muslimische Bauern. Das bezeugt ausdrücklich Wilhelm von Tyrus, der als Kanzler des Reichs Bescheid wußte[36]. Wenn Burkhardus de Monte Sion, den wir schon wiederholt als Zeugen aufgeführt haben, in seiner Beschreibung des Heiligen Landes sagt, daß im ganzen Orient außer Ägypten und Arabien 30 Christen auf einen Muslim kamen, so sind unter den Christen

[33] Jakob von Vitry, Historia (Ausgabe Bongars) S. 1096 f.
[34] Jakob von Vitry, Historia 67, S. 1085 f.
[35] A. Bongars Nr. 23, Sp. 1182.
[36] Wilhelm von Tyrus IX, 19, S. 393: „Suburbana autem etiam in nostrorum finibus universa ab infidelibus et Sarracenis incolebantur ..."

selbstverständlich auch die syrischen, armenischen und griechischen Christen einbegriffen. Aber doch stimmt seine Schätzung sicherlich nicht im ganzen. Vielleicht traf sie für die Küstenstädte zu. Das flache Land des Heiligen Landes war in manchen Teilen zwar auch von christlichen Syrern bewohnt, vor allem in dem nördlicheren Teil, im eigentlichen Heiligen Land aber größtenteils von Muslimen[37]. Daß es diesen Muslimen unter christlicher Herrschaft recht gut ging, wurde oben bei der Betrachtung ihrer rechtlichen Lage schon betont[38]. So kommt es denn auch, daß wir einzelne Muslime an leitenden Stellen im fränkischen Reich finden. Bohemund III. von Antiochien hatte einen muslimischen Vertrauensmann, eine Art von Minister, der ihn allerdings dann schmählich verriet[39]. Ähnliches hören wir von dem Herren von Kafr Tāb[40]. Und in kleinem Kreis wiederholt sich dasselbe, wenn wir hören, daß ein Muslim Gemeindevorsteher war[41]. Wahrscheinlich war das sogar keine Ausnahme, sondern die muslimischen Bauern waren in Gemeinden mit Vorstehern aus ihrem eigenen Kreise zusammengeschlossen.

Im allgemeinen war dies Zusammenwohnen von Franken und Muslimen friedlich und gut. Das geht so weit, daß es vorkommt, und zwar gar nicht selten, daß Franken und Muslime gemeinsam einen Landstrich beherrschen in der Weise, daß beide sich die Einnahmen des Landes teilen[42]. In merkwürdiger Weise trafen solche friedliche Beziehungen zusammen mit den immer wieder einsetzenden Kämpfen der muslimischen und christlichen Herren. Neuankommende Kreuzfahrer verstanden solche friedlichen Beziehungen oft ganz und gar nicht. So ist es denn auch nicht zu verwundern, wenn Muslime sich über diese Neuankömmlinge beschwerten[43].

Eigentlich hätte man noch weit bessere Beziehungen zu den syrischen Christen des Landes erwarten sollen. Rechtlich waren auch, wie wir sahen, die Syrer ebenso wie die Griechen, Armenier usw. recht gut gestellt. Doch war faktisch die Haltung der Franken gegen die Syrer und der Syrer gegen die Franken durchaus nicht immer freundlich. Bei der Eroberung des Landes hatten, wie wir oben gesehen haben, die Syrer, Armenier usw. eine oft zweifelhafte, unzuverlässige Haltung eingenommen. Das setzte sich auch nach der Einnahme von Jerusalem heimlich fort[44], und in der ganzen Geschichte der fränkischen Staaten gibt es einzelne Beispiele von Feindselig-

---

[37] Vgl. Abū Schāma I, Zwei Gärten, S. 301 f., für die Gegend von Nābulus. Auch der Brief von Kadi al-Fadl setzt das voraus (= R. Röhricht, Beiträge I, S. 194). Ebenso stimmen damit die Berichte von Ibn Dschubair überein, von denen oben schon die Rede war.

[38] Siehe oben S. II, 184 ff.

[39] Al-Athīr I, S. 717, von 1188/89.

[40] Usāma S. 180 f.

[41] Ibn Dschubair (Goergens) S. 275.

[42] Kamal ad-Dīn, Sahne, S. 288. — Al-Athīr I, S. 314, 323, 388 u. 541. — Abu 'l Feda S. 66 u. 103 f. — Wilhelm von Tyrus XXIII, 1, S. 1134. — Grousset I, S. 549 u. 642; II, S. 753.

[43] Usāma S. 186. — Grousset II, S. 141.

[44] Ordericus Vitalis, Hist. eccles. X, 18, S. 770 (Migne PL 188), wo auch der Tod Herzog Gottfrieds auf Vergiftung durch Einheimische zurückgeführt wird.

keiten der Syrer gegen die Franken[45]. Trotzdem war das Verhältnis der Franken zu den Syrern nach den ersten Jahren der Eroberung nicht schlecht. Aber unmittelbar nach den teilweise schlechten Erfahrungen bei der Belagerung von Antiochia und in den folgenden Jahren schlugen die Franken, wie wir wissen, zuerst viele nieder. Aus einem Brief der Kreuzzugsfürsten an Papst Urban II. aus dem Jahre 1098 hat man den deutlichen Eindruck, daß sie mit dem Problem dieser einheimischen Christen nicht fertig wurden. Sie baten den Papst, zu kommen und sich der Sache anzunehmen[46]. Jedenfalls muß ihre Zahl damals sehr zusammengeschmolzen sein[47]. Aber dann war, wie der syrische Patriarch „Michael der Syrer" ausdrücklich und ausführlich bezeugt, das Verhältnis gut[48]. Auch sonst fehlt es nicht an Zeugnissen für eine freundliche Haltung der fränkischen Fürsten den syrischen Christen gegenüber[49]. Feindselige Handlungen, wie die Plünderung des syrischen Klosters Barsaumā durch Joscellin II. im Jahre 1148, können durchaus als Ausnahme gelten und werden von der allgemeinen Meinung durchaus verurteilt[50]. So hören wir denn auch oft von friedlichem Zusammengehen beider Teile und von einer Unterstützung der Franken durch die syrisch-christliche Bevölkerung[51]. Auch bedeutete es durchaus keine feindliche Haltung gegen die Franken, wenn die syrischen Christen nach der Eroberung von Jerusalem durch Saladin 1187 baten, unter muslimischer Oberherrschaft in der Stadt wohnen bleiben zu dürfen. Denn daß Saladin nun ihnen die Wache über die Heiliggrabkirche übertragen konnte, war nur ein Vorteil für die Christen[52]. Freilich zeigt dies Entgegenkommen Saladins den syrischen Christen gegenüber, wie auch öfters vorher schon eine entsprechende Haltung von Zengi[53], daß die muslimischen Herren immer noch auf ein Zusammengehen der Syrer mit ihnen rechneten.

Diese Spannungen lösten sich, als die einzelnen Gruppen der syrischen Christen sich nacheinander der römischen Kirche anschlossen. 1181 ging die Gruppe der Maroniten, die etwa 40 000 Menschen aus dem Libanon und der Grafschaft Tripolis umfaßte, voran. 1247 folgte die jakobitische Kirche. Damit waren die konfessionellen Gegensätze weithin aufgehoben und die gegenseitigen Befeindungen der Geistlichkeit auf beiden Seiten beendet, und das wog schwerer als der völkische oder rassische Gegensatz[54].

Nächst den Syrern und den Muslimen waren die Armenier die wichtigste Bevölkerungsgruppe, mit denen die Franken sich auseinandersetzen mußten. Auch sie waren häufig Untertanen der Franken. Doch ihre Stellung war

---

[45] Grousset I, S. 561; II, S. 68 f., 188 ff., 278 f., 293 u. 866 f.; III, S. 627.

[46] Kreuzzugsbriefe (hrsg. v. Hagenmeyer) XVI, S. 164, von 1098.

[47] Wilhelm von Tyrus XI, 27, S. 500 f. [48] Siehe oben.

[49] Grousset II, S. 163 u. 472. [50] Grousset II, S. 284 f.

[51] Grousset I, S. 258 u. 514 ff. — Fulcher von Chartres III, 18, 2, S. 665. — Rothelin LX, S. 592, von 1249.

[52] Lat. Forts. d. Wilh. v. Tyrus II, 1, S. 78. — At-Athīr I, S. 706, von 1187.

[53] Grousset II, S. 188 ff. [54] Grousset II, S. 757 f. u. III, S. 360.

anders als die der Syrer, weil sie einen Rückhalt an den benachbarten armenischen Staaten besaßen. Sie hatten nicht die besondere Gerichtsbarkeit wie die syrischen Untertanen der Franken. Aber ihre Behandlung durch die Franken war großenteils durch politische Rücksichten auf den oder die Nachbarstaaten bestimmt. Das galt vor allem für Antiochia und seine sehr wechselvollen Beziehungen zu den Armenieren. Von hier aus kam es auch zu einer freundschaftlichen Berührung des fränkischen und des armenischen Adels. Sie führte dazu, daß die Armenier im Lauf des 13. Jahrhunderts das fränkische Lehenssystem mit allen seinen Bezeichnungen und Titeln übernahmen, obwohl es ihnen ursprünglich fremd war[55]. Über die Beziehungen der armenischen Kirche zu Rom verhandelte man lange, ohne daß es zu einem voll befriedigenden Ergebnis gekommen wäre[56]. Völlig für sich steht das Verhältnis der Franken zu den Armeniern in der Grafschaft Edessa, wo die Eroberung mit Hilfe der Armenier durchgeführt wurde, dann aber die Franken sich durch eine Gewaltherrschaft im Lande verhaßt machten[57].

Die Zahl der Juden im Heiligen Land zur Zeit der Kreuzfahrer war nicht groß. Nach Angaben des jüdischen Reisenden Benjamin von Tudela läßt sich ihre Zahl für das ganze Land auf 7000 bis 8000 schätzen. Tyrus soll etwa 400 jüdische Familien gehabt haben, und Akkon 200 und Jerusalem etwa ebenso viele[58]. Das bezieht sich auf das Jahr 1173. Bei der Eroberung hielten sie sich meist feindlich gegen die Kreuzfahrer, so bei der Eroberung von Haifa, wo damals besonders viele Juden sich angesiedelt hatten[59]. Aber auch die Kreuzfahrer kamen als Feinde der Juden. Bei der Eroberung von Jerusalem kam es zu einem Blutbad in der angezündeten Synagoge. So lebten in Jerusalem keine Juden. Im Land wanderten auch viele aus. Dann aber setzte wahrscheinlich eine — allerdings begrenzte — Einwanderung nach Palästina ein. Der jüdisch-spanische Dichter Jehuda al-Harīzī erzählt davon aus den ersten Jahrzehnten des 13. Jahrhunderts. Zwei der bedeutendsten jüdischen Gelehrten haben sich damals aller Wahrscheinlichkeit nach längere Zeit im Heiligen Land aufgehalten. Es sind Jehuda Halewī (starb kurz nach 1141) und Maimonides (1135—1204). Außerdem lehrten in Tyrus Rabbi Abraham und Rabbi Meier aus Carcassonne und in

---

[55] Rey, Colonies, S. 84 f. — Prutz, Kulturgesch., S. 154.

[56] Zum Beispiel Grousset II, S. 50.

[57] Siehe Iskenderian, Ter-Grigorian, Die Kreuzfahrer und ihre Beziehungen zu den armenischen Nachbarstaaten (1915).

[58] Prutz, Kulturgesch., S. 151 f. — L. Dietrich, Das Judentum im Zeitalter der Kreuzzüge = Saeculum III (1952) S. 94 f. u. 120, nimmt viel kleinere Bevölkerungszahlen der Juden an als Prutz. — Vgl. auch St. Runciman II, S. 294 ff. Dietrich stützt sich auf einen aus dem Jahr 1180 stammenden Reisebericht von Petachja, demzufolge in ganz Palästina damals nur 100, 200 oder 300 jüdische Familien gelebt hätten. Das paßt schlecht zu dem eingehenden Bericht von Benjamin von Tudela ungefähr aus derselben Zeit. Man wird deshalb Benjamin mehr Glauben schenken können als Petachja.

[59] Grousset I, S. 200 u. II, S. 821.

Akkon Rabbi Zadok und Rabbi Japhet ben-Elie[60]. Grund für diese Zuwanderung von Gelehrten aus Spanien mag einmal die Anziehungskraft des Heiligen Landes gewesen sein. Dazu kam aber die verhältnismäßig günstige Lage der Juden im Königreich Jerusalem, wenn sie auch von dem Landerwerb ausgeschlossen waren[61]. Doch diese Einschränkung bedeutete damals nicht viel für sie. Denn sie suchten keinen Grundbesitz im Heiligen Land[62].

Trotz dieser nach den ersten Zeiten freundlich-toleranten Haltung der Franken bestand in den ganzen Jahrhunderten ein ausgesprochenes Mißtrauen gegen die Juden. Als im Jahre 1010 die Jerusalemer heiligen Stätten von dem Kalifen al-Hākim zerstört wurden, behauptete man, die abendländischen Juden hätten Briefe an den Kalifen geschrieben und ihn zu einem solchen Vorgehen aufgefordert[63]. Und als 1241 die Mongolen gegen das Abendland zogen, behauptete man, die Juden des Abendlandes hätten sich verschworen, um zusammen mit den Mongolen über die Christen zu herrschen. Vielleicht hat die heimliche Lieferung von Waffen an die Mongolen von jüdischen Händlern, von der an dieser Stelle erzählt wird, neben der allgemeinen Feindschaft Anlaß zu einer solchen Behauptung gegeben[64]. Im Abendland entlud sich dieses Mißtrauen in Judenverfolgungen zur Zeit der Kreuzzüge. Auch in Spanien mußten die Päpste die Juden gegen Verfolgungen damals in Schutz nehmen[65]. Da mag auch die Haltung der Franken in Palästina gegen sie und ihre gegenüber den Franken nicht sehr freundlich gewesen sein. Denn als die Muslime siegreich im Land vordrangen, schlossen sie sich ihnen freundlich an[66].

Auch zu den Griechen hatten die Franken kein gutes Verhältnis. Es bestand eine gewisse Konkurrenz der beiden Kirchen. Man ersetzte die griechischen Patriarchen schon bald nach dem Einmarsch durch lateinische und unterstellte die griechischen hohen Geistlichen den römischen, was viel böses Blut machte[67]. Dazu kam, daß die Spannungen zu Byzanz, die fast die ganze Zeitspanne über anhielten, die Griechen den Franken verhaßt oder doch verdächtig machten. So ist es denn nicht zu verwundern, daß eine französische Quelle der Zeit sagt: „Die Griechen sind treulos, schlimmere Verräter als Judas. Sie haben immer die Lateiner und vor allem die Franken mit einem unauslöschlichen Haß verfolgt.“[68]

Außerdem gab es noch einige kleinere Bevölkerungsteile im Land, die aber keine große Rolle spielten. Am meisten noch die Beduinen, von denen

[60] Rey, Colon., S. 102 f. — Prutz, Kulturgesch., S. 150 ff. u. 533.

[61] Assises II, Cour des Bourgeois XXIV, S. 254 f.

[62] Vgl. Benary, Über die säkularisierende Wirkung der Kreuzzüge (1937) S. 16 f.

[63] Adémar de Chabannes = M. G. SS. IV, 137.

[64] Matth. Paris. IV, S. 131 f., von 1241.

[65] Jaffé-Löwenfeld 4528.

[66] Grousset II, S. 821 f.

[67] Fliche, Hist. de l'église, VIII, S. 306. — Burkhard de Monte Sion XIII, S. 89. — Hansen, Kirchenstaat, S. 22.

[68] Gesta Ludovici = Duchesne IV, S. 395.

schon oben die Rede war[69]. Die Assassinen wird man kaum als eine besondere Gruppe neben den Muslimen ansehen dürfen. Politisch haben sie allerdings oft eine eigene Rolle gespielt und zeitweise zu einem politischen Anschluß an die Franken gegen die anderen Muslime geneigt. In den Bergen bei Antiochia wohnten auch Georgier. Sie hatten dort ein dem heiligen Simeon dem Styliten geweihtes Kloster. Vielleicht lebten auch noch einzelne dieser Mönche als Säulenheilige in den Bergen[70]. Als letztes seien noch die Reste eines zigeunerähnlichen Volkes genannt, der Truands. Sie scheinen mit den Kreuzfahrern gekommen und dann sitzengeblieben zu sein. Doch weiß man kaum etwas von ihnen[71].

Diesen sehr verschiedenen Bevölkerungsgruppen standen zwei Gruppen von Franken gegenüber: einmal die zu Beginn kleine, aber schnellwachsende Zahl der Kaufleute und ähnlicher Berufe in den Städten und dann die Herrenschicht des Adels. Man nimmt an, daß im allgemeinen nicht mehr als 1000 Ritter (und Fürsten) im Königreich Jerusalem lebten. Dem entspricht auch etwa die Stärke des Heeres in den ersten Jahrzehnten. In der Schlacht bei Askalon, an der noch die Kreuzfahrer teilnahmen, die dann heimkehrten, kämpften 10 000 Mann, von denen etwa 8000 sicherlich leichtbewaffnete waren. 1100 zählte das Heer nur etwa 1200 und 1101 1300 Mann. Rechnet man die Angehörigen dieser etwa 1000 Ritter und die Geistlichkeit zusammen auf 1500 Menschen, so ergibt sich eine Gesamtzahl dieser Herrenschicht von 2500 Menschen. Sie ist im Lauf der Zeit gewachsen, aber groß war sie nie.

Vermischung der Völker und Kulturen

Eine der entscheidenden Fragen, vor die sich die Franken nach der Eroberung des Heiligen Landes gestellt sahen, war die nach dem Verhältnis der Völker und Kulturen zueinander. Würden die neuentstehenden Ansiedelungen abenländischen Charakter tragen, oder würden die einheimischen, syrischen, griechischen und türkisch-arabischen Elemente den Charakter des Ganzen bestimmen? Würde in den Hafenstädten sich eine ungesunde Atmosphäre bilden, die das Ganze beeinflußte, in einer Vermischung der Bevölkerungen, oder würden getrennte Kreise verschiedener Kultur und Rasse nebeneinander bestehenbleiben?

Ansätze zu einer solchen Sonderung gab es sicherlich. So hören wir, daß es in Akkon verschiedene Herbergen für Christen und Muslime gab und daß auch auf den großen Schiffen die Plätze der Muslime von denen der Christen gesondert waren[72]. Aber unmittelbar daneben wird auch berichtet, daß muslimische Kaufleute von einer Christin eine Wohnung mieteten[73]. Die Ab-

[69] Siehe oben S. II, 186. [70] Rey, Colonies, S. 93.

[71] R. Röhricht. Geschichte d. I. Kreuzzuges (1901) S. 219/220. Die Muslime nannten sie Tofurs. [72] Ibn Dschubair (Goergens) S. 280. [73] Ebd. S. 276.

trennung in den Städten kann also nicht streng gewesen sein. Daß man besondere Gerichte für die einheimische Bevölkerung einrichtete, entsprang nicht so sehr dem Wunsch einer Absonderung, sondern weit mehr der Notwendigkeit, über sie nach ihrem eigenen Recht zu richten; das verschiedene Recht erforderte verschiedene Gerichtshöfe. Von dem friedlich-freundschaftlichen Verkehr der christlichen und muslimischen Herren und Herrschaften, der Könige und Sultane, aber auch der kleineren Herren untereinander, war schon die Rede. Es wäre ja erstaunlich, wenn ein solcher Verkehr nicht zu einer Angleichung auch der Lebensformen geführt hätte. Aber welche Kultur und Volksart war stärker? Wer paßte sich an?

Wir kennen zwar einzelne Fälle, in denen sich muslimische Herren dem Leben der Franken angepaßt haben. So lebte Balduk, der Herr von Samosate, der vielleicht zu der Familie der muslimischen Danishmenditen gehörte, lange am Hof und im Lager Balduins, des nachmaligen Königs von Jerusalem, nach der Weise fränkischer Ritter[74]. Doch das sind seltene Ausnahmen.

Im allgemeinen ging die Anpassung in umgekehrter Richtung sehr schnell vor sich. Fulcher von Chartres sagt dort, wo er Ereignisse berichtet, die etwa 25 Jahre nach der Eroberung von Jerusalem liegen, mit einem gewissen Stolz: „Wir, die wir Abendländer waren, sind nun Orientalen geworden, wer Römer war oder Franzose, ist hier in dem Lande Galiläer oder Palästinenser geworden, wer aus Reims oder Chartres war, ist nun aus Tyrus oder Antiochia. Denn wir haben unseren Heimatort vergessen. Den meisten von uns sind sie unbekannt geworden oder sie haben sie lange nicht mehr nennen hören. Der eine besitzt hier eigene Häuser und Familien abhängiger Bauern, wie wenn er die von seinen Vätern übernommen und geerbt hätte, der andere nahm sich ein Weib, aber keine Landsmännin, sondern eine Syrerin oder Armenierin oder auch eine getaufte Sarazenin und lebt nun mit der ganzen Sippe der Frau zusammen . . . Wer ein Fremdling war, ist nun zum Einheimischen geworden und der Zugezogene zum Einwohner."[75] Da Fulcher ein zuverlässiger Berichterstatter ist, zeigt diese Schilderung schon deutlich, wohin die Entwicklung steuerte[76]. Von Akkon berichtete Freidanks „Bescheidenheit":

„Kristen unde heiden
sind z'Akers ungescheiden.
Aller bilgerîne kraft
scheidet niht ir gevaterschaft."[77]

Als die Kirche sich gegen den Verkehr mit Muslimen wandte und ihn nur dort gestattete, wo man hoffen könne, daß die Konversion eines Muslim zum Christentum daraus hervorgehe, war es schon viel zu spät[78].

[74] Grousset I, S. 62. [75] Fulcher von Chartres III, 37, 3 ff., S. 748.
[76] Grousset III, S. 29. — Vgl. Runciman III, S. 317 f. u. Fedden S. 42, beide mit Beispielen.
[77] „Freidank" 156, 6.
[78] Thomas von Aquino, Summa theologica II, II, Quaestio X, Art. IX, S. 66.

Am schnellsten ging wohl die Anpassung der fränkischen Fürsten und Herren in der Grafschaft Edessa und den ihr benachbarten Gebieten vor sich. Sie heirateten armenische Prinzessinnen, trugen dann armenische Kleidung und Barttracht. In armenischer Weise verwettete Balduin von Bourg seinen Bart, sehr zum Schrecken seines armenischen Schwiegervaters, den er aber so zur Auszahlung des noch ausstehenden Restes seiner Mitgift in der Höhe von 30 000 Michaeliten zu veranlassen wußte[79].

Aber auch in Syrien selbst und im Heiligen Land ließ die Anpassung an die Lebensgewohnheiten der Einheimischen nicht lange auf sich warten. Einer der ersten Fürsten, von dem berichtet wird, daß er mit der Pracht orientalischer Herrscher auftrat, ist König Balduin I. Er ließ einen Schild vor sich hertragen, der das Relief eines Adlers zeigte, er nahm also die morgenländische Sitte von Wappen an. Auch orientalische Barttracht sowie Kleidung wird von ihm berichtet, ebenso wie die Verwendung von Trompeten[80]. Auch Tankred trug einen Turban (mit einem Kreuz darauf) und nannte sich Emir[81].

Im Grunde war es auch nicht verwunderlich. Ein bewußtes Angehen gegen eine solche Anpassung aus grundsätzlichen Erwägungen war nicht zu erwarten, höchstens aus konservativer Lebenshaltung her. Aber die große Überzahl der Bewohner des Landes lebte auf orientalische Weise. Der Glanz und die Farbigkeit dieses orientalischen Lebens hat immer wieder abendländische Reisende bestrickt, wie vielmehr solche, deren Heimat nun das Heilige Land werden sollte. Dazu kam, daß vieles an Kleidung und Ernährung dem ganz anderen Klima des Landes viel besser angepaßt war. In vielem war auch die orientalische Kultur der fränkischen dieser Tage sicherlich überlegen, nicht in allem; aber wo der Franke das spürte, paßte er sich an.

Kennzeichnend für den Charakter einer Mischkultur pflegt weithin die Sprache zu sein. Nun blieb die Amtssprache des Landes und die Sprache der führenden Adelsschicht sicherlich fast ohne Einschränkung das Französische, aber die Kenntnis des Arabischen verbreitete sich schnell sehr weit. Schon Fulcher von Chartres berichtet an der obengenannten Stelle, daß man im Gespräch und im Dienst verschiedene Sprachen nebeneinander benutzte[82]. Ebenso hören wir häufig von Gesandten, die zu den Muslimen gesandt wurden, daß sie arabisch sprachen[83]. Oft hat sich diese Kenntnis des Arabischen nicht nur auf die Sprache bezogen, sondern auch auf die Vertrautheit mit der arabischen, islamischen Kultur. So wissen wir von Renaud von Sidon (um 1189), daß er nicht nur arabisch sprach, sondern auch Kenntnisse in der islamischen Geschichte besaß. Er hielt in seiner Um-

---

79 Wilhelm von Tyrus XI, 11, S. 469 ff. = Iskenderian a. a. O., S. 59, Anm. 212.
80 Guibert von Nogent VII, 39, S. 254 f.
81 Grousset II, S. I. — Louis Madelin, L'expansion française (1918).
82 Fulcher von Chartres III, 37, 5, S. 748.
83 Joinville S. 246, 258 u. 260. — Grousset III, S. 501.

gebung einen Araber, dessen Aufgabe es war, ihm arabische Werke vorzulesen und zu erklären[84]. Solche mit der arabischen Literatur vertraute Männer mag es noch manche unter den Franken gegeben haben. Denn wenn muslimische und fränkische Fürsten ihre Söhne austauschten, um jeweils die andere Sprache zu lernen, so wird darunter auch mehr als nur die Sprache selbst zu verstehen sein. Zum mindesten kam ungewollt mit der Kenntnis der Sprache auch die von manchem Stück der fremden Kultur[85]. Daß das Arabische selbst in die Amtssprache der fränkischen Hafenstädte eindrang, zeigt ein Bericht des muslimischen Reisenden Ibn Dschubair. Er schildert uns die Zollbehörde der Stadt Akkon, deren Vorsteher Sahīb hieß und deren „Sprache und Korrespondenz" arabisch war[86]. Das war nur möglich, wenn der ganze Handel in arabischer Sprache vor sich ging. Denn sonst hätte man für eine solche wichtige Behörde doch sicherlich die fränkische Sprache vorgeschrieben. Dem entspricht es ganz, wenn Bischof Jakob von Vitry in Akkon und Tripolis seine Predigten von einem Dolmetscher ins Arabische übersetzen lassen mußte, wenn er eine breitere Wirkung haben wollte. Die allgemeine Sprache der Stadt war augenscheinlich Arabisch[87]. Das war nur möglich, wenn auch große Teile der Nachkommen abendländischer Siedler die arabische Sprache angenommen hatten. Und die Sprache ist immer schon ein wichtiger Teil der Kultur, oder doch das Kennzeichen, an dem sich die Art der Kultur einer Stadt erkennen läßt. In Freidanks „Bescheidenheit" lesen wir in bezug auf Akkon:

„beide alten und jungen
sprechent heidenische zungen"[88].

Auch die Münzen eines Landes gelten mit Recht als Kennzeichen für die Art seiner Kultur. Schon Tankred, der eigentliche Begründer des Fürstentums Antiochia († 1112), schlug Münzen, die ihn in halb byzantinischer, halb orientalischer Tracht zeigten. Eine Kupfermünze bezeichnete ihn in ihrer Umschrift als „großen Emir Tankred"[89]. Auch weiterhin prägten die Franken in den verschiedenen Münzstätten ihres Landes sogenannte „besans sarrazionois", d. h. Nachahmungen arabischer Goldmünzen mit arabischer Umschrift, ja es kam wiederholt vor, daß man die Münzen abbasidischer und fatimidischer Kalifen mit ihren Koransprüchen nachprägte[90]. Die Absicht ist deutlich. Wie man im 14. Jahrhundert in Frankreich und Deutschland die Florentiner Goldmünzen nachprägte, um mit ihnen den Handel nach Italien aufrechterhalten zu können, so war auch hier der bestimmende

---

[84] Behā ad-Dīn S. 121 f. — Abū Schāma, Zwei Gärten I, S. 396. — Grousset II, S. 832 f.

[85] Carsarius von Heisterbach IV, 15, S. 187.

[86] Ibn Dschubair (Goergens) S. 275.

[87] Jakob von Vitry, Brief II, S. 109 u. 115, von 1217. — Ztschr. f. Kirchengeschichte 14.

[88] „Freidank" 156, 6. [89] Grousset I, S. 476 f.

[90] Benary S. 34.

Faktor der Handel der Hafenstädte mit dem muslimischen Hinterland[91]. Als Papst Innozenz IV. sich energisch gegen solche Münzen wandte, fand man den Ausweg, daß man die arabischen Aufschriften beibehielt, als ihren Text aber Bibelsprüche wählte, was die meisten der muslimischen Händler und Bauern wohl gar nicht merkten[92]. So machen auch die Münzen des Landes deutlich, wie sehr das ganze Leben dem der Einheimischen des Landes angepaßt wurde.

Das zeigte sich in allen Einzelheiten des Lebens. Auch in der Kleidung paßte man sich an. Als das fränkische Heer 1192 nach Tyrus kam, berichtet ein Chronist voll Entsetzen, daß sich die Kämpfer dort sehr luxuriös und weiblich kleideten. Aus den Einzelheiten geht hervor, daß sie sich augenscheinlich nach orientalischer Weise, wohl allerdings sehr geschmacklos kleideten. Auch Heinrich von der Champagne, der als Neuankömmling dem orientalen Wesen noch ziemlich fernstand, antwortete Saladin, als ihm dieser als Geschenk ein orientalisches Gewand und einen Turban geschickt hatte, diese Kleidung sei ihm zwar noch fremd, aber er werde sie nun tragen[93].

Für die Speisen galt dasselbe. Usāma berichtet, daß er von einem schon länger im Heiligen Land ansässigen Ritter zum Essen eingeladen wurde. Als der Muslim zögerte, ermunterte ihn sein Gastgeber mit den Worten: „Iß nur, es wird dir schmecken. Ich mag selbst die Speisen der Franken nicht mehr essen. Ich habe ägyptische Köchinnen und esse nur, was sie gekocht haben, und insbesondere kommt kein Schweinefleisch in mein Haus." [94] Neuankommende Kreuzfahrer fanden sich da nicht zurecht. In diesem Sinn heißt es auch in Freidanks „Bescheidenheit":

„Ze Akers ist mir wol erkant
spîse, luft, liute und lant;
diu sint den Tiuschen dâ gehaz." [95]

Auffallender noch war die Anpassung in den Gebäuden. Von einigen können wir uns eine recht gute Vorstellung machen. So z. B. von dem Palast der Herren von Ibelin, den uns Wilbrand von Oldenburg beschrieben hat. Er berichtet von den Obstgärten, von dem Marmorfußboden, der leicht vom Wind gekräuseltes Wasser vortäuscht, von Marmorwänden mit besonders schön gezeichnetem Marmor, von Decken, die dem Himmel mit seinen Wolken glichen, von marmornen statuengeschmückten Brunnen usw.[96]. Ähnliche Beschreibungen haben wir aber auch aus anderen Städ-

---

[91] Wieweit solche Münzen von den Venetianern um ihres Handels willen in Syrien geprägt wurden, ist umstritten. Siehe R. Röhricht, Gesch. d. Königreichs Jerusalem, S. 892, Anm. 5.

[92] Benary S. 34. — Prutz, Kulturgesch., S. 371—376.

[93] Rey, Colonies, S. 12, dort auch weitere Beispiele.

[94] Usāma S. 194 f. — Vgl. auch Rey, Colonies, S. 10.

[95] „Freidank" 156, 16.

[96] Wilbrand von Oldenburg = Laurent, Peregrinationes, S. 167.

ten[97]. Alles das ist, wie Wilbrand von Oldenburg ausdrücklich sagt, das Werk von arabischen, syrischen und griechischen Handwerkern, die eine besondere Geschicklichkeit in diesen Arbeiten hatten.

Eine besondere Rolle spielten unter den Gebäuden der Städte die Bäder. Meist behielten sich die Italiener, wenn sie bei der Gründung ihrer Kolonien festsetzten, was alles zu ihrem Quartier gehören müsse, auch ein Bad vor. Und von Jakob von Vitry hören wir, daß die Frauen der vornehmen und wohlhabenden Franken oft dreimal in der Woche die Bäder aufsuchten[98]. Diese aber waren sicherlich orientalischer Art.

Auch in vielen Einzelheiten zeigt sich dasselbe Bild der Übernahme einheimischer Gewohnheiten durch die Franken. Als Beispiel seien die Brieftauben genannt[99], oder die Verwendung von Trommeln und Pauken, von Posaunen und Trompeten bei festlichen Gelegenheiten und Aufzügen[100]. Daß es in militärischen Dingen ähnlich war, haben wir schon oben gesehen, Wappen, die besondere Verwendung von Fahnen, die militärischen Signale, vor allem aber die leichte Reiterei wurden von den Muslimen übernommen[101]. Vielleicht ist auch die Bezeichnung der Grenzsteine mit ausgehauenen wappenartigen Zeichen, wie wir sie an der Grenze zwischen den Franken und Assassinen vorfinden, eine orientalische Sitte[102]. Grenzsteine an sich sind alt-abendländisch.

Eine Parallele zu diesen Erscheinungen bietet sich in Spanien am Ende des 11. Jahrhunderts. Damals hatte sich nach der Eroberung von Barabastro ein Graf der französischen Hilfstruppe im Palast des muslimischen Gouverneurs festgesetzt und ein luxuriöses Leben geführt, völlig in den Formen des arabischen Lebens mit einem Harem, orientalischer Kleidung, und orientalischer Musik[103]. Auch die Entwicklung von Sizilien bietet eine interessante Parallele. Dort hatte bei der Gründung seines Reiches König Roger keinen ausgesprochenen Lehensstaat geschaffen, sondern der einheimischen Bevölkerung einen weitgehenden Einfluß auf die Gestaltung des öffentlichen Lebens zuerkannt. Dieses einheimische griechische und arabische Element hatte in der Folge einen so starken Einfluß auf die sich dort formende Kultur, daß diese kaum als eine Mischkultur angesehen, sondern als eine Wiederbelebung der alten griechischen und arabischen Kultur unter normannischer Herrschaft bezeichnet werden muß[104].

Diese Entwicklung, die aus den siegreichen Franken kulturell die Neh-

---

[97] Zum Beispiel Abū Schāma, Zwei Gärten I, S. 361 f. — Vgl. Rey, Colonies, S. 7 ff., und Hatem S. 293.

[98] Jakob von Vitry 72, S. 1088.

[99] Wilhelm von Tyrus VII, 3, S. 281. — Vgl. Rey, Colonies, S. 43, Anm. 2.

[100] Ibn Dschubair (Goergens) S. 277. — Guibert von Nogent VII, 39, S. 255.

[101] Prutz, Kulturgesch., S. 190 ff. — Rey, Colonies, S. 42 ff.

[102] Burkhard de Monte Sion S. 90.

[103] Ibn-Haiyān berichtet davon. — Siehe Laviesse, Histoire de France II, 2, S. 86.

[104] R. Caspar S. 8 ff., 448. — Grousset I, S. 483.

menden machte, wurde sehr erleichtert durch das schnelle Reichwerden der fränkischen Ritter und Bürger im Heiligen Land. Damit wurde Luxus begehrt. Dafür aber boten die orientalischen Städte verlockende Vorbilder, während die Reichgewordenen vom Abendland her nur eine Tradition in Einfachheit und Knappheit mitbrachten. Voll Stolz berichtet Fulcher von Chartres von diesem Reichwerden als einem Wunder Gottes und als einer Belohnung für die Kreuzfahrer als Gottesstreiter. Er schreibt: „Denn die dort arme Leute waren, hat Gott hier reich gemacht. Diejenigen, die nur ein paar Geldstücke hatten, besitzen jetzt unzählige Byzantiner-Goldstücke. Und die, die kein Haus hatten, sind hier Eigentümer einer Stadt ... Gott will eben die nicht Mangel leiden lassen, die durch die Kreuznahme sich zu seinem Dienst verpflichteten, ja zur Nachfolge bis zum Tod." [105]

Daß sie keinen „Mangel litten", sondern oft luxuriös lebten, zeigten viele Einzelheiten. So wenn Ibn Dschubair von einem Brautzug der Franken berichtet, den er in Tyrus gesehen hat [106], oder wenn Jakob von Vitry erzählt, wie man im Sommer den Schnee des Libanon zwei Tagereisen weit hergeholt habe, um damit den Wein und andere Getränke zu kühlen [107]. Solchen Reichtum verraten auch die Geschenke, die die christlichen und muslimischen Fürsten untereinander austauschen [108]. Reich war der Adel [109], mit Ausnahme meist des Königs. Reich waren aber auch die Bürger, vor allem die Kaufleute [110].

Klarster Ausdruck solcher Vermischung der Kulturen, zugleich aber auch stärkster Anlaß zur Übernahme fremden Kulturgutes waren die Heiraten der Franken mit einheimischen Frauen. Denn die fränkischen Ritter, die im Anschluß an einen Kreuzzug im Heiligen Land blieben, oder die Kaufleute und Handwerker, die als junge Leute hinübergefahren waren und nun dort zu bleiben sich entschlossen hatten, sahen ja kaum eine andere Möglichkeit vor sich, wenn sie heiraten wollten, als syrische, griechische, armenische oder arabische Frauen zu ehelichen. Man hatte wohl einmal den Versuch gemacht, aus Apulien Frauen zur Ehe mit Kreuzfahrern und fränkischen Kolonisten nach dem Heiligen Land zu bringen [111]. Aber das genügte natürlich nicht, ließ sich auch nicht beliebig oft wiederholen, ganz abgesehen davon, daß auch für nordfranzösische Männer apulische Frauen schon sehr fremde, wenig günstige Partner zur Ehe waren. Nun schreibt zwar Usāma ibn Munkidh (1095—1188): „Nun sind aber die Franken (Allah verfluche sie) eine verdammte Rasse: sie verheiraten sich nur mit Leuten ihres Volkes." [112] Aber näheres Zusehen zeigt, daß das schon zu seiner Zeit nicht mehr stimmte, und später noch weniger. Schon nach der Einnahme von Antiochia berichten Fulcher und die Gesta Francorum von dem Verkehr von Kreuz-

[105] Fulcher von Chartres III, 37, 6, S. 749.
[106] Ibn Dschubair (Goergens) S. 277.
[107] Jakob von Vitry 83/1098.
[108] Zum Beispiel Joinville S. 260.
[109] Rey, Colonies, S. 263 f.
[110] Eb. S. 264.
[111] Jakob von Vitry 67, S. 1086.
[112] Usāma S. 182.

fahrern mit heidnischen, also muslimischen Frauen[113]. Wenn das mit muslimischen Frauen geschah, wieviel mehr dann mit solchen aus der Zahl der syrischen oder armenischen Christen. Freilich bestand hier wohl gar nicht die Absicht zu einer wirklichen Ehe. Aber dazu war der Weg nicht weit, sobald die Kreuzfahrer am Ziel ihrer Fahrt waren. Ja schon in Anatolien ist von solchen Vermischungen mit Ungläubigen die Rede. Eine Nonne, die mit Peters Zug mitgekommen war, wurde von einem Türken, wie es heißt, geheiratet, wohl mit Gewalt. Der Sultan gab sie aber den Christen noch vor der Übergabe von Nicaea zurück. Sie tat Buße und wurde wieder in die christliche Gemeinschaft aufgenommen. Als aber ein Bote des türkischen Gatten kam, ging sie wieder zu diesem zurück[114]. Die Kirche verhielt sich solchen Ehen mit Muslimen gegenüber natürlich immer ablehnend, dagegen scheinen gegen Ehen mit syrischen, armenischen und griechischen Christinnen keine ernsthaften Einwendungen bestanden zu haben. Fulcher berichtet jedenfalls von solchen Ehen als einer Selbstverständlichkeit und einer häufigen Erscheinung[115]. Die Grafen von Edessa, angefangen mit Balduin, dem späteren König, heirateten selbst armenische Prinzessinnen und förderten die Verehelichung ihrer Ritter mit Armenierinnen. Ihnen schien eine Vermischung der Rassen die sicherste Grundlage ihrer Herrschaft zu werden[116].

Gerade unter den Fürsten bürgerten sich Ehen mit einheimischen Prinzessinen schnell ein, schon die politischen Rücksichten führten häufig dazu. So haben fast alle Könige von Jerusalem armenische Frauen oder selbst armenisches Blut in den Adern[117]. Den Höhepunkt dieser Tendenzen bedeutete wohl der Plan, die Schwester König Richard Löwenherz' mit al-Malik al-ʿĀdil, dem Bruder Saladins, zu verheiraten und so ein halb christliches, halb muslimisches, halb fränkisches, halb türkisches Reich und Herrscherhaus zu begründen. Das zeigt, daß man den Vermischungen der Ritter und Fürsten aber auch gar keine Hemmungen entgegenzusetzen hatte, daß man bereit war, sogar den Gedanken des Kreuzzuges, wie es in diesem Plan geschah, für solche Pläne zu opfern. Erst als zu Beginn des 14. Jahrhunderts Pierre Dubois dem französischen König Vorschläge zur Wiedereroberung und Sicherung des Heiligen Landes machte, schlug er vor, Töchter edler Familien, die klug und schön seien, nach dem Heiligen Land zu schikken, damit die Ritter und Fürsten des Landes sie heiraten könnten[118]. Aber nicht nur die Fürsten, auch die Bürger der Städte heirateten einheimische Frauen. Hier scheint man im Laufe der Jahre doch seine Erfahrungen mit

---

[113] Fulcher von Chartres I, XIX, 3, S. 243. — Gesta XXIV, 2, S. 337.

[114] Albert von Aachen II, 37, S. 327.

[115] Fulcher von Chartres III, 37, 4, S. 748: „... ille vero jam duxit uxorem non tantum compatriotam sed et Syram et Armenam et interdum Saracenam, baptismi autem gratiam adeptam."

[116] Iskenderian S. 59 f. — Grousset I, S. 64 f.; II, S. 51.

[117] Iskenderian S. 60, Anm. 216.

[118] Pierre Dubois, De recuperatione Terrae Sanctae, 61, S. 51.

den Abkömmlingen solcher Ehen gemacht zu haben. Denn man nannte sie mit leicht geringschätzigem Ton Pullanen[119]. War der Begriff des Pullanen auch zuerst entstanden gelegentlich der Heiraten von Kreuzfahrern mit aus Apulien zugewanderten Frauen, so bezeichnete man bald mit diesem Wort alle Abkömmlinge eines fränkischen Vaters und einer syrischen Mutter oder einer fränkischen Frau mit einem syrischen Mann[120].

Daß in solchen Pullanenehen sehr leicht orientalische Lebensgewohnheiten eindrangen, ist leicht verständlich. Nicht nur die einheimische Frau drängte wohl dahin, sondern oft noch mehr die Verwandten, die ja doch in Verbindung mit der einheimischen Frau blieben[121]. Und die orientalischen Familien wissen sich ja heute noch oft in Ehen einheimischer Frauen mit Europäern durchzusetzen. So finden wir denn bald auch unter den Franken eine Eheführung, die den Charakter eines Harems trägt. Man klagt darüber, „daß die Ehemänner ihre Frauen argwöhnisch und eifersüchtig mit einer strengen Bewachung einschließen", so daß die Brüder und nächsten Verwandten der Frauen kaum Zugang zu ihnen hätten; zu Kirchen und Prozessionen ließen sie ihre Frauen höchstens einmal im Jahr gehen, aber dreimal in der Woche dürften sie unter sorgfältiger Bewachung die Bäder aufsuchen[122]. Auch rechnen die Bestimmungen des Konzils von Nābulus von 1120, das sich bemühte, die sittlichen Zustände im Heiligen Land zu verbessern, damit, daß es vorkomme, daß ein Mann zu seiner Ehefrau eine zweite dazu nimmt[123]. Wir wissen, daß man gern Hauskapellen baute, um den Frauen das Besuchen des öffentlichen Gottesdienstes verbieten zu können[124]. Das alles ähnelt schon sehr den muslimischen Harems.

Das Vorhandensein von muslimischen Sklaven trug natürlich dazu bei, die Existenz von Nebenfrauen — allerdings von nicht offiziell anerkannten — zu erleichtern. Das Konzil von Nābulus, von dem schon die Rede war, hat eigentliche Strafbestimmungen nur für denjenigen, der seine muslimische Sklavin vergewaltigt oder der sich der Sklavin eines anderen bemächtigt; an sich wird der Verkehr mit einer muslimischen Frau — von einer Sklavin ist da nicht die Rede — nur mit einer kirchlichen Buße belegt. So kann man annehmen, daß die fränkischen Herren und Bürger oft neben ihren Ehefrauen Sklavinnen als Nebenfrauen hatten[125]. Zwar schießt die Behauptung des Bischofs von Akkon, Jakob von Vitry, es fände sich kaum einer unter Tausend, der seine Ehe in rechtmäßiger Weise behüten wolle, denn sie glaubten nicht, daß Unzucht eine Todsünde sei[126], wohl etwas über das Ziel hinaus,

---

[119] Rey, Colonies, S. 60 f. — Grousset II, S. 764 f.

[120] Gesta Ludovici VII, 24 = Duchesne IV, S. 408.

[121] Fulcher von Chartres III, 37, 4 f., S. 748, weist auf diesen Einfluß der Familie hin.

[122] Jakob von Vitry 72, S. 1088.

[123] Mansi, Concilia XXI, 17, S. 264.

[124] Rey, Colonies, S. 61. — Vgl. auch Grousset II, S. 322 f.

[125] Mansi, Concilia XXI, 12—14, S. 264.

[126] Jakob von Vitry, Briefe II, S. 110, von 1217.

wie man es bei einem Bußprediger leicht erwarten kann, trifft aber doch nach solchem Abzug wohl das Richtige. Auch die Niederschrift über das Konzil von Nābulus von 1120, also schon aus den Anfangszeiten des Königreichs Jerusalem, läßt ähnliche Schlüsse zu. Denn vorgestellt vor die Strafbestimmungen gegen Mörder und Räuber, die doch sonst an der Spitze zu stehen pflegen, stehen sehr ausführliche Verfügungen gegen sittliche Verfehlungen, gegen Ehebruch, homosexuellen Geschlechtsverkehr, Vergewaltigung, Vielweiberei, Hurerei und dergleichen. Das müssen also die brennenden Fragen gewesen sein, gegen die es vor allem einzuschreiten galt[127]. Man sieht also deutlich, daß die Vermischung der Bevölkerung vor allem in den Städten zu einer weitgehenden Lockerung gerade auf diesen Gebieten geführt hatte. Auch muß die Zahl der Dirnen in den Städten recht groß gewesen sein. Das geht einmal aus den Berichten hervor über die jeweiligen Aufenthalte von Kreuzheeren in den Hafenstädten. Da wird dann erzählt, wie die Kämpfer nachts vor die Häuser der Dirnen ziehen und Lärm machen, wenn sie sie von anderen besetzt oder die Türen verschlossen finden[128]. Auch klagt man darüber, daß Hausbesitzer jeglicher Art, auch geistlichen Standes, ihre Häuser gern an Dirnen vermieteten, da sie sorgfältiger mit den Häusern umgingen und wohl auch sehr hohe Mieten zahlten[129]. Augenscheinlich war es also kein verachtetes Gewerbe. Aus dem Jahr 1189 hören wir sogar, daß 300 ausgesucht schöne Frauen aus dem Abendland mit dem Schiff nach Akkon gekommen seien, um sich den Kreuzfahrern zur Verfügung zu stellen. Sie sahen das, wie der Chronist berichtet, als ein Opfer an, das dem der Kreuzfahrer gleichzustellen war[130]. Auch Eunuchen scheint es im Heiligen Land gegeben zu haben. Wenigstens waren sie an den Antiochia sehr nahestehenden armenischen Fürstenhöfen recht häufig[131].

Das alles fügt sich zu einem unerfreulichen, aber durchaus aus der Situation heraus verständlichen Bild der Städte des Heiligen Landes unter der fränkischen Herrschaft zusammen: Reichtum, Luxus, Genußsucht, Anpassung an orientalische Lebensverhältnisse ergeben ein einheitliches Bild. Jakob von Vitry, der die Verhältnisse aus eigener Anschauung als Bischof von Akkon kannte, gibt uns eine ausführliche Schilderung dieser Zustände, die keines der Laster aufzuzählen vergißt[132]. Die Darstellung bei Caesarius von Heisterbach bleibt kaum dahinter an Schärfe und Ausführlichkeit zurück[133]. Den beiden Berichten steht zur Seite der von Galterius Cancellarius über

[127] Mansi, Concilia XXI, 1—19, S. 263 u. 264.

[128] Zum Beispiel Itinerar. reg. Ricardi IV, 9, S. 247 f. u. V, 20, S. 330 f.

[129] Brief des Papstes Innozenz IV., von 1248 = Berger, Reg. Innoc. IV, I, 4106. — Jakob von Vitry, Briefe II, S. 111, von 1217. — Ztschr. f. Kirchengesch. 14.

[130] Abū Schāma, Zwei Gärten, I, S. 433. Grousset III, S. 29. — Abū Schāma. (Ausgabe Goergens) S. 129 läßt diesen Sinn zumindest zweifelhaft erscheinen.

[131] Burkhard de Monte Sion XII, S. 93.

[132] Jakob von Vitry 68, S. 1085/87. — Vgl. dazu Runciman II, S. 319.

[133] Caesarius von Heisterbach IV, 15, S. 185 ff.

die Zustände in Antiochia im Jahre 1115[134]. Kürzer, aber durchaus dieselbe Linie einhaltend, sind die Schilderungen bei Wilhelm von Tyrus[135], Oliverus Scholasticus[136], Joinville[137], in dem Itinerarium des Königs Richard[138] und in einer ungedruckten „Historia Hierosolymitana"[139]. Schon die große Zahl dieser gleichlautenden Berichte aus den verschiedensten Zeiten und aus den verschiedensten Federn zeigt, daß wir hier nicht nur eine einseitige Darstellung eines vielleicht gerade in solchen Fragen besonders schwarz sehenden Geistlichen vor uns haben. Die Zustände der großen Hafenstädte müssen in etwa diesen Bildern, die uns hier entworfen werden, entsprochen haben[140].

Doch wäre es verkehrt, darin nur den ewigen Zustand aller Hafenstädte zu sehen, in denen Seeleute aller Herren Länder sich treffen und sich in wenigen Tagen der Ruhe für die langen anstrengenden Tage auf See schadlos halten wollen. Es ist mehr als das. Es ist sicher damals eine gewisse Degeneration durch die häufigen Ehen mit volksmäßig weit abstehenden fremden Völkern eingetreten. Schön müssen die Sprößlinge dieser Ehen gewesen sein. Das wird immer wieder gerühmt. Aber wiederholt stellen Schriftsteller die Franken ihrer Tage in Gegensatz zu den starken kämpferischen Persönlichkeiten, die das Heilige Land erobert haben[141]. Darüber hinaus spricht Jakob von Vitry es deutlich aus: „Eine schlechte und gottlose Generation ist von diesen frommen und Gott wohlgefälligen Männern ausgegangen. Es sind verbrecherische und degenerierte Söhne, korrupte Menschen, die sich von den göttlichen Geboten abgewendet haben . . ., sie sind in Genüssen aufgewachsen und darum verweichlicht und weibisch . . ."[142]. Und auch eine andere ernstzunehmende Chronik der Zeit spricht von entarteten Söhnen, verlorenen Söhnen, die den christlichen Glauben verleugnen, die ohne Freude alles durchmachen, was verboten ist . . .[143]. Zu demselben Ergebnis kommt man aber auch, wenn man die Männer, die in der zweiten und dritten Generation in Syrien aufgewachsen sind und von denen wir aus der Geschichte des Landes etwas wissen, vor seinem Auge vorbeiziehen läßt. Einer der ersten ist Joscellin II., der Sohn von Joscellin I. und einer armenischen Prinzessin. Er ist ganz dem guten Essen und Trinken und der Lust mit Frauen minderer Qualität hingegeben, ein Mann, der die Gesellschaft von Levantinern, Syrern und Armeniern der von Franken vorzog[144]. Sein Sohn, der dritte des Na-

---

[134] Galterius Cancellarius über die Zustände in Antiochia 1115: I. Prol., S. 62.

[135] Wilhelm von Tyrus XXI, 7, S. 1014 ff.

[136] Oliverus Scholast., Hist. reg. 90, S. 141.

[137] Joinville S. 282. [138] Itinerar. reg. Ricardi I, 11, S. 5.

[139] Zitiert von H. Prutz, Kulturgesch., S. 521. — Paris, Nat. bibl. Fons lat. 10185, fol. 144 ff.

[140] Vgl. H. Prutz, Kulturgesch., S. 123 ff. — Auch Kugler S. 190. — Campbell, Tempelritter, S. 33 f.

[141] Wilhelm von Tyrus XXI, 7, S. 1014. — Lat. Forts. d. Wilh. v. Tyrus III, 28, S. 148. — Vgl. Oliverus Scholast., Hist. reg. 90, S. 141.

[142] Jakob von Vitry 72, S. 1088.

[143] Lat. Forts. d. Wilh. v. Tyrus III, 28, S. 148. [144] Grousset II, S. 8 u. 176.

mens, war nicht besser[145]. Ein weiteres Beispiel dafür ist Onfroi IV. de Toron, der Enkel des prachtvollen Connétable Onfroi I. Er hat nicht den Mut, die ihm angebotene Krone des Königreiches anzunehmen, und läßt sich bald darauf seine geliebte junge Frau wegnehmen, weil ein anderer sie haben will, kurz, ein Schwächling an Leib und Geist[146]. Besonders deutlich zeigen diese Degeneration die Frauen des Königshauses und der führenden Adelsgeschlechter. Beispiele finden sich allenthalben in der Geschichte des Heiligen Landes. So haben von den vier Töchtern, die König Balduin II. mit der Armenierin Morfia hatte, drei durch rücksichtslose Herrschsucht von sich reden gemacht, nur die jüngste, Yvette, die ins Kloster ging, hatte keine Gelegenheit ihren Charakter öffentlich erkennen zu geben. Melisende machte durch ihre Herrschsucht König Balduin III. das Leben schwer, Alix von Antiochien wollte ihrer Tochter die dieser rechtmäßig zustehende Herrschaft über Antiochia abnehmen, und verband sich zu diesem Zweck mit den Türken. Die dritte Schwester, Hodierna von Tripolis, stand eben um ihres Ehrgeizes willen in scharfer Gegnerschaft gegen ihren Gemahl Raimund II. von Tripolis[147]. In Antiochia verriet dann Sybille, die Gattin Bohemunds III., diesen an Saladin, als er gegen Antiochia im Jahre 1188 zog[148]. In ähnlicher Weise benutzte Agnes de Courtenay, die Mutter König Balduins IV., die zunehmende Krankheit des Königs, um sich zu bereichern und für sich eine entscheidende Stellung zu sichern[149]. Auch Isabella, die Frau des bereits genannten hübschen, aber schwachen Onfroi de Toron, die sich von ihrer Mutter überreden läßt, ihren Mann im Stich zu lassen und einen anderen zu heiraten, gehört in diese Gruppe, ebenso auch Sibylle, die Schwester König Balduins. Einer der tüchtigsten Ritter des Landes, Balduin d'Ibelin-Ramla, sollte und wollte sie heiraten. Als er in die Gefangenschaft der Türken gefallen war, schickte sie ihm Botschaft, er möge sich so schnell als möglich Lösegeld verschaffen und sich befreien lassen, sie wolle nicht warten, dann werde sie ihn heiraten. Als dieser dann durch ein außerordentlich hohes Lösegeld frei geworden war, antwortete sie, sie wolle ihn erst heiraten, wenn er die durch dieses Lösegeld entstandenen Schulden bezahlt habe. Inzwischen heiratete sie schnell entschlossen den hübschen, aber ganz unfähigen Guido von Lusignan.

Sahen wir oben, daß die den Kreuzfahrern gegenüber erhobenen Anklagen auf Entartung nicht schwer zu nehmen sind, sondern daß es sich da im wesentlichen um Erscheinungen handelt, die bei jedem Heer in städtischem Ruhquartier zu beobachten sind, so läßt sich das von den im Land verbleibenden Franken nicht sagen. Hier ist eine Degeneration und eine Lockerung sicherlich eingetreten. Das gilt von der Geistlichkeit, der Ritterschaft, aber auch

---

145 Grousset II, S. 766.

146 Grousset II, S. 691.

147 Grousset I, S. 673 f. u. II, S. 322.

148 Grousset II, S. 829. — Al-Athīr I, S. 729 f. — Abū Schāma, Zwei Gärten I, S. 374.

149 Grousset II, S. 697.

von den Bürgern der Städte. Eine Gestalt wie der Patriarch Heraclius, der öffentlich eine Geliebte hält, über die man in dem Land lacht, spricht deutlich genug[150]. Und ganz vereinzelt kann eine solche Entartung in der Geistlichkeit auch nicht gewesen sein, sonst hätten Jakob von Vitry und andere Berichterstatter nicht ein so düsteres Bild von dem Zustand der Geistlichkeit im Heiligen Land entwerfen können[151].

Man hätte annehmen sollen, daß die Ritterschaft gegen solche Entartung durch die beständigen Kriege gegen die Ungläubigen gefeit gewesen sei. Doch das trifft nicht zu. Einmal zeigt die Entartung sich in dem schrankenlosen Begehren nach eigener Macht und zügelloser Eifersucht auf die Macht des anderen, wie sie die Politik der Ritterorden gegeneinander kennzeichnet, ebenso aber auch im Verhalten der anderen Herren vor allem dem König gegenüber. Beispiele dafür bietet die Geschichte des Landes und der Ritterorden in reichstem Maße. Doch ein zweites steht daneben: Ritterschaft und Bürgerschaft sind durch das gute Leben in den Städten unkriegerischer geworden. Wilhelm von Tyrus, der ausgezeichnete Kenner des Königreiches, spricht sich sehr deutlich darüber aus und führt die Niederlagen der Christen großenteils auf diese Ursache zurück[152], und auch Jakob von Vitry äußert sich in ähnlicher Weise. Traf dieser Vorwurf auch am meisten die Bürger, so doch auch die Ritter, deren Lebensaufgabe die Verteidigung des Landes war, mit großer Schärfe[153]. Als drittes kommt der Vorwurf, der gegen alle im Lande Geborenen ganz allgemein erhoben wird, daß sie die Kräfte und Geldmittel, die für den Kampf gegen die Muslime bestimmt sind, für ihre eigenen Zwecke verwendeten[154], oder mit anderen Worten, daß sie die Sache der Kreuzzüge verrieten und ihren eigenen Vorteil höher achteten. Das sind aber nicht nur allgemeine Vorwürfe, wie bei Jakob von Vitry. Sondern das Verhalten einzelner Männer des Heiligen Landes gibt diesen Beschuldigungen vollkommen recht. So, wenn König Guido von Lusignan, als er in Saladins Gefangenschaft ist, die Stadt Askalon zu überreden versucht, sich Saladin zu übergeben, damit er selbst dafür freigelassen werden könne, und wenn der Templergroßmeister Gérard de Ridefort in gleicher Weise Gaza und andere feste Burgen der Templer Saladin ausliefert, damit er persönlich dafür aus der Gefangenschaft befreit werde[155].

Eine Entartung des Rittertums bedeutet es auch — wenn auch in harmloserer Weise —, daß Karikaturen ritterlicher Einrichtungen, wie z. B. von

[150] Ernoul VIII, S. 86 f. — Eracles 23, XXXIX, S. 59 f., von 1187. — Siehe auch oben S. II, 129.

[151] Jakob von Vitry, Historia 70/71, S. 1087. — Ders., Briefe II, a. a. O. S. 109 f. — Matthieu d'Edesse = Recueil des hist. Doc. arm. I, LXVII, S. 110.

[152] Wilhelm von Tyrus XXI, 7, S. 1014 f.

[153] Vgl. auch H. Grundmann, Neue Propyläenweltgesch.: Das hohe Mittelalter und die deutsche Kaiserzeit, S. 313.

[154] Jakob von Vitry 72, S. 1088.

[155] Grousset II, S. 807 f. — Eracles XXIII, LI, S. 78 f., von 1187. — Ernoul XVI, S. 184.

Turnieren, an die Stelle der alten, ernst zu nehmenden Übungen treten. Und wenn dabei noch Brutalität zum Vorschein kommt, so wird das Bild dadurch nicht erfreulicher. So berichtet Usāma, daß er in Tiberias an einem christlichen Feste und einem dabei veranstalteten Turnier teilgenommen habe. Dabei habe man einen Wettlauf zwischen zwei alten gebrechlichen Weiblein in Szene gesetzt. „Jede derselben", so erzählt er weiter, „wurde begleitet von einer Abteilung Reiterei, um ihr auf dem Wege Hindernisse zu bereiten, so daß die alten Weiblein bei jedem Schritt zu Boden fielen und sich wieder aufrappelten unter schallendem Gelächter der Zuschauer, bis schließlich eine von ihnen den Sieg im Wettlauf errang und ein Schwein als Siegespreis erhielt."[156] Das ist, so unbedeutend es an sich sein mag, ein deutliches Zeichen der Zersetzung alter ritterlicher Art.

Auch die erstaunlich weite Verbreitung des Giftmordes im Heiligen Land, die, wie wir gesehen haben, zeitweise eine Angstpsychose vor Gift bewirkt[157], läßt sich nur aus einer allzu starken Anpassung an die vorgefundenen Lebensverhältnisse der Einheimischen und zugleich aus einer Lockerung der sittlichen Bindungen in der neuen Heimat erklären.

Auch die Tatsache, daß die Pilger sich ständig im Heiligen Land Ausbeutungen ausgeliefert sahen, zeigt, daß man den alten Kreuzfahrergeist und die Kreuzfahrerfrömmigkeit längst vergessen hatte und daß nur das Streben nach Gewinn und Besitz in weiten Kreisen der Küstenstädte maßgebend war[158].

Andererseits ist manches, was zunächst als eine sehr unerfreuliche Entartung erscheinen mochte, aus den besonderen Verhältnissen des Landes zu verstehen. Wir haben oben bei der Geschichte des Landes und der Kultur der Kreuzfahrer schon gesehen, daß Raub und Razzias in gewissen Grenzen stets üblich waren und daß man nur den Raub von Karawanen während eines abgeschlossenen, zeitlich begrenzten Friedens als ernst zu nehmendes Vergehen ansah. Anders ist es bei dem Seeraub, der eigentlich immer als Verbrechen galt, aber doch stillschweigend hingenommen wurde, wenn er sich in Schranken hielt und man nicht etwa ganze Küsten systematisch plünderte. Hier paßten sich die Franken im wesentlichen nur an die Gepflogenheiten des Landes an, bis einzelne Männer, wie Renaud de Châ-

---

156 Usāma S. 191.

157 Siehe oben S. I, 206. — Vgl. Jakob von Vitry, Brief II, a. a. O. S. 111, von 1217: „... mulieres ex antiqua consuetudine venenis et potionibus maritos suos, ut aliis nuberent, perimebant, Erant in civitate homines venenum et toxicum vendentes ... Quidam autem nobis confessus est, quod quedam animalia in domo suo nutriebat, ex quorum fimo potiones ita artificiose comparabat, quod, qui vellet inimicum perimere, inveniebat pro voluntate sua, unde posset eum occidere ita tamen quod langueret per annum, si vellet, vel per mensem, vel, si vellet mortem accelerare, non videret, nisi per diem."

158 Jakob von Vitry 72, S. 1089. — Vgl. auch Grousset II, S. 819: Die Not der Flüchtlinge 1087/88 und die Ablehnung der italienischen Kaufleute, die Armen auf ihren Schiffen nach Hause zurückzubringen.

tillon u. a., die hier gezogenen Grenzen rücksichtslos überschritten. Doch trat solcher Fall nicht so häufig ein, daß man von dieser Seite von einer allgemeinen Entartung hätte sprechen können.

Immer wieder wird von den Muslimen gegen die Franken der Vorwurf der Treulosigkeit erhoben[159]. Denn diesem Vorwurf entsprach der zeitweise von den Franken vertretene Satz, daß man einem Muslim gegenüber nicht zur Einhaltung von Verträgen und Verpflichtungen gehalten sei. Doch wurde dieser Satz, je länger die Franken im Land waren, immer unhaltbarer, da man auf Verträge und Abmachungen mit den Einheimischen und den Muslimen angewiesen war. So gab man diesen Satz bald stillschweigend völlig auf. Damit hätten eigentlich diese Vorwürfe der Treulosigkeit aufhören müssen. Doch sie hatten sich inzwischen festgesetzt. Aber ein Zeichen von Entartung liegt hier keineswegs vor. In einer rein feudalen Welt ist außerdem die Treulosigkeit und der Vorwurf des Treubruchs immer vorhanden, da ja alle Rechtsbeziehungen auf dieser Grundlage beruhen. Jeder Streit wird sich darum mit diesem Vorwurf verbinden.

Ähnlich verhält es sich mit dem in der Zeit der Kreuzzüge immer wiederkehrenden Vorwurf des Verrates. Nicht allem Vorwurf auf Verrat entsprach wirklich ein solches Vergehen. Häufig genug erschien der Abschluß eines Friedensvertrages mit den Muslimen oder gar eines Bündnisses neu angekommenen oder anderen eifrigen Kämpfern als Verrat. Andererseits ist allerdings auch genug Verrat in der Geschichte des Heiligen Landes vorgekommen. Ich erinnere nur an die Verbindung von Alix von Antiochia mit dem Muslim hinter dem Rücken und gegen ihren Mann. So gab es Verrat, aber doch nicht als Allgemeinerscheinung, so daß daraus auf Entartung in weiterem Kreise geschlossen werden könne. Bei einzelnen beweist die oft zynische Art des Verrates allerdings eine weitgehende moralische Zersetzung.

Das Wirtschaftsleben

Wir haben schon gehört, daß die Landwirtschaft des Landes fast ausschließlich einheimischen Siedlern überlassen war. Diese syrischen oder auch arabischen Ansiedler waren teilweise Sklaven. Doch wie ihre rechtliche Lage nicht schlecht war, so auch ihre wirtschaftliche Situation. Denn die Wohnungen und ihre Gebrauchsgüter gehörten ihnen. Vom Boden hatten sie Abgaben an den fränkischen Herren zu zahlen, ebenso eine Kopfsteuer. Ibn Dschubai berichtet, daß sie sich zufrieden fühlten und unter christlicher Herrschaft glücklich waren. Dabei gibt er an, die Hälfte des Ernteertrages hätten diese Bauern abliefern müssen, während wir aus Urkunden wissen, daß ander-

[159] Wilhelm von Tripolis, cap. 20. — Prutz, Kulturgesch., S. 576 ff. — Abū Schāma, Zwei Gärten II, S. 79. — Kemal ad-Dīn, Sahne, S. 304. — Grousset III, S. 19. — Abu 'l Feda S. 63, von 1191/92. — Abū Schāma, Zwei Gärten I, S. 216.

wärts in der Gegend von Tyrus die Bauern nur $^1/_4$ ablieferten und $^3/_4$ behielten. In einem anderen Fall behalten sie $^2/_3$ und liefern $^1/_3$ ab, an einer dritten Stelle behalten sie wiederum $^3/_4$ des Ertrages[160]. Wenn also die Bauern in den Dörfern bei Toron (Tibnin), die Ibn Dschubair kennenlernte, zufrieden waren, so müssen diejenigen, die an anderen Stellen unter so viel besseren Bedingungen arbeiteten, es noch mehr gewesen sein. Ibn Dschubair bestätigt das auch für das ganze Land[161]. Die Anschauung von H. Prutz, daß die „Leibeigenschaft in ihrer härtesten Form auf den syrischen Bauern gelastet habe" und daß „man ganz erbarmungslos das harte Recht der Eroberung geltend gemacht habe"[162], mag für das geltende Recht vielerorts stimmen, aber für die faktische wirtschaftliche Lage der Bauern trifft sie sicher nicht das Richtige.

Noch eines gestaltete die Lage dieser abhängigen syrischen oder muslimischen Bauern günstig. Sie lebten in geschlossenen Dörfern ganz für sich. Die fränkischen Herren lebten, von den Burgbewohnern abgesehen, in den Städten und konzentrierten sich dort, je länger man im Lande lebte, um so mehr[163]. Sie bildeten eigene kleine Bezirke unter der Leitung eines Vorstehers, den man meist arabisch Raïs nannte. Er regelte die Erhebung der Abgaben und die gemeinsamen landwirtschaftlichen Fragen zusammen mit einem Beauftragten (Dragoman) des Herren, der auch arabisch sprechen mußte[164]. Die Dörfer hatten sehr verschiedene Größe. Wir hören von solchen mit 3, aber auch solchen mit 36 Familien[165]. Die Bodenfläche war in carruca eingeteilt, was etwa dem abendländischen mansus entspricht und ungefähr soviel zusammenfaßte, wie für den Unterhalt einer Familie als ausreichend angesehen werden konnte, je nach der Qualität des Bodens in dem betreffenden Dorf[166]. Das hat sich nicht immer so gehalten, bisweilen gelang es den Bauern eines Dorfes, je 2 carruca in die Hand zu bekommen.

Die Bodenbearbeitung geschah an einer Stelle, wo es sich beobachten läßt, nach einem bestimmten, auf 2 bis 3 Jahre berechneten Plan, der dadurch, daß

---

[160] Ibn Dschubair (Goergens) S. 275. — Tafel und Thomas, Fontes rerum Austriacarum 2. Ser., XIII, S. 371—374. — Zu der ganzen Frage des ländlichen Wirtschaftslebens vgl. neuerdings: J. Prawer, Étude de quelques problèmes agraires et sociaux d'une seigneurie croisée au XIIIe siècle = Byzantion 22 (1952) S. 5—61, eine eingehende Untersuchung, die sich aber auf die ziemlich kleine Herrschaft Tyrus bechränkt. Die Ergebnisse dürfen aber nicht ohne weiteres auf andere Teile Syriens und Palästinas übertragen werden, schon weil die Qualität des Bodens und die Herrschaftsverhältnisse in verschiedenen Gegenden sehr verschieden sind (zit. Prawer, Seigneurie). — Außerdem ders., The settlement of the Latins in Jerusalem = Speculum 27 (1952) S. 490—503 (zit. Prawer, Settlement).

[161] Vgl. auch Rey, Colonies, S. 240/41.

[162] Prutz, Kulturgesch., S. 327.

[163] Prawer, Seigneurie, S. 14 u. 25.

[164] Runciman II, S. 296.

[165] Prawer, Seigneurie, S. 40. — Ein andermal wird angegeben, daß ein Dorf oder Casale im allgemeinen so viel Ackerland umfaßt, als 4 Gespanne Ochsen für je ein Jahr pflügen können (Prutz, Kulturgesch., S. 330).

[166] Prawer, Seigneurie, S. 28.

die Flur in 2 Gruppen (Gewanne) eingeteilt wurde und die Felder meist zweimal im Jahr bebaut wurden, recht kompliziert war[167]. Außerdem gehörte zu jedem Dorf als gemeinsamer Besitz eine ziemlich große Fläche von unbebautem, nur als Weideland genütztem Boden, der unserer mittelalterlichen Allmende zu vergleichen ist (la gastina)[168]. Im ganzen sind diese Arbeitsverhältnisse wohl durch den Wechsel der Herren bei der fränkischen Eroberung nicht verschoben worden. Es ist dieselbe Lage, in der die syrischen Bauern als Dhimmis unter der arabischen Herrschaft waren[169].

Für die Herrschaft Tyrus, also einen Teil des Königreichs Jerusalem, hat man die Besitzverteilung unter den verschiedenen Herren untersucht[170] und festgestellt, daß der König 36 % der Dörfer hatte, Venedig 31 %, die Geistlichkeit und Orden 13 %, einzelne Herren 12 % und andere Stadtgemeinden usw. 5 %. Doch darf dies Ergebnis nicht verallgemeinert werden; die Verteilung muß in anderen Strichen des Landes ganz anders gewesen sein.

Im ganzen gesehen, ist also die wirtschaftliche Lage auch dieser abhängigen Bauern nicht schlecht und dadurch, daß sie in ihrem eigenen kleinen Kreis mit einem gewissen Maß von Selbstverwaltung unter sich unter der Vorstandschaft der Raïs lebten, auch persönlich erträglich, wie es Ibn Dschubair und andere bezeugen. Freilich muß man sich klarmachen, daß die häufigen großen und kleinen Kriege der christlichen und muslimischen Staaten immer den Bauern belasteten. Aber das gilt von den abendländischen Bauern dieser Zeit geradeso.

Über die verschiedenen angebauten Früchte orientieren die oben schon zitierten Beschreibungen, die ein Bild von der Hälfte des Landes geben. Die für den Krieg so besonders wichtige Pferdezucht wurde auch eifrig betrieben, ohne allerdings die ständige Pferdenot beheben zu können. Doch das ist bei den ständigen starken Verlusten an Pferden und der Schwierigkeit des Transportes von Pferden von der abendländischen Heimat aus nicht zu verwundern. Usāma berichtet von einzelnen besonders schönen und schnellen Pferden der Franken. Doch ist nicht mit Bestimmtheit zu sagen, ob in dem erzählten Fall das Pferd fränkischer Zucht im Lande entstammte oder vom Abendland herbeigebracht worden war. Doch hat man aus dem Bericht den Eindruck, daß es sich um fränkisch-syrische Zucht handeln müsse[171].

Lebte das Binnenland von Ackerbau, Gartenbau und Viehzucht, so die Küstenstädte vom Handel. An erster Stelle standen Tyrus und Akkon, zu ihnen gesellte sich bald Beirut. Es waren die Ausgangspunkte des Handels zu den großen Binnenstädten Aleppo und Damaskus, dazu auch nach Jerusalem. Aleppo und noch mehr Damaskus aber waren die Ausgangspunkte der großen Karawanenstraßen nach Indien, Innerasien, Insulinde usw. In

---

[167] Prawer, Seigneurie, S. 44.

[168] Prawer, Seigneurie, S. 33 ff. — Ebd. S. 31. — Vgl. auch Assises II, Chartes 9, S. 488, von 1125, und 12, S. 490, von 1132.

[169] Grousset, L'Empire du Levant, S. 318.

[170] Prawer, Seigneurie, S. 14 ff., bes. S. 18.

[171] Usāma S. 76 f.

Damaskus saßen die großen muslimischen Kaufherren, in deren Hand dieser Fernhandel lag. Sie standen in ständigem regen Verkehr mit der Küste, vor allem mit Akkon und Tyrus. Ein weiterer großer Verkehrs- und Handelsmittelpunkt war dann Bagdad. Auch von dort gingen die Wege nach der syrischen Küste über Aleppo oder Damaskus[172]. In diesen Hafenstädten hatten sich nun seit dem Beginn der Kreuzzüge die italienischen Seestädte festgesetzt mit selbständigen Niederlassungen, die aber durch das Königreich Jerusalem und die anderen fränkisch-syrischen Staaten gesichert waren. Sie wußten diesen Handel in das Abendland weiterzuleiten. Es ist ja merkwürdig, daß diese syrische Küste, an der einst das erste mächtige Volk des Großhandels, die Phönikier, gesessen hatten, im Mittelalter zwar noch Durchgangsland dieses großen Handels war, aber dabei passiv blieb. Die Italiener von Venedig, Genua und Pisa, aber auch die Franzosen von Marseille und anderen Städten waren die entscheidenden Kräfte. In ihrer Hand lag der Seehandel. Den Binnenhandel aber besorgten die Muslime. Wenn auch 'Imād-ed-Dīn im Jahre 1240 es den Franken gestattete, nach Damaskus zu kommen, so blieb das doch ein Ausnahmezustand[173]. Erst in der zweiten Hälfte des 13. Jahrhunderts drangen die italienischen Kaufleute auch dort ein. Von der Reichhaltigkeit der Ausfuhr von Akkon und den anderen syrisch-fränkischen Häfen auf Grund des Binnenhandels über Damaskus und Aleppo geben uns die beiden Zollverzeichnisse des Hafens Akkon ein gutes Bild. Dort werden genannt[174]: Baumwolle, Baumwollgarn, Mützenwolle, Süßholz, Zuckerrohr, Spik, verschiedene Sorten von Pfeffer, Ingwer, Muskatnüsse, Gewürznelken, Kubeben, Reis, Zucker in Hüten, Staubzucker in Säcken, Gummilack, Gummi arabicum, Myrrhen, Aloe, Weihrauch, Kardamonen, Zitwerwurzel, Kampfer, Sandelholz, Myrobalanen, Galangawurzel, Simoniacum (?), Auripigment, Ammoniak, Wachs, Indigo, Alaun, Glas, Vitriol, Schmirgel, Rohseide, Seidenwaren, Bucharazeuge, Brasilholz, Flachs, Zimt, Muskatblüte, Anis und Kamelotstoffe[175].

Es bestand also zweifellos ein sehr reger Handel dieser fränkisch-syrischen Küstenstädte. Und wenn der Handel auch in fremder Hand lag und in den italienischen Kolonien mündete, so hatten doch die Städte und die Herren der Städte auch einen großen Vorteil davon. Und doch wurde dieser Handel noch in den Schatten gestellt durch den von Alexandria in Ägypten. Denn dort mündete außer dem Handel in den Sudan der Seehandel nach Indien und Asien und ebenso nach den afrikanischen Küsten. Da aber der Seeweg vom Roten Meer nach Indien mit den damaligen Schiffen schon nicht mehr

---

[172] Ibn Dschubair (Goergens) S. 275 f. — Rey, Colonies, S. 196/97. — A. Doren, Italienische Wirtschaftsgesch. I (1934) S. 309.

[173] Rey, Colonies, S. 191. — A. Schaube, Handelsgeschichte der romanischen Völker (1906) S. 143.

[174] Wir folgen in der Benennung der Waren der Handesgeschichte von Adolf Schaube, S. 197/98.

[175] Assises II, Cour des Bourg. CCXLII, S. 173 ff. und CCXLIII, S. 178 ff.

sehr gefährlich war, so stieg die Bedeutung des Seeweges nach Indien ständig gegenüber dem langwierigen und oft der Überfälle wegen gefährlichen Landweg. Wilhelm von Tyrus gibt uns eine sehr lebhafte Beschreibung des Handels von Ägypten und Alexandria und des dadurch dort einströmenden Reichtums[176]. Darum war auch der Anreiz für die Franken, Palästina in Ägypten zu erobern, wie es seit den Tagen Amalrichs ja wiederholt versucht wurde, sehr groß. Aber nur zweimal, zur Zeit Amalrichs (1168 ff.) und 1219—1221 nach der Eroberung von Damiette, hatten die Franken Vorteil von dem Reichtum des ägyptischen Handels[177].

Sonst aber saßen die Venetianer und mit ihnen die Genuesen und Pisaner in Alexandria. Die Zahl der in Alexandria ansässigen abendländischen Kaufleute wird auf 3000 geschätzt. Das zeigt einen sehr ausgedehnten Handel. Zwei- oder dreimal kamen im Sommer und Herbst die venetianischen Flotten nach Ägypten, um nach einem mehrwöchigen Aufenthalt wieder zurückzukehren, beladen mit allen Waren des Orients. Und zehnmal im Jahre pflegte der Sultan al-Malik al-'Ādil die Vertreter der italienischen Handelsstädte zu empfangen, um ihre Wünsche und Klagen entgegenzunehmen, obwohl er sonst nur für wenige Menschen erreichbar war[178]. So ist es denn nicht zu verwundern, wenn in Venedig die Haltung zu den späteren Kreuzzügen sich oft bestimmte durch die Rücksicht auf den ägyptischen Handel. Auch das Königreich Sizilien war an diesem Handel sehr beteiligt, besonders seit durch den Vertrag von Jaffa von 1229 Kaiser Friedrich II. so freundschaftliche Beziehungen zu dem Sultan al-Malik al-Kāmil unterhielt[179].

Für diese venetianischen, genuesischen und Pisaner Kaufleute war von jeher der Orienthandel wichtiger als die Sache der Kreuzzüge. Das zeigte man allerdings nicht unmittelbar. Im Laufe der Jahre wurde es aber immer deutlicher. So konnte sich Saladin in einem Brief aus dem Jahr 1174 rühmen, daß die Kaufleute dieser drei Seestädte jederzeit bereit seien, ihm die Waffen zu liefern, mit denen sie ihn vorher bekämpft hätten[180]. Ebenso machten noch kurz vor dem Fall Akkons, als der Sultan schon heranzog, das Land zu erobern, christliche Kaufleute noch in seinem Lager ihre Geschäfte[181].

Wie nicht anders zu erwarten, rief eine solche Haltung scharfe Gegenmaßnahmen der Päpste hervor. Papst Alexander III. war der erste, der sich dagegen wandte. Auf dem 3. Laterankonzil von 1179 wurde verordnet, daß alle, die den Muslimen Waffen, Eisen und Schiffsbauholz lieferten oder auf ihren und der Seeräuber Schiffen als Steuerleute oder Lotsen dienten, dem großen Kirchenbann verfallen sollten und daß ihr Hab und Gut von den

---

[176] Wilhelm von Tyrus XIX, 27, S. 931.
[177] A. Schaube S. 182. — A. Doren S. 311.
[178] Ryccardus de S. Germano = M. G. SS. XIX, S. 336. — A. Schaube S. 181 ff.
[179] Schaube a. a. O. S. 185.
[180] Abū Schāma, Zwei Gärten I, S. 178. — Grousset II, S. 619.
[181] Prutz, Kulturgesch., S. 62.

weltlichen Fürsten eingezogen werden sollte. Die Synode von Montpellier von 1195, das große 4. Laterankonzil von 1215 und das Konzil von Lyon im Jahre 1245 erneuerten diese Verbote mit allem Nachdruck[182]. Doch haben solche Verbote die Belieferung der Muslime mit Kriegsmaterial durch die italienischen Seestädte nicht verhindern können. Das geht einmal daraus hervor, daß es nötig war, dieses Verbot durch fast ein Jahrhundert hin immer wieder zu erneuern. Außerdem hören wir aber auch, daß 1271 die Venetianer regelmäßig Ägypten mit Kriegsmaterial aller Art, ja auch mit türkischen Sklaven für die ägyptische Armee versorgten[183]. Schon 1107 unterstützten die Venetianer das von den Franken belagerte Tripolis gegen die Franken[184]. Ihren Höhepunkt erreichte aber solche den Kreuzfahrern entgegenarbeitende Handelspolitik, als die Pisaner 1154 mit Ägypten einen Handelsvertrag abschlossen, der sie verpflichtete, solches verbotene Kriegsmaterial zu liefern. Und zwar geschah das nicht etwa hinter dem Rücken der kirchlichen Behörden, sondern der Erzbischof Villanus von Pisa stattete die zum Vertragsabschluß nach Ägypten reisenden Boten mit Empfehlungsschreiben an den ägyptischen Hof aus und ließ den Vertrag auch in seinem Namen abschließen[185]. Noch 1177 forderte der Sultan von Ägypten die Pisaner zur weiteren Lieferung von verbotenem Gut auf[186]. Das Geschäft stand also damals noch in voller Blüte.

Die Päpste gingen weiter. Innozenz III. erließ auf dem 4. Laterankonzil im Jahre 1215 ein allgemeines Verbot des Handels mit den Muslimen für 4 Jahre, und das Konzil von Lyon im Jahre 1245 erneuerte diese Sperre[187]. Doch scheint ein solches Verbot keinen Erfolg gehabt zu haben. Am Ausgang des 13. und im Beginn des 14. Jahrhunderts steigerte man das zu einem allgemeinen Handelsverbot mit den Muslimen[188]. Ja man beschloß sogar die Aufstellung einer Meerespolizei im östlichen Mittelmeer, um die Durchführung dieses Verbotes zu erzwingen[189]. Doch es war vergebens.

Doch bestand eine solche illegale Waffeneinfuhr vom Feind nicht nur auf dieser Seite: Ebenso lieferte in der zweiten Hälfte des 13. Jahrhunderts Damaskus Waffen an die Franken. War doch diese Stadt für die Herstellung von Waffen, besonders von Schwertklingen, besonders berühmt. Im Jahre 1251 wurde die Einfuhr solcher Waffen von Damaskus ausdrücklich gestattet[190]. Allerdings wissen wir gar nicht, ob diese Lieferungen jemals größeren Umfang angenommen haben.

---

[182] M. Sanuto III, 9, S. 4, von 1179. — Mansi, Concilia XXI, Sp. 1160; XXII, Sp. 668 u. 1066; XXIII, Sp. 631. — Vgl. auch Schaube, Handelsgesch., S. 145 f.

[183] W. Heyd, Histoire du Commerce du Levant II, S. 556 f. — Grousset III, S. 659.

[184] Al-Athīr I, S. 254.

[185] Schaube S. 149/50. — Heyd I, S. 392 f. — Benary S. 20.

[186] Schaube S. 152. — Benary S. 20.

[187] Mansi, Concilia XXII, Sp. 1066 u. XXIII, Sp. 631.

[188] Benary S. 22. — Heyd II, S. 25 ff. — Prutz, Kulturgesch., S. 358 ff.

[189] Heyd II, S. 28 f. [190] Rey, Colonies, S. 29.

Für den Kleinhandel im Heiligen Land selbst bestanden Märkte, die den abendländischen Jahrmärkten weithin glichen. So der bekannteste in der Ebene von Meddān, am Jarmūk, auf dem Weg vom oberen Jordan oder von Tiberias nach dem Haurān und nach Transjordanien. Ein zweiter bestand in der Nähe von Ibelin[191].

In den Städten gab es Banken. Doch waren sie nicht in der Hand der Franken oder der einheimischen Syrer oder Griechen, sondern es waren Zweigniederlassungen der Banken der italienischen Städte, von Venedig, Genua, Florenz u. a. Auch die Juden waren an dem Bankwesen beteiligt. Daß die Templer und neben ihnen auch die Johanniter selbst große Bank- und Wechselgeschäfte betrieben, wurde schon oben besprochen. Wichtig waren als Mittelpunkte des Handels der italienischen Kolonien Häuser, die man La Fonde nannte und die etwa dem Fondaco der italienischen Städte oder den Kaufhäusern der deutschen mittelalterlichen Städte entsprachen. Sie bedangen sich die Venetianer und Genuesen jedesmal aus, wenn sie vertraglich für geleistete Hilfe ein Quartier in einer Stadt erhielten[192].

Bei den Muslimen sollen die fränkischen Kaufleute nicht im besten Ansehen gestanden haben. Sie galten als zudringlich und allzu unempfindlich für Demütigungen. Es wird erzählt, ein Muslim habe ihnen gesagt, als sie drohten, nicht wieder zu kommen: „Und wenn wir euch ein Auge ausstächen, ihr kämet mit dem anderen doch wieder, um eure Geschäfte zu machen.“[193] Wahrlich kein günstiges Bild der christlichen fränkischen oder italienischen Kaufleute.

Das Leben der fränkisch-syrischen Städte wurde aber nicht allein vom Handel, sondern auch von dem Handwerk bestimmt, das man in vielen Zweigen schon als Industrie bezeichnen kann. Doch lag diese wie in den Zeiten vor der fränkischen Eroberung ausschließlich in den Händen der einheimischen syrischen Bevölkerung oder der Juden. Am bedeutendsten war die Seidenfabrikation, die als besondere Spezialität eine Art von Samt (cendes oder cendeaux) herstellte. Ihr Sitz war in der Hauptsache Damaskus. Außerdem aber auch Tyrus, Tripolis und Antiochia im fränkischen Land und Tarsus in Armenien. Ihr Umfang darf nicht unterschätzt werden. Burkhard vom Berg Zion, einer der schon oft genannten Reisenden, schätzt die Zahl der Weber allein in Tripolis auf 4000. Die dort hergestellten Seidenstoffe waren im 12. Jahrhundert sehr begehrt. Sie galten als den chinesischen ebenbürtig.

Teppiche wurden im Heiligen Land nicht gewoben. Denn der Sitz dieser hochentwickelten Industrie war Persien, Anatolien und Bagdad. Aber der Handel mit diesen Teppichen war in Palästina sehr lebhaft.

Dagegen besaß das Land eine entwickelte keramische Industrie. Kunst-

---

[191] Rey, Colonies, S. 190ff. u. S. 191, Anm. 1. — Burkhard de Monte Sion IV, S. 37, Anm. 189. — M. Sanuto, Secret. fid. Crucis, S. 246.

[192] Ebd. S. 191.

[193] Prutz, Kulturgesch., S. 63, von 1291, leider ohne Beleg.

töpfereien bestanden in Jaffa, Beirut und Tyrus und wieder, wie alle die genannten Industriezweige, in Damaskus. Glaswaren wurden in Tyrus und Jaffa hergestellt. Auf besonderer Höhe stand die Herstellung von emaillierten Fayencen in Damaskus gerade im 12. Jahrhundert. Von dort aus gingen diese Fayencen in den ganzen Orient. Auch im Abendland waren sie viel begehrt, in Frankreich versuchte man sie nachzuahmen. Doch waren diese Werkstätten nur in Damaskus, nicht aber im Heiligen Land.

Im Heiligen Land kamen zu diesen größeren Industriezweigen die Herstellung von Bier, Seife, Strohmatten, die Gewinnung von Salz am Toten Meer und Färbereien[194].

Das Geistesleben

Die Geschichte des Heiligen Landes macht es verständlich, daß sein Geistesleben zur Zeit der Kreuzzüge in drei Linien verläuft, die sich mannigfach berühren, von denen aber doch jede durchaus ihre eigene Art wahrt: die syrische Wissenschaft und Kunst, das geistige Leben, das die Franken aus dem Abendland mitbringen, und die Kultur der Muslime, die zwar ihr Leben im wesentlichen jenseits der Landesgrenzen entfaltet, aber doch so mannigfach mit den Geschicken des Heiligen Landes verflochten ist, daß sie nicht beiseite gelassen werden darf.

Die Syrer haben das Erbe der Antike treu durch die Jahrhunderte hindurch zu wahren gewußt. Im 5. Jahrhundert nach Christus war Edessa der geistige Mittelpunkt des syrischen Landes geworden. Dort gab es zahlreiche Bibliotheken und vor allem eine berühmte Akademie. Hier wurden die Hauptschriften der Griechen, vor allem die Werke von Aristoteles, vom Griechischen in das Syrische übertragen. So konnten sie dort lebendig bleiben. Die Eroberung des Landes durch die Araber bedeutete zunächst eine Beeinträchtigung für das syrische Geistesleben. Edessas Glanz zerfiel. Als dann aber die Abbasiden der muslimischen Welt ein neues Gesicht gaben, blühten an Stelle von Edessa die Schulen in Tripolis und Antiochia auf. Jakobiten und Nestorianer, Geistliche und Laien waren hier in gleicher Weise beteiligt. Da Tripolis und Antiochia dabei in reger Verbindung mit den Zentren der neuen islamischen persisch-arabischen Kultur, mit Bagdad, Damaskus und Mossul, standen, konnten sie auch die wissenschaftlichen Fortschritte der Araber und die dort bewahrte Kenntnis der antiken naturwissenschaftlichen Arbeiten für sich nutzbar machen. Die islamischen Schulen erlebten einen starken Aufschwung im 13. Jahrhundert. Maßgebend waren damals neben Bagdad und Mossul Damaskus und Kairo. Dieser Aufschwung kam aber auch dem syrischen Geistesleben zugute, so daß dieses gerade zur Zeit der Kreuzfahrer in voller Blüte stand. Eine eigene philosophische Richtung, die man als arabische Peripathetiker bezeichnet hat, entfaltete sich hier. Etwa

[194] Rey, Colonies, S. 211—214 u. S. 221—223.

um 1200—1225 beginnt diese einen deutlich merkbaren Einfluß auf die Pariser Universität auszuüben.

Der bedeutendste Vertreter dieser syrischen Wissenschaft ist Gregor Bar-Hebraeus (Abū'l Faradsch Ibn al-'Ibsī, 1226—1285). Er war 1246—1259 als Schüler in der Schule von Tripolis, sein Lehrer war der berühmte nestorianische Gelehrte Jakob. Bar-Hebraeus faßt die syrische Philosophenschule in seinem Denken gewissermaßen zusammen. Es kennzeichnet ihn, daß man einmal an ihm den entscheidenden Einfluß von Aristoteles spürt und daß er andererseits als ein Vorläufer von Thomas von Aquino, also der abendländischen Scholastik, zu betrachten ist. Auch mit Albertus Magnus zeigt sein Denken, seine Methode Verwandtschaft[195]. Er schrieb nicht nur philosophische Werke, sondern auch eine arabische Chronik, eine Geschichte von Syrien und eine Kirchengeschichte, alles Werke, die heute noch von Wert sind[196].

Neben dieser sehr ausgeprägten und in jahrhundertelangen Traditionen verwurzelten syrischen Kultur und Wissenschaft steht zunächst ganz unverbunden, was die Franken aus dem Abendland mitbrachten. Die Eroberung durch die Franken hat für die syrische Kultur in der ersten Zeit eine gewisse Krise bedeutet. Es ist damals in Tripolis die schöne Bibliothek, die der Kadi Abū Tālib Amīn ad-Daula gesammelt hatte, verbrannt[197]. Aber von weiteren Beeinträchtigungen oder Störungen durch die Franken wissen wir nichts.

Viele der fränkischen Geistlichen brachten Bücher vom Abendland mit, und wahrscheinlich stiftete manches abendländische Kloster oder Stift Bücher für die neuen Klöster des Heiligen Landes. Jedenfalls finden wir dort verschiedentlich ganz namhafte fränkische lateinische Bibliotheken. In einer Erfurter Handschrift ist uns durch einen günstigen Zufall das Verzeichnis der Bibliothek von Nazareth erhalten[198].

Aber auch eigene Werke wurden von den Franken im Heiligen Land geschaffen. Das Beste sind die Werke der Historiker, von denen schon wiederholt die Rede war. Unter ihnen steht Wilhelm von Tyrus, der Erzbischof und Kanzler des Königreichs Jerusalem, bei weitem an der Spitze. Aber neben ihm sind auch andere, wie z. B. der Bischof von Akkon, Jakob von Vitry, zu nennen. Aber auch Dichtungen verschiedener Art entstanden hier. Oft kennen wir nicht die Namen oder können nicht entscheiden, ob wir einen Bewohner des Heiligen Landes oder einen wieder zurückkehrenden Kreuzfahrer vor uns haben. Aber von einigen von ihnen wissen wir die Namen und besitzen ihre Werke. So z. B. Acardus, der 1110—1136 zuerst Dekan und dann Prior des Tempels von Jerusalem war und 1137/38 gestorben ist. Seine Dichtung setzte sein Nachfolger Gaufridus fort[199].

---

195 E. Boré, Analyse de l'ouvrage de Bar-Hebraeus = Nouveau Journal asiatique 14 (1834) S. 481 ff.

196 Rey, Colonies, S. 169—171.

197 Rey, Colonies, S. 165.

198 P. Lehmann = Zentralblatt für Bibliothekswesen (1933) S. 483 ff.

199 P. Lehmann, Die mittellateinischen Dichtungen der Prioren des Tempels von

Wichtiger als diese an sich nicht sehr bedeutenden Dichtungen war die Übersetzertätigkeit von Franken in Syrien. Denn sie brachte die Berührung der verschiedenen Kulturkreise Syriens, die für die Franken sehr fruchtbar werden konnte. Auf diesem Weg — neben anderen — wurden dem Mittelalter unbekannte Werke der Antike für das Abendland entdeckt und fruchtbar gemacht. Der bekannteste abendländische Übersetzer ist Stephan von Antiochia, der um 1137 die medizinischen Schriften des 'Alī ibn-'Abbās als erster ins Lateinische übertrug[200]. Auch die pseudoaristotelische Schrift „Secretum secretorum" wurde damals in Syrien ins Lateinische übertragen, so daß sie von da aus ihren Zug in das Abendland beginnen konnte. Denn dies Werk okkulten wie auch praktischen Wissens wurde zu einem der populärsten des späteren Mittelalters[201]. Der Übersetzer war der Kanonikus Philipp von Tripolis. Auch eine weitere kleine Schrift okkulten Inhalts ist uns aus dem damaligen Syrien erhalten. Sie hat zum Verfasser den Leibarzt König Amalrichs I.[202].

Wie stark man die Notwendigkeit der Kenntnis orientalischer Sprache und orientalischer Wissenschaft im Abendland sah, geht aus dem Werk von Pierre Dubois hervor. Unter den Vorschlägen, die er dem französischen König für die Wiedergewinnung und Sicherung des Heiligen Landes machte[203], befindet sich auch die Forderung, der König von Jerusalem müsse „viele getreue und erfahrene Sekretäre haben, die die arabische Sprache, die arabischen Schriftsteller und noch andere Sprachen der Welt gut kennten". Außerdem aber hält er es für erforderlich, daß der Papst um sich einen Kreis von Männern habe, die die Sprachen der orientalischen Christen beherrschten, um mit ihnen korrespondieren und disputieren zu können. Dazu sollen auch Männer kommen, die durch ihre Kenntnisse befähigt seien, nicht nur nach Griechenland, sondern auch in den Orient zu reisen, um über Glaubensfragen disputieren und Anhänger für die römische Kirche gewinnen zu können.

Daneben stand nun die Welt der arabisch-muslimischen Kultur. Einmal berührten sich ritterliche arabische und fränkische Kultur freundschaftlich. Davon war oben schon die Rede. Aber darüber hinaus besaßen die Muslime eine ausgesprochene Geisteskultur. Als kennzeichnend für ihr Ausmaß und die Intensität der Verbundenheit der leitenden Männer der muslimischen Welt mit dieser geistigen Welt können die Worte gelten, die Usāma aus dem muslimischen Herrengeschlecht der Munkidhen dem Verlust seiner Bibliothek widmet. Seine Angehörigen hatten an der fränkischen Küste Schiffbruch gelitten und waren dabei von den Franken geplündert worden. Dabei verlor

---

Jerusalem Acardus und Gaufridus = Corona quernea. Festgabe für Karl Strecker (1941) S. 296 ff. Dort auch der Wortlaut der Dichtungen. Andere Dichtungen: Rothelin XXX, S. 548 f., von 1239, und XXXI, S. 550 f., von 1239/40.

[200] Ch. Haskins, Studies in the history of mediaeval science (Cambridge, USA, 1927) S. 131 ff. [201] Benary S. 15.

[202] Ebd. [203] P. Dubois, De recuperatione Terrae Sanctae, S. 59/47 ff.

er seine Bibliothek, die auch auf dem Schiffe war. Er sagte dazu[204]: „Das Wohlbefinden meiner Kinder, der Kinder meines Bruders und unserer Frauen ließ mich den Verlust meines Vermögens leicht verschmerzen. Schmerzlich war mir nur der Verlust meiner Bücher. Es waren 4000 Bände, lauter kostbare Werke. Ihr Verschwinden ist für mich lebenslang ein Gegenstand des Kummers geblieben." Und der so sprach, war in erster Linie nicht etwa ein Gelehrter, sondern ein Krieger und Staatsmann. Auch sonst hören wir von großen Bibliotheken einzelner muslimischer Herren. Besonders berühmt war die des Kadi Fadil, die aus 1 050 000 Bänden bestanden haben soll[205].

Schon 1098, als das Heer des Körbogha vor Antiochia geschlagen worden war, befand sich im Lager der Muslime unter der Beute eine sehr große Zahl von Büchern, die die Kreuzfahrer staunend betrachteten. Das zeigt, daß sie auch auf ihren Kriegszügen Bücher in stattlicher Anzahl mit sich führten, und zwar solche theologischen, religiösen oder auch dichterischen Inhalts[206].

Solche am geistigen Leben interessierte Fürsten und Herren sind aber unter ihnen damals durchaus keine Seltenheit, ja man hat den Eindruck, daß lebhafte geistige Interessen zu dem Bild des muslimischen Großen dieser Tage gehören. Usāma berichtet von seinem Vater, daß er eine prächtige Handschrift geschrieben habe, was in der arabischen Welt immer als ein Zeichen von hoher Kultur gegolten hat und noch gilt. Er schrieb 43mal den Koran ab und verfaßte einen großen Kommentar des Korans[207]. Außerdem beschäftigte er sich lebhaft mit Astrologie[208], was auch damals bei einem frommen Muslim verwunderlich war. Auch von seinem Bruder sagt Usāma, er habe „zu den Gelehrten, den Helden und den Frommen unter den Muslimen gezählt"[209]. Doch das beschränkt sich auch keineswegs auf dieses Geschlecht, sondern immer wieder wird von einem der islamischen Emire oder Fürsten rühmend erwähnt, er sei nicht nur ein Held, sondern auch ein Dichter oder ein Gelehrter gewesen[210]. Auch auf diesem Gebiet ist Saladin das Muster des muslimischen Helden. Auch er vereinigte mit seinen kriegerischen Tugenden literarische Bildung und eigene eifrige Arbeit in den frommen muslimischen Wissenschaften[211]. Neben diesen Herren, die sich auch mit Literatur und Wissenschaft intensiv beschäftigen, stehen dann aber Gelehrte oder fromme Männer, die ganz ihrer Wissenschaft leben. Sie werden häufig genannt[212]. In dieser muslimischen Welt nimmt also die literarische und gelehrte Kultur einen großen Raum ein.

[204] Usāma S. 61.

[205] Abū Schāma S. 48 (Ausg. Goergens). — Al-Athīr I, S. 252.

[206] Albert von Aachen IV, 56, S. 428. [207] Usāma S. 85.

[208] Usāma S. 90; vgl. auch ebd. S. 47. [209] Usāma S. 39.

[210] Abū Schāma S. 41 (zu S. 34). — Ebd. (Ausgabe Goergens) S. 222 u. 228. — Abū 'l Fedā S. 62 u. S. 100 f. — Al-Athīr I, S. 252, 310 f., 365, 409, 594, 604 f. 629 u. 659.

[211] Al-Athīr I, S. 629. — Abū Schāma, Zwei Gärten I, S. 333 f. — Stiftungen: Abū Schāma, Zwei Gärten I, S. 295 f. u. S. 346. — Abū 'l Fedā S. 66, von 1192/93.

[212] Zum Beispiel Al-Athīr I, S. 504. — Abū Schāma (Ausgabe Goergens) S. 31.

Das zeigt sich auch daran, daß die Poesie tief in das öffentliche Leben eingreift. Es geschieht dies in einem Maße, das unserer Zeit, die an strenge Sachlichkeit im öffentlichen Leben gewöhnt ist, sehr auffallen muß. So wird wiederholt berichtet, daß zwei Fürsten in Staatsangelegenheiten in Versen miteinander korrespondieren[213]. Oder wir hören, daß ein Bruder (al-Afdal) seinem Bruder, mit dem er im Streit liegt, mit dem er sich aber versöhnen möchte, Gedichte schickt, um ihn günstig für sich zu stimmen[214]. Aber auch bei den offiziellen Totenfeiern werden Gedichte vorgetragen, die meist für diesen Zweck gedichtet worden sind[215]. In einem anderen Fall stärkte sich ein muslimischer Führer vor der Schlacht durch Gedichte[216]. Aus Bagdad wissen wir, daß dort ein Dichter in Versen eine heftige Anklage gegen eine Gewaltregierung vorbrachte[217]. Ebenso ist es in Ägypten zur Zeit des jungen Saladin ein Dichter, der eine Verschwörung gegen Saladin anzettelte. Er wurde dafür ans Kreuz geschlagen[218].

Vor allem aber sind es die Dichter, die die Siege der Helden feiern und sie in Siegesliedern preisen. Diese werden dann bei der Siegesfeier vorgetragen. Die Chronisten nahmen sie meist wichtig genug, um sie in ihr Werk einzufügen. Das kehrt immer wieder[219]. Alles das beweist eine außerordentlich entwickelte literarische Kultur und ihre enge Verbindung mit den leitenden Männern des öffentlichen Lebens und durch diese mit diesem selbst. Das ist eine so sehr in sich geschlossene Geisteskultur, daß die Muslime hier von den Franken nichts zu lernen hatten. Andererseits aber ist es wohl verständlich, wenn von da Einflüsse auf die Dichtung des Abendlandes und ihre Stellung im Ganzen des Lebens ausgegangen sind.

Eine besondere Stellung im Geistesleben des fränkischen Syrien nimmt die Medizin ein. Hier ist die Überlegenheit der einheimischen Ärzte den fränkischen gegenüber unmittelbar augenfällig. Wilhelm von Tyrus sagt zwar an einer Stelle, er halte es für unklug, daß die fränkischen Großen des Landes mit Vorliebe einheimische Ärzte heranzögen, wie es in dem Fall, von dem er berichtet, auch der König Balduin III. getan hatte, aber nur weil er Vergiftung durch die fremden Ärzte fürchtet. Als Allgemeinurteil ergibt sich, daß die Franken, und unter ihnen wieder vor allem die Fürsten, die Heilkunst der lateinischen Ärzte verachteten (spreta nostrorum Latinorum Physica ...) und nur zu einheimischen Ärzten Zutrauen hatten[220]. So ist es

[213] Al-Athīr I, S. 505 u. 544 f. — Abū 'l Fedā S. 73 f.

[214] Abū Schāma (Ausgabe Goergens) S. 210.

[215] Abū Schāma (Ausgabe Goergens) S. 23.

[216] Al-Athīr I, S. 637, von 1179/80. [217] Abū 'l Fedā S. 60 f., zu 1188/89.

[218] Al-Athīr I, S. 599, von 1173/74.

[219] Al-Athīr I, S. 430, von 1137/38; S. 471, von 1148/49; S. 476, von 1149/50; S. 478, von 1150/51; S. 482, von 1151/52; S. 485, von 1152/53; S. 501, von 1156/57; S. 537 u. 541 f., von 1163/64; S. 639, von 1179/80. — Abū 'l Fedā S. 24, von 1137/38; S. 38, von 1168/69; S. 81, von 1202/03. — Abū Schāma (Ausgabe Goergens) S. 23. — Abū Schāma, Zwei Gärten II, S. 184.

[220] Wilhelm von Tyrus XVIII, 34, S. 879.

denn nicht verwunderlich, daß Usāma, der muslimische Freund der Franken, nur mit Ironie und leiser Verachtung von der Heilkunst der Franken spricht. Er legt den Unterschied an verschiedenen Beispielen dar. Eines lautet: Bei einem Geschwür am Bein verwendet der arabische Arzt Zugpflaster; das Geschwür bricht auf, und das Bein heilt. Der fränkische Arzt amputiert in demselben Fall das Bein mit einem Beilhieb; die Folge ist, daß der Patient stirbt. Andere entsprechende Beispiele folgen[221].

Unter den Franken waren es die Templer, die sich besonders intensiv mit der Medizin befaßten. Nicht immer waren die hier verordneten Arzneien für unsere Begriffe angenehm. Als Beispiel sei genannt: geschmortes Fleisch lebender Schlangen mit Feigen und Salz.

Diese einheimischen Ärzte sind Syrer, Juden und Muslime. Ihnen allen ist gemeinsam, daß sie das Erbe der Antike an medizinischen Kenntnissen bewahren, wie es ihnen die hellenistische Kultur Syriens und des Vorderen Orients vermittelt hat. Arabische medizinische Hochschulen bestanden in Damaskus und Kairo, syrische in Antiochia, Tripolis und auch in Jerusalem. Das Medizinwesen des Landes war obrigkeitlich geregelt. Kein Arzt, ob er aus dem Osten oder aus dem Westen kam, durfte eine medizinische Praxis ohne ein Examen ausüben. Es wurde vor einem Kreis der besten Ärzte des Landes unter dem Vorsitz eines Bischofs abgelegt[222]. Im allgemeinen übernahmen diese syrischen Ärzte die Kuren auf Akkordbezahlung. Auch bestand ein Gesetz, nach dem der Arzt für den Ausgang einer Kur bis zu gewisser Grenze haftbar gemacht werden konnte[223]. Eine Reihe dieser Ärzte kennen wir mit Namen: Balduin III. rief Barak, den Leibarzt des Grafen von Tripolis, zu sich [224], Balduin IV., der Aussätzige, wurde von einem muslimischen Arzt behandelt, dessen Namen wir nicht kennen[225]. Michael, der syrische Bischof von Aleppo, ließ sich gegen sein Lebensende als sehr geachteter Arzt in Tripolis nieder[226], Theodor von Antiochia begleitete Kaiser Friedrich II. als sein Arzt[227]; andere bekannte Meister waren Basilius von Aleppo, Jakob von Tripolis und Abū-Mansūr zusammen mit seinem Schüler Jakob ibn-Saklan[228].

Daß man im Abendland diese Überlegenheit der Muslime auf dem Gebiet der Medizin schmerzlich empfand, geht daraus hervor, daß Pierre Dubois, als er dem französischen König Philipp dem Schönen Vorschläge für die Wiedererwerbung und Sicherung des Heiligen Landes machte, forderte, daß junge Mädchen, die als künftige Frauen des Adels ins Heilige Land auswandern sollen, eine Ausbildung in „Medizin, Chirurgie und allen dazugehörigen Wissenszweigen und allem dazu Notwendigen" erhalten sollten[229].

---

221 Usāma S. 184 f. u. S. 190 f. — Über die Templer als Ärzte siehe Melville, Templiers, S. 193.

222 Rey, Colonies, S. 181/82. 223 Ebd. S. 182.

224 Wilhelm von Tyrus XVIII, 34, S. 879. 225 Gestes de Chiprois 31, S. 656.

226 Rey, Colonies, S. 181. 227 Ebd. 228 Ebd.

229 P. Dubois, De recuperatione Terrae Sanctae, 61, S. 51.

Im Anschluß an die Medizin stand auch die Pharmakologie in denselben Kreisen Syriens sehr in Blüte. Mehrere Schriften darüber wurden damals von muslimischen Gelehrten verfaßt. Eines setzte Bar-Hebraeus fort. Eines der bekanntesten pharmakologischen Werke, das „Ornamentum medici, tractatus Chymo-medicus" hatte 'Alī von Tripolis zum Verfasser[230]. Apotheken werden in Urkunden des Landes genannt[231], doch stellten die Ärzte meist die Medizinen selbst her[232]. Daneben gab es geschickte Optiker und Tierärzte[233].

Eine besondere Förderung erfuhr gerade damals die Botanik im Heiligen Land. Einer der größten Botaniker des Mittelalters, Ibn-Beitār, wanderte von Spanien aus in Syrien ein — auch ein Beispiel für die damals bestehende kulturelle Anziehungskraft Syriens — und lebte eine Zeitlang in Antiochia und Ägypten, ließ sich dann aber in Damaskus bei al-Malik al-Kāmil nieder. Er machte eingehende Pflanzenstudien im Libanon, stets begleitet von einem Maler, der die Pflanzen und ihre Einzelheiten zeichnete und malte. Seine Studien wurden von seinem Schüler Raschīd al-Dīn Suri in der Umgebung von Antiochia, Tripolis und Beirut fortgesetzt. Dieser war im Lande selbst, in Tyrus, geboren und hatte in Damaskus studiert[234].

Über das künstlerische Leben im Heiligen Land sind wir leider nur schlecht unterrichtet. Es fehlen hier noch grundlegende Untersuchungen. Gelegentliche Arbeiten von Josef Strzygowski haben eine erstaunliche technische und künstlerische Entwicklung bei den fränkischen Bauten in Jerusalem gezeigt. Sie geht über das, was das Abendland in derselben Zeit aufzuweisen hat, weit hinaus. Augenscheinlich haben die Franken viel von einheimischen Künstlern gelernt, oder sie haben sich ihrer bedient. Die Königsgräber in Jerusalem sind die Hauptstelle, an der solche Feststellungen gemacht werden konnten[235]. Einen besonderen Kreis für sich bilden die syrischen, maronitischen und jakobitischen Kirchen im Libanon. Auch hier zeigen die Bauten der Zeit eine hochentwickelte Kunst, die wesentlich byzantinischen Charakter aufweist[236]. Daß das Kunstgewerbe im Land auf einer hohen Stufe stand, ergibt sich schon aus dem oben über die Töpferei- und Glaswarenindustrie des Landes Gesagten. Als die Mongolen Damaskus genommen hatten, ließ Tamerlan von dort Glasarbeiter nach Samarkand kommen. Und die so lange dem ganzen sonstigen Abendland überlegene venetianische Glasindustrie hat in den syrischen Arbeitsstätten, in Tyrus, Antiochia, Tripolis, Akkon und Hebron sowie in Damaskus gelernt. Von dort kamen Arbeiter als Lehrmeister nach Venedig[237].

---

[230] Rey, Colonies, S. 183.

[231] Assises II, Chartes 21, S. 500, von 1140.

[232] Rey, Colonies, S. 182.

[233] Ebd. S. 182/83. [234] Ebd. S. 184/85.

[235] J. Strzygowski, Ruins of tombs of the latin kings on the Haram in Jerusalem = Speculum XI (1936) S. 499—508.

[236] Rey, Colonies, S. 79.

[237] Ebd. S. 224.

Außerdem aber stand die Metallarbeit aller Art im Heiligen Land damals in besonderer Blüte. Damaskus war führend. Aber auch Aleppo, Tyrus, Tripolis, Antiochia, Kairo und Mossul traten daneben nur wenig zurück. Auch in Jerusalem gab es eine besondere Straße der Goldschmiede. Zu den uns erhaltenen Stücken, die die Höhe der hier sich auswirkenden Kunst erkennen lassen, gehört an erster Stelle ein Kreuz der Kathedrale von Namur, das von Jakob von Vitry, dem Bischof von Akkon, stammt und sich durch besonders feine Filigranarbeiten in byzantinischem Stil und durch Arbeiten in émail cloisonné auszeichnet[238], außerdem der reiche Einband eines Evangeliars der Königin Melisende, das sich heute im Britischen Museum in London befindet[239], ein Reliquiar des Königs Hethum von Armenien, das heute die Sammlung Basilewski besitzt[240], und ein in Bethlehem gefundener kirchlicher Leuchter, auf dem eine Graveurarbeit die Taufe Christi darstellt. Er wurde im Jahre 1249 von einem aus Mossul stammenden Künstler hergestellt[241].

Als Beispiel einer speziell griechischen, eng sich an byzantinisches Vorbild anlehnenden und byzantinischer künstlerischer Entwicklung folgenden Kunst seien die von Hatch veröffentlichten prachtvollen Miniaturen aus dem 11.—13. Jahrhundert genannt. Sie stammen aus der Bibliothek des griechischen Patriarchen von Jerusalem. Hatch sieht in ihnen vollgültige Zeugen der hohen Blüte, die die byzantinische Kunst unter den Komnenen-Kaisern erlebte. Daran nehmen also die griechischen Kreise in Jerusalem noch vollkommen teil, auch während der fränkischen Herrschaft im Land[242].

Das sind nur einzelne Züge aus dem Bild des künstlerischen Lebens im Heiligen Land während der Kreuzzüge. Es weist denselben Charakter auf, wie das literarische und wissenschaftliche Leben dieser Zeit: Syrische, arabische und griechische Kunst blühen im Land fast unberührt von den Kreuzfahrern. Die Franken aber lernen von den Einheimischen und werden dadurch zweifellos bereichert.

Noch weniger ist uns über die Musik im Heiligen Land zur Zeit der Kreuzfahrer bekannt. Wir wissen, daß König Richard Löwenherz, als er al-Malik al-ʿĀdil um politischer Verhandlungen willen aufsuchte, ihn bat, ihn muslimischen Gesang hören zu lassen. Al-Malik al-ʿĀdil ließ eine Sängerin kommen, die sich auf einer Laute begleitete. Richard Löwenherz habe das schön gefunden[243].

Auch Joinville zeigt sich[244] vom Hörnerblasen dreier einheimischer Artisten sehr beeindruckt. Doch über solches gelegentliche staunende Hören ging es auf diesem Gebiet wohl kaum hinaus. Dazu war der Abstand zwischen abendländischer und orientalischer Musik zu groß.

---

[238] Ebd. S. 231. [239] Ebd.

[240] Ebd. S. 233. [241] Ebd. S. 228.

[242] W. H. P. Hatch, Greek and Syrian Miniatures in Jerusalem (Cambridge, Mass., 1931).

[243] Al-Athīr II, S. 53. [244] Joinville S. 269 f.

Das Religiöse Leben

Die wichtigste Frage für das religiöse Leben im Heiligen Land unter den Kreuzfahrern war die nach dem Verhältnis von Christentum und Islam. Denn einmal lösten die freundschaftlichen Beziehungen der fränkischen und muslimischen Ritter diese Frage aus, dann aber machte das Zusammenwohnen im Königreich, der gemeinsame Besitz mancher Landstriche und das Vorhandensein von muslimischen Untertanen der Franken eine Auseinandersetzung notwendig. Hinter den beiden aber stand die Tatsache, daß diese kleine fränkisch-christliche Kolonie umgeben war von islamischen Völkern, was einen gewissen Druck auf die Christen mit sich bringen mußte, auch wenn sie ganz gesondert gelebt hätten. Auch war die Begegnung mit dem Islam für die Abendländer das erste Zusammentreffen mit einer nichtchristlichen Religion, das schon deshalb zu Auseinandersetzungen reizen mußte. Welche von beiden Religionen würde die andere zurückdrängen? Oder würden beide im wesentlichen voneinander unberührt bleiben? Würde die Feindschaft beider, die im Kampf bestand, sich auch bei einer näheren Berührung aufrechterhalten lassen? Würden Übertritte zum Islam oder solche zum Christentum erfolgen?

Zunächst einmal haben die Kreuzfahrer des ersten Kreuzzuges versucht, mit Gewalt die Muslime der eroberten Städte zur Taufe zu nötigen. So wurden bei der Einnahme von Maʿarrat im Jahre 1098 die Einwohner vor die Wahl gestellt, entweder sich taufen zu lassen oder getötet zu werden[245]. Bei der Einnahme von Antiochia wurden dagegen diejenigen, die sich nicht taufen ließen, in muslimisches Gebiet abtransportiert[246]. Auch später hören wir noch gelegentlich davon, daß bei der Einnahme einer Stadt einzelne oder Gruppen sich taufen lassen, um bessere Lebensbedingungen zu bekommen[247], oder daß während der Belagerung unter dem Druck der Not Muslime überlaufen und das Christentum annehmen[248]. An einzelnen Stellen wird auch die Angst als Ursache des Übertritts zum Christentum ausdrücklich angegeben[249]. Doch man machte mit diesen erzwungenen Übertritten keine guten Erfahrungen. Denn wir hören zu wiederholten Malen, daß die Neugetauften jede nächste Gelegenheit benutzten, um wieder zu ihrem alten Glauben zurückzukehren[250]. Schon nach dem Fall von Akkon, 1191, haben auf diese Erfahrung hin die Könige die Taufe von Muslimen unter solchem Druck verboten[251]. Der obengenannte Fall von 1098, wo man denen, die

[245] Gesta Francorum XXX, 6, S. 387, von 1098.

[246] Gesta Francorum XXIX, 11, S. 380/81.

[247] Al-Athīr I, S. 425 f., zu 1137/38. — Étienne de Bourbon 382, S. 337.

[248] Jakob von Vitry, Brief IV = Ztschr. für Kirchengesch. 15 (1895).

[249] Raimund von Agiles, Hist. Franc. XVI, S. 278.

[250] Lat. Forts. d. Wilh. v. Tyrus III, XXIII, S. 141. — Röhricht, Gesch. d. Königr. Jerusalem, S. 565. — Hoogeweg III, S. 417, von 1220: Damiette. — Röhricht, Forschungen z. deutschen Gesch. 16 (1876) S. 154, von 1227: Lissabon.

[251] Lat. Forts. d. Wilh. v. Tyrus III, XXIII, S. 141: „Unde reges inhibuerunt paganos ulterius baptizari.“

sich nicht taufen lassen wollten, den sicheren Tod in Aussicht stellte, scheint nur ein Ausnahmefall gewesen zu sein, denn es geschah bei einem Sonderunternehmen des Raymundus Piletus, eines Provenzalen. Man tötete auch später noch manches Mal Besatzungen eingenommener Schlösser, aber man stellte ihnen nicht generell die Annahme des Christentums zur Wahl.

Im Verlaufe der Geschichte der Kreuzzüge ist immer die Hoffnung aufgetaucht, daß einer der führenden Männer des Islams oder gar ganze Völker sich zum Christentum bekehren möchten. Mit diesem Gedanken trat schon Peter von Amiens vor Antiochia Körbogha entgegen, er spielte eine große Rolle in Verhandlungen zwischen dem König von Jerusalem und den Assassinen ebenso wie bei der Gefangennahme Nāsir ad-Dīns.

Dieser Wunschtraum bewegte Ludwig IX. von Frankreich zum Kreuzzug in Tunis, und diese Erwartung trieb Franz von Assisi ins Lager der Muslime vor Damiette. Aber alle diese Hoffnungen trogen. In der Literatur haben sie noch lange nachgelebt. Die Bekehrung eines Sultans ergab in den Ritterromanen oft die Möglichkeit eines Happy-End für den Abenteurer im Orient. In Wirklichkeit waren eindeutige Übertritte von Muslimen zum Christentum sehr selten. Ibn Dschubair berichtet von einem Muslim, der in Gefangenschaft lange mit den Franken zusammen gelebt hatte, ihre Lebensgewohnheiten annahm und sich dann schließlich auch taufen ließ, aber er berichtet es voll Entrüstung über einen seltenen Einzelfall[252]. Das bedeutet also nicht viel. Noch weniger aber besagt es, wenn wir hören, daß ein junger Sarazene, der ins fränkische Lager gelaufen war, getauft wurde[253]. Allerdings steht dem das Zeugnis von Wilhelm von Tripolis, einem der Missionare, gegenüber, der am Schluß seiner Schrift behauptet, mehr als 1000 Sarazenen getauft zu haben. Doch zeigt der Bericht von Jakob von Vitry, dem Bischof von Akkon, daß man damals eine sehr große Anzahl von Kindern getauft hat. Es waren das Kriegsgefangene, die an sich der Sklaverei verfallen gewesen wären, die der Bischof sich aber erbat, sie taufte und dann christlich erziehen ließ. Die Zahl muß sehr groß gewesen sein. Denn Jakob von Vitry gibt selbst an, daß 500 davon bald gestorben seien[254]. Andere Berichte über Bekehrungen von Muslimen zum Christentum tragen einen so deutlich legendenhaften Charakter, daß aus ihnen keine Schlüsse auf die wirkliche Haltung der Muslime gezogen werden können[255].

Angesichts dieser spärlichen Berichte über wirklich stattgefundene Konversionen Erwachsener erscheint der Optimismus unberechtigt, mit dem Bischof Jakob von Vitry dieser Frage gegenübersteht. Er ist überzeugt, daß

---

[252] Ibn Dschubair (Goergens) S. 279.

[253] Oliverus Scholasticus, Brief 2, von 1218, S. 171.

[254] Wilhelm von Tripolis 53, S. 598. — Jakob von Vitry, Brief VI = Ztschr. für Kirchengesch. 16, S. 79.

[255] Caesarius von Heisterbach X, 43, S. 248. — Bouquet XVII, S. 614; Epist. Mag. Hosp. Jerus. — Matth. Paris. V, S. 425, von 1254. — Jakob von Vitry, Brief II = Ztschr. für Kirchengesch. 14, S. 111.

viele Muslime zum Christentum sich bekehren würden, wenn sie nur die Hilfe der Christen hätten[256]. An einer anderen Stelle desselben Briefes schreibt er, daß die Muslime vorläufig noch durch die Furcht vor anderen gehindert würden, sich zu Christus als ihrem Herren zu bekehren[257]. Dem steht das ganz sachliche und fast trockene Urteil eines guten Kenners, Humberts von Romans, entgegen, der sagt: von den Sarazenen sind gar keine oder doch nur sehr wenige zum Christentum übergetreten[258]. Und dasselbe sagt der syrische Missionar Fidentius von Padua mit anderen Worten[259]. Diese beiden Zeugen stammen aus der allerletzten Zeit der Herrschaft der Franken im Heiligen Land, wo die Ergebnisse der Mission unter den Muslimen und des Einflusses der christlichen Nachbarschaft sich wohl übersehen ließen. Dem entspricht es auch, wenn wenig später Pierre Dubois in seiner an den französischen König gerichteten Schrift „Über die Wiedererwerbung des Heiligen Landes" seine Hoffnung nur noch darauf setzt, daß man muslimische Großen mit christlichen Frauen verheiraten könne, die sie zum christlichen Glauben herüberzögen[260]. Auch das läßt nicht auf große Erfolge einer direkten Werbung schließen.

Einen besonderen Fall stellte es dar, wenn muslimische Sklaven zum Christentum überzutreten begehrten. Denn dahinter stand meist nur die Hoffnung, dann bessergestellt zu sein. Das geht schon daraus hervor, daß die Herren sich gegen solche Taufen mit aller Macht sträubten, da sie dann die zu Christen gewordenen nicht mehr so willkürlich besteuern konnten[261]. Auch diese Übertritte ändern das Gesamtbild nicht.

Daß man im Abendland von der geringen Werbekraft des Christentums dem Islam gegenüber unterrichtet war und darunter litt, zeigt die Schrift „Collectio de scandalis ecclesiae" des Franziskaners Gilbert von Tournay, die die Ursachen davon aufzudecken sich müht[262]. Einzelne Übertritte zum Christentum sind sicherlich vorgekommen. Aber das bestimmte das Gesamtergebnis nicht. Der Islam hielt, im ganzen gesehen, allen Werbeversuchen des Christentums, das hier doch mit aller Begeisterung vorstieß, entschieden stand. Einmal lag das daran, daß die Franken als Feinde kamen, ihnen Teile ihres Landes wegnahmen und in der ersten Zeit wenigstens mit Grausamkeit gegen ihre Glaubensgenossen vorgingen. Aber es ist mehr als das. Auch heute noch sind die Erfolge der christlichen Mission in der islamischen Welt sehr gering. Der Grund ist darin zu suchen, daß der Islam als eine Vereinfachung der Lehren des Christentums und Judentums entstanden ist und deshalb den Menschen des Orients, Asiens und Afrikas viel leichter ein-

---

[256] Jakob von Vitry, Brief 2 = a. a. O. S. 116. [257] Ebd. S. 113.

[258] Mansi, Concilia XXIV, Sp. 112. [259] Throop, Criticism, S. 143 f.

[260] P. Dubois 69, S. 57: De recuperatione Terrae Sanctae.

[261] Jakob von Vitry, Brief II = a. a. O. S. 111/12. — Collectio de scandalis ecclesiae = Archivum Franciscanum histor. XXIV (1931) S. 38/39; hrsg. von A. Stroick.

[262] Collectio de scandalis S. 33—62.

leuchtet. Er ist eingängiger, aber auch flacher. Im Grunde besitzt er von dem Christentum nur den ersten Glaubensartikel, den Glauben an Gott den Schöpfer und Herren der Welt. Dieser Gedanke ist allein herrschend und bis in die letzte Konsequenz ausgestaltet. Eine Erlösungslehre im eigentlichen Sinne kennt er nicht. Er fordert keine Erkenntnis von Sünde und Erlösungsbedürftigkeit. Es gibt keine Menschwerdung Gottes. Er bejaht außerdem die vorgefundene Welt mit wenig Einschränkungen. Und bei strikter Erfüllung der verhältnismäßig wenigen Gebote und Forderungen kann der Gläubige hoffen, ein ewiges Leben zu erlangen. Das erklärt die großen Erfolge der heutigen islamischen Mission in Afrika und in Asien, galt aber geradeso auch zu den Zeiten der Kreuzzüge.

Auf der anderen Seite standen dem in gewissem Umfang Übertritte von Christen zum Islam gegenüber. Sie sind — um das vorauszuschicken — in der Hauptsache dadurch hervorgerufen, daß die Muslime im Lauf der Jahrhunderte Sieger blieben, und das hat stets anziehende Gewalt, so wie das Christentum in Afrika leichter angenommen wurde, solange der weiße Mann unbedingt überlegen, anerkanntermaßen Sieger auf den verschiedensten Lebensgebieten war. Dazu gehören die Fälle, in denen Franken aus Hunger und Durst zu den Muslimen überliefen, um ihr Leben zu retten, und dann zu dem Islam übertraten, um dort aufgenommen zu werden[263]. Solche Fälle kamen immer wieder vor. Eine zweite Gruppe bilden Leute, die ein Verbrechen begangen hatten, sich zu den Muslimen flüchteten und, um dort nicht zurückgewiesen zu werden, ihr Christentum verleugneten[264]. Andere wurden — und das kam nicht ganz selten vor —, wenn sie gefangengenommen wurden, mit Gewalt zum Übertritt zum Islam gezwungen[265]. Von anderen hören wir, ohne daß ein Grund für den Übertritt genannt wird[266]. Eine besondere Gruppe bilden fränkische Ritter und Herren, die aus irgendeiner Ursache sich gekränkt fühlten oder die glaubten, daß ihnen bei den Franken Unrecht geschehen sei, und die dann zu den Muslimen überliefen und auch den islamischen Glauben annahmen[267]. Bei Raimund von Tripolis glaubte man allgemein, daß er nahe daran gewesen sei, weil er, gegen den König verbittert, vor der Schlacht von Hattīn in so naher Verbindung mit Saladin stand[268]. Andere Ritter finden wir als Mohammedaner auf der Seite des Gegners, ohne einen Grund dafür angeben zu können[269]. In den Assisen des Königreichs Jerusalem rechnete man mit solchen Rittern, die zum Feind übergingen und dabei auch den Glauben wechselten, und traf deshalb Be-

[263] Itinerar. reg. Ricardi I, 74, S. 131. — Grousset III, S. 37.
[264] Jakob von Vitry, Historia 82, S. 1097.
[265] Abū Schāma, Zwei Gärten I, S. 278. — Annales Herbipolenses, von 1147 = M. G. SS. XVI, S. 5. — Matth. Paris. V, S. 218, von 1251. — Rothelin LXIX, S. 621, von 1250. — Joinville S. 242.
[266] Matth. Paris. IV, S. 560, von 1246. — Grousset I, S. 253.
[267] Matth. Paris. V, S. 387, von 1253.
[268] Abū Schāma, Zwei Gärten I, S. 257 f. — Al-Athīr I, S. 679 f., von 1187/88.
[269] Abū Schāma (Ausgabe Goergens) S. 53. — Kugler S. 190.

stimmungen, was in diesem Fall mit dem Lehen zu geschehen habe. Dabei fällt es auf, daß die Bestimmungen nicht sehr scharf sind. Selbstverständlich wird das Lehen eingezogen, aber die zurückgebliebene Frau des Überläufers und Konvertiten kann die halbe Nutznießung des Lehens lebenslänglich behalten[270]. So ist es nicht erstaunlich, daß Fidentius von Padua und Humbert von Romans, die beiden schon genannten klarsehenden Beobachter aus dem Ende des 13. Jahrhunderts, auch zugeben, daß zahlreiche Christen zum Islam übertraten[271]. Daß es viele seien, bestätigt auch Matthaeus Parisiensis[272]. Und auch die anonyme Schrift „Memoria terrae sanctae" berichtet von solchen Überläufern und Konvertiten, die im Heer der Muslime eine bedeutende Rolle gespielt hätten[273].

Dem stehen allerdings auch Zeugnisse für das zähe Festhalten am christlichen Glauben selbst unter schwerem Druck und für Rückkehr nach langen Jahren eines erzwungenen Aufenthaltes bei den Muslimen gegenüber[274]. Aber im ganzen bleibt doch der Eindruck bestehen, daß die Übertritte zum Islam — freiwillig oder mit geringerer oder größerer Gewalt — weit zahlreicher waren als die von Muslimen zum Christentum, wenn auch zahlenmäßige Beweise dafür nicht erbracht werden können. Ein Ausspruch Saladins, der uns überliefert ist, zeigt, daß Saladin selbst gar keinen großen Wert auf diese Übertritte legte. Denn er sagte, daß nie aus einem guten Christen ein guter Muslim und nie aus einem guten Muslim ein guter Christ werden könne[275].

Das Leben des Alltags im Heiligen Land und den umgebenden Landschaften führte zu einer engen Berührung und oft zu einem fast freundschaftlichen Zusamenleben beider Religionen. Es wäre falsch, daraus auf ein Erweichen der Widerstandskraft der Christen gegen die Einflüsse der islamischen Religion schließen zu wollen. Vielmehr ist hierin eine Parallele zu den freundschaftlichen Beziehungen der fränkischen und der muslimischen Ritter zueinander zu sehen. Auch hier vollzieht sich der Wandel von dem überkommenen Schreckbild des Heiden zu einer Achtung vor der Religion des Islams, wie wir diesen Wandel in ähnlicher Weise in den ritterlichen Kreisen und ihrer Literatur vorgefunden haben. Er findet seinen Ausdruck schon in der Bezeichnung. Wiederholt spricht man es aus, man solle von den Sarazenen doch lieber als von Ketzern als von Heiden reden[276], in dem Sinn, daß der Muslim als Ketzer, d. h. als ein abgeirrter Christ, dem Christen doch viel

[270] Assises, Livre au Roi XXIII, S. 623. Dazu ebd. XXII, S. 621.

[271] Throop, Criticism., S. 144.

[272] Matth. Paris. IV, S. 560, von 1246.

[273] Throop, Criticism, S. 144/45. — Revue de l'Orient lat. 10 (1904) S. 435 ff.

[274] Usāma S. 182 f. — Abū Schāma, Zwei Gärten I, S. 278. — Annales Herbipolenses, von 1147 = M. G. SS. XVI, S. 5 — Weltchronik eines Minoriten von Assisi, von 1287 = Neues Archiv X, S. 238.

[275] Joinville S. 241.

[276] Jakob von Vitry, Hist. III, S. 1137. — Oliverus Scholast., Hist. Dam. 24, S. 204.

näher stünde, als man gedacht. Wilhelm von Tripolis sagt in demselben Sinn noch deutlicher: „Jetzt schon ist es ganz offenbar und klar, daß sie dem christlichen Glauben benachbart sind und schon nahe am Weg des Heils." [277] Am weitesten aber geht in der Anerkennung des Islams und in der Hochachtung vor ihm Ricoldus de Monte Crucis, der am Ende des 13. Jahrhunderts geschrieben hat. Er ist des Lobes voll nicht nur über die gastliche, herzliche Aufnahme, die er bei den Muslimen und besonders in islamischen Klöstern gefunden hat, sondern mehr über die Innigkeit des Gebetes der Muslime, ihre Werke der Barmherzigkeit, die Heiligung des Namens Gottes [278]. Und auch Oliverus Scholasticus steht, als der Sultan al-Malik al-Kāmil das geschlagene Heer der Franken mit Lebensmitteln versorgt, bewundernd vor dieser Barmherzigkeit. Er ruft aus: „Wer könnte zweifeln, daß eine solche Güte, Freundlichkeit und Barmherzigkeit von Gott ausgegangen ist. Die Männer, deren Eltern, Söhne, Töchter, Brüder und Schwestern wir mit vieler Qual getötet haben, deren Besitz wir weggenommen haben und die wir nackend aus ihren Wohnungen getrieben haben, die haben uns, als wir vor Hunger am Sterben waren, mit ihrer eigenen Speise erquickt und uns mit vielen Wohltaten gütig behandelt, während wir doch in ihre Herrschaft und Gewalt gegeben waren." [279] So hat sich das Bild nicht nur des islamischen Ritters, sondern auch des Islams als solchen im Laufe dieser Jahre, als sich beide Religionen näher kennenlernten, von Grund aus gewandelt. Allerdings bleibt das falsche Bild von der islamischen Eroberung, daß den Arabern damals darauf angekommen sei, den muslimischen Glauben mit Feuer und Schwert zu verbreiten [280], daneben auch bestehen [281].

Dieser freundlichen Haltung entspricht auch eine ähnliche von seiten der Muslime den Christen gegenüber. Arnold von Lübeck läßt einen Mohammedaner sagen: „Denn es steht fest, daß wir, wenn auch unser Glaube verschieden ist, doch nur einen Schöpfer haben und nur einen Vater und daß wir daher Brüder sind, nicht dem Bekenntnis nach, wohl aber als Menschen. Darum denkt an unseren gemeinschaftlichen Vater und schont der Brüder." Wenn das auch nur Worte sind, die ein christlicher Chronist einem Muslim in den Mund legt, so haben wir doch keinen Grund, zu bezweifeln, daß ein echtes Erlebnis dem zugrunde gelegen hat [282].

Solcher theoretischer Haltung widerspricht auch die Praxis des täglichen Zusammenlebens nicht, wenn auch ständig Kämpfe zwischen Angehörigen beider Religionen geführt werden. Das nimmt man als eine Selbstverständ-

---

[277] 47, S. 596. Ähnlich spricht auch die Collectio de scandalis von der secta Mahometica, S. 39.

[278] Ricoldus de Monte Crucis = Peregrinationes, hrsg. von I. C. M. Laurent. 2. Auflage (1873) S. 21, 24, 25, 26 u. 28.

[279] Oliverus Scholast., Hist. Dam., S. 282.

[280] Siehe oben S. 87—89.

[281] Humbert von Romanis = Mansi XXIV, 6 u. 7, Sp. 111 u. 112.

[282] Arnold von Lübeck V. 28, S. 207.

lichkeit. Christen leben unter muslimischer Herrschaft verhältnismäßig gut[283]. Christliche Beamte finden sich unter muslimischer Herrschaft[284].

Deutlicher aber noch spricht dafür das Vorhandensein von gemeinsamen Gotteshäusern für beide Religionen. In Akkon hatte man die große Moschee in eine christliche Kirche verwandelt, hatte aber eine Seitenkapelle in der Nähe des Grabes des islamischen Propheten Sālih für den islamischen Gottesdienst freigegeben, so daß hier eine Moschee innerhalb einer christlichen Kirche bestand[285]. Im Osten der Stadt Akkon aber hatten die Muslime seinerzeit an der sog. Ochsenquelle, aus der Gott eine Kuh des Adam herausgezogen haben sollte, eine Moschee gebaut. In dieser Moschee beließ man den Umkreis des islamischen Mihrab den Muslimen, die Christen aber hatten an einer anderen Stelle des Baues einen Altar errichtet, so daß Christen und Muslime in demselben Gotteshaus anbeteten, nach verschiedenen Richtungen gewendet[286]. Solches Zusammengehen kam auch an anderen Orten vor. Im Kloster Saidanāja bei Damaskus befand sich in einer der Gottesmutter geweihten Kirche ein Muttergottesbild. Zu diesem wallfahrteten aber außer Christen zweimal im Jahre auch die Muslime der Nachbarschaft[287]. Eine ähnliche gemeinsame Verehrung findet sich in einer Kapelle in der Nähe von Kairo. Sie lag an einer Quelle, an der Maria und Joseph auf der Flucht nach Ägypten gerastet haben sollen, wo Maria in der Quelle die Windeln gewaschen haben und der Palmbaum sich über sie geneigt haben soll, als sie seine Früchte nicht erreichen konnte. Dorthin kamen auch die Muslime in großer Verehrung. Der Leiter war ein Christ. Er hatte aber christliche und muslimische Untergebene nebeneinander[288].

Einen ähnlichen Geist atmet es, wenn Muslime einen Mann, der das Kreuz beschimpft oder besudelt hatte, den Christen auslieferten[289], wenn ein christlicher Bischof sich müht um das Schicksal einer großen Zahl von kriegsgefangenen muslimischen Kindern, die in die Sklaverei verkauft werden sollen[290], oder wenn Christen im Libanon einen dort in klösterlicher Zurückgezogenheit lebenden Muslimen mit Essen versorgen[291].

Einige wenige christliche Kirchen bestehen weiter unter muslimischer Herr-

---

[283] Abū Schāma, Zwei Gärten I, S. 340 (Jerusalem), u. ebd. S. 362 (Laodicea).

[284] Abū Schāma (Ausgabe Goergens) S. 53. — Al-Athīr I, S. 408, von 1134/35. — Ders. II, S. 33. — Abū Schāma, Zwei Gärten II, S. 191.

[285] Ibn Dschubair (Goergens) S. 276. — Grousset II, S. 755.

[286] Ibn Dschubair ebd.

[287] Arnold von Lübeck VII, 8, S. 274. — Hopf, Chroniques gréco-rom., S. 31: Bericht d. Patriarchen von Jerusalem an Papst Innozenz III.

[288] Oliverus Scholast., Hist. Damiat. 60, S. 262/63. — Rothelin XI, S. 513 f., von 1229. — Hopf, a. a. O. S. 34: Bericht d. Patriarchen von Jerusalem an Papst Innozenz III.

[289] Michael le Syrien III, S. 234. — Hatem, Poèmes épiques, S. 284.

[290] Jakob von Vitry, Brief VI, S. 79 = Ztschr. f. Kirchengesch. 16.

[291] Ibn Dschubair (Goergens) S. 271.

schaft[292]. Und ebenso bestehen Moscheen in fränkisch-christlichem Land[293]. Als allgemeine Regel gilt es allerdings, daß nach der Eroberung einer Stadt die Hauptmoschee mindestens in eine Kirche verwandelt wird, oder umgekehrt die Kirche in eine Moschee[294].

Zu Religionsgesprächen und Auseinandersetzungen ist es dabei sicherlich gekommen, schon durch die Missionstätigkeit der Minoriten im 13. Jahrhundert[295]. Aber große öffentliche Religionsdisputationen, wie eine am Hof des Mongolenkhans Mongka im Jahre 1254 stattfand[296], scheint es im Heiligen Land nicht gegeben zu haben. Wohl aber erörtert man lebhaft die Frage, ob solche Disputationen förderlich und wünschenswert seien. Petrus Venerabilis[297] bejahte die Frage. Thomas von Aquin lehnte eine Diskussion über Fragen, die nur dem Glauben zugänglich seien, ab und gestattete sie nur über Fragen, die mit Hilfe des Verstandes entschieden werden könnten[298].

Die Beeinflussung der inneren Glaubenshaltung der Christen in dieser Nachbarschaft der fremden Religion ist natürlich viel schwerer zu erfassen und gar heute noch zu erkennen als die äußerlichen Beziehungen zwischen Christentum und Islam. Doch zweierlei ist jedenfalls deutlich zu sehen: einmal, daß dadurch Zweifel an der Wahrheit in manchen Christen entstanden, die ohne diese Nachbarschaft wahrscheinlich nicht dahin gekommen wären. So berichtet Wilhelm von Tyrus, daß König Amalrich ihn nach Vernunftgründen gefragt habe, mit denen die Auferstehung der Toten auch solchen bewiesen werden könne, die den Glauben daran nicht haben. Wilhelm geht ausführlich dem König gegenüber auf diese Frage ein und betont abschließend, welch eine große Freude der König an solchen und ähnlichen Gesprächen gehabt habe, mit anderen Worten also, wie sehr solche Gedanken ihn beschäftigt haben[299]. Man wird nicht fehlgehen, hierin den Einfluß der religiösen Grenznachbarschaft zu sehen. Außerdem aber ist zu bemerken, daß die prononcierteste Position des islamischen Glaubens, der Glaube an die unbedingte Prädestination, sich auf Gruppen von Christen übertrug, die häufiger mit Muslimen in Berührung kamen. Joinville spricht eingehend von einem solchen Fall, wo Christen, die mit Beduinen zusammengelebt haben, die Prädestinationslehre mit allem Nachdruck vertreten[300].

Wir haben oben gehört, daß damals in Syrien auch eine okkultistische Schrift ins Lateinische übertragen und damit den Abendländern zugänglich gemacht wurde, die „Secreta Secretorum", und daß weitere solche Bücher damals im Land entstanden. Das setzt ein Interesse an solchen Dingen voraus, und es drängt sich daher die Frage auf, ob damals ein Okkultismus in dem in solcher Lage leicht entstehenden säkularisierten Raum sich entfaltet habe. Wir haben

---

[292] Al-Athīr I, S. 655, von 1182/83. — Rothelin XIX, S. 525, von 1220.
[293] Ibn Dschubair (Goergens) S. 276.
[294] Kemāl ad-Dīn, Sahne, S. 275. — Joinville S. 218. [295] Siehe oben S. II, 238.
[296] Grousset III, S. 524. [297] Adversus sectam Saracenorum.
[298] Summa Theol. II, II, Quaest. X, Art. VII, S. 64.
[299] Wilhelm von Tyrus XIX, 3, S. 887/88. [300] Joinville S. 231.

aber der Zeugnisse zu wenig, um sie wirklich beantworten zu können. Doch spricht eine gewisse Wahrscheinlichkeit dafür.

Doch es würde durchaus falsch sein, dieses Bild der freundschaftlichen toleranten Beziehungen zwischen den beiden Religionen allein sehen zu wollen. Die Welt der Kreuzzüge ist charakterisiert durch das Nebeneinanderstehen der schärfsten Gegensätze. Und die eine Seite darf nicht um der anderen willen übersehen werden. Während al-Malik al-Kāmil das gefangene Heer der Christen auf das beste betreut und versorgt, wurden zu allen Zeiten Gefangene auf das grausamste gemartert und gemordet. Man braucht nur das Buch von Usāma zu lesen, um überall auf Berichte von solchen ausgesucht grausamen Methoden der Gefangenenbehandlung zu stoßen[301]. Doch auch an weiteren Zeugnissen dafür fehlt es in der ganzen Geschichte des Heiligen Landes nicht[302]. Ebenso stehen nach der Eroberung von Städten Hinrichtungen aller Männer und Wegführung aller Frauen häufig genug neben milderen Schicksalen für die Bewohner und Verteidiger der eroberten Stadt[303]. Oft hält man es nicht für möglich, daß die freundlichen und die grausigen Bilder derselben Zeit und demselben Land angehören könnten. Doch es ist so. Hart stehen die Gegensätze nebeneinander. Doch scheinen die Grausamkeiten in der Behandlung des Feindes vor allem den ersten Jahrzehnten angehört zu haben, dann aber zurückgedrängt worden zu sein, bis sie unter den Mameluken-Sultanen wieder auftauchten und sich ausbreiteten.

Ebenso finden sich aber auch immer wieder häßliche Szenen, in denen Muslime Kreuze verhöhnen und besudeln, wie Christen es auch mit dem Koran taten, während dann wieder so freundschaftliche Beziehungen sich finden, wie wir sie oben beschrieben. Dabei scheinen die Muslime besonders weit gegangen zu sein[304]. Solche Ausschreitungen entsprachen dem dauernd zwischen den Religionen bestehenden Kriegszustand und der Roheit der Zeit.

---

[301] Usāma z. B. 171 f., aber auch an vielen anderen Stellen.

[302] Galterius (Ausg. Hagenmeyer) I, VI u. VII, S. 91 ff. — Ebd. II, VII, S. 93. — Ebd. II, XV, S. 110 ff. — Al-Athīr I, S. 268 f. — Rothelin LX, S. 592, von 1249. — Annales Herbipolenses, von 1147 = M. G. SS. XVI, S. 5: „... de eadem barbara captivitate redeuntes, quorum alii exoculati, alii quod sine gravi gemitu dicere nequeo, humeraliter brachia et manus truncati, alii plantas pedum adusti et sale perfricati, alii oculis erutis, auribus, nasu, labiis abscisis, per omnia inutiles sunt redditi" Frauen: Ricoldus de Monte Crucis = Arch. de l'orient lat. II, 2, epist. II, S. 272.

[303] Al-Athīr I, S. 389, von 1130. — Ebd. S. 420, von 1136/37. — Ebd. S. 444 f., von 1144/45. — Kemāl ad-Dīn, Sahne, S. 260. — Dagegen milde Behandlung: Eracles 23, LXII, S. 96, von 1187. — Oliverus Scholasticus, Brief V, S. 198.

[304] Beispiele seitens der Muslim: Abū Schāma (Ausg. Goergens) S. 117 f. — Rothelin LXIX, S. 621, von 1250. — Haymar, De expugnata Accone XXXII, S. 11. — Caesarius von Heisterbach V, 21, S. 303. — Ebd. VIII, 27, S. 102 — Ricoldus de Monte Crucis = Arch. de l'orient lat. II, 2, epist. I, S. 270. — Ebd., epist. II, S. 273. — So gebraucht Al-Athīr stets, wenn er von der Kirche des Heiligen Grabes in Jerusalem redet, ein arabisches Wortspiel, in dem er für Kirche der Auf-

Noch ein besonderer Fall ist in diesem Zusammenhang zu erwähnen. Usāma berichtet in seinen Memoiren von einer Hexe, die er auf einer Rute reitend und wie ein Pferd wiehernd in der Nacht, zwischen den Gräbern angetroffen habe. Auf die Frage, was sie da tue, habe sie geantwortet: „Hexen." Usāma erwiderte darauf: „Allah verfluche dich, und er verfluche deine Hexerei und deine Kunst vor allen Künsten."[305] Auch bei der Belagerung Jerusalems durch die Kreuzfahrer wird von zwei Hexen berichtet, die sich bemühten mit Zauber die Belagerungsmaschinen der Christen zu vernichten[306]. Außerdem aber wissen wir von einem Hexenprozeß und einer Hexenverbrennung im Lager der Franken, die den späteren abendländischen Hexenprozessen durchaus gleicht[307]. Vor der Schlacht von Hattīn findet man im fränkischen Lager eine alte Sarazenin, die Sklavin eines Syrers aus Nazareth. Sie gibt zu, im Dienste Saladins zu stehen. Daraufhin foltert man sie, und sie gesteht, eine Hexe zu sein, die im Auftrage Saladins die einzelnen Männer des fränkischen Heeres behexen soll. Seit drei Tagen käme sie nachts ins Lager und spräche ihre Teufelsbeschwörungen. Wenn sie noch eine Nacht im Lager geblieben wäre, so hätte sie durch Teufelskünste die Kämpfer so behext, daß alle in die Hand von Saladin gefallen wären. Daraufhin wird ein Scheiterhaufen errichtet, um sie zu verbrennen, doch sie springt dreimal aus dem Feuer heraus, so daß man sie erschlagen muß. Dann aber wird ihr Körper noch verbrannt. Das ist, soweit ich sehen kann, der erste von den Abendländern ausgeführte Hexenprozeß, der bekannt ist, und zwar nicht nur ein Ansatz zu einem solchen, sondern ein Prozeß in voll entwickelter Form. Da wir aber vorher schon einen ausgeprägten Hexenglauben bei den Muslimen (Usāma) gefunden haben, im Abendland aber nur geringe Ansätze dazu, liegt es nahe, anzunehmen, daß auch hier eine Beeinflussung des Denkens und Handelns der fränkischen Christen durch die Muslime vorliegt. Dann wäre also der abendländische Hexenprozeß in dieser Form auf morgenländisches muslimisches Vorbild zurückzuführen, das leicht Einfluß gewinnen konnte, weil ähnliche Vorstellungen auch im Abendland heimisch waren.

Noch einige Einzelbemerkungen seien angefügt. Mit der sonst von Saladin gepriesenen Toleranz scheint es sich schlecht zu vertragen, daß wir von Ketzerverfolgungen und -hinrichtungen unter seiner Herrschaft wissen[308]. Dieselbe Verbindung von allgemeiner Toleranz und Schärfe gegen die Ketzer des anerkannten Glaubens, die wir bei Friedrich II. kennenlernen und die

---

erstehung, wie sie damals meist hieß, das fast gleichlautende Wort: „Kirche des Unrats des Kotes", setzt (z. B. Al-Athīr I, S. 314, Anm. 2). Von seiten der Christen: Kemāl ad-Dīn, Sahne, S. 282 f.: Leichenschändung, Korane unter die Schwänze der Pferde gebunden, damit sie beschmutzt werden. — Abū 'l Fedā S. 57 f., von 1187/88: Abort in ehemaliger Moschee.

[305] Usāma S. 175. [306] Wilhelm von Tyrus VIII, 15, S. 348.

[307] Eracles 23, XXXVI, S. 54, von 1187.

[308] Abū 'l Fedā S. 65, von 1192/93.

dort immer schwer verständlich wird, findet sich also auch auf mohammedanischer Seite. Es erscheint darum nicht ausgeschlossen, daß Kaiser Friedrich II., wie in so vielem anderem, auch hier von dem islamischen Vorbild beeinflußt war. Jedenfalls verliert seine Haltung an Rätselhaftigkeit.

Die Degeneration der städtischen Bevölkerung und die zunehmende Gleichgültigkeit der Kreuzzugssache gegenüber, solange die Gefahr nicht die eigene Existenz angriff, bedeutet kein Abflauen des religiösen Lebens in diesen Städten. Denn man empfing Jakob von Vitry, als er es unternahm, überall zu predigen, mit Begeisterung und drängte sich zu seinen Predigten[309].

Sehr früh begegnen wir auch in Jerusalem Mysterienspielen. Denn es fand hier an jedem Osterfest eine theatralische Aufführung der Osterszene in der Grabeskirche statt, die als Anfangsstufe der später so beliebten Osterspiele zu betrachten ist. Junge Kleriker, als Frauen verkleidet, gingen mit Salbengefäßen zum Heiligen Grab, fragten dort: „Wer wird uns den Stein vom Eingang des Grabes wegwälzen?“ Andere, als Engel gekleidete Kleriker antworteten: „Wen suchet ihr?“ Die Frauen antworteten: „Jesus von Nazareth“, und die Engel darauf: „Den ihr sucht, ist nicht hier.“ Die Frauen gehen dann ins Grab hinein, beten dort und kehren zurück, um zu verkündigen: „Hallelujah, er ist auferstanden!“ [310]

Über die Liturgie der Heiliggrabkirche sind wir durch eine Handschrift der Vatikanischen Bibliothek unterrichtet. Aus ihr geht hervor, daß man dort sich völlig dem gallo-römischen Ritus anschloß, sowie die das dortige Kapitel bildenden Priester mit dem ersten Kreuzzug aus Frankreich gekommen waren[311].

Über eine eigentümliche Lichterprozession zum Allerheiligenfest berichtet Ibn Dschubair. Er erlebte sie auf einem von Akkon nach Griechenland fahrenden Schiff. Das ganze Schiff sei von oben bis unten mit Ampeln hell erleuchtet gewesen, und jeder, ob groß oder klein, habe eine Kerze getragen. Die Priester seien bei dieser Prozession vorangegangen, dann aber sei eine Predigt gefolgt[312].

Einen großen und wenig erfreulichen Aufschwung nahm durch die Kreuzzüge der Reliquienraub. Venedig geht hier allen voran. Im Jahre 1100 brachten venetianische Schiffe von der Kreuzfahrt den Leib des heiligen Nikolaus mit nach Venedig, den sie unterwegs geraubt hatten. In gleicher Weise brachte man aus Konstantinopel den Leib des Märtyrers Stephanus und im

---

309 Jakob von Vitry, Brief II = Ztschr. f. Kirchengesch. 14, S. 112. — P. Funk, Jakob von Vitry, Leben und Werke = Beiträge zur Gesch. d. Mittelalters und der Renaissance 3, S. 100.

310 Eine Handschrift der ehemaligen Universitätsbibliothek Breslau enthält die Abschrift einer Spielanweisung, die in Jerusalem 1157—1187 entstanden ist. Siehe: A. Schönfelder, Die Prozessionen der Lateiner in Jerusalem zur Zeit der Kreuzzüge = Hist. Jahrbuch der Görres-Ges. 32 (1911) S. 578 ff., bes. S. 588.

311 B. Zimmermann, Art. Carmes, in: Dictionnaire d'archéologie chrétienne et de liturgie, publ. par F. Cabrol. II, 2, Sp. 2167.

312 Ibn Dschubair (Goergens) S. 281.

Jahre 1125 aus Chios die Gebeine des Heiligen Isidor nach Venedig. Diese Reliquien wurden der Stolz der Markuskirche, der Kirche S. Nicola di Lido und S. Giorgio Maggiore. Vor dem Raub betete man, wie die Berichte darüber erzählen, zu Gott, daß er den Raub gelingen lassen möge, und zu dem Heiligen, daß er nun doch der Einladung Venedigs folgen und dorthin kommen möge. Dort erwarte ihn eine stattliche Schar anderer Heiliger, und er werde dort eifriger in großen Festen gefeiert werden. Darum, so bat man, möge der Heilige den Raub doch unterstützen[313]. Aber auch nach anderen Teilen des Abendlandes brachten Kreuzfahrer Reliquien mit[314]. Denn was konnte ein Kreuzfahrer oder Pilger Besseres aus dem Heiligen Land mitbringen als heilige Reliquien. So kaufte auch Richard Löwenherz die ganzen Reliquien Jerusalems, soweit sie 1187 gerettet worden waren, von Saladin[315].

[313] Historia de translatione sanctorum magni Nicolai ... = Recueil des hist. d. crois. Hist. occ. V, S. 260, 262 f.; X u. XIII. — Kretschmayr I, S. 242/43.

[314] Vgl. z. B. R. Röhricht, Die Deutschen im Heiligen Land, S. 140.

[315] Roger von Wendower III, S. 47, von 1191.

ZEHNTES KAPITEL

Einige Bemerkungen zum Staatsleben und zur Kultur der Muslime zur Zeit der Kreuzzüge

Der Sultan und die Emire

Unversehens haben wir, während wir von den Kreuzfahrern und den Franken in Syrien redeten, schon mancherlei von dem öffentlichen und privaten Leben der Muslime in Syrien besprochen. Wir haben Saladin, Nūr ad-Dīn, al-Malik al-Kāmil und andere Herrscher kennengelernt, wir haben von dem Rittertum der Muslime und seinen Beziehungen zu den Franken gesprochen, von der Kampfesweise der Muslime und ebenso von dem Einfluß orientalischen Lebens auf die Franken und von den Beziehungen im religiösen Leben von Muslimen und Christen. Es kann nicht unsere Aufgabe sein, eine vollständige Geschichte dieser Staaten zur Zeit der Kreuzzüge oder ein umfassendes Bild ihrer Kultur zu geben. Aber einige Fragen aus diesem Bereich müssen doch noch kurz behandelt werden, weil sie für die Geschichte der Kreuzzüge von Bedeutung sind.

Dazu gehört einmal der Aufbau der kleineren und größeren muslimischen Staaten und Herrschaften, mit denen die Franken in Kampf und in Frieden zu tun hatten. Denn ohne das ist die Art ihres Kampfes nicht zu verstehen. Wir haben sehr leicht, wenn vom Sultan und orientalischen Staaten die Rede ist, die Vorstellung eines absoluten Herrschertums. Andererseits wissen wir von dem Vorhandensein ritterlicher Art auf muslimischer Seite, und das legt die Frage nahe, ob das nur eine Form des Denkens und Handelns im Bereiche ritterlicher Kultur ist oder ob auch im Aufbau des Staates ein feudales Element maßgebend gewesen ist, das dem des Abendlandes etwa entsprach, ob also die bei der Berührung beider ritterlichen Welten sich ergebende Ähnlichkeit bis in die Tiefe des staatlichen und sozialen Aufbaues hinabreicht. Entscheidend für die Beantwortung dieser Frage ist es, wie das Verhältnis des Sultans (oder wie der Herrscher sich sonst nennen mag) zu seinen Emiren zu beurteilen ist. Denn sie sind die verbindenden Faktoren zwischen Sultan und Volk. An ihnen muß sich entscheiden, ob der Sultan absoluter Herr seines Reiches und seines Volkes ist. Sind diese Emire Beamte, Werkzeuge des Sultans? Oder sind das ihm in einem feudalen System unterstehende Herren, die einen eigenen Willen haben? Ist durch sie die Macht des Sultans begrenzt, oder erreicht er gerade durch ihre unbedingte Ergebenheit und Abhängigkeit erst die Fülle seiner Macht? An dieser Frage entscheidet sich der Gesamtcharakter des Staates.

Bei der Belagerung von Akkon im Jahre 1190 werden uns einmal die Emire des Saladinischen Heeres aufgeführt. Es sind 8 innerhalb der Stadt und 14 im eigentlichen Heere Saladins[1]. Da wir aber aus einer anderen Quelle wissen, daß die Besatzung der Stadt ursprünglich 20000 Mann betrug[2], so unterstand also einem Emir durchschnittlich eine Macht von 2500 Mann. Doch waren die Unterschiede sehr groß. Da die einzelnen Herrschaftsbezirke der Emire aufgezählt werden, zeigt es sich, daß manche über große Länder verfügen, z. B. Persien, Aleppo und Damaskus, oder über reiche Städte, wie Alexandria. Jedenfalls sind es also sehr mächtige Herren. Das geht auch schon daraus hervor, daß in der Reihe der Emire sich auch die Prinzen des Herrscherhauses befinden, nämlich vier Brüder, drei Söhne und zwei Enkel Saladins[3]. Es werden oft sehr verschiedene Emirate genannt. Das erklärt sich daraus, daß die Emire kein festbegrenzter Kreis sind, der ein für allemal zu bestimmten Landbezirken zugeordnet gewesen wäre. An der genannten Stelle erfahren wir, daß die vier Brüder Saladins über nicht weniger als 18 oder 19 Herrschaften oder, wenn man sie so nennen will, Emirate verfügen. Hier sind sie also kumuliert, und wahrscheinlich hatte jede dieser Städte wieder einen Emir als Befehlshaber unter dem Oberbefehl des Bruders von Saladin. Bei der Eroberung von Städten wird meist ein Befehlshaber der Stadt eingesetzt, ohne daß wir wissen, wieweit alle diese Herren die Bezeichnung Emire trugen. Augenscheinlich waren die Grenzen nicht scharf gezogen. Der Emir (amīr) war in erster Linie militärischer Befehlshaber, wie es sich bei den vielen Kriegen und Kämpfen im Lande von selbst verstand, aber auch der Chef der Verwaltung. Zugleich war er bei dem Freitagsgottesdienst der Leiter des Gebetes (imām). Dagegen stand meist ein Steuereinnehmer (āmil) als oberster Finanzbeamter neben ihm[4]. Meist ist er auch Richter (kādī), doch oft ist auch ein besonderer Richter vorhanden[5].

Diese Emire werden vom Sultan ernannt[6] und auch, wenn er die Macht dazu hatte, abgesetzt[7].

Über das Verhältnis dieser Emire zum Sultan scheint uns ein Bericht von 1171 die genaueste und beste Auskunft geben zu können. Wir hören da: Sa-

[1] Roger von Wendower III, S. 22/23, von 1190.

[2] Abū Schāma (Goergens) S. 164.

[3] 1191 wird bei der Ablösung der Garnison von Akkon angegeben, daß bisher 60 Emire und Anführer in der Stadt gewesen seien, jetzt aber nur 20 zum Ersatz gesendet wurden. Der Vergleich mit den oben genannten Zahlen zeigt, daß von den 60 die wenigsten Emire, die meisten aber Unterführer gewesen sein müssen. Abū Schāma (Goergens) S. 165.

[4] Ch. Diehl u. G. Marçais, Le monde oriental, S. 350.

[5] Abū Schāma (Goergens) S. 40. [6] Abū Schāma (Goergens) S. 39, 40.

[7] Al-Athīr I, S. 216 f., von 1103. — Abū Schāma (Goergens) S. 149.

ladin beruft, als sein Herr, Nūr ad-Dīn, den er lange schon an Macht übertraf, gegen ihn ziehen wollte, den Rat seiner Emire zusammen. Sie sprechen sich dafür aus, sich gegen ihn zu wenden und ihn zurückzuschlagen. Dagegen wendet sich aber Saladins Vater Aijub. Er sagt: „Wenn wir sehen würden, daß Nūr ad-Dīn sich uns nähert, könnten wir nichts anderes tun, als die Erde vor ihm zu küssen. Und wenn er uns befehlen sollte, dir den Kopf mit dem Schwert abzuschlagen, würden wir es tun. Alle anderen Emire würden in diesem Fall geradeso handeln. Denn dieses Land gehört ihm, und wir sind nichts als seine Sklaven und seine Stellvertreter." Das ist also jedenfalls die offizielle Verpflichtung der Emire dem Sultan gegenüber: unbedingter Gehorsam, eine Untertänigkeit, die in typisch orientalischen Formen sich sehr kraß ausspricht. Aber sieht man näher zu, so ergibt sich gerade aus derselben Stelle ein anderes Bild. Die Mehrzahl der Emire war zum Abfall von Nūr ad-Dīn bereit, und Saladins Vater sprach diese Worte der Ergebenheit nur als Kriegslist, um Nūr ad-Dīn über die Stellung der Emire zu täuschen. Sie alle blieben in der Zukunft Saladin ergeben, und das entschied für dessen Stellung. Man sieht: die Haltung der Emire schafft den Sultan. Ohne Emire ist er nichts, auf sie gestützt alles [8].

Dieses Bild wiederholt sich immer wieder in mannigfachen Abwandlungen in der Geschichte dieser Jahre. Herr von Joinville erzählt, daß der Sultan davor gezittert habe, daß seine mächtig gewordenen Emire ihn töten oder absetzen könnten [9]. Und als Nūr ad-Dīn Damaskus gewinnen will, muß er erst dafür Sorge tragen, daß die ihm entgegenstehenden Emire beseitigt werden. Solange diese da sind, kann der Herr der Stadt nicht tun, was er möchte. Darum sammelt auch Sultan 'Abbās von Ägypten in kritischer Lage seine Emire um sich und nimmt ihnen noch einen ganz besonderen Treueid ab, ihn nicht zu verraten und keine Verschwörung gegen ihn anzuzetteln [11].

Aber auch ohne solche Umwälzungen zeigt sich schon in ruhigen Zeiten, wie sehr der Sultan von seinen Emiren abhängig ist. Wir hören häufig, daß der Sultan einen Kriegsrat hält, daß dort die Emire anderer Meinung sind als er und daß er daraufhin nachgibt [12]. In manchen Fällen steigert sich diese eigenwillige Haltung der Emire zu vollem Widerstand gegen den Sultan, so daß man sieht, daß dieser allen Grund hatte, nachzugeben, wenn der Rat der Emire anderer Meinung war als er. Als in Mossul der neue Prätendent nach dem Tod des Sultans die Emire befragte, erklärten sie, daß sie immer das Recht gehabt hätten, Gewalt mit Gewalt zurückzustoßen [13]. Die-

[8] Al-Athīr I, S. 583, von 1171/72.
[9] Joinville S. 235.
[10] Kamāl ad-Dīn, Sahne, S. 317 f.
[11] Usāma S. 47 f.
[12] Abū Schāma (Goergens) S. 69 u. 92. — Al-Athīr II, S. 6, 50 u. 66. — Abū 'l Fedā S. 66.
[13] Al-Athīr I, S. 226, von 1105.

sem Recht entsprechende Fälle von offenem Widerstand treffen wir öfters[14]. Und wenn die Truppen sich weigern, länger Kriegsdienst zu tun, da sie schon so lange von zu Hause fort seien, oder aus einem ähnlichen Grunde[15], so werden wir mit Sicherheit annehmen können, daß Sprecher dieser Truppen und Leiter des Widerstandes die Emire, ihre Befehlshaber, waren. Vor allem treffen wir den Widerstand der Emire dort an, wo der Sultan versucht, eine Gewaltherrschaft auszuüben, oder doch in den Verdacht kommt, dies zu wollen. Da steigert sich der Widerstand der Emire oft zu offenem Aufstand. Diese Beschuldigung der Gewaltherrschaft ist wie ein rotes Tuch, das die Emire sofort zum Widerstand aufreizt[16]. In solchen Fällen scheuen sich auch Emire nicht, von dem einen Sultan oder Herren zum anderen überzugehen[17].

Die Parallele zum abendländischen Feudalrecht leuchtet ohne weiteres ein. Auch dort haben die Lehensleute ein Widerstandsrecht gegen den Herrn, sobald er seine Treue verletzt, besonders wenn er die Freiheiten seiner Lehensleute nicht achtet. Das hat die Könige von Deutschland und Frankreich oft genug in ihrer Entwicklung gehemmt. Das hat aber auch in der gleichen Weise die Sultane des Morgenlandes in ihrer Macht beschnitten. Wie im Abendland ist auch hier die entscheidende Macht, die solchen Ansprüchen der Emire entgegentreten kann, der persönliche Einfluß des Herren. Saladin besaß ihn. Er hatte im großen und ganzen seine Emire in der Hand. Und doch mußte auch er gelegentlich auf einen geplanten Zug verzichten, wenn seine Emire anderer Meinung waren. Es ist kennzeichnend, daß er, als er krank vor Akkon lag, alle Unternehmungen seines Heeres verhinderte, weil er wußte, daß ohne seine persönliche Anwesenheit, ohne seinen persönlichen suggestiven Einfluß, nichts Rechtes geschehen konnte[18]. Genau das gleiche kennen wir aus dem Abendland.

Diese Emire sind unter Umständen schnell zu großer Macht aufgestiegen. Einmal war die Quelle ihrer wachsenden Macht die Gunst und Gnade ihres Herren, der sie reich und immer reicher ausstattete. So sagen seine Emire von Nūr ad-Dīn: „Es war er, der uns bei der Hand nahm, um uns zur Größe zu erheben, um uns ehrenvollen Rang zu geben, der uns zu Edeln macht, um uns in die Nähe seiner Person zu stellen, in eine Stellung, höher als die seiner anderen Günstlinge ...“[19] Auf der anderen Seite erweitert sich aber auch eine solche Macht von selbst, indem sie Machtlosere anlockt, sich in den Schutz dieses Mächtigen zu stellen. Auch das beschreibt uns Al-Athīr[20]. Zu

---

[14] Al-Athīr I, S. 296, von 1115/16. — Ebd. S. 536, von 1163/64. — Ebd. S. 710 f., von 1187/88. — Al-Athīr II, S. 25 f.: Kylydsch Arslan und seine Söhne. — Grousset III, S. 71.

[15] Abū Schāma (Goergens) S. 151. — Al-Athīr I, S. 626, von 1176/77. — Grousset II, S. 831. — Ebd. III, S. 54.

[16] Al-Athīr I, S. 403. — Ebd. S. 406 f., von 1134/35. — Grousset I, S. LI. — Ebd. II, S. 57.

[17] Al-Athīr I, S. 398, von 1132/33.

[18] Al-Athīr II, S. 15.

[19] Al-Athīr II, Gesch. d. Atabeg, S. 5 f.

[20] Al-Athīr I, S. 247, von 1107/08

einer ganz besonderen Machtstellung stiegen die Wezire des Sultans von Ägypten auf. Sie sind als die ersten der Emire zu betrachten. Jede Seite der Geschichte Ägyptens im 12. und 13. Jahrhundert erzählt von ihrer Willkürmacht[21]. Doch sehen wir hier am besten von den Weziren ab, da sie eine Sonderstellung einnehmen.

Wie groß der Reichtum eines Emirs, der keinen außerordentlichen Platz einnahm, sein konnte, geht aus dem Bericht von Usāma hervor. Er lebte 1144—1154 in Ägypten, angesehen und mit Gunsterweisen überhäuft. Dann wurde er aber 1154 geplündert. Dabei nahm man in seiner Wohnung „40 prächtige Ledersäcke, welche eine beträchtliche Menge Silber, Gold und Kleider enthielten . . ., 36 Pferde und Maultiere, die zum Reiten bestimmt waren, samt ihren Sätteln und sonstigem Zubehör von vollkommener Beschaffenheit und noch 25 Kamele. In meinem Lehensgut Kaum Aschfīn stahlen sie 200 Haupt Rinder, die den Pächtern gehörten, nebst 1000 Hämmeln und plünderten die mit Früchten gefüllten Scheunen."[22] Die Bibliothek von 4000 kostbaren Bänden, die Usāma außerdem besaß, wurde von dieser Plünderung nicht berührt. Das ist also ein nicht ungewöhnlicher Reichtum.

Die Begründung auf persönliche Treue und die aus einer solchen feudalen Herrschaft entspringende Unsicherheit wiederholt sich eine Stufe tiefer in der Herrschaft der Emire über ihren Herrschaftsbereich. Der Emir Muin al-Din von Damaskus klagt darüber, daß er von seinen eigenen Leuten im Stich gelassen und darum machtlos sei[23]. Auch hier ist es der Vorwurf der Gewaltherrschaft, der den Widerstand der Bevölkerung wachgerufen hat[24]. Sicherlich war der Anlaß zu solchen Klagen oft genug gegeben. Denn die Emire versuchten, aus ihren Lehen oder aus ihrem Besitz herauszuholen, was zu holen war. Um so wichtiger war dann die ausdrückliche persönliche Treue dem Emir gegenüber, wie sie nach Usāmas Bericht ein Ritter dessen Vater in schönen Worten gelobte[24a]. Denn persönliche Treue war es, die den ganzen Bau aufwärts und abwärts vom Emir aus zusammenhielt.

Da der Sohn eines Emirs ihm meist in seiner Stellung folgte und da man Wert darauf legte, Söhne erprobter Emire wieder in entsprechender Weise zu verwenden und auszuzeichnen[25], entstand ein ausgeprägter Adelsstand. Das ist deutlich zu spüren, wenn z. B. bei Schlachtberichten betont wird, es seien zwar eine Menge gefallen, aber niemand von Bedeutung, oder man könnte auch sagen: von Rang[26]. Das aber machte für den Sultan die Gegnerschaft der Emire, wenn sie bestand, um so gefährlicher. Die abendländische Geschichte hat ja oft genug gezeigt, welch ein gefährlicher Gegner ein solcher reich und mächtig gewordener Feudaladel für einen Herrscher sein konnte.

---

[21] Al-Athīr I, S. 342 f. von 1121/22. — Ebd. S. 474 f., von 1149/50. — Makrīsī = Röhricht, Beiträge I, S. 104.

[22] Usāma S. 49. [23] Usāma S. 23.

[24] Abū Schāma (Goergens) S. 40. — Grousset III, S. 108.

[24a] Usāma S. 142.

[25] Grousset I, S. 496. [26] Kamāl ad-Dīn, Sahne, S. 224.

Er mußte es nicht sein. Könige von einem starken persönlichen Ansehen konnten, auch wenn der Rat der Emire sich anders entschieden hatte, diesem Rat entgegenhandeln. Gab dann der Erfolg ihm recht, so stieg damit sein Ansehen. Aber nicht jeder konnte es wagen[27]. Auch sind bei Saladin deutlich andere Gegenmaßnahmen zu beobachten. So vor allem die Einsetzung seiner Brüder, Söhne und Enkel als Emire an entscheidenden Posten. Es ist dieselbe Politik, die der deutsche König Otto I. einschlug, als er seine Verwandten zu Herzögen machte[28]. Das hat sich bei den Ottonen auf die Dauer nicht bewährt, bei Saladin wenigstens während seines Lebens; nachher fiel allerdings gerade dadurch sein Reich für einige Zeit fast auseinander.

Bedeutete hier schon das Aufsteigen des Sultans und seiner Familie ein Zurückdrängen der bisher mächtigen Emire, so wird das in anderen Fällen noch deutlicher. So hat Kalāwūn eine wirkliche Machtstellung erst erreicht, als es ihm gelungen war, die Emire, die er zunächst noch neben sich dulden mußte, zu verdrängen[29]. Die Emire sind, ähnlich wie die Kurfürsten im mittelalterlichen Deutschland, an einem schwachen Gesamtstaat interessiert. Al-Athīr spricht es einmal ganz deutlich aus: „Die angesehensten und mächtigsten Emire hatten diese Unordnung im ganzen mit Vergnügen gesehen, und sie zogen sie jedem anderen Zustand vor, da sie für sie ein Pfand für die Dauer ihrer Macht und ein Mittel zu ihrer Vergrößerung und zu neuem Einfluß sahen."[30] Wo ein Sultan eine starke zentrale Macht wollte, mußte er gegen seine Emire vorgehen, unter Umständen mit Gewalt. Auch Sengi mußte diesen Weg beschreiten[31]. Dann aber war die Gewaltherrschaft da, die den Emiren der Tradition nach das Recht zum Widerstand gab. So finden wir denn immer wieder in der Geschichte dieser Staaten Versuche, eine Gewaltherrschaft aufzurichten, und damit verbunden heftige Klagen gegen eine solche[32]. Denn Gewaltherrschaft war keineswegs das Ideal der islamischen Staatswelt, sondern die Herrschaft des Sultans als ersten Dieners seines Staates, streng an Gesetz und Gerechtigkeit gebunden und ohne die Möglichkeit, öffentliche Mittel zu seinem persönlichen Vorteil zu verwenden. Das tritt besonders deutlich in dem Bild hervor, das Al-Athīr von Nūr ad-Dīn zeichnet und das als ein Idealbild gelten kann. Da wird erzählt, er habe, als seine Frau sich beklagte, in wie einfachen Verhältnissen sie leben müsse, geantwortet: „Ich besitze nichts anderes (als drei Geschäfte in einem Ort, deren Ertrag er ihr zuweist). Denn alles, was sich in meinen Händen befindet, das habe ich nur als der Schatzmeister der Muslime, und ich will mit diesem Gut nichts Unrechtes tun und mich nicht aus Liebe zu dir in das Feuer der Hölle stürzen."[33] In demselben Bericht erzählt dann Al-Athīr, wie Nūr ad-Dīn

[27] Al-Athīr II, S. 25, von 1190/91.

[28] Roger von Wendower III, S. 22/23, von 1190.

[29] Brockelmann, Gesch. der islam. Völker, S. 215.

[30] Al-Athīr I, S. 218, von 1104.

[31] Al-Athīr I, S. 386, von 1129.

[32] Al-Athīr I, S. 214, von 1102/03. — Ebd. S. 313, von 1118/19. — Ebd. S. 432, von 1138/39. — Abū 'l Fedā S. 101.

[33] Al-Athīr I, S. 604 f. von 1173/74.

von irgend jemand vor dem Kadi angeklagt wurde und dann auch wirklich vor dem Kadi erschien und dem Gegner in jeder Weise entgegenkam[34]. Das ist das Idealbild von Al-Athīr und sicherlich auch des größten Teiles der öffentlichen Meinung. Saladin stellt die bekannteste Verkörperung dieses Ideales dar. Wenn auch in seinem Leben manches diesem Bild nicht entsprach, so bleibt er doch das Urbild des mächtigen, aber gerechten, gütigen, ritterlichen Herrschers. So lebt er mit einem gewissen Maß von Legendenbildung auch in der Erinnerung des Abendlandes, also seiner Feinde, fort. Walther von der Vogelweide stellt Saladin König Philipp von Schwaben als Muster hin, schon etwa ein Jahrzehnt nach dessen Tod[35]. Und so hat ihn im Anschluß an Boccaccios Novelle Lessing zum Helden seines „Nathan des Weisen" gemacht. Kennzeichnender aber noch für die Wertung Saladins ist, daß ihm Dante neben den größten Dichtern und Helden der Antike einen sehr ehrenvollen Platz in der Vorhölle, in der Sphäre der großen Heiden, anwies, Saladin neben Averroes der einzige der Muslim, dem eine solche Ehre zuteil wurde[36], obwohl er doch die Christen so empfindlich schlug und ihnen Jerusalem, das Ziel aller Kreuzzüge, wegnahm. So groß war doch die Freund und Feind verbindende Anerkennung von Saladins Charakter und von der von ihm ausgehenden gewinnenden Kraft[37]. Doch darf man dabei nicht übersehen, daß eine solche Zeichnung des Sultans nur seine eine Seite darstellt. Er konnte auch von einer großen Grausamkeit sein, so wenn er nach der Schlacht von Hattīn alle Mitglieder der Ritterorden erschlagen ließ und Renaud de Châtillon mit eigener Hand erschlug oder als Entgelt für das von Richard Löwenherz angestellte Blutbad Befehl gab, jeden nun eingebrachten Gefangenen zu töten[38], und ebenso nach der Schlacht bei Arsuf eine große Anzahl der Gefangenen[39]. Aber von diesem Hintergrund hebt sich seine in vielen Fällen bewiesene Ritterlichkeit und Güte um so deutlicher ab.

Das höchste Lob aus dem Mund seiner Feinde aber erntete Saladins Neffe al-Malik al-Kāmil, als er sich des in Ägypten geschlagenen Kreuzfahrerheeres so freundlich angenommen hatte. Oliverus, der Kölner Domscholaster,

[34] Al-Athīr I, S. 605.

[35] Walther von der Vogelweide 19, 23: „... denk an den milten Salatin." Zur Charakterisierung der ritterlichen Freundlichkeit Saladins sei in Ergänzung zu dem oben Erzählten folgende Anekdote zugefügt: Saladin belagerte die Feste Krak de Moab, wo damals (1183) gerade die Hochzeit von Onfroi de Toron mit Prinzessin Isabelle gefeiert werden sollte. Die Feier wurde trotz der Belagerung fortgesetzt, und man sandte einen Anteil vom Festmahl an Saladin. Dieser erkundigte sich daraufhin, in welchem Turm des Schlosses das junge Paar seine Hochzeitsnacht verbringe. Er wolle diesen Teil der Burg in dieser Zeit nicht beschießen. — Vgl. dazu Runciman II, S. 440/41.

[36] Dante, Divina Commedia, Inferno 4, 129. — Kantorowicz, Kaiser Friedrich II., S. 174.

[37] Einige Beispiele für das Urteil der muslimischen Welt: Abū 'lFedā S. 69 f., von 1193. — Al-Athīr II, S. 73. — Abū Schāma (Goergens) S. 199 f. — Ibn Dschubair (Goergens) S. 272.

[38] Abū Schāma (Goergens) S. 177 f.

[39] Abū Schāma (Goergens) S. 180.

schrieb damals an ihn: „Von alten Zeiten her hat man von keinem Beispiel solcher Güte einer Menge Feinde gegen Gefangene gehört. Als uns nämlich Gott in Deine Hand eingeschlossen hatte, haben wir Dich nicht als einen Tyrannen und Herren, sondern als einen Vater in Deinen Wohltaten, als einen Helfer in aller Gefahr ... kennengelernt.“ [40]

In geringerem Maße suchten alle islamischen Herrscher der Zeit bis zu dem Hochkommen der Mameluken-Sultane in Ägypten (um 1250) dieses Ideal in ihrem Leben und ihrer Herrschaft zu erfüllen [41]. Aber mit den Mameluken änderte sich das. Denn sie waren weit mehr als alle bisherigen Sultane Gewaltherrscher. Das Ideal des ritterlichen, geistig hochstehenden und gerechten Sultans war nicht nach ihrem Sinn. Denn unter diesem Aspekt konnten sie sich mit den bisherigen Sultanen und den um sie noch lebenden Emiren nicht messen. Doch wußten sie sich dann allmählich wenigstens äußerlich dem ererbten und doch noch lebenskräftigen Sultansbilde anzupassen. Die Sultane freilich, die die letzten Reste der Frankenherrschaft zerstörten, tragen noch deutlich das Gepräge der Mameluken, d. h. das von Unkultur: Wildheit und Grausamkeit.

Der Verfall nach Saladins Tod zeigt, wie sehr diese kraftvolle Zusammenfassung sein persönliches, mit ihm wieder schwindendes Werk war. Auch für diese morgenländischen Sultane war die Freigebigkeit gegen ihre Lehensleute eine gefährliche Lebensnotwendigkeit, wie wir das auch von den abendländischen Königen der Zeit kennen. Durch Vergaben ihres Gutes mußten sie die feudalen Kräfte an sich fesseln, aber eben diese Vergabung nahm ihnen oft die Macht, die nötig gewesen wäre, um die Lehensleute in Schach halten und dem Staat wirkliche Macht verschaffen zu können [42].

Das muslimische Rittertum und das Abendland

So trafen die Kreuzfahrer, als sie in Syrien vordrangen, dort ein staatliches Leben vor, das den Vergleich mit den abendländischen Feudalverhältnissen sehr nahelegte. Auch hier dieselbe Lockerheit des staatlichen Gefüges, dieselbe Abhängigkeit der Bindungen von persönlichen Qualitäten des Herren, dieselben Möglichkeiten des Widerstandes, dasselbe Gegenspiel von Lehensherr und Lehensmannen.

Wichtiger aber noch als die Gleichartigkeit der Institutionen ist die Entsprechung in der in diesen Formen erwachsenden und andererseits sie tragen-

[40] Oliverus Scholasticus, Brief 5, S. 198, von 1221. — Vgl. auch oben S. II, 242.

[41] Vgl. dazu die Nachrufe auf die Herrscher: Al-Athīr I, S. 300, von 1116/17. — Ebd. S. 310 f., von 1118/19. — Ebd. S. 365, von 1126/27. — Ebd. S. 393, von 1131/32. — Ebd. S. 519, von 1160. — Ebd. S. 529, von 1162/63. — Ebd. S. 594, von 1172/73. — Ebd. S. 629, von 1177/78. — Ebd. S. 659, von 1182/83. — Abū 'l Fedā S. 89. Ebd. S. 127.

[42] Al-Athīr, S. 380, von 1128. — Kamāl ad-Dīn, Sahne, S. 242 f.

den Gedankenwelt. Denn in den islamischen feudalen Kreisen hat sich ein Ehrenkodex herausgebildet, der das Leben des einzelnen wie dieser ganzen militärischen Aristokratie vollständig bestimmt und der so eine geschlossene Gesellschaftsschicht derjenigen schafft, die nach den Vorschriften dieser aristokratischen Ethik leben und urteilen. Und dieser Ehrbegriff stimmt, wie die Kreuzfahrer voll tiefem Erstaunen erfahren, mit dem der abendländischen Ritterschaft weithin überein. Wir werden an anderer Stelle noch darauf zurückkommen müssen. Hier sollen uns zunächst nicht die Wirkungen dieser Verwandtschaft, sondern nur ihre Herkunft, ihre Erklärung beschäftigen. Es lassen sich drei Wurzeln dieses ritterlichen Denkens in den muslimischen Bereichen aufdecken: eine arabische, eine persische und eine islamische.

Der echte alte Araber hatte einen ganz bestimmten Begriff von männlicher Tüchtigkeit, von virtus, die der Araber murūwa nennt. Sie verlangt neben Tapferkeit eine natürliche Würde von jedem, der wirklich dem Kreise zugehören soll. Dazu kommen Höflichkeit, Wohlanständigkeit und Gastlichkeit. Dabei ist zu beachten, daß bei der Gastlichkeit der Gedanke mitspricht, daß der Gast dann den Gastgeber überall im Lande rühmen soll. Denn gerühmt und gepriesen zu werden erscheint als des Arabers höchster Wunsch, ein Ziel, das in ähnlicher Weise wiederholt im Rolandslied zum Ausdruck kommt[43]. Dieser Wunsch verrät den aristokratischen Charakter des durch solchen Pflichtenkodex abgegrenzten arabischen Lebens. Nur wer so lebt, kann sich als echter Araber, als Badawi (wovon „Beduine" eigentlich ein Plural ist), betrachten. Er lebt nur vom Krieg, der dem Begriffe des Raubes nahe verwandt ist, Jagd und Viehzucht. Ackerbau, Handwerk und Schiffahrt erscheinen ihm verächtlich, auch seine Beteiligung am Handel beschränkt sich auf den Schutz der Karawanen und die Erhebung der daraus fließenden Abgaben[44]. Je größer die Macht eines solchen Scheichs wird, um so höher spannt sich sein Ehrgefühl, um so mehr verläuft sein Leben nur innerhalb der durch solche Ehrgesetze festgelegten Regeln. In Goethes Gedicht „Vier Gnaden" im „West-östlichen Diwan" findet der Stolz auf ein solches Leben seinen Ausdruck. Durch vier Gnaden, so sagt hier Goethe, habe Gott den Araber vor anderen begünstigt, durch den Turban, der den Mann besser schmückt als jede Krone, durch die Zelte, die schöner seien als Häuser, durch Schwerter, die besser schützten als Burgen und Schlösser, und durch ein Lied, das die Dichtung ihrer Nachbarn überträfe. Diese Denkungsweise erhielt sich auch, als die vorherrschende Herrenstellung der Araber im ganzen Reiche nicht mehr bestand. Vor allem waren die Beduinenstämme unerschütterliche Träger solchen Lebensstiles und solcher Denkungsweise durch die Jahrhunderte hindurch.

Als zweites hat sich unabhängig davon im Perserreich der Sassaniden ein

[43] Rolandslied 4397 ff., 4621 ff.

[44] M. J. de Goeje in: Enzyklopädie des Islam I (Artikel Arabien) S. 390 u. 392/93. — L. F. Clauss, Als Beduine unter Beduinen.

Rittertum mit einer ausgesprochen ritterlichen Kultur gebildet. Der Feudaladel dieses Landes war in dieser Zeit die eigentlich ausschlaggebende Macht im Lande. Kein Versuch der Bürokratisierung der Verwaltung hat die Machtstellung des Rittertums zu erschüttern vermocht. Auch die Chosroen sind weithin von ihm abhängig. Diese Stellung des persischen Adels bleibt auch bei der Unterwerfung unter die arabische Herrschaft gewahrt.

Unter arabischer Herrschaft lebt nun also diese persische ritterliche Kultur weiter und vermischt sich mit der von den Arabern mitgebrachten aristokratischen Gedankenwelt. Kampf und Heldentum stehen im Mittelpunkt der altpersischen wie auch der neuen, aus beiden Wurzeln sich entfaltenden Kultur. Ein bestimmtes standesgemäßes Verhalten im Kampf wie im Frieden wird ungeschriebenes Gesetz für alle dieser Schicht Zugehörigen. Eine hochentwickelte Dichtkunst sorgt für die Verbreitung dieser Ideale und verstärkt den Einschlag von Schönheit in dieser Kämpferwelt. Ihren Niederschlag findet diese Lebensform im „Königsbuch“, das noch am Ende der Sassanidenzeit alle mythischen und heldengeschichtlichen Überlieferungen Persiens zusammenfaßt. Firdūsi hat dies „Königsbuch“ später dichterisch bearbeitet und ihm so zu einer großen Wirksamkeit auf das Geistesleben Persiens, aber ebenso auch auf die damit sich verbindenden islamischen Reiche Vorderasiens verholfen[45]. Es ist, das spürt man beim Lesen bald, trotz vieler durch Ort und Zeit gegebener Unterschiede ein Geist, der der abendländischen ritterlichen Poesie und dem dortigen Rittertum verwandt ist.

Drittens aber hat sich in der Welt des Islams ein Glaubenskämpfertum herausgebildet, das viel dazu beigetragen hat, die islamische ritterliche Welt zu gestalten. Es tritt hauptsächlich in den verschiedenen Männerbünden, den Futuwabünden und anderen, in Erscheinung. Von ihnen aber haben wir schon oben gelegentlich der Ritterbünde gesprochen.

Diese drei Faktoren sind es, die gemeinsam die hochentwickelte Ritterkultur und eine ethische aristokratische Haltung und Lebensgestaltung geschaffen haben, die mit der abendländischen Ritterwelt nahe verwandt war. Auf sie stießen die Kreuzfahrer, die eine „wilde Heidenschaft“ zu finden erwarteten.

Es ist deshalb nicht zu verwundern, daß man sich gefragt hat, ob diese Ähnlichkeiten nicht zu erklären seien aus Beeinflussungen der abendländischen Kultur durch die arabische schon vor den Kreuzzügen. Daß während und nach den Kreuzzügen eine solche Übertragung einzelner kultureller Elemente stattgefunden hat, ist sicher. Hier aber geht es darum, ob vorher schon solche Beeinflussung zu bemerken ist, und zwar im besonderen, ob die abendländische Ritterkultur unter dem Einfluß des Morgenlandes geformt worden ist, ob der Gedanke des Heiligen Krieges aus der morgenländischen Ritterwelt übernommen worden ist und ob der Minnedienst und der Minne-

[45] H. H. Schaeder, Handbuch der Kulturgeschichte II, 4: Der Vordere Orient, S. 198. — F. Taeschner, Neue Propyläen-Weltgesch. 2: Iran, S. 582, 594.

sang auf orientalische Vorbilder zurückgehen. Über die beiden ersten Fragen hat sich vor allem Franz Taeschner sehr zurückhaltend geäußert[46]. In der dritten Frage aber hat Konrad Burdach nach eingehenden Untersuchungen sich für die kulturelle Abhängigkeit des abendländischen Minnedienstes und Minnesangs von dem arabischen entschieden und hat das in eindrucksvoller Darstellung begründet[47].

Was zunächst die erste Frage angeht, so halte ich eine das Werden der abendländischen Ritterschaft formende Beeinflussung durch die morgenländische Feudalwelt vor den Kreuzzügen für ganz unmöglich. Denn auf beiden Seiten läßt sich die Entstehung des Rittertums vollständig aus den in seiner Heimat gegebenen Bedingungen erklären, so daß keinerlei fremder Einfluß hinüber und herüber angenommen werden müßte. Eine Beeinflussung an so zentraler Stelle aber würde, wenn nicht nur von einzelnen Äußerlichkeiten die Rede sein soll, eine so tiefgehende Berührung beider Kulturen voraussetzen, wie sie hier in keinem Fall weder auf dem Wege über Spanien noch auf dem über Sizilien angenommen werden kann. Und wir sahen ja oben, wie wenig abendländische und morgenländische Ritter vor 1098 voneinander wußten. Außerdem waren die Einrichtungen des öffentlichen Lebens, die dieses „Rittertum" im Morgenland und im Abendland trugen, doch sehr verschieden. Jedoch sind die allgemeinen kulturellen und politischen Voraussetzungen in beiden Fällen fast die gleichen; in beiden Fällen sieht sich eine in einfachen Personal- und Kampfverbänden lebende Herrenschicht vor die Aufgabe gestellt, Länder einer weit entwickelteren Kultur zu beherrschen. Um dies erreichen zu können, müssen die alten Verbindungen verstärkt — ja fast überspannt — und mit neuen Aufgaben verknüpft werden. Daß sich unter diesen Umständen ähnliche Einrichtungen und ähnliche Denkweisen der herrschenden Schichten herausbildeten, ist nicht verwunderlich. Hintze hat darauf hingewiesen, daß das, was wir Feudalismus zu nennen gewohnt sind, auf der Grundlage einer solchen oder ähnlichen Situation zu erwachsen

[46] F. Taeschner, Islam. Ordensrittertum zur Zeit der Kreuzzüge = Welt als Gesch. 4 (1938) S. 382 ff. — Ders., Die islamischen Futuwa-Bünde = Ztschr. d. dt.-morgenländ. Ges. 87, NF 12 (1934) S. 6. — Vgl. auch J. Haller, Papsttum II, 1, S. 424/25.

[47] K. Burdach, Über den Ursprung des mittelalterlichen Minnesangs, Liebesromans und Frauendienstes = Berl. Sitzungsber. (1918) S. 994 ff.; wiederabgedruckt in Vorspiel, Teil 1 (1925) S. 253 ff. — E. Singer, Arabische und europäische Poesie im Mittelalter = Ztschr. f. dt. Philologie 52 (1927) S. 77 ff. — H. Brinkmann, Entstehungsgeschichte des Minnesangs = Dt. Vierteljahresschr. f. Literaturwissenschaft und Geistesgesch., Buchreihe 8 (1926). — R. Erckmann, Der Einfluß der arab.-span. Kultur auf d. Entwicklung d. Minnesangs = Dt. Vierteljahresschr. f. Literaturwissenschaft und Geistesgesch. 9 (1931) S. 240 ff. — H. Naumann, Ritterliche Standeskultur um 1200 = Vierteljahresschr. f. Literaturwissenschaft und Geistesgesch., Buchreihe 17 (1929). — Ders., Dt. Kultur im Zeitalter des Rittertums = Handbuch der Kulturgesch. I, 3 (1938). — H. Langenbucher, Das Gesicht des deutschen Minnesangs und seine Wandlungen (1930). — Vgl. auch E. Wechßler, Das Kulturproblem des Minnesangs I (1909).

pflegt[48]. Nimmt man dazu, daß die morgenländische wie die abendländische Ritterkultur gleichartige Elemente der römisch-hellenistischen Kultur als Erbe in sich aufgenommen hat und daß deren Spätformen auch feudale Züge aufweisen, so wird die Wahrscheinlichkeit, daß hier, unbeeinflußt voneinander, ähnliches aufgewachsen ist, nahezu zur Sicherheit[49].

Auch hinsichtlich der Frage nach dem Ursprung des Gedankens des Heiligen Krieges halte ich eine Übernahme aus der Gedankenwelt des Islams für ausgeschlossen. Gegen eine solche Vermutung spricht schon, daß solche Ideen und Tendenzen in Tiefen des Menschen hinabreichen, in denen schon eine entscheidende Beeinflussung eines Volkes durch ein ganz fremdes, einer Kultur von einer anderen kaum glaublich erscheint. Wir kennen die Werdegeschichte des Gotteskämpfergedankens im Abendland und bedürfen deshalb keiner anderen Erklärung. Er erwächst aus dem Bemühen, der kämpferischen Laienschaft mit dem Christentum Ernst zu machen. Der Gedanke des Heiligen Krieges ist hier erst eine Folge des Gottesstreitertums. Das ist ein grundsätzlich anderer Weg, als ihn die Frömmigkeit des Morgenlandes gegangen ist. Gewiß konnte die Bekanntschaft mit dem Gedanken des Dschihad, wie man sie etwa in Spanien oder im Orient machte, noch fördernd wirken, aber mehr nicht. Leidenschaft des Kampfes neigt immer dazu, an dem des Gegners zu wachsen. Aber in den Kreuzzügen wuchs die Leidenschaft der Muslime an dem der Christen und nicht umgekehrt. In Spanien kann außerdem eine solche Beeinflussung durch den Islam schon darum nicht stattgefunden haben, weil die den Kreuzfahrern eigentümliche Kreuzfahrerfrömmigkeit des Gotteskämpfertums dort erst im Laufe der Kreuzzugszeit lebendig wurde[50].

Gelegentlich der Geschichte der Ritterorden haben wir uns schon gefragt, ob sie auf das Vorbild der orientalisch-islamischen Ritterbünde zurückgeführt werden können, und kamen zu dem Ergebnis, daß keine Notwendigkeit vorliegt, die Ritterorden auf solche islamische Vorbilder zurückzuführen, sondern daß sie sehr wohl rein aus der religiösen und geistigen Welt des Abendlandes erklärt werden können, daß aber eine Beeinflussung oder Anregung durch die Kämpferbünde des Gegners sehr leicht möglich, ja sogar wahrscheinlich ist[51].

Anders liegt es bei der Frage nach der Entstehung des Minnedienstes und des Minnesanges. Denn daß beide z. B. im deutschen Volksleben einen Fremdkörper darstellen, daß sie deshalb aus der Fremde nach Deutschland übertragen sein müssen, ist sicher, und es liegt nahe, zu fragen, ob es in den Nachbarländern nicht ähnlich stehen könnte. Der Gegensatz wird besonders deutlich, wenn man etwa dem Minnedienst das gegenüberstellt, was wir über Liebe und Erotik in der alten germanischen und keltischen Welt aus Volks-

[48] O. Hintze, Wesen und Verbreitung des Feudalismus = Welt als Geschichte 4 (1938) S. 157—190.

[49] F. Taeschner, Islam. Ordensrittertum, S. 383 f. — P. Kluckhohn, Der Minnesang als Standesdichtung = Archiv für Kulturgeschichte, Bd. 11 (1913).

[50] Siehe oben S. I, 107. [51] Siehe oben S. II, 10/11.

liedern oder auch aus älteren Volksepen wissen, oder was Groenbech darüber zusammenfassend aus der germanischen Welt berichtet[52], oder auch was Untersuchungen, wie die von Hans Naumann oder H. Brinkmann[53], darüber gesagt haben. Der Gegensatz zu dieser im Abendland altererbten Welt ist zweifellos groß. Das beweist aber noch nicht, daß Minnedienst und Minnesang deshalb aus der Welt der islamischen Kultur importiert sein müssen, trotz der überraschenden Parallelen, die Konrad Burdach[54] beigebracht hat und die in ganz erstaunlicher Weise ergänzt werden durch die Deutung von Dantes „Göttlicher Komödie" aus arabischen Vorbildern durch Miguel Asín Palacios (1919)[55]. Minnedienst und Minnesang sind nach Frankreich, Deutschland und dem übrigen Abendland von den Provenzalen gekommen. Beides kann, wie neuerdings wieder Brinkmann und Naumann betont haben, dort aus den Resten spätantiker Kunst und Poesie erwachsen sein[56]. Vielleicht hat die Vagantenpoesie dabei eine vermittelnde Rolle gespielt. Jedenfalls tun wir gut, uns hier daran zu erinnern, daß die islamische und die provenzalische Kultur und Kunst in der Antike eine gemeinsame Wurzel haben, die mancherlei Übereinstimmungen zu erklären vermag, vor allem in der allgemeinen Grundhaltung, die sich in Minnesang und Minnedienst ausspricht. Aber damit ist hier eine unmittelbare Übertragung mancher islamischer Elemente von Spanien nach Südfrankreich mit großer Wahrscheinlichkeit verbunden. Denn ohne einen solchen unmittelbaren Einfluß wären die erstaunlichen, von Konrad Burdach nachgewiesenen Parallelen gar nicht zu verstehen. Und solche Übernahme literarischer Elemente ist weit eher denkbar als solche in der Struktur des Rittertums oder in dem Gefüge der mittelalterlichen Ethik. Um Literatur, und nur um Literatur handelt es sich bei vielen Schilderungen der Minnesänger. Nicht alle hier gegebenen Bilder des Minnedienstes entsprechen in Frankreich oder gar in Deutschland der Wahrheit. Man tut gut, sie als literarische Dokumente nicht allzu hoch zu bewerten. Sind diese Schilderungen aber nur Literatur, so ist ihre Übertragung aus fremder Literatur oder ihre Beeinflussung von dort weit eher verständlich.

Der Heilige Krieg

Das geistige Gegengewicht gegen die auseinanderstrebenden und einer wirklichen Macht des Staates widerstrebenden Tendenzen in den islamischen Staaten war einmal die Treuebindung der Emire an den Sultan. Mächtiger

[52] W. Groenbech, Kultur und Religion der Germanen (Vor Folkeaet i Oldtiden. deutsch) I (1937) S. 50 ff.

[53] H. Brinkmann, Dt. Vierteljahrsschr. f. Literaturwissenschaft und Geistesgesch., Buchreihe 8 (1926).

[54] K. Burdach, Über den Ursprung des mittelalterlichen Minnesangs = Berl. Sitzungber. (1918) S. 994 ff.

[55] Nach dem Bericht von J. Overmans in: Stimmen der Zeit 99 (1920) S. 188 ff.

[56] Dazu auch K. Hampe, Hochmittelalter, S. 230.

aber noch war in den Jahrhunderten nach Mohammed der langsam erwachende und anwachsende Gedanke des Heiligen Krieges.

Er ist niemals für den Muslim etwas Neues gewesen. Der Koran schon forderte zum „Kampf für Gottes Weg" auf[57]. Doch ist zunächst ausdrücklich nur von dem Verteidigungskrieg die Rede. Zu diesem Kampf wird nachdrücklich aufgerufen und Gottes Lohn dafür in Aussicht gestellt. Diese an sich so einfachen Worte des Koran lösten in den ersten Jahrhunderten nach Mohammeds Tod eine ungeheuere Bewegung aus, den Eroberungszug der Araber durch ganz Vorderasien und Nordafrika bis nach Europa. Und doch war dieser Kampf trotz aller Berufung auf den Heiligen Krieg und den Propheten im Grunde die Völkerwanderung eines Volkes, dem seine Heimat zu eng geworden war und das seine Macht, nicht aber seinen Glauben zunächst ausdehnen wollte. Denn über Ungläubige konnte der Gläubige leicht und mit gutem Gewissen herrschen[58]. Doch als der Siegeszug durch die Welt zum Stehen kam, blieb zwar das Wort vom „Heiligen Krieg", dem Dschihad, bestehen, und viele Kriege im Inneren und an den Grenzen wurden damit geschmückt, aber einen Krieg zur Ausdehnung des Islams führte man seit etwa 650 kaum noch, wenn man von den Grenzkämpfen gegen die Byzantiner und die Kriege im fernen Spanien absieht. Die Gegnerschaften innerhalb der islamischen Welt, seien sie nun konfessioneller, kultureller oder rein politischer Art, überwucherten in der Praxis das Gesamtbewußtsein der Einheit aller Muslime. Diesen Zustand trafen die Kreuzfahrer an. So nur ist es verständlich, daß die islamische Welt nicht geschlossen dem Einbruch der Kreuzfahrer gegenübertrat. Das Heer Körboghas, das vor Antiochia den Franken entgegentrat, konnte bis zu einem gewissen Grad als ein allgemeines islamisches Heer erscheinen, doch es blieb zunächst das einzige. In den Berichten der Kreuzfahrer hören wir immer wieder, wie sie einen solchen Aufbruch der ganzen islamischen Welt gegen sie fürchten, aber er bleibt im wesentlichen aus. Gewiß hören wir, daß der Kalif von Bagdad sich mühte, in Vorderasien Hilfe gegen die Franken zu bekommen, ohne daß aber ein Wort vom Heiligen Krieg dabei gefallen wäre[59]. Gewiß wird gelegentlich auch das Wort vom „Heiligen Krieg" von Chronisten bei der Schilderung der Eroberung des Landes oder der ersten Jahrzehnte des Königreichs Jerusalem gebraucht. So z. B. verwendet es Al-Athīr für die Vorgänge von 1107/08[60] und Abū 'l Mosaffer, der Verfasser des Mirāt ez-Zemān, sogar bei der Erzählung der Feldzüge von 1097/98[61]. Aber da al-Athīr 1160—1233 tätig war und 'l Mosaffer erst etwa 1186—1256 lebte, so könnten sie sehr wohl den in ihrer Zeit geläufigen Begriff des „Heiligen Krieges" auf diese früheren Kämpfe übertragen haben. In den unmittelbar zeitgenössischen Berichten über den Zug Körboghas gegen die Franken finde ich wenigstens keinen

[57] Sure 2, 4 und Sure 8. Siehe auch oben S. 91.

[58] Siehe oben S. 88 f.

[59] Al-Athīr I, S. 197, von 1098.

[60] Al-Athīr I. S. 256.

[61] Mirāt ez' Zeman (Ausg. Recueil) S. 517.

Hinweis auf den Dschihad, obwohl doch gerade dieser Feldzug, der Völkerschaften ganz Vorderasiens im Auftrag des persischen Sultans gegen die Franken führte, es verdient hätte, mit diesem Namen belegt zu werden.

Im Jahre 1110/11 hören wir zum erstenmal von einem großen Aufruf zum Heiligen Krieg, und dieser mußte vom Sultan durch aufgeregte, fanatische Männer erzwungen werden. Nach der Einnahme von Sidon, Tripolis u. a. hatten sich Leute von Aleppo nach Bagdad begeben, um dort Hilfe zu suchen. Bei dem großen Freitagsgebet drangen sie in die Hauptmoschee der Stadt ein und forderten Hilfe für den Islam. Es kam zu Tumultszenen, das große Gebet wurde verhindert und die Kanzel zerschlagen. Der Sultan versprach, ein Heer zum Heiligen Krieg auszusenden. Aber das genügte augenscheinlich der erregten Menge nicht. Am nächsten Freitag drang dieser Kreis von Männern, denen sich solche von Bagdad angeschlossen hatten, in die Moschee des Kalifen in seinem Schloß mit Gewalt ein. Dort wiederholten sich Tumultszenen ähnlicher Art. Daraufhin setzte sich der Sultan mit größerem Nachdruck ein, sandte seine Emire in ihre Bezirke, um dort den Heiligen Krieg vorzubereiten, und stellte seinen Sohn an die Spitze des kommenden Feldzuges [62]. In ähnlicher Weise ging auch einige Jahre später der Kadi Kamāl-ad-Dīn vor, als ihn Sengi nach Damaskus geschickt hatte, um Hilfe zu holen (1137/38). Auch hier waren Tumultszenen notwendig, um etwas zu erreichen [63].

Es hatte also doch 12 Jahre nach dem Einmarsch der Franken gedauert, bis der an sich ja im Islam beheimatete Gedanke des Heiligen Krieges wieder aktiv wurde. Das zeigt, daß er damals nicht lebendig war. Der Kreuzzug der Franken erweckte ihn als Gegenbewegung wieder ins Leben und gab ihm Aktivität. Durch das Vordringen der Franken erschreckte und bedrohte Männer waren seine ersten Träger. Doch es blieb zunächst nur ein Anfang. Langsam nur griff der Gedanke um sich. Die eifersüchtige Gegnerschaft der muslimischen Fürsten gegeneinander stand ihm entgegen.

Immerhin kehrt jetzt das Wort vom Heiligen Krieg öfter in den Chroniken wieder [64].

Bald häufen sich auch die Beinamen, in denen islamische Fürsten und Herren als Vorkämpfer des Glaubens gepriesen werden. Es war das alte muslimische Tradition. Doch die Tatsache, daß solche Beinamen jetzt häufiger werden, zeigt das Erwachen des Willens zum Heiligen Krieg. Sie setzen aber erst seit etwa 1130 häufiger ein, was auf die langsame Verbreitung des Gedankens schließen läßt. Dann aber ähneln sich all die Beinamen untereinander und drücken immer wieder den einen Gedanken aus, der jetzt augenscheinlich in größeren Kreisen wirksam wird. Da stehen nebeneinander: „Der Stern des Glaubens“ (1120/21), „Kämpfer der Religion“, „Schützer der Re-

---

[62] Al-Athīr I, S. 279 f., von 1110/11. [63] Al-Athīr I, S. 428, von 1137/38.

[64] Al-Athīr I, S. 280, von 1110/11. — Ebd. S. 298, von 1115/16. — Ebd. S. 323, von 1119/20. — Ebd. S. 386, von 1130. — Ebd. S. 396, von 1131/32 u. a.

ligion", „Vogt des Glaubens", „Säule des Glaubens" (Sengi), „Löwe des Glaubens" (Schīrkūh) und „Verteidiger der Muslime" [65]. Auch preist man in dieser Zeit jetzt schon einzelne Fürsten und Herren um ihres Eifers für den Heiligen Krieg und für Gottes Sache willen [66].

Dabei stehen zwei Männer im Vordergrund: Tughtekin und Sengi. Aber der erste eigentliche Vorkämpfer des Dschihad wird doch erst Nūr ad-Dīn († 1174). Er wird von den Zeitgenossen in Poesie [67] und in Prosa [68] gepriesen. Vor allem aber haben wir eine ganze Reihe von Selbstzeugnissen, aus denen hervorgeht, in wie starkem Maße er seine Politik als eine Politik des Heiligen Krieges ansah und angesehen haben wollte. Zwei Aufrufe erließ er an die Einwohner von Damaskus, in denen er den Beistand für den Heiligen Krieg fordert mit der Begründung, daß ihm von Allah seine Macht gegeben sei, um den Islam zu schützen und die Ungläubigen zu bekämpfen, und daß darum sein einziges Ziel sei, die Lage des Islams und der Muslime zu verbessern [69]. Dabei darf allerdings auch nicht übersehen werden, daß dieser Anschluß von Damaskus, den er um des Heiligen Krieges willen fordert, zugleich einen großen Machtzuwachs für Nūr ad-Dīn bedeutete. Ebenso forderte er in einem Schreiben an Kylydsch Arslan II. (um 1171) Unterstützung für den Heiligen Krieg gegen die Franken und den Bruch eines Friedensvertrags mit den Byzantinern [70], was natürlich auch im Interesse seiner eigenen Politik lag, da die Franken und Kylydsch Arslan seine beiden großen Gegner waren. Den gleichen Ton schlägt Nūr ad-Dīn an, als er sich in einem Schreiben an Ildegiz, den Herren von Aserbaidschan, den Vorkämpfer des Sultans von Persien, wandte. Er schreibt da u. a.: „Du herrschst über die Hälfte der islamischen Länder, und doch vernachlässigst du die Verteidigung deiner Grenzen. Ich dagegen habe meine ganze Kraft eingesetzt, um die Franken, das tapferste Volk der Welt, zu vertreiben ... Ich bin verpflichtet, auch diesen Teil des muslimischen Landes zu verteidigen, den du so schlecht geschützt hast." [71] Auch hier erreichte Nūr ad-Dīn mit seiner Berufung auf sein Vorkämpfertum für den Heiligen Krieg einen großen Machtzuwachs, die Unterstellung von Mossul unter seine Hoheit. Und doch wäre es verfehlt, in Nūr ad-Dīn etwa einen Heuchler sehen zu wollen, der den Gedanken des Heiligen Krieges vorgeschoben habe, um seine eigenen Interessen zu fördern. Ihm persönlich war es sehr Ernst mit seiner Verpflichtung zum Heiligen Krieg.

---

[65] Al-Athīr I, S. 332, 382, 390, 435, 533 u. 534.

[66] Al-Athīr I, S. 298, von 1115/16. — Ebd. S. 381, von 1128. — Ebd. S. 382, von 1128. — Ebd. S. 396, von 1131/32. — Lat. Forts. d. Wilh. v. Tyrus III, XII, S. 126, von feindlicher Seite aus hervorgehoben.

[67] Al-Kaisarani = Grousset II, S. 279. — Al-Athīr I, S. 477.

[68] Kamāl ad-Dīn, Sahne, S. 314 f.

[69] Ibn al-Qalānisi S. 298 u. 302/03. — Grousset II, S. 342 ff.

[70] Al-Athīr II, Gesch d. Atabeg, S. 290—292. — Grousset II, S. 579.

[71] Al-Athīr II, Gesch. d. Atabeg, S. 277 f. — Ebd. I, S. 575 f. — Grousset II, S. 558.

Er lebte, anders als sein Vater Sengi, ganz als Asket. Nach einer Niederlage durch die Franken gelobt er, das Dach keines Hauses mehr über sich zu dulden, bis er für sich und den Islam Rache genommen habe[72]. Auch in seinem Lager litt er keinen Wein, keinen Tanz usw., so wie er die Stunden des Tages in schweigender Andacht und in Lektüre heiliger Schriften verbrachte. In fast mystischer Weise glaubte er sich von Allah und seinen Engeln umgeben[73]. Er war kaum selbst Soldat. Seine Feldherrn, wie Schirkūh, schlugen seine Schlachten. Abū Schāma hat uns ein Gebet von ihm aufgezeichnet, das zeigt, wie sehr er sich als gehorsames Werkzeug Allahs in allem seinem Kämpfen und Tun betrachtete[74]. Auch wenn dieses Gebet erdichtet ist, zeigt es doch, was man damals über seine innere religiöse Haltung wußte. Aus dieser Grundhaltung geht es hervor, daß er überall in seinem Reiche den Heiligen Krieg predigen ließ und damit guten Erfolg hatte[75]. Kennzeichnend ist auch das von ihm an seinen Bruder Nosret-ad-Dīn gerichtete Wort, als dieser im Kampf gegen die Franken durch einen Pfeilschuß ein Auge verloren hatte: „Wenn du sehen könntest, welch ein Lohn dir dafür in der anderen Welt bestimmt ist, würdest du wünschen, auch das andere Augen zu verlieren.“[76]

Das ist eine neue Gedankenwelt, verglichen mit der Zeit des ersten Einbruchs der Kreuzzüge. Der uralte Gedanke des Dschihad ist wieder lebendig geworden, und zwar als eine Großmacht in der Politik, sobald er einen Mann wie Nūr ad-Dīn oder seinen Nachfolger Saladin ergriff. Im Gegensatz zu dem Gotteskämpferglauben der Kreuzfahrer scheint hier die Rolle der islamischen Mönche, Sufis und dgl. sehr groß gewesen zu sein[77], so daß die Laien erst diesem Impuls folgten. Jedenfalls aber war die ruhige, wenig explosive Zeit des Islams nun vorbei und abgelöst von einer neuen Periode der Aktivität.

Daß unter Saladin diese Politik des Heiligen Krieges sich fortsetzte, bedarf keines besonderen Beweises. Gilt er doch als der Vorkämpfer für den Heiligen Krieg schlechthin. Nun war die Bewegung aber auch schon so verbreitet, daß er rings um sich auf denselben Willen traf. Es ist kennzeichnend, daß, als es zum Krieg in Anatolien zwischen Saladin und einem muslimischen Herren zu kommen drohte und Saladin, um den Rücken frei zu haben, deshalb einen Waffenstillstand mit den Franken geschlossen hatte, ein Emir sich mit allem Nachdruck gegen Saladin wandte und den Heiligen Kampf gegen die Franken statt des Kampfes gegen Muslime forderte[78]. Kennzeichnend ist es auch, daß die Todfeinde Saladins, die Nachkommen von Sengi und Nūr ad-Dīn, die Herren von Sinjār, von Mossul und Dschasīra, die Saladin aus

[72] Al-Athīr I, S. 531, von 1162/63. — Michael der Syrer, Hist. armén. I, S. 377 f.
[73] Ebd. S. 378.
[74] Abū Schāma, Zwei Gärten I, S. 99. — Grousset II, S. 392 f.
[75] Kemāl ad-Dīn, Sahne, S. 323 u. 325.
[76] Al-Athīr I, S. 541, von 1163/64. [77] Michael der Syrer S. 378.
[78] Al-Athīr I, S. 643, von 1180/81. — Etwas davon abweichend, aber in der Haltung und der Forderung gleich, Abū Schāma (Goergens) S. 12 f., Anm. 1.

ihrer Herrschaft vertrieben hatte, sich mit Saladin zum Kampf gegen die Franken unter dem Banner des Heiligen Krieges vereinigten. Solche Macht hatte inzwischen dieser Gedanke gewonnen[79]. Charakteristisch dafür ist auch, wie die Legende das Bild Saladins ausgestattet hat. Hier wird aus dem gepriesenen Vorkämpfer des Islams schon eine übermenschliche Gestalt. So wird erzählt, daß der Prophet selbst mit einigen Begleitern zum Grabe Saladins gewallfahrtet sei und sich dort andächtig verneigt habe[80] und daß Saladins Mutter in der Zeit ihrer Schwangerschaft ein Gesicht gehabt habe, das ihr verkündete, ihr Leib enthalte eines der Schwerter Allahs[81].

Inzwischen hatte aber der Gedanke des Dschihad auch Volksbewegungen in der islamischen Welt entfacht, die wenigstens bei besonderen gegebenen Gelegenheiten und mancherorts leidenschaftlich aufflammten. Als ersten Anfang haben wir schon die Unruhen in den Moscheen von Bagdad im Jahre 1110/11 kennengelernt und ihre Wiederholung im Jahre 1137/38. Nūr ad-Dīn wußte solche Volksbewegungen geschickt zu benutzen und zu entfachen. Als 1163/64 Fachr ad-Dīn, der Herr von Hisn-Kaīfā, in Übereinstimmung mit seiner Umgebung es abgelehnt hatte, sich am Heiligen Krieg gegen die Franken zu beteiligen, schrieb Nūr ad-Dīn an fromme Männer unter den Untertanen Fachr ad-Dīns, schilderte ihnen die Not der Muslime durch die Franken, forderte sie auf, für den Heiligen Krieg zu beten und für ihn zu werben. Da mußte Fachr ad-Dīn nachgeben, wenn er nicht seine Untertanen sich entfremdet sehen wollte[82]. Die Wut des Volkes verschärfte den Willen zum Kampf gegen die Franken in außerordentlichem Maße, als Renaud de Châtillon vom Roten Meer aus die Umgebung der heiligen Stätten Mekka und Medina angegriffen, den Zustrom der Pilger über das Rote Meer gestört und seine Angriffe auch gegen die heiligen Stätten selbst gerichtet hatte. Als Saladin zum Heiligen Krieg aufgerufen hatte, da kämpfte man mit Erbitterung gegen die Franken, schonte keine Gefangenen und wählte für die entscheidenden Aufgaben absichtlich fromme Muslime aus[83]. Auch im Jahre 1219 stoßen wir in Ägypten auf eine fanatische Volksbewegung, als die Christenheere vor Damiette lagen. In einigen Dörfern wurden die dort ansässigen Christen niedergemacht, die christliche Kirche des heiligen Martin in der Nähe von Alexandria zerstört, und die Einwohner von Kairo boten die Einnahmen von zwei Monaten für die Kosten des Heiligen Krieges an. Doch der Eifer schwand so schnell, wie er gekommen war, und die guten Absichten wurden wieder vergessen, als die Bedrohung durch die Franken an Schärfe verlor. Die Angst war hier wohl größer als der Eifer für den Heiligen Krieg[84].

[79] Grousset III, S. 32. [80] Abū Schāma (Goergens) S. 199.
[81] Abū Schāma (Goergens) S. 71.
[82] Al-Athīr I, S. 537 f. — Kemāl ad-Dīn, Sahne, S. 325.
[83] Abū Schāma (Goergens) S. 42 ff. — Röhricht, Beiträge I, S. 116.
[84] Grousset III, S. 216—218; auf Grund von Histoire des patriarches d'Alexandrie = Revue de l'Orient latin (1907) S. 244. — Hoogeweg II, S. 256.

Waren es in den letzten Schilderungen erregte Volksmassen, so hören wir aus einem Brief nach Bagdad von 1191 auch von einer entsprechenden Einstellung des Heeres, das in frommem Zutrauen auf die Hilfe Allahs hofft, weil es sich vollkommen in seinen Dienst stellt[85]. Der gleiche Geist des Heeres spricht auch aus anderen Zeugnissen[86]. Auch sonst verrät sich der Geist des Heiligen Krieges aus den verschiedensten Anzeichen. Die Sultane schicken nun Boten nach allen islamischen Ländern, einmal sollen es 70 solche Abgesandte gewesen sein, um Truppen für den Heiligen Krieg anzufordern, zu erbitten oder anzuwerben[87]. Die Kämpfe werden jetzt mit gesteigerter Erbitterung geführt. Oft betonen die Chronisten diese Härte, ja Verbissenheit des Kampfes, doch erst seit etwa den Zeiten Nūr ad-Dīns[88]. Das tritt auch bei dem Kampf um Jerusalem deutlich in Erscheinung. Saladin, der so gütig sein kann, will hier Rache nehmen für die Grausamkeiten bei der Eroberung der Stadt durch die Franken im Jahre 1098; deshalb will er alle Männer töten und alle Frauen und Kinder wegführen. „Wir nehmen", erklärt er, „euer Reich mit Gewalt, dehnen die Metzelei und Gefangenschaft auf alle aus, vergießen das Blut der Männer, nehmen alles, Weiber und Kinder." Da antworteten ihm die Einwohner der Stadt, dann würden sie lieber alle ihre Frauen und Kinder töten und die Stadt durch Feuer völlig zerstören. Auch die 5000 muslimischen Gefangenen, die noch in ihrer Hand in der Stadt seien, würden sie dann hinmorden. Keine von beiden Drohungen kam zur Ausführung, aber sie waren von beiden Seiten durchaus ernst gemeint. So groß war die Erbitterung des Kampfes[89].

Auch Priester, Gelehrte, Dichter und Asketen kämpften auf seiten der Muslime eifrig mit, gingen den anderen fechtend voraus und feuerten sie mit Zurufen an[90]. Verschiedentlich werden auch Freiwillige für den Heiligen Krieg genannt[91]. In einem Fall hören wir, daß diese Freiwilligen sich aus frommen und glaubenseifrigen Männern zusammensetzten, zu denen sich auch Sufis und Gelehrte des heiligen Rechts gesellten. Diese erbaten nach der Schlacht von Hattīn, daß jeder von ihnen eigenhändig einen der christlichen Gefangenen erschlagen dürfe[92]. Man sieht daraus deutlich, welch ein fanatischer Geist diese Gruppen von Freiwilligen erfüllte. Aus demselben Geist heraus lehnte es auch ein Damaszener, dem es vor Akkon gelungen war, einen Belagerungsturm der Franken in Brand zu stecken, ab, dafür eine Belohnung in Geld oder militärischer Beförderung anzunehmen, mit den Worten: „Ich

[85] Abū Schāma (Goergens) S. 141 f.

[86] Abū Schāma (Goergens) S. 114 f. — Ibn Khallikan II, S. 635—641 = Röhricht, Beiträge I, S. 201, 208.

[87] Nūr ad-Dīn: Al-Athīr I, S. 608, von 1173/74. — Saladin: Al-Athīr I, S. 677, von 1187/88. — Al-Kāmil: Makrīzī = Röhricht I, S. 103.

[88] Al-Athīr I, S. 635, von 1178/79 u. a.

[89] Abū Schāma (Goergens) S. 83 f.

[90] Usāma S. 142. — Abū Schāma (Goergens) S. 124.

[91] Al-Athīr I, S. 419, von 1136/37. — Abū Schāma (Goergens) S. 68.

[92] Abū Schāma, Zwei Gärten I, S. 277.

habe es nur für Allah getan und will nur von ihm eine Belohnung haben.“ [93] Und in gleicher Weise rühmt Usāma [94]: „Unter unseren Leuten gibt es solche, welche kämpfen wie die Genossenschaft (Muhammeds), welche sich das Wohlgefallen Allahs erwarb, indem sie um das Paradies kämpfte, nicht um Beute und Ruhm.“ Hier ist schon auf das Märtyrertum angespielt. Es muß im Denken der islamischen Kämpfer, seit die Idee des Heiligen Krieges wieder lebendig geworden war, eine große Rolle gespielt haben. Die Chronisten sprechen oft davon [95]. Auch der Glaube an die mitstreitenden helfenden Engel Allahs ist unter diesen Kämpfern des Heiligen Krieges lebendig [96]. Einen besonderen Ablaß erteilte der Kalif für die Kämpfer gegen die Ungläubigen [97], wahrscheinlich in Nachahmung des Kreuzzugsablasses der Christen. Auch Steuern [98] erhob man zur Durchführung des Heiligen Krieges in ähnlicher Weise, wie dies im Abendland geschah [99].

Trat ein Mißerfolg ein, wie z. B. der Verlust Akkons im dritten Kreuzzug, so bedeutete das auch hier eine Gefahr für den Kampfeseifer der Streiter des Heiligen Krieges. Doch der Glaube wußte auch hier diese Schwäche zu überwinden [100]. Doch zeigte sich gerade nach der entscheidenden Schlacht von Hattīn ein starkes Nachlassen des Kampfeseifers, da die Kämpfe sich lange hinzogen. Und ein solches Mattwerden war bei einem Heer von lockerem feudalem Gefüge, wie es die muslimischen Heere waren, besonders gefährlich. Abū Schāma ist darum voll von Klagen über die Lauheit des Willens zum Heiligen Krieg und voll von flammenden Aufrufen, diese Schwäche zu überwinden und sich mit voller Kraft für den Heiligen Krieg wieder einzusetzen [101].

Eine Folge dieses Geistes des Dschihad war es auch, daß sich die Stimmen mehrten, die jegliches Bündnis und jedes Zusammengehen mit den Franken verwarfen. So lesen wir bei Abū Schāma [102] zum Jahre 1181: „Wie groß ist der Unterschied zwischen dem, der gegen die Ungläubigen ins Feld zieht und ihnen Schaden zufügt, und demjenigen, der sie zur Hilfe ruft gegen die Gläugen und ihnen die besten Schätze zuführt?“ Ähnliche Stimmen hören wir von seiten der Muslime seit dieser Zeit öfter und sehen, daß sich muslimische Trup-

[93] Al-Athīr II, S. 21.

[94] Usāma S. 141.

[95] Zum Beispiel Al-Athīr I, S. 196, von 1098. — Ebd. S. 227, von 1105. — Abū Schāma (Goergens) S. 83.

[96] Abū Schāma (Goergens) S. 43 f. u. S. 124. — Vgl. auch Miniaturen mit der Darstellung der mit und für den Propheten kämpfenden Engel = Paret, Islam, S. 545.

[97] Gesta obsid. Dam. = Muratori VIII, S. 1093, von 1219.

[98] Al-Athīr I, S. 236, von etwa 1106: „... il imposa aux habitants un tribut destiné à subvenir aux frais de la guerre sacrée.“

[99] Vgl. auch Al-Athīr I, S. 548, von 1166/67.

[100] Abū Schāma (Goergens) S. 175.

[101] Abū Schāma (Goergens) S. 109, 114 f., 126, 141, 146 u. 152.

[102] Abū Schāma (Goergens) S. 27.

pen weigern, Seite an Seite mit den Franken zu kämpfen[103]. Die Entwicklung ist also bei den Muslimen in dieser Beziehung gerade den anderen Weg gegangen wie bei den Franken. Bei diesen zersetzte sich der Kreuzfahrergeist, der jede Verständigung ablehnte, bei den Muslimen erwuchs mit der Idee des Dschihad eben diese Ablehnung eines Friedens oder Bündnisses mit dem Gegner, obwohl es an sich dem Muslim gestattet ist, mit Juden und Christen, d. h. mit „Leuten des Buches", wie man sagte, Verträge abzuschließen[104]. Schärfer waren natürlich noch die Stimmen gegen Abtretungen von Land oder Burgen und Städten an die Franken. Aber dazu brauchte es keines Heiligen Krieges. Dagegen wehrt sich jedes Volk mit Recht[105].

Andererseits wäre es aber ganz unberechtigt, aus dem Anwachsen der Idee des Heiligen Krieges infolge der Kreuzzüge auf eine Gefahr für das Abendland, auf einen Willen zu seiner Eroberung schließen zu wollen[106].

War nun der Elan des Kreuzfahrerglaubens größer und wirkungsvoller oder der des Heiligen Krieges auf seiten der Muslime? Die Frage drängt sich unmittelbar auf, aber sie ist schwer zu beantworten. Immerhin fällt für die Kreuzfahrer ins Gewicht, daß man von ihnen das viel größere Opfer verlangte, wie es das Verlassen der Heimat und die Fahrt in ein ganz unbekanntes, fremdes Land jenseits des Meeres darstellt. Für die Muslime war es doch nur ein Krieg, der sich nicht wesentlich von anderen Kriegen unterschied. Und dauerte er einmal etwas länger, so suchten auch die Muslime so schnell als möglich wieder in die Heimat zu kommen und widersetzten sich sogar gelegentlich der Weiterführung. Auch standen beide Kampfeswillen einander nie in gleicher Entwicklungsstufe gegenüber. Denn als der Kreuzfahrergeist nachließ, erwuchs erst der Wille zum Heiligen Krieg zu voller Höhe. Als Zeugnis für die Stärke des Willens zum Heiligen Krieg könnte man vielleicht die Kreuzzüge Ludwigs IX., des Heiligen, nennen, da dieser noch von dem reinen, frommen Kreuzzugsgeist getrieben wird. Allein einmal stand die Persönlichkeit des Königs hier fast einsam für sich, während seine Ritter und Soldaten anders dachten, und dann kämpfte man damals auf muslimischer Seite in Afrika wie in Ägypten vor allem doch um die Verteidigung des eigenen Bodens und nicht allein um die Sache des Islams. So ist ein Messen beider Kräfte nicht möglich. Aber das größere Opfer war sicher auf seiten der christlichen Kreuzfahrer.

---

[103] Abū Schāma (Goergens) S. 27 f., 37 u. 161. — Grousset II, S. 720. — Ebd. III, S. 30 f. — Ebd. S. 386, 415 f.

[104] Brockelmann, Gesch. der islam. Völker, S. 39.

[105] Abū 'l Fedā S. 120. — Al-Athīr I, S. 542, von 1163/64. — Ebd. S. 662, von 1183/84. — Rothelin XXXII, S. 551 f., von 1240.

[106] So C. Höfler, Analekten zur Geschichte Deutschlands und Italiens, S. 15.

ELFTES KAPITEL

Der Mißerfolg der Kreuzzüge und dessen Gründe

Der erste Kreuzzug endete mit einem vollen, glänzenden Erfolg, alle anderen aber mit einem Mißerfolg, wenn man etwa von dem Vertrag von 1229 und den ihm nachfolgenden Abmachungen absieht, die aber keine dauernde Wirkung hatten. Was ist aber die Ursache dieses Mißlingens des Werkes im ganzen?

Auf den ersten Blick muß es auffallend erscheinen, daß derjenige Zug, den man ohne rechte Planung, ohne eigentliche Führung, ohne klares Ziel, ohne Kenntnis der Gegner und der einzuschlagenden Wege unternahm, der erste Kreuzzug, zum Sieg führte, aber alle anderen, besser vorbereiteten nicht, und zwar um so weniger, je sorgfältiger sie geplant und besprochen waren. Aber der erste Kreuzzug war ein Phänomen, wie es sich nicht so leicht in der Geschichte wiederholt, dieser spontane Aufbruch der abendländischen Ritterschaft aus ihrer Gottesstreiterfrömmigkeit heraus. Das war ein Ausbruch aus der Tiefe, der sich nicht künstlich ein zweitesmal wiederherstellen ließ.

Diesem Charakter des ersten Kreuzzuges entsprach es aber auch, daß seine ganze Intensität sich nur auf die Eroberung Jerusalems richtete, dann aber ebenso schnell wieder verlosch, als dieses Ziel erreicht war. Nur wenige kümmerte die Frage, was nun aus dem Heiligen Land werden solle. Hatte Gott es wiedererobern lassen, so wird er es auch den Christen erhalten. Dessen war man sicher. So baute man keine Verteidigungsmaßnahmen für das Land und die Heilige Stadt aus. Beide, das Abendland und das Heilige Land selbst, sahen sich darum bald vor neue Aufgaben gestellt. Diese Notwendigkeit wurde aber viel dringender durch die allmähliche Erstarkung und Zusammenfassung der islamischen Kräfte, von der schon wiederholt die Rede war, und durch das Aufleben des Dschihad-Gedankens.

Das Abendland — wenn wir uns zunächst ihm zuwenden — versuchte es mit neuen Kreuzzügen, die unversehens einen neuen Typ darstellten. Führung der Züge mußte sein. So übernahmen sie die mächtigsten Könige des Abendlandes, zwei bei dem zweiten, drei bei dem dritten Kreuzzug. Das brachte zwar straffere Zusammenfassung der Kräfte innerhalb der Heere der einzelnen Könige mit sich, aber ebenso auch die Rivalität der Könige und die nationalen Reibungen der Völker, die dem zweiten und dritten Zug so außerordentlich geschadet haben. Die Züge wurden außerdem abhängig von dem Charakter der Könige, z. B. Richard Löwenherz', und noch mehr von ihrem Lebensschicksal. Das beste Beispiel dafür ist der Tod Kaiser Barbarossas. Außerdem verstrickten die Könige aber die Sache der Kreuzzüge in das ganze Gewirre europäischer Politik. Denn jeder dieser Könige war behaftet mit gewissen politischen Traditionen oder politischen Einstellungen (z. B. Byzanz oder Sizilien gegenüber), die sich dann unheilvoll für den Kreuzzug auswirkten. Das zusammen mit dem steigenden Widerstand des Islams und der Sonderentwicklung der Franken Palästinas führte zum Mißerfolg des zweiten und dritten Kreuzzuges.

Papst Innozenz III. versuchte nun einen anderen Weg zu gehen. Er schuf die Großorganisation „Kreuzzug", getragen von allen Kräften der Kirche und lebhaft unterstützt von allen abendländischen Staaten. Auch sie rechnete noch als Hauptsache mit dem frommen Kreuzzugswillen. Aber sie gab dem Kreuzzug noch eine andere Stütze in der Steuer- und Geldorganisation, die den Auf- und Ausbau eines Söldner- und Soldritterwesens im Dienst der Kreuzzüge gestattete. Auf diese Weise wurden die folgenden Kreuzzüge möglich. Die Führung dieser Kreuzzüge neuen Types sollte nun in der Hand eines Geistlichen oder des Papstes selbst liegen. Zunächst einmal führte sich die Idee des geistlichen Kommandos in dem Kampf um Damiette unter dem Kardinal Pelagius ad absurdum. Zugleich aber zeigte sich auch, daß der spontane Kreuzzugswille nicht durch eine Organisation zu ersetzen war. Die Kreuzzüge mißlangen.

Ein einziger Kreuzzug hatte noch einmal Erfolg, der Kaiser Friedrichs II. Aber der stand abseits vom Papsttum und seiner Organisation, wurde nur mit den freundschaftlich-diplomatischen und militärischen Mitteln des Königreichs Sizilien durchgeführt. Er war ein Einzelunternehmen dieses Kaisers im Dienst der Kreuzzugssache, aber ohne deren Züge zu tragen und deren Mittel zu verwenden. Der weltlich-diplomatische Kreuzzug schien an die Stelle der älteren Kreuzzugstypen treten zu wollen.

Noch einmal versuchte man es dann mit einer Restauration, als ein König, Ludwig IX., der Heilige, von Frankreich, sich romantisierend dafür einsetzte. Doch wieder zeigten sich die alten Erfahrungen mit von Königen geführten Kriegen. Man geriet in die Fäden zwar nicht der eigenen Politik Ludwigs, aber in die viel gefährlicheren seines Bruders Karl von Anjou. Das Nachlassen der Intensität des Kämpfens war aber auch durch das glänzende Beispiel des Königs nicht auszugleichen. Vor allem war die gesteigerte Macht des Gegners und dessen Kampfesintensität nicht wettzumachen. So versagte auch dieser letzte Versuch.

Doch die Hauptsache dabei war und blieb das Nachlassen des Willens zum Kreuzzug, und zwar sowohl zum Ausziehen wie zum intensiven Kämpfen; die tiefere Ursache dafür war das Absinken der Kreuzfahrerfrömmigkeit des Gottesstreitertums. Zunächst einmal muß jede geistige Bewegung mit einem Nachlassen von einer Generation zur anderen rechnen. Das trat, wie nicht anders zu erwarten, auch hier ein, wurde aber durch die Werbearbeit von Persönlichkeiten wie Bernhard von Clairvaux eine Zeitlang wieder wettgemacht, freilich nicht auf die Dauer. Dazu traten die langsam wachsenden Bedenken gegen den Heiligen Krieg, gegen die Vernichtung von Heiden nur darum, weil sie Heiden waren. Walter Map und Wolfram von Eschenbach repräsentierten uns diese widerstrebenden Gedanken.

Die wichtigste Ursache für das Nachlassen der Kreuzzugsfrömmigkeit ist in den Fehlschlägen, in den Niederlagen der Kreuzfahrer, zu sehen. Denn sie griffen den Glauben in seiner Substanz an: Konnte der Kreuzzug Gottes Willen sein, konnte die Fahrt Dienst in Gottes Sache sein, wenn Gott dieser selben Sache den Sieg verweigerte? Wir haben schon von den schweren Anfechtungen dieser Art rings um den heiligen Bernhard gehört. Das steigerte sich nun von einem Kreuzzug zum anderen.

Zunächts beruhigte man sich mit der Antwort, daß dies eine Strafe Gottes für die Sünden der Kreuzfahrer und dann vor allem der Franken im Heiligen Land sei. Gerade am Ende des 12. Jahrhunderts, als die Schlacht von Hattīn 1187 die schwerste Niederlage den Christen gebracht hatte und Jerusalem, um dessentwillen man den Kreuzzug unternommen hatte, verloren war, hören wir bei den Chronisten sehr oft, daß nur die Sünden der Christen Schuld seien, das hieß aber, daß man die Niederlage noch nicht als endgültig, sondern nur als ein Strafgericht ansah, das man hinnehmen müsse. Tue man aber Buße, so müsse der endgültige Erfolg noch kommen. So konnte man den Mut aufrechterhalten und die Hoffnung bewahren[1].

Weiter noch in derselben Richtung stoßen diejenigen vor, die in der Niederlage ein Positivum im Sinne des Seelenheiles der Menschheit sehen, weil nun durch die im Kreuzzug erreichte Sündenvergebung und das Märtyrertum großer Scharen von Kreuzfahrern so viele Menschen mehr als sonst ins Paradies gekommen seien[2]. Doch eine solche Blickrichtung nur auf den jenseitigen Lohn konnte große Scharen von Rittern und Kämpfern nicht befriedigen. Nur für einen kleinen Kreis war dies ein Weg, sich von Mutlosigkeit und Verzweiflung fernzuhalten.

Ein Anzeichen, daß es nicht immer gelang, solcher Gefahren Herr zu

---

[1] Eracles 23, XI, S. 15. — 23, LVIII, S. 88, von 1187. — 23, XXXIX, S. 61, von 1187. — Rothelin XXXI, S. 550, von 1239/40. — Lat. Fortsetzung des Wilh. v. Tyrus, Vorrede, S. 48/49. — Itiner. reg. Ricardi I, 1, S. 5/6, zu 1187. — Ebd. VI, 7, S. 394. — Gerhoch von Reichersberg, Comment. in Psalmos 24 = Migne PL 193, Sp. 1114. — Ders., Antichrist, L. d. L. III, 66, S. 383. — Collectio de scandalis 6, S. 39. — Caesarius von Heisterbach X, S. 43, S. 248. — Tafel und Thomas XCII, S. 326, Font. Rer. Austr. Bd. XII. 2. Ser., von 1201. — R. Röhricht, Beiträge I, 192. — K. Lewent, Kreuzlied, S. 7, Anm. 3, über die Dichter Peire Cardenal (1210—1230) und Guiraut Riquier († 1276).

[2] Eckehard von Aura, Chron. zu 1102. = M. G. SS. VI, S. 224. — Auch Fulcher von Chartres I, XVI, 5, S. 227. — Humbert de Romanis, Opus tripartitum XVI, S. 116. — Brief des Abtes La Chaise-Marie an Bernhard v. Clairvaux = Migne, PL 182, Sp. 590.

werden, ist es schon, wenn die Chronisten wiederholt ausdrücklich betonen, eine Niederlage hätte nur Schrecken und Trauer ausgelöst, aber keine Verzweiflung[3]. Das läßt schon wenig günstige Schlüsse auf die Haltung der Christen angesichts der Niederlage zu. Der Gedanke an Verzweiflung muß doch schon sehr nahegelegen haben. Auch die ausdrücklichen Widerlegungen solcher Männer, die sich durch die Niederlage veranlaßt sehen könnten, die Kreuzzüge aufzugeben, weisen in die gleiche Richtung[4]. Langsam dringt ein Pessimismus den Kreuzzügen gegenüber durch. Wir haben das schon bei der Geschichte der Kreuzzüge gesehen. Auch in der Literatur ist er spürbar, so wenn um 1280 ein Dichter unter den verschiedensten Unmöglichkeiten auch aufführt: wenn der König Rudolf über den Sultan gesiegt[5].

Für den Ritter lag es nahe, in dem Kampf zwischen Christen und Muslimen ein Gottesgericht zu sehen, das entscheiden mußte, welcher Glaube der rechte sei. Diese Haltung aber war außerordentlich gefährlich, wenn man das Ergebnis als endgültig ansehen mußte. Vorher war sie ein Grund gewesen, mit Sicherheit auf den Sieg zu hoffen und auf Gottes Hilfe zu vertrauen[6].

Da ist es denn kein Wunder, wenn immer mehr anklagende Stimmen gegen Gott laut werden, warum er denn diese andauernden Niederlagen seiner Christen zulasse. Bei Walther von der Vogelweide und Ricoldus de Monte Crucis biegt man diese Anklage gegen Gott noch dadurch ab, daß man sie an die Engel richtet. Da kann man mit Bitterkeit aussprechen, was man angesichts Gottes nicht zu sagen und zu denken wagte[7]:

„Ich solt iuch engele grüezen ouch,
wan daz ich bin niht gar ein gouch:
waz habet ir der heiden noch zerstoeret?
sît iuch nieman siht noch nieman hoeret,
sagent, waz hânt ir noch dar zuo getan?"

---

[3] Jakob von Vitry, Hist. III, S. 1139, 40: „moeror et tristitia nostros occupavit, sed nulla desperatio ..." Oliverus Scholast., Hist. Dam. 19/217, von 1219: Miror nostros occupavit, sed nulla desperatio."

[4] Humbert de Romanis, Opus tripartitum XVII = Mansi, Concilia XXIV, Sp. 116: „... debemusque non propter hoc a pugna desistere, sed nos ipsos humiliare, et ad Deum clamare, quia malleis adversitatis bonos consolidat, non enervat ..." — Ähnlich Odo von Chateauroux, siehe Cramer, Kreuzpredigt, S. 169.

[5] Boppe, ein Fahrender, von der Hagen, Minnesinger II, 384, Str. 24, siehe Gent S. 100.

[6] Walther von der Vogelweide 16, 29 ff.
„Kristen und juden und die heiden
jehent daz diz ir erbe sî:
got müez ez ze rehte scheiden
durch die sîne namen drî.
al diu welt diu strîtet her,
wir sîn an der rehten ger (unser Verlangen ist das berechtigte:)
reht ist daz er uns gewer."
Vgl. auch Itiner. reg. Ricardi I, S. 16.

[7] Walther von der Vogelweide 79, 1 ff.

Er hält den Erzengeln ihre Macht vor. Dann fährt er fort:

„welt ir mîn lop, so sint bescheiden
und schadent allerêrst den heiden
lopt ich iuch ê, daz waere ir spot."

Ähnlich spricht sich Ricoldus aus[8]. Schon auf dem ersten Kreuzzug lassen die Gesta Francorum Gefallene vor Gott treten mit der vorwurfsvollen Frage, warum er seine Christen nicht verteidige, oder mit der dringenden Aufforderung, ihr Blut zu rächen[9]. Da fallen schon bedenkliche Worte von der Ungerechtigkeit Gottes[10] oder von Mißfallen an den Werken Gottes[11]. Ja schon hart an die Grenze des Irrewerdens an Gott und der Verzweiflung stößt es vor, wenn wir bei Ricardus de San Germano (1221) den Vers lesen:

„Jesu bone, si fas est dicere,
cur sic placuit nos deicere?
mori malo quam ultra vivere
vinci videns debentes vincere."[12]

„O gütiger Jesu, warum — wenn es nicht Unrecht ist das zu sagen —,
warum hat es dir gefallen, uns niederzuwerfen?
Ich möchte lieber sterben als weiterleben
und sehen müssen, daß die besiegt werden, die siegen müßten."

Es ist ja leicht verständlich, daß Niederlagen zu einer Abkehr von Gott führen mußten, wenn man sich klar macht, wie auch bei einem irdischen König Niederlagen zu Zweifeln an seinem Heil führten, d. h. zu der Frage, ob er wirklich der rechte König sei. So warf man im Heiligen Land diese Frage sehr ernsthaft auf, als König Balduin II. (einer der besten Könige, die Jerusalem hatte) in Gefangenschaft geriet. Übertrug man später solche Bedenken auf den obersten Kriegsherrn des Kreuzzuges, den „Christ", so war der Glaubenszweifel, die Abkehr von Gott gegeben[13].

Gehen wir einen Schritt weiter, so sehen wir diesen Abfall schon vollzogen. Ein sehr frühes Beispiel von besonderer Klarheit haben wir schon in Wido, dem Bruder Bohemunds, kennengelernt, der auf die (falsche) Nachricht von der Vernichtung des Christenheeres vor Antiochia Gott in aller Form die Treue und den Dienst aufsagt, wie man es bei einem ungetreuen irdischen Herren tat[13a]. Ich erinnere weiter an die Briefe, die der Missionar Ricoldus de Monte Crucis bei dem Fall von Akkon schrieb. Er berichtet, wie die

---

[8] Ricoldus de Monte Crucis, Epist. III, S. 29 = Archives de l'Orient lat. II, (1884) S. 284. Vgl. auch R. Röhricht, Gesch. des Königreichs Jerusalem, S. 1028 f.

[9] Gesta Francorum XVIII, 4, S. 281. — Ebd. VIII, 9, S. 193.

[10] Muratori, Scriptores tom. XII, 1728, Sp. 323—325.

[11] Duchesne IV, 13, S. 399.

[12] M. G. SS. XIX, S. 341.

[13] Fulcher von Chartres III, 21, 2: ... forsitan non erat rex, quem forte fortuitu perdideramus ...

[13a] Siehe oben S. 10/11.

Christen in Tripolis, Akkon und Antiochia ganz öffentlich erklären, das Heil Mohammeds habe Christus nun überwunden, Gott habe nicht die Macht mehr, zu helfen, und sein Sohn sei Muslim geworden[14]. Ebenso haben wir gehört, daß nach dem Tod Friedrich Barbarossas „viele Kreuzfahrer sich das Leben nahmen, andere aber an Gott und Christus verzweifelten, wenn er sich nicht seines Heeres annehme"[15]. Dem reiht sich ein Gedicht, sirvente, eines Templers aus dem Jahr 1265 an (vielleicht ist Ricaut Bonomel der Name des Verfassers, wahrscheinlicher Olivier le Templier, ein Templer jedenfalls), das unter dem Eindruck der Eroberung der Johanniterburg Arsuf geschrieben worden ist. Es lautet in seinen wesentlichen Teilen:

„Schmerz und Zorn erfüllen meine Seele und drohen mich zu töten.
Wir erliegen fast unter der Last des Kreuzes,
das wir genommen haben zur Ehre dessen, der daran geheftet ward.
Es gibt kein Kreuz, es gibt keinen Glauben,
die etwas vermöchten gegen diese verdammten Türken!
Gott selbst, so sieht jedermann, schützt sie zu unserem Verderben."

Nach einer Klage über den Fall Caesareas und Arsufs, der noch größeres Unheil erwarten lasse, fährt „der Templerritter" fort:

„Wohlan, wenn Gott, dem alles das mißfallen müßte,
das billigt und gut findet,
so müssen wir uns freilich damit bescheiden.
Ein rechter Tor ist also, wer noch den Kampf sucht gegen die Türken,
da Gott denen ja alles erlaubt.
Ist es dann noch zu verwundern,
daß sie alles besiegen
und uns Templer jeden Tag von neuem schlagen?
Gott, der ehemals wachte, schläft jetzt.
Mohammed entfaltet seine ganze Kraft
und läßt seinen Diener Bibars siegreich walten." [16]

---

[14] Siehe oben Anm. 8. [15] Historia de expeditione Friderici S. 92.

[16] Raynouard, Choix de poésie des Troubadours V, p. 131 u. I, LXXVII. — B. Meyer, Recueil des anciennes textes, S. 95. (Vgl. auch Melville Templiers, S. 230/31.)

„us cavaliers del Temple fe est sirventes. / Ira e dolor s'es dins mon cor asseza, / Si qu'a per pauc no m'auci demanes, / quar nos met jos la crotz qu'aviam preza / en la honor d'aisselh qu'en en crotz fo mes. / que crotz ni ley nons val nyns guia / contrals fels Turcx que Dieus maldia; / ans es semblans, segons qu'hom pot vezer, / qu'a dan de nos los vol Dieus mantaner ...
e nous pessetz que per tan s'en recreza, / qu'ans jurat e dich tot a pales / que ja nulsh hom que en Jesu Crist creza / non remanra, s'el pot, en est paes; / enans fera bafomairia / del mostier de Sancta Neria / e pus non filhque 'en degra del aver, / o vol nil play, ben deu a nos plazer.
Donc ben es fols qui ab Turcx mou contesa / Pus Jesu Crist no lor contrasta res, / qu'els an venout a Venson, de quem peza, / Francx, e Tartres, Ermenis

Und noch ein Beispiel dieser Verzweiflung, die der Niederlage folgt: In der Schlacht von Mansura trifft der unselige Graf von Artois Wilhelm Langspeer und ruft ihm zu: „Ach, Wilhelm, Gott kämpft gegen uns, wir können nicht länger standhalten.“ [17] Derselbe Chronist spricht vorher schon von Verzweiflung und Gotteslästerung (desperatione et blasfemiis) im fränkischen Heer. „Hat uns denn Gott verlassen, für den und unter dem wir so lange als Ritter gedient haben? ... Gott ist uns gleichsam zum Feind geworden. Er, der gewöhnlich der Herr der Heerscharen genannt wird, wird nun von seinen Feinden verachtet, weil er so oft schon geschlagen worden ist. Was haben uns unsere Hingabe, die Gebete frommer Menschen und die frommen Gaben unserer Freunde genützt? Nun, wo der Islam stärker ist als das Christentum?“ [18] Hier gibt uns ein Chronist einmal ausführlich einen Einblick in das Denken der Ritter der Kreuzheere dieser Tage, in ihre Verzweiflung, in ihr Zweifeln am christlichen Glauben. Andere Chroniken sind kürzer. Aber deutlich ist dieselbe Haltung überall [19]. Es sind stets etwa die gleichen Gedankengänge, wie sie das Lied des „Templers“ zum Ausdruck brachte. Auch andere Dichter gesellen sich in der gleichen Haltung dazu. Der Troubadour Austorc redet von Gottes Bosheit und meint, es sei nun das Rechte, zu Mohammed zu beten [20]. Ein solches Irrewerden am Kreuzfahrerglauben mußte sein Ende und damit auch das Aufhören des Willens zum Kreuzzug bedeuten. Es konnte kein Kampf für Gottes Sache sein, wenn Gott den Sieg nicht gab. Dann aber war es auch das beste, zu Haus zu bleiben [21].

Hatten in den Zeiten des ersten Kreuzzuges Wunder, die überall geschehen sein sollten, die Glut der Begeisterung noch geschürt, so richtete sich bald die Skepsis auch gegen diese, und führende christliche Denker und Lehrer gaben zu, daß hier gar manche Täuschung bewußt oder unbewußt mit unterlaufen sei [22]. Auch durch die Wunder ließ sich der schwindende Glaube an den gottgewollten Krieg, an den Zug unter seiner Führung nicht mehr halten.

In manchen Fällen klagen die Dichter dann auch tatsächlich über den nachlassenden Kreuzzugswillen [23]. In dem Gedicht eines Unbekannten wird ge-

---

e Persses, / e sai nos venson quascon dia. — Quar Dieus dorm qui vellar solia, / E Bafomet obra se son poder / e fai obrar le Melicadeser ...“

[17] Matth. Paris. V, S. 152, von 1250. Siehe auch: Erbo, Gedicht oder Tränen auf den Fall Jerusalems, hrsg. R. Röhricht = Mitteil. d. Inst. f. ö. G. 12 (1891) S. 485 bis 488, nimmt Weltuntergang an.

[18] Matth. Paris. V, S. 108, von 1250.

[19] Gesta obsid. Damiat = Muratori VIII, Sp. 1089. — Salimbene = M. G. SS. XXXII, S. 445, von 1251.

[20] Lewent, Kreuzlied, S. 7 — Throop, Criticism, S. 176. —

[21] Arnold von Lübeck V, 26, S. 196. — Collectio de scandalis 6, S. 40.

[22] Gerhoch von Reichersberg, Antichrist, L. d. L. III, 66/383.

[23] Walther von der Vogelweide 13, 5 ff. — Guillem von Saint-Didier = Diez, Troubadours, S. 268. — Stephan von Bourbon, Tractatus. Siehe Cramer, Kreuzpredigt, S. 181, in Form einer Parabel.

warnt vor einem Kreuzzug; die Schwierigkeiten einer solchen Fahrt seien doch sehr groß, und mancher kehre nicht mehr zurück[24]. Weiter geht Bertran d'Alamanon im Jahre 1247. Er tadelt entschieden den Kreuzzugsplan, denn es gäbe zu Hause Besseres zu tun[25]. In anderen Fällen aber ist die religiöse Verzweiflung, das Irrewerden am Glauben, so wie wir es bei dem Templer fanden, die Ursache der Abwendung vom Kreuzzugsgedanken[26]. Manche Dichter verraten den Grund ihrer Abkehr von der Kreuzzugsidee nicht. Wo aber die Begründung so zynisch gegeben wird wie bei Raimon Jordan, der erklärte, er ziehe eine Nacht bei der Geliebten dem ganzen Paradies, das der Kreuzzug verspricht, vor, oder bei Bertran d'Alamanon, der sich über die Niederlage und das Kommen des Antichrists freut, weil ihm dieser zu dem Besitz einer spröden Geliebten verhelfen soll, oder bei Guillem Ademar, der den Kreuzzug begrüßt, weil er den eifersüchtigen Gatten der geliebten Frau in die Ferne führen soll[27], da sehen wir deutlich, daß von dem alten Kreuzfahrergeist, der alten Frömmigkeit hier nichts mehr übriggeblieben ist. Sordello beantwortet die Aufforderung mit dem Scherz, daß auf einer Meeresfahrt man allzuleicht ins Paradies kommen könne[28]. Und Peirol (1180 bis 1225) singt:

„Denkt nicht, Freund, daß ihr im Sturm
Araber und Türken zwingt,
Zu verlassen den Davids Turm! (d. i. die Burg von Jerusalem.)
Einen Rat, der besser klingt,
Hab' ich: seid verliebt und singt!“[29]

Also auch die Dichtung zeigt die volle Abkehr von dem alten Kreuzzugsgedanken über das ganze Abendland hin. Spricht sich das auch hier ganz weltlich und leichthin aus, so liegt dahinter doch ein religiöser Wandel, die Abwendung von dem Gotteskämpferglauben und den Kreuzfahrerhoffnungen, einerlei, in welcher Form sich diese Wendung vollzogen haben mag.

Einzelne Männer haben lange, auffallend lange, an der alten Frömmigkeit und dem Kreuzfahrergeist festgehalten. Unter ihnen steht König Ludwig IX., der Heilige, von Frankreich, an der Spitze. Ihn treibt noch derselbe Geist wie die Kreuzfahrer von 1098. Doch das ändert die Bewegung im ganzen nicht ab. Der Kreuzfahrergeist verkümmert und stirbt ab, wenn auch der einzelne ihn noch längere Zeit bewahrt. Das ist der eigentliche Grund für das Absterben der Kreuzzüge und damit für den Verlust des Heiligen Landes.

Doch auch im Heiligen Land selbst liegen einige Gründe für den Miß-

---

[24] H. Pflaum, A strange crusader's song = Speculum X (1935) S. 337 ff.

[25] Throop, Criticism, S. 209/210.

[26] Albrecht von Johansdorf MF 89, 21. — Mönch von Montaudon = Throop, Criticism, S. 173.

[27] Throop, Criticism, S. 35.

[28] Throop, Criticism, S. 153. — Lewent, Kreuzlied, S. 6.

[29] Diez, Troubadours, S. 256.

erfolg weniger der Kreuzzüge als solcher als der Verteidigung des Heiligen Landes selbst. Von vornherein waren hier zwei verschiedene Möglichkeiten gegeben. Entweder konnte das neue Königreich Jerusalem Träger des Kreuzzugsgedankens bleiben und ständig einen Kreuzzug in kleinem Maße führen, sich stets also als ein vorgeschobenes Stück Abendland mit dem Auftrag des Kampfes betrachten. Das aber bedeutete, daß man keinerlei Gemeinschaft mit den Muslimen kennen durfte, daß der Kriegszustand permanent blieb, daß kein Waffenstillstandsvertrag mehr als eine vorübergehende Bedeutung im Sinne einer Kampfpause haben konnte. Die zweite Möglichkeit war die, in den neugegründeten Staaten einen von christlichen Franken bewohnten Staat Syriens zu sehen, der, hineingestellt in das Gefüge der syrisch-vorderasiatischen Kleinstaaten, versuchen mußte, sich hier durch eine geschickte Politik einen Lebensraum zu sichern. Dann aber war man angewiesen auf freundschaftliche Beziehungen zu den Nachbarstaaten. Dann mußte man Bündnisse schließen. Kämpfen konnte und mußte man auch dann, aber nicht gegen den Muslim als solchen, sondern gegen denjenigen Staat, mit dem man nicht verbündet war, gegen den ein eingegangenes Bündnis sich richtete und der gerade den Lebensraum des eigenen Staates einzuengen drohte. Zwischen beiden Möglichkeiten mußte man sich entscheiden. Aber man entschied sich nicht, sondern versuchte, beiden Forderungen zugleich gerecht zu werden. Für sich allein gelassen, neigten die fränkischen Staaten und Herrschaften immer zu dem zweiten Weg; alle neuankommenden Kreuzfahrer aber, einerlei, ob sie in Heeren oder kleinen Gruppen kamen, brachten die für die Kreuzfahrer charakteristische Einstellung auf jeden Kampf mit den Muslimen mit. So wiederholte sich immer wieder eine Differenz in der Führung, die dem Ganzen verhängnisvoll werden mußte. Beide Einstellungen hatten ihre begrenzte Berechtigung. Es fehlte meist eine Führung, die beide Gesichtspunkte miteinander in Einklang zu bringen gewußt hätte oder die, wo das nicht möglich war, unter großem Gesichtspunkt entscheiden konnte, welcher Weg einzuschlagen war. Im Anfang hielt man es für selbstverständlich, weiterzuerobern, was zu gewinnen war, vor allem an der Küste. Aber auch auf Aleppo und Damaskus richteten sich — sehr verständlicherweise — immer wieder die Blicke. Dann, als die Macht des Islams wuchs, mußte man zufrieden sein, das Gewonnene halten zu können. Doch mit Ägypten tauchte damals ein neues Ziel auf. Nach dem Verlust von Jerusalem aber war die Lage wesentlich anders. Denn die Wiedergewinnung der Stadt, um derentwillen man die Kreuzzüge unternommen hatte, hätte nun allgemeines Ziel werden müssen. Sie wurde es aber nicht. Hier zeigte es sich, daß das allzu weite Eindringen in die Verstrickungen der syrischen Politik den alten Kreuzzugswillen völlig aufgelöst, zersetzt hatte. Es wäre oft entscheidend gewesen, wenn der alte Kreuzfahrergeist mit der Sehnsucht nach Jerusalem auch in den fränkischen Nachfahren im Heiligen Land noch lebendig gewesen wäre. Daß anderseits auch viel unsinniges Vorstürmen der neuankommenden

Kreuzfahrer der Sache des Heiligen Landes oft und viel geschadet hat, läßt sich an vielen Stellen beobachten. Die Gegensätzlichkeit beider Haltungen wurde verhängnisvoll.

Eine zweite Ursache des Mißerfolgs, die im Heiligen Land selbst lag, war die Schwäche des Königtums von Jerusalem. Der erste Kreuzzug wurde unternommen von der Ritterschaft. Er war ein rein feudales Unternehmen. Deshalb wurde Jerusalem ein reiner Feudalstaat mit schwacher monarchischer Spitze, so wie dies dem Ideal der hier maßgebenden Fürsten und Ritter entsprach. Eine andere Lösung der Verfassungsfrage war — wenn man die theokratische hier beiseite läßt — nicht zu erwarten gewesen. Die ersten Könige von Jerusalem versuchten daraus zu machen, was sie konnten. Aber es blieb eine schwache Monarchie, die größere Krisen zu überwinden kaum imstande war. Das aber nahm auf die Dauer der Verteidigung des Heiligen Landes gegen die Muslime die rechte Kraft. Und als nun gar das Königtum unter Kaiser Friedrich II. einbezogen wurde in die Linien der großen abendländischen Politik und der Adel, ein allzu mächtiges Königtum fürchtend und die Hohenstaufen ablehnend, mit aller Heftigkeit in Opposition trat, war es mit der Macht der Könige vorbei. Damit aber wurde das Land Schauplatz der Machtkämpfe der Ritter, der Bürger, der italienischen Kolonien und der Ritterorden. Hier liegt sicherlich eine der wichtigsten Ursachen der Niederlage dieser fränkischen Staaten.

Aber die Schwäche der Monarchie war nicht der einzige Faktor, der die Widerstandskraft des Heiligen Landes verringerte. Die italienischen Kommunen in den Hafenstädten gewannen mit dem Aufblühen des Handels einerseits und mit dem Sinken der Königsmacht andererseits eine immer größere Bedeutung. Und ihre Rolle wurde verhängnisvoll, da für ihre Haltung einseitig das Handelsinteresse und das Kolonialinteresse der Vaterstadt maßgebend wurde. Diese Seestädte hatten von Anfang an den Kreuzzug benutzt zur Verfolgung ihrer eigenen handelspolitischen Ziele. Jetzt aber gab es keine Schranken mehr. Hemmungslos bekämpften sie sich gegenseitig und die anderen Machtfaktoren des syrischen Landes, ohne Rücksicht auf die Verteidigung gegen die Muslime, wenn nicht der eigene Hafen unmittelbar bedroht war. Auch hier also entwickelte sich der das Verhängnis fördernde Faktor unmittelbar aus dem, was schon in nuce im ersten Kreuzzug gegeben war.

Auch die Streitigkeiten der Ritterorden untereinander und ihre feudale Opposition gegen das Königtum hat der Abwehrkraft der fränkischen Staaten schwer Abbruch getan, nicht minder als die Kämpfe der italienischen Seestädte. Aber hier liegt die Schuldfrage doch anders. Denn jeder militärische Verband muß wissen, daß die Einigkeit in der Abwehrfront die erste und grundlegende Forderung ist. Darum mußten Orden, die mit der Frontstellung gegen den Islam gegründet waren, alles zurückstellen, was der Einigkeit in diesem Verteidigungskampf schaden und die Kraft der Abwehr untergraben konnte. Das aber geschah, wie wir sahen, durchaus nicht. Das kann auch die kühne Tapferkeit in der Schlacht, durch die sich die Orden auszeichneten, nicht wegwischen. Sie waren eben doch Feudalherren, die sich nur schwer in das Ganze einfügten, wenn sie auch nicht an der Machtstellung des einzelnen, sondern an der des ganzen Ordens orientiert waren.

Und noch eine Ursache der Schwäche des Heiligen Landes den andrängenden Feinden gegenüber darf nicht unterschätzt werden. Der Luxus und die Bequemlichkeit des städtischen Lebens erzeugte eine unkriegerische und oft verweichlichte Bevölkerung. Die Gefahr des Bequemwerdens besteht an sich immer schon, wenn Abendländer sich in heißerem Klima ansiedeln. Sie wächst aber ins Riesenhafte, wo fremde Lebensweise, fremde Ernährung und gar der Luxus reicher Städte den Neuankömmling aufnehmen. Die Bevölkerung der Städte verweichlichte und hatte nicht mehr die Kraft, einen entscheidenden Widerstand zu leisten.

Übersehen wir das Ganze, so ergibt sich aus aller Mannigfaltigkeit der für den Zusammenbruch maßgebenden Ursachen doch ein klares einheitliches Bild: Die eigentlichen Ursachen des Mißerfolges der Kreuzzüge liegen im Wesen der Kreuzzüge, so wie sie begonnen wurden, begründet. Ihr feudalisiertes, auf Kriegserfolg abgestelltes Christentum, ihre Eigentümlichkeit als aus der Tiefe des Rittertums und seiner Frömmigkeit herausbrechende Bewegung und damit als ein unpolitisches Unternehmen bedingte ihren großen erstaunlichen Erfolg und dann aber auch ihren großen Mißerfolg. In ihrem Wesen lagen die Hemmnisse, die einem dauernden Erfolg entgegenstanden. Nach dem Gesetz, nach dem sie angetreten, sind sie auch zugrunde gegangen. Auch die Entstehung einer starken politischen und religiösen Gegenbewegung auf seiten der Muslime war in der Natur der Sache begründet. Ein mit der Kraft religiöser Begeisterung geführter Krieg mußte auf der Gegenseite eine entsprechende Gegenbewegung auslösen, wenn in der Religion der angegriffenen Völker nur ein Keim vorhanden war, aus dem sich ein Heiliger Krieg entwickeln konnte.

Sicherlich sind einzelne Fehler mannigfacher Art gemacht worden. Es wäre ein leichtes, eine lange Reihe von solchen aufzuführen, und ebenso von Personen, die angesichts der ihnen gestellten Aufgabe versagt haben. Aber das alles verblaßt angesichts der eigentlichen Ursachen des Mißerfolgs. Wem aber kann eine Schuld zugeschrieben werden, daß der Kreuzzug gerade so zustande kam, wie er geschah? Dem Papst, der selbst erstaunt war, was für eine Bewegung auf seinen Aufruf hin in Erscheinung trat, ganz anders, als er erwartet hatte? Er hat den Kreuzzug nicht geformt, sondern ihm nur geholfen, in Erscheinung zu treten. Noch viel weniger aber kann einer der ritterlichen Führer für das verantwortlich gemacht werden, was da ausbrach. Das Rittertum als solches mit seiner eigenartigen Frömmigkeit hat die Kreuzzüge geschaffen. Sie mußten aus der Art des abendländischen Rittertums entspringen. Sie sind seine größte und schönste Leistung, auch wenn ihnen ein dauernder Erfolg versagt blieb. Angesichts einer solchen aus der Tiefe der religiösen Lage des Abendlandes und besonders des Rittertums hervorbrechenden, von 2 Jahrhunderten getragenen geschichtlichen Bewegung hört das Fragen nach Schuld und Verantwortung eines einzelnen Menschen auf. Der Papst, der aufrief, war selbst von dem Glauben an das Gottesstreitertum, an den Krieg als „Gottes Weg“ und an die Ritterschaft als „Gottes Heer“ und an das Ziel als Gottes Forderung an die Ritterschaft des Abendlandes getragen. Die geschichtliche Bewegung wurzelte in einer Tiefe, wohin die Verantwortung des einzelnen Menschen nicht hinabreicht.

ZWÖLFTES KAPITEL

Die Folgen der Kreuzzüge

Das Rittertum und seine Kultur

Für den 1. Juli 1808 hatte das Institut de France ein Preisausschreiben für eine Arbeit über den Einfluß der Kreuzzüge auf den Zustand der Völker Europas veranstaltet. Damals und in der Folge hat man sich öfters darüber geäußert. Dabei war das Ergebnis durchaus positiv: die Erweiterung des Horizontes, die Bereicherung des abendländischen Lebens durch orientalische Produkte verschiedener Art, die Belebung des Handels und dgl. standen durchaus im Vordergrund. Dazu pflegt man neuerdings noch auf das Wiederbekanntwerden mit vielen griechischen Schriftstellern hinzuweisen. (Bei alledem blieb jedoch immer fraglich, wieweit diese Bekanntschaft mit dem Morgenland auf dem Weg über Spanien oder durch den allgemeinen Welthandel auch ohne die Kreuzzüge erfolgt ist.) Das ist alles sicher richtig und wichtig. Doch erscheint es mir angebracht, das alles nicht an die erste Stelle zu setzen, sondern zuerst nach den beiden Mächten zu fragen, die den Kreuzzug in erster Linie getragen haben: die Ritter des Abendlandes und die Kirche bzw. das Papsttum. Welche Folgen haben die Kreuzzüge für sie gehabt? Bei ihnen als den Hauptbeteiligten müßten sich auch die tiefsten Wirkungen zeigen.

Was nun zunächst die Ritter angeht, so wissen wir schon, daß die gemeinsame große Aktion und das Bewußtsein der gemeinsamen tragenden Frömmigkeit, das gemeinsame Aufgerufensein zu dem großen Zug Christi die Ritterschaft des Abendlandes zu einem Ganzen zusammengeschlossen hat und daß eine gemeinsame, die Völkergrenzen überschreitende ritterliche Kultur überall dort blühte, wo die Ritterschaft an der gemeinsamen Bewegung, der gemeinsamen Tat und der gemeinsamen ritterlichen Haltung teilhatte. Besondere Formen ritterlichen Lebens, die es heraushoben aus dem der anderen Stände und besondere Anforderungen an den Ritter stellten, im Minnedienst gegebene besondere Formen der Beziehungen der Geschlechter zueinander, eine hohe Blüte der Lyrik wie der Epik, ebenso aber auch eine Entwicklung der Baukunst und der Plastik zu einer bis dahin nicht gekannten Höhe kennzeichneten dies abendländische Rittertum der Kreuzzüge. Und zwar will das nicht nur besagen: das Rittertum zur Zeit der

Kreuzzüge, sondern mehr als das: das Rittertum als Träger der Kreuzzüge, das Rittertum, weil es Kreuzfahrertum war.

Nun haben wir aber außerdem schon gesprochen von der ungeheueren Enttäuschung, die der Mißerfolg der Kreuzzüge für die Ritter mit sich brachte, von der Verzweiflung, die wir bei gar manchem Ritter beobachten können und die noch viel mehr Männer quälte, ohne daß wir davon erfahren, von dem Irrewerden an Gott und dem Glauben. Das bedeutete das Ende des Gottesstreitertums, des Glaubens, der das Rittertum mit aller Kraft der Begeisterung in den Kreuzzug getrieben hatte. Das allgemeine Nachlassen des Kreuzzugswillens unter den Rittern, ja das Aufkommen einer gewissen unwilligen Gegnerschaft gegen die Kreuzzugswerbung zeigt, daß wir es hier nicht mit der Entwicklung vereinzelter Ritter, Liederdichter und Schriftsteller zu tun haben, sondern mit einer das ganze Abendland umfassenden Entwicklung. Aus diesem christlichen Glauben des Gotteskämpfertums heraus hatte das Rittertum gehandelt, und auf dieser Grundlage hatte es seine Blüte erlebt. So konnte das Schwinden oder Zerbrechen des Kreuzfahrerglaubens nur die Folge haben, daß das ganze Rittertum in seinem Wesenskern seine gestaltende Kraft verlieren mußte. Dann aber mußte die Blüte der ritterlichen Kultur, Literatur und Kunst welken. Und so geschah es auch wirklich. Hatte die erste Hälfte und die Mitte des 12. Jahrhunderts die ritterliche Kultur und Kunst auf ihre stolze Höhe geführt, so begann der Abstieg schon um die Mitte des 13. Jahrhunderts, in der Zeit also, als der Kreuzfahrerglaube angesichts des Mißerfolgs der Kreuzzüge deutlich schwand: in der zweiten Hälfte des 13. Jahrhunderts trat dieser Abstieg immer klarer hervor.

Man hat für das Absinken des Rittertums, für den Verfall der ritterlichen Kultur, immer in erster Linie wirtschaftliche und politische Gründe ins Feld geführt[1]. Manche von ihnen betreffen nur ein einzelnes Volk, wie der Untergang der Hohenstaufenmacht, müssen also zur Erklärung einer allgemeinen Erscheinung zurücktreten. Die anderen aber weisen meist, sieht man nur näher zu, auf die Kreuzzüge hin. So ist die Verarmung des Ritterstandes großenteils auf die Kreuzzüge zurückzuführen, und die Einführung von Söldnern dort zum erstenmal in größerem Maße von mittelalterlichen abendländischen Heeren durchgeführt worden, wie denn überhaupt die Geldwirtschaft im Kriegswesen dort zum erstenmal in Erscheinung getreten ist. Wir tun also gut, zunächst einmal nach dem Einfluß der Kreuzzüge in ihrer Entwicklung und ihrem Zusammenbruch auf die abendländische Ritterschaft zu fragen, wenn wir Auskunft über die Ursachen des Zusammenbruches der ritterlichen Kultur des Abendlandes haben wollen.

Da steht einmal die Tatsache des großen Blutzolles vor uns, den die Ritter in den Kreuzzügen entrichtet haben. Ihre Verluste sind sehr beträchtlich gewesen. Schon die in den Schlachten, die mit harter Erbitterung durch-

[1] Lamprecht, Dt. Gesch. III, S. 66. — Ehrismann II, 2, 1, S. 26.

gekämpft wurden, waren sehr groß[2]. Doch war das Sterben, das das ungewohnte Klima, Krankheiten, der Hinmarsch oder die Hinfahrt mit sich brachten, noch weit größer. Richard Löwenherz erklärte nach dem Zeugnis von Al-Athīr Saladin gegenüber: „Wir haben alle Mannschaften, welche zur See zu uns gekommen sind, gezählt; ihre Zahl belief sich auf 600000 Mann. Von ihnen hat von je zehn nicht einer die Heimat wiedergesehen. Einen Teil davon hast du erschlagen, ein Teil ist sonst mit dem Tod abgegangen, und ein Teil hat in der See ein Grab gefunden." [3] Und von den Friesen und Dänen, die vor Akkon kämpften, wird berichtet, daß „kaum 100 Männer von 12000" am Leben geblieben sind[4].

Bedenkt man dabei, daß dieser ungeheure Verlust vor allem die nicht sehr große Zahl der Adelsgeschlechter des Abendlandes traf, so leuchtet es ein, daß die abendländische Ritterschaft durch die Kreuzzüge in erschreckendem Maße dezimiert worden sein muß. Gewiß war zu Beginn der Kreuzzüge ein Überschuß an Kraft vorhanden, der zu den Kreuzzügen drängte. Aber die Verluste dürften diesen Überschuß bei weitem überwogen haben. Nimmt man nun noch dazu, daß viele Geschlechter durch die Kreuzzüge ihre wirtschaftliche Existenz verloren, wie wir das oben schon beobachten konnten[5], so steigern sich dadurch noch die Zahlen der zugrunde gegangenen Rittergeschlechter. Alois Schulte hat auf Grund seiner eingehenden Studien guten kirchlichen Materials festgestellt, daß im alten Baden (vor 1801) die Zahl der edelfreien Geschlechter betrug im Jahre 1100: 130; 1200: 93; 1300: 45. Im Gebiet des Großherzogtums Baden im Jahre 1100: 222; 1200: 93; 1300: 45. Entsprechend lauten auch die Zahlen aus Westfalen: im Jahre 1150: 121; 1250: 54; 1350: 20[6].

Man wende nicht ein, daß die neugeschaffene Ministerialität diese Lücken schnell zu schließen vermochte. Denn die Ministerialen sind an den Kreuzzügen in ganz besonderem Ausmaß beteiligt gewesen, wie die Einzeluntersuchungen von Paul Kluckhohn ergeben haben[7]. Ihre Verluste sind wahrscheinlich mindestens so groß gewesen wie die der alten edelfreien Geschlechter. Wenn auch natürlich nicht alle diese Verluste auf die Kreuzzüge zurückgeführt werden können, so haben diese doch sicherlich einen sehr großen Anteil daran. Denn kein anderer Krieg bot so viele Gefahren für den

---

[2] Siehe oben S. 272, 306/07 u. a.; außerdem Matth. Paris IV, S. 300 ff., von 1244, u. ebd. V, S. 158, von 1250. — Lat. Forts. d. Wilh. v. Tyrus III, XXIII, S. 141.

[3] Al-Athīr II, S. 66.

[4] Lat. Forts. d. Wilh. v. Tyrus III, V, S. 115.

[5] Siehe oben S. 326 ff.

[6] A. Schulte, Der Adel und die deutsche Kirche im Mittelalter = Kirchenrechtliche Abhandlungen 63/64 (1922) S. 52.

[7] P. Kluckhohn, Die Ministerialität in Südostdeutschland vom 10. bis zum Ende des 13. Jhds. (1910) S. 241—247: Exkurs über die Teilnahme der Ministerialen an den Kreuzzügen = Quellen u. Studien z. Verfassungsgesch. d. Dt. Reiches in MA und Neuzeit. Hrsg. von K. Zeumer IV, 1 (Weimar 1910).

ausziehenden Ritter. So wird man unwillkürlich an das Wort Wolframs erinnert:

> Dâ wart des tôdes phlichte
> in dem strîte wol bekant.
> ze beider sît si sazten phant,
> diu nimmer mugen werden quît
> vor der urteillîchen zît[8].

Schon ein solcher Blutverlust zusammen mit der Einbuße an Substanz machte es unmöglich, daß das Rittertum weiter der alleintragende Stand im Abendland blieb und daß die von ihm geschaffene ritterliche Kultur dem Ganzen auch weiter das Gepräge gab.

Dazu kommen dann die so oft genannten politischen Gründe, das Aufsteigen des Königtums in Frankreich und der Fürsten in Deutschland. Aus dem Reichsritter oder dem relativ unabhängigen Herren mußte nun Hofadel im Dienste der Fürsten werden. Das bedeutete natürlich einen großen Einschnitt im Leben des Rittertums. Aber es hätte nicht seinen kulturellen Abstieg bedingen müssen. Eine Kultur des Rittertums hätte sehr wohl auch an den Höfen weiterbestehen können. Hier müssen andere gewichtigere Gründe maßgebend gewesen sein.

Von der Verarmung der Ritter durch die Kreuzzüge haben wir schon gesprochen[9]. Sie wurde verstärkt durch andere gleichzeitige wirtschaftliche Verschiebungen, so z. B. die Fixierung der bäuerlichen Abgaben in Geld in einer Zeit des sinkenden Geldwertes. Oft benützte auch der Hochadel die Gelegenheit der Abwesenheit eines Herren auf dem Kreuzzug, um dessen Rechte zu schmälern. Joinville klagt in eindringlichen Worten darüber[10]. So spricht man in Frankreich in der zweiten Hälfte des 13. Jahrhunderts so viel von armen Rittern, daß man von einer Verarmung als einer allgemeinen Tatsache ausgehen muß[11]. Ein zahlenmäßig zusammengeschmolzener, großenteils verarmter Stand konnte schon kaum mehr als Träger einer eigenen, auf diesen Stand zugeschnittenen ritterlichen Kultur in Frage kommen. Auch nahm die Tatsache, daß man jetzt mit Vorliebe mit Söldnern kämpfte und daß die Ritter selbst großenteils als Soldritter auszogen, ihm viel von seinem sozialen Sonderdasein und Ansehen. Sie waren nicht mehr die Kämpfer schlechthin[12].

Aber diese politischen und wirtschaftlichen, auf die Kreuzzüge zurückzuführenden Gründe treten weit zurück vor der durch dieselben Kreuz-

---

[8] Wolfram von Eschenbach, Willehalm 402, 10 ff.

[9] Siehe oben S. 236, 326 ff. [10] Joinville S. 299 f.

[11] Joinville S. 280. — Philippe de Beaumanoir I, § 82, S. 52; § 511, S. 246 f.; § 573, S. 276. — II, § 1793, S. 412. — Vgl. auch Petit-Dutaillis, Histoire génér., Hist. du moyen-âge IV, 2, S. 24—26. — K. Lamprecht, Dt. Gesch. III, S. 66.

[12] Huizinga, Herbst, S. 133. — Lecoy de la Marche, La France sous Saint Louis et sous Philippe le Hardi, S. 146.

fahrten hervorgerufenen inneren Zersetzung des Rittertums. Dafür ist uns der Verfall der Ritterkultur seit etwa der Mitte des 13. Jahrhunderts Zeugnis[13]. Die Vorbedingungen für einen solchen Verfall einer Kultur aber hat Eduard Spranger eingehend untersucht[14]. Er stellt fest, daß ein Verfall einer Kultur nur dort eintritt, wo „sich ihre organische Totalität und ihr einheitliches Wertsystem in der sie tragenden Gesellschaft auflöst", oder wo „der Wertgehalt einer Kultur nicht mehr geglaubt wird", oder „wo eine wertwidrige Umbildung der inneren Struktur eines Kulturgefüges" eintritt. Umgekehrt hängt das Leben und Blühen einer Kultur davon ab, „daß die entscheidenden Schichten der kommenden Generation ... den gestaltenden echten Kulturgehalt ... mit ihrem Verstehen erfassen, mit ihren Werten bejahen und mit ihren aktiven Kräften im Sinne des echten, d. h. sittlich verpflichtenden Kulturideals weiterbilden"[15]. Suchen wir aber von diesem Gesichtspunkt Sprangers aus die Vorgänge des 13. Jahrhunderts zu verstehen, so konzentriert sich von selbst alles Suchen nach Ursachen des Verfalls auf die Zersetzung des Gotteskämpferglaubens, der ritterlichen Frömmigkeit der Kreuzzugszeit. Denn hier stehen wir vor dem „sittlich verpflichtenden Kulturideal" im Sinne Sprangers, vor dem „einheitlichen Wertsystem, das sich in der die Kultur tragenden Gesellschaft auflöst". Hier ist der eigentlich bewegende Faktor der Kreuzzüge und der durch sie zur Blüte gebrachten ritterlichen Kultur. Und er ist nun, wie wir wiederholt feststellen konnten, im Innersten angegriffen und verletzt.

Aber so einleuchtend sie sind, wir haben es nicht nötig, uns auf diese zu Sprangers Theorie hinführenden Gedankengänge zu verlassen. Denn die gerade um die Mitte des 13. Jahrhunderts stärker werdenden Klagen über den Verfall der ritterlichen Kultur weisen selbst auf den Zusammenhang mit dem Versagen der Kreuzzüge hin, öfters noch auf einen Wandel in der ritterlichen Frömmigkeit; am meisten aber beklagen sie den Abstieg im sittlichen Denken und Handeln der Ritterschaft, das Schwinden dessen, was man bisher als das Wesen echter Ritterschaft angesehen hatte. Immer kehren diese Klagen wieder, und zwar zielen sie alle von verschiedenen Stellen aus auf denselben Kern des Geschehens: auf das Zusammenbrechen des tragenden ritterlichen Lebensideals.

In den Briefen von Petrus von Blois (Petrus Blesensis) finden sich ausführliche ernste Klagen über die Entartung des Rittertums, und immer

---

[13] Lecoy de la Marche, a. a. O., S. 144, 152, 158. — G. Schnürer, Kirche und Kultur III, S. 206ff. — J. Bühler, Dt. Gesch. II, S. 227f. — Pinder II, S. 9/10. — Rehm, Kulturverfall, S. 305, 307, 322, 323, 325. — G. Steinhausen, Gesch d. dt. Kultur. I, S. 352ff. — Ehrismann II, 2, 2, S. 21, 445ff.

[14] E. Spranger, Die Kulturzyklentheorie und das Problem des Kulturverfalls = Sitzungsberichte der preuß. Akad. der Wissensch. (1926), phil.-histor. Kl. S. XXXV bis LIX.

[15] E. Spranger, Kulturzyklentheorie, S. LII, LIV u. LV.

wieder wird dieser Zustand mit dem früheren in Gegensatz gestellt, wo die Ritter „ihre Kräfte gegen die Feinde des Kreuzes Christi einsetzen und üben mußten", wo sie ihre Aufgabe darin sahen, die Kirche, die Armen und ihr Vaterland zu schützen[16]. Diese Klage gehört noch ins 12. Jahrhundert, steht dort aber noch ziemlich vereinzelt da. Der Troubadour Giraut de Bornelh mischt in eigentümlicher Weise die Klage um den Verlust des Heiligen Grabes mit der über den Verfall höfischer Kultur[17], und Thomasin von Zirklaere[18] sagt:

„ob es unser Herre wolde
daz man sich niht arbeiten solde,
daz man sîn grāb gewunne wider,
sô waere niht geschehen sider,
sît wir daz grap hân verlorn,
so maniger strît unde zorn
zwischen der kristenheit . . .
wir wellen durch got strîten niht,
dâ von waen ich daz uns geschiht
daz wir durch die vînde hân
sît manigen strît getân."

Auch ein geistliches Schauspiel aus dem Anfang des 14. Jahrhunderts klagt über den Verfall, der so sehr im Gegensatz zu dem Ideal der Ritterschaft steht, die der König verleiht, damit der Ritter kämpfe für die Gerechtigkeit[19].

An einer anderen Stelle ermahnt Thomasin von Zirklaere die „tiuschiu rîterschaft" mit dem Hinweis, daß sie „diu tiurest rîterschaft gewesen, von der wir an den buochen lesen", daß sie ihre „vrümekeit erzeige". Er setzt dann hinzu: „gotes grap sol man niht vergezzen, daz hânt si uns vor mit kraft"[20], wie er an einer anderen Stelle klagt, daß „die vrumen sint verborgen gar ... der boesen liute ist sô vil, daz sich der vrume niht zeigen wil"[21]. Man könnte hier einwenden, daß der Fromme hier nach mittelhochdeutschem Sprachgebrauch nur der Tüchtige sei. Die Kontrastierung aber mit dem Bösen zeigt, daß hier zum mindesten ein ethisch-religiöser Einschlag in dem Begriff zu suchen ist. Diese „vrümekeit" sieht Thomas aber als die entscheidende Stelle an, an der altes und neues Rittertum sich voneinander scheidet.

Häufig und ausführlich begründen die Klagen über den Abstieg des Ritterstandes dies mit dem Unterschied des allgemeinen sittlichen Verhaltens des Ritters um die Wende des 13. und 14. Jahrhunderts im Vergleich mit dem

[16] Petrus Blesensis, Epistola 94, S. 293 ff. = Migne PL. 207.

[17] Lewent, Kreuzlied, S. 19.

[18] Thomasin von Zirklaere, Vers 11709.

[19] Bibliothek der ges. dt. Nat. Lit. (hrsg. v. F. J. Mone) Bd. 21: Altteutsche Schauspiele (1841) S. 95 f., Vers 2747 ff. — Vgl. auch Hampe, Hochmittelalter, S. 22: „... Zusammenbruch der Kreuzzugshoffnungen ..."

[20] Thomasin von Zirklaere 11347 ff.

[21] Ebd. 6341 ff.

Beginn des 13. Jahrhunderts. Als Beispiele seien Hugo von Trimberg, Thomasin von Zirklaere, Meier Helmbrecht und Raimundus Lullus genannt. Ihnen geht schon Walther von der Vogelweide zu Beginn des 13. Jahrhunderts voraus. Alle klagen sehr bitter, aber nicht etwa über die Verarmung des Ritterstandes, nicht über seine schlechte politische Lage; ihre Klage gilt immer wieder der Änderung der ethischen Haltung der Ritter, dem Abweichen von dem alten ritterlichen Ideal, das die verschiedenen Dichter und Schriftsteller hochgehalten wissen wollen. Es ist nicht etwa — wie man von modernen Verhätnissen aus annehmen könnte — eine sozial begründete Ablehnung des Ritterstandes als eines bevorrechteten Standes. Nein, man wäre gern bereit, den Ritter anzuerkennen und zu loben, wenn er das ritterliche Ideal aus der Blütezeit ritterlicher Kultur noch erfüllen würde. Nur ein paar Beispiele dafür: Walther von der Vogelweide macht sich Gedanken, „wie man zer Welte solte leben", daß man versuchen müsse, den Erwerb von Ehre und Gut mit Gottes Huld zu vereinigen. Heute aber sieht er es als unmöglich an, daß die drei zusammenkommen können. Denn

„stîg unde wege sint in benomen
untriuwe ist in der sâze,
gewalt vert ûf der strâze:
fride unde reht sint sêre wunt." [22]

Hugo von Trimberg redet sehr viel ausführlicher über dasselbe Thema, den Abstand der Ritterschaft seiner Tage von dem Idealbild des Ritters, wie es für vergangene Zeiten maßgebend war. So schildert er den Zustand, den er vor sich sieht:

„Triuwe, zuht und wârheit,
dêmuot, scham, einveltikeit,
kiusche und mâze sint vertriben
ze hofe und an ir stat sint beliben
liegen, triegen, ribaldîe,
unkust, unzuht, leckerschimpfen,
trinken, slinden, nasen rimpfen,
luoder, spil, diube und spot,
lützel ahten ûf got ..." [23]

Vom Kreuzzug ist hier zwar keine Rede, aber die Abkehr von der alten Ritterfrömmigkeit und ritterlichem Handeln, die allgemeine Zuchtlosigkeit, die Gleichgültigkeit der Religion gegenüber, das ist es, was er sieht und beklagt. Hier ist die entscheidende Änderung vor sich gegangen.

Auch Thomasin von Zirklaere, von dem wir schon gesprochen haben, beklagt sich über das Leben der Ritter, so wie er es vor Augen sieht, und setzt

[22] Walther von der Vogelweide 8, 10; 8, 24—26.

[23] Hugo von Trimberg 1145 ff. — Vgl. aber auch ebd. 463 ff., 523 ff., 877 ff., 911 ff., 943 ff., 1099 ff., 2232 ff.

es in scharfen Gegensatz zu rîters recht, rîters ambet oder zur rîterschaft schlechthin. So heißt es z. B.

„der vihtet niht nâch rîters reht
der den armen man sleht,
und der im nimt sîn guot,
der treit unrîterlichen muot.“ [24]
oder
„der mac niht rîters ambet phlegen,
der niht enwil wan samfte leben.“ [25]

Im „Meier Helmbrecht“ wird das Leben der Ritter im Gegensatz zu den früheren Generationen sehr drastisch geschildert.

„Daz sint nû hovelîchiu dinc:
trinkâ, herre, trinkâ trinc!
trinc daz ûz, sô trink ich daz! . . .
swer liegen (lügen) kan der ist gemeit,
triegen das ist hövescheit
nû kroyiert man durch den tac:
jagâ ritter, jagâ jac!
stichâ stich! slahâ slach!
stümbel den der ê gesach!
slach mir disem abe den fuoz!
tuo mir dem der hende buoz!
dû solt mir disen hâhen
und enen rîchen vâhen:
der gît uns wol hundert phunt . . .“ [26]

Man sieht, hier ist man schon bei dem Raubritterleben angekommen. In den Schriften von Raimundus Lullus (1235—1315), vor allem in „La Libre del ordre de cavayleria“, steht der Gedanke an den Abstieg des Rittertums von seiner stolzen Höhe ganz im Vordergrund. Dem Orden der ersten Ritter, die gegen die Ungläubigen kämpften und die Schwachen und Schutzlosen schützten, stellt er die Ritter seiner Tage gegenüber, die voll Unrecht, voll Hochmut und voll Schlechtigkeit seien, und darum nicht würdig der Ritterschaft [27].

In einem Volkslied des 15. Jahrhunderts heißt es:

„was sol man vil erzelen
von dieser buben tat?
berauben, brennen, stelen
das ist ir täglich prot.“ [28]

---

[24] Thomasin 7765 ff. [25] Ebd. Ähnlich auch 7791.
[26] Meier Helmbrecht 985, 1007, 1027. [27] Raimundus Lullus S. 44 ff. u. 48.
[28] J. Janssen, Gesch. des deutschen Volkes seit dem Ausgang des Mittelalters I (1913, 19./20. Aufl.) S. 674.

Ähnliche Stimmen werden aber in dieser Zeit oft in Frankreich wie in Deutschland laut[29]. In der modernen literargeschichtlichen und geschichtlichen Literatur hat man oft auf diesen Abstieg des Rittertums und besonders die Veränderung seiner ethischen Haltung als den Kernpunkt dieser Abwärtsbewegung hingewiesen[30].

Eine Abart dieser Klagen über den Abstieg des Rittertums und seine innere Wandlung ist es nur, wenn Dichter sich entrüsten über Wucher treibende Ritter. Denn wie wir in der Geschichte der Kreuzfahrer sehen konnten, tritt dort, wo der ritterliche Gotteskämpferglaube als Triebkraft schwindet, sehr oft die Jagd nach dem Geld an die Stelle. So schreibt Muskatblüt:

„Wer edel ist, der wuchert nicht,
Adel det sich sin schemen.
eyn wu°cherer ist gar ein wicht
und hat niht adels namen.“[31]

Ähnliche Verse finden sich bei Heinrich dem Teichner und Peter Suchenwirt[32]. Auch bei dem schon mehrfach genannten Thomasin von Zirklaere liest man solche Klagen über den Wucher des Ritters und dessen unritterliche Art[33].

Als Folge des sittlichen Verfalls der Ritterschaft zeigt sich auch der Verfall der Dichtkunst dieser Tage. Er wird von den Zeitgenossen ausdrücklich als Wirkung der inneren Wandlung aufgefaßt. So schreibt Hugo von Trimberg:

„Gîtikeit, luoder und unkiusche,
muotwille und unzimlich getiusche
habent manige herren alsô besezzen,
daz si der wîse gar hânt vergezzen,
in der hie vor edel herren sungen:
von Botenloube und von Môrungen,
von Limburc und von Windesbecke,
von Nîfen, Wildonie und von Brûnecke,
Her Walther von der Vogelweide:
swer des vergêze der tête mir leide.“[34]

Bitter empfindet auch Rudolf von Ems den Abstand in seinen und seiner Zeitgenossen Werken von den Dichtungen der vergangenen Epoche:

---

[29] Livre des manières = Langlois. La vie en France II, S. 14. — La Bible Guyot = Ebd. S. 61. — Ehrismann II, 2, 1, S. 26, gibt zahlreiche Belege aus Rudolf von Ems, Stricker, Ulrich von Lichtenstein, Seifried Helbling und den genannten Werken.

[30] Huizinga, Herbst des Mittelalters, S. 95. — Ehrismann II, 2, 2, S. 21 u. 445 ff. — Rehm, Kulturverfall, S. 305, 307, 322—325.

[31] Muskatblüt, hrsg. von E. v. Groote (Köln 1852) 76, 37

[32] Rehm, Kulturverfall, S. 321. [33] Thomasin von Zirklaere 8671 ff.

[34] Hugo von Trimberg 1179 ff.

„ellin unser arbeit
ist nû an wildin wort gedign
din vor uns wâren ic verswigen.“[35]

Der Minnedienst entartet. Schon die Einstellung auf den Minnedienst allein, das Zurückdrängen der Ideen des Gotteskämpfertums durch den Minnedienst, bedeutete einen Abstieg. Jetzt vergröbert sich der Minnedienst selbst, wie schon der Frauendienst von Ulrich von Lichtenstein beweist. Ein Realismus des sexuellen Begehrens tritt an die Stelle der Verehrung. Der Gegensatz der beiden Teile des vielgelesenen und nachgeahmten Rosenromans zeigt diese Entwicklung deutlich. Im ersten Teil, den Guillaume de Loris etwa 1225—1230 verfaßt hat, ist die Frau Gegenstand des Kultes, der Verehrung, im zweiten Teil, den Jean de Meung etwa 40 Jahre später verfaßte, ist sie Objekt des Begehrens geworden[36/7].

Am Schluß der Entwicklung steht der Raubritter. Eine Vorstufe dazu bilden die sogenannten Brabantionen, die 1147 und 1171 Frankreich raubend durchzogen und zu denen augenscheinlich auch Ritter gehört haben[38]. Im 13. Jahrhundert erzählt Étienne de Bourbon († 1261) folgende Anekdote: Ein Mönch begegnet Rittern, die Bauern ihre Viehherden geraubt hatten und sie nun nach Haus trieben. Er fragt sie, wes Standes sie wären. Sie sagen: Ritter. Er aber entgegnet ihnen, sie seien nur Rinderhirten, und sie raubten den Armen ihr Gut[39]. Dabei wäre es verfehlt, die Entstehung dieses Raubrittertums oder die Verrohung des Rittertums nur der Verarmung oder einer Verzweiflung infolge der politischen Schlechterstellung zuzuschreiben. Die Dichter, wie im „Meier Helmbrecht“, setzen solche Entartung mit dem Schwinden des alten Ritterideals deutlich in Verbindung.

Denn es ist keineswegs so, wie man nach gar manchen Darstellungen annehmen könnte, daß in einer Art sozialer Revolution die bürgerliche Welt der aufstrebenden Städte das Rittertum verdrängt und ihr eigenes kulturelles Idealbild an die Stelle des ritterlichen gesetzt habe. Das war das Schlußergebnis der ganzen langen Entwicklung. Aber zunächst waren es gerade Bürgerliche, die das ritterliche Ideal bewahrt wissen wollten[40]. In der bürgerlichen Welt entsteht eine didaktische Literatur, die in dem höfischen Benehmen unterrichten will. Was in der Blütezeit sich als eine Selbstverständlichkeit von Mund zu Mund weitergab, sollte jetzt, um es vor dem drohenden Untergang zu bewahren, schriftlich gelehrt werden. Die Werke von Heinrich dem Teichner, Peter Suchenwirt, Muskatblüt und Heinrich

[35] Rudolf von Ems, Alexander 3182 ff.

[36/37] H. Meyer, Geschichte der abendländischen Weltanschauung III, S. 107.

[38] M. G. Const. I, 237/331, von 1171. — H. Géraud, Les Routiers du douzième siècle = Biblioth. de l' école des chartes III (1841/42) S. 125—147.

[39] Étienne de Bourbon 427, S. 371. — In Deutschland ist die Zimmersche Chronik besonders reich an Beispielen für Raubrittertum, z. B. I, S. 349, 380, 416, 436.

[40] Rehm, Kulturverfall, S. 323. — G. Weise, Gotik, S. 153.

von Mügeln stellen Beispiele dieses literarisch-kulturellen und pädagogischen Bemühens von Bürgern in der zweiten Hälfte des 13. Jahrhunderts dar[41]. Das ritterliche Lebensideal hat also in den zum Rittertum aufschauenden, sozial tieferstehenden Schichten des Bürgertums seinen Glanz behalten. Man hat von dort aus zunächst nicht versucht, ein bürgerliches Lebensideal an seine Stelle zu setzen, sondern es zu erhalten. Wenn das nicht gelang, kann die Ursache nur darin gesucht werden, daß dies Ideal, diese Wertungen in dem Rittertum selbst ihre Kraft eingebüßt hatten. Nach allem, was wir oben über die Wirkung der Kreuzzüge gehört haben, kann das nicht verwundern.

Das ritterliche Ideal lebte aber weiter in einem Scheindasein, dem die wirkliche Welt nicht mehr entsprach. Huizinga hat uns ein sehr lebendiges, klares Bild davon gegeben. Er zeigt die ritterliche Welt des Spätmittelalters auf als „Sehnsucht nach einem schöneren Leben", als eine künstlich aufrechterhaltene ästhetische Lebensform, die, dem wirklichen Leben aufgepfropft, nur ein Scheindasein führt. „Damit haben wir uns dem Punkt genähert", sagt Huizinga, „von dem aus die Kultur des ausgehenden Mittelalters hier betrachtet werden soll: die Verschönung des aristokratischen Lebens mit den Formen des Ideals, das Kunstlicht der ritterlichen Romantik über dem Leben, die Welt, verkleidet in den Prunkstaat der Tafelrunde. Die Spannung zwischen Lebensform und Wirklichkeit ist ungemein stark: das Licht ist falsch und grell." [42]

Diese Künstlichkeit des Weiterlebens veränderte aber auch seinerseits das Bild des Ritterlebens. Es verflüchtigt sich in eine lebensfremde Sphäre, es vermischt sich mit Allegorien der verschiedensten Art; vieles bekommt einen rein allegorischen Charakter, so das Schwert, die Sporen u. a.[43]. Die genannte Schrift von Raimundus Lullus über das Rittertum zeigt diese Auflösung des Ritterbildes.

Von hier aus ist der Weg nicht mehr weit zu der Verspottung des ritterlichen Lebens und Denkens im Don Quichote von Cervantes. Doch spürt man auch hier den dahinterliegenden Ernst. G. Bernanos hat wohl recht, wenn er dazu sagt: „Die Menschheit hat sich noch immer durch Lachen für die große Enttäuschung gerächt." [44] Was Cervantes hier verspottet, ist nur die Entartung des Ritterideals, seine letzte Entwicklungsphase, nicht aber der Gedanke des Gottesstreitertums, die Kreuzfahrerfrömmigkeit selbst. Sie war damals nicht mehr lebendig. Und auch dann hätte Cervantes sie nicht angegriffen. Denn er schätzt sie hoch, wenn sie echt ist.

Doch in anderen Bahnen lebte gerade diese Frömmigkeit des Ritters weiter, allerdings in sehr sublimierter Form. In der Mystik Heinrich Seuses spielen

---

[41] Rehm, Kulturverfall, S. 303. [42] Huizinga, Herbst des Mittelalters, S. 35.
[43] Lavisse, Histoire de France II, 2, S. 142 f.
[44] G. Bernanos, Tagebuch eines Landpfarrers, S. 250.

die Gedanken von Rittertum und Kampf für Gott und ebenso der des Minnedienstes eine große Rolle. Doch sind sie hier Ausdruck in alle Tiefe dringender religiöser Gedanken, für die Rittertum und Minnedienst nur sprachliche Ausdrucksformen sind, die Seuse wählte, weil sie ihm und seiner Zeit noch vertraut waren [45].

Was im allgemeinen Bewußtsein der Zeit noch vom Rittertum, seinem Wesen und seinen Aufgaben nachlebte, behielt eine eigentümliche Verbindung mit Jerusalem und dem Heiligen Land, darin die Herkunft aus der Welt der Kreuzzüge festhaltend. So bleibt der Ritterschlag als Form ritterlichen Lebens erhalten. Aber er gilt im Spätmittelalter nur dann als vollberechtigt, wenn er in Jerusalem am Heiligen Grab erteilt worden ist. Volle Ritterschaft erwirbt man nicht durch einen Ritterschlag im eigenen Land in jungen Jahren, sondern man muß dann noch in fremde Lande fahren, die „Ritterschaft zu erwerben", womöglich nach Jerusalem. Die Zimmersche Chronik hat einen ausführlichen Bericht von einem solchen Ritterschlag in Jerusalem im Jahre 1483. Ein verdienter Ritter, Bruder Johannsen, ist vom Papst beauftragt, den Ritterschlag in Jerusalem zu vollziehen. Vor Mitternacht versammeln sich die Anwärter in der Grabeskirche. Dort legt der Leiter „herkommen und die aigenschaft der ritterschaft" dar, die Pflicht, den Glauben, Witwen und Waisen zu schützen, dem römischen Kaiser untertänig zu sein, den christlichen Königen und anderen Herrschern zu dienen. Daran schloß sich das Verbot, mit Türken, Sarazenen und Heiden irgendwelche Verträge einzugehen. Auch sollten sie stets dessen gedenken, daß das Heilige Grab aus den Händen der Ungläubigen wieder befreit werden müsse. Dann erfolgt der Ritterschlag in der Felsengruft der Grabeskirche in bestimmten feierlichen Formen [46]. Dieselbe Chronik erzählt dann noch öfters von solchem Ritterschlag in Jerusalem und von Fahrten, „die Ritterschaft zu suchen". Es waren dies also keine seltenen Ausnahmen [47].

Aber auch der Ritterschlag entartete immer mehr. Man gewöhnte sich daran, schon Kinder zu Rittern zu schlagen. Den ersten Fall davon kennen wir aus dem Jahre 1388 [48]. Der hier seinen Sohn als 5jähriges Kind schon zum Ritter schlug, war Cangrande I. della Scala, der Gönner Dantes in Verona.

Überschaut man nochmals die ganze Entwicklung, so gewinnen die Kreuzzüge für die Geschichte der abendländischen Ritterschaft eine nicht leicht zu überschätzende Bedeutung. Sie waren die erste Großtat der abendländischen Ritterschaft. In dieser Tat fand sich die Ritterschaft des ganzen Abendlandes zum erstenmal zusammen. Und im stolzen Bewußtsein der Größe der Berufung erwuchs der Wille zu einer eigenen Lebensform des Ritters, also zu

---

[45] C. Gröber, Der Mystiker Heinrich Seuse (1941) S. 196.

[46] Zimmersche Chronik I, S. 497/98, von 1483.

[47] Zimmersche Chronik I, S. 29, 212.

[48] A. M. Allen, The knighting of children = The Engl. Histor. Review XXI (1906) S. 105.

einer Lebensgestaltung nach einem allgemeinen, das ganze Abendland vereinigenden ritterlichen Ideal. Es ist eine der reichsten und schönsten kulturellen Perioden, die das Abendland erlebt hat. Aber ebenso schnell, wie sie entstanden, verschwand auch diese stolze ritterliche Kultur wieder. Das Hauptwerk dieser Ritterschaft, das sie geeint und selbstbewußt gemacht hatte, der Kreuzzug, scheiterte letzten Endes, und die Frömmigkeit, der frohe tatkräftige Glaube, wurde durch diesen Mißerfolg in seinen Tiefen getroffen. Der Kern ritterlichen Seins starb ab. Damit aber entartete auch das Rittertum. Es starb ab wie eine Pflanze, deren Hauptwurzel zerschnitten wurde. Als schwächliches ästhetisches Ideal erhielt sich noch ein ritterliches Bild, als die Wirklichkeit schon lange keine Verbindung mehr damit hatte, letzter Rest einer schnell erblühenden, strahlenden, aber ebenso schnell wieder zusammenbrechenden Kultur[49].

Christentum und Kirche

Es gab noch eine zweite Macht, die sich so eng mit dem Gedanken des Kreuzzuges und seiner Durchführung verbunden hatte, daß das Schicksal der Kreuzzüge auch ihre Geschichte formen mußte: die Kirche und speziell das Papsttum. Urban II. und Eugen III. hatten aufgerufen zu den ersten Kreuzzügen, und Innozenz III. hatte diesem Aufruf System gegeben und die Werbung sowohl wie die Durchführung organisiert und dabei der Kurie unterstellt. Alle folgenden Päpste hatten mit wechselnder Energie für den Kreuzzug geworben. Er galt nun geradezu als Werk der Päpste.

Die erste Folge davon war eine gewaltige Steigerung des Ansehens und der Macht des Papsttums. Das Abendland sah nun den Papst an der Spitze der Ritterschaft des Abendlandes. Er befahl den größten Heeren, die die Zeit jemals gesehen hatte. Und auch die Könige des Abendlandes wurden als Kreuzfahrer zu Werkzeugen des päpstlichen Willens, zu Gliedern in dem von dem Papst veranlaßten und großenteils auch geleiteten Unternehmen. Leopold von Ranke spricht mit Recht vom „größten Triumph der Kirche“[50].

[49] Man vgl. zu der ganzen Frage der Zusammenhänge von Religion und Kultur vor allem auch die Schrift von T. S. Eliot, Notes towards the definition of culture, in dt. Übersetzung: Beiträge zum Begriff der Kultur (1949). Wir zitieren nur einige Sätze: „... daß eine Kultur immer nur in Verbindung mit einer Religion aufgetreten ist oder sich entwickelt hat, und zwar erscheint je nach dem Standpunkt des Betrachters die Kultur als Produkt der Religion oder die Religion als Produkt der Kultur ... (3) ... das, was wir die Kultur eines Volkes nennen, und das, was wir seine Religion nennen, sind zwei verschiedene Aspekte derselben Sache, und zwar ist die Kultur ihrem eigenen Wesen nach die — um es einmal so auszudrücken — fleischgewordene Religion eines Volkes (32) ... Aber von dem Standpunkt aus, den ich meine, erscheint eine Religion als die Gesamtform, in der ein Volk lebt — von der Geburt bis zum Grabe, vom Morgen bis in die Nacht und selbst im Schlaf —, und diese Lebensform ist auch seine Kultur ... (37).“

[50] Ranke, Weltgeschichte VIII, S. 155.

Damals konnte Papst Innozenz II. schon auf dem Laterankonzil von 1139 seine große Ansprache mit dem Wort beginnen: „Ihr wißt, daß Rom das Haupt der Welt ist“ (nostis, quia Roma caput est mundi)[51]. Und als die Kreuzfahrerfürsten 1098 an Papst Urban II. schrieben und ihn baten, zu ihnen zu kommen und die Leitung des Kreuzzuges selbst zu übernehmen, setzten sie hinzu: „die ganze Welt wird dir gehorchen“ (totus mundus tibi obediens erit)[52]. So sahen es auch die anderen. Al-Athīr schreibt: der „Papst, der das meiste Ansehen unter ihnen genießt und nach dessen Befehl sie handeln; gegen sein Wort ist wie gegen den Ausspruch des Propheten ein Widerspruch unzulässig, geehrt ist unter ihnen, wer ihn ehrt, und angesehen, wer ihn schätzt ...“[53]. Einige Jahrzehnte später, aber auch ein Jahrhundert früher hätte der orientalische Zuschauer die Verhältnisse wohl anders beurteilt. Die Zeit um die Wende des 12./13. Jahrhunderts bedeutete sicherlich einen Höhepunkt in dem Ansehen des Papstes in der ganzen Welt und in seiner Machtstellung im Abendland, sowohl in innerer wie in äußerer Kraft[54]. Die Problematik dieser Entwicklung erkennt man, wenn der Mann, der durch seine Werbung von Herrschern für den Kreuzzug die Machtstellung des Papstes steigern half, Bernhard von Clairvaux, in seiner Schrift „de consideratione“ große Bedenken gegen die weltliche Macht des Papstes äußerte, die doch zu einem Teil durch diese Werbung entstanden war[55].

War die Machtstellung des Papsttums durch die Kreuzzüge so sehr gestiegen, so mußte ihr Mißerfolg sie in demselben Maße gefährden. Papst Honorius III. selbst schreibt an Kaiser Friedrich II. nach der Niederlage von Damiette im Jahre 1221, daß das ganze Volk der Christenheit wider ihn schreie und ihm die Schuld an dem Untergang des Kreuzfahrerheeres zuschreibe[56]. Und nochmals wiederholt er: „Gegen uns und gegen dich murrt, ja schreit das Christenvolk.“ Das bewahrheiten auch andere Quellen. Einmal ist es der Klerus selbst, der sich nicht nur gegen die Kreuzzugssteuern sträubt[57], sondern auch sonst der Kreuzzugswerbung Schwierigkeiten in den Weg legt oder einen passiven Widerstand entgegenstellt[58]. Doch in anderen Ständen ist die Wendung gegen den Papst noch viel schärfer. Wieder ist die Dichtung die Stelle, an der die dem Papst feindliche öffentliche Meinung am klarsten

---

51 Mansi, Concilia XXI, Sp. 534.

52 Fulcher I, XXIV, 14, S. 264.

53 Al-Athīr (Goergens) S. 245, von 1190; siehe auch Al-Athīr II, S. 29 f.

54 Lavisse Histoire de France II, 2, S. 250. — Throop, Criticism, S. 4. — J. Haller Papsttum II, 2, S. 67. — G. Steinhausen, Gesch. d. dt. Kultur I, S. 263 ff. — C. Erdmann, Entstehung, S. 325. — Gottlob, Kreuzzugssteuern, S. 51. — J. Hashagen = Dt. Vierteljahresschr. f. Literaturwissensch. und Geistesgesch. 9 (1931) S. 359.

55 Migne, PL 182, Sp. 727 ff. — Vgl. auch Caspar, Meister der Politik I, S. 578. — Hampe, Hochmittelalter, S. 219.

56 M. G. Epist. sel. I. Honorius III, 183, S. 128, von 1221.

57 Gottlob, Kreuzzugssteuern, S. 54 f. — Ebd. S. 59, 61, 67 f., 71 f., 75, 85—89.

58 Rommersdorfer Briefbuch 4/568, von 1221 = M. I. Ö. G. Erg.-Bd. 12. — Throop, Criticism, S. 184 ff. u. S. 192.

Ausdruck findet. Seitens des Papsttums hat man sich dieser literarischen Angriffe zu erwehren versucht. Die Inquisition verfolgte diejenigen, die solche Lieder sangen. So wissen wir, daß Bernart Raimon Barankon, ein Bürger von Toulouse, von der Inquisition verurteilt wurde, weil er die sirventes von Guillem Figueira vor vielen gesungen hatte[59].

Dies sirvente von Figueira, das wir kennen, ist allerdings nun auch so voll Haß und Wut gegen Rom, daß es kaum zu überbieten ist. Es stammt aus den Jahren 1226—1229 und bezieht sich mehrfach auf die Kreuzzüge und deren Mißerfolg, daneben auch auf die Albigenserkriege. Man sieht also deutlich, woher diese Erbitterung gegen den Papst ihren Ursprung hat. Er wolle ein Lied singen, erklärt er, „von den arglistigen Bosheiten von Rom, des Hauptes des Sittenverfalls, wo alles Gute zerstört wird". „Trügerisches Rom", heißt es dann ein wenig weiter, „alles Bösen Leiter, Gipfel und Wurzel" ... „trügerisches Rom, deine Habgier betrügt uns alle, denn von deinen Schafen scherst du die Wolle ..." „Wisse Rom, daß dein bösartiger Betrug und deine Torheit uns um Damiette gebracht hat." „... die Lockspeise eines falschen Ablasses hat dir den Adel Frankreichs ausgeliefert bis zum Untergang und ebenso das Volk von Paris. Auch der gute König Ludwig ist durch dich getötet worden, mit einer trügerischen Predigt hast du ihn aus seinem Land gejagt. Den Sarazenen tust du wenig Schaden, aber die Griechen und die Römer hast du zum Blutbad geführt. Darum nieder mit dir, Rom! In der Tiefe des Abgrundes, da ist dein Platz ..." So geht es noch einige Strophen in demselben Ton weiter[60]. Auch andere Dichter haben sich in ähnlichem Sinn geäußert, allerdings nicht mit dieser Schärfe; so Peire Vidal (1175—1215)[61] und Giraut de Bornelh[62]. Auch Walther von der Vogelweide gehört in diese Reihe mit einigen seiner Lieder[63]. Mit besonderer Heftigkeit gehen diese Lieder und Sprüche gegen den Papst vor, wenn das Geld und die Steuern in Frage stehen. Hier liegt auch der Zusammenhang dieses Hasses mit den Kreuzzügen. Denn um ihretwillen waren die Steuern geschaffen worden und die Kurie zu einer großen Geldmacht geworden. Verhältnismäßig zahm dichtet Walther von der Vogelweide in seinem Spruch an den Opferstock: „Sagt an, hêr Stoc, hât iuch der bâbest her gesendet, daz ir in rîchet und uns Tiutschen ermet unde pfendet?" Weit schärfer aber ist die bittere Satire des sogenannten Geldevangeliums, das wohl um die Wende des 12./13. Jahrhunderts entstanden ist[64]. Es muß im 13. Jahrhundert weit verbreitet gewesen sein. Denn es sind uns eine ganze Reihe von Handschriften erhalten. Hier werden Bibelworte grob parodistisch verwendet. So läßt es

[59] Throop, Criticism S. 30/31. — L. Bréhier. Les Croisades, S. 144 ff. — Histoire lit. de France 18, S. 655 ff.

[60] Guillem Figueira, hrsg. von V. de Bartholomaeis. = Istituto storico italiano. Fonti per la storia d'Italia, scrittori secoli XII—XIII, LXXII (1931) II, S. 98 ff.

[61] Diez, Troubadours, S. 140 f. [62] Throop, Criticism, S. 29.

[63] Walther von der Vogelweide 33, 11; 33, 21; 34, 4; 34, 14; 34, 24.

[64] P. Lehmann, Texte, S. 9.

den Papst sagen: „Liebe Silber und Gold aus deinem ganzen Herzen und mit deiner ganzen Seele, und den Reichen wie dich selbst" (nach Lukas 10, 27). Wenn ein solches Buch viel gelesen wurde, muß der unterirdische Haß gegen den Papst und die Erbitterung als Folge der Kreuzzüge und der Kreuzzugssteuern schon sehr groß gewesen sein. Wir spüren etwas davon noch in Dantes „Göttlicher Komödie", wo er drei Päpste wegen Simonie brandmarkt: Nikolaus III., Bonifaz VIII. und Clemens V., und wo er Papst Nikolaus vorwirft: „Silber und Gold habt Ihr zum Gott gemacht." [65]

Nur wenn man diese Welle von Haß und Erbitterung als Folge des Mißerfolgs der Kreuzzüge sieht, kann man es verstehen, wie das Papsttum, das zur Zeit der Kreuzzüge fast unangefochten caput mundi, das Haupt der Welt, war, ein Menschenalter nach dem Verlust des Heiligen Landes machtlos dem französischen König preisgegeben war. Die politischen Linien allein vermögen das nicht zu erklären. Ähnlich wie die abendländische Ritterschaft erlebte auch das Papsttum durch die Kreuzzüge das Hinaufführen auf eine stolze Höhe und dann den Zusammenbruch dieser Machtstellung, und zwar hier in der politischen Geltung wie in der Glaubenshaltung vieler Menschen.

Denn auch in dem Leben der Kirche, abgesehen von seiner Spitze im Papsttum, zeigt sich dasselbe Nacheinander von positiven und negativen Wirkungen der Kreuzzüge, nur daß hier beides viel mehr ineinander übergeht und sich miteinander verschlingt. Ein großes Positivum war es zunächst, daß parallel mit den Kreuzzügen und teilweise mit Unterstützung der Kreuzfahrer die Befreiung der Pyrenäenhalbinsel von der Herrschaft der Muslime sehr große Fortschritte machte. Die Kreuzzüge haben sicherlich dazu angefeuert. Ranke steht darum nicht an, die „Rechristianisierung Spaniens ... unter dem sichtlichen Einfluß der orientalischen Expeditionen ... neben der Bekehrung und Germanisierung der baltischen Küstenlande ... als das wichtigste unter den dauernden Ergebnissen der Kreuzzugsbewegung" zu erklären [66]. Die Eroberung des Baltikums für das Christentum ist allerdings mit den Kreuzzügen nur durch das Band des sie tragenden Subjektes des Deutschordens und seines Kampfeswillens verbunden.

Ebenso wichtig sind aber die Folgen der Kreuzzüge im Inneren der Kirche. Eine gewisse Steigerung des kirchlichen Lebens auch in der Heimat hat sicherlich stattgefunden. Ein großer Teil der Kreuzzugsgelder wurde doch nicht nur unter Zwang, sondern freiwillig als Opfer für die Sache gegeben. Die Gemeinden, aus denen Kreuzfahrer auszogen oder in denen zurückkehrende empfangen wurden, entwickelten wohl ein religiöses Gemeinschaftsbewußtsein [67]. Auch gingen zurückkehrende Kreuzfahrer, besonders wenn sie ihr Hab und Gut verkauft oder verpfändet hatten oder es nicht mehr so vorfanden, wie sie es verlassen hatten, oft ins Kloster. Aber nicht nur solche

---

[65] Dante, Div. Com. XIX, S. 12. — Vgl. auch J. Haller, Papsttum II, 1, S. 426; III, 1, S. 268, 358 u. 455. [66] Ranke, Weltgeschichte VIII, S. 61.
[67] G. Schreiber, Zeitschrift für kathol. Theologie 64 (1940) S. 188.

äußere Gründe trieben dazu, sondern auch ebenso die ganze durch die Kreuzzüge gegebene religiöse Bewegung[68]. Diese kam den verschiedenen Strömungen des religiösen Lebens dieser Tage zu gut: nicht nur der eigentlichen Kreuzfahrerfrömmigkeit, sondern ebenso zwei anderen Frömmigkeitsströmungen der Zeit, die sich verkörpern in den Gestalten von Franz von Assisi und Bernhard von Clairvaux.

Der Armutsbewegung begegneten wir schon bei Peter von Amiens zu Beginn des ersten Kreuzzuges. Damals befruchteten Kreuzzugsbewegung und Armutsbewegung sich gegenseitig sehr. Sicherlich ist auch weiterhin die starke religiöse Welle, die mit den Kreuzzügen über das Abendland hinging, der Armutsbewegung zugute gekommen. Nachweisen lassen sich allerdings solche stille Einwirkungen nicht. Aus dieser Wurzel ging einmal die Bewegung hervor, die mannigfach untermischt mit politischen Elementen, unter Arnold von Brescia viel Unruhe nach Italien brachte. Unabhängig davon erwuchs in Lyon um den Kaufmann Petrus Valdés die Bewegung der Waldenser. Sie wollten sich nicht eigentlich von der Kirche trennen. Aber sie fügten sich in ihrem Denken so wenig in die Kirche ein, betonten die Selbständigkeit und Bedeutung der Laien so sehr, daß die Kirche sie ablehnte und als Ketzer verdammte. Unheilvoll für sie wurde vor allem auch ihre Berührung mit der Sekte der Katharer, die, vom Osten beeinflußt, viel radikaler sich gegen die Kirche und auch den Glauben selbst wandte. Sie hatten an sich mit den Waldensern und der Armutsbewegung gar nichts zu tun, aber da sie beide gemeinsam als Ketzer verfolgt wurden, verwischten sich hier die Grenzen[69].

Ganz unabhängig davon entwickelte sich ein anderer Zweig der Armutsbewegung, der in der Gestalt des heiligen Franz von Assisi die Bewegung auf ihre volle Höhe führte und zu vollster Reinheit entfaltete. Ob hier die Kreuzzugszeit eine gewisse Aufgeschlossenheit für religiöses Leben oder gar speziellere Kräfte beigesteuert hat, läßt sich schwer sagen. Wenn wir aber sehen, wie Franz von Assisi schon bald sich der Frage der Kreuzzüge zuwendet und sich bemüht, durch die Kraft des Glaubens und Geistes die Kraft der Waffen zu ersetzen, und wenn wir sehen, wie dieser Gedanke, daß nicht mit den Waffen, sondern mit reinen Kräften die Ungläubigen bekämpft werden müßten, in der Zeit überall in Ansätzen lebendig war, so möchte man doch annehmen, daß auch ein gewisser Einfluß von der Kreuzzugsbewegung auf die vom heiligen Franz ausgehende starke Welle vorhanden gewesen sein müsse, sei es auch nur dadurch, daß Gegenmeinungen und Gegenkräfte gegen den Krieg für Gottes Sache in ihm und seiner Bewegung lebendig wurden. Denn es erscheint doch zweifelhaft, ob, ohne daß die Kreuzzüge den Blick mit solchem Nachdruck auf die Ungläubigen gerichtet hätten, dieser starke Wille zur Heidenmission, dessen einer Träger bald der Franziskanerorden wurde, zur Entfaltung gekommen wäre. So sind wir doch berechtigt, auch Franzis-

---

[68] Pignot, Cluny II, S. 162. — Michaud, Histoire des croisades IV (1838, 5. Aufl.) S. 199 ff.
[69] Innozenz III = Migne PL 216, Sp. 289 ff., von 1210.

kus und seinen Orden, ungeachtet aller ihrer inneren Selbständigkeit und Eigenart, mit den Kreuzzügen in Verbindung zu bringen und eine Beeinflussung und Förderung durch die Kreuzzüge anzunehmen.

Die zweite Welle des religiösen Lebens dieser Zeit trug einen ganz anderen Charakter. Hier gab Bernhard von Clairvaux in seinem neugegründeten Cisterzienserorden der Askese einen neuen Inhalt in der Versenkung in das Leiden oder überhaupt das Leben Christi. Eine hingebungsvolle, gefühlsreiche Christusmystik entstand hier, wie sie z. B. in der an Bernhard sich anlehnenden Dichtung „Salve caput cruentatum" zum Ausdruck kommt. Es ist einleuchtend, daß eine solche Frömmigkeit sehr gesteigert werden mußte durch die Anschauung der heiligen Stätten von Jerusalem oder auch schon durch den Gedanken an diese Stätten, der durch die Kreuzzüge so ganz in den Vordergrund getreten war. In der Frömmigkeit der Kreuzfahrer, so wie wir sie kennengelernt haben, fehlen Züge nicht, die dieser Frömmigkeit Bernhards entsprechen. So z. B. wenn die Kreuzfahrer im Anblick Jerusalems weinend in die Knie sinken, und wenn das Sepulchrum Domini eine zentrale Stelle im Denken der Zeit einnimmt. Auch die Herz-Jesu-Verehrung, wie sie in dem an Bernhard und seine Cisterzienser sich eng anschließenden Prämonstratenserorden Norberts blühte, steht in Verbindung mit der durch die Kreuzzüge angeregten Versenkung in Jesu Leben; und ebenso ist der rege Kult der Maria Magdalena, wie er in Südfrankreich seit etwa 1150 blühte, sicherlich auf Einflüsse der Kreuzzüge, die hier in Südfrankreich ja besonders stark waren, zurückzuführen[70]. Abgesehen davon ist wahrscheinlich die islamische Literatur und Frömmigkeit nicht ohne Einfluß auf diese Norbertinische Frömmigkeit geblieben. Die islamische Mystik und besonders die Visionenliteratur hat sicherlich Einfluß auf die ersten Anfänge der abendländischen Mystik gehabt. Allerdings ist man dabei nie sicher, ob der Weg, auf dem solche Einflüse eindringen konnten, Spanien oder Syrien war[71]. Neuerdings hat man auch für Dante eine weitgehende Beeinflussung durch muslimische Vorbilder nachweisen zu können geglaubt[72], ob mit Recht, mag dahingestellt bleiben. Aber daß orientalische Liebeslyrik auf die Kreuzfahrer und auf eine mystische Frömmigkeit von Einfluß gewesen ist, kann als sicher gelten. Das Hohelied hat dabei eine große, vermittelnde Rolle gespielt. Auf dieser Grundlage vermochten sich die Gedanken von himmlischer und irdischer Liebe zu entfalten. Der amor spiritualis hat wahrscheinlich der Berührung mit den heiligen Stätten Palästinas und der Bekanntschaft mit der orientalischen religiösen Gefühlswelt und Dichtung viel zu verdanken[73].

Auch die Wallfahrten trugen viel dazu bei, diese Art sich versenkender

[70] G. Schreiber, Prämonstratensische Frömmigkeit und die Anfänge des Herz-Jesu-Gedankens = Ztschr. f. kath. Theol. 64 (1940) S. 181—201, bes. S. 195.

[71] S. Singer, Arabische und europäische Poesie, S. 81.

[72] M. A. Palacios, La escatologia musulmana en la divina comedia (Madrid 1919), nach dem Bericht von Jakob Overmans in: „Stimmen der Zeit" 99 (1920) S. 188 ff.

[73] G. Schreiber, Prämonstratensische Frömmigkeit, S. 194.

Frömmigkeit oder der Mystik zu fördern. Natürlich sind Wallfahrten älter als die Kreuzzüge, aber die nach dem Orient wurden durch sie unmittelbar gefördert, und die innerhalb des Abendlandes gehen ursprünglich alle auf das Vorbild der Wallfahrt nach Jerusalem zurück. Jerusalem und seine heiligen Stätten standen ganz im Vordergrund der Betrachtung. Da man sie aber nur schwer erreichen konnte, baute man damals überall in Deutschland Heiliggrabkirchen in mehr oder weniger treuer Nachahmung des Jerusalemer Vorbildes; überall schuf man auf Bergen oder vor den Städten Nachbildungen von Golgotha und dem Grab im kleinen, oder man baute ein ganzes Jerusalem auf. Kapellen aus echtem oder künstlichem Stein sollten das Grab ersetzen. So suchte in unmittelbarem Anschluß an die Kreuzzüge und die Jerusalem-Wallfahrten frommer Sinn sich Ersatz für die fernen Heiligtümer zu schaffen, damit die eben geschilderte, sich versenkende mystische Frömmigkeit sich an diesen Heiligtümern entzünden und verstärken könne[74].

So hat die Frömmigkeit des hohen und späteren Mittelalters durch die Kreuzzüge eine wesentliche Förderung erfahren, und zwar auf den drei Wegen: dem ritterlichen Gottesstreiterglauben, der Armutsbewegung und der Bernhardinischen und Norbertinischen zur Mystik hinführenden Frömmigkeit.

Auch die Theologie hat die befruchtende Wirkung der Kreuzzüge gespürt. Einmal dadurch, daß im 12. Jahrhundert, teils auf dem Weg über Spanien, teils über Syrien und die Frankenstaaten, die Bekanntschaft mit der Antike erweitert und vertieft wurde. Denn die Araber und Syrer hatten eine weit größere Kenntnis der antiken Schriftsteller bewahrt als das Abendland bis zu dieser Zeit. Vor allem war die Bekanntschaft mit einem großen Teil der Schriften von Aristoteles, den man bis dahin nur aus wenigen seiner Werke kannte, für die Hochscholastik des 13. Jahrhunderts entscheidend[75]. Außerdem aber machte die Auseinandersetzung mit dem Islam eine Besinnung auf die eigenen Glaubenslehren und deren systematische Zusammenfassung notwendig. So ist die Hauptschrift von Thomas von Aquino, die Summa contra gentiles, zu diesem Zweck geschrieben worden. Auch von hier aus kam also ein Ansporn für die scholastische Theologie durch die Kreuzzüge.

Doch das war nur die eine Seite. Auf der anderen Seite traf die Feindseligkeit, die das Mißlingen der Kreuzzüge zur Folge hatte, ebenso wie den Papst auch die ganze Geistlichkeit der Kirche. Die Zahl der Troubadours, die mit teilweise sehr scharfen Anklagen gegen die Geistlichkeit auftreten, ist sehr groß. Wir nennen: Guyot de Provins in seiner Bibel, die eine scharfe Satire auf die Kirche darstellt, Peire Cardinal, Folquet von Romans, Bertram Carbonel, Peire Vidal, Raimon Gaucelm de Bezirs, Folquet de Lunel, Huon

---

[74] R. Bauerreis, Sepulchrum domini. Studien zur Entstehung der christlichen Wallfahrt auf deutschem Boden = Abhandlungen der bayer. Benediktiner-Akademie 1 (1936) S. 65 u. S. 43/44. — G. Schreiber, Prämonstratensische Frömmigkeit, S. 189.

[75] H. Eibl, Die Scholastik = Das Mittelalter in Einzeldarstellungen (1931) S. 29.

de Saint-Quentin, Guillaume de Clerc in seiner Satire Le Besant de Dieu, Freidank in seinem Buch von Akkers und das schon oben genannte Geldevangelium, das sich genauso gegen die Geistlichkeit wie gegen den Papst wendet[76]. Die Banden der Routiers griffen in Frankreich die Kirchen und Geistlichen an, die Pastorellen ebenso[77]. In Chroniken finden sich bittere Vorwürfe gegen den Klerus[78], und selbst die streng kirchlich gesinnte „Collectio de scandalis ecclesiae" spricht in scharf tadelnden Worten von Mißbräuchen in der Kreuzzugswerbung durch Geistliche[79]. Eine große Welle von Haß und Ablehnung erhob sich damals im Gefolge der Kreuzzüge gegen die Geistlichkeit und die Kirche, am stärksten in Südfrankreich, wo die Albigenserkreuzzüge auch noch ihr Teil dazu beitrugen. Eduard Wechßler urteilt: „Während des 12. Jahrhunderts waren die Priester, z. T. durch eigene Schuld, überall in Südfrankreich verachtet, so sehr, daß viele nicht mehr in priesterlicher Tracht auszugehen wagten, um nicht öffentlich verspottet und beschimpft zu werden." [80]

Da nun die große Ketzerbewegung im Anfang des 13. Jahrhunderts auch als ein Hauptkennzeichen die Feindschaft gegen die Geistlichkeit aufweist, liegt die Frage nahe, ob auch diese auf den Einfluß der Kreuzzüge zurückzuführen sei. Die Enttäuschung über den Mißerfolg der Kreuzzüge kann aber hier nicht in breiterer Linie maßgebend gewesen sein, da der endgültige Mißerfolg der Kreuzzüge damals noch nicht klar zu sehen war. Aber man hat von anderer Seite aus eine Beeinflussung oder gar Verursachung durch die Kreuzzüge angenommen. Denn da die Katharer mit dem ausgesprochenen Dualismus ihres Glaubens sicherlich in irgendeiner Art von dem östlichen Manichäismus abhängig sind, hat man häufig vermutet, daß diese Beeinflussung durch die Kreuzzüge verursacht worden sei, daß sie es gewesen seien, die diese Welle östlicher Religion nach dem Abendland gebracht hätten. Ich glaube aber zu Unrecht. Denn wir wissen von den Katharern, daß sie sich im 11.—13. Jahrhundert von Bulgarien aus über Südeuropa verbreitet haben, weshalb man sie teilweise auch als Bulgaren (bougres) bezeichnet hat. Die Anfänge der Katharerbewegung liegen also jedenfalls v o r den Kreuzzügen. Der Durchmarsch der Kreuzfahrerheere durch den Balkan vollzog sich aber stets so schnell und meist mit so unfreundlichen Beziehungen zu den Bewohnern, daß eine Beeinflussung in solchen Fragen, die eine intensive Berühung voraussetzen würde, nicht anzunehmen ist. Auch ohne die Kreuzzüge gab es Wege genug, auf denen eine solche Beeinflussung, wie sie die Ausbreitung des Katharerglaubens beweist, stattgefunden haben kann. Es liegt also kein Grund vor, die Katharerbewegung mit den Kreuzzügen in ursächliche

[76] Throop, Criticism, S. 30—32. — Benary S. 32. — Fr. Diez, Troubadours, S. 140, 360ff. 447 u. 449. — Freidank 154, 18f. — P. Lehmann, Parodistische Texte, S. 9. — Lewent, Kreuzlied, S. 8/9.

[77] Géraud a. a. O. S. 439. [78] Eracles 32, XVII, S. 352, von 1221.

[79] Collectio de scandalis 6, S. 39.

[80] E. Wechßler, Das Kulturproblem des Minnesangs I (Halle 1909) S. 27.

Verbindung zu bringen. Daß andererseits daneben oder später die religiöse Erregung der Kreuzzugszeit ebenso wie die Enttäuschung, Verbitterung und Verwirrung durch deren Mißerfolg den Katharern in vielen Fällen zugute gekommen ist, kann nicht bezweifelt werden. Diese Ketzerbewegung ist also nicht infolge der Kreuzzüge entstanden, sondern nur, als sie schon bestand, durch sie gefördert worden[81].

Doch die Enttäuschung über den schlechten Ausgang der Kreuzzüge führte nicht nur zu einer Gegnerschaft gegen die Hierarchie, sondern auch zu einer solchen gegen das Christentum. Wir haben schon von dem Irrewerden am Glauben durch die Mißerfolge der Kreuzzüge gesprochen. Schon die Mannigfalt dieser Zeugnisse bewies, daß es sich nicht um Einzelerscheinungen handeln konnte. Wie weit sich diese Abwendung vom biblischen Glauben damals ausdehnte, zeigt ein Wort von Étienne de Bourbon (13. Jahrhundert). Er schreibt: „Freilich aber hat die Lästerung der Gottesleugnung die meisten Teile der Welt so angesteckt, und vornehmlich das burgundische Land, aus der pestbringenden Gewohnheit heraus, daß die Menschen dort es sozusagen für nichts achten, Gott abzuleugnen ..." [82] Es muß also diese Abkehr gerade in Frankreich zu einer weitgreifenden Massenbewegung geworden sein, die eine wirkliche Gefahr für die Kirche und das mittelalterliche Christentum darstellte. Auch der Glaube selbst mußte also im Gefolge des Zusammenbruchs der Kreuzzüge eine Krise durchmachen, deren Schwere allerdings heute kaum zu übersehen ist, da die meisten der hier maßgebenden Erscheinungen in völliger Stille vor sich gingen, ohne daß viel davon aufgezeichnet worden wäre. Um so wichtiger ist der Blick, den uns Étienne de Bourbon in diese Entwicklung tun läßt. Nimmt man einzelne Zeugnisse dazu für eine moralische Lockerung durch die Kreuzzüge, so verstärkt sich der Eindruck der Krise, obwohl diese beiden Dinge auf verschiedenem Gebiet liegen. So berichtet die Ursperger Chronik, daß man im Kreis der Mörder des Erzbischofs Engelbert von Köln (1224) gesagt habe: „Ich will Verbrechen begehen, weil ich ja, wenn ich dann das Kreuz nehme, wieder unschuldig werden kann." [83]

Doch scheint die volle Gottesleugnung sich nicht lange halten gekonnt zu haben angesichts der unerschütterten Haltung der größten Teile des Abendlandes, oder sie muß sich bald in die Tiefen der Unsichtbarkeit verkrochen haben. Es blieb aber als verbreitete Erscheinung eine weitgehende Toleranz gegenüber allen Andersgläubigen. Sie hatte, wie wir oben gesehen haben, schon eine andere ältere Wurzel in den freundschaftlichen Beziehungen, die sich zwischen Muslimen und Christen im Heiligen Land anbahnten[84]. Kennzeichnend ist, daß in Jansen Enikels († um 1250) Weltchronik die

---

[81] Über die Katharer siehe auch: Caesarius von Heisterbach V, 21, S. 300: De haeresi Albiensium.

[82] Étienne de Bourbon 382, S. 337.

[83] M. G. SS. XXIII, S. 379. [84] Siehe oben S. 374 ff.

Geschichte von den drei Ringen in der besonders zugespitzten Version erscheint, daß niemand wisse, welcher von den Ringen eigentlich der wertvolle sei, welche von den großen Religionen also die wahre sei. Auch die Tatsache, daß Rudolf von Ems in seinem „Barlaam und Josephat" die Buddha-Legende vorträgt, so wie sie in syrischer Bearbeitung ins Christliche übertragen wurde[85], zeigt denselben Geist einer weitgespannten Toleranz, die kaum noch eine wirkliche Entscheidung für das Christentum enthielt. Eine besonders weitgehende Toleranz vertritt auch die Dichtung Ortnit, wo auf die Taufe des Heiden eigentlich gar kein Wert mehr gelegt wird[86]. Daß ein solches Denken eine starke Entfremdung von der Kirche bedeutete, leuchtet ohne weiteres ein. Wo man so dachte, wo sich die Erbitterung gegen die Kirche nach dem Scheitern der Kreuzzüge so auswirkte und wo der alte Glaube der Kreuzfahrerzeit zerbrochen war, mußte eine weitgehende Säkularisierung des Lebens eintreten. Und das ist augenscheinlich der Fall gewesen, und zwar besonders in Frankreich. Wenn in einem Land das Geldevangelium viel gelesen werden konnte — wenn auch heimlich —, wenn der zweite Teil des Rosenromans (1275 von Jean de Meun) damals entstand, viel gelesen, abgeschrieben und nachgebildet wurde, muß ein solches säkularisierendes Denken sehr weit verbreitet gewesen sein[87]. Es hat das sicherlich dazu beigetragen, daß kurz nach dem Fall Akkons in Frankreich kein Widerspruch laut wurde gegen die Gefangenschaft der Päpste zu Avignon und die Selbstverständlichkeit, mit der der französische König ihnen seinen Willen aufzwang. Und wenn ein Jahrhundert später in der Welt der Renaissance ein ganz weltlicher Geist die Oberhoheit über das Denken weiter Kreise des Volkes gewinnt, so ist das neben anderem auch von hier aus vorbereitet. Ohne die stille unterirdische Fortwirkung der Enttäuschung über den schlechten Ausgang der Kreuzzüge und die damit in Zusammenhang stehende Krise des christlichen Glaubens durch den Zusammenbruch des Kreuzfahrerglaubens wäre dieses plötzliche Auftreten eines weitwirkenden säkularisierenden Denkens im Abendland nicht zu verstehen. Denn die Kreuzzüge sind keine periphere Erscheinung, auch nicht für das geistige und religiöse Leben des Abendlandes, wie es unseren Lehrbüchern nach so leicht angenommen werden könnte.

Die Niederlagen der Kreuzfahrer und der endgültige Verlust dessen, was in dem ersten Zug mit Stolz erreicht worden war, hatte also Folgen auf religiösem Gebiet, die in ihrer Bedeutung den positiven Auswirkungen des anfänglichen Erfolges in keiner Weise nachstanden. Die Ritterfrömmigkeit

---

85 Vogt und Koch, Geschichte der dt. Literatur I (1910) S. 147.

86 Ortnit Str. 59—61. — Vgl. auch H. Naumann, Der wilde und der edle Heide = Festgabe für G. Ehrismann (1925) S. 80—101.

87 J. Bühler, Dt. Geschichte II, 17 f. — G. Steinhausen, Gesch. d. dt. Kultur I, S. 304. — H. H. Schaeder, Kultur der oriental. Völker: Der vordere Orient = Handbuch der Kulturgeschichte, 2. Abt., Bd. 4, S. 220. — W. Bauer, Die öffentliche Meinung, S. 96. — Justus Hashagen, Mittelhochdeutsche Laienethik, S. 67.

zeigte nun ihr zweifaches Gesicht: Sie schien zunächst das zu sein, was die Zeit verlangte und brauchte, und hat darum Gewaltiges geleistet, was ohne den Einsatz solcher religiöser Kräfte unmöglich gewesen wäre. Aber ein solcher von der Zeitsituation bestimmter, von dem Feudalismus dieser Jahrhunderte geprägter Glaube erwies sich dann als eine Verzerrung des reinen und vollen christlichen Glaubens, da er zu sehr der Denkungs- und Lebensart der ihm verbundenen Menschen angepaßt war. Das konnte auf die Dauer nicht unerkannt bleiben. Ward er aber im rechten Licht gesehen, so mußte diese Erkenntnis den vermenschlichten, feudalisierten Glauben bloßstellen und leicht damit allen christlichen Glauben diskreditieren. So steht dann schließlich eine schwere Krise der anfänglichen stolzen Leistung gegenüber. Es ist schwer, beides gegeneinander abzuwägen. Aber es scheint doch so, als ob dem unheilvollen Ende ein größeres Gewicht vor der Geschichte zukomme.

Die Abendländische Gesellschaft

Die Kreuzzüge hatten die Völker Europas zu einem gemeinsamen Unternehmen zusammengeführt und in eine gemeinsame Front gestellt, wodurch zunächst eine Solidarität des Abendlandes und auch ein Bewußtsein von der Gemeinsamkeit der Aufgabe erzeugt wurde. Nur so konnte sich die gemeinsame Ritterkultur herausbilden. Aber gleichzeitig empfand man in solcher Begegnung auch die Gegensätze im Wesen der Völker stärker. Schon im ersten Kreuzzug kam es gelegentlich zu Reibungen. Das wurde aber viel deutlicher, als im zweiten und dritten Kreuzzug zwei oder drei nationale Heere unter ihren eigenen Königen nebeneinander auszogen. Nun traten die nationalen Eigenarten summiert einander gegenüber. So geht aus den Kreuzzügen ein gesteigertes und durch das Kennenlernen des anderen weitverbreitetes Nationalbewußtsein hervor.

Diese Erscheinungen wurden bedeutend verstärkt dadurch, daß sich gerade in diesen Zeiten die Nationalstaaten in Europa ausbildeten und sich konsolidierten, mit Ausnahme von Deutschland. Vor allem Frankreich stieg in den Zeiten der Kreuzzüge auf. Die Niederlage der Hohenstaufen trug ihr Teil dazu bei; aber auch die Kreuzzüge, die Frankreich eng mit dem Papst verbanden, mit den durchlaufenden Kreuzzugsgeldern ein Finanzwesen schufen und die das nationale Bewußtsein stärkten, trugen in gewissem Maß dazu bei. Die Tatsache, daß ein Anjou, also eine französische Nebenlinie, die Hohenstaufen in Sizilien ablöste, zeigt Frankreichs Stellung in Europa deutlich. Die bald darauf erfolgende Gefangennahme des Papstes bestätigte sie vor aller Augen. Aber darüber hinaus stärkte der Zerfall der Kaiseridee und das Mißlingen des gemeinsamen abendländischen Unternehmens die nationalen Einzelstaaten. Es war klar, daß sie und nicht das Abendland als Ganzes in den kommenden Zeiten die Geschicke Europas bestimmen würden. Nationalstaat und Nationalbewußtsein gingen gewachsen aus den Kreuzzügen hervor, durch ihren Mißerfolg sogar noch gefördert; die Idee des Abendlandes verblaßte. Zwar stellten die Türkenkriege noch einmal das Abendland dem Morgenland gegenüber. Aber nun kämpfte keine abendländische Ritterschaft mehr, sondern mühsam kam nur ein Zusammengehen der inzwischen ausgeformten Nationalstaaten zustande. Der Aufeinanderprall der neuen Nationalstaaten in ihren speziellen Interessen wurde bedeutend verschärft durch die Tatsache, daß die enge Verbindung von Frömmigkeit und Politik, die bisher für die mittelalterliche Welt kennzeichnend gewesen war (Kaisertum, Investiturstreit, Kreuzzüge), sich nun löste. Nun war der Raum frei für eine sich allmählich säkularisierende Politik, für eine ungebundene Wirtschaft. Auch hier bedeuten die Kreuzzüge einen großen Einschnitt.

Für die Geschichte des byzantinischen Reiches brachten die Kreuzzüge eine entscheidende Wendung. Denn die Eroberung von Konstantinopel durch die Kreuzfahrer, im Jahre 1204, hervorwachsend aus der Feindseligkeit zwischen Byzanz und den Kreuzfahrern, war die erste Stufe des Abstieges des Byzantinerreiches. Bei dem Beginn der Kreuzzüge stand es noch auf dem Höhepunkt seiner Macht. Vom 13. Jahrhundert an aber war es auch nach der Beseitigung des Lateinischen Kaisertums so geschwächt, daß es nur eine Frage der Zeit war, wann es den zunehmenden Angriffen der Türken erliegen werde. Um 1300 schon betraten die Türken in Anatolien byzantinisches Gebiet. Byzanz rief um Hilfe, aber nun kam kein Kreuzzug mehr, sondern nur eine „Liga“ zustande zwischen Byzanz, Venedig und dem Johanniterstaat von Rhodos (1332). Diese Entwicklung setzte sich in den folgenden Zeiten fort, bis Byzanz fiel. Das aber war ein schwerer Schlag für Europa. Es hatte einen seiner wichtigsten Staaten verloren und dazu den, der es jahrhundertelang gegen den Osten geschützt hatte. Nun lag Europa dem Einbruch der Türken offen. Die langen Türkenkriege haben die Folgen gezeigt.

Für den Islam brachten die Kreuzzüge zunächst einmal einen nicht unbeträchtlichen Blutverlust, besonders in den ersten Kreuzzügen. Doch ließ der sich, wenn man auf das Ganze sah, immer wieder ausgleichen durch die großen Reserven, die Vorderasien zu bieten hatte und die nach Syrien vordrängten gerade zur Zeit der Kreuzzüge. Sicherlich hätte aber die Abwehr der Mongolen mit mehr Energie und größerem Erfolg durchgeführt werden können, wenn nicht gleichzeitig die Front gegen die Franken bestanden hätte.

Doch haben andererseits die Kreuzzüge für die islamischen Staaten Syriens und Vorderasiens auch sehr große Vorteile mit sich gebracht. Einmal wäre die Vereinigung aller Landschaften unter einer mächtigen Hand sicherlich nicht, oder doch sehr viel schwerer und später, möglich gewesen, wenn nicht die Notwendigkeit und der Wille, den „Heiligen Krieg“ gegen die Franken zu führen, zur Vereinigung aller Kräfte gegen die Franken getrieben und so den Zusammenschluß erleichtert hätte. Vor allem aber gab der wiedererwachte Gedanke des „Heiligen Krieges" den islamischen Heeren eine neue gewaltige Stoßkraft. So brachte die durch die Kreuzzüge hervorgerufene Gegenwirkung starke neue Kräfte, die nicht nur den fränkischen Feind aus dem Lande verjagen konnten, sondern auch die Grundlage zu dem großen Vorstoß des Islams im 15. Jahrhundert legten. 1426 fiel Zypern in die Hand der Türken, 1440—1445 griffen sie Rhodos an, und 1453 eroberten sie Konstantinopel, 1480 bedrohten sie Sizilien und Unteritalien und 1489 Spanien. Ist diese große Stoßkraft des Islams, die jahrhundertelang nicht mehr zu spüren gewesen war, auch sicherlich nicht allein auf die Kreuzzüge und den damals neu erwachten Willen zum „Heiligen Krieg" zurückzuführen, so ist doch auch umgekehrt dieser Einfluß nicht zu unterschätzen. Ohne die Kreuzzüge wäre diese vorwärtstreibende Kraft sicherlich geringer gewesen. Auch die inneren Spannungen im Islam ließen angesichts der Kreuzzüge nach und verschwanden fast ganz [88]. Man wird nicht fehl gehen, dies auch auf die Wiederbelebung des Dschihad zurückzuführen. Er verlangte eine gemeinsame Front aller Muslime, vor ihm verblaßten die Unterschiede der Schiiten und Sunniten und der verschiedenen Rechtsschulen. Im ganzen gesehen, ist also der Islam durch die Kreuzzüge mehr gefördert als geschädigt worden.

Daß die Kreuzfahrer in der Kriegstechnik mancherlei von den Byzantinern und den Muslimen gelernt haben, hat sich schon oben gezeigt [89]. So sind im Burgenbau des Abendlandes Einflüsse der Kreuzzüge wohl erkennbar. Lehrer waren sowohl die Byzantiner, die noch das reiche Erbe der Antike hatten, wie die Araber, die selbst großenteils Lehrer der Byzantiner und Schüler der Antike waren. Das gleiche gilt von der Belagerungstechnik, wo allerdings das Schwergewicht auf seiten von Byzanz gelegen haben dürfte. Von der Erweiterung der Panzerung von Ritter und Pferd, von der Einführung von Leichtbewaffneten aller Art, von Bogen- und Armbrustschützen war schon die Rede. Teilweise mischten sich hier abendländische Erfahrungen, wie bei den Bogenschützen, mit dem Vorbild der Orientalen. Die Ausgestaltung von Söldnerheeren machte in den Kreuzzügen bedeutende Fortschritte. Waren sie doch die größten Feldzüge ihrer Zeit, die darum die beste Gelegenheit gaben, zu sehen, wo die Grenzen der Ritterheere lagen und wieweit sie durch Soldritter und Soldkämpfer abzulösen waren.

Auch auf die innerpolitische und soziale Entwicklung der Völker des Abendlandes hatten die Kreuzzüge großen Einfluß. Am wichtigsten war hier der Aufstieg und der darauffolgende Abstieg des abendländischen Rittertums [90]. Damit hängt der Aufstieg des Bürgertums zusammen. Denn als das Rittertum von der führenden Stelle abtrat, fiel sie dem Bürgertum zu.

---

[88] R. Paret, Der Islam und die Araber bis gegen Ende des Mittelalters (1940) S. 572.

[89] Siehe oben S. I, 347, 350/51, 353 ff. [90] Siehe oben S. II, 57—67, 282—294.

Man hat nicht den Eindruck, als ob das Bürgertum damals diese Entwicklung angestrebt hätte. Sonst hätte die bürgerliche Literatur nicht so lange noch das Bild des Ritters als Ideal malen können. Aber auch davon abgesehen, unterstützten die Kreuzzüge den Aufstieg der Städte und damit des Bürgers. Nicht als ob sie diese Entwicklung begründet hätten. Der Aufstieg der Städte wäre auch ohne die Kreuzzüge gekommen. Aber dadurch, daß die Kreuzzüge den italienischen und südfranzösischen Orienthandel sehr förderten, unterstützten sie auch die Entwicklung des französischen und deutschen Handels, der die in Italien eingeführten Waren weiterbeförderte und verkaufte. Die Entwicklung von Nürnberg, Augsburg und Ulm in Deutschland hängt unmittelbar von der Steigerung des italienischen Handels ab. Das gleiche gilt für Frankreich, für die Niederlande und mit gewissen Abwandlungen auch für England. Aber auch der Handel in andere Länder, z. B. im Norden, wuchs an dem Vorbild des gesteigerten Orienthandels. Diese Entwicklung erreichte auch die kleinen Städte des Landes, verästelten sich doch hier die Wege des Handels und gaben so denselben Lebensstrom bis zu den einzelnen Endpunkten weiter. — War für die immer größere politische Selbständigkeit der großen Städte in Deutschland und den Niederlanden das Sinken der Kaisermacht maßgebend, so bot für die kleinen Städte das Sinken der Macht des Adels oft Gelegenheit, die erwünschten Freiheiten zu erlangen. In diesen Fragen herrschte allerdings eine große Mannigfaltigkeit in der Entwicklung der verschiedenen Länder des Abendlandes, je nach den politischen Verhältnissen, die hier bestanden.

Für die Bauern war das 13. Jahrhundert eine Zeit der Blüte im ganzen Abendland. Dafür waren die verschiedensten wirtschaftlichen und sozialen Gründe maßgebend, auf die hier nicht eingegangen werden kann. Aber auch die Kreuzzüge förderten zu ihrem Teil die günstige Entwicklung des Bauerntums. Wenn auch bei dem Zug Peters von Amiens zahlreiche Bauern beteiligt gewesen und umgekommen waren und wenn auch entsprechend der sozialen Verbreiterung des Kreuzfahrerwillens im 13. Jahrhundert mehr Bauern an den Zügen teilnahmen, so waren das doch noch relativ geringe Zahlen, so daß die Verluste durch den vorhandenen Geburtenüberschuß der Bauern vollständig aufgehoben wurden. Im ganzen waren die Bauern die Zurückbleibenden, wenn die Ritter abzogen. Manches bäuerliche Dienstverhältnis hat sich dadurch gelockert. Eine günstige Gelegenheit zur Verbesserung der Lebensverhältnisse bot es auch, wenn der Bauer zu der Ausstattung des Kreuzfahrers und zur Finanzierung beisteuern und dafür Freiheiten verschiedener Art fordern konnte. Vor allem aber war bäuerliche Arbeitskraft nun gesucht. Die Zahl der nach Palästina ziehenden bäuerlichen Siedler war zwar klein, aber als Knappen und vor allem als leichtbewaffnete Söldner zogen viele Bauernsöhne damals aus. Auch die Verluste der Kreuzheere steigerten die Nachfrage nach Arbeitskräften. Zudem war es die Zeit, in der die Ostsiedlung in Deutschland und die aufsteigenden Städte überall im Abendland junge Menschen an sich zogen. Und noch eines trug dazu bei, die Position der Bauern damals zu verbessern: bei der zunehmenden Geldwirtschaft wurden die Abgaben der Bauern in Geld fixiert, während die Getreidepreise stiegen. Alles das und anderes mehr wirkte zusammen, um den Bauernstand in dieser Periode zu fördern. Die Dichtung „Meier Helmbrecht" zeigt das Bild des reich und stolz gewordenen Bauern.

Eine besondere Gruppe im Volksleben des Abendlandes wuchs durch die Kreuzzüge bedeutend an: die fahrenden Leute. Einmal gab es nun viel zu singen und zu sagen von all den Heldentaten, die sich ereignet hatten, und mehr noch von denen, die die Phantasie, angeregt durch die Züge in die Fremde, dazu dichtete. Es gab vielerlei zu zeigen, was man im Orient gelernt oder von dort mitgebracht hatte, an Schaustücken aller Art. Vor allem aber fand mancher, der heimkehrte, nach jahrelangen Fahrten nicht mehr in die stille ruhige Arbeit zurück. Vielleicht war sein Hab und Gut verlorengegangen während seiner Abwesenheit. Außerdem aber tauchte jetzt die Gestalt des ausgedienten Landsknechts auf, die in den folgenden Jahrhunderten noch eine große Rolle spielen sollte. Dadurch, daß man in den Kreuzzügen mit größeren Scharen von Söldnern kämpfen lernte, war diese Erscheinung begünstigt worden. Dieses Schweifen der fahrenden Leute, das Ausziehen nach den neuen Siedlungsgebieten im deutschen Osten und die durch die Kreuzzüge angeregte Abenteurerlust schufen überhaupt damals, und vornehmlich in Deutschland, eine Wanderlust, die niemals mehr verschwunden ist. Ohne die Kreuzzüge wäre sie nicht zu verstehen[91].

Die Juden waren zunächst durch die Kreuzzüge scharfen Verfolgungen ausgesetzt[92]. Ungeduldige Kreuzfahrer wollten schon in der Heimat „Feinde Christi" bekämpfen und wandten sich darum gegen die Juden, deren relativer Reichtum außerdem zu solchen Angriffen verlocken mochte. Diese Judenverfolgungen wiederholten sich immer wieder im Lauf der Kreuzzüge, und zwar in allen Ländern des Abendlandes. Die Tatsache, daß sich in Palästina die Juden bei dem Einmarsch der Kreuzfahrer teilweise feindlich verhielten — was zu verstehen ist[93] —, führte in Jerusalem zum Blutbad und trug dazu bei, die judenfeindliche Strömung zu stärken. Auch König Philipp August von Frankreich ließ sich von dieser Strömung mitreißen, verhaftete im Jahre 1180 Juden und verlangte große Lösegelder und richtete 1191 in Bray 80 Juden hin. König Johann von England ging ähnliche Wege[94]. Andererseits nahm Kaiser Friedrich II. die Juden in Schutz, als in Deutschland eine erregte Volksstimmung den Juden die Schuld an dem Tod einiger Knaben in Fulda zuschrieb. Er setzte eine Kommission zur Untersuchung des Falles ein, die zugunsten der Juden entschied[95].

---

[91] G. Steinhausen, Geschichte der deutschen Kultur I, S. 410.
[92] Siehe oben S. 120 u. a. [93] Grousset I, S. 200.
[94] E. L. Dietrich: Das Judentum ... = Saeculum 3 (1952) S. 94 ff.
[95] M. G. Const. II, 204, S. 275, von 1236.

Auch wirtschaftlich förderte Friedrich II. in seinem sizilischen Reich die Juden[96].

Von dem Aufschwung des Handels durch die Kreuzzüge haben wir schon kurz gelegentlich der Förderung des Bürgertums und der Städte gesprochen. Selbstverständlich kam diese in erster Linie den italienischen und auch den südfranzösischen Städten zugute, wo dieser Fernhandel seinen Ausgangspunkt hatte. Allen voran standen Venedig und Genua. Aber Pisa, Marseille und Aigues Mortes folgten bald. Am Ende der Kreuzzugszeit setzte sich der direkte Orienthandel der Seestädte durch. Venetianische Kaufleute saßen nun in den festgegründeten Handelsniederlassungen, den „Communen" der syrischen Städte oder Alexandriens, und handelten von dort aus unmittelbar mit dem Hinterland, mit den Endpunkten der großen Karawanen. Aber man darf dabei den Einfluß der Kreuzzüge nicht überschätzen. Denn Venedig, Pisa und Genua, die schon vor den Kreuzzügen in Konstantinopel festen Fuß gefaßt hatten, wenn auch in mannigfachen Kämpfen, hätten auch ohne die Kreuzzüge einen starken Orienthandel ausgebildet. Denn das Haupteinfallstor dafür war Alexandria. Dorthin ging bei weitem der größte und wertvollste Handel. Und diesen Platz hatten Venedig und die anderen Städte sich erobert ohne die Kreuzzüge, auf friedliche Weise. Die Kreuzzüge waren es also nicht allein, die den Seestädten Tür und Tor im Orient für ihren Handel öffneten. Aber trotzdem ist die Förderung des Orienthandels durch die Kreuzzüge groß. Venedig, Genua und die anderen Städte wußten wohl, warum sie Flotten zu deren Unterstützung aussandten. Jedesmal mußte ihre Hilfe mit Handelsvorrechten und Handelsstützpunkten bezahlt werden. Der Orienthandel der Seestädte blieb auch nach dem Fall von Akkon und der anderen Hafenstädte Syriens erhalten, wenn er auch mancherlei Abänderungen des Weges und der Form auf sich nehmen mußte. Genuas Hauptgebiet wurde das Schwarze Meer, das Venedigs Ägypten, Syrien und Anatolien.

Andererseits ist nicht zu übersehen, daß die Verfeindung der islamischen und christlichen Völker, die der Kreuzzug mit sich brachte, die Möglichkeiten christlicher Kaufleute, mit Indien in Verbindung zu treten, die an sich bestanden hätte, nahezu unmöglich machte[97]. Eine feindliche islamische Barriere lag zwischen dem Abendland und Indien. Erst die Entdeckung des Seeweges nach Indien eröffnete die Möglichkeit eines direkten Verkehrs. Päpstliche Verbote suchten immer wieder den Handel Venedigs und der anderen Städte während der Kreuzzüge zu unterbinden, zunächst den Handel mit Kriegsmaterial aller Art, dann aber auch den allgemeinen Handel. Das bedeutete eine gewisse Erschwerung, aber keine ernsthafte Einschränkung. Denn Venedig und die anderen hielten sich nicht mehr daran als unbedingt nötig.

---

[96] J. Cohn, Die Judenpolitik der Hohenstaufen, S. 33 ff.

[97] R. Henning, Die Entdeckung des Seewegs nach Indien = Europäischer Wirtschaftsdienst 4 (1944) S. 15.

Trotz dieser Nachteile, die die Kreuzzüge dem Handel der Seestädte doch auch brachten, war die Förderung des Gesamthandels und der Seeschiffahrt doch sehr groß. Die Notwendigkeit, regelmäßige Verbindung mit dem fernen Heiligen Land aufrechtzuerhalten und so große Heere überzusetzen, nachdem man den Landweg als zu gefährlich nicht mehr beschritt, bedeutete eine gewaltige Aufgabe, die neue Kräfte auslöste. Dazu kam, daß man zur Zeit der Kreuzzüge — nicht unmittelbar durch sie — von den Arabern den Gebrauch der Wasserbussole, eines Vorläufers des Kompasses, kennengelernt hatte, was die Schiffahrt wesentlich erleichterte. Der eigentliche Kompaß wurde erst Anfang des 14. Jahrhunderts erfunden[98].

Doch nicht nur die Technik der Schiffahrt, auch die des Handels wurde durch die Berührung mit den Arabern sehr gefördert. Freilich ist diese Befruchtung wohl mehr auf dem Wege über Spanien und Sizilien als durch die Kreuzzüge zustande gekommen. Man übernahm von den Arabern das indisch-arabische Ziffernsystem (1202 von Leonardo Fibonacci in Pisa eingeführt), das nun erst ein großzügiges Rechnen gestattete, und man lernte den Wechsel verwenden. Die Kreuzzüge aber brachten gleichzeitig die Notwendigkeit, große Summen zu transferieren, was erst durch die Verwendung des Wechsels möglich wurde. Beides, die durch die Kreuzzüge gegebene Notwendigkeit und der Einfluß der arabischen Technik des Geld- und Kreditwesens, führte zu einer völligen Umgestaltung des abendländischen Handelswesens. Banken entstanden und spielten bald eine große Rolle an der Kurie und an den Fürstenhöfen[99]. Die Templer wurden Bankiers, ebenso auch die Johanniter. Und bald waren die italienischen Bankiers stetige Gäste am päpstlichen Hof, um die Kreuzzüge und die anderen Kriege der Kurie zu finanzieren.

Die enge Berührung mit der islamisch-orientalischen Welt, wie sie die Kreuzzüge, gleichzeitig aber auch die Beziehungen zu den Muslimen in Spanien, Sizilien und Nordafrika, mit sich brachten, machte das Abendland auch mit einer großen Anzahl von Pflanzen und anderen Erzeugnissen des Orients bekannt, ohne daß nun zu sagen wäre, ob diese Bekanntschaft auf dem einen oder dem anderen Wege erfolgt ist. Eine Gruppe hat wahrscheinlich ihre Einführung oder doch deren Förderung den Kreuzzügen zu verdanken: Es sind dies die Zitrone (Limone), Pomeranze, Mais, Sesam, Safran, Rohrzucker, Artischocken, Spezereien, wie Ambra, Weihrauch, Nelken, Pfeffer, Muskatnuß, die Pflaume, als deren Heimat Damaskus gilt, Johannisbrot und Mohrenhirse (sorghum vulgare, als Tierfutter oder Mehlbeimischung verwendet). Andere Pflanzen kamen damals aus dem Orient durch die Araber nach dem Abendland, ohne daß die Kreuzzüge hier eine entscheidende Rolle gespielt hätten. So die Dattelpalme, die die Araber überall dort anpflanzten, wo sie sich in Europa niederließen, die Pfirsiche,

[98] G. Steinhausen, Geschichte der deutschen Kultur I, S. 300.
[99] A. Doren, Italienische Wirtschaftsgeschichte, S. 155 f.

die die Araber in Spanien und Süditalien einführten, der Reis, den sie in Spanien pflanzten, die Pistazien, die Gurken und Melonen, die damals über Rußland und Byzanz nach Europa kamen, und die Papyrusstaude, die die Araber in Sizilien für einige Jahrhunderte heimisch machten[100]. Auch Blumen und Zierbäume kamen aus dem Orient zu uns, doch im wesentlichen erst im 16. Jahrhundert. So die Tulpe, die Hyazinthe, die Kaiserkrone, die Gartenranunkel, der Syringenstrauch, die Kastanie und der Kirschlorbeer[101]. Die Türken galten als besondere Freunde von Blumen und Bäumen.

Auf dem Gebiet der Bekleidung war der Einfluß mindestens ebenso groß. An Stoffen hat der Orient das Abendland kennengelehrt den Kattun, Damast, Musselin, die Seide, den Samt und den Atlas. Die orientalischen Teppiche wurden eine vielbegehrte Ware. Die Lehnwörter Joppe und Pantoffel zeigen, daß diese Kleidungsstücke nach orientalischem Muster hergestellt wurden. Perlen- und Edelsteinschmuck wurde für hohe Preise aus dem Orient eingeführt, ebenso aber auch Schmuckwaffen. Die Damaszenerklingen wurden damals berühmt. Aber wir hören auch von elefenbeinernen Lanzen mit tauschierten Spitzen und dergleichen. Neue Farbstoffe wurden bekannt, und die neuen Farben reizten den abendländischen Geschmack: z. B. Karmoisin und Lila. Deshalb waren Alaun, Indigo, rotes Sandelholz begehrte Handelsartikel. Ebenso lernte man damals den Lack kennen und schätzen. Auch das Schminken und Parfümieren ahmten abendländische Damen damals orientalischen Frauen nach. Im ganzen entfaltete sich überhaupt der Sinn für Luxus und verfeinerte Lebensgestaltung, vor allem in den Hafenstädten Palästinas. Alles Kunsthandwerk wurde hier gefördert und mancherlei Anregungen dabei mit nach Haus gebracht[102]. Die damals und später übernommenen Lehnworte aus dem Arabischen zeigen den weitgehenden Einfluß der arabischen Kultur auf das Abendland, der durch die Kreuzzüge, aber ebenso auch — und vielleicht noch mehr — über Spanien und Sizilien in Europa eindrang. Als Beispiele seien genannt: Arsenal, Admiral, Havarie, Kalfatern, Bussole, Kapern, Pomeranze, Aprikose, Limone, Zitrone, Kattun, Damast (nach Damaskus), Musselin (nach Mossul), Atlas, Baldachin, Joppe, Pantoffel, Sofa, Diwan und Matratze. Der Einfluß des orientalischen Kunsthandwerks hatte schon vor den Kreuzzügen durch Vermittlung der byzantinischen Kunst bestanden, aber jetzt, wo man aus eigener Anschauung solche Gegenstände gesehen hatte oder gar nach Hause mitbrachte, um sie an Kirchen zu schenken oder als Schatz in der Familie aufzubewahren, wurde das orientalische Vorbild noch wirksamer. Das gilt von der Emailtechnik, der Goldschmiedekunst, der Elfenbeinplastik, der

---

[100] V. Hehn, Kulturpflanzen und Haustiere in ihrem Übergang aus Asien nach Europa (1870, 4. Aufl.), hrsg. v. Schrader (1902) S. 215 ff., 251 ff., 340, 410 ff., 418 ff.

[101] V. Hehn a. a. O. S. 419—421.

[102] G. Steinhausen, Gesch. d. dt. Kultur I, S. 299 u. 340.

Miniaturmalerei und aller Art von Keramik und Fayencenkunst sowie von feiner Metallarbeit[103]. Auch auf die Baukunst hat das Vorbild des Orients eingewirkt, doch keineswegs in dem Maße, daß die Entstehung der gotischen Baukunst auf orientalisches Vorbild zurückzuführen wäre, wie man wohl gemeint hat. Sicherlich ist allerdings gar manche gotische Zierform von der arabischen Kunst beeinflußt. Doch muß man auch hier mehr an den Einfluß Spaniens denken. Auf direkter offener Nachahmung beruhen aber die zahlreichen großen und kleinen Nachbildungen der Jerusalemer Grabeskirche, die sich überall im Abendland nach den Kreuzzügen finden.

Auch eine Reihe von Erfindungen übernahm das Abendland damals von den Arabern, so die Windmühlen und die Papierfabrikation.

Einzelne Sitten zeigen die Übernahme des morgenländischen Vorbildes durch die Kreuzfahrer besonders deutlich. So die Bartmode; bis dahin trug man im Abendland keinen Vollbart; jetzt wurde er Mode[104]. Von der Verwendung von Wappen war schon die Rede. Auch der Gebrauch heißer Bäder wurde damals aus dem Orient übernommen. Die Badstuben der spätmittelalterlichen Städte gehen weithin auf morgenländisches Vorbild zurück. Das gemeinsame Wannenbaden von Männern und Frauen, wie es in manchen Städten üblich, in anderen verboten war, geht auf orientalisches Vorbild zurück[105]. Wenn Joinville in seiner Kreuzzugschronik von der Übersendung von Ringen mit eingraviertem Namen des Freundes zur Bezeugung der Freundschaft berichtet und ebenso vom Blutsbrüderschafttrinken, bei dem Blut in Wein gemischt und so wechselseitig getrunken wurde (bei den Byzantinern), so wird man nicht fehlgehen, in beiden Fällen das orientalische Vorbild als maßgebend für die späteren abendländischen Sitten anzusehen[106].

Nicht minder groß war der Einfluß der arabisch-islamischen Welt auf das Abendland zur Zeit der Kreuzzüge auf dem Gebiet des Geisteslebens. Aber auch hier ist das Eindringen über Spanien und Sizilien wahrscheinlich wichtiger gewesen als der unmittelbare Einfluß der Kreuzzüge. Die Wirkungen auf die Wissenschaft sind großenteils diesen Weg gegangen. Doch ist andererseits nicht zu verkennen und kaum zu unterschätzen, welch eine große Bedeutung die allgemeine Erweiterung des Horizontes durch die Kreuzzüge hatte. Und sie erfaßte nicht nur Gelehrte, sondern vor allem die Ritter, die ausgezogen waren, aber auch die daheimgebliebenen Angehörigen und ebenso die Bauern, die den Erzählungen der Heimkehrenden mit allergrößtem Interesse lauschten. In Kreisen des Bürgertums war man durch die Ausdehnung des Handels schon eher gewohnt, in größeren Räumen zu denken. Aber für die Bauernschaft, deren Gedanken sich bis dahin auf den engsten Kreis ihrer Heimatlandschaft beschränkt hatten, und auch für gar manche Angehörige des Adels wurden jetzt erst die Fenster zur großen Welt auf-

---

[103] Ebd. I, S. 135. [104] Ebd. I, S. 299.
[105] G. Steinhausen II, S. 107. [106] Joinville S. 260 u. 266.

gestoßen. In der Literatur spiegelt sich das deutlich in dem großen Anwachsen aller Abenteurerliteratur. Denn auch in bürgerlichen Kreisen las man nun gern und viel von Kriegs- und Abenteurerzügen nach fernen Ländern und über ferne Meere und von Kämpfen gegen Ungläubige und Heiden. Die ganze Romanliteratur des Abendlandes in den folgenden Jahrhunderten ist davon erfüllt. Und man träumte nicht nur von diesen fernen lockenden Welten, sondern man wagte nun auch, in sie vorzustoßen. Die Züge der Missionare ins Innere Asiens und die Marco Polos schließen sich unmittelbar an die Kreuzzüge an. Und auch die großen Entdeckungsreisen, die im 15. Jahrhundert das Bild der Welt umgestalten sollten, hatten die Kreuzzüge als Vorstufe. Zog man doch zunächst noch von Spanien und Portugal aus, um die Heiden Afrikas zu unterwerfen oder zu bekehren.

Daß die Berührung mit der Antike durch die Araber enger wurde, haben wir oben schon besprochen. Waren diese doch als Erben des Hellenismus noch im Besitz reicher antiker Kenntnisse, die dem Abendland verlorengegangen waren. Auch die Syrer haben bei dieser Erhaltung der Antike eine große Rolle gespielt. So wie durch die Araber Spaniens und auch des Orients Aristoteles und Plato damals bekannt wurden und dadurch erst die mittelalterliche Scholastik möglich wurde, so war eben dieser Prozeß auch maßgebend für die Förderung der Astronomie. Die Sternwarte von Toledo ist hier sicherlich an erste Stelle zu setzen. Doch auch in Antiochien und Damaskus gab es Sternwarten der Araber, die entscheidenden Einfluß auch auf die Kreuzfahrer haben konnten[107]. Das gleiche gilt für die Geometrie und die Medizin. Denn so wie die Kreuzfahrer und fränkischen Siedler im Heiligen Land die Überlegenheit der arabischen Medizin erkannten und zugaben, indem sie arabische Ärzte heranzogen, so wußte man auch in Spanien und im sizilischen Königreich von den Arabern zu lernen, die auch hier das Erbe der Antike verwalteten. Ein allgemeiner Aufschwung der Wissenschaften war die Folge dieser Berührung der abendländischen und der morgenländischen Welt. Sichtbares Zeichen dafür sind die damals entstehenden Universitäten. Dafür war kein fremdes Vorbild maßgebend. Aber die Universitäten ließen die Bereicherung des geistigen und wissenschaftlichen Lebens durch die Berührung mit der fremden Welt des Orients erkennen, besonders dort, wo mitreißende Lehrer, wie Abälard, die neue geistige Welt vertraten. Das Forschungsgebiet erweiterte sich, insbesondere auch in Richtung auf die Naturwissenschaften. Auch das Selbstbewußtsein der in dieser neuen Weite Arbeitenden stieg. Lehrende und Lernende begannen sich als eine Einheit zu fühlen, die sich aus dem übrigen Leben abhob[108]. Paris ging hier voraus.

Diese Erweiterung des Wissens, die Vergrößerung des Blickfeldes, die beginnende Säkularisierung des Denkens waren es, die zusammen mit dem zuneh-

---

[107] Prutz, Kulturgesch. d. Kreuzzüge, S. 472.
[108] K. Hampe, Hochmittelalter, S. 225—228.

menden Studium der Antike die Zeit der Renaissance heraufführen sollten. Die Kreuzzüge haben dazu ein gut Teil beigetragen, einmal durch die durch sie und über Spanien vermittelte Berührung mit dem antiken Erbe der islamischen Kultur, dann aber auch durch den zerstörenden Einfluß, den der Mißerfolg der Kreuzzüge weithin im verborgenen auf die bis dahin fast unerschütterte mittelalterliche Weltsicht und Weltanschauung hatte[109].

Doch das Bild ist nicht so einheitlich, wie es danach erscheinen könnte. Die medizinischen Kenntnisse erfuhren zwar eine bedeutende Bereicherung, die Seuchen im Abendland aber nahmen zu durch die Verschleppungen von Krankheiten aller Art aus dem Orient. Wenn sich das auch erst im 14. Jahrhundert voll auswirkte, so sind die Grundlagen dafür sicherlich in den Kreuzzügen gelegt worden[110]. Und haben die Kreuzzüge einerseits den Wissenshorizont erweitert, so haben sie anderseits zu Skepsis und Aufklärung geführt; aber auch Hexenverfolgung und Hexenverbrennung gehen augenscheinlich auf orientalisches Vorbild zurück[111]. Gewiß, man glaubte schon in germanisch-heidnischer Zeit an Hexen. Aber die für das spätere Mittelalter und die beginnende Neuzeit charakteristische Form von Hexenprozessen hat man auf den Kreuzzügen kennengelernt.

Auch an gar manchen Reliquienschwindel, der durch die Reisen über ferne Meere und den Wunsch, etwas ganz Besonderes aus dem Heiligen Land mitzubringen, sehr gefördert wurde, sei hier erinnert. Venedig hat sich dabei besonders ausgezeichnet.

---

[109] Siehe oben S. II, 294 ff. [110] G. Steinhausen I, S. 426.
[111] Siehe oben S. II, 246. — Vgl. auch G. Steinhausen I, 303—367 u. II, S. 198.

Der Christ und seine Welt in den Kreuzzügen

Zu Beginn unserer Untersuchungen standen wir fragend den Rätseln gegenüber, die uns die Kreuzzugsgeschichte aufgibt. Bestimmend dabei war die Erkenntnis, daß diese Kriege sich von dem Bild, das wir sonst von solchen Zügen haben, wesentlich unterscheiden und daß diese Kriege und mehr noch die sie führenden Männer innerlich weiten Abstand haben von der Denkart späterer Jahrhunderte, daß sie also nicht beurteilt und darum auch nicht dargestellt werden dürfen wie Kriege und politische Ereignisse der neueren Geschichte. Von hier aus gewannen wir erst Zugang zu dem Wesen der Kreuzfahrer. Denn wir spürten, daß diese Ritter in für uns auffallender Form und in besonders weitem Maße von religiösen Antrieben bestimmt handeln und denken und daß der Weg zum Verständnis dieser Männer in ihrem Empfinden, Wollen und Handeln nur über die ihnen eigentümliche Frömmigkeit gehen kann. Wir sind so vorgegangen und stehen doch am Schluß wieder vor Fragen, die diesmal von dem Mißerfolg der Kreuzzüge und vor allem von ihren Folgen für das religiöse, geistige, kulturelle und politische Leben ausgehen. Scharf ablehnende Urteile treten von hier aus einer sonst gewonnenen günstigeren Gesamtbeurteilung schroff entgegen[112].

[112] Zur Beurteilung der Kreuzzüge: J. Burckhardt, Fragmente S. 54, 55. — L. v. Ranke, Epochen, S. 216 u. 217. — H. Delbrück, Geschichte der Kriegskunst III, 9, S. 231. — J. G. Herder, Ideen z. Philos. der Gesch. d. Menschheit IV, S. 20 = Ausgabe von Suphan 14, S. 466—476. — Hegel, Philosophische Werke IX, S. 398. — F. Schlegel, Vorlesungen über die neuere Geschichte (1912) S. 197. — Ders., Das Zeitalter der Kreuzzüge = Vaterländisches Museum 1 (1810) S. 571 ff. — A. Heeren, Untersuchungen über die Kreuzzüge (1809) S. 348. — Ders., Versuch einer Entwicklung der Folgen der Kreuzzüge für Europa = Histor. Werke II (1821) S. 33 ff. — Maxime de Choiseul-Daillecourt, De l'influence des croisades sur l'état des peuples de l'Europe (1809) S. 36. — R. Grousset, Histoire des croisades III, Einleitung, S. I ff. — Ders., L' épopée des croisades. Dt. Übers.: Das Heldenlied der Kreuzzüge (1951) — H. v. Sybel, Geschichte des ersten Kreuzzuges (1841) S. 148 u. S. 183. — B. Kugler, Geschichte der Kreuzzüge = W. Oncken, Allgemeine Geschichte II, 5, S. 423. — St. Runciman, A History of the Crusades. Cambridge (1951—54) 3 Bde. — M. Villey, La Croisade. Essay sur la formation d'une théorie juridique (Paris 1942). — B. G. Niebuhr, Vorträge über alte Geschichte, I, S. 88. — H. Reuter, Geschichte der Aufklärung im Mittelalter II (1877) S. 24 ff. — H. Hefele, Beiträge zur Kulturgesch. des Mittelalters und der Renaissance IX (1910) S. 25/26. — P. Rousset, Les origines et les caractères de la première croisade (1945).

Nur schwer scheint es zunächst möglich zu sein, zu einer befriedigenden, gerechten Beurteilung und Wertung dieser zwei Jahrhunderte der Kreuzzüge zu kommen. Verlangt denn das ergebnislos vergossene Blut, die vergeudete Kraft, die neue Stärkung des islamischen Kampfwillens im Dschihad-Gedanken, die Verwirrung in religiösen und weltanschaulichen Fragen, die die Kreuzzüge schließlich in allen Ständen hervorriefen und die oft zu Feindschaft gegen Christentum und Kirche führten, ebenso die Vermessenheit, mit der der Mensch seine bei aller Frömmigkeit doch irdischen Ziele Gottes Willen gleichsetzte und den Kampf dafür als einen heiligen Krieg erklärte, verlangt das alles nicht eine entschiedene klare Ablehnung der Kreuzzüge als eines Verhängnisses? Und scheint nicht der im Gefolge des Zusammenbruchs der Kreuzzüge zu beobachtende Niedergang der Ritterkultur des Abendlandes ebenfalls eine negative Bewertung von kulturgeschichtlicher Sicht her zu verlangen? Um den christlichen Glauben zu erfüllen, wurden die Kreuzzüge unternommen, und sie führten zu Verwirrung und oft zu Feindschaft gegen Christentum und Kirche. In dem Streben nach Heiligung und Vertiefung ritterlichen Wesens zogen die Ritter aus; und ihr Mißerfolg führte zum Abstieg der Ritterkultur. Muß man da nicht die Kreuzzüge als solche ablehnen?

Den Ernst dieser Fragen wird niemand ableugnen können, der sie sich stellt. Und doch kann sich ein Gesamturteil in historischer Sicht damit nicht begnügen. Denn uns tritt in der Kreuzzugsbewegung einer der größten ernstgemeinten und mit ungeheurer Intensität und gewaltigem Kraftaufwand durchgeführten Versuche von Laien entgegen, dem Christenglauben volle Gültigkeit in dieser ihrer Welt zu verschaffen. Die Fragen, die sich dabei erheben, reichen tiefer als nur in die Problematik des Zeitalters der Kreuzzüge.

Jedes in sich nicht nur berechtigte, sondern für ein erfülltes religiöses Leben sogar wesensnotwendige Bemühen von Menschen einer bestimmten soziologischen Gruppe oder eines bestimmten Berufes, ihren christlichen Glauben mit ihrer Vorstellungs- und Wertewelt zu verbinden, d. h. aber eben, Gottes Willen in *ihrer* Weise auszuführen, trägt in sich die Gefahr, daß die Forderungen des Christentums mit weltlichen Forderungen speziell des jeweiligen Standes oder der jeweiligen Schicht vermischt werden, so klar und stark der Wille, die christliche Botschaft rein zu erhalten, auch sein mag. Und je primitiver die Kulturstufe solcher Menschen ist, je jugendlicher ihr stürmisches Wollen noch ist, um so größer ist auch die Neigung zu solch naiver Identifizierung. Die Verweltlichung des Glaubens ist um so mehr ein nahezu unvermeidbarer Vorgang, je unmittelbarer dieser Glaube die Welt ergreifen will, was er doch gerade soll. Beispiel solcher soziologischer Formen der Religiosität haben wir in der Bauernfrömmigkeit, der Soldatenfrömmigkeit usw. Sie bildet sich zunächst als solche Standesfrömmigkeit schon dadurch aus, daß die Forderungen des Christentums und ihre Begründungen in einer Weise vorgetragen werden müssen, die den Begriffen und der Sprache der

Angesprochenen angepaßt ist. Und dasselbe gilt auch von den Menschen und Menschengruppen, die sich den christlichen Glauben aneignen wollen. Sie sind ihrerseits bestrebt, die Botschaft in ihre Sprache und ihre Begriffe zu übersetzen. Diese Anpassung oder, wenn wir es so nennen wollen, Übersetzung in die gewohnte Sprache scheint zunächst unbedenklich und durchaus im Interesse einer Intensivierung des Glaubens, einer Einheit von religiösem und weltlichem Leben zu liegen. Wo diese Einheit verloren wird, verflüchtigt sich der Glaube, wird er unwirklich. Aber allzuleicht werden auch in solchem Bündnis, einerlei ob man sich dessen bewußt ist oder nicht, die Glaubensvorstellungen umgedeutet und schließlich entleert.

Dies aber ist in der Geschichte der Kreuzzüge und in dem sie tragenden Gottesstreiterglauben geschehen. Der erst vor nicht gar zu langer Zeit zum Christentum übergetretene Adel, in dem nur der Zeit und dem Land entsprechende Gedanken, wie Gefolgschaft, Schutzherrschaft, Treue, Gehorsam und Kämpfen für den Herren und die Praxis der ländlichen Wirtschaft einerseits und des Krieges andererseits, lebendig waren, mußte notwendig, wenn er nun in seiner Weise mit dem Christentum Ernst machen wollte, sein altes und sein neues christliches Gedankengut miteinander vermischen. Die Folge einer solchen Vermischung und einer entsprechenden Übersetzung der neuen Ideen in alte Worte und Begriffe ist die uns wohlvertraute Gottesstreiterfrömmigkeit, eine feudalistisch verwandelte Form des christlichen Glaubens. Wer sich diese Situation vor Augen stellt, wird sich sagen müssen, daß damals unter den ererbten Verhältnissen gar keine andere Entwicklung des Glaubenslebens dieses abendländischen Adels (damit aber auch zugleich des ganzen, dem Vorbild dieser Gruppe nachlebenden Abendlandes) zu erwarten war.

Angesichts dieser geschichtlich verstandenen Situation hat man die Kreuzzüge und ihre Ritterkultur zu beurteilen. Es wäre ahistorisch, sie zu verurteilen oder zu wünschen, sie wären nie in der Geschichte aufgetreten. War der Weg aber einmal betreten, so wie es geschehen ist, so mußte er auch zu Ende gegangen werden bis zu dem unglücklichen tragischen Ausgang. Denn nur so konnte das Rittertum sich in der ihm eigentümlichen Frömmigkeit und Kultur mit dem mitreißenden Willen zu hochgesteckten Zielen voll entfalten. Diesem Weg verdanken wir als historische Erscheinung die Kreuzfahrer, die Ritterorden, den Parzifal und die Dome dieser Zeit mit ihren Plastiken. Aber auch nur so konnte der in der Richtung der ganzen Entwicklung gelegene Irrweg als solcher von der Gesamtheit begriffen und überwunden werden, wie es in der Begegnung des Gottesstreitertums mit dem Missionswillen des Franz von Assisi vor Damiette geschah — einer jener großen Augenblicke in der Geschichte des Christentums, in denen seine notwendige Einlassung in die Welt die ebenso notwendige Korrektur erfährt. Freilich saß der Kreuzzugsgedanke zu fest in den Herzen, und war er auch zu sehr mit dem mittelalterlichen Weltverständnis überhaupt verbunden, als daß nicht der Gedanke des Heiligen Krieges und die christliche Mission noch lange nebeneinander bestehen konnten.

Im ganzen wird man in der Geschichte der Kreuzzüge eine mit Notwendigkeit aus dem Zusammentreffen des Christentums mit der feudalisierten Gedankenwelt des jungen abendländischen Rittertums entstehende Tragödie sehen müssen, die zunächst eine stolze Blüte, dann viel Not, Unglück und Verwirrung nach sich zog, für uns Heutige aber noch ehrwürdig ist als ein Versuch des Abendlandes, den Glauben in der Geschichte zu bewähren.

HERRSCHER ZUR ZEIT DER KREUZZÜGE

PÄPSTE

Gegenpäpste in Kursiv

Gregor VII.	1073—1085
Victor III.	1086—1087
Urban II.	1088—1099
Paschalis II.	1099—1118
Gelasius II.	1118—1119
Calixt II.	1119—1124
Honorius II.	1124—1130
Innozenz II.	1130—1143
Anaklet II.	*1130—1138*
Coelestin II.	1143—1144
Lucius II.	1144—1145
Eugen III.	1145—1153
Anastasius IV.	1153—1154
Hadrian IV.	1154—1159
Alexander III.	1159—1181
Victor IV.	1159—1164
Lucius III.	1181—1185
Urban III.	1185—1187
Gregor VIII.	1187—1187
Klemens III.	1187—1191
Coelestin III.	1191—1198
Innozenz III.	1198—1216
Honorius III.	1216—1227
Gregor IX.	1227—1241
Coelestin IV.	1241—1241
Sedisvakanz	
Innozenz IV.	1243—1254
Alexander IV.	1254—1261
Urban IV.	1261—1264
Klemens IV.	1265—1268
Sedisvakanz	
Gregor X.	1271—1276
Innozenz V.	1276—1276
Hadrian V.	1276—1276
Johann XXI.	1276—1277
Nikolaus III.	1277—1280
Martin IV.	1281—1285
Honorius IV.	1285—1287
Nikolaus IV.	1288—1292
Sedisvakanz	
Coelestin V.	1294—1294
Bonifatius VIII.	1294—1303
Benedikt XI.	1303—1304
Klemens V.	1305—1314

KÖNIGE VON JERUSALEM

Gottfried	1098—1100
Balduin I.	1100—1118
Balduin II.	1118—1131
Fulko von Anjou	1131—1143
Balduin III.	1143—1162
Amalrich I.	1162—1173
Balduin IV.	1173—1185
Balduin V.	1183—1186
Guido von Lusignan († 1194)	1186—1192
Konrad von Montferrat	1191—1192
Heinrich von der Champagne	1192—1197
Amalrich II. de Lusignan	1197—1205
Marie von Jerusalem-Montf.	1205—1210
Jean de Brienne	1210—1225
Friedrich II. (u. Konrad IV.)	1225—1250
Konrad IV.	1250—1254
Konradin	1254—1268
Karl von Anjou	1277—1282
Hugo III. von Zypern	1282—1284
Heinrich II.	1286—1291

KÖNIGE VON FRANKREICH

Heinrich I.	1031—1060
Philipp I.	1060—1108
Ludwig IV. der Dicke	1108—1137
Ludwig VII.	1137—1180
Philipp II. August	1180—1223
Ludwig VIII.	1223—1226
Ludwig IX. der Heilige	1226—1270
Philipp III. der Kühne	1270—1285
Philipp IV. der Schöne	1285—1314

DEUTSCHE KAISER UND KÖNIGE

Heinrich IV.	1056—1106
Heinrich V.	1106—1125
Lothar	1125—1137
Konrad III.	1137—1152
Friedrich I. Barbarossa	1152—1190
Heinrich VI.	1190—1197
Philipp von Schwaben	1198—1208
Otto IV.	1198—1214
Friedrich II.	1212—1250
Konrad IV.	1250—1254
(Manfred	1254—1266
Konradin	1266—1268)

KAISER VON BYZANZ

Alexios I. Komnenos	1082—1118
Johannes Komnenos	1118—1143
Manuel I. Komnenos	1143—1180
Alexios II. Komnenos	1180—1183
Andronikos I.	1183—1185
Isaak II. Angelos	1185—1195
Alexios III.	1195—1204
Balduin von Flandern	1204—1205
Heinrich von Flandern	1205—1216
Peter von Courtenay	1216—1219
Robert von Courtenay	1219—1228
Jean de Brienne	1228—1237
Balduin II.	1237—1261

Michael VIII. Palaeologos	1261—1282
Andronikos II.	1282—1328

KAISER VON BYZANZ IN ANATOLIEN

Theodor I. Laskaris	1204—1222
Johannes III. Dukas Vatatzes	1222—1254
Theodor II. Laskaris	1254—1258
Johannes IV. Laskaris	1258—1261

KÖNIGE VON ENGLAND

Wilhelm der Eroberer	1066—1087
Wilhelm II. Rufus	1087—1100
Heinrich I.	1100—1135
Stephan von Blois	1135—1154
Heinrich II.	1154—1189
Richard I. Löwenherz	1189—1199
Johann Ohneland	1199—1216
Heinrich III.	1216—1272
Eduard I.	1272—1307

BIBLIOGRAPHIE

Accoltus, Benedictus: De bello a christianis contra barbaros gesto pro Christi sepulchro libri 4. Groningen 1731.

Adams, G. B.: The History of England (1066—1216). London 1905. = The political History of England, Bd. 2.

D'Albon, G. A. M. J. A.: La mort d'Odon de Saint-Amand, in: Revue de l'Orient latin 11 (1904).

Alishan: Léon le Magnifique. Venedig 1888.

Allan, A. M.: The Knighting of Children, in: The English Histor. Review 21 (1906) S. 105.

Alphandery, Paul: La chrétienté et l'idée de Croisade. Paris (vor 1933).

— Les citations bibliques chez les historiens de la première Croisade, in: Revue de l'histoire des religions 99 (1929) S. 139—157.

Altaner, B.: Die Dominikanermissionen des 13. Jahrh. 1924. = Breslauer Studien zur histor. Theologie, Bd. 3.

Altmann, Berthold: Studies in mediaeval German Jewish History. New York 1940. (Reprinted from the Proceedings of the Acad. of Jewish Research 10 [1940].)

Amari, Michele: Storia dei musulmani di Sicilia. 2. ed., pubbl. con note a cura di C. A. Nallino. Catania 1937/38. =Bibliot. Siciliana di storia, letteratura ed arte III, 1 u. 2.

Ambraziejuté, Maria: Studien über die Johanniterregel. Diss. Freiburg/Schw. 1929.

Andressohn, J. C.: The Ancestry and Life of Godfrey of Bouillon. 1947. = Indiana Univers. Publications, Social Science Series 5 (136 S.) .

Archer, T. A.: On the Accession Dates of the early Kings of Jerusalem, in: The English Histor. Review VI, 1 (1889) S. 89—105.

Archer, T. A., and *Kingsford:* The Crusades. The Story of the Latin Kingdom of Jerusalem. London 1894. = Story of the Nations.

Yakoub *Artin* Pasha: Contribution à l'étude du blason en Orient. London 1902.

Ashbee, C. R., und T. M. *Abel:* Jérusalem au temps du Royaume Latin, 12ᵉ siècle. Mit Plan. = Jérusalem nouvelle 86.

Atiya, Aziz Syriat: The Crusade in the later Middle Age. London 1938.

— The Crusade of Nicopolis. London 1934.

Aubin, Hermann: Vom Altertum zum Mittelalter. 1949. (Darin: Germanen und Araber beim Eintritt ins Mittelalter.)

d' Aurelle-Montmorin: La 1ᵉʳᵉ Croisade au point de vue militaire. 1895. = Extr. du Bulletin histor. et scient. de l'Auvergne.

Baldwin, M. W.: Ecclesiastical Developments in the 12th Century Crusaders State of Tripolis, in: The Catholic Histor. Review (Washington) 22 (1936) S. 149 bis 171.

— Count Raymond III. of Tripolis. Princeton 1936.

— Raymond III. of Tripolis and the Fall of Jerusalem, 1140—1187. Oxford Univers. Press 1937. (177 S.)

Baldwin, M. W.: Some recent Interpretations of Pope Urban II.'s eastern Policy, in: The Catholic Histor. Review (Washington) 25 (1940) S. 459—466.

Baker, Erneste: The Crusades. London Univers. Press 1923. (112 S.) = The World's Manuals.

Barbagallo, C.: Il medio evo 476—1454. Turin 1938. = Storia universale Bd. 3.

Baetke, Walter: Die Aufnahme des Christentums durch die Germanen. Ein Beitrag zur Frage der Germanisierung des Christentums, in: Die Welt als Geschichte 9 (1943) S. 143 ff.

Bauer, Clemens: Die Epochen der Papstfinanz, in: Histor. Ztschr. 138 (1928) S. 457 bis 503.

Bauer, Wilhelm: Die öffentliche Meinung in der Weltgeschichte. Wildpark-Potsdam: 1930. = Museum der Weltgeschichte Bd. 1, hrsg. v. Paul Herre.

Bauerreis, R.: Sepulcrum Domini. Studien zur Entstehung der christlichen Wallfahrt auf deutschem Boden. 1936. = Abh. der bayr. Benediktinerakademie 1.

Baumstark, A.: Abendländische Palästinapilger des 1. Jahrtausends und ihre Berichte. Köln 1906.

Beaumont, André Alden: Albert von Aachen and the County of Edessa. New York 1928. = The Crusades and other histor. Essays, presented to Dana C. Munro, I, 5.

Beck, Hans Georg: Byzanz. Der Weg zu seinem geschichtlichen Verständnis, in: Saeculum 5 (1954) S. 87 ff.

Becker, Karl Heinrich: Islamstudien. Vom Werden und Wesen der islamischen Welt. 2 Bde. Leipzig 1924 u. 1932.

Bédier, Joseph: Les chansons de Croisades. Paris 1909.

— Les légendes épiques. Bd. 1, 3 u. 4. 3. Aufl. Paris 1926—1929; Bd. 2, 2. Aufl. 1917.

— Sur la date et sur l'auteur de la Chanson de Roland, in: Revue de France 1926, S. 645 ff.

Bell, Richard: The Origin of Islam in its christian Environment. London 1926 (224 S.)

Belloc, H.: The Crusade. London, Cassell 1940. (314 S.)

Benary, Hans: Über die säkularisierende Wirkung der Kreuzzüge. Diss. Hamburg 1937.

Berger, Élie: Saint Louis et Innocent IV. Étude sur les rapports de la France et du Saint-Siège. Paris 1893.

Bernhardi, Wilhelm: Konrad III. Teil 1 u. 2. Leipzig 1883. = Jahrbücher d. dt. Gesch.

Bettin, Hans: Heinrich II. von der Champagne. Seine Kreuzfahrt und seine Wirksamkeit im Heiligen Land. Berlin 1910.

Beugnot, C. comte: Mémoire sur le régime des terres dans les principautés fondées en Syrie et Palestine par les Francs, in: Biblioth. de l'École des chartes, Sér. 3, Bd. 4, S. 529 ff.

— Notice sur la vie et sur les écrits de Philippe de Navarre, 1840/41: ebd. S. 37 ff.

Beumann, Helmut: Kreuzzugsgedanke und Ostpolitik im hohen Mittelalter. Habil.-Vortrag Marburg 1944, in: Histor. Jahrb. 72 (1953) S. 112 u. 132.

Beyer, G.: Das Gebiet der Kreuzfahrerherrschaft Cäsarea in Palästina, in: Ztschr. des Palästina-Vereins 59 (1936) S. 1—91.

Bigoni, G.: Quattro documenti Genovesi sulla contese d'oltremare nel secolo 13, in: Arch. stor. Ital. 24, S. 52—65.

Birckmann, Berta: Die vermeintliche und die wirkliche Reformschrift des Dominikanergenerals Humbert de Romanis. Berlin 1916. = Abh. zur mittleren u. neueren Gesch. 26.

Blancard, L.: Le besant d'or sarrazin pendant les Croisades. 1880.
Bloch, Hermann: Forschungen zur Politik Heinrichs VI. Berlin 1892.
Blochet, E.: Histoire d'Égypte par Makrisi, in: Revue de l'Orient latin 3—4 (1895/96).
— Les relations diplomatiques des Hohenstaufen avec les sultans d'Égypte, in: Revue histor. 80 (1902) S. 51—64.
Boase, T. S. R.: Recent Developments in Crusading Historiography, in: History 22 (1937) S. 110—125.
Böhm, F.: Das Bild Barbarossas und seines Kaisertums in den ausländischen Quellen. Histor. Studien, Ebering 289.
Boehm, Lätitia: Studien zur Geschichtsschreibung des ersten Kreuzzugs, Guibert von Nogent. Diss. München 1954.
Boehm, Ludwig: Johann von Brienne, König von Jerusalem, Kaiser von Konstantinopel. Diss. Heidelberg 1938.
Böhmer, Heinrich: Kirche und Staat in England und der Normandie. Leipzig 1899.
— Kreuzzüge und Aufklärung. Moderne Irrtümer im Spiegel der Geschichte, hrsg. von Wilhelm Laible. Leipzig 1912.
Boissonade, P.: Les premières Croisades françaises en Espagne, Normands, Gascons, Aquitains et Bourguignons. 1018—1032, in: Bulletin histor. 36 (1934) S. 5—28.
— Du nouveau sur le Chanson de Roland. Paris 1923.
— Cluny, la papauté et la première Croisade internationale contre les Sarrasins d'Espagne, in: Revue des quest. histor. 117 (1932) S. 257—301.
Bossuat, R.: Les Croisades. (Les Gestes histor.) Paris 1936.
Botarelli, G.: Storia politica e militaria del sovrano Ordine di S. Giovanni di Gerusalemme detto di Malta. Mailand 1940.
Boulenger, Jacques: Vie de saint Louis, in: Nouv. Revue française (Paris) 1929. (270 S.)
Boutaric, Edgard: La France sous Philippe le Bel. Paris 1861.
Bouvat, L.: Essai sur les rapports de la Perse avec l'Europe de l'antiquité au commencement du 10ᵉ siecle, in: Revue du monde musulman 46 (1921) S. 23 ff.
Brackmann, Albert: Kaiser Friedrich II. in mystischer Schau. Vortrag, gehalten am 16. Mai 1929 in der Preuß. Akad. d. Wiss., in: Histor. Ztschr. 140, S. 534 ff.
Brader, David: Bonifaz von Montferrat bis zum Antritt der Kreuzfahrt (1202). Berlin 1907. = Histor. Studien Ebering 55.
Brant, Sebastian: De origine et conversatione bonorum regum et laude civitatis Hierosolymae cum exhortatione eiusdem. Basel 1495.
Bréhier, Louis: Les origines des rapports entre la France et la Syrie. Le protectorat de Charlemagne, in: Congrès français de la Syrie à Marseille 1919, II 15—19.
— La situation des chrétiens de Palestine à la fin du 8ᵉ siècle et l'établissement du protectorat de Charlemagne, in: Moyen-âge 21 (1919) S. 67—75.
— Un évêque de Puy à la première Croisade. Adémar de Monteil. Le Puy-en-Velay 1923.
— Histoire anonyme de la première Croisade. Paris 1924.
— Les Missions franciscaines au moyen-âge, éd. Lemaitre et Masseron. Saint François, son oeuvre, son influence. Paris 1927.
— Les Croisades. L'Église et l'Orient au moyen-âge. 5. éd. Paris 1928. = Biblioth. de l'enseignement de l'histoire ecclés.
— Charlemagne et le Palestine, in: Revue histor. 157 (1928) S. 277—291.
— Besprechung von: Carl Erdmann. Entstehung des Kreuzzugsgedankens, in: Revue de l'histoire ecclés. 32 (1932) S. 676 ff.

Bréhier, Louis: Le monde byzantin. — 1. Vie et mort de Byzance. Paris 1947; 2. Aufl. 1948. — 2. Les institutions de l'empire byzantin. 1948.
Brentano, Lujo: Die Anfänge des modernen Kapitalismus. Festrede, gehalten in der Bayr. Akad. d. Wiss. Exkurs II: der 4. Kreuzzug. München 1916.
Breysig, Kurt: Gottfried von Bouillon vor dem Kreuzzuge, in: Westdeutsche Ztschr. f. Gesch. u. Kunst 17 (1898) S. 169—201.
Bridrey, E.: La condition juridique des Croisés et le privilège de la Croix. Paris 1900.
Brimont, A. de: Un pape au moyen-âge: Urbain II. Paris 1862.
Brinkmann, Hennig: Entstehungsgeschichte des Minnesangs. Halle 1926. = Dt. Vierteljahrsschr. f. Literaturwiss. u. Geistesgesch., Buchreihe Bd. 8.
Brinkmeier, E.: Rügelieder der Troubadours gegen Rom und die Hierarchie. Halle 1846.
Brockelmann, Karl: Geschichte der arabischen Literatur. 2 Bde. Weimar 1898; Berlin 1902.
— Geschichte der arabischen Literatur. 1901. = Die Literaturen des Ostens in Einzeldarstellungen VI, 2.
— Islamische Staaten, Kreuzzugsstaaten, europäische Kolonien. Berlin 1922.
— Geschichte der islamischen Völker und Staaten. 2. Aufl. München u. Berlin 1943. (495 S.)
Brooks, N. C.: The Sepulchre of Christ in Art and Liturgy. Urbana 1921. = University of Illinois Studies in Language and Literature VII, 2.
Büchler, Samuel: Ungarn in den Kreuzzügen. Diss. Bern 1907.
Buckler, Georgina: Anna Comnena. A Study. Oxford Univers. Press 1929. (558 S.)
Bugde, E. A. Wallis: The Chronography of Gregory Abu 'lFaraj known as Bar Hebraeus. 2 Bde. Oxford 1932.
Buhl, D. F.: Geographie des alten Palästina. 1896.
Bühler, Johannes: Deutsche Geschichte. Bd. 12: Fürsten, Ritterschaft und Bürgertum von 1100 bis 1500. Berlin-Leipzig 1935.
Buisson, Ludwig: König Ludwig IX. der Heilige und das Recht. Studie zur Gestaltung der Lebensordnung Frankreichs im hohen Mittelalter. Freiburg 1954.
Bukhsh, K.: The Eve of the Crusades, in: Westminster Review 1897.
Bulat, T. G.: La Croisade de Nicopolis dans la littérature du temps. Cluj 1927. = Mélanges d'histoire générale, publ. p. C. Marinescu.
Bünding, Margret: Das Imperium christianum und die deutschen Ostkriege vom 10. bis zum 12. Jahrh. Berlin 1940. = Histor. Studien Ebering 366.
Buonocore, O.: Le grandi Crociate (1937). = La Cultura Anno 18, Nr. 203. (40 S.)
Burdach, Konrad: Über den Ursprung des mittelalterlichen Minnesangs, Liebesromans und Frauendienstes. Berlin 1918.
— Walther von der Vogelweide und der vierte Kreuzzug, in: Histor. Ztschr. 145 (1931) S. 19—45.
— Der Gral. Forschungen über seinen Ursprung und seinen Zusammenhang mit der Longinus-Legende. 1938. = Forsch. z. Kirchen- u. Geistesgesch. 14.
Buschbell, Gottfried: Papsttum und Untergang des Templerordens, in: Histor. Jahrb. 32 (1911) S. 547—561.
Busson, Arnold: Besprechung von: Konrad Schottmüller, Der Untergang des Templerordens, in: Mitt. d. Inst. f. österr. Geschichtsforsch. 9 (1888) S. 496—515.
Byrne, Eugene H.: The Genoese Colonies in Syria. New York 1928. = The Crusades and other histor. Essays, presented to Dana C. Munro I, 6.
— Genoese Shipping in the 12th and 13th Centuries. Cambridge, Mass. 1930. = The Mediaeval Academy of America.

Caetani, L.: Annali dell'Islam. 8 Bde. Mailand 1918.
Caggese, R.: L'alto medio evo. Turin 1937. = Grande storia d'Italia.
Cahen, Claude: La campagne de Mantzikert d'après les sources musulmanes, in: Byzantion 9 (1934).
— Indigènes et Croisés. Quelques notes à propos d'un médecin d'Amaury et de Saladin, in: Syria 15 (1934), S. 351—360.
— La Syrie du nord à l'époque des Croisades et la principauté franque d'Antioche. Paris 1940. = Institut Français de Damas. Biblioth. Orientale t. 1. (768 S.)
— Notes sur l'historie des Croisades et de l'Orient latin. 1951. = Bulletin de la Faculté des Lettres de Strasbourg.
Callebaut, (Le P. André): La deuxième Croisade de saint Louis et les Franciscains (1267—1270), in: La France Franciscaine (Lille) 22, t. 5, S. 282—288.
Calmette, Joseph: La société féodale. Paris 1923. = The Cambridge Mediaeval History Bd. 3—8, 1922—1936.
Campbell, G. A.: The Knights Templars. London 1937. — Deutsche Übersetzung unter dem Titel: Die Tempelritter. Aufstieg und Verfall, Stuttgart 1939. (355 S.)
— The Crusades. London 1937.
Canard, M.: La guerre sainte dans le monde islamique et dans le monde chrétien 1936, in: Revue africaine 368/69.
Caro, Georg: Die Berichterstattung aus dem ersten Kreuzzug, in: Neue Jahrbücher f. klass. Altertum 29 (1912).
Carra de Vaux: Ousama Un émir syrien au 1er siècle des Croisades, in: Revue des quest. histor. 58, S. 367.
Cartellieri, Alexander: Richard Löwenherz im Heiligen Land, in: Histor. Ztschr. 101 (1908) S. 1—27.
— Philipp II. August, König von Frankreich, 3 Bde. Leipzig 1906 ff.
— Landgraf Ludwig III. von Thüringen und der dritte Kreuzzug, in: Ztschr. d. Ver. f. thür. Gesch. u. Altertumskunde 34 (1940) S. 42—64.
Caspar, Erich: Roger II. und die Gründung der normannisch-sizilianischen Monarchie. Innsbruck 1904.
— Bernhard von Clairvaux, in: Meister der Politik Bd. 1 (1923) S. 563—599.
— Hermann von Salza und die Gründung des Deutschordensstaates in Preußen. Tübingen 1924.
— Die Kreuzzugsbullen Eugens III., in: Neues Archiv d. Ges. f. ält. dt. Geschichtskunde 45 (1924) S. 285—305.
Castro, Américo: España en su historia. Cristianos, moros y judíos. Buenos Aires 1948. (Ein Kapitel daraus unter dem Titel „Ritterorden, Heiliger Krieg, Duldsamkeit", in deutscher Übersetzung von S. Thieme-Paetow im „Hochland" 44 [1952] S. 401—413.)
Cate, James Lea: A gay Crusader (Wilhelm IX. von Aquitanien), in: Byzantion 16, 2 (1944) S. 503—526.
Cerone: Il Papa e i Veneziani nella quarta Crociata, in: Archivio Veneto 36 (1887) S. 57 ff. 287 ff.
Chabot, I. B.: Edesse pendant la première Croisade, in: Acad. des Inscript. et Belles-Lettres, Comptes rendus 1918, S. 431—442.
Chalandon, Felix: Essai sur le règne d'Alexis Ier Comnène. Paris 1900.
— Histoire de la domination normande en Italie et en Sicile. 2 Bde. Paris 1907.
— Les Comnènes. 2 Bde. Paris 1912.
— Histoire de la première Croisade. Paris 1925. (Posthum.)
Charanis, Peter: Byzantium, the West and the Origin of the first Crusade, in: Byzantion 19 (1949), S. 17—36.
Charpentier, J.: L'Ordre des Templiers. 1944.

Chartrou, J.: L'Anjou de 1109 à 1151: Foulque de Jérusalem et Geoffroi Plantagenêt. Paris 1928.
Chaumont, L.: Histoire de Cluny. 2. éd. Paris 1911.
Chénon, Emile: Histoire générale du droit français public et privé. 2 Bde. Paris 1926.
Chevalier (Chanoine Ulysée): La Croisade du dauphin Humbert II. Valence 1920, in: Bulletin de la Société d'archéol. et de statist. de la Drôme 54 (1920) S. 38—76.
Choiseul-Daillecourt, Maxime de: De l'influence des Croisades sur l'état des peuples de l'Europe. Ouvrage qui a partagé le prix décerné par l'Institut dans la séance publique du 1er juillet 1808. Paris 1809.
Christin, Pierre: Étude des classes inférieures d'après les Assises de Jérusalem. Thèse pour le doctorat. Poitiers 1912.
Clausen, J.: Papst Honorius III. (1216—1227). Bonn 1895.
Clifford, A.: Crusader. 1942.
Cognasso, Francesco: Le Crociate, in: Erma 1931, II S. 160—198, 319—389, 580 bis 658.
— La genesi delle Crociate. Turin 1930.
Cohn, Willy: Das Zeitalter der Normannen in Sizilien. Bonn 1920.
— Hermann von Salza. Breslau 1930. = Abhl. d. schlesischen Ges. f. vaterl. Kultur, Reihe 4.
Colleville: Les chansons allemandes de Croisade en moyen hautallemand. 1931.
Comfort, W. W.: The literary Prôle of the Saracens in the old French Poetry. = Publications of the Modern Language Association 55, 3. Baltimore 1940.
Condé, Joseph Antonio: Historia de la dominación de los Árabes en España. Bd. 2. Madrid 1920/21. (Darin II, 132 über Ritterorden.)
Conrad, Hermann: Gottesfrieden und Heeresverfassung in der Zeit der Kreuzzüge. Ein Beitrag zur Geschichte des Heeresstrafrechtes im Mittelalter, in: Ztschr. d. Savignystiftung f. Rechtsgesch., German. Abt. 61, S. 71—126.
Cosack, Harald: Konrads III. Entschluß zum Kreuzzug, in: Mitt. d. Inst. f. österr. Geschichtsforsch. 35 (1914) S. 276—296.
Coulet, J.: Études sur l'ancienne poème français du voyage de Charlemagne en l'Orient. Montpellier 1907.
Coulton, G. G.: Crusades, Commerce and Adventure. London 1930. (246 S.)
Couret, A.: La Palestine sous les empereurs grecs. Paris 1869.
Cramer, Valmar: Albert der Große als Kreuzzugs-Legat für Deutschland 1263/64 und die Kreuzzugsbestrebungen Urbans IV. 1933. = Palästina-Hefte des Dt. Vereins vom Heiligen Lande 7—8.
— Studien zur Charakteristik der Kreuzpredigt, in: Das Heilige Land 79 (1935) S. 90ff.
— Humbert von Romans' Traktat „Über die Kreuzpredigt": ebd. 79 (1935) u. 80 (1936).
— Kreuzpredigt und Kreuzzugsgedanke von Bernhard von Clairvaux bis Humbert von Romans. = Palästina-Hefte des Dt. Vereins vom Heiligen Lande 17—20, S. 43—204, und: Das Heilige Land in Vergangenheit u. Gegenwart, hrsg. von V. Cramer u. G. Meinertz, Bd. 1 (1939) S. 43—204.
Crégut, G. R.: Le concile de Clermont et la première Croisade. Clermont 1895.
Crozet, R.: Le voyage d'Urbain II, in: Revue histor. 79 (1937) S. 282—287.
— Le voyage d'Urbain II en France 1095—1096 et son importance au point de vue archéologique, in: Annales du Midi 49 (1937) S. 42—49.
The *Crusades* and other historical Essays, presented to Dana C(arleton) Munro by his former Students, edited by Louis Paetow. 1928.
Part I: History of the Crusades:

1. The great German Pilgrimage of 1064—1065, by Einar Joransson.
2. The Pope's Plan for the first Crusade, by Frederic Duncalf.
3. A neglected passage in the Gesta and its bearing on the Literature of the first Crusade, by August C. Krey.
4. Robert II. of Flanders in the first Crusade, by M. M. Knappen.
5. Albert von Aachen and the County of Edessa, by André Alden Beaumont.
6. The Genoese Colonies in Syria, by Eugene H. Byrne.
7. A twelfth Century Preacher: Fulk of Neuilly, by Milton R. Gutsch.
8. The Crusading Ardor of John of Garland, by Louis J. Paetow.
Part II: Other historical Essays, Nr. 9—12.

Curtius, Ernst Robert: Die französische Kultur. Eine Einführung. Stuttgart 1930.

Curzon, Henri de: La Règle du Temple. Publ. par la Société de l'histoire de France. Paris 1886.

Dade, Erwin: Versuche zur Wiedererrichtung der lateinischen Herrschaft in Konstantinopel im Rahmen der abendländischen Politik 1261 bis etwa 1310. Diss. Jena 1937.

Danckelmann, E. Frh. v.: Der kriegerische Geist in den rheinischen Bischofsstädten und die Ministerialität zur Zeit Heinrichs IV., in: Vierteljahrsschr. f. Soz.- u-Wirtschaftsgesch. 18 (1925) S. 62—94.

David, C. W.: Robert Curthose. Cambridge, Mass. 1920.

Davis, E.-J.: The Invasion of Egypt by Louis IX. of France and a History of the contemporary Sultans of Egypt. London 1898/99.

Dawson, Ch.: The Making Europe. Deutsch: Die Gestaltung des Abendlandes. 1935.

Defrémery, Charles: Histoire des Seljoukides et des Ismailiens d'après Mirkhoud, in: Journal asiatique 1848/49.

— Essay sur les Ismaéliens ou Baténiens de la Parse plus connus sous le nom d'Assassins. 1867.

— Nouvelles recherches sur les Ismaéliens de Syrie. 1858.

Delaborde, Fr.: Lettres des chrétiens de Terre Sainte, in: Revue de l'Orient latin 2 (1894) S. 214. — Dazu ebd. 1896, S. 423—428.

— Joinville et le conseil tenu en Acre en 1250, in: Romania 23, S. 148—152.

Delaville Le Roulx, J.: De prima origine Hospitaliorum. Thèse. 1885.

— La France en Orient au 14e siècle. Expédition du maréchal Boucicaut. 2 Bde. Paris 1886.

— Un nouveau manuscrit de la Règle du Temple. = Société de l'histoire de France, Annuaire bulletin 1889.

— La suppression des Templiers, in: Revue des quest. histor. 48 (1890) S. 29—61.

— Les Hospitaliers en Terre Sainte. Paris 1904.

— Les Hospitaliers à Rhodos. Paris 1913.

— Mélanges sur l'Ordre de St. Jean de Jérusalem. Paris 1910.

Delbrück, Hans: Zur Geschichte des ersten Kreuzzuges, in: Histor. Ztschr. 47 (1882) S. 423—428. (Besprechung von: Heinrich v. Sybel, Geschichte des ersten Kreuzzuges, 2., neu bearb. Aufl., 1881.)

Delisle, Lépold: Mémoire sur les opérations financières des Templiers. = Mémoire de l'Institut Nat. de France, Acad. des Inscript. 2^{2} (1889) S. 33.

Demombynes, siehe Gaudefroy-Demombynes.

Denomy, A. J.: An Inquiry into the Origin of Courtly-Love, in: Mediaeval Studies 6 (1944) S. 175—260.

Deschamps, Paul: La sculpture française en Palestine et en Syrie. 1930. = Monuments et Mémoires Bd. 31.

— Les entrées des châteaux des Croisés et leurs défenses. = Syria Bd. 13.

Deschamps, Paul: L'architecture militaire en Terre Sainte. Appendice au Manuel d'archéologie française de C. Enlart II (1932) S. 635—652.
— Deux positions stratégiques des Croisés à l'est du Jourdain: Ahamant et El-Habis, in: Revue histor. 172 (1933) S. 42ff.
— Le Crac des Chevaliers. 2 Bde. Paris 1934. = Les châteaux des Croisés en Terre Sainte Bd. 1 und Haut-Commissariat de la République Française en Syrie et au Liban, Bulletin archéol. et histor. Bd. 19.
— Le Château de Saône et ses premiers seigneurs. Paris 1935.
— La défence du royaume de Jérusalem. Paris 1939. = Les châteaux des Croisés en Terre Sainte Bd. 2.
— Les deux Cracs des Croisés, in: Journal asiatique 229 (1937) S. 494—500.
— Les Croisades et la première France d'outre-mer, in: Revue des quest. de défence militaire 1940.
De Smet, J.-J.: Mémoire sur Robert de Jérusalem, comte de Flandre, et la première Croisade. 1861. = Mémoire de l'Acad. Royale de Belgique 32.
Dessubré, M.: Bibliographie de l'Ordre des Templiers. (Imprimés et manuscrits.) Paris 1928. = Biblioth. des Initiations modernes Bd. 5.
Devreesse, R.: Le Patriarchat d'Antioche. Paris 1945.
Diehl, Charles: Histoire de l'empire byzantin. 2. éd. Paris 1934.
Diehl, Charles, et George *Marçais:* Le monde oriental de 395 à 1081. Paris 1936. = Histoire générale fondée par G. Glotz, II: Histoire du moyen-âge t. 3.
Diercks, Gustav: Die Araber im Mittelalter und ihr Einfluß auf die Kultur Europas. 2. Aufl. Leipzig 1882. (232 S.)
Dietrich, Ernst L.: Das Judentum im Zeitalter der Kreuzzüge, in: Saeculum 3 (1952) S. 94ff.
Diez, Friedrich: Leben und Werke der Troubadours. Ein Beitrag zur näheren Kenntnis des Mittelalters. 2. Aufl., hrsg. von Karl Bartsch. Leipzig 1882.
Dobiache-Rojdestvenski, O.: L'époque des Croisades. L'Occident dans le mouvement croisé. Petersburg 1918. (Russisch.)
Dodu, Gaston: De Fulconis Hierosolymitani regno. Paris 1894. (VII u. 72 S.)
— Histoire des institutions monarchiques dans le Royaume Latin de Jérusalem. Paris 1894.
— Le Royaume Latin de Jérusalem. Paris 1914.
Dölger, Franz: Zwei byzantinische „Fahnen" im Halberstädter Domschatz, in: Aus der Geisteswelt des Mittelalters, Festschrift Grabmann, S. 1351—1360.
Döllinger, Ignaz: Beiträge zur Sektengeschichte des Mittelalters. 2 Bde. München 1890.
Donair, Charles: Les hérétiques du comte de Toulouse ... d'après l'enquête de 1245. Paris 1891. = Compte rendu du Congrès scient. internat. des Catholiques.
Doney, Richard: A Source for one of the Carmina Burana, in: Speculum 27 (1952) S. 190—196.
Doren, Alfred: Italienische Wirtschaftsgeschichte. Bd. 1. Jena 1934. = Handbuch d. Wirtschaftsgesch., hrsg. von G. Brodnitz.
Doutrepont, Georges: La Croisade projetée par Philippe le Bon contre les Turcs. Notice sur le manuscrit français 11594 de la Bibliothèque Nationale, in: Notices et Extraits (Paris) 41 (1928) S. 1—28.
Dozy, R.: Histoire des musulmans d'Espagne jusqu'à la conquête de l'Andalousie par les Almoravides (711—1100). Nouv. éd. par E. Levy-Provençal. 3 Bde. Leyden 1932.
Dreves, G.: Die Belagerung von Akkon, in: Stimmen aus Maria-Laach 1881.
Dreesbach, E.: Der Orient in der altfranzösischen Kreuzzugsliteratur. Diss. Breslau 1901.

Ducagne, Charles du Fresne: Les Familles d'outre-mer. Neu hrsg. von Rey. Paris 1869. = Documents inéd. de l'histoire de France.
Dudan, B.: Il diritto coloniale Veneziano. Rom 1933.
— Il dominio coloniale Veneziano di Levante. Bologna 1938.
Dufourcq, A.: L'avenir du christianisme. I. partie: Histoire moderne de l'Église. VI: Le christianisme et l'organisation féodale 1049—1294. Paris 1932. (704 S.)
Duncalf, Frederic: Some Influences of oriental Environment in the Kingdom of Jerusalem, in: Annual Report of Americ. Hist. Assoc. 1916, S. 135—145.
— The Peasants' Crusade, in Americ. Hist. Rev. 26 (1921) S. 440—453.
— The Pope's Plan for the first Crusade. New York 1928. = The Crusades and other histor. Essays, presented to Dana C. Munro, I, 2.
Dupuy, Aimé: La Croisade de 1270. Tunis 1920.
Dupuy, Pierre: Histoire de l'Ordre militaire des Templiers. Brüssel 1751.
Du Sommerard, Louis: Anna Comnène, témoin des Croisades... Paris 1907.
Dussaud, René: Topographie historique de la Syrie antique et médiévale. Paris 1927. = Biblioth. d'archéol. et d'hist. du Haut-Commissariat de la Républ. Française en Syrie, Service des antiquités et des beaux-arts.
Dussaud, R., Paul *Deschamps* et *Seyrig:* La Syrie antique et médiévale illustrée. 1931.
Duval, R.: Histoire politique, religieuse et littéraire d'Edesse. Paris 1892.
Ebersolt, Jean: Orient et Occident. Recherches sur les influences byzantines et orientales en France pendant les Croisades. Paris u. Brüssel 1929.
Ehrismann, Gustav: Geschichte der deutschen Literatur bis zum Ausgang des Mittelalters. 1927—1935.
— Die Grundlagen des ritterlichen Tugendsystems, in: Ztschr. f. dt. Altertum 65.
Eicken, Heinrich v.: Geschichte und System der mittelalterlichen Weltanschauung. 3. Aufl. Stuttgart u. Berlin 1917.
Eiselen, F. C.: Sidon. New York 1907. = Columbia University Oriental Series.
Enlart: C.: Les monuments des Croisés dans le Royaume de Jérusalem. Architecture religieuse et civile. Paris 1925—1928. = Biblioth. d'archéol. et d'histoire du Haut-Commissariat de la Républ. Française en Syrie, Service des antiquités et des beaux-arts.
Erben, Wilhelm: Kriegsgeschichte des Mittelalters. 1929. = Beiheft der Histor. Ztschr. 16.
— Schwertleite und Ritterschlag, in: Ztschr. f. hist. Waffenkunde 8 (1919) S. 105 bis 167.
Erckmann, Rudolf: Der Einfluß der arabisch-spanischen Kultur auf die Entwicklung des Minnesangs, in: Dt. Vierteljahrsschr. f. Literaturwiss. u. Geistesgesch. 9 (1931) S. 240 ff.
Erdmann, Carl: Der Kreuzzugsgedanke in Portugal, in: Histor. Ztschr. 141 (1930) S. 23—53.
— Die Aufrufe Gerberts und Sergius' IV. für das Heilige Land, in: Quellen u. Forsch. aus ital. Archiven 23 (1931/32) S. 1 ff.
— Endkaiserglaube und Kreuzzugsgedanke im 11. Jahrh., in: Ztschr. f. Kirchengesch. 51 (1932) S. 384 ff.
— Die Entstehung des Kreuzzugsgedankens. 1935. = Forsch. z. Kirchen- u. Geistesgesch. 6. (XII u. 420 S.). — Besprochen von Karl Pivec, in: Mitt. d. Inst. f. österr. Geschichtsforsch. 52 (1938) S. 84—86.
— Studien zur Briefliteratur Deutschlands im 11. Jahrh. 1938. = Schriften des Reichsinstituts f. ältere deutsche Geschichtskunde I.
Errera: I Crociati Veneziani in Terra Santa, in: Archivio Veneto 38, S. 238 ff.
— L'Europe orientale de 1081—1453. Paris 1945.

Exauvillez, Philippe-Irénée Boistel d': Histoire de Godefroy de Bouillon. Paris 1842.

Falkenstein, K.: Geschichte der drei wichtigsten Ritterorden des Mittelalters. I: Geschichte des Templerordens. Dresden 1830.

— Geschichte der Johanniter. 2 Bde. Dresden 1838.

Fallmerayer, J.: Geschichte des Kaiserthums von Trapezunt. München 1827.

Faral, Edmond: La Chanson de Roland. Étude et analyse. = Les Chefs-oeuvres de la littérature expliqués. — Besprochen von Boris J. Jarcho, in: Speculum 10 (1935) S. 340—344.

— Geoffroy de Villehardoin. La question de sa sincérité, in: Revue histor. 1936, S. 530, 582.

Farès, Bichr.: L'honneur chez les Arabes devant l'Islam. Paris 1932.

Fauré, F.: Histoire de saint Louis. 2 Bde. Paris 1865.

Fauriel, Claude: Histoire de la poésie provençale. 3 Bde. Paris 1846.

Fazy, R.: La chronique de Damas et les sources chrétiennes de la première Croisade, in: Journal asiatique 228 (1936) S. 281—298.

— Baudouin I. et Petra Nov. à Déc. 1100: ebd. S. 475—482.

Fechner, Hilde: Die politischen Theorien des Abtes Bernhard von Clairvaux in seinen Briefen. Bonn 1933.

Fedden, Robin: Crusader Castles. A brief Study in the military Architecture of the Crusades. London 1950.

Felten, Josef: Papst Gregor IX. Freiburg i. Br. 1886.

Finke, Heinrich: Zur Charakteristik Philipps des Schönen, in: Mitt. d. Inst. f. österr. Geschichtsforsch. 26 (1905) S. 201—224.

— Papsttum und Untergang des Templerordens. 1907. = Vorreformationsgeschichtl. Forschungen 4 u. 5.

— Der Gedanke des gerechten und heiligen Krieges in Gegenwart und Vergangenheit. **1915.**

— Das Problem des gerechten Krieges in der mittelalterlichen theologischen Literatur, in: Aus der Geisteswelt des Mittelalters. Studien und Texte Martin Grabmann ... gewidmet (1935) S. 1426—1434. — Auch Beiträge z. Geschichte d. Philosophie u. Theologie. Suppl. III, 1/2.

Fischer, K.: Geschichte des Kreuzzuges Kaiser Friedrichs I. Leipzig 1870.

Flach: Jacques: Les origines de l'ancienne France. Bd. 1—4. Paris 1886—1917.

Fleming, W. B.: Tyre. 1915. = Columbia Univers. Oriental Series.

Fliche, Augustin: Urbain II et la Croisade, in: Revue de l'histoire de l'Église de France 13 (1927) S. 289 ff.

— Les origines de l'action de la papauté en vue de la Croisade, in: Revue de l'histoire ecclés. 34 (1938) S. 765—775.

— L'Europe occidentale de 888 à 1125. Paris 1930. = Histoire générale fondée par G. Glotz: Histoire du moyen-âge t. 2.

— La Réforme Grégorienne et la Reconquête chrétienne. Paris 1940. = Histoire de l'Église depuis les origines jusqu'à nos jours, publ. par A. Fliche et V. Martin, Bd. 8.

Flodriff, George: Deus lo vult. A Critic of the third Crusade. Toronto 1947. = Mediaeval Studies.

Förster, Richard: Antiochia am Orontes. Zum Gedächtnis von Gottfried Müller. Mit Abbild., in: Jahrb. d. Kaiserl. Arachäol. Inst. 12 (1897) S. 103—149.

Fotheringham, J. K.: Genoa and the fourth Crusade, in: The English Histor. Review 25 (1910) S. 26—57.

Franz, Adolf: Die kirchlichen Benediktionen im Mittelalter. 2 Bde. Freiburg i. Br. 1909.

Franz, Eduard: Das Patriarchat von Jerusalem i. J. 1099. Sagan 1885.
— Papst Paschalis II. 1877.
Frauenholz, Eugen v.: Entwicklungsgeschichte des deutschen Heerwesens. Bd. 1: Das Heerwesen der germanischen Frühzeit, des Frankenreichs und des ritterlichen Zeitalters. München 1935.
Frick, Heinrich: Gazalis Selbstbiographie. Ein Vergleich mit Augustins Konfessionen. 1919. = Veröffentl. des Forschungsinstituts f. vergl. Religionsgesch. an d. Univ. Leipzig. 3 (84 S.).
Friedrich, B.: Die Judenverfolgungen des Mittelalters und ihre Ursachen.
Fritsche, E.: Islam und Christentum im Mittelalter. Breslau 1830.
Frommann, M.: Landgraf Ludwig III. der Fromme von Thüringen. 1152—1190, in: Ztschr. d. Vereins f. thüring. Gesch. 1908.
Fück, Johann: Muhammed. Persönlichkeit und Religionsstiftung, in: Saeculum 3 (1952) S. 70—93.
Fuller, Thomas (1608—1661): History of the Holy War. London 1840.
Funck-Brentano, F.: Les Croisades. Paris 1934.
Funk, P.: Jakob von Vitry. Leben und Werke. 1909. = Beiträge z. Gesch. d. Mittelalters u. d. Renaissance 3.
Fürst, Adolf: Der Kreuzzugsbrief Kaiser Friedrichs I. an Saladin. Teil 1. = Programm d. Kgl. Neuen Gymn. zu Regensburg 1907/08.
Gardener, A.: The Lascaris of Nicaea. The Story of an Empire in exile. London 1912.
Garreau, G.: L'état social de la France au temps des Croisades. Paris 1899.
Gaudefroi-Demombynes, Jean: La Syrie à l'époque des Mamlouks d'après les auteurs arabes. Paris 1923.
Gaudefroy-Demombynes et *Plantonov:* Le monde musulman et byzantin jusqu'aux Croisades. 1931. = Histoire du monde, dir. par E. Cavaignac, VII, 2 (591 S.).
Gautier, Léon: La Chevalerie. 3. éd. Paris 1895.
Gebhardt, Bruno: Handbuch der deutschen Geschichte. Bd. 1: Frühzeit und Mittelalter. 8. Aufl., hrsg. von H. Grundmann. Stuttgart 1954. (Darin: Karl Jordan: Inverstiturstreit und frühe Stauferzeit, 1069—1197, und Herbert Grundmann, Wahlkönigtum, Territorialpolitik und Ostbewegung im 13. u. 14. Jahrh., 1954.)
Gennrich, Fr.: Zur Ursprungsfrage des Minnesangs, in: Dt. Vierteljahrschrift f. Literaturwiss. u. Geistesgesch. 7 (1929) S. 187—228.
Gent, Hertha: Die mittelhochdeutsche politische Lyrik. 17 Längsschnitte. 1938. = Deutschkundliche Arbeiten A, 13.
Géraut, H.: Les Routiers au 12e siècle, in: Biblioth. de l'École des chartes XIII, 2 (1842) S. 125 ff.
— Les Routiers au 13e siècle: ebd. S. 416—443.
Gerland, Ernst: Der 4. Kreuzzug und seine Probleme, in: Neue Jahrbücher f. d. klass. Altertum, Gesch. u. dt. Lit. I, 13, S. 7 ff. und 1904, S. 505—514.
— Geschichte des lateinischen Kaiserreichs von Konstantinopel. = Programm d. Kaiser-Friedr.-Gymn. zu Bad Homburg 1905.
— Geschichte der Frankenherrschaft in Griechenland. Bd. 1: Geschichte des lateinischen Kaiserreichs von Konstantinopel; Bd. 2: Geschichte der Kaiser Balduin I. und Heinrich. Bad Homburg, Selbstverlag, 1905.
Geschichte der Kreuzzüge. Frankenthal 1784, s. Haller, W. T.
Gibb, H. A. R.: The Damascus Chronicle of the Crusades (Ibn al-Qalanisi). London 1932.
— The arabic Sources for the Life of Saladin, in: Speculum 25 (1950) S. 58—72.
Giesebrecht, Wilhelm: Geschichte der deutschen Kaiserzeit. 2. Bearb. Bd. 4. 1877.
Gieystor, Alex: The Genesis of the Crusades. 1948.
Gindler, P.: Graf Balduin I. von Edessa. Diss. Halle 1901.

Glaesener, H.: Godefroy de Bouillon et la bataille de l'Elster, in: Revue des Études histor. 105 (1938) S. 253—264.
Gleber, H.: Papst Eugen III. unter Berücksichtigung seiner politischen Tätigkeit. Jena 1936.
Gmelin, Julius: Schuld oder Unschuld des Templerordens. Kritischer Versuch zur Lösung der Frage. Stuttgart 1893.
Goldziher, J.: Muhammedanische Studien. 2 Bde. 1889—1890.
— Vorlesungen über den Islam. 1910; 2. Aufl., besorgt von F. Babinger 1925.
Golther, Wolfgang: Die deutsche Dichtung im Mittelalter. 2. Aufl. Stuttgart 1922.
Goltz, E. von der: Anatolische Ausflüge. 1896.
Gottlob, Adolf: Aus der Camera Apostolica des 15. Jahrh. 1889.
— Die päpstlichen Kreuzzugssteuern des 13. Jahrh. 1892.
— Hat Papst Innozenz III. sich das Recht zuerkannt, auch die Laien für Kreuzzugszwecke zu besteuern? 1895, in: Histor. Jahrb. d. Görr.-Ges. 16 (1895) S. 312—319.
— Päpstliche Darlehensschulden: ebd. 20 (1899) S. 665—712.
— Kuriale Prälatenanleihen im 13. Jahrh., in: Vierteljahrsschrift f. Soz. u. Wirtschaftsgesch. 1 (1903) S. 345—371.
— Die Servitientaxe im 13. Jahrh. 1903. = Kirchenrechtliche Abhandlungen, hrsg. von U. Stutz, 2.
— Kreuzablaß und Almosenablaß. 1906: ebd. Heft 30—31.
Gottron, Adam: Ramon Lulls Kreuzzugsideen. 1912. = Abh. z. mittl. u. neueren Gesch. 39.
Goussencourt, Mathieu de: Le martyrologe des Chevaliers de St. Jean de Hiérusalem dits de Malte. 2 Bde. Fol. Paris 1654.
Goyau, Georges: Histoire religieuse de la nation française. 1922. = Histoire de la nation française, red. d. Gabriel Hanotaux, Bd. 6.
Grandclaude, Maurice: Étude critique sur les Livres des Assises de Jérusalem. Thèse pour le doctorat. Paris 1923.
— Caractère du Livre au roi, in: Revue histor. du droit français et étranger 1926.
— Classement sommaire des manuscrits des principaux Livres des assises de Jérusalem: ebd. S. 418 ff.
— Listes d'assises remontant au premier royaume de Jérusalem. Paris 1929. = Mélanges Paul Fournier.
Grégoire, H.: Notes sur Anne Comnène, in: Byzantion 3 (1926).
— The Question of the Diversion of the fourth Crusade, in: Byzantion 15 (1940/41) S. 152 ff.
Grekov, B. und *Jakoubovski:* La Horde d'or. La domination tartare au 12e et 14 siècle. Traduit du russe par F. Thuret. Paris 1939.
Greven, Joseph: Frankreich und der fünfte Kreuzzug, in: Histor. Jahrbuch der Görres-Ges. 43 (1923) S. 15—52.
Gribandis, P.: Monographie des Grafen von Joppe und Askalon Guglielmo Lungospada aus dem Hause Montferrat und seines Sohnes Balduin V., der 1186 als König von Jerusalem starb. 1901. = Mem. d. Reale Accad. d. scienze di Torino 50.
Groh, F.: Der Zusammenbruch des Reiches Jerusalem. (1909.)
Groenbech, Vilhelm Peter: Vor Folkeaet i oldtiden. 1909—1912. — Dt. Übersetzung von Ellen Hoffmeyer unter dem Titel: Kultur und Religion der Germanen, 4. Aufl. 1942.
Gross, Charles: The Sources and Literature of English History from the earliest Times to about 1485. London 1915.

Groeteken, A.: Zur mittelalterlichen Missionsgeschichte der Franziskaner, in: Ztschr. f. Missionswiss. 1 (1911) S. 52 ff.

Grousset, René: Histoire des Croisades et du royaume de Jérusalem. 3 Bde. Paris 1934—1936.

— L'épopée des Croisades. Paris 1939. — Dasselbe in dt. Übersetzung von W. v. d. Mülbe unter dem Titel: Das Heldenlied der Kreuzzüge, Stuttgart 1951.

— L'empire des Steppes. Attila, Gengis-Khan, Tamerlan. Paris 1939.

— Bilan de l'Histoire. — Dt. Übersetzung unter dem Titel: Bilanz der Geschichte, Zürich 1950.

— L'empire du Levant. Histoire de la question d'Orient. Paris 1949.

Gruhn, Albert: Der Kreuzzug Richards I. Löwenherz von England. Diss. Berlin 1894.

— Die byzantinische Politik während der Kreuzzüge. 1904. = Wissenschaftl. Beilage zum Jahresbericht d. 13. Realschule zu Berlin.

Grumel, V.: Jérusalem entre Rome et Byzance. Paris 1933. = Échos d'Orient Bd. 32.

Grundmann, Herbert: Religiöse Bewegungen im Mittelalter. 1935.

— Neue Beiträge zur Geschichte der religiösen Bewegungen im Mittelalter, in: Archiv f. Kulturgesch. 37 (1955) S. 128—182.

— Das hohe Mittelalter und die deutsche Kaiserzeit. 1940. = Die neue Propyläen-Weltgeschichte 2.

Grunebaum, G. E. V.: Medieval Islam. Chicago 1947. (2. Druck.)

Guilhermoz, P.: Essay sur l'origine de la noblesse au moyen-âge. 1901.

Gundlach, W.: Heldenlieder der deutschen Kaiserzeit. Bd. 2, 1896; Bd. 3, 1899.

Gurewitsch, J.: Zur Kritik der Geschichtsschreiber des ersten Kreuzzuges, in: Forschungen z. dt. Gesch. 14 (1874) S. 155 ff.

Güterbock, C.: Der Islam im Lichte byzantinischer Polemik. 1912.

Guthe, H.: Die Ruinen Askalons, in: Ztschr. d. Dt. Palästina-Ver. 2 (1879) S. 164 bis 171.

Gutsch, Milton R.: A twelfth century Preacher: Fulk of Neuilly. New York 1928. = The Crusades and other historical Essays, presented to Dana C. Munro, I, 7.

Gutschmid, A. v.: Die Sage vom hl. Georg als Beitrag zur iranischen Mythengeschichte. 1861. = Berichte über d. Verhandlungen d. Kgl. Sächs. Ges. d. Wiss. zu Leipzig, Phil.-hist. Klasse 13.

Guyard: Un grand maître des assassins au temps de Saladin, in: Journal asiatique 1877, 7. Série, t. IX 324 ff.

Hagenmeyer, Heinrich: Der Brief der Kreuzfahrer an den Papst und die abendländische Kirche im Jahre 1099 nach der Schlacht bei Askalon. 1873, in: Forsch. z. dt. Gesch. 13 (1873) S. 400—412.

— Das Verhältnis der Gesta Francorum zu dem Hierosolymita Ekkehards von Aura: ebd. 15 (1875) S. 17—42.

— Peter der Eremite. Leipzig 1879. — Auch französisch unter dem Titel: Le vrai et faux sur Pierre l'Ermite. Trad. de Furcy Raynaud. Paris 1883.

— Der Brief des Kaisers Alexios I. Komnenos an den Grafen Robert I. von Flandern, in: Byzantin. Ztschr. 6 (1897) S. 1—32.

— Chronologie de la première Croisade (1094—1100), in: Revue de l'Orient latin Bd. 6—9 (1898 ff.); dann auch als Buch, Paris 1902.

— Chronologie de l'histoire du royaume de Jérusalem, règne de Baudouin I (1101 bis 1118) [reicht nur bis 1105], in: Revue de l'Orient latin 9 (1902/12, 1909/11).

— Étude sur la Chronique de Zimmern, renseignements qu'elle fournit sur la première Croisade, in: Archives de l'Orient latin II, S. 17—88.

Hahn, J. L.: Ursachen und Folgen der Kreuzzüge. 1859.

Hakens: Gemälde der Kreuzzüge. 1813. = Fragmente im Freymüthigen 1813, Nr. 80.
Haller, Johannes: Gregor VII. und Innozenz III., in: Meister der Politik I 483 ff.
— Heinrich VI. und die römische Kirche. 1914. = Mitt. d. Inst. f. österr. Geschichtsforschung 35.
— Tausend Jahre deutsch-französischer Beziehungen. 1930.
— Das Papsttum. Idee und Wirklichkeit. 3 Bde. 1945.
(*Haller,* W. F.): Geschichte der Kreuzzüge. 3 Bde. Frankenthal 1784.
Halphen, Louis: L'essor de l'Europe. 3. Aufl. Paris 1948. = Peuples et civilisations, publ. par Louis Halphen et Philippe Sagnac, Bd. 6.
— Les Barbares: ebd. Bd. 5.
Hammer-Purgstall, Joseph v.: Geschichte des Assassinenordens. 1818. Auch französ. u. d. Tit.: Histoire de l'Ordre des assassins. Paris 1833.
— Arabische Literaturgeschichte. Wien 1851—1856.
Hampe, Karl: Der Kulturwandel um die Mitte des 12. Jahrh., in: Archiv f. Kulturgesch. 21 (1931) S. 129 ff.
— Das Hochmittelalter. Geschichte des Abendlandes von 900 bis 1250. Berlin 1953.
Hampel, Emil: Untersuchungen über das Lateinische Patriarchat von Jerusalem ... (1099—1118). Ein Beitrag zur Geschichte der Kreuzzüge. Diss. Erlangen 1899. Breslau 1899.
Haendcke, Berthold: Germanien und das Morgenland von den Anfängen bis zur Gegenwart. Eine kunstgeschichtlich-handelsgeschichtliche Untersuchung. Leipzig 1942.
Haneberg, Daniel: Das muslimische Kriegsrecht, in: Abh. d. Bayr. Akad. d. Wiss. 1. Bd., 12. Abt., 2. (1872) S. 217—295.
Haenisch, Erich: Die Kulturpolitik des mongolischen Weltreichs. 1943. = Vorträge u. Schriften d. Preuß. Akad. d. Wiss. 17.
Hanotaux, G.: Les Vénitiens ont-ils trahi la chrétienté en 1202, in: Revue histor. 4 (1877) S. 73—102.
Hansen, J.: Das Problem eines Kirchenstaates in Jerusalem. Ein Beitrag zur Geschichte der Kreuzzüge. Diss. Freiburg/Schw. 1928. Luxemburg 1928.
Harnack, Adolf: Militia Christi. Die christliche Religion und der Soldatenstand in den ersten drei Jahrhunderten. 1905.
Hartmann, J.: Die Persönlichkeit des Sultans Saladin im Urteil der abendländischen Quellen. 1933. = Histor. Studien Ebering 239.
Harttung, Julius: Zur Vorgeschichte des ersten Kreuzzugs, in: Forsch. z. dt. Gesch. 17 (1877) S. 390—396.
Hashagen, Justus: Staat und Kirche vor der Reformation. Eine Untersuchung der vorreformatorischen Bedeutung des Laieneinflusses in der Kirche. 1931.
— Über die ideengeschichtliche Stellung des staufischen Zeitalters, in: Dt. Vierteljahrsschr. f. Literaturwiss. u. Geistesgesch. 9, S. 350—362.
— Die Ausdehnung des Christentums während der Stauferzeit: ebd. 13 (1935), S. 280—292.
— Verweltlichung im Mittelalter, in: Ztschr. f. system. Theologie 17 (1940) S. 29 bis 31.
— Mittelhochdeutsche Laienethik als Forschungsproblem, in: Ztschr. f. Kirchengesch. 60 (1941) S. 67—74.
Haskins, Charles: Studies in the History of mediaeval Science. Cambridge (USA) 1927.
Hasselt, A. v.: Les Belges aux Croisades. 2 Bde. Brüssel 1846.
Hassler, Otto: Ein Heerführer der Kurie am Anfang des 13. Jahrh.: Pelagius Galvani. Diss. Basel 1902.

Hatch, William Henry Pains: Greek and Syrian Miniatures in Jerusalem. Cambridge, Mass. 1931. = The Mediaeval Acad. of America.

Hatem, Anouar: Les poèmes épiques des Croisades. Genèse, historicité, localisation. Paris 1932.

— La prise d'Antioche par les Croisés d'après les témoins oculaires. 1934.

Hauck, Albert: Kirchengeschichte Deutschlands. Bd. 4. Leipzig 1903.

Havemann, Wilhelm H.: Geschichte des Ausgangs des Tempelherrenordens. 1846.

Hayck: Le droit français en Syrie pendant les Croisades. Paris 1925.

Heer, Friedrich: Aufgang Europas. Eine Studie zu den Zusammenhängen zwischen politischer Religiosität, Frömmigkeitsstil und dem Werden Europas im 12. Jahrh. Wien-Zürich 1949.

— Europäische Geistesgeschichte. Stuttgart 1953.

Heeren, Arnold: Versuch einer Entwicklung der Folgen der Kreuzzüge für Europa. 1809.
= Histor. Werke Bd. 2, Göttingen 1821. — Auch französisch unter dem Titel: Essai sur l'influence des Croisades, traduit en français par Charles Villers. Paris 1809.

Heermann, Otto: Die Gefechtsführung abendländischer Heere im Orient in der Epoche des ersten Kreuzzuges. Diss. Marburg 1887.

Hefele, Hermann: Die Bettelorden und das religiöse Volksleben Ober- und Mittelitaliens im 13. Jahrh. 1910. = Beiträge z. Kulturgesch. d. Mittelalters und der Renaissance 9.

Heidelberger, F.: Kreuzzugsversuche um die Wende des 13. Jahrh. 1911. = Abh. z. mittl. u. neueren Gesch. 31.

Heilig, Konrad Josef: Ostrom und das deutsche Reich um die Mitte des 12. Jahrh. Die Erhebung Österreichs zum Herzogtum 1156 und das Bündnis zwischen Byzanz und dem Westreich. 1944. = Schriften des Reichsinstituts f. ält. dt. Geschichtskunde 9.

Heinemann, L. v.: Geschichte der Normannen. Bd. 1. Leipzig 1894.

Heintke, Fritz: Humbert von Romans. 1933. = Histor. Studien Ebering 222.

Heisenberg, August: Grabeskirche und Apostelkirche. Untersuchungen zur Kunst und Literatur des ausgehenden Altertums. Bd. 1 u. 2. 1908.

— Das byzantinische Reich. 1932. = Propyläen-Weltgeschichte 3.

Heisig, K.: Die Geschichtsmetaphysik des Rolandsliedes und ihre Vorgeschichte, in: Ztschr. f. roman. Philol. 55 (1935) S. 1—87.

Henne am Rhyn, Otto: Kulturgeschichte der Kreuzzüge. Leipzig o. J. = Illustr. Bibliothek d. Kunst- u. Kulturgesch. (322 S.)

Herder, Johann Gottfried: Ideen zur Philosophie der Geschichte der Menschheit. Riga 1784—91. (Darin Buch 4, 30; 19, 5; 20, 2 u. 20, 3 über den Einfluß der Araber auf die mittelalterliche Kultur des Abendlandes, bes. auf das Rittertum.) = Ausg. Suphan Bd. 14, S. 456 ff.

Herquet, K.: Chronologie der Großmeister des Hospitalordens während der Kreuzzüge. Berlin 1880.

Hertzberg, G. F.: Geschichte der Byzantiner und des osmanischen Reiches. Berlin 1883. = Allg. Geschichte in Einzeldarstellungen, hrsg. von Wilh. Oncken, II, 7.

Herzog, Annie: Die Frau auf den Fürstenthronen der Kreuzfahrerstaaten. 1919 = Histor. Studien Ebering 11.

Hessel, A.: Odo von Cluni und das französische Kulturproblem im früheren Mittelalter, in: Histor. Ztschr. 128 (1923) S. 1—25.

Heyck, Eduard: Die Kreuzzüge und das Heilige Land. Bielefeld 1900. (175 S.)

Heyd, W.: Geschichte des Levantehandels im Mittelalter. 2 Bde. 1879. — Dasselbe auch in italienischer (1913) und französischer Sprache (1923).

Hill, G.: A History of Cyprus. Bd. 1. Cambridge 1940.

Hinschius, Paul: Kirchenrecht der Katholiken und Protestanten in Deutschland. Bd. 1—6, 1. 1869—1897.

Hintze, Otto: Wesen und Verbreitung des Feudalismus. = Sitzungsber. d. Preuß. Akad. d. Wiss., Phil.-hist. Klasse 20 (1929); abgedruckt in: Die Welt als Geschichte Bd. 4 (1938) S. 157 ff.

— Weltgeschichtliche Bedingungen der Repräsentativverfassung, in: Histor. Ztschr. 143, S. 9 ff.

Hintzen, J. D.: De Kruistochtplannen van Philip den Goede. 1918.

Hippeau, C.: Le chanson du chevalier au cygne et G. de Bouillon. Paris 1877.

Hirsch-Gereuth, Ury Adolf v.: Studien zur Geschichte der Kreuzzugsidee nach den Kreuzzügen. 1896. = Histor. Abh., hrsg. von Heigel u. Grauert. 11.

Histoire de l'Église depuis les origines jusqu'à nos jours sous la direction d'Augustin Fliche et Eugène Jarry.

Bd. 8: La réforme Grégorienne et la reconquête chrétienne, par A. Fliche.

Bd. 9: Du premier concile du Lateran à l'avènement d'Innocent (1123—1198), par A. Fliche, Raymond de Foreville et Jean Rousset, I. partie.

Bd. 10: La chrétienté Romaine (1198—1274), par A. Fliche, Christine Thouzellier et Yvonne Azais. Paris 1950 .

Histoire générale du 4e siècle à nos jours. Ouvrage publ. sous la direction de M. M. Ernest Lavisse et Alfred Rambaud. Bd. 2: L'Europe féodale. Les Croisades. 1095—1270.

Histoire littéraire de la France. Ouvrage commencé par des religieux Bénédictins de la Congrégation de Saint-Maur. Bd. 18. Paris 1895.

— A History of the Crusades ed. by Kenneth M. Setton. 5 Bde. Mit zahlreichen Mitarbeitern. Philadelphia 1955. (Im Erscheinen.)

Hitti, Philipp K.: History of the Arabs. London 1937.

— The Arabs. A short Story. New York 1948.

Hody, Baron de: Description des tombeaux de Gottfried de Bouillon et des rois latins de Jérusalem, jadis existant dans l'église du St. Sépulcre ou de la Résurrection. Brüssel 1855.

Hoffmann, Heinrich: Karl der Große im Bilde der Geschichtsschreibung des früheren Mittelalters (800—1250). 1919. = Histor. Studien Ebering 137.

Hogarth, D. G., and *Munro*, J. A. R.: Modern and ancient Roads in Eastern Asia Minor. 1893. = Royal Geographical Society, Suppl. Papers Bd. 3.

Hollnsteiner, Johannes: Die Kirche im Ringen um die christliche Gemeinschaft. Vom Anfang des 13. Jahrh. bis zur Mitte des 15. Jahrh. Freiburg i. Br. 1940. = Kirchengeschichte, hrsg. von Joh. Peter Kirsch, II, 2.

Holtzmann, Robert: Wilhelm von Nogaret, Rat und Großsiegelbewahrer Philipps des Schönen von Frankreich. Freiburg i. Br. 1898.

Holtzmann, Walter: Studien zur Orientpolitik des Reformpapsttums und zur Entstehung des ersten Kreuzzugs, in: Histor. Vierteljahrsschr. 22 (1924) S. 169—199.

— Die Unionsverhandlungen zwischen Kaiser Alexios I. und Papst Urban II. im Jahre 1089, in: Byzantin. Ztschr. 28 (1928) S. 38 ff.

— Quellen und Forschungen zur Geschichte Friedrich Barbarossas, in: Neues Archiv d. Ges. f. ält. dt. Geschichtskunde 48 (1930) S. 384—413.

— Zur Geschichte des Investiturstreites (Englische Analekten II): ebd. 50 (1935) S. 246—319.

Hoennicke, G.: Studien zur Geschichte des Hospitalordens im Königreich Jerusalem. Halle 1897.

Hoogewog, Hermann: Der Kreuzzug von Damiette 1217—1221, in: Mitt. d. Inst. f. österr. Geschichtsforsch. 8 (1887) S. 188—218 (I); 9 (1888) S. 249—288 (II), S. 414—447 (III).

Hotzelt, Wilhelm: Geschichte der Patriarchen von Jerusalem.
— Kirchengeschichte Palästinas von der Urkirche bis zur Gegenwart. Bd. 3. Köln 1940.
Huberti, Ludwig: Studien zur Rechtsgeschichte der Gottesfrieden und Landfrieden. Buch I: Die Friedensordnungen in Frankreich. Ansbach 1891.
Hüffer, H.: Die Anfänge des zweiten Kreuzzugs, in: Histor. Jahrb. d. Görres-Ges. 8 (1887) S. 391—429.
Huizinga, J.: Herbst des Mittelalters. Studien über Lebens- und Geistesformen des 14. und 15. Jahrh. in Frankreich und in den Niederlanden. — Dt. Übersetzung, 6. Aufl. Stuttgart 1952.
— La valeur politique et militaire des idées de Chevalerie à la fin du moyen-âge, in: Revue d'histoire diplomatique 35 (1921) S. 126—137.
Hurter, Friedrich: Geschichte Papst Innozenz' des Dritten und seiner Zeitgenossen. 4 Bde. Hamburg 1841.
Idoate, Vera G.: Navarra y las Crusades. Ensayo histórico de las principales expediciones religioso-militares de Navarra desde fines del siglo 8 hasta mediatos del 14. Pamplona 1931. (256 S.)
Ilgen, Theodor: Markgraf Konrad von Montferrat. Marburg 1880.
Iskenderian, Ter-Grigorian: Die Kreuzfahrer und ihre Beziehungen zu den armenischen Nachbarfürsten bis zum Untergange der Grafschaft Edessa. Nach armenischen Quellen. Diss. Leipzig 1915. Weida i. Thür. 1915.
Jacob, Georg: Der Einfluß des Morgenlandes auf das Abendland, vornehmlich während des Mittelalters. Hannover 1924.
Jacobs, W.: Patriarch Gerold von Jerusalem. Ein Beitrag zur Kreuzzugsgeschichte Friedrichs II. Diss. Bonn 1905.
Jahn, Hans: Die Heereszahlen in den Kreuzzügen. Diss. Berlin 1907.
Jahrbücher der deutschen Geschichte:
Wilhelm Bernhardi: Konrad III. Teil 1 u. 2. Leipzig 1883.
Eduard Winkelmann: Kaiser Friedrich II. Bd. 1 u. 2. Leipzig 1889—1897.
Jammes, Francis: Saint-Louis ou l'esprit de Croisade. 1941.
Janssens: Etienne de Cloyes et les Croisades d'enfants au 12e siècle, in: Bulletin de la Société Dunoise d'archéol., hist., sciences et arts 1891, S. 109—133.
Jeauroy, Alfred: Les origines de la poésie lyrique en France au moyen-âge, suivies de textes inédits. Paris 1889.
Jellinek, Ad.: Zur Geschichte der Kreuzzüge (d. h. der Judenverfolgungen gelegentlich der Kreuzzüge). Nach handschriftlichen hebräischen Quellen hrsg. Leipzig 1854. (Enthält den Bericht von R. Elieser ben Nathan aus Mainz.)
Jenal, Anton: Der Kampf um Durazzo 1107—1108, mit dem Gedicht des Tortarius, in: Histor. Jahrb. d. Görres-Ges. 37 (1916) S. 331—352.
Johns, C. N.: The Crusaders attempt to colonize Syria. 1934. = Journal of the Royal Central Asian Society Bd. 31.
— Palestine of the Crusades. Jerusalem 1938. (41 S.)
Johnson, W.: Domus hospitalis sanctae Mariae Theutonicorum Jerusalem. Berlin 1901. (126 S.)
Jonnison, Evelyn: Some Notes on the Anonymi Gesta. Studies, presented to M. K. Pope. Manchester 1939.
Joranson, Einar: The alleged Frankish Protectorate in Palestine, in: American Histor. Review 1927, S. 241—261.
— The great German Pilgrimage of 1064—1065. New York 1928. = The Crusades and other histor. Essays, presented to Dana C. Munro by his former Students, ed. by L. J. Paetow.
— The Crusade of Henry the Lion. Chicago 1938. = Medieval Essays, presented to G. W. Thompson.

Jordan, Karl: Das Eindringen des Lehnswesen in das Rechtsleben der römischen Kurie. 1931. = Archiv f. Urkundenforschung 12.
Jorga, Nicolas: Philippe de Mézières, 1327—1405, et la Croisade au 14e siècle. 1896.
— Geschichte des osmanischen Reiches. Bd. 1 (bis 1451). Gotha 1908. Gesch. der europ. Staaten.
— Brève histoire des Croisades et de leurs fondations en Terre Sainte. Paris 1924.
— Quelques observations sur les rapports entre le monde oriental et les Croisés. 1925. = Mélanges d'histoire du moyen-âge offerts à M. Ferdinand Lot par ses amis et ses élèves.
— Les narrateurs de la première Croisade. Paris 1928.
— Brève histoire de la Petite Arménie. Paris 1930.
— France de Chypre. Paris 1931. (215 S.)
— Histoire de la vie byzantine. Empire et civilisation. 3 Bde. Paris 1934.
— La France de Terre Sainte. Considérations synthétiques. 1934. = Revue histor. Sud-Est europ. 11.
— Etudes byzantines. Bd. 1. Bukarest 1939. (Besonders Kap. 8—10.)
Die *Judenverfolgungen* in Speyer, Worms und Mainz im Jahre 1096 während des ersten Kreuzzuges. Aus einem in der Großherzogl. Hofbibliothek befindlichen alten hebräischen Manuskript übertragen und mit historischen Anmerkungen begleitet. Darmstadt 1877.
Jugie, Martin: Le schisme byzantin. Aperçu historique et doctrinal. Paris 1941.
Kämpf, Hellmut: Pierre Dubois und die geistigen Grundlagen des französischen Nationalbewußtseins um 1300. Berlin 1935. = Beiträge z. Kulturgesch. d. Mittelalters u. der Renaissance Bd. 54.
Kampers, F.: Gnostisches im Parzival und in verwandten Dichtungen, in: Mitt. d. schles. Ges. f. Volkskunde 21 (1919) S. 1 f.
Kampschulte, Wilhelm: Über Charakter und Entwicklungsgang der Kreuzzüge. Bonn 1864.
Kantorowicz, Ernst: Kaiser Friedrich der Zweite. Berlin 1927. — Dazu Ergänzungsband: Quellennachweise und Exkurse, 1931.
— „Mythenschau", eine Erwiderung, in: Histor. Ztschr. 141, S. 457 ff.
Kap-Herr, H. v.: Die abendländische Politik Kaiser Manuels, mit besonderer Rücksicht auf Deutschland. Diss. Straßburg 1881.
Kegel, Eberhard: Das Ordensland Preußen und seine rechtliche Stellung zum Reich. Jurist. Diss. Halle 1937.
Kehr, Paul: Das Papsttum und der Katalanische Prinzipat bis zur Vereinigung mit Aragon. = Abh. d. Preuß. Akad. d. Wiss., Phil.-hist. Kl. 1926, 1.
— Das Papsttum und das Königreich Navarra und Aragon bis zur Mitte des 12. Jahrh.: ebd. 1928, S. 1—58.
Kern, Fritz: Der mittelalterliche Deutsche in französischer Ansicht, in: Histor. Ztschr. 108 (1912) S. 237 ff.
Keutner, Adalbert: Papsttum und Krieg unter dem Pontifikat des Papstes Honorius III. (1216—1227). Diss. Münster 1935. = Münster, Beitr. z. Gesch., Forschungen. 3. Serie, Heft 10 = Heft 61 der ganzen Reihe.
Kienast, Walther: Der Kreuzkrieg Philipps des Schönen von Frankreich gegen Aragon. 1934. = Histor. Vierteljahrsschr. 28.
Kilgour, Raymond Lincoln: The Decline of Chivalry as shown in the French Literature of the late Middle Ages. Cambridge, Harvard Univers. Press 1937. = Harvard Studies in Romance Languages. 12. (431 S.).
Kind, A. R.: Gründe der Gefangschaft Richards I. 1892.
King, E. G.: The Knights Hospitalers in the Holy Land. London 1932.
— The Rule, Statutes and Customs of the Hospitalers, 1099—1310. London 1934.
Kirn, Paul: Aus der Frühzeit des Nationalgefühls. 1943.

Kirpicnikov, A., s. Veselovskij, A. N.
Klassen, Ernst: Geschichts- und Reichsbetrachtung in der Epik des 12. Jahrh. 1938. = Bonner Beiträge z. dt. Philol. 7.
Klein, Clemens: Raimund von Aguiles. Quellenstudien zur Geschichte des ersten Kreuzzugs. 1892.
Kleinclausz, A.: La légende du protectorat de Charlemagne sur la Terre Sainte, in: Syria 1926, S. 211—233.
Klimke, C.: Die Quellen zur Geschichte des 4. Kreuzzuges. Breslau 1875.
Klinge, Gerhard: Die Beziehungen zwischen christlicher und islamischer Theologie im Anfange des Mittelalters, in: Ztschr. f. Kirchengesch. 56 (1937) S. 43 ff.
Kluckhohn, Paul: Die Ministerialität in Südostdeutschland vom 10. bis zum Ende des 13. Jahrh. 1910. = Quellen u. Studien z. Verfassungsgesch. d. dt. Reiches in Mittelalter u. Neuzeit, hrsg. von K. Zeumer, IV, 1. — Darin Exkurs: Die Teilnahme der Ministerialen an den Kreuzzügen. Statistisches Verhältnis der Ministerialen zu den freien Kreuzfahrern.
— Ministerialität und Ritterdichtung. = Ztschr. f. dt. Altertum Bd. 52.
— Der Minnesang als Standesdichtung. 1913. = Archiv f. Kulturgesch. Bd. 11.
— Die ritterliche Kultur in Deutschland. 1929 = Das Mittelalter in Einzeldarstellungen.
Knappen, M. M.: Robert II. of Flanders in the first Crusade. 1928. = The Crusades ... presented to Dana Munro.
Kneller, K. A.: Des Richard Löwenherz deutsche Gefangenschaft 1192—1194. Freiburg i. Br. 1893.
Knorr, Friedrich: Die mittelhochdeutsche Dichtung. 1938.
Koch, A.: Hermann von Salza, Meister des Deutschen Ordens. 1883.
Kohler, Ch.: Historia regum Hierusalem latinorum ad deplorationem perditionis Terrae Sanctae accommodata, in: Revue de l'Orient latin 5 (1897) S. 228—242.
— Mélanges pour servir à l'histoire de l'Orient latin et des Croisades. Paris 1906.
— Un sermon commémoratif de la prise de Jérusalem par les Croisés, attribué à Foucher de Chartres: ebd.
Konetzke, Richard: Das spanische Weltreich. Grundlagen und Entstehung. München 1943. (Darin: Zusammenhänge von Entdeckungsreisen und Kreuzzugsideen.)
Koepp, Wilhelm: Aus der Werkstatt einer Geschichte der Frömmigkeit der germanischen Seele. 1942. = Germanentum, Christentum u. Judentum Bd. 2.
Körner, K.: Die Templerregel. Aus dem Altfranzösischen übersetzt und mit erläuternden Anmerkungen versehen. 1902. (VII, XX u. 198 S.)
— Ist die lateinische oder französische Fassung der Templerregel als die ursprüngliche anzusehen? 1901. = Programm d. städt. Realschule Gotha.
Köster, W.: Der Kreuzablaß im Kampfe der Kurie mit Friedrich II. Diss. Münster 1913.
Kralik, Dietrich: Deutsche Heldendichtung. 1930.
Krebs, F.: Zur Kritik Alberts von Aachen. Diss. Münster 1881.
Krefting, Achim: St. Michael und St. Georg in ihren geistesgeschichtlichen Beziehungen. Diss. Köln 1937. = Deutsche Arbeiten d. Universität Köln 14. (97 S.)
Kremer, Alfred v.: Geschichte der herrschenden Ideen des Islams. 1868.
— Streifzüge im Gebiet der Kulturgeschichte des Islams. 1868.
— Kulturgeschichte des Orients unter den Kalifen. 2 Bde. 1875—1877.
Kretschmayr, Heinrich: Geschichte von Venedig. Bd. 1. 1905. = Gesch. d. europ. Staaten, hrsg. von Heeren ..., I, 35.
Krey, August C.: The first Crusade. Princeton 1921.
— William of Tyre, the making of an Historian in the Middle Ages, in: Speculum 16, S. 149—166.
— A neglected Passage in the Gesta and its bearing on the Literature of the first

Crusade. New York 1928. = The Crusades and other histor. Essays, presented to Dana C. Munro, I 3.
— Urban's Crusade — success or failure?, in: Americ. Histor. Review 53 (1948) S. 235—250.
Krumbacher, Karl: der hl. Georg in der griechischen Überlieferung. Aus dem Nachlaß hrsg. von Alb. Ehrhardt. 1911. = Abh. d. Kgl. Bayr. Akad. d. Wiss., Phil.-hist. Kl. 25.
Kugler, Bernhard: Boemund und Tankred, Fürsten von Antiochien. 1862.
— Komnenen und Kreuzfahrer, in: Histor. Ztschr. 14 (1865) S. 295 ff.
— Studien zur Geschichte des zweiten Kreuzzuges. 1866.
— Analekten zur Geschichte des zweiten Kreuzzuges. 1878.
— Peter der Eremite und Albert von Aachen. 1880. = Histor. Ztschr. Bd. 44.
— Geschichte der Kreuzzüge. 1880; 2. Aufl. 1891. = Allg. Geschichte, hrsg. von W. Oncken, II. 5.
— Kaiser Alexius und Albert von Aachen, in: Forsch. z. dt. Gesch. 23 (1883) S. 431—500.
— Albert von Aachen. 1885. (426 S.)
— Zur Geschichte Gottfrieds von Bouillon, in: Forsch. z. dt. Gesch. 26 (1886) S. 302—307.
— Neue Analekten zur Geschichte des zweiten Kreuzzuges. 1883.
— Analekten zur Kritik Alberts von Aachen. 1888. = Einladung ... z. Feier des Geburtsfestes ... des Königs Karl von Württemberg ..., Univers. Tübingen.
— Eine neue Handschrift der Chronik Alberts von Aachen. = Verzeichnis der Doktoren ..., Tübingen 1892/93.
— Die deutschen Codices Alberts von Aachen: ebd. 1893/94.
Kuhn, F.: Geschichte der ersten lateinischen Patriarchen von Jerusalem. 1886.
Kühn, Fritz: Zur Kritik Alberts von Aachen, in: Neues Archiv d. Ges. f. ält. dt. Geschichtskunde 12 (1886) S. 543—558.
— Geschichte der ersten lateinischen Patriarchen in Jerusalem. 1886.
Kühne: Zur Geschichte des Fürstentums Antiochia. 1098—1130. Berlin 1897.
Kühnel, Ernst: Nordische und islamische Kunst, in: Die Welt als Geschichte 1 (1935) S. 202—218.
Kulakovsky, Y.: History of Byzantium. (russisch). 3 Bde. Kiew 1913—1915.
Kultur der orientalischen Völker. Von Erich Schmitt, Oskar Kressler, Willibald Kirfel, Hans Heinrich Schaeder, Walter Wolf. Potsdam 1936. = Handbuch d. Kulturgesch., hrsg. von H. Kindermann.
Kurth, Friedrich: Der Anteil niederdeutscher Kreuzfahrer an den Kämpfen der Portugiesen gegen die Mauren, in: Mitt. d. Inst. f. österr. Geschichtsforsch. Erg.-Bd. 8 (1911) S. 131 ff.
Lagarde, G. de: La naissance de l'esprit laique au déclin du moyen-âge. Teil 1 u. 2. 1934. (254 u. 326 S.)
Lair, L.: Études critiques sur divers textes des 10ᵉ et 11ᵉ siècles. (I. Bulle du pape Sergius IV usw. ...) Paris 1899.
Lamb, Harold: The Crusades. Iron Men and Saints. London 1930, 1935 u. 1944. 2. Aufl. unter dem Titel: The Crusades, the flame of Islam.
— The March of the Barbarians. London 1941.
Lammens, H.: La Syrie. Précis historique. 2 Bde. Beirut 1921.
— L'Islam. Croyances et institutions. 1926.
La Monte, John L.: The communal Movement in Syria in the 13th Century, in: Anniversary Essays in mediaeval History by Students of Charles Homer Haskins (1929) S. 117—131.
— Feudal Monarchy in the Latin Kingdom of Jerusalem (1100—1291). 1932. = Monographs of the Mediaeval Academy of America Nr. 4.

La Monte, John L.: To what extent was the Byzantine Empire the suzerain of the latin Crusading States?, in: Byzantion 7 (1932) S. 253—264.
— Besprechung von Karl Erdmann, Die Entstehung des Kreuzzugsgedankens, in: Speculum 12 (1937) S. 119.
— John d'Ibelin, the old Lord of Beirut, in: Byzantion 12 (1937) S. 417—448.
— Some Problems in crusading Historiography, in: Speculum 15 (1940) S. 57—75.
— The Lords of Le Puiset on the Crusades, in: Speculum 17 (1942).
— La Papauté et les Croisades. New York 1945.
— The Lords of Sidon in the 12th and 13th Centuries, in: Byzantion 17 (1945) S. 183—211.
— From Crusaders Kingdom to commercial Colony. 1945. = Polish Institute for Art and Science in America Bd. 3.
— The Lords of Caesarea in the Period of the Crusades, in: Speculum 22 (1947).
Lamprecht, Hans: Untersuchungen über einige englische Chronisten des 12. und des beginnenden 13. Jahrhs. Diss. Breslau 1937.
Lane, E. W.: Arabian Society in the Middle Ages. 1883.
Lane-Poole, St.: The Mohammadan Dynasties. Chronological and genealogical Tables. London 1893; Neudruck Paris 1925.
— Saladin and the Fall of the Kingdom of Jerusalem. New York 1899. (440 S.) — Neue Ausgabe 1926. = Neuausgabe der Geschichte Saladins von Marin, erschienen 1758.
— A History of Egypt in the Middle Ages. New York 1901, London 1925.
Langeheinecke, J.: Die diplomatischen Beziehungen zwischen dem deutschen Reich und Byzanz unter Lothar III. und Konrad III. Diss. Berlin 1921.
Langenbucher, H.: Das Gesicht des deutschen Minnesangs und seine Wandlungen. 1930.
Langer, O.: Politische Geschichte Genuas und Pisas im 12. Jahrh. 1882. = Histor. Studien, hrsg. von W. Arndt, Heft 7.
Langlois, Charles Victor: „La vie en France au moyen-âge" [Bd: 2] d'après des moralistes du temps. Paris 1924.
— La société française au 13e siècle d'après dix romans d'aventure. 1911.
— La vie en France au moyen-âge de la fin du 12e au milieu du 14e siècle. Bd. 3: La connaissance de la nature et du monde d'après des écrits français à l'usage des laïcs. Paris 1927.
Lattes, A.: Sul diritto delle obbligazioni negli Stati fondati dai Crociati. 1933. = Rivista stor. di diritto Ital. VI, 2.
Laurac, S.: Le roy sans diadème. Prodigieuse aventure des Croisés. 1947.
Laurent, J.: Byzance et les Turcs Seljoucides jusqu'en 1081. Nancy 1913.
— L'Arménie entre Byzance et l'Islam. Paris 1919.
— Les Arméniens de Cilice. Paris 1924. = Mélanges Schlumberger Bd. 1.
— Des Grecs aux Croisés. Étude sur l'histoire d'Edessa entre 1071 et 1098, in: Byzantion 1 (1924) S. 367—449.
— Sur les émirs Danishmendites jusqu'en 1104. = Mélanges Jorga S. 499—506.
Lavisse, Ernest: Histoire de France depuis les origines jusqu'à la Révolution. Bd. 2 u. 3. Paris 1901.
Lavocat: Procès des frères et de l'ordre du Temple. Bd. 1. Paris 1888.
Lavoix: Monnaies à légendes arabes frappées par les Croisés en Syrie. Paris 1878.
Lawrence, Thomas Edward: Crusaders Castles. 2 Bde. London 1936.
Le Bon, Gustave: La civilisation des Arabes. Paris 1884.
Lechat, Robert: Les Fragmenta de vita et miraculis s. Bernardi, par Geoffroy d'Auxerre, in: Analecta Bolland. 50 (1932) S. 83—122.
Lecler, J.: L'idée de Croisade. Ses origines d'après les travaux récents, in: Études. Revue cathol. d'intérêt général. 129 (1936) S. 37—57.

Lecoy de la Marche, A.: La prédication de la Croisade au 3e siècle, in: Revue des quest. histor. Jg. 25, Bd. 48, N. S. Bd. 4 (1890) S. 1—28.
— La France sous saint Louis et sous Philippe le Hardi. 1893.
Lees, Beatrice: Records of the Templers in England in the 12th Century. London 1935.
Le Febvre, Y.: Pierre l'Eremit et la Croisade. Amiens 1946.
Lehmann, Bruno: Die Nachrichten des Niketas Choniates, Georgios Akropolites und Pachymeros über die Selčuqen in der Zeit von 1180 bis 1280 n. Chr. Diss. Leipzig 1939.
Lehmann, Paul: Die Parodie im Mittelalter. München 1922.
— Parodistische Texte. 1923.
Lehmann, Paul, u. Otto *Glauning:* Mittelalterliche Handschriften-Bruchstücke der Universitätsbibliothek und des Georgianum zu München. 1940. = Zentralbl. f. Bibl.-Wesen Beiheft 72 (Darin über Burchardi Argentoratensis Itinerarium.)
— Die mittellateinischen Dichtungen der Prioren des Tempels von Jerusalem Acardus und Gaufridus, in: Corona Quernea, Festgabe f. Karl Strecker (1941) S. 296 ff.
Leib, Bernhard, S. J.: Rome, Kiev et Byzance à la fin du 11e siècle. Rapports religieux des Latins et des Gréco-Russes sous le pontificat d'Urbain II (1088/99). Paris 1924. (XXXI u. 358 S.)
— Un pape français et sa politique d'union. Urbain II et l'Orient byzantin. 1088 bis 1099, in: Études, Revue des Pères de la Compagnie de Jésus 212 (1932).
Lenel, W.: Die Epochen der älteren venetianischen Geschichte, in: Histor. Zschr. 104 (1910) S. 237—277.
Leonhardt, Wilhelm: Der Kreuzzugsplan Heinrichs VI. Diss. Gießen 1913.
Le Strange, G.: Palestine under the Moslems. London 1890.
Levy, R.: An Introduction to the Sociology of Islam. 2 Bde. 1931/34.
Lewent, Kurt: Das altprovençalische Kreuzlied. Diss. Berlin 1905.
Lewis, Bernard: The Sources for the History of the Syrian Assassins, in: Saeculum 27 (1952) S. 475—489.
— The Isma'ilites and the Assassins, in: History of the Crusades, ed. Kenneth M. Setton, Bd. 1, S. 99 ff.
Lewis-André, J.: St. George the Martyr in Legend, Ceremonial art etc. London 1900. = The Archeol. Journal 57.
Linsenmayer, A.: Geschichte der Predigt in Deutschland bis zum Ausgang des 14. Jahrh. 1886.
Lintzel, Martin: Zur Datierung des deutschen Rolandsliedes, in: Ztschr. f. dt. Philol. 51 (1926).
Lizerand, Georges: Jacques de Molay. Paris 1913.
Lobet, Marcel: A l'assaut de Constantinople. L'aventure byzantine des seigneurs belges à la IV. Croisade. 1942.
— Histoire mystérieuse et tragique des Templiers. 2. Aufl. Lüttich 1943.
Loiseleur, J.: Doctrine secrète des Templiers. Étude suivie du texte inédit de l'enquête contre les Templiers de Toscane. Paris 1872.
Longnon, Jean: Les Français d'outre-Mer au moyen-âge. Paris 1929.
— L'empire de Constantinople et la principauté de Morgé. Paris 1949.
Lopez, R.: Genova marinaria nel duccento. Benedetto Zaccaria. Mailand 1933.
— Storia delle colonie Genovesi nel Mediterraneo, Bologna 1938.
Lot, Ferdinand: L'art militaire et les armées au moyen-âge. 2 Bde. Paris 1946.
Lucas, L.: Geschichte der Stadt Tyrus zur Zeit der Kreuzzüge. 1896.
Luchaire, Achille: Innocent III, la question d'Orient. Paris 1907.
— La société française au temps de Philippe Auguste. Paris 1909.

Luchaire, Achille: Zu L.s Schrift über Bernhard von Clairvaux s. Revue histor. 84, S. 361, und Histor. Ztschr. 84, S. 361.
Lüders, Anneliese: Die Kreuzzüge im Urteil syrischer und armenischer Quellen. 1954.
Lueken, Wilhelm: Michael. Eine Darstellung und Vergleichung der jüdischen und morgenländisch-christlichen Tradition des Erzengels Michael. Göttingen 1898.
Lund*green*, Friedrich: Wilhelm von Tyrus und der Templerorden. 1911. = Histor. Studien Ebering 97.
— Zur Geschichte des Templerordens, in: Mitt. d. Instit. f. österr. Geschichtsforsch. 35 (1914) S. 670—687.
Lunt, W. E.: Papal Taxations in England in the Reign of Edward I., in: The English Histor. Review 30 (1915) S. 398—417.
— Collectors' Accounts for the clerical Tenth levied in England by order of Nicholas IV. 1296—1302: ebd. 31 (1916) S. 102—119.
— A papal Tenth levied in the British Isles from 1274 to 1280: ebd. 32 (1917) S. 49—89.
Maas, P.: Die Musen des Kaisers Alexios I. 1913, in: Byzant. Ztschr. 22 (1913).
MacLean, Norman: An eastern Embassy to Europe in the year 1287/88, in: The English Histor. Review 14 (1899) S. 299—318. (Auf Grund des syrischen Berichtes von Rabban Sauma.)
Macpherson, J. R.: The Church of the Resurrection, or the Holy Sepulchre, in: The English Histor. Review 7 (1892) S. 417—436 669—684.
Madelin, Louis: L'expansion française. De la Syrie au Rhin. Paris o. J.
Mailhard de la Couture, G.: Godefroy de Boullion et la première Croisade. Brügge 1887.
Maylli, Jean Baptiste: L'esprit des Croisades, ou histoire politique et militaire des guerres entreprises par les chrétiens contre les mahométans. 4 Bde. Amsterdam u. Paris 1780. — Dt. Übersetzung: Geschichte der Kreuzzüge. 1782.
Manitius, Max: Geschichte der lateinischen Literatur des Mittelalters. Bd. 3. 1931.
Mann, J.: The Jews in Egypt and Palestine under the Fatimid Caliphs. 3 Bde. Oxford 1920—1922.
Mannheimer, M.: Die Judenverfolgungen in Speyer, Worms und Mainz 1096. Darmstadt 1877.
Manselli, R.: Normanni d'Italia alle prima Crociata: Boemondo d'Altavilla. Neapel 1940. = Japigia Bd. 9.
Marçais, G., s. Diehl-Marçais.
Marquardt, Georg: Die Historia Hierosolymitana des Robertus Monachus. Ein quellenkritischer Beitrag zur Geschichte des ersten Kreuzzuges. Diss. Königsberg 1892.
Martin (Abbé): Les premiers princes croisés et les Syriens jacobites de Jérusalem. Paris 1888/89. = Journal asiatique Bd. 12 u. 13 (Série 8).
Martin, Ch.: L'organisation militaire des Croisés en Terre Sainte, in: Nouv. Revue théol. (Tournai) 64 (1937) S. 284—294.
Mas Latrie, L. comte de: Histoire de l'Île de Chypre sous les règnes des princes de la maison de Lusignan. 3 Bde. Paris 1852—1861. (Reicht bis 1291.)
— Traités de paix et de commerce et documents divers concernant les relations des chrétiens avec les Arabes de l'Afrique septentrionale au moyen-âge. Paris 1866.
— Essay de classification des continuateurs de l'histoire des Croisades de Guillaume de Tyr., in: Biblioth. de l'École des chartes, Sér. 5, Bd. 1, S. 38 u. 140. (Auch in der Ausgabe des Ernoul. Paris 1871.)
— De quelques seigneuries de Terre Sainte, in: Revue histor. 8 (1878) S. 107—120.
— Les Patriarches latins de Jérusalem, in: Revue de l'Orient latin 1 (1893).
— Les Partriarches latins d'Antioche: ebd. 2 (1894).

Mas Latrie, L. comte de: Les seigneurs d'Arsur en Terre Sainte, in: Revue des quest. histor. 55, S. 585—597.
Massé, H.: L'Islam. Paris 1930.
Matzner, Franz Leopold: De Jacobi Vitriacensis crucis praedicatoris vita et rebus gestis. Diss. München 1863.
Meffert, F.: Caritas und Krankenwesen bis zum Ausgang des Mittelalters. 1927. (Darin S. 164 ff. über die Johanniter.)
Melville, Marion: La vie des Templiers. 8. éd. Paris 1951.
Mély, F. de: La croix des premiers Croisés. Paris 1904. = Supplementary Vol. to Riant, Exuviae sacrae Constantinopolitanae.
— La sainte Lance. Paris 1904. = Notes et études archéol., publ. vol. III de Riant, Exuviae sacrae Constantinopolitanae.
Menéndez Pidal, R.: La España da Cid. 2 Bde. Madrid 1929. — Dt. Übersetzung unter dem Titel: Das Spanien des Cid. München 1937.
Merk, C. Josef: Anschauungen über die Lehre und das Leben der Kirche im altfranzösischen Heldenepos. 1914. = Beihefte z. Ztschr. f. roman. Philol. 41.
Meyer, Hans: Geschichte der abendländischen Weltanschauung. Bd. 3: Die Weltanschauung des Mittelalters. 1948.
Meyer, M. A.: Gaza. New York 1917. = Columbia Univers. Oriental Series.
Mez, A.: Die Renaissance des Islams. Heidelberg 1922.
Michaud, Joseph-François: Histoire des Croisades. 4 Bde. Paris 1812, 1817, 1838; 5. Aufl. dann mehrere neuere Auflagen, z. B. Paris 1840.
— Bibliographie des Croisades. Paris 1822.
— Bibliothèque des Croisades. Paris 1829.
— Histoire de la première Croisade. 3. éd. 1862.
Michel, Karl: Das Opus tripartitum des Humbertus de Romanis. 2. Aufl. 1926.
Michelet, Jules: Procès de Templiers. 2 Bde. Paris 1841 u. 1851. = Collection des documents inédits sur l'histoire de France.
Miller, William: The Latins in the Levant. London 1918.
— Essays on the Latin Orient. [Über das Königreich Jerusalem.] London 1921. (VIII u. 582 S.)
Milthaler, Frank: Die Großgebietiger des Deutschen Ritterordens bis 1440. Ihre Stellung und Befugnisse. 1940. = Schriften d. Albertus-Universität, Geisteswissenschaftl. Reihe 26.
Mitrofanov, P.: Le changement de direction de la quatrième Croisade. 1897. — Russisch: Vizantiiski Vremennik 4 (1897) S. 461—523.
Mitteis, Heinrich: Schuld- und Handelsrecht der Kreuzfahrerstaaten. Festschrift f. Heymann. 1931.
— Lehnsrecht und Staatsgewalt. Untersuchungen zur mittelalterlichen Verfassungsgeschichte. 1933.
— Der Staat des hohen Mittelalters. Grundlinien einer vergleichenden Verfassungsgeschichte des Lehnszeitalters. 1940.
Mockenhaupt, B., O.S.B.: Die Frömmigkeit im Parzival Wolframs von Eschenbach. Ein Beitrag zur Geschichte des religiösen Geistes in der Laienwelt des deutschen Mittelalters. 1942.
Moline de Saint-Yon, Alexandre-Pierre: Histoire des comtes de Toulouse. 4 Bde. Paris o. J.
Molinier, Auguste: Les sources de l'histoire de France. 6 Bde. Paris 1901—1906.
Moeller, Ch.: Les Flamands du Ternois au royaume de Jérusalem. Mélanges Paul Frédéricq, Brüssel 1904.
— Godefroi de Bouillon et l'avouerie du Saint-Sépulcre Liège 1908. = Mélanges Godfried Kurth Bd. 1.
Mombert: A short History of the Crusades. New York 1894. (301 S.)

Monnier, Francis: Godefroi de Bouillon et les Assises de Jérusalem. Avec des documents inédits. Paris 1874.

Monti, Gennaro Maria: L'Italia e le Crociate in Terra Santa. Neapel 1940.

Mont-Rond, Max de: Les Guerres Saintes d'outre-mer ou tableau des Croisades retracé d'après les chroniques contemporaines. 2 Bde. Paris 1845.

Les *Monuments des Croisés* dans le royaume de Jérusalem. 4 Bde. Paris 1925—1929.

Moravcsik, G.: Byzantinoturcica. 2 Bde. Budapest 1942/43.

Morris, Wenteworth: A Crusaders' Testament, in: Speculum 27 (1952) S. 197—198.

Muhammad Fuad Köprüli zada: Les origines de l'empire ottoman. Paris 1935. = Études orientales 3.

Muir, W.: The Caliphate, its Rise, Decline and Fall. 4. ed. Edinburgh 1914.

Mukrimin Halil (Yinanç): Türkiye Taritu. Salcuklu Dairi. Bd. 1: Anadolu Fethi. Istanbul 1934.

Müller, August: Der Islam im Morgen- und Abendland. 2 Bde. 1885—1887.

Müller, C. O.: Antiquitates Antiochenae. Göttingen 1839.

Müller, Günther: Ergebnisse und Aufgaben der Minnesangforschung, in: Dt. Vierteljahrsschr. f. Literaturwiss. u. Geistesgesch. 5 (1927) S. 106 ff.

Munro, Dana Carleton: Urban and the Crusaders. Letters of the Crusaders. Translations and Reprints from the original Sources of European History. I, Nr. 2 u. 4. Philadelphia 1894.

— Letters of the Crusaders, written from the Holy Land. 1894.

— The fourth Crusade. Translations and Reprints from the original Sources of European History. III, 1. 1896.

— Life among the Crusaders. 1899. = Scientific Americ. Supplement 1217.

— Christian and Infidel. 1900. = International Monthly 1900. Dann nachgedruckt in Munro, Prutz u. Diehl, Essays, 1903.

— The Speech of Pope Urban II. at Clermont, in: Americ. Histor. Review 11 (1905/06) S. 231—242.

— The Children's Crusade, in: Americ. Histor. Review 19 (1924) S. 516—524.

— The Popes and the Crusades. 1916. = Proceedings of the Americ. Philosophical Society 55, Nr. 5, 1.

— Did the Emperor Alexius ask for aid at the Council of Piacenza 1095?, in: The Americ. Histor. Review 17 (1922) S. 731.

— The western Attitude toward Islam during the Crusades, in: Speculum 6 (1931) S. 329—343.

— A Crusader (Fulcher von Chartres), in: Speculum 7 (1932) S. 321—355.

— The Establishment of the Latin Kingdom of Jerusalem, in: Sewanee Review 32, Nr. 3, S. 258.

— The Kingdom of the Crusaders. New York 1936. (Posthum.)

Munro, D. C., Hans *Prutz* u. Charles *Diehl:* Essays on the Crusades. 1903.

Münter, Friedrich Christian Karl Heinrich: Statutenbuch des Ordens der Tempelherren. Berlin 1794.

Musatti, Eugenio: Venezia e le sue conquiste nel medio evo. 1881

Nadaule, J.: Appel de la Terre Sainte. 1941.

Nau, F.: Le Croisé Lorrain, Godefroy de Ascha. Paris 1899. = Journal asiatique, 9. Serie, Bd. 14.

Naumann, Hans: Der wilde und der edle Heide, in: Vom Werden des dt. Geistes, Festgabe f. G. Ehrismann (1925) S. 80—101.

— Ritterliche Standeskultur um 1200. = Buchreihe d. Dt. Vierteljahrsschr. f. Literaturwiss. u. Geistesgesch. 17 (1929).

— Germanischer Schicksalsglaube. 1934. (Enthält Beiträge zur Frage des Gottesstreitertums.)

— Höfisches Lesebuch. 1937. = Literarhist. Bibliothek Bd. 2.
— Deutsche Kultur im Zeitalter des Rittertums. 1938. = Handbuch d. Kulturgesch., hrsg. von H. Kindermann, Bd. I, 3.
Naumann, Hans, u. Günther *Müller:* Höfische Kultur. 1929. (Darin enthalten das obige Buch: Ritterliche Standeskultur um 1200.)
Neckel, Gustav: Adel und Gefolgschaft, in: Beiträge z. Gesch. d. dt. Sprache u. Lit. 41 (1916) S. 385.
Neubauer, E. R.: Über die Teilnahme normannischer Fürsten am ersten Kreuzzuge. 1872.
Neubecker, O.: Fahnen und Flaggen. 1939.
Neumann, Carl: Griechische Geschichtsschreiber und Geschichtsquellen im 12. Jahrh. Studien zu Anna Comnena, Theod. Prodromus, Joh. Cinnamus. 1888.
— Bernhard von Clairvaux und die Anfänge des Zweiten Kreuzzuges. Diss. Heidelberg 1882.
— Die Weltstellung des byzantinischen Reiches vor den Kreuzzügen. 1894. (121 S.) Auch in französischer Übersetzung: La situation mondiale ..., in: Revue de l'Orient latin 10 (1903) S. 51 ff.
Nicholson, R. L.: Tancred. A Study of his Career and Work in their relation to the first Crusade and the Establishment of the Latin States in Syria and Palestine. Chicago 1940. (240 S.)
Nickerson, M. E.: The Seigneurie of Beirut in the 12th Century and the Brisbarre Family of Beirut-Blanchegarde, in: Byzantion 19 (1949) S. 141—185.
Norden, Walter: Der vierte Kreuzzug im Rahmen der Beziehungen des Abendlandes zu Byzanz. Diss. Berlin 1898.
— Das Papsttum und Byzanz. Die Trennung der beiden Mächte und das Problem der Wiedervereinigung bis zum Untergange des byzantinischen Reiches. 1903.
Norgate, Kate: The „Itinerarium Peregrinorum" and the „Song of Ambrose", in: The English Histor. Review 25 (1910) S. 523—547.
— Richard the Lion Heart. London 1924.
Oeconomos, L.: La vie religieuse dans l'Empire Byzantin. Paris 1918.
Oehler, M.: Geschichte des Deutschen Ritterordens. Bd. 1: Die Anfänge des Ordens bis zum Eintritt in den Preußenkampf. 1919.
Ohnsorge, Werner: Die Byzanzpolitik Friedrich Barbarossas und der „Landesverrat" Heinrichs des Löwen. 1943. = Dt. Archiv f. Gesch. d. Mittelalters 6.
— Das Zweikaiserproblem im früheren Mittelalter. Die Bedeutung des byzantinischen Reiches für die Entwicklung der Staatsidee in Europa. 1947.
— Byzanz und das Abendland im 9. und 10. Jahrh. Zur Entwicklung des Kaiserbegriffs und der Staatsideologie, in: Saeculum 5 (1954) S. 87 ff.
Oman, Charles W. C.: A History of the Art of War in the Middle Ages. 2 Bde. 2. Aufl. London 1924.
Ortenburg: Der Ritterorden des hl. Johannes. 1866.
Oschinsky, H.: Der Ritter unterwegs und die Pflege der Gastfreundschaft im alten Frankreich. Diss. Halle 1900.
Ost, F.: Die altfranzösische Übersetzung der Geschichte der Kreuzzüge Wilhelms von Tyrus. Diss. Halle 1899.
Ostrogorsky, Georg: Geschichte des byzantinischen Staates. 1952. = Byzantin. Handbuch, hrsg. von Walter Otto, I, 2, und Handbuch d. Altertumswiss., begr. von Iwan Müller, 12. Abt., 1. Teil, Bd. 2.
Ouspenski, F. J.: Histoire des Croisades. St. Petersburg 1900. (Russisch.)
Overmans, Jakob, SJ.: Umwertung der künstlerischen Größe Dantes (Zur Frage seiner Abhängigkeit von arabischen Vorbildern), in: Stimmen d. Zeit 99 (1910) S. 188—192.

Painter, Sidney: French Chivalry. Chivalric Ideas and Practises in mediaeval France. Baltimore 1940. (179 S.)
Palacios, Miguel Abús: La escatología musulmana en la Divina Comedia. Madrid 1919.
Palestine of the Crusades. A colored Map. Jerusalem 1944 = Palestine Surveys Department.
Palgen, R.: Der Stein der Weisen. Quellenstudien zum Parzival. 1922.
Pall, Francesco: Ciriaco d'Ancona e la Crociata contra i Turchi. Bukarest 1938.
Panzer, K.: Wido von Ferrara. 1880.
Paret, Rud.: Der Islam und die Araber bis gegen Ende des Mittelalters, in: Neue Propyläen-Weltgeschichte II, Berlin 1940, S. 541—576.
Paris, Gaston: Histoire poétique de Charlemagne. Paris 1865.
— Guillaume de Tyr et ses continuateurs. 2 Bde. 1879/80.
— La Chanson d'Antioche provençale et la Grande Conquista de Ultramar. = Romania Bd. 17 (1888); Bd. 19 (1890); Bd. 22 (1893).
—La légende de Saladin. = Le Journal des Savants 1893.
Paris, Paulin: Les historiens des Croisades. Paris 1858.
Pasquier, Henri: Un poète chrétien à la fin du 11e siècle: Baudri, abbé de Bourgueil, archevêque de Dol. 1878.
Paetow, Louis: The crusading Ardor of John of Carland. New York 1928. = The Crusades and other histor. Essays, presented to Dana C. Munro, I, 8.
Patzelt, Erna: Die fränkische Kultur und der Islam, mit besonderer Berücksichtigung der nordischen Entwicklung. 1932. = Veröffentl. d. Seminars f. Wirtschafts- u. Kulturgesch. an d. Universität Wien, hrsg. von A. Dopsch, 4.
Paulot, L.: Un pape français: Urbain II. 1903.
Paulus, Nikolaus: Geschichte des Ablasses im Mittelalter. 3 Bde. 1922/23.
Pavie: L'Anjou dans la lutte de la chrétienté contre l'islamisme. 1880.
Pawlicki, Bernhard: Papst Honorius IV. Diss. Münster 1896.
Pears: The Fall of Constantinople. London 1885.
Pelliot, Paul: Les Mongols et la papauté, in: Revue de l'Orient latin 28 (1931) S. 3—84.
Perels, Ernst: Der Erbreichsplan Heinrichs VI. 1927.
Pescheck, C. A.: Der religiöse Glaube der gebildeten Laien in Deutschland und die altdeutsche Religionssprache in den Zeiten des Mittelalters, in: Ständlins Archiv f. alte u. neue Kirchengesch. IV (1820) Teil 4, S. 547 ff.
Petermann: Beiträge zur Geschichte der Kreuzzüge aus den armenischen Quellen. = Abh. d. Berliner Akademie 1860.
in: Revue histor. 30 (1886) S. 259—272.
Petit-Dutaillis, Ch.: La monarchie féodale en France et en Angleterre 10e—13e siècle. = L'évolution de l'humanité, 1933.
— L'essor des états d'Occident (France, Angleterre, Péninsule ibérique). 1937. = Histoire du moyen-âge IV, 2, und Histoire générale, fondée par G. Glotz.
Petitt, E.: Croisades bourguignonnes contre les Sarrazins d'Espagne au 11e siècle,
Peyré: Histoire de la première Croisade. 2 Bde. 1859.
Pfannmüller, Gustav: Handbuch der Islam-Literatur. 1923.
Pfeiffer, E.: Die Stellung des hl. Bernhardus zur Kreuzzugsbewegung, in: Cistercienser-Chronik 46 (1934) S. 273—304.
— Die Cistercienser und der zweite Kreuzzug: ebd. 47 (1935) S. 8 ff. 44 f. 78 f. 107 145 f.
— Beziehungen der Cistercienser zu Palästinareisen zwischen dem zweiten und dritten Kreuzzug (1150—1188): in: ebd. S. 193 f.
— Beziehungen deutscher Cistercienser und ihrer Klöster zu Kreuz- und Pilgerfahrten nach dem Heiligen Lande (1100—1300): ebd. S. 269 f. 306 f. 344 f. 373 f.

Pflaum, A.: A strange Crusaders' Song, in: Speculum 10 (1935) S. 337—339.
Pfleger, L.: Beiträge zur Geschichte der Predigt und des religiösen Volksunterrichts im Elsaß während des Mittelalters, in: Histor. Jahrb. d. Görr.-Ges. 38 (1917) S. 661 ff. (Darin S. 685 ff.: Die Predigt gegen den Islam.)
Pflugk-Harttung, Julius v.: Die Anfänge des Johanniter-Herrenmeistertums, in: Histor. Vierteljahrsschr. N. F. 2, S. 189—210.
— Der Johanniter- und der Deutsche Orden. 1900.
— Zur Vorgeschichte des ersten Kreuzzugs. 1877. = Forsch. z. dt. Geschichte 17.
Philippson, A.: Das byzantinische Reich als geographische Erscheinung. 1939.
Pietzner, F.: Schwertleite und Ritterschlag. Diss. Heidelberg 1934.
Pigeonneau, H.: Le cycle de la Croisade et de la famille de Bouillon. 1877.
Pignot, J.-Henri: Histoire de l'Ordre de Cluny. 3 Bde. 1868. (Besonders Bd. 2.)
Piguet, J.: Des banquiers au moyen-âge. Les Templiers. Étude de leurs opérations financières 1939. (278 S.)
Pirenne, H., G. *Cohen*, H. *Froitton:* La civilisation occidentale au moyen-âge du 11e au milieu du 15e siècle. Paris 1933. = Histoire générale, fondée par G. Glotz, II. Histoire du moyen-âge 8. Paris 1933.
— Mahomet et Charlemagne. 2. éd. 1937. — (Dt. Übersetzung unter dem Titel: Die Geburt des Abendlandes, 1941.)
— A propos de la lettre d'Alexis Comnène à Robert le Frison, comte de Flandre, in: Revue de l'instruction publique en Belgique I, S. 217—227.
Pirie-Gordon, H.: The reigning Princes of Galilee, in: The English Histor. Review 27 (1912) S. 445.
Pissard, H.: La guerre sainte en pays chrétien. Essai sur l'origine et le développement des théories canoniques. 1912.
Poidebard: Tyr. Paris 1938.
Poli, O. de: Croisés de France 1095—1396. = Annuaire cons. hérald. de France.
Pölnitz, Götz Frh. v.: Venedig. München 1949.
Prawdin, M.: L'empire mongol et Tamerlan. Préface et traduction par G. Montadon. Paris 1937.
Prawer, J.: Études de quelques problèmes agraires et sociaux d'une seigneurie croisée au 13e siècle, in: Byzantion 22 (1952) S. 5—61.
— The Settlements of the Latins in Jerusalem, in: Speculum 27 (1952) S. 490—503.
Preston, H. G.: Rural Conditions in the Kingdom of Jerusalem. Philadelphia 1903.
Prévault, H.: Histoire de Godefroi de Bouillon (suivie de l'histoire des Croisades jusqu'à la mort de saint Louis). Lille 1833.
Prutz, Hans: Christentum und Islam während des Mittelalters und die kulturgeschichtlichen Ergebnisse der Kreuzzüge. = Histor. Taschenbuch 1878.
— Geheimlehre und Geheimstatuten des Templerordens. 1879.
— Ein zeitgenössisches Gedicht auf die Belagerung von Akkon. Versus magistri Ricardi. 1881. = Forsch. zur dt. Gesch. 21.
— Die Besitzungen des Johanniter-Ordens in Palästina und Syrien. 1881. = Ztschr. d. Palästina-Vereins 4.
— Kulturgeschichte der Kreuzzüge. 1883.
— Studien über Wilhelm von Tyrus, in: Neues Archiv d. Ges. f. ält. dt. Geschichtskunde 8 (1883) S. 91—132.
— Entwicklung und Untergang des Templerherrenordens. 1888.
— Kritische Bemerkungen zum Prozeß des Templerordens. 1894. = Dt. Ztschr. f. Geschichtswiss. Bd. 11.
— Die exemte Stellung des Hospitaliter-Ordens. = Sitzungsber. d. Bayr. Akad. d. Wiss., Phil.-hist. Kl. 1904.
— Die Autonomie des Templerordens: ebd. 1905.
— Zur Genesis des Templerprozesses: ebd. 1907, S. 5—67.

Prutz, Hans: Die geistlichen Ritterorden. Ihre Stellung zur kirchlichen, politischen, gesellschaftlichen und wirtschaftlichen Entwicklung des Mittelalters. 1908.

Puttkammer, Gerda v.: Papst Innozenz IV. Versuch einer Gesamtcharakteristik und seiner Wirkung. 1930. = Universitäts-Archiv Münster, Histor. Abt. 2.

Rademacher, Karl: Wodan — St. Michael — der deutsche Michel. 1934.

Ramsay, W. M.: Historical Geography of Asia Minor. 1890. = Royal Geogr. Society Suppl. Paper 4.

— War of Moslim and Christian for the Possession of Asia Minor. Aberdeen 1906. = Studies in the History and Art of the Eastern Provinces of the Roman Empire.

Rassow, Peter: Die Kanzlei St. Peters von Clairvaux. 1913. = Studien u. Mitt. d. Benediktinerordens N. F. 3, Bd. 34.

— Honor imperii. Die neue Politik Friedrich Barbarossas 1152—1159. 1940.

Rastoul, A.: Les Templiers 1118—1312. Paris 1905. (64 S.)

Raumer, Friedrich v.: Geschichte der Hohenstaufen und ihrer Zeit. 4. Aufl. 1871 ff.

Rauschen, Gerhard: Die Legende Karls d. Gr. im 11. und 12. Jahrh. 1890.

— Neue Untersuchungen über die Descriptio und ihre Bedeutung für die großen Reliquien zu Aachen und zu St. Denys, in: Histor. Jahrb. d. Görr.-Ges. 15, S. 257—278.

Raynaud, F.: Le vrai et faux sur Pierre l'hermite. Paris 1883.

Recoura, Georges: Notes sur six manuscrits inédits ou peu connus des assises de Jérusalem (Oxford, Munich, Troyes, Cheltenham, Vienne, Bologne), in: École Française de Rome, Mélanges d'archéol. et d'hist. 42e (1925), Fasz. 1—5, S. 147—171.

— Les assises de Jérusalem à propos d'un livre récent, in: Le Moyen-âge II, 26, S. 151.

— Les assises de Romanie. 1930. = Biblioth. de l'École des Hautes Études 258.

Regenbogen: Commentarius de fructibus, quos humanitas, libertas, mercatura, industria, artes atque disciplinae ... perceperint de sacro bello. 1809.

Rehm, Walter: Kulturverfall und spätmittelalterliche Didaktik, in: Ztschr. f. dt. Philol. 52, S. 289—330.

Reicke, Siegfried: Das deutsche Spital und sein Recht im Mittelalter. Teil 1: Das deutsche Spital. Geschichte und Gestalt. 1932 = Kirchenrechtl. Abh. Heft 111/12.

Reinaud, Joseph-Toussaint: Extraits des historiens arabes relatifs aux guerres des Croisades. Nouv. éd. 1829.

Reinhard, J. P.: Vollständige Geschichte des Königreichs Cypern. 2 Bde. 1766—1768.

Renner, Anna Maria: Der Erzengel Michael in der Geistes- und Kunstgeschichte. 1927.

Reuter, Hermann: Geschichte der religiösen Aufklärung im Mittelalter. 2 Bde. 1875/77.

Rey, Emmanuel G.: Essai sur la domination française en Syrie durant le moyen-âge. Paris 1866.

— Étude sur les monuments de l'architecture militaire des Croisés en Syrie. Paris 1871.

— Recherches géographiques et historiques sur la domination des Latins en Orient. 1877.

— Les colonies franques de Syrie au 12e et 13e siècles. 1883.

— Les seigneurs de Giblet, in: Revue de l'Orient latin 3 (1895) S. 398—422.

— Les seigneurs de Mont Réal et de la terre d'outre le Jourdain: ebd. 4 (1896).

— Résumé chronologique de l'histoire des princes d'Antioche: ebd. S. 321—407

— Les seigneurs de Barut: ebd. (1896).

— Les dignitaires de la principauté d'Antioche: ebd. 8 (1900).

Reynaud, Louis: Les origines de l'influence française en Allemagne. Étude sur l'histoire comparée de la civilisation en France et en Allemagne pendant la période précourtoise (950—1150). Bd. 1. Paris 1913. (547 S.)

Riant, Paul comte: Expéditions et pélerinages des Scandinaves en Terre Sainte au temps des Croisades. Paris 1865; Tables 1869.

— Innocent III., Philippe de Souabe et Boniface de Montferrat, in: Revue des quest. histor. 17 (1875) S. 321—374; 18 (1875) S. 1—75.

— Exuviae sacrae Constantinopolitanae. 2 Bde. Genf 1877/78.

— Le changement de direction de la quatrième Croisade d'après quelques travaux récents, in: Revue des quest. histor. 23 (1878) S. 71—114.

— Alexii Comneni Romanorum imperatoris ad Robertum Flandriae comitem epistola spuria. 1879.

— Inventaire critique des lettres historiques des Croisades. Bd. 1 u. 2. Paris 1880. (Auch in: Archives de l'Orient latin 1 [1880] S. 1—224.)

— Note sur Robert de Paris, Chevalier croisé, in: Bulletin de la Soc. de l'histoire de Paris 1880, S. 129—132.

— Les archives des établissements latins d'Orient, in: Biblioth. de l'École des chartes 42 (1881) S. 13.

— Une lettre historique de la première Croisade, in: Comptes rendus des séances de l'année 1884 de l'Acad. Franç. 4. Série, XII 211 ff.

— Invention de la sépulture des patriarches Abraham, Isaac et Jacob à Hébron le 25 juin 1190, in: Archives de l'Orient latin 2 (1884) S. 411 ff.

— Études sur l'histoire de l'Église de Bethléem. 2 Bde. 1889—1896.

Richard, J.: Le Comté de Tripoli sous la dynastie Toulousaine. Paris 1945.

Richmond, E. T.: The Dome of the Rock in Jerusalem. Oxford 1924.

Richter, Heinz: Englische Geschichtsschreiber des 12. Jahrhs. Eadmer, Wilhelm von Malmesbury, Ordericus Vitalis. Diss. Leipzig 1938.

Richter, Paul: Beiträge zur Historiographie in den Kreuzfahrerstaaten, vornehmlich für die Zeit Kaiser Friedrichs II. Diss. Berlin 1890.

Riezler, S. A.: Der Kreuzzug Kaiser Friedrich I., in: Forsch. z. dt. Gesch. 10 (1870) S. 1—149.

Ristelhueber, R.: Dieu le veut! Montréal 1945.

Rohde: König Leo II. von Armenien. 1869.

Röhricht, Reinhold: Die Kreuzfahrt des Kaisers Friedrich II. 1872. = Programm d. Luisenstädt. Realschule zu Berlin 1872.

— Beiträge zur Geschichte der Kreuzzüge:
Bd. 1: Die Kreuzfahrt des Kaisers Friedrich II. — Die Kämpfe Saladins mit den Christen 1187—1188. — Auszüge aus Kamal ed-dins von S. de Sacy übersetztem Werk „Sahne der Geschichte Halebs". 1874.
Bd. 2: Die Deutschen auf den Kreuzzügen. 1878.

— Die Rüstungen des Abendlandes zum dritten großen Kreuzzuge, in Histor. Ztschr. 34 (1875) S. 1—73.

— Die Pilgerfahrten nach dem Heiligen Lande vor den Kreuzzügen, in: Histor. Taschenbuch (Raumer) 1875, S. 321—396.

— Quellenbeiträge zur Geschichte der Kreuzzüge. = Programm d. Luisenstädt. Realschule zu Berlin 1875. (Enthält Auszüge aus Ibn Khaldun u. a.)

— Die Kreuzzugsbewegung im Jahre 1217, in: Forsch. z. dt. Gesch. 16 (1875) S. 138—156.

— Die Deutschen auf den Kreuzzügen, in: Zachers Ztschr. f. dt. Philol. 7 (1876) S. 125—174 296—329.

— Der Kinderkreuzzug, in: Histor. Ztschr. 36 (1876) S. 1—8.

— Die Belagerung von Damiette 1218—1221, in: Histor. Taschenbuch (Raumer) 1876, S. 59—98.

— Die Belagerung Akkas 1189—1191, in Forsch. z. dt. Gesch. 1876, S. 483—524.

Röhricht, Reinhold: Das Gedicht von des Landgrafen Ludwig Kreuzfahrt, in: Ztschr. f. dt. Philol. 1877, S. 419—446.
— Die Eroberung Akkas durch die Muslimen (1291), in: Forsch. z. dt. Gesch. 20 (1879) S. 96—126.
— Deutsche Pilgerreisen nach dem Heiligen Lande. 1880; 2. Aufl. 1889.
— Acte de soumission des barons du royaume de Jérusalem à Fréderic II 7. mai 1241, in: Archives de l'Orient latin 1 (1881) S. 402—405.
— Études sur les derniers temps du royaume de Jérusalem. Bd. 1: La Croisade du prince Édouard d'Angleterre (1270—1274); Bd. 2: Les batailles de Hims (1281 et 1299); Bd. 3: Les combats du Sultan Bibars contre les chrétiens en Syrie, in: Archives de l'Orient latin 1 (1881); 2 (1882).
— Die Pastorellen 1251, in: Ztschr. f. Kirchengesch. 6 (1883) S. 290—296.
— Die Kreuzpredigten gegen den Islam. Ein Beitrag zur Geschichte der christlichen Predigt im Mittelalter, in: Ztschr. f. Kirchengesch. 6 (1883) S. 550—572.
— Lettres de Riccoldo de Monte Croce sur la prise d'Acre 1291, in: Archives de l'Orient latin 2 (1884) S. 258—297.
— Annales de Terre Sainte 1098—1299: ebd. S. 427—462.
— Gabriel Bar Kalai, évêque de Nicosie. Poème sur la chute de Tripoli 1289: ebd. S. 462—464.
— Zur Geschichte der Kreuzzüge, in: Neues Archiv d. Ges. f. ält. dt. Geschichtskunde 11 (1885) S. 571—579. (Enthält u. a. zwei unbekannte Briefe: von Saladin an Friedrich I. und von Friedrich II. an Ludwig IX.)
— Zusätze und Verbesserungen zu Du Cange, Les familles d'outremer, éd. E. Rey, 1869. = Programm d. Humboldt-Gymnasiums zu Berlin 1886.
— Die Kreuzzüge der Grafen Theobald von der Champagne und Richard von Cornwallis nach dem Heiligen Lande, in: Forsch. z. dt. Gesch. 26 (1886) S. 67 bis 102.
— Syria sacra. Entwurf einer Kirchengeschichte des mittelalterlichen Syriens 1095 bis 1291, in: Ztschr. d. Dt. Palästina-Vereins 10 (1887) S. 1—48.
— Studien zur mittelalterlichen Geographie und Topographie Syriens: ebd. 10 (1887) S. 195—345; 11, S. 139—149; 12, S. 33—35; 18, S. 82—87; 19, S. 61—62.
— Zur Geschichte der Kirche S. Maria Latina in Jerusalem, in: Neues Archiv d. Ges. f. ält. dt. Geschichtskunde 14 (1889) S. 203—206.
— Ein Brief Christi, in: Ztschr. f. Kirchengesch. 1890, S. 436—442 619.
— Kleine Studien zur Geschichte der Kreuzzüge: 1. Zur Vorgeschichte der Kreuzzüge. 2. Die Kreuzpredigten gegen den Islam. 3. Die Kreuzzüge Ludwigs IX. von Frankreich gegen Damiette und Tunis in Regestenform. = Programm d. Humboldt-Gymnas. zu Berlin 1890.
— Die Kreuzfahrt des Königs Jakob I. von Aragonien 1269, in: Mitt. d. Inst. f. österr. Geschichtsforsch. 11 (1890) S. 372—395.
— Sagenhaftes und Mythisches aus der Geschichte der Kreuzzüge, in: Ztschr. f. dt. Philol. 23 (1890) S. 412—421.
— Auszüge aus Nekrologien zur Geschichte der Kreuzzüge, in: Mitt. d. Inst. f. österr. Geschichtsforsch. 11 (1890) S. 394/95.
— Zur Korrespondenz der Päpste mit den Sultanen und Mongolenchanen des Morgenlandes im Zeitalter der Kreuzzüge, in: Theol. Studien u. Kritiken 1891, S. 359—369.
— Amalrich I., König von Jerusalem, in: Mitt. d. Inst. f. österr. Geschichtsforsch. 12 (1891) S. 433—493.
— Karten und Pläne zur Palästinakunde vom 7. bis 16. Jahrh., in: Ztschr. d. Dt. Palästina-Vereins 1891, S. 8—11 87—92 137—141; 1892, S. 34—39; 1895, S. 173—182.

Röhricht, Reinhold: Die Briefe des Kölner Scholasticus Oliver, in: Westdeutsche Ztschr. f. Gesch. u. Kunst 10 (1891) S. 161—208.
— Studien zur Geschichte des fünften Kreuzzuges. 1891.
— Briefe des Jacobus de Vitriaco, Bischofs von Accon 1216—1221; in: Ztschr. f. Kirchengesch. 14 (1893) S. 97—118; 15 (1894) S. 568—587; 16 (1895) S. 71 bis 114.
— Regesta regni Hierosolymitani. 1893.
— Der Untergang des Königreichs Jerusalem, in: Mitt. d. Inst. f. österr. Geschichtsforsch. 15 (1894) S. 1—58.
— Die Deutschen im Heiligen Lande. 1894.
— Deutsche Kreuzfahrersagen: ebd. S. 131—143.
— Zum Fall von Accon und zur Geschichte des fünften Kreuzzugs, in: Neues Archiv d. Ges. f. ält. dt. Geschichtskunde 21 (1896), S. 562—564.
— Geschichte der Kreuzzüge im Umriß. 1898.
— Geschichte des ersten Kreuzzuges. 1901.
Roht von Schreckenstein, Karl Heinrich Frhr.: Die Ritterwürde und der Ritterstand. 1886.
Roman, G.: Le procès des Templiers. Essai de critique juridique. Thèse Montpellier 1943.
Rosenthal, Erwin: Ibn Khalduns Gedanken über den Staat. 1932. = Beiheft 25 der Histor. Ztschr.
Round, J. Horace: Some English Crusaders of Richard I., in: The English Histor. Review 18 (1903) S. 475—481.
— The Saladin Tithe: ebd. 31 (1916) S. 447—450.
Rousselot: Le problème de l'amour au moyen-âge, in: Beiträge zur Gesch. d. Philos. d. Mittelalters, hrsg. von Cl. Bäumker, 6 (1908) S. 6 ff.
Rousset, P.: Les origines et les caractères de la première Croisade. 1945.
Ruano, Eloy Benito: Balduino II de Constantinopla y la Ordem de Santiago. Un proyecto de defensa del Imperio Latino de Oriente, in: Hispania 12 (1952).
Rücker, A.: Aus der Geschichte der jakobitischen Kirche in Edessa in der Zeit der Kreuzfahrer, in: Oriens christ. 7 (1935) S. 125—138.
Runciman, Steven: Charlemagne and Palestine, in: The English Histor. Review 50 (1935) S. 606—619.
— The byzantine „Protectorate" in the Holy Land in the 11th Century, in: Byzantion 18 (1948) S. 207—215.
— The first Crusaders' Journey across the Balkan peninsula: ebd. 19 (1949) S. 207 bis 221.
— The Holy Lance found at Antioche. = Analecta Bolland. 68, Brüssel 1950.
— Adhemar of Le Puys and the eastern Churches, in: Actes du VIe Congrès internat. d'Études Byzantines 1948 II (Paris 1951) S. 319—332.
— A History of the Crusades. 3 Bde. Cambridge 1951.
Ruville, A. v.: Die Kreuzzüge. 1920.
Rystenko, A. V.: Die Legende vom hl. Georg und dem Drachen in der byzantinischen und slawisch-russischen Literatur. Odessa 1909. (Russisch.)
Sabatier, Paul: Vie de St. François d'Assise. Paris 1899.
Saige, Gustave: De l'ancienneté de l'hôpital St. Jean de Jérusalem. Donations dans l'Albigeois antérieures à la première Croisade, in: Biblioth. de l'École des chartes Ser. 5, Bd. 5 (1864) S. 552—560.
Salloch, Marianne: Die lateinische Fortsetzung des Wilhelm von Tyrus. Diss. 1934.
Sanchez Albornoz, C.: L'Espagne et l'Islam, in: Revue histor. 169 (1932) S. 327 bis 339.

Santifaller, L.: Beiträge zur Geschichte des lateinischen Patriarchats von Konstantinopel 1204—1261 und der venetianischen Urkunde. 1938. = Histor.-diplomat. Forsch. 3.
Schack, Adolf Friedrich Graf v.: Poesie und Kunst der Araber in Spanien und Sizilien. 2 Bde. Stuttgart 1865; 2. Aufl. 1877.
— Geschichte der Normannen in Sizilien. Bd. 1. 1889.
Schaeder, Hans Heinrich: Der vordere Orient. 1936. = Handbuch d. Kulturgesch., hrsg. von Kindermann, II, 4: Kultur der oriental. Völker.
— Die islamische Lehre vom vollkommenen Menschen. Ihre Herkunft und ihre dichterische Gestaltung, in: Ztschr. d. Dt. Morgenländ. Ges. 79, N. F. 4 (1925) S. 192 ff.
Schaube, Adolf: Handelsgeschichte der romanischen Völker des Mittelmeergebietes bis zum Ende der Kreuzzüge. 1906. = Handbuch d. mittelalterl. u. neueren Gesch., hrsg. von Below u. Meinecke, Abt. 3.
Scheffer-Boichorst, Paul: Barbarossas Grab. 1905. = Gesammelte Schriften Bd. 2.
Scheludko, D.: Beiträge zur Entstehungsgeschichte der altprovenzalischen Literatur, in: Archivum Romanicum 12 (1928) S. 30—127.
Schiller, Friedrich: Über Völkerwanderung, Kreuzzüge und Mittelalter, in: Sämtl. Werke. Stuttg. 1836, Cotta. Bd. 11, S. 1 ff.
— Übersicht des Zustandes von Europa zur Zeit der ersten Kreuzzüge. Ein Fragment: ebd. S. 19 ff.
Schindler, Hermann: Die Kreuzzüge in der altprovenzalischen und mittelhochdeutschen Lyrik. 1889. = Programm d. Armenschule Dresden 1889.
Schirrmacher, Friedrich Wilhelm: Kaiser Friderich der Zweite. 2 Bde. 1861.
Schlee, E.: Die Päpste und die Kreuzzüge. 1893.
Schlegel, Friedrich: Das Zeitalter der Kreuzzüge, in: Vaterländ. Museum 1810, I, S. 571 ff.
— Über die neuere Geschichte. Vorlesungen gehalten zu Wien im Jahre 1810. Wien 1811. (Darin S. 197, 8. Vorlesung: Von den Kreuzzügen.)
Schlumberger, Gustave: Les principautés franques en Syrie d'après les monnais, in: Revue des deux mondes 1876, S. 5 ff.
— Les principautés franques du Levant. Paris 1877.
— Numismatique de l'Orient latin, monographies sur les princes chrétiens de Syrie et de Grèce, suivies de planches qui reproduisent les monnais. 1878.
— Deux chefs normands du 11e siècle, Hervé et Roussel de Bailleul, in: Revue histor. 1881.
— L'Épopée Byzantine. 3 Bde. Paris 1896—1905.
— Rénaud de Chatillon. 1898.
— Amaury I de Jérusalem. 1906.
— Champagnes du roi Amaury I de Jérusalem en Égypte au 12e siècle. Paris 1906. (349 S., 1 Karte.)
— Récits de Byzance et des Croisades. 1. Sér., 6. éd. 1916; 2. Sér. 7. éd. 1922.
— Byzance et les Croisades. Pages médiévales. 1927.
— Sigillographie de l'Orient latin. (Fortgesetzt von F. Chalandon und vollendet von A. Blanchard.) Paris 1943.
Schmitthenner, Paul: Das freie Söldnertum im abendländischen Imperium des Mittelalters. 1934.
Schneider, Carl: Geistesgeschichte des antiken Christentums. 2 Bde. 1954.
Schneider, Fedor: Zur älteren deutschen Finanzgeschichte, in: Quellen u. Forsch. aus ital. Archiven u. Biblioth. 9 (1906) S. 1—37.
Schneider, Georg: Die finanziellen Beziehungen der florentinischen Bankiers zur Kirche. 1899. = Staats- u. sozialwiss. Forsch., hrsg. von G. Schmoller, 17, 1.
Schnürer, Gustav: Die ursprüngliche Templerregel. Freiburg i. Br. 1903.

Schnürer, Gustav: Zur ersten Organisation der Templer, in: Histor. Jahrb. d. Görres-Ges. 32 (1911) S. 298—316 511—546.
— Neuere Arbeiten zur Geschichte der Kreuzzüge: ebd. 34 (1914) S. 848—855.
— Kirche und Kultur im Mittelalter. 1926 ff.
Schönbach, Anton E.: Das Christentum in der altdeutschen Heldendichtung. 1897.
Schönfelder, Albert: Die Prozessionen der Lateiner in Jerusalem zur Zeit der Kreuzzüge, in: Histor. Jahrb. d. Görres-Ges. 32 (1911) S. 578 ff.
Schottmüller, Konrad: Der Untergang des Templerordens. 2 Bde. 1887.
Schreiber, Georg: Kultwanderungen und Frömmigkeitswellen im Mittelalter. 1942. = Archiv f. Kulturgesch. 31.
— Prämonstratensische Frömmigkeit und die Anfänge des Herz-Jesu-Gedankens, in: Ztschr. f. kath. Theologie 64 (1940) S. 181—201.
Schreibmüller, Hermann: Französische Kreuzfahrer quer durch Süddeutschland i. J. 1147, in: Die ostbayr. Grenzmarken 17 (1928) S. 40—46.
Schrieber, O.: Zur Chronologie der Hochmeister des Deutschen Ordens. 1912.
Schröder, Fr. R.: Der Minnesang, in: German.-roman. Monatsschrift 1933.
Schuck, Johannes: Das religiöse Erlebnis beim hl. Bernhard von Clairvaux. Diss. 1922.
Schultz, Alwin: Das höfische Leben zur Zeit der Minnesinger. 2 Bde. 2. Aufl. 1889.
Schwab, Moïse: Al-Hazizi et ses pérégrinations en Terre Sainte, in: Archives de l'Orient latin 1 (1880) S. 236 ff.
Schwerin, Ursula: Die Aufrufe der Päpste zur Befreiung des Heiligen Landes von den Anfängen bis zum Ausgang Innozenz' IV. Ein Beitrag zur Geschichte der kurialen Kreuzzugspropaganda und der päpstlichen Epistolographie. Diss. Berlin 1936.
Sedlmayr, Hans: Die Entstehung der Kathedrale. 1950.
Seibt, Ferdinand: Über den Plan der Schrift „De nugis curialium" des Magisters Walter Map, in: Archiv f. Kulturgesch. 37 (1935) S. 183—203.
Seignobos, Charles: Histoire sincère de la nation française. 28. Aufl. Paris 1933. — Dt. Übersetzung unter dem Titel: Geschichte der französischen Nation, München 1935.
Seppelt, J.: Das Papsttum und Byzanz. 1904. = Kirchengeschichtl. Abh. 2.
Siebert, Ferdinand: Der Mensch um 1300 im Spiegel deutscher Quellen. 1931. = Histor. Studien Ebering 206.
Simon, G.: Der Islam und die christliche Verkündigung. 1920.
Singer, E.: Arabische und europäische Poesie im Mittelalter, in: Ztschr. f. dt. Philol. 52 (1927) S. 77 ff.
Singowitz, B.: Über das byzantinische Kaisertum nach dem vierten Kreuzzug (1204 bis 1205) (Theodoros I. Laskaris), in: Byzantin. Ztschr. 45 (1952) S. 345—356.
Soranzo, G.: Il Papato, l'Europa cristiana e i Tartari. Un secolo de penetrazione occidentale in Asia. 1930. = Pubblicaz. d. Univers. Cathol. di Sacro Cuore, Ser. 5, Bd. 12.
Spies, Otto: Orientalische Kultureinflüsse im Abendland. 1849.
Spinka, M.: Latin Church of the early Crusaders. 1939. = Church History.
Spörl, J.: Grundformen hochmittelalterlicher Geschichtsanschauung. 1935.
Spranger, Eduard: Die Kulturzyklentheorie und das Problem des Kulturverfalls. 1926. = Sitzungsber. d. Preuß. Akad. d. Wiss., Phil.-hist. Klasse 1926.
Spuler, Bertold: Die goldene Horde. Die Mongolen in Rußland 1223—1502. 1943. = Das mongolische Weltreich Bd. 2. (556 S.)
— Geschichte der islamischen Länder. Ein Überblick. 1948. = Handbuch d. Orientalistik Bd. 10.
— Iran in früh-islamischer Zeit. Politik, Kultur, Verwaltung und öffentliches Le-

ben zwischen der arabischen und der seldschukischen Eroberung 633—1055. Wiesbaden 1952.
Stadtmüller, G.: Geschichte Südosteuropas. München 1950. (Besonders Kap. 10 u. 11.)
Staquet, Josse: Anne Comnène. Alexiade X, 8: 'Η τζάγγαρα τόξον βαρβαρικόν, in: Byzantion 13 (1938) S. 505—512.
Steiff, K.: Kreuzfahrer und Jerusalempilger aus Württemberg (bis 1300), in: Württ. Vierteljahrshefte f. Landesgesch. N. S. 4 (1895) S. 403—407.
Steiger, A.: Der hl. Bernhard von Clairvaux, in: Studien u. Mitt. aus dem Benediktiner- u. Cistercienser-Orden 28 (1907) S. 346—357 490—506; 29 (1908) S. 78—103 421—433 517—534.
Stein, S.: Die Ungläubigen in der mittelhochdeutschen Literatur. Diss. Heidelberg 1933.
Steinhausen, Georg: Geschichte der deutschen Kultur. 2 Bde. 2. Aufl. 1913.
Stern, Martin Franz: Zur Biographie des Papstes Urban II. Beiträge aus der Zeit des Investiturstreites. 1883.
Sternfeld, Richard: Ludwigs des Heiligen Kreuzzug nach Tunis 1270 und die Politik Karls I. von Sizilien. 1896. = Histor. Studien Ebering 4.
— Abirrungen und Ablenkungen der Kreuzzüge, in: Histor. Ztschr. 1911, S. 295 bis 324.
Stevenson, W. B.: The Crusaders in the East. A brief History of the Wars of Islam with the Latins in Syria during the 12th and 13th Centuries. Cambridge 1907.
Streit, Ludwig: Beiträge zur Geschichte des vierten Kreuzzuges. 1877.
— Venedig und die Wendung des vierten Kreuzzuges gegen Konstantinopel. = Programm d. Gymnasiums zu Anklam 1877.
Stroick, Autbert, O.F.M.: Verfasser u. Quellen der Collectio de scandalis ecclesiae (Reformschrift des Fr. Gilbert von Tournay O.F.M. zum 2. Konzil von Lyon, 1274). 1930. = Archivum Francisc. hist. 23.
Strube, Edelgard v.: Innocenz' III. politische Korrespondenz und die religiöse Weltherrschaftsidee der Kurie. Diss. Berlin 1936.
Strzygowski, Joseph: Ruins of the Tombs of the latin Kings on the Haram in Jerusalem, in: Speculum 11 (1936) S. 499—508.
Stummer, Fr.: Monumenta historiam et geographiam Terrae Sanctae illustrantia. 1935. = Florilegium patrist. 41.
Sybel, Heinrich v.: Geschichte des ersten Kreuzzugs. 1841; 2. Aufl. 1881.
— Abhandlung über das Königreich Jerusalem, in: Ztschr. f. dt. Geschichtswiss. 3 (1845).
— Sagen und Gedichte über die Kreuzzüge, in: Allg. Monatsschr. f. Wiss. u. Lit. 1851.
— Kleine historische Schriften. 3 Bde. 1863, 1869, 1881.
Taeschner, Franz: Die islamischen Futuwabünde. Das Problem ihrer Entstehung und die Grundlinien ihrer Geschichte, in: Ztschr. d. Dt. Morgenländ. Ges. 87 (1934) S. 6—49.
— Islamisches Ordensrittertum zur Zeit der Kreuzzüge, in: Die Welt als Geschichte 4 (1938) S. 382—408.
— Iran im Mittelalter, in: Die neue Propyläen-Weltgeschichte Bd. 2 (1940) S. 577 ff.
— Das Futuwa-Rittertum des islamischen Mittelalters. 1944. = Beiträge z. Arabistik, Semistik u. Islamwiss.
Taylor, H. O.: The Mediaeval Mind. A History of the Development of Thought and Emotion in the Middle Ages. 2 Bde. New York 1919.
Teichmann: Über die Assisen von Jerusalem und von Antiochia. Basel 1904.
Tempeanu, V.: Cântecele de cruciatâ ale lui Walter von der Vogelweide în lumîna spiritului cruciatelor si a cântecelor de cruciatâ din literaturile: mittelhoch-

deutsch, provencalâ, francezâ, flamandâ si latinâ-medievalâ. Diss. Folticeni 1934.

Tessier, J.: Quatrième Croisade. La diversion sur Zara et Constantinople. Paris 1885.

Thibaudet, A.: Cluny. Paris 1928.

Thiel, J.: Die politische Tätigkeit des Abts Bernhard von Clairvaux. Diss. Königsberg 1885.

Thomas, Louis-J.: Quelques aspects peu connus de la Croisade contre les Albigeois; in: Cahiers d'hist. et d'archéol. (Nîmes) 1 (1931) S. 257—265.

Thompson, James Westfall: Feudal Germany. Chicago, Ill. 1928.

Thomsen, P.: Compendium der palästinensischen Altertumskunde. 1913.

— Systematische Bibliographie der Palästina-Literatur. Bd. 1—5: Leipzig u. New York. (Von Bd. 2 ab: Die Palästina-Literatur.)

Thorning: Beiträge zur Kenntnis des islamischen Vereinswesens auf Grund von Bast Madad et-tautif. 1913. = Türk. Bibliothek 16.

Thouzellier, Christine: La légation en Lombardie du cardinal Hugolin (1221). Un épisode de la cinquième Croisade, in: Revue d'hist. ecclés. 45, S. 508—542.

Throop, Palmer A.: Criticism of papal Crusade Policy in old French and Provençal, in: Speculum 13 (1938) S. 379.

— Criticism of the Crusade. A Study of public Opinion and Crusade Propaganda. Amsterdam 1940.

Thurot: Études critiques sur les historiens de la Ire Croisade, in: Revue histor. 1 (1876) S. 676.

Tiby, Paul: History of the Crusades. London 1820.

Tietze, Hans: Die Gotik. = Das Mittelalter in Einzeldarstellungen (1930) S. 96 bis 105.

Tillemont, Le Nain de: Vie de saint Louis. Publ. par la Société de l'histoire de France par J. de Gaulle. 6 Bde. Paris 1849 u. 1850.

Tillmann, H.: Studien zur Individualität des Franz von Assisi (1914).

Tischendorf, P. A. v.: Über das System der Lehen in den moslimischen Staaten, besonders im osmanischen Staate. 1871.

Tobler, Titus: Itinera Hierosolymitana et descriptiones Terrae Sanctae bellis sacris anteriora. 2 Bde. 1879 u. 1885.

Toeche, Theodor: Kaiser Heinrich VI. 1867.

Tomaschek, W.: Zur historischen Topographie von Kleinasien im Mittelalter = Sitzungsber. d. Kais. Akad. d. Wiss., Philos.-hist. Kl. Bd. 124, Wien 1891.

Traub, E.: Der Kreuzzugsplan Kaiser Heinrichs VI. im Zusammenhang der Politik der Jahre 1195/96. Diss. Jena 1910.

Tritton, A. S.: The Caliphs and their non-muslim Subjects. A critical Study of the Covenant of 'Umar. London 1930.

Tritton, A. S., u. H. A. R. *Gibb:* The first and second Crusades from an anonymous Syriac Chronicle. = Journal of the Royal Asiatic Society 1933.

Tschudi, T.: Vom Islam zur Zeit der Kreuzzüge, in: Asia Maior 9 (1933) S. 441 bis 454.

Uhlhorn, Georg: Die Anfänge des Johanniterorden, in: Ztschr. f. Kirchengesch. 6 (1884) S. 46 ff.

Uspensky, F. J.: History of the Crusades. Petersburg 1900. (Russisch.)

Vacandard, E.: Saint Bernard et la seconde Croisade, in: Revue des quest. histor. 38 (1885) S. 398—457.

— Vie de saint Bernard. 2 Bde. Paris 1895; spätere Aufl. 1910 u. 1925.

Van Berchem, M.: Notes sur les Croisades, in: Journal asiatique, 9. Sér. 19 (1902) S. 385—456.

Van Berchem, M.: Voyage en Syrie. 3 Bde. Cairo 1913—1915. = Mém. de l'Instit. Français d'archéol. oriental. (Behandelt Denkmäler der Kreuzfahrer.)

Vanderpol, A.: La doctrine scolastique du droit de guerre. Paris 1920.

Van der Vat, Odulphus: Die Anfänge der Franziskanermissionen und ihre Weiterentwicklung im Nahen Orient und in den mohammedanischen Ländern während des 13. Jahrhs. 1934. = Missionswiss. Studien, Neue Serie Heft 6.

Vasiliev, A.: Histoire de l'empire byzantin. Bd. 1. 1932.

— The Foundation of the Empire of Trebizond (1204—1222), in: Speculum 11 (1936) S. 3—37.

Vehse, Otto: Die Normannen im Mittelmeer, in: Die Welt als Geschichte 5 (1939) S. 25—58 233—276.

— Nordische Staatengründer. 1943 (Darin: Robert Guiscard, Bohemund und Roger II.)

Verlinden, Ch.: Le voyage de Robert le Frisson en Terre Sainte, in: Annuaire de la Societé d'émulation de Bruges 76 (1934) S. 83—94.

— Robert I. le Frisson, comte de Flandre. Étude d'histoire politique. 1935. = Werken uitgegeven door de Faculteit der Wijsbegeerte en letteren van de Universiteit te Gent, Fasc. 72.

Vesellovskij, A. N.: Der hl. Georg und der tapfere Jegor. Eine Untersuchung über die Literaturgeschichte einer christlichen Legende. Petersburg 1879.

— Untersuchungen auf dem Gebiet des russischen geistlichen Landes. Bd. 2: Der hl. Georg in der Legende, im Lied und in den Volksbräuchen. Petersburg 1880. = Ges. Abh. der Sektion f. russ. Sprache und Lit. d. Kais. Akad. d. Wiss. 21.

Vetault, Alph.: Godefroi de Bouillon. 1874.

Viard, J.: Les projets de Croisade de Philippe VI de Valois, in: Biblioth. de l'École des chartes 97 (1936) S. 305—316.

Villey, M.: La Croisade. Essai sur la formation d'une théorie juridique. Thèse. Paris 1942.

Vincent, H., u. R. *Abel:* Jérusalem. Paris 1914—1926.

Vinogradoff, P.: English Society in the 11th Century. Oxford 1908.

Vismara, G.: Impium foedus. La illiceità delle alleanze cogli infideli nella repubblica cristiana medioevale. Mailand 1950.

— Bisanzio e l'Islam. Per la storia dei trattati tra la cristianità orientale e le potenze mussulmane. Mailand 1950.

Voguë, Melchior de: Monnaies et sceaux des Croisades. 1878. = Mélanges de numismatique 2.

— Les églises de Terre Sainte. Paris 1860.

Voigt, Johannes: Geschichte des Deutschen Ritterordens in seinen 12 Balleien in Deutschland. 2 Bde. 1857 u. 1859.

Volk, Otto: die abendländisch-hierarchische Kreuzzugsidee. Diss. Halle 1905, gedr. 1911.

Von den Steinen, Wolfram: Vom heiligen Geist des Mittelalters. Anselm von Canterbury, Bernhard von Clairvaux. 1926.

Voretzsch, Karl: Einführung in das Studium der altfranzösischen Literatur. 2. Aufl. 1913.

Waas, Adolf: Das Rätsel der Kreuzzüge, in: Ztschr. f. dt. Geisteswiss. 6 (1943/44) S. 136—162.

— Religion, Politik und Kultur in der Geschichte der Kreuzzüge, in: Die Welt als Geschichte 1951, S. 225—248.

Wailly, Natalis de: La conquête de Constantinople de Geoffroi de Villehardouin. Éclaircissements. 1874.

Walker, C. H.: Eleanor of Aquitaine and the Disaster at Cadmos Mountain. New York 1950. = Americ. Histor. Review Bd. 60.

Wallon: Saint Louis et son temps. 2 Bde. 1875.
Walter, Johannes v.: Die ersten Wanderprediger Frankreichs: Robert von Arbrissel. 1903; Neue Folge 1906.
Walsh, W.-T.: Isabella of Spain, the last Crusader. New York 1931.
Wechssler, Eduard: Das Kulturproblem des Minnesangs. Bd. 1, 1900.
— Esprit und Geist. 1927.
— Deutsche und französische Mystik: Meister Eckehart und Bernard von Clairvaux, in: Euphorion 1929, S. 40—92.
Wegemann, G.: Die Münzen der Kreuzfahrerstaaten. 1934.
Weil, Gustav: Geschichte der Chalifen. 1846—1862. (Für die Kreuzzüge kommt der 3. Band in Betracht: 945—1258.)
— Geschichte der islamischen Völker von Mohammed bis zur Zeit des Sultans Selim. 1866.
Weise, Georg: Die geistige Welt der Gotik und ihre Bedeutung für Italien. 1939. = Dt. Vierteljahrsschr. f. Literaturwiss. u. Geistesgesch., Buchreihe 25.
Weiß, A. M.: Die Entwicklung des christlichen Rittertums. Studien über die Rolandsage, in: Histor. Jahrb. d. Görres-Ges. 1 (1880).
Wellhausen, J.: Das arabische Reich und sein Sturz. 1902.
Die *Welt des Orients.* Wissenschaftl. Beiträge zur Kunde des Morgenlandes, hrsg. von E. Michel. Leipzig.
Wenk, Karl: Besprechung von: Konrad Schottmüller, Der Untergang des Templer-Ordens, 2 Bde., 1881, in: Göttinger Gelehrte Anzeigen 1888, S. 465—511.
— Besprechung von: Hans Prutz, Entwicklung und Untergang des Tempelherrenordens, 188: ebd. 1890, S. 253—275.
— Philipp der Schöne von Frankreich. Seine Persönlichkeit und das Urteil der Zeitgenossen. Rektoratsrede, Marburg 1905.
Wentzel, Hermann: Das Patriarchat von Jerusalem im Jahre 1099.
Wiegand, Friedrich: Der Erzengel Michael, unter Berücksichtigung der byzantinischen, altitalischen und romanischen Kunst ikonographisch dargestellt. Diss. Leipzig 1886.
— Eine Kreuzpredigt Bertholds gegen die Ketzer, in: Geschichtl. Studien, Albert Hauck zum 70. Geburtstage, 1916.
Wiet, G.: L'Égypte musulmane de la conquête arabe à la conquête ottomane. 2 Bde. Kairo 1932.
— L'Égypte arabe de la conquête arabe à la conquête ottomane, 642—1517 de l'ère chrétienne. Paris 1938. = Histoire de la nation égypt., Bd. 4.
Wilcke: Geschichte des Ordens der Tempelherren. 2 Bde. 2. Aufl. 1860.
Wilken, Friedrich: Geschichte der Kreuzzüge. 7 Bde. 1807—1872.
— Rerum ab Alexio I, Joanne Manuele et Alexio II, Comnenis gestarum libri IV commentatio. 1811.
Wilkinson, Bertie: The Government of England during the absence of Richard I. on the third Crusade, in: = Bulletin of the John Rylands Library 28 (1944) S. 1—27.
Williams, W.: Saint Bernard of Clairvaux. Manchester 1935. = Publ. of the Univers. of Manchester 237, Histor. Series 69.
Winkelmann, Eduard: Kaiser Friedrich II. 2 Bde. 1889—1897. = Jahrbücher der dt. Geschichte.
— Philipp von Schwaben und Otto IV. ... 2 Bde. 1872—1878: ebd.
Winterfeld: Geschichte des ritterlichen Ordens St. Johannis vom Spital zu Jerusalem. 1859.
Winterfeld, Paul v.: Deutsche Dichter des lateinischen Mittelalters in deutschen Versen. 1913.
Wolff, Alfred: König Balduin I. von Jerusalem. Diss. Königsberg 1884.

Wolff, Robert Lee: Baldwin of Flanders and Hainaut, first latin Emperor of Constantinople. His Life, Death and Resurrection, 1172—1225, in: Speculum 27 (1952) S. 281—322.

Wolff, Th.: Die Bauernkreuzzüge des Jahres 1096. Tübingen 1891.

Wolfram, Georg: Kreuzpredigt und Kreuzlied, in: Ztschr. f. dt. Altertum 30 (1886) S. 89—132.

Wood, M. M.: The Spirit of protest in old French Literature, in: Columbia Univers. Studies in Romance Philol. and Lit. 1917, S. 74—115.

Wright, John Kirtland: The geographical Lore of the time of the Crusades. New York 1925.

Wüstenfeld, F.: Geschichtsschreiber der Araber und ihre Werke. = Abh. d. Kgl. Ges. d. Wiss. zu Göttingen, Hist.-phil. Kl. 28 (1881) u. 29 (1882).

— Geschichte der Fatimiden Chalifen nach den arabischen Quellen: ebd. 26 (1881) S. 1—126.

Yewdale, R. B.: Bohemond I. Prince of Antioch. Diss. Princeton 1917 (1924).

Young, Karl: The Home of the easter Play, in: Speculum 1 (1926) S. 71 ff.

Zacher, Gustav: Die Historia orientalis des Jakob von Vitry. Ein quellenkritischer Beitrag zur Geschichte der Kreuzzüge. Diss. Königsberg 1885.

Zarncke, Friedrich: Über Olivers Historia Damiatina und das sogenannte dritte Buch der Historia orientalis des Jakob von Vitry, in: Berichte der Phil.-hist. Kl. d. Kgl. Sächs. Ges. d. Wiss. 1875, S. 138—148.

Zastrau, Alfred: Das deutsche Rolandslied als nationales Problem. 1937.

Zeck, Ernst: De recuperatione Terre Sancte. Ein Traktat des Pierre Dubois (Petrus de (Bosco). = Wiss. Beilage z. Jahresber. des Leibniz-Gymnas. zu Berlin 1905.

Zimmermann, Heinrich: Die päpstliche Legation zu Beginn des 13. Jahrh. im Dienste der Kreuzpredigt, Inquisition und Kollektorie, in: Röm. Quartalschr. f. christl. Altertumskunde u. Kirchengesch., Suppl.-Heft 20 (1913) S. 103—119.

— Die päpstlichen Legationen in der ersten Hälfte des 13. Jahrh. 1913. = Veröff. d. Sektion f. Rechts- u. Sozialwiss. d. Görres-Ges. 17.

Zimmert, K.: Über einige Quellen zur Geschichte des Kreuzzuges Kaiser Friedrichs I. 1908. = Jahresber. d. K. K. II. Dt. St.-Realschule in Prag-Kleinseite 35.

Zweig, Friederike Maria: Wunder und Zeichen. Große Gestalten des Hochmittelalters. Eßlingen 1949.

Zwicker, H.: Gottesreich und Weltreich. Des Christen Stellung zum Staatsleben im Wandel der Geschichte. St. Gallen o. J.

QUELLENVERZEICHNIS

1. Abendländische Quellensammlungen

(Urkundensammlungen und Literatursammlungen siehe S. 371 ff.)

Bongars, Jacques: Gesta Dei per Francos. 2 Bde. Hanau 1611.
Chroust, A.: Quellen zur Geschichte des Kreuzzugs Kaiser Friedrichs I. 1928. = Mon. Germ. Nova Series 5.
Documenta lipsanographica ad primum bellum sacrum spectantia. 1895. = Recueil des Hist. occid. V 225.
Geyer, Paul: Itinera Hierosolymitana saec. 2—7. Recensuit et commentario critico illustravit Paulus Geyer. 1898. = Corpus Script. ecclesiast. lat. Bd. 38.
Hopf, Charles: Chroniques gréco-romanes, inédites ou peu connues, publ. par Charles Hopf. Berlin 1873.
Itinéraires à Jérusalem et descriptions de la Terre Sainte rédigés en français aux 12e et 13e siècles, éd. Michelamt et Raynaud.
Kohler, C.: Mélanges pour servir à l'histoire de l'Orient latin et des Croisades. Paris 1906.
Köhler, Ch.: Dokumente zur Geschichte der Kreuzzüge. = Revue de l'Orient latin VII 1 ff.
Laurent, J. C. M.: Peregrinationes medii aevi quatuor, ed. 2, 1873.
Mansi (Johannes Dominicus): Sacrorum Conciliorum nova et amplissima collectio. Paris 1903 ff.
Michaud, Joseph-François: Bibliothèque des Croisades. 4 Bde. 1829.
Migne (Jacques Paul): Patrologiae cursus completus. Patrologia latina (PL), 221 Bde., 1844—1855; Patrologia graeca (PG), 166 Bde., 1857—1866.
Monumenta Germaniae historica 1819, 1824 ff. Vor allem benutzt: Scriptores, Constitutiones, Libelli de Lite. Epistolae.
Primi belli sacri *Narrationes* minores. 1895. = Recueil des Hist. occid. V 341—397.
Neubauer, A.: Hebräische Berichte über die Judenverfolgungen während der Kreuzzüge. Hrsg. von A. Neubauer u. M. Stern, übersetzt von S. Baer. 2 Bde. 1892. = Quellen z. Gesch. d. Juden in Deutschland. Bd. 2.
Palestine Pilgrims' Text Society. London 1896—1897.
Pertz, Georg Heinrich: Auszug aus den Handschriften-Verzeichnissen der K. K. Hofbibliothek zu Wien. = Archiv d. Ges. f. ältere dt. Geschichtskunde 2 (1820) S. 397 ff.
Prutz, Hans: Quellenbeiträge zur Geschichte der Kreuzzüge. 1876.
Recueil des Historiens des Croisades, publ. par les soins de l'Acad. des inscriptions et belles-lettres. Paris 1841 ff.
Historiens occidentaux I, 1 u. 2 (1841); II (1859); III (1860); IV (1879); V, 1 u. 2 (1885 u. 1895).
Historiens orientaux I (1872); II, 1 u. 2 (1887 u. 1876); III (1884); IV (1898); V (1906).
Historiens grecs I (1875); II (1881).
Documents arméniens I (1869); II (1906).
Lois: Assises de Jérusalem I (1841); II (1841).
Registres des Papes. Bibliothèque française d'Athènes et de Rome. Paris 1902. (Zahlreiche Bände.)

Rerum Britannicarum medii aevi *Scriptores.* (Zahlreiche Bände.)
Riant, Paul comte de: Exuviae sacrae Constantinopolitanae fasciculus documentorum minorum ad byzantina Lipsana in occidentem saeculo XIII translata spectantium ac historiam quarti belli sacri imperiique gallo-graeci illustrantium. 2 Bde. Genf 1877.
Röhricht, Paul: Scriptores quinti belli sacri minores, ed. R. Röhricht. 1879. = Public. de la Société de l'Orient latin, Sér. hist. 2, 1879.
Röhricht, Reinhold: Testiminonia minora de quinto bello sacro a chronicis occidentalibus. Genf 1882.
Scriptores Graeci bellorum a Francis Dei signa sequentibus in Syria susceptorum. 1875. = Recueil des Histor. grecs I.
Tobler, Titus: Itinera Hierosolymitana et descriptiones Terrae Sanctae bellis sacris anteriora. 2 Bde. Leipzig 1874 ff.

2. Einzelne abendländische Quellen

(Wenn mehrere Ausgaben genannt sind, wird die des Recueil zitiert, nur bei Fulcher und den Gesta Francorum werden die neueren deutschen Ausgaben von Heinrich Hagenmeyer benutzt.)

Albert von Aachen: Historia Hierosolymitana seu Chronicon Hierosolymitanum de bello sacro libri 12. = Recueil des Hist. occid. IV 265 ff., Migne, PL 166, S. 389 ff.
Alexios I. (Kaiser von Byzanz): Die Musen. Hrsg. von P. Maas. = Byzantin. Ztschr. 22 (1913).
Ambroise: L'Estoire de la guerre sainte. = Gaston Paris: L'Estoire de la guerre sainte. Hist. en vers de la troisième Croisade (1190/92), par Ambroise. Publ. et trad. par G. Paris. 1897.
Auszüge: M. G. SS. XVII 532—546.
Englische Übersetzung: Ambroise. The Crusade of Richard Lion-Heart. Transl. from the old French by Milton Hubert. New York 1941.
Anna Comnena (Prinzessin von Byzanz): Alexias. Hrsg. mit franz. Übersetzung von B. Leib. 3 Bde. Paris 1937—1945.
Annalen von Reinhardsbrunn. = M. G. SS. XXX 545. Enthalten zu 1190 Bericht über den Kreuzzug von Landgraf Ludwig von Thüringen.
Annales Marbacenses sive Annales Argentinenses, Chronicon Marbacense. = M. G. SS. rer. Germ., Schulausgabe 1907.
Anonymus Rhenanus, s. Historia et gesta ducis Gotefridi.
Ansbert, s. Historia de expeditione Friderici.
Arnold von Lübeck: Chronica Slaworum. = M. G. SS. rer. Germ., Schulausgabe 1868. Enthält größere Kreuzzugsberichte aus dem Ende des 12. Jahrh.
Aymar le Moine, s. Haymar.
Balderich von Dol: Historia Jerosolimitana. = Recueil des Hist. occid. V 1 ff.
— Vita Roberti di Arbrissello. = Migne, PL 162, S. 1043—1056.
Balduinus III: Historia Nicaena vel Antiochena. 1895. = Recueil des Hist. occid. V. 133—185.
Bartolfus de Nangeio: Gesta Francorum expugnantium Jerusalem. = Recueil des Hist. occid. III 491—543.
Baudri s. Balderich.
Beaumanoir, Philippe de: Coutumes de Beauvaisis (1283). Hrsg. von A. Salmon. 2 Bde. Paris 1899 u. 1900. = Collection de textes pour servir à l'étude et à l'enseignement de l'histoire Bd. 24 u. 30.

Benedictus de Accoltis: Historia Gotefridi. 1895. = Recueil des Hist. occid. V 525—619.

Benjamin von Tutela: Itinerary. Translated and edit. by A. Asher. London 1842.

Ben Meïr, Joseph Ben Jehoschua: Nachrichten über die im Jahre 1146 in Deutschland erhobene Judenverfolgung, aus der Chronik des Joseph Ben Jehoschua Ben Meïr. = Friedrich Wilken, Geschichte der Kreuzzüge nach morgenländ. u. abendländ. Berichten III, 1, Leipzig 1817.

Bernard le Trésorier, s. Ernoul.

Bernhard von Clairvaux: Libri V de consideratione ad Eugentium III papam. = Migne, PL 182, S. 727 ff.

— Liber de laude novae militiae ad milites templi. = Migne, PL 182, S. 921—940.

— Briefe. = Migne, PL 182.

— Templerregel. = Gustav Schnürer, Die ursprüngliche Templerregel. 1903.

Halberstädter *Bistumschronik.* = Mon. Germ. SS. XXIII 117.

Bonaventura: Legenda maior S. Francisci. = Opera omnia VIII (1898).

Bonizo: Liber de vita christiana. Hrsg. von Ernst Perels. 1930. = Texte z. Gesch. des röm. u. des kanon. Rechts im Mittelalter Bd. 1.

Bruno von Olmütz, Bischof: Bericht an Papst Gregor X. Hrsg. von Const. Höfler. = Abh. d. Histor. Klasse der Bayr. Akad. d. Wiss. Ser. 3 u. 4 (1846) S. 18—28.

Burchardus de Monte Sion: Descriptio Terrae Sanctae (1271—1285). = J. C. M. Laurent, Peregrinationes medii aevi quatuor, ed. 2, 1873.

Caffaro de Caschifeloni: Annales Genuenses 1099—1163, 1173. = M. G. SS. XVIII 11 ff.

Canonicus Hebronensis: Tractatus de inventione sanctorum patriarcharum Abraham, Ysaac et Jacob, 27. Juli 1119. = Recueil des Hist. occid. V 302 ff.

Caesarius von Heisterbach: Dialogus miraculorum, ed. Josef Strange. 2 Bde. Köln 1851.

Chanson d'Antioche, publ. pour la première fois par Paulin Paris. 2 Bde. Paris 1848. Bruchstücke bei H. Hagenmeyer, Peter der Eremit (1879) S. 320 ff.

Chanson du Chevalier au Cygne ... et de Godefroi de Bouillon, suivie des extraits de la Chanson du Chétip., éd. Hippeau. 2 Bde. Paris 1874—1877.

Chanson de Jérusalem. = Paul Meyer, Recueil d'anciens textes bas-latins, provençaux et français. Paris. S. 264—274.

Anonymi auctoris *Chronicon,* ed. J. B. Chabot (abgeleitet von verlorener Chronik des Bischofs Basil von Choumna von Edessa). = Corpus Scriptorum Christ. orient.: Scriptores Syri.

Chronicon Terrae Sanctae sive libellus de expugnatione Terrae Sanctae per Saladinum, ed. Stevenson. 1875 = Rerum Britann. medii aevi Scriptores.

Cinnamus, s. Kinnamos.

Clary (Clari), Robert de: La prise de Constantinople. = Charles Hopf, Chroniques Gréco-Romaines, Berlin 1873, S. 1—85.

Collectio de scandalis ecclesiae. (Verfasser vermutlich Gilbert von Tournay.) Hrsg. von A. Stroick. = Archivum Franciscanum hist. 24 (1931) S. 33—62.

Conquête de Jérusalem (Gedicht) faisant suite à la Chanson d'Antioche, composée par Richard le Pèlerin et renouvelée par Graindor de Douai, ed. Hippeau. Paris 1860.

Constitutiones pro zelo fidei (Papst Gregor X., Konzil von Lyon 1274.) = H. Finke, Konzilienstudien; ferner: Ergänzungen u. Berichtigungen zu Hefele-Knöpfler, Konziliengeschichte Bd. 5 u. 6, Münster 1891 u. 1914.

Continuatio, s. Lateinische *Fortsetzung* des Wilhelm von Tyrus.

Continuation de Guillaume de Tyr de 1229 à 1261 dite du manuscrit de *Rothelin.* = Recueil des Hist. occid. II 483 ff.

Descriptio, qualiter Carolus Magnus clavum et coronam Domini a Constantinopoli

Aquisgrani detulerit qualiterque Carolus calvus hec ad sanctum Dyonisium retulerit. = Gerhard Rauschen, Die Legende Karls d. Gr. im 11. u. 12. Jahrh. (1890) S. 103 ff.

Le *Dossier* de l'affaire des Templiers. Publ. et traduit par Georges Lizarand. Paris 1923.

Dubois, Pierre: De recuperatione Terrae Sanctae. Hrsg. von E. Zeck. Berlin 1905. (Petrus de Bosco.)

Ekkehard von Aura: Chronicon universale. = M. G. SS. VI 17—265; Migne, PL 154, S. 459—1060.

— Hierosolymita. Hrsg. von H. Hagenmeyer. 1877.

Epistola de morte Friderici imperatoris. = M. G. SS. rer. Germ., Nova series V 173—178.

Epistola episcopi Wilhelmi. De excidio terre Jehrosolimitane. = R. Röhricht, Beiträge I 189.

Epistolae de statu Terrae Sanctae. = Migne, PL 201, S. 1403—1410.

Erbo: Carmen vel Threni captis Hierosolimis. = Mitt. d. Inst. f. österr. Geschichtsforsch. 12 (1891) S. 485—488.

Ernoul: Chronique d'Ernoul et de Bernard le Trésorier. Publ. ... pour la Société de l'histoire de France par M. L. de Mas Latrie. Paris 1871.

L'Estoire de *Eracles* empereur et la conqueste de la terre d'outre-mer. (Ist Übersetzung und Fortsetzung von Wilhelm von Tyrus.) = Recueil des Hist. occid. II 1 ff.

L'Estoire de Jérusalem et d'Antioche. (Altfranzös. Gedicht.) 1895. = Recueil des Hist. occid. V 621—648.

Étienne de Bourbon: Anecdotes historiques, légendes et apologues tirés du recueil inédit d'Étienne de Bourbon ... Publ. par A. Lecoy de la Marche. Paris 1877.

Eudes de Deuil, s. Odo de Deuil.

Excidium Acconis oder Gestorum collectio. = Martène, Amplissima Collectio V 757—784.

Exhortatio ad proceres regni (lat. Gedicht). Hrsg. von Ernst Dümmler. = Neues Archiv d. Ges. f. ält. dt. Geschichtskunde 1 (1876) S. 177.

Exordium Hospitalariorum. (6 verschiedene Quellen.) 1895. = Recueil des Hist. occid. V 399—435.

Expeditio contra Turcos. = Recueil des Hist. occid. III 121 ff.

Fidentius de Padua: Liber recuperationis Terrae Sanctae, ed. G. Golubovich. Inhaltsangabe von Girolamo Golubovich, in: Bibliotheca bio-bibliografica della Terra Santa et dell'Oriente Francescano I (1906) S. 426 ff.

Lateinische *Fortsetzung* des Wilhelm von Tyrus. 1934. = Marianne Salloch, Die lateinische Fortsetzung des Wilhelm von Tyrus, Diss. Berlin 1934.

Foulques de Villaret: Mémoire de Foulques de Villaret sur la Croisade. = Biblioth. de l' École des chartes 60 (1899) S. 602—610.

Fulcher: Historia Jherosolymitana. Gesta Francorum Iherusalem peregrinantium, ab anno Domini MXCV usque ad annum MCXXVII. = Recueil des Hist. occid. III, 311 ff. Andere Ausg. hrsg. von Hagenmeyer, Heidelberg 1913.

Demselben zugeschrieben: Sermo domini Fulcheri de Jerosolymitana civitate quomodo capta est a Latinis. Hrsg. von Kohler. = Mélanges pour servir à l'hist. de l'Orient latin et des Croisades S 279—285.

Fulco: Historia gestorum viae nostri temporis Hierosolymitanae, cuius libri tres priores a Fulcone quodam, reliqui a domno Gilone Parisiensi editi sunt ... (Gedicht). = Recueil des Hist. occid. V 695—720; Migne, PL 155, S. 943 bis 994.

Galterii cancellarii Bella Antiochena. Mit Erl. u. Anhang hrsg. von H. Hagenmeyer, Innsbruck 1896. Andere Ausgabe: Recueil des Hist. occid. V 80 ff.

Galvano de Levanto: De recuperatione Terrae Sanctae. Hrsg. von Kohler. = Revue de l'Orient latin VII 343 ff.

Gaufredus Malaterra: Historia Sicula ab anno 1099 ad annum 1265 seu de Roberti Guiscardi et Rogerii Calabriae ducum rebus gestis libri 5. = Muratori (Neue Ausgabe) V, 1 unter dem Titel: „De rebus gestis Rogerii Calabriae et Siciliae comitis et Roberti Guiscardi ducis fratris eius ... a cura di Ernesto Pontieri", Bologna o. J.

Gerhard von Straßburg: Reisebericht, s. Arnold von Lübeck VII, 10.

Gerhoch von Reichersberg: De investigatione Antichristi. = M. G. Libelli de Lite III 304—395.

Die geheime *Geschichte* der Mongolen. Aus einer mongolischen Niederschrift des Jahres 1240 ... erstmalig übers. u. erl. von Erich Haenisch. 1941.

Anonymi *Gesta* Francorum et aliorum Hierosolymitanorum. Mit Erl. hrsg. von H. Hagenmeyer. 2 Bde. Heidelberg 1889/90. Andere Ausgabe: Recueil des Hist. occid. III 487 ff.

Gesta Friderici imperatoris in expeditione sacra. Hrsg. von Holder-Egger im Anschluß an die Gesta Frederici imperatoris in Lombardia. 1892. = Mon. Germ. SS., Schulausgabe.

Gesta Innocentii III Romani Pontificis. = Migne, PL 214 S. XV ff.

Gesta Ludovici VII regis, filii Ludovici Grossi. = Duchesne IV 390.

Gesta obsidionis Damiatae, in: Memoriale potestatum Regiensium. = Muratori VIII 1085 ff.

Gesta Tancredi, s. Radulf von Caen.

Les *Gestes* des Chiprois. = Recueil des Documents arméniens II, Paris 1906, 653 ff. Neuere Ausgabe unter dem Titel: Philippe de Novara, Mémoires 1218—1243, hrsg. von Charles Kohler, Paris 1913. — Engl. Übersetzung unter dem Titel: The Wars of Frederick II. against the Ibelin in Syria and Cyprus, von Philippe von Novara, übersetzt von John La Monte.

Giffard, Walter: Register of Walter Giffard, Lord Archbishop of York 1266—1279, ed. W. Brown. Edinburgh 1904.

Gilbert von Tournay (Tornacensis), s. Collectio de scandalis.

Gilo, s. Fulco: Historia gestorum ...

Guibert von Nogent: Historia quae dicitur Gesta Dei per Francos. = Recueil des Hist. occid. IV 115—263; Migne, PL 156, S. 675—836.

— Histoire de sa vie (1053—1124). Publ. par G. Bourgin. Paris 1907.

Guido von Bazoches: Aus den Briefen des Guido von Bazoches. Hrsg. von W. Wattenbach. (Vor allem Brief 34 u. 35.) = Neues Archiv d. Ges. f. ält. dt. Geschichtskunde 16 (1891) S. 67—113.

Guilelmus Neubrigensis: Historia rerum Anglicarum, ed. R. Howlek. 1884. = Rerum Britann. medii aevi Scriptores.

Günther von Paris: Historia captae a Latinis Constantinopoleos, = Migne, PL 212 S. 225 ff. Andere Ausgabe: Paul de Riant, Exuviae I 57—126.

Guntherus Cisterciensis, s. Günther von Paris.

Guntherus Parisiensis, s. Günther von Paris.

Haymar: De expugnata a. D. MCXCI Accone. Liber tetrastichus. Hrsg. von P. comte de Riant. 1866.

Heinrich von Albano: Tractatus de peregrinante civitate Dei. = Migne, PL 204, S. 251—402.

Henricus de Castro Marsiaco, s. Heinrich von Albano.

Historia Andegavensis. = M. G. SS. XXVI. 461.

Historia belli sacri, oder: Historia peregrinorum euntium Jerusalem seu Tudebodus imitatus et continuatus. = Recueil des Hist. occid. III 169.

Brevis *Historia* regni Iherosolymitani. = M. G. SS. XVII 49—56.

Historia de expeditione Friderici imperatoris . . ., ed. Chroust. Berlin 1928. = M. G. SS. rer. Germ., Nova series V 1ff.

Historia ducum Veneticorum. Hrsg. von Simonsfeld. = M. G. SS. XIV 92—97.

Historia Gotfridi anonymi Rhenani. 1895. = Recueil des Hist. occid. V 437—523.

Historia Hierosolimitana auctoris incerti, s. Itiner. regis Ricardi.

Historia Peregrinorum. Hrsg. von A. Chroust. = M. G. SS. rer. Germ., Nova series V 116ff.

Historia Peregrinorum euntium Jerusalem . . ., s. Historia belli sacri.

Honorius III.: Opera omnia. A domno Bottino . . . in lucem prod. 4 Bde. 1879.

Hugo von Fleury: Liber de modernis regibus Francorum. = M. G. SS. IX 392ff.

Humbert a Romanis: Opus tripartitum. Auszüge: Mansi, Concil. 24, S. 109ff. Text in deutscher Übersetzung, vollständig: Fritz Heintke, Humbert von Romans. 1933. Alte vollst. Ausgabe London 1690.

Innozenz III., Papst: Expeditio pro recuperanda Terra Sancta. 1215. = Mansi, Concilia XXII 1058—1068.

Innozenz IV., Papst: Les Registres d'Innocent IV, publ. par E. Berger. = Biblioth. des Écoles franç. d'Athènes et de Rome, 2. Série I, 1—3.

Itinerario di la gran militia a la pavese. 1895. = Recueil des Hist. occid. V 649ff.

Itinerarium regis Ricardi. = Chronicles and Memorials of the Reign of Richard Bd. 1, und: Rerum Britann. medii aevi Scriptores, ed. Stubbs.

B. *Jacobi de Voragine* archiepiscopi Genuensis Legenda translationis beatissimi Johannis Baptistae Genuam, VI. Mai 1098. = Recueil des Hist. occid. V. 229.

Jakob von Vitry: Historia Hierosolimitana. = Jacques Bongars: Gesta Dei per Francos, Bd. 1, Hanau 1611.

— Briefe. Ztschr. f. Kirchengesch. 14 (1894) S. 97—118 (Brief 1 u. 2); 15 (1895) S. 568—587 (Brief 3—5); 16 (1896) S. 72—114 (Brief 6 u. 7).

Johannes von Salisbury: Policraticus. Hrsg. von Webb. Oxford 1909.

John of Garland: Johannis de Garlandia De triumphis ecclesiae libri octo. A latin Poem of the 13th Century, ed. by Thomas Wright (Gedicht 1252 beendet). London 1856.

Joinville, Jehan de: „Histoire de saint Louis". = Recueil des Historiens des Gaules et de la France t. 20, publ. par MM. Daunou et Naudet, Paris 1940.

Kinnamos, Johannes: 'Επιτομή τῶν κατορθωμάτων τῷ μακαρίτῃ βασιλεῖ . . . 'Ιωάννῃ τῷ Κομνηνῷ καὶ . . . Μανουὴλ τῷ Κομνηνῷ Epitome rerum ab Johanne et Manuele Comnenis gestarum . . . = Recueil des Hist. grecs I, Paris 1875. Andere Ausgabe: Migne, PG 133, S. 299—678.

Libellus de expugnatione Terrae Sanctae. Unter dem Namen Raoul de Coggeshall veröffentlicht von Martène, Amplissima Collectio V. 547—582. Anonym hrsg. von H. Prutz in: Quellenbeiträge z. Gesch. d. Kreuzzüge I, 2—99.

Libro de los fedeos et conquistas del principato de la Morea. = Chronique de Morea aux 13e et 14e siècles. Publ. et trad. . . . pour la Société de l'Orient latin par Alfred Morel-Fatio. 1885.

Lisiard von Tours: Secunda pars Historiae Hierosolymitanae. = Recueil des Hist. occid. III 549—583. Andere Ausgabe Migne, PL 174, S. 1589—1634.

Ludolfus de Suchem: Liber de itinere Terrae Sanctae. Hrsg. von Ferd. Deycks. = Bibliothek des Literar. Vereins Stuttgart 26 (1851).

Des Landgrafen *Ludwig* des Frommen Kreuzfahrt. Heldengedicht der Belagerung von Akkon am Ende des 12. Jahrh. Aus der einzigen Handschrift durch Friedrich Heinrich von der Hagen. 1854.

Map(es), Walter: De nugis curialium. Hrsg. von M. R. James. 1914. = Anecdota Oxoniensia, 1914. Ältere Ausgabe von Thomas Wright, London 1850.

Marinus Sanutus, dictus Torsellus: Liber secretorum fidelium crucis super Terrae Sanctae recuperatione et conservatione. = Jacques Bongars: Gesta Dei per Francos., 1611, Bd. 2.

Matthaeus Parisiensis: Chronica maiora. Bd. 1—5, ed. H. R. Luard. 1872—1888. Auch M. G. SS. XXVIII, 74 ff.

Memoria Terrae Sanctae (Anonymus zur Zeit Gregors X.), ed. H. Kohler. = Revue de l'Orient latin 10 (1904) S. 435 ff.

Weltchronik eines *Minoriten* von Assisi. Hrsg. von O. Holder-Egger u. Joh. Waitz. Auszüge in: Neues Archiv d. Ges. f. ält. dt. Geschichtskunde 10, S. 235 ff., und weitere Ausgabe von R. Röhricht, ebd. 21, S. 562 ff.

Chronique de *Morée*, publ. par Jean Longnon pour la Société de l'Histoire de France, Bd. 359, Paris 1911.

Narratio de itinere navali peregrinorum Hierosolymam tendentium et Silviam capientium a. D. 1189, ed. C. W. David. Philadelphia 1939. = Proceedings of the Americ. Philos. Soc. Bd. 81, Nr. 5. Frühere Ausgabe von Anton Chroust = M. G. SS. rer. Germ., Nova series V (1928).

Narratio de primordiis Ordinis Theutonici. Hrsg. von Max Toeppen. = Scriptores rerum Pruss. I (1861).

Narratio profectionis, s. Theodorus.

Narratio, quomodo reliquiae martyris Georgii ad nos Aquicenenses pervenerunt = Recueil des Hist. occid. V 248 ff.

Nicetas Acominatus Choniates: Byzantina historia annorum LXXXVIII, 1118 bis 1206. = Migne, PG 139 u. 140. Auszug: Recueil des Hist. grecs. I (1875).

Nicolaus de Porta: Historia translationis reliquiarum b. Johannis Baptistae ad civitatem Januae. = Recueil des Hist. occid. V 236.

Novara, Philippe de, s. Gestes des Chiprois.

Odo de Deuil: La Croisade de Louis VII, roi de France (= De profectione Ludovici VII in Orientem). Publié par Henri Waquet. = Documents relatifs à l'histoire des Croisades, publ. par l'Acad. des inscript. et belles-lettres III, Paris 1949. Andere Ausgabe: Virginia Gingerich Berry, Columbia Univers. Records of Civilisation, Series 1949. Ältere Ausgabe: Migne PL 185, S. 1205 bis 1246; M. G. SS. XXVI, S. 59 ff.

Odo de Diogilo, s. Odo de Deuil.

Oliverus Scholasticus: Die Schriften des Kölner Domscholasters O. Sch. Hrsg. von Herm. Hoogeweg. 1894. Enthält: Descriptio Terrae Sanctae. — Historia de ortu Jerusalem et eius variis eventibus. — Historia regum Terrae Sanctae. — Historia Damiatina. — Briefe. = Bibliothek des Literar. Vereins Stuttgart 202.

— Briefe. Hrsg. von R. Röhricht. = Westdeutsche Ztschr. f. Gesch. u. Kunst 10 (1891) S. 161 ff.

Ordericus Vitalis: Historia ecclesiastica. = Migne PL 188, S. 773.

Ordoricus de Foro Julii, s. J. C. M. Laurent, Peregrinationes.

Osbernus: De expugnatione Lyxbonensi. = Chronicles and Memorials of the Reign of Richard I. Bd. 1, und: Rerum Britann. medii aevi Scriptores. 1864.

Otto von St. Blasien: Ad librum VII Chronici Ottonis Frisingensis episc. continuatae historiae Appendix. = M. G. SS. rer. Germ., Schulausg. von Otto von Freising I 417 ff.

Otto von Freising: Ottonis et Rahewini Gesta Friderici I imperatoris. = M. G. SS. rer. Germ., Schulausgabe, ed. 3, 1912.

— Chronica sive Historia de duabus civitatibus. = M. G. SS. rer. Germ., Schulausgabe, ed. 2, 1912.

Pandulf: Gesta triumphalia Pisanorum. = Muratori VI 100—106.

— Vita Urbani. = Watterich, Romanorum Pontif. vitae I 571—574.

Secunda *Pars* historiae Jherosolimitanae. = Recueil des Hist. occid. III 545 ff.
Pèlerinage de Charlemagne à Jerusalem et Constantinople. = Altfranzös. Bibliothek II, 5. Aufl., 1907.
Petrus de Bosco, s. Pierre Dubois.
Philippus Oxoniensis: Ordinacio de predicacione s. crucis in Anglia. = R. Röhricht, Quinti belli sacri script. minores, S. 3—27.
Pitra: Analecta novissima spicilegii Solesmensis. Altera continuatio. 1888. Enthält in Bd. 2 Kreuzpredigten des Odo von Chateauroux.
De *praedicatione* s. crucis, s. Philippus Oxoniensis.
La *Prise* de Damiette en 1219. Relation inédite provençale, publ. et comm. par Paul Meyer. Paris 1877.
Theodor vom Kloster Pöhlde: *Profectio* Godefridi ducis ad Jerusalem. = Recueil des Hist. occid. V 187—198. Verfasser unsicher.
Radulf von Caen (Radulfus Cadomensis): Gesta Tancredi in expeditione Hierosolymitana. = Recueil des Hist. occid. III 587 ff. Andere Ausgabe: Migne PL 155, S. 489—590.
Radulfus Cadomensis, s. Radulf von Caen.
Raimundus de Agiles (Aguilers): Historia Francorum qui ceperunt Jerusalem. = Recueil des Hist. occid. III 231—309. Andere Ausgabe: Migne, PL 155, S. 591—666.
Ralph de Diceto: The historical Works. Darin u. a. Ymagines historiarum. — Capitula Ymaginum historiarum. 1876. = Rerum. Britann. medii aevi Scriptores.
Raoul de Caen, s. Radulf von Caen.
Raoul de Coggeshall, s. Libellus de expugnatione.
Raymundus Lullus: Liber de fine, ed. A. Gottron. 1912. = Abh. z. mittl. u. neueren Gesch. 39 (1912).
— Libre del ordre de cavayleria. Ins Englische übersetzt durch William Caxton, ed. by Alfred T. B. Byles, London 1926.
Relation du siège de Damiette (1219). Provenzalische Prosa. = Recueil d'anciens textes bas-latins, provençaux et français, publ. par Paul Meyer, S. 138—141.
Richard le Pèlerin, s. Chanson d'Antioche.
Ricoldus de Monte Crucis: Epistolae quinque de perditione Acconis 1291, ed. R. Röhricht. 1883. = Archives de l'Orient latin II, 2 (1883) S. 258—296. Siehe auch J. C. M. Laurent, Peregrinationes, 1873.
Robert de Clary, s. Clary, Robert de.
Robert von Reims: Historia Hierosolymitana. = Recueil des Hist. occid. III 717 bis 882. Andere Ausgabe: Migne PL 155, S. 667—758.
Robert von St. Remi: Gedicht des 12. Jahrh. Auszüge bei Wilh. Wattenbach, in: Neues Archiv d. Ges. f. ält. dt Geschichtskunde 2 (1877) S. 414 ff.
Robertus Monachus, s. Robert von Reims.
Roger von Hoveden, Chronica. = M. G. SS. XXVII 138 ff.
Roger von Wendower, Flores Historiarum, ed. Henr. O. Coxe. 4 Bde. London 1841.
Rothelin, s. Continuation de Guillaume de Tyr.
Rutebeuf: Onze poèmes concernant la Croisade (éd. Bastion et Faral). Paris 1946.
Sanudo, Marino, s. Marinus Sanutus.
De sacris adversus *Sarracenos* bellis et Friderici I Barbarossae expeditione fragmentum. Hrsg. von Fr. Frh. v. Reiffenberg. 1844. = Bibliothek des Literar. Vereins Stuttgart 9 (1844) S. 1—24.
Servois, G.: Emprunts de saint Louis en Palestine et en Afrique. = Biblioth. de l'École des chartes 19 (1858) S. 283 ff.
Sicardus (Bischof von Cremona, † 1213): Chronik. = M. G. SS. Bd. 31.
Skutariotes: Chronik. = Sathas, Bibliotheca Graeca medii aevi VII, Paris 1894.

Stephan, Graf von Chartres: Stephani comitis Carnotensis atque Anselmi de Ribodimonte Epistolae. = Recueil des Hist. occid. III 883.

Theodorus Palidensis: Narratio profectionis Godefridi Ducis ad Jerusalem (1895). = Recueil des Hist. occid. V. S. 187 ff.

Thietmar, Magister: Peregrinatio, s. J. C. M. Laurent, Peregrinationes ...

Thomas von Aquin: Summa theologica, Bd. 1—6, Torino 1932.

Rodulfus *Tortarius:* Carmina, ed. by Marburg B. Ayle and Dorothy M. Schullian. Rom 1933.

Translatio sancti Nicolai. 1895. = Recueil des Hist. occid. V 255 ff.

Tudebodus: Petri Tudebodi seu Tudebovis, sacerdotis Sivracensis, Historia de Hierosolymitana itinere. = Recueil des Hist. occid. III 1 ff.

Tudobodus abbreviatus: Gesta Francorum et aliorum Hierosolymitanorum seu Tudobodus abbreviatus. = Recueil des Hist. occid. III 119 ff.

Tudobodus imitatus et continuatus ex codice bibliothecae Casinensis, qui inscribitur: Historia peregrinorum ..., s. Historia belli sacri.

Versus ex libro magistri Ricardi canonici sancti Victoris Parisiensis. = H. Prutz, Ein zeitgenöss. Gedicht auf die Belagerung von Akkon, in: Forsch. z. dt. Gesch. 21 (1881).

Vie et pèlerinage de Daniel, hégoumène russe. = Itinér. russes en Orient, trad. par B. de Khitrovo. Genf 1889.

Ville-Hardouin, Geoffroi de: Conquête de Constantinople, ed. par M. Natalis de Wailly. Paris 1882.

Vita beati Roberti de Arbrissello, s. Balderich von Dol.

Vita altera beati Roberti de Arbrissello ..., auctore monacho Fontis Ebraldi, Andrea, ut creditur. = Migne, PL 162, S. 1058—1078.

Wibert von Nogent, s. Guibert von Nogent.

Wie Ludwig IX. der Heilige das Kreuz nahm. (Altfranzös. Lied in Cambridge.) Hrsg. von Wilhelm Meyer. = Nachrichten d. K. Ges. d. Wiss. zu Göttingen, Phil.-hist. Kl. 1907.

Wilbrand von Oldenburg: Peregrinatio, s. J. C. M. Laurent, Peregrinationes, 1873.

Wilhelm von Malmesbury: Gesta regum Anglorum und Historia novella. Hrsg. von Stubbs. 2 Bde. London 1887—1889.

Wilhelm von Tripolis: Tractatus de statu Saracenorum, ed. H. Prutz. = H. Prutz, Kulturgesch. d. Kreuzzüge, 1883, Anhang. S. 575 ff.

Wilhelm von Tyrus: Belli sacri historia libris 23 comprehensa seu Historia rerum in partibus transmarinis gestarum 1095—1184. = Recueil des Hist. occid. I 1 ff. Andere Ausgabe: Migne, PL 201, S. 209—892. Fortsetzungen s. Eracles; Ernoul; Lateinische Fortsetzung des Wilhelm von Tyrus; Continuation de Guillaume de Tyr ... dite du manuscrit de Rothelin.

3. Syrische und armenische Quellen

Bar-Hebraeus (Gregorius abu 'lFarag Ibn el-Ibri): Chronicon ecclesiasticum, ed. Abbaloos et Lamy. 3 Bde. Löwen 1872/73.
Chronique syriaque, ed. Bedjan. Paris 1890.

Basile: Oraison funèbre de Baudouin, comte de Marascg. = Recueil des Documents armén. I 204.

Chronique syriaque anonyme. Hrsg. von M. A. S. Tritton u. M. H. A. R. Gibb. = Journal of the Royal Asiatic Society 1933, S. 69—101 273—305.

Eretz, s. Matthaeus von Edessa.

Grégoire le Prêtre: Chronique. = Recueil des Doc. armén. I 153—201.
Hayton: La Flor des estoires des parties d'Orient und Flos historiarum terre Orientis. = Recueil des Doc. armén. II 113—362.
R. *Joseph* ha Cohen: Emek habacha. Ins Deutsche übertragen. Hrsg. von M. Wiener. 1858.
Matthäus von Edessa: Chronik. Auszug: Recueil des armén. I 1—150.
Michael der Syrer: Chronique de Michael le Syrien, patriarche jacobite d'Antioche (1166—1199), éd. pour la première fois et traduite en français par J. B. Chabot. 4 Bde. Paris 1899—1924. Armenische Ausgabe: Jerusalem 1870. Auszug in: Recueil des Doc. armén. I 309—409.
Schnorhali, Nersis: Élégie sur la prise d'Edesse. = Recueil des Doc. armén. I 226--268.
Urhajetzi, s. Matthaeus von Edessa.
Varlan le Grand: Extrait de son histoire universelle. = Recueil des Doc. armén. I 434—443.

4. Arabische Quellen

Sammlungen

François, Joseph: Bibliothèque des Croisades. 4 Bde. (Enthält auch Auszüge aus arabischen Quellen.)
Goergens, E. P.: Arabische Quellenbeiträge zur Geschichte der Kreuzzüge, übers. u. hrsg. von E. P. Goergens unter Mitwirkung von Reinhold Röhricht. Berlin 1879.
Recueil des historiens des Croisades ... Histor. orientaux Bd. 1—5. Paris 1872 bis 1906.
Reinaud, Joseph Toussaint: Extraits des historiens arabes relatifs aux guerres des Croisades. Nouv. éd. 1829.

Einzelne Quellen

Abū 'lFedā: (Chronik). (Annales composées d'extraits textuels d'auteurs plus anciens.) Résumé de l'Histoire des Croisades tiré des Annales d'Abou 'l Fedâ = Recueil des Hist. orient. I 1—165.
Abu Schāma: Le Livre des deux jardins ou Histoire des deux règnes celui de Nūr ed-Dīn et celui de Salah ed-Dīn, Texte arabe et traduction française par C. A. Barbier de Meynard. Paris 1898 u. 1906. = Recueil des Hist. orient. Bd. 4 u. 5.
Al-Ainy, s. Collier des Perles.
Al-Athīr ('Izzeddīn Ibn al-Athīr): Universalgeschichte: Kāmil al-tewārīkh (1098 bis 1230). = Recueil des Hist. orient. I 189—744; II 1—180 (Auszug). (Benutzt weitgehend 'Imad ad-Dīn, s. unten.)
— Histoire des atabeks de Mossoul (1084—1214). = Recueil des Hist. orient. II, 2, S. 1—375.
Al-Fakhri: Histoire du khalifat ... Nouv. édit. du texte arabe par H. Derenbourg. Paris 1895.
Amari: Bibliotheca Arabo-Sicula. Leipzig 1859. = R. Röhricht, Beiträge, S. 88.
Bedr ed-Din Al Ainy, s. Al-Ainy und Collier des Perles.
Behā al Dīn: Anecdotes et beaux traits de la vie du sultan Youssof (Bahāeddīn Ibn Shaddād). = Recueil des Hist. orient. III 1—396.
Collier des Perles (Verfasser Al-Ainy). =Recueil des Hist. orient. II, 1, S. 183 ff.
El-Ainy, s. Collier des Perles.
Galal ad-Dīn as Sujūtī: The Temple of Jerusalem. Translated by Reynolds. London 1936. Auszug: E. P. Goergens u. R. Röhricht, Arabische Quellenbeiträge ... (Enthält „Die Eroberung Jerusalems".)

Ibn al-Athīr, s. Al-Athīr.

Ibn al-Djeuzi, s. Mir'āt al-Zemān.

Ibn al-Kalānisi: History of Damaskus..., ed. by H. F. Amedroz. Leiden 1908. (Enthält den arabischen Text.) Englische Übersetzung: The Damaskus Chronicle of the Crusades. Extracted and translated from the Chronicle of Ibn al-Qalānisi by H. A. R. Gibb. London 1932.

Ibn Butlān: Brief an Abu 'lHūsain Hilal ibn al-Muhsin in Bagdad von 1050/51. Englische Übersetzung von Guy le Strange, London 1890. = R. Röhricht, Gesch. d. ersten Kreuzzuges (1901), Exkurs IV, S. 242—246. (Enthält u. a. eine Beschreibung Antiochias.)

Ibn Chaldūn: Weltgeschichte. Texte und lateinische Übersetzung von Tornberg. Uppsala 1840. = Actes de l'Acad. des Sciences d'Upsal. Bd. 12 (1840). Französ. Übersetzung: Les Prolégomènes d'Ibn Khaldoun, traduits en français et commentés par Mac Guckin de Slane, 3 Bde. Paris 1862—1868.

Ibn Challicān: Extraits de la Vie du sultan Salāh ed-Dīn. = Recueil des Hist. orient. III 397 ff.

Ibn Dschubair: Extrait du voyage d'Ibn Djobeir. = Recueil des Hist. orient. III 445—456.
Andere Ausgabe: Arabische Quellenbeiträge zur Geschichte der Kreuzzüge, hrsg. von E. P. Goergens u. R. Röhricht, Bd. 1, Berlin 1879, Beilage III, S. 271 ff. Vollständiger Text: The Travels of Ibn Jubayr, 2. edit. by M. J. Goeje. Leyden u. London 1907.

Ibn Moyesser: Extraits. = Recueil des Hist. orient. III 461—473.

'Imād ad-Dīn: Conquête de la Syrie et de Palestine par Salāh ed-Dīn. Publié par le comte Carlo de Landsberg. Bd. 1: Texte arabe. 1888. 'Imād ad-Dīn war die Hauptquelle für Al-Athīr und Abu Schāma. Bei Al-Athīr fast alles aus Imād al-Dīn übernommen, bei Abu Schāma weniger, aber doch noch viel. Er war persönlicher Sekretär Saladins, lebte 1125—1200. Darum alle auf ihn zurückgehenden Quellen sehr gut. Schrieb 2 Bücher: al-Fath und al-Barq.

Juwaïni: Sa 'd 'ad-Dīn Ibn Hamawiya, extraits Übers. von Cahen unter dem Titel: „Une source pour l'histoire des Croisades". = Bulletin de la Faculté des Lettres de Strasbourg XXVIII, 7 (1950).

'Izzedin Ibn al-Athīr, s. Al-Athīr.

Kamal ad-Dīn: Extraits de la Chronique d'Alep. = Recueil des Hist. orient. III 577—690. Auszug in der französischen Übersetzung von Silvestre de Sacy. „Die Sahne der Geschichte Halebs". = R. Röhricht, Beiträge I, S. 209—338.

— Dictionnaire biographique de la ville d'Alep. (Auszug.) = Recueil des Hist. orient. III 695—732.

'lFadl: Brief des Kadi l'Fadl an den Kalifen über die Eroberung von Jerusalem durch Saladin. = R. Röhricht, Beiträge I, S. 193.

Makrīzi: Histoire des sultans Mamlouks en Égypte, éd. Quaremère. Paris 1845. Ausgabe von E. Blochet: Revue de l'Orient latin 3—4 (1895/96). Auswahl: R. Röhricht, Beiträge I, S. 94.

Mirat ez-Zemān (Spiegel der Zeit) by Sams ad'Din Abu 'lMuzaffar (Mosaffer) Yusūf ben Qizoghlu commonly known by the surname of Sibl Ibn al-Jauzi A Fasc. Reprod. ... introducted by J. R. Jewett. Chicago 1907. Auszug: Recueil des Hist. orient. III 513 ff.

Mugīr ad-Dīn: Histoire de Jérusalem et de Hébron. Fragments de la Chronique de Moudjir ed-Dyn, traduits sur le texte arabe by Henry Sauvaire. Paris 1876.

Nizam al Mulk: Siyasat Nameh. Traité de gouvernement composé pour le sultan Melik-Chah par le vizir N. oul-Moulk. Hrsg. u. übers. von C. Schefer. 1891 bis 1897.

Nodjūm ez-Zahireh: Extraits. = Recueil des Hist. orient. III 477— 515.

Usāma Ibn Munkidh: Autobiographie, éd. introd. et comm. par Hartwig Derenbourg. Un émir syrien du Ier siècle des Croisades. 2 Bde. 1. Vie d'Ousama. 1893. 2. Texte arabe de l'autobiographie. 1886. Französ. Übersetzung: Souvenirs historiques récits de chasse par un émir syrien du 12e siècle. Hrsg. von Hartwig Derenbourg. 1887. Deutsche Übersetzung: Memoiren eines syrischen Emirs aus der Zeit der Kreuzzüge. Aus dem Arabischen übersetzt und mit einer Einleitung und erklärenden Anmerkungen versehen von Georg Schumann. Innsbruck 1905. (Hauptsächlich zitiert.) Englische Übersetzung: An arab-syrian Gentleman and Warrior in the period of the Crusades. Memoirs of Usamah Ibn Munqidh. Translated by Philipp K. Hitti. New York 1929.

5. *Urkundensammlungen*

Albon, Marquis d': Cartulaire général de l'Ordre du Temple. 1119—1150. Paris 1913. Dazu: E.-G. Léonard, Introduction au Cartulaire manuscrit du Temple, 1150—1317, constitué par le marquis d'Albon et conservé à la Bibliothèque Nationale. Paris 1930.

Baluze, S.: Innocentii (III) Epistolarum libri 11. Paris 1682.

Böhmer, Johann Friedrich: Acta imperii selecta. Bearbeitet von Julius Ficker. Innsbruck 1870.

Bréquigny: Innocentii III Epistolae. 1791

Codice diplomatico della Repubblica di Genova. Bd. 1. Rom 1936. = Fonti per la storia d'Italia.

Delaborde, H.-François: Chartes de la Terre Sainte provenant de N.-D. de Josaphat. Paris 1880.

Delaville Le Roulx, J.: Cartulaire général de l'Ordre des Hospitaliers de St. Jean de Jérusalem. 1100—1310. 4 Bde. Paris 1894—1906.

Hagenmeyer, Heinrich: Epistulae et chartae ad historiam primi belli sacri spectantes. Die Kreuzzugsbriefe aus den Jahren 1088—1100. Mit Einl. hrsg. von H. H. Innsbruck 1901.

Hennes, J. H.: Codex diplomaticus ordinis S. Mariae Theutonicorum, 2 Bde. 1845 u. 1860.

Honorius III: Opera omnia. = Medii aevi Bibliotheca patristica seu eiusdem temporis patrologia, Series prima, Recogn. Horoy, Bibliotheca patrist. 1, Paris 1879.

Huillard-Bréholles, H.: Historia diplomatica Friderici II. 6 Bde. 1852 ff.

Jaffé-Löwenfeld: Regesta Pontificum Romanorum. 2 Bde. Leipzig 1886—1888.

Kempf, Friedrich: Das Rommersdorfer Briefbuch des 13. Jahrh. = Mittl. d. österr. Inst. f. Geschichtsforsch. Erg.-Bd. 7 (1933).

Kohler, Charles: Chartes de l'abbaye de N.-D. de la Vallée de Josaphat. Analyses et extraits. Paris 1900. = Revue de l'Orient latin 7.

Müller, G.: Documenti sulle relazioni della città Toscana coll'Oriente. Florenz 1879.

Potthast, A.: Regesta Pontificum Romanorum. Berlin 1874—1878.

Prou, M.: Les Registres d'Honorius IV. Paris 1888.

Prutz, Hans: Malteser Urkunden und Regesten zur Geschichte der Tempelherren und der Johanniter. München 1883.

Registres des Papes. Bibliothèques Françaises d'Athènes et de Rome. 18 Bde. Paris 1902 ff. (Alexander IV. bis Urban IV.)

Riant, Paul comte de: Inventaire critique des lettres historiques des Croisades. (Regesten.) 2 Bde. Paris 1880.

Riant, Paul: Inventaire critique des lettres historiques des Croisades: Expéditions et pèlerinages des Scandinaves en Terre Sainte. 1865.

Riccotti: Liber iurium reipublicae Januensis. 2 Bde. Turin 1853/54. = Mon. stor. pat. VII, IX.

Röhricht, Reinhold: Regesta regni Hierosolymitani 1097—1291. Zweibrücken 1893.

Rozière, Eugène de: Cartulaire de l'église au Saint-Sépulcre de Jérusalem. Publié d'après les manuscrits du Vatican. Paris 1849.

Tafel, G. L. F., und G. M. *Thomas:* Urkunden zur älteren Handels- und Staatsgeschichte der Republik Venedig. Bd. 1—3. Wien 1856—1860. = Fontes rerum Austr. II, Bd. 12—14.

Tardif, Adolphe: Cartulaire de l'église du Saint-Sépulcre de Jérusalem. = Bibliothèque de l'école des chartes, 3. Ser., Bd. 3 (1852).

Wattenbach, Wilhelm: Aus den Briefen des Guido von Bazoches. (Vor allem 34 und 35.) = Neues Archiv d. Ges. f. ält. dt. Geschichtskunde 16 (1891) S. 101.

Winkelmann, Eduard: Acta imperii inedita saeculi 13. 2 Bde. Innsbruck 1880.

6. Gesetzbücher u. dgl.

Assises de Jérusalem ou Recueil des ouvrages de Jurisprudence composés pendant le 13e siècle dans les royaumes de Jérusalem et de Chypre. Publié par le comte de Beugnot. 1. Assises de la Haute Cour. 2. Assises de la Cour des Bourgeois. 1841. Ältere Ausgabe von Kausler, aber in manchem noch heranzuziehen. Stuttgart 1839.

Einzelschriften

Abrégé du livre des assises de la cour des Bourgeois. = Recueil des Lois II 227—352.

Document relatif au service militaire. = Recueil des Lois II 423—434.

Documents relatifs à la successibilité au trône et le régime. = Recueil des Lois II 393—422.

Excerpta. Assises de Jérusalem. = Migne, PL 155, S. 397 ff.

Ibelin, Jean d': Le Livre des assises et bons usages du royaume de Jérusalem. = Recueil des Lois I.

Le *Livre* des assises de la Cour des Bourgeois. = Recueil des Lois II.

Le *Livre* des lignages d'outre-mer. Histoire des familles nobles des royaume de Jérusalem et de Chypre. Rédaction A, éd. La Thaumassière; rédaction B, éd. Beugnot. = Recueil des Lois II 435—474.

Le *Livre* au roi. = Recueil des Lois I.

Novara, Philippe de: Livre à un sien ami. = Recueil des Lois I.

La *Règle* du Temple. Publ. pour la Société de l'histoire de France par H. de Curzon. Paris 1886.

LITERATUR ALS QUELLEN

(Reimchroniken und andere in Versen erzählende Quellen siehe unter Quellen.)

Sammlungen

Bartholomaeis, V. de: Poesie provenzale storiche relative all'Italia. Rom 1931.
Kraus, Carl von: Minnesangs Frühling. 1940.
— Deutsche Liederdichter des 13. Jahrh. Bd. 1. 1952.
Langosch, Karl: Politische Dichtung um Kaiser Friedrich Barbarossa. 1943.
Méril, Edélestan de: Poésies populaires latines du moyen-âge. Paris 1847.
Raynouard, M.: Choix de poésies originales des troubadours. 1816—1821.

Einzelne Dichtungen

Biterolf, hrsg. von O. Jänicke. = Dt. Heldenbuch Bd. 1 (1866).
Bruder Werner, hrsg. von Schönbach. = Sitzungsber. d. Kais. Akad. d. Wiss. zu Wien, Phil.-hist. Kl. Bd. 148 u. 150 (1904/05).
Carmina Burana, hrsg. von J. A. Schmeller. 1833.
Deutsche Lieder der *Carmina Burana,* hrsg. von Friedr. Lüers. 1922.
La *Chanson de Roland,* éd. par Léon Gautier, 12. éd. 1883.
Freidank, hrsg. von W. Grimm. 1834 u. 1860. Darin: „Von Akers".
Kaiser-Chronik, hrsg. von Edward Schröder. 1892.
Moriz von Craon, hrsg. von Edward Schröder: Zwei alte Rittermären 1913.
Ortnit u. die Wolfdietriche, hrsg. von Arthur Amelung u. Oskar Jänicke. 1871/73. = Dt. Heldenbuch Bd. 3 u. 4.
Reinbot von Durne: Der hl. Georg, hrsg. von Carl von Kraus. 1907.
Rolandslied (mittelhochdeutsch), hrsg. von Karl Wesle. 1928.
Thomasin von Zirklaria: Der welsche Gast, hrsg. von Heinr. Rückert. 1852.
Walther von der Vogelweide, hrsg. von W. Wilmanns. 2. Aufl. 1905.
Wolfram von Eschenbach: Parzival, Willehalm, Titurel, Lieder, hrsg. von K. Lachmann. 6. Ausg. 1926.

REGISTER

Die nach römischer Ziffer I folgenden Zahlen beziehen sich auf den ersten, nach II auf den zweiten Band. — Namen mit dem Artikel „al“ sind ohne Berücksichtigung desselben alphabetisiert.

C

H

I, J

K

L

M

T

U

V

W

X

Y

Z